2013

郑州年鉴

ZHENG ZHOU YEAR BOOK

郑州市人民政府主办

中州古籍出版社

郑州市政区图

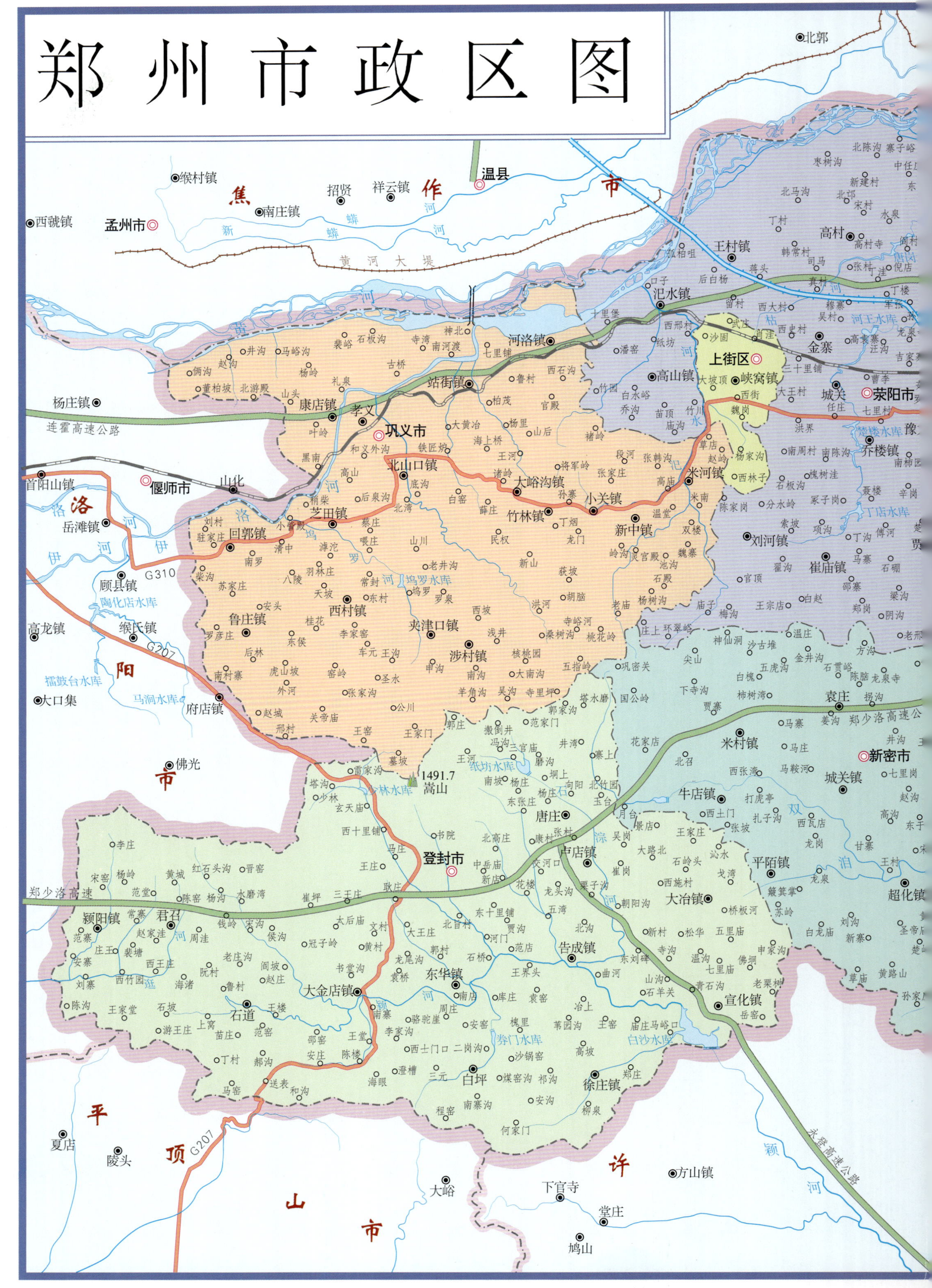

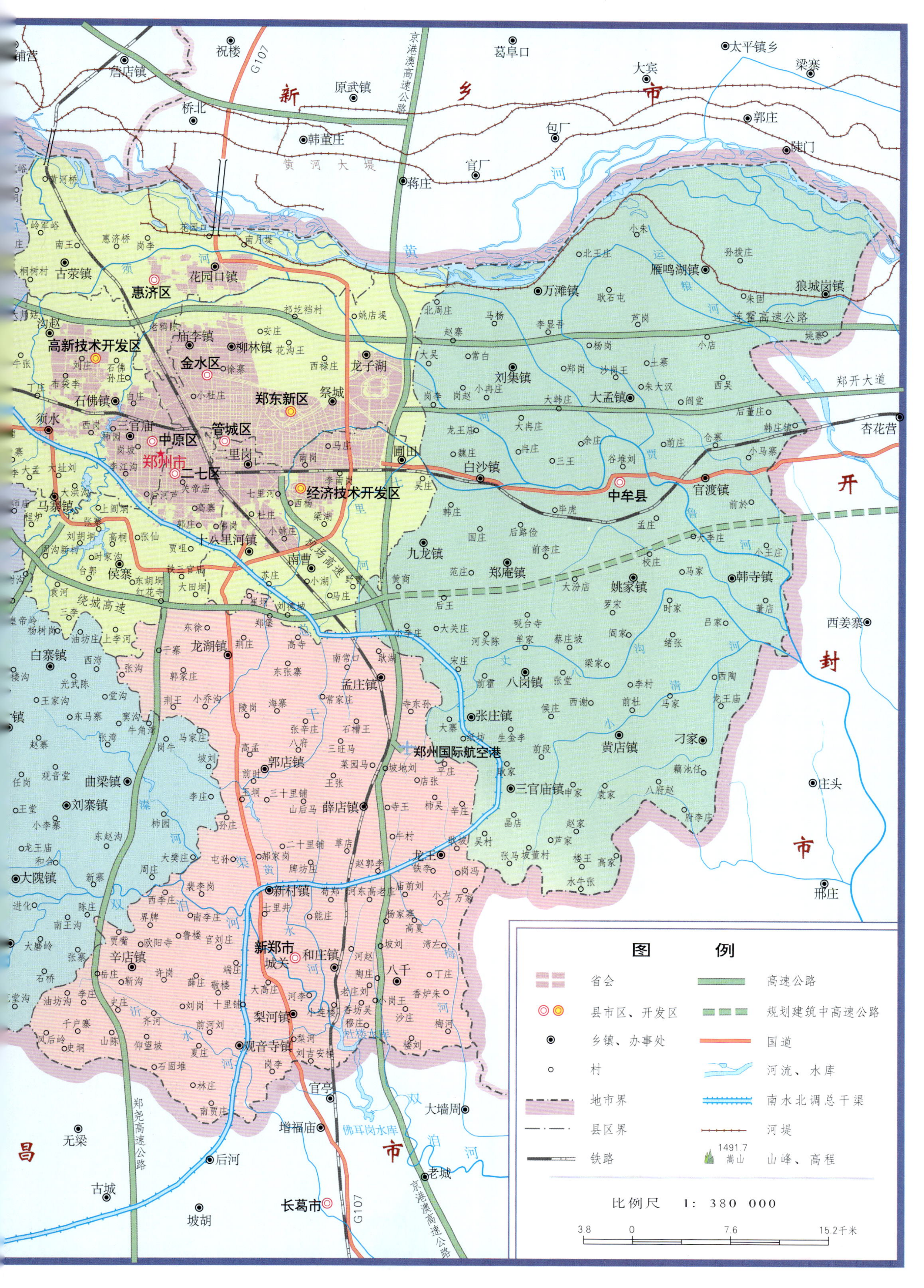

图 例
省会
县市区、开发区
乡镇、办事处
村
地市界
县区界
铁路
高速公路
规划建筑中高速公路
国道
河流、水库
南水北调总干渠
河堤
1491.7 嵩山 山峰、高程
比例尺 1: 380 000
3.8 0 7.6 15.2千米
新 乡 市
开 封 市
昌
市
郑州市
中原区
二七区
管城区
金水区
惠济区
郑东新区
高新技术开发区
经济技术开发区
郑州国际航空港
中牟县
新郑市
城关
长葛市
黄河
黄河大堤
京港澳高速公路
G107
连霍高速公路
绕城高速
机场高速
郑开大道
郑尧高速公路
双洎河
贾鲁河
运粮河
七里河
须河
丈八沟
溱水
黄水河
梅河
杜楼水库
佛耳岗水库
祝楼
葛皋口
太平镇乡
大宾
梁寨
詹店镇
原武镇
桥北
韩董庄
包厂
郭庄
陡门
官厂
蒋庄
花园口
南月堤
黄河桥
岭军峪
南王
惠济桥
岗李
古荥镇
花园口镇
万滩镇
雁鸣湖镇
狼城岗镇
北王庄
孙拔庄
小朱
耿石屯
朱固
北周庄
马杨
芦岗
李显香
赵寨
杨岗
小店
姚寨
姚店堤
邢坨裕村
老鸦陈
庙李镇
柳林镇
安庄
花沟王
西禄庄
龙子湖
沟赵
刘庄
石佛
孙庄
布袋李
金水区
徐寨
小杜庄
祭城
郑东新区
石佛镇
须水
西岗
柿园
三官庙
中原区
管城区
岗坡
李江沟
马庄
南岗
圃田
二里岗
大扯刘
大孟
马寨镇
大洪沟
张寨
上阎河
张仙
关帝庙
高寨
七里河
李南岗
西杨
梁湖
杜庄
孙庄
小姚庄
南曹
刘胡垌
高桐
周沟新村
时家沟
侯寨
贾咀
十八里河镇
佛岗
台郭
东胡垌
红花寺
铁三官庙
大田垌
苏庄
小湖
马庄
郭庄
袁河
三李
野曹
黄甫
官渡镇
前於
大李庄
小王庄
校庄
马家
韩寺镇
姚家镇
郑庵镇
九龙镇
范庄
国庄
后路佺
前李庄
孟庄
毕虎
刘集镇
大孟镇
常白
郑岗
沙岗王
土寨
西吴
大吴
岗李
岗赵
小冉庄
大韩庄
朱大汉
阎堂
后董庄
龙王庙
大冉庄
魏庄
冉庄
余庄
三王
谷堆刘
前庄
仓寨
韩庄镇
小马寨
杏花营
白沙镇
吴庄
韩庄
后王
大汾庄
罗宋
时家
吕家
董庄
西姜寨
小李庄
大关庄
砚台寺
河头陈
单家
蔡庄坡
阎家
绪张
东徐
龙湖镇
荆庄
高寺
南常口
耿湖
东张寨
孟庄镇
郭家庄
小乔沟
陵岗
海寨
常家庄
寺东孙
宋庄
前霍
八岗镇
张堂
梁家
李村
西陶
侯庄
西谢
前杜
马家
龙王庙
张庄镇
大寨
生金李
黄店镇
刁家
前段
白寨镇
西湾
张沟
光武陈
堂沟
王家沟
东马寨
窦沟
牛角湾
马家庄
张辛庄
石槽王
三旺马
八府
高孟
郭店镇
坡刘
前时
王垌
三十里铺
王张
菜园马
坡地刘
店张
平庄
耿家
三官庙镇
申家
袁家
八府赵
藕池任
府李庄
庄头
赵寨
任岗
观音堂
曲梁镇
刘寨镇
李庄
王堂
小李寨
东赵沟
柿园
孙庄
山后马
薛店镇
寺王
柿吴
辛庄
晶庄
赵家
芦家
楼王
高家
水牛张
吴村
张马坡董村
龙王庙
和合
大隗镇
新寨
大樊庄
周庄
屯孙
郝家岗
二十里铺
草店
牌坊庄
赵郭李
龙王
铁李
岗冯
邢庄
牛村
陈庄
进化
南王沟
西李庄
界牌
裴李岗
新村镇
苟郑
河东高老庄
庙前刘
小左
万寨
七里井
能庄
杨家寨
高夏
南李庄
大磨岭
贾嘴
欧阳寺
鲁楼
官刘庄
张寨
辛店镇
岳庄
新沟
许岗
端庄
薛庄
敬楼
坡刘
湾左
河赵
八千
丁庄
陶庄
香炉朱
石桥
李庄
油坊沟
史庄
刘岗
十里铺
大高庄
河李
老庄刘
小岗王
沙庄
小姓楼
香坊吴
穆庄
梨河镇
千户寨
齐河
前河刘
仰望坡
梅河
楼刘
风后岭
史垌
山陈
观音寺镇
夏庄
梨河
刘吉安楼
岗李
石固堆
林庄
南贾庄
官亭
大墙周
增福庙
后河
无梁
古城
坡胡
老城

郑州市城区图

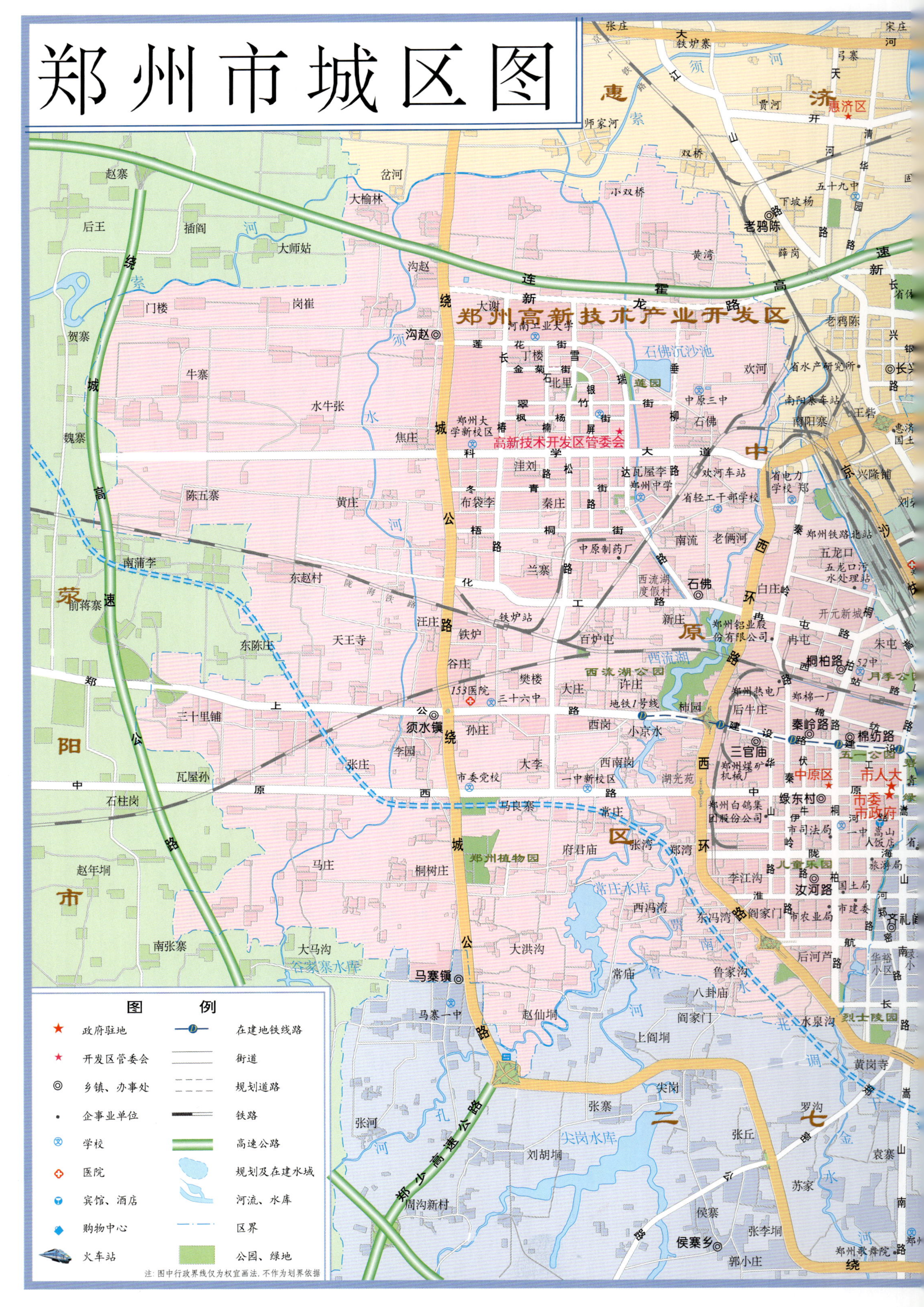

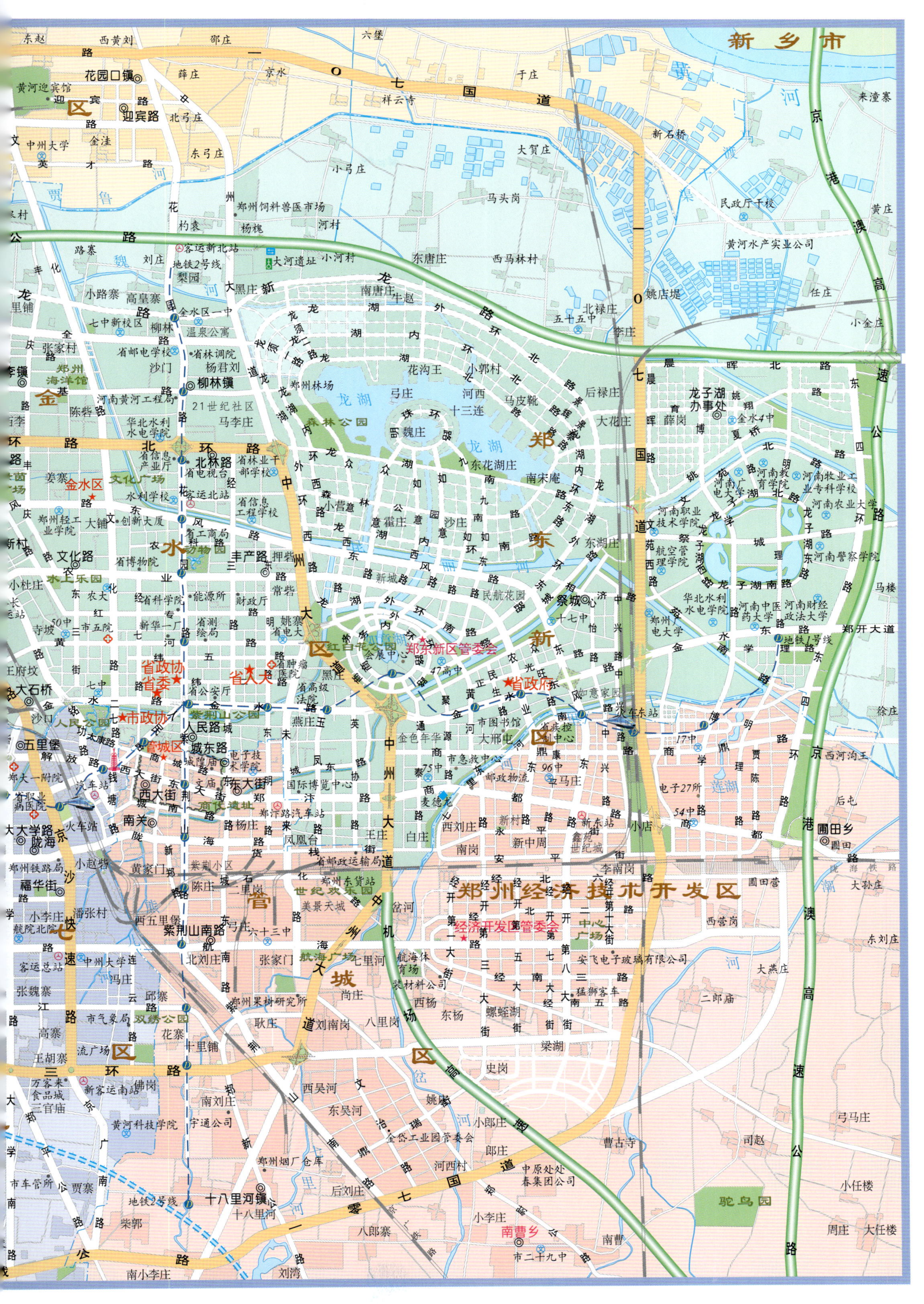

新乡市
东赵
西黄刘
邵庄
六堡
花园口镇
薛庄
京水
于庄
黄河迎宾馆
迎宾路
北弓庄
祥云寺
来潼寨
中州大学
金洼
东弓庄
大贺庄
新石桥
小弓庄
马头岗
民政厅干校
黄庄
郑州饲料兽医市场
河村
杓袁
杨槐
黄河水产实业公司
客运新北站
大河遗址
小河村
东唐庄
西马林村
路寨
刘庄
地铁2号线
梨园
大黑庄
南唐庄
牛赵
姚店堤
任庄
小路寨
高皇寨
全水区一中
北绿庄
五十五中
李庄
小金庄
七中新校区
柳林
温泉公寓
张家村
省邮电学校
省林调院
杨君刘
花沟王
小郭村
郑州海洋馆
沙门
柳林镇
龙湖
弓庄
河西
后绿庄
龙子湖办事处
郑州林场
十三连
马皮毗
河南黄河工程局
21世纪社区
陈砦
马李庄
森林公园
大花庄
薛岗
金水4中
华北水利水电学院
魏庄
龙湖
省信息产业厅
北林路
省林业干部学校
东花湖庄
南宋庵
河南牧业经济学院
省电视台
金水区
文化广场
水利学校
客运北站
河南教育学院
河南农业大学
河南职业技术学院
郑州轻工业学院
大铺
创新大厦
省信息工程学校
小营
意霍庄
沙庄
龙子湖
航空管理学院
河南警察学院
动物园
文化路
省博物院
丰产路
押营
新城路
东湖庄
水上乐园
小杜庄
农大
经省科学院
能源所
财政厅
常砦
民航花园
华北水利水电学院
马楼
河南中医药大学
河南财经政法大学
寺坡
50中
三市五院
新华一厂
省测绘局
姚寨
省电大
郑州电大学
十七中
郑开大道
地铁1号线
郑东新区管委会
省政协
省委
省人大
省肿瘤医院
47高中
省政府
王府坟
大石桥
七中
省高级法院
如意家园
徐庄
沙口
人民公园
市政协
紫荆山公园
燕庄
市图书馆
火车东站
五里堡
人民路
城东路
金色年华源
大邢庄
省疾控中心
17中
郑大一附院
管城区
城隍庙
电子技术学院
市急救中心
西河沟王
火车站
西大街
文庙
东大街
75中
邮政物流
96中
马庄
电子27所
后屯
郑州铁路局
南关
商代遗址
郑汴路汽车站
国际博览中心
麦德龙
新村路
新东站
54中
大学路
火车站
王庄
西刘庄
新中周
鑫苑世纪城
小店
圃田乡
防海
杨庄
凤凰台
白庄
南岗
李南岗
圃田
黄家门
紫荆小区
省邮政运输局
郑州东货站
郑州经济技术开发区
圃田营
大孙庄
福华街
陈庄
二里岗
世纪欢乐园
美景天城
岔河
小李庄
潘张村
西五里堡
紫荆山南路
六十三中
经济开发区管委会
中心广场
西营岗
东刘庄
航院北院
中州大学
北刘庄
张家门
航海广场
七里河
航海体育场
安飞电子玻璃有限公司
大燕庄
客运总站
冯庄
邹寨
尚庄
装材料公司
猛狮客车
二郎庙
张魏寨
郑州果树研究所
西杨
螺蛳湖
高寨
市气象局
双桥公园
耿庄
刘南岗
八里岗
东杨
梁湖
王胡寨
花寨
流广场
十里铺
史岗
万客来食品城
新客运南站
铺岗
西吴河
三官庙
南刘庄
东吴河
姚砦
弓马庄
黄河科技学院
宇通公司
小郎庄
曹古寺
司赵
金岱工业园管委会
郎庄
郑州烟厂仓库
河西村
中原处处春集团公司
市车管所
贾寨
后刘庄
小任楼
地铁2号线
十八里河镇
十八里河
驼鸟园
柴郭
八郎寨
小李庄
南曹乡
周庄
大任楼
南曹
市二十九中
南小李庄
刘湾
京港澳高速公路

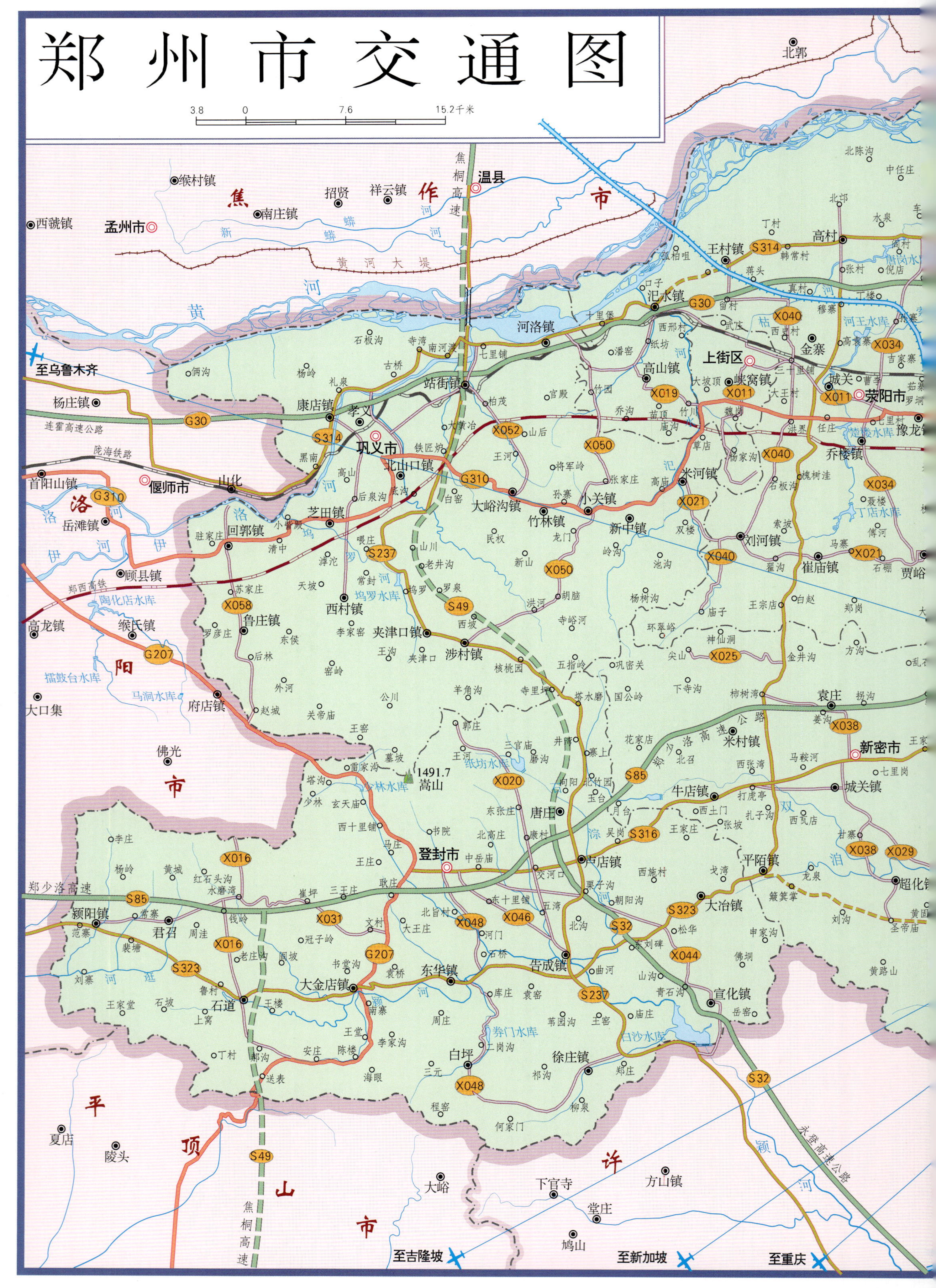

郑州市交通图
3.8 0 7.6 15.2千米
焦作市
温县
孟州市
偃师市
洛阳市
平顶山市
许昌市
新密市
登封市
荥阳市
巩义市
上街区
黄河
黄河大堤
新蟒河
焦桐高速
连霍高速公路
陇海铁路
郑西高铁
郑少洛高速
永登高速公路
至乌鲁木齐
至吉隆坡
至新加坡
至重庆
嵩山
1491.7
少林水库
纸坊水库
陶化店水库
坞罗水库
券门水库
白沙水库
丁店水库
河王水库
楚楼水库
唐岗水库
马涧水库
摇鼓台水库
G30
G310
G207
S314
S237
S49
S85
S316
S323
S32
X052
X050
X019
X011
X040
X034
X021
X025
X038
X029
X058
X020
X016
X031
X048
X046
X044
河洛镇
站街镇
康店镇
孝义
北山口镇
芝田镇
回郭镇
鲁庄镇
西村镇
夹津口镇
涉村镇
大峪沟镇
竹林镇
小关镇
新中镇
米河镇
刘河镇
崔庙镇
贾峪
高山镇
峡窝镇
王村镇
高村
汜水镇
金寨
城关
乔楼镇
豫龙镇
袁庄
米村镇
牛店镇
城关镇
平陌镇
大冶镇
宣化镇
超化镇
唐庄
卢店镇
告成镇
东华镇
大金店镇
颍阳镇
君召
石道
白坪
徐庄镇
府店镇
缑氏镇
顾县镇
岳滩镇
首阳山镇
杨庄镇
高龙镇
大口集
佛光
夏店
陵头
大峪
下官寺
方山镇
堂庄
鸠山
北郭
缑村镇
西虢镇
南庄镇
招贤
祥云镇
山化

新
乡
市
开
封
市
昌
至北京
至天津
至哈尔滨
至首尔
至台北
至上海
至香港
至广州
黄河
黄河大堤
郑州市
中原区
二七区
金水区
管城区
惠济区
高新技术开发区
郑东新区
经济技术开发区
中牟县
新郑市
长葛市
郑州国际航空港
花园口镇
古荥镇
须水
石佛
马寨镇
侯寨
十八里河镇
南曹
龙子湖
祭城
白沙镇
九龙镇
郑庵镇
大孟镇
刘集镇
万滩镇
雁鸣湖镇
狼城岗镇
官渡镇
姚家镇
韩寺镇
八岗镇
黄店镇
三官庙镇
张庄镇
孟庄镇
薛店镇
龙王
郭店镇
龙湖镇
白寨镇
岳村镇
曲梁镇
刘寨镇
大隗镇
辛店镇
新村镇
和庄镇
八千
梨河镇
观音寺镇
官亭
增福庙
后河
古城
无梁
坡胡
大墙周
老城
连霍高速
郑徐高铁
郑开大道
物流大道
郑民高速
陇海铁路
京港澳高速公路
石武高铁
京广铁路
武西高速公路
南水北调总干渠
G4
G30
G107
G310
G220
G3001
S1
S82
S88
S102
S103
S223
S314
S316
S321
S323
X005
X006
X013
X014
X022
X023
X026
X028
X029
X033
X035
X004
图例
省会
县市区、开发区
乡镇、办事处
村
地市界
县区界
铁路
客运专线
高速公路及编号
规划及在建高速
国道及编号
规划国道
省道及编号
规划省道
县市道路及编号
机场及航线
河流、水库
南水北调总干渠
河堤
1491.7
嵩山
山峰、高程
比例尺 1：380 000

郑州市地势图

北郭
温县
缑村镇
焦
作
市
招贤
祥云镇
南庄镇
西虢镇
孟州市
新
蟒
河
黄河大堤
黄
河
高村
王村镇
汜水镇
河洛镇
金寨
上街区
峡窝镇
高山镇
城关
荥阳市
站街镇
康店镇
孝文
杨庄镇
连霍高速公路
巩义市
北山口镇
首阳山镇
偃师市
山化
洛
河
大峪沟镇
小关镇
米河镇
竹林镇
新中镇
芝田镇
回郭镇
岳滩镇
伊
刘河镇
崔庙镇
乔楼镇
G310
顾县镇
陆浑水库
西村镇
坞罗水库
夹津口镇
涉村镇
高龙镇
缑氏镇
G207
鲁庄镇
阳
大口集
府店镇
袁庄
郑少洛高速公
米村镇
新密市
佛光
市
1491.7
嵩山
少林水库
纸坊水库
牛店镇
城关镇
唐庄
登封市
卢店镇
平陌镇
郑少洛高速
颍阳镇
君召
大冶镇
告成镇
东华镇
大金店镇
石道
宣化镇
白沙水库
白坪
徐庄镇
高程表(米)
1250
1000
700
500
300
200
150
100
平
顶
山
市
许
大峪
下官寺
方山镇
堂庄
鸠山
永登高速公路
颍
河

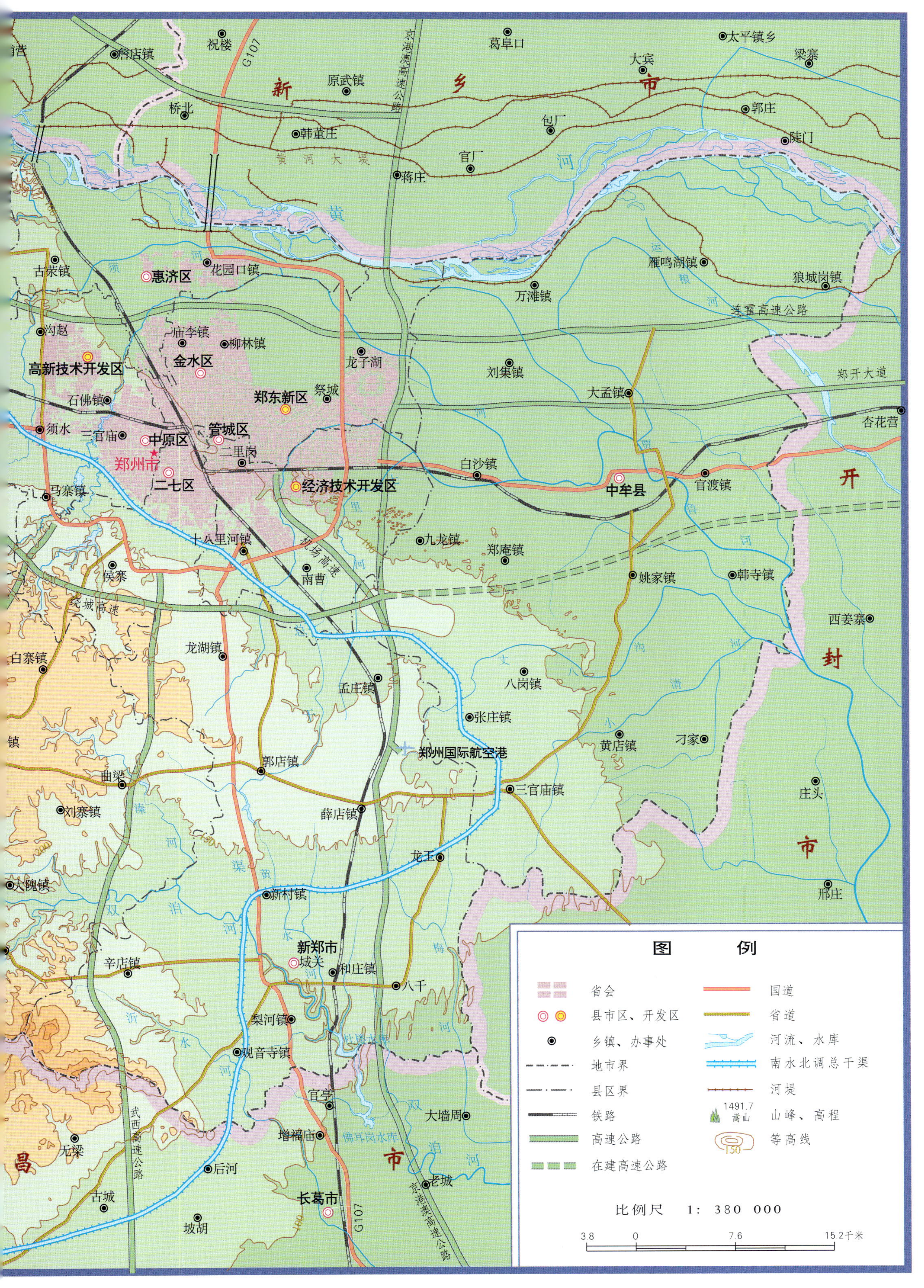

新
乡
市
开
封
市
郑州市
惠济区
金水区
高新技术开发区
郑东新区
中原区
管城区
二七区
经济技术开发区
中牟县
郑州国际航空港
新郑市
城关
长葛市
黄河
黄河大堤
连霍高速公路
郑开大道
京港澳高速公路
G107
图例
省会
县市区、开发区
乡镇、办事处
地市界
县区界
铁路
高速公路
在建高速公路
国道
省道
河流、水库
南水北调总干渠
河堤
山峰、高程
等高线
比例尺 1：380 000
3.8
0
7.6
15.2千米

编辑说明

一、《郑州年鉴》是郑州市人民政府主办、郑州市地方史志办公室承办的地方综合年鉴。该鉴旨在按年度全面系统地记载郑州市经济社会发展的主要情况，为机关、企事业单位等组织及外来投资者和社会各界人士了解郑州、研究郑州、建设郑州提供丰富翔实的地情资料。

二、《郑州年鉴》是国内外公开发行的年刊，以出版年号为卷次名称，自1985年创刊以来，每年出版一卷，本卷年鉴是总第29卷。

三、《郑州年鉴》采取分类编辑法，按篇目、类目、分目、条目的结构组成内容体系。全书以不同字体、字号区别不同层次。条目标题均加【 】表示。为方便读者检索，《郑州年鉴》除在正文前设置中英文目录外，正文后设置了分类索引，包括主题词索引、表格及示意图索引、彩图插页索引。

四、《郑州年鉴》2013年卷进行了改版，设有总述、特色郑州、政治、城乡建设与环境保护、经济、文化、社会、县（市）区概况、附录等9个篇目。全书除文字内容外，还收录了反映领导活动、部门工作、行业发展、城乡新貌、重要成绩等方面的彩色图片。

五、《郑州年鉴》所辑录的内容由市直各部、委、办、局，各县(市)、区及部分驻郑单位组织提供，均经各供稿单位审核，资料真实可靠。“统计资料”由郑州市统计局提供，内文条目中的数据由各供稿单位提供，部分条目中的数据因统计口径等原因可能与统计资料中的数据不相符合，在引用本书的有关数据时，应以附录中的“统计资料”为准。

六、《郑州年鉴》在组稿、编撰、印刷、发行过程中得到各有关部门和领导的大力支持，资料收集和初稿撰写人员付出了艰辛努力，在此一并谢忱。本卷《郑州年鉴》中的疏漏和错误之处，敬请专家和读者批评指正。

郑州年鉴编纂委员会

名誉主任　　吴天君

主　　任　　马　懿

副 主 任　　王　璋　高建慧　孙金献　赵武安　刘　东　陈西川
　　　　　　韩世联　王春山　马斐颖

委　　员　　（以姓氏笔画为序）

文广轩　郑州市科学技术局局长
毛　杰　郑州市教育局局长
王鸿勋　郑州市中原区区委副书记、副区长
王新亭　荥阳市市委副书记、副市长
王霄鹂　郑州市人民政府副秘书长
乔　耸　登封市市长
刘建武　新郑市市委副书记、副市长
刘　睿　郑州市财政局局长
朱河顺　郑州市商务局局长
严　波　郑州航空港经济综合实验区（郑州新郑综合保税区）党政办公室主任
吴福民　郑东新区党工委副书记、管委会常务副主任
宋　洁　郑州市上街区区长
张春阳　巩义市市长
李书峰　郑州市发展和改革委员会主任
李德耀　郑州市统计局局长
陈红民　郑州市二七区区委副书记、副区长
陈宏伟　郑州市金水区区长
陈　新　郑州市城乡建设委员会主任
周亚民　郑州市农业农村工作委员会主任
史占勇　郑州经济技术开发区党工委副书记、常务副主任
苗晋琦　郑州市工业和信息化委员会主任
虎　强　郑州市管城回族区区委副书记、副区长
黄　钫　郑州市惠济区区长
蒿铁群　新密市市长
路红卫　中牟县县长
翟晓宾　郑州高新技术产业开发区党工委副书记、常务副主任
戴春枝　郑州市人力资源和社会保障局局长

郑州年鉴编辑部

主　　编　马斐颖
常务副主编　梁豫生
副 主 编　范鹏飞
编　　辑　贾建英　蒋晓娜　刘　恒
彩页编辑　吕根尚
装帧设计　白欢欢

总 目

目录

总　述

特　载

市情概要

自然环境

行政区划

人口状况

发展综述

精神文明建设

全国文明城市建设

群众性精神文明创建活动

公民道德素质教育

农村精神文明建设

志愿服务工作

未成年人思想道德建设

典型人物评选宣传活动

组织机构

大事记

特色郑州

“三大主体”工作

综述

新型城镇化建设

现代产业体系构建

综 述

现代服务业产业体系构建

现代工业体系构建

现代农业体系构建

现代商贸业产业体系构建

长效机制建设

综 述

网格化管理

群众工作队工作

公共管理信息平台工作

壬辰年黄帝故里拜祖大典

第九届中国郑州国际少林武术节

政 治

党政机构

中国共产党

综 述

市委重要会议

市委重要活动

党史工作

党校工作

人民代表大会

综 述

人大全会

人大常委会会议

人大常委会主任会议

监督工作

人民政府

综 述

市政府重要会议

市政府重要活动

人力资源管理

外事侨务工作

对台工作

信访工作

机关事务工作

人民政协

综 述

政协全会

政协常委会议

民主党派

综 述

民革郑州市委员会

民盟郑州市委员会

民建郑州市委员会

民进郑州市委员会

农工党郑州市委员会

九三学社郑州市委员会

人民团体

工会工作

共青团工作

妇联工作

工商联

科协工作

社会科学

文学艺术

慈善事业

红十字事业

残疾人事业

法 制

地方立法工作

政府法制工作

政法工作

公安工作

检察工作

法院工作

司法行政工作

仲裁工作

政法大事及典型案例

人民武装

郑州警备区

武警郑州市支队

人民防空

城乡建设与环境保护

建设行业管理

综述

建筑业管理

建筑节能

勘察设计管理

城乡规划与管理

城乡规划设计

城乡规划管理

园林绿化与公用事业

园林绿化建设与管理

城市供水

城市燃气

集中供热

污水处理

城市环境雕塑

城乡环境保护

环境保护

气象服务

地震预防

经济

开发区

郑州国际物流园区

工业经济

工业综述

七大主导产业

电力工业

食品工业

煤炭工业

烟草工业

民营经济

综 述

民营经济管理

交通运输业

铁 路

综 述

郑州车站

郑州东站

郑州北站

郑州客运段

公路运输业

综 述

交通基础设施建设

公路养护

道路运输生产

城市公共交通

交通行业管理

交通企业

航空运输业

河南郑州新郑国际机场管理有限公司

中国南方航空股份有限公司河南分公司

华南蓝天航空油料有限公司河南分公司

服务业

商贸流通

商业贸易

供销合作

粮油购销

投资促进工作

会展业

旅游业

综 述

旅游管理与服务

假日旅游

旅游宣传营销

旅游节庆活动

银行保险业

人民银行

工商银行

农业银行

建设银行

中国银行

郑州银行

中国人寿保险

泰康人寿保险

邮电通信业

邮 政

移动通信

联通通信

电信通信

农 业

综 述

扶贫开发

种植业

水产业

畜牧业

林 业

农业机械化

水利建设

黄河治理

财政 税务

财政管理

国税管理

地税管理

经济监督与管理

发展计划管理

国土资源管理

工商行政管理

审计监督

物价管理

质量技术监督

安全生产监督管理

国有资产监督管理

食品药品监督管理

统计工作

海关工作

文 化

文化事业

社会文化

文物管理

档案工作

地方史志工作

图书发行

新闻出版与传媒

新闻出版

中原报业传媒集团

郑州人民广播电台

郑州电视台

科技 教育

科 技

教 育

综 述

基础教育

高等教育

民办教育

中等职业教育和成人教育

教育管理

社 会

城市管理

人口和计划生育

畅通郑州

市政建设与管理

综 述

市政设施养护

市容环境卫生

数字化城市管理

火车站地区管理

卫生 体育

卫 生

体 育

人民生活

民生工程

城乡居民生活

社会保障

综 述

就业工作

劳动关系协调

社会保险工作

爱国卫生运动

住房保障和房地产管理

民政与民族宗教事务

民 政

综 述

社会管理

社会服务

民族与宗教

县（市）区概况

巩义市

新密市

登封市

新郑市

荥阳市

中牟县

金水区

二七区

管城回族区

中原区

惠济区

上街区

附 录

荣誉榜

法 规

专 文

统计资料

重要文件目录

CONTENTS

Overview

Specialized Edition

Brief Introduction of Zhengzhou

Chronicle of Events

Characteristics of Zhengzhou

Three Major Work

Sustainable Development of Long-term Mechanism

Ceremony of Worshiping Ancestor Emperor Huangdi

International Shaolin Wushu Festival

Politics

CPC and Government Organizations

Mass Organization

Legal System

People' s Armed Forces

Urban and Rural Construction and Environment Protection

Construction Industry Management

Urban and Rural Planning and Management

Garden Greening and Public Affairs

Urban and Rural Environmental Protection

Economy

Development Zone

Industry Economy

Private Economy

Transportation Industry

Culture

Culture Undertaking

Press and Publication Media

Science &Technology and Education

Society

City Administration

Health and Sports

People' s Life

Civil Administration and Ethnic Religious Affairs

County(city) District Profile

Gongyi City

Xinmi City

Dengfeng City

Xinzheng City

Xingyang City

Zhongmu City

Jinshui District

Erqi District

Guancheng Hui Autonomous District

Zhongyuan District

Huiji District

Shangjie District

Appendix

彩页目录

为民活动　主体工作

区域新貌

部门亮点

企业新姿 基层风采

为民活动　主体工作

影像郑州
Image Zhengzhou
美丽郑州

▲中共中央政治局常委、全国人大常委会委员长吴邦国在郑东新区考察

▲中共中央政治局常委李长春视察中原影视城

国家及部委局办领导人为民活动图记

▲中共中央政治局委员、全国人大常委会副委员长、中华全国总工会主席王兆国视察郑州综合交通枢纽工程建设情况

▶中共中央政治局委员、国务院副总理王岐山在郑州、许昌调研期间，考察郑州新郑综合保税区和郑东新区

▶中共中央政治局委员、广东省委书记汪洋视察郑东新区

国家及部委局办领导人为民活动图记

▲全国人大常委会副委员长、民建中央主席陈昌智在登封市调研文化旅游产业发展情况

◀全国政协副主席、全国工商联主席黄孟复在郑州市企业视察

▶全国政协副主席、民革中央常务副主席厉无畏出席第九届中国郑州国际少林武术节登封迎宾式

▶原中共中央政治局委员、十届全国人大常委会副委员长李铁映在登封市视察

◀原全国人大常委会副委员长许嘉璐在新郑市参观博物馆岩画

▶第十届全国政协副主席徐匡迪在郑东新区调研特色城市化发展情况

▲教育部部长袁贵仁在郑州七中调研

▲2月23–24日，国家人口计生委主任王侠在郑调研计生工作

▲铁道部部长盛光祖在郑州车站安全监控应急指挥中心检查春运工作

▲中共中央台办、国务院台办主任王毅参观登封中岳庙

国家及部委局办领导人为民活动图记

▲国家安全监管总局局长杨栋梁到管城区康桥花园社区调研安全生产工作

▶国家知识产权局党组书记、局长田力普在郑考察

▲故宫博物院院长单霁翔在郑州市委党校作学术报告

▲全国工商联党组副书记、副主席黄小祥在郑州调研

▲国家人口计生委副主任王培安专题调研人口计生利益导向政策体系重大项目

▲中纪委委员、国家工商总局副局长王东峰在郑检查指导食品安全工作

▲国务院南水北调办副主任蒋旭光在中牟县调研南水北调工程建设情况

▲新闻出版总署副署长阎晓宏出席2012印博会开幕式

▲海关总署副署长吕滨到出口加工区区内企业调研

▲省委书记、省人大常委会主任卢展工在新郑市调研

◀省委书记、省人大常委会主任卢展工在荥阳市王村镇视察南水北调穿黄工程

◀省委书记、省人大常委会主任卢展工到郑州市公安局慰问视察

▶省长郭庚茂一行到中牟县、巩义市、高新区、新密市的产业集聚区调研

▶省长郭庚茂会见南航集团总经理、中国南方航空股份有限公司董事长司献民

▶京广高铁京郑段开通运营，省长郭庚茂等省部局领导慰问客运工作人员

市领导人为民活动图记

▶省委常委、市委书记吴天君在中牟县实地调研新型农村社区和交通路网建设等工作进展情况

▶省委常委、市委书记吴天君到新密市调研新型城镇化建设工作推进情况

◀省委常委、市委书记吴天君察看郑州市防汛准备工作

▶市长马懿带领市直相关部门负责人到郑东新区调研龙湖区域开发建设和金融集聚核心功能区建设情况

◀郑州市市长马懿到登封市产业集聚区实地调研

▶市长马懿调研商城遗址及文化遗产日活动进展情况

市领导人为民活动图记

▲市人大常委会主任白红战在上街区调研郑州宜居职教城建设和新型农村社区建设情况

◀市人大常委会主任白红战对市城建系统人大代表建议的办理情况进行视察

▶市人大常委会主任白红战视察工业经济运行情况

◀市政协主席李秀奇陪同驻郑省政协委员视察新型城镇化建设情况

▶市政协主席李秀奇到中原区调研政协工作

◀市政协主席李秀奇视察社区科普大学示范点建设工作

“三大主体”工作

——新型城镇化建设

1、省委常委、市委书记吴天君视察二七区道路建设情况

2、省委常委、市委书记吴天君到郑东新区龙湖区域调研开发建设情况

3、市长马懿出席郑州市首届森林生态文化节暨文博、花博、森林、湿地示范园开园仪式

4、全市新型城镇化合村并城现场会

5、建设中的新密市来集镇桧树亭社区

6、中牟县贾鲁河生态治理

7、郑州引黄灌溉龙湖调蓄工程蓄水仪式在郑东新区龙湖湖心岛举行

8、郑州新郑综合保税区（郑州航空港区）合村并城枣园小区建成项目

9、二七区城中村改造项目

10、登告公路生态廊道景观

11、二七区生态文化新城设计图

12、新州新郑综合保税区（郑州航空港区）合村并城在建工地

13、登封市建设中的唐庄新型农村社区

14、中牟县生态廊道建设

8

9

10

11

12

13

14

1、省委常委、郑州市委书记吴天君一行莅临登封观摩产业集聚区建设情况

2、市长马懿视察二七区重点项目建设情况

3、中国民生银行与市政府战略研发服务基地建设暨业务合作协议签约仪式

4、新密市召开打造千亿级耐材基地动员大会

5、登封市新型工业化暨项目建设工作推进大会

6、金水区科教新城启动仪式

7、王府井百货入驻锦艺城签约仪式在裕达国贸会议中心举行

8、物流园区普洛斯（郑州）物流园项目奠基仪式

9、经开区东风日产厂区

10、综保区台湾科技园北广场

11、郑州新郑综合保税区（郑州航空港区）格力电器建设工地

12、郑州新郑综合保税区（郑州航空港区）机场二期奠基仪式

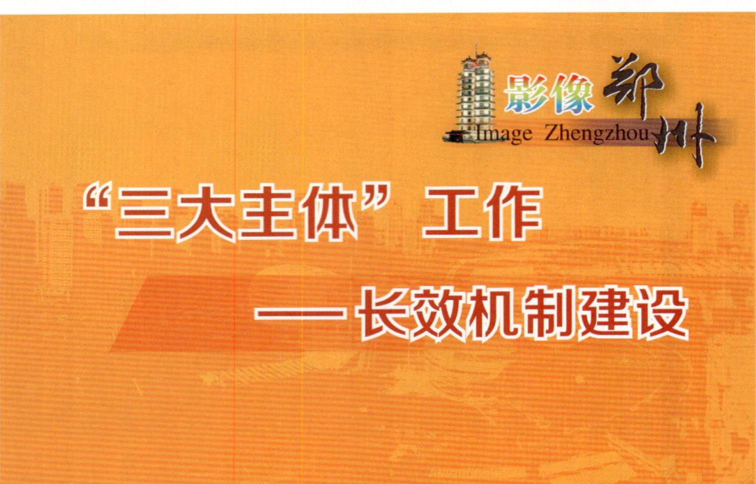

“三大主体”工作

——长效机制建设

1、全国部分社会管理创新综合试点地区考察交流会在新郑召开

2、省委常委、市委书记吴天君带领市直有关单位负责人深入基层，在金水区蹲点调研网格化管理工作

3、中央政法委副秘书长、中央综治办主任陈训秋在新郑市和庄镇调研社会管理创新工作

4、市委常委、纪委书记王璋看望驻村工作队

5、市政协主席李秀奇到金水区杜岭街道办事处调研指

导网格化管理工作

6、市委常委、宣传部部长三哲到二七区调研长效机制工作

7、副市长马健在刘东村调研网格化管理工作

8、市人力资源和社会保障局局长戴春枝调研驻村帮扶工作

9、金水路派出所庆"七一"民警进社区为群众服务送温暖活动

10、市司法局召开长效机制推进大会

11、全市创先争优活动总结暨长效机制建设工作交流会召开

12、河南省加强和创新社会管理新郑试点工作推进会在新郑召开

1、生态廊道自行车道

2、登告公路生态廊道景观

3、中牟县生态廊道建设

4、新密市王瞿路廊道绿化

5、二七区生态廊道建设显雏形

6、生态廊道景观

7、中原西路生态廊道三排银杏树林形成绿色屏风

8、中原西路生态廊道航拍图

9、生态廊道 自行车道居外，人行步道居内，两者相互分离

10、“两环十七放射”生态廊道建设

11、“两环十七放射”生态廊道景观

6

影像郑州
生态廊道建设

7

8

9

10

11

建文新世界立体车库
保护生态环境
实现持续发展

1、市委北院立体停车场
2、万达地下停车场进出通道
3、文明交通志愿者街头执勤
4、京广快速路
5、航海体育馆平面公共停车场
6、建文新世界停车场
7、刘江立交
8、中州大道
9、北环立交
10、金水路中州大道立交
11、解放路立交
12、轨道交通一号线一期工程20个车站全部完成主体结构施工
13、文明交通志愿者在街头义务执勤
14、郑州东站平面公共停车场
15、郑州地税局院内立体停车场
16、人民日报河南分社停车场
17、郑州市质量技术监督局停车场
18、沃尔玛楼顶停车场
19、阳光四季生态城立体停车场
20、郑州市快速公交首期线网通车

郑州一日

清晨，在全市7446.2平方公里的大地上，903.1万名辛勤的郑州人从271.6万户居民家庭中走出，开始了新的一天生活。

在这一天里，郑州人民创造的生产总值达15.2亿元，第一产业增加值3891万元，第二产业增加值8.6亿元，第三产业增加值6.2亿元，地方公共财政预算收入1.7亿元，全社会固定资产投资10.0亿元。一天的粮食总产量达4630吨，蔬菜总产值1489.7万元，生产水果843.1吨，牛奶1334.0吨，肉类695.3吨，水产品407.7吨，禽蛋609.2吨。每天生产速冻米面食品2755.6吨，小麦粉4673.9吨，精制食用植物油832.6吨，方便面724.2吨，啤酒1604.4千升，软饮料6878.8吨，卷烟4.6亿支，纱182.9吨，布241.1万米，服装35.6万件，原煤12.5万吨，原铝（电解铝）1910.9吨，氧化铝6932.0吨，铝材8081.4吨，耐火材料制品6.6万吨，汽车1007辆，客车363辆，磨具1245.1吨，电力电缆882.0千米，手机18.8万台。

郑州，每日的货运量为72.8万吨，有97.4万人通过铁路、公路、航空等运输渠道进出郑州市。每天接待海内外游客17万人次，旅游收入19180.8万元，接待境外人数1156名，旅游（外汇）收入43.8万美元。

郑州，每天实际利用外资939.5万美元，有5526万美元的商品出口到世界各地。城市投资建设步伐加快，平均每天有9.8亿元用于固定资产投资，房地产开发有4.0万平方米房屋竣工，其中有2.9万平方米住宅竣工，每天销售商品房4.0万平方米。市场繁荣，平均每天实现社会消费品零售额达6.4亿元。

在这一天里，邮电职工将47万份期刊、22.5万件函件送到千家万户，每天邮电业务总量3588万元。移动电话通话时长14913.8万分钟，移动短信业务量197万条。新郑机场总起降299架次，国内航线起降279架次，进出旅客31982人次。

每天教育部门教育经费支出2906.7万元，有239名新生婴儿在郑州降生，有106人因各种原因而离开人世。平均每天有17.0万人次病人得到诊疗，其中门诊15.0万人（次）。每天有280对新人喜结良缘，有65对夫妇准予离异。

平均每天发生交通事故370起，每天发生火灾3起。全市日均排放工业废气27.4亿立方米，工业废水30.8万吨，生活废水124.2万吨，日均工业废水处理量8.5万吨，生活废水处理量117.5万吨。

一天结束，来自全市各水厂、电站和煤气站的计量表显示，全市自来水供水量达到98.2万吨，其中城市生活用水61.6万吨；全市售电量10821.9万千瓦小时，其中城乡居民生活用电1205.5万千瓦小时；天然气供气总量207.5万立方米，其中家庭用量58.1万立方米；液化石油气供气总量184.1万立方米，其中家庭用量132.6万立方米。

数字郑州

面积：7446.2平方公里

建成区面积：373.0平方公里

年末常住人口：903.1万人

城镇人口：598.6万人

地区生产总值：5547亿元

第一产业增加值：142.4亿元

第二产业增加值：3208.4亿元

工业企业增加值：2874.7亿元

建筑业增加值：333.7亿元

第三产业增加值：2196.2亿元

第一、二、三产业构成：2.6：57.8：39.6

人均生产总值：63328元

地方公共财政预算收入：606.7亿元

地方公共财政预算支出：700.6亿元

全社会固定资产投资：3669.8亿元

社会消费品零售总额：2290亿元

直接进出口总额：358.3亿美元

直接进口总额：155.7亿美元

实际利用外商直接投资：34.3亿美元

商品房屋销售面积：1441.9万平方米

商品房屋销售金额：901.6亿元

货运周转量：630.9亿吨公里

客运周转量：348.2亿人公里

来郑旅游人数：6200.4万人次

旅游总收入：700.1亿元

重大科技成果：310项

专利申请量：16254件

专利授权量：9000件

普通本专科学校：53所

中等职业技术教育学校：130所

卫生机构拥有床位：57894张

卫生技术人员：64213人

全社会用电量：479.5亿千瓦时

城市供水总量：3.6亿立方米

市区建成区绿化覆盖率：32.7%

建成区人均公共绿地：11.3平方米

市区新扩建城市道路：56.1公里

金融机构各项存款余额：10448.3亿元

金融机构各项贷款余额：6794.1亿元

城乡居民储蓄存款余额：3845.5亿元

城镇居民人均可支配收入：24246元

城镇居民人均工资性收入：14265元

城镇居民人均住房面积：29.5平方米

农村居民人均纯收入：12531元

农民人均生活消费支出：8967元

农村居民人均住房面积：55.7平方米

领导人在郑州

1月7日至12日，由商务部长陈德铭带队的国务院流通工作专题调研组在郑州市进行调研。

1月17日下午，省委书记、省人大常委会主任卢展工，省长郭庚茂出席2012年河南省新闻界迎新春座谈会。

1月20日上午，国务院南水北调办主任鄂竟平莅临郑州市，深入中牟、荥阳移民新村慰问群众。

1月20日，省委书记、省人大常委会主任卢展工主持2012年春节团拜会。省长郭庚茂致辞。

1月21日，农历腊月二十八，省委书记、省人大常委会主任卢展工在郑州看望慰问信访干部、公安民警、武警官兵和社区基层干部。

1月28日，铁道部党组书记、部长盛光祖在郑州车站安全监控应急指挥中心检查春运工作。

2月3日，省长郭庚茂对郑州市产业集聚区发展和重点项目建设进行观摩点评。

2月6日，交通运输部副部长、中国民航局局长李家祥与河南省委书记卢展工、省长郭庚茂就加快河南民航业发展深入交换了意见。双方签署了《关于加快河南省民航发展的战略合作协议》。

2月15日，十届全国政协副主席、中国工程院主席团名誉主席徐匡迪院士莅临郑州，就特色城市化发展情况进行调研。

2月16日至20日，中央政法委副秘书长、中央综治办主任陈训秋在新郑市调研。

2月21日，国务院南水北调办公室主任鄂竟平为南水北调工程首块举报公告牌揭牌。

2月23日至25日，中共中央政治局委员、国务院副总理王岐山在郑州、许昌调研。

2月23日至24日，国家人口计生委党组书记、主任王侠在河南考察调研。

2月27日，省领导卢展工、郭庚茂与300多名省市机关干部一起参加义务植树活动。

2月27日，河南省工业大会在郑州召开，省长郭庚茂出席会议并讲话。

3月1日上午，省长郭庚茂在郑州会见来豫出席“居民健康卡”全国首发仪式的卫生部部长陈竺一行。

3月23日，第七届中国河南国际投资贸易洽谈会开幕式暨合作项目签约仪式在郑州国际会展中心举行。全国政协副主席、全国工商联主席黄孟复出席开幕式。河南省委书记卢展工、省长郭庚茂主持开幕式。

3月24日，全国人大常委会副委员长、九三学社中央主席韩启德，全国政协副主席、全国工商联主席黄孟复，十届全国人大常委会副委员长、中华炎黄文化研究会会长许嘉璐，中共中央台湾工作办公室、国务院台湾事务办公室主任王毅，国务院侨务办公室主任李海峰，全国政协社会和法制委员会副主任黄晴宜，中华全国归国华侨联合会主席林军，中华全国台湾同胞联谊会会长梁国扬，中华全国归国华侨联合会副主席朱奕龙，民革中央副主席何丕洁，河南省领导卢展工、郭庚茂出席壬辰年黄帝故里拜祖大典。

3月27日，全国政协副主席、民革中央常务副主席厉无畏考察了郑州市动漫产业发展情况。

3月31日，国务院南水北调办公室主任鄂竟平考察南水北调中线工程郑州段桥梁建设和干渠施工情况。

4月6日，故宫博物院院长单霁翔在郑州市委党校作学术报告。

4月6日至7日，全国人大常委会副委员长、民建中央主席陈昌智在郑进行专题调研。

4月11日，中共中央政治局委员、广东省委书记汪洋，河南省委书记、省人大常委会主任卢展工，广东省省长朱小丹，河南省省长郭庚茂出席广东产品河南行启动暨粤豫经贸合作项目签约仪式。

4月12日至17日，中共中央政治局常委、全国人大常委会委员长吴邦国深入河南省郑州、新乡、焦作、洛阳等地调研考察工作。

4月17日，全国人大常委会副委员长周铁农在郑州市调研。

5月3日下午，省长郭庚茂在郑州会见来豫调研的中国电子科技集团公司总经理熊群力一行。

5月8日，河南省省长郭庚茂陪同山西省省长王君率领导山西省党政代表团在郑考察。

5月9日，河南省委书记、省人大常委会主任卢展工陪同青海省委书记、省人大常委会主任强卫率领的青海省党政代表团在郑考察。

5月9日，国家质检总局局长、党组书记支树平在河南考察质检工作。

5月10日，省长郭庚茂和国家知识产权局局长田力普共同签署《关于发挥知识产权支撑作用，加快中原经济区建设合作框架协议》。

5月14日，铁道部党组书记、部长盛光祖与省长郭庚茂就进一步推进河南铁路建设举行会谈，并共同签署会议纪要。

5月17至18日，中共中央政治局委员、全国人大常委会副委员长、中华全国总工会主席王兆国在郑州考察指导工作。

6月2日，河南省与中国联通战略合作重点项目、“智慧中原”核心基础设施——中原数据基地在郑州高新区开工奠基。省长郭庚茂宣布开工。

6月9日，省长郭庚茂出席在郑州市举行的2012年中国文化遗产日主场城市活动。

6月13日至17日，中共中央政治局常委李长春先后到郑州、洛阳、平顶山、许昌等地进行调研。

6月27日上午，省长郭庚茂，华夏银行总行行长樊大志出席华夏银行郑州分行开业庆典。

6月27日，省长郭庚茂出席中国民生银行与郑州市政府战略研发服务基地建设暨业务合作协议签约仪式。

6月28日，省长郭庚茂在郑州会见深圳华强集团董事长梁光伟一行。

7月5日晚，省委书记、省人大常委会主任卢展工在郑州会见全国政协副主席、民革中央常务副主席厉无畏。

7月11日，省委书记、省人大常委会主任卢展工在郑州会见全国政协新型农村社区建设调研组一行。

7月19日，省长郭庚茂出席2012中国（郑州）国际航空物流对接会开幕式。

7月28日，全国政协副主席张梅颖出席第八届中国医院院长高层论坛暨建立医院法人治理结构座谈会开幕式。

8月6日晚，省委书记、省人大常委会主任卢展工，省长郭庚茂在郑州会见国家发改委副主任杜鹰一行。

8月7日，由国家发展改革委组织召开的中原经济区规划编制工作启动会议在郑州举行。省长郭庚茂致辞。

8月10日，《河南省人民政府、深圳华强集团共同建设华夏历史文明传承创新示范区战略合作协议》签约仪式在郑州举行。省长郭庚茂出席仪式并讲话。

8月15日至16日，省长郭庚茂一行到中牟县、巩义市、高新区、新密市的产业集聚区调研。

8月17日，省长郭庚茂会见南航集团总经理、中国南方航空股份有限公司董事长司献民。

8月21日上午，省委书记、省人大常委会主任卢展工，省长郭庚茂在郑州会见参加第30届奥运会的河南省运动员、教练员。

9月10日，省长郭庚茂在郑州会见来豫访问的美国福喜集团全球主席兼首席执行官谢尔登·拉文、麦当劳(中国)有限公司副总裁栾江红一行。

9月13日，全国人大常委会副委员长、中国红十字会会长华建敏出席在郑州举行的河南省红十字会第五次全省会员代表大会。

9月21日，原全国人大常委会副委员长许嘉璐出席“天地之中（嵩山）——华夏文明与世界文明论坛”活动。

9月21日下午，省委书记、省人大常委会主任卢展工在郑州会见国家电监会党组书记、主席吴新雄一行。

9月21日下午，济南军区政委杜恒岩上将带机关工作组到郑州市调研。

9月23日下午，2012中国（郑州）产业转移系列对接活动见面会在郑州国际会展中心举行。省长郭庚茂出席见面会并讲话。

9月23日下午，省长郭庚茂在郑州会见了前来参加2012中国（郑州）产业转移系列对接活动的中国国民党中评委主席团主席、台湾环宇投资公司董事长徐立德一行。

9月23日晚，省委书记、省人大常委会主任卢展工在郑州会见原中共中央政治局委员、全国政协原副主席杨汝岱，全国人大常委会原副委员长许嘉璐。

9月24日，省长郭庚茂，南航集团公司总经理、南航股份有限公司董事长司献民出席中国南方航空公司与河南民航发展投资有限公司签署合资合同仪式。

9月24日，省委书记、省人大常委会主任卢展工，省长郭庚茂出席2012中国（郑州）产业转移系列对接活动。

9月24日，省长郭庚茂出席给力中原——建设中原经济区院士行座谈会并讲话。

9月25日，铁道部党组书记、部长盛光祖现场办公，重点检查郑州至武汉段的运营准备工作。

9月26日，省长郭庚茂出席海尔（郑州）市场创新产业园一期暨年产600万台空调生产基地项目奠基仪式。

9月28日，省委书记、省人大常委会主任卢展工、省长郭庚茂共同为郑州东站启动揭牌。

10月12日至13日，国家安全监管总局党组书记、局长杨栋梁在郑州考察调研安全生产工作。

10月16日下午，省委书记、省人大常委会主任卢展工在郑州会见中国华能集团公司总经理曹培玺一行。

10月16日下午，省长郭庚茂在郑州就河南保税物流中心和郑州新郑综合保税区富士康项目建设情况进行专题调研。

10月17日，国家测绘地理信息局与河南省人民政府在郑州共同签署加强测绘地理信息保障促进中原经济区建设合作协议。省长郭庚茂出席签字仪式。

10月18日，省长郭庚茂在郑州会见了奇瑞汽车股份有限公司董事长尹同跃。

10月19日，省长郭庚茂在郑州会见了博鳌亚洲论坛原秘书长龙永图等出席“2012长江中原发展研讨峰会”的重要嘉宾。

10月20日，全国铁路第十二届运动会在郑州开幕。铁道部党组书记、部长、中国火车头体育协会主席盛光祖宣布运动会开幕。

10月21日至24日，全国政协副主席、民革中央常务副主席厉无畏，全国政协社会和法制委员会副主任黄晴宜，省长郭庚茂等出席第九届中国郑州国际少林武术节开幕式。

10月23日晚，省长郭庚茂在郑州会见前来调研郑州航空港经济综合实验区建设的中国民用航空局副局长夏兴华一行。

10月26日晚，省长郭庚茂在郑州会见了以上海新沪商联合会会长、杉杉控股有限公司董事局主席郑永刚为团长的上海新沪商联合会企业家代表团一行。

10月27日上午，省委书记、省人大常委会主任卢展工观看“中国当代著名画家中原行作品展”。

11月23日，第十届全国人大常委会副委员长、中国关心下一代工作委员会主任顾秀莲一行对郑州市职业教育工作进行视察。

12月4日，中央宣讲团党的十八大精神报告会在郑州举行。省委书记、省人大常委会主任卢展工主持报告会。

12月19日上午，省委书记、省人大常委会主任卢展工、省长郭庚茂出席郑州新郑国际机场二期工程开工仪式。

12月23日，中国残联主席张海迪看望新密市残联康复中心残疾小朋友。

12月26日，省长郭庚茂到郑州东站看望慰问一线职工，现场听取有关部门关于郑州交通枢纽建设的情况介绍，并对下一步铁路建设提出了具体要求。

惠民“十大实事”

郑州市2012年“十大实事”完成情况

2012年，郑州市民生“十大实事”共60项任务，分别由29个主办单位和各县（市）区政府、管委会负责落实。市委、市政府共投入资金59.4亿元。截至年底，60项任务中，完成58项，2项未完成。

一是进一步做好就业再就业工作（4项）。实际发放小额担保贷款16.5亿元；完成创业培训6450人、再就业培训33341人、组织农村劳动力职业技能培训74560人；实现农村劳动力转移就业116765人，完成全年任务的117%，新增城镇就业再就业135137人，完成全年任务的104%；实现城镇“零就业家庭”动态为零的目标。

二是稳步提高社会保障和救助水平（8项）。全市人均每月增加养老金226.9元，调整后全市人均每月养老金1806.2元；适时为全市优抚对象、城乡低保对象、农村五保供养对象和领取失业保险金人员以及政府认定的其他困难群众发放临时价格补贴；在留守流动儿童相对集中的乡村、学校和城市社区建立“留守流动儿童之家”40个；在继续为符合条件的农村独生子女和计划生育双女家庭父母发放奖励扶助金的基础上，为年满60周岁且只有一个子女的城镇计划生育家庭父母，每人每年发放1000元的奖励扶助金；全市共开展免费婚（孕）前培训107473人次，孕前优生健康检查57387例，为高风险孕妇提供复合营养素补充59935对；共筛查宫颈癌156838人，乳腺癌158199人；14个县（市）区、开发区23家体检定点医院对郑州市60周岁以上持证残疾人免费体检；新建50个法律援助受理点；全市法律援助办案数量超过5166件，免费接待群众来访来电咨询44295余人次。

三是持续改善城乡居民生活生产条件（10项）。新建设施农业533.33公顷，截至12月14日，全市设施农业开工面积563.18公顷，已建成面积533.33公顷；经评审验收，认定22家早餐经营门店为郑州市放心早餐示范店；新建供热管网21.08公里，新增供热面积105万平方米，新建改建天然气管道64.77公里，发展民用户10万户；市区居民生活用水“一户一表”改造累计完工183项工程40397户；新建公厕50座，2000个公厕导示牌全部完成；完成20个贫困村整村推进，对居住在深山区的2000户贫困人口进行易地扶贫搬迁；新修、改建农村道路380.2公里，各县（市）区修建了70公里计划外项目；新增使用自来水的农村群众40万人；共完成无害化厕所53152个，建成406座垃圾中转站，维护更换农村垃圾中转站箱体398个；中低产田改造的5333.33公顷国家项目主体工程按要求全部完工，8000公顷市本级项目完成主体工程建设。

四是加快“畅通郑州”建设（7项）。新购公交车500辆，新开线路23条，优化调整线路32条；航空港区公交综合停车场、龙子湖高校园区综合停车场、高铁新客站公交综合枢纽站工程开工建设；继续优化中心城区路网结构，打通支线路网，20条道路具备通车条件；加快步行系统建设，人行过街设施建成投入使用1处，开工建设10处；停车场完工项目312处，共建泊位57698个；在二七广场、火车站、紫荆山、科技市场和城市出入市口设置停车智能诱导系统。

五是优先发展教育事业（4项）。增加优质中小学招生学位3.5万个；市区、六县（市）城区新建、改扩建中小学校共开工40所；新建、改扩建幼儿园共开工96所，269所幼儿园实现达标升级；共发放幼儿补贴资金5789.85万元，惠及幼儿19.3万人，发放教育券33万套。

六是加快发展医疗卫生事业（4项）。完成64所建制乡镇卫生院、74所社区卫生服务中心、54所社区卫生服务站的中医科达标建设；出台2012年新农合统筹补偿方案，筹资标准提高至每人每年290元，住院报销补偿封顶线提高到15万元，全市参合率达到98.8%；新农合统筹补偿方案明确要求在郑州市范围内参合农民在乡镇卫生院的住院报销比例和利用中医药服务的住院报销比例分别提高到90%和100%；启动50所乡镇卫生院取暖设施和房屋保暖改造工程。

七是完善公共文化旅游服务体系（5项）。新建农家书屋410个（不包括巩义市31个），并通过省农家书屋验收组的检查验收；全年26024场公益电影的放映任务全部完成；郑州市社区科普大学示范点建设单位达到107个，完成科普大学骨干培训1044人，发放社区科普大学系列科普教材10070套，培训社区居民达到113960人次；在政府办事大厅、重点景区、车站、机场、星级酒店、博物馆、科技馆等窗口单位免费提供郑州旅游图；省旅游局批准6个村为省级特色旅游村，评定9个村为“郑州市特色旅游村”，乡村旅游经营单位通过评定45家。

八是加强保障性住房建设（3项）。新开工51999套保障性住房，建成完工各类保障性住房30023套，其中12959套交房入住；无主管楼院帮扶和业主委员会（业主代表协调委员会）改造完成563个小区；有6家企业通过建设部一级资质审核，13家企业通过了省住建厅二级资质审核，通过市级物业管理示范项目38个，申报创建省级物业管理示范项目27个，初评合格向省住建厅推荐19个。

九是加强生态建设和环境保护工作（7项）。滨黄河森林公园示范园、郑州黄河国家湿地公园示范园、郑州花卉苗木博览园、郑州文博森林公园示范园建成并开园，常西湖公园向市民开放；市园林局完成市区新增绿地852.68万平方米，新植乔木71.9万株，市林业局完成林业生态市造林1.28万公顷；6个省级生态乡镇和45个省级生态村通过省环保厅材料审核，51个市级生态村完成创建工作；12月正式发布PM2.5监测数据；城区18台10蒸吨以下燃煤锅炉的拆除改造任务全部完成，10台10蒸吨以上燃煤锅炉烟尘升级改造和脱硫治理工作全部完成，30家规模以上餐饮单位完成油烟治理任务；加快推进马头岗污水处理厂二期工程等项目建设，市区生活污水集中处理率达到90%以上，结合新型农村社区建设，因地制宜配建小型污水集中处理设施，做到同步设计、同步施工、同步投入使用；47个农村环境连片综合整治项目全部完工，并通过市级工程验收和省级抽验。

十是加强公共安全和社会管理（8项）。在偏远乡村、农村寄宿制学校开通定时公交线路、提供公交定制服务等试点已完成；加强对散装水泥罐车和垃圾、渣土清运车等特殊车辆无照运营、超速行驶、无遮盖运输撒漏等行为进行综合整治；加大对肉制品、大米、蔬菜、豆制品、食用油等大宗商品抽检比例，启动肉类流通追溯体系建设工作，逐步提高大宗食品的质量安全水平；开展规模以上餐饮服务企业信用达标升级活动，设立监管信息公示牌，方便群众监督和投诉；全年药品监督抽验2652批次，医疗器械监督抽验241批次，受理群众举报、投诉共373件，回复373件，收到省食品药品监督管理局交办件331件，回复331件，收到外地协查件589件，回复589件，办理简易程序案件393件；建成标准化警务室724个，其中市内分局466个，县（市）局、上街分局258个，全市有754名民警落实兼职工作模式，其中兼任社区党支部副书记或主任助理的506名，兼任乡（镇）综治办主任助理的248名；加强对城区200个重点路口、30个重点部位、300个重要场所的视频监控，对市区视频监控设施进行及时维护和升级改造，实现互联互通；在交通或治安状况复杂的行政村中，建设200个视频监控示范村，引导农村逐步实现视频监控全覆盖。

郑州市2013年民生“十大实事”

（一）鼓励创业促进就业。开展创业培训、再就业培训、农村劳动力职业技能培训，实现新增城镇就业再就业13万人、农村劳动力转移就业10万人。

（二）推进教育均衡发展。市区新建、改扩建中小学校30所，新增学位3万个。新建、改扩建86所公办幼儿园，新增学位2万个。

（三）提升医疗卫生服务能力。持续实施优质医疗资源倍增工程。发放居民健康卡100万张，推动居民健康档案、病历和诊疗信息共享。支持16所新型农村社区卫生服务中心建设。持续推进中医中药进农村、进社区，为农村标准化村卫生所和150家社区卫生服务站配备中医药设备。

（四）缓解出行难。地铁1号线年底前开通试运营。新购清洁能源公交车500台。新开通公交线路20条，优化中心城区公交线路30条。新增城市支路25条。新改建新型城镇化县域道路500公里。

（五）加强保障性住房建设。开工建设保障性住房和完成棚户区改造45848套，基本建成45672套。完成830个老旧小区物业基础设施改造。

（六）提升市容环境质量。开展PM2.5污染源治理，完成3家电厂和2家水泥厂的脱硝治理工作。营造生态林6666.67公顷，市区新增绿地500万平方米以上、新植乔木50万株以上。

（七）提高社会保障和救助水平。免费为农村居民按每人15元的标准购买大病保险，大病保险补偿、新农合政策补偿合并最高额从15万元提高到35万元，20种大病实际补偿平均达到90%以上。

（八）丰富群众文体生活。为基层免费送去优秀戏曲（剧目）、电影。巩固提高100个社区科普大学示范点，培训社区居民10万人次。

（九）改善城乡生产生活条件。继续实施“菜篮子”工程，开发新菜田2666.67公顷、建设设施农业533.33公顷；新建、改造标准化菜市场5家；新建平价蔬菜店50家。完成易地扶贫搬迁5633户20852人，完成20个贫困村整村推进工作。新增燃气用户8万户。为4万户城区自来水居民用户实施“一户一表”改造。新增农村自来水用户6.5万户，解决安全饮水27万人。新建供热主管网10公里，启动“煤改气”工程，新增供热能力100万平方米。

（十）加强公共安全监管。在蔬菜、水果、食用菌、水产品、肉类等农产品实施质量安全市场准入的基础上，新增原（杂）粮、干菜（果）、茶叶市场准入检测监管。

为200所中小学校和幼儿园、300个路口、100个公交站点、45个卡口及新建新型农村社区、滨河公园等场所安装视频监控设施，实现与已建视频设施的互联互通。

荣誉郑州

2012年，郑州市被国务院表彰为全国“两基”工作先进地区

2012年，郑州市被中央精神文明建设指导委员会评为全国未成年人思想道德建设工作先进城市

2012年，郑州市被全国双拥工作领导小组、民政部、解放军总政治部评为全国双拥模范城

2012年，郑州市被交通运输部授予全国“公交都市”第一批创建城市称号

2012年，郑州市被科技部授予国家创新型试点城市称号

2012年，郑州市被民政部授予2012年度中国慈善政府推动奖

2012年，郑州市被国家知识产权局授予国家知识产权示范城市称号

2012年，郑州市被国家测绘地理信息局评为全国数字城市建设示范市

2012年，郑州市被中国会展经济研究会授予2010年度中国十佳展会城市称号

2012年，郑州市被中民慈善信息捐赠中心授予第二届中国城市慈善公益慈善指数七星级慈善城市称号

2012年，郑州市精神文明建设指导委员会办公室被中央精神文明建设指导委员会评为全国未成年人思想道德建设工作先进单位

2012年，郑州市机构编制委员会办公室被人力资源和社会保障部、中央机构编制委员会办公室评为全国机构编制工作先进集体

2012年，郑州市人力资源和社会保障局被国务院授予全国新型农村和城镇居民社会养老保险工作先进单位、全国就业先进工作单位称号

2012年，郑州市公安局刑事侦查支队有组织犯罪侦查大队被公安部授予全国优秀公安基层单位称号

2012年，郑州市司法局被司法部评为国家司法考试工作先进单位、人民调解宣传工作先进集体

2012年，郑州市法律援助中心被司法部评为全国法律援助“双十佳”单位

2012年，戏剧《水月洛神》（舞剧）获中宣部颁发的第十二届精神文明建设“五个一工程”优秀作品奖

2012年，郑州市群艺馆被中宣部评为全国文化体制改革先进单位

2012年，郑州市房管局被中国海员建设工会全国委员会评为全国保障性安居工程建设劳动竞赛先进单位

2012年，郑州市环保局被环保部评为全国环境保护系统先进集体

2012年，郑州市审计局被国家审计署评为全国社保资金审计先进公务员集体

2012年，郑州市物价局被国家发改委评为全国价格监测工作先进单位、全国收费统计工作先进集体

2012年，郑州市安监局被国务院安全生产委员会办公室评为2012年全国安全生产月先进单位

2012年，郑州市政府外侨办获外交部颁发的外事管理工作优异奖，被国务院侨办评为全国侨办系统信访工作示范单位

2012年，郑州市地方史志办公室《郑州年鉴》获中国出版工作者协会年鉴工作委员会第六届全国年鉴编校质量检查评比一等奖

2012年，郑州市供销社被全国供销合作总社评为全国供销合作总社系统先进集体

2012年，郑州市爱卫办被全国爱卫会评为全国爱国卫生先进集体

2012年，郑州市检察院办公室被最高人民检察院评为高检院信息直报点先进单位，宣传处被评为全国检察宣传工作先进单位，纪检组监察处被评为全国纪检监察工作先进集体

2012年，郑州市总工会被中央宣传部、中央文明办、解放军总政治部评为全国军民共建社会主义精神文明先进单位，被中华全国总工会评为全国工会系统先进集体、全国会员评议职工之家工作先进单位、全国工会职工法律援助等维权服务示范单位

2012年，郑州市总工会被中华全国总工会、国家安全生产监督管理总局评为全国安康杯竞赛优秀组织单位

2012年，郑州市妇联被中华全国妇联、全国妇女“巾帼建功”活动领导小组评为全国巾帼文明岗，被中华全国妇联评为全国农村妇女“两癌”免费检查工作先进集体

2012年，郑州市残联被中残联评为2008—2011年度全国残疾人事业统计工作先进集体

2012年，巩义市被全国妇联评为全国家庭教育工作示范县（市、区），被新华社《瞭望东方周刊》、中国市长协会《中国城市发展报告》评为2012年中国最具幸福感城市，被中国残联金钥匙视障教育研究中心评为全国视障教育先进市

2012年，新密市被民政部、农业部、国家档案局授予全国社会主义新农村建设档案工作示范市称号，被农业部授予全国平安农机示范县市称号

2012年，新郑市被民政部、农业部、国家档案局授予全国社会主义新农村建设档案工作示范市称号，被国土资源部评为全国第四批地质灾害群测群防“十有县”

2012年，登封市被中组部评为全国组织系统先进集体

2012年，荥阳市被国家爱卫会重新命名为国家卫生城市，被国家人口和计生委重新命名为国家计划生育优质服务先进县（市）

2012年，中牟县被全国村务公开协调小组授予全国村务公开民主管理示范单位称号

2012年，金水区被农业部授予全国农村集体“三资”管理示范县称号，被卫生部授予国家卫生应急综合示范区称号

2012年，二七区被中国产学研合作促进会授予中国产学研合作促进奖

2012年，郑州高新区被科技部评为全国先进高新区

2012年，郑州市工商局被中央文明委授予全国文明单位称号

2012年，郑州市国税局被中央文明委授予全国文明单位称号

2012年，郑州市地税局稽查局被国家税务总局评为全国打击发票违法犯罪工作先进单位

2012年，郑州市质监局被国家质检总局评为全国民生计量工作先进单位、全国质量统计分析工作先进集体、全国质检系统法制创新优秀奖

2012年，郑州市邮政局获中国通信企业协会2012年通信行业用户满意企业称号

2012年，郑州供电公司被全国总工会评为2011年度全国“安康杯”竞赛优胜单位，被国家电网公司评为国家电网公司先进集体和2011年度信息工作先进集体

2012年，中国联通郑州市分公司网络优化中心无线支撑QC小组被中华全国总工会评为全国优秀质量管理小组

2012年，南航河南分公司工会获中国南航管理提升暨“安康杯”演讲比赛优秀组织奖，公司团委获中国南航2012年度“五四”红旗团委称号

2012年，郑州银行被中国社科院金融研究所评为年度最具成长性中小银行，被中国社科院金融研究所评为年度最佳小微企业服务中小银行

总述

ZONG SHU

◎特　载

◎市情概要

◎大事记

高举旗帜 坚定信心 乘势而上 持续提升 为夺取郑州都市区建设新胜利而努力奋斗

——在市委十届四次全体（扩大）会议上的讲话

市委书记 吴天君

（2013年1月5日）

这次市委全会的主要任务是，深入学习贯彻和全面落实党的十八大、中央经济工作会议和省委九届五次全会、省委经济工作会议精神，系统总结去年以来的经济工作，分析研判当前形势，安排部署今年的经济工作，动员全市上下以党的十八大精神为指引，高举旗帜、抢抓机遇、乘势而上、持续求进，加快实施郑州都市区建设三年行动计划，奋力夺取郑州都市区建设新的更大的胜利。

刚才，我们对去年“三大主体”工作中涌现出来的先进单位和个人进行了表彰。这次表彰有两个特点：一是充分尊重各工作领导小组的意见。由各工作领导小组依据工作实际推荐先进单位和个人，让各工作领导小组有职责、有权威。二是鼓实劲、鼓真劲。受表彰对象去年取得的成绩都是看得见、摸得着、实实在在的。我们要在全市树立起务实发展的导向，任何单位不要寄希望于报数字、搞形式获荣誉。希望受表彰的单位和个人再接再厉，再创佳绩。

马懿同志代表市委作了一个很好的报告，对2012年的工作进行了系统的总结和概括，依据郑州都市区三年行动计划，结合今年的工作特点，对各项工作进行了系统、全面的安排部署，对郑州都市区建设的认识和推进有了新拓展、新提升。特别是从“全国找坐标、中部求超越、河南挑大梁”三个角度对郑州面临形势进行了深入分析，作出了郑州已进入加快转型、赶超跨越关键时期的准确判断；在指标体系上，既制定了积极稳妥的工作目标，又提出了要努力实现“十二五”规划和“三年倍增、五年超越”的既定目标；对2013年工作，提出了把握一个“总要求”，强化“三大主体”工作，创新“三大机制”、突出“四个着力”，做好“八项工作”的整体思路，目标任务明确，措施具体有力，工作重点突出，希望大家深刻领会，结合实际抓好贯彻落实。

下面，根据市委常委会的意见，我再强调四个问题。

一、充分肯定2012年工作，进一步坚定加快推进郑州都市区建设的信心和决心

过去的一年，我们在省委、省政府的正确领导下，我们以郑州都市区建设为总揽，以“三大主体”工作为抓手，以开放创新为动力，密切联系群众，充分依靠群众，实现了经济社会又好又快发展，取得的成绩鼓舞人心、振奋人心。概括起来有“五个一”的特色亮点：**一是形成了一个共识。**就是“全国找坐标、中部求超越、河南挑大梁”的共识。全市上下在全国全省的发展大局中找定位、找目标，形成了高位谋划、高标推进、争先晋位的良好工作取向。**二是理出了一条路径。**围绕“干什么、在哪干、干成啥”，梳理出了郑州都市区空间布局、功能分区、产业布局和行动计划，为今后郑州的持续发展奠定了基础。**三是建立了一套工作推进机制。**以市级领导班子工作运行机制、日常应急处置工作机制、督察考核机制“三大机制”为载体，形成了党委统一领导、政府分工负责、四大班子通力协作，一级支持一级工作、一级对一级负责，责任、有序、高效的工作运行体系。**四是营造了一个干事创业的氛围。**为想干事者创条件、为会干事者造环境、为能干成事者搭舞台，树立了良好工作导向。全市各级干部讲政治、顾大局，勇于担当、敢于担责，以实干赢得了方方面面的理解、信任和支持，形成了外界肯定、群众拥护、上下同心、明争暗赛、竞相发展的良好氛围。**五是呈现出了一种好的态势和气势。**新型城镇化强力推进，赢得了广大群众的积极参与和支持；现代产业体系构建取得重大突破，在宏观经济下

行压力较大的情况下，保持了经济平稳较快发展，优化了产业结构，为全省经济发展作出了贡献；以网格为载体依靠群众推进工作落实长效机制健康推进，一大批群众关心的热点难点问题得到有效化解；开放创新步伐加快，群众生活持续改善，政治建设、文化建设、社会建设、生态文明建设和党的建设得到全面加强。

一年来，大家在谋划中实践，在实践中深化，从不认知到自发自觉，从破冰启动到势如破竹，干了一些破瓶颈、管长远、打基础的事。实践证明，郑州的干部队伍是一支能干事、会干事、勇担责、善攻坚的干部队伍。在此，我代表市委向受表彰的单位和个人表示热烈祝贺！向为郑州都市区建设作出积极贡献的广大干部群众、向关心支持郑州发展的各界朋友表示衷心的感谢！

二、深化对郑州发展现阶段特征的认识，进一步增强责任感、使命感和紧迫感

站在“全国找坐标、中部求超越、河南挑大梁”的高度，用辩证的、历史的、全面的眼光审视郑州的发展，我市正处在转型发展、超越发展的关键阶段。**一是机遇的倒逼压力和挑战。**中原经济区规划的全面实施，郑州航空港经济综合实验区的批准建设，中央以新型城镇化扩大内需政策措施的落实，中央对中部地区发展的高度重视，等等；给郑州的发展带来了前所未有的重大历史机遇。如果我们顺势而上，抓住这些机遇，郑州就可能有一个大的跨越，建设成为国家中心城市、国际化大都市。如果因我们意识不到、抓而不紧、能力不足而丧失机遇，被其他城市抓住了，我们这班人就无法向党和人民交代。**二是自身转型发展的倒逼压力和挑战。**主导产业竞争力不强，以资源型、粗放型为主的经济发展模式亟待转型；基础设施欠账较多，统筹城乡发展、推进新型城镇化建设任务重、成本高；土地、资金、环境等瓶颈制约严重；影响发展的体制机制障碍亟待突破；社会管理有待进一步加强，等等。这些困难和问题解决不好，郑州的发展就难以持续。**三是区域竞争的倒逼压力和挑战。**周边城市都在千方百计争取政策、争创优势、争先晋位，区域竞争日益激烈，如果我们还意识不到“不进则退、慢进亦退”的严峻形势，还不警醒奋起、加压奋进，那么我们面临的就不是“超越”的问题，而是能不能保住现有位次的问题。全市上下要站在对历史负责、对省会人民负责的高度，以时不我待的紧迫感、舍我其谁的责任感，以壮士断腕、破釜沉舟、背水一战的决心和勇气，抢抓机遇，担当责任，积极作为，给党和人民交上一份满意的答卷。

三、准确把握2013年经济工作的总要求，实现经济社会持续健康快速发展

贯彻中央主题主线主基调和省委“持续求进、加快转型、完善提升”的经济工作会议精神，关键是要结合我市市情和阶段特征，把握和落实好马懿同志概括讲的“强投资、夯基础、调结构、求提升，实现经济社会持续健康快速发展”的总要求。

“强投资”，就是要突出一个“投”字。历史的经验和教训证明，拉动区域经济发展最直接、最有效的力量是投资；推进区域转型发展、可持续发展的关键在于投资的结构和质量。我们要把投资作为经济工作的总抓手，以新型城镇化建设、现代产业体系构建、生态环境建设、民生改善为重点，以项目为载体，抓住国家“宽财政、稳货币”的政策机遇，创新投融资体制，调动全社会资源，形成全社会投资热潮。要以投促拆，围绕集聚、集约、节约、内涵式发展，加大对低效利用土地建筑的拆除整治力度，为各项建设创造条件；以投促建，大力推进以交通道路为先导的城乡基础设施、公共设施建设，加快新型城镇化步伐，充分释放新型城镇化在扩大内需中的潜力；以投促调，以增量调存量，带动产业结构优化调整；以投促转，实现城乡形态、产业业态的转型升级；以投促超，发挥投资的拉动作用，以投资质量和规模的超越实现未来发展速度和总量的超越。“夯基础”，一方面，围绕“人们在哪里居住、产业在哪里布局”，加快对城乡发展、产业体系构建和社会事业发展具有战略支撑作用的基础设施和公共服务项目建设；另一方面，着眼于破解发展瓶颈，深化企业产权、投融资等体制改革，深化项目推进、行政区划管理、干部选拔任用等机制创新，探索建立支撑郑州持续健康快速发展的体制机制。“调结构”，加快调整城乡、产业、所有制三大结构，带动产品、投资、消费等结构的优化调整。坚持城乡统筹、一体发展，着力破解城乡二元和城市内部二元两个“二元结构”问题；坚持内涵与外延并重，以工业“6+2”产业基地和服务业“十中心”建设为突破，加快打造全国重要的先进制造业和现代服务业基地；坚持以改组、改制、改造优化企业组织结构、管理结构和产品结构，以集聚、集群、集约发展促进空间布局优化、资源集约利用、功能集合构建，实现发展方式的转型升级。“求提升”，就是提升质量、提升效益、提升位次，实现三产在经济中的比重、高新技术产业在经济中的比重、税收在财政中的比重明显提高，节能减排、PM2.5、安全事故率明显下降；实现经济增长与社会事业发展、群众收入增长、生态环境保护同步，经济效益、社会效益、生态效益共赢；实现城乡统筹发展、综合交通枢纽建设、现代产业体系构建、城市形态风貌建设在35个大中城市中争先晋位。“持续健康快速发展”，既是我们自身发展的需要，也是省会城市为全省作贡献的应有担当，是我们今后一个时期持续奋斗的目标。

围绕这一总要求，我们要着眼于为“三年行动计划”明年的圆满收官打基础，以决战决胜的姿态加快推进“三大主体”工作。新型城镇化引领要突出中心城区改造提升、新区开发、县城组团发展“三大板块”，以交通道路为先导全面推进六个切入点工作，确保列入三年行动计划的项目今年开工率达到85%以上。现代产业体系构建要围绕主导产业发展，在招大引强、龙头培育、链条延伸、集群发展、科技创新、小微企业扶持上求突破，力争工业和服务业投资位居中部城市首位，主导产业增速达到20%以上。坚持依靠群众长效机制建设要以“深化、规范、提升”为主题，着力解决好条块深度融合、主动履职能力提升和依法行政与群众自治融合衔接等问题，健全完善工作机制，加大责任追究力度，不断扩大网格化管理成效，为郑州都市区建设提供有力保障。

围绕这一总要求，我们要着眼于破解发展瓶颈，坚定不移地实施开放创新双驱动战略。要着力提高招商引资水平，围绕我市主导产业和龙头企业上下游产业链，以世界500强和国内行业前20强企业为重点，达到培育引进一个企业带动一个产业的雁阵效应。要强化科技引

领发展的理念，积极打造鼓励科技创新的环境平台，力争高新技术产业增速、专利申请量和授权量、科技成果量、技术合同成交额走在中部城市前列。要着眼于“激发活力、破解瓶颈、优化环境、规范管理、产城融合、城乡一体”，深化产权制度、财税制度、投融资制度、土地流转制度、行政审批制度、城乡社会管理体制、各类开发区集聚区行政区划管理等体制机制创新。

围绕这一总要求，**我们要着眼于打造区域发展新优势，以国际化的视野和标准规划建设郑州航空港经济综合实验区**。要站位航空港特色、现代化国际城市，用先进的理念加快推进实验区总体规划及专项规划的编制工作，做好国家、省相关政策和重大交通枢纽项目的争取和实施工作，加快建设核心区陆路交通集疏网络，着力打造集航空、铁路、公路为一体的国际化综合交通枢纽，构建以航空经济为主导的现代产业体系。

围绕这一总要求，**我们要着眼于为长远发展打基础，以项目为载体，全面掀起投资建设热潮**。要以项目化的理念和方法推进工作，集中力量推进一批具有奠基性、带动性、支撑性的项目，力争实现四个突破：即实现以轨道交通、企业上市、地方债券为重点的国家项目审批的新突破；实现争取国家、省重点项目数量的新突破；实现招商引资、项目落地数量和质量的新突破；实现项目审批运转效率的新突破，今年列入全市重点的新建项目春节前立项、报批等前期手续要完成80%以上，3月底前开工率要达到80%以上。

围绕这一总要求，**我们要着眼于保障和改善民生，统筹推进各项社会事业发展**。围绕习总书记关于人民群众对“七个更”的期盼要求，按照“守住底线、突出重点、完善制度、引导舆论”和“保基本、可持续”的原则，制定行动计划，以实施实事工程为载体，持续抓好优质教育和医疗资源倍增、创业就业扶持、社会保障救助体系建设、生态环境改善、15分钟生活圈打造、拆迁群众安置、担保公司风险化解、安全生产和社会稳定等工作，努力让广大群众生活得更安全、更舒心、更有保障。

四、深入学习贯彻党的十八大精神，为各项目标任务的圆满完成提供有力保障

党的十八大是一次具有里程碑意义的重要会议。学习好、贯彻好、落实好十八大精神是我们当前和今后一个时期首要的政治任务。这次全会将审议通过市委《关于深入学习贯彻党的十八大和省委九届五次全会精神，加快推进郑州都市区建设的决议》，希望大家抓好落实，立足于学，着眼于做，不断把学习贯彻引向深入。

（一）要坚持用党的十八大精神武装头脑、指导实践。各级党组织和广大党员要把学习贯彻十八大精神作为一项常态化工作常抓不懈，不断深化对十八大理论观点、战略思想和工作部署的认识，切实用十八大确定的路线方针政策统一思想、坚定信念、指导实践，确保在思想认识上不断提高、理论武装上持续加强、学用结合上富有成效。

（二）要着力提高领导和驾驭经济工作的能力和水平。郑州与其他省辖市不同，是省会城市，经济相对发达、意识相对超前、社会更为关注。因此，在郑州工作的同志，必须以更高的标准要求自己。只有具备更高的工作能力和水平，才能解决好省会城市面临的复杂问题，解决好其他省辖市没有遇到的问题，更好地担当起核心城市带动中原经济区发展的重任。全市各级领导干部一定要加强学习，要向书本学习、向实践学习、向群众学习、向周边的同志和先进集体学习。要注重对国家政策特别是今年的“宽财政、稳货币”、“营改增”、房产税、企业减负等宏观政策的学习和研究，注重对现代经济理论、科技文化知识的学习和研究，注重对国内先进城市正在谋划的工作、正在推进实施的工作、发展的态势趋势的学习和研究，从中把握方向、掌握规律，找到工作的结合点和突破口，用国际化的视野、胸怀百年的气魄谋划工作，使各项决策和措施更具科学性、前瞻性和可操作性。要坚持以统筹的理念、创新的办法解决发展难题，以政府主导、市场化运作的原则整合社会资源，以善用媒体、依靠群众、依法行政的方法开展工作，不断提高各项工作的科学化水平。

（三）要改进工作作风，密切联系群众。按照中央统一部署，扎实开展好以为民务实清廉为主要内容的党的群众路线教育实践活动，从领导干部做起，从小事细节做起，从现在做起，以工作作风转变带动思想作风、学风、领导作风、生活作风的转变，“以过硬作风、求超越发展”。思想作风要突出一个“正”字，做到政治坚定、一身正气；学风要突出一个“勤”字，做到学以正己、学以增智、学以致用；工作作风建设要突出一个“实”字，大力弘扬求真务实之风、密切联系群众之风、争先晋位之风；领导作风要突出一个“公”字，立党为公，公正无私，秉公办事；生活作风要突出一个“慎”字，做到慎微、慎始、慎欲、慎友、慎独，始终保持共产党员的蓬勃朝气、昂扬锐气和浩然正气，以党风带政风促民风。

（四）要树立导向，营造氛围。要按照“权责明确、分级负责、主动高效、督察评价”的原则，从市级领导干部做起，一级支持一级工作，一级对一级负责，自上而下建立责任、有序、高效的工作运行机制。要坚持在经济社会发展主战场选拔任用干部，在“三大主体”工作一线培养历练干部，形成优秀干部凭业绩自动生成机制，以良好的用人导向引导各级干部深入一线、干事创业、积极作为。

同志们：面对千载难逢的历史机遇和挑战，承载着党和人民的信任与期盼，郑州都市区建设的责任重于泰山，发展提升的事业任重道远。让我们紧密团结在以习近平同志为总书记的党中央周围，在省委、省政府的坚强领导下，脚踏实地，埋头苦干，以承担比别人更大的责任、坚持比别人更高的标准、付出比别人更多的艰辛，实现比别人更好更快的发展，为把郑州早日建成自然之美、社会公正、城乡和谐的现代化都市区，在全省率先全面建成小康社会而努力奋斗！

政府工作报告

——在郑州市第十三届人民代表大会第六次会议上

市长 马懿

（2013年2月20日）

各位代表：

现在，我代表市人民政府，向大会作政府工作报告，请予审议，并请各位政协委员和列席人员提出意见。

一、2012年工作回顾

过去的一年，在省委、省政府和市委的正确领导下，全市上下按照“全国找坐标、中部求超越、河南挑大梁”的总体要求，认真落实《中原经济区郑州都市区建设纲要》，编制实施郑州都市区建设三年行动计划，科学谋划并大力推进“三大主体”工作，着力“保增长、调结构、促转型、惠民生”，较好地完成了市十三届人大四次会议确定的目标任务。

——经济平稳较快增长，质量效益持续提升。面对严峻的经济下行压力，不断加大经济调节力度，出台了一系列保增长的政策措施，全市经济社会发展继续保持了良好态势。初步统计，全市生产总值达到5547亿元，比上年增长12%；规模以上工业增加值完成2614亿元，增长17%；公共财政预算收入完成606亿元，增长21%；固定资产投资达到3561亿元，增长23%；社会消费品零售总额达到2290亿元，增长15%；居民消费价格指数涨幅为2.7%；城镇居民人均可支配收入24246元，增长12.2%，农民人均纯收入12531元，增长13.4%。

——新型城镇化强力推进，城乡一体化进程持续加快。以六个切入点为载体，加快推进新型城镇化建设，实现了全域拆迁面积、城乡基本建设投资、土地收储和争取土地指标三个突破性进展。“两环十七放射”开工建设总量达70%以上，10条市域快速通道中郑汴物流通道、南三环东延、四港联动大道、国道107线、郑新快速通道新郑段建成通车。国家、省、市三级交通项目完成投资263亿元，是2011年的1.5倍。生态廊道绿化面积完成3600万平方米。中心城区功能逐步提升，“六旧九新”片区改造启动项目302个，三环以内177家市场完成外迁23家，启动外迁25家。四类社区建设全面展开，启动城中村改造项目60个、合村并城社区98个、新型农村社区68个、新市镇25个，建成安置房800多万平方米。畅通郑州建设扎实推进，地铁1号线顺利实现双线轨通，京广高铁全线通车，郑州东站建成投用，京广快速路一期建成通车，打通断头路20条，新建停车场367个，新增停车泊位7万多个。三环快速化工程、高速路出入市口、南水北调跨渠桥梁等重大基础设施工程进展顺利。城区道路大修、排水管网改造、污水、热力、电力等市政工程有序推进，南部热源厂正式运行，城市管理整治提升初见成效。郑东新区实现“十年建新城”目标，郑州城市形象不断提升。城市组团加快建设。积极创建国家森林城市，完成造林22万亩，新增城市绿地1067万平方米，文博森林公园、西流湖生态公园（北区）建成开园。生态水系和水源工程进展加快，西流湖污水治理初见成效，龙湖调蓄工程建成蓄水。PM2.5监测启动运行。

——现代产业体系加快构建，结构调整效应持续显现。积极破解影响郑州长远发展的深层次结构性矛盾问题，明确了工业和服务业主导产业定位及布局，投资2268亿元、开工建设了211个省市重点项目，产业转型升级步伐进一步加快。新型工业化主导地位增强。七大工业主导产业对工业增长贡献率达到83%，拉动全市工业增长14个百分点。传统产业改造提升成效显著，战略性新兴产业和高新技术产业快速发展。汽车及装备制造、电子信息等八大产业基地加快整合。国机集团、华强电子、海尔产业园、中国联通中原数据基地等一批项目开工建设，格力电器等重大工业项目建成投产。销售收入超百亿元企业达到11家，郑煤机集团、华北石油局超100亿元，宇通集团首次突破300亿元，鸿富锦精密电子（郑州）有限公司突破1000亿元。产业集聚区工业企业主营业务收入4500亿元，增长26%，航空港产业集聚区成为全省第一个千亿级产业园区。现代服务业发展逐步提速。全年服务业投资实现2127亿元，增长26%。郑东新区金融集聚核心功能区扎实开局，龙湖金融中心首批签约16个金融项目。商贸服务业和文化旅游业提档升级，房地产业健康发展。华南城、金马凯旋家居CBD等项目开工建设，方特欢乐世界、二七万达广场、王府井百货等项目建成运营，中石化郑州分公司、丹尼斯百货销售收入首次突破100亿元。都市型现代农业稳步发展。粮食总产量达到170万吨，实现“十连增”。“菜篮子”产品产量稳步提高。现代农业示范区“136”工程全面启动。改造中低产田20万亩，新增有效灌溉面积10万亩，改善节水灌溉面积7万亩，农业生产条件持续改善。三全、好想你等五大农业产业化集群粗具规模，中牟·国家农业公园形象初显。全市农产品加工型龙头企业实现销售收入470亿元，5家被列为全国第一批主食加工业示范企业，占总数的1/4。

——开放创新双驱动战略深入实施，城市核心竞争力持续增强。成功举办了第十八届郑交会、壬辰年黄帝故里拜祖大典、第九届中国郑州国际少林武术节、第四届中国·郑州农业博览会等一系列重大活动，全年会展面积达到175万平方米，郑州的影响力进一步提升。全年引进市外境内资金1099亿元人民币，约占全省总量的1/4；实现外商直接投资34.3亿美元，约占全省总量的1/3。产业招商成效明显，新签约亿元以上项目145个。出口总值完成202亿美元，增长1倍以上。全国跨境贸易电子商务服务试点项目启动。全市研发投入占GDP比重达到1.7%，远高于全省平均水平。高新技术产业产值增长32%，专利申请量增长47.5%，专利授权量增长47.6%。国家技术发明奖实现了零的突破。国家专利审查协作河南中心落户郑州。荣获国家创新型试点城市、国家知识产权示范城市称号。

——社会事业全面发展，人民生活持续改善。坚持经济发展与民生改善相统一，全市财政用于改善民生的支出达512亿元，增长23%，占公共财政预算支出的73%。民生“十大实事”基本完成。新增城镇就业再就业13万人，转移农村劳动力11万人。新建、改建农村公路500公里。解决49万农村人口饮水安全问题。新建、改扩建中小学校40所、幼儿园96所，新增市区中小学优质学位5万个、幼儿园学位2.5万个。完成易地扶贫搬迁和整村推进年度任务，扶贫标准提高到3000元，比国家和省定的标准高700元。医疗服务保障能力持续提升，一批优质医疗资源项目投入使用，“片医负责制”社区卫生服务已覆盖全市800多万城乡居民，全国首家启动实施“居民健康卡”，新农合经办机制改革“郑州模式”在全国推广。社会保障水平不断提高，基本实现了应保尽保。社会救助工作进一步加强。保障房建设完成省定的目标。入选国家首批“公交都市”建设示范工程创建城市。国家公共文化服务体系示范区创建工作深入推进，文化惠民工程顺利完成。深入开展“社区管理年”活动，社区建设管理水平不断提升。颁布了郑州市妇女儿童十年发展规划，妇女儿童事业全面发展。低生育水平持续稳定，我市荣获“全国人口和计划生育工作先进集体”。

——政府职能进一步转变，民主法制和社会管理持续加强。自觉接受人大及其常委会的监督，认真执行人大及其常委会的决议决定；主动接受人民政协的民主监督，认真听取民主党派、工商联、无党派人士和各人民团体的意见和建议。全年办理人大代表议案7件、建议543件，满意率接近100%；办理政协委员提案468件，办结率100%，满意率达到了98.5%。坚持依法行政，建设法治政府，推进依法治市，制定政府规章6部，提请市人大常委会审议地方性法规草案3部。积极建立以网格为载体的坚持依靠群众推进工作落实长效机制，政府职能在基层得到进一步强化。下沉各级网格工作人员4.5万人，围绕7个重点领域和城市管理整治提升13项工作，及时排查化解了一大批热点难点问题，政府职能部门和公职人员履职意识、责任意识有了明显提高。加强和创新社会管理，深化社会治安综合治理，狠抓安全生产、消防安全和食品药品安全监管，深入推进平安郑州建设，社会大局和谐稳定。

加强社会主义核心价值观教育和精神文明创建，公民道德和社会文明程度持续提高。国防教育和国防后备力量建设取得新的成效，创建全国双拥模范城实现“六连冠”。外事、侨务、对台、民族、宗教、统计、审计、档案、史志、气象、地震、人防、社科等工作都取得了新的成绩。对口支援新疆哈密地区的工作成效明显。

回顾过去一年的工作，我市在发展的各个领域都在过去的基础上形成了比较系统的思路，郑州发展的基础更加稳固、发展的机制更加完善、发展的空间更加广阔，郑州在中原经济区建设中的战略地位越来越突出，科学发展的前景越来越美好！

各位代表！

在复杂严峻的形势下取得这些成绩，确属不易。这是省委、省政府和市委正确领导的结果，是人大、政协和社会各界大力支持的结果，更是全市人民群策群力、团结拼搏的结果。在此，我代表市人民政府，向辛勤工作在各行各业的广大干部群众，向驻郑部队、武警官兵、公安民警以及社会各界人士，向关心支持郑州发展的港澳台同胞、海外侨胞和朋友们，表示崇高的敬意和衷心的感谢！

当前，郑州的发展已站在了新的历史起点上，但我们也清醒地看到经济社会发展中存在的困难和挑战。主要是：经济发展的结构性矛盾依然突出，经济增长的质量和效益不高；农业基础还相对薄弱，农村发展相对滞后，农民持续增收的难度加大；基础设施和公共服务跟不上城市发展的速度，交通拥堵、环境污染等一些群众普遍关心关注的问题还需要下大功夫解决，就学、就业、就医等一些涉及群众切身利益的问题还需要进一步做实做好；一些政府工作人员的履职能力、勤政廉政意识和依法行政水平还需要进一步提升等。对此，我们将高度重视，不断认真地加以解决。

二、2013年工作总体要求和主要目标

2013年，郑州发展仍处于重要的战略机遇期。国内外产业向中西部加速转移，中部地区已经进入开放招商、承接产业转移的“黄金期”。郑州区位交通、人力资源、消费市场、基础支撑条件等承接产业转移的比较优势突出。同时，重要战略机遇期的内涵和条件发生了深刻变化。我们面临的机遇不再是传统机遇，而是倒逼我们扩大内需、提高创新能力、促进发展方式转变、提高增长质量和效益的新机遇。我们必须顺势而为，乘势而上，努力在错综复杂的经济环境中实现更好更快的发展。

做好今年的政府工作，我们要深入学习贯彻党的十八大精神，围绕主题主线，以提高经济增长质量和效益为中心，以“强投资、夯基础、调结构、求提升，努力实现经济社会持续健康快速发展”为总要求，强化三大主体工作，推行三大机制，抢抓机遇，持续求进，加快推进中原经济区郑州都市区建设三年行动计划，全力建设郑州航空港经济综合实验区，着力保障和改善民生，为率先全面建成小康社会奠定坚实基础。

今年经济社会发展的预期目标是：地区生产总值增长12%以上，地方公共财政预算收入增长13%以上，固定资产投资增长25%以上，规模以上工业增加值增长17%以上，社会消费品零售总额增长16%左右，出口总额增长25%左右，外商直接投资增长11%左右，城镇居民人均可支配收入增长12%左右、农民人均纯收入增长12%左右，人口自然增长率控制在6‰以内，节能减排完成省下达目标。

实现上述要求和目标，我们要按照市委部署，坚持“总要求”，站位“全国找坐标、中部求超越、河南挑大梁”，抢抓《中原经济区规划》获批、郑州航空港经济综合实验区上升为国家战略的重大历史性机遇，不断强化郑州在全省的重要、重点、重心地位，努力在中原经济区建设中“挑大梁、走前头、

作表率”。强化“三大主体”工作，强力推进新型城镇化引领、现代产业体系构建和以网格为载体坚持依靠群众推进工作落实长效机制“三大主体”工作，努力在加快信息化进程中率先走出一条“两不三新”三化协调科学发展之路。推行“三大机制”创新，大力推行城乡规划土地管理城市建设“六统一”工作机制、推行产业集聚区与行政区套合机制和“重基层、重实干、重实绩”的人才培养使用管理机制，积极破解土地、资金、人才等要素制约。突出“四个着力”，着力强投资，着力夯基础，着力调结构，着力求提升，不断增强郑州在中原经济区建设中的龙头作用、重心作用和示范带动作用！

三、2013年工作重点

今年，我们将重点做好以下工作：

（一）深入推进新型城镇化建设，为经济社会持续健康快速发展提供广阔空间。坚持新型城镇化引领郑州都市区建设，按照“一主三区四组团、36个重点产业集聚区、27个新市镇、183个新型农村社区、56个历史文化风貌特色村”的空间布局，加快城镇化进程，提升城镇化质量。加快重点区域开发建设。大力实施“东扩西拓南延”，不断拉大城市框架。加快郑东新区建设，重点抓好龙湖工程、龙湖CBD、龙子湖湖心岛、郑州东站等重点区域基础设施建设。做好省级和市级公共文化服务区规划，启动一批基础设施和公共服务设施项目。进一步完善经开区、高新区基础设施配套服务功能。加快城市周边新区建设，实施一批城市组团建设项目，不断提升城市功能和形象。深入推进畅通郑州建设。确保年底前轨道交通1号线投入运营，2号线一期主体结构完工，开工建设1号线二期和5号线，力争轨道交通二期工程获批。加快建设“井字+环线”快速路网系统，确保年底前三环快速化工程主体完工，开工建设京广快速路二期工程、陇海快速路、金水路、花园路、紫荆山路准快速化工程。完成文化路与连霍高速、航海东路与京港澳高速等5座互通式立交出入市口建设项目，争取郑登快速路、陇海路西延、科学大道西延等市域快速通道部分路段通车。开工建设中原路西延至巩义段、大学路南延至省道S323段。加快南水北调41座跨渠桥梁主体工程建设。打通主城区断头路20条以上。新增停车泊位5万个。新建、改建县域路网500公里。改造提升中心城区功能。加快主城区15个片区和“一河两岸”整街坊整片区有机更新改造，以三环内批发市场、工业仓储、行政事业单位外迁为抓手，启动“六旧”片区改造项目22个、“九新”片区项目160个。完成50家市场外迁，启动30家市场外迁。加快商业综合体、地铁站周边、新建小区等商业网点规划建设。加大水、电、气、暖管网升级改造力度，加强市区道路、公交场站等市政设施建设和维护，持续开展城市管理整治提升活动，着重解决交通拥堵、占道经营、乱停乱放等突出问题。巩固国家卫生城市创建成果，抓好国家智慧城市试点工作。统筹推进城乡一体化发展。完善市县融合发展机制，壮大县域经济实力，着力培育和打造一批中小城市。加快六县（市）和上街区十字景观大道、中央商务区建设，抓好薛店镇等一批市级“三化”协调发展示范区建设，实施新市镇各类建设项目114个。进一步加快四类社区建设，积极推进城区、镇区、产业集聚区规划区周边合村并城和撤村并点工作，扎实做好群众拆迁安置工作，逐步实现县域村镇社区化。启动城中村改造项目31个、合村并城项目38个、新型农村社区项目24个。

（二）加快构建现代产业体系，为经济社会持续健康快速发展提供有力支撑。坚持以新型工业化为主导、服务业优先、都市型现代农业为基础，加快构建“特色鲜明、主业突出、布局合理、竞争力强”的现代产业体系。加快工业转型升级。壮大工业七大主导产业规模，加快建设八大千亿级产业基地。大力发展汽车及装备制造、电子信息等战略支撑产业，加快发展新材料、生物医药等战略性新兴产业，改造提升铝、食品、家居、品牌服装等传统优势产业。开展工业项目建设年活动，实施重点行业行动计划，推动一批重大项目建设。积极发展物联网、云计算、移动互联网、大数据等新一代信息技术，加快国家级“两化”融合试验区建设。实施万户中小企业创业培育计划、千名企业高级管理人员培训计划，新增高成长型中小企业500家、“专精特色”中小企业1000家。力争全年工业项目投入达到1800亿元、规模以上工业增加值突破3000亿元、七大主导产业实现销售收入突破9000亿元。促进现代服务业提速发展。围绕“一枢纽十中心”建设目标，大力实施“3551”工程。加快建设华南城、格力电器仓储等100个服务业重大项目，积极谋划中部无水港、机场快件中心、汽车服务业博览园、旅游集散中心等十大服务业项目。发展现代物流业，筹备建设中原物流网，争取年内开通直通欧洲铁路班列、澳洲全货机货运航线。加快郑东新区金融集聚核心功能区建设，开工建设一批金融项目。加快国家级商贸中心建设，力争将二七商圈打造成为千亿级商圈。加快中心商务功能区、特色商业区建设，力争6月底前规划通过省级审批。积极调整房地产市场供应结构，促进房地产业健康发展。加快发展文化创意旅游业，推动旅游产业转型升级。繁荣发展会展业，打造品牌会展和中部会展之都。深入推进服务业综合改革试点工作。力争全市服务业固定资产投资达到2600亿元以上，服务业增加值突破2500亿元，增速达到10%以上。强力推进重大项目建设。突出抓好国家、省、市重点项目建设，力争今年固定资产投资完成4500亿元。支持哈密至郑州800千伏特高压输电工程、郑徐高铁工程、南水北调郑州段，郑焦、郑开、机场城际铁路等重点项目加快推进。抓好旭飞光电“461”工程、中国联通中原数据基地、中国郑州国际汽车后市场产业园、中国龙工中原机械生产基地等投资超50亿元重大产业项目建设。加快产业集聚区建设。按照“四集一转”要求，加强重大项目调控和引导，促进同类项目向特色产业集聚区集中布局。加快建设综保区（航空港区）富士康IT产业园、国家生物医药产业基地，高新区IT产业园、经开区汽车及装备制造、现代物流等千亿级产业集群，提升配套服务功能。加快县（市）、区产业集聚区基础设施建设，以优良环境和配套服务吸引更多项目入驻。

（三）大力发展都市型现代农业，为经济社会持续健康快速发展提供坚实基础。始终把“三农”问题作为重中之重，认真落实强农惠农富农政策，持续加大投入，着力构建新型农业经营体系，强化都市型现代农业基础支撑，激发农村发展活力。以都市型现代农业示范区为载体，提升农业综合效益。加快实施都市型现代农业示范区“136”工程、高标准粮田万亩示范方工程，启动2-3个现代农业综

合示范区、5个主导产业集聚区、10个特色产业园项目建设。支持农业产业化龙头企业加快发展，争创省级农业产业化集群，力争市级龙头企业达到410家，加工型龙头企业销售收入突破500亿元。继续扶持发展设施农业、休闲观光农业，切实抓好“菜篮子”工程，开发新菜田4万亩，新增设施农业8000亩。以加强新型农村社区建设为切入点，改善农民生产生活条件。统筹各级财政支农资金支持新型农村社区建设，加快推进基础设施、公共服务向农村延伸。新增农村自来水用户6.5万户，建设小型水源工程5000个，解决27万农村人口饮水安全问题。改造中低产田20万亩，实现新增有效灌溉面积3万亩。启动农田水利现代化示范乡（镇）建设。开展农村环境连片整治和生态乡村创建活动，不断改善农村村容村貌。加大扶贫开发力度，全年完成5633户2万多人易地扶贫搬迁、20个贫困村整村推进的任务，确保贫困地区农民人均纯收入增长幅度高于全市平均增速。以体制机制创新为途径，推进农业经营方式转变。着力培育新型农业经营主体，推进标准化种养殖规模生产，加快构建集约化、专业化、组织化、社会化相结合的新型农业经营体系。大力推进主食产业化进程，促进粮油加工和粮食流通产业快速发展。加快40个农业技术推广服务区域中心站建设。实施以新型职业农民为重点的农村劳动力培训阳光工程，全年完成培训2万人以上。加强农资监管。完善农产品质量安全监管及可追溯体系，扩大农产品质量安全市场准入范围，将群众关注的原（杂）粮、干菜、干果、茶叶纳入市场准入检测监管。

（四）全力建设郑州航空港经济综合实验区，为经济社会持续健康快速发展提供新的有效载体。航空港经济综合实验区是我市扩大开放的重要平台，也是我市实现赶超跨越发展的优势所在。高标准编制实验区规划。围绕“建设大枢纽、培育大产业、塑造大都市”的战略定位，加快总体发展规划编制和报批工作，力争早日获批。加强实验区规划与郑东新区、经开区、新郑市、中牟县等区域相关规划的衔接，统筹重大产业项目布局和基础设施建设，推动区域一体化发展。扎实推进基础设施和公共设施建设。加快推进郑州机场二期工程、机场高速扩建、上街机场改扩建、双湖大道东延、新老107连接线、S102东段工程、四港联动大道南延等重点项目，打通综保区与主城区“四纵四横”联络通道，完善实验区陆路交通集疏网络。启动航空货站和实验区3平方公里核心区建设，推动起步区和重要功能区尽快成规模、出形象。着力引进高端产业项目。大力发展航空偏好型产业，重点承接航空产业、电子信息、生物医药等高端产业项目转移，加快发展通用航空产业，尽快形成以航空经济为主导的现代产业业态和产业体系。优先发展航空货运，继续推进与俄罗斯空桥、UPS、国货航等货运航空公司合作，力争新开货运航线7条。深化与富士康的合作，加快苹果手机制造、维修中心、电子部件全球采购、国际分拨中心建设。坚持“区港联动、区区联动”，提升新郑综合保税区辐射带动效应。力争全年实现生产总值230亿元，进出口总额300亿美元，机场旅客吞吐量达到1300万人次。

（五）进一步深化改革开放创新，为经济社会持续健康快速发展提供强大动力。改革、开放、创新是经济社会持续健康快速发展的强大动力，也是实现经济转型发展、赶超跨越的根本所在。推行“三大机制”创新。推行城乡规划土地管理城市建设“六统一”工作机制。按照“盘活资源、良性运行、政府主导、有序发展”的目标，建立“规划统一管理、土地统一收储、用地统一转让、补偿统一标准、收益统一分配、工程统一建设”的工作机制，优化资源配置，增强调控能力，调动市区两级加快发展的积极性。推行产业集聚区与行政区套合机制。按照“统一、精简、高效”的原则，充分发挥航空港经济综合实验区领导小组的作用，优化区域空间布局和资源配置，以实验区统筹郑东新区、经开区、综保区等区域协调发展，打造郑州改革开放的新高地；推进县（市、区）产业集聚区（专业园区）与所在乡（镇）街道办套合，规范管理体制，提高运行效能。推行“重基层、重实干、重实绩”的人才培养使用管理机制，注重在发展主战场培养使用人才，建立完善能力在一线培养、业绩在一线考核、人才在一线发现的人事管理制度。深化重点领域改革。积极稳妥推进事业单位分类改革和省直管县体制改革试点。深入推进财税管理体制改革，健全财力与事权相匹配的财政体制，提高科学理财水平。积极做好营业税改征增值税试点准备工作。扩大政府购买服务范围。积极推进金融创新，拓宽融资渠道，支持企业上市、发债融资，继续开展县（市、区）发行债券工作。统筹推进国有企业、医疗卫生、文化教育、收入分配和社会保障体制改革。加大产业招商力度。严格落实“五职招商”责任制和“三位一体”招商推进机制，瞄准国内外500强、大型央企和主导产业前20强企业，着力谋划和引进一批具有国际影响力、国内辐射力、国内外资源整合力的产业项目。力争全年开工100个5亿元以上、签约100个5亿元以上、谋划100个后续招商引资项目，实现招商引资总规模超过1600亿元。大力发展开放型经济。重点推进跨境贸易电子商务服务试点工作，培育国际网购物品集散分拨中心。加强电子商务监管，规范电子商务市场秩序。推动郑州铁路枢纽东联海港、西通中亚欧洲，加快建设国际货物集疏中心。拓展外需市场，扩大出口规模，积极承接出口加工型项目，加强汽车及零部件、铝精深加工、电子信息、纺织服装等出口基地建设。加快申建国家服务外包示范城市。力争全年进出口总额突破430亿美元。增强创新驱动力。以创新型城市建设为抓手，加快实施科技型企业成长路线图计划、研发中心建设等行动计划，促进科技型企业快速成长，新建产业技术联盟5个、市级研发中心300家，力争研发中心升格为省级50家、国家级3家。充分发挥驻郑高校、科研院所和企业的作用，加快推进未来科技城建设。深入实施知识产权战略，加快建设国家专利审查协作河南中心、国家知识产权创意试点园区。力争全市研发投入、专利申请量、专利授权量、科技成果量、技术合同成交额、高技术产业增加值实现新突破。科技进步对经济增长的贡献率达到58%。

（六）不断加强文化建设，为经济社会持续健康快速发展提供精神动力和智力支持。充分挖掘郑州深厚的历史文化资源，推动文化大发展大繁荣，努力打造华夏历史文明传承创新核心区。不断提升城市文明程度。巩固文明城市创建成果，扎实开展“道德讲堂”和志愿者活动，加强社会公德、职业道德、家庭美德、个人品德教育。完善社会信用体系，打造“信用郑州”。落实全民科学素质纲要。加快推进中原网二期工程建设，实施“郑州市百家网站建设推进工程”，开展“文明网站”创建活动。建立郑州市互联网站信息内容监管平台，不断净化网络环境。大力发展文化产业。扶持报业传媒、影视制作、动漫游戏、文化创意等文化产业发展。加快郑州华强文化科技产业基地、国家动漫产业发展基地、郑州信息创意产业园等产业集聚区建设。支持中原报业传媒集团、新华书店等国有控股企业发展壮大。扶持一批文化优势品牌做大做强。实施以“天地之中”为核心的城市整体营销策略，继续办好黄帝故里拜祖大典，展示郑州城市品牌。完善公共文化服务体系。创建全国公共文化服务体系示范区。规划建设市民公共文化服务区，加快推进现代传媒中心、文化艺术中心、文博展示中心、奥林匹克体育中心等项目的前期工作。大力实施文化惠民工程。实施文艺精品创作工程，推出一批有重大影响的文艺精品。加快大河村遗址博物馆二期工程建设，做好商城和大河村国家考古遗址公园项目的前期工作。编制五级健身休闲体系规划，完善城市体育设施，积极申办第九届城运会。

（七）努力打造美丽郑州，为经济社会持续健康快速发展提供生态安全保障。建设生态文明关系人民福祉、关乎郑州未来，我们要放在更加突出位置，不断增强可持续发展能力。加强资源能源节约。大力发展节能环保产业，实施一批节能重点工程，创建一批循环经济示范县（市）、示范园区和示范企业。加快“气化郑州”工程建设，落实差别化工业企业能源准入政策。稳步推进自来水、车用燃气等资源性产品价格改革。扎实推进新能源示范城市创建工作。加强环境保护。深化主要污染物排放总量预算管理，严格环境准入和污染物排放标准，适时开展排污权有偿使用和交易工作。实施生态环境综合治理，发布《“蓝天”工程白皮书》，加强PM2.5监测治理，加大汽车尾气、黄标车辆、工地扬尘、火力发电、燃煤锅炉的污染治理力度。严格环保执法，强化环境应急能力建设。加强水利保障。加强贾鲁河等重点流域综合治理，完成东风渠上游和潮河上游治理工程，治理水土流失面积80平方公里；实施南水北调配套工程、牛口峪引黄调蓄工程、邙山输水干渠复线工程，完善城市水源保障体系；完成龙湖蓄水、象湖开挖等生态水系建设工程；加快建设三环再生水管线、新力电力再生水利用等再生水利用项目，努力在水生态建设上实现新提升。加强生态建设。以创建国家森林城市和国家生态园林城市为载体，突出抓好生态廊道、森林公园、花卉苗木、园林绿化等重点工作，努力构建以道路景观绿化、河渠两岸绿化为骨架，以大面积生态林、公园、游园建设为重点，以庭院绿化、立体绿化、屋顶绿化、拆墙透绿为补充的都市区生态体系。加快推进郑州树木花卉博览园等15个森林公园、10个“走进森林”示范园及西流湖公园南区、南环公园、雕塑公园二期等大型综合公园建设。坚持城市绿地系统规划，严格城市园林资源管理，完善城市园林“绿色图章”制度。市区新增绿地500万平方米以上，营造生态林10万亩以上，建设花卉苗木基地2万亩以上。

绿城郑州、生态郑州、美丽郑州是我们共同的追求、美好的向往，也是所有郑州人奋斗的目标、共同的责任，让我们携手努力，共创宜居城市，同建美好家园！

（八）切实保障和改善民生，为经济社会持续健康快速发展提供和谐稳定的社会环境。强力推进民生工程。围绕与百姓生活息息相关的“柴米油盐酱醋茶、衣食住行教医保”，加大投入，办好省、市民生实事。千方百计扩大就业。实施创业富民计划，全年新增城镇就业再就业13万人，农村劳动力转移就业10万人以上，发放小额担保贷款16亿元。加大人力资源市场、零工市场建设力度，不断提高为外来务工人员的服务管理水平。切实增加居民收入。完善和落实工资决定机制、正常增长机制和支付保障机制，多渠道增加城乡居民收入，提高低收入职工特别是基层一线职工工资水平。大力发展教育事业。促进义务教育均衡发展，加强学前教育和民办教育，整合提升职业教育资源，充分发挥高等教育服务发展作用。市区新建、改扩建30所中小学校，全市新建、改扩建86所公办幼儿园。统筹推进城乡社会保障体系建设。加快推进养老、医疗、失业、工伤、生育保险等“五险合一”进程，进一步提高城乡低保、农村“五保”、医疗救助等补助标准，做到应保尽保。筹建人力资源社会保障综合服务中心。扩大福利服务保障范围，加快市综合性养老服务中心、县（市）级社会福利服务中心、农村敬老院等社会福利设施建设与管理。加强社会救助体系建设，提高对弱势群体的救助服务保障能力。继续加强保障性住房建设。实施经济适用房、公租房、廉租房“三房合一”，全年开工建设各类保障房4.5万套。努力提高人民健康水平。实施“健康郑州人”计划，完善基层医疗卫生服务体系，扩大优质医疗服务供给，打造区域性特色医疗专科，全面建立国家基本药物制度，加快区域性医疗中心建设。持续稳定低生育水平，推进人的全面发展。

各位代表！

改善民生是各级政府最大的政治。我们将从大处着眼、小处入手，尽最大的努力，更多地减轻所有年轻人和外来务工人员在郑州的创业成本、就业压力、安居负担，更多地改善所有老年人和困难职工群众的生活待遇、医疗待遇、社保待遇，更多地解决所有市民的饮食起居安全、出行休闲方便、消费物美价廉等问题，努力让省会市民生活得更有尊严、更加幸福！

（九）持续完善网格化管理，为经济社会持续健康快速发展提供机制保障。继续探索完善以网格为载体坚持依靠群众推进工作落实长效机制，强化“发现问题、反映问题、解决问题、绩效评价、责任查究”机制，着力解决条块深度融合、履职能力提升、依法行政与群众自治融合衔接等问题，不断扩大网格化管理成效。进一步加强和创新社会管理，完善社情民意调查分析机制，畅通群众诉求渠道。健全源头预防的矛盾排查化解体系，落实社会稳定风险评估机制，完善“大调解”工作机制。加大社会管理综合治理力度，加强社会管理治安防控体系建设，推进平安郑州建设。大力推进城乡社区分类管理、达标升级、示范创建，提升社区服务能力。强化公共安全体系和企业安全生产基础建设，大力开展煤矿、非煤矿山、危险化学品、消防、道路交通、建筑工地等重点领域安全整治，坚决遏制重特大事故。强化食品药品监管。切实保障校园校车安全。深入开展“六五”普法，营造知法、用法、守法的良好氛围。

继续加强国防教育和国防后备力量建设，支持驻郑部队建设，深入开展双拥共建活动，建立军地军民融合式发展新机制。支持工会、共青团、妇联等人民团体发挥桥梁纽带作用，注重发挥工商联等社团作用。继续做好统计、审计、人防、外事、侨务、对台、民族、宗

教、史志、气象、地震、档案、社科和支援新疆哈密等工作。

四、加强政府自身建设

加强政府自身建设、提高能力、提升水平是推进我市持续健康快速发展的关键所在。我们将认真落实中央改进工作作风、密切联系群众“八项规定”和省委、市委改进工作作风的具体措施，积极开展以“为民、务实、清廉”为主要内容的党的群众路线教育实践活动，努力建设人民满意的高效服务型政府。

（一）提高行政效能，努力建设“为民政府”。始终把群众普遍关注的事情作为政府工作的重点，把群众反映最强烈的问题作为改进政府工作的着力点。坚持科学决策、民主决策、依法决策，严格依法行政、依法办事。进一步精简下放行政审批事项，加强行政服务中心建设，积极推行网上办公、网上审批和行政监察，大力推进电子监察系统的建设和应用，不断提升政务服务水平，不断提升政府的行政执行力和公信力。

（二）转变工作作风，努力建设“务实政府”。坚持问政于民、问需于民、问计于民，办好顺民意、解民忧、惠民生的实事。坚持求真务实，深入实际、深入基层、深入群众调查研究，切实解决实际问题。大力精简会议活动、文件简报、检查评比、迎来送往，真正把精力用到谋发展、抓落实上。深入开展争创“人民满意的公务员集体”“人民满意的公务员”活动，努力打造一支作风硬、素质高、能力强的公务员队伍。

（三）自觉接受监督，努力建设“清廉政府”。严格执行人大及其常委会的决议决定，自觉接受法律和工作监督，主动接受政协民主监督，认真办理人大代表议案、建议和政协委员提案，广泛听取民主党派、无党派人士、人民团体意见，虚心接受社会监督和舆论监督，让人民更有效监督政府，使政府更好地服务人民。严格落实党风廉政建设责任制，全面加强惩治和预防腐败体系建设，深入推进政务公开，让权力在阳光下运行，坚决反对特权思想、特权现象。厉行勤俭节约，坚决制止铺张浪费，坚决反对讲排场比阔气，坚决抵制享乐主义和奢靡之风！

各位代表！

中原经济区郑州都市区建设在新的起点上迈入关键阶段。面对全市人民的新期盼，我们深感责任重大、使命光荣！让我们紧密地团结在以习近平同志为总书记的党中央周围，在省委、省政府和市委的坚强领导下，凝心聚力，攻坚克难，务实重干，为把郑州早日建设成为自然之美、社会公正、城乡和谐的现代化都市区，率先全面建成小康社会而努力奋斗！

市情概要

自然环境

【概况】 郑州市地处黄河中下游和伏牛山脉东北翼向黄淮平原过渡的交接地带，地理坐标为东经112° 42'-114° 14'、北纬34° 16'-34° 58'。郑州市是河南省省会，位居河南省中部偏北，东接开封，西依洛阳，北临黄河与新乡、焦作相望，南部与许昌、平顶山接壤，辖区东西长135-143公里，南北宽70-78公里，面积7446.2平方公里，占全省总面积的4.5%。

【地质地貌】 郑州地区地质构造复杂，西部为嵩山、箕山隆起区，东部为开封、大金店凹陷区。地壳发展的5个历史时期形成的地层单元在郑州地区均有出露，有“五世同堂”美称的中岳嵩山已被命名为世界地质公园。

郑州地区现代地貌结构的基本轮廓是西部多山地丘陵，占总面积的2/3弱；东部多平原，占总面积的1/3强。基本地势由西南向东北倾斜，呈阶梯状降低，山地、丘陵、平原分界明显。在总土地面积中，山地2377平方公里，占31.9%；丘陵2255平方公里，占30.3%；平原2815平方公里，占37.8%。

【山脉水系】 郑州市境内的山脉多分布在京广铁路线以西、交结于登封、巩义、荥阳、新密、新郑5市边界一带。主要山脉有嵩山、箕山、邙山、具茨山、五指山等；著名山峰有少室山主峰连天峰、太室山主峰峻极峰、箕山老婆寨、五指岭鸡鸣峰、始祖山风后岭等。

郑州市地跨黄河、淮河两大流域。黄河流域面积1830平方公里，占全市总面积的24.6%；淮河流域面积5616.2平方公里，占全市总面积的75.4%。境内有大小河流124条，流域面积较大的河流有29条，其中黄河流域6条、淮河流域23条。过境河流有黄河、伊洛河，其中黄河在郑州市境内河长160公里，堤防71.42公里。

【矿产资源】 郑州市矿产资源种类丰富，已发现各类矿产36种，占全省的1/3。探明储量的16个矿种分别为煤、铝土矿、铁矿、硫铁矿、熔剂灰岩、耐火黏土、冶金用石英岩、水泥配料用灰岩、水泥配料用砂岩、天然油石、锂、镓、陶瓷土、水泥配料用黏土、水泥配料用黄土、冶金用白云岩等。全市有大型矿床11处，中型矿床69处，小型矿床120处。全市矿产资源探明保有储量潜在价值为3010.64亿元，单位国土面积（每平方公里）矿产资源潜在价值为4043.19万元。

郑州市矿产资源储量巨大，煤矿累计探明储量55.26亿吨，保有储量50.66亿吨，探明储量位居全省第一。铝土矿累计探明储量14209.7万吨，保有储量12825.6万吨，储量位居全省第一。耐火黏土矿累计探明储量12080.1万吨，保有储量11504.1万吨，储量位居全省第一。溶剂用灰岩累计探明储量13429万吨，保有储量12168.9万吨。金属锂累计探明储量和保有储量均为5617吨；金属镓累计探明储量和保有储量均为6932吨。

【气候气象】 郑州市地处中原腹地，属北温带大陆性季风气候，冷暖气团交替频繁，春夏秋冬四季分明。冬季漫长而干冷，雨雪稀少；春季干燥少雨多春旱，冷暖多变大风多；夏季比较炎热，降水高度集中；秋季气候凉爽，时间短促。全年平均气温15.6℃；8月份最热，月平均气温25.9℃；1月份最冷，月平均气温2.15℃。全年平均降雨量542.15毫米，无霜期209天。全年日照时间约1869.7小时。

【生物资源】 郑州市植物资源十分丰富，主要包括农作物、林木、花草、药材和菌类植物等，有184科、900属、1900多种，乔木、灌木、草本植物皆有，遍布于山区、丘陵、平原及河谷地带；植物区系划分上属于暖温带落叶阔叶林植被型。郑州地区动物区系属于华北动物区系。动物资源中西部山地丘陵区动物种类和数量较多，森林动物资源较丰富；东部平原地区以小型动物为主，饲养动物资源丰富，兽类较贫乏。鱼类资源中江河平原区鱼类占优势，以鲤科鱼类最多。

郑州市市花为月季（1983年3月确定），市树为法桐（2007年9月确定）；土特产主要有黄河鲤鱼、新郑大枣、中牟大蒜和西瓜、河阴石榴、荥阳柿子、新密金银花、嵩山芥片等。

（玉　圭）

行政区划

【概况】 至2012年底，郑州市共辖金水区、二七区、管城回族区、中原区、惠济区、上街区6个区和巩义市、新密市、登封市、新郑市、荥阳市、中牟县5个市、1个县，总面积7446.2平方公里，人口903.1万。

【建置沿革】 1948年10月郑州解放，人民政府实行市县分设政策，在郑县城区设立郑州市，下辖第一、第二、第三区，面积5.23平方公里，人口16.4万。

1949年12月，郑县的104个自然村、3.6万人划归郑州市管辖，在原设三个区的基础上，郑州市新设第四、第五区。1950年4月，为统一领导四郊的工作，郑州市撤销第四、第五区，设立郊区。1953年1月，为贯彻民族区域自治政策，郑州市设立回族自治区；同年3月，为适应大规模城市建设需要，经政务院批准，原郑县大部和荥阳县、成皋县一部划归郑州市管辖。

1954年10月，河南省会由开封迁到郑州，郑州市遂成为全省政治、经济、文化中心。1955年10月，郑州市城区行政区划调整，将第一、第二、第三区分别更名为陇海区、二七区、建设区。1956年，郑州市将回族自治区更名为金水回族区。1958年4月，为大力发展工业，将荥阳县马固镇和巩县小关一带的河南铝业公司采矿区划归郑州市管辖，并在此处设立郑州市上街区；同年8月，郑州市将金水回族区与陇海区合并为管城区；同年12月，经国务院批准，开封专区西部的荥阳县、巩县、登封县、密县、新郑县划归郑州市管辖。1960年6月，郑州市撤销建设区，新设中原区、金水区。1961年12月，荥阳县、巩县、

2012年末郑州市行政区划情况

县（市）区	街道办事处	乡	镇	村委会	村民小组
中原区	12	1	1	46	243
二七区	13	1	1	53	364
管城回族区	9	2	1	30	156
金水区	19	0	0	45	208
上街区	5	0	1	28	189
惠济区	6	0	2	54	406
中牟县	3	1	15	418	2190
巩义市	5	0	15	289	2813
荥阳市	2	3	9	287	2300
新密市	3	1	12	303	2912
新郑市	3	3	9	293	2168
登封市	3	4	8	298	2484
合计	83	16	74	2270	17098

（秦培丰）

登封县、密县、新郑县复归开封专区管辖。1966年，郑州市管城区更名为向阳区。1971年11月，荥阳县划归郑州市管辖。至此，郑州市共辖6个区、1个县，即二七区、金水区、中原区、向阳区、郊区、上街区和荥阳县。

1981年11月，郑州市向阳区更名为向阳回族区。1982年1月，为解决城市蔬菜供应问题，郑州市设立金海区。1982年12月，为加强矿区开发与管理，郑州市在密县境内设立新密区。1983年7月，郑州市向阳回族区更名为管城回族区。1983年8月，为实行市带县体制，将开封地区所辖的巩县、登封县、密县、新郑县、中牟县划归郑州市。至此，郑州市共辖中原区、二七区、金水区、管城回族区、郊区、上街区、金海区、新密区8个区和荥阳县、巩县、登封县、密县、新郑县、中牟县6个县。

1987年2月，郑州市撤销郊区、金海区、新密区，新设邙山区。1991年6月，经国务院批准，撤销巩县，设立巩义市（县级）。1994年4月，经国务院批准，撤销荥阳县、密县，设立荥阳市（县级）、新密市（县级）。1994年5月，经国务院批准，撤销新郑县、登封县，设立新郑市（县级）、登封市（县级）。2004年5月，郑州市邙山区更名为惠济区。

（玉　生）

【区划调整】 2012年，郑州市未进行区划调整。

【区划现状】 截至2012年底，郑州市共辖12个县（市）区，其中，县级市5个、县1个、市辖区6个；另有4个非行政区：郑州新郑综合保税区（郑州航空港区）、郑州高新技术产业开发区（国家级）、郑州经济技术开发区（国家级）、郑东新区（城市新区）。全市共有83个街道、74个镇、16个乡、690个社区、2270个村委会。2012年底，各县（市）区所属乡、镇、街道情况如下：

中原区共辖1个乡、1个镇、12个街道。分别是：沟赵乡，石佛镇，桐柏路街道、绿东村街道、棉纺路街道、三官庙街道、汝河路街道、秦岭路街道、林山寨街道、建设路街道、中原西路街道、航海西路街道、须水街道、西流湖街道。

二七区共辖1个乡、1个镇、13个街道。分别是：侯寨乡，马寨镇，五里堡街道、蜜蜂张街道、大学路街道、建中街街道、淮河路街道、福华街街道、一马路街道、铭功路街道、解放路街道、德化街街道、长江路街道、京广路街道、嵩山路街道。

管城回族区共辖2个乡、1个镇、9个街道。分别是：南曹乡、圃田乡，十八里河镇，北下街街道、南关街道、陇海马路街道、二里岗街道、城东路街道、西大街街道、东大街街道、紫荆山南路街道、航海东路街道。

金水区共辖19个街道。分别是：文化路街道、东风路街道、南阳新村街道、南阳路街道、大石桥街道、经八路街道、花园路街道、人民路街道、未来路街道、北林路街道、丰产路街道、杜岭街道、龙子湖街道、祭城路街道、凤凰台街道、兴达路街道、丰庆路街道、国基路街道、杨金路街道。

上街区共辖1个镇、5个街道。分别是：峡窝镇，济源路街道、新安路街道、中心路街道、工业路街道、矿山街道。

惠济区共辖2个镇、6个街道。分别是：花园口镇、古荥镇，刘寨街道、老鸦陈街道、长兴路街道、迎宾路街道、新城街道、大河路街道。

中牟县共辖1个乡、15个镇、3个街道。分别是：刁家乡，韩寺镇、白沙镇、官渡镇、狼城岗镇、万滩镇、张庄镇、大孟镇、九龙镇、黄店镇、郑庵镇、雁鸣湖镇、八岗镇、姚家镇、刘集镇、三官庙镇，东风路街道、青年路街道、广惠街街道。

巩义市共辖15个镇、5个街道。分别是：米河镇、新中镇、小关镇、竹林镇、大峪沟镇、站街镇、康店镇、北山口镇、西村镇、芝田镇、回郭镇、鲁庄镇、夹津口镇、涉村镇、河洛镇，新华街道、孝义街道、永安街道、杜甫街道、紫荆街道。

荥阳市共辖3个乡、9个镇、2个街道。分别是：城关乡、高村乡、金寨回族乡，乔楼镇、豫龙镇、广武镇、王村镇、汜水镇、高山镇、刘河镇、崔庙镇、贾峪镇，索河街道、京城路街道。

新密市共辖1个乡、12个镇、3个街道。分别是：袁庄乡，牛店镇、平陌镇、超化镇、大隗镇、苟堂镇、刘寨镇、白寨镇、岳村镇、来集镇、城关镇、米村镇、曲梁镇，西大街街道、青屏街街道、新华路街道。

新郑市共辖3个乡、9个镇、3个街道。分别是：城关乡、八千乡、龙王乡，辛店镇、观音寺镇、梨河镇、和庄镇、薛店镇、孟庄镇、龙湖镇、郭店镇、新村镇，新建路街道、新烟街道、新华路街道。

登封市共辖4个乡、8个镇、3个街道。分别是：君召乡、石道乡、白坪乡、唐庄乡，颍阳镇、大金店镇、卢店镇、告成镇、大冶镇、宣化镇、东华镇、徐庄镇，嵩阳街道、少林街道、中岳街道。

（秦培丰）

人口状况

【概况】 2012年，郑州市居民户数271.6万户，比2011年增加6.5万户，增长2.5%。总人口（常住人口）903.1万人，比2011年增加17.4万人，增长2.0%。全市出生人口87332人，比2011年增加5435人，出生率为9.77‰；死亡人口38646人，比2011年增加3084人，死亡率为4.32‰；全年净增人口4.9万人，增长5.1%；人口自然增长率为5.45‰。

按县（市）区分：中原区72.2万人，二七区73.9万人，管城区52.3万人，金水区140.2万人，上街区13.5万人，惠济区27.5万人，中牟县71.1万人，巩义市81.3万人，荥阳市61.5万人，新密市80万人，新郑市68.7万人，登封市67.8万人，郑州经济技术开发区（表中简称“经开区”）12.3万人，郑州高新技术产业开发区（表中简称“高新区”）22.4万人，郑东新区29.1万人，郑州新郑综合保税区（郑州航空港区）29.4万人。

【人口构成】 按性别分，2012年郑州市男性人口464.6万人，比2011年的456.4万人增加8.2万人，增长1.8%，占总人口的比重为51.4%；女性人口438.5万人，比2011年的429.3万人增加9.2万人，增长2.1%，占总人口的比重为48.6%。

按城乡分，2012年郑州市城镇人口598.6万人，比2011年增加24.4万人，增长4.3%；乡村人口304.5万人，比2011年减少7.1万人，下降2.3%。非农业人口351.1万人。城镇化率（城镇人口占总人口的比重）66.3%。

（黄 飞）

2012年末郑州市人口基本情况

县（市）区	总户数（户）	总人口（人）				城镇化率（%）
		合 计	#女 性	#非农业人口	城镇人口	
郑州市	2715974	9031090	4385281	3511254	5985806	66.28
中原区	240790	722370	354450	577896	646521	89.50
二七区	252092	738629	362126	454109	652948	88.40
管城区	173161	522945	254884	266022	439064	83.96
金水区	487509	1402077	673895	827225	1269020	90.51
上街区	44895	134548	68743	84497	121766	90.50
惠济区	91208	274536	139778	66163	186959	68.10
中牟县	175017	710568	349311	113975	267174	37.60
巩义市	229083	813243	396863	154736	390357	48.00
荥阳市	174585	614546	276960	132327	289451	47.10
新密市	213631	799910	389876	225310	388196	48.53
新郑市	171851	687405	341868	156639	325877	47.40
登封市	177302	677602	329333	203887	317795	46.90
经开区	43643	123073	56257	37027	100919	82.00
高新区	77883	224218	105382	112109	181617	81.00
郑东新区	86859	291386	142369	54830	186487	64.00
综合保税区	76465	294034	143186	44502	231022	78.57

2012年末郑州市人口自然变动情况

县（市）区	年平均人口（人）	出生人口（人）	死亡人口（人）	出生率（‰）	死亡率（‰）	自然增长率（‰）
郑州市	8936291	87332	38646	9.77	4.32	5.45
中原区	715948	7189	2327	10.04	3.25	6.79
二七区	734247	6323	2739	8.61	3.73	4.88
管城区	516283	4519	1600	8.75	3.10	5.65
金水区	1400328	12440	3123	8.88	2.23	6.65
上街区	134056	1027	724	7.66	5.40	2.26
惠济区	274282	2976	1234	10.85	4.50	6.35
中牟县	709918	8243	4437	11.61	6.25	5.36
巩义市	811742	7556	4318	9.31	5.32	3.99
荥阳市	614335	6008	2998	9.78	4.88	4.90
新密市	799856	7343	4263	9.18	5.33	3.85
新郑市	687405	7579	5087	11.03	7.40	3.63
登封市	675397	6794	3120	10.06	4.62	5.44
经开区	116116	1094	361	9.42	3.11	6.31
高新区	219602	1691	427	7.70	1.94	5.76
郑东新区	288060	3671	945	12.74	3.28	9.46
综合保税区	238716	2879	943	12.06	3.95	8.11

（黄 飞）

发展综述

【经济总量及结构】 2012年，郑州市完成生产总值5547亿元，比上年增长12.0%；人均生产总值63328元，比上年增长9.6%。其中第一产业增加值142.4亿元，增长4%；第二产业增加值3208.4亿元，增长14.8%；第三产业增加值2196.2亿元，增长8.4%。三次产业结构比例由上年的2.6：57.7：39.7调整为2.6：57.8：39.6。非公有制经济完成增加值3426.1亿元，增长15.0%，占生产总值的比重为61.8%，比上年提高0.7个百分点。年末全市城镇化率达到66.3%，比上年提高1.5个百分点。

【劳动就业状况】 至2012年末，郑州市从业人员509.3万人，比上年增长3.8%。其中，城镇从业人员272万人，增长6.9%；全年城镇新增就业人员14万人，增长1.1%。农村劳动力转移就业11.8万人，下降6.2%。年末城镇登记失业率为2.0%。

【农业与农村经济】 2012年，郑州市完成农林牧渔业增加值142.4亿元，比上年增长4.0%。粮食总产量169.5万吨，比上年增长1.7%。其中，夏粮产量80.7万吨，增长1%；秋粮产量88.8万吨，增长2.3%。全年棉花产量0.3万吨，下降37.5%；油料产量18.7万吨，增长0.4%；蔬菜总产量302.1万吨，增长2.9%；水果总产量30.8万吨，增长0.2%。肉、蛋和水产品产量分别为25.4万吨、22.2万吨和14.9万吨，分别增长5.1%、3.6%和3.1%；奶产品产量51.9万吨，增长3.1%。

全年粮食作物种植面积363.1千公顷，与上年基本持平。其中，小麦种植面积176.3千公顷，增长0.2%。蔬菜种植面积76.5千公顷，下降1.0%；油料种植面积52.4千公顷，下降0.8%；棉花种植面积2.6千公顷，下降37.2%。

全年完成林业育苗面积2.4千公顷，比上年下降5.6%；幼林抚育面积24.5千公顷，增长46.4%；成林抚育面积31.1千公顷，增长2%；造林面积11.4千公顷，下降11.6%；四旁植树726.6万株，增长9.8%。义务植树355.4万人次，增长36.1%；义务植树1272万株，增长62.5%。森林覆盖率26.3%；拥有森林公园19个，其中国家级森林公园3个。

全年农田新增有效灌溉面积7.1千公顷，比上年增长17.7%；新增节水灌溉面积9.2千公顷，增长2.1%；综合治理水土流失面积322.3千公顷，增长0.4%。年末全市农业机械总动力547.2万千瓦，比上年末增长5.0%。农用拖拉机13万台，比上年增长2.0%；农用运输车11.9万辆，增长1.5%。全年农村用电量39.9亿千瓦时，比上年增长4.3%。化肥施用量（折纯）24.1万吨，比上年增长1.9%。

【工业经济】 2012年，郑州市全部工业企业完成增加值2874.7亿元，比上年增长15.7%。其中，规模以上工业企业完成增加值2613.8亿元，增长17.2%；非公有制工业完成增加值1778.2亿元，增长19.6%；高技术产业完成增加值224.8亿元，增长1.1倍。分经济类型看，国有企业完成增加值634.5亿元，比上年增长8.8%；集体企业完成增加值35.2亿元，增长24.4%；股份制企业完成增加值1073.2亿元，增长13%；股份合作企业完成增加值9.9亿元，增长15.1%；外商及港澳台商投资企业完成增加值338.1亿元，增长53.4%；其他经济类型企业完成增加值522.9亿元，增长12.6%。分轻重工业看，轻工业完成增加值641.6亿元，比上年增长8.4%；重工业完成增加值1972.2亿元，增长19.5%。

七大主导产业完成增加值1671.4亿元，比上年增长23.1%；总量占规模以上工业增加值的63.9%。其中，汽车及装备制造业完成增加值419.7亿元，增长13.1%；电子信息产业完成增加值228.4亿元，增长1.2倍；新材料产业完成增加值374.3亿元，增长17.8%；铝及铝精深加工产业完成增加值118.7亿元，增长12.3%；现代食品制造业完成增加值446.8亿元，增长15.2%；家居和品牌服装制造业完成增加值51.1亿元，增长9.8%；生物及医药产业完成增加值32.4亿元，下降11.7%。

主要工业产品产量多数快速增

长。其中，汽车产量36.8万辆，增长3.6%；发电量447.4亿千瓦时，增长15.8%；钢材产量481.1万吨，增长21.2%；速冻米面食品产量100.6万吨，增长7.3%；耐火材料制品产量2417.1万吨，增长15.2%；服装产量12987万件，增长10.3%；水泥产量2321.6万吨，增长10.9%；软饮料产量251.1万吨，增长7.6%；卷烟1691亿支，增长0.9%；塑料制品20.7万吨，增长28.7%；矿山专用设备96.8万吨，增长31.6%；移动通信手持机（手机）6846.3万台，增长1.8倍。

全年规模以上工业企业完成主营业务收入9470.6亿元，比上年增长19.6%；实现利税1303.6亿元，增长4.4%；实现利润890.1亿元，增长4.8%；产销率达到98%，比上年提高0.1个百分点。

【建筑与房地产业】 2012年，全市建筑业完成增加值333.7亿元，比上年增长6.8%。

全市房地产开发投资完成1095.1亿元，比上年增长18.2%。其中，住宅投资675.7亿元，增长8.2%。商品房屋施工面积8253.9万平方米，比上年增长10.5%。其中，住宅施工面积5603.6万平方米，增长4.4%。商品房屋新开工面积2169.3万平方米，增长16.7%。其中，住宅新开工面积1363.5万平方米，增长0.6%。商品房屋竣工面积1449.8万平方米，下降8.2%。其中，住宅竣工面积1043.2万平方米，下降20%。销售面积1441.9万平方米，下降7.8%；销售金额901.6亿元，增长1.3%。

【商贸业】 2012年，郑州市完成社会消费品零售总额2290亿元，比上年增长15.2%。分城乡看，城镇消费品零售额2098亿元，增长15.2%；乡村消费品零售额192亿元，增长15.5%。分行业看，批发业零售额240.8亿元，增长20.1%；零售业零售额1681.9亿元，增长14.5%；住宿业零售额24.4亿元，增长11.8%；餐饮业零售额342.8亿元，增长15.7%。

全年限额以上批发和零售业零售额1109.2亿元，比上年增长16.3%。其中，食品、饮料、烟酒类87.1亿元，增长17.5%；服装、鞋帽、针纺织品类121.2亿元，增长19.3%；金银珠宝类18.8亿元，增长14.9%；日用品类44.5亿元，增长22.1%；五金、电料类11.3亿元，增长25.8%；通信器材类22.4亿元，增长24.4%；石油及制品类101.8亿元，增长29.5%；汽车类512亿元，增长14.2%；机电产品及设备类10.9亿元，增长7.3%。

【旅游与会展业】 2012年，全市实现旅游总收入700.1亿元，比上年增长18.7%。其中，国内旅游收入690.1亿元，增长18.9%；旅游外汇收入1.6亿美元，增长1.6%。来郑旅游人数6200.4万人次，比上年增长13.5%。其中，国际旅游人数42.2万人次，增长9.9%；国内旅游人数6158.2万人次，增长13.5%。年末全市共有旅行社210家，星级酒店51个，A级旅游景区27个，4A级以上景区8个。

2012年，郑州市举办展览158个，较上年增长12%，完成全年目标的102.6%；展览面积175万平方米，同比增长12.9%，完成全年目标的102.9%。举办3万平方米以上的大型展会12个，展览总面积77.15万平方米；举办全国性流动展会5个，展览面积18.88万平方米；新创办展会6个，展览面积6.8万平方米，举办大型节庆活动17个，全市会展业实现经济社会效益约150亿元。

【交通与邮电业】 2012年，郑州市交通运输业各种运输方式完成货运周转量630.9亿吨公里，比上年增长11.9%。其中，铁路216.2亿吨公里，增长3%；公路414.2亿吨公里，增长17.2%；航空5477万吨公里，下降4.7%。完成客运周转量348.2亿人公里，比上年增长6.2%。其中，铁路119.4亿人公里，增长5.1%；公路174.1亿人公里，增长8%；航空54.7亿人公里，增长2.7%。

年末公路通车里程12210.5公里，比上年增长1.5%。其中，高速公路通车里程450公里。

郑州新郑国际机场全年完成货邮吞吐量15.1万吨，比上年增长47.1%；旅客吞吐量1167.4万人次，增长15.0%。

全年完成邮电业务总量131.3亿元（按2010年不变价计算），比上年增长12.9%。其中，邮政业务总量6.3亿元，增长3.8%；电信业务总量125.0亿元，增长13.4%。移动电话用户年末达到1021.8万户，增长10.1%。其中，本年新增用户320万户，增长8%。本地固定电话用户年末达到246.9万户，比上年下降1.3%，其中，城市用户197.1万户，下降5.6%；农村用户49.8万户，增长20.2%。年末互联网用户203.2万户，增长11.5%，其中新增21万户。

年末全市民用车辆拥有量达到223.5万辆，比上年增长14.2%。在民用车辆拥有量中，汽车150.4万辆，增长21.2 %。其中，个人拥有量127.7万辆，增长23.6 %。在汽车拥有量中，轿车75.6万辆，增长25.7%。其中，个人拥有量68.4万辆，增长27.3%。

星级酒店51个，A级旅游景区27个，4A级以上景区8个。

【财政、金融证券与保险】 2012年，郑州市完成地方财政总收入974.6亿元，比上年增长18.8%；地方公共财政预算收入606.7亿元，增长20.8%。其中，市本级收入252.4亿元，增长20.9%。在公共财政预算收入中，个人所得税16.4亿元，下降14.1%；企业所得税67.7亿元，增长14.7%；增值税41.6亿元，增长7.7%；营业税171亿元，增长18.2%；房产税11.3亿元，增长32.6%。全年地方公共财政预算支出700.6亿元，比上年增长23.7%。其中，节能环保支出14.1亿元，增长6.2%；教育经费支出124亿元，增长34.8%；农林水事务支出53亿元，增长32.0%；医疗卫生支出46亿元，增长31.2%；一般公共服务支出82.2亿元，增长20.4%；社会保障与就业支出55.6亿元，增长13.1%；公共安全支出35.8亿元，增长28.0%。

年末全市金融机构各项存款余额10448.3亿元，比年初增加1483.4亿元，增长16.5%。其中，城乡居民储蓄存款余额3845.5亿元，比年初增加593.3亿元，增长18.2%。金融机构各项贷款余额6794.1亿元，比年初增加681.3亿元，增长11.1%。其中，短期贷款2765.9亿元，比年初增加535.6亿元；中长期贷款3805.9亿元，比年初增加138.4亿元；票据融资216.1亿元，比年初增加5.1亿元。

全市1家企业在香港联交所主板挂牌上市，首发融资20.2亿元。全年首发融资和再融资募集资金52.3亿元，其中通过境内市场募集资金32.11亿元。截至2012年底，全市有36家境内外上市公司，发行股票37只，其中境内发行股票21只、境外发行股票16只，首发融资和再融资募集资金395.2亿元。

全年全市保险公司保费收入178.4亿元，比上年增长12.2%。其中，财产险收入63.2亿元，增长21.7%，人寿险收入102.2亿元，增长5.8%；健康险和意外伤害险收入13亿元，增长23.7%。全年赔付额47.6亿元，比上年增长20.2%。其中，财产险赔付额31.1亿元，增长34.6%；人寿险赔付额14.2亿元，增长32.9%；健康险和意外伤害险赔付额2.2亿元，下降61.4%。

【科学技术与教育】 2012年，郑州市共组织实施科技项目1472项，比上年增长21.3%。其中，省级以上项目322项，增长12.9%；市级项目1150项，增长23.8%。全年完成重大科技成果310项，增长45.5%。其中，基础理论成果13项，增长62.5%；应用技术成果280项，增长45.8%；软科学成果17项，增长30.8%。全年专利申请量达到16254件，增长47.8%；授权量9065件，增长47.6%。全年共签订技术合同5500份，增长6.0%；技术合同成交金额达65.1亿元，增长18.1%。全市拥有国家级企业技术中心13个，比上年增长8.3%；省级企业技术中心254个，增长

13.9%。获得国家科技进步奖4项；省级科技进步奖37项，增长8.8%。

年末全市共有研究生培养单位11个，招生6748人，比上年增长6.4%；在校研究生1.86万人，增长3.4%；毕业5845人，增长15.3%。全市普通本专科学校53所，招生22.3万人，比上年增长5.1%；在校学生69.8万人，增长5%；毕业19.4万人，下降4.1%。中等职业技术教育学校130所，招生3万人，下降6.6%；在校学生27.7万人，下降6.7%；毕业9.9万人，下降4.3%。普通高中101所，招生5.9万人，增长4.4%；在校学生16.9万人，增长1.5%；毕业5.7万人，下降2.9%。普通初中267所，招生10万人，比上年增长4.2%；在校学生28.4万人，增长3.6%；毕业8.6万人，下降2.5%。普通小学1010所，招生12.9万人，比上年增长6.4%；在校学生67.3万人，增长4.9%；毕业9.7万人，增长3.2%；小学适龄儿童入学率达100%。幼儿园在园幼儿31万人，比上年增长17.1%。全市共有专任教师13.4万人，比上年增长5.4%。其中，高等学校3.8万人，增长4.1%；普通中等职业学校1.1万人，下降2.1%；普通中学3.2万人，增长3.5%；普通小学3.5万人，增长5.2%；幼儿园1.7万人，增长18.3%。

【文化、卫生与体育】 至2012年末，郑州市共有公共图书馆14个，群众艺术馆、文化馆12个，博物馆15个，综合档案馆14个，艺术表演团体18个。广播电台2座，电视台2座。全市广播人口覆盖率99.4%，电视人口覆盖率达99.8%，有线电视用户178万户；已开放各类档案33.6万卷（件）。拥有全国重点文物保护单位38处；国家级非物质文化遗产名录5个。

年末全市共有卫生机构3807个，比上年下降5.9%。其中，医院、卫生院278个，增长4.9%。拥有床位57894张，增长9.8%。其中，医院、卫生院床位53482张，增长8.6%。卫生技术人员64213人，增长12.9%。其中，执业医师、执业助理医师22918人，增长6.3%；注册护士29443人，增长21.6%。疾病预防控制中心、防疫站16个，卫生技术人员11180人；妇幼卫生机构14个，卫生技术人员3345人。专科疾病防治医院2个，卫生监督检验机构15个。乡镇卫生院101个，卫生技术人员4387人，床位4607张。

全年共获得世界冠军3个，全国冠军18个，获得金牌（全国以上）21块。

【城市建设、环境保护与安全生产】 至2012年末，郑州市建成区面积373平方公里（含上街区26.6平方公里）。市区全年新铺设城市自来水供水管道119.4公里，新铺设城市排水管道156.4公里，新扩建城市道路56.1公里，面积201.7万平方米。全年全社会用电量479.5亿千瓦时，比上年增长5.2%。其中，工业用电量333.5亿千瓦时，增长2.3%；城乡居民生活用电量62.9亿千瓦时，增长9.6%。供水总量3.6亿立方米，日供水能力109.4万立方米。城市居民燃气化率达90.1%。

全年新开公交线路26条，更新、增加公交车辆1100辆，年末实有公交车5548辆，比上年增长5.3%；城市公交客运量达9.8亿人次，增长7.5%。

全年新增绿地面积1098万平方米；建成区人均公共绿地11.3平方米，建成区绿化覆盖率36.1%。公园达到61个，公园面积1893公顷，公厕959座。

全市建成无燃煤区59个，比上年增长13.5%；面积57.6平方公里，增长24.3%。建成环境噪声达标区52个，达标区面积260.2平方公里。全年完成环境污染限期治理项目8个，污染源治理投资2670万元。

全年共发生伤亡事故1555起，比上年下降23.1%；造成死亡203人，下降15.8%；事故直接财产损失3358万元，下降4.6%。

【人口、人民生活与社会保障】 2012年，郑州市城镇居民人均可支配收入24246元，比上年增长12.2%，扣除价格因素，比上年实际增长9.3%；人均消费性支出16610元，比上年增长14.6%，实际增长11.5%。其中，市区城镇居民人均可支配收入25301元，比上年增长12.6%，扣除价格因素，实际增长9.6%；人均消费性支出16779元，比上年增长14.9%，实际增长11.9%。农村居民人均纯收入12531元，比上年增长13.4%，扣除价格因素，实际增长11.3%；人均生活消费支出8967元，比上年增长17.6%，实际增长15.4%。

全年城镇居民消费价格比上年上涨2.7%。食品价格上涨5.1%，其中肉禽及其制品类上涨3.6%、蛋类下降4.6%、菜类上涨16.0%。居住价格上涨3.8%；家庭设备用品及维修服务价格上涨2.7%；烟酒及用品价格上涨1.4%；医疗保健及个人用品价格上涨1.0%；娱乐教育文化用品及服务价格上涨0.4%；交通和通信上涨0.3%；衣着价格上涨0.3%。

2012年，农村居民人均住房面积55.7平方米，比上年增加0.8平方米。

全年发放城镇居民最低生活保障金1.3亿元，比上年增长4.2%；发放农村居民最低生活保障金2.1亿元，增长7%。城市居民最低生活保障人数3.6万人，比上年下降16.4%；农村居民最低生活保障人数12.1万人，下降1.7%。全市参加失业保险131.2万人，比上年增长41.6%；年领取失业保险金者1.8万人。参加基本养老保险224.8万人，比上年增长30.6%。其中，职工197.5万人，增长35.4%；离退休人员27.3万人，增长9.2%。参加医疗保险总人数为148.4万人，比上年增长27.4%。其中，职工120.1万人，增长32.7%；离退休人员28.3万人，增长9.2%。接受城乡医疗救助2.5万人次，比上年增长54%；发放城乡医疗救助金2862.1万元，增长39.6%。

年末全市各类福利院床位数1.9万张，比上年增长2.5%；各类收养性福利单位收养1万人，下降6.1%。建立各种城镇社区服务设施480处，其中社区服务中心24处。全年社会销售福利彩票13.8亿元，比上年增长22%。筹集社会福利资金1亿元，增长1.1倍。

2012年，全市民生福利总指数为104%，比上年提高4个百分点，民生得到进一步改善。

【固定资产投资】 2012年，郑州市全社会固定资产投资完成3669.8亿元，比上年增长22.1%。其中，固定资产投资完成3561.2亿元，比上年增长22.7%。固定资产投资中，国有及国有控股单位完成投资773.8亿元，增长24%；民间投资完成2588.2亿元，增长23%。分产业看，第一产业完成投资73.9亿元，增长37.6%。第二产业完成投资1360.7亿元，增长16.9%。工业投资完成1356.1亿元，增长17.1%。其中，采矿业投资完成136.8亿元，增长3.7%；制造业投资完成1132.2亿元，增长19.1%；电力、燃气及水的生产和供应业投资完成87.1亿元，增长15.9%。第三产业完成投资2126.6亿元，增长26.2%。

全年固定资产施工项目3730个，计划总投资7285.1亿元，比上年增长28.8%；新开工项目1909个，计划总投资2902.1亿元，比上年下降7.7%。重点项目建设767个，完成投资2267.5亿元，增长29.3%。基础设施投资完成772.1亿元，增长30.8%。

【对外经济】 2012年，郑州市直接进出口总额358.3亿美元，比上年增长124%。其中，进口155.7亿美元，增长144.7%；出口202.6亿美元，增长110.3%。市属及以下企业直接进出口总额352.9亿美元，比上年增长129.8%。其中，进口150.6亿美元，增长152.9%；出口202.3亿美元，增长110.5%。一般贸易出口39.2亿美元，下降8.3%；加工贸易出口160.7亿美元，增长207.6%。机电产品出口175.1亿美元，增长169%；高新技术产品出口158.7亿美元，增长208.6%。

全年新批外资企业72个，比上年减少30个，下降29.4%。合同利用外资投资额20.2亿美元，下降15.1%；实际利用外商直接投资34.3亿美元，增长10.6%。

全年国外经济合作合同额13.8亿美元，比上年增长21.9%；国外经济合作营业额14.6亿美元，增长41.9%。

2012年郑州市城镇居民消费价格指数
（以上年平均价格为100，单位：%）

指标	以上年同月为100	环比	累计比
居民消费价格总指数	102.2	101.1	102.7
食品	103.7	103.2	105.1
肉禽及其制品	100.2	102.1	103.6
蛋	113.3	105.1	95.4
菜	112.5	120.5	116
烟酒	99.8	101	101.4
衣着	99.8	100	100.3
家庭设备用品及维修服务	102.7	100.4	102.7
医疗保健和个人用品	101.3	100.1	101
交通和通信	99.8	99.8	100.3
娱乐教育文化用品及服务	100.1	100	100.4
居住	104.1	100.1	103.8

2012年郑州市主要农业产品产量

产品名称	产品产量（万吨）	比上年增减（%）
粮食产量	169.47	1.66
夏粮产量	80.69	0.98
秋粮产量	88.78	2.29
棉花产量	0.23	-37.47
油料产量	18.66	0.4
烟叶产量	0.24	28.38
蔬菜产量	302.06	2.94
水果产量	30.77	0.22
肉类总产量	25.4	5.1
猪肉	16.9	6.5
牛肉	2.07	-2.1
羊肉	0.69	-0.2
禽肉	5.3	6.4
禽蛋产量	22.2	3.6
奶类总产量	51.9	3.1
牛奶	48.7	4.3
水产品产量	14.88	3.05

2012年郑州市主要工业产品产量

产品名称	计量单位	产品产量	比上年增减（%）
原煤	吨	45677304	–6.4
发电量	万千瓦小时	4474142	15.8
供热量	万百万千焦	4015.4	16.2
自来水生产量	万立方米	29265	8.8
小麦粉	吨	1705975	10.3
饲料	吨	2107323	18.7
精制食用植物油	吨	303883	47.4
速冻米面食品	吨	1005803	7.3
方便面	吨	264343	1.4
啤酒	千升	585608	21.1
软饮料	吨	2510753	7.6
卷烟	万支	16910132	0.9
纱	吨	66751	–1.3
布	万米	87994.7	19.7
服装	万件	12987.2	10.3
机制纸及纸板	吨	2093885	–14.7
纸制品	吨	862935.1	–13.5
碳化钙	吨	507799	0.3
塑料制品	吨	207099.2	28.7
水泥	吨	23215620	10.9
耐火材料制品	吨	24171224	15.2
石墨及碳素制品	吨	5141960	16.6
磨具	吨	454464.1	24.5
钢材	吨	4810854	21.2
氧化铝	吨	2530187	2.6
原铝（电解铝）	吨	697467.1	0.2
铝材	吨	2949720	–1.9
阀门	吨	1267164	23.3
矿山专用设备	吨	967645.2	31.6
棉纺织设备	吨	130319	–1.4
收获机械	台	32169	–7
汽车	辆	367597	3.6
改装汽车	辆	19726	5.5
变压器	千伏安	3779049	5.6
电线*	公里	603540.9	13.3
电力电缆	千米	321918.7	8.7
移动通信手持机	台	68463396	1.8倍
工艺美术制品	千元	3213297	12.1

（统计公报）

精神文明建设

全国文明城市建设

【概况】 2012年，郑州市紧紧围绕迎接党的十八大召开、宣传贯彻党的十八大精神，以建设社会主义核心价值体系为根本，以巩固提升全国文明城市创建成果为目标，各项工作扎实开展，持续提高了市民文明素质和城市文明程度。在2012年度全国城市文明程度指数测评工作中，郑州市取得省会（副省级）城市第七名的好成绩，实现了保牌晋位。

牢固树立"文明创建只有起点、没有终点"的思想，年初召开全国文明城市创建成果巩固提升动员大会，对年度文明创建工作进行安排部署。进一步加强组织领导，强化日常督察，积极探索建立健全长效机制，推动文明创建工作持续深入开展。

抓好重点工作，着力提高公共文明指数水平。紧紧围绕《全国城市文明程度指数测评体系》和《全国未成年人思想道德建设工作测评体系》，召开2012年度全国城市文明程度指数测评工作动员会，对测评迎检工作进行专门安排部署。抽调60多名年轻干部，组建了十大指挥部、7个督导组。以网格化管理为抓手，把迎接全国城市文明指数测评工作全面融入网格化管理机制，紧紧依靠三级网格、四级平台，形成五级联动的网格化管理方式。充分发挥网格化管理的保障和促进作用，主动发现问题，及时解决问题，推动重点工作落实，保障薄弱环节提升，各项工作扎实推进，取得了良好效果。

【细化责任分解】 2012年年初，组织召开了2011年度创建全国文明城市表彰大会暨文明城市创建成果巩固提升会议，印发《郑州市2012年巩固提升创建全国文明城市成果的意见》《郑州市巩固提升创建全国文明城市成果目标任务分解》等文件。根据《全国城市文明程度指数测评体系》和《全国未成年人思想道德建设工作测评体系》任务要求，将创建全国文明城市工作的133项测评指标任务进行细化分解，实行市领导分包责任制，明确完成时间、责任单位与分包领导，做到了既各司其职、各负其责，又协同作战、合力攻坚，确保创建任务落到实处，为巩固创文成果打下了坚实基础。

【严格奖惩措施】 2012年，市委、市政府把加强督促检查作为推动创建全国文明城市工作的重要手段，形成了主要领导亲自抓、四大班子合力抓、条块结合共同抓、专门机构具体抓的工作格局。继续实行"评优评差"制度、"月点评"制度和督察周报制度。紧紧围绕《郑州市2012年巩固提升创建全国文明城市成果意见》，开展"评优评差"活动。采取日常检查与抽查相结合、自查与互查相结合、国家统计局郑州调查队抽样调查等办法，每月对市直各单位、各县（市）区、街道等分层次进行检查考核，进行月排名和季度综合排名，并在媒体上予以曝光。建立奖罚机制，将文明城市巩固提升工作与文明奖发放挂钩，纳入文明单位日常考核管理。

为落实中央文明办对全国文明城市"动态管理""末位淘汰"的有关要求，建立健全文明创建长效工作机制，市文明办及时组织召开全市文明办主任座谈会、文明创建十大指挥部座谈会、市文明委主要成员单位座谈会等，各单位结合郑州市创建实际、本单位工作职责以及参与创建的体会建言献策，为建立健全创文长效机制打下了良好基础。

群众性精神文明创建活动

【文明单位管理】 2012年，文明单位管理水平得到提升。认真贯彻河南省文明办《关于2012年深入开展创建文明单位活动的指导意见》，加大文明单位创建管理工作力度。2012年，共青团郑州市委等158个单位获得"省级文明单位"荣誉称号。制定了《郑州市文明单位、文明村镇常态管理办法》，加强文明单位动态管理。对创建工作滑坡的中国长城铝业公司等8个单位给予撤销荣誉称号、警告等处理，保持了文明单位的先进性。

【文明和谐社区创建活动】 2012年，文明和谐社区创建活动扎实开展。进一步完善《文明和谐社区创建标准》《文明和谐社区考核标准》，把文明和谐社区创建和关爱空巢老人、加强未成年人思想道德建设等工作紧密结合起来，开展文明社区、文明家庭等细胞创建工作。继续抓好改善人居环境工作，加大对全市范围破产企业楼院、无主管庭院的整治力度。进一步扩大改善人居环境工作覆盖面，在巩义市等六县市城区社区开展了改善人居环境工作，收到了初步效果。

【文明景区创建活动】 2012年，文明景区创建活动稳步推进。开展文明景区创建活动，积极参与"提升郑州旅游形象"工作，号召各文明景区以提高旅游服务质量为目标，积极推行文明开发、文明经营、文明服务、文明管理，努力把旅游景区建成展示文明形象的窗口。与市旅游局、市城乡建设委员会联合发文，对参评第四批河南省文明景区的两家单位进行了推荐。2012年12月，巩义市康百万庄园被省文明办命名为"河南省文明风景旅游区"。

【传统节日文化教育】 2012年，在春节、清明节、端午节、中秋节、重阳节等传统佳节来临之际，积极组织开展丰富多彩的群众性节庆活动，挖掘传统节日的精神文化内涵，运用多种形式展示中华优秀传统文化，引导人们认知、继承、弘扬优秀传统。

春节、元宵节期间，开展形式多样的"喜迎新春"活动。在全市开展"我们的节日"——春节网上大拜年活动，营造了热烈喜庆、文明和谐的节日氛围。管城区承办了"新中原·新文化·新启程"——文庙撞钟活动；巩义市开设"温暖我身边的好人"春节专栏，开展了"爱心蚂蚁"志愿者春节送温暖活动；高新区精心准备"文化大餐"，推出了华夏优秀传统民间文化集中展演活动。

1月29日，郑州市文明城市表彰总结会召开

清明节期间，郑州市文明办与市民政局联合举办第五届“清明雨·绿色风·文明行”树葬活动，倡导文明、环保的殡葬方式。新郑市举办了首届“清明文化节”活动，中原区、惠济区、登封市、高新区等广泛开展了祭奠先烈、扫墓踏青、文明祭祀活动。

端午节期间，全市共1000余所中小学校、幼儿园百万余名学生、儿童参与了“端午·中华经典诵读”活动。6月16日，郑州市文明办在黄河科技学院组织了以“经典浸润文明，端午传承情怀”为主题的“中华经典诵读·端午篇”大型展演活动，全市17个学校参与。此次活动被中央文明网作为经验转发。巩义市开展了“片片粽叶香，浓浓社区情”端午活动，经开区开展了以“粽子送温情”为主题的端午慰问活动，二七区举办了“庆端午、迎七一”群众文化广场活动。

中秋节期间，各地活动精彩纷呈。金水区举办了“欢聚一堂、共话中秋、喜迎国庆”优秀残疾人代表座谈会、“迎国庆、迎中秋”送温暖茶话会，开展了放映红色影片、唱红歌、升挂国旗等活动。中牟县组织开展了民俗文艺表演、“庆国庆·颂党恩·喜迎十八大”演讲比赛、“话中秋、展才艺”庆中秋联谊会、“中秋送月饼、情暖帮扶村”等活动。新郑市推出了以“中秋国庆喜团圆，拜祖祈福遂心愿”为主题的系列活动。新密市开展了“喜迎十八大，共度中秋节”书画展、“中秋节文明餐桌活动”等。

重阳节期间，管城区“文明市民爱心热线”组织辖区近30名孤寡老人、空巢老人和老年文明市民畅游郑东新区，上街区开展了“幸福家园”主题群众性文体活动，弘扬了中华民族敬老、爱老、助老的传统美德，营造了文明、向上、健康、温馨的社会氛围。

（汤理科）

公民道德素质教育

【精心组织“道德讲堂”活动】 2012年，围绕社会主义核心价值体系建设要求，精心组织“道德讲堂”活动。按照中央文明办要求，结合郑州市实际，制定了道德讲堂管理制度，印发了《郑州市“道德讲堂”建设工作方案》。以“身边人讲述身边事、身边事感动身边人”的形式，按照管理常态化、名称统一化、地点固定化、形式多样化、内容丰富化的“五化”要求，精心布置活动场地，深入挖掘道德典范，认真组织好每场道德讲堂活动。截至2012年年底，全市共组织“道德讲堂”活动5000余场。同时，

4月10日，激情广场·爱国歌曲大家唱郑州站活动举行

把“道德讲堂”活动开展情况纳入文明创建考评内容。以实地旁听、查看台账等方式，对全市“道德讲堂”建设情况进行调研督促，确保活动扎实有效推进。在2012年全国城市文明程度指数测评迎检中，郑州市地税局、郑州市移动公司、郑州市鑫苑社区3家被抽查文明单位“道德讲堂”建设情况，得到了检查组的一致好评。

【道德领域突出问题专项教育和治理活动】 2012年，郑州市扎实开展道德领域突出问题专项教育和治理活动。成立了由市委副书记任组长、4名市委常委任副组长、26家有关责任单位负责人为成员的专项教育和治理领导小组。从有关责任单位抽调8名工作人员组建领导小组办公室，实行集中办公。5月底，郑州市专门召开道德领域突出问题专项教育和治理活动工作会议，分别对窗口行业、食品行业和公共场所的教育和治理工作进行了详细部署。

在全市窗口行业开展了“文明服务、诚信奉献”主题教育活动，在食品行业开展了“绿色环保、安全放心”主题教育活动，在公共场所开展了“言行文明、有礼有序”主题教育活动。26家市直有关责任单位组成多个督察组，深入基层督促指导工作开展。组织人大代表、政协委员、网友代表、群众代表组成市民巡查团，对各行业存在的各类道德问题进行巡查。对巡查发现的问题，各单位各部门对号入座，认真开展整改，推动了道德领域突出问题整治工作扎实开展。

【积极推进“文明餐桌行动”】 2012年，成立了由市委常委、宣传部部长王哲任组长，市文明办、市商务局、市工商局、市旅游局、市卫生局、市食品药品监督管理局、市环保局、市城市管理局、市教育局等有关单位负责人为成员的“文明餐桌行动”领导小组，联合印发了《郑州市“文明餐桌行动”实施意见》，对全市文明餐桌行动进行了周密部署。市文明办等7个部门在二七区百顺国际酒店举行了郑州市“文明餐桌行动”启动仪式。在中原路万达广场举办了以“共建诚信家园、同铸食品安全”为主题，以餐饮、保健食品安全为中心的食品安全宣传周活动。2012年，市文明办协调有关单位深入学校、工地、社区、农村、机关等，宣传“不剩菜、不剩饭”的节约理念，在各单位公共食堂和餐饮经营单位安放提示牌、张贴宣传标语等。市食品监督、工商、卫生、环保、城管等部门，多次开展文明餐桌联合执法行动，加强督导检查，建立健全餐饮服务单位诚信档案体系，并纳入星级餐饮企业评比内容。

【修订完善市民文明公约】 根据《2012城市文明程度指数测评体系》要求，结合郑州市实际，先后多次组织有关专家学者对原有《省会市民文明公约》进行讨论修改。8月30日，市十三届人大常委会第三十次会议正式表决通过了新的《郑州市民文明公约》。市委宣传部、市文明办专门发文，号召在全市开展学习践行新《郑州市民文明公约》活动。各单位积极参与，纷纷开展多种形式的学习践行新《郑州市民文明公约》活动，不断提升新公约知晓率和遵守公约的自觉性，全市形成了“学习践行新公约、争做文明郑州人”的浓厚氛围。

【持续推进文明交通行动】 2012年是中央文明办、公安部组织开展文明交通行动计划的第三年。郑州市以“关爱生命、文明出行”为主题，在全市深入开展文明交通行动。通过开展倡导“六大文明交通行为”、摒弃

5月23日，郑州市“学习雷锋做美德少年”网上签名寄语活动正式启动

“六大交通行为陋习”、宣传“排队日”“让座日”等一系列做法，广泛进行文明交通行动的各项教育，为进一步完善文明交通长效机制提供了群众基础。市文明办组织全市干部职工积极参与文明交通志愿服务工作，开展“红灯！止步！”“台上候车、排队上车”等志愿服务活动。同时，定期开展岗位培训，量化考核办法，通报考核结果。据不完全统计，2012年全市干部职工及文明交通志愿者参加文明交通活动人数达20万人次，为文明交通活动的持续开展营造了浓厚氛围。

（汤理科）

农村精神文明建设

【概况】 2012年，按照市委、市政府全面推进“一区两城”和新型城镇化建设的工作部署，紧密围绕“生产发展、生活宽裕、乡风文明、村容整洁、管理民主”的社会主义新农村建设目标，突出“清洁家园行动”“文明创建”“城乡共建”“结对帮扶”“文化建设”工作重点，动员广大群众积极参与，推动农村精神文明建设迈上新台阶。

农村文明创建活动不断深化。对照《全国文明村镇测评体系》，大力推进文明村镇创建活动。配合工商部门，按照《郑州市文明集市考评标准》，大力开展以“四化两场一畅通”为主要内容的文明集市创建活动。全市1/3的集镇基本达到“四化两场一畅通”（路面硬化、街道净化、街灯亮化、两侧绿化，建设综合市场、建设垃圾处理场，过境道路畅通），创建了一批文明集市。

扎实开展结对帮扶工作。截至2012年底，全市共387家省级文明单位和413家市级文明单位分别与800多个基层村组织和社区达成结对帮扶协议。各文明单位采取“一帮一”或“多帮一”的方式，以促进乡风文明、村容整洁为着力点，以完善文化设施、改善人居环境为突破口，本着“办实事，求实效”的原则，帮助改善农村整体面貌，提高村民文明素质和现代文明程度，为建设社会主义新农村营造了良好的社会环境。

【深入开展乡风文明教育】 持续开展以“五进农家”（道德规范、政策法纪、科技知识、健康卫生、文化活动进农家）为主要内容的“文明新风进农家”活动，加强对党的政策、法律、卫生、文明礼仪、文明交通等知识的学习，突出农民家庭文化建设，全面提升农民素质。组织开展了文明风景旅游区、结对帮扶先进单位、文明集市、文明村镇、文明卫生村、文明农户、好婆婆、好媳妇、好妯娌等评选表彰活动，树立一批典型，推动了农村思想道德教育进村到户、入脑入心，形成了遵纪守法、诚实守信、尊老爱幼、夫妻和睦、勤俭持家的文明乡风。

【“清洁家园行动”成效显著】 制定了《郑州市2012年农村“清洁家园行动”实施方案》，对全市清洁家园行动进行全面安排部署。6月、10月，两次开展“清洁家园行动”集中巡查观摩活动，对全市“清洁家园行动”开展情况进行了集中督促检查，促进了工作落实，重点打造了一批“农村清洁家园行动”示范村。组织开展了郑州市农村村容村貌、路容路貌集中整治活动，抓好督促检查，着力解决“五乱”现象。对交通干线和通往景区道路沿线户外广告、宣传标语进行集中整治，把过境国道、省道和通往景区道路建成了靓丽的风景线。2012年，郑州市15个乡镇、7个村被评为全省“清洁家园行动”先进村镇。

【开展“三下乡”活动】 2012年，郑州市认真抓好文化科技卫生“三下乡”工作。年初，在巩义市新中镇镇区广场成功举办了郑州市2012年度“文化、科技、卫生”三下乡集中示范活动，现场开展了送科技、文艺、医疗、计生下乡示范活动，募集捐赠物品总价值达14.95万元。为动员社会各方面力量更好地支持农村，促进“三下乡”工作健康有序开展，市文明办与科技局、卫生局等有关部门联合印发了《关于做好2012年文化科技卫生“三下乡”工作的通知》，对2012年度全市“三下乡”工作进行全面部署。各有关单位按照工作要求，结合各业务实际，积极开展了“三下乡”活动。

（汤理和）

3月1日，郑州市“弘扬雷锋精神 做有道德的人”活动正式启动

志愿服务工作

【强化志愿服务工作组织领导】 2012年，坚持以“加强品牌建设，打造志愿郑州”为核心，以“三关爱”志愿服务行动为主线，拓展活动领域，凸显郑州特色，动员引导更多市民群众和社会组织投身志愿服务活动，着力推动学雷锋和志愿服务活动常态化。根据工作需要和人事变动情况，市文明委及时对志愿服务工作领导小组进行了调整，进一步扩大了成员单位范围。成立了以省委常委、市委书记吴天君任总队长的学雷锋志愿服务总队，构建了学雷锋志愿服务总队、支队、分队、大队、小队5个层级的全覆盖、无缝隙志愿服务网络。加强对郑州市志愿者联合会的领导，完善联合会秘书处职能，指导21支直属服务总队和17家分会完善自身组织体系，建立各级志愿服务组织之间的联动机制。投资70多万元建设了“志愿郑州”网站、志愿者管理平台和WAP平台，建立志愿服务人才库，制作了独具特色的“有时间做志愿者”“有困难找志愿者”的注册和救助端口，初步打造了全市统一的志愿者注册系统。将学雷锋志愿服务活动开展情况纳入文明城市、文明单位、文明村镇、文明社区等评选工作，对文明单位明确“四个一”（一牌、一堂、一队、一传播）要求，明确志愿者在文明单位职工中所占的比例，制定了具有可操作性的考核办法。

【加大志愿服务培训工作力度】 2012年，编写了《郑州市志愿者培训手册》。组织开展了社区志愿者培训、文明礼仪培训、网络文明传播志愿者培训、紧急救援志愿者培训等志愿者培训巡讲活动，邀请2011年度感动中国人物、台湾“中华希望之翼服务协会”执行长张平宜女士，知名志愿者“南瓜哥哥”，市红十字会优秀培训讲师、市第九人民医院大内科主任陈志民等优秀志愿者培训教师组成巡讲团进行专业授课。2012年，郑州市共组织志愿者培训巡讲活动530余场，直接受益人数达3万余人，覆盖各县（市）区、市直机关各单位志愿服务工作者和市志愿者联合会21支直属服务总队和17家分会成员，数千名街道工作人员、社区专干人员等基层志愿服务工作者参加了培训。在“志愿郑州”网站开辟了全市志愿者培训专区，有多个培训课件可免费下载，注册志愿者可直接受益。

【丰富多彩的志愿服务活动】 开展常态化学雷锋活动，以“关爱他人、关爱社会、关爱自然”（三关爱）志愿服务活动为重点，组织开展了一系列志愿服务活动。4月1日，“关爱百万农村留守儿童和进城务工人员子女志愿服务活动”启动仪式在中原区秦岭路小学举行。5月8日，“关爱他人、关爱社会、关爱自然”志愿服务活动启动仪式在绿城广场举行。12月5日，“国际志愿者日”郑州市关爱他人志愿服务集中示范活动在绿城广场举行。

金水区“绿城社工”在全国率先推出了关爱空巢老人志愿服务“311类家庭帮扶模式”，受到了中央电视台、新华网等多家中央媒体关注。从“为盲人讲电影”到“为盲人讲雕塑”，先后举办6场服务活动，服务视觉障碍人士240余人，打造了“我以我言做你眼”文化助残品牌项目。以青年志愿者行为艺术为主要形式，开展“大拇指”活动，参与活动的志愿者累计达20余万人次，服务时间近60万小时。

【网络文明传播志愿服务活动】 截至2012年底，全市网络文明传播志愿者骨干突破1000余名，培育了以“若即若离—豫”为代表的一批践行主流价值观的“网络意见领袖”。先后开展了“续写雷锋日记”、弘扬雷锋精神网上座谈会、宣传党的十八大网络文明传播等活动，吸引了众多网络文明传播志愿者积极参与。“郑州城义助西瓜哥”“爱心联盟打造送水哥服务团”“郑州爱心顺风车顺出温暖”等多条微博被中国文明网转发；“零钱女孩文明爱心伞遮阳挡雨”“志愿者张楠我以我言做你眼”“河南小蚂蚁志愿服务队爱织暖冬”等博文，引发了网友广泛关注和评论。

将对热点问题的引导作为网络文明传播工作的突破口，多渠道提升网络文明传播志愿者热点引导能力。如在“萝卜哥”事件中，充分发挥网络文明传播志愿者的类媒体作用，最终形成了从“赠送萝卜遭哄抢”到“红薯滞销市民帮、爱心涌向萝卜哥”的喜人局面。2012年10月31日–11月1日，全国网络文明传播工作调研座谈会在郑州召开。

（汤理科）

4月20日，郑州市未成年人法制教育宣传活动正式启动

未成年人思想道德建设

【未成年人“三理”教育】 2012年，郑州市以“做一个有道德的人”为主题，精心设计活动载体，创新工作方式方法，动员社会各方面共同做好青少年思想道德教育，扎实推动未成年人思想道德建设工作不断深化，为青少年健康成长营造了良好环境。扎实推进未成年人“三理”教育（伦理知识教育、心理知识教育、生理知识教育）系列工作。印发了《关于在全市未成年人中开展“学‘三理’知识，做美德少年”系列教育实践活动的方案》。组织召开未成年人思想道德建设工作会议，成立了郑州市未成年人“三理”教育工作专家组、郑州市青少年社会主义核心价值体系宣讲团和郑州市青少年健康成长指导报告团，并于3月27日在郑州旅游学院举行了启动仪式。截至11月30日，全市举办青少年健康成长指导报告会93场、青少年社会主义核心价值宣讲会125场。积极发挥未成年人心理健康辅导中心的教育引导作用。2012年，郑州市青少年健康成长指导中心举办心理减压讲座56场，组织“单亲妈妈课堂”15次，培训人数1373人，接待面询530人次，接听解答热线咨询3200多个，进行个案处理63例，转介13例。

6月19日，郑州市"道德模范进校园"活动走进郑州师范学院

处置的5个经典案例被新浪网、新华网、凤凰网、腾讯网、大河网等多家媒体争相报道。

【开展系列宣传教育活动】 2012年，郑州市精心组织系列宣传教育活动。以贯彻落实《全国未成年人思想道德建设工作测评体系》为抓手，深化"做一个有道德的人"主题活动，加大三题活动联系点建设力度，命名郑州市"做一个有道德的人"主题活动联系点89个。相继开展了"童心向党"歌咏活动、"优秀童谣传唱""争做美德少年""经典诵读""第十六届爱国主义读书活动""未成年人法制教育宣传活动""洒扫应对""日行一善""认星争优、做美德少年"等主题教育实践活动，引导广大未成年人争做文明小公民。举行"颂歌献给党喜迎十八大"青少年歌咏比赛，在青少年中宣讲十八大精神，动员广大青少年积极参与比赛，营造了浓厚的教育氛围。

【加大学校少年宫建设力度】 把学校少年宫建设作为推进未成年人道德建设的突破口，积极整合现有教育资源，不断满足未成年人全面发展的需求。截至2012年底，全市已建成各种类型"乡村学校少年宫"172所，举办活动内容包括6大类50多个项目，在校学生参与率达到100%。2012年，中央文明办未成年人思想道德建设工作组组长谭陆一行到郑州市调研"乡村学校少年宫"建设情况后，对郑州市的工作给予了充分肯定和高度评价。开展"城市学校少年宫"试点工作，市内各区选取了3所、每个县（市）选取了1所学校作为建设试点，以公益性、基础性为原则进行"城市学校少年宫"建设。

【开展净化社会文化环境工作】 2012年，郑州市着力推进净化社会文化环境工作，集中开展网吧整治提升专项行动，全力查处取缔"黑网吧"，依法查处网吧接纳未成年人等违法违规行为。开展读物市场整治专项行动，尤其在重要纪念日、节庆日和十八大召开等敏感时期，认真组织力量，严密抓好传播政治谣言、破坏社会稳定、危害国家统一等非法出版物和邪教组织宣传品的查处收缴工作。开展荧屏、声频净化专项整治行动，协调有关部门坚决把住影视节目审查关口，完善节目审查制度和节目播出程序。开展校园周边环境综合整治行动，禁止影响学生正常学习生活和健康成长的各类事物入侵校园。开展整治互联网低俗之风专项行动，探索建立"虚拟警察"网上巡查制度，最大限度地遏制淫秽色情等有害信息在网上的传播空间，为未成年人健康成长创造了良好的社会文化环境。

（汤理科）

典型人物评选宣传活动

【概况】 2012年，坚持面向基层，吸引群众参与，大力开展文明市民和道德模范评选活动，引导人们见贤思齐，崇德向善，彰显"文明郑州好人多"的良好社会风尚。

典型人物评选宣传活动影响广泛，"月评文明市民"和"我推荐、我评议身边好人"活动扎实推进。坚持月评比、季表彰，2012年共评选出郑州市文明市民120人。按照中央文明办、省文明办的有关工作要求，积极安排部署，认真开展"身边好人"评选推荐活动。向中央文明办推荐"中国好人"候选对象25人（集体）。经自下而上选拔和郑州市文明办审核，杨小周、杨华民、李博亚等12人，郑州消防特勤大队、登封市户外救援队2个集体荣登"中国好人榜"；宋扬、张秀丽、薛让妮等10人，郑州"夺刀三侠"（集体）荣获"中国好人榜"提名奖。

【发挥道德模范的示范带动作用】 2012年，印发了《关于评选表彰郑州市第二届道德模范的通知》，精心组织，广泛宣传，将候选人事迹在媒体公示，接受市民投票。活动共收到8万多张选票，经过组委会评审，杨华民等20人从387名先进人物中脱颖而出，获得"郑州市第二届道德模范"荣誉称号；宋扬等20人获得"郑州市第二届道德模范提名奖"。为彰显道德力量，引领社会风尚，12月27日，郑州市文明委在嵩山饭店召开了郑州市第二届道德模范表彰大会。

积极开展学习宣传道德模范先进事迹活动。邀请"中国好人榜"好人杨华民、"中华慈善奖"获得者李春风、河南省美德少年于荥阳等道德模范，组成郑州市"道德模范巡讲团"，走进机关、社区、部队、农村、企业、景区、武校、监狱、工地、中学、高校等地，以报告会、座谈会的形式开展道德模范基层巡讲、"道德模范故事汇"基层巡演等学习宣传活动。截至2012年底，共开展道德模范基层巡讲报告会60场，参加巡讲的道德模范129人次，参与观众34750人次，开展"道德模范故事汇"基层巡演活动15场，参与观众7000人次，在社会各界群众中引起强烈反响，道德模范的示范带动作用得到充分发挥。

【关爱帮扶礼遇道德模范活动】 2012年，郑州市积极开展关爱帮扶礼遇道德模范活动。在学习、宣传道德模范的同时，真心关爱道德典型，积极为他们的工作、生活提供便利，帮助他们解决实际困难，引导他们不断与时俱进、保持先进性。坚持节前走访慰问道德模范，安排专人与道德模范电话联系500余人次，询问他们的生活和工作困难，倾听他们的意见和建议。为确保道德模范在政治上与时俱进，2012年继续订购了《光明日报》赠送给地市级以上的道德模范。为从政治上给予"中国好人"更多关怀，安排10名"中国好人"作为特邀代表，出席了郑州市迎新春晚会、郑州市春节团拜会、郑州市元宵节晚会、黄帝故里拜祖大典、郑州海棠节等重要节会，受到市委主要领导的接见，"好人有好报"的社会氛围日益浓厚，公民道德建设不断向纵深发展。

（汤理科）

组织机构

中共郑州市委

书　记　连维良（2月免）
　　　　吴天君（2月任）
副书记　马　懿　王　璋
常　委　连维良（2月免）　吴天君
　　　　马　懿　王　璋　胡　荃
　　　　舒　庆　赵瑞东　高建慧（女）
　　　　郭锝昌（5月任）　孙金献
　　　　刘贵新　王　哲　薛云伟
　　　　王跃华　黄保卫　张建慧
秘书长　孙金献
常务副秘书长　李玉辉　王福松
副秘书长　冯留卷（10月免）
　　　　谢建国（1月免）
　　　　郑冠勤　刘旭光　吴志强
　　　　刘啸峰（11月免）
　　　　张志泉　李晓雷　刘自斌
　　　　李伟革（1月任）
　　　　张管城（兼，2月任）

纪律检查委员会

书　记　王　璋（4月免）
　　　　郭锝昌（4月任）
副书记　姚芸来
　　　　李国辉（女，10月免）
　　　　岳希荣（女）　李树生
纪委常委　高希浩　赵国锋　刘进国
　　　　高建中　冯忠信

·市委工作部门·

办公厅

主　任　孙金献
副主任　曹建伟　李伟革（1月免）
　　　　王广斌

组织部

部　长　高建慧（女）
常务副部长　张进峰（1月免）
　　　　张　亮（2月任）
副部长　白　云（女）　周春辉
　　　　吴晓君（女，满族）
　　　　秦晓辉（1月任）
　　　　周　英（1月任）

宣传部

部　长　王　哲
常务副部长　张晓圻（10月免）
副部长　潘新红（女）　常绪东
　　　　李宪敏　李淑荣（女，10月免）
　　　　宋建国　李　平（2月任）
　　　　董建山　李新军（2月任）
文明办主任　常绪东
文明办副主任　邓智柏　薛土岭
　　　　姬月莲（女）　马　雷
　　　　尚　杰　黄红雨（女）

统战部

部　长　王跃华
常务副部长　李俊超
副部长　倪启明（10月免）
　　　　刘卫光（12月免）　李元中
　　　　王志坚　白宇宙
台湾事务办公室主任　李元中（兼）
台湾事务办公室副主任
　　　　李秀文（10月免）　欧阳军
　　　　曹冬梅（女）　赵旭昌
　　　　唐国庆（12月任）

政法委

书　记　黄保卫
常务副书记　付为民（1月免）
　　　　孙桂林（2月任）
副书记　牛扶劳（10月免）
　　　　吴卫平（1月免）
　　　　李华云　司久贵（1月任）

（曾厚宏）

政策研究室

主　任　吴志强
副主任　李洪太　汤清典
　　　　左巧娈（女）　李书英

机构编制委员会办公室

主　任　吴晓君（女，满族）
副主任　王学军　王晓燕（女）
　　　　王信军　王曙光

市直属机关工委

书　记　刘旭光
常务副书记　王合生（女，10月免）
副书记　张铁军　陈官信（1月免）
　　　　王永福　朱　光（12月任）
委　员　王　东　牛宏浩

·市委直属事业单位·

档案局

局　长　徐宏杰
副局长　贾欣营　李永强　靳林中

（郑继孝）

市委党校

校　长　王　璋（兼，4月任）
常务副校长　何建生（满族）
副校长　李国成　裴保顺

（王宏伟）

中原报业传媒集团

董事长、郑州日报社社长　宋建国
郑州日报社、晚报社总编辑　石大东
郑州日报总编辑　杨玉玺
副社长　王天亮　张子明
中原网总编辑　徐秀丽

·部门管理机构·

老干部局

局　长　周　英（兼）
副局长　蔡宗泽　战文胜　邢万顺

机要局

局　长　陈　杰
副局长　朱培龙　魏来圈
　　　　李红轩（2月免）

保密委员会办公室（国家保密局）

主　任（局　长）　张淑娥（女）
副主任（副局长）　尹宏府　杜建强
　　　　李春鑫　郭　哲（12月任）

·办公厅领导的事业单位·

党史研究室

主　任　薛稳定
副主任　王宗民　李红霞（女）
　　　　杨洪良　孙红旗
　　　　高　峰（12月任）

（郑继孝）

郑州市十三届人大常委会

主　任　白红战
副主任　王旭彤（2月免）
　　　　栗培青（女，2月免）　雷　志
　　　　刘全心　贾记鑫　王　平（女）
　　　　赵明恩　李元法　周长松
　　　　刘焕成（2月任）
　　　　赵武安（2月任）
秘书长　刘焕成（2月免）
　　　　范　强（2月任）
副秘书长　任广林　沈丕黎（女，2月免）
　　　　李金鹏　司久贵（2月免）
　　　　张　辉　张江涛　姜朝红（女）

市人大法制委员会

主任委员　刘金柱
副主任委员　赵烈江（2月免）
　　　　曲盘根（2月免）
　　　　司久贵（2月免）
　　　　吴卫平（2月任）
　　　　李　艳（女，2月任）
　　　　罗　丽（女，2月任）
委　员　郭在州　王瑞新　刘桉银
　　　　郭锦艳（女）　任慧军（女）

·市人大常委会工作机构·

办公厅

主　任　李金鹏
副主任　李永茂　龚华章

内务司法工作委员会

主　任　许福亮（2月免）
　　　　樊少楠（2月任）
副主任　王保仁

经济工作委员会

主　任　贺广勋（2月免）
　　　　宋柏松（2月任）
副主任　李永祥

教育科学文化卫生工作委员会
主 任 许抗美（2月免）
张义德（2月任）
副主任 寇 仲

城乡建设环境保护工作委员会
主 任 张文田（2月免）
邢建新（2月任）
副主任 曹进元

选举任免代表联络工作委员会
主 任 柴国合
副主任 张国强

农村工作委员会
主 任 王瑞桐
副主任 刘 华（女）

民族侨务外事工作委员会
主 任 岳德常
副主任 沈丕黎（女，2月任） 王子勋

预算工作委员会
主 任 张正平
副主任 贾庆贤 何绵忠

高新技术产业开发区人大工作委员会
主 任 余 健

经济技术开发区人大工作委员会
主 任 柴清玉（2月免）
陈军安（2月任）

研究室
主 任 张江涛
副主任 张国宏

法制室
主 任 李 艳（女）
副主任 罗 丽（女，2月免）

信访室
主 任 刘桉银（2月免）
张文随（2月任）
副主任 张文随（2月免）

（牛志熳）

郑州市人民政府

市 长 马 懿
常务副市长 胡 荃
副市长 李公乐 薛云伟 张建慧
刘 东（女） 马 健
张学军 朱是西（9月免）
吴忠华（12月任）
秘书长 吴忠华
常务副秘书长 李喜安
副秘书长 宋柏松（1月免） 冯卫平
张 吉 商建东 李 杰
杨东方 王霄鹏（女）
赵红军 王鸿勋
谢霜云（12月免）
李金勇 翟晓宾
王 微（兼，1月任）
宋书杰（兼，1月任）
潘 冰

（曾厚宏）

·市政府工作部门·

办公厅
主 任 吴忠华
副主任 史根有 张晓英（女）
高林照 高宏伟

发展和改革委员会
主 任 史占勇
副主任 于 雷 刘建武 魏 东
范建华 夏 扬 饶卫军
李福科 刘志敏

（郑继孝）

教育局
局 长 毛 杰（女）
常务副局长 刘鹏利
副局长 葛 飞 田保华 张大龙
曾昭传 卢欣华

科技局
局 长 苗晋琦
副局长 赵学庆（1月免） 乔英奎
石桂林 杨长松（12月免）
顾建广（10月免） 任 灿

（王宏伟）

工业和信息化委员会
主 任 李书峰
副主任 韩先敏 张玉聚 印 龙
刘有群 巫怀民 邢冬原
张士成 杜设亮

民族事务委员会
主 任 杨郑安（回族）
副主任 刘佩伦（回族）
王保敬（1月免） 雷建生
符 维（4月任）
周建军（12月任）

公安局
局 长 黄保卫（兼）
常务副局长 杨玉章（12月免）
张书军（12月任）
副局长 钟志才 陈友军 罗永生
常志军 李奎业 周廷欣
张武清

监察局
局 长 姚芸来
副局长 李留宪

民政局
局 长 李建民（12月免）
谢霜云（12月任）
副局长 刘鲁豫 杨杭军 王万民
袁 杰 李淑萍（女）
张铁山 张国强（12月任）

司法局
局 长 郑友军
副局长 席现军 乔 俐（女） 王东风
申德礼 李献民 刘国胜

财政局
局 长 王春山
常务副局长 刘 睿
副局长 刘 健 石 歆 丁二勇
张予红（女）

人力资源和社会保障局
局 长 戴春枝（女）
副局长 崔 鸿（女）
王连伟（6月免）
徐翠萍（女）
娄渊胜 王翠玲（女）
张 伟 卞 薇（女）
王松亭

国土资源局
局 长 赵建国（3月免）
刘维德（3月任）
副局长 邱应厚 崔留森 陈思格

安全生产监督管理局
局 长 李刚良
副局长 柴栓庆 潘建华 王彦华
朱永红（女） 朱建勋
丁清卫 郭项峰 时富宗

城乡建设委员会
主 任 陈 新
副主任 苏建设 潘开名 王 凯
王立新 梁远森 杨 琦
曲 标

住房保障和房地产管理局
局 长 王万鹏
副局长 宋建伟 高胜利 冯德平
贺明理 王修安 周书臣

城乡规划局
局 长 张京祖（女）
常务副局长 张 伟（11月免）
副局长 逯 军 周定友 金建新
高 峰 张 凯 许 振
李成祥 张新兴（10月免）

交通运输委员会
主 任 范 强（2月免）
王顺生（2月任）
常务副主任 赵亚峰（10月免）
副主任 武伟邦（1月免） 曹培林
陆秀玲（女） 赵治业
施笃铮 魏 予 姚明辉
李 刚

城市管理局
局 长 葛震远
副局长 刘光访 司同义 徐建军
李 峰 张醒民（10月免）
魏天亮 郭克河 翟月修

环境保护局

局　长　刘炳辰（2月免）
蔡玉奇（2月任）
常务副局长　刘建武
副局长　李　保　李俊杰　杨照建
翟巧枝（女）　李春德
王　利（女）　韩松涛

农业农村工作委员会

主　任　文广轩
副主任　李新有　董　锐　马占军
王小红（1月免）
刘同德（12月免）　吴　蒙
宋俊英（女）　曹东坡

水务局

局　长　陈松林
常务副局长　史传春
副局长　孙　黎(女)　张中锋　孙书河
卢守富　高国振　刘德坡

林业局

局　长　崔正明（1月任）
常务副局长　王凤枝（女，10月免）
副局长　周　铭　冯长有　曹　萍(女)
贾体铭　张卫东　宋万党
牛培玲（女）　李佳刚

商务局

局　长　朱河顺
副局长　张福清　于思忠（10月免）
李宪德（10月免）　张海亮
林继民　刘天启

文化广电新闻出版局

局　长　李宪敏
常务副局长　许凤鸣
副局长　舒安娜（女，土家族）
朱晓东　丁春萍（女）
董　娣(女)　张晓明(10月免)
吴安德　宋庆海
吴玉琦（10月免）　张文书
范守艾　宁凤丽(女)　李德专

卫生局

局　长　顾建钦
副局长　武亚东（女，10月免）
张文艳（女，12月任）
原学岭　许迎喜
张金花（女）

食品药品监督管理局

局　长　李新章
副局长　李竖亚　张伟东　贺一峰
闻清涛　邹庆明
祁红亮（12月任）
张五超（12月任）
张松安　唐莉军(女，4月任)
孙景莉（女，12月任）

人口和计划生育委员会

主　任　王清芬（女，2月任）
常务副主任　宋书杰
副主任　兰维娜（女）　李长友
段新国　陈　勇（4月任）

审计局

局　长　李连渠（10月免）
冯明杰（10月任）
常务副局长　李忠仁
副局长　徐　平（女）　桑富强　于世营
乔德宁（12月任）

体育局

局　长　李庆山
副局长　赵国强　李伟建　张国防
周朝晖　张家富

统计局

局　长　李德耀
副局长　韩彦北　赵广程　祝遵刚
江　滨　郜东辉

旅游局

局　长　龙同胜
常务副局长　张　杰
副局长　何宏波　方建华
薛宝霞（女）　刘根成
李明伟　胡家安

粮食局

局　长　王顺生（2月免）
刘啸峰（10月任）
副局长　井喜亮（10月免）
张新华（1月免）　郑伟业
王　黎（女）　高　杰
张旭东　董新河　张世然
赵　凯（4月任）

信访局

局　长　周顺杰
副局长　李应旺　冯　明
杨爱玲（女）　王随府
赵向东　田书黎　金爱江

外事侨务办公室

主　任　李陶然
副主任　刘培林　张树忱
王留钦（10月免）
黄改玲（女）　吕　剑（女）

物价局

局　长　杨虎臣
常务副局长　朱巨亚
副局长　王文强　王宏元　郑德邦
朱孝忠　王志昂　王为民
王丽英（女）　王新田

法制办公室

主　任　万建中
常务副主任　李文德
副主任　吴运浦　李庆伟　李建超
李惟锋

人民防空办公室

主　任　张德印
副主任　万社芬（女，10月免）
于　明　袁世臣（10月免）
许晓常　秦　勇（1月免）
刘和平（1月免）　项忠阳
石如善（12月任）

文物局

局　长　阎铁成
常务副局长　任　伟
副局长　黄　静（女）　王　杰
汪文道　任晓红　闫凤岗

畜牧局

局　长　蔡仲友
副局长　李文波　郑保华　朱纯良
张军峰　徐宝龙

园林局

局　长　邢建新（2月免）
姜现钊（2月任）
常务副局长　崔正明（1月免）
副局长　姚喜民　牛振民（10月免）
薛永卿　陈平山（2月免）
许学清　祖应军（4月任）
张　强（12月任）

国有资产监督管理委员会

主　任　余遂盈
副主任　李中正　黄名坤
曹苏菲（女）　岳启明
郭耀伟　于东启（12月任）

·市政府直属事业单位·

煤炭管理局

局　长　路红卫（12月免）
副局长　张信磊　徐建林　王少宗
王国占　王志远　师志刚
丁振庆　黄保臣

（郑继孝）

住房公积金管理中心

主　任　朱蜀辽
副主任　薛佩玲（女）　罗　鸣
李力刚　刘帮成（8月任）
史保金（12月任）

（周遂鹏）

机关事务管理局

局　长　王　微
副局长　魏诗昌　姚希岗　韩　勇
常　利　王敬安　李洪建
王新涛（4月任）

接待办公室

主　任　范建勋
副主任　彭起信　宋林杰　陈培民
白建军

供销合作社

主　任　郑福有
常务副主任　郭　良
副主任　贾耀刚　丁庆彪　常建青
杨燕青　苏现民　赵文生

地震局

局　长　王红梅（女）
副局长　赵景尧　侯清卫　苏海敏
　　刘明强（12月任）

地方史志办公室

主　任　马斐颖（女）
常务副主任　李志刚
副主任　梁豫生　时春红（女）
　　王丹东（12月任）

（郑继孝）

市场发展局

局　长　田跃平
副局长　唐文革　李学文（11月免）
　　罗黎明（4月任）

仲裁委员会办公室

主　任　张灵芝（女）
副主任　梁立群　柴　青（女）　谷　青

建设投资总公司

董事长、总经理　陈　新
副总经理　秦广远　沈建焜　付立文
　　陈　敏　郝素先
　　刘增学（12月任）

（周遂鹏）

·市政府派出机构·

郑州新郑综合保税区（郑州航空港区）

党工委副书记、管委会主任　张延明
管委会副主任　赵新中　张俊峰
　　黄　卿（12月任）
管委会秘书长　张胜利

郑州新区

党工委书记　赵瑞东（兼）
党工委副书记、管委会主任
　　李公乐（兼）
管委会副主任　王广灿　崔　凡（12月免）
　　崔绍营（兼）　杨福平（兼）
　　法建强（12月任）

郑东新区

党委书记、管委会主任　吴福民
党委副书记、管委会常务副主任
　　赵新民
党委副书记　赵兴斌
管委会副主任　胡文杰　张子亮
　　张良才　周定友
　　张胜利（10月免）　李华军
　　庞　挺　杨　光　孟祥岭
　　东西刚

高新技术产业开发区

党委书记、管委会主任
　　张建国（兼）
党委副书记、管委会常务副主任
　　周春辉（兼）　樊福太
党委副书记、管委会副主任
　　贺炳岱（10月免）
管委会副主任
　　吴永昭　穆　勇（回族）
　　郝军峰　时连渠　周军营
　　张家德　贾有林　宋旭光

经济技术开发区

党委书记　崔绍营
党委副书记、管委会主任　王贵欣
党委副书记、管委会副主任　李东明
管委会副主任　时云辉　赵长根
　　黄　楠　李国立
　　王义民　孙　兵

出口加工区

管委会常务副主任　赵长根
管委会副主任　师淑君（女）　任永桥
　　张保成　梁安东

郑州国际物流园区

党委书记　崔绍营（兼）
党委副书记、管委会主任　潘开名
管委会副主任　孟庆平　崔　巍
　　陈平山　张　艳　郭德华

白沙园区

党委书记　杨福平（兼）
党委副书记、管委会主任　王竹强（兼）
管委会副主任　樊惠林　王新宇
　　赵顺舟　沈文波
　　陈振宇　魏玉坤

火车站地区管委会

党委书记、管委会主任　刘国正
党委副书记、管委会常务副主任
　　郝国军
管委会副主任　李国献　冯现朝
　　韩道俊　李雪林　王　伟
　　侯哲峰（4月任）

（王宏伟）

黄河生态旅游风景区

党工委书记、管委会主任　雒国栋
党工委副书记　李振兴
管委会副主任　马玉林　杜振宇
　　胡　春　成才旺
　　李宗建

（周遂鹏）

·其它·

爱卫办

主　任　侯保卫
副主任　许付华　张中建　吴孔宝
　　薛铁山　张士东

（郑继孝）

·市政府驻外办事机构·

市政府驻北京联络处

书　记　李伟革（4月任）
主　任　张管城
副主任　张党权　常宏瑞

市政府驻广州办事处

主　任　张春喜（2月免）
副主任　张泽宏　刘　刚　王忠文

市政府驻上海联络处

主　任　王　强
副主任　阴建国

（周遂鹏）

·省市双重管理机构·

工商行政管理局

局　长　岳希忠（5月任）
副局长　赵小林　王锡建
　　王志勇（6月任）
　　张元龙（8月任）

国家税务局

局　长　杨国政
副局长　周明山　马松伟　赵　东
　　李　巍（1月任）　欧阳华民

地方税务局

局　长　李新峰
副局长　王　钢　裴国庆　孙武江

质量技术监督局

局　长　刘建峰（11月免）
　　何增涛（11月任）
副局长　韩冬生　尚建国　黄震峰
　　王拥军

烟草专卖局（公司）

局长（经理）　徐鸿飞（12月免）
　　赵建州（12月任）
副经理　李新民　王茂欣　张俊生
　　施鹏跃

邮政局

局　长　张大海（10月交流至中国邮政集团公司）
　　张宗梁（10月任）
副局长　李　平（女）　王　辉
　　许红亮（6月任）

供电公司

总经理　王政涛
副总经理　付迎拴　陈希正
　　吴加新（5月免）　刘发展
　　杜利民　李智敏（9月任）

（范鹏飞　贾建英　刘　恒）

政协郑州市第十二届委员会

主　席　李秀奇
副主席　岳喜忠　王　薇（女）
　　朱专兴　舒安娜（女，土家族）
　　牛西岭　陈西川　党普选
　　张冬平　李新有　张民服
党组副书记　王建平　张建国（1月任）
秘书长　张建国（兼，2月任）
副秘书长　谭　哲　朱润生
　　汤　燕（女）　李献峰

陈 斌 王松涛 李海铁
常务委员
（113人，按姓氏笔划排）
马金营 马新海 文广轩
毛鸿雁（女） 牛培玲（女）
王 健 王 锋 王志民 王志坚
王志昂 王秀荣（女） 王秀霞（女）
王进平 王明德 王杰民 王松涛
王济昌 王源海 冯德平 史根周
白宇宙 石聚彬 刘 林 刘五一
刘花明（女） 刘宝琦（回族） 刘炳辰
刘献志 孙 黎（女） 孙东辉
朱建国 朱润生 汤 燕（女）
纪东平（女） 闫玉明 吴予红（女）
吴爱芬（女） 吴营昌 宋丰强
张 英 张之鹏 张文定 张玉笋
张全利 张自福 张志华 张松正
张艳华（女） 张铁秀 张慧云（女）
李 伟 李 倩（女） 李 琳
李 群 李大文 李发臣 李刚毅
李利英（女） 李国庆
李建云（女，回族） 李俊超 李宪召
李政军 李树生 李顺兴 李海波
李海铁 李留宪 李祥钟 李素坤(女)
李富玲(女) 李献峰 杨 娜（女）
杨传文 杨郑安（回族） 杨保成
杨海平 杨惠岭（女） 陈 斌
陈观壤 周可义 周晓光（女）
周雅洲 尚守道 虎云峰(回族)
郑金泉 胡华敏（女） 胡桂平（女）
赵文瑛（女） 钟 波 倪启明
唐 海 徐 平（女） 徐鸿飞
袁小杰 高方斌 崔 平（女）
康玛水 曹冬冰 曹建华 阎书刚
黄海碧 龚首鹏 傅建军 曾 平
温荣丽（女） 谢建国 谢淑芳（女）
韩纪中 雷从芳 廖义芝（女）
翟明玉 谭 哲

·市政协工作机构·

办公厅
主 任 谭 哲

调研室
主 任 张 英
副主任 邢 进

提案委员会
主 任 李素坤（女）
副主任 李建云（女） 张沄龙
谢建国（兼） 李宪召（兼）
邢建新（兼）

经济委员会
主 任 王济昌
副主任 朱 庆 李 杰（兼）
王源海(兼） 李 刚（兼）
李福科（兼）
徐鸿飞（兼，1月任）

农业委员会
主 任 杨传文（1月任）
副主任 陈金城（1月任）
史广敏（兼）
张建玉（女，兼）
栗进朝（兼）
贾 莉（女，兼）

人口资源环境委员会
主 任 吴爱芬（女）
副主任 杨合法 兰维娜（女，兼）
吕安民（兼） 杨照建（兼）
秦文理（兼）

教科文卫体委员会
主 任 刘炳辰（1月任）
副主任 刘艳秋（女，1月任）
文广轩（兼）
王霄鹂（女，兼）
赵学庆（兼）
吴予红（女，兼）
黄海碧（兼）

社会和法制委员会
主 任 周雅洲
副主任 侯艳芳（女）
李建云（女，兼）
王志民（兼）
崔 鸿（女，兼）
张艳华（女，兼）

民族和宗教委员会
主 任 郑金泉
副主任 杨国怀 刘佩伦（兼）
帖增敏（兼） 马培明（兼）

文史资料委员会
主 任 韩纪中
副主任 何 洁（女，1月任）
安惠萍（女，兼）
任 伟（兼） 张松林（兼）

港澳台侨和外事委员会
主 任 周晓光（女）
副主任 牛文广 李元中（兼）
杜雪萍（女，兼）
方建华（兼）

委员管理联络委员会
主 任 崔 平（女）
副主任 赵先玲（女） 王杰民（兼）
刘建峰（兼） 马新海（兼）

城市建设委员会
主 任 朱建国
副主任 王重建 赵亚峰（兼）
张 伟（兼） 张运通（兼）
李国庆（兼）

（朱选举）

民主党派

民革郑州市第十一届委员会
主任委员 刘 东（女，兼）
副主任委员 林功顺（1月免）
张自福 牛培玲（女）
刘五一（1月任）
王巧荣（女，1月任）
秘书长 张 路

民盟郑州市第十一届委员会
主任委员 朱专兴
副主任委员 王志昂 白金尧（1月免）
李蝴蝶(女)
张帅旗（1月免）
郝 伟（1月任）
张洛通（1月任）
王新荣（女，1月任）
秘书长 张洛通（1月免）
宋喜玲（女，1月任）

民建郑州市第十三届委员会
主任委员 张冬平
副主任委员 王明德（1月免）
孙 黎（女） 崔豫琳（女）
刘忠明 李政军（1月任）
于 珊（女，1月任）
秘书长 崔豫琳（女，兼）

民进郑州市第三届委员会
主任委员 张民服
副主任委员 王中朝（1月免）
孟 蕊（女，1月免)
徐 平（女）
谢淑芳（女） 赵学庆
汪德峰（1月任）
张 强（1月任）
秘书长 孟 蕊（女，1月免）
赵学庆（兼，1月任）

农工党郑州市第五届委员会
主任委员 李新有
副主任委员 沈世鹏（1月免）
吴予红（女）
李顺兴 孙中党
李凤芝（女，1月任）
郑方燕（女，1月任）
秘书长 纪东平（女，1月免)
师艳军（1月任）

九三学社郑州市第四届委员会
主任委员 舒安娜（女，土家族）
副主任委员 郑高飞 王秀霞（女）
李 琳 刘崇怀（1月任）
李秋红（女，1月任）
秘书长 郑高飞（兼）

（杨飞雁 石 林）

郑州市中级人民法院

院 长 王新生
常务副院长 谢红星
副院长 李广湖 王志民
刘玉华（女）
李玉杰（5月免）
段占青 李保甫 赵永纯
石志军（9月任）
院长助理 刘祖一

（张 巍）

郑州市人民检察院

检察长　杨祖伟
常务副检察长　张战军（2月免）
副检察长　朱专兴　尚清霞（女）
宋　楠（女）　赵光南
范　俊　宋　超
苏志广（2月免）
苏长明（2月任）
孙　武（2月任）
（刘　冰　李　丹）

郑州市群众团体组织

总工会

主　席　李元法
常务副主席　陈观壤
副主席　李建霞（女）　施　展
陈明洋　张建涛　林增志
赵志新

共青团郑州市委员会

书　记　刘建武
副书记　张艳华（女）　陈　定
李　磊　任　莉（女）

妇女联合会

主　席　徐惠俐（女）
副主席　于素云（女）　侯淑玲（女）
刘　宇（女）

工商联

主　席　薛景霞（女）
副主席　白宇宙（兼）　郭留章
李清四　王清祥
肖前诗（10月免）
秘书长　李清四（兼）

文学艺术界联合会

主　席　钟海涛
副主席　姜　阳（女）　马素芳（女）
程韬光（8月任）

归国华侨联合会

主　席　赵思群

残疾人联合会

理事长　杨惠春
常务副理事长　程广平
副理事长　周长信　陈　卓（女）
王军辉（12月任）

社会科学界联合会

主　席　赵　君
副主席　宫银峰　许颖杰

科学技术协会

主　席　吴予红（女）
副主席　马国明　崔光伟
王世珍（女）　霍梅旭

红十字会

会　长　刘　东（兼）
常务副会长　张春香（女）
副会长　韩孝坤（女）
汤　震（12月任）
（郑继孝）

驻郑部属及省属单位

·交通通信机构·

郑州车站

站　长　任保国
副站长　牛剑锋　杨海英　于佩离
杨　光　王予刚　赵立炜
彭　辉

郑州北站

站　长　杨育生
副站长　刘　霆　李坤营　黄培源
麻克君　齐　悦　李庆华
王卫华

郑州东站

站　长　余效月
副站长　刘治华　刘伟宇　荆宇鹏
郭守营　李兴新　杨延明

郑州客运段

段　长　剧凯锋
副段长　邓　捷　薛言琦　田　鹏
程　勇　马　强　张志超
李　斌　张春霞（女）

中国联合网络通信有限公司郑州市分公司

总经理　王宜科（5月免）
孙　颖（女，满族，5月任）
副总经理　耿保刚　李　钢　朱建勇
王跃武　谢敬国（3月免）
刘匡虎（3月任）
张卫华（女）　吴振魁

·金融机构·

中国人民银行郑州中心支行

行　长　计承江
副行长　邵延进　庞贞燕（女）
周　波　王深德　朱培玉

中国工商银行河南省分行营业部

总经理　夏宗福
副总经理　姜　林　雷晓峰　徐　斌
买艳芳（女）　刘建民

中国农业银行河南省分行营业部

总经理　周贵恒
副总经理　王士森（4月免）　韩　进
王　军　魏少华（女）

·保险机构·

中国人寿保险股份有限公司郑州市分公司

总经理　杜　强（9月免）
淡新虎（10月任）
副总经理　李新生　王铭方（10月任）
刘浩燕（女）

·其他单位·

郑州市黄河河务局

局　长　刘培中
副局长　朱松立（4月任）
王庆伟（4月免）
马水庆　崔景霞（女）
申家全　蔡长治
总工程师　余孝志

郑州银行

董事长　王天宇
行　长　申学清
监事长　范大路
副董事长　张荣顺
副行长　夏　华　乔均安
赵丽娟（女）　白效锋
行长助理　孙海刚　郭志彬　张文建
总会计师　毛月珍（女）
（范鹏飞　贾建英　刘　恒）

中国人民解放军郑州警备区

司令员　尚守道　大校
政　委　刘贵新　大校
副司令员　王金宇　大校
韩世联　大校
副政委　司马武当　大校
苏理明　大校
参谋长　李国记　大校
政治部主任　史安平（4月免）　大校
王家和（4月任）　大校
后勤部部长　祁贵云　上校
（灏　森）

中国人民武装警察部队郑州市支队

支队长　李　斌　大校
第一政委　黄保卫（兼）
政　委　黄延平　大校
副支队长　张　明　上校
刘松林　上校
苑志明　上校（3月任）
副政委　李　浩　上校
都尚俭　上校（3月任）
参谋长　张培杰　上校
政治部主任　杨　威　上校
后勤部部长　禹云魁　中校（3月任）
（邹璐璐）

2012年郑州市大事记

1月

4日

△市委书记连维良带领各县（市）区、开发区、市直有关部门负责人，观看郑州都市区“六城十组团”规划建设成果并进行讲评。

△市委副书记、代市长马懿带领市直相关部门负责人，调研畅通郑州工作。

5日

△郑州警备区召开党委全体（扩大）会议。省委常委、市委书记、郑州警备区党委第一书记连维良，市党政军领导舒庆、刘贵新、尚守道、王金宇、韩世联、司马武当等出席会议。

△根据环保部最新发布的《关于2010年度全国城市环境综合整治定量考核结果的通报》，在27个省会城市中，郑州市连续3年排名第一。

6日

△市委副书记、代市长马懿带领市直相关部门负责人，察看省会水电气暖行业安全运营情况。

10日

△郑州慈善总会、中原区委、中原区政府共同开展“2012年帮扶企业困难职工‘春暖千家’活动”，为3000多户困难群众送去帮扶资金。市领导王璋等出席仪式。

12日

△市委副书记、代市长马懿带领市直相关部门负责人，深入超市、农贸市场和食品企业，察看省会春节市场供应和食品安全情况。

△全国总工会副主席、书记处书记陈荣书率领全国总工会慰问团，深入郑州困难企业，看望慰问困难劳模和职工。

14日

△河南省副省长刘满仓到新郑市看望慰问移民群众。

16日

△郑州市召开富士康项目推进工作会，对2012年富士康项目推进工作进行部署。市委副书记、代市长马懿出席会议并作重要讲话。

△省委副书记、组织部部长邓凯带领省直有关部门负责人到郑州市的企业、乡村、社区、建设工地，走访慰问老党员、困难群众、职工和农民工代表。郑州市委书记连维良等一同走访慰问。

17日

△市委组织部、市民政局、郑州慈善总会共同启动“郑州市社区帮扶慈善救助项目”，郑州慈善总会拿出600万元善款，用于帮扶城区480个社区。

△省委常委、市委书记连维良主持召开畅通郑州领导小组专题会议，研究部署相关工作。市领导马懿等参加会议。

18日

△全市安全生产工作汇报会召开，听取安全生产“大检查、大整治、大督察”活动和煤矿集中整治行动开展情况汇报。市委书记连维良、副市长王跃华等参加会议。

△郑汴公交一卡通开通，郑州和开封两地现有充值、售卡、刷卡等运营体系不变，无须换卡即可通用。

20日

△在全国精神文明建设工作表彰大会上，郑州市荣膺“全国文明城市”称号。

△国务院南水北调办主任鄂竟平莅临郑州，深入中牟、荥阳移民新村慰问群众。国务院南水北调办副主任蒋旭光等一同慰问。

21日

△省委书记、省人大常委会主任卢展工在郑州看望慰问春节期间坚守岗位的信访干部、公安民警、武警官兵和社区基层干部。

30日

△市委副书记、市纪委书记王璋到市委群众工作部、市信访局调研，并协调解决群众和信访工作发展中遇到的困难和问题。

2月

3日

△河南省委副书记、省长郭庚茂带领省重点项目观摩点评组第一组到郑州，对产业集聚区发展和重点项目建设进行观摩点评。省委常委、郑州市委书记连维良等参加第一组观摩活动。

4日

△政协郑州市第十二届委员会第四次会议闭幕。张建国当选为政协郑州市第十二届委员会秘书长，尚守道、李俊超、白宇宙、刘炳辰、杨传文、王志昂当选为政协郑州市第十二届委员会常务委员会委员。张桂兰因工作变动在会上辞去市政协秘书长职务。

5日

△郑州市第十三届人民代表大会第四次会议闭幕。马懿当选为郑州市人民政府市长，刘焕成、赵武安当选为郑州市第十三届人民代表大会常务委员会副主任，范强当选为郑州市第十三届人民代表大会常务委员会秘书长。邢建新、李金鹏、李艳、李恕海、李蝴蝶、宋柏松、张义德、张文随、陈军安、赵学庆当选为郑州市第十三届人民代表大会常务委员会委员。

6日

△即日起，《郑州市关于进一步加强网吧管理的办法》正式实施。

△市委召开全市领导干部会议，传达省委关于郑州市委主要领导职务调整的决定。经省委研究决定，吴天君同志任中共郑州市委委员、常委、书记，连维良同志不再担任中共郑州市委书记、常委、委员职务，中央另有任用。

8日

△全国未成年人思想道德建设工作视讯会议召开，对43个第三届全国未成年人思想道德建设工作先进城市（区）进行表彰，郑州市文明办获授先进单位称号。

△作为“两核六城十组团”的重要组成部分，金水科教新城园区启幕。科教新城的标志性项目——投资13亿元的省重点工程河南杨金服务外包产业园项目启动，河南新科技市场和新庄合村并城安置等其他10个大项目也同时举行奠基典礼。市领导马懿等出席开工奠基典礼。

△全国妇联党组成员、书记处书记范继英一行莅临郑州，调研妇联基层组织建设工作。

9日

△市委副书记、市长马懿带领市

规划、建委、交通等部门负责人，察看郑少高速连接线工程、航海路西三环立交、中原路交通轨道1号线站点、京沙快速通道等部分城建交通重点项目。

△市政府下发《郑州市建筑工地扬尘污染综合整治工作方案》。

△青岛港与河南保税物流中心举行共建郑州"无水港"暨河南豫青国际物流公司揭牌仪式。郑州市委副书记、市长马懿，青岛港（集团）有限公司董事局主席、总裁常德传共同为郑州"无水港"开通揭牌。

11日

△郑州都市区生态廊道建设示范工程设计评审会举行。国务院参事、中国风景园林学会副理事长兼秘书长刘秀晨等参会。郑州都市区生态廊道建设示范工程包括绿博大道和四港联动大道，全长52.87公里，绿化面积528.7公顷。

△省委常委、市委书记吴天君督察调研新型城镇化六个切入点工作。

△工信部公示第三批国家新型工业化产业示范基地名单，巩义市产业集聚区榜上有名。这是郑州市县（市）区第一家，也是河南省第七家入选国家新型工业化产业示范基地单位。

12日

△河南省眼科研究所建所50周年，河南省立眼科医院正式揭牌。副省长王铁出席庆典仪式。

15日

△"首届全球根亲（客家）文化盛事评选暨颁奖盛典"活动启动仪式在郑州举行。该活动由世界客家播迁路全球根亲文化活动组委会联合人民网、大公报等海内外主流媒体和世界客属总会等百家海内外著名华人、客属社团联合推出。

△十届全国政协副主席、中国工程院主席团名誉主席徐匡迪院士与中国工程院院长、周济院士率"中国特色城市化"课题组一行19人莅临郑州，就特色城市化发展情况进行调研。

△经过2012年韩国丽水世博会中国馆组委会考察评审，郑商瓷作为我国陶瓷艺术类唯一代表参加2012年韩国丽水世博会。2012年韩国丽水世博会中国馆组委会秘书长、中国贸促会展览部部长顾超为郑商瓷授"2012韩国丽水世博会中国馆全球合作伙伴"牌匾。市委常委、宣传部部长王哲等共同为郑商瓷烧制的世博会中国馆吉祥物海豚宝宝揭幕。

16日

△市委副书记、市长马懿带领市工信委、发改委等部门负责人，对郑州华晶金刚石股份有限公司、格力电器郑州产业园项目、河南汉威电子股份有限公司等郑州市部分重点工业项目进行调研。

△郑州市新型城镇化建设推进大会召开。市委书记吴天君，市委副书记、市长马懿出席会议并讲话。市委常委、副市长张建慧作《郑州都市区空间发展战略规划及五年建设规划》专题报告。

△市委书记吴天君先后察看罗庄拆迁工地临时停车场规划建设、郑少高速公路连接线桥梁工程、西三环与航海路互通立交工程、规划中的金水路西延工程等交通建设项目和郑州市建设工程交易中心、郑州市数字化城市管理中心，协调解决项目建设中遇到的困难和问题。

16-20日

△中央政法委副秘书长、中央综治办主任陈训秋带队到全国社会管理创新综合试点市——新郑市调研，并主持召开全国部分社会管理创新综合试点地区考察交流会。省委常委、市委书记吴天君出席考察交流会，省委常委、政法委书记毛超峰参加调研并出席考察交流会。

17日

△全市质量工作大会召开。市委副书记、市长马懿为获得"2011年度郑州市市长质量奖"的5家单位颁奖。

△全市工业和信息化工作会议召开。市委副书记、市长马懿出席会议并作重要讲话。

17-18日

△湖北省委常委、政法委书记、公安厅厅长吴永文率湖北省政法系统考察团到郑州，就社会管理创新工作进行专题考察。

19日

△市工商联服装商会与交通银行河南省分行签订"解服装人困境、助服装人腾飞"授信意向。该行与郑州市服装业首批4户联保服装企业签订了总额度2000万元的小企业流动资金借款合同。

20日

△省政协副主席、省工商联主席梁静率专题调研组到金水区，就非公经济发展及工商联自身组织建设进行调研。

21日

△全国人大环资委副主任委员张云川一行到郑州，调研饮用水安全保障工作，实地察看居民饮用水水源地保护、供水安全和饮用水水质保护情况。

△环境保护部副部长张力军带领环保部调研组莅临郑州调研环境保护工作，现场察看郑州市河流水质，召开座谈会听取工作汇报。

△在新郑市双洎河渡槽工地，国务院南水北调办主任鄂竟平和河南省副省长刘满仓共同为南水北调工程首块举报公告牌揭牌。国务院南水北调办副主任蒋旭光主持揭牌仪式。

22日

△中央创先办联络组组长、中组部干部四局副巡视员陈龙发一行莅临郑州，到为民服务创先争优活动窗口单位二七区行政服务中心和二七区人民法院进行调研。

△四川省眉山市委副书记刘十庆带领党政考察团到郑州，对郑东新区城市建设规划情况进行考察。

23日

△全市安全生产工作会议召开。市委副书记、市长马懿出席会议并作重要讲话。

△国家人口计生委主任、党组书记王侠一行莅临郑州，深入科研院所、城市社区调研郑州市人口计生工作。国家人口计生委副主任陈立一同调研。

△市委常委、副市长张建慧带领相关部门负责人到市轨道交通有限公司现场办公，协调解决有关问题。

△全国学前教育项目工作会议在郑州召开。教育部副部长、国家总督学刘利民，副省长徐济超出席会议。

23-25日

△中共中央政治局委员、国务院副总理王岐山到河南省郑州、许昌进行调研，并主持召开中小金融机构座谈会。省委书记、省人大常委会主任卢展工，省委常委、常务副省长李克，省委常委、秘书长刘春良，省委常委、郑州市委书记吴天君等陪同调研。在郑州调研期间，王岐山考察了郑州新郑综合保税区和郑东新区。在郑州市中小企业担保公司，现场听取、了解郑州市担保公司的数量规模及运营等情况。

24日

△全市转变领导方式创新党务工作会议召开。市委书记吴天君出席会议并讲话，市委副书记、市长马懿主持会议。会上，郑州市委、市政府印发了《关于建立"坚持依靠群众、推进工作落实"长效机制的意见》。

△市中级人民法院设立劳动者权益保护审判庭。这在全国省会城市中级法院尚属首例。省高级人民法院院长张立勇等出席揭牌仪式。

26日

△省委常委、市委书记吴天君到新郑市调研社会管理创新工作。

27日

△市卫生局与中国建设银行股份有限公司郑州金水支行共同签署郑州市居民健康卡项目合作框架协议。

△全国双拥模范城（县）命名暨双拥模范单位和个人表彰大会在北京举行，郑州市荣膺全国双拥模范城"六连冠"。

28日

△全国人大内司委委员、原中央政法委副秘书长鲍绍坤带领调研组莅临郑州，围绕新郑社会管理创新工作进行实地调研。

△科技部党组成员、中央纪委驻科技部纪检组组长郭向远，科技部监察局局长余华荣一行到郑州考察。

△市政协主席李秀奇到惠济区调研生态农业发展情况。

29日

△市"坚持依靠群众、推进工作落实"长效机制领导小组召开工作会

议。市委副书记、市纪委书记、领导小组组长王璋出席会议并讲话。

△省委常委、市委书记吴天君到中牟县调研道路交通建设、生态廊道建设和新型农村社区建设等新型城镇化重点工作推进情况。

△河南省加强和创新社会管理新郑试点工作推进会在新郑市召开。全国人大内司委委员、中央综治委第二蹲点调研组组长鲍绍坤出席会议。

△市人大常委会主任白红战一行到上街区，就郑州宜居职教城建设、新型农村社区建设等进行调研。

3月

1日

△全国首批居民健康卡首发仪式在郑州启动。卫生部部长陈竺出席首发仪式。河南省是全国居民健康卡项目唯一试点省份，郑州市是首批试点地区之一。

△市委副书记、市纪委书记王璋到市委宣传部，就郑州市廉政文化建设与网媒舆情管理工作进行调研。

2日

△市委书记吴天君、市长马懿带领市直有关部门负责人到高新区、中原区、荥阳市、新密市，就“两环十五放射”道路、市域快速通道以及生态廊道绿化推进情况进行调研。

4日

△新大方重工科技有限公司和华北水利水电学院自主研发的南水北调中线工程提运架造槽设备通过省科技厅鉴定，设备开创了我国输水工程大型预制渡槽吊装、架设的机械化施工先例。

5日

△河南省交通运输厅与郑州市人民政府签署加快郑州都市区交通运输建设战略合作框架协议。省委常委、市委书记吴天君，省交通运输厅厅长孙廷喜，市长马懿等出席签字仪式。

△“郑州市荣膺全国双拥模范城六连冠”揭牌仪式在市政府办公楼前举行。省委常委、市委书记吴天君与防空兵指挥学院院长方北群少将共同为“全国双拥模范城”揭牌。

6日

△市领导带领各县（市）区和市直有关部门负责人对郑州市新型城镇化建设推进情况进行集中观摩，并召开工作推进会进行安排部署。市领导吴天君、马懿、王璋、白红战、李秀奇等参加观摩活动并出席会议。

7–12日

△市委副书记、市长马懿带领市发改委、国资委、科技局、金融办、上街区和郑州新区、郑东新区等单位主要负责人，赴国家发展改革委、中国银监会、国家民航局、国家知识产权局等有关部委和中国机械集团有限公司、摩根大通银行（中国）有限公司、中国铝业公司、国药集团、东旭集团等重点企业拜访，积极争取国家部委更多的指导、支持和帮助，深入推进与重点企业的项目合作。国家发展改革委副主任孙志刚、连维良，中国银监会副主席蔡锷生、国家民航局空管局局长苏兰根等会见了市领导。

8日

△市“坚持依靠群众、推进工作落实”长效机制领导小组召开工作座谈会。市委副书记、市纪委书记、领导小组组长王璋出席座谈会并讲话。

8–9日

△中宣部在郑州召开舆情信息工作会议。中宣部副部长翟卫华出席会议并讲话；省委常委、郑州市委书记吴天君，省委常委、宣传部部长赵素萍出席会议并致辞。

△省委常委、市委书记吴天君在新郑市调研新型城镇化建设和创新社会管理工作。

9日

△市人大常委会主任白红战带领部分常委会组成人员，到郑州新郑综合保税区（郑州航空港区）进行调研。

10日

△市领导白红战、张建慧等与市直机关和园林系统干部职工千余人一起在大学南路绿化带中植树，由此拉开郑州市“两环十五放射”中15条生态廊道绿化的序幕。

△市委书记吴天君到金水区经八路街道蹲点调研。

△“郑州发布厅”官方微博平台在新浪网、腾讯网同时亮相。“郑州发布厅”由市委宣传部统筹运行。市委常委、宣传部部长王哲，省委宣传部网络宣传处处长刘国明，河南人民广播电台副台长、新浪河南董事会成员李海军，腾讯公司总裁助理李强等出席上线仪式，并共同开通“郑州发布厅”新浪微博和腾讯微博。

12日

△市委书记吴天君调研郑州市新闻宣传工作，实地察看媒体运营情况，研究解决有关问题。

△市委书记吴天君带领市直有关部门负责人到东风日产乘用车公司郑州工厂现场办公，协调解决项目二期扩能建设中存在的困难和问题。

13日

△市人大常委会主任白红战带领市文物局相关负责人调研郑州商代都城遗址保护、规划和建设情况。

△省委常委、市委书记吴天君督导交通道路和生态廊道建设。

△市委、市政府召开郑州都市区五年建设规划及2012年城建工作会议。市委书记吴天君出席会议并作重要讲话。

13–14日

△以国务院医改办副主任徐善长为组长的调研组到郑州市，就医保开展情况和基层医疗卫生机构综合改革情况进行调研。

14日

△市人大常委会主任白红战一行视察郑州市环境保护工作情况及PM2.5监测工作准备情况。

15日

△市政府下发通告，对地铁1号线一期工程20个站点的命名予以明确。

△市委副书记、市纪委书记、市“坚持依靠群众、推进工作落实”长效机制工作领导小组组长王璋调研部分市直机关“坚持依靠群众、推进工作落实”长效机制工作开展情况。

△市委书记吴天君带领市直相关部门负责人到部分企业和重点项目建设现场，就郑州市工业经济发展进行调研，协调解决企业发展中的困难和问题。

16日

△由河南中孚实业股份有限公司牵头的“低温低电压铝电解新技术”顺利通过科技部验收，这标志着我国电解铝工业节能减排取得历史性突破。科技部副部长曹健林、副省长徐济超等出席验收仪式。

17日

△郑州市被国家测绘地理信息局授予“全国数字城市建设示范市”称号。国家测绘地理信息局副局长李维森，副省长张大卫，市委副书记、市长马懿出席授牌仪式并共同启动“郑州市地理信息公共服务平台”。

18日

△市委副书记、市纪委书记、市“坚持依靠群众、推进工作落实”长效机制工作领导小组组长王璋到巩义市新中镇蹲点调研。

20日

△王府井百货（集团）股份有限公司与香港锦艺集团签约，其在郑州第一家旗舰店正式落户位于中原区的锦艺城。市领导马懿、薛云伟等参加签约仪式。

△东风日产启辰品牌首款新车——启辰D50在东风日产郑州基地下线。东风汽车公司董事长、党委书记徐平，东风汽车公司总经理朱福寿，东风汽车有限公司总裁中村公泰，省市领导史济春、吴天君、陈雪枫、赵建才、马懿等出席新车下线仪式。

△全国“清剿火患”战役总结表扬暨消防安全网格化管理现场会在郑州召开。公安部副部长刘金国作重要讲话。省委常委、政法委书记毛超峰代表省委、省政府致辞，副省长、公安厅厅长秦玉海出席会议，并代表省政府作经验介绍。

21日

△郑州市召开交通道路和生态廊道建设第二次观摩会。省委常委、市委书记吴天君，市委副书记、市长马懿参加观摩会。

△省人大常委会副主任蒋笃运带领省人大常委会立法调研组莅临郑州，开

展《河南省食品生产加工小作坊和食品摊贩管理办法》立法调研。

21-22日

△国家公共文化服务体系示范区创建办专家委员会副秘书长戴珩率督察组先后到荥阳市、登封市、管城区，督导检查郑州市创建国家公共文化服务体系示范区开展情况。

22日

△市委副书记、市长马懿会见由中国外商投资企业协会常务副会长兼秘书长邵祥林率领的中国外商投资企业协会代表团一行。

△郑州市召开治理囤地圈地违规用地土地闲置浪费问题工作会议。市委副书记、市纪委书记王璋出席会议。

△市委书记吴天君会见到郑州参加第七届中国河南国际投资贸易洽谈会的西门子（中国）有限公司副总裁林泽波一行。

△第六届黄帝文化国际论坛在郑州大学西亚斯国际学院开幕，来自国内外百余位专家学者、社会名流参会。本届论坛由中华炎黄文化研究会、郑州市人民政府主办，新郑市人民政府、河南省黄帝故里文化研究会承办。中华炎黄文化研究会常务副会长兼秘书长张希清致开幕词。

△郑东新区管委会与河南省文化产业投资公司、河南省高技术创业服务中心等12家企（事）业签订河南创意岛科技孵化器等9个科技创新创业载体和平台项目，项目总投资60亿元。此举标志着龙子湖湖心岛科研创意集聚区建设全面启动。

23日

△第七届中国河南国际投资贸易洽谈会开幕式暨合作项目签约仪式在郑州国际会展中心举行。全国政协副主席、全国工商联主席黄孟复宣布开幕，并与省委书记、省人大常委会主任卢展工，省委副书记、省长郭庚茂一起共同启动开幕装置。中华全国归国华侨联合会主席林军，国家粮食局局长聂振邦，国务院侨办副主任任启亮，住房和城乡建设部党组成员、纪检组长杜鹃，商务部部长助理房爱卿，十届上海市政协主席蒋以任，联合国粮食及农业组织代表伯希·米西卡，联合国世界粮食计划署中国办公室主任布拉特·瑞尔森，省领导邓凯、刘春良等出席开幕式和签约仪式。

△郑州市被确定为“国家创新型试点城市”。

△河南省公安厅在郑州新郑国际机场举行台湾居民签注业务启动仪式。台胞将可以直飞郑州新郑国际机场，在机场口岸当场办理出入境证件及签注。

△炎黄文化研讨会在黄帝故里新郑举行。中华炎黄文化研究会副会长王震中、任大援，中国先秦史学会副会长兼秘书长宫长为，中央民族大学教授李耀宗等专家出席研讨会。

23-24日

△到郑州参加第七届中国河南国际投资贸易洽谈会和壬辰年黄帝故里拜祖大典的全国政协副主席、全国工商业联合会主席黄孟复就郑州市民营企业发展状况进行考察调研，先后到位于高新区的河南汉威电子有限公司、郑州高新信息港、河南威科姆公司和位于新郑市的好想你枣业股份有限公司进行了考察。

24日

△壬辰年黄帝故里拜祖大典在新郑市举行。大典由河南省人民政府、政协河南省委员会、国务院侨务办公室、中华炎黄文化研究会、中华全国归国华侨联合会、中华全国台湾同胞联谊会联合主办，郑州市人民政府、政协郑州市委员会、新郑市人民政府承办。参加拜祖大典的主要领导和嘉宾有：全国人大常委会副委员长、九三学社中央主席韩启德，全国政协副主席、全国工商联主席黄孟复，十届全国人大常委会副委员长、中华炎黄文化研究会会长许嘉璐；中国国民党荣誉主席吴伯雄及夫人戴美玉；中共中央台湾工作办公室、国务院台湾事务办公室主任王毅，国务院侨务办公室主任李海峰，全国政协社会和法制委员会副主任黄晴宜，中华全国归国华侨联合会主席林军，中华全国台湾同胞联谊会会长梁国扬等中直机关和有关单位领导；来自美国、英国、法国、德国、澳大利亚、苏丹、日本、印度尼西亚等24个国家和地区的数千位海外侨胞；河南省四大班子领导、郑州市四大班子领导、新郑市领导及社会各界代表。

24-25日

△全国农村环境综合整治目标责任制座谈会在郑州举行。环保部生态司司长庄国泰带领全国50多名参会者到新密市观摩考察，探讨农村环境综合整治新机制。

25日

△以“华夏历史文明传承创新”为主题的第二届中原经济区论坛在郑州国际会展中心轩辕堂举行。省委书记、省人大常委会主任卢展工，省委副书记、省长郭庚茂出席论坛。全国人大常委、全国人大外事委员会主任委员李肇星发表演讲。博鳌亚洲论坛国际咨询委员会委员、原外经贸部首席谈判代表、副部长龙永图担任论坛主席及主持。

26日

△市政府下发《关于新型农村社区建设工作的指导意见》。

△宇通公司向中国儿童少年基金会和中国人口福利基金会一次性捐赠价值500万元的20辆专用校车。捐赠仪式在宇通工业园举行。

△我国政府最高规格的慈善奖项“中华慈善奖”揭晓，郑州市“爱在慈善城情暖夕阳红”——荥阳市困难老人帮扶项目、“呵护心灵一路同行”贫困精神病人慈善救助项目入选“最具影响力慈善项目”，郑州日产汽车有限公司入选“最具爱心捐赠企业”。

△《中国会展》杂志社发布的中国会展行业信心指数调查显示，郑州与北京、上海、广州、成都、杭州、深圳一同入围“中国最受欢迎的会展城市”。

△市政府召开廉政工作电视电话会议。市委副书记、市长马懿出席会议并作重要讲话。

△国家林业局正式批复同意郑州市创建国家森林城市。

27日

△由省社科院、省政府发展研究中心、省工商业联合会、省民营经济研究会联合举办的“建业省域化战略研究报告发布暨‘建业模式’研讨会”在郑州举行。中央党校教授李兴山、中国社科院研究员陈栋生等专家学者参会。

△全国政协副主席厉无畏考察郑州市动漫产业发展情况，先后参观了郑州高新信息港、郑州高新区动漫公共技术服务平台和小樱桃动漫集团总部以及动漫报社。

△省重点项目河南华泰特种电缆有限公司年产348000千米特种电缆项目二期工程开建。市委常委、统战部部长王跃华出席开工仪式。

28日

△郑州宇通集团财务有限公司正式开业运营，这是国内客车行业第一家企业集团财务公司，也是河南省10余年来首个获得中国银监会批准的企业集团财务公司。省市领导王铁、马懿等出席启动仪式。

△市委书记吴天君到高新区、中原区、二七区和荥阳市督察交通道路和生态廊道建设工作。

29日

△市政协主席李秀奇带领市新型农村社区建设办公室和市环保、林业、畜牧、水务等部门负责人到登封市调研驻村帮扶工作。

△国家工商总局广告司司长孙鸿志一行到郑州高新技术产业开发区，考察郑州广告产业园项目。

△河南省2012年重点项目——嵩山少林武术博物院开工奠基仪式在登封塔沟武校老校区举行。省体育局局长彭德胜，市委常委、宣传部部长王哲等出席奠基仪式。

△全市公共机构节能工作会议召开。会议要求全市政府机构公务用车实行按牌号尾数每周少开一天，开展公务自行车试点工作。

△《郑州市社会办养老服务机构管理暂行办法》正式出台并实施。

△全市国企改革发展暨国资监管工作会议召开。市委常委、常务副市长胡荃出席会议。

△市委副书记、市纪委书记王璋

到新密市调研廉政文化建设工作。

△市委副书记、市长马懿带领市直相关部门负责人到经开区、中牟县部分重点工业企业，调研郑州市汽车和装备制造业发展情况。

30日

△市委书记吴天君到荥阳市调研，先后察看荥阳市交通道路、生态廊道、产业集聚区、新型农村社区等规划建设情况。

△为纪念杜甫诞辰1300周年，“诗圣杯”海内外诗词大赛在郑州正式启动。本次大赛由中华诗词学会、中华诗词研究院、诗刊社、河南省文联和河南诗词学会共同主办。

31日

△国务院南水北调办公室主任鄂竟平带领考察组莅临郑州，考察南水北调中线工程郑州段桥梁建设和干渠施工情况。

△市政府印发《2012年郑州市食品安全工作要点》，公布《郑州市食品安全事故应急预案》。

4月

1日

△即日起，全市二手房的最终交易价格由地税部门核定。上市交易的二手房价格须经税务部门核定后才能最终完成交易。

2日

△市委常委、副市长张建慧带领相关部门负责人，调研部分路段市容环境和“两环十五放射”建设进展情况。

5日

△市委副书记、市纪委书记、市“坚持依靠群众、推进工作落实”长效机制工作领导小组组长王璋到金水区经八路街道、惠济区老鸦陈街道调研。

△郑州大学附属郑州中心医院正式揭牌。副省长王铁，郑州大学党委书记郑永扣，中国科学院院士、郑州大学校长申长雨等出席揭牌仪式。

6日

△连云港市委书记、市人大常委会主任李强率连云港市党政代表团到郑州参观考察，双方签署连云港市与郑州市共建国家东中西区域合作示范区战略合作框架协议。郑州市领导吴天君、胡荃等出席签字仪式。

△“百年大公看中原”采访团走进郑州市，围绕“三化协调”共同探访郑州都市区未来发展之路。香港大公报社社办主任、执行总编辑李大宏率大公报驻豫记者和大公中原新闻网编辑数十人组成的采访团参观了郑东新区和中牟县。

△全市农村党组织书记、村委会主任、监委会主任加强社会管理培训班正式开班。市委常委、组织部部长高建慧出席开班仪式。

△市委副书记、市纪委书记、市“坚持依靠群众、推进工作落实”长效机制工作领导小组组长王璋到新郑市梨河镇调研。

△市委党校邀请文化部党组成员、故宫博物院院长、党委书记单霁翔作主题为《中国遗产保护的现状与展望》专题报告。

6–7日

△全国人大常委会副委员长、民建中央主席陈昌智带领民建中央调研组莅临郑州，就郑州市“大力发展文化旅游产业、促进经济结构调整”进行专题调研。

7日

△2012年郑州市安全生产委员会第一次全体（扩大）会议召开。市委常委、常务副市长胡荃，副市长、市安委会常务副主任马健出席会议。

△省委常委、市委书记吴天君到金水区经八路街道蹲点调研。

8日

△2012年特步中国郑开国际马拉松赛在郑开大道和郑东新区举行。国家体育总局副局长、中国田径协会主席段世杰，副省长张广智，省政府副秘书长万旭，国家体育总局田径运动管理中心副主任沈纯德，省体育局局长彭德胜，郑州市市长马懿、副市长刘东等参加起跑仪式。

△郑州黄河滨河公园总体规划专家评审会召开。评审会主任由建设部原副部长、中国城市规划协会会长赵宝江担任，邀请中国社科院荣誉学部委员、中国区域经济学会副会长兼秘书长陈栋生等国内知名专家担任评委。

9日

△市政府印发《郑州市举报食品安全违法案件有功人员奖励办法（试行）》。

△华南城控股有限公司与新郑市签订郑州华南城项目现代商贸物流项目合作协议。省市领导吴天君、赵建才、马懿，深圳华南城控股有限公司董事长郑松兴、总裁梁满林等出席签约仪式。

10日

△郑州市召开交通道路和生态廊道建设第三次观摩会。市委书记吴天君出席会议并作重要讲话。

△郑州市召开廉政文化建设专家座谈会。市委副书记、市纪委书记王璋出席会议。知名学者、河南大学博士生导师王立群教授，省社会科学院副院长刘道兴研究员等积极为进一步推进郑州市廉政文化建设献言建策。

12日

△郑州师范学院退休教师谢荣庆副教授发现新渗透定律及公式，获得国际著名科学网站的认可。这一新定律克服了范氏定律只能用于理想稀溶液的局限。

△市委书记吴天君带领市直相关部门负责人到金水区、惠济区、荥阳市，就沿黄旅游道路（S314）选线及生态水系源头建设进行现场踏勘。

△郑州市召开南水北调丹江口库区移民安置工作总结表彰暨后期稳定发展会议。市委副书记、市纪委书记王璋出席会议并作重要讲话。

△市委、市政府表彰来自各行各业的金牌“蓝领”，29名具有高超技能和精湛技术的高技能人才和首批100名郑州市优秀技师获表彰。

12–17日

△中共中央政治局常委、全国人大常委会委员长吴邦国先后到郑州、新乡、焦作、洛阳等地，就加快中原经济区建设、做好改革发展稳定工作等进行调研。在郑期间，吴邦国先后到郑州日产、郑州综合交通枢纽、新郑综合保税区、郑州商品交易所、国家动漫产业基地、郑州大学新校区、郑州鑫苑社区等处进行了调研。全国人大常委会副委员长兼秘书长李建国等一同调研。

13日

△郑州市召开全市林业生态廊道建设现场观摩评比会。市委副书记、市纪委书记王璋和省辖市市长级领导干部王林贺分别带队对各县（市）区、郑州综合保税区、高新区、经开区、郑东新区的林业生态廊道建设进行了现场观摩。

△全市食品安全工作会议召开。市委副书记、市长马懿出席会议并作重要讲话。

△“2011年度全国十大考古新发现”在京揭晓，由北京大学考古文博学院、郑州市文物考古研究院、郑州市二七区文化旅游局主持发掘的郑州老奶奶庙旧石器时代遗址获此殊荣。

△郑州市社区科普大学示范点建设启动。市委常委、组织部部长高建慧出席启动仪式。

14日

△市委书记吴天君到新郑市察看生态廊道建设、区域“三化”协调空间布局规划和梨河镇“坚持依靠群众、推进工作落实”长效机制建设运行情况。

17日

△大型现代豫剧《清风茶社》加工提高研讨会召开。中国剧协分党组书记季国平，市委副书记、市纪委书记王璋等出席会议。

△全市安全生产电视电话会议召开，对全市安全生产工作和“打非治违”专项行动进行安排部署。市委副书记、市长马懿出席会议并作重要讲话。

△全国人大常委会委员、农业与农村委员会主任委员王云龙带领全国人大农委调研组到郑州，对郑州市“三化”协调、城乡统筹发展、现代农业建设情况进行调研。

18日

△市委书记吴天君督察三环路沿线道路交通和生态廊道建设工作。

△总投资1亿多元高标准打造的巩义杜甫故里景区正式开放。

△市委副书记、市长马懿在市政府会见美国加利福尼亚州圣地亚哥郡郡长罗恩·罗伯茨一行。

18–20日

△香港物流企业代表团一行考察郑州市物流业，并在郑州举办“香港—河南物流业合作交流会”。郑州市委常委、副市长薛云伟出席交流会。

20日

△郑州市首次启动征集旅游主题口号和形象标识活动，最终评出郑州旅游形象标识采用奖1名（全票通过），旅游主题口号空缺。旅游形象标识采用“中”字的行书变形，融入少林武僧图案，旁边是“郑州旅游”字体。下面的英文标识，采用“China Zhengzhou”（中国郑州）。

21日

△市委书记吴天君到新密市调研新型城镇化建设工作推进情况，先后察看了新密市岳村镇正兴社区、来集镇翟坡社区、超化镇超化新区等7个正在建设的新型农村社区和新密市正泰耐材有限公司。

22日

△北京大学助推中原经济区建设高峰论坛暨北大汇丰商学院EDP同学会河南分会揭牌典礼在郑州国际会展中心举行。省市领导蒋笃运、陈雪枫、靳绥东、王璋等出席论坛暨典礼。

23–24日

△市委书记吴天君带领各县（市）区、开发区和市直有关部门负责人到商丘市、新乡市和郑州市部分县（市），围绕产业集聚区建设、工业经济发展、新型城镇化建设等工作进行实地考察调研。

△全国政协常委、人口资源环境委员会主任张维庆，全国政协人口资源环境委员会副主任任启兴带领调研组莅临郑州进行专题调研。

24日

△教育部语用司副司长张世平带领专家组到郑州，检查郑州市迎接一类城市语言文字评估工作筹备情况。

△由中国计生协会、国家人口计生委、中国人口福利基金会、中国健康教育中心等单位联合实施的“生育关怀·创建幸福家庭——防治寄生虫，促进健康行动”启动仪式在郑州举行。中国计生协会常务副会长杨玉学、省政协副主席高体健等出席启动仪式。

26日

△为期两天的市十三届人大常委会第二十八次会议结束。会议表决通过了《郑州市城市园林绿化条例》、人事任免案及有关报告。

△市委书记吴天君督导新型城镇化交通道路和生态廊道建设工作。

△中国人民解放军总装备部原副部长、中国载人航天工程常务副总指挥胡世祥中将率领建设创新型国家战略推进委员会考察组莅临郑州参观考察。

△市委副书记、市长马懿在市政府会见中电投集团总经济师周世平、摩根大通中国区主席兼首席执行官邵子力等百瑞信托股东代表一行。

△中铁隧道集团有限公司“盾构及掘进技术国家重点实验室”在郑州高新区揭牌。这是河南省第一个建成投用的国家重点实验室。科技部副部长陈小娅、铁道部总工程师何华武等出席揭牌仪式。

27日

△市委副书记、市纪委书记王璋到新郑市和高新区调研农业产业化经营工作。

△郑州市“坚持依靠群众、推进工作落实”长效机制推进大会在省人民会堂召开。市领导吴天君、马懿、王璋、白红战、李秀奇等出席会议。

28日

△京广快速路竣工通车。省人大常委会副主任王文超，副省长赵建才，市领导吴天君、马懿等与郑州铁路局副局长李学章共同出席竣工通车仪式。

△郑州市首届森林生态文化节暨文博森林公园、花卉苗木博览园、滨黄河森林公园、黄河国家湿地公园等4个示范园开园仪式在郑州文博森林公园举行。省花卉协会会长何东成，市领导吴天君、马懿等出席仪式。

29日

△市委常委、副市长张建慧带领市交通委、城建委、规划局、林业局、园林局及各区、管委会有关负责人，实地察看市域快速通道、“两环十五放射”道路及生态廊道建设工作。

5月

1–11日

△市长马懿带领市直相关部门负责人赴比利时、丹麦、瑞典等国，考察欧盟城镇化建设，加深郑州和欧盟相关城市间的相互了解，积极寻求在经贸、文化、教育等领域的合作机会，并应邀出席中欧城镇化伙伴关系高层会议。

2日

△中央电视台、中国电视剧制作中心有限责任公司、省委宣传部、河南电视台联合在“中原第一影视城”举行电视连续剧《大河儿女》开机仪式。省市领导叶冬松、邓凯、吴天君、赵素萍等出席开机仪式。

3日

△安徽省省长李斌率团考察郑州市农业产业化龙头企业和新型农村社区建设情况。

△市人大常委会主任白红战专题视察郑州市“两环十五放射”道路、市域快速通道和部分分包的交通重点工程项目建设情况。

△由团市委主办的纪念建团90周年“三平”青年群英会在市青少年宫举行。市委常委、组织部部长高建慧等出席会议。“群英会”上，公布了郑州市首届十大杰出“三平”青年人物（集体）。

4日

△市委常委、常务副市长胡荃会见到郑州考察的中电集团董事长熊群力一行。

△市委副书记王璋到荥阳市豫龙镇调研建立以网格化管理为载体的“坚持依靠群众、推进工作落实”长效机制工作。

△国务院南水北调办公室副主任蒋旭光到南水北调中线工程郑州段调研。

△市委、市政府召开“两环十五放射”道路、市域快速通道及生态廊道建设推进现场会。市委书记吴天君作重要讲话。

4–5日

△国家林业局党组成员、中央纪委驻国家林业局纪检组长陈述贤莅临郑州，调研郑州市生态文化建设工作。

5日

△市委书记吴天君到金水区经八路街道、花园路街道蹲点调研，了解网格化管理体系建设进度。

7日

△市政府公布《郑州市环境保护“十二五”规划》。

△中南六省区人大常委会主任座谈会在郑州举行。

8日

△为期三天的第四届全国旅游院校服务技能（导游技能）大赛在郑州落幕。由郑州旅游职业学院选派的8名学生均获相关组别一等奖。

△山西省委副书记、省长王君率山西省党政代表团到郑州考察。

△全国人大常委会委员、全国人大教科文卫委员会主任委员白克明带领全国人大常委会执法检查组到郑州，对郑州市开展文物保护工作进行执法检查。

△郑州市“加快农业产业化进程，助推新型城镇化”培训班在新乡市开班。市委副书记王璋出席开班典礼并作动员讲话。

9日

△市政府印发《关于做好早餐示范店试点建设工作的通知》。

△青海省委书记、省人大常委会主任强卫率青海省党政代表团到郑州考察。

△省人大常委会环资工委主任吴灵臣率“中原环保世纪行”督导组和省市多家新闻媒体到新郑市检查督导环保工作。

10日

△河南省人民政府和国家知识产权局《关于发挥知识产权支撑作用，加快中原经济区建设合作框架协议》（以下称《协议》）签字仪式在郑州举行，省委副书记、省长郭庚茂和国家知识产权局局长田力普共同签署《协议》。签字仪式上，郭庚茂、田力普分别为刚刚荣

获国家知识产权示范城市称号的郑州、洛阳两市授牌。

△国家质检中心郑州综合检测基地在郑东新区奠基。国家质检总局党组书记、局长支树平，省委常委、常务副省长李克，省委常委、市委书记吴天君等出席奠基仪式。

11日

△市委书记吴天君到郑州新郑综合保税区（航空港区）调研郑州航空港经济综合实验区规划建设工作推进情况。

△市委书记吴天君到新郑市调研新型城镇化引领“三化”协调发展推进工作。

12日

△美国儿科学会中国教育基地在郑州市儿童医院挂牌成立。

△国家粮食局局长任正晓到郑州调研。

13日

△哈密南—郑州±800千伏特高压直流输电工程在郑州分会场举行开工仪式。河南省、郑州市领导张大卫、乔新国等出席开工仪式。

△市委副书记王璋到荥阳市豫龙镇蹲点调研建立以网格化管理为载体的“坚持依靠群众、推进工作落实”长效机制工作。

△河南省首例成人间活体肝脏移植手术在郑州人民医院成功实施。医护人员为李秀英夫妇顺利完成活体肝脏移植手术。

14日

△为期十二天的郑州市领导干部加快新型城镇化建设专题研修培训班在浙江大学西溪校区正式开班，来自全市各县(市)区、各派出机构分管新型城镇化建设的领导和市直近20家相关单位的100名干部参加培训。

△市委副书记、市长马懿带领市直相关部门负责人，先后到北三环下穿铁路编组站项目工地和地铁1号线紫荆山站，就郑州市轨道交通规划建设及三环快速化工程进行调研。

△省委常委、市委书记吴天君接见郑州交警杨华民，号召全市广大干部要以杨华民为榜样，爱岗敬业、一心为民，依靠群众、忠诚履职。

15日

△中国市政工程协会五届四次理事大会暨市政金杯示范工程颁奖大会召开，郑州市中州大道北段综合整治工程（北三环至花园口立交段）荣获2011年度全国市政金杯示范工程奖。

△郑州市新型城镇化建设推进现场会在新密市召开，市委书记吴天君作重要讲话。会议由市委副书记、市长马懿主持。

△市政协主席李秀奇到惠济区调研外向型民营企业发展情况。

16日

△市人大常委会主任白红战带领部分市人大常委会组成人员和人大代表视察郑州市工业经济运行情况。

△原中共中央政治局委员、十届全国人大常委会副委员长李铁映到郑州，先后到少林塔沟教育集团、少林寺景区进行视察，并观看了大型团体武术表演。

△中国工商银行河南省分行与市政府签订战略合作协议。中国工商银行河南省分行党委书记、行长刘卫星，郑州市领导吴天君、马懿等出席签字仪式。刘卫星与马懿代表双方在合作协议上签字。

17日

△生茂光电科技股份有限公司与台湾金仁宝集团康舒电子有限公司正式签约，合作组建康茂照明科技股份有限公司。市委常委、统战部部长王跃华出席签约仪式。

△中共中央政治局委员、全国人大常委会副委员长王兆国在河南郑州参加人大工作座谈会。座谈会由全国人大常委会副秘书长、机关党组书记王万宾主持。河南省委书记卢展工和河南省、郑州市、郑州市所辖县（市）区人大常委会有关负责人参加座谈会。

17–18日

△中共中央政治局委员、全国人大常委会副委员长、中华全国总工会主席王兆国在省市领导陪同下，先后到郑州市总工会、亚星社区、东风日产以及郑东新区考察工作。

17–24日

△市委副书记王璋、副市长朱是西带领郑州市都市型现代农业考察团赴台湾进行为期八天的考察学习。

18日

△上午11时，黄河博物馆开始整体平移，年底前完成整个移建工程。因地铁施工需要，黄河博物馆原址需进行保护性迁建，新址位于原址东偏南25°、距离76米处。此次平移的是博物馆入口厅区域。

△在全国公安系统英雄模范表彰大会上，郑州交警杨华民被授予“全国爱民模范”荣誉称号。

△“留学报国”大型主题活动——科技创业郑州行在郑州举行。省委常委、统战部部长史济春，市委常委、统战部部长王跃华出席活动。

△市政府与中国建筑第五工程局有限公司在长沙签署战略合作协议。市委副书记、市长马懿，中建五局公司副董事长、党委书记周勇出席签约仪式。

△市政协召开会议，对部分驻郑全国、省政协委员及市政协委员视察“两环十五放射”交通道路及生态廊道建设情况进行集中反馈，提出意见建议。市政协主席李秀奇出席会议。

19日

△在绿博园举行的“中国旅游日”（郑州）庆祝活动暨中原经济区城市旅游联盟旅游展销会上，“中原人游中原”活动正式启动。晋城市政协副主席郭一峰及来自平顶山、洛阳、焦作、南阳、信阳、宿州等中原经济区城市旅游联盟10余个城市旅游局负责人参加活动启动仪式。

△全国高校电子商务与电子政务联合实验室河南工业大学分部挂牌成立。全国高校电子政务与电子商务联合实验室是由西安交大、浙江大学、厦门大学、华中师范大学、东华大学、中国人民大学、中山大学、南开大学、河南工业大学等21所在电子商务学科建设和电子商务专业教育领域中的领先者共同倡导成立的。

△在湖南参加第七届中博会的郑州市代表团成员分赴长沙、株洲两市部分企业、单位，就湖南两型城市建设、产业结构调整等进行参观考察。郑州市委常委、副市长薛云伟带队。

21日

△国家人口和计划生育委员会副主任王培安率调研组到郑州，专题调研人口和计划生育利益导向政策体系建设。

22日

△为期两天的全省妇联组织推进新型农村社区建设现场会在郑州召开。受省妇联邀请，省委常委、市委书记吴天君出席会议并作“以新型城镇化引领‘三化’协调发展”专题报告。

△全市三环快速化建设重要节点工程——北三环东延工程开工建设，市领导赵瑞东等参加开工仪式。

△历经两年多的建设，南三环东段新建工程正式通车。

23–24日

△市委书记吴天君带领市直有关部门负责人调研郑州市重大工业项目建设情况，并现场协调解决企业发展中遇到的问题。

24日

△省市联合启动学前教育宣传月活动，省市领导徐济超、马懿、刘东等出席启动仪式。

25日

△市委常委、副市长张建慧召开全市城乡规划建设管理领导小组工作会议，协调解决制约建设进度问题。

26日

△中原路西延快速通道、陇海路西延快速通道同时开工。市领导白红战、李秀奇等为项目开工奠基。

△经开区与中建七局在裕达国贸举行合作开发滨河国际新城项目签约仪式。副市长、郑州新区管委会主任李公乐出席签约仪式。

27日

△市委副书记、市“坚持依靠群众、推进工作落实”长效机制领导小组组长王璋到荥阳市豫龙镇蹲点调研。

27–28日

△全国政协文史和学习委员会副主任范钦臣、周国富、刘德旺率全国政协大运河河南段申报世界文化遗产工作组

到郑州，调研大运河郑州段保护和申遗工作。

28日

△在第十一届河南省“群星奖”音乐舞蹈比赛中，郑州市参选的舞蹈《手舞四季》等5部作品获得金奖，舞蹈《再唱红梅》等3部作品获得单项一等奖。

29日

△全省组织系统“三讲三提升”业务知识电视竞赛举行，郑州市代表队获第二名，并获得全省优秀组织奖。省委副书记、组织部部长邓凯等为参赛选手颁奖。

30日

△市委副书记王璋到中牟县察看郑州新区（中牟）都市型现代农业示范区建设及“三夏”工作安排部署情况。

△市人大常委会主任白红战带领部分常委会组成人员视察郑州市交通工程建设和管理工作。

△郑州优尼冲压有限公司在经开区举行开工奠基仪式。市委常委、郑州新区党工委书记赵瑞东，副市长、郑州新区管委会主任李公乐出席奠基仪式。

△中国共产党富士康郑州科技园第一次代表大会召开。市委常委、副市长薛云伟出席会议。

31日

△团市委在经济技术开发区实验小学开展示范性“红领巾心向党——学先锋、找榜样、争四好”主题队会活动。省市领导邓凯、高建慧参加活动。

△全市新型城镇化建设推进现场会在管城回族区召开。市委书记吴天君作重要讲话，市委副书记王璋主持会议。

△郑州市语言文字工作通过国家评估。

△郑东新区综合交通枢纽区域6座桥梁竣工，市委常委、郑州新区党工委书记赵瑞东出席竣工仪式。

△郑州市报刊零售网点标志牌正式亮相街头。郑州市有报刊零售网点500多家，这些网点将陆续挂牌营业。

6月

1日

△国家东中西区域合作示范区联动宣传推介活动在郑州举行新闻发布会，通报了连云港国家东中西区域合作示范区建设总体方案及实施意见的情况。江苏沿海地区发展领导小组办公室副主任王由礼，连云港市委副书记、市长杨省世，郑州市副市长张学军出席新闻发布会。

△郑东新区龙湖区域首条隧道、龙源十三街隧道工程一期工程第一标段主体结构顺利封顶。市委常委、郑州新区党工委书记赵瑞东参加封顶仪式。

△市委副书记、市长马懿会见莅郑参观考察的瑞房国际公司董事长托马斯·科维斯托莫和IBM全球副总裁、IBM中国开发中心总经理王阳一行。

2日

△市委书记吴天君到金水区经八路办事处、花园路办事处调研网格化管理工作推进情况。

△位于上街区装备制造业园区的市重点工程项目——河南华泰特种电缆有限公司改扩建项目建成并全面投入生产。

△河南省与中国联通战略合作重点项目、“智慧中原”核心基础设施——中原数据基地在郑州高新区开工奠基。省长郭庚茂，中国联通集团总经理陆益民，省委常委、市委书记吴天君共同启动开工仪式。

2-3日

△哈密地委书记郭连山率领地区党政代表团莅临郑州参观考察。

3日

△由中国舞蹈家协会，河南省文联，金水区委、区政府联合主办的“魅力金水·炫舞世界”“We Are The Future”全国少儿街舞展演在河南体育馆落幕。中国舞蹈家协会驻会副主席、分党组书记冯双白，中国舞蹈家协会秘书长罗斌等出席颁奖典礼并为获奖选手颁奖。

△市委副书记、市“坚持依靠群众、推进工作落实”长效机制领导小组组长王璋到上街区、荥阳市调研网格化管理工作。

4日

△市委常委会召开，原则讨论通过了《中共郑州市委关于在全市开展向杨华民同志学习活动的决定》。

5日

△由省环境保护厅、市政府主办的纪念“6·5”世界环境日大型宣传活动在绿城广场举行。副省长张大卫、市领导马懿等参加启动仪式。

△全市优化经济发展环境暨市直机关处室季评奖惩工作动员会议在市青少年宫召开。市委副书记、市长马懿出席会议并作重要讲话。

△省委常委、常务副省长李克到巩义市调研工业经济发展情况。

6日

△省人大常委会副主任、省总工会主席刘新民率领服务职工工作组一行到郑州，就基层企业工会工作进行调研指导。

△河南省境内铁路法院、检察院移交签字仪式在郑州举行。标志着郑州铁路局所属的郑州、洛阳两级铁路运输法院、检察院一次性整体纳入国家司法体系，正式移交河南，实行属地管理。

7日

△郑州市人民政协理论研究会成立。市委副书记王璋、市政协主席李秀奇等出席成立大会。

△市人大常委会主任白红战到上街区峡窝镇蹲点调研网格化管理工作，并走访察看“三夏”麦收情况。

△美国机械巨头卡特彼勒公司在荥阳宣布成功并购郑州四维机电设备制造有限公司，副省长赵建才，市委常委、副市长薛云伟，卡特彼勒集团总裁史蒂夫·沃宁出席并购仪式。

△市政协主席李秀奇到金水区杜岭街道办事处，就网格化管理工作进行蹲点调研。

8日

△省委副秘书长、省委省直工委书记王群带领省直机关思想作风建设第三督察考评工作组一行莅临郑州，征求市委、市政府及市委各部委和市政府直属部门对省直机关思想作风建设情况的评价、意见和建议，并对省直机关思想作风建设情况进行测评。

△中国文化遗产日主场城市系列活动之一、全国青少年文化遗产知识大赛决赛暨第四届中国历史文化名街授牌仪式在黄河迎宾馆举行。国家文物局副局长董保华，中国联合国教科文组织全国委员会秘书长杜越，中国文物信息咨询中心主任吴东风，副省长张广智等参加活动。

△省委、省政府在郑州市举行仪式，聘任我国京剧名家裴艳玲为河南省京剧院名誉院长。文化部副部长王文章、艺术司司长董伟，中国文联副主席边发吉到场祝贺。

9日

△国家监测预警体系建设试点单位、登封“天地之中”历史建筑群世界文化遗产监测中心揭牌仪式在嵩阳书院西院举行。国家文物局副局长童明康，市领导马懿等出席揭牌仪式。

△少林寺塔林保护工程启动仪式在少林寺塔林前广场举行。国家文物局副局长童明康，市领导马懿等出席启动仪式。

△郑州商代都城遗址博物院、郑州市文物考古研究院建设项目在商城遗址东南城垣内开工，拉开了郑州商城国家考古遗址公园全面建设的序幕。国家文物局副局长童明康，省市领导吴天君、张广智、马懿等为工程奠基。

△由河南省文物局主办，河南博物院承办的“华夏文明之源——河南文物珍宝展”在河南博物院主展馆东侧临时展厅与公众见面。国家文物局副局长董保华、副省长张广智等出席开幕式。

△第七个中国文化遗产日主场城市活动开幕式及非物质文化展演活动在郑州市郑东新区河南艺术中心广场举行。国家文物局副局长董保华、童明康，省、市领导郭庚茂、吴天君、赵素萍、铁代生、张广智、龚立群、马懿等，以及来自国家文物局、中国文化传媒集团、中国文化报社、中国文物报社、各省（自治区、直辖市）文物局（文化厅）数十位嘉宾出席开幕式。

△市委书记吴天君在新郑市调研“三化”协调发展和网格化管理工作推进情况。

10日

△省政府安委会和市政府安委会联

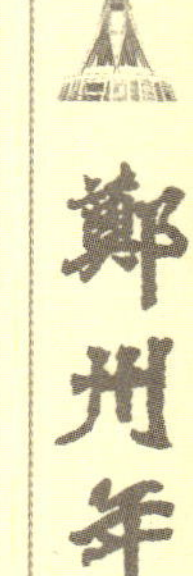

合举行“省会安全生产月宣传咨询日”活动。副省长赵建才、市长马懿等出席活动。

12日

△庆祝《农产品质量安全法》颁布6周年活动和“放心菜”工程启动仪式在绿城广场举行。省政府副秘书长、省食品安全办公室主任朱长青等出席活动。

△全市人口计生工作会议召开。市领导马懿等出席会议。

12–13日

△湖南省委常委、统战部部长李微微率队到郑州，参观考察文化统战工作开展情况和非公有制经济发展情况。

13日

△国家发改委副主任徐宪平带领国家城镇化专题调研组到郑州考察调研。

△大型上古史诗豫剧《轩辕大帝》在黄帝故里新郑首次公演。河南省政协原主席、中华豫剧文化促进会会长王全书，省人大常委会副主任张程锋等观看演出。

△郑州市召开新型城镇化建设讲评会。市领导吴天君、王璋等出席会议。

△全国人大常委会中医药立法调研组到郑州，调研中医药立法工作。全国人大常委会委员、全国人大教科文卫委员会副主任委员宋法棠、任茂东参加调研。

13–17日

△中共中央政治局常委李长春先后到洛阳、平顶山、许昌、郑州等地，进企业、入社区、访农户、考察基层文化单位，就贯彻落实党的十七届六中全会精神、加快转变经济发展方式、推进文化改革发展等进行调研。在郑期间，李长春先后到郑州新郑综合保税区、亚星社区、中原出版传媒集团公司、河南广播电视发射塔、中原影视城、国家动漫产业河南基地等处进行了调研。

14日

△郑州市召开全市服务业发展和对外开放大会。市领导吴天君、马懿等出席会议。

△全省非公有制经济党的建设工作会议在郑州召开。市委常委、组织部部长高建慧作经验介绍。

15日

△由市政协和郑州职业技术学院联合举办的市政协委员“走基层进校园送文化”活动在郑州职业技术学院举行。市政协主席李秀奇、副市长刘东等出席活动。

△郑州市召开对口支援新疆工作领导小组会议。市委常委、常务副市长胡荃参加会议。

△由河南省贸促会主办、河南国际展览协会和河南融德展览公司承办的“2012中原国际汽车博览会”在郑州国际会展中心开幕。省十届人大常委会副主任、河南省贸促会、国际商会名誉会长张以祥，市委常委、副市长薛云伟等出席开幕式。

16日

△肩负着中国首次载人空间交会对接重大任务的神舟九号成功飞天。郑州姑娘刘洋成功入选神舟九号任务飞行乘组，成为中国首位登上太空的女航天员。

△第二届中国—澳大利亚全科医学学术交流论坛暨全国全科医学师资（骨干）培训班在郑州召开。卫生部医改办副主任、疾控局副局长王斌等出席论坛开幕式。

△由中国奶业协会主办，省畜牧局、市人民政府和省奶业协会协办的第三届中国奶业大会在郑州国际会展中心举行。

△中建（郑州）城市开发建设有限公司在经开区中信广场揭牌，标志着经开区滨河国际新城建设正式启动。副市长、郑州新区管委会主任李公乐，中建股份副总裁王祥明出席仪式并为公司揭牌。

△郑州新郑综合保税区4座跨南水北调总干渠桥梁签订变更建管合同，郑港二路等4座桥梁将委托综保区建设。市领导乔新国、郑州新郑综合保税区管委会主任张延明参加签约仪式。

△市委书记吴天君到荥阳市调研扶贫开发工作。

17日

△河南大学国际学院在郑州龙子湖畔举行奠基仪式。全国政协科教文卫体委员会副主任、河南省政协原主席王全书，副省长赵建才等出席奠基仪式。

△市委副书记、市“坚持依靠群众、推进工作落实”长效机制领导小组组长王璋到荥阳市调研以网格化管理为载体的长效机制运行情况。

18日

△省委常委、统战部部长史济春到郑州调研，并召开统一战线工作座谈会听取有关汇报。

19日

△市政府与中国银行河南省分行战略合作签约仪式在嵩山饭店举行。市领导马懿、中行河南省分行行长仇万强等出席签约仪式。

△全市新型城镇化交通路网建设现场会在荥阳市召开。市委书记吴天君作重要讲话，市委副书记王璋主持会议。

△郑州新区2012年开工的首条跨区域通道——前程路正式开工建设。市委常委、郑州新区党工委书记赵瑞东出席开工仪式。

△黄河防总常务副总指挥、黄河水利委员会主任陈小江率黄河防总检查组检查伊洛河防汛工作，对郑州至伊洛河入黄水位流量等进行了细查。

20日

△河南省个体化用药基因检测院士工作站揭牌仪式暨个体化医学高峰论坛在郑州大学附属郑州中心医院（郑州市中心医院）举行。中国工程院院士、湖南省科协副主席周宏灏，省卫生厅副厅长黄玮等出席揭牌仪式。

△郑州市社会福利院原址扩建项目开工奠基仪式举行。省民政厅副厅长常东河、市领导王璋等出席奠基仪式。

△市委书记吴天君主持召开市委常委（扩大）会议，传达贯彻中共中央政治局常委李长春在河南调研时的重要讲话精神和省委书记卢展工在省委九届四次全会上的重要讲话精神。

21日

△郑州市召开2012年金融工作会议。市委副书记、市长马懿出席会议并作重要讲话。

△郑州市召开2012年银企洽谈会。市委副书记、市长马懿参加洽谈会并宣布开幕。

△郑州市召开打击处置非法集资及规范整顿担保机构工作会议。市委书记吴天君出席会议并讲话，市长马懿主持会议并讲话。

24日

△从即日起郑州市全面推行“公务灶”制度。

25日

△市委书记吴天君带领市直有关部门负责人到中原区调研新型城镇化、现代产业发展和以网格为载体的“坚持依靠群众、推进工作落实”长效机制建设情况。

26日

△市人大常委会召开全市人大助推网格化管理工作座谈会。市人大常委会主任白红战出席。

27日

△中国科协党组书记、副主席陈希到郑州，调研企业技术创新和“科普惠农兴村计划”实施情况。 △中国民生银行与市政府在郑东新区举行战略研发服务基地建设暨业务合作协议签约仪式。省委副书记、省长郭庚茂，省委常委、常务副省长李克，省委常委、市委书记吴天君，中国民生银行董事长、党委书记董文标，中国民生银行监事会主席段青山出席签约仪式。

△华夏银行郑州分行开业庆典在郑东新区举行。省委副书记、省长郭庚茂，华夏银行总行行长樊大志出席庆典，并共同为分行开业揭牌。

28日

△中原地区科技含量最高、规模最大的文化创意旅游项目方特欢乐世界在郑州新区正式开园。省委常委、市委书记吴天君，省委常委、宣传部部长赵素萍，省人大常委会副主任王文超，副省长张广智等出席开园仪式。

△外资银行“龙年中原行”活动河南省与外资银行考察团合作恳谈会在郑州举行，20余家外资银行的代表与郑州市知名企业高管参会。中国银监会三部副巡视员邓玉梅、中国银行业协会专职副会长杨再平，省委常委、常务副省长李克等出席恳谈会。

△全市妇女儿童工作会议召开，同时颁发《郑州市妇女发展规划（2011-2020年）》和《郑州市儿童发展规划（2011-2020年）》。

△市工商界“反对贿赂公平竞争”联盟活动正式启动。市委常委、市纪委书记郭锝昌等出席启动仪式。

△在全国创先争优活动表彰大会上，金水区荣获“全国创先争优活动先进县（市、区、旗）党委”称号，并作为全省唯一代表参会领奖。中牟县工商局机关党支部被授予“全国创先争优先进基层党组织”称号，成为河南省工商系统中唯一获此殊荣的基层党组织，也是全国工商系统唯一参会的获奖代表。二七区大学路街道党工委获得“全国创先争优先进基层党组织”称号，成为河南省街道党工委中唯一获此殊荣的单位。

29日

△市十三届人大常委会第二十九次会议结束。会议表决通过了《郑州市劳动用工条例》《郑州市人大常委会关于修改部分地方性法规的决定》、市政府关于全市重点工程项目建设进展情况的报告、市政府关于郑州市学前教育工作情况的报告、市政府关于郑州市法制宣传教育和依法治市工作情况的报告、《郑州市人大常委会关于进一步加强法制宣传教育和依法治市工作的决议》《郑州市人大常委会任免国家机关工作人员办法》《关于接受扎吐辞去郑州市人民政府副市长职务的决定》。

△郑州市召开网格化城市管理观摩培训会。市委副书记王璋，市委常委、副市长张建慧等出席会议。

30日

△市委书记吴天君到金水区经八路办事处蹲点调研网格化管理体系运行情况，并察看沿途各区市容环境整治和城市管理提升工作。

7月

1日

△郑州—浦东—大阪航线正式开通。该航线是河南与日本之间开通的首条定期航线，由上海航空公司执行，全程大约7小时。

△修葺一新的二七纪念塔重新开放。

3日

△市委副书记、市长马懿到新密市来集镇，调研网格化管理工作推进情况。

△市委副书记、市长马懿带领市直相关部门负责人，到新密市李湾水库和双洎河超化西段河道治理工程现场，实地察看重点防汛单位隐患排查及防汛物资准备情况，听取全市防汛准备工作情况汇报。

△国务院南水北调办公室副主任蒋旭光带领相关部门负责人到郑州调研，并对南水北调工程建设提出明确要求。

3-4日

△市委书记吴天君带领市直有关部门负责人调研郑州市科技创新工作，与部分驻郑高校、科研院所和企业负责人进行座谈。

4日

△市人大常委会主任白红战带领部分常委会组成人员和市人大代表对郑州市促进中小企业发展工作情况进行视察。

△全市法制宣传教育和依法治市工作会议召开。市委副书记、市长马懿出席会议并作重要讲话。

△《光明日报》以《变“要我学”为“我要学”》为题刊登郑州市在述学制度建设方面的先进经验。

5日

△市委书记吴天君、市长马懿在郑州会见华南城控股集团董事长郑松兴一行，并共同出席郑州华南城项目推进座谈会。

△市委书记吴天君到惠济区调研网格化管理体系运行、新型城镇化建设和主导产业发展等工作。

6日

△河南农业大学兴办高等农业教育100周年庆典大会在省人民会堂举行。中共中央政治局常委、国务院总理温家宝为河南农大校庆亲笔题词：“扎根沃土，厚生丰民，中国要有最好的农业大学。”贾庆林、李长春、李克强、回良玉、刘延东等党和国家领导人分别发来贺信。全国政协副主席、民革中央常务副主席厉无畏出席庆典并讲话。河南省委书记、省人大常委会主任卢展工等出席庆典大会。

7日

△西流湖城市生态公园（南区）开工建设。市委常委、副市长张建慧等出席开工仪式。

8日

△市文明办、市妇联、郑州晚报社联合做出决定：将每年的7月定为“郑州和谐家庭月”。首个“郑州和谐家庭月”启动仪式在丰庆路街道办事处（原庙李镇）陈寨花卉市场举行。

△省委组织部、省南水北调办公室在郑州召开南水北调中线工程建设和移民征迁工作中党组织发挥作用情况调研座谈会。省南水北调办公室主任王小平，副市长张学军等参加。

10日

△省交通运输厅向郑州市公交公司捐赠20台油电混合动力公交车，捐赠仪式在郑东新区CBD如意湖畔举行。副省长张大卫，省交通运输厅厅长孙廷喜，市长马懿等参加捐赠仪式。

△2012年郑州市产学研合作暨项目签约大会召开。市委常委、统战部部长、市工业科技安全领导小组组长王跃华等出席会议。

△省人大常委会副主任铁代生带领视察组对郑州市司法工作开展情况进行专题视察。

△绿地集团投资240亿元的3个大项目同时在郑州、开封、新乡开建。省市领导王文超、赵建才、马懿等参加开工仪式。3个项目分别是郑州绿地新都会、开封绿地国际金融城和新乡绿地生态新城。

11日

△全市科技创新大会在市青少年宫召开。市委书记吴天君、省科技厅厅长贾跃作重要讲话。

11-12日

△以省国资委副主任郑伯阳为组长的省学习雷锋见行动、“三平”之中作贡献教育实践活动督导组莅临郑州检查工作。

11-14日

△市委书记吴天君、市长马懿率领郑州市党政考察团赴成都、长沙、合肥三地学习考察。市领导白红战、李秀奇、胡荃、高建慧等参加考察活动。各县（市）区党政主要负责人、各开发区和市直有关部门主要负责人随团考察。

13日

△市委副书记王璋带领市水务局、市城市管理局等相关责任单位负责人察看郑州市城市防汛工作。

△为期三天的“江苏产品万里行郑州展销会”在郑州国际会展中心启幕。江苏省副省长史和平，河南省副省长张雪枫，省工信厅厅长杨盛道，市人大常委会副主任刘全心等参加开幕式。

14日

△市委副书记王璋到荥阳察看防汛工作。

15日

△市委十届三次全体（扩大）会议在郑州国际会展中心召开。市委书记吴天君，市委副书记、市长马懿作重要讲话。

△郑州市人民医院通过JCI认证，成为河南唯一通过JCI认证的综合医院。JCI标准代表了医院服务和医院管理的最高水平，也是世界卫生组织认可的认证模式。

17日

△市农业农村工作领导小组召开全市农业农村工作网格化管理推进会，市委副书记、市农业农村工作领导小组组长王璋作宣讲报告。

△民政部发布《中国城市慈善项目指数（2010-2011）》，这是我国首次独立发布城市慈善项目指数的调查数据。在全国264个城市中，郑州位居第三。

18日

△世界品牌实验室（WBL）发布2012年（第九届）“中国500最具价值品牌”，河南少林汽车品牌再次上榜，排名第323位。

△郑州市与哈密市农林科技对口支援合作意向签约仪式在新疆哈密市举行，郑州市委副书记王璋代表郑州市

委、市政府向哈密市援赠价值30万元的实验仪器和10万元资金，并为郑州市在哈密市新成立的两个农业科技试验工作站揭牌。

18–29日

△应美国堪萨斯州政府和日本、加拿大有关企业邀请，省委常委、市委书记吴天君率团对日本、加拿大和美国进行友好访问。吴天君率领市政府代表团一行，先后走访了10余家知名企业、培训机构和政府部门，考察了4个机场，召开了一次新闻发布会和一次通航产业专题研究会，出席了6次会见活动，签订了3个合作协议，促进了日产汽车、林肯电器、庞巴迪飞机维修等产业投资项目。市委常委、常务副市长胡荃陪同访问。

19日

△2012中国(郑州)国际航空物流对接会在郑州国际会展中心开幕。省委副书记、省长郭庚茂，省委常委、常务副省长李克，副省长张大卫、赵建才出席开幕式。

19–22日

△市委副书记王璋到哈密市看望郑州市援疆干部，并实地考察援疆项目。

20日

△中国共产党河南陆军预备役高射炮兵师第二次代表大会召开。省委常委、市委书记吴天君当选师第二届党委第一书记，师政委赵毅当选党委书记，师长陈志伟当选党委副书记。

△市委副书记、市长马懿带领市直相关部门负责人，先后到航海路西环立交、地铁2号线南环路站点、郑汴路四港联动大道立交和新郑州东站等城建重点工程建设现场，协调解决工程建设中遇到的困难和问题。

21日

△山东省德州市委副书记满春重带领考察团到郑州，就新型城镇化建设、产业集聚区建设和新农村社区建设等工作进行考察。

23日

△市委副书记、市长、市防汛抗旱指挥部指挥长马懿主持召开全市防汛抗旱指挥部工作会议。

25–26日

△市委副书记王璋率领市城乡规划建设管理考察团到安徽省合肥市进行深度考察交流学习。

26日

△河南省第一家医院科学技术协会——郑州市第二人民医院科学技术协会正式成立。省科协副主席冯琦等参加成立大会。

△全市“深化网格管理，加强民族团结，促进宗教和谐”主题宣传活动在绿城广场举行。市政协主席李秀奇等出席活动。

27日

△郑州人民医院建院100周年纪念大会在省人民会堂举行。全国政协副主席张梅颖发来贺信。省人大常委会副主任蒋笃运，副省长王铁等，市领导白红战、李秀奇、高建慧、刘东等参加纪念大会。

28日

△第八届中国医院院长高层论坛暨建立医院法人治理结构座谈会在郑州举行。来自全国200多家医院的300余名代表参加论坛。全国政协副主席张梅颖，省市领导储亚平、靳绥东、李秀奇等参加论坛开幕式。

30日

△在17：20（当地时间）结束的伦敦奥运会举重女子58公斤级比赛中，郑州姑娘李雪英以246公斤的总成绩夺得金牌。

30–31日

△河南陆军预备役高炮师在市委党校组织预任军官整训暨换发新式军装活动。省委常委、省军区政委周和平，省委常委、市委书记吴天君等出席活动。

31日

△由中央文明办主办，中国文明网联合中国网络电视台、人民网、新华网等新闻网站共同推出的“全国文明城市书记（市长）访谈·郑州篇”在郑州电视台录制。市委副书记、市长马懿走进郑州电视台演播大厅，和市民代表、网民代表、创文一线工作者、专家学者畅谈郑州市创建全国文明城市工作。

△市人大常委会主任白红战一行到上街区峡窝镇，就新型农村社区建设和网格化管理工作进行蹲点调研。

8月

1日

△省军区举行预备役师第一政委授衔仪式。省军区司令员刘孟合，省委常委、省军区政委周和平，省委常委、市委书记、河南陆军预备役高射炮兵师第一政委吴天君，省军区副司令员兼参谋长宋中贵等出席授衔仪式。刘孟合宣读中央军委命令状。担任预备役一三六师第一政委的省政协主席叶冬松和担任预备役高炮师第一政委的吴天君分别被授予预备役大校军衔。

2日

△郑州市召开全市扶贫开发工作调研座谈会，市委副书记王璋作重要讲话。

3日

△市委常委、副市长张建慧带领建委、交运委等部门负责人调研重点工程建设情况，协调解决施工中遇到的问题。

△市委常委、常务副市长胡荃到郑东新区金融集聚核心功能区调研。

△市人大常委会主任白红战带领部分常委会组成人员到管城区调研新型城镇化建设情况。

4日

△市委常委、副市长张建慧带领财政、土地、园林等部门负责人，督察“两环十七放射”生态廊道建设进度。

△历时七天的角逐，2012年全国中学生排球锦标赛在郑州市第七中学落下帷幕。

△市委副书记、市“坚持依靠群众、推进工作落实”长效机制领导小组组长王璋到荥阳市金寨乡蹲点调研网格化管理工作。

5日

△市政府与中国建筑材料有限公司、中国医药集团总公司举行合作意向签约仪式。中国建筑材料集团公司、中国医药集团总公司董事长宋志平，市委副书记、市长马懿等出席签约仪式。

△中国医药集团国药河南物流中心落成典礼在郑州经开区举行。中国医药集团总公司董事长宋志平，副省长王铁，市委副书记、市长马懿等出席典礼。

5–7日

△柬埔寨国王诺罗敦·西哈莫尼陛下一行莅临河南省访问。在市委副书记、市长马懿等陪同下，西哈莫尼一行到郑东新区进行了访问。

6日

△郑州市召开安全生产、信访稳定、网吧市场专项集中整治动员会。市委副书记、市“坚持依靠群众、推进工作落实”长效机制领导小组组长王璋出席会议并作重要讲话。

7日

△由国家发展改革委组织召开的中原经济区规划编制工作启动会在郑州举行，标志着中原经济区建设进入关键阶段。

△全市新型城镇化合村并城工作现场会在惠济区召开。市委书记吴天君作重要讲话，市委副书记、市长马懿主持会议。

8日

△国家文物局副局长童明康到郑州，对获得2011年全国十大考古新发现称号的老奶奶庙遗址现场进行实地考察。

9日

△省委常委、统战部部长史济春与省各民主党派、工商联负责人及无党派代表人士一起，到郑州新郑综合保税区（郑州航空港区），就郑州航空港经济综合实验区建设进行专题调研。

△市委书记吴天君、市长马懿带领郑州市党政考察团到开封考察学习。

△国务院南水北调办公室副主任蒋旭光带领调研组到南水北调中线工程郑州段进行检查指导。

△郑州市召开新能源汽车产业发展座谈会。市委常委、统战部部长、市工业经济科技和安全生产工作领导小组组长王跃华出席。

10日

△郑州市市直机关处长能力建设专题培训班开班，市委副书记王璋就推进网格化管理长效机制持续巩固提升作宣

讲报告。

△市委书记吴天君带领市直相关部门负责人到市内各区，就交通道路、生态廊道建设、畅通郑州重点工程推进情况进行督察。

△全市选派年轻干部挂职锻炼动员会召开，2012年郑州市选派132名科级干部参加挂职锻炼，其中22名干部将到上海、广州等发达地区挂职。

△市委书记吴天君会见美国IM国际传媒集团总裁Gustavo Sagastnme一行，双方就文化交流与传媒合作进行了深入交谈。

△2012中国（郑州）印刷包装产品博览会在郑州国际会展中心开幕。来自国内外的624家印刷包装企业参会。国家新闻出版总署副署长、国家版权局副局长阎晓宏，省委常委、宣传部部长赵素萍，副省长张广智，市领导马懿、白红战、李秀奇等出席开幕式并参观展馆。

△河南省人民政府、深圳华强集团共同建设华夏历史文明传承创新示范区战略合作协议签约仪式在郑州举行。省委副书记、省长郭庚茂出席仪式并讲话，省委常委、郑州市委书记吴天君、深圳华强集团有限公司董事长、总裁梁光伟，市领导马懿等出席签约仪式。张广智与梁光伟分别代表双方签署河南省人民政府、深圳华强集团共同建设华夏历史文明传承创新示范区战略合作协议；市长马懿代表市政府与梁光伟签署郑州市人民政府、深圳华强集团共同建设华夏历史文明传承创新示范区框架协议。

11日

△市委书记吴天君到巩义市产业集聚区和豫联工业园区，调研巩义市千亿级铝工业基地建设情况。

12日

△市委副书记、市“坚持依靠群众、推进工作落实”长效机制领导小组组长王璋到荥阳市蹲点调研以网格为载体的长效机制运行情况。

13日

△河南省电子商务产业园签约暨启动仪式在郑州高新区举行。包括百度、腾讯在内的30多家电商企业负责人参加签约仪式。省商务厅副厅长高章法，市委常委、统战部部长王跃华等出席签约仪式。

△副省长赵建才带领省直相关部门负责人莅临郑州，就招商引资重点工业项目和城市建设进行调研。

14日

△省人大常委会副主任、党组副书记王菊梅，全国人大常委会委员、全国人大外事委员会副主任委员南振中带领部分驻豫全国人大代表抵郑，就郑州航空港经济综合实验区工作进行专题调研。

△市政协主席李秀奇带领部分市政协委员，对《关于在我市尽快构建覆盖城乡的公共文化服务体系的建议》和《关于对我市餐厨垃圾实行规范化管理的建议》两个重点提案进行督办。

15日

△新加坡丰树（郑州）物流园项目在郑州国际物流园区的核心区——新加坡国际物流产业园正式开工。省市领导赵建才、马懿等参加开工仪式。新加坡国际企业发展局副局长尤善钡、中国司副司长周佳穗等出席开工仪式。

△省政协副主席孔玉芳率领省政协视察团到郑州市视察粮食收购、储存和销售工作。

15–16日

△省委副书记、省长郭庚茂带领省直有关部门负责人先后到郑州市中牟现代农业示范区、豫联产业集聚区、巩义市产业集聚区、高新区格力产业园区、新密市产业集聚区等地进行调研，并召开省会城市规划建设情况汇报会，研究郑州城市规划建设问题。省委常委、郑州市委书记吴天君，省人大常委会副主任王文超，副省长张大卫等参加会议。

17日

△市委常委、副市长张建慧察看郑州市交通重点工程建设，协调解决影响工程进展的有关问题。

18日

△市委常委、宣传部部长王哲率市商务局、市市场发展局、市体育局、市城市管理局、市园林局、市民政局、市公安局交警支队、市文明办等单位，联合督导文明城市巩固提升工作。

△市委书记吴天君带领市直有关单位负责人到二七区、金水区，实地调研城中村改造、合村并城、“两环十七放射”、市域快速通道建设和网格化管理等工作进展情况。

19日

△2012中国沿黄区域名优商品博览会——第十届中国郑州糖酒食品交易会、第二届中国国际面业暨精品粮油展览会在郑州国际会展中心落下帷幕。

20日

△市政协主席李秀奇到郑州经济技术开发区对郑州市装备制造领域部分高新技术企业进行调研。

20–21日

△哈尔滨市委副书记、市长宋希斌率领市政府考察团到郑州，考察新郑综合保税区建设及相关企业。

21日

△郑东新区金融集聚核心功能区建设情况说明会暨项目签约仪式在中州宾馆举行。省委常委、常务副省长李克，省委常委、市委书记吴天君等出席签约仪式。

△市人大常委会主任白红战带领部分常委会组成人员就食品安全及工业企业“保增长”工作进行调研。

△省委常委、市委书记吴天君接见伦敦奥运会举重冠军李雪英、男子4×200米自由泳接力赛季军李昀琦及其教练员。

22日

△省委常委、副省长刘满仓调研南水北调中线工程郑州段桥梁工程建设情况。

23日

△在郑州新郑综合保税区内，富士康科技集团郑州科技园举行中原开疆二周年庆典盛会。市长马懿，市委常委、副市长薛云伟，富士康科技集团总裁郭台铭参加庆典活动。

24日

△省政协副主席、农工党河南省委主委、省人口与计划生育委员会主任高体健率领省政协视察团到郑州市调研人口工作。

25日

△2012中国·郑州“中原杯”国际名校赛艇挑战赛在郑东新区昆丽河开幕。原国家体育总局副局长、中国奥委会副主席张发强，原副省长、省宋庆龄基金会主席刘玉洁，国家体育总局水上运动管理中心副主任韩建国，副市长、郑州新区管委会主任李公乐等出席开幕式。

28日

△经开区在经南五路与第三大街交叉口世和小区举行2012年合村并城建设开工奠基仪式。副市长、郑州新区管委会主任李公乐，中国建筑股份有限公司副总裁王祥明出席项目开工仪式。

△郑州华南城项目开工典礼暨招商启动仪式在新郑市龙湖镇举行。省委常委、常务副省长李克，省委常委、市委书记吴天君，中国物流与采购联合会副会长、秘书长崔忠付，市领导马懿等出席仪式。

29日

△在北京召开的“全国组织系统讲党性重品行作表率活动总结会议”上登封市委组织部被中央组织部、人力资源和社会保障部联合授予“全国组织系统讲党性重品行作表率先进集体”称号，河南省仅有3家单位获此殊荣。

△郑州市为入住新型农村社区的首批农民发放房产证，新密牛店镇张湾东宏新型农村社区和米村镇于湾新型农村社区的394户农民拿到房产证。

△国家林业局湿地保护管理中心副主任严承高到郑州黄河国家湿地公园示范园调研。

30日

△共青团中央权益部副部长陈琳莅郑，调研共青团参与社会管理创新工作。

△郑州市物流协会正式成立。市委常委、副市长薛云伟出席成立大会并当选为名誉会长。

△市十三届人大常委会第三十次会议闭幕。会议表决通过了关于修改《郑州市客运出租汽车管理条例》的决定、市政府关于2012年度上半年国民经济和社会发展计划执行情况的报告等报告、决议、决定。

△全国商业保险机构参与新农合经办服务现场会在郑州召开。卫生部副部长刘谦，保监会副主席陈文辉，副省长张大卫，市委副书记、市长马懿等参加现场会。

△市十三届人大常委会第三十次会议正式表决通过新的《郑州市民文明公约》。

31日

△团中央在郑州市召开全国中学共青团重点研究课题推进研讨会。团中央学校部副部长杜汇良参加研讨会，市委常委、组织部部长高建慧出席会议并致辞。

△市委书记吴天君到中牟县，实地调研新型农村社区和交通路网建设等工作进展情况。

△第十三届全国医疗器械区域博览会暨绿色医院解决方案博览会在郑州国际会展中心开幕。卫生部原副部长、中国医院协会名誉会长曹荣桂，中国医药集团党委书记、副董事长王丽峰，英国卫生国务部部长Simon Burns，中国医院协会常务副会长兼秘书长李洪山，北京市卫生局副局长郭积勇等出席开幕式。

△市委副书记、市长马懿带领市直相关部门负责人，到郑东新区调研龙湖区域及金融集聚核心功能区建设情况，协调解决东区开发建设中遇到的困难和问题。

△全国法院第六次少年法庭工作会议在郑州召开。最高人民法院党组副书记、副院长、少年法庭指导小组组长张军，最高人民法院党组成员、副院长、少年法庭领导小组副组长黄尔梅，省委常委、政法委书记毛超峰等出席会议。

9月

1日

△中国审判理论研究会少年审判专业委员会2012年年会暨第二届少年审判论坛在郑州举行。最高人民法院党组副书记、副院长、中国审判理论研究会常务副会长张军，省人大常委会副主任王文超，省高级人民法院院长、少年审判专业委员会主任张立勇出席会议。

△河南·郑州首届黄河湿地文化节在郑州黄河国家湿地公园举行。国家林业局湿地保护管理中心副主任严承高、省委农村工作委员会副组长何东成、省林业厅副厅长王德启、省旅游局副局长张凤有，省辖市市长级干部王林贺等参加开幕式。

2日

△中央电视台“开学第一课”在综合频道与全国中小学生见面，来自郑州的我国首位女航天员刘洋介绍了她在太空的经历。

△市委书记吴天君带领市直有关单位负责人到金水区，蹲点调研网格化管理工作。

3日

△市委书记吴天君带领市直有关单位负责人到荥阳市，实地调研新型城镇化推进工作。

4日

△地铁1号线一期工程最后两个站点——紫荆山站和民航路站顺利封顶，1号线一期工程全面进入铺轨、站点装修阶段。2号线一期工程紫荆山站也于同日开工建设。

△市委书记吴天君带领市直有关单位负责人到新密市，实地调研新型城镇化推进工作。

△以国家新闻出版总署印刷发行管理司副司长曹宏遂为组长的全国“扫黄打非”督察组莅临郑州，检查指导郑州市“扫黄打非”工作。

△以老挝首都万象市市委常委、占塔布里县县委书记兼县长潘坎·洪本元为团长的老挝干部考察团一行32人莅郑参观、考察。

5日

△全市处置非法集资工作会议召开。市委常委、常务副市长胡荃出席会议。

△市委书记吴天君带领市直有关单位负责人到上街区，实地调研新型城镇化推进工作。

△市委副书记、市长马懿带领市直相关部门负责人到登封市，实地调研督导新型城镇化建设推进过程中拆迁群众安置、产业结构调整和第九届中国郑州国际少林武术节筹备工作。

△市委书记吴天君带领市直有关单位负责人到郑州新郑综合保税区（航空港区），实地调研郑州航空港经济综合实验区建设推进情况。

6日

△作为“向党的十八大献礼——河南省优秀剧目北京展演月”活动的重要组成部分，由郑州市豫剧院创作演出的新编历史剧《斗笠县令》在北京长安大戏院献礼演出。市领导丁世显、刘东和首都观众一同观看演出。

△省人大常委会副主任蒋笃运带领省人大常委会执法检查组，对郑州市贯彻执行《中华人民共和国职业教育法》及《河南省实施〈中华人民共和国职业教育法〉办法》情况进行检查。

7日

△平安银行郑州分行正式落户郑东新区。省委常委、常务副省长李克，省委常委、市委书记吴天君，平安集团董事长马明哲，省金融办主任孙新雷，省银监局局长李福安，市领导马懿等出席开业仪式。李克、马明哲共同为平安银行郑州分行开业揭牌。

8日

△郑州市召开南水北调生态文化公园设计方案评审会。国务院参事、中国风景园林学会副理事长刘秀晨等7位国内知名园林专家，市领导吴天君、马懿等出席评审会。

10日

△全国人大常委会委员、全国人大农业与农村委员会主任委员王云龙带领全国人大常委会执法检查组到郑州，就郑州市贯彻实施《中华人民共和国农业法》情况开展执法检查。

11日

△科技部党组成员、纪检组长郭向远考察郑州市科技发展情况。

△郑州新郑综合保税区（郑州航空港区）合村并城首个项目——锦绣枣园公寓顺利封顶。项目建成后可入住1万多人。

△政协主席李秀奇带领部分市政协委员视察郑州市台资企业发展情况。

12日

△国家电子商务示范城市郑州市跨境贸易电子商务服务（E贸易）试点项目在省进口物资公共保税中心有限公司正式启动，国家工商总局副局长滕佳材，海关总署科技顾问、国家信息化专家咨询委员会副主任杨国勋，副省长赵建才，省政协副主席龚立群和市委副书记、市长马懿等出席启动仪式。

△市政协主席李秀奇带领部分市政协委员视察郑州综合交通枢纽工程建设情况。

△科学大道西延工程高新区段全线通车。这是郑州市全面推进“两环十七放射”建设第一条通车道路。市委常委、副市长张建慧参加通车仪式。

△由省纪委、省监察厅、省预防腐败局主办，市纪委、市监察局和郑东新区共同承办的“放歌如意湖，喜迎十八大”中原清风廉政文化广场晚会郑州专场在如意湖广场举行。省委常委、省纪委书记尹晋华，省纪委副书记李建社，市委常委、常务副市长胡荃等与绿城市民共同观看演出。

△全国人大华侨委员会副主任委员黄华华带领调研组莅临郑州，对郑州市归侨侨眷权益保护法及相关法律贯彻实施、散居贫困归侨侨眷生产生活困难问题解决和海外侨胞国内投资权益保护等情况进行调研。

△中国红十字会副会长郭长江一行莅临郑州，对郑州市红十字应急救护培训基地等工作进行调研。

△郑州慈善总会、郑州四棉置业有限公司共同举行中原区伊河路小学北校区捐资建校活动。郑州四棉置业有限公司一次性捐资3000万元建校，这是郑州市慈善总会成立以来收到的最大一笔来自民营企业的建校资金。

13日

△市轨道交通有限公司与工银金融租赁有限公司签订融资租赁合同。市委常委、副市长张建慧参加签约仪式。

△中央电视台知名竞技综艺栏目《墙来了》郑州专场录制完成。市委常委、常务副市长胡荃，宣传部部长王哲参加现场录制。

△市委召开领导干部廉政谈话会。市委书记吴天君作重要讲话。

△郑州市在青少年宫举办“三化”

协调科学发展专题报告会。省人大常委会党组书记、副主任曹维新为郑州市领导干部作题为"一以贯之谋发展，'三化'协调兴中原"的专题辅导报告。市委书记吴天君主持报告会。市领导马懿、李秀奇等以及在郑副市级以上领导干部参加报告会。

14日

△全市新型城镇化建设现场会在金水区召开。市委书记吴天君作重要讲话。市领导马懿、李秀奇等及部分副市级领导参加观摩或出席会议。

△由郑州桥工段担纲培训的全路高速铁路线路维修技术培训班在黄河南岸职工培训基地开班，来自各地的150名高铁线路维修骨干参加开班仪式。

18日

△市委书记吴天君带领市直有关单位负责人到登封市和新郑市，实地调研新型城镇化推进工作。

19日

△市委副书记、市长马懿带领市直相关部门负责人到中牟县，实地调研、督导新型城镇化推进过程中拆迁群众安置、产业集聚区建设、都市型现代农业发展等工作。

△市委副书记、市"坚持依靠群众、推进工作落实"长效机制工作领导小组组长王璋到荥阳市、上街区调研。市委常委、郑州警备区政委刘贵新参加调研。

△2012年全国仲裁工作年会在郑州国际会展中心举行。国务院法制办协调司司长卢云华、副司长袁诗鸣，全国人大法工委民法室副主任贾东明，副市长张学军出席。

20日

△市委副书记、市长马懿带领市直相关部门负责人到惠济区，实地调研、督导新型城镇化推进过程中拆迁群众安置、现代产业培育等工作。

△郑州市召开打击处置非法集资及担保机构规范整顿工作阶段性总结会。市领导胡荃等出席会议。

△郑州市城区违法行驶车辆治理规范工作动员大会召开。市委常委、政法委书记、市公安局局长黄保卫等出席会议。

△郑州市召开第三届人民满意公务员表彰暨公务员队伍建设工作会议。市委副书记、市长马懿出席并作重要讲话。市委常委、常务副市长胡荃主持会议。

△市委书记吴天君在郑会见香港大公报总编辑贾西平一行。

21日

△"天地之中（嵩山）——华夏文明与世界文明论坛"在登封开幕。十届全国人大常委会副委员长许嘉璐，副省长张广智，市委常委、宣传部部长王哲，北京大学原副校长迟惠生及来自国内外的近百名学者参加论坛。

△2012年中部省会城市经济发展分管市领导联席会议在郑州召开。市委常委、副市长薛云伟主持会议，副市长马健出席会议。

△中国城科会历史文化名城委员会中南片区工作会议在郑州召开。市委常委、副市长张建慧出席会议并致欢迎词。

△济南军区政委杜恒岩上将带机关工作组到郑州调研。

22日

△浙江省委常委、温州市委书记陈德荣带领温州市考察团到郑州考察。

△市委书记吴天君带领市直有关单位负责人到金水区，蹲点调研网格化管理工作。

24日

△中宣部第十二届精神文明建设"五个一工程"表彰晚会在北京举行，由郑州歌舞剧院创作的大型舞剧《水月洛神》获"五个一工程"优秀作品奖。

△由河南省人民政府、工业和信息化部主办的2012中国（郑州）产业转移系列对接活动在郑州国际会展中心开幕。省委书记、省人大常委会主任卢展工，省委副书记、省长郭庚茂，工业和信息化部副部长杨学山，工业和信息化部党组成员、总工程师朱宏任，国务院台办主任助理李亚飞出席开幕式并共同启动开幕式装置。

△郑州市新材料产业集聚区揭牌暨项目签约仪式在荥阳举行。市委常委、统战部部长、市工业领导小组组长王跃华代表郑州市委、市政府向荥阳市授"郑州市超硬材料及制品装备制造基地"匾牌。

25日

△市长马懿带领市直有关部门负责人到郑州东站，检查指导郑州东站配套工程建设情况。

△市委书记吴天君到郑州新郑综合保税区（航空港区）调研。

26日

△海尔（郑州）市场创新产业园一期暨年产600万台空调生产基地项目奠基仪式在经开区举行。省委副书记、省长郭庚茂宣布项目开工，省委常委、市委书记吴天君，省委常委、副省长刘满仓，海尔集团董事局主席、首席执行官张瑞敏，市领导马懿等出席开工仪式。

△郑州市与西门子（中国）有限公司正式签订战略合作谅解备忘录。市领导吴天君、马懿，西门子东北亚区首席执行官、西门子（中国）有限公司总裁兼首席执行官程美玮等出席签约仪式。签约仪式现场，市委书记吴天君向程美玮颁发聘书，聘请他为市政府经济顾问。

27日

△以南京市委副书记、市长季建业为团长的南京市政府考察团一行34人莅临郑州，对城市建设进行为期一天的考察。

△2012郑州市电动汽车产业发展论坛举行。市委常委、市工业经济科技和安全生产工作领导小组组长、统战部部长王跃华出席论坛。

△由河南省人民政府与国家旅游局共同主办的2012中国（郑州）世界旅游城市市长论坛在郑州国际会展中心开幕。十届全国政协副主席张怀西宣布开幕。省委副书记、省长郭庚茂致辞。国家旅游局副局长杜江，省委常委、统战部部长史济春，省委常委、郑州市委书记吴天君，全国政协常委袁祖亮，十届省人大常委会副主任贾连朝，联合国世界旅游组织代表、执行主任皮埃儿夫人玛丽亚·默西迪斯，世界旅游及旅行理事会执行总监洛琳·普朗特，亚太旅游协会首席执行官特别顾问张科德等出席开幕式。

28日

△2012郑州民营企业参与新型城镇化建设座谈会召开。市委书记吴天君作重要讲话。

△京广高铁郑州至武汉段通车运营、综合交通枢纽——郑州东站正式建成启用。9时，G501次"和谐号"动车驶出新落成的郑州东站。

△以"旅游·城市活力之源"为主题的2012中国（郑州）世界旅游城市市长论坛在郑州国际会展中心举行。副省长张大卫、张广智，市长马懿等出席论坛活动。

29日

△市委书记吴天君带领市直有关单位负责人到郑东新区，实地调研郑州东站配套工程和周边环境整治工作。

△郑州瑞普新材料项目在高新区奠基。省政协副主席李英杰出席奠基仪式。市委副书记、市长马懿宣布项目开工。

△郑州市举行商品房销售明码标价专项检查暨商品房销售明码标价现场会，启动对商品房销售明码标价专项检查。市委常委、常务副市长胡荃参加现场会。

△位于巩义市新中镇柏茂庄园的豫西抗日根据地纪念馆正式开馆，这也是河南省唯一全面反映豫西抗日战争历史的专题纪念馆。

△九洲物联网技术与服务中心项目、蓝信轨道交通安全装备研发中心项目、河南智能交通物联网科技园研发中心项目等3个IT项目在高新区同时奠基。市委副书记、市长马懿宣布开工。

10月

1日

△新制定的《郑州市城市园林绿化条例》从今日起施行。

8日

△自今日零时起，郑州黄河公路大桥终止收取通行费。

△美国联合包裹公司（UPS）郑州—美国阿拉斯加安克雷奇市货运新航线开通仪式在郑州举行。省委副书记、省长郭庚茂，UPS国际总裁丹尼尔·布鲁托，副省长张大卫，UPS亚太区总裁布兰登·卡纳万，市领导马懿等参加开

通仪式。

△郑州市召开现代产业体系构建督察讲评会。市委书记吴天君主持会议并讲话，市长马懿就郑州市现代产业体系构建工作进行总结分析和安排部署。

9日

△市政协主席李秀奇带领部分市政协委员到郑州高新区调研文化创意产业发展情况。

△第五届“商鼎杯”全国书法大展暨历届获奖作品邀请展在升达艺术馆开幕。市领导王哲、刘东等出席开幕式并观看展览。

△郑州航空港经济综合实验区建设工作领导小组召开第一次全体（扩大）会议。市委副书记、市长、郑州航空港经济综合实验区建设工作领导小组组长马懿出席会议并作重要讲话。

10日

△中国中部纺织服装品牌中心落户中原区并开工建设。中国纺织工业联合会会长王天凯，中国纺织工业联合会副会长、流通分会会长夏令敏为中国中部纺织服装品牌中心授牌。省领导陈雪枫、王平，市领导白红战等参加授牌暨开工仪式。

△市委书记吴天君带领市直有关单位负责人到中原区、二七区、管城区、金水区、郑东新区和经开区，实地调研断头路打通、三环快速路及陇海路高架等市政重点工程规划建设进展情况。

11日

△国家知识产权局副局长贺化、人事司司长徐治江、办公室主任徐聪、国家专利审查协作北京中心主任魏保志、发展规划司副司长金泽俭等到郑州市考察指导工作。

12日

△郑州通用航空实验区产业发展战略规划专家评审论证会在黄河饭店举行。会议原则通过了《郑州通用航空实验区产业发展战略规划》。市领导胡荃等出席评审会。

△为期三天的第十八届郑州全国商品交易会暨日用消费品博览会在郑州国际会展中心开幕。中国商业联合会党委副书记安惠民，中国东盟商务理事会中方秘书处常务秘书长许宁宁，原巴勒斯坦驻中国大使、中非投资委员会驻中国首席代表穆斯塔法·萨法日尼，老挝国家工商总会副秘书长沟玛丽，泰国商会副会长许耀坚，马来西亚经济贸易总商会事务委员会理事彭彦彰，中华海峡两岸文化观光产业发展协会理事长宋智忱，昆明市副市长阮凤斌，广州市协作办公室副主任林卫民等出席开幕式。省、市领导史济春、马懿等出席开幕式。

12–13日

△国家安全监管总局党组书记、局长杨栋梁，国家安全监管总局党组副书记、副局长王德学率领国家安全监管总局调研组莅郑，就郑州市安全生产工作进行考察调研。

13日

△第五届全国中小学体育教学观摩展示活动在郑州开幕。此次活动由教育部体卫艺司、河南省教育厅指导，全国中小学体育教学指导委员会、中国教育学会体育与卫生分会主办。

△郑州二七万达广场开业。开业仪式上，万达集团向二七区慈善总会捐赠50万元支持慈善事业。

15日

△市人大常委会主任白红战在市人大常委会会客厅会见保加利亚索菲亚市议会议长杰德吉科夫一行。

16日

△郑州轨道交通1号线一期工程首列地铁车辆在中国南车株洲电力机车公司下线。此次下线的车辆共2列、12节。

△2012年“郑州慈善日”暨重阳节孝老爱亲楷模表彰活动在绿城广场举行。当日募得善款86090652元，是郑州市“慈善日”成立以来募得善款最多的一次。民政部中民慈善捐助信息中心主任彭建梅，省慈善总会会长李志斌、省民政厅厅长冯昕，市领导马懿等出席活动并捐赠善款。

△市委副书记、市长马懿与美国堪萨斯州威奇托市市长卡尔·布鲁尔共同签署关于建立通用航空产业合作战略经济合作伙伴关系备忘录。

△市人大常委会主任白红战带领部分常委会组成人员和市人大代表，对《郑州市城市中小学幼儿园规划建设管理条例》和《郑州市市区中小学布局规划》的贯彻实施情况进行专项执法检查。

17日

△市政府印发通知，公布郑州市新型城镇化建设三年行动计划。

△国务院南水北调办公室副主任蒋旭光带领调研组对郑州市移民工作进行调研观摩。

17–18日

△为期两天的全市新型城镇化建设现场观摩会在新郑召开。市委书记吴天君作重要讲话。市委副书记、市长马懿主持会议。市领导王璋、白红战、李秀奇等及部分副市级领导参加观摩或出席会议。

18日

△郑东新区龙湖调蓄工程蓄水仪式举行，省委常委、常务副省长李克，副省长赵建才，市领导吴天君、马懿等出席蓄水仪式。龙湖调蓄工程历经两年建设，总投资近30亿元。

△中兴（郑州）产业园一期节能环保及3G通信项目生产基地在经开区举行奠基仪式。中兴通信是全球领先的综合性通信制造业上市公司和全球通信解决方案提供商之一。

19–21日

△云南省委常委、统战部部长黄毅带领云南省各民主党派、工商联负责人考察团考察郑州市文化旅游产业发展情况。

20日

△郑州市举办全国妇联“贫困母亲两癌救助专项基金”暨郑州“春蕾计划”福利彩票捐资助学资金发放仪式。中共中央委员、全国政协社会和法制委员会副主任、中国妇女发展基金会理事长黄晴宜出席仪式并为郑州市贫困“两癌”母亲送来50万元救助金。

△市妇女儿童活动中心正式落成。中共中央委员、全国政协社会和法制委员会副主任、中国妇女发展基金会理事长黄晴宜，省委常委、市委书记吴天君等出席落成典礼。

△中国农业科学院、国家林业局中南规划调查设计院、中国科学院湿地研究中心和省林业厅等单位联合召开郑州黄河国家湿地公园控制性详细规划和郑州黄河国家湿地公园一期修建性详细规划评审会，省辖市市长级干部王林贺等参加。

21日

△第九届中国郑州国际少林武术节在航海体育场开幕。全国政协副主席、民革中央常务副主席厉无畏出席并宣布武术节开幕。中共中央委员、全国政协社会和法制委员会副主任、中国妇女发展基金会理事长黄晴宜，中国奥委会副主席、国家体育总局党组成员、局长助理晓敏，武术节组委会主任、国家体育总局武术运动管理中心主任、中国武术协会主席高小军等出席开幕式。省、市领导郭庚茂、邓凯、周和平、吴天君、张程锋、赵建才、马懿等出席开幕式。出席开幕式的还有国际武联官员，智利、厄瓜多尔、玻利维亚驻华大使，苏里南、叙利亚、格林纳达驻华使馆官员，友好城市奥地利因斯布鲁克市代表等嘉宾。

△市委书记吴天君，市委副书记、市长马懿会见前来参加第九届中国郑州国际少林武术节的智利驻华大使施密特·路易斯及夫人，厄瓜多尔共和国驻华大使莱昂纳多·阿里萨加，多民族玻利维亚共和国驻华大使吉列尔莫·查卢普，阿拉伯叙利亚驻华大使馆一等秘书拉米兹·拉伊及夫人，格林纳达驻华大使馆一等秘书琪莎·珍尼露，苏里南共和国驻华大使馆外交官员桑德拉等嘉宾。

△市委书记吴天君到金水区蹲点调研网格化管理工作。

22日

△全省社会管理创新试点工作推进会在新郑市举行。省委常委、政法委书记、省综治委副主任毛超峰等出席会议。

△第九届中国郑州国际少林武术节迎宾式在登封市举行。全国政协副主席、民革中央常务副主席厉无畏，国家体育总局武术运动管理中心相关领导与来自智利、厄瓜多尔、玻利维亚等国的驻华使节出席迎宾仪式。省、市领导吴天君、张广智、李英杰、白红战、李秀奇等出席迎宾式。

23日

△郑州市召开中心城区道路两侧违法建设整治暨城市管理提升工作讲评推进会。市委副书记王璋等出席会议并讲话。

23-24日

△新闻出版总署印刷发行管理司副司长曹宏遂带领全国“扫黄打非”工作督察组一行3人，对郑州市开展查堵有害出版物专项行动和集中整治淫秽色情出版物及信息专项行动情况进行督察。

24日

△省委常委、组织部部长夏杰到郑州调研。

△第九届中国郑州国际少林武术节闭幕式在省电视台8号演播厅举行。省委常委、市委书记吴天君，副省长张广智，国家体育总局武术运动管理中心主任、中国武术协会主席高小军，省政府副秘书长万旭，省体育局局长彭德胜，市领导马懿、王璋、白红战、李秀奇等参加闭幕式。

△郑州大学第一附属医院研发的血管可回收支架获准进入临床，成为国际上第一个进入临床应用的外周血管可回收支架。

25日

△全市企业上市融资工作推进大会召开。大会为10家企业发放510万元的补助资金。市委常委、常务副市长胡荃出席会议。

△全市中心城区市场外迁工作会议召开。市委副书记、市长马懿出席会议并作重要讲话。

△市委书记吴天君到分包县（市）区——巩义市调研新型城镇化建设、现代产业体系构建和以网格为载体“坚持依靠群众、推进工作落实”长效机制建设“三大主体”工作以及“保增长、调结构、促转型”工作推进情况。

△康师傅控股有限公司和百事公司正式宣布，在郑州经开区设立新饮料工厂——郑州百事饮料有限公司，这也是上述两家公司在2012年初建立战略联盟之后开设的第一家饮料工厂。副省长赵建才，市长马懿，市委常委、郑州新区党工委书记赵瑞东出席庆典仪式。康师傅控股有限公司董事长魏应州，百事公司董事长兼首席执行官卢英德（Indra K. Nooyi）等参加庆典。

26日

△市十三届人大常委会第三十一次会议闭幕。会议表决通过了《郑州市人大常委会关于加强青年志愿服务工作的决议》《关于加快郑州中心城区至巩义、新密等快速通道建设》代表议案办理情况的报告、人事任免案等。

△郑州市选派机关党员干部驻村任职工作会议召开。市委常委、组织部部长高建慧出席会议。

△全市加强城乡规划土地建设管理和投融资工作研讨会召开。市委副书记、市长马懿出席会议并作重要讲话。

27日

△郑汴物流快速通道正式通车。市领导白红战等参加通车仪式。

△郑州市5座环城高速互通式立交开工建设。市领导白红战、张建慧、牛西岭参加开工仪式。5座互通式立交分别是科学大道与西南绕城高速互通式立交、陇海西路与西南绕城高速互通式立交、大学南路与西南绕城高速互通式立交、郑新快速通道与西南绕城高速互通式立交、G107辅道南延线与西南绕城高速互通式立交。

△市委副书记王璋到荥阳市蹲点调研网格化管理和农业农村工作。

△市委书记吴天君到金水区蹲点调研网格化管理工作。

28日

△市政协主席李秀奇带领市水利局、林业局、畜牧局、扶贫办、交通委等部门负责人到登封调研定点帮扶工作。

29日

△亚欧大陆桥沿线部分市（州）地人大工作座谈会第二十三次会议在郑州举行。省人大常委会副主任铁代生、市委副书记王璋出席会议并致辞。来自连云港、徐州、洛阳、银川等22个市、州、地人大常委会领导和有关人员出席会议。市人大常委会主任白红战主持会议。

29日-11月7日

△应美国世兴公司和香港华润集团的邀请，市委副书记、市长马懿率领市直相关部门负责人对美国和香港进行友好访问。参加了在美国佛罗里达州奥兰多市举行的第六十五届美国国家公务航空协会年会。考察了美国通用航空飞机制造企业穆尼航空股份有限公司飞机生产线。并专程考察了全球最繁忙的通用航空机场——美国加州洛杉矶市范奈斯机场。在香港，马懿一行先后拜会了香港华润（集团）有限公司和华南城控股有限公司，并与两家公司就进一步加强战略合作进行了会谈。

30日

△在深圳举行的全国城市公共交通工作会议上，郑州入选全国“公交都市”建设示范工程第一批创建城市，与其他14个城市共同进入优先发展公共交通“快车道”行列。

△省公安厅“使命·2012”公安特警联合演练活动在郑东新区如意湖文化广场举行。省委常委、政法委书记毛超峰，副省长、省公安厅厅长秦玉海，省武警总队司令员沈涛等出席活动。

△市委书记吴天君带领市直有关单位负责人到经开区和中牟县，实地调研汽车产业发展情况，协调解决相关问题。

11月

1-2日

△由郑州市委、市政府、河南大象影视制片有限公司联合摄制的大型人文纪录片《发现豫商》精编版23:14在中央电视台二套财经频道作为特别节目播出。

2日

△上街区古文化村落项目、郑州商贸职业学院项目举行签约仪式并正式启动。市领导王璋等出席签约仪式。

9日

△市委常委、常务副市长胡荃到登封市蹲点调研网格化管理及新型城镇化建设工作。

△郑登、陇海西路西延和科学大道西延快速通道开工建设。市委副书记、市长马懿等参加开工仪式。

11日

△市政协主席李秀奇带领部分市政协常委和市城市管理部门负责人，赴苏州市考察学习餐厨废弃物处置经验。

△全市生态廊道建设项目调研观摩推进会召开。市委副书记王璋等出席会议。

12日

△南郊热源厂项目一期两台116兆瓦循环流化床锅炉正式点火运行，供热负荷为320万平方米。

13日

△铜陵市委副书记、市长侯淅珉一行到郑州考察“两环十七放射”建设经验。

16日

△由农业部、省政府主办，农民日报社、省农业厅和郑州市政府承办的“首届中国农业投资大会”在郑州会展中心举行。省委常委、副省长刘满仓，农民日报社党委书记、社长唐园结等参会。

△第四届中国·郑州农业博览会在郑州会展中心开幕。农业部国家首席兽医师于康震，农业部市场与经济信息司副司长张兴旺，农业部经管司副司长黄延信，农民日报社党委书记、社长唐园结等出席开幕式。省委常委、副省长刘满仓宣布第四届中国·郑州农业博览会开幕。

17日

△全市新型城镇化生态廊道建设观摩会召开。市委书记吴天君作重要讲话。市委副书记、市长马懿主持会议。

△河南省首家区域医疗联合体——郑州大学附属郑州中心医院（郑州市中心医院）区域医疗联合体宣告成立。该院与医院近域内一级、二级医院、乡镇卫生院、社区卫生服务中心等44家医疗机构签约组成跨行政隶属关系的区域医疗联合体。市委常委、常务副市长胡荃等出席签约仪式。

20日

△经过一年多的建设，107国道新郑境改建工程正式完工通车。市领导白红战等参加通车仪式。

△市委书记吴天君带领市直有关单位负责人实地调研部分畅通郑州重点工程进展情况。

△市政协主席李秀奇带领部分市政协委员视察郑州市社区科普大学示范点建设工作。

21日

△郑州市重点工业项目集中签约仪式在裕达国贸酒店举行。市领导吴天君、马懿等出席签约仪式。签约仪式上，郑州市、荥阳市、新郑综合保税区、巩义市产业集聚区、中牟县分别与国机集团、榕基集团、河南中宇通用航空有限公司、深圳立晖英琦投资公司、上海立翔装饰材料有限公司、郑州博源机械有限公司、河南宝鸿实业有限公司签约。

△市委副书记、市长马懿会见莅临郑州考察的台湾金仁宝集团副总经理邱平和金仁宝集团康舒科技公司总经理高青山一行。

△郑州市学习宣传贯彻党的十八大精神、加强党的作风建设报告会在郑州国际会展中心举行，邀请全国人大常委、法律委员会副主任委员、中组部原常务副部长、原人事部部长张柏林为全市领导干部作专题报告。市委书记吴天君主持报告会。市党政军领导马懿、白红战、李秀奇、胡荃等出席会议。

22日

△第八届大河财富（中国）论坛在郑州开幕。省委书记卢展工为论坛发来贺信。省市领导陈雪枫、马懿出席论坛开幕式。本届论坛由河南日报报业集团和北京大学光华管理学院联合主办。

△省委常委、副省长刘满仓对郑州市农业产业化建设进行专题调研。

22–23日

△省人大常委会党组书记、副主任曹维新到郑州专题调研新型城镇化建设工作。

23日

△第十届全国人大常委会副委员长、全国关工委主任顾秀莲到郑州职业技术学院视察工作。

△郑州市南水北调配套工程正式开工建设。该工程总投资约20亿元，全长100公里，输水管线18条，总工期10个月。省南水北调办主任王小平，市领导马懿等出席开工仪式。

△经教育部批准，郑州大学正式入选“中西部高校提升综合实力”学校，跨上“一省一校”、国家建设“有特色、高水平”大学的新平台。据悉，全国仅有14所省部共建地方综合性大学入选。

△市政府与金地（集团）股份有限公司正式签订框架协议。金地集团将在省会核心区域建设郑州金地广场。市委副书记、市长马懿，市委常委、副市长薛云伟，金地集团董事长凌克、总裁黄俊灿等出席签约仪式。

24日

△2012首届“感动郑州”十大年度人物评选活动启动。市委常委、宣传部部长王哲出席启动仪式。该活动由市委宣传部主办、市文化广电新闻出版局和中原报业传媒集团联合承办。

△第八届中国舞蹈“荷花奖”当代舞、现代舞评奖活动在省人民会堂开幕。中国文联党组成员、副主席杨承志，中国文联荣誉委员、中国舞协名誉主席白淑湘，中国舞协分党组书记、常务副主席冯双白等，省委常委、郑州市委书记吴天君，省委常委、宣传部部长赵素萍，副省长张广智，郑州市委副书记、市长马懿等出席开幕式。

△郑州市召开转变领导方式创新党务工作大会，对“坚持依靠群众、推进工作落实”长效机制工作进行安排部署。

26日

△国家工商总局“国家商标战略实施示范城市”评估组莅郑，对郑州市获评国家商标战略实施示范城市两年来的工作进行评估。市委常委、副市长薛云伟参加评估会。

27日

△副省长张广智调研郑州市公共文化基础设施建设和在新型城镇化建设过程中的文化遗存、古民居保护工作。

△市委常委、市工业经济科技和安全生产工作领导小组组长、市委统战部部长王跃华带领致公党郑州支部、市人社局、财政局、市国土局、科技局等有关负责人，实地调研经开区河南留学人员创业园建设情况。

△郑州市5个交通场站开工建设，市领导马懿等参加开工仪式。5个交通场站分别为航空港区公交综合停车场、龙子湖高校园区综合停车场、高铁新客站公交综合枢纽站、航空港区客运长途汽车站和航空港区出租汽车服务区。

28日

△第八届中国舞蹈“荷花奖”当代舞、现代舞颁奖晚会在河南艺术中心举行。郑州歌舞剧院两部参赛作品分别获金奖和铜奖。郑州文广新局获最佳组织奖。中国文联荣誉委员、中国舞协名誉主席贾作光，中国舞协主席、国家大剧院艺术总监赵汝蘅，中国舞协分党组书记、常务副主席冯双白等出席并为获奖者颁奖。

△为期三天的第二十八届中国植保信息交流暨农药械交易会在郑州国际会展中心举行。国务院参事、农业部原副部长刘坚，农业部种植业管理司副司长周普国，全国农业技术推广服务中心主任陈生斗、党委书记杭大鹏、副主任钟天润等出席开幕式。

△郑州市首批10家平价商店开门营业。市委常委、常务副市长胡荃参加中原新城店开业仪式。这10家平价商店均为郑州毛庄绿园实业有限公司的直营店，包括富邦铭邸店、中原新城店、湖光新苑店、大河春天店、海上香颂店、园田花园店、阿卡迪亚店、紫荆尚都店、绿城百合店和政七街店。

29日

△河南省与深圳华强集团联手打造、总投资30亿元的郑州华强电子高端服务业基地在郑州高新区开工奠基。省委常委、市委书记吴天君，副省长赵建才，深圳华强集团董事长、总裁梁光伟，市领导马懿等出席开工奠基仪式。

△河南省市级邮政管理局开局工作会议暨郑州市邮政管理局成立揭牌仪式在省人民会堂举行。至此，全省市级邮政管理局已全部挂牌成立。副省长张大卫，国家邮政局副局长苏和等出席仪式。

△郑州市节能减排促进会正式成立。国家发改委副主任连维良发来贺信。全国人大农业与农村委员会委员、省节能减排促进会名誉主席王明义等出席成立大会。

12月

1日

△今日零时起，位于机场高速的老郑州南站停止收费，新郑州南站正式启用。机场高速郑州南站搬迁至原收费站向南约6公里处。

2日

△郑州市传统管理文化学会成立大会召开。市委副书记王璋出席会议并讲话。

△市委书记吴天君到金水区蹲点调研网格化管理工作。

3日

△中国五矿集团公司所属企业五矿建设有限公司与中原区政府在裕达国贸酒店正式签署战略合作框架协议。市委副书记、市长马懿，中国五矿集团公司副总裁孙晓民等出席签约仪式。

△市委书记吴天君会见中国五矿集团公司副总裁孙晓民一行，双方就进一步深化合作事宜进行深入交流和座谈。

3–14日

△市政协组织部分驻郑全国政协委员、省政协委员和市政协委员，分八路对郑州市“两环十七放射”道路绿化提升工程进展情况进行视察。市政协主席李秀奇，市委常委、副市长张建慧等参加汇报会。

4日

△郑州市创建国家森林城市推进大会召开。市委副书记、市长、市创建国家森林城市领导小组组长马懿出席会议并作重要讲话。

△党的十八大精神中央宣讲团成员、中央政策研究室副主任施芝鸿一行到郑州市金水区鑫苑名家社区宣讲党的十八大精神，并与社区基层干部群众交流座谈。

△中央宣讲团党的十八大精神报告会在省人民会堂举行。中央宣讲团成员、中央政策研究室副主任施芝鸿作宣讲报告，省委书记、省人大常委会主任卢展工主持报告会。

△省委常委、副省长刘满仓带领省直有关部门负责人到中牟县，实地调研都市型现代农业示范区建设情况。

△市政府决定，今日起，在全市开展以救助露宿街头的进城务工人员和城市生活无着的流浪乞讨人员为主要内容的“关爱救助联合行动”。

5日

△郑州市新型城镇化建设现场观摩会召开。市委书记吴天君作重要讲话。市领导马懿、白红战等及部分副市级领导参加观摩或出席会议。

△民建中央副主席、环保部副部长吴晓青率领环保部检查组一行莅临郑州，对空气质量新标准实施情况进行现场检查。

△随着副省长赵建才、河南出入境检验检疫局局长袁长祥和市委常委、郑州新区党工委书记赵瑞东共同启动水晶球，河南保税物流中心正式开办检验检疫业务。

△市委常委、常务副市长胡荃会见莫桑比克马托拉市市长阿拉奥·翰卡勒一行。

△全国行政机关公务员（河南）特色实践教育基地在郑州市行政学院正式挂牌。省政府党组成员、秘书长郭洪昌，市委常委、常务副市长胡荃等出席揭牌仪式。

6日

△省委宣讲团党的十八大精神报告会在市委党校举行，省委宣讲团成员、省委副秘书长、省委省直工委书记王群为全市领导干部作专题辅导报告。市领导吴天君、马懿、白红战等以及在郑的副市级领导干部出席报告会。

△市委书记吴天君带领市直有关单位负责人对畅通郑州工程进展情况进行督察调研。

△市政府和省南水北调办公室联合召开南水北调郑州段跨渠桥梁建设动员大会。省委农村工作领导小组副组长何东成，市委副书记、市长马懿，省南水北调办主任王小平出席会议并讲话。

7日

△国际欧亚科学院河南心脏中心在郑州市第七人民医院揭牌成立。全国人大环境与资源保护委员会主任委员、国际欧亚科学院中国科学中心常务副主席汪光焘，国际欧亚科学院中国科学中心秘书长彭公炳院士，国际欧亚科学院院士、清华大学第一附属医院院长吴清玉，省卫生厅副厅长、省中医管理局局长张重刚，副市长刘东等出席揭牌仪式。

△《郑州市劳动用工条例》宣传月启动。市领导胡荃等出席启动仪式。

8日

△郑州慈善总会举行“冬季送温暖系列活动——志愿者关爱进城务工人员、寻找街头流浪乞讨人员活动”。

△由中国科协和省政府联合主办的第二十三次中国科技论坛——现代化城市暨国际大都市交通管理高端论坛在郑州开幕。省市领导龚立群、张建慧等出席开幕式。

10日

△由市委宣传部主办的“2012我心中的郑州市十大城市品牌”系列评选活动落幕。“2012我心中的郑州市十大城市品牌”综合评选结果为二七纪念馆（二七纪念塔）、郑州宇通客车股份有限公司、好想你枣业股份有限公司、少林功夫、郑州合记烩面、天地之中历史建筑群、郑东新区CBD、轩辕故里拜祖大典、郑州三全食品股份有限公司、杜甫。

△市委书记吴天君带领市直有关部门负责人到河南中烟工业有限责任公司调研。

△“全球企业家中原对话”活动在郑州国际会展中心举行。省市领导陈雪枫、邓永俭、郭锝昌、刘东等出席活动。

11日

△市中级人民法院举行“第三次集中曝光赖账户暨执行开放月活动”案件执行款发放仪式，45名进城务工人员及申请人代表现场领取3620万元执行款。省高级人民法院院长张立勇等参加活动。

△市委书记吴天君、市长马懿带领市直有关部门到郑州新郑综合保税区（航空港区）调研郑州航空港经济综合实验区规划建设工作推进情况。

12日

△全市纪检监察工作座谈会在高新区召开。市委常委、市纪委书记郭锝昌出席会议并讲话。

△副省长张广智一行到巩义市专题调研宋陵遗址保护开发工作。

△郑州黄河生态旅游风景区荣获国家水利风景区称号揭牌仪式举行。这是郑州市首家获批的国家级水利风景区。

13日

△市委书记吴天君调研保障性住房建设和管理工作。

14日

△《人民日报》第5版“走基层·一线见闻”栏目刊发《走进郑州荥阳山区——就地城镇化农民换“活法”》，记者以所见所闻报道了就地城镇化给农村带来的巨大变化和农民从中得到的实惠。

△省发改委、郑州市政府、开封市政府三方“进一步加快推进郑汴一体化发展的框架协议”签字仪式在郑州举行。三方将建立由省发改委主任和两市市长参加的郑汴一体化发展联席会议制度，郑州市、开封市将建立完善对接制度。副省长张大卫、赵建才等出席签字仪式。省发改委主任张维宁，郑州市委副书记、市长马懿，开封市委副书记、市长吉炳伟代表三方签订框架协议。

15日

△市委书记吴天君带领市直有关部门负责人实地调研特殊困难人群和外来务工人员生活居住情况。

16日

△市委、市政府召开规范外来务工人员管理服务和救助流浪乞讨人员工作会议。市领导吴天君等出席会议。

17日

△由郑州市公安局承担的2010年公安部重点研究计划项目——“刑事案件现场信息三定侦查快速挖掘分析系统”，正式通过公安部专家的全面验收，认定已达国内领先水平，公安部将在全国公安系统推广。

△市委召开常委会，研究外来务工人员工资清欠及服务管理、流浪乞讨人员管理救助、困难群体救助等工作。市委书记吴天君主持会议。市领导马懿、白红战、李秀奇等出席会议。

18日

△河南全国性快递集散交换中心项目签约暨电子商务·快递物流园启动仪式在郑州举行。申通、圆通、中通、韵达、宅急送等首批7家国内知名快递公司签约入驻该园区，总投资达17.8亿元。省市领导张大卫、胡荃等出席签约仪式。

△市委书记吴天君带领市直有关单位负责人，调研督察畅通郑州工程建设。

19日

△河南投资集团有限公司、国家开发银行、郑州新郑综合保税区（郑州航空港区）战略合作签约仪式和郑州航空港经济综合实验区市政道路项目开工仪式举行。省市领导张大卫、马懿等出席签约和开工仪式。

△在2012年度全国“三大医改”评选榜单中，市卫生局局长顾建钦入选“十大医改新闻人物”，郑州市商业保险经办新农合入选“十大医改新闻事件”。

△市政府与中信银行郑州分行签署金融支持科技创新战略合作框架协议，郑州市首家科技特色支行正式授牌中信银行郑州商都路支行。市领导王跃华、马健出席签约仪式。

△郑州铁路集装箱中心站铁路一类口岸工程在经开区开工奠基。省市领导张大卫、薛云伟出席奠基仪式。该工程属于郑州东铁路口岸站迁建工程——郑州铁路集装箱中心站的二期工程，

△海关总署在郑州召开国家跨境贸易电子商务服务试点工作启动部署会，全面启动该试点工作。会议部署了试点建设任务和工作计划，并为郑州、上海、重庆、杭州、宁波5个国家跨境贸易电子商务服务试点承建单位授牌。海关总署副署长吕滨，省市领导赵建才、薛云伟等出席会议。

△郑州新郑国际机场二期工程正式开工建设。省领导卢展工、郭庚茂、叶冬松、刘春良、周和平、吴天君、曹维新、张大卫，市领导马懿等出席开工典礼。

20日

△市政协召开会议，对“捐资助学、奉献爱心”活动中表现突出的政协委员和委员企业进行表彰。市政协主席李秀奇等出席表彰会。

△市人大常委会主任白红战带领部分常委会组成人员和市人大代表，就郑州市“十大实事”城建环保项目建设情况进行视察。

△河南省第二十次机关党的工作座谈会在郑州召开。省委常委、市委书记吴天君到会并致辞。

△全省廉政文化建设推进会暨廉政文化研究会成立大会在郑州举行。中央纪委宣教室正局级纪检监察员、监察专员阎群力，中央纪委宣教室综合处处长唐耀，省纪委副书记李建社等出席会议。

20–21日

△市委书记吴天君带领市直有关部门负责人到荥阳市和巩义市，实地调研产业集聚区建设推进情况。

21日

△中华社会救助基金会、市城市管理局、中原网、善缘公益社共同发起的“给环卫工人送早餐”行动在郑州启动，活动首日共送早餐60份。此次行动将持续至2013年1月19日，每天免费为寒冬里坚守岗位的环卫工人送上一份“爱心早餐”。

△市委书记吴天君到巩义市走访慰问困难党员和困难群众，为他们送去慰问品和慰问金。

22日

△市人大常委会主任白红战赴上街区济源路街道网格管理服务中心和方顶村，就网格化管理工作和方顶村新型社区建设工作进行调研。

23日

△亚洲人居环境协会和郑州日报联合主办的“美丽中国·和谐人居——2012郑州日报香港地产年会”在香港举行，郑州房地产界代表、郑州金融机构精英共赴盛会并接受表彰。

△11时左右，因为地铁建设平移南迁的黄河博物馆主厅平移完最后2米距离，正式入驻新址。

△中残联主席张海迪带领调研组到新密市，看望残疾人士和儿童，给他们送上慰问金、慰问品。

25日

△大型文献图书《中原闽商》由中国文史出版社正式出版发行，首发仪式在郑州举行。该书由省委常委、市委书记吴天君和福建省原副省长贾锡太分别作序，市政协主席李秀奇主编。

△市政协在中原区召开“创建委员之家、树立委员形象”活动现场会。市政协主席李秀奇等参加会议。

26日

△市十三届人大常委会第三十二次会议闭幕。会议表决通过了市政府关于为民承诺“十大实事”办理落实情况等报告和有关人事任免案。会议决定任命吴忠华为郑州市人民政府副市长，接受朱是西辞去市人民政府副市长职务。

△郑州至徐州铁路客运专线正式开工。郑徐客运专线正线全长361.9公里，其中河南省境内长252.8公里。

△上午9时整，郑州东开往北京西的首发动车组G90次准时发车，京广高铁北京至郑州段正式开通运营。全长2298公里的京广高铁全线贯通，成为世界上运营里程最长的高速铁路。省市领导郭庚茂、吴天君、张大卫、马懿为首发车送行。

27日

△郑州市举行第二届道德模范表彰大会，杨华民等20人被授予“郑州市道德模范”荣誉称号。

△郑州市领导干部廉政教育谈话会在郑州监狱召开，市委书记吴天君作重要讲话。市领导马懿、白红战、李秀奇等及在郑副市级以上领导干部参加会议。

28日

△市轨道交通1号线一期工程顺利实现轨通。

29日

△郑州西流湖生态公园（北区）正式建成开放。

30日

△市委书记吴天君、市长马懿会见波司登国际控股有限公司董事局主席兼总裁高德康一行。双方就波司登在郑投资合作事宜进行洽谈。

特色郑州

TE SE ZHENG ZHOU

◎“三大主体”工作

◎壬辰年黄帝故里拜祖大典

◎第九届中国郑州国际少林武术节

“三大主体”工作

综述

【概况】《国务院关于支持河南省加快建设中原经济区的指导意见》直接涉及郑州的有40多处，明确了郑州在国家战略布局中的地位和作用。省委九次党代会确定：河南要走不以牺牲农业和粮食、生态和环境为代价的新型城镇化、新型工业化、新型农业现代化“两不三新”三化协调科学发展之路，加快中原崛起步伐。省委书记卢展工明确提出，郑州要发挥好龙头作用、重心作用、示范带动作用，在中原经济区建设中“挑大梁、走前头”。

2012年，7月15日，市委十届三次全会召开，会议提出全力推进新型城镇化引领、现代产业体系构建、以网格为载体依靠群众推进工作落实长效机制建设“三大主体”工作。

在新型城镇化建设方面，按照“一主（主城区）三区（东部新城区、西部新城区、南部郑州航空港经济综合实验区）四卫（巩义、新密、新郑、登封四个卫星城）36个产业集聚区27个新市镇182个新型农村社区56个历史文化风貌特色村”的空间布局，加快形成合理的城镇体系、合理的人口分布、合理的产业布局和合理的就业结构，实现农村居住环境城市化、公共服务城市化、就业结构城市化和消费方式城市化。

在现代产业体系构建方面，加快新型工业化步伐，重点打造战略支撑产业，加快培育战略性新兴产业，依托工业七大主导产业，着力打造新材料、铝精深加工、现代食品等6个千亿级产业基地和汽车与装备制造、电子信息2个5000亿级产业基地，使郑州成为全国有影响力、有带动力的先进制造业基地；加快推进现代服务业发展，围绕现代服务业七大主导产业和空间布局，加快推进“十中心”建设；加快推进新型农业现代化，推进都市型农业集群发展。

在依靠群众推进工作落实长效机制建设方面，坚持“低成本、高效率、可持续”和“条块融合、职责明确、联动负责、逐级问责、网格覆盖”的原则，细化“三级网格”，搭建“四级平台”，形成“五级联动”，建立“全覆盖、无缝隙”的网格化管理体系，真正解决政府职责在基层中的短板，真正解决“看得见的管不住，管得住的看不见”的制度弊端，构建起以基层党组织为核心，政府管理、公共服务和群众自治有效衔接互为支撑的治理结构。

【新型城镇化引领都市区跨越】新型城镇化作为引领郑州经济社会发展的总抓手，对应着6个切入点：交通道路建设、生态廊道建设、四类社区建设、城市组团起步区建设、中心城区功能提升和产业集聚区建设。

郑州推进的新型城镇化，以城乡统筹、城乡一体、产城互动、节约集约、生态宜居、和谐发展为基本特征，工业和农业、城市和农村通过城镇联结起来，大中小城市、小城镇、新型农村社区协调发展、互促共进。新型农村社区，实现了村民集中居住，产业集聚发展，土地规模经营。通过发展产业集聚区、规划农民创业园、发展现代农业等途径，各县市区依托新型农村社区创办产业园区，宜工则工、宜商贸则商贸、宜旅游则旅游，培育特色经济，发展配套经济，形成农民增收致富的稳定来源，促进农民就近就地转移就业，就地实现生活、生产方式转变。截至年底，全市启动新型农村社区68个，合村并城社区98个，城中村改造项目60个。

以交通道路、生态廊道等六个切入点为抓手，加快新型城镇化建设。“两环十七放射”开工建设总量在70%以上，十条市域快速通道五条建成通车、五条开工建设，国家、省、市三级在郑交通项目累计完成投资262.9亿元，是2011年的1.5倍；生态廊道绿化2592万平方米；中心城区功能逐步提升，“六旧九新”片区改造启动项目302个，三环以内117家市场实施外迁48家；四类社区建设全面展开，建成安置房800余万平方米；全市打通断头路20条，新建停车场334个，新增车位6.17万个；全市城镇化率达到66.1%，上升1.3%。

【现代产业体系支撑都市区转型升级】郑州构建的现代产业体系是：以科技含量和附加值高、能耗低、污染少、创新能力强的现代产业集群为核心，以特色产业基地为载体，以人才、资本、技术、信息等产业辅助系统为创新平台的新型产业体系。

工业上，以“三年倍增五年超越”行动计划为重点，围绕汽车与装备制造业、电子信息产业、新材料产业、生物及医药产业、铝及铝精深加工产业、现代食品加工业、家居及品牌服装等七大主导产业，着力打造生物医药、以超硬材料为主的新材料、新型耐材、铝及铝精深加工、现代食品、家居及品牌服装等6个千亿级产业基地，汽车与装备制造、电子信息2个五千亿级产业基地。把产业集聚区作为产业发展的载体，按照省委、省政府的“三规合一”“四集一转”“产城融合”的要求，确定主导产业，搭建4个服务平台。

服务业上大力提质增速，以建设国家重要的现代服务业基地为目标，以现代物流业、现代商贸业、现代金融业、高技术服务业、文化创意旅游业、房地产业和公共服务业七大主导产业为重点，加快建设“一枢纽十中心”，即全国综合交通枢纽、国家现代物流中心、国家现代商贸中心、国家文化动漫创意中心、国家旅游集散中心及目的地城市、国家专利审查河南协作中心、国家现代邮政通信枢纽中心、国家区域性总部经济中心、国家区域性金融中心、国家区域性会展中心、国家区域性医疗中心。

农业上，加快都市型农业示范区“136”工程，即10个现代农业综合示范区、30个以上主导产业集聚区、60个以上特色产业园区和高标粮田万亩示范区工程。

郑州围绕“一枢纽两基地”建设，将工业七大主导产业和“6+2”产业基地、服务业七大主导产业和“十中心”建设作为载体和抓手，通过“国际影响力、国内辐射力、国内外资源整合力”的“三力”项目，促进经济结构、发展方式的转变和都市区产业结构升级。

现代产业体系加快构建，产业结构调整效应进一步显现。全年七大工业主导产业对工业增长贡献率达到85%，拉动全市工业增长14个百分点；产业集聚区工业企业主营业务收入完成4500亿元，增长26%；服务业主导产业，现代服务业增势强劲。全年服务业实现投资2120亿元，增长26%，总量增速首次超过工业；都市型现代农业稳步发展，粮食生产实现“十连增”；392家市级以上农业龙头企业实现销售收入470亿元，5家被列为全国主食加工业示范企业，占全国第一批总数的四分之一。

【“坚持依靠群众、推进工作落实”长效机制建设】 2012年4月以来，以网格为载体的“坚持依靠群众、推进工作落实”长效机制，从无到有、逐步完善提升。全市探索建立了市委常委会专题研究、领导逐级分包、督查推进和责任追究等13项工作机制。22个市级领导分别分包联系一个乡（镇）、办，蹲点督导网格化管理，33个市级执法部门责任逐级分包落实，各级通过组团式下沉强化基层力量4.5万人，对许多热点、难点问题做到“发现在基层、解决在基层”。

截至年底，全市已建立一级网格198个、二级网格3024个、三级网格18099个，构建起“横到边、纵到底”、“全覆盖、无缝隙”的网格化管理责任体系。在对7个重点领域和城市管理提升两大类20项问题进行集中排查整治过程中，全市共排查出矛盾问题28.8万个，办结（调处）28.2万个，办结率98%。

（辑　录）

新型城镇化建设

【概况】 新型城镇化是指坚持以人为本，以新型工业化为动力，以统筹兼顾为原则，推动城市现代化、城市集群化、城市生态化、农村城镇化，全面提升城镇化质量和水平，走科学发展、集约高效、功能完善、环境友好、社会和谐、个性鲜明、城乡一体、大中小城市和小城镇协调发展的城镇化建设路子。

新型城镇化的“新”主要集中体现在六个方面：一是“新”在涵盖农村，是从农村着手推进的城镇化。二是“新”在不牺牲农村和环境。三是“新”在农民可以就近转移到二、三产业中去，农民不需要离乡离土，可以就近到镇区、到产业园区创业就业。四是“新”在不再区分农民市民身份，都是从事一、二、三产业的新型职工。五是“新”在农民和市民享受一样的居住环境和公共服务。六是“新”在基层社会治理结构的城市化。从更深的理论层面上理解，是“人口转移型”与“结构转换型”相结合的城镇化，即有序引导群众向大中城市和小型城市转移的同时，更多的是着眼于农村结构的转换，包括城乡结构、就业结构、消费结构、文化结构、公民权益结构、居住环境结构和社会治理结构的转换。

新型城镇化建设基本原则　（一）确保耕地不减少，质量不降低，粮食不减产。占一亩耕地至少按一亩恢复，或按1.05亩恢复。同时，耕地的质量不能下降。标志是粮食不能减产。

（二）从根本上维护农民的权益。不以农民放弃土地为身份转换、享受城市政策、城市公共服务的条件，让群众利益在新型城镇化推进中有保障、得实惠。

（三）坚持群众自愿，组织引导群众、不强迫群众。坚持走群众路线，以完善的规划、优美的环境、宽松的就业平台和优惠的安居政策，调动人民群众的积极性和主动性，发挥好人民群众在新型城镇化建设中的主体作用。

（四）坚持“三化”协调发展。新型城镇化为新型工业化、新型农业现代化拓展了空间、优化了布局；新型工业化为新型城镇化、新型农业现代化提供了前提和动力；新型农业现代化则为新型工业化、新型城镇化提供支撑和保障。

新型城镇化建设基本特点　（一）坚持“一个主导两个载体”，走出破解城乡二元、城市内部二元“两个二元结构”问题的新路子。一方面，依托城镇和产业集聚区以及原有产业基础，布局新型农村社区，使其成为公共服务均等化的载体，接受中心城市、县域城镇的辐射，让农民享受到城市的基础设施、公共服务和就业环境，实现农民的就地转换，在破解城乡二元结构的同时，吸引农民工回乡就业创业，减少城市农民工，缓解因农民工融城难给城市内部二元结构带来的压力。另一方面，加快推进中心城市现代化，大力发展县城和镇区，提高城镇承载能力，并积极探索以就业为核心，以依附于就业的养老、医疗、失业、工伤、生育“五险”和住房公积金的自由转移为基础，依据城市承载力逐步实现住房保障、教育等城镇公共服务覆盖常住人口，促进有条件的进城务工农业人口有序市民化。至2012年，郑州市已将进城务工人员纳入住房保障体系，有近30万名符合条件的进城务工人员住进了由政府提供的公共租赁

路寨改造前原貌

路寨改造后新貌

社区居民看房选房

住房；外来务工人员子女义务教育阶段入学问题全部解决，市区中小学外来务工人员子女占学生总数的35%。

（二）坚持“一个主体四个权益”，探索带“土”转移，确保群众的现实利益和长远利益。“一个主体”，就是坚持农民是新型农村社区建设的主体，政府投资建设基础设施和公共服务设施，出台引导扶持政策和发放补贴资金，建不建房、建什么房、怎么建，由群众自己决定，自筹资金。“四个权益”，一是坚持农村宅基地的集体所有权。农民进入社区后，原有的宅基地占地，按照新建社区占地1：1.05复耕后节约出来的集体建设用地，全部归农民集体所有，就近流转到产业集聚区和镇区，用于发展农村二、三产业，搭建农民就近就业创业平台。一部分可以置换调整为国有建设用地，土地收益全部归农民集体所有。剩余部分以入股、出租等形式投资标准化厂房、商业设施等经营性房产，成为长期的财产性收入资产，每年的收益首先用于社区的物业管理、公共服务支出，然后给农民分红，使农民长期拥有一份固定的财产性收入。二是维护农民的土地承包经营权。农民对承包地的承包经营权长期不变，鼓励和支持有偿流转。三是维护集体收益分配权。深化集体财产股份制改制，村民拥有股权，参与分红，长期有效。四是拥有新型农村社区的房产权。

（三）坚持集聚、集约、节约、内涵式发展，破解粮食安全、生态安全与满足工业化、城镇化发展对土地刚性需求的矛盾。郑州市着眼于转变城镇化发展方式，统筹“人”与“物”的同步转移和转换，通过空间布局的合理再构、土地资源的集约整合、生产要素和公共资源的优化配置，变土地低效利用为高效利用，在集聚集约发展的同时保护耕地和生态。郑州市规划建设的182个新型农村社区，涉及864个行政村，现有村庄占地4.7万公顷，规划社区占地21733.3公顷，现有村庄复耕后，按照社区占地1：1.05复耕，可新增耕地1066.7公顷，可节约出建设用地指标2.42万公顷，既保证了耕地不减少、质量不降低、粮食不减产，而且节约出大量建设用地，支撑工业化发展，增加农民财产性资产，带动农民就近就业。

（四）坚持扩大内需，破解发展动力不足的问题。根据测算，政府在新型农村社区基础设施和公共设施建设上的投资大约为3000元/人。农民入住社区，按人均50平方米、建设成本1000元/平方米计算，需要5万元，装修费用大致3万–6万元，平均投资9万元，起到1：30的拉动效应。同时，农民在新型农村社区一次购房享用一生，改变了过去农民一生盖三次房的现象，由此省下来的置房款也会形成巨大的社会消费能力。

（五）坚持以工促农、工农互动，确保农业生产效率持续提升。随着更多的农民实现二、三产业就业，一方面，耕地有偿流转经营的意愿增强，另一方面，对农业现代服务体系建设提出了更高的要求。郑州市在加快粮食生产功能区建设的同时，坚持以工业化理念和组织形式推进农业发展方式转变，着力提高农业规模化生产、市场化经营、社会化服务水平。一是建立完善土地承包经营权流转服务体系。强化承包经营权流转的管理和服务，鼓励和引导农民按照依法自愿有偿原则，以转包、出租、互换、转让、股份合作等多种形式流转土地承包经营权。2012年全市新增土地流转面积约6666.7公顷。二是推进农村经营机制创新。以农业龙头企业为带动，以农村合作社为基础，着力培育农业产业化集群。全市市级以上龙头企业达到390余家，成立合作社1559家，发展成员13万多户，带动农户30多万户。三是完善农业技术创新和推广应用服务体系。采取与大专院校、科研单位合作等形式，建立市、县、乡三级农业技术创新和推广应用服务网格。以农业手机报和“12316三农热线”为载体，建立农业信息发布、咨询、生产服务信息化平台。四是着力提升农业装备水平。全市农机合作社达到203家，耕、种、收综合机械化水平达到76%，农业生产效率得到持续提升。

新型城镇化建设思路 2012年，郑州市继续沿着省委、省政府确定的以新型城镇化为引领、在加快信息化进程中推进不以牺牲农业和粮食、生态和环境为代价的新型城镇化、新型工业化、新型农业现代化“三化”协调科学发展路子，按照“政府主导、规划先行、政策引领、群众自愿、产城融合、就业为本”的原则，大力推进从农村切入、以新型农村社区为基点的大中小城市、小城镇和新型农村社区协调发展、互促共进的新型城镇化，在构建以工促农、以城带乡、工农互惠、城乡一体的新型工农、城乡关系上进行探索和实践。具体举措就是做好“一个规划”，把握“三个关键”，突出“四个重点”，推进“六个一体化”。

【郑州都市区建设三年行动计划】 *交通道路建设三年行动计划* （一）10条市域快速通道建设总体目标：完成10条市域快速通道拆迁、绿化、培土工作，实现全部430公里道路通车目标。2012年计划：除沿黄快速通道外完成绿化、培土工作，完成5条在建项目通车，实现5条新建项目开工建设。2013年计划：完成沿黄快速通道绿化、培土工作，续建5条新建项目。2014年计划：实现5条新建项目通车。

（二）高速公路建设总体目标：3年内实现在建项目通车以及大部规划路线开工建设。2012年计划：开工建设机场至尉氏、机场至登封高速公路、焦桐高速温县至巩义段高速公路，实现武西高速桃花峪大桥段通车。2013年计划：焦桐高速巩登段、连霍高速刘江至兰考段通车；续建连霍高速郑洛段、焦桐高速温巩段。2014年计划：续建连霍高速郑洛段、焦桐高速温巩段。

（三）县域交通道路建设总体目标：3年内计划开工建设通往新市镇道路50条，计566公里；通往新型社区道路160条，计767公里。2012年计划：开工建设28条通往新市镇道路，计338公里；69条通往新型社区道路，计361公里。2013年计划：开工建设15条通往新市镇道路，计150公里；64条通往新型社区道路，计254公里。2014年计划：开工建设7条通往新市镇道路，计78公里；27条通往新型社区道路，计152公里。

（四）国、省道干线公路总体目标：3年内计划改造3条国道和7条省道干线公路。2012年计划：开工建设2个项目，分别为S316线郑州至登封段改建工程、S223线中牟境贺岗至三官庙段改造工程。2013年计划：开工建设5个项目，分别为S314线郑州境改建工程（沿黄快速通道）、S323线新密关口至登封张庄段改建工程、G107线郑州境东移改建工程、G310线郑州境改建工程和S321线新郑郭店至新密岳村段改建工程。2014年计划：开工建设G207线登封境改建工程、S102线新郑五里堡至中牟与尉氏交界段改建工程和S232线改建工程3个项目。

生态廊道建设三年行动计划 （一）城市道路生态廊道和景观绿化工程总体目标：主要实施“两环十七放射”生态廊道建设、5条出入市口道路生态廊道建设、“八横八纵”城市景观道路绿化建设、四环路内新打通道路景观绿化和现有主要道路绿化升级改造等4项主要工作。力争通过三年行动计划实施，新增道路绿化总长度500多公里，新增景观绿化面积2300多万平方米，实现人均公共绿地由现在的10平方米提高到12.8平方米。2012年计划：重点实施“两环十七放射”道路绿化，共17条道路全长300公里，新增绿化面积1500多万平方米。2013年计划：重点实施市区“八横八纵”16条景观道路、5条出入市口道路生态廊道及四环路内新打通100条道路景观绿化和现有35条（市管20条、区管15条）主要道路绿化升级改造工作，新增绿化面积近600万平方米。2014年计划：在全面完成上述任务的基础上，重点完成“八横八纵”城市景观道路提升，实施市区新建20条道路景观绿化，新增绿化面积200多万平方米。

（二）林业生态廊道建设总体目标：各城市组团之间的40条主要路段、10条水系河道、10个道路节点实施高标准绿化，绿化生态廊道1504.1公里，绿化总面积13853.3公顷，建设林中绿道120公里。各县（市）区安排绿化生态廊道建设共294条。2012年计划：重点实施郑州都市区生态廊道绿化建设共15条道路、3条水系河道、4个道路节点，“十七放射”及市域10条快速通道四环以外道路，全长465.9公里，新增绿化面积3573.3公顷。各县（市）区安排生态廊道绿化建设共105条。2013年计划：重点实施郑州都市区生态廊道绿化建设共13条道路、3条水系河道、3个道路节点，全长526.5公里，新增绿化面积5200公顷。各县（市）区安排生态廊道绿化建设共97条；2014年计划：重点实施郑州都市区生态廊道绿化建设共12条道路、4条水系河道、3个道路节点，全长511.7公里，新增绿化面积5080公顷。各县（市）区安排生态廊道绿化建设共92条。

四类社区建设三年行动计划 四类社区建设总体目标：按照“政府主导拆迁安置、市场化运作、群众自愿、规划引领、交通先导、双改同步”的原则，加快推进城中村改造、旧城改造、合村并城和新型农村社区建设的健康发展，逐步改善群众居住环境，使更多群众享受到更好的城市公共服务。2012-2014年度共计划建设新市镇25个，四类社区667个，其中，新型农村社区114个、城中村改造项目191个、旧城改造项目52个、合村并城社区310个。2012年计划：启动新型农村社区52个，启动城中村改造项目92个，旧城改造项目27个，合村并城社区177个。2013年计划：启动新型农村社区24个，城中村改造项目57个，旧城改造项目11个，合村并城社区71个。2014年计划：启动新型农村社区38个，启动城中村改造项目42个，旧城改造项目14个，合村并城社区62个。

中心城区功能提升三年行动计划 (一)城市公共基础设施建设总体目标：基本建成安全可控、畅通有序、设施配套、功能完善、生态宜居的现代化城市，使郑州市公用基础设施迈向中部领先、全国一流水平。中心城区供水普及率100%，水质符合《生活饮用水卫生标准》（GB5749-2006），天然气居民用户突破190万户，年供气能力达到50亿立方米，天然气气化率达到90%，集中供热能力达到3260兆瓦，可供采暖面积6520万平方米，集中供热普及率达到40.2%，城镇污水处理率达到95%以上，生活垃圾无害化处理率达到100%，餐厨垃圾集中处理率达到80%。

（二）金水路与金水河改造提升总体目标：重组滨水区景观风貌，提升城市吸引力，带动旧城有机更新，引导城市复兴；对两岸空间形态进行整体设计，提升金水河两岸总体城市形象、塑造景观特色、丰富城市天际轮廓；整合水系资源，局部扩大水域及滨河绿地面积，营造两岸连续的景观休闲带，建立以水域开放空间为主导的城市空间系统。

（三）“六旧”片区改造总体目标：力争“六旧”片区内城中村（旧城）项目3年内全部启动改造。2012年计划：启动39个城中村（旧城）改造项目。2013年计划：启动22个城中村（旧城）改造项目。2014年计划：启动16个城中村（旧城）改造项目。

（四）“九新”片区改造总体目标：总规划面积约329.7平方公里，土地征用调整约13066.7公顷，共计划项目517个，其中含1个城中村改造项目、37个合村并城项目，拆迁安置22.5万人，总体计划投资不少于2303.3亿元，其中基础设施计划投资483.6亿元。2012年计划：共计划项目176个，其中含1个城中村改造项目、29个合村并城项目，拆迁安置13.3万人，总体计划投资不少于822亿元，其中基础设施计划投资131.9亿元。2013年计划：共计划项目160个，其中含5个合村并城项目，拆迁安置6.3万人，总体计划投资不少于718.4亿元，其中基础设施计划投资167.8亿元。2014年计划：共计划项目181个，其中含3个合村并城项目，拆迁安置2.9万人，总体计划投资不少于763亿元，其中基础设施计划投资183.9亿元。

（五）中心城区市场外迁总体目标：完成中心城区177家商品交易批发市场外迁工作，打造新的商品交易市场集聚区，推动郑州都市区快速健康发展。2012年计划：完成外迁市场14家，其中，中原区2家、惠济区1家、金水区2家、二七区3家、管城回族区3家、郑东新区3家；启动外迁市场17家，其中，中原区1家、金水区2家、二七区2家、管城回族区9家、惠济区2家、郑东新区1家，上述市场于2013年完成外迁。2013年计划：完成外迁市场35家，其中，中原区2家、金水区13家、二七区7家、管城回族区8家、惠济区1家、郑东新区4家。2014年计划：完成外迁市场111家，其中，中原区5家、金水区28家、管城回族区32家、二七区34家、惠济区1家、郑东新区6家、火车站管委

小李庄改造前原貌

小李庄改造后新貌

西三环高架桥建设如火如荼

会5家。

城市组团起步区建设三年行动计划　城市组团起步区建设总体目标：力争到2014年，各新城组团完成不少于3-5平方公里起步区建设。起步区内基础设施、公共服务设施建设基本完成；投融资平台有效运转，融资能力显著提高；起步区内功能布局合理、重大项目基本建成，成为各新城组团建设的示范区域。到2014年全市新城组团起步区力争完成固定资产投资1200亿元，其中完成基础设施及公共服务设施投资350亿元。2012年计划：力争新开和续建市政设施项目74个、公共服务设施项目43个、生态设施项目20个，完成投资97亿元。到年底，完成全部新城组团起步区控制性详细规划和城市设计编制和审批工作。2013年计划：力争新开和续建市政设施项目38个，新开和续建公共服务设施项目22个，完成投资116亿元。2014年计划：力争各新城组团完成不少于3-5平方公里起步区建设，起步区内基础设施、公共服务设施和“四类社区”建设基本完成；重大项目基本建成，成为各新城组团建设的示范区域，力争完成投资139亿元。

产业集聚区建设三年行动计划　产业集聚区建设总体目标：全市产业集聚区（专业园区）力争累计实现固定资产投资5500亿元左右，投资增速高于全市平均增速10个百分点；引进省外资金1000亿元，规模以上企业主营业务收入8000亿元。到2014年底，力争全市形成规模超千亿元的主导产业集群1家，7个产业集聚区进入全省年度考核位次前30位；力争15个省级产业集聚区的建成区面积达到180平方公里，占总规划面积的30%左右；力争从业人员达到160万人，比2011年底新增80万人，所在地常住人口达到280万人以上。2012年计划：力争完成固定资产投资1400亿元，同比增长40%，占全市的比重超过40%；力争引进省外资金260亿元，同比增长30%以上，占全市的比重超过25%；力争规模以上企业实现主营收入5600亿元，同比增长30%，占全市的比重超过30%；力争从业人员超过100万人，所在地常住人口达到240万人以上；力争形成1个主营业务收入超1000亿元、2个超500亿元、16个超100亿元的产业集聚区（专业园区），其中主导产业集群规模超1000亿元的1个、超200亿元的3个、超100亿元的6个左右；投资强度和产出强度进一步提高，污水集中处理率达到75%以上，规模以上工业单位产值能耗下降3.5个百分点。2013年计划：力争完成固定资产投资1800亿元，同比增长30%；力争引进省外资金340亿元，同比增长30%；力争实现规模以上企业主营收入6700亿元，同比增长20%；从业人员超过110万人，所在地常住人口达到260万人以上；力争形成1个主营业务收入超1000亿元、2个超500亿元、18个超100亿元的产业集聚区（专业园区）；力争新建标准化厂房300万平方米，污水集中处理率力争达到80%以上。2014年计划：力争完成固定资产投资2300亿元，同比增长30%；力争引进省外资金440亿元，同比增长30%；力争实现规模以上企业主营收入8000亿元，同比增长20%；从业人员超过120万人，所在地常住人口达到280万人以上；力争形成1个主营业务收入超1000亿元、3个超500亿元、20个超100亿元的产业集聚区（专业园区）；污水集中处理率力争达到85%以上，力争新建标准化厂房360万平方米。

【新型城镇化建设具体举措】　郑州市新型城镇化建设具体举措就是做好“一个规划”，把握“三个关键”，突出“四个重点”，推进“六个一体化”。

“一个规划”　新型城镇化建设做好“一个规划”就是全域“三化”协调发展战略空间布局规划。着眼于郑州最终实现工业化、城镇化，进而实现现代化，围绕“产业在哪里布局、布局什么产业；人们在哪里居住、居住什么环境”两大问题，对郑州市全域进行功能分区和定位，确定“一主、三区、四组团、36个产业集聚区、27个新市镇、182个新型农村社区、56个历史文化风貌特色村”的都市区空间布局。“一主”，即中心城区；“三区”，即东部新城区、西部新城区、南部郑州航空港经济综合实验区；“四组团”，即巩义、登封、新郑、新密4个县域组团；36个产业集聚区，即在城区、镇区周边布局15个省级产业集聚区、21个专业园区和一批农民创业园；27个新市镇，即在全市农村乡镇中确定27个重点镇，按照10万人规模和城市标准进行规划建设；全市域除需要保留56个历史文化风貌特色村庄外，各类城市区、开发区规划区及周边3公里以内的村全部进行城中村改造和撤村并城，3公里以外的村合村并点建设182个新型农村社区。除城区、镇区、园区、新型农村社区之外，其他区域全面开展水田林路综合整治。按照这一空间规划，未来郑州都市区将形成“中心城区—组团隔离廊道—县城组团—都市区农业区—新市镇（产业集聚区）—现代农业区—新型农村社区”的城乡框架结构，构建起空间布局合理、功能分工有序、资源配置优化、公共服务均等、环境优美舒适的城乡统筹发展新格局。

“三个关键”　新型城镇化建设把握“三个关键”。（一）坚持“一个主导两个载体”的统筹发展理念。“一个主导”，即以中心城市为主导，加快中心城区现代化，充分发挥中心城区在统筹城乡、以城带乡中的辐射带动作用。“两个载体”，其一是依托县城和镇区，依托原有产业布局和产业基础，规划建设产业集聚区和农民创业园，将其打造成为农民就近就业和自主创业的载体、沿海发达地区和城市产业转移的载体、城市生产要素向农村流动的载体；其二是把包括新型农村社区在内的各类新型社区打造成为实现城乡公共服务均等化的载体。

（二）着力完成“四个合理”的工作任务。即合理的城镇体系、合理的人口布局、合理的产业布局和合理的就业结构。合理的城镇体系，就是形成中心城区、县城组团、镇区和产业集聚区、新型农村社区四个层级的城镇体系；合理的产业布局，就是依托城镇体系布局产业，形成中心城区发展高端制造业和高端服务业，开发区和城市组团发展先进制造业，县域以下发展劳动密集型产业和资源型产业的产业布局；合理的人口分布，就是在合理的城镇体系和产业布局引导下，形成70%-80%的人口居住在县城和中心城区、20%-30%的人口居住在镇区和新型农村社区；合理的就业结构，就是80%以上的农村劳动力转移从事二、三产业，即便是从事农业的将来也是农业产业工人。

（三）实现“四个城市化”的工作目标。即实现全市农民的居住环境城市化、公共服务城市化、就业结构城市化和消费方式城市化。

“四个重点” 新型城镇化建设突出“四个重点”。（一）坚持以交通道路为先导，大力推进全域交通一体化，构筑以基础设施网络联合的紧凑型都市圈。依据综合交通规划和承载的人口流量进行产业、人口和公共设施空间布局，以交通路网带动各项基础设施向农村延伸，在空间上将中心城区、县域组团、镇区和产业集聚区、新型农村社区融为一体、互为补充，带动生产要素向农村流动、公共服务向农村覆盖。2012年，郑州市以“两环十七放射”、市域10条快速通道为重点，全面启动了中心城区到县城组团双向8车道、过境省道双向6车道、县城组团到新市镇（产业集聚区）双向4车道，新市镇（产业集聚区）到新型农村社区双向2车道的全域通达、廊道配套的路网体系建设。

（二）实施中心城市带动战略，推进中心城区现代化，发挥以城带乡、统筹城乡的主导作用。一方面，以郑州航空港经济综合实验区建设为统揽，发挥郑州的区位优势和交通基础优势，整合航空、高铁、城际轨道、普通铁路、高速公路、快速通道等交通网络，争取国家、省支持，启动了机场二期、“米”形高铁网络、城际轨道等重大交通项目，着力把郑州打造成集航空、铁路、公路为一体的国际综合交通枢纽和国际化物流集疏中心，带动形成以航空经济为引领的现代产业基地、现代航空大都市和中原经济区增长极。另一方面，加快推进以畅通郑州工程为带动的中心城区有机更新改造，围绕市区15分钟上快速、15分钟上高速的畅通目标，启动“井字+环线”快速骨干路网、175条支路打通、16个绕城高速互通立交、751个路口渠化等工程，带动沿线“六旧九新”15个片区更新改造以及主城区177个批发市场、40个工业企业、69个仓储企业和行政事业单位外迁，优化城市环境，提升城市形态和产业业态。

（三）以新型农村社区为基点，大力推进县域城镇社区化，构筑城乡公共服务均等化的载体。坚持把新型农村社区作为统筹城乡发展的结合点、推进城乡一体化的切入点、促进农村发展的增长点，纳入城镇体系末端统筹规划和建设。全市共有行政村2300个，除56个历史文化风貌特色村需要保留外，其余村全部规划整合为757个社区，其中，城中村改造社区210个，涉及194个行政村共236个自然村；合村并城社区309个，涉及1267个行政村；新型农村社区182个，涉及864个行政村。2012年，按照“政府主导拆迁安置、市场化运作开发建设、群众自愿、政策引领、规划先行、双改同步”的原则，共启动城中村改造项目60个、合村并城社区98个、新型农村社区68个、新市镇25个，建成安置房800多万平方米。

（四）坚持产城融合、以产为基、就业为本，大力推进产业集聚区和专业园区建设，构筑农民就近就业创业、承接产业转移、城市生产要素向农村流动的载体。按照“一区一主业”和企业（项目）集中布局、产业集群发展、资源集约利用、功能集合构建、促进人口向城镇转移的“四集一转”原则，加快推进36个产业集聚区和专业园区建设。2012年全市产业集聚区主营业务收入完成4896亿元，同比增长33%，新吸纳就业近30万人。以提高省会城市粮食自给率和副食自给率为目标，加快推进高标准粮食功能区建设和都市型农业集群发展，启动了20个总面积26666.7公顷的高标准粮食生产功能区，10个总面积2万公顷以上的现代农业综合示范区建设。

“六个一体化” （一）推进城乡发展规划一体化。依据全市“三化”协调战略空间布局规划，各县（市）区、新市镇分别编制完善了“三化”协调发展空间布局规划、产业布局规划、土地利用规划、生态环境保护规划、基础设施和公共服务规划等各项规划，实现了规划体系与城乡架构体系相衔接。

（二）推进城乡产业布局一体化。立足现有产业基础和条件，遵循国家和河南省产业政策，按照“一区一主业”的原则，分层级确定主导产业发展方向、功能分区和空间布局，着力打造生物医药、以超硬材料为主的新材料、铝精深加工、新型耐材、现代食品、家居及品牌服装6个千亿级产业基地，打造汽车与装备制造、电子信息2个5000亿级产业基地，建设国家现代物流中心、现代商贸中心、文化动漫创意中心、旅游集散中心、专利审查河南协作中心、现代邮政通信枢纽中心和区域总部经济中心、金融中心、会展中心、医疗中心等“十中心”。产业集聚区和城镇建设规划区以外区域，实行水田林路高标准农田综合整治，建成现代农业生产功能区，构筑城乡三次产业布局合理、特色突出、功能完善、互为支撑、竞争力和吸纳力强的现代产业体系。

（三）推进城乡基础设施一体化。按照先公建、后商业，先中心、后周边的思路，统筹规划和建设城乡路、水、电、气、暖、排污等基础设施，计划5年内完成投资5000亿元的基础设施建设。

（四）推进城乡公共服务一体化。推动社会公共资源向农村倾斜、城市公共设施向农村延伸、城市公共服务向农村覆盖。建成后的新型农村社区将实现“五通七有两集中”，即通四级公路、自来水、电、有线电视、宽带，有社区综合服务中心、标准化卫生室、连锁超市、文化活动室、科技文化活动中心、幼儿园（5000人以上的配建小学）、养老院，实现垃圾集中收集、污水集中处理。

（五）推进城乡劳动就业一体化。整合劳动和社会保障资源，优先向产业集聚区和新型农村社区倾斜，积极开展就业培训和创业培训，引导和扶持有创业愿望、有创业条件的城乡各类人员在产业集聚区和创业园创业，鼓励企业吸收本地劳动力就业，形成市、县、乡、社区四级劳动保障和就业服务网络。

（六）推进城乡社会管理一体化。在城乡社区积极开展村改居、产权制度改革“双改”试点工作，加快推进户籍市民化、管理体制社区化、公共服务均等化、社会保障一体化、集体产权股份化步伐。在全市乡镇（街道）全面推行以网格为载体，“坚持依靠群众、

西四环生态景观段

薛店镇观沟村新型农民在君源生态农业科技园的有机蔬菜基地欢快劳作

推进工作落实”长效机制建设，建立以基层党组织为核心，政府市场监管、社会管理、公共服务与群众自治有效衔接、互为支撑的治理结构，推进政府职责在基层的有效落实，实现党的群众路线制度化。

【新型城镇化建设成效】 2012年，郑州都市区建设在多方面取得新成效。

交通道路建设　一是畅通郑州工程进展顺利。地铁1号线一期工程全线20个车站主体结构全部完工，实现双线轨通，为正式运营奠定了坚实基础；2号线一期工程12座车站11个实质性开工，南三环路站至向阳路站首条盾构区间实现双线贯通；4号线龙湖段市政配套工程开工建设，5号线勘察设计工作全面启动。三环快速化工程完成投资37.09亿元，已全线开工建设，配套各类管线近百公里，大多数工程进入主线段箱梁施工阶段。全长25公里、总投资37亿元的京广快速路二期工程，北段进行招投标，南段准备开工建设。西起西三环、东到107辅道，全长18.5公里的陇海高架快速路一期工程，征拆工作开局良好。16个高速出入市口立交工程中，郑开大道与京港澳高速互通式立交建成通车；花园路与连霍高速互通式立交具备通车条件；航海东路与京港澳高速立交、G107辅道与连霍高速互通式立交等工程加快建设。10条市域快速通道中，四港联动快速通道、郑新快速通道、郑汴物流快速通道、南三环东延快速通道、G107新郑境快速通道建成通车，中原路西延快速通道、陇海路西延快速通道、郑登快速通道、科学大道西延快速通道开工建设。郑州段承建的44座跨南水北调总干渠桥梁工程完成投资近26亿元，其中37座桥梁工程已移交工作面，9座桥梁主体工程已完工。在建支线路网及配套桥梁工程36项，累计完成投资2.4亿元，金桥路等20条支线路网具备通车条件。市区新建停车场367处、停车泊位73349个，超额完成市委、市政府下达的年度任务目标。二是县域交通路网日趋完善。全市县域交通道路开工建设1056公里，建成通车586公里。其中，荥阳市利用战备道路，争取土地指标346.7公顷，规划总里程350公里的“5826”路网工程，开工建设道路23条170.3公里。三是国、省道干线公路建设加快推进。全年完成投资117亿元，是2011年的1.5倍，其中国家项目投资83亿元，省管项目投资34亿元。

生态廊道建设　“两环十七放射”生态廊道工程开工建设总量达70%以上，市区四环内完成绿化861万平方米，其中高新区北四环、西四环、化工路、科学大道段，经开区南三环东延段、中州大道北段、四港联动大道段已全面完工。市区新增公交港湾24个、人行步道总长度115公里、自行车道96公里，建设小型游园式广场54个，完成铺装70万平方米。中原西路作为“两环十七放射”生态廊道景观绿化的示范工程，完成绿化总任务量的76%。六县（市）全年完成林业生态廊道52条路段、2条水系、4个道路节点的绿化，绿化廊道471.4公里，绿化面积3006.8万平方米，并涌现出一大批精品廊道工程。

四类社区建设　按照“政府主导拆迁安置、市场化开发建设、群众自愿、规划引领、交通先导、双改同步”的原则，加快推进城中村改造、旧城改造、合村并城和新型农村社区建设，改善群众居住环境，使更多群众享受到更好的城市化公共服务。

六县（市）、上街区2012年四类社区启动建设204个。其中，城中村社区35个，占三年行动计划的47.9%；合村并城社区102个，占三年行动计划的51.8%;新型农村社区67个，占三年行动计划的61.5%。共完成投资201.8亿元，在建安置房面积825.3万平方米。新郑市启动建设新型农村社区14个，开工数占该市三年行动计划的66.7%；新密市启动建设新型农村社区13个，开工数占该市三年行动计划总数的59.3%。

市内五区2012年实施62个城中村改造项目、35个旧城改造项目和17个合村并城项目。计划开工建设安置房300万平方米，实际开工建设489.7万平方米；计划完成投资额200亿元，实际投入资金377.8亿元。二七区全年新启动城中村改造项目13个，完成投资130亿元。金水区9个城中村改造项目安置房已交付使用，新启动的12个项目基本完成拆迁。

四个管委会2012年共启动城中村改造项目12个、合村并城项目31个，拆迁村庄52个；报批土地652.2公顷，完成土地收储538.3公顷，完成土地供应232.9公顷；完成投资52亿元，开工建设安置区面积520万平方米，建成面积55.6万平方米，完成群众回迁6686人。高新区全年共启动合村并城项目16个，开工建设安置区10个，在建面积142万平方米，完成投资8亿元。

中心城区功能提升　一是公用事业保障能力进一步增强。刘湾水厂、综保区（航空港区）第一水厂工程一期进展顺利，赵口取水工程、侯寨水厂等项目加快推进。南郊热源厂一期竣工投运，新建供热管网32公里，新增供热能力450万平方米。新增天然气7.51亿立方米，新增用户14.2万户，新建、改造燃气管道97.4公里，综保区（航空港区）管道天然气通气投用；西气东输二线郑州支线顺利碰管连接，郑州市引入第三条气源，为气化郑州的实施提供了更加有力的保障。马头岗污水处理厂二期、南三环污水处理厂等4个污水处理项目开工建设。二是市政工程建设强力推进。投资4.8亿元大修整治道路110条、面积158万平方米。开工建设人行天桥12座，31处公交港湾改造和15个路口渠化工程有序推进。新建公厕50座、垃圾中转站41座，增设公厕导示牌2000个。三是城市管理水平稳步提升。数字城管考评工作进一步规范，形成了覆盖市、区、街道和各专业单位的多级管理网络。维修路灯1万盏，综合明灯率达到98.8%以上。归拢绑扎空中线缆26.2万米，整治病害线杆1208根。粉刷建筑立面69.7万平方米，清洗楼体20.1万平方米，有效改善了群众生活环境。四是城市管理机制逐步健全。对市、区两级城市管理职责进行了梳理，将部分道路设施管养及户外广告、环境卫生等职权下放到各区（管委会）。制定了网格化城市管理工作手册，健全有偿整改、应急服务处置机制，城市管理效能明显提高。五是中央商务区和特色街区项目顺利推进。商城遗址文化特色街区完成土地征迁8.9公顷，遗址公园两侧20米的绿化工程基本完工，德化步行街升级改造一期工程完成投资2.6亿元。

六是“六旧九新”片区建设深入实施。按照成片区、整街坊有机更新改造的原则，“六旧”片区38个项目中有30个完成“控规”批复，21个完成“修规”批复，29个完成拆迁，19个项目开工。“九新”片区264个项目启动，其中，基础设施项目启动49个，产业项目启动206个，四类社区项目启动9个。

城市组团建设 2012年，城市组团建设取得新成效。城市组团起步区完成投资57.7亿元，开工30个基础设施项目、24个公共服务设施项目、16个产业项目、9个四类社区项目。十字景观大道建设方面，六县（市）和上街区完成拆迁382.5万平方米，投资23.6亿元，开工建设项目22个。中央商务区建设方面，完成投资33.6亿元，开工建设项目40个。县城功能改造提升方面，完成投资26亿元，开工建设项目80个。

（石明顺）

【新型城镇化建设与发展总体情况】 郑州市按照中原经济区总体战略规划和郑州都市区建设纲要的要求，加快推进新型城镇化建设。

农村土地承包经营权流转情况 截至2012年底，全市家庭承包耕地流转面积达到37.6千公顷，占家庭承包耕地总面积234.6千公顷的16.02%。仅新密市新增流转面积就达到2393.3公顷，占全市新增流转面积的25%。主要做法：一是搭建土地流转服务平台。依托县、乡两级农村经营管理机构，按照全市统一的建设标准，于2010年底前共建成了12个县级土地流转服务中心和109个乡级土地流转服务站。二是实施土地承包经营权流转奖补激励政策。对全市符合条件利用流转土地进行规模经营的各类经营主体按照每亩200元的标准给予一次性奖励。根据《郑州市“十二五”农业规模化经营发展规划》，计划到2020年全市土地流转面积将达到12万公顷以上，土地流转率达到50.6%。

户籍制度改革情况 2003年8月份以来，郑州市在全市范围内取消了农业、非农业户口的二元户口性质，实行一元制的户口管理模式，统称为“郑州居民户口”。同时对原有的外省、市公民迁郑户口政策进行了调整。2003年以来全市农民就地城镇化人员174512人，共办理各类市外迁入户口916894人，其中农业人口转入557929人。主要做法：一是降低入市门槛。凡在郑州有住房的，不论面积大小，均可办理迁郑户口。二是支持农村人口正常流动。在非农劳动力转移方面，特别规定在郑务工人员只要参加社会统筹，凭相关证明即可办理郑州户口。三是放宽了亲属投靠的条件。凡是直系亲属迁入的，不受结婚时间和被申请人的年龄限制，均可办理郑州户口。四是吸引外来资金来郑州市兴办第二、三产业。凡在郑州市投资经商的外地公民，连续经营3年纳税金额达到3万元以上的，或1年纳税达到10万元以上的，允许本人及直系亲属户口迁郑。

住房保障情况 郑州市的住房制度自20世纪90年代开始改革以来，逐渐由计划分配走入市场交易，目前已形成了政府调控下的以市场配置和住房保障相结合的住房制度，建立了以廉租房、经适房和公租房为主，以棚户区改造为补充的多层次、广覆盖住房保障体系。2012年全市新开工建设保障房51999套，其中经适房13412套、公租房32298套、廉租房3012套、棚户区改造3277套，完成省定任务的103%。全市列入2012年竣工（含基本建成）台账的29个项目29392套保障房已如期达到建成要求。为有效缓解来郑务工人员住房困难，截至2012年底，已建设（含在建）公租房项目53个63126套，已实现入住近30万人。

融资平台建设情况 2003年以来，郑州市本级共组建政府融资平台公司11家，累计融资417.4亿元，融资余额224.3亿元。重点支持了一批城市基础设施建设、交通基础设施项目、生态林业、生态水系等项目，充分发挥了投资融资对城乡经济社会发展和新型城镇化建设的推动作用，为郑州都市区建设作出了重要贡献。

农村道路建设情况 郑州市连续10年将农村公路建设列入向全市人民承诺办理的“十大实事”之一。2005年启动了以村村通水泥路或沥青路建设为重点的农村公路建设工程，2006年在全省率先实现“村村通”，2012年新建、改建农村公路500公里。截至2012年年底，全市公路通车里程达到12435公里，其中农村公路通车里程11076公里，公路通乡镇和通行政村的比率均达到100%。

基本公共卫生服务情况 城市社区卫生服务体系日臻完善。至2012年底，已建成81个城市社区卫生服务中心、242个服务站，覆盖城市人口409.8万人，并延伸服务至农村，初步形成了“15分钟社区卫生服务圈”。农村卫生服务能力不断增强。全市共有县级综合医院29个、中医院9个，乡镇卫生院88个，村卫生所2365个，开放床位11964张，卫生人员12980人，县、乡、村三级卫生服务网络已初步建立。基层卫生服务载体不断创新。推行卫生服务“片医负责制”：按照“十统一”标准化建设，实行“十进社区、十进农村、十进单位”规范化服务，截至年底，全市5家中心被评为“全国示范社区服务中心”，9家被评为“省级示范社区服务中心”。

义务教育情况 在提升农村义务教育发展水平方面，郑州市的主要做法是：一是不断强化农村义务教育经费保障水平。全市农村初中、小学生人均公用经费分别为1539元和679元，比国家规定标准高出1009元和349元。二是义务教育阶段免费教育全面实施。2006年起对农村义务教育阶段学生实行了免收杂费政策，比全省其它地市提前了一年。2007年又投入1.6亿元，在全省率先全面免除了农村义务教育阶段学生课本费和作业本费。三是优先安排资金改善农村办学条件。2009-2010年，全市农村所有初中全部建立起了标准化的实验室。四是大力开展城乡教师交流。2006年在全省率先启动了城乡教师交流工作。五是保障进城就业人员随迁子女就学。近年来，随着城镇化进程的加快，进城就业人员随迁子女在郑就学人数逐年递增。2012年市区小学随迁子女103326人，占总人数的37.4%；市区小升初随迁子女人数为17727人，占总人数的35.1%。进城就业人员随迁子女在郑就学运行经费逐年递增，2010-2012年运行总费用为51.9亿元，年均增幅为16.7%。

（段广宇）

已建成的河南中原影视城一角

现代产业体系构建

综 述

【概况】 2012年，郑州市进一步优化产业布局，明确主导产业定位，规范产业发展，提升产业竞争力，建立现代产业体系，促进郑州都市区建设。

建立现代产业体系重要意义 优化产业布局，明确主导产业定位，是增强产业集聚效应、提高产业竞争力的重要基础；是调整产业结构、建设现代产业体系的必然要求；是加快郑州都市区建设、推进中原经济区建设的迫切需要。郑州市以建设成为"全国重要的区域性中心城市、最佳人居环境城市和中原经济区核心增长区"为目标，围绕"全国找坐标、中部求超越、河南挑大梁"，重视"产业在哪里布局、布局什么样的产业"的问题，拉高标杆，科学谋划，引导产业合理布局，加快形成一批主导产业集群，构建和完善现代产业体系，为郑州都市区建设提供强有力的产业支撑。

建立现代产业体系指导思想 深入贯彻落实科学发展观，按照建设中原经济区、郑州都市区的总体要求，以"三化"协调发展为方向，以转变经济发展方式为主线，坚持"集聚、集群、集约"方针，明确主导产业定位，优化产业布局，壮大产业规模，努力提升主导产业竞争力，加快形成结构优化、布局合理、特色鲜明、集约高效、竞争力强的现代产业体系。

建立现代产业体系基本原则 （一）优化布局，集聚发展原则。依托产业集聚区布局主导产业，围绕主导产业配置要素资源，促进同产业链或相关联项目向产业集聚区集中，推进产业集聚发展。

（二）产业互动，协调发展原则。主导产业各具特色、关联互动，县（市）区优势互补、互促支撑，实现"三化"协调发展。

（三）突出主业，错位发展原则。按照每个县（市）区主导产业不超过三个，每个产业在全市布局原则上不超过两个，郑州市政府重点扶持一个主导产业，每个产业集聚区突出一个主导产业的基本要求，通过优化布局，形成主业明确、重点突出、竞争发展的格局。

（四）发挥优势，高标准发展原则。立足现有基础，发挥比较优势，高起点谋划一批在国际上有影响力、在国内有辐射力、对国内外资源有整合力的项目，高标准打造龙头企业，全面提升郑州市的国际影响力和竞争力。

建立现代产业体系目标任务 （一）优化产业布局目标。到2016年，形成主城区以高端服务业为主、主城周边区域以先进制造业为主、周边县（市）区以劳动密集型和传统优势产业为主的产业空间布局。市政府突出抓好汽车及装备制造业、电子信息、商贸物流和文化创意旅游等产业发展，每个县（市）区围绕产业布局形成2-3个特色鲜明、产业链条完整、竞争力强的主导产业。

（二）产业发展目标。强化新型工业化主导地位，提升郑州都市区产业支撑能力；优先发展现代服务业，大力促进服务业提速增效；完善农业服务体系，积极推进都市型现代农业示范区建设。到2016年，全市地区生产总值突破1万亿元，第三产业增加值达到4230亿元，规模以上工业增加值达到6500亿元，把郑州建设成为全国重要的先进制造业基地、现代服务业基地、现代农业示范区和国家区域性创新中心。

【主导产业定位与布局】 （一）主城区主导产业定位与布局。重点发展现代服务业。其中，中原区重点发展以纺织服装品及家居为主的商贸物流业、品牌服装制造业。市政府重点支持以纺织服装品及家居为主的商贸物流业。二七区重点发展以生态文化及高档商贸为主的服务业、现代食品制造业。市政府重点支持以生态文化及高档商贸为主的服务业。金水区重点发展金融商贸为主的高端服务业、高技术服务业。市政府重点支持以金融商贸为主的高端服务业。管城区重点发展以新商城文化创意及旅游商贸为主的高端服务业、汽车及零部件制造业。市政府重点支持以新商城文化创意及旅游商贸为主的高端服务业。惠济区重点发展以休闲旅游文化创意为主的高端服务业、速冻食品制造业、都市农业。市政府重点支持以休闲旅游文化创意为主的高端服务业。高新区重点发展电子信息产业、高技术服务业。市政府重点支持电子信息产业。

（二）东部新区主导产业定位与布局。重点发展高端服务业和先进装备制造业。其中，国际物流园区重点发展现代物流业、汽车及装备制造业。市政府重点支持现代物流业。郑东新区重点发展金融业、商贸业。市政府重点支持金融业。经开区重点发展汽车及装备制造业、高技术服务业。市政府重点支持汽车及装备制造业。中牟县重点发展以文化创意旅游业为主的服务业、汽车及零部件制造业、都市农业。市政府重点支持汽车及零部件制造业。

（三）南部新区主导产业定位与布局。重点发展电子信息产业、航空物流业、生物医药产业。市政府重点支持电子信息产业。

（四）周边县（市）区主导产业定位与布局。巩义市、登封市、新密市、荥阳市、新郑市和上街区，重点发展劳动密集型产业，改造提升铝工业、食品制造、纺织服装、耐材建材等传统优势产业，积极培育新材料、生物医药等战略新兴产业。其中，巩义市重点发展铝及铝精深加工、以文化创意旅游业为主的服务业。市政府重点支持铝及铝精深加工行业。登封市重点发展以文化旅游为主的服务业、装备及汽车零部件制造业。市政府重点支持以文化旅游为主的服务业。新密市重点发展以新型耐材为主的新材料、以商贸物流为主的服务业、品牌服装制造业。市政府重点支持以新型耐材为主的新材料产业。荥阳市重点发展以超硬材料为主的新材料产业、以商贸物流和卫生文化旅游为主的服务业、装备制造业。市政府重点支持以超硬材料为主的新材料产业。新郑市重点发展以现代物流为主的服务业、现代食品制造业、生物医药制造业。市政府重点支持以现代物流为主的服务业。上街区重点发展通用航空服务业、装备制造业、新材料产业。市政府重点支持通用航空服务业。

（五）产业集聚区和专业园区主导产业定位。按照"成长性最好、竞争力最强、关联度最高"的要求，原则上每个产业集聚区明确一个主导产业，主城区内的产业集聚区（专业园区）按照城市组团要求，重点发展以文化、金融、物流等服务业为主导产业的产业集聚区，主城周边区域以先进制造业为主，各类产业集聚区（专业园区）围绕所在县（市）区主导产业进行整合，进一步优化产业集聚区规划布局，通过纵向连接、侧向配套，迅速培育一批优势产业集群。

【工业结构调整规划】 郑州市强化工业结构调整，加快推进新型工业化进程。积极调整工业经济结构，建立可持续发展的现代工业产业体系。重点发展汽车和装备制造、电子信息、生物医药、新材料、铝工业、纺织服装和食品工业等七大行业。

汽车和装备制造业 加快汽车城总体规划和装备制造业专项规划的实施，建设郑州百万辆汽车制造基地，推进整车及零部件产业发展，加快装备制造业向高端化和服务型转型升级，把郑州建设成为国内一流的以重型装备和高端装备为主的现代装备制造基地。到2014年，汽车和装备制造业销售收入达到3500亿元，到2016年达到5500亿元。

电子信息产业 突出高端带动和集群发展，提升自主创新能力和产业化水平，把郑州建设成为中西部电子信息产业强市。到2014年，电子信息产业实现销售收入3000亿元，到2016年达到5000亿元。

生物医药产业 加快郑州生物基地建设，做大做强生物医药产业，着力提升新型疫苗、诊断试剂、化学创新药物、现代中药的竞争力，大力发展干细胞治疗等基因技术药物。到2014年，生物医药产业实现销售收入200亿元，到

县（市）区主导产业定位区分表

县（市）区	主导产业			市政府重点支持产业
航空港区	电子信息产业	航空物流业	生物医药产业	电子信息产业
国际物流园区	现代物流业	汽车及装备制造业		现代物流业
郑东新区	金融业	商贸业		金融业
经开区	汽车及装备制造业	高技术服务业		汽车及装备制造业
高新区	电子信息产业	高技术服务业		电子信息产业
中原区	以纺织服装品及家居为主的商贸物流业	品牌服装制造业		以纺织服装品及家居为主的商贸物流业
二七区	以生态文化及高档商贸为主的服务业	现代食品制造业		以生态文化及高档商贸为主的服务业
金水区	以金融商贸为主的高端服务业	高技术服务业		以金融商贸为主的高端服务业
管城回族区	以新商城文化创意旅游商贸为主的高端服务业	汽车及零部件制造业★		以新商城文化创意旅游商贸为主的高端服务业
惠济区	以休闲旅游文化创意为主的高端服务业	速冻食品制造业★	都市农业	以休闲旅游文化创意为主的高端服务业
上街区	通用航空服务业	装备制造业	新材料产业	通用航空服务业
巩义市	铝及铝精深加工	以文化创意旅游业为主的服务业		铝及铝精深加工
登封市	以文化旅游为主的服务业	装备及汽车零部件制造业		以文化旅游为主的服务业
新密市	以新型耐材为主的新材料	以商贸物流为主的服务业	品牌服装制造业	以新型耐材为主的新材料
荥阳市	以超硬材料为主的新材料	以商贸物流和卫生文化旅游为主的服务业	装备制造业	以超硬材料为主的新材料
新郑市	以现代物流业为主的服务业	现代食品制造业	生物医药产业	以现代物流业为主的服务业
中牟县	汽车及零部件制造业	以文化创意旅游为主的服务业	都市农业	汽车及零部件制造业

备注：表中加★号部分为区域产业现状

郑州市重点发展的七大工业产业定位布局表

序号	布局区域	产业定位
1	郑州高新技术开发区	电子信息产业
2	郑州航空港区	电子信息产业
		生物医药产业
3	郑州经济技术开发区	汽车及装备制造业
4	中牟县	汽车及零部件制造业
5	登封市	装备及汽车零部件制造业
6	荥阳市	装备制造业
		以超硬材料为主的新材料
7	上街区	装备制造业和新材料产业
8	新密市	以新型耐材为主的新材料
		品牌服装制造业
9	中原区	品牌服装制造业
10	新郑市	生物医药产业
		现代食品制造
11	二七区	现代食品制造
12	巩义市	铝精深加工

省级产业集聚区主导产业定位表

序号	名称		主导产业定位
1	经开区	郑州经济技术产业集聚区	汽车及装备制造业
2	高新区	郑州高新技术产业集聚区	电子信息产业
3	航空港区	郑州航空港区	电子信息产业
4	国际物流园区	郑州国际物流中心园区	现代物流业
5	巩义市	巩义市产业集聚区	铝精深加工业
6		巩义豫联产业集聚区	铝及铝精深加工业
7	登封市	登封市产业集聚区	装备及汽车零部件制造业
8	荥阳市	荥阳市产业集聚区	装备制造及以超硬材料为主的新材料产业
9	新密市	新密市产业集聚区	纺织服装业
10	新郑市	新郑新港产业集聚区	食品制造业
11	中牟县	中牟县汽车产业集聚区	汽车及零部件制造业
12		郑州中牟产业集聚区	文化创意旅游产业
13	二七区	郑州马寨产业集聚区	食品制造业
14	管城区	郑州市金岱产业集聚区	商贸物流业
15	上街区	郑州上街装备产业集聚区	装备制造及新材料产业

2016年达到400亿元。

新材料产业 重点发展具有产业基础的超硬材料及制品、新型有色金属合金材料、新型节能环保材料、新型耐火材料，积极培育具有市场潜力的电子信息材料、汽车材料、新能源材料，把郑州建设成为在全国有较强竞争力的新材料产业基地。到2014年，新材料产业实现销售收入600亿元，到2016年达到1000亿元。

铝及铝精深加工业 提升研发能力和装备水平，提高铝加工产品档次与精深加工比例，加快向铝产业链高端环节转移，促进从原材料基地到终端产品生产基地的转化，把郑州建设成为全国综合性强、产业链完整的铝工业基地。到2014年，铝及铝精深加工业实现销售收入1000亿元，到2016年达到1200亿元。

纺织服装业 培育服装自主品牌，加快纺织服装研发、设计、创意产业发展，完善产业链条，提升高中档产品，把郑州建设成为现代化的中原纺织服装城、全国著名的纺织服装生产基地和贸易中心。到2014年，纺织服装产业实现销售收入600亿元，到2016年达到1000亿元。

食品行业 提升食品产业结构，大力发展休闲食品产业，提高冷链、绿色、功能食品比重，推进主食工业化，加快食品工业由大变强，把郑州建设成为品牌效应明显、特色优势突出的现代食品工业基地。到2014年，食品工业实现销售收入1200亿元，到2016年达到1600亿元。

【服务业发展规划】 优先服务业发展，打造全国现代服务业基地。加快国家服务业综合改革试点城市建设，积极发展生产性服务业，加快发展生活性服务业，推进现代服务业水平不断提高，重点发展物流、商贸、金融、文化创意、旅游、高技术服务等行业，把郑州市建设成为全国重要的区域性服务业基地。

现代物流业 实施大交通大物流战略，建设以郑州为中心、地区性中心城市为节点、专业物流企业为支撑的现代物流体系，强化国际物流、区域分拨、本地配送功能，促进交通公共服务信息平台和物流信息平台共建共享，建设内陆无水港。到2014年，物流业增加值达到500亿元，到2016年突破800亿元。

商业贸易 推进中心城区商圈、城市商业综合体、特色商业街区、大型产品交易市场建设，构建现代分销和批发体系，把郑州建设成为我国重要的区域性现代商贸中心。到2014年，社会消费品零售额实现3000亿元，到2016年突破3800亿元。

金融业 以CBD金融商贸核心区建设为突破口，大力发展银行、证券、保险、信托、期货、基金等金融产业，进一步推动金融市场建设，保持金融总量的快速增长，提高金融效率，增强金融业的竞争力和辐射力，把郑州建设成为区域性金融中心和总部经济中心。到2014年，金融业实现增加值500亿元，到2016年达到630亿元。

文化创意产业 重点发展工业设计、广播影视、新闻出版等优势产业，大力发展文化创意、网络游戏、动漫等新兴产业，积极发展文化娱乐、体育健身、艺术培训等传统产业，建设郑州文化创意中心。到2014年，文化创意产业实现增加值200亿元，到2016年达到600亿元。

旅游产业 努力打造天地之中、少林、寻根等国际知名旅游品牌，大力发展城市观光游、都市工业游等新型旅游业态，把郑州建设成为中西部地区重要的旅游集散中心、重要旅游目的地城市和国际旅游名城。到2014年，旅游业总收入实现800亿元，到2016年达到1100亿元。

高技术服务业 以高技术的延伸服务和相关科技支撑服务为重点，加快发展电子商务、信息技术、生物技术、数字内容、研发设计、知识产权、检验检测、科技成果转化等八个领域的高技术服务业，以核心高技术为支撑，形成较为完善的高技术服务产业体系。到2014年，技术合同贸易成交额实现80亿元，到2016年，达到260亿元。

【战略新兴产业培育】 注重自主创新与引进吸收并举，积极培育战略新兴产业。按照创新驱动、重点突破、市场主导、引领发展的要求，实施培育龙头企业、加强自主创新、产业集聚区建设、创新人才培育等四大工程，围绕新一代信息技术、生物医药、新材料、高端装备制造、新能源、新能源汽车等，加快培育和发展以重大技术突破、重大发展需求为基础的战略性新兴产业。到2014年战略新兴产业销售收入达到3700亿元，到2016年达到6100亿元。

（段广宇）

现代服务业产业体系构建

【概况】 2012年，郑州市委、市政府把加快服务业发展和强化对外开放作为“保增长、调结构、促转型”的重要抓手，6月，召开了全市服务业发展和对外开放大会，号召全市上下牢固树立服务业发展优先的理念，以服务业七大支柱产业为重点，加快推进服务业“一枢纽十中心”建设，动员各级各部门大力实施开放带动主战略，深入开展大招商和项目落实年活动。出台《关于进一步促进服务业快速发展的指导意见》等一系列支持政策，主导产业取得显著进展，服务业支柱产业主导地位显著提升。一是服务业占比止跌回升。2012年全市服务业增加值完成2196.2亿元，增长8.4%；占全市生产总值的比重达到39.6%，比上年提高近1.3个百分点，占比下滑的趋势得到遏制。二是服务业固定资产投资增速进一步提高。2012年全市服务业完成固定资产投资2126.6亿元，增长26.2%，增速高出全市固定资产投资3.5个百分点。三是服务业重大项目建设成效显著。新郑华南城、中国家居CBD郑州产业园等一批重大服务业项目相继开工建设，郑州市还成为全国唯一一个综合性跨境贸易电子商务试点城市。四是招商引资有效拉动投资增长。全年新签约亿元以上招商引资项目188个，新开工亿元以上项目137个，招商引资总规模达到1315.2亿元，增长15.7%，占全市固定资产投资总额的36.9%。五是对外贸易在困境中逆势上扬。全市进出口总额直接跨过200亿美元跃上300亿美元大关，全年完成352.9亿美元，增速达到129.8%，占全省进出口总额的2/3以上，其中出口突破200亿美元，增长110.5%，居中部六省省会城市第一位，全国省会城市第六位。

【服务业集聚区建设规划】 根据市委、市政府《关于进一步优化主导产业布局的实施意见》（郑发〔2012〕13号）所确定的各县（市）区、开发区主导产业，合理布局服务业集聚区。各县（市）区结合本区域服务业主导产业，着手布局规划一批服务业特色园区。市政府重点抓好6类、30个服务业集聚区，其中现代物流集聚区6个，商贸集聚区4个，占服务业集聚区总数的1/3。按照郑州市制定的服务业集聚区认定标准和程序，有3个区的服务业集聚区规划通过省批准或评审，其他县（市）区正在编制集聚区产业发展规划，6个服务业集聚区按计划进行认证。

【服务业“两区”规划编制】 根据《河南省人民政府关于促进中心商务功能区和特色商业区发展的指导意见》（豫政〔2012〕17号）的要求，郑州市组织各县（市）区编制“两区”规划。管城回族区商都文化特色商业区规划和上街区通航特色商业区规划已获批复。惠济区、二七区特色商业区规划于10月29日通过评审。郑东新区金融集聚核心功能区规划编制完成，正在建设。金水区规划正在编制，中原区因原选址超出城市总体规划范围，在进行选址工作。五县（市）“两区”规划编制工作正在有序进行，其中荥阳市特色商业区规划初稿编制完毕，已进行初步对接，正在修改，其他县（市）选址均已确定，正在编制规划。

【服务业主导产业发展目标】 郑州市明确的服务业发展七大主导产业，即现代物流、商贸、金融、文化创意旅游，以电子商务、知识产权服务为主的高技术服务以及房地产等六大千亿级产业和公共服务业，提出了围绕建设国家现代服务业基地，坚持服务业优先发展、产城融合、服务业和先进制造业融合发展，以中心商务功能区、服务业集聚区、特色商业街区、大型公共服务设施建设和主城区市场外迁为五大抓手，打造七大服务业主导产业，最终实现服务业发展速度提高、服务业业态水平提高、在地区生产总值中的比重提高的目标。

【物流业发展】 2012年，郑州市物流业发展取得新的突破，国际物流中心地位进一步加强。加快推进128个重点物流项目建设，新加坡国际物流产业园华南日通、丰树、招商局等7个物流项目全面开工，机场二期、郑州汽车服务业博览园项目开工建设，河南万邦一期、国药物流配送中心建成；新开通国际国内货运航线，中国南方航空与省民航发展投资公司共同组建中国南方航空河南航空有限公司，2012年新开通4条国际地区货运航线，共有7家货运航空公司开通货运航线9条，其中国内4条、国际地区5条，通航城市达11个；2012年郑州机场完成货邮吞吐量15.12万吨，增长47.07%，在全国千万级机场中增速位居前列；本地骨干物流企业逐步壮大，全省A级以上物流企业共47家，郑州市就有31家，其中5A级物流企业3家，4A级物流企业12家。

【国家级商贸中心建设】 2012年，郑州市国家级商贸中心建设取得较大进展。一是完成商贸业空间发展布局规划。对国家级商业中心、市级商业中心、区域商业中心、特色商业街区、五星级酒店等重要商业设施进行规划布局。二是商贸流通企业实力不断增强。批发零售业前50强总销售额1307亿元，同比增长17.4%。丹尼斯实现销售额122亿元，在全国连锁百强中的位次进一步前移，大商集团销售额突破100亿元；河南万邦交易额突破240亿元，成为批发业增长最快的企业。三是商贸流通网络进一步健全。全年新增6000平方米以上大卖场5家，大型零售门店达到63家，营业面积72.6万平方米；新增2000平方米以上大型专业店2个，总数达到41家，营业面积27.3万平方米，布局进一步优化。四是市场外迁工作进展顺利。制定市场外迁工作三年行动计划，全年全市共外迁市场23家、启动外迁市场25家，超额完成年初制定的外迁市场14家、启动外迁市场17家的工作任务。十大市场集聚区也都确定了项目开发主体，部分项目已开工建设。

【金融核心功能集聚区建设】 郑州市明确金融聚集核心功能区以建设全国重要的金融后台服务中心为基本定位，确定了"两圆一带一方块"的布局，重点打造"两区三中心"，即金融服务改革创新试验区、中原经济区金融集聚区、区域性要素市场交易中心、全国重要的金融后台服务中心、国际商品期货定价中心。郑东新区金融集聚核心功能区金融集聚效应显现，2012年郑东新区金融集聚核心功能区金融机构总数达到125家，共引进华夏银行、平安银行、长江证券、海通证券、泰康养老保险和宇通集团财务有限公司等10家金融机构落户，玻璃、油菜、菜籽粕期货被批准上市，郑州商品交易所交易品种达到11种，郑东新区金融集聚核心功能区已经成为中部重要的金融中心。截至年底，全市金融机构各项存款余额为10448.3亿元，增长14.83%；各项贷款余额为6794.13亿元，增长11%。

【文化创意旅游业】 郑州市谋划布局文化创意旅游产业集聚区12个，谋划动漫业、演艺娱乐业、数字出版业、广播影视业、文化旅游业等文化创意产业项目46个，总投资达282.1亿元；建立郑州市文化企业投融资项目库，组织"银企对接会"，搭建文化产业投融资平台，为文化企业发展助力；重点项目建设稳步推进，全市41个在建项目完成投资35亿元，绿源山水、杜甫故里和方特欢乐世界建成开放，大东区旅游集聚区、沿黄旅游集聚区初步形成，伏羲山大峡谷旅游区开发和郑州斐德利尔国际酒庄顺利签约，签约金额40亿元人民币。

【高技术服务业】 2012年，郑州市高技术服务业发展步伐加快。一是成功创建国家电子商务示范城市。郑州市电子商务呈现快速发展的良好态势，企业电子商务普及率快速提升，网络零售、第三方电子商务交易与服务快速发展，数字认证、在线支付、现代物流、信用、标准等电子商务支撑体系趋于完善，2012年被国家发改委、商务部等八部委确定为全国21个国家电子商务示范城市之一。二是获准建立首个国家知识产权创意产业试点园区。郑州市国家知识产权创意产业试点园区获国家知识产权局正式批复，成为全国首个国家知识产权创意产业试点园区。三是国家专利审协中心成功落户郑州。郑州市获准建设审协河南中心，审协中心建设工作按计划进行。

【对外开放政策体系完善】 郑州市修订了《关于进一步加强招商引资工作的意见》及相关配套措施，引导和鼓励各县（市）区、开发区、产业集聚区围绕主导产业定位，积极开展开放招商活动。完善了《关于促进外经贸加快发展的意见》，在扶持宇通、日产、中铝国贸、明泰铝业等本土外贸企业做大做强的同时，大力吸引外经贸企业向郑州市集聚，积极引进外贸出口型项目，培育新的出口基地。

【"五职"招商】 "五职"领导干部即各县（市）区党政正职，主管招商引资、工业和城建的行政副职领导干部。郑州市"五职"招商责任制实施以来，各县（市）区、开发区主动对接，跟踪推进，加快项目落实进度，全年引进重大招商引资项目97个，总投资约2006.6亿元，截至年底，96个项目实现签约，82个项目实现当年签约并开工。通过实施"五职"招商责任制，一是增强了招商引资实效，96个签约项目占全市新签约亿元以上项目总数的55.1%，82个新开工项目占全市新开工亿元以上项目总数的60.7%。二是加快了项目建设进程，"五职"领导干部把更多的精力和时间用到重大招商引资项目的谋划、引进和落实上来，较好地发挥了示范带动作用，项目推进步伐大大加快。三是推动了招大引强工程，各地区都瞄准国内外500强、行业20强和大型央企，大力实施招大引强，从而引进了一批具有全局性带动作用的大项目、好项目。四是促进了主导产业集聚，各地区突出主业、错位发展，大力引进符合本区域主导产业定位的产业项目，推进了产业快速集聚发展。

【"三位一体"推进项目】 郑州市把促进签约项目尽快落地摆在更加突出的位置，通过完善项目台账、开展企业回访、落实评优评差，按照"谁签约、谁负责、谁跟踪"的原则,对亿元以上重点招商引资签约项目建立"三位一体"项目推进机制，每个项目由市级领导、项目所在地主要领导和市商务局项目负责人员共同分包，并明确专人全程跟踪，为项目的协调推进提供全方位支持和服务。先后下达"三位一体"分包项目59个，总投资2037.6亿元，推动华南城、海尔（郑州）创新产业园、普洛斯物流园、锦艺国际华都城市综合体等项目加快推进，特别是首期投资150亿元的深圳华南城项目，从签约到项目正式开工只用了不足半年时间。2011年引进的82个重大招商项目合同履约率、开工率和资金到位率分别达到74.4%、83.6%和56.6%。

【对外开放领域不断拓宽】 郑州市强化各部门间的协作联动，不断提升整体开放水平。科技领域，科技部批准的盾构机掘进技术国家重点实验室顺利揭牌，实现郑州市国家重点实验室零的突破；国家专利审查协作河南中心合作框架协议正式签署，第四个国家专利审查协作中心落户郑州市。教育领域，与美国ABC学区、加拿大温哥华市教育局、巴西诺茵维莱大学、澳大利亚南澳教育部、悉尼教育局、日本崎玉市、韩国晋州市和青州市、新加坡教育部签订了交流合作协议，建立了交流平台。文化领域，成功举办中国（郑州）印刷包装产品博览会，签订商贸合作协议652个，现场成交1.8亿元，印刷包装及相关上下游贸易合同额3.2亿元。农业领域，赴台湾举办郑州现代农业招商推介活动，签约农业合作项目4个，签约总金额30.3亿元；成功举办全国第四届农业博览会，签约项目53个，签约总金额188.8亿元。

【服务业重大项目建设】 2012年，河南万邦一期、国药物流配送中心建成运营；机场二期、新郑华南城、新加坡国际物流产业园华南日通等一批重大项目顺利开工。

【服务业重点企业培育】 河南万邦交易额突破240亿元，丹尼斯实现销售额122亿元，华北石油局、大商集团销售额突破100亿元。商贸企业前50强总销售额1307亿元，同比增长17.4%。

【服务业"3551"工程】 郑州市提出在全市布局建设30个产业逐步集聚、具有一定规模、特色鲜明的服务业集聚区；大力扶持50家主营业务突出、市场竞争力强的服务业企业；加快培育50家业态层次高、发展速度快、发展前景好的服务业企业；每年抓好100个辐射力、带动力、影响力较大的服务业重点项目，推动全市服务业跨越发展。2012年，该项工作稳步推进，各产业推进组筛选、储备企业和项目名单，提交市服务业发展领导小组会议研究审定。

【服务业统计体系建设】 郑州市在国家现行统计体系基础上着手研究制定符合本市服务业发展特点的服务业统计体系。组织统计及其他相关部门，按照统一组织、分工负责、抓大推小、逐步推进、统一核算、数据共享的原则，结合重点发展的服务业主导产业和三大高成长产业，建立科学统一、覆盖全市服务业行业和各类调查对象的统计调查制度，力争实现服务业各项指标的应统尽统，并将各项统计指标数据分解到县（市）区，确保统计数据及时、准确、全面反映服务业运行情况。

（王礼光）

现代工业体系构建

【概况】 加快建立现代工业体系是市委、市政府"三大主体工作"的重要组成部分。2012年，郑州市按照"全国找坐标、中部求超越、河南挑大梁"要求，坚持走新型工业化道路，积极实施工业强市战略，着力打造"七大产业"和"八大基地"，不断推进现代工业体系建设，取得明显成效，为全市经济社会发展和郑州都市区建设提供了坚实的产业支撑。

完善工业政策支持体系，出台《关于实施工业经济"三年倍增五年超越"计划 加快推进新型工业化的意见》《关于加快建设郑州电子信息产业基地的实施意见》《加快汽车产业发展的实施意见》《鼓励新增规模工业企业的意见》及对电解铝行业的电价补贴政策，支持重点行业和企业发展。加大对工业经济运行、主导产业发展、大企业培育、示范基地建设、节能技改、生产要素保障等方面的支持力度，全年争取和落实各级各类扶持资金超过10亿元。

【现代工业体系建设格局确定】 2012年，郑州市出台《中共郑州市委郑州市人民政府关于实施工业经济"三年倍增五年超越"计划加快推进新型工业化进程的意见》（郑发〔2012〕17号），明确未来3–5年郑州工业体系建设的发展蓝图。

（一）明确"三年倍增五年超越"目标。"三年倍增"就是以2011年为基数，到2014年，规模工业总量、工业投入、高新技术工业增加值和百亿元企业数量等实现倍增，规模以上工业增加值、工业投入和高新技术工业增加值分别达到4500亿元、2000亿元和2000亿元，销售收入超百亿元企业达到20户。"五年超越"就是到2016年，全市规模以上工业增加值达到6500亿元，在全国35个大中城市中前移2–3位，进入大中城市10强，力争进入全国省会城市3强、在中部省会城市达到第一。

（二）确定工业主导产业和布局。在工业方面，将重点发展汽车及装备制造业、电子信息产业、新材料产业、生物及医药产业、铝精深加工业、现代食品制造业和品牌服装及家居制造业等七大工业主导产业。建设汽车及装备制造和电子信息2个5000亿级产业基地，建设生物及医药、以超硬材料为主的新材料、新型耐材、铝精深加工、现代食品制造、品牌服装及家居制造业6个千亿级产业基地。优化调整各县（市）区重点发展的主导产业定位和布局。按照每个县（市）区工业主导产业不超过两个、每个产业集聚区明确一个工业主导产业的原则，确定每个县（市）区的主导产业，引导全市工业实现"集聚、集群、集约"发展。通过明确全市工业主导产业和布局，解决长期以来制约郑州市工业发展的主导产业不清、产业分布散乱的重大问题。

（三）制定重点行业行动计划。研究出台汽车、装备制造、电子信息等9个重点工业行业行动计划（2012–2016年），把3–5年目标分解到每个年度，落实到每个县（市）区。召开全市新型工业化暨重点项目产业集聚区推进大会，对新型工业化工作进行全面安排部署。每月安排相关人员分行业对项目进度、产业发展和政策资金落实等情况进行跟踪督导。

（四）创新现代工业体系建设推进机制。成立市工业经济科技和安全生产工作领导小组，代表市委、市政府负责全市新型工业化推进工作。各县（市）区作为全市新型工业化的推进主体，均建立相应推进机制，创新思路，大胆谋划，强化主导产业培育，加快重大基地建设。全市工信、统计、发改、科技、工商、质监、金融办等部门分工合作，形成加快推进全市新型工业化进程的强大合力。

【七大主导工业优化升级】 2012年，郑州市加快七大主导工业优化升级，推进现代工业体系发展进程。

（一）加快汽车及装备制造和电子信息两大战略支撑产业做大做强。汽车和装备制造业：修订完善《郑州市汽车产业发展规划纲要（2010–2015年）》和《郑州汽车城总体战略规划》。加快整车企业扩张，为河南千熙换电式电动汽车及新型电池维护充/换电站服务网络建设项目、宇通重工年产5000台专用车产能提升技改项目等办理项目准入备案手续。重点推进宇通客车产能提升、新能源客车项目、河南龙工工业园、宇通重工整体搬迁等重点项目建设。延伸配套产业链条，加快汽车零配件产业发展，提高汽车产业本地配套率。加快新能源汽车技术研发和示范推广应用，推动85路电动公交车的示范运营工作。与国机集团、中国北车等签约建设郑州新材料产业集聚区及国机精工、北方机车郑州修造基地等项目，与西门子签订战略合作谅解备忘录。2012年，汽车及装备制造业完成工业增加值419.7亿元，增长13.1%。电子信息产业：服务重点企业重点项目发展，组织9家企业申报2012年度国家电子产业发展基金普通项目、招标项目和倍增计划项目扶持资金,其中新益华、光力科技和汉威电子获得2012年度国家电子产业发展基金1000万元。引导推进产业优化布局，构建以新郑综合保税区（航空港区）、高新区为核心的高端电子产品制造和研发"两大基地"，以金水科教新城、高新区为核心的高端软件和信息服务业"两大园区"。骨干企业快速成长，鸿富锦精密电子全年生产手机6846万部，实现销售收入1188亿元，成为郑州市首家超千亿企业；格力电器投产以来，累计生产空调124.9万套，完成总产值42亿元。加强行业协作，成立郑州市软件行业协会，筹建郑州市电子企业协会。2012年，电子信息产业完成增加值228.4亿元，同比增长1.2倍，对全市工业增长的贡献率为37.9%，拉动全市工业增长6.5个百分点。

（二）积极培育发展战略新兴产业。以超硬材料为主的新材料产业：加快推进华晶年产10.2亿克拉高品级金刚石、新亚超深井油田钻探用金刚石复合片产业化等在建重点项目建设。新材料产业集聚区规划通过专家评审，当年共签约项目25个，金额103.28亿元。鼓励支持企业申报项目扶持资金，联合磨料磨具“高端制造业稀土氧化铈深加工项目”获国家扶持资金1330万元，四方达超硬材料“矿产开采PDC截齿及潜孔钻头产业化项目”获国家扶持资金1710万元。新认定亚龙超硬材料等6个企业技术中心，行业企业技术中心总数达到39个。2012年，全行业完成工业增加值374.3亿元，同比增长17.8%，占全市工业比重14.3%，对全市工业增长的贡献率为16.7%。新型耐材产业：为加快千亿耐材产业发展，新密市召开打造千亿耐材产业基地动员大会，出台《关于推动全市耐火材料企业联合重组的意见》《关于打造千亿级耐材产业基地的实施意见（试行）》文件，编制《国家千亿级新型耐材产业基地发展规划（2012–2016）》。承办中国耐材协会第九期耐火材料新知识讲座——促进耐火材料行业健康发展高峰论坛。2012年，新密市新型耐材企业实现销售收入1138亿元，增长25%，规模以上企业实现销售收入932.6亿元，增长21.7%。耐火材料产量达2389.6万吨，同比增长16.8%，分别占全国产量7879万吨、全省产量3552万吨的31%、68%，产量在全国排名第一位。生物及医药产业：加强行业调查研究和运行监测分析，建立重点企业季报制度。推进卓峰制药新厂搬迁扩建、安图绿科年产1000万人份妇科五联检试剂、华南医电新型生命信息遥测监护系统、远大生物GMP改造、郑州台湾科技园等项目建设。加快建设国家生物医药自主创新产业基地。抓好天津药业新郑公司4个针剂车间GMP改造工程。新认定灵佑药业等企业技术中心6个，使企业技术中心总数达到42个。2012年，全行业实现销售收入124.4亿元。

（三）加快传统优势产业改造提升。铝及铝精深加工业：积极帮助协调解决企业困难，研究制定有关扶持政策，全力落实《郑州市人民政府关于全市电解铝行业脱困有关问题的会议纪要》、电解铝企业电价补贴等政策，为困难电解铝企业落实电价补贴资金4394万元。2012年，全行业实现销售收入775.263亿元，增长4.4%，完成增加值118.7亿元，增长12.3%。现代食品制造业：大力推进康师傅、河南花花牛等21个超亿元在建项目建设。三全、思念公司速冻食品产销量位居全国速冻行业前两位，全市速冻食品行业产销量占全国的60%，金星集团啤酒产销量连续4年居全国第四位，好想你公司产销量居全国同行业第一位，白象集团产量稳居全国同行业第二位。2012年，全行业实现销售收入726.3亿元，增长17.3%。完成工业增加值446.8亿元，增长15.2%。品牌服装及家居制造业：积极开展服装家居产业招商引资，重点推进金马凯旋家居CBD、锦艺轻纺城等重点项目建设。大力调整纺织服装产品结构，推进纺织服装、家居企业向产业集聚区集中，实现产业规模化经营，继续鼓励和支持服装企业进行兼并重组合作，组建服装集团快速做大做强。重点企业品牌影响力不断增强，以领秀、娅丽达、渡森、云顶等为代表的服装品牌跻身国内一线品牌，产品覆盖全国。2012年，全行业实现销售收入205亿元，增长8.1%，完成增加值51.1亿元，增长9.8%。

【招商引资和项目建设】 2012年，郑州市加强招商引资和项目建设，增强产业发展后劲。

（一）引进一批重点工业项目。充分利用中国（郑州）承接产业转移系列对接活动、黄帝故里拜祖大典、第七届中部博览会等平台，承接国内外产业转移，全年共签约河南移动数据中心、北车集团、榕基软件园等工业项目105个，签约总额突破1000亿元。在全市重大工业项目集中签约仪式上，与国机集团、榕基集团、河南中宇通用航空公司、深圳立晖英琦投资公司、上海立翔装饰材料公司、郑州博源机械公司、河南宝鸿实业公司分别签订郑州新材料产业集聚区、榕基软件园、中鸿工业园、宝鸿年产1000万只节能照明灯、上海立翔年产8万吨彩涂铝板及铝合金散热器、博源年产8万米高端液压油缸与5000台混凝土罐体罐车总成生产基地、高强年产50万件汽车车用空调支架总成、中宇高端航空器材物流产业园等8个重点项目，总投资达441亿元。

（二）加快推进重点项目建设。海尔产业园、华强电子、中国联通中原数据基地、国机产业园、大陆和台湾合资康茂公司LED研发生产基地等一批重点工业项目开工建设；郑州电子电器产业园、海马商务汽车有限公司第三工厂项目、郑州宇通重工整体搬迁和环保科技项目、中孚实业高性能铝合金特种铝材项目、华丰钢铁物流园项目、郑州市固态照明产业化应用示范基地项目等重点在建项目顺利推进；格力电器一期、宇通节能与新能源客车生产基地一期、三全综合基地二期等一批重点项目竣工投产。2012年，全市投资超亿元的596个重点工业项目全年累计完成投资858.1亿元，富士康航空港区IT产业园、中国（郑州）国际汽车后市场等12个项目年内累计投资均超10亿元；新竣工投资超千万元重点工业项目286个，新增销售收入450亿元。2012年，全市2141个投资超500万元的工业项目累计完成投资1356.1亿元，创历史新高。

【现代工业体系建设主要进展】（一）工业总量在全国位次实现前移。2012年，全市完成全部工业增加值2874.8亿元，占全市生产总值的比重达到51.8%。全市规模以上工业增加值完成2613.8亿元，增长17.2%，分别高于全国、全省平均增速7.2和2.6个百分点，居中部六省省会城市第二位。规模以上工业增加值总量在全国27个省会城市中由第五位上升至第四位，在全国35个大中城市中由第十三位上升到第十一位。

（二）工业主导产业支撑作用明显。全市七大工业主导产业，完成规模以上增加值1671.4亿元，占全市规模工业总量的64%，增长23.1%，高于全市工业增速5.9个百分点，对全市工业增长的贡献率达到83.1%，拉动工业增长14.3个百分点。汽车及装备制造业实现销售收入1782.2亿元，保持平稳增长；电子信息产业成为全市工业最大的增长点，完成工业增加值228.4亿元，增长1.5倍，对全市工业的贡献率达到37.9%。新材料产业蓬勃发展，销售收入达到1298.4亿元，成为全市第三大主导产业。铝及铝精深加工业实现销售收入775.2亿元。现代食品制造业销售收入726.3亿元，增长17.3%。

（三）大企业培育实现新突破。坚持扶优扶强，全年新增规模以上工业企业382家。30家规模优势企业和19家高成长企业入选省“百强”“百高”企业。郑煤集团、豫联集团、宇通集团等3家企业进入中国500强。全市销售收入超百亿元企业达到11家。郑煤机、华北石油局首次突破100亿元，宇通首次超过300亿元，富士康销售收入首次超过千亿元，实现郑州市超千亿元企业零突破。

（四）企业创新能力显著增强。全年新增国家级企业技术中心1家、省级30家、市级59家。全市各类企业技术中心达到493家，其中，国家级14家、省级242家、市级237家。中孚实业“大型铝电解连续稳定运行工艺及装备开发”项目获国家技术发明奖二等奖。郑煤集团、宇通客车、好想你枣业3家企业成为省级技术创新示范企业。6家被批准为省支持企业自主创新和产业产品结构调整项目。重大技术装备进口税收政策得到落实，郑煤机、四维机电共获得1977万美元（约合人民币1.23亿元）的免税支持。宇通客车、光力科技分别获得中国外观设计金奖和中国专利优秀奖，信大捷安等企业上报的40项科技成果获得省科技成果奖。2012年全市高新技术产业增加值达到1117亿元，增长28.8%。

（五）质量品牌战略加快实施。郑煤机、好想你枣业、中铁七局等4家企业获河南省省长质量奖，华润燃气等5家单位获郑州市市长质量奖，31家企业被评为“河南省质量诚信A等工业企业”，41种产品获得“河南省名牌产品”称号，136件商标成为河南省著名商标，“博大”等3件商标获评中国驰名商标。新开普公司《实施质量总评解决方案》为河南省唯一入选全国质量标杆学习实践成果被推广，宇通、三全被评为河南省质量标杆企业。

【经济社会信息化水平提高】 2012年，郑州市经济社会信息化水平不断提高。

（一）积极推进"两化融合"。加快信息化与工业化"两化融合"试验区建设，着力构建"企业、行业、园区"点线面结合的推进新格局，全市新增省级"两化融合"示范企业10家。开展中小企业"数字"企业建设工作，全年建设标准型"数字企业"1700家。以创建国家级电子商务示范城市为契机，加快电子商务发展，全年新增电子商务示范企业22户，郑州市纺织服装行业服务平台成功上线运营。

（二）加强信息基础设施建设。推进国家级的电信网、广播电视网、互联网"三网融合"试点城市建设，信息基础设施不断完善。基本完成广电有线电视网络数字化、双向化升级改造。实现城市光纤到楼入户，加快农村光纤向行政村、宽带向自然村延伸，全年新增光纤到户覆盖家庭超过150万户，使用4兆及以上宽带产品的用户超过60%，新增固定接入互联网家庭用户超过100万户。全市2G和3G网络覆盖率均达到90%以上。

（三）信息化应用水平不断提高。加强电子政务应用及民生信息化，市信息资源管理中心项目、城市一卡通项目、基础地理信息系统、金审、进图等重点信息化项目进展顺利，数字医院、数字社区、数字校园等民生信息化试点工程取得成效。信息安全保障有力，全年各单位未发生一起信息安全事故。

【新型工业化产业示范基地建设】 2012年，巩义市产业集聚区成功创建国家级新型工业化产业示范基地。郑州市推荐郑州航空港区、新郑市产业集聚区为省新型工业化产业示范基地重点培养对象。加强园区基础设施建设，建设以工业为主导的生态型产业集聚区。建立世界500强、国内500强、央企和行业龙头企业的档案信息库，指导园区搞好对接。2012年，全市产业集聚区完成营业收入5900亿元，增长约30%，其中，经开区等10个国家、省、市新型工业化产业示范基地完成营业收入3300亿元。

【大企业大集团培育】 2012年，郑州市推荐30家规模优势企业和19家高成长企业入选省"百高""百强"，确定郑州市100户规模优势企业、100户高成长企业和100户行业强企为重点支持企业，各县（市）区根据企业实际情况评选出县级"双百"企业，形成省、市、县三级"双百"企业体系，发挥了重点企业在结构调整和转型升级中的示范带动作用，壮大了工业发展主体。印发《关于切实落实保增长措施确保完成全年工业经济目标任务的通知》，将规模以上工业增加值、规模以上工业企业销售收入和工业项目投资目标分解到各县（市）区，并要求各县（市）区结合实际对目标层层分解，逐级落实。全年全市新增规模以上工业企业382家。

【实施工业绿色发展】 加强工业节能降耗。引导重点耗能企业投资5.23亿元完成37个节能技改项目，年节约标准煤1.3万吨。争取国家清洁生产项目补贴资金650万元。完成64户重点耗能企业节能监测和100户重点耗能企业节能监察执法任务，20个产品被认定为省工业节能产品。完成对34户企业的资源综合利用认定初审工作。全市规模以上工业增加值能耗下降10%，圆满完成省、市目标任务。

严格淘汰落后产能。全年共淘汰落后企业11户，其中，淘汰皮革制造企业1户，淘汰落后产能80万标张；淘汰造纸企业10户，淘汰落后产能18.4万吨。共关闭小企业7户，其中，化工行业3户，产能2.3万吨；造纸行业1户，产能1.2万吨；铁合金行业2户，产能7500吨；电石行业1户，产能1500吨。全年共申请国家关闭小企业补助资金549万元。

【存在的主要问题】 （一）转型升级任务艰巨。虽然近年来全市工业结构调整的步伐不断加快，但全市工业产业结构层次偏低、竞争力不强的问题依然突出。资源型产业占全市工业的比重仍高达50%以上，郑州市确定的两大战略支撑产业（汽车及装备制造和电子信息）仅占全市工业的1/4。从产品结构看，原煤、电解铝等初级产品和中间产品产量较大，高附加值的高加工度产品较少，产品市场竞争力偏弱，抗风险能力不强。战略性新兴产业发展严重滞后。2012年，全市生物及医药产业完成工业增加值32.4亿元，下降11.7%；1-5月，生物及医药产业工业增加值同比零增长。

（二）区域经济竞争日趋激烈。从发展态势看，全国很多城市都出台了工业倍增超越计划或意见，武汉市出台工业发展"倍增超越"计划和战略性新兴产业超倍增发展的意见、成都市出台加快发展先进制造业实施工业率先倍增的意见、合肥市出台推进工业"新跨越，进十强"的意见，加速新型工业化进程。从工业总量上看，郑州市规模工业总量2613.8亿元，与广州3800亿元、沈阳3304.7亿元、武汉2711.5亿元等存在一定差距。从工业主导产业看，2012年，武汉市新增能源环保、食品烟草两个千亿级产业，千亿级产业达到5个，郑州市千亿级产业只有3个。而国内一些城市已经提出打造万亿级产业目标，如天津市提出要打造装备制造、石油化工两个万亿级产业，电子信息、轻纺两个5000亿级产业和一批千亿级产业。

（三）工业发展后劲不足。从投资总量看，2012年，南京市完成工业投资2400亿元，成都市完成1800亿元，武汉市完成1700亿元，合肥市完成1550亿元，郑州市完成1356亿元。从重大项目引进看，2012年，武汉市签约引进上海通用武汉基地、联想武汉生产基地、周大福珠宝文化产业园等重大项目，其中10亿元以上工业项目22个，50亿元以上10个，郑州市引进的"三力型"大项目明显不足。从工业用地保障看，郑州市工业用地指标不足，供地周期长，严重影响工业项目落地建设。

（牛志永　屈本礼　王　凯）

现代农业体系构建

【概况】 2012年，郑州市不断完善现代农业服务体系，着力发展都市型农业。按照"专业化、标准化、规模化、集约化"的要求和"一带、两区、三圈层"的总体布局，加大农业科技创新力度，完善农业服务体系，促进农业发展方式转变。在稳定粮食生产能力的基础上，积极推进都市型现代农业示范区建设。

【规划编制】 根据《郑州市农业农村工作委员会关于做好郑州市农业和农村经济发展"十二五"规划编制工作的通知》（郑农办〔2012〕134号）文件精神和要求，市农委结合郑州市实际，科学编制《郑州市生态农业发展规划（2012-2020年）》。

按照利用优势资源，发展四大区域，建设重点项目，培育特色农园，打造精品线路的规划思路，通过公开招标的形式，由南京必得规划设计院及南京农业大学共同编制《郑州市休闲观光农业发展规划（2012-2020年）》。该项规划草案已经过两次项目对接和修改。

【产业化经营】 2012年，郑州市委、市政府出台了《关于扶持农业龙头企业做大做强 加快农业产业化经营助推新型城镇化建设的意见》，加大政策扶持力度，产业化专项扶持资金增加到9300万元，进一步促进了龙头企业的发展。全市新增市级龙头企业34家，市级以上龙头企业总数达396家，其中，国家级企业13家，省级企业56家，上市企业5家。在省级以上农业产业化龙头企业行业十强评比中，郑州市的正龙、三全、思念、雏鹰、花花牛、好想你等10家龙头企业分别入选面及面制品行业、畜禽养殖行业、油脂行业、乳制品和果蔬行业十强，入选企业数占全省总数的18%。农产品加工业快速发展，全年全市加工型龙头企业销售收入突破470亿元，同比增长14.6%。开展农业产业化集群建设工作，通过政策引导，进一步推动龙头企业向优势产业集中。以思念为主的速冻食品集群、以白象为主的方便面集群、以好想你为主的枣制品集群、以聚丰为主的饲料加工集群、以雏鹰为主的畜牧养殖集群等五大类农业产业化集群已粗具规模。

【农业特色示范园建设】 2012年，中牟北部旅游观光农业示范区、中牟南部高效农业示范区和荥阳沿黄现代渔业示范区等3个示范区起步区建设项目启动，计划总投资14.27亿元，已完成投资11.46亿元，中牟北部、南部示范区形象已初步显现。

【都市型现代农业示范区“136工程”】 2012年，郑州市启动“136工程”，倾力发展都市型现代农业，争取用5年时间，在全市建成10个现代农业综合示范区、30个以上主导产业集聚区、60个以上特色产业园。未来5年内，郑州市将建设10个集中连片面积达2000公顷以上的现代农业综合示范区。出台《郑州市都市型现代农业示范区建设方案》《郑州市现代农业综合示范区建设项目专项补助资金使用管理办法》《郑州市都市型现代农业示范区“136工程”农业综合开发示范项目资金使用管理办法》等一系列政策文件，加大工作推进力度，确保“136工程”健康、有序、快速开展。截至年底，已建立“136工程”项目库1个，储备建设项目150个，涉及粮食、蔬菜、花卉、水产、畜牧、休闲观光、特色种植等七大产业。

【休闲观光农业】 2012年，郑州市休闲农业的影响力和示范带动作用显著增强，社会工商资本发展休闲农业的意愿不断提升，为郑州市休闲农业发展带来了活力和动力。截至年底，全市登记在册的休闲农业园区（农庄）总数达到129家，带动农民就业2.1万人，比上年增加13.5%；年接待790万人次，比上年增加22.3%；年综合收入突破10亿元，比上年增加近20%。

2012年，市农技中心组织筛选16件休闲农业创意作品，参加由农业部举办的全国休闲农业创意大赛。在中南赛区的比赛中获得创意金奖、银奖及优秀奖等5个奖项。10月，在南京举办的全国休闲农业创意总决赛上，郑州市参赛单位获得创意银奖及优秀奖等3个奖项。“十一”前，组织召开了“郑州市休闲农业金秋田园游精品线路媒体推介会”，通过电视、电台、报刊等综合形式，宣传推介黄河生态美食游、嵩岳休闲养生游和邙岭林果采摘游3条精品线路。组织编印《郑州农业旅游》宣传画册、郑州市休闲观光农业现状图、游览图、精品线路图等宣传资料1万多份，免费赠送给市民和相关单位。11月29日，郑州市休闲观光农业协会召开成立大会暨第一次会员大会，入会会员185家，为全市休闲农业搭建了沟通和交流的平台。贯彻落实市政府提出的2012年培育提升休闲农业十大精品园和50家农家乐示范户的任务，细化目标责任，确定培育主体，明确提升方案，制定考核验收标准和保障措施，通过考察验收，各项目标任务完成情况基本符合年初制订的考核验收标准。通过组织筛选和评审，建立2012年休闲农业项目库。扶持25个重点农园基础设施建设项目，项目扶持资金已落实到各相关县（市）区。

【农业科技及信息咨询】 2012年，郑州市抓住“全国农业科技促进年”的契机，加大投入力度，完善体制机制，强化联合协作，全力加强农业科技创新能力建设、推广服务能力建设以及人才队伍建设，不断提升农业科技对农业农村经济发展的支撑能力。全市选育通过国家鉴定农作物新品种1个，引进蔬菜优良品种413个，选育蔬菜新品系6个,获得省、市科技进步奖8项。第三批15个区域中心站建设项目选址已经到位，荥阳市、二七区在编制建设方案，其余项目在办理土地、规划手续。测土配方施肥工作顺利完成，推广测土配方施肥面积36万公顷，施配方肥13.3万公顷。农作物病虫害防治工作成效显著，开展小麦专业化统防统治近5.3万公顷，比上年增加48%。加强农业信息化建设，扩展“12316三农热线”系统功能，发送“三夏”“三秋”农业技术、供求信息548万余条。全年完成农村劳动力转移培训1.8万人次。

【农产品产地重金属污染防治普查】 2012年，郑州市按照省农业厅安排，成立普查机构，落实经费，组织启动农产品产地重金属污染防治普查工作。该项工作计划分四个阶段进行，实施期5年，到2016年结束。防治普查工作涉及全市所有县（市）区，涵盖全市所有耕地，具有收集基础信息量特别大、布设点位特别多、要求标准特别高、采制样本任务特别重、检验分析数据特别准等特点。

依据不同类型区的划分原则，对涉重企业和在生产过程中可能产生排放重金属污染物的企业逐一确认，深入重点监测区域实地调查走访与座谈，合理划分四大类型区的分布范围与面积。利用GPS定位仪，采用局部网格布点法布设监测点位，落实到村组、地块，组织人员进行采样，监测采样覆盖面积近12万公顷，制作样本1048个，全面完成2012年度调查任务。

（张　鸣）

现代商贸业产业体系构建

【概况】 2012年，郑州市坚持规划引导，完善商贸产业体系。

（一）现代化商贸业发展规划顺利完成。编制完成《郑州市商贸业空间发展布局规划》，并通过专家评审，对国家级商业中心、市级商业中心、区域商业中心、特色商业街区、五星级酒店等重要商业设施进行规划布局。起草完成《郑州市商业网点管理办法》，并列入2013年度行政立法计划，以推进《郑州市商贸城总体规划》和《郑州市商贸业空间发展布局规划》的有效实施。

（二）商贸流通企业实力不断增强。城乡市场繁荣稳定，对全市经济增长拉动作用明显。批发零售业前50强总销售额1307亿元，同比增长17.4%。商贸龙头企业中，丹尼斯百货销售额达到122亿元，在全国连锁百强中的位次进一步前移；大商集团销售额突破100亿元；2012年1月，河南万邦国际农产品物流城开业，全年交易额突破240亿元，成为郑州市批发业增长最快的企业。

（三）商贸流通网络进一步健全。全年新增6000平方米以上大卖场5家，大型零售门店数量达到63家，营业面积72.6万平方米；新增2000平方米以上大型专业店2个，大型专业店数量达到41家，总营业面积27.3万平方米，布局进一步优化。（1）加快流通设施建设。推进郑州华南城商贸物流中心建设和运营，将其打造成郑州市商贸流通业超百亿航母级龙头企业，一期工程完成投资4.7亿元。二七万达广场、西元国际广场、福都购物广场3个大型商业综合体陆续建成并开业运营，吸引王府井百货、沃尔玛、大润发、华润万家等大型综合卖场以及星巴克等知名餐饮企业进驻经营，西区、南区大型商业设施比重大幅提升，全市商业设施空间布局更加均衡。（2）推进多层次商圈项目建设。引进LV、万达IMAX影院、俏江南等一线零售、娱乐、餐饮品牌，带动花园路商圈、中原万达商圈、大学路商圈、南阳路商圈等10多个新兴商圈项目发展，服务半径和辐射力不断扩大，满足区域消费需求能力增强。（3）推进电子商务示范城市项目建设。郑东新区被商务部授牌成为全国首批国家电子商务示范基地；金水科技园、河南锐之旗被省商务厅确定为首批河南省电子商务示范基地。夏季农产品网上购销对接活动，网上成交额达6037万元。（4）完善农村商贸流通网络建设。实施“万村千乡”市场工程和村级店信息化改造，新建“万村千乡”直营店20家、乡镇商业中心3个，“万村千乡”市场工程配送中心2个，农家店信息化改造120家，农村市场体系薄弱的局面明显改观。

【现代会展产业体系构建】 （1）展会数量和规模进一步增加。全市共计办展158场，展览面积175万平方米，同比增长12.9%。（2）确定会展场馆选址。新会展场馆选址确定在华南城，完成会展项目概念性规划，确定会展合作模式。

（3）引入全国流动展会。建立市会展办、郑州香港会展管理公司、郑州国际会展有限公司三方联合申办流动展会制度，成功申办全国汽配会、国际奶业展、全国医械会、中国植保会等5个流动展会，展览总面积18.9万平方米，确定2013年全国肥交会、全国农机会2个流动展。（4）自主品牌展会实力增强。成功举办第十八届郑交会，韩国、泰国、巴勒斯坦等10多个国家和地区132家企业参展，国际化程度进一步提高。重点扶持9个行业19个潜力大且符合郑州市产业发展方向的自主品牌展会。11个3万平方米以上展会中，自主品牌展会达到9个。

【产业项目建设】 2012年，郑州市紧紧围绕主导产业发展，着力引进和打造一批引领行业发展的大企业大集团，促使更多科技含量高、投资规模大、带动能力强的龙头型、基地型项目落户郑州。

突出产业集聚招商 按照工业和服务业七大主导产业定位及布局，大力开展产业链定向招商和产业集群招商，促进产业要素集聚。汽车和装备制造领域依托经开区、荥阳市，重点引进中国北车、恒天重工等28个项目，总投资217亿元；电子信息领域依托高新区、航空港区，重点引进中国移动、中兴通讯、康舒电子等15个项目，总投资168亿元；金融领域依托郑东新区，重点引进中信国际、中国人寿等16个项目，总投资98亿元；物流领域依托国际物流园区、航空港区，重点引进上海宇培、申通快递等17个项目，总投资200亿元。

围绕开放平台招商 加强形势研究，深化合作分析，做到有的放矢，切实提高招商工作的针对性和时效性。一是加强项目研判。通过调研摸排，筛选出西门子、海尔、华润、国机、中国北车、卡特彼勒、玉柴集团等一大批国内外500强和行业前20强企业作为重点引进合作对象，形成研判报告30余篇。通过综合研判企业发展战略、产业布局、投资趋向及与郑州市合作前景，有针对性地走访对接，促成顶新国际、北车集团、西门子、海尔集团等企业与郑州市的进一步合作。二是坚持高层推动。市委书记吴天君、市长马懿先后拜访了华南城控股集团、上海浦东发展银行、西门子（中国）有限公司、UPS公司、北车集团、顶新国际等国内外知名企业，回访了恒天集团、东风集团、海尔集团、华润集团等企业总部，为重点项目的引进起到了决定性作用。三是注重特色运作。成功举办和组团参加了一系列重大招商引资活动，组织赴长三角、珠三角、环渤海等重点地区开展小分队招商活动。组织各县（市）区、开发区围绕现代产业体系构建，举办一系列招商引资专项活动。全市新签约亿元以上项目188个，签约总额3624亿元。

“五职”招商 “五职”干部即各县（市）区、开发区的党政正职，主管招商引资、工业和城建的行政副职领导干部。全市12个县（市）区、6个开发区的80人列入“五职”招商目标考核，共上报符合要求的“五职”招商项目96个，总投资约2092亿元，其中固定资产投资约1708亿元。以上项目中，已签约项目95个，占项目总数的99%；已开工项目81个，占项目总数的84.4%，实现进资201亿元。

以商招商 完善外来投资企业服务体系，充分调动企业招商积极性，逐步将企业推上招商引资主战场。重点选择富士康、华润、格力、康师傅、万达、华强、恒大、保利等一批大型外来投资企业，实施一对一跟踪服务，大力吸引其上、下游企业及配套关联项目入驻郑州。及时协调解决外来投资企业在生产经营、生活配套等方面的问题，争取更多外来投资企业增资扩股、扩大规模。顶新集团追加投资近4亿美元，建设高端食品饮料生产基地，年产值约86亿元人民币，实现税收约6.4亿元人民币。华润集团年产40万吨啤酒项目签约，总投资10亿元，达产后可实现年利税1.2亿元。麦德隆计划在惠济区再投资建设一个大卖场项目。

【完善产业体系】 部门协作联动，不断拓展开放领域，提升整体开放水平。教育、科技、住房保障、建委、国资、农委、文广新、卫生、旅游、台办等部门分别制定对外开放专项工作方案，积极推动各领域开放招商工作，取得显著成效。科技领域，4月26日，科技部批准的盾构机掘进技术国家重点实验室揭牌，实现郑州市国家重点实验室零的突破，成为河南省第一个建成并投入使用的国家重点实验室；11月14日，国家专利审查协作河南中心合作框架协议正式签署，第四个国家专利审查协作中心落户郑州。教育领域，与美国ABC学区、加拿大温哥华市教育局、巴西诺茵维莱大学、澳大利亚南澳教育部、悉尼教育局、日本崎玉市、韩国晋州市、青州市、新加坡教育部签订交流合作协议，建立交流平台。文化领域，成功举办中国（郑州）印刷包装产品博览会，签订商贸合作协议652个，现场成交1.8亿元，印刷包装及相关上下游贸易合同额3.2亿元。农业领域，赴台湾举办郑州现代农业招商推介活动，签约郑台农业合作项目4个，签约总金额30.3亿元；成功举办全国第四届农业博览会，签约项目53个，签约总金额188.8亿元。

（倪永 马虹）

长效机制建设

综 述

【概况】 为深入贯彻落实科学发展观，以领导方式转变加快发展方式转变，进一步探索新形势下做好群众工作的有效路径，加强和创新社会管理工作，为中原经济区郑州都市区建设营造稳定、有序、和谐的社会环境，郑州市建立以网格为载体的“坚持依靠群众、推进工作落实”的长效机制，组织各级机关干部深入基层一线，帮助解决实际问题。

长效机制的重要意义 （1）坚持依靠群众、推进工作落实，是践行宗旨意识、保持党的先进性纯洁性的必然要求。（2）坚持依靠群众、推进工作落实，是转变领导方式、提高执政能力的重要途径。（3）坚持依靠群众、推进工作落实，是加强和创新社会管理、密切党群干群关系的迫切需要。（4）坚持依靠群众、推进工作落实，是加快郑州都市区建设、在中原经济区建设中“挑大梁、走前头”的根本保障。

长效机制的指导思想 坚持以领导方式转变加快发展方式转变，以管理机制创新推进基层工作落实，坚持依靠群众，强化基层基础，以条块融合的网格化管理为载体、以上下联动的差异化职责为前提，整合资源，重心下移，着力构建基层服务、管理和自治有效衔接、互为支撑的治理结构，加快推进管理方式从被动处置问题向主动发现问题、解决问题转变，从事后执法追责向前端服务管理转变，切实提高城乡管理科学化、制度化水平，努力营造稳定、高效、有序、和谐的发展环境和群众生活环境，为中原经济区郑州都市区建设提供有力保障。

长效机制的原则 一是坚持“低成本、高效率、可持续”的原则；二是坚持“条块融合、职责明确、联动负责、逐级问责”的原则。

长效机制的目标 努力营造稳定、有序、和谐的发展环境和群众生活环境。通过以网格为载体的“坚持依靠群众、推进工作落实”长效机制的运行，使非法生产、非法经营、非法建设得到有效治理，信访案件得到有效化解，公共服务更加有效便捷，城乡面貌得到有效改善，基层组织建设得到有效加强。

长效机制工作的总体要求 全面贯彻落实党的十八大、省委九届五次全会和市委十届四次全会精神，认真践行党的群众路线，围绕“强投资、夯基础、调结构、求提升，实现经济社会持续健康快速发展”中心工作，按照“深化规范提升”的总体要求，着力常态管理，深化条块融合，夯实基层基础，加强群众自治，创新工作抓手，延伸工作触角，实现全面覆盖，形成制度化、规范化的问题解决和工作推进机制，为中原经济区郑州都市区建设提供有力保障。

【长效工作机制构建】 2012年以来，市委、市政府把以网格为载体“坚持依靠群众、推进工作落实”长效机制建设作为转变领导方式的突破口，作为推进郑州都市区建设的战略保障措施，与新型城镇化引领、现代产业体系构建一并列为全市“三大主体”工作。根据市委、市政府的决策部署，全市上下按照“条块融合、职责明确、联动负责、逐级问责、网格覆盖”的原则，条块联动，步步深入，层层推进，有效构筑起“三级网格、四级平台、五级联动”的长效工作机制。一是以网格覆盖为标志，建立“横到边、纵到底”的管理新构架。以乡（镇）街道为单位，建立一级网格198个，二级网格3024个，三级网格18099个，完善了以人、地、物、情、事、组织为核心的基础信息数据库，实现政府管理和服务全覆盖。二是以4.5万名公职人员下沉基层为标志，建立条块融合、联动负责、齐抓共管的工作新格局。全市共下沉乡（镇）街道工作人员10588人，整合各级职能部门力量下沉网格22374人，市、县两级下派工作队2390个10173人，形成乡（镇）街道、职能部门、群众工作队三个责任主体协同联动、共同担责的工作合力。三是以四级信息平台为标志，建立了责任、有序、高效的基层管理和服务新机制。投资1400多万元，完善市、县、乡、社区四级联网的社会公共管理信息平台，按照“统一受理、分级处置、跟踪督查、评价奖惩”的原则，建立基层排查、定期会商、联合执法、督查考评、责任追究等13项工作制度，对市场监管、社会管理、公共服务中存在的问题，按照职责范围实行逐级发现、逐级报告、逐级办理，促进各类问题的及时发现和有效处置。四是以广大群众的广泛参与为标志，建立以基层党组织为核心，政府市场监管、社会管理和公共服务与群众自治有效衔接、互为支撑的基层治理新结构。各级网格积极探索群众自治的方式方法，形成全社会参与网格化管理，推进中心工作的浓厚氛围。

【长效机制成效与作用】 郑州市长效机制建设坚持边实践边探索、边创新边规范，内容不断拓展，机制逐步完善，成效持续扩大，作用日益显现。

（一）促进了领导方式转变，实现了党的群众路线的制度化。坚持把依靠群众、走群众路线作为根本导向，围绕政府职责在基层的落实，定人、定岗、定责，推动公职人员将履职的过程变为深入群众、发动群众、服务群众的过程。作为全市试点，金水区经八路办事处、惠济区老鸦陈办事处、新郑市梨河镇抓住群众最关心、最现实的突出问题，分别以城市管理提升、城郊村环境治理、城乡路网建设为重点，集中开展专项行动，不仅让广大群众感受到长效机制带来的成效，而且极大地调动了群众的参与积极性，为网格化管理的全面推广做出了示范、蹚出了路子。

（二）提升了政府基层履职能力，维护了群众利益，实现了“小网格大民生”。通过差异化职责促进条块融合，通过组团式下沉强化基层力量，促进了管理方式由“被动处置问题”向“主动发现问题、解决问题”转变，由“事后执法”向“源头管理服务”转变，由突击式、运动式履行职责向常态化、制度化履行职责转变。市工商局、质监局等部门坚持把网格化管理作为解决自身力量不足的重要机遇，积极主动融入，借助网格实现管理和服务职能的全覆盖；市药监局推行“一张笑脸、一枚探头、一套设备、一张大网”，提高了常态化监管水平；荥阳市豫龙镇建立了责任倒追、问询、百分制考核三项机制，对职能部门下沉人员与网格人员实行同考勤、同待遇、同奖惩。这些措施有效地促进了条、块的联动融合，推动了政府职责在基层的有效落实。一年多来，各职能部门精简程序、压缩时限、下放权限的审批事项120多项；各级网格排查问题142.8万个，办结141.5万个，办结率达99.1%。

（三）强化基层组织建设，夯实了基层基础。4.5万名各级公职人员的下沉，充实了基层工作力量，带动形成了“人往基层走、钱往基层花、物往基层用、权往基层放、劲往基层使”的良好导向。中牟、惠济的农村联户代表制度、金水区花园路办事处的“七大员”制度、二七区建中街办事处的网格支部建设等创新性举措，拓宽了群众自治渠道，充分调动了民智民力，形成了推进工作落实的强大合力。

（四）转变了作风，密切了党群干群关系。市委常委带头蹲点调研，市、县两级严格落实三个“三分之一”制度，在全市形成了“围着基层转、围着群众转、围着问题转”的良好工作导向。

（五）锤炼了干部素质，提升了干部监督管理的科学化水平。中牟县探索建立三级干部打捆包片包户的“双覆盖、双依靠、双考核”机制，强化干部监督考核；新密、新郑等县（市）按照“人才在基层历练、干部从一线选拔”的原则，加大对网格一线优秀干部的提拔使用力度，有效解决了“干好干坏一个样、干与不干一个样”的问题，增强了各级干部执政为民、履职尽责的自觉性和主动性。

（六）助推中心工作，为郑州都市区建设提供有力保障。以七大领域问题排查化解和城市管理提升13项专项治理为突破口，全市上下借助网格化管理这一载体和平台，有力推动了各项中心工作的顺利开展。2012年，全市在完成拆迁8000多万平方米、新型城镇化建设完成投资近千亿元的同时，实现信访量同比下降30%、安全事故数同比下降29%、进京非访首次“零登记”，长效机制充分发挥了群众的主体作用，在全市上下形成了坚持依靠群众推进各项工作落实的基本共识。

（辑　录）

网格化管理

【概况】 网格化管理，直接表现为管理单元的细化，实质是针对现行管理体制弊端，开展的一次社会治理结构的创新和变革；是按照转变领导方式、落实“三具两基一抓手”要求，推进人、财、物、权、责全面下沉、强化基层基础建设的有益探索。其核心是以网格化管理为载体，以差异化职责为保障，以信息化平台为手段，促进条块融合、联动负责，形成社区（村）管理、社区（村）服务与社区（村）自治有效衔接、互为支撑的治理结构，实现政府职责特别是市场监管、社会管理和公共服务职责在基层的有效落实。

网格化管理的意义包括：（一）建立网格化管理体系，是解决现行管理制度弊端、强化政府职责落实的迫切需要。建立网格化管理，就是要解决条块职责不清的问题，通过差异化职责促进条块融合，通过组团式下沉强化基层力量，推进管理方式从“被动处置问题”向“主动发现问题、解决问题”转变，从“事后执法”向“源头管理服务”转变，从突击式、运动式履行职责向常态化、制度化履行职责转变，从体制机制上保证政府各项职责全覆盖、无缝隙落实。

（二）建立网格化管理体系，是转变领导方式，深化“坚持依靠群众、推进工作落实”长效机制的有效载体。网格化管理，是对“坚持依靠群众、推进工作落实”长效机制的进一步深化和延伸。网格化管理的重点在基层，对象是群众。围绕群众的管理和服务进行定人、定岗、定责，将责任量化到每件事的每一个环节，量化到条与块的每一个人，是从制度上促使干部将履行职责的过程变为深入群众、发动群众、服务群众的过程。坚持依靠群众，充分发挥好人民群众的主体作用，是实施网格化管理的根本导向，也是网格化管理取得成效的关键。

（三）建立网格化管理体系，是强化干部监督管理、加强干部队伍建设的有效措施。配套网格化管理，建立以发现问题、解决问题为标准的绩效考核机制，并借助统一的信息平台建立动态统计汇总机制，通过群众工作与科技手段相结合，使干部绩效考核由过去的年终考核、用前考察变为日常的动态考核，由过去的组织评价变为标准化、数据化积分量化评价，由过去的结果内部掌握变为公开化、信息化社会公示，工作孰优孰劣，一目了然；干部孰进孰退，有依有据，自然生成。

【网格化管理体系的基本构架】 建立网格化管理体系，要明确“一个目标”，坚持‘两个原则”，细划“三级网格”，搭建“四级平台”，形成“五级联动”。

“一个目标”：就是努力营造稳定、有序、和谐的发展环境和群众生活环境。要通过以网格化管理为载体的“坚持依靠群众推进工作落实”长效机制的运行，使非法生产、非法经营、非法建设得到有效治理，信访案件得到有效化解，公共服务更加有效便捷，城乡面貌得到有效改善，基层组织建设得到有效加强。

“两个原则”：一是坚持“低成本、高效率、可持续”的原则。就是在不改变现有乡（镇）街道、职能部门管理体制，不增加人员编制的情况下，最大限度地整合现有资源，下沉工作力量，按照“一岗多责、一人多能，一人负责、多人协同”和“简单、高效、易操作”的工作要求，设计工作流程和操作规范，确保网格化管理切实可行、简便易行、长期执行。二是坚持“条块融合、职责明确、联动负责、逐级问责”的原则。就是要围绕政府职责特别是市场监管、社会管理、公共服务职责的落实，整合乡（镇）街道、职能部门和群众自治等方面的力量，明确乡（镇）街道属地管理、职能部门依法行政、驻村工作队协助管理的责任界限，以差异化职责促进条块融合，以网格化管理促进上下联动，形成逐级负责、各尽其责、各司其职的责任落实机制和工作推进机制。

“三级网格”：以乡（镇）街道为单元，划分乡（镇）街道、村（社区）和村组（楼院、街区）三级网格，围绕政府市场监管、社会管理和公共服务的职责落实，坚持以块为主、条块结合的原则，对每级网格进行“定人、定岗、定责、定奖惩”，每一个社区（村）都要有乡（镇）街道的一名副科级干部担任第一书记，每一个网格都要有乡（镇）街道的工作人员担任网格长，每一个社区（村）都要有对这个辖区业务工作负责的执法部门责任人，形成乡（镇）街道、职能部门、驻村工作队三个责任主体协同联动、密切配合、共同担责的工作格局。网格的划分要因地制宜，做到布局均衡、边界清晰、全域覆盖，将来在郑州每一寸土地上发生的责任事故都要找到责任人、有人对其负责。搭建“四级平台”：即建立市、县（市）区、乡（镇）街道、村（社区）四级联网的社会公共管理信息平台。每一级平台，既是一个基层信息数据平台，也是一个工作指挥、处置、监督平台，按照“统一受理、分级处置、跟踪督查、评价奖惩”的原则，对市场监管、社会管理、公共服务中存在的问题按照职责范围实行逐级发现、逐级办理、逐级报告，确保各类问题“应发现，尽发现；应处置，尽处置”。

“五级联动”：实行市委常委分包县（市）区、县（市）区领导分包乡（镇）街道、乡（镇）街道领导分包村（社区）、机关干部下沉到村组（片区）制度。市、县两级执法部门实行“定岗、定责、定目标”，市级执法部门班子成员业务责任要分包落实到县（市）区，县级执法部门班子成员业务责任要分包落实到乡（镇）街道，执法管理人员业务责任要分包落实到村（社区），作为责任主体实行公开制、承诺制和责任追究制，通过媒体网络向社会公开发布，围绕如何履职作出承诺，接受社会监督，履行业务责任。继续坚持市直、县直单位联系乡镇、群众工作队驻村（社区）工作制度，形成市、县、乡、村、组上下五级联动、一级对一级负责的工作局面，推进各级各部门“人往基层走、钱往基层花、物往基层用、权往基层放、劲往基层使”。

（辑　录）

群众工作队工作

【概况】 为贯彻落实《中共郑州市委、郑州市人民政府关于建立“坚持依靠群众、推进工作落实”长效机制的意见》，从2012年2月开始，郑州市集中抽调市直机关部分干部组建群众工作队深入农村（社区），建立“长期、对口、分片”联系帮扶机制，推动机关干部作风转变，推动基层工作落实。

群众工作的基本原则 （一）强化群众观念。坚持从群众中来、到群众中去的群众路线和依靠群众、发动群众的工作方法，一切为了群众，一切服务群众，一切依靠群众，充分发挥好人民群众在推动经济社会发展中的主体作用。

（二）强化基层基础。把基层作为工作的主阵地，整合各种社会资源，引导财政资金向基层投入，基础设施向基层延伸，公共服务向基层覆盖，人才资源向基层倾斜，坚持问题在一线发现、矛盾在一线化解、工作在一线推进、经验在一线提炼、关系在一线融洽。

（三）坚持远近结合。既要着眼长远，帮助基层做好打基础、管长远、惠民生的工作；又要立足现状，帮助基层抓好阶段性中心工作的推进和落实。

（四）坚持上下联动。推进市、县（市）区、乡三级干部力量向基层辐射，市、县（市）区、乡（镇）街道、村（社区）、村组五级融合联动，形成“三级辐射、五级联动”的基层工作格局。

群众工作队指导思想 群众工作队指导思想即坚持以邓小平理论和“三个代表”重要思想为指导，切实加强和改进基层组织建设，深入贯彻落实科学发展观，在新形势下坚持群众路线，进一步增强党员干部宗旨意识，推进以领导方式转变加快发展方式转变，以群众工作和基层工作提升促进全局性工作提升，全面加快中原经济区郑州都市区建设，不断开创新型城镇化引领“三化”协调科学发展新局面，为郑州都市区建设提供坚实的组织基础和群众支撑。

群众工作队目标 群众工作队目标即坚持“统筹谋划、阶段推进、长期坚持、求实求效”，通过地方党委、政府和联系帮扶单位的共同努力，实现“基层组织建设持续加强、科学发展持续突破、新型城镇化持续推进、社会管理水平持续提升、群众生活持续改善、阶段性工作持续落实”的目标。

【群众工作队任务】 （一）加强基层组织建设。按照中组部开展“基层组织建设年”活动的要求，以支部建设为重点，着力解决基层组织建设中存在的突出问题。强化农村党建工作，进一步深化“三级联创”活动，努力转化一批后进党组织，提升一批一般党组织，巩固扩大一批先进党组织，发挥好农村基层党组织在新型“三化”建设中的战斗堡垒作用。强化社区党建工作，努力构建以乡（镇）街道党（工）委为核心、以社区党组织为基础、驻社区单位党组织和社区党员共同参与的区域化党建工作格局。扩大非公有制经济组织和社会组织党建覆盖面，健全组织、建章立制、开展活动、发挥作用，提升非公有制经济组织和社会组织促进发展、凝聚人心、服务民生的能力。

（二）推动地方经济发展。帮助基层理清发展思路，明确发展方向，寻找致富门路。推动实施“开放创新双驱动”战略，引导基层调整产业产品结构，加快产业优化升级。指导、帮助基层谋划和争取产业项目，协调加快项目报批和建设进度。发挥自身优势，整合资源开展帮扶工作，加快基层水、电、气、暖、路等基础设施建设，解决影响和制约基层发展的瓶颈问题。

（三）加快新型城镇化建设。大力推进农民居住环境城市化，按照“政府主导、市场运作、群众自愿、规划引领、交通先导、双改同步”的原则，推进城中村改造社区、旧城改造社区、合村并城社区、新型农村社区“四类社区”建设；大力推进农村公共服务城市化，统筹城乡教育、卫生、文化等社会事业发展，完善基层公共服务功能；大力推进农村就业结构城市化，加快产业集聚区和重点镇建设，引导群众就近就业，让更多的农民从事二、三产业；大力推进农村消费方式城市化，完善城乡社区服务功能，弘扬健康向上的社区文化，引导城乡群众转变生产方式、生活方式和消费方式。

（四）提升城市管理水平。积极参与城市管理整治提升活动，深入开展市容市貌整治提升活动，突出抓好违章建筑、小广告、户外广告、路面维护、占道经营、河道水系景观等专项治理。加快城市交通拥堵治理，持续开展交通违章和特种车辆、重点区域、交通安全隐患、占道经营等专项治理活动，着力打造“清新、舒适、畅快”的生活环境和“稳定、有序、和谐”的社会环境。

（五）提升社会管理水平。强化基层社会治安综合治理，加强村（社区）综治工作站建设，整合驻村（社区）警务室、治保会、调委会、治安巡防队等资源和力量，形成责任明确、程序规范、反应迅速的群防群治体系。强化特殊人群的管理和服务，帮助解决好城市流动人口、进城务工人员、城乡低保和“五保”人员、农村留守老人和儿童等特殊群体的生活问题。做好刑释解教人员、精神病患者的帮扶、监管工作。推动城乡社区服务体系和信息化建设，构建社区综合管理服务平台。完善和发展村级民主自治制度，充分发挥社区居委会、村民委员会自治功能，开展民主法治村（社区）创建活动。

（六）改善群众生产生活。强化就业技能培训和就业服务，落实好创业就业扶持资金和涉农扶持资金，引导更多群众自主创业、拓宽增收渠道。进一步完善社会保障体系，不断扩大城乡居民社会保险、城乡居民医疗保险、新农合覆盖面，持续提高保障标准。确保在土地征用、拆迁安置、矛盾调解中，群众利益不受损害。建立困难群众帮扶机制，帮助解决困难群众生产生活中遇到的实际困难，为群众办实事、办好事。

（七）推动阶段性中心工作开展。根据市委、市政府不同时期的中心工作，结合基层实际，创造性地抓好落实。

（八）排查化解社会矛盾。强化基层矛盾源头治理，健全基层信访稳定风险评估、矛盾纠纷排查预警和调解处置机制，加强基层调解组织和调解队伍建设，持续开展基层矛盾大排查、大调解活动，最大限度地把矛盾和问题化解在基层、消除在萌芽状态。及时发现和协调解决影响社会稳定的突出问题；问题暂时解决不到位的，制定和落实稳控方案，确保社会大局稳定。

（九）消除安全生产隐患。对联系的村（社区）进行拉网式排查，建立安全生产隐患台账，研究制定解决方案，明确责任人和解决时限，督促有关部门解决到位。协调督促所联系乡（镇）街道严格落实安全生产责任，加强安全生产基层基础建设，建立健全安全生产各项管理制度，杜绝重特大安全事故发生。

（十）整顿规范市场秩序。帮助所联系乡（镇）街道依法打击制假售假、逃税骗税、哄抬物价、强买强卖、无证生产、违规生产、集资诈骗、传销等违法行为，严厉查处非法用工的“黑作坊”“黑中介”，坚决打击插手干扰重点工程、重点项目建设，非法控制客运线路、专业市场、矿产开采的黑恶势力，净化市场环境。

【群众工作队工作要求】 （一）明确工作职责。坚持“属地管理、分级负责”原则，县（市）区、乡（镇）街道对本地工作负主体责任，党（工）委书记是第一责任人。群众工作队对所驻地工作负连带责任，市直部门“一把手”是本单位群众工作队的第一责任人。

（二）谋划工作思路。群众工作队入驻后，要在深入调研、科学论证的基础上，按照“立足当前、着眼长远，统筹安排、科学规划”的要求，帮助所驻村（社区）制定完善发展规划，做好年度帮扶计划，确保每个工作队都要有“群众工作三年意见，年度、季度工作方案和月工作计划”。

（三）强化工作保障。各级党委（党组）要建立定期听取研究、安排部署群众工作机制。各级组织部门要把做好群众工作和干部培养结合起来，在干部的选拔使用上，要把开展群众工作作为培养干部、历练干部、使用干部的主阵地。市直各部门、各单位要高度重视，处理好群众工作与本部门工作的关系，合理分配工作力量，做到“两不误、两促进”。

（四）严格工作纪律。“坚持依靠群众、推进工作落实”长效机制领导小组办公室将对各部门、各单位群众工作队开展工作情况进行督查，并建立各单位开展工作台账，随时监督检查，随时掌握情况，确保工作落实。

（五）注重长效机制。群众工作队工作重心是建立市、县、乡三级与基层农村（社区）“长期、对口、分片”联系帮扶机制，重在摸清底子、吃透情况、理清思路、解决问题，建立长效机制，转变机关作风，推动工作落实。

【群众工作的方法形式】 （一）建立“三位一体”推进基层工作机制。围绕强化基层建设、推动科学发展，建立市、县、乡三级与基层农村（社区）长期、对口、分片联系帮扶机制。

（二）工作队落地一个至两个行政村（社区），联系覆盖一个乡（镇）街道。市直各单位、县（市）区各部门根据人员编制情况，有选择、有针对性地落地一个至两个基层组织建设薄弱、信访问题突出、安全生产隐患较多、经济社会环境较差的行政村或社区，联系覆盖一个乡（镇）街道。市、县、乡三级落地的行政村和社区原则上不交叉。

（三）形成“纵横交织、条块结合、以块为主”网络化工作格局。坚持“属地管理、分级负责”和“谁主管、谁负责”原则，各县（市）区、郑州新区、新郑综合保税区、高新区党委对属地群众工作负全责，党委书记是第一责任人。市直单位一把手对所联系的乡（镇）街道实行“一岗双责”。

（四）逐步达到“三个三分之一”的目标。即力争市直、县（市）区直部门主要负责人每年要用三分之一的时间调查研究、梳理指导本单位开展群众工作；力争领导班子成员每年要有三分之一成员带队深入基层；力争机关干部每年要有三分之一参与基层群众工作。

（五）群众工作队受双重领导、负双重责任。联系基层的群众工作队既要接受市、县（市）区领导组的领导，又要接受联系点所在地党委、政府的领导；既要对市、县（市）区群众工作领导组负责，也要对所派驻地党委、政府负责。

【群众工作的运行机制】 （一）领导分包联系机制。按照市委常委联系县（市）区分工，每位市委常委要经常到所联系县（市）区调查研究，加强对群众工作的督导，帮助协调工作中遇到的困难和问题。

（二）工作沟通对接机制。市领导小组办公室督促指导各县（市）区和市群众工作队扎实有序开展工作。各县（市）区领导小组办公室要加强与市群众工作队的联系对接，共同做好工作。群众工作队要定期向所联系的乡（镇）街道党（工）委、政府通报工作进展情况，争取地方党委、政府支持。乡（镇）街道党（工）委、政府要积极为联系单位开展工作创造有利条件。群众工作队列席所联系乡（镇）街道重要会议，了解情况，提出意见和建议。

（三）群众诉求反应机制。群众工作队要拓宽群众诉求表达渠道，加强与党代表、人大代表、政协委员和工青妇等群团组织的联系，充分利用新闻媒体、高校、社情民意研究中心等平台，通过深入走访、公开接访、设立电子信箱、公布热线电话等形式，广泛收集社情民意，倾听群众呼声。

（四）联动解决问题机制。对上级交办和群众反映的问题建立工作台账，按照“属地管理、分级负责，谁主管、谁负责”和“依法、及时、就地解决问题与疏导教育相结合”的原则，实行市、县（市）区、乡（镇）街道联动解决。群众工作队能解决的问题要自行解决，不能解决的要及时向所在乡（镇）街道党（工）委、政府反映，共同协调解决；乡（镇）街道不能解决的要逐级向上级党委、政府报告。

（五）调查研究机制。群众工作队要深入农户、社区、企业，调查了解问题，记好“民情日记”，撰写出有深度、有分析、有建议的调研报告，为地方党委、政府提供决策参考。

（六）公开承诺机制。市直、县直群众工作单位要定期研究群众工作，定期向基层公开承诺，接受群众监督和评议。

（七）例会研判分析机制。市领导小组、各县（市）区领导小组、各群众工作队要定期召开工作例会，研究解决工作中存在的主要问题，明确阶段性工作重点，扎实推进工作。

（八）工作情况通报机制。市直单位派出的群众工作队要定期向市、县两级领导小组报告工作开展情况，各县（市）区领导小组要向市领导小组报告工作情况。重大突发问题要立即报告、跟踪报告。市、县（市）区领导小组办公室要及时掌握下派工作队工作动态，定期通报情况、交流经验。

（九）评优评差机制。市领导小组办公室定期对市群众工作组和各县（市）区工作开展情况进行评优评差，评比结果纳入单位绩效考核。各县（市）区也要对所属部门和乡镇工作开展情况进行评优评差。

（十）考核奖惩机制。市领导小组办公室定期对各县（市）区、市群众工作队工作情况进行集中考核讲评，量化排序，兑现奖惩，并与评优评先、干部使用挂钩。

【群众工作队组建要求】 为贯彻落实《中共郑州市委、郑州市人民政府关于建立“坚持依靠群众、推进工作落实”长效机制的意见》，从2012年2月开始，郑州市集中抽调市直机关部分干部组建群众工作队深入农村（社区），建立“长期、对口、分片”联系帮扶机制，推动机关干部作风转变，推动基层工作落实。

市直各部门、各单位全部参与此项工作，每个市直部门分包一个乡（镇）街道，按照“落地一个至两个村（社区）、联系辐射一个乡（镇）街道”原则，统筹做好所驻地方的各项工作。编制在60人以上的市直部门所派驻群众工作队，原则上应分成两个组，分别进驻同一个乡（镇）街道的两个村（社区）。市直各部门、各单位的主要领导人每年要用三分之一的时间和精力调查研究群众工作，领导班子每年要有三分之一的成员带队驻村（社区），机关干部每年要有三分之一的人员参与驻村（社区）工作。

（辑　录）

公共管理信息平台工作

【概况】 公共管理信息平台就是依托信息网络技术，全市统一规划、统一建设，物理上集中统一，逻辑上分为市、县（市）区、乡（镇）街道、村（社区）四级的应用软件平台以及硬件、安全支撑平台。其主要功能：一是按照“集中采集、动态更新、信息共享”的原则，全面收集区域内人口、区划（网格划分）、楼院、驻区单位、经济社会发展等情况，建立基础信息资源数据库。二是按照“统一受理、分类处置、逐级上报、跟踪督查、评价奖惩”的原则，建立问题发现、上报、解决、督办、反馈和考核评价机制。

【完善平台运行管理机制】 完善信息平台功能。市社管办制定信息平台基础数据库建设规范，整合部门资源，强化信息平台功能。规范信息平台流程。按照“上报、交办、办理、反馈、认定、办结”6个环节，对排查发现的问题，实行限时签收和限期办理；对平台信息及时录入、及时更新，提高信息处理效率。发挥信息平台统筹协调作用。充分发挥四级信息平台在发现问题、解决问题中的统筹协调作用，强化及时交办、协调解决、督促反馈的职能，防止信息处理梗阻，杜绝推诿扯皮现象。

各级社会公共管理信息平台，要着眼建立新机制的新要求，健全内部工作运行机制，提高问题处置效率。一是要切实发挥信息平台的作用。要进一步强化信息平台的统筹、收集、分发、追究、裁决、协调的职能，防止信息处理渠道梗阻，切实解决推诿扯皮、效率低下的问题，确保各类问题应发现、尽发现，应处置、尽处置，推动各类社会公共管理服务问题得到及时有效解决。二是要保证信息系统的顺畅运行。要高度重视平台专业技术人员和具体操作人员的培训，不断规范信息平台运转流程，做到科学合理、上下互动、准确及时，不断提升信息处理的效率。三是要充分发挥评判裁决职能。对于职责不清的问题，要依据管理权限，给予立即处置的“说法”，使推诿扯皮问题在信息平台传递中化解，有效督促各级各部门履职尽责，及时解决各类社会公共管理服务问题，推动长效机制规范有效运行。

【信息平台运用】 市、县、乡、社区四级联网的社会公共管理信息平台，按照“统一受理、分级处置、跟踪督查、评价奖惩”的原则，建立了基层排查、定期会商、联合执法、督查考评、责任追究等13项工作制度，对市场监管、社会管理、公共服务中存在的问题，按照职责范围实行逐级发现、逐级报告、逐级办理，促进了各类问题的及时发现和有效处置。三级网格长排查发现的问题，对属于职权范围内的，要及时解决，办理后8个小时内录入平台；对超出职权范围的，自发现时起4个小时内上报上一级平台，并注明上报理由和依据。三级网格长自行办结事项，由上级（二级网格）对办理结果进行认定，视为办结。三级网格长通过平台上报的业务信息办结后，经信息采集人（上报人）认定后，视为办结。在认定办结时，同时对办理质量、办理效率进行评判。评判等级分为满意、基本满意和不满意。

（辑　录）

壬辰年黄帝故里拜祖大典

【概况】 2012年3月24日（农历三月初三）上午，壬辰年黄帝故里拜祖大典在新郑隆重举行。此次大典由河南省人民政府、政协河南省委员会、国务院侨务办公室、中华全国归国华侨联合会、中华全国台湾同胞联谊会和中华炎黄文化研究会主办，郑州市人民政府、政协郑州市委员会和新郑市人民政府承办，主题仍为"同根同祖同源，和平和睦和谐"。全国人大常委会副委员长、九三学社中央主席韩启德，全国政协副主席、全国工商联主席黄孟复，十届全国人大常委会副委员长、中华炎黄文化研究会会长许嘉璐等国家领导人；中国国民党荣誉主席吴伯雄及夫人；中共中央台湾工作办公室、国务院台湾事务办公室主任王毅，国务院侨务办公室主任李海峰，全国政协社会和法制委员会副主任黄晴宜，中华全国归国华侨联合会主席林军，中华全国台湾同胞联谊会会长梁国扬等中直机关和有关单位领导；民革中央副主席何丕洁等民主党派中央、全国工商联领导；富士康科技集团总裁郭台铭等世界500强企业负责人和中国侨商会会长、香港侨界社团联会创会会长陈有庆，澳门世界华人商贸联谊总会会长林健生，菲律宾中国商会总会董事局主席施万钤等来自美国、英国、法国、澳大利亚、苏丹、日本、印度尼西亚等24个国家和地区的数千位海外侨胞；省委书记、省人大常委会主任卢展工，省委副书记、省长郭庚茂，省委副书记、省政协主席叶冬松等河南省四大班子领导；省委常委、郑州市委书记吴天君，市长马懿，市人大常委会主任白红战，市政协主席李秀奇等郑州市四大班子领导，以及来自全国各地的各界群众代表1万余人参加大典。中华全国归国华侨联合会主席林军担任大典主司仪，十届全国人大常委会副委员长、中华炎黄文化研究会会长许嘉璐担任主拜人。

壬辰年黄帝故里拜祖大典第一次由党中央、国务院批准举办，由河南省政府和国务院侨务办公室参与主办，并整合经贸、文化等大型活动于大典期间举办，取得了显著的政治、经济、文化、社会效益。在首届全球根亲（客家）文化盛事颁奖盛典上，黄帝故里拜祖大典荣膺"全球最具影响力的十大根亲文化盛事"。

【大典仪程】 壬辰年拜祖大典拜祖仪式沿承规制，九项仪程分别为：盛世礼炮、敬献花篮、净手上香、行施拜礼、恭读拜文、高唱颂歌、乐舞敬拜、祈福中华、天地人和。9时50分，大典仪程正式开始，盛世礼炮鸣炮21响。"敬献花篮"仪程中，韩启德、黄孟复、许嘉璐、卢展工、郭庚茂、王毅、梁国扬、吴天君、马懿等，分三组向黄帝像敬献花篮；"净手上香"仪程，两岸四地及海外侨胞的代表中国国民党荣誉主席吴伯雄及夫人，富士康科技集团总裁郭台铭，国侨商会会长、香港侨界社团联会创会会长陈有庆，菲律宾中国商会总会董事局主席、理事会会长施万钤，巴西丽达集团投资有限公司董事长、巴西河南同乡会会长董洪宣，中国侨联海外顾问、美国新世界集团总裁杨功德，中国广播电视协会、电视编剧工作委员会会长高满堂，福耀玻璃集团总裁曹辉先生等9人，分三组向黄帝像敬香；"祈福中华"仪程中，中国剧协副主席、著名剧作家、词作家阎肃，民革中央副主席何丕洁，中国围棋协会副主席聂卫平，中国电影基金会副会长、"国家突出贡献电影艺术家"荣誉称号获得者翟俊杰，2010年广州亚运会开、闭幕式总导演陈维亚，香港特别行政区政府驻北京办事处主任曹万泰，国家安全战略专家、北京航空航天大学战略问题研究中心教授张文木，香港文汇报社董事长、社长王树成，中科院可持续发展战略研究组组长、首席科学家牛文元，中科院测量与地球物理研究所党委书记兼副所长吕纯操，世界和平大使、中华慈善总会副会长周森，"中华慈善奖"最具爱心行为楷模、2011感动中国人物张平宜，郑州籍央视著名主持人海霞、张泽群，著名篮球运动员郑海霞，五粮液集团股份公司董事长刘中国，澳门世界华人商贸联谊总会会长、华盈环球集团有限公司董事长林健生，欧洲华侨华人社团联合会副秘书长、匈牙利华人联合总会会长李广华等18位海内外人士，在祈福树上敬挂祈福牌，并登上拜祖台，在长9.5米的拜祖文书法长卷上落款用印，表达

壬辰年黄帝故里拜祖大典现场

吴伯雄挂祈福牌

放飞和平鸽

对国家富强、民族昌盛、世界和平和睦和谐的祝愿。10时40分，拜祖大典圆满完成。

大典前后，河南省、郑州市还分别组织了一系列以弘扬中华民族优秀传统文化、彰显地域文化特色的专题文艺活动，主要有专题文艺晚会、中原文化活动周、第六届黄帝文化论坛等。

【大典《拜祖文》】 十届全国人大常委会副委员长、中华炎黄文化研究会会长许嘉璐恭读《拜祖文》：

日居月诸，今乃龙年。
风和日丽，生意盎然。
十方龙裔，云集圣坛。
敬兮诚兮，垂手素焉。
巍巍嵩岳，鹤鸣戾天。
澹澹溱洧，鱼凫恬安。
神州祥和，欢哉中原。
噫我华夏，历尽艰险。
今则昂首，屹立人寰。
堪慰我祖，未尝辱先。
亹亹我祖，辟地开天。
定都有熊，东播西迁。
北战涿鹿，南抚荆蛮。
稼穑为本，民有所安。
巉岩留图，文字斯繁。
设官分职，任能举贤。
算医乐舞，皆肇其端。
宇内一统，服甸俱安。
呜呼我祖，亦圣亦凡。
东方文明，此则其源。
海天沧桑，民族多艰。
悲怆苦恨，历数千年。
山河易改，本性未迁。
勤俭和合，海纳百川。
仁义礼智，敬畏自然。
分则必合，愈挫愈坚。
外患虽频，牢固如磐。
今则盛世，光照河山。
文化兴邦，教科为先。
遗产重光，万花争妍。
工农商学，佳讯频传。
天人和谐，国泰民安。
海峡无浪，两岸同欢。
振兴中华，携手并肩。
五洲华裔，来归拜奠。
身居异域，情系唐山。
呜呼我祖，旧居焕然。
繁茂具茨，膴膴原田。
举国戮力，韬略深远。
国强民富，崛起中原。
中州繁荣，重在河南。
豫州幽悠，文脉绵延。
我祖而后，一脉相传。
励精图治，立功立言。
德音必盛，世人钦羡。
凤凰来仪，中华灿烂。
穆穆我祖，豫焉欣焉。
喜我后裔，奋然挺然。
佑我中华，光辉璀璨。
谨陈衷情，伏惟尚飨！

【大典宣传报道】 壬辰年黄帝故里拜祖大典期间，进一步加大了宣传力度，通过多方式、多渠道地面向全球直播，形成立体式、全方位的传播格局。一是时隔两年后，再次通过中央电视台综艺频道、中文国际频道现场直播大典盛况，并新增加台湾东森电视台现场直播。二是继续扩大“国际大联播”的范围，由往年的40多家国际国内媒体，增加到包括中央人民广播电台、中国国际广播电台、美国时代华语广播等国内外主流华语广播在内的共50多家广播媒体，进一步扩大了对全球主要华人聚集区的覆盖。拜祖大典的报道通过中国国际广播电台翻译成46种语言面向全球五大洲播出；中国国际广播电台国际在线、海峡之声与郑州广播在线联合对节目进行网络视频直播。全球听众还可通过中国国际广播电台国际在线、海峡之声、郑州广播在线网站设立的祈福留言板，参与到国际大联播节目中。三是进一步加大网络和新媒体的运用，除新华网、人民网、新浪网、搜狐网、腾讯网等80多家网络媒体现场直播外，还采用了3G手机直播和微博直播。

【中原文化活动周】 中原文化活动周由河南省委宣传部主办，3月18-26日举行。主要活动除中原经济区论坛外，还有河南省精品剧目展演、河南省书画作品展和河南省精品图书展销活动，有力地宣传了河南悠久的历史文化，极大地丰富了老百姓的精神文化生活。

【黄帝文化论坛】 第六届黄帝文化论坛于3月22-23日在郑州大学西亚斯国际学院举行。论坛由中央电视台著名主持人马东主持；著名文化学者、作家余秋雨，中国明史学会会长商传，刑法学博士、公安部办公厅副主任、公安部新闻发言人武和平，清华大学新闻与传播学院副院长尹鸿，中科院首席科学家牛文元，中央电视台主持人张泽群，著名学者张文木，著名导演陈维亚等专家学者，围绕“江山如画”的论坛主题，从不同领域、学科和不同方面进行发言，坚定了传承中华文明的自觉性、自信心，表达了“同建圣地、共赢明天”的美好愿景。论坛期间，还举行了第三届全国炎黄书画展、黄帝文化研讨会等活动。

【第七届河南国际投资贸易洽谈会开幕式暨项目签约仪式】 3月23日，第七届中国河南国际投资贸易洽谈会开幕式暨项目签约仪式在郑州国际会展中心举行。本次洽谈会郑州市共签约33个项目，投资总额340.9亿元。其中，外资项目15个，投资总额13.7亿美元；内资项目18个，投资总额254.15亿元；单个投资额超过1亿元的项目29个，投资总额337亿元，占总投资额的98.8%。签约项目中，世界500强企业包括瑞士ABB集团、麦德龙、香港华润、泰国正大、欧凯龙、圣戈班等；国内500强企业有王府井百货、上海联华超市、居然之家等；行业内知名企业有中国镍资源控股、上海培宇集团等。新郑市共签34个项目，总计420亿元。

高唱颂歌

【第二届中原经济区论坛】 3月25日，第二届中原经济区论坛在郑州国际会展中心举行。本届论坛以“华夏历史文明传承创新”为主题，龙永图担任论坛主席。全国人大常委会委员、全国人大外事委员会主任委员李肇星，美国杨百翰大学博士、清华大学教授、国家文化产业研究中心主任熊澄宇，中国广播电视协会电视剧编剧工作委员会会长、北京影视家协会副主席高满堂，北京大学中文系教授及系主任、香港中文大学讲座教授、教育部“长江学者”特聘教授陈平原等专家、学者就各自的研究领域作了演讲和对话。本届论坛，不仅有力宣传了中原经济区建设、郑州都市区建设的重大意义，而且从战略高度和全球视野、不同侧面提出了富有建设性的建议。

（杨春元　杨　晋　彭　力　戴烁琪　王永强）

第九届中国郑州国际少林武术节

【概况】 第九届中国郑州国际少林武术节由国家体育总局武术运动管理中心、中国武术协会、河南省体育局和郑州市人民政府主办，于2012年10月21日至25日在郑州市举行。主要内容包括开幕式暨开幕式大型文艺演出、登封迎宾式、武术竞赛、论文报告会、闭幕式等内容。开幕式文艺演出分为《少林之源》《少林之禅》《少林之韵》和《少林之魂》四个篇章。1.3万多名演员为来自世界各地的宾朋演绎“以武为魂、以武出彩”，并借助不同的背景板造型和多层次表演，为观众呈现嵩山、竹林、仙鹤等场景。共有来自73个国家和地区的195个团队1527名运动员参加武术盛会，在人员规模上超过了第八届武术节。

22日下午开始的登封迎宾式，在全长15公里的“武术走廊”中，5万余人参演各类与武术有关的精彩表演，体现“禅武颂”风味。

24日晚，本届武术节闭幕式在河南电视台举行。一场《大河秀典》演出，为本届少林武术节画上一个圆满的句号。

第九届中国郑州国际少林武术节10月21日开幕，历时4天，经过激烈争夺，各项目比赛成绩最终确定。本次比赛共产生541个一等奖，其中郑州代表队获得一等奖58个。

【开幕式】 10月21日下午，第九届中国郑州国际少林武术节在航海体育场开幕。全国政协副主席、民革中央常务副主席厉无畏出席并宣布武术节开幕。

中共中央委员，全国政协社会和法制委员会副主任，全国妇联原党组书记、副主席、书记处第一书记黄晴宜，中国奥委会副主席、国家体育总局党组成员、局长助理晓敏，武术节组委会主任、国家体育总局武术运动管理中心主任、中国武术协会主席高小军等出席开幕式。

省领导郭庚茂、邓凯、周和平、吴天君、张程锋、赵建才、张广智、王平、李英杰、龚立群、高体健，省十届人大常委会副主任吴全智，省政府副秘书长万旭出席开幕式。

市领导马懿、王璋、白红战、李秀奇等出席开幕式。

出席开幕式的还有国际武联官员，智利、厄瓜多尔、玻利维亚驻华大使，苏里南、叙利亚、格林纳达驻华使馆官员，友好城市奥地利因斯布鲁克市代表，中国武协官员、武术节组委会各位副主任、各位委员，河南省省直有关单位，省辖市和郑州市的领导，各武术代表团的团长等嘉宾。

第九届中国郑州国际少林武术节登封迎宾仪式万人表演

开幕式由武术节组委会主任、河南省体育局局长彭德胜主持。

晓敏在致辞中说，少林武术是中华武术中的璀璨明珠，历史悠久，在世界范围内有着广泛和深远的影响。郑州作为少林武术的发源地，已成功举办了八届国际少林武术节，为推动武术的国际交流做出了重要贡献，为各国选手开阔视野、展示自我提供了机会和舞台，对弘扬和传播中华武术，促进各国人民的交流与合作，发挥了重要作用。

副省长张广智在致辞中说，源于河南的少林文化，传承禅、武、医、艺之精华，兼具交流、和睦、圆融、创造之特性，不仅是中华民族的宝贵财富，也是全人类共有的文化遗产。在各方积极参与和大力支持下，中国郑州国际少林武术节已经成功举办了八届，成为传承武术文化、激发健身热情、促进交流合作、推动产业发展的平台。

市长马懿致欢迎词，代表郑州市委、市政府和886万郑州人民，向各参赛团队、各位嘉宾的到来表示热烈的欢迎。他说，少林功夫以禅武合一、内外兼修、刚柔并济的风格，名扬天下。今天，我们在少林武术的发源地隆重举办第九届中国郑州国际少林武术节，对于进一步弘扬中华武术文化，增进各国人民之间的情感和友谊，具有十分重要的意义。希望全体运动员、教练员、裁判员能够遵循“公开、公正、公平”的竞赛原则，坚持重在参与、重在学习、重在提高的共识，努力赛出风格、赛出水平、赛出团结、赛出友谊，力争把本届武术节办成弘扬少林武术文化的体育盛会。

【少林武术节迎宾仪式】 10月22日下午，第九届中国郑州国际少林武术节迎宾仪式在登封举行。千年古刹、禅宗祖庭少林寺，以“九和天下”的大礼迎接海内外宾朋。

全国政协副主席、民革中央常务副主席厉无畏，国家体育总局武术运动管理中心相关领导及来自智利、厄瓜多尔、玻利维亚等国的驻华使节出席了迎宾仪式。

省领导吴天君、张广智、李英杰，省政府副秘书长万旭，省体育局局长彭德胜出席迎宾式。

市领导白红战、李秀奇、王哲、赵武安、刘东，市政府秘书长吴忠华出席迎宾式。

武术节迎宾式的前段部分分为器械拳术表演区、少儿表演区、器械表演区、搏击表演区、综合表演区。从郑少高速登封西下站口至少林景区，由18所武术院校、5万名少林弟子在15公里的“武术走廊”上展开大型迎宾表演，成为世界规模最大、参加人数最多、距离最长、内容最为丰富的一次武术大展示。

15时整，数千名国内外嘉宾步行至少林寺景区门口。8名护法高僧随即趋步迎来，双手合十，分成两排，一路护拥着嘉宾走向景区。精彩的少林武术表演轮番上演：少林铜人阵威武雄壮、少林梅花桩精彩绝伦，整齐的旗阵气贯长虹、刚烈的铁砂拳震人心魄，七十二绝技异彩纷呈、琴棋书画功各展其能。

在塔沟武术学校练功场，1.2万人在激昂的音乐声中演练大型武术团体操，学员们快慢相间，体现了少林拳刚猛有力的特点。

15时30分，祈和愿、听和钟、悟和境、启和门、举和步、颂和经、献和图、秉和烛、唱和平的“九和大礼”功德圆满，嘉宾举步，迈入藏身深山、碧溪环锁的千年古刹少林寺。

晚上与会嘉宾观看了《禅宗少林·音乐大典》演出。

第九届中国郑州国际少林武术节闭幕式

【少林武术节论文报告会】 22日上午，第九届中国郑州国际少林武术节论文报告会在郑大体院开幕。国家体育总局武术运动管理中心副主任、中国武术协会副主席陈国荣，省体育局局长彭德胜，武术节组委会副主任兼秘书长、副市长刘东等出席开幕式并分别发言。国家体育总局武术运动管理中心研究发展部部长、中国武术学会副秘书长、科研委员会主任罗卫民主持开幕式。

陈国荣在发言中说，少林武术是河南独特的武术文化资源，历经千百年锤炼、融合、发展，已经成为世界最大、最具影响力的武学体系。本次论文报告会将广泛交流武术发展最新研究成果、共同商讨少林武术未来发展，这对于弘扬民族传统文化，促进少林武学发展，助推河南华夏历史文明传承创新区建设都具有十分重要的作用。

彭德胜在发言中表示，一个强大的民族要有文化智慧，要有强大的心理素质和身体素质。未来中国的真正崛起，让文化软实力得到世人认同将是其中重要的一部分。衷心希望武术节论文成果能为大家所接受，并转化为现实生产力，为光大少林功夫、发扬民族传统文化做出积极贡献。

刘东在发言中介绍了郑州市情，并对远道而来的专家、嘉宾们表示欢迎，向长期以来关心支持中国郑州国际少林武术节的社会各界人士表示感谢，希望通过论文报告会的交流探讨，为新时期少林武术的快速发展提供强大的智力支持和坚实的科技支撑。

经过专家评审，共有77篇论文入围本届武术节论文报告会，内容涉及少林武术研究和武术理论研究两个方面。其中，关于少林武术研究的论文主要涉及少林武术基础理论和禅武医关系研究、少林武术的推广传播研究、少林武术实践分析研究等。在22日、23日两天时间内，有6位专家向大会作专题报告，3位优秀论文作者登台发表学术报告。论文报告会开幕式后，来自上海体育学院武术学院的戴国斌教授作了题为《武术比试的实践和文化》专题报告。

大会对入选的77篇论文进行了评选，共评出一等奖9篇，二等奖18篇，三等奖38篇。

【闭幕式】 10月24日晚，第九届中国郑州国际少林武术节闭幕式在省电视台举行。省委常委、市委书记吴天君，副省长张广智，国家体育总局武术运动管理中心主任、中国武术协会主席高小军，省政府副秘书长万旭，省体育局局长彭德胜，市领导马懿、王璋、白红战、李秀奇、孙金献、王哲、刘东，市政府秘书长吴忠华等参加闭幕式。

闭幕式上，张广智为连续参加5届中国郑州国际少林武术节的境外团队代表颁发“特别贡献奖”。

高小军宣布第九届中国郑州国际少林武术节闭幕，并代表国家体育总局武术运动管理中心、中国武术协会向在比赛中取得优异成绩的武术团体和运动员表示热烈祝贺，向各个国家和地区的武术协会为此次赛事所做出的贡献表示感谢，向举办本届国际少林武术节的河南省体育局、郑州市人民政府及全市人民表示感谢。他说，第九届中国郑州国际少林武术节，组织严密，策划精彩，影响巨大，意义深远。绚丽多彩的开幕式、恢宏壮观的迎宾式、精彩纷呈的各个赛事、成果累累的论文报告会，让国内外嘉宾再次领略了武术文化的博大精深和武术故乡的精神风貌，谱写了世界武术运动史上的新篇章。

武术节组委会主任、市长马懿在致辞中向所有关心支持武术节的各级领导、武术团队、新闻工作者、志愿者和工作人员表示衷心感谢，向取得优异成绩的武术健儿们表示热烈祝贺。他说，第九届中国郑州国际少林武术节不仅展示了少林武术的魅力和风采，提高了武术竞技水平，而且进一步增进了各国、各地区武术界朋友之间的了解和友谊。

闭幕式后，与会嘉宾观看了文艺节目《大河秀典》。

（辑　录）

政治

ZHENG ZHI

◎党政机构

◎人民团体

◎法　制

◎人民武装

中国共产党

综 述

【概况】 2012年，中共郑州市委积极围绕中原经济区建设大局，以郑州都市区建设为载体，以新型城镇化引领、现代产业体系构建和以网格为载体的“坚持依靠群众、推进工作落实”长效机制建设“三大主体”工作为抓手，统筹推进经济建设、政治建设、文化建设、社会建设、生态文明建设和党的建设，实现了经济社会又好又快发展。全年全市实现生产总值5547亿元，比上年增长12%；规模以上工业增加值完成2613.8亿元，增长17.2%；全口径财政收入1533亿元，比上年增长17.5%；地方公共财政预算收入606.7亿元，比上年增长20.8%；固定资产投资3561.2亿元，比上年增长22.7%；社会消费品零售总额2290亿元，比上年增长15.2%；城镇居民人均可支配收入24246元，比上年增长12.2%；农民人均纯收入12531元，比上年增长13.4%。郑州市被授予国家跨境贸易电子商务试点城市、国家创新型试点城市、国家知识产权示范城市、全国人口和计划生育工作先进集体等称号，入选首批国家知识产权示范城市、国家中小商贸流通企业服务平台建设试点城市、国家肉菜追溯体系建设试点城市、国家首批“公交都市”建设示范工程创建城市和全国数字城市建设示范城市，创建全国双拥模范城实现“六连冠”，城市知名度、美誉度进一步提升。

2012年，中共郑州市委认真落实省委、省政府关于加快推进中原经济区建设的决策部署，立足于“全国找坐标、中部求超越、河南挑大梁”，围绕“两不三新”三化协调科学发展路子，深化梳理郑州都市区建设的内涵和目标路径，科学确定郑州都市区空间布局、功能分区和产业布局，分层级制定了郑州都市区建设三年行动计划和五年发展规划，确定了近期建成“一区两城”（中原经济区核心增长区和国家重要的区域性中心城市、最佳宜居环境城市），远期建成“两区两城”（全国“三化”协调科学发展示范区、现代航空都市区和国家中心城市、世界文化名城）的目标定位，为郑州都市区建设明确了方向和路径。

【新型城镇化建设】 2012年，郑州市坚持以新型城镇化为引领，城市综合承载能力显著提升。按照“核心带动、轴带发展、节点提升、对接周边”的原则和“做强主城、做优县城、发展集（聚区）镇、建设社区”的思路，确立了“一主、三区、四组团、36个产业集聚区、27个新市镇、183个新型农村社区、56个历史文化风貌特色村”的空间布局，以交通道路、生态廊道、四类社区、组团起步区、中心城区功能提升和产业集聚区建设等“六个切入点”为载体，强力推进新型城镇化建设。截至年底，全市共绿化生态廊道2592万平方米，收储和争取土地指标6666.67公顷，开工四类社区项目319个，完成批发市场外迁23家。郑东新区实现“十年建新城”目标，郑州新郑综合保税区建设稳步推进。全市城镇化率达到66.3%。

【现代产业体系构建】 2012年，郑州市坚持以现代产业体系构建为支撑，经济发展方式转变迈出坚实步伐。

制定实施工业发展“三年倍增、五年超越”行动计划，重点培育七大工业主导产业，建设2个超5000亿、6个超1000亿产业基地。郑煤集团、豫联集团、宇通集团进入中国500强企业。全年销售收入超百亿元企业达到11家，富士康、河南中烟、宇通集团销售收入分别突破1000亿元、400亿元、300亿元。

加快推进服务业发展，重点培育七大服务业主导产业，建设“一枢纽十中心”。全年服务业增加值完成2232亿元，增长9%；实现投资2120亿元，增长26%。郑东新区入驻金融机构125家，成功列入首批国家电子商务示范基地。联通中原数据基地、中国家居CBD郑州产业园、华夏银行郑州分行、华南城等项目开工建设，方特欢乐世界、万达广场建成开业。

加快发展都市型现代农业，大力推进高标准粮食生产功能区和现代农业示范区建设，全年粮食总产量达到169.5万吨，实现“十连增”。现代农业示范“136”工程全面启动。农业产业化经营步伐持续加快，思念、好想你、雏鹰等五大农业产业化集群粗具规模，中牟观光农业示范区形象初显。

【“坚持依靠群众、推进工作落实”长效机制建设】 2012年，中共郑州市委扎实推进以网格为载体的“坚持依靠群众、推进工作落实”长效机制建设。

11月21日，全市传达贯彻党的十八大精神大会召开

围绕实践党的群众路线，以解决群众办事难和维护群众合法权益为目标，以体制机制改革创新为切入点，按照“条块融合、职责明确、联动负责、逐级问责、网格覆盖”的原则，构筑“三级网格、四级平台、五级联动”的社会管理新机制，着力构建基层服务、公共管理和群众自治有效衔接、互为支撑的治理结构，推动领导管理方式从被动处置问题向主动发现问题、解决问题转变，从事后执法向源头管理服务转变，从突击式、运动式履行职责向常态化、制度化履行职责转变。市委常委带头分包县（市）区，坚持每周末到联系点蹲点调研。市委常委会把网格化管理工作列入固定议题。以经八路办事处、老鸦陈办事处、新郑市梨河镇为试点，在全市持续推进网格化管理工作，营造稳定、有序、和谐的发展环境和群众生活环境。至2012年底，全市共建立一级网格198个、二级网格3024个、三级网格18099个，下沉人员4.5万人；全市共排查出两大类20项问题286528个，办结（调处）280541个，办结率达97.9%。

8月21日，郑东新区金融集聚核心功能区建设情况说明会暨项目签约仪式举行

【改革开放与招商引资】 2012年，郑州市大力实施开放创新双驱动战略，增强发展活力。以国内外500强和行业前20强企业为重点，引进具有国际影响力、国内辐射力、国内外资源整合力的“三力”型项目。全年实现外商直接投资34.3亿美元，比上年增长10.6%；争取省以上重点项目484个；签约亿元以上项目145个，总额2975亿元；市属及以下出口总值完成210亿美元，增速居全国35个大中城市第一位。加快科技进步创新，推动转型发展。全市研发投入占GDP比重的1.7%；高新技术产业产值达到3000亿元，比上年增长26.8%，增速居全国27个省会城市第七位。国家专利审查河南协作中心和首家国家知识产权创意产业试点园落户郑州，全市专利授权量达到9000件。实施郑州新区、行政区与产业集聚区套合、城乡规划土地建设管理和投融资工作“六统一”机制改革。精简政府审批事项26项。全年新增融资1014.7亿元，实现融资工作新突破。深入推进文化体制改革，9家文艺院团、3家非时政类报刊出版单位完成改制。

【民主法治建设】 2012年，中共郑州市委努力维护社会公平正义。支持市人大及其常委会依法行使立法权、监督权、任免权和对重大事项决定权。《郑州市劳动用工条例》在全国开创劳动关系规范协调工作先河。支持市政协围绕团结和民主两大主题，履行政治协商、民主监督、参政议政职能。做好新形势下的统一战线工作，民族、宗教、对台、侨务等工作得到进一步加强。深入推进依法治市，全面落实“六五”普法规划。支持工会、共青团、妇联等人民团体依照法律和各自章程开展工作。

【城市软实力建设】 2012年，郑州市城市软实力建设各项工作深入推进。以创建国家公共文化服务体系示范区为抓手，市、县（市）区、社区（行政村）三级公共文化服务体系建设基本完成，全国城市文明程度指数测评郑州市居省会/副省级城市序列第七名。舞剧《水月洛神》获中宣部“五个一工程”优秀作品奖。郑州老奶奶庙旧石器时代遗址入选“2011年度全国十大考古新发现”。成功举办了壬辰年黄帝故里拜祖大典、第九届中国郑州国际少林武术节、2012世界旅游城市市长论坛等活动。

【美丽郑州建设】 2012年，郑州市大力推进平安、幸福、美丽郑州建设。扎实做好信访工作，涉法涉诉案件化解工作居全国省辖市第一位，受到中央政法委通报表彰。切实做好党的十八大期间维稳、涉日游行事件处置等工作，在党的十八大召开期间没有发生来自郑州的干扰。深入开展重点行业和重点领域专项整治，社会大局持续稳定。全年民生领域共投入资金444.2亿元，占全市公共财政预算支出比重达到63.4%。民生“十大实事”基本完成。市区新建改建中小学校30所、幼儿园96所，新增城镇就业再就业人员13.6万人，开建保障性住房51999套，医院新增床位2500张，新农合参合率达到98.8%。推进“畅通郑州”工程建设，向社会公开发布《畅通郑州白皮书（2012-2014）》，京广快速路建成通车。打通市区断头路20条，新建停车场334处，新增车位61680个。积极推进国家森林城市创建工作，完成造林19913.3公顷。实施生态水系提升规划，南水北调配套工程有序推进，龙湖调蓄工程建成蓄水。监测并发布PM2.5信息，大力推进大气污染防治。万元GDP能耗下降3.5%。

【党的建设】 2012年，中共郑州市委着力提升党的建设科学化水平。认真做好迎接党的十八大召开和学习宣传贯彻党的十八大精神各项工作，扎实开展党员干部教育培训和读书竞赛活动，圆满完成县（市）区人大、政府、政协领导班子及乡（镇）政府换届。运用“一评三考”竞争性方式，选优配强县（市）区领导班子，树立了良好的用人导向。持续优化人才发展环境，实施“123人才工作计划”。继续深化“创先争优”活动，扎实推进“基层组织建设年”活动，开展“三亮、三创、三评”和“双百夺旗争星”活动。金水区委和4个基层党支部被评为全国先进基层党组织。深化农村党建“三级联创”，选派256名机关干部担任后进基层党组织第一书记，以点带面，促进基层组织建设。严格落实党风廉政建设责任制，持续开展“四会一课”廉政教育，积极推进公务用车和公务接待制度改革。加大案件查办力度，各级纪检监察机关共初核案件线索669件，党政纪处分823人，为国家和集体挽回直接经济损失3164万余元。加强作风建设，密切联系群众。按照责权明确、有机统一、整体效能的要求，建立市级领导班子工作运行机制、市委市政府日常应急处置工作机制、督查考核奖惩机制“三大机制”，形成“党委统一领导、政府分工负责、人大政协通力合作”的工作格局。认真贯彻中央、省委关于改进工作作风、密切联系群众的有关文件精神，研究制订具体落实措施，市委常委带头落实，推动全市上下工作作风转变。

（程嵩峰 刘跃亭 李松贵 司现仓 郑宏杰 张泽建 丁 宁）

市委重要会议

【省会城市规划建设情况汇报会】 2012年8月16日，省委副书记、省长郭庚茂在郑州市主持召开省会城市规划建设情况汇报会，研究郑州城市规划建设问题。省委常委、市委书记吴天君，省人大常委会副主任王文超，副省长张大卫、赵建才，省政协副主席邓永俭，省军区副司令员罗爱国等参加会议。

郭庚茂强调，要按照《国务院关于支持河南省加快建设中原经济区的指导意见》的要求，牢牢把握修订完善省会城市建设规划的基本要求：一要明确大枢纽、大产业、大都市和全国区域中心城市的"三大一中"目标；二要贯穿航空经济、组团发展、智能城市、集约紧凑、生态环保等现代理念；三要遵循科学发展、"三化"协调等原则。他要求，郑州市要对规划总体思路、系统布局、老城区问题等进行深入探索，科学论证，抓紧修订完善、分步实施，加快推进郑州都市区建设。

【市委十届三次全体（扩大）会议】 2012年7月15日，市委十届三次全体（扩大）会议在郑州国际会展中心召开。市委常委吴天君、马懿、王璋、胡荃、舒庆、赵瑞东、高建慧、郭锝昌、孙金献、薛云伟、王跃华、黄保卫、张建慧出席会议。会议由市委副书记王璋主持。本次会议的主要任务是总结2012年以来的工作，对郑州都市区当前和今后一个时期的工作进行安排部署。会议要求，全市各级党组织和广大党员干部要进一步拉高标杆、统一思想，凝心聚力抓发展，不辱使命挑大梁，敢于担当走前头，圆满实现"保增长、调结构、促转型"的工作目标，全面加快建设中原经济区核心增长区、全国重要的区域性中心城市和最佳宜居环境城市，努力开创郑州都市区建设工作新局面。

市长马懿代表市委常委会向全委会报告工作。他指出，下半年要重点抓好九个方面工作：一是抓投资，加快重大项目建设；二是抓产业，提升保增长内在动力；三是抓招商，增强经济发展活力；四是抓创新，加快推进新型城镇化；五是抓平台，强力推进郑州航空港经济综合实验区建设；六是抓融资，打造郑州龙湖金融集聚区；七是抓运行，加强经济监测调节；八是抓民生，营造和谐的发展环境和生活环境；九是抓机制，不断提升网格化管理水平。

省委常委、市委书记吴天君结合赴成都、长沙、合肥考察情况指出：一要充分认识全国各地的竞争态势，在争先创优上保持清醒忧患；二要充分认识郑州在中原经济区中的责任担当，在服从服务大局上保持清醒忧患；三要充分认识郑州当前面临的难得机遇，在借机发展上保持清醒忧患。要突出"三大主体"工作：一是坚持以新型城镇化为引领，加快推进郑州都市区建设；二是坚持内涵与外延并重，加快构建可持续发展的现代产业体系；三是坚持完善以网格为载体依靠群众推进工作落实的机制，营造稳定、有序、和谐的发展环境和群众生活环境；四是坚持实施开放创新双驱动战略，增强郑州都市区建设的动力和活力。

【市委常委会议】 2012年1月10日，省委常委、市委书记连维良主持召开十届市委第七次常委会议，传达学习省委副书记、省长郭庚茂参加河南省十一届人大五次会议郑州代表团讨论时的重要讲话精神，研究市人大、政协"两会"筹备和富士康项目表彰、创建全国文明城市工作表彰、创文巩固提升工作。

6月4日，市委常委会研究决定，在全市深入开展向杨华民同志学习活动。会议学习传达了省委书记卢展工相关讲话和批示精神，并原则讨论通过了《中共郑州市委关于在全市开展向杨华民同志学习活动的决定》。

6月20日，省委常委、市委书记吴天君主持召开市委常委（扩大）会议，传达贯彻中共中央政治局常委李长春在河南调研时的重要讲话精神和省委书记卢展工在省委九届四次全会上的重要讲话精神。吴天君强调，一要认真学习、深刻领会讲话精神；二要增强政治坚定性、政治敏锐性和政治鉴别力；三要牢牢把握持续求进的总基调，努力开创各项工作新局面。

8月14日，省委常委、市委书记吴天君主持召开市委常委会，进一步学习贯彻胡锦涛总书记在省部级主要领导干部专题研讨班开班式上的重要讲话精神，研究部署当前和今后一个时期重点工作。吴天君指出，要把学习贯彻胡锦涛总书记重要讲话精神作为当前的重大政治任务切实抓紧抓好，一是加强学习，二是加强宣传，三是深入贯彻。坚持把学习贯彻讲话精神与加快推进郑州都市区建设"三大主体"工作、"保增长、调结构、促转型"和强化党员干部队伍建设相结合，以优异成绩迎接党的十八大胜利召开。

8月28日，省委常委、市委书记吴天君主持召开市委常委会，深入贯彻学习省长郭庚茂在郑州调研时的重要讲话精神，研究部署当前和今后一个时期重点工作。吴天君指出，一是要把思想统一到省长郭庚茂对当前形势的判断上来，增强"抢抓机遇、转型升级、承接转移、超越发展"的信心和决心；二是要提高站位，进一步论证和完善郑州都市区空间布局规划和三年行动计划；三是围绕着力扩需求、创优势、解瓶颈、惠民生，确保经济平稳较快增长。

11月18日，省委常委、市委书记吴天君主持召开市委常委(扩大)会议，传达学习党的十八大会议精神，对进一步做好当前的各项工作进行安排部署。吴天君强调，全市各级党组织和广大党员要把学习宣传和贯彻落实党的十八大精神作为当前首要的政治任务，进一步深化对郑州市"三大主体"工作的认识，加快推进郑州都市区各项建设。

12月17日，省委常委、市委书记吴天君主持召开市委常委会，传达学习习近平总书记重要讲话精神和中央政治局关于改进工作作风、密切联系群众的八项规定及实施细则，研究部署全市贯彻落实措施。会议强调，一要持续发扬已有的好做法，坚持不懈地推进以网格为载体依靠群众推进工作落实机制；二要紧密联系实际，研究制定贯彻落实中央八项规定的具体实施办法；三要与当前工作相结合，高度关注和切实做好事关民生的各项工作；四要切实加强领导。

12月17日，市委召开常委会，研究外来务工人员工资清欠及服务管理工作、流浪乞讨人员管理救助工作、困难群体救助等工作。会议要求，要按照政府主导、社会参与、市场运作的方式，加快建立完善适应用工市场需求、零工需要的就业和生活帮扶体系。要依托网格化管理，分类研究帮扶措施，不断提高社会保障和救助工作水平。

12月24日，市委召开常委会，传达贯彻省委常委（扩大）会议精神。省委常委、市委书记吴天君主持会议并对贯彻落实工作提出要求。会议强调，要以更高的标准落实好中央和省委的决策部署；要发挥好领导示范作用，以务实重做树立务实郑州形象；要按照"强投资、夯基础、调结构、求提升"的总体要求，科学谋划2013年各项工作。

12月30日，市委召开常委会议，传达学习省委九届五次全会和省委经济工作会议精神，研究贯彻落实工作。省委常委、市委书记吴天君主持会议并讲话。会议要求：一要认真学习，领会精神，认清责任；二要深入谋划，加快推进郑州都市区建设；三要转变作风，确保各项目标实现。会议研究通过了《市委关于改进工作作风、密切联系群众二十条规定》。

【全市领导干部会议】 2012年2月6日，中共郑州市委召开全市领导干部会议，传达省委关于中共郑州市委主要领导职务调整的决定。省委副书记、组织部部长邓凯，连维良、吴天君同志出席会议并分别作重要讲话，市长马懿主持会议并讲话。经省委研究决定，吴天君同志任中共郑州市委委员、常委、书记，连维良同志不再担任中共郑州市委书记、常委、委员职务，中央另有任用。

邓凯在讲话中对郑州市领导班子提出了四点希望：一是要认清责任，在中原经济区建设中"挑大梁、走前头"；二是要提升能力，建设团结坚强

2月6日，全市领导干部会议召开，传达省委关于郑州市委主要领导职务调整的决定

的领导集体；三是要改进作风，形成务实发展的良好风气；四是要着力民生，使全市人民共享改革发展成果。吴天君在讲话中表示，一定会把组织的信任和人民的重托化作前进的动力，充分发挥市委班子的集体智慧，全力维护团结发展大局，狠抓各项既定工作落实，全心全意为人民谋求更大福祉，切实加强勤政廉政建设，圆满完成"十二五"规划和郑州都市区建设的各项预期目标任务。马懿在讲话中要求全市各级党组织和广大党员干部要认真贯彻落实邓凯同志代表省委所作的重要讲话精神，自觉把思想和行动统一到省委的决定和要求上来，努力把郑州的事情办得更好。

【新型城镇化建设重要会议】 全市新型城镇化建设推进大会 2012年2月16日，全市新型城镇化建设推进大会召开。省委常委、市委书记吴天君出席会议并讲话，市长马懿主持会议并讲话。会议强调，全市上下要全面加快郑州都市区建设，在全省率先走出一条新型城镇化引领"三化"协调科学发展的路子，切实担当起在中原经济区建设中"挑大梁、走前头"的责任使命。吴天君要求，要明晰理念，把握方向，准确理解新型城镇化的丰富内涵；明确载体，持续推进，以大刀阔斧、势如破竹之势，迅速掀起新型城镇化建设热潮；坚定不移地抓住新型城镇化建设六个切入点，强力推进；加强组织，强化督查，建立责任、有序、高效的推进机制，以领导方式转变加快新型城镇化进程。马懿要求，要突出重点抓落实，创新机制抓落实，强化措施抓落实，只争朝夕抓落实。

新型城镇化工作观摩会、现场会 2012年3月6日，省委常委、市委书记吴天君，市长马懿带领各县（市）区和市直有关部门负责人对全市新型城镇化推进情况进行集中观摩，并连夜召开工作推进会，对当前工作进行安排部署。吴天君强调，各级各部门要进一步统一思想、提高站位，发挥政治优势，坚持依靠群众，以时不我待、只争朝夕的精神，以大刀阔斧、势如破竹的气势，迅速掀起交通道路和生态廊道建设热潮。

3月21日，全市交通道路和生态廊道建设第二次观摩会召开，现场察看工程建设情况，交流工作经验，安排部署下一阶段工作。省委常委、市委书记吴天君在会上要求，一要深化认识，进一步增强自觉性和主动性；二要克难攻坚、乘胜前进，着力实现各项工程建设效益最大化；三要强化部门责任，统筹推进后续建设，如期实现建设目标；四要加强领导，创新举措，确保各项工作健康有序推进。市长马懿参加观摩活动并主持会议。

4月10日，全市交通道路和生态廊道建设第三次观摩会召开，实地察看部分市域快速通道、生态廊道和"两环十五放射"道路建设进展情况，安排部署下一阶段工作。省委常委、市委书记吴天君要求，一要坚持规划先行；二要坚持交通先行；三要坚持基础设施支撑；四要加快新型农村社区建设；五要按"五通七有"标准配建或设计四类社区公共设施；六要建立完善市、县、乡支撑新型农村社区建设的政策机制。市长马懿参加观摩活动并主持会议。

5月4日，市委、市政府召开"两环十五放射"市域快速通道及生态廊道工作推进现场会。省委常委、市委书记吴天君在会上强调，各级各部门要进一步增强责任感和紧迫感，全力推进，确保如期完成建设任务。切实强化五种理念：一是统筹的理念；二是集群、集聚、集约、内涵式发展的理念；三是为民的理念；四是运营的理念；五是善用媒体、依靠群众、依法行政的理念。

5月15日，全市新型城镇化建设推进现场会在新密市召开，主要任务是研究"三化"协调科学发展的空间布局，明确各县（市）区新型城镇化建设的工作重点，推进基础设施建设，出台有关政策，全面推进新型城镇化建设。省委常委、市委书记吴天君强调，要深化认识，坚定信心，突出重点，创新方法，围绕"五个一"（一个"三化"协调发展空间布局规划、一个三年工作行动计划、一个推进实施导则、一个政策支撑体系、一个领导组织体系）工作体系，有序推进以新型城镇化引领"三化"协调发展。市长马懿主持会议。

5月31日，全市新型城镇化建设推进现场会在管城回族区召开。省委常委、市委书记吴天君在会上强调，各级各部门要坚持各项原则，突出重点，注重方法，以"两环十五放射"、市域快速通道建设为带动，扩大战果，纵深推进。要加强组织领导，强化工作措施，创新体制机制，健全考核体系，加大奖惩力度，狠抓各项工作落实。

6月19日，全市新型城镇化交通路

生态廊道

网建设现场会在荥阳市召开。省委常委、市委书记吴天君强调，各级各部门要抢抓季节机遇，乘势而上，迅速掀起县域新型城镇化交通路网建设热潮，加快构建郑州全域城乡一体的路网体系，为郑州长远发展奠定坚实基础。

8月7日，全市新型城镇化合村并城工作现场会在惠济区召开。省委常委、市委书记吴天君强调，要充分认识新型城镇化对郑州都市区建设的重大战略意义和对当前"保增长、调结构、促转型"的重要现实意义，进一步突出重点，明确任务。一是加快撤村并城和城中村改造步伐；二是加快推进"两环十七放射"、十条快速通道和生态廊道建设；三是加快推进中心城区市场外迁。要更好更快地推进新型城镇化建设，以优异成绩迎接党的十八大胜利召开。市长马懿主持会议。

9月14日，全市新型城镇化建设现场会在金水区召开。省委常委、市委书记吴天君强调，要进一步统一思想，坚定信心，切实增强走集约节约内涵式发展之路的自觉性和主动性，切实加大城中村改造、棚户区改造、旧城改造、各类社区建设推进力度，全面加快推进新型城镇化建设。市长马懿参加会议。

10月17-18日，全市新型城镇化建设现场观摩会在新郑召开。省委常委、市委书记吴天君强调，要认清大局，把握大势，进一步统一思想，提高认识，突出重点，务求实效，加快推进四类社区、新城镇、生态廊道、交通路网建设等新型城镇化建设各项工作，以优异的成绩迎接党的十八大胜利召开。市长马懿主持会议。

11月17日，全市新型城镇化生态廊道建设观摩会召开。省委常委、市委书记吴天君在会上强调，各级各部门要以学习贯彻党的十八大精神为契机，强化共识，强化措施，抓住有利时机，突出工作重点，乘势扩大战果，促进新型城镇化各项建设取得更大突破。一要集中力量加快生态廊道建设，二要集中力量加快推进以道路为先导的拆迁工作，三要集中力量做好拆迁群众安置工作，四要统筹做好当前各项工作。市长马懿主持会议。

12月5日，全市新型城镇化建设现场观摩会召开。省委常委、市委书记吴天君强调，要抢抓有利时机，加快推进生态廊道、城乡交通路网和拆迁安置房等建设；同时，按照"强投资、夯基础、调结构、求超越"的要求，统筹谋划好2013年各项工作，确保新型城镇化三年行动计划顺利实施。市长马懿参加会议。

郑州都市区五年建设规划及2012年城建工作会议 2012年3月13日，市委、市政府召开郑州都市区五年建设规划及2012年城建工作会议。省委常委、市委书记吴天君要求：一要充分认识郑州都市区建设的必要性和紧迫性，切实增强责任感和使命感；二要深刻把握郑州都市区的内涵，切实增强推进交通道路等基础设施建设的主动性和自觉性；三要突出郑州都市区载体功能提升，统筹推进新型城镇化六项重点工作；四要贯彻依法依规、为民惠民理念，用好政策，创新措施，破解资金、土地等瓶颈制约，迅速掀起郑州都市区建设新高潮。

5月15日，全市新型城镇化建设推进现场会在新密市召开

全市新型城镇化建设讲评会 2012年6月13日，全市新型城镇化建设讲评会召开，听取各县（市）区、开发区新型城镇化建设工作进展情况汇报，对下一步重点工作进行安排部署。省委常委、市委书记吴天君强调，各级各部门要围绕新型城镇化建设"三年行动计划"和2012年的工作重点，坚定信心，突出重点，统筹推进，巩固和保持好当前新型城镇化建设的良好势头。一是要全力以赴加快"两环十七放射"、十条快速通道的建设；二是要突出抓好县域路网建设、"四类"社区建设和中心城区批发市场外迁工作；三是要坚持依靠群众，通过网格化管理长效机制推进城市管理水平提升。要依法行政，确保新型城镇化健康发展。一是要坚持规划的科学性和严肃性；二是要坚持政府主导、群众主体；三是要坚持群众自愿，切实维护群众利益；四是要依法行政，依法依规推动各项工作开展；五是要主动融入，创新工作。

【现代产业体系构建重要会议】 **全市新型工业化暨重点项目和产业集聚区建设推进大会** 2012年4月24日，全市新型工业化暨重点项目和产业集聚区建设推进大会召开，安排部署今后一个时期工作，动员全市上下以新型工业化为主导、以产业集聚区为载体、以重点项目为抓手，统筹"三化"协调发展，加快推进郑州都市区建设。省委常委、市委书记吴天君强调，要认真学习借鉴外地市先进经验，牢固确立新型工业化在"三化"协调发展中的主导地位，以实施"三年倍增、五年超越"行动计划为抓手，全面加快新型工业化进程，实施重点项目带动，推进产业集聚区建设，提升发展载体功能。市长马懿对新型工业化暨重点项目和产业集聚区建设工作进行部署，强调要突出抓好六个方面工作，即加快产业结构调整，着力构建现代工业体系；优化产业布局，着力推动工业集群集聚发展；围绕"招大引强"，积极承接产业转移；实施"扶优扶强"工程，着力提高企业竞争力；加快推进"两化"深度融合，着力提高工业信息化水平；积极转变发展方式，着力提升可持续发展能力。

全市重大项目推进工作例会 2012年2月14日，省委常委、市委书记吴天君主持召开全市重大项目推进工作例会，听取部分重大项目规划建设情况汇报，协调解决项目推进中遇到的困难和问题。吴天君强调，一要持续项目带动这一抓手，明确工作理念、工作方向和工作重点；二要完善项目例会制度，着力提升项目例会的效率和效益；三要抓住项目运作这一关键，提升谋划推进项目的能力和水平。

6月4日，省委常委、市委书记吴天君主持召开全市第七十六次重大项目推进工作周例会，听取郑州航空港经济综合实验区规划建设、向国家发改委申报项目、"四类"招商项目、郑东新区金融集聚区等行动计划和工作推进情况汇报，研究如何抢抓国家宏观调控政策的机遇，以项目建设为带动，加快郑州都市区建设。市长马懿出席会议。

6月11日，省委常委、市委书记吴天君主持召开全市第七十七次重大项目推进工作例会，研究郑州航空港经济综合实验区建设、中原经济区发展规划涉及郑州市重大事项、汽车产业发展行动计划、南水北调桥梁项目建设等工作。市长马懿出席会议。

2月25日，全市转变领导方式创新党务工作大会召开

全市服务业发展和对外开放大会　2012年6月14日，全市服务业发展和对外开放大会召开，安排部署全市服务业发展和对外开放工作。省委常委、市委书记吴天君指出，郑州市服务业发展的总体思路是，以建设国家级现代服务业基地为目标，以现代物流业、现代商贸业、现代金融业、高技术服务业、文化创意旅游业、房地产业和公共服务业七大主导产业为重点，加快建设“一枢纽十中心”。他强调，全市上下要提高站位，把握机遇，突出重点，创新理念，坚持服务业优先发展，深化和扩大对外开放。市长马懿分析了郑州市服务业发展的现状及面临问题，并要求要进一步优化产业布局，加快航空港经济综合实验区建设、金融集聚核心功能区建设、中心城区市场外迁，强化开放带动，努力提升经济外向度。

现代产业体系构建督查讲评会　2012年10月8日，省委常委、市委书记吴天君主持召开现代产业体系构建督查讲评会。市长马懿对下一步工作提出三点要求：一要提高认识，把握内涵，深刻理解构建现代产业体系的战略意义；二要精心谋划，巧于运作，强力推进可持续发展的现代产业建设；三要强化保障，狠抓落实，加快形成构建现代产业体系的强大合力。吴天君要求，全市上下要明确任务，强化运作，努力推进现代产业体系构建工作取得新突破，确保“三大主体”工作协调推进，确保全年“稳增长、调结构、促转型”各项目标任务圆满完成。

【党务工作重要会议】　全市转变领导方式创新党务工作大会　2012年2月25日，市委召开全市转变领导方式创新党务工作大会。2012年，全市党务工作的总体要求是：围绕“全国找坐标、中部求超越、河南挑大梁”的目标，强化群众观点，坚持群众路线，转变领导方式，创新党务工作，构建坚持依靠群众推进工作落实的长效机制，为加快推进郑州都市区建设提供坚强政治保障。省委常委、市委书记吴天君在讲话中指出，要充分认识新形势下强化群众观点、坚持群众路线的重要性和必要性，准确把握党务工作的正确方向，全面开创各项党务工作新局面。要突出重点，务实重做，着力构建“坚持依靠群众推进工作落实”长效机制。

“坚持依靠群众、推进工作落实”长效机制推进大会　2012年4月27日，全市“坚持依靠群众、推进工作落实”长效机制推进大会在省人民会堂召开。会议号召，全市上下要以金水区经八路办事处、惠济区老鸦陈办事处、新郑市梨河镇为模板，落实省委着力基层、着力基础、“三具两基一抓手”的要求，在全市范围内建立“全覆盖、无缝隙”的网格化管理体系，深化“坚持依靠群众、推进工作落实”长效机制建设，努力营造稳定、有序、和谐的发展环境和群众生活环境，为中原经济区郑州都市区建设提供有力保障。省委常委、市委书记吴天君就建立以网格化管理为载体的“坚持依靠群众、推进工作落实”长效机制建设进行了安排部署，并强调建立网格化管理体系，必须明确一个目标、坚持两个原则、细划三级网格、搭建四级平台、形成五级联动。市长马懿要求，一要提高站位抓推进，二要把握根本抓推进，三要突破难点抓推进，四要加强领导抓推进，五要完善机制抓推进。

全市领导干部廉政谈话会　2012年9月13日，市委召开领导干部廉政谈话会。省委常委、市委书记吴天君要求，全市各级领导干部要坚定理想信念，筑牢廉政思想根基；强化宗旨意识，自觉做到勤政为民；提高个人修养，增强拒腐防变能力；强化责任意识，切实做到履职尽责。要自觉做到警钟长鸣、信念坚定、防微杜渐、廉政勤政，为党的十八大胜利召开营造一个风清气正、清新和谐、稳定有序的社会环境。市长马懿主持会议。

12月27日，全市领导干部廉政教育谈话会在郑州监狱召开，安排部署元旦、春节期间党风廉政建设工作。通过服刑人员现身说法，使与会领导受到了深刻教育。省委常委、市委书记吴天君要求，各级领导干部要以案为鉴，以案明纪，吸取教训，加强党性锻炼，坚定理想信念，强化责任落实，持续深入推进党风廉政建设。市长马懿出席会议。

加强党的作风建设报告会　2012年11月21日，郑州市学习宣传贯彻党的十八大精神、加强党的作风建设报告会在郑州国际会展中心举行，邀请全国人大常委会委员、法律委员会副主任委员、中组部原常务副部长、人事部原部长张柏林为全市领导干部作专题报告。省委常委、市委书记吴天君主持报告会，市长马懿出席会议。张柏林围绕“深入贯彻党的十八大精神，加强党的作风建设”这一主题，结合十八大的新要求和郑州发展面临的新形势，从不同角度、不同侧面深刻阐述了作风建设的意义、内涵和标准要求。

全市传达贯彻党的十八大精神大会　2012年11月21日，全市传达贯彻党的十八大精神大会在郑州国际会展中心召开。会议传达学习了党的十八大、十八届一中全会和省委全委扩大会议精神，动员全市上下迅速兴起学习贯彻十八大精神热潮，切实用十八大精神统一认识、凝聚力量、坚定信心、指导工作，努力开创郑州都市区建设各项工作新局面。省委常委、市委书记吴天君要求，全市上下要把学习宣传和贯彻落实十八大精神作为当前的首要政治任务和推进各项工作的载体抓手，精心组织，加强领导，求实求效，确保全年各项工作有一个圆满的收官，2013年有一个良好的开局。市长马懿主持会议。

【其他重要会议】　创建全国文明城市总结表彰暨巩固提升工作会议　2012年1月29日，郑州市创建全国文明城市总结表彰暨巩固提升工作会议在郑州国际会展中心召开。省委常委、市委书记连维良作重要讲话，代市长马懿主持会议。就如何向更高水平的文明城市迈进，连维良要求，一要以更加有效的措施推进经济发展；二要以更加有效的措施改善民生；三要以更加有效的措施推进文明城市创建；四要以更加有效的措施加强党政机关自身建设；五要以更加有效的措施加强社会法制、诚信、道德建设。会上对先进集体和个人进行了表彰。

全市党政联席会议　2012年2月7日，省委常委、市委书记吴天君主持召开党政联席会议。会议强调，要认真学习贯彻省委书记卢展工关于郑州市要发挥龙头作用、重心作用、示范带动作用和“挑大梁、走前头”的指示精神，以及省委副书记、组织部部长邓凯在全市

4月7日，市委中心组集体学习会举行

领导干部会议上的指示精神，按照“持续求进、完善提升、开创局面”的总体部署，加大各项工作推进力度，努力实现首季“开门红”。要提升能力、树立形象，建立团结坚强的领导集体。会议就当前重点工作进行了安排部署。

市委中心组集体学习会议 2012年2月20日，市委中心组集体学习会议举行。省委常委、市委书记吴天君在会上强调，必须加强学习，务实重做，完善机制，提升效率，切实加强思想作风和制度建设，建设坚强的领导集体，切实担负起在中原经济区建设中“挑大梁、走前头”的责任使命。市长马懿出席会议。

4月7日，市委举行中心组集体学习会，专题学习《人民日报》评论员文章及河南务实发展相关报道。省委常委、市委书记吴天君强调，全市上下要把思想和行动统一到中央的决策部署上来，在大是大非上头脑清醒，在路线原则上立场坚定，不为困难风险所惧，不为杂音噪音所扰，不为传闻谣言所惑，做到思想上同心同德、目标上同心同向、行动上同心同行。市长马懿主持会议。

12月3日，市委举行中心组集体学习会，专题学习习近平总书记在新一届中央政治局常委媒体见面会和参观“复兴之路”展览时的重要讲话精神，传达《中原经济区规划》主要内容。省委常委、市委书记吴天君强调，要深入学习，深刻领会习近平总书记重要讲话精神，结合学习贯彻党的十八大精神和《中原经济区规划》的落实，切实做好当前各项工作，努力推进郑州都市区建设取得新的更大的成绩。市长马懿参加学习。

市四大班子联席会议 2012年5月22日，省委常委、市委书记吴天君主持召开市四大班子联席会议。会议共有三项议题：分析经济形势，围绕“保增长、调结构、促转型”，研究部署当前经济工作；传达学习5月15日省长办公会议精神，对加快郑州航空港经济综合实验区建设进行动员部署；对以网格为载体的“坚持依靠群众、推进工作落实”长效机制建设进行督察。会议要求，全市上下要以郑州航空港经济综合实验区建设为统揽，以新型城镇化为引领，以新型工业化为主导，以“坚持依靠群众、推进工作落实”长效机制为保障，努力在“保增长、调结构、促转型”上取得新成效，保持经济社会持续快速健康发展。市长马懿出席会议。

全市打击处置非法集资及规范整顿担保机构工作会议 2012年6月20日，全市打击处置非法集资及规范整顿担保机构工作会议召开。会议要求，要突出打击非法集资等金融犯罪，分类处置和规范不同类别担保机构，推进整个行业健康发展，确保全市社会大局和谐稳定。省委常委、市委书记吴天君出席会议并讲话。市长马懿主持会议并讲话。

市委市政府8个工作领导小组讲评会 2012年7月10日，市委、市政府召开工作讲评会，听取由市四大班子领导担任组长、副组长的市农业农村、经济社会发展综合、社会管理和信访稳定、城乡规划建设管理、文教卫体、工业经济科技和安全生产、商贸物流和对外开放、日常应急处置8个工作领导小组上半年工作开展情况汇报，对各领导小组的工作开展进行讲评，并对进一步完善提升领导小组工作机制和做好当前重点工作进行了安排部署。省委常委、市委书记吴天君主持会议并讲话。市长马懿出席会议。

全市科技创新大会 2012年7月11日，全市科技创新大会在市青少年宫隆重召开。会议传达学习了全国科技创新大会精神，对全市科技创新和建设国家创新型城市工作进行了安排部署。大会提出，全市科技创新工作的总体思路是：深入贯彻落实科学发展观，按照建设郑州都市区和国家创新型城市的总体要求，深入实施创新双驱动战略，坚持科技经济紧密结合，建立健全自主创新体系，突出企业创新主体地位，加快提升自主创新能力，努力推动科技成果转化，大力发展高新技术产业，培育发展战略性新兴产业，改造提升传统产业，推动农业和现代服务业科技创新，促进民生科技进步，实现“三年翻番、五年跨越”目标，把郑州建成全国重要的区域创新中心。

省委常委、市委书记吴天君强调，全市上下要从战略和全局的高度，深刻认识建设国家创新型城市的重大意义，深入实施开放创新双驱动战略，不断提升自主创新能力，全面加快国家创新型城市建设，为郑州都市区建设提供有力的科技支撑。市委常委、常务副市长胡荃受市长马懿委托对全市科技创新工作进行安排部署。

省科技厅厅长贾跃代表科技部向郑州市授予国家创新型试点城市匾牌，吴天君代表市委、市政府为获得第四

9月13日，“三化”协调科学发展专题报告会举行

4月6日，郑州市政府与连云港市政府签署《连云港市与郑州市共建国家东中西区域合作示范区战略合作框架协议》

届郑州市科学技术特别贡献奖的焦承尧、王冬成颁奖。

市“三化”协调科学发展专题报告会 2012年9月13日，市“三化”协调科学发展专题报告会在青少年宫举办。省人大常委会党组书记、副主任曹维新为全市领导干部作了题为“一以贯之谋发展，‘三化’协调兴中原”的专题辅导报告，结合“一文九论十八谈”和“何平新九论”，从不同角度、不同侧面对“用领导方式转变加快发展方式转变”重要思想和“三化”协调科学发展路子的深刻内涵、现实特征、根本路径、目标方向进行了深入的解读和阐释。省委常委、市委书记吴天君主持报告会，市长马懿等参加报告会。

规范外来务工人员管理服务和救助流浪乞讨人员工作会议 2012年12月16日，市委、市政府召开规范外来务工人员管理服务和救助流浪乞讨人员工作会议，要求全市各级各部门要进一步完善社会救助帮扶体系，落实责任，加强领导，多策并举，切实加强对外来务工人员的服务和管理工作，加大对社会流浪乞讨人员的救助力度，不断提高社会管理科学化水平，切实解决好困难群众的生产生活问题。省委常委、市委书记吴天君强调，各级各部门要积极探索适合郑州实际的社会救助和帮扶长效机制，服务每一个在郑困难群众。

（程嵩峰 刘跃亭 李松贵 司现仓 郑宏杰 张泽建 丁 宁）

市委重要活动

【概况】 2012年，中共中央政治局常委、全国人大常委会委员长吴邦国，中共中央政治局常委李长春，中共中央政治局委员、国务院副总理王岐山，省委副书记、省长郭庚茂等莅郑视察调研；先后有环境保护部副部长张力军带领的环保部调研组，科技部纪检组组长郭向远、监察局局长余华荣一行，国家知识产权局局长田力普一行，中共中央政治局原委员、十届全国人大常委会副委员长李铁映，常务副省长李克，人大常委会副主任、省总工会主席刘新民率领的服务职工工作组，国家发改委副主任徐宪平带领的国家城镇化专题调研组，省委统战部部长史济春，副省长赵建才，省人大常委会副主任蒋笃运带领的执法检查组，全国人大华侨委员会副主任委员黄华华带领的调研组，济南军区政委杜恒岩上将带领的机关工作组，国家知识产权局副局长贺化一行，国家安全监管总局局长杨栋梁、副局长王德学率领的调研组，省委组织部部长夏杰，副省长张广智，副省长刘满仓，中残联主席张海迪带领的调研组等到郑州进行调研、考察。此外，还先后接待了连云港市党政代表团、山西党政代表团、湖南统战系统代表团、鹤壁市党政考察团、温州市考察团等到郑考察。

【吴邦国到郑州调研】 2012年4月12-17日，中共中央政治局常委、全国人大常委会委员长吴邦国深入郑州、新乡、焦作、洛阳城乡，就加快中原经济区建设、做好改革发展稳定工作等进行调研。全国人大常委会副委员长兼秘书长李建国，省委书记、省人大常委会主任卢展工，省委副书记、省长郭庚茂，省委常委、市委书记吴天君，市长马懿等陪同参加在郑期间的调研活动。

莅郑调研期间，在东风日产（郑州）有限公司，吴邦国要求企业加强自主创新，不断提高核心竞争力；在郑州旭飞光电科技有限公司、保绿能源股份有限公司，吴邦国鼓励大家集中力量突破关键核心技术，抢占战略性新兴产业制高点；在郑州综合交通枢纽、新郑综合保税区、郑州商品交易所、国家动漫产业基地，吴邦国希望河南充分发挥区位优势和历史文化资源优势，大力发展文化创意、交通物流、旅游观光等现代服务业；在郑州大学新校区，吴邦国观看大学生创新成果展示，听取科研情况汇报，勉励广大师生为家乡和国家发展贡献智慧；在郑州鑫苑社区，吴邦国先后到消防体验室、社区监控中心、社区服务中心、社区多功能室，深入了解社区安防、便民服务等内容，对社区一站式服务、老年人证件全程代办等表示赞赏。

调研期间，吴邦国对河南的工作给予充分肯定，并希望河南抓住机遇，开拓创新，扎实工作，走出一条工业化、城镇化、农业现代化协调发展的路子，为全国同类地区“三化”协调发展创造经验，在支撑中部地区崛起和服务全国大局中发挥更大作用。为此，他强调，一要坚持发展是硬道理。二要科学编制和细化中原经济区专项规划。三要积极探索以工促农、以城带乡的有效机制。四要把保障和改善民生放在突出位置。

【李长春到郑州调研】 2012年6月13-17日，中共中央政治局常委李长春先后到洛阳、平顶山、许昌、郑州等地，进企业、入社区、访农户、考察基层文化单位，就贯彻落实党的十七届六中全会精神、加快转变经济发展方式、推进文化改革发展等进行调研。中宣部副部长、文化部部长蔡武，中宣部副部长、国家广电总局局长蔡赴朝，人民日报社社长张研农，新华社社长李从军，中宣部副部长孙志军，新闻出版总署副署长蒋建国，经济日报社社长徐如俊随同调研；省委书记、省人大常委会主任卢展工，省委副书记、省长郭庚茂，省政协主席叶冬松，省委常委、秘书长刘春良，省委常委、郑州市委书记吴天君，省委常委、宣传部部长赵素萍，省人大常委会副主任曹维新，副省长、省公安厅厅长秦玉海等陪同调研。在郑调研期间，市长马懿等陪同调研。

在郑期间，在郑州新郑综合保税区，李长春了解了河南扩大对外开放情况；在郑州市亚星社区，李长春察看基层文化阵地建设情况，希望河南在老城区、老企业改造过程中，抓住薄弱环节，统筹规划和建设社区文化活动中心，努力实现基层公共文化服务设施全覆盖；在国家动漫产业河南基地，李长春实地了解了文化产业发展情况。

调研期间，李长春强调，各级党

8月11日，省委常委、郑州市委书记吴天君调研巩义市千亿级铝工业基地建设情况

委和政府特别是宣传文化部门要深入贯彻落实党的十七届六中全会精神，充分认识推进文化改革发展的重要性和紧迫性，进一步增强文化自觉和文化自信，推动文化体制改革向广度和深度拓展，加快构建有利于文化繁荣发展的体制机制，不断开创文化改革发展新局面，以优异成绩迎接党的十八大胜利召开。他希望河南牢牢把握主题主线，加快中原经济区建设，积极探索工业化、城镇化和农业现代化协调发展的路子，在支撑中部地区崛起和服务全国大局中发挥更大作用。

【王岐山到郑州调研】 2012年2月23–25日，中共中央政治局委员、国务院副总理王岐山到郑州市、许昌市进行调研，并主持召开中小金融机构座谈会。国务院副秘书长尤权，银监会主席尚福林，人民银行副行长刘士余，工商银行董事长姜建清，建设银行董事长王洪章随行调研。省委书记、省人大常委会主任卢展工，省委常委、常务副省长李克，省委常委、秘书长刘春良，省委常委、郑州市委书记吴天君，副省长陈雪枫、赵建才等陪同调研。在郑调研期间，市长马懿等陪同调研。

在新郑市农村商业银行薛店支行，王岐山对该支行通过“公司＋基地＋银行＋农户”，有效解决中小农业企业贷款难的做法表示赞同，并指出在为“三农”搞金融服务时，既要服务好龙头企业，还要兼顾到没有组织起来的农村小微企业。在郑州市中小企业担保有限公司，王岐山仔细了解了公司发展、业务开展、风险控制等情况，并强调，担保业发展重要的是规范经营，增强风险意识，稳中求进；同时，要积极探索和创新组织管理形式，通过行业协会等组织形式来加强自律，随时掌握行业情况和不良苗头，做到风险早发现、早报告、早处置。在郑期间，王岐山还考察了郑州新郑综合保税区和郑东新区。

调研期间，王岐山强调，“三农”和小微企业关乎促进就业、改善民生、经济发展和社会稳定的大局。要认真落实中央经济工作会议和全国金融工作会议精神，推进金融体制机制改革和组织制度创新，优化金融结构和布局，促进中小金融机构健康发展，努力破解“三农”和小微企业融资难题，更好地服务于实体经济。

【郭庚茂到郑州考察】 2012年2月3日，省委副书记、省长郭庚茂带领省重点项目观摩点评组第一组，对郑州市产业集聚区发展和重点项目建设进行观摩点评。省委常委、市委书记连维良参加了第一组观摩活动。在郑考察期间，市长马懿等陪同考察。

省观摩点评组先后到中牟汽车产业集聚区、郑州航空港产业集聚区，考察了中国（郑州）国际汽车后市场产业园项目、郑州日产汽车有限公司中牟工厂技术改造项目、郑州新郑综合保税区一期项目、富士康IT产业园、富士康手机生产线等重点项目。

郭庚茂强调，当前经济领域的竞争已由单个技术产品的竞争转化为配套能力的竞争，形成不了产业集群就难以在激烈的市场竞争面前有竞争力。因此，各地在发展中一定要抢抓产业转移机遇，强化要素集聚，瞄准一个方向，突出发展一个主导产业，迅速做大产业规模，以最大限度地体现产业集聚区的综合效应。

【郭庚茂到郑州调研】 2012年8月13–16日，省委副书记、省长郭庚茂到安阳、濮阳、郑州三市调研。其中，8月15–16日，郭庚茂到郑州市中牟县、巩义市、高新区、新密市的产业集聚区，对豫联能源、巩义市千亿吨铝及深加工基地、格力电器、新密千亿级耐材基地、中牟现代农业示范区等企业和项目进行了现场考察，并对各地的产业集聚区路网建设、招商引资、产能扩建项目等进行了考察。在郑调研期间，省委常委、市委书记吴天君，省政府秘书长郭洪昌，市长马懿等陪同调研。

调研期间，郭庚茂要求，各级各部门要认真落实省委、省政府的既定部署，把稳增长、保态势放在突出位置，作为当务之急；把扩大开放、承接产业转移作为保增长、稳态势的关键举措；要抓难点，高度重视困难行业、困难企业的解危扶困问题；要强化政府服务，营造良好发展环境，努力遏制下行势头，保持全省经济平稳较快增长。他强调，政府、企业及企业之间、金融机构等各个方面一定要团结一心、共克时艰，形成稳增长、保态势的强大合力。

【郑州市党政考察团赴成都长沙合肥学习考察】 2012年7月11–14日，省委常委、市委书记吴天君，市长马懿率领郑州市党政考察团，赴成都、长沙、合肥三地学习考察。通过参观考察三地的经济社会发展重大工程和重点项目，实地学习感悟三个城市经济社会发展的先进经验，认真查找郑州市在城乡一体化、现代产业体系建设、城市规划建设管理等方面存在的差距，深入分析郑州的比较优势，反复思谋立足岗位加快推进郑州发展的方法措施。

吴天君指出，学习借鉴先进地区的成功经验，要在四个方面做真功、求实效：认清自己，切实增强危机感；找准自信，切实增强紧迫感；明白责任，切实增强运作能力；重点超越，切实增强工作推进力度。以更高的站位、更大的责任、更好的担当、更实的措施，努力赶超先进，持续加快发展，全面推进郑州都市区建设。

【吴天君率团出访日本加拿大美国】 2012年7月18–29日，省委常委、市委书记吴天君率团对日本、加拿大和美国进行友好访问。访问期间，先后走访了十余家知名企业、培训机构和政府部门，考察了4个机场，召开了1次新闻发布会和1次通航产业专题研究会，出席了6次会见活动，签订了3个合作协议，推动了日产汽车、林肯电器、庞巴迪飞机维修等产业投资项目进展。

吴天君表示，此次考察的重要收获是，对美国等发达国家通用航空产业有了较全面的了解，对全球飞机制造业、航空业发展现状和未来走势有了全新的把握，进一步提高了认识，更新了观念，理清了思路，坚定了信心。要紧紧抓住国家实施低空空域改革和大力促进航空产业发展之机，以郑州航空港经济综合实验区建设为统揽，对全市的通用航空产业进行高起点谋划、高标准建设、高效率运作，努力把郑州建设成为国内外通用航空领域的领军城市。

2012年省委常委、市委书记吴天君调研考察活动

时 间	调研考察内容
2月16日	察看交通建设项目和郑州市建设工程交易中心、郑州市数字化城市管理中心，现场督导“治理交通拥堵”项目建设
2月29日	到中牟县调研道路交通建设、生态廊道建设和新型农村社区建设等新型城镇化重点工作推进情况
3月2日	深入高新区、中原区、荥阳市、新密市，就“两环十五放射”道路、市域快速通道以及生态廊道绿化推进情况进行调研
3月8-9日	在新郑市调研新型城镇化建设和创新社会管理工作
3月10日	到金水区经八路办事处蹲点调研
3月12日	到市属新闻媒体，察看媒体运营情况，调研新闻宣传工作
	到东风日产乘用车公司郑州工厂现场办公，协调解决项目二期扩能建设中存在的困难和问题
3月13日	督导交通道路和生态廊道建设
3月15日	深入部分企业和重点项目建设现场，调研工业经济发展情况
3月20日	调研座谈全市工业经济发展工作
3月28日	到高新区、中原区、二七区和荥阳市督察交通道路和生态廊道建设工作
3月30日	到荥阳市调研新型城镇化建设工作
4月7日	察看即将竣工的京沙快速路工程建设情况
4月12日	深入金水区、惠济区、荥阳市，就沿黄旅游道路（S314）选线及生态水系源头建设进行现场踏勘
4月14日	到新郑市察看生态廊道建设、区域“三化”协调空间布局规划和梨河镇依靠群众推进工作落实长效机制建设运行情况
4月18日	督察三环路沿线道路交通和生态廊道建设工作
4月21日	到新密市调研新型城镇化建设工作推进情况
	到金水区经八路办事处蹲点调研
4月23-24日	到商丘市、新乡市和郑州市部分县（市），围绕产业集聚区建设、工业经济发展、新型城镇化建设等工作进行实地考察调研
5月11日	到郑州新郑综合保税区（郑州航空港区）调研郑州航空港经济综合实验区规划建设工作推进情况
	到新郑市调研新型城镇化引领“三化”协调发展推进工作
5月23-24日	到高新区、中牟县、经开区，调研察看重大工业项目生产经营和项目建设情况
6月5日	到惠济区和巩义市，调研生态水系、都市型农业发展和“三夏”工作
6月16日	到荥阳市调研扶贫开发工作
7月3-4日	到部分驻郑高校、科研院所和企业，调研科技创新工作

续表1

时间	调研考察内容
7月5日	到惠济区调研网格化管理体系运行、新型城镇化建设和主导产业发展等工作
8月10日	深入市内各区，就交通道路、生态廊道建设、畅通郑州重点工程推进情况进行督察
8月11日	深入巩义市产业集聚区和豫联工业园区，调研巩义市千亿级铝工业基地建设情况
8月18日	深入二七区、金水区，调研城中村改造、合村并城、“两环十七放射”、市域快速通道建设和网格化管理等工作进展情况
8月31日	深入中牟县，调研新型农村社区和交通路网建设等工作进展情况
9月2日	深入金水区，蹲点调研网格化管理工作
9月3日	深入荥阳市，调研新型城镇化推进工作
9月4日	深入新密市，调研新型城镇化推进工作
9月5日	深入上街区，调研新型城镇化推进工作
	深入郑州新郑综合保税区（郑州航空港区），调研郑州航空港经济综合实验区建设推进情况
9月6日	到郑州五十七中、伊河路小学、外国语学校、郑州师范学院和中州大学等学校调研教育工作
9月18日	深入登封市和新郑市，调研新型城镇化推进工作
9月27日	深入金水区，蹲点调研网格化管理工作
9月29日	深入郑东新区，调研郑州东站配套工程和周边环境整治工作
10月5日	到经济技术开发区、郑州新郑综合保税区（郑州航空港区）调研，并看望节日期间坚守岗位的干部和职工
10月10日	深入中原区、二七区、管城区、金水区、郑东新区和经开区，实地调研市政重点工程规划建设进展情况
10月21日	蹲点调研金水区网格化管理工作
10月25日	到巩义市调研“三大主体”工作及“保增长、调结构、促转型”工作推进情况
10月27日	蹲点调研金水区网格化管理工作
10月30日	深入经开区和中牟县，调研汽车产业发展情况
11月20日	调研部分畅通郑州重点工程进展情况
12月2日	蹲点调研金水区网格化管理工作
12月13日	到滨河花园、正商城福苑和芙蓉花园等保障房项目，调研保障性住房建设和管理工作
12月15日	到救助站调研特殊困难人群和外来务工人员生活居住情况
12月18日	调研督察畅通郑州工程建设

（程嵩峰 刘跃亭 李松贵 司现仓 郑宏杰 张泽建 丁 宁）

纪检监察工作

【概况】 2012年，全市各级纪检监察机关坚持以服务发展为引领、以构建惩防体系为主线、以执纪监督为主导、以改革创新为动力、以队伍建设为保障的工作思路，坚持重统筹、重提升、重实效，抓重点、抓特色、抓队伍，全面推进纪检监察工作，全市党风廉政建设和反腐败工作取得新的明显成效。全年全市各级纪检监察机关共受理群众信访举报3296件，立案1257件，党政纪处分1419人。

针对纪检监察岗位面临的风险和陷阱，郑州市纪检委健全完善了6项案件查办工作机制、修订完善机关内部管理机制40多项，并在机关探索建立廉政风险防控机制；加强业务知识培训，全市共开设“业务大讲堂”20余个，业务轮讲800多人次；大力开展反腐倡廉“调研月”活动，拟定了23项调研任务。积极推进“千名纪检监察干部下基层”活动，深入街道、社区进行帮扶，开展“问苦扶贫、思廉求进”活动，树立了纪检监察干部的良好形象；创新基层纪检监察工作方式，纪检监察干部为民服务能力得到有效提升；加强乡（镇）纪检监察队伍建设，实行乡（镇）纪委办案协作机制，使基层纪检监察队伍的硬件、软件和办案水平均得到提升。

【服务保障中心工作】 2012年，全市各级纪检监察机关围绕郑州市“三大主体”工作，以及“两环十七放射”道路建设、三环内市场外迁、合村并城、新型社区建设等重点项目，着力开展专项效能监察，确保安置、补偿等惠民惠商政策落实到位；出台《关于实施基层党风廉政建设“网格化”管理的意见（试行）》，将基层纪检监察工作融入网格，构建“街道（乡镇）纪委—社区（行政村）监委会—楼院（村组）廉情监督员”基层反腐倡廉工作体系，探索实行三级网格发现问题的巡查监督机制。围绕优化发展环境开展靠前服务，帮助企业解决问题480多个；着力治理消极腐败现象，通报和处理庸、懒、散、软等问题162人次，解决重点项目阻工问题156个，促进了项目建设的顺利实施。

【监督检查】 2012年，全市各级纪检监察机关围绕加强和改善宏观调控、加快经济结构调整、节能减排和环境保护等中央、省、市重大决策部署，开展执法监察55次，下发监察建议书32份，党政纪处理39人,确保了政令畅通。督促相关部门认真执行耕地保护和节约集约用地政策措施，参加了84块国有土地使用权的挂牌出让监督；加强对水利改革发展政策措施落实情况的监督检查；加强对安全生产法律法规落实情况的监督检查，核实了3起重大安全事故上级批复责任追究意见的落实情况，保证安全生产法规落到实处；加大对政府投资工程招投标活动的监督检查力度，重点加强对轨道交通、京沙快速通道等重点项目招投标情况的监督，全年共参加招投标监督146次；督促、配合环保等部门深入开展整治违法排污企业保障群众健康环保专项行动，确保节能减排和环境保护政策措施得到落实。健全监督检查机制，在大学路街道长城康桥社区，创新建立“特邀监察员之家”，拓宽了特邀监察员参与行政监察工作渠道，有力保障了中央、省、市决策部署的贯彻落实。

【教育预防】 2012年，郑州市积极开展“四会一课”廉政教育成果转化年活动，着力运用“清风茶社”这一有效载体，开展重大节假日廉政教育谈话会989场次，进行职务变动廉政教育谈话会420场次、个人重要事项廉政教育谈话会289场次、轻微违纪干部廉政教育谈话会256场次，组织反腐倡廉专题教育课1470场次。全年市“581”廉政账户共收到领导干部上缴不合规款项766余万元，廉政教育效果更加明显。反映郑州市廉政教育的现代豫剧《清风茶社》在全省巡演69场；成功创建省级文化“六进”示范点7个，数量居全省第一位；摄制反腐倡廉电教片3部，成功承办全省廉政文化推进会，组织廉政文化广场晚会、廉政公益广告评选等活动，提升了廉政教育和文化的渗透力、影响力。在完成规定动作的同时，积极拓展廉政风险防控的范围，在防范“以权谋私”为主要特征的廉政风险防控的基础上，把不履行或不正确履行职责造成安全质量事故、食品安全事故、重大社会不稳定事件等以不作为、乱作为为主要特征的“失职渎职风险”纳入风险防范范畴，使规范权力运行机制的内容更加严谨、规范和科学。把党务政务公开作为加强基层党风廉政建设和预防腐败的重要抓手，《村情民意》小报覆盖率达到96%以上，各县（市）区普遍建立了村务公开网。全市共建成“公务灶”318个，公务接待费用较上年有显著下降。

【案件查办】 2012年，全市各级纪检监察机关共受理群众信访举报3296件，初核案件线索1067件，立案1257件，党政纪处分1419人，市本级立案查处县处级干部32人，保持了惩治腐败的高压态势。在查处大案要案的同时，注重解决发生在群众身边的腐败问题，全市共立案查处群众反映强烈的基层党员干部案件510件，处分512人，让群众切身感受到了反腐倡廉建设的实际成效。在严肃惩处腐败分子的同时，坚持实行重大案件“三报告、一会、两书”（调查报告、总结报告、剖析报告，召开案发单位座谈会，下发整改建议书、案发单位上报整改报告书）制度，着力发挥案件查办的治本功能。充分履行案件监督管理工作的五项职能，加强案件监督管理，保证依纪依法安全文明办案；注重发挥审理和复查复议环节的监督作用，确保案件查办质量和处分结果公平公正。

【专项治理】 2012年，郑州市全面开展工程建设领域、圈地圈地、保障性住房分配、庆典研讨会、赴京访等专项治理，处置闲置土地251宗，面积996公顷；查处工程建设领域违纪违法案件37件，党政纪处分43人；取消844户不符合条件家庭购买经济适用住房的资格，1292户廉租住房保障家庭退出了保障序列；取消了一批不符合规定的庆典、研讨会、论坛活动。着力纠正损害群众利益的不正之风，查办了21起违法违规征地拆迁案件；严肃查处学校乱收费、公路“三乱”、食品药品安全等方面的

12月27日，全市领导干部廉政谈话会在郑州市监狱召开

违法违纪案件，问责26人；对全市3162个基层站所进行了民主评议，通过政风行风热线解决群众反映的问题1869个，有效维护了人民群众的切身利益；全市赴京到省上访业务内42批171人次均实行领导分包，逐案化解，保障了群众权益，维护了社会稳定。

（翟开宾）

组织工作

【概况】 2012年，全市组织系统围绕服务郑州都市区建设，狠抓换届工作，配优配强班子；持续深化干部人事制度改革，倡树正确导向；扎实推进基层组织建设年活动，夯实基层基础；深入开展创先争优活动，凝聚发展合力，圆满完成了各项目标任务，为全市经济社会跨越发展提供了坚强组织保证。

全市组织系统以“三讲三提升”活动为载体，加强自身建设，努力打造模范部门过硬队伍，受到省委组织部表彰。深入开展向李林森同志学习活动，组织参加先进典型报告会、参观预防职务犯罪展；严格执行集中学习制度，组织集中培训；开展调研攻坚，实行一线督导；加强“十严禁”纪律教育，全员签订廉政承诺书，组工干部党性、能力、作风、廉政建设不断加强。面向社会发放调查问卷3.6万份，组织召开“两代表一委员”、基层党员群众等6个座谈会，广泛征求意见，查摆出各类问题400余个；全市组织部门层层召开民主生活会，围绕解决问题定措施、抓整改，社会反响良好。

截至2012年底，全市共有中共党员458964人，其中，在岗职工党员198865人、妇女党员128225人、35岁及以下党员146329人、高中（含中专）以上学历党员344688人，公有经济单位党员167989人、非公经济单位党员30876人，建制村党员135027人；党的基层组织16810个，其中，党委688个、总支部1104个、支部15018个；街道党工委96个、乡（镇）党委90个，社区党委24个、社区党总支86个、社区支部564个，建制村党委20个、建制村党总支214个、建制村党支部2036个。2012年共发展党员15562人，其中，妇女党员5599人、35岁及以下党员11786人、高中（含中专）以上学历党员14479人、农村党员2703人；流动党员8947人，其中，流出党员3754人、流入党员5193人。

【创先争优活动】 2012年，郑州市各级组织部门坚持善始善终，将创先争优活动不断推向深入，凝聚了推动郑州都市区建设的强大合力。在中央创先争优活动表彰中，郑州市金水区委等4个党组织被评为全国先进党组织。

（一）围绕推动科学发展创先争优。指导各级党组织在新型城镇化、产业集聚区建设等中心工作一线设立临时党支部，组建党员突击队，靠前指挥、克难攻坚，保证各项工作顺利推进；组织广大党员结合岗位职责，围绕创建文明城市等重点工作，开展“一诺两评三争”等活动，通过公开承诺、群众评议，促使党员创先进、争优秀、作表率，实现了活动开展与推动发展双赢。

（二）围绕促进民生改善创先争优。在党政机关推行“万名党员干部下基层”，抽调1.3万余名党员干部、组成2005支群众工作队，深入基层一线，解决实际问题；在政府部门启动优质医疗资源倍增工程等惠民工程，改善群众就医、居住等方面条件；在窗口单位和服务行业开展“三亮三比三评”活动，提升为民服务水平，受到普遍欢迎。

（三）围绕营造良好氛围创先争优。培养选树巩义市竹林镇党委、圆方物业党委等一批先进基层党组织和张可山、杨华民等一批优秀共产党员，广泛宣传先进事迹，在全市营造了崇尚先进、学习先进、争当先进的浓厚氛围。

全市组织工作暨“三讲三提升”活动推进会召开

【县、乡两级换届工作】 2012年，郑州市全力做好县、乡两级人大、政府和县级政协换届工作。坚持重点岗位重点配备，着力选拔实绩突出、素质全面、群众公认的优秀干部担任班子“一把手”，市委运用竞争性方式选出8名县（市）区政府正职人选，各县（市）区也采用竞争性方式选拔了一大批乡（镇）街道正职人选，配强了班子核心。统筹考虑干部的知识、性别、经历、年龄、气质等要素，科学进行调配，换届后全市县、乡领导班子结构符合上级规定要求，整体功能进一步增强。同时，高质量做好全国和省“两代表一委员”推选工作，受到省委组织部好评。

【干部教育培训】 2012年，郑州市组织系统围绕加强换届后领导班子思想政治建设，提高干部履职能力，在复旦大学等知名高校和市委党校举办各类培训班9期，培训干部662名；对换届后的5150名村、社区“三委”干部进行了集中轮训。邀请高层次领导、专家举办学习党的十八大专题报告会，培训县处级领导干部2100余名；推动十八大精神进企业、进农村、进机关、进社区，在全市掀起了学习贯彻党的十八大精神的热潮。选派22名优秀年轻干部到上海、广州等发达地区挂职，113名优秀年轻干部到市直机关、乡（镇）街道和信访部门挂职，提升了干部实践能力。

【干部选拔】 2012年，郑州市完善竞争性干部选拔方式，探索建立品行、学识、能力、业绩等综合考量的科学选人机制，创造的“一评三考”干部选拔方式得到中组部肯定，被载入党的十七大以来组织工作成就巡礼。提出竞争性选拔干部占新提拔干部的比例要求，纳入各单位年度目标。市委率先垂范，运用竞争性方式选出50名县处级干部；全市各单位运用竞争性方式选拔1511名科级干部，从源头上遏制了选人用人上的不正之风，取得很好的社会反响。

【干部考核】 2012年，郑州市组织系统创新领导班子和干部考核方式，建立干部调研谈心谈话制度，市委组织部班子成员、干部处室干部先后与1752名干部进行谈心谈话，掌握了干部思想动态，加强了日常考核和管理。配套“坚持依靠群众、推进工作落实”长效机制建设，探索建立了以发现问题、解决问题为标尺的群众工作队队员绩效考核办法。

【干部监督管理】 2012年，郑州市组织系统实行干部选用“一报三审”，要求考察对象报告廉政事项，干部考察组、干部处室和干部监督室联合审资格、审程序、审职数，设置了干部选任"防火墙"，《中国组织人事报》对此进行了专题报道。认真开展"一报告两评议"，覆盖率达到100%；对离任的45名市管党政、事业单位正职和任现职满3年的26名市直、事业单位正职进行了经济责任审计。

【高层次人才队伍建设】 2012年，郑州市坚持用好用活人才。研究制定郑州市引进培育高层次创业创新人才行动计划等文件；完成了高层次人才信息管理系统的软件开发工作，采集录入各类高层次人才11728名；依托重大项目、重点工程和人才集聚地，建立了7个人才工作示范联系点；在郑州钻石精密制造有限公司建立了院士工作站。

【基层组织建设】 2012年，郑州市组织系统全面落实中组部"五个一"要求，扎实推进基层组织建设年活动，办实事，建机制，破难题，提升了基层组织建设水平。

（一）办好基层组织建设"十件实事"。确定高质量建设1000个农村（社区）组织活动场所等"十件实事"；市、县、乡三级层层签订目标责任书，将基层党建经费纳入预算，全年全市党建经费突破7000万元；分季度组织观摩活动，召开现场会，加强督促检查，年底前各项任务全部完成，基层基础工作进一步加强。

（二）推行基层组织建设网格化管理。将全市自上而下划分为五级网格，组工干部全员下沉，分别担任各级网格长；每周至少抽出1天时间到网格巡查走访，解决具体问题，初步建立了上下联动、条块融合、责任明晰、跟踪考核的工作机制，推动了作风转变和工作任务落实。

（三）破解基层组织建设难点问题。对分类定级确定的223个后进基层党组织，由组织部门牵头，纪检、政法、信访等部门配合，组成强有力的工作组进行集中整顿；为每个后进村（社区）选派1名第一书记、1名优秀组工干部蹲点帮扶，直接参与转化工作，全部实现转化。对全市3.9万余个非公企业进行逐一摸排，新组建非公企业党组织1028个；选派2686名党务专干担任党建指导员，增强了非公企业党建指导力量。圆满完成村、社区换届工作，指导选出了一批素质优良、干事创业、群众公认的村、社区干部，得到省委组织部的肯定。

（曹勇 王伟）

宣传工作

【概况】 2012年，郑州市宣传思想文化战线坚持以邓小平理论、"三个代表"重要思想、科学发展观为指导，按照高举旗帜、围绕大局、服务人民、改革创新的总要求，坚持务实宣传总基调，着力迎接和宣传贯彻党的十八大、增强舆论引导能力、提升城市文明程度、推进文化改革创新，为加快推进郑州都市区建设提供了强大的思想保证、舆论支持、精神动力和文化条件。

中共郑州市委宣传部充分发挥自身优势，全力服务"坚持依靠群众、推进工作落实"长效机制工作，组织市属新闻媒体，开辟专题专栏，大力宣传市委、市政府推行网格化管理的重要意义，报道各地各单位的好做法、新成效。全年市属媒体刊播相关稿件600余篇，为全市网格化管理工作的扎实推进营造了良好的舆论环境。同时，积极探索宣传思想文化工作适应网格化管理的新路子，指导东、西福民社区成立文艺队，举办"社区文化艺术周"活动，开展"道德讲堂"等精神文明创建活动，指导建中街办事处创建成为省级文明单位。

【宣传党的十八大系列活动】 党的十八大召开前，市属媒体开辟专题专栏，集中展示了党的十六大以来郑州市各行业取得的巨大成就；党的十八大召开期间，全市市属媒体在做好各项程序性报道的同时，积极策划推出系列配合性报道，全方位展示了全市干部群众欢庆党的十八大胜利召开的热烈场面；党的十八大闭幕后，市属媒体成立3个报道组，对各县（市）区各单位学习贯彻十八大精神和落实"三大主体"工作情况进行了深入采访报道。全市市属新闻媒体围绕党的十八大刊发（播）相关稿件近1500篇，中原网的专题点击量达100多万次，为学习宣传贯彻党的十八大精神营造了声势。

市委宣传部成功举办党的十八大理论骨干培训班和学习贯彻党的十八大精神社科专家座谈会；在认真做好中央宣讲团和省委宣讲团在郑宣讲服务工作的同时，组织市宣讲团在基层宣讲80余场次，在全市掀起学习宣传贯彻党的十八大精神的热潮。

【理论学习与研究】 2012年，市委宣传部积极做好市委中心组集中学习的服务工作，加强对县处级党委（党组）中心组学习的检查指导和考核评优，有力推动了全市各级党委（党组）中心组的学习。郑州市在全省学习型党组织建设座谈会上作典型发言，中宣部领导在河南调研时对郑州市的工作给予充分肯定。认真落实领导干部述学制度，完善"三化一公开"（计量化、立体化、制度化，学习结果向市领导、本单位和社会公开）述学考核法，《光明日报》刊登了郑州市的先进经验。基层党校建设进一步加强，全市24所党校荣获河南省先进基层党校称号，数量居全省首位。开展"郑州都市区文化建设"主题党课活动，各级党员领导干部讲党课5000余场，参与活动党员干部15万余人次，被省委宣传部评为优秀组织工作奖，5篇党课教案获河南省特别奖和一、二、三等奖。编撰出版了《理论学习热点·2012》，对全市广大干部群众普遍关心的热点问题作了深入浅出的分析和解答。

2012年，郑州市各级宣传部门紧紧围绕新型城镇化和郑州都市区建设等重大现实问题，组织动员高校、党校、社科研究机构和学术团体开展调查研究，社会科学调研课题立项数量达880项，确定了"郑州新型城镇化建设推进机制研究""郑州加快网格化管理体系建设研究""产业集聚区体制机制问题研究""华夏历史文明传承创新核心区建设问题研究"等13个重点研究课题，取得了一批有价值的研究成果，服务市委、市政府科学决策。

【对外宣传】 2012年，郑州市委宣传部紧密配合壬辰年黄帝故里拜祖大典、

市委常委、组织部部长高建慧慰问在郑工作的院士

第九届中国郑州国际少林武术节等重大活动，积极开展对外宣传和文化交流，全面展示郑州市的良好形象。积极配合“第七届中国河南投资贸易洽谈会”“2012中国（郑州）世界旅游城市市长论坛”等大型活动，组织协调媒体采访，正面宣传河南、推介郑州。在北京、郑州等地共召开20余场新闻发布会，发布了全市经济发展、安全生产、妇女工作、房屋安全管理等媒体关注焦点和公众关心热点的新闻信息，及时客观地向外展示了郑州经济社会发展的最新成果。成功举办4期新闻发言人专项培训班，对全市各级各单位280多名负责宣传工作的人员进行了培训。加强市属企业、高校新闻发言人制度建设，在组织摸底调查的基础上，指导帮助开展新闻发布工作。制作《邮票上的郑州》邮册、《天地之中中国郑州》作品集光盘套装等宣传品，通过在涉外宾馆等窗口单位摆放、借助大型活动发放，共发送外宣品3万余册（盘）。与中央电视台合作拍摄《郑州印记》纪录片，在中央电视台《特别呈现》栏目播出。积极开展对外文化交流，组织少林功夫表演团赴蒙古国参加第三届“乌兰巴托·中国内蒙古文化周”活动，展现了禅武文化的源远流长和深刻内涵。持续开展“2012我心中的郑州市十大城市品牌”评选，初步形成了具有郑州特色的外宣品牌体系。

【新闻宣传】 2012年，郑州市新闻宣传紧紧围绕全市中心工作，创新媒体应用，强化舆论引导，营造了有利于全市经济社会发展的舆论环境。组织市属媒体开办专题专栏、策划系列报道和专题报道，大力宣传郑州市“三大主体”工作的基本内涵、重要意义、基本要求和工作进展、主要成效，把广大干部群众的思想统一到市委、市政府的决策部署上来，把行动落实到以新型城镇化为引领的郑州都市区建设上来。全年围绕“三大主体”工作刊发消息、报道、评论等稿件280余篇，受到市委主要领导的充分肯定。以郑东新区规划建设10周年和实行网格化创新社会管理为契机，邀请《人民日报》、新华社、《经济日报》《光明日报》、中央电视台、《河南日报》、河南电视台等中央和省直主要媒体记者到郑州进行深度采访报道，中央主流媒体共刊播有关郑州市的正面报道160余篇。在报刊亭整治、违法建筑拆除等涉及面广、关注度高的重大决策推进过程中，一方面组织市属媒体精心开展前置引导，讲政策、说前景，赢得市民群众的理解和支持；另一方面加强与中央、省直媒体沟通，积极营造良好的外部舆论环境，确保了重点工作平稳有序推进。出台并落实新闻策划会制度，媒体联动效果更加明显，新闻报道速度更加快捷。继续组织开展“走转改”活动和郑州市新闻宣传工作先进集体、先进个人评选活动，新闻单位正确引导舆论、回应社会关切、服务百姓生活的能力显著提升。

【社会宣传】 2012年，郑州市宣传思想文化战线以社会主义核心价值体系建设为重点，引领社会风尚，公民道德素质和城乡文明程度显著提升，在2012年度全国城市文明程度指数测评省会副省级城市中再进一位，取得第七名的好成绩。精心组织“学习雷锋见行动，‘三平’之中作贡献”教育实践活动，引导全市各行业立足岗位、结合实际，自觉践行雷锋精神、“三平”精神，不断形成全民学习弘扬雷锋精神的浓厚氛围。中原区开展的“衣往情深”公益活动、中州大学开展的“情系雷锋月，爱撒三月天”主题升国旗仪式等系列活动，使雷锋精神广泛传播，省督导组赞扬郑州市学雷锋活动为全省树立了标杆、作出了表率。精心组织“道德讲堂”、2012“感动郑州”十大年度人物评选活动，以及食品行业、窗口行业、公共场所的道德领域突出问题专项教育和治理活动，营造崇尚真善美、贬斥假恶丑的良好社会氛围。深入开展“我推荐、我评议身边好人”和月评文明市民活动，全市评出第二届道德模范20名、获得提名资格20人，评出郑州市文明市民120人，12人入选中国好人榜，在全市树立了“学道德典型，做文明市民”的良好风尚；“最烦人交警”杨华民、“送水哥”“西瓜哥”“气球奶奶”等人的事迹在全国引起强烈反响，进一步倡树了河南人的“三平”精神，郑州市代表省辖市在第四届河南公民道德论坛上作典型交流发言。成功开展“科学发展，成就辉煌，奋力推进郑州都市区建设”形势政策宣传教育主题活动和“统一思想、凝聚力量，加快推进新型城镇化建设”主题宣传年活动，集中宣传了全市加快推进新型城镇化建设的新情况、新进展、新经验。完成2011年度形势政策宣传教育工作先进评选活动，选树了一批形势政策宣传教育先进单位和先进个人。

【网络宣传】 2012年，郑州市切实加强网络宣传和管理，大力发挥网络在创新社会管理中的作用，有效化解了一系列舆论危机，对互联网掌控力进一步增强。

加强网络正面宣传。联系全国180家重点新闻网站和知名商业网站对黄帝故里拜祖大典、少林武术节等重大活动进行宣传报道，通过手机报、手机短信向全国9000多万人发送活动信息。组织策划“网络媒体看郑州”集中采风活动，邀请全国100多家重点新闻网站的200余人来郑集中采访报道，掀起了网上宣传郑州的热潮。

加强网络日常信息监测与处置。全年共发现敏感信息11091条，通报核实9585条，市互联网信息办公室直接处置2901条，对717条敏感信息进行集中引导。坚持报送《网上舆情》《郑州市互联网信息办公室舆情速报》（手机版）等，为市委、市政府提供了决策参考。做好突发事件和网络热点应急处理工作，全年共有效处置339起突发事件和网上热点，发布新闻通稿361篇，组织对论坛中网民反映的问题进行跟帖回应，删除封堵不良信息1832条，有效引导了社会舆论。积极主动收集网民诉求，对数百个问题进行了分析、研判和交办、督查。中原网“心通桥”网络问政全媒体平台共受理各类网民诉求及建议30815件，促进了问题的有效解决。

加大互联网站监管力度。先后开展了整治网上虚假新闻信息、违规登载新闻专项治理、整治网络谣言等集中行动，对地域内影响较大的商业网站、论坛等重点跟踪管控，严格管控信息发布流程，全年整改、关闭严重违规网站26家，净化了网络环境。

市委常委、宣传部部长王哲代表郑州市在第四届河南省公民道德论坛上作典型交流发言

【文化产业发展】 2012年，郑州市坚持文化事业、文化产业双发展，深入推进文化体制改革，文化发展的活力进一步增强。

重点项目建设进度加快。国家动漫产业发展基地（河南基地）、《禅宗少林·音乐大典》二期、中原影视城等项目进展顺利，方特欢乐世界、杜甫故里改扩建项目等建成开业，为郑州市增加了新的文化名片。吴邦国、李长春、陈昌智、厉无畏等党和国家领导人，对郑州市文化产业项目进行了调研指导。

对外推介招商引资取得实效。组织全市文化企业参加第八届中国（杭州）国际动漫节、第八届中国（深圳）国际文化产业博览交易会、第五届海峡两岸（厦门）文化产业博览交易会、第七届北京文博会等展会，全面展示了郑州市文化建设的新亮点、新成就，签约金额1.5亿美元。

文化影响力进一步提升。先后成功举办了中原动漫嘉年华、全国少儿街舞大赛、全国精品儿童剧郑州展演节等文化节会，举办2012中原经济区（郑州）国际创意活动周、“书香万里行”大型图书巡回展，扩大了中原文化辐射力和影响力，展示了郑州的良好形象和崭新面貌。

动漫产业蓬勃发展。截至2012年底，全市登记注册的动漫企业达89家，涌现出小樱桃、华豫兄弟等一批知名品牌。有16部动画片（总时长10785分钟）经制作备案公示，3部动画片（总时长1486分钟）被推荐为优秀国产电视动画片。

营造文化产业发展氛围。协调市属媒体、人民网河南频道、中原手机报设立文化产业媒体宣传平台，推动全社会形成关注文化产业的良好氛围，带动了文化市场繁荣，有效推动了文化产业发展。

文化体制改革不断深化。国有文艺院团和非时政类报刊出版单位转企改制扎实推进，9家文艺院团、3家非时政类报刊出版单位完成改革任务，市群众艺术馆荣获全国文化体制改革工作先进单位称号。全面推进县级有线电视网络整合，涉及的7个县（市）区全部签订了整合协议。

【文化环境整治】 2012年，郑州市以提升文明城市创建水平为抓手，进一步加强文化市场管理。积极开展“扫黄打非”，先后组织了“闪电”系列行动、“一打击两整治”等13次大型集中行动，检查各类经营单位4386家（次），受理群众举报75起，查处率100%，确保了全市文化市场健康有序稳定发展。

【公共文化服务体系建设】 2012年，郑州市全面推行创建工作目标管理责任制，加强检查督导，各项指标逐步达标，全市公共文化服务水平显著提高。市图书馆新馆等项目建设进展顺利，各县(市)区的图书馆和文化馆全部达到国家三级馆标准，市、县两级图书馆采购加工各类图书数量、读者借阅册次等再创新高，累计接待读者120余万人次。新建农村文化大院100个、社区公共电子阅览室300个，改建综合文化站和社区文化活动中心200个，社区（行政村）文化活动中心（文化大院）实现全覆盖。

【群众文化活动】 2012年春节期间，郑州市组织开展华夏优秀传统文化集中展演活动，在市内各大文化广场、公园开展河洛大鼓、唢呐、秧歌、盘鼓、龙舞等民间文艺比赛及表演活动，营造了祥和热闹的节日氛围。举办中原动漫嘉年华、第五届少儿文化艺术节、2012年庆“六一”文艺晚会、“童心·创想”全国少儿绘画大赛获奖作品展暨“共赏·共识”少儿美术作品交流展等系列活动，为全市儿童献上了丰盛的文化大餐。持续开展“欢乐中原·魅力郑州”广场群众文化活动，仅在绿城广场就组织群众文化活动100余场。组织开展郑州市第一届群众（社区）文化艺术节，全市举行群众文化活动600多场次，极大地丰富了社区居民文化生活。开展郑州市首届“群星奖”评选活动，吸引近万人参加比赛，激发了群众文化创作活力。在绿城广场组织开展学校暑期文艺展演，56所学校参加活动，活跃了学生暑期的文化生活。扎实开展送艺术进基层、进乡村、进社区和送文化进军营、进重点工程活动，继续推进专业文化工作者进社区活动，提高了群众文化活动水平。

【专业文艺活动】 2012年，郑州市成功举办首届曲艺大赛，评选出获奖作品38个。成功承办第八届中国“荷花奖”舞蹈大赛，受到相关领导的充分肯定和参赛单位的一致好评。配合中央文明委和中央电视台等单位，先后组织开展了“中原行”——中国当代著名画家郑州市大型采风活动、“爱国歌曲大家唱”激情广场活动、《民歌中国·郑州篇》录制活动，展示了郑州独特的文化底蕴。“都市欢歌”迎新春电视文艺晚会、“春风中绽放”——纪念毛泽东《在延安文艺座谈会上的讲话》发表70周年文艺晚会、梨园寻根戏曲品鉴会、“待月嵩门、祈福中华”——2012中国嵩山中秋诗会、“舞韵中州”——舞蹈精粹专场演出、廉政文化周等专题文艺活动，均取得良好效果。

【文艺精品创作】 2012年，由郑州歌舞剧院创作的舞剧《水月洛神》获得中宣部第十二届精神文明建设“五个一工程”优秀作品奖，群舞《我们在黄河岸边》获第八届中国“荷花奖”舞蹈大赛当代舞金奖；《大地情深》——创建国家公共文化服务体系示范区群众文化晋京展演，向全国展现了中原文化魅力；大型现代豫剧《清风茶社》演出近百场，广播剧《诗圣杜甫》在中央和部分省市广播电台播出。组织开展市第十七届精神文明建设“五个一工程”奖暨第十四届文学艺术优秀成果奖评选活动，共评出优秀作品111件。

【文化资源保护开发】 2012年，郑州市成功举办中国文化遗产日主场城市（郑州）活动。郑州老奶奶庙旧石器时代遗址入选全国十大考古新发现。郑州商代都城遗址博物院暨郑州市文物考古研究院建设工程奠基，商城遗址公园一期工程本体保护工程完工，郑州市大运河保护整治方案通过国家审批。组织专家对第三批29个市级非物质文化遗产项目进行评审，推荐18个项目申报第三批省级非遗名录。完成了“苌家拳”“河洛大鼓”等代表性传承人的推荐申报工作。

省委常委、宣传部部长赵素萍调研郑州文化产业，市委常委、宣传部部长王哲陪同调研

市委常委、宣传部部长王哲调研联系群众工作

【未成年人思想道德建设】 2012年，全市未成年人思想道德建设扎实推进，取得全国省会副省级城市未成年人文明指数测评第13名的好成绩。深入开展未成年人“三理”教育系列工作，举办青少年健康成长指导报告33场、青少年社会主义核心价值宣讲27场。先后开展“童心向党”歌咏活动等主题实践活动、“多彩暑期，快乐成长”公益活动等24项。举行“颂歌献给党 喜迎十八大”青少年歌咏比赛，在青少年中宣讲党的十八大精神，营造浓厚的教育氛围。在全市中小学校开展以“钓鱼岛是中国的领土”为主题的爱国教育活动，引导学生努力学习、理性爱国。建成各种类型“乡村学校少年宫”126所，活动内容包括6大类50多个项目，在校学生参与率达到100%。加大未成年人心理健康辅导中心的管理和使用，郑州市青少年健康成长指导中心全年举办心理减压讲座19场，培训1373人次，接听解答热线咨询1700多个。着力开展净化社会文化环境工作，协调文广新局、公安局、工商局等部门对都市村庄、城乡接合部、学校周围及县（市）城区、农村乡镇等重点部位彻底排查，加大了检查力度。

【志愿服务工作】 2012年，郑州市建立了全覆盖、无缝隙的志愿服务网络，组织开展了“关爱他人、关爱社会、关爱自然”和“爱织暖冬”志愿服务活动，打造了“绿城一叶”便民利民志愿服务活动品牌，建立了“志愿郑州”网站、市志愿服务注册管理新平台和市志愿者培训拓展中心，电子平台注册的志愿者达68万余人，推进了志愿服务常态化。开展“续写雷锋日记”、弘扬雷锋精神网上座谈会，宣传党的十八大网络文明传播志愿服务工作等，吸引了众多网络文明传播志愿者积极参与。承办了全国网络文明传播工作调研座谈会，郑州市作典型发言。

【舆情信息工作】 2012年，郑州市加强对中宣部舆情信息报送工作，被中宣部相关刊物综合采用886条，市委宣传部被中宣部评为舆情信息工作先进单位。成功承办2012年中宣部舆情信息工作会议。市委宣传部被国家互联网信息办公室确定为舆情信息直报点，报送信息数量居2012年新增直报点首位。审核《郑州宣传信息》108期、编发21期，编发《舆情摘报》29期，向市主要领导报送舆情分析报告6篇，《河南宣传信息》采用郑州市稿件78条。

【宣传文化队伍建设】 2012年，郑州市宣传思想文化战线进一步完善人才培养机制，研究出台了“四个一批”人才奖励资助办法，推荐3人参评郑州市第11批拔尖人才，并配合市委组织部对新入选的拔尖人才进行了考察。认真举办“群星讲堂”等活动，积极培养高素质的基层宣传文化人才队伍，调动了基层宣传文化队伍的积极性、主动性、创造性。深化“走转改”活动，积极推动活动向全市理论和文艺界拓展，增强了服务基层、服务群众的能力。

（杨春元 杨 晋 彭 力 戴烁琪 王永强）

统战工作

【概况】 2012年，全市统战工作紧扣大团结大联合主题，围绕中心，服务大局，扎实践行“同心”思想，积极开展思想教育“同心”系列活动、服务都市区建设“同心”系列行动，积极创新工作载体，努力提高服务郑州都市区建设和自身科学发展的水平，为加快推进郑州都市区建设作出了积极贡献。

通过完善工作机制，郑州市委统战部不断加强理论创新和信息宣传。在全市开展统战理论政策研究创新和实践创新评比活动，共选出10篇优秀成果上报中央和省委统战部，加强了各级统战部门理论研究力度，促进统战工作创新。完善信息工作报送制度、考核机制，加强对新形势下统战工作的研究，全年向上级部门报送各类信息800多条，更好地服务了领导科学决策。围绕迎接党的十八大、郑州都市区建设等开展大型统战宣传活动12次，进一步增强了统战工作的社会影响。加强在市以上主流新闻媒体的宣传力度，全年被采用稿件86篇，广泛宣传了全市统战工作特色亮点。充分利用“《根在中原》郑州站”网络平台，宣传报道郑州市统一战线的工作动态、经验做法及广大统一战线成员的风采，扩大了统战工作的覆盖面和影响力。

【思想教育“同心”系列活动】 2012年，全市统一战线将迎接党的十八大召开和学习贯彻党的十八大精神作为统战工作的重要政治任务，开展了系列“同心”教育活动，进一步巩固共同思想政治基础。先后举办了统一战线迎接党的十八大知名书画家采风笔会以及“同心杯”书画展、征文和演讲比赛等活动，为党的十八大召开营造了良好的氛围，得到省委常委、省委统战部部长史济春的充分肯定。党的十八大召开后，全市统一战线迅速掀起学习贯彻党的十八大精神热潮，举办了多种形式的学习宣传活动，及时将党的十八大精神传达到统战干部和广大统一战线成员中，为深入推进贯彻落实十八大精神打下坚实的思想基础。

【服务郑州都市区建设“同心”系列行动】 2012年，全市统一战线大力实施“同心”系列行动，全力服务郑州都市区建设。

（一）开展“同心共建、企地共赢”活动，助推新型农村社区建设。积极引导有实力的非公企业参与新型农村社区建设，印发了实施方案，向全市非公企业家发出倡议，得到非公企业的积极响应。积极协助做好河南中烟公司捐赠2000万元在新郑市建立“同心·东方国际社区”项目，确定了项目选址。各县（市）区迅速行动，各种助推新型农村社区建设活动全面铺开。

（二）实施“同心”实践行动，助推新型城镇化建设。组织各民主党派、工商联和无党派代表人士赴郑州市“同心”实践基地（登封市唐庄乡），进行了实地调研，帮助制定发展规划。组织召开了非公企业参与新型城镇化建设座谈会，非公企业参与新型城镇化建设的主动性进一步增强。各县（市）区结合实际开展“同心”实践行动，明确了实践基地。全年全市共实施“同心”实践项目30多个，引导统一战线成员在农田水利建设、文化设施建设等方面投入资金近亿元，得到了当地政府和群众的一致称赞。

（三）深化“同心·谋发展”活动，助推招商引资工作。充分发挥工商联、侨联、海外联谊会等组织联系广泛的优势，利用黄帝拜祖大典、产业转移系列对接活动、投资贸易洽谈会等平台载体，积极开展各类经贸交流与合作，累计完成招商引资合同资金325亿元人民币，落地资金103亿元人民币。以“台商园区”建设为抓手，深化对台合作，全市新增台资企业15家，总投资91.25亿元人民币。

（四）办好十件实事，助推民生改善。开展“同心·感恩行动”“同心·光彩行动”，引导非公企业积极参与社会公益事业。市工商联会员企业在“慈善日”捐款1447万元。开展以“百企帮百村、帮扶千人创业、帮扶万人就业”为主要内容的“百千万”活动，建立村企结对259个，建立帮扶项目199个，帮扶2666人创业，解决就业岗位3.57万个。组织各民主党派、无党派代表人士中法律、文化、医疗等方面的专家学者，成立“同心·服务团”，举行统一战线“同心·送文化送医疗送法律进社区”活动。积极争取党派中央（省委）来郑开展项目合作6个。通过办好十件实事，展示了新作为，树立了统战部门和统一战线成员的良好形象。

【党外代表人士队伍建设】 2012年，全市统一战线大力推进党外代表人士队伍建设。认真学习贯彻中共中央和河南省委关于加强新形势下党外代表人士队伍建设的相关文件精神，在开展专题调研、征求意见的基础上，结合郑州市实际起草了《中共郑州市委关于加强新形势下党外代表人士队伍建设的实施意见（征求意见稿）》。党外代表人士“六支队伍”教育培训、管理服务等体制机制进一步健全，党外领导干部选拔使用力度加大。在4月县（市）区人大、政府、政协换届中，12个县（市）区全部配齐党外副职，其中新提任党外干部14人、交流使用4人。至2012年底，全市共有县处级党外干部135名（其中正职党外干部3名），53个政府工作部门中有20个单位配备了党外干部担任领导职务，市中级人民法院、市检察院各配备1名党外干部担任副职。在市委的统一领导下，认真做好了省十二届人大代表、省十一届政协委员提名推荐等工作。

【推动工商联工作】 2012年5月10日，郑州市召开了全市加强和改进工商联工作会议，并出台《中共郑州市委、郑州市人民政府关于加强和改进新形势下工商联工作的实施意见》，进一步扩大了工商联工作的影响。召开市工商联换届大会，一批政治素质优、社会责任感强、社会形象好、热爱工商联事业、熟悉统一战线政策的非公有制经济代表人士进入了工商联的领导班子。各县（市）区切实加强工商联建设，纷纷为工商联机关增加人员编制、办公经费、办公用房用车等，改善了工商联的办公条件。12个县（市）区的174个乡（镇）街道办事处已全部建立了工商联分会，实现了基层商会组织的“全覆盖”。

【推进多党合作事业发展】（一）积极搭建建言献策平台。利用党外人士情况通报会、征求意见会、交流谈心、对口联系等形式，坚持“党委出题、党派调研、政府采纳、部门落实”机制，引导各民主党派、工商联和无党派人士围绕市委、市政府的中心工作，深入调查研究，提出意见和建议，得到了市委和市政府主要领导的高度重视。九三学社市委提出的《建议将郑州国内航空枢纽建设纳入国家战略》等议案和提案被全国政协、省政协采纳。

（二）协助各民主党派圆满完成换届。各民主党派选举产生了新一届市委会和市委领导班子，顺利实现了政治交接。党派基层组织及时进行了换届调整，基层组织体系更加合理、领导班子更有活力。

（三）推进无党派和党外知识分子工作。以郑州知联会筹委会主任会议为依托，积极做好郑州市党外知识分子联谊会第一届理事会理事推荐工作。充分发挥归国留学人员创业园和创业基地作用，吸引归国留学人才和创业项目。

【民族宗教工作】 2012年，全市统一战线完善机制，切实维护民族团结和宗教和睦。

（一）民族团结得到巩固。积极扶持民族聚居村基础设施建设和少数民族发展支柱产业，争取到省民委少数民族发展资金总计160万元，各县（市）区争取少数民族发展资金312万元，向少数民族群众发放小额信贷资金4757万元。深入开展民族团结进步宣传教育活动，共组织各种形式的教育培训活动40多期，培训民族宗教工作干部660人次，提高了民族村和周边汉族村基层干部做好民族宗教工作的能力。开展不稳定因素排查处置工作，影响民族团结的矛盾纠纷得到了及时化解。

（二）宗教领域保持和谐。开展“宗教政策法规宣传月”“宗教慈善周”活动，采取举办学习班、知识竞赛、征文比赛、慈善活动等形式，引导宗教团体、宗教活动场所、宗教界人士和信教群众加强学习，服务社会。在“和谐寺观教堂”创建活动中，圆满完成了95%以上的宗教活动场所达标任务。建立健全了应急处理机制，妥善处理涉及宗教领域的突发事件。多次召开会议就治理私设聚会点和非法组织、抵御境外利用宗教对高校进行渗透和防范校园传教等工作进行分析、研判，确保了全市宗教领域稳定局面。

【非公经济领域统战工作】 2012年，全市统战部门加强引导，不断促进非公经济领域统战工作健康发展。积极为非公经济人士搭建学习平台。通过组织非公经济人士参加民营企业助推中原经济区建设、北京大学助推中原经济区建设高峰论坛和2012长江中原发展研讨峰会，以及邀请北大、中央党校教授、全球励志演讲家力克·胡哲等来郑作报告和演讲，帮助非公经济人士提升自身素质。与市纪委联合举行了郑州市工商界“反对贿赂·公平竞争”联盟活动启动仪式，引导非公企业遵纪守法。深入调研，撰写了《郑州市行业商会调研报告》等，为非公经济发展营造良好的环境。开展小型微型企业服务月活动，共建立42个小微企业监测点，及时准确掌握小微企业生产经营中出现的新情况、新问题，为党委、政府政策制定提供信息服务。

9月28日，2012郑州民营企业参与新型城镇化建设座谈会召开

【港澳台海外统战工作】 2012年，全市统战部门依托优势，努力拓展港澳台海外统战工作平台。深化对台宣传。开通了“郑州与台湾”网，加强与岛内外涉台媒体合作，全面、真实地报道郑州市对台工作发展情况，营造良好的舆论氛围。进一步推动郑台双向交流。共组织217个交流项目，直接参加人数达3086人。其中，应邀赴台85个团（组）、394人；接待台湾交流团组132个、2692人。及时对港澳台海外人士进行摸底、登记、汇总、分类、归档，更好地掌握港澳台海外人士的基本情况和动态变化，保持与港澳台海外爱国社团保持经常性的联系与沟通，积极促进其与郑州市在经济、科技、文化和教育等方面的交流与合作。

【构建统战工作网格化管理体系】 2012年，郑州市委统战部将构建统战工作网格化管理体系作为落实市委“坚持依靠群众、推进工作落实”长效机制要求的具体体现，以及发挥基层统战工作效用、提升基层统战工作科学化水平的重要载体，在全市进行动员和部署，构建“管理网格化、服务零距离”的大统战工作格局。着眼于重心下移、主动融入，立足于规范操作、良性运行，重做抓基层、打基础的工作，为加强基层的统战工作提供了新思路、新方法。全市统战系统围绕四个“同心”行动（“同心·招商引资”“同心·扶贫”“同心·捐资助学”“同心·社会服务”）开展活动60余次，为部分城镇社区、贫困山区居民群众送医送药、节日慰问品等物资折合人民币100多万元。借助社会管理网格化长效机制的平台，有效延伸了统一战线服务和管理的触角，弥补了基层统战工作没有“腿”的缺陷，较好地破解了基层统战系统人手不够、力量不足的难题。

（胡晓林）

5月16日，河南省编办主任马新华到郑州调研新郑综合保税区管理体制改革工作

编制管理

【概况】 2012年，郑州市编办以“改革管理创新年”活动为主线，充分发挥职能作用，深化改革、规范管理、创新机制、优化配置、服务民生，不断探索实践新形势下机构编制工作理念、方法和措施，推动政府职能转变，提升机构编制资源使用效益，为郑州都市区建设提供了坚强的体制机制保障。截至2012年底，全市行政审批项目精减至363项，各领域体制改革扎实推进。

郑州市编办结合全市实际，加强电子政务建设。制定印发了《郑州市机构编制部门电子政务发展规划（2012-2016）》和《2012年郑州市机构编制管理信息化建设指导方案》，对全市机构编制系统电子政务发展规划和信息化目标任务进行安排部署，将机构编制系统信息化建设项目列入2012年市政府投资计划，将每年中文域名使用续费资金申请列入财政预算，取得较好效果，市编办被评为“全省机构编制系统政务和公益域名注册工作、信息化建设先进单位”。

加强机构编制工作制度建设。制定了《郑州市机构编制委员会工作规则》，明确编委与编办的工作原则、职责分工和工作程序，推动机构编制日常管理工作高效协调运转；出台了《郑州市机构编制事项事前沟通制度》，就机构编制事项事前沟通的方法、程序、要求等方面作出了明确规定，保证机构编制工作的有序运行；出台了《郑州市机构编制责任审计办法（试行）》，将机构编制责任审计工作纳入市经济责任审计工作范围，实行领导干部离任经济责任和机构编制责任“双审计”，增强领导干部机构编制法规意识、责任意识。同时，严格落实机构编制绩效考核工作责任追究机制，对存在擅自设置机构或变相设置机构的单位，第一时间启动机构编制问责机制，下达机构编制绩效考核过错认定通知书，查清违规事实，纠正违法行为。

【行政审批制度改革】 2012年，按照市委、市政府《2012年优化经济发展环境工作意见》要求，市编办联合市监察局、市法制办等单位，组织开展了以投资领域、社会事业领域和非行政许可领域为重点的第九轮行政审批项目清理规范工作。经过清理规范，全市行政审批项目再精减27项，减少了政府对微观经济活动的直接干预，进一步优化了全市经济社会发展环境。

【产业集聚区和专业园区管理体制改革】 2012年，围绕市委、市政府大力支持产业集聚区和专业园区快速发展的要求，市编办多次深入一线调研，积极建言献策，提出政策建议，以提高行政效能为目标，在全市各类开发区、产业集聚区探索推行了“小政府、大服务”的管理模式，制定7家省级产业集聚区“三定”规定，推动全市经济社会的快速发展。

【重点领域体制改革】 一是推进警务体制改革。按照“减少层级、重心下移、整合资源、提高效率”的原则，将市公安局机关和直属单位进行了撤并整合，统一设置为“四部二局五支队”，减少指挥层级，基本实现推动警力向基层一线倾斜的改革目标。二是深化市属国有文艺院团和非时政类报刊出版单位体制改革。撤销郑州市歌舞剧院、豫剧院、曲剧团、广播电视报社及《百花园》杂志社等经营类事业单位，推动全市文化事业向大发展大繁荣迈进。三是开展医疗卫生体制改革。制定全市2012年度医药卫生体制改革目标任务，组织人员对县（市）区公立医院进行调研，全面掌握县级公立医院基本情况。四是做好教育体制改革。加强中小学教师编制管理，优化配置教育资源，进一步推动义务教育的均衡发展。

【事业单位改革】 2012年，郑州市认真研究学习全省分类推进事业单位工作精神，在充分调研的基础上，积极向市委、市政府建议，及时组织开展事业单位改革工作。一是成立市分类推进事业单位改革工作领导小组，及时召开全市分类改革动员大会，印发《郑州市事业单位清理规范工作实施方案》等文件，并指导县（市）区同步推进。二是分撤并机构、核减编制、理顺职责等类别，对全市事业单位进行认真清理规范，改革取得了阶段性成绩。三是积极推进法人治理结构改革试点。作为全省法人治理结构改革试点单位，郑州市按照改革要求，成立了法人治理结构工作领导小组，印发《郑州市建立健全事业单位法人治理结构改革试点工作方案》，确定市第十人民医院、郑州广播电视大学为试点单位，认真指导两家单位筹建理事会、召开理事会议，制定通过《章程》，并完成了理事会人员和《章程》的审核手续，确保改革试点工作进展顺利。

【机构编制核查工作】 2012年，郑州市按照中央和省编办核查工作要求，成立郑州市机构编制核查工作领导小组，由编办牵头，抽调纪检（监察）、组织、财政、人社等单位人员组成5个核查组对全市行政机关和事业单位、县（市）区、开发区的机构编制进行实地核查，全面准确摸清机构编制底数，实现编制数、实有人员数、财政供养数一一对应的实名制管理，为机构编制精细化管理提供必要依据。在核查期间，认真查处省编办交办的“关于郑州市科技咨询服务中心副主任徐某某长期‘在编不在岗’的举报件”案件，督促市科协及时办理减编手续。

【机构编制实名制管理】 一是认真贯彻落实机构编制实名制管理的政策要求。完成县（市）区、开发区机关事业单位进人用编备案，逐步将各类开发区机构编制纳入正常管理轨道，实现对全市机构编制和财政供养人员的动态监管，做到了在编人数与工资发放数相一致。二是机关事业单位进人用编审核程序得到规范。依据《郑州市机关事业单位进人用编履行编制审核的规定》，制定郑州市机关事业单位进人编制审核流程图，规范审核程序，强化机构编制部门的统领作用，在全市普遍形成了没有空编不呈报进人申请、没有与机构编制部门沟通不呈报机构编制事项的共识，维护了机构编制工作的权威性。

【事业单位登记管理】 2012年，郑州市严格按照规定程序组织实施事业单位法人2011年度检验工作，对全市近600家事业单位法人进行年检，588家年检合格，年检合格率达99%。加大“三公开”力度，对538家事业单位法人年检成果，以及300家事业单位法人的年度报告、重要事项信息在市编办网站上进行公开，进一步落实了公众知情权和监督权。

【政府购买服务机制创新】 2012年，郑州市按照公益性和市场化原则，积极在教育、卫生、农林水利等多个专业技术领域探索推行政府购买专业技术岗位模式，推动由养人养机构直接提供服务向政府购买服务为主的方式转变，有效缓解机构编制供求紧张的局面，为全市各项社会事业改革和公共服务保障机制创新积累了经验。

【机构编制核定标准测评办法研究】 按照“改革管理体制，创新管理方式，科学制定机构编制标准，合理控制总量，着力优化结构，建立动态调整机制，强化监督管理”的要求，2012年初，市编办与市社科联联合成立事业编制总量控制研究课题组，结合郑州市的实际，综合考虑县（市）区人口基础、经济总量、财政收入、供养系数和区域规划等因素，研究论证事业编制总量控制测算办法，推动郑州市在探索建立科学、规范的机构编制核定标准测评体系的道路上迈出关键一步。

（张红振）

老干部工作

【概况】 2012年，全市老干部工作以让市委放心、让老干部满意为标准，围绕迎接党的十八大胜利召开这条主线，以“两走两为”（走进老干部家里，为老干部提供亲情化服务；让老干部走出来，为中原经济区郑州都市区建设再作新贡献）为工作载体，创新实践、创造经验，推动老干部工作取得了新进展、新成效。2012年2月，在全省老干部工作“双先”表彰暨工作会上，郑州市有市老干部局等6个先进集体、蔡宗泽等16名先进老干部工作者受到表彰，郑州市作了典型发言；3月，中组部老干部政策检查组对郑州市老干部工作检查后给予高度评价，并将郑州市确定为中组部老干部工作联系点；9月，全市有7个社区被命名为省级老干部工作“四就近”示范（试点）社区；10月，市老干部大学被中国老年大学协会授予“全国老年大学校园文化建设工作先进单位”荣誉称号；11月，十届全国人大常委会副委员长、中国关工委主任顾秀莲视察郑州市关工委工作时给予了充分肯定。2012年，在全市组织工作考核中，郑州市老干部局被评为“郑州市组织工作先进单位”。郑州市老干部局全年共获得市以上表彰奖励30多项。

2012年，中共郑州市委高度重视老干部工作。市委主要领导和主管领导通过批示、调研、现场办公等形式，对全市老干部工作提出更高要求，并积极研究解决老干部生活中遇到的困难和问题。市委、市政府召开会议向老干部通报工作，积极采纳老干部的意见建议；市委专门印发《工作部署》（第6期），解决老干部学习活动阵地共享、健康养生等问题，为老年人幸福生活提供良好条件。市委组织部与各县（市）区委组织部签订目标责书，明确老干部学习活动阵地建设的标准和时限。市十三届人大四次会议和市政协十二届四次会议专门邀请老干部列席会议。

各级党委、政府把老干部工作作为事关改革、发展、稳定的大事来抓，坚持以人为本、以老干部为重，给予人员、经费、车辆及组织保障。市工信委、交运委加强老干部思想政治建设，分别成立离退休干部党委、召开加快科学发展老干部座谈会，切实维护老干部的各项利益。市直涉及老干部工作的部门各司其职、协同配合，形成了做好老干部工作的强大合力。市委组织部不断加强老干部党建工作，指导离退休干部党支部开展经常性的组织活动，加强离退休干部党员的教育管理；老干部工作部门及人力资源和社会保障等部门加强调查研究，及时向党委和政府提出意见和建议，认真履行具体指导和督促检查的职责；民政部门积极制定针对离退休干部的特殊政策，加强老年人服务设施和服务网络建设，积极向离退休干部提供公益性养老服务；财政部门结合离退休人员服务管理工作经费安排情况，积极予以经费保证；卫生部门加强卫生服务网络建设，为离退休干部提供就医方便。组织部、老干部局、民政局、财政局、人社局、卫生局等有关部门密切配合，先后印发“双先”表彰和“四就

9月7日、9月11-13日，市委老干部局分别组织部分市级老干部参观考察郑州市和合肥市的新型城镇化建设情况

近”工作等文件，保证了老干部工作的顺利开展。

截至2012年底，全市共有离休干部4103人，较上年减少7.76%。其中，80岁以上（含80岁）3574人、80岁以下529人，平均年龄84岁；享受副省部级单项待遇16人、副厅级及副厅级单项待遇267人、县级待遇1759人、科以下待遇2061人。全市共有退休干部56992人，较上年增加3%。

【发挥老干部作用】 2012年，郑州市以创建“五好”党支部、争当“四好”党员为目标，通过培训班、推进会等多种途径，激发老干部创先争优的内在动力，努力让老同志的思想保持蓬勃活力，进一步凝聚广大离退休干部的正能量，引导老干部为“三大主体”工作献智出力。一是丰富教育内容。围绕迎接党的十八大胜利召开，广泛开展了“诗书画影抒情怀，喜迎党的十八大”主题宣传活动。成功举办了全市离退休干部“喜迎十八大，真情颂党恩”诗书画影展、“金秋风采”文艺会演、广场文化演出、老年人运动会等系列活动，歌颂郑州发展新成就。参加全省离退休干部“纪念干部离退休制度建立30周年，喜迎十八大、展示新风采”优秀节目展演，有3个节目获得金奖。二是改进学习形式。举办了离退休干部党支部书记暨党员骨干轮训班，学习省市领导重要讲话精神，听取党的先进性和纯洁性专题辅导、市改革发展成果和市“十二五”规划专题报告、创先争优报告团的先进事迹报告等。十八大召开后，积极向市级离退休干部传达十八大精神，鼓励老干部争当学习、贯彻、落实十八大精神的模范。全市各级组织部门、老干部工作部门围绕学习贯彻落实党的十八大精神，以“服务中心、保持本色”为重点，引导老干部在服务郑州都市区建设中创先争优。三是拓展发挥作用内容。市委老干部局结合实际、创新载体，鼓励和支持老干部面向社会、面向基层、面向群众，坚持自觉自愿、量力而行，积极服务科学发展、创新社会管理、关心教育下一代。为支持全市新型城镇化建设，市委老干部局坚持每季度组织市级老领导参观考察全市重点建设项目，9月组织部分市级老领导分别参观考察了郑州市和合肥市的新型城镇化建设情况，老干部提出合理化建议20多条。组织老干部代表组成网格化管理调研组，从信访稳定、道路养护、市场管理等方面入手做好群众工作，将问题消化在基层。全市各级关工委创造了许多青少年容易认知、接受的新载体、新品牌，市关工委围绕加强社会主义核心价值体系教育，组织“五老”报告团赴基层作报告184场，听报告人数16万人次。6月18日，中国文明网登载了《郑州市“五老”报告团弘扬雷锋精神广受社会赞誉》的新闻。

5月16−17日，市企业离休干部服务管理中心分别在企业离休干部居住相对集中的二七区和中原区组织企业离休干部学习会

【落实老干部政策】 2012年，郑州市以敬爱致恭的感恩之心服务老干部，全面落实党的老干部政策，让老干部共享改革发展成果，努力提高广大离退休干部的幸福指数。一是确保离休干部“三个机制”有效运转。采取全补、差补等形式，为133家困难企业的1046名离休干部，减免医疗统筹金1180万元；市财政对离休干部医药费超支部分全额兜底，全年共弥补离休干部医药费统筹基金缺口1.8亿元。调整离退休人员公用经费和退休干部活动经费，提高了老干部护理费标准。高标准高质量为全市2901名离休干部和副县级以上退休干部提供就近体检，健康检查费用标准由原来每人每年200元提高到350元，在原有3种体检方案39个项目的基础上，根据老干部“双高期”的特点和需求，新增肿瘤标志物、肺部正位片、眼底检查等7个项目。积极倡导“预防为先，科学调养、积极治疗”的理念，全年举办健康讲座9场，印发保健手册2.62万本。二是推进“四有两好”（有组织、有阵地、有制度、有措施，离退休干部评价好、发挥作用好）示范社区创建工作。根据省委老干部局“八个一”要求，结合推进网格化管理体系建设，市委老干部局印发了《关于进一步推进全市离退休干部“四就近”工作的通知》，完善了“四有两好”标准和有关规章制度、服务流程，提高了“四就近”工作水平，全市7个社区被命名为省级示范社区，占全省总数的1/7。三是加强困难企业离休干部工作。市企业离休干部服务管理中心根据企业离休干部的居住情况，建立了二七区、中原区等4个工作站，以党建活动为抓手，组织企业离休干部学习会，宣传党的路线方针政策和市委的重大决策部署，组织参观新型城镇化建设，利用飞信等网络通信手段，每天向老干部发送时事要闻、政策解答、养生知识等内容，丰富了企业离休干部生活。

【丰富老干部文化生活】 2012年，郑州市在不断提高老干部生活水平的基础上，加强老干部学习活动阵地建设，为老干部文化养老创造条件；丰富学习活动内容，最大化满足老干部精神文化需求。一是优质高效安全地推进市老干部活动中心改扩建工程。市委老干部局完善工程指挥架构、建立工程推进机制、加快工程进度，保障了工程的顺利建设。12月底，市老干部活动中心改扩建一期工程（综合活动楼）主体结构如期封顶。二是创造性地发展老年教育事业。落实市委组织部《关于进一步加强老干部教育工作的意见》，不断加强全市老干部教育工作。市老干部大学请名师、建名校、创品牌，全年开设10个系、50个专业、8个分校、23个教学点、219个班级，招收学员1.4万人，扩大了“百班万人”成果；广泛开展“六进”慰问活动，积极推进“老干部文化进社区”，送文化下基层。三是健全老干部学习活动网络。为适应全市老干部队伍“人数增多、层次增高、需求增大”的趋势，满足老干部“文化养老”需求，先后成立了合唱团和诗词、书法、戏曲等14个协会，发展会员6000余名，构建了上下联动、多方参与的老干部活动组织网络。这些组织覆盖机关、院校、企业、乡镇、社区，为丰富老干部精神文化生活起到了积极作用。

【基层老干部工作】 2012年，郑州市对全市老干部工作进行网格化管理，基层老干部工作力度进一步加大。市委老干部局班子成员担任总网格长或区域网格长，每个工作人员分包一个网格，按照三个三分之一要求，下沉联系社区，使问题发现在基层、解决在基层；局班子成员带头深入社区（基层单位）395次，召开基层老干部工作座谈会、下访会168次，实现了老干部工作重心下移、主动作为，为基层办了一批实事好事，有力地提升了基层老干部工作水平。及时督查县（市）区老干部学习活动阵地建设，年底有7个县（市）

区达标。新郑市委老干部局积极创新社会管理，利用老年人服务中心提供一站式服务，在服务好老干部的同时惠及社会老人；上街区委老干部局在全区离退休干部中开展“五老十团”志愿服务活动，在党委政府和群众中架起了连心桥；二七区积极开展老干部投身“五型社区”创建工作，老党员、老干部通过建立“邻里互助协会”扶贫帮困和组建“雷锋团”行善、扬善、道善等，推进了网格化管理；管城区打造“暖心”工作品牌，通过热线电话、意见箱、倡议书等形式，鼓励老干部献计献策，收集建议30多条；惠济区建立未成年人教育导师制，为辖区中小学生作思想道德、安全、普法等报告，受教育学生达7000余人次。全市各级老干部工作部门通过网格化管理，主动发现、及时解决涉及老干部切身利益的问题100余件，老干部普遍表示满意。10月12日，省委老干部局“四就近”工作检查组对郑州市以“四有两好”标准推进社区老干部工作给予充分肯定。

（刘建中　刘满意）

党史工作

【概况】 2012年，郑州市党史工作以迎接党的十八大胜利召开和学习宣传贯彻党的十八大精神为主线，积极开展党史宣传教育活动；紧紧围绕市委市政府中心工作，主动融入，广泛征集资料，精心编研；以打造“三型”（学习型、研究型、服务型）机关为重点，大力推进党史人才队伍建设。全年全市共征集文字资料59万字，出版党史图书16种、6700册，办党史刊物6种、36期，并推出一部分党史影像作品，为推动郑州都市区建设和新型城市化建设提供了动力和保障。

【党史宣传教育活动】 党的十八大召开前，郑州市各级党史部门按照市委统一部署，早着手、早谋划，积极做好各项准备工作。市委党史研究室及时下发了《喜迎十八大，开展党史宣传教育系列活动的通知》，并联合市委组织部、宣传部下发了《关于深入学习全国党史二卷，增强党性锻炼的通知》。各级党史部门迅速行动，制定方案，明确任务，落实责任，确保了活动扎实有效进行。

（一）市委党史研究室编辑出版了党史图书《红色记忆——郑州党史90年》。全书12万字，并收录图片200余幅，以图文并茂的形式再现了郑州党组织带领广大人民群众艰苦奋斗、励精图治、奋力拼搏，走过的光辉历程和取得的巨大成就，为全市党员干部开展党史宣传教育提供了生动教材。

（二）以管城区党史展览馆为基地，深化党史党性和爱国主义教育。管城区是党的创始人李大钊和郑州党组织早期领导人集中活动的地方，有着丰富的历史积淀和革命文物、遗址、遗迹，经过对管城区党史展览馆的不断充实和完善，该馆成为郑州市党员干部和广大青少年党史党性教育和爱国主义教育基地。“七一”期间，有20多万人前往参观学习，受到深刻教育。

（三）市委党史研究室与市委组织部、宣传部、郑州日报社联合，运用报刊、视频、网络媒介，在全社会开展“学党史保持党的纯洁性　促发展推进都市区建设”党史知识学习竞赛活动。采取报纸刊登试题、各级党史部门收卷评卷、组织专家评审等方式，迅速掀起学党史、懂党史、用党史的热潮。

（四）广泛开展学习宣传贯彻党的十八大精神活动。十八大召开后，市委党史研究室立即下发了《关于在全市党史系统深入学习宣传贯彻党的十八大精神的通知》，要求全市各级党史部门先学一步，学深、学透，以自身的学习成果带动本地本单位的学习。市委党史研究室还专门编辑出版《郑州党史纵览》专辑，刊载习近平总书记重要讲话，对各地学习宣传贯彻党的十八大精神给予指导。

【党史资料征编研】 2012年，郑州市在安排部署党史工作时紧扣郑州市“三大主体”工作，通盘考虑、统筹兼顾、突出重点，搞好党史资料的征编研工作。

（一）在持续深入挖掘民主革命时期党史资料的同时，进一步加大社会主义时期党史资料征集的力度。民主革命时期，主要突出征集党史人物、重大历史事件等史料；社会主义时期，主要突出征集文献档案、报刊资料、日记笔记和重点人物口述历史等史料。全市全年共征集文字资料272份、59万字，图片720幅，音像29盘，为深入开展党史研究奠定了基础。

（二）以市、县（市）区党委和中共郑州市委书记、郑州市市长工作为主线，做好大事要事的收集整理汇编工作。2012年编辑出版了《2011年郑州党委工作纪事》《2011年市委书记工作大事记》和《2011年市长工作大事记》《2011年郑州党史大事年编》，并收集整理了2012年市委书记、市长大事记。全年上报省委党史研究室郑州党史大事记380条，采用130条、12万余字。

（三）编写完成《中共郑州地方历史》（二卷）送审稿。组织编写班子，吸收部分专家学者和离退休老同志参加。经三易其稿，完成了46万字的编写任务，并召开了专家评审。12个县（市）区积极开展地方党史编研，至年底，巩义市、登封市编辑出版成书，中牟县、金水区完成初稿。

（四）2012年出版《郑州党史纵览》杂志（双月刊）6期，发行1.2万册。市党史网站发布党史信息72条。

（任　征）

党校工作

【概况】 2012年，中共郑州市委党校紧紧围绕郑州市“三大主体”工作，不断深化教学改革创新，加强干部教育培训；强化市情社情调研，加强科研服务，充分发挥了理论武装、科学研究的职能作用。全年培训各类学员2300多人，完成各级各类科研课题90项。基础设施条件不断改善，市委党校二期工程主体工程结顶；教学条件进一步改善，多媒体教学全部普及，图书信息保障得到加强。配合相关部门，顺利完成了省委督查组对郑州市贯彻落实《中国共产党党校工作条例》及《中共河南省委关于贯彻落实〈中国共产党党校工作条例〉的实施意见》的督查工作。2012年，中共郑州市委党校再次被命名为省级文明单位。

【干部培训】 2012年，中共郑州市委党校以培训需求为导向，紧紧围绕中原经济区和郑州都市区建设的需求，以“三大主体”工作、科学发展观、马克思主义基本理论、管理创新与依法行政、领导科学与能力提升等为主要内容，认真做好各项培训工作。全年共举办各类培训班31个班次，培训各类学员2300多人，充分发挥了干部教育培训的主渠道主阵地作用。在教学内容布局中，始终把党的十七大以来的各项路线方针政策和理论创新，以及党的十八大精神贯穿整个教育培训，把中央和省市的中心任务、中心工作作为重点内容；同时，以“忠诚教育与党性锻炼”“基本理论与时政热点”“经济建设与地方发展”“能力提升与素质修养”四个模块编制教学计划。创新和丰富教学方式方法，重点推广了研讨式、体验式、案例式、互动式、情景模拟式等教学方法；同时，加大自主选学、菜单选学革命传统教育和社会调研的比重。有计划地举办高端讲坛和官员讲坛，丰富师资类型，努力打造教学新亮点，全年共举办高端讲坛12场。开展异地教学，开拓学员视野。全年先后组织了8个班次、426名学员到厦门、延安、百色等基地学习，9个军转班到兰考焦裕禄纪念园参观考察，使学员在亲身体验中受到良好教育。充分挖掘党校现有资源的潜力，切实发挥社会培训职能，全年共举办社会培训班9期，培训1472人。全校共有在校本科生近4000人、中央党校在职研究生班在校生130人。

【科研工作】 2012年，中共郑州市委党校积极组织开展科研工作，全年共公开发表论文90篇，其中国家级21篇（全国中文核心期刊6篇）、省级21篇；公开出

12月5日，公务员（河南）特色实践教育基地揭牌仪式在市委党校举行

版专著5部；完成各级各类科研课题90项；申报各级各类科研课题150项，其中立项81项，1项获国家社科规划一般项目立项；获得各级各类奖励25项。

（一）市情社情研究有了新进展。2012年共有围绕市委市政府中心工作的11项课题完成结项。其中，“郑州市推进网格化管理问题研究”“‘坚持依靠群众推进工作落实’长效机制的理论支撑”等课题得到市委领导的签批。

（二）《中共郑州市委党校学报》质量有了新提升。《中共郑州市委党校学报》全年共刊发文章206篇，其中《关于健全和完善权力运行监控机制的几点思考——以河南省为例》一文，被市人大资料《中国共产党》（2012年第4期）《专题探讨》栏目全文收录。

（三）教研一体化有了新探索。坚持“教学出题,科研解题,答案进课堂”，实现科研课题与教学专题的良性互动。校级课题立项研究聚焦教学，项目制教学内容转化为课题和文章，实现了教学、科研一体化。

【公务员（河南）特色实践教育基地落户市委党校】 “十二五”期间，国家公务员局将在全国范围内确定10个特色实践教育基地。在省公务员局的指导下，中共郑州市委党校与市公务员局密切配合、精心准备，2012年12月5日，中共郑州市委党校（郑州市行政学院）成为全国第五家公务员特色实践教育基地。

（杨小明）

人民代表大会

综 述

【县乡两级人大代表换届选举工作】 2012年，全市各级党委、人大常委会高度重视人大换届选举工作，严格依照《地方组织法》《选举法》和《河南省选举实施细则》进行选举。截至2012年3月，郑州市县、乡两级人大代表换届选举工作基本完成。各县（市）区采用召开选举大会和设立投票站、流动票箱相结合的方式，确保了较高的参选率。县级换届中，全市共登记选民5437172人，划分1731个选区，参加投票4655002人，选出了2769名县级人大代表，选民参选率达85.6%。县级人大代表中，妇女代表536名，占19.35%；非中共党员代表593名，占21.36%；少数民族代表78名，占2.81%；研究生及以上学历代表523名，占18.88%；大学本科学历代表985名，占35.57%；大专及高职学历代表646名，占23.32%；高中学历代表543名，占19.68%；初中及以下学历代表72名，占2.6%；35岁以下代表179名，占6.46%；36-55岁代表2282名，占82.41%；56岁以上代表308名，占11.12%。

乡级换届中，全市共登记选民3015898人，划分2609个选区，参加投票2690473人，选出了5935名乡级人大代表，选民参选率达89.2%。其中，妇女代表1430名，占24.09%；非中共党员代表1542名，占25.97%；少数民族代表84名，占1.41%；研究生及以上学历代表121名，占2.03%；大学本科学历代表866名，占14.59%；大专及高职学历代表1061名，占17.87%；高中学历代表2698名，45.45%，初中及以下学历代表1189名，占20.03%；35岁以下代表570名，占9.6%；36-55岁代表4611名，占77.69%；56岁以上代表754名，占12.7%。

【代表议案和建议办理】 市十三届人大四次会议上，人大代表向大会提出议案152件，经大会议案审查委员会初审并提请大会主席团审议通过，有8件作为议案处理（11件合并8件），其余141件转作代表建议、批评和意见（以下简称建议）办理。会议期间，人大代表对全市各方面的工作提出建议423件，作为代表建议处理的共计564件。根据建议内容，转交市人大常委会有关部门办理的代表建议8件；转交市人民政府办理的代表议案7件（10件合并7件）、建议543件；转交市中级人民法院办理的代表建议4件；转交市人民检察院办理的代表建议2件；转交市妇联办理的代表议案1件；转交党群社团办理的代表建议7件。

截至10月，市十三届人大四次会议期间代表提出的议案和建议已全部办结，并答复了代表。经对2012年代表建议办理情况进行疏理，落实解决或基本解决的264件，占总数的46.8%；正在解决或已列入计划准备解决的275件，占总数的48.8%；因受政策和目前条件限制或其他原因确实解决不了的25件，占总数的4.4%。针对2011年市十三届人大三次会议遗留未办结的340件代表建议（B类件），市政府办公厅组织各承办单位进行跟踪督办，开展“回头问效”，取得了明显效果。截至9月底，2011年未办结的代表建议已落实102件。

【市人大常委会会议首次实现网络视频直播】 4月25-26日，市十三届人大常委会举行第二十八次会议。郑州人大网、中原网首次对本次会议的第一次和第二次全体会议进行网络视频直播，近千名网友通过互联网收看了会议实况。《大河报》《河南商报》《东方今报》《郑州日报》《郑州晚报》、郑州人民广播电台、郑州电视台等刊发稿件12篇，全国人大网、人民网、新华网、新浪网、搜狐网、大洋网、凤凰网、大河网、中原网等网络媒体刊发稿件逾40篇，对此进行了报道；微博发布和转发超过300余次。

利用新兴媒体对市人大常委会会议进行视频直播，是2012年市人大常委会的创新和亮点，突破了参与人员的局限性，增加大了会议的透明度扩大了会议的参与度，收到了良好的宣传成果。

【亚欧大陆桥沿线部分市（州）地人大工作座谈会】 2012年10月29日，亚欧大陆桥沿线部分市（州）地人大工作座谈会第二十三次会议在郑州市举行。中共河南省委常委、郑州市委书记吴天君，河南省人大常委会副主任铁代生，郑州市领导王璋、李秀奇等出席会议。来自亚欧大陆桥沿线城市的人大工作者共150人参加会议。会议由郑州市人大常委会主任白红战主持。西安市、兰州市、西宁市、银川市、乌鲁木齐市、徐州市人大常委会分别作了交流发言。郑州人大常委会副主任雷志代表郑州市人大常委会作了题为“发挥职能作用，推动科学发展”的经验发言。经过研讨交流，与会代表在监督、重大事项决定、代表工作三个方面达成共识，并通过《会议纪要》。

（牛志熳）

人大全会

【郑州市第十三届人民代表大会第四次会议】 2012年2月1—5日，郑州市第十三届人民代表大会第四次会议举行。大会共有代表533名，实到代表505名。会议的主要议程是：听取和审议《郑州市人民政府工作报告》，审查和批准《中原经济区郑州都市区规划纲要（草案）》，审查和批准郑州市2011年国民经济和社会发展计划执行情况与2012年国民经济和社会发展计划（草案）的报告，批准2012年国民经济和社会发展计划，审查和批准郑州市2011年财政预算执行情况和2012年全市预算（草案）的报告，批准2012年市级预算，听取和审议郑州市人大常委会工作报告，听取和审议郑州市中级人民法院工作报告，听取和审议郑州市人民检察院工作报告，选举事项。

会议表决通过了关于《郑州市人民政府工作报告》的决议、关于郑州市人民代表大会常务委员会工作报告的决议、关于郑州市中级人民法院工作报告的决议、关于郑州市人民检察院工作报告的决议、关于中原经济区郑州都市区建设纲要的决议、关于郑州市2011年国民经济和社会发展计划执行情况与2012年财政预算及其报告的决议。

会议补选马懿为郑州市人民政府市长，刘焕成、赵武安为郑州市第十三届人民代表大会常务委员会副主任，范强为郑州市第十三届人民代表大会常务委员会秘书长。会议补选10名郑州市第十三届人民代表大会常务委员会委员及3名郑州市第十三届人民代表大会法制委员会副主任委员。

【郑州市第十三届人民代表大会第五次会议】 2012年12月28—30日，郑州市第十三届人民代表大会第五次会议在郑州举行。大会共有代表533名，实到代表461名。会议的议程是选举郑州市出席河南省第十二届人民代表大会代表。会议以无记名投票方式，选举出郑州市出席河南省第十二届人民代表大会代表共80名。

（牛志熳）

人大常委会会议

【郑州市十三届人大常委会第二十六次会议】 2012年1月30日，郑州市十三届人大常委会第二十六次会议举行。会议由市人大常委会主任白红战主持。会议决定，郑州市十三届人大四次会议于2012年2月1日（正月初十）举行。

会议听取了市人大常委会副主任刘全心关于市十三届人民代表大会代表变动情况的代表资格审查报告，市人大常委会副秘书长、办公厅主任李金鹏关于市十三届人大四次会议筹备工作情况的汇报；书面听取了市人大法制委员会工作报告（草案），市人民政府工作报告（草案）、《中原经济区郑州都市区建设纲要（草案）》、计划财政工作报告（草案），市中级人民法院工作报告（草案），市人民检察院工作报告（草案），以及市十三届人大四次会议主席团和秘书长名单（草案）、计划财政预算审查委员会名单（草案）、议案审查委员会名单（草案）、列席人员名单（草案）。

会议经过认真审议，表决通过了市十三届人大四次会议议程（草案），市人大常委会工作报告（草案），市十三届人大四次会议主席团和秘书长名单（草案），市十三届人大四次会议计划、财政预算审查委员会名单（草案），市十三届人大四次会议议案审查委员会名单（草案），市十三届人大四次会议列席人员名单（草案），市十三届人民代表大会代表变动情况的代表资格审查报告。

【郑州市十三届人大常委会第二十七次会议】 2012年2月28日，郑州市十三届人大常委会第二十七次会议举行。会议由市人大常委会主任白红战主持。

会议听取了市人大常委会副主任雷志关于人事任免案的说明，副市长朱是西关于2011年度市人大常委会决议、决定和审议意见落实情况的报告及人事任免案的说明，市人民检察院检察长杨祖伟关于人事任免案的说明。

会议表决以无记名投票的方式通过了人事任免案，依法任命了7名市人大常委会工作人员、5名市人民政府工作人员和2名市人民检察院工作人员，并现场对新任命人员颁发任命书，并举行就职宣誓仪式。

【郑州市十三届人大常委会第二十八次会议】 2012年4月25—26日，郑州市十三届人大常委会第二十八次会议举行。会议由市人大常委会主任白红战主持。

会议听取了常务副市长胡荃关于2011年度政府投资项目计划落实情况和2012年度政府投资项目计划（草案）的报告，市人大常委会副主任刘全心关于市十三届人民代表大会代表资格审查的报告，副市长刘东关于全市文化建设工作情况的报告，市中级人民法院院长王新生、市人民检察院检察长杨祖伟关于人事任免案的说明，市人大常委会法制委员会主任委员刘金柱关于《郑州市城市园林绿化建设管理条例（修订草案）》修改情况的说明，市政府法制办主任万建中关于《郑州市客运出租汽车管理条例（草案）》《郑州市劳动用工条例（草案）》情况的说明。

会议表决通过了《郑州市城市园林绿化建设管理条例》、关于市十三届人民代表大会代表资格审查的报告、市政府关于2011年度政府投资项目计划落实情况和2012年度政府投资计划的报告、市人大常委会关于批准郑州市2012年度政府投资项目计划的决议、市政府关于我市文化建设工作情况的报告、市人大常委会关于加快推进我市文化建设工作的决议。

会议还表决通过了人事任免案；现场为新任命的市中级人民法院、市人民检察院有关工作人员颁发任命书，并举行就职宣誓仪式。

【郑州市十三届人大常委会第二十九次会议】 2012年6月28—29日，郑州市

2月1日，郑州市第十三届人民代表大会第四次会议开幕

4月25日，郑州人大网、中原网对市十三届人大常委会第二十八次会议进行首次全程网络直播

十三届人大常委会第二十九次会议举行，会议听取了有关报告及人事任免案。会议决定，本次常委会首次专题询问市政府关于郑州市学前教育工作的开展情况。会议由市人大常委会主任白红战主持。

会议听取了副市长张学军关于全市法制宣传教育和依法治市工作情况的报告，市政府副秘书长王霄鹏关于全市学前教育工作情况的报告，市发改委主任史占勇关于全市重点工程项目建设进展情况的报告，市人大常委会副主任刘全心关于市十三届人民代表大会代表变动情况的资格审查报告，市中级人民法院院长王新生关于人事任免案的说明，市人大法制委员会副主任委员吴卫平关于《郑州市劳动用工条例（草案）》修改情况的说明，市人大常委会法制室主任李艳关于《郑州市人大常委会关于修改部分地方性法规的决定（草案）》修改情况的说明。会议还书面审议了《郑州市人大常委会任免国家机关工作人员办法（修订草案）》《关于接受扎吐辞去郑州市人民政府副市长职务的决定（草案）》。

会议表决通过了《郑州市劳动用工条例》《郑州市人大常委会关于修改部分地方性法规的决定》《郑州市人大常委会关于进一步加强法制宣传教育和依法治市工作的决议》《郑州市人大常委会任免国家机关工作人员办法》《关于接受扎吐辞去郑州市人民政府副市长职务的决定》，以及市政府关于全市重点工程项目建设进展情况的报告、市政府关于全市学前教育工作情况的报告、市政府关于全市法制宣传教育和依法治市工作情况的报告、市十三届人民代表大会代表的代表资格审查报告。

会议还表决通过了人事任免案，并现场为新任命人员颁发任命书，举行就职宣誓仪式。

【郑州市十三届人大常委会第三十次会议】 2012年8月29–30日，郑州市十三届人大常委会第三十次会议举行。会议第二次审议《郑州市客运出租汽车管理条例（修正案草案）》，听取并审议市政府有关报告及市中级人民法院人事任免案等。会议由市人大常委会主任白红战主持。

会议听取了市政府副秘书长、市食品安全管理办公室主任赵红军作的关于《中华人民共和国食品安全法》实施情况的报告，市人大法制委员会主任委员刘金柱作的关于《郑州市客运出租汽车管理条例（修正案草案）》修改情况的说明。

会议听取了副市长薛云伟作的关于促进服务业发展工作情况的报告，市财政局局长王春山作的关于2011年度财政决算和2012年度1–6月份市本级财政预算执行情况的报告，市审计局局长李连渠作的关于2011年度市本级预算执行及其他财政收支的审计工作报告，市政府副秘书长杨东方作的关于《郑州市农业投资保障条例》实施情况的报告，以及有关人事任免案的说明。会议还审议了《郑州市民文明公约（草案）》。

会议表决通过了关于修改《郑州市客运出租汽车管理条例》的决定、市政府关于2012年度上半年国民经济和社会发展计划执行情况的报告、市政府关于2011年度财政决算和2012年度1–6月份财政预算执行情况的报告、市政府关于2011年度市本级预算执行及其他财政收支的审计工作报告、市政府关于促进服务业发展工作情况的报告、市政府关于《郑州市农业投资保障条例》实施情况的报告、市政府关于《中华人民共和国食品安全法》实施情况的报告、市人大常委会关于批准2011年市本级财政决算的决议（草案）、《郑州市民文明公约（草案）》等。

会议还表决通过了人事任免案，并现场为新任命人员颁发任命书。

【郑州市十三届人大常委会第三十一次会议】 2012年10月24–26日，郑州市十三届人大常委会第三十一次会议举行。会议由市人大常委会主任白红战主持。

会议听取了常务副市长胡荃作的市政府关于市十三届人大四次会议《关于在中原经济区郑州都市区建设中“先行先试”》《关于尽快出台〈郑州市校车规范管理实施办法〉》《关于加强物业管理，全面提升社区服务管理水平》《关于建设特色商业街区，加快服务业发展》《关于制定〈郑州市大遗址保护管理条例〉》《关于加大扶贫开发力度，加快贫困农民脱贫致富》《关于加快郑州中心城区至巩义、新密等快速通道建设》7件代表议案和市十三届人大四次会议以来代表建议、批评和意见办理工作情况的报告，副市长张建慧作的市政府关于保障性住房建设管理工作情况的报告和关于违法建设查处情况的报告；市政府关于新型工业化发展情况的报告；会议还听取了市政府关于扶贫工作情况的报告、关于《郑州市医疗卫生设施规划建设管理条例》实施情况的报告、关于《郑州市城市中小学校幼儿园规划建设管理条例》《郑州市市区中小学布局规划》实施情况的报告，以及市妇联关于市十三届人大四次会议《关于制定〈郑州市妇女权益保障规定〉》的议案办理工作情况的报告。

会议还听取市人大常委会内司工委关于加强青年志愿服务工作的决议（草案）起草情况的说明，并进行了审议。书面听取并审议了市中级人民法院、市人民检察院、市交运委、市文广新局关于市十三届人大四次会议代表建议、批评和意见办理情况的报告。

会议表决通过了《关于加快郑州中心城区至巩义、新密等快速通道建设》等7件代表议案办理情况的报告，以及市政府关于新型工业化发展情况的报告、关于扶贫开发工作情况的报告、关于保障性住房建设管理工作情况的报告、关于《郑州市医疗卫生设施规划建设管理条例》贯彻实施情况的报告、关于《郑州市城市中小学校幼儿园规划建设管理条例》和《郑州市市区中小学布局规划》贯彻实施情况的报告、关于违法建设查处情况工作情况的报告。表决通过了《郑州市人大常委会关于加强违法建设查处工作的决议》《郑州市人大常委会关于加强青年志愿服务工作的决议》，市妇联关于市十三届人大四次会议《关于制定〈郑州市妇女权益保障规定〉》代表议案办理情况的报告，市中级人民法院、市人民检察院关于十三届人大四次会议代表建议、批评和意见办理情况的报告。

会议还表决通过了人事任免案，并现场为新任命人员颁发任命书。

6月29日，市十三届人大常委会第二十九次会议举行首次专题询问会

【郑州市十三届人大常委会第三十二次会议】 2012年12月25-26日，郑州市十三届人大常委会第三十二次会议举行。会议由市人大常委会主任白红战主持。

会议听取了常务副市长胡荃作的关于提请人事任免案的说明和市政府关于为民承诺"十件实事"办理落实情况的报告、副市长张建慧作的关于新型城镇化建设工作进展情况的报告、关于2011年度市本级预算执行审计工作报告中反映问题整改落实情况的报告、市十三届人大五次会议筹备情况的汇报等。书面听取了2012年财政收入预计完成情况及超收安排意见的报告、《郑州市森林城市建设规划（草案）》、市十三届人大五次会议议程（草案）、市十三届人大五次会议主席团和秘书长名单（草案）、《关于市十三届人民代表大会第五次会议召开时间的决定（草案）》等。

会议决定任命吴忠华为郑州市人民政府副市长，接受朱是西辞去市人民政府副市长职务。

会议表决通过了市政府关于为民承诺"十件实事"办理落实情况的报告、关于新型城镇化建设工作进展情况的报告、关于2011年度市本级预算执行审计工作报告中反映问题整改落实情况的报告、2012年财政收入预计完成情况及超收安排意见的报告；表决通过了市人大常委会关于批准《郑州市森林城市建设规划》的决议，市十三届人大五次会议议程（草案）、主席团和秘书长名单（草案），《关于市十三届人民代表大会第五次会议召开时间的决定》。

（牛志嫚）

人大常委会主任会议

【郑州市十三届人大常委会第三十八次主任会议】 2012年2月17日，市人大常委会主任白红战主持召开市十三届人大常委会主任会议第三十八次会议。会议听取并同意了关于市人大常委会2012年工作要点（草案）和关于2012年市人大常委会会议、主任会议议题安排意见的汇报；关于《郑州市人大常委会工作评议办法（草案）》和关于《郑州市人大常委会专题询问办法（草案）》的汇报；关于2012年市人大常委会主任、副主任接待代表日安排意见的汇报；关于市十三届人大常委会第二十七次会议议程、日程、常委会组成人员编组名单，以及出席、列席人员名单（草案）的汇报。

【郑州市十三届人大常委会第四十次主任会议】 2012年3月22日，市人大常委会主任白红战主持召开市十三届人大常委会主任会议第四十次会议。会议听取了十一届全国人大五次会议精神的报告，以及关于重新调整市十三届人民代表大会代表专业组代表及开展活动的意见，关于推荐市十三届人大代表积极履职个人和组织的意见，关于"开展人大代表为郑州都市区建设献良策、办实事、作贡献"主题活动的意见，关于调整市十三届人大常委会领导联系常委会委员、常委会组成人员联系市人大代表的意见。听取了4月份常委会会议议程安排意见（草案）。

【郑州市十三届人大常委会第四十二次主任会议】 2012年5月23日，市人大常委会主任白红战主持召开市十三届人大常委会主任会议第四十二次会议。会议听取了市政府关于贯彻实施《中华人民共和国消防法》《河南省消防条例》情况的报告和市人大常委会内司工委主任许福亮关于贯彻实施《中华人民共和国消防法》《河南省消防条例》情况的执法检查报告，市政府副秘书长潘冰关于贯彻实施《郑州市物业管理条例》情况的报告和市人大常委会城建工委主任邢建新关于贯彻实施《郑州市物业管理条例》情况的执法检查报告，市政府副秘书长杨东方关于畜牧业发展情况的报告和市人大常委会农工委主任王瑞桐关于畜牧业发展情况的视察报告，市人大常委会副秘书长、办公厅主任李金鹏关于6月份常委会会议议题的安排意见（草案）的汇报。

【郑州市十三届人大常委会第四十四次主任会议】 2012年7月26日，市人大常委会主任白红战主持召开市十三届人大常委会主任会议第四十四次会议。会议听取了市政府副秘书长翟晓宾关于促进中小企业发展情况的报告和市人大常委会经济工委主任宋柏松关于促进中小企业发展情况的视察报告，市人社局副局长崔鸿关于劳动用工和就业情况的报告以及市人大常委会选工委主任柴国合关于劳动用工和就业情况的跟踪问效报告，市人大常委会预算工委主任张正平关于郑州市城乡建设委员会等六部门2011年部门决算（草案）初步审查意见的汇报，市人大常委会副秘书长、办公厅主任李金鹏关于8月份常委会会议议题安排意见（草案）的汇报。

【郑州市十三届人大常委会第四十六次主任会议】 2012年9月19日，市人大常委会主任白红战主持召开市十三届人大常委会主任会议第四十六次会议。会议听取了市政府副秘书长杨东方作的关于农村村容村貌综合整治工作情况的报告和市人大常委会农工委主任王瑞桐作的关于农村村容村貌综合整治工作的视察报告，市政府副秘书长潘冰作的关于城市管理整治提升工作情况的报告和市人大常委会城建工委主任邢建新作的关于城市管理整治提升工作情况的视察报告，市轨道公司董事长郭拥军作的关于轨道交通建设工作情况的报告和市人大城建工委主任邢建新作的关于轨道交通建设工作情况的视察报告，市人大常委会副秘书长、办公厅主任李金鹏关于10月份常委会会议议题安排意见（草案）的汇报。

【郑州市十三届人大常委会第四十七次主任会议】 2012年10月19日，市人大常委会主任白红战主持召开市十三届人大常委会主任会议第四十七次会议。会议听取了市委组织部常务副部长张亮作的关于人事任免案的说明，市人民检察院检察长杨祖伟作的关于对全市司法执法情况综合评价的报告和市人大常委会内司工委主任许福亮作的关于对全市司法执法情况综合评价的视察报告，市人大常委会选工委主任柴国合作的关于市十三届人大四次会议以来代表议案和建议办理情况的说明，市十三届人大常委会第三十一次会议议题准备情况的汇报，市政府副秘书长王鸿勋作的市政府关于将三环快速化工程回购款列入市财政预算的报告、情况说明和市人大常委会预算工委主任张正平作的关于对市政府将三环快速化工程回购款列入市财政预算的报告的初审报告，市政府副秘书长王鸿勋作的关于查处违法建设工作情况的报告，市人大常委会副秘书长、办公厅主任李金鹏作的关于市十三届人大常委会第三十一次会议议程、日程及出席、列席人员和旁听人员名单（草案）的汇报。

（牛志嫚）

监督工作

【执法检查】 全国人大常委会对郑州市《文物保护法》实施情况开展执法检查 2012年5月8日，以全国人大常委会委员、全国人大教科文卫委员会主任委员白克明为组长的全国人大常委会《文物保护法》执法检查组一行莅临郑州，对《文物保护法》实施情况进行执法检查。执法检查组听取了郑州市贯彻落实《文物保护法》、开展文物保护工作情况的汇报及工作建议，并与市有关部门举行座谈，实地察看了少林寺、嵩阳书院。

省人大常委会对郑州市贯彻实施《中华人民共和国职业教育法》及《河南省实施〈中华人民共和国职业教育法〉办法》情况进行执法检查 2012年9月6日，省人大常委会副主任蒋笃运率领职业教育执法检查组，对郑州市贯彻实施《中华人民共和国职业教育法》及《河南省实施〈中华人民共和国职业教育法〉办法》（以下简称"一法一办法"）情况进行执法检查。检查组一行听取了市政府关于贯彻实施"一法一办法"情况的汇报，与部分职业院校的负责人进行了座谈，并到郑州市科技工业学校、郑州市职业技术学院进行检查，深入了解"一法一办法"的贯彻实施情况和郑州市职业教育中存在的困难和问题，并征求对进一步贯彻实施"一法一办法"的意见和建议。

全国人大对郑州市贯彻实施《中华人民共和国农业法》情况开展执法检查 2012年9月10日，全国人大常委会委员、全国人大农业与农村委员会主任委员王云龙带领执法检查组对郑州市贯彻实施《中华人民共和国农业法》情况开展执法检查。省委常委、市委书记吴天君等陪同检查。

郑州市人大执法检查工作 2012年3月27日，市人大常委会副主任赵武安带领部分人大常委会组成人员和市人大代表，对郑州市贯彻实施《中华人民共和国红十字会法》情况进行执法检查。

4月13日，市人大常委会副主任周长松带领部分人大代表，对郑州市贯彻实施《中华人民共和国公路法》和《河南省农村公路条例》情况进行执法检查。

5月4日，市人大常委会副主任贾记鑫带领部分人大常委会委员和市人大代表，对郑州市贯彻实施《中华人民共和国消防法》和《河南省消防条例》情况开展执法检查。

5月16日，市人大常委会副主任周长松带领部分人大代表，对《郑州市物业管理条例》贯彻实施情况进行执法检查。

6月8日，市人大常委会副主任贾记鑫带领部分人大常委会委员和人大代表，对郑州市贯彻实施《中华人民共和国残疾人保障法》情况进行执法检查。

8月13日，市人大常委会组织部分人大代表对《郑州市农业投资保障条例》实施情况进行执法检查。市人大常委会副主任赵武安参加执法检查，副市长朱是西陪同检查。

8月14日，市人大常委会副主任赵武安带领部分人大常委会组成人员和人大代表，对郑州市贯彻实施《中华人民共和国食品安全法》情况开展执法检查。

10月9日，市人大常委会副主任赵武安带领部分常委会委员和人大代表，对《郑州市医疗卫生设施规划建设管理条例》实施情况开展执法检查。

10月16日，市人大常委会教科文卫工委组织部分常委会委员和人大代表，对《郑州市城市中小学校幼儿园规划建设管理条例》《郑州市市区中小学布局规划》实施情况开展执法检查。市人大常委会主任白红战、副主任赵武安参加执法检查，市政府副市长刘东陪同检查。

11月20日，市人大常委会主任白红战带领部分人大常委会组成人员和部分全国、省、市三级人大代表，对贯彻实施《郑州市人民代表大会常务委员会关于加强全市审判机关行政审判工作的决议》情况进行执法检查。市人大常委会副主任贾记鑫、秘书长范强参加执法检查。

【规范性文件备案审查】 2012年，市人大常委会扎实开展规范性文件备案审查，细化工作程序，积极启动审查，要求有关单位做到有案必报、及时报备，对县（市）区人大常委会报送的6件规范性文件和郑州市人民政府报送的3件政府规章、55件规范性文件进行了审查。

【专题询问】 2012年，市人大常委会根据有关规定，就保障性住房建设情况、学前教育工作开展了两次专题询问。专题询问在常委会会议上进行，采取一问一答、询问与追问相结合、主管与补充回答相结合，针对专题询问中人大常委会组成人员提出的问题，常委会有关部门整理成审议意见，面交市政府，要求市政府和有关部门认真研究加以整改，在规定时间内向市人大常委会提交整改落实情况的报告。专题询问是郑州市人大常委会依法加强和改进监督工作的重要实践与探索，对推动工作的开展起到了积极作用。

【调研及视察活动】 全国人大调研视察活动 2012年2月21日，全国人大常委会环资委副主任委员张云川率全国人大调研组莅临郑州，就饮用水安全保障情况进行调研。省人大常委会副主任刘怀廉，市人大常委会主任白红战等陪同调研。

4月6-7日，全国人大常委会副委员长、民建中央主席陈昌智带领调研组，对郑州市大力发展文化旅游产业、促进经济结构调整进行专题调研。省委常委、市委书记吴天君，市长马懿，市人大常委会主任白红战等陪同调研。

4月12-14日，中共中央政治局常委、全国人大常委会委员长吴邦国对郑州市加快中原经济区建设、做好改革发展稳定工作进行调研。省委常委、市委

5月9日，"中原环保世纪行"督察采访团到新郑市检查督导环保工作

5月4日，市人大对全市贯彻实施《中华人民共和国消防法》情况开展执法检查

书记吴天君，市长马懿，市人大常委会主任白红战等陪同调研。

4月17-19日，全国人大农业与农村委员会主任委员王云龙带领调研组对郑州市"三化"协调、城乡统筹发展、现代农业建设情况进行调研。市人大常委会主任白红战等陪同调研。

5月16日，十届全国人大常委会副委员长李铁映来郑州市调研。市人大常委会副主任李元法陪同调研。

5月17-18日，中共中央政治局委员、全国人大常委会副委员长、中华全国总工会主席王兆国专题调研郑州工作。省委常委、市委书记吴天君，市长马懿，市人大常委会主任白红战等陪同调研。

6月11日，全国人大常委会中医药立法调研组到郑州市中医院考察调研。全国人大常委会委员、全国人大教科文卫委员会副主任委员宋法棠、任茂东参加调研。市人大常委会主任白红战等陪同调研。

8月14日，省人大常委会副主任、党组副书记王菊梅，全国人大常委会委员、全国人大外事委员会副主任委员南振中等39名驻豫全国人大代表，在省人大常委会的统一组织下，就郑州航空港经济综合实验区工作进行了专题调研。省委常委、市委书记吴天君，市长马懿，市人大常委会主任白红战等陪同调研。

9月12日，全国人大常委会华侨委员会副主任委员黄华华带领调研组，对郑州市归侨侨眷权益保护法及相关法律贯彻实施、散居贫困归侨侨眷生产生活困难问题解决和海外侨胞国内投资权益保护等情况进行调研。市领导薛云伟、李元法陪同调研。

11月23日，十届全国人大常委会副委员长、全国关工委主任顾秀莲一行对郑州市职业教育工作进行视察，市人大常委会副主任贾记鑫陪同视察。

河南省人大调研视察活动 2012年3月19日，省人大常委会委员、内司工委主任郭俊峰带领省人大常委会视察组，对郑州市法院完善多元化司法手段、化解社会矛盾工作和检察院民事行政检察工作情况进行视察。市人大常委会副主任贾记鑫陪同视察。

3月21-22日，省人大常委会副主任蒋笃运带领省人大常委会立法调研组莅临郑州，开展《河南省食品生产加工小作坊和食品摊贩管理办法》立法调研，市委常委、副市长薛云伟，市人大常委会副主任赵武安陪同调研。

4月7-10日，河南省十一届人大代表2012年培训班在郑州举行，来自全省的300余名省人大代表参加培训，其中郑州市参加培训39人。培训班期间，参加培训的省人大代表分成9个视察组，赴全省各省辖市就产业集聚区建设进行专题视察。

4月9日，由省人大常委会法工委副主任王新民带队，48名省人大代表在郑州市视察了产业集聚区建设情况。市人大常委会副主任刘全心、副市长马健陪同视察。

5月9日，省人大常委会委员、环资工委主任吴灵臣带领部分省人大常委会组成人员，到新郑市就环境保护工作和建筑垃圾处理进行专项调研。郑州市人大常委会副主任周长松陪同调研。

7月6日，省人大常委会环资工委到郑州市进行立法调研，就《河南省污染物减排条例（草案）》征求意见。省人大常委会环资工委副主任段金生、邵良等参加调研。

8月7-8日，省人大常委会道路交通安全专题调研组对郑州市道路交通安全工作进行调研。市人大常委会主任白红战、副主任周长松，副市长张学军陪同调研。

郑州市人大调研视察活动 2012年，市人大常委会围绕市委、市政府中心工作和人民群众关注的热点问题，组织人大代表开展视察、调研，并督促"一府两院"依法行政，公正司法。

2月22日，市人大常委会主任白红战，副主任雷志、刘全心、贾记鑫、李元法、周长松、赵武安到二七区对生态文化新城建设进展情况进行视察。

2月29日，市人大常委会主任白红战，副主任雷志、贾记鑫、赵武安到上街区，就郑州宜居职教城建设、新型农村社区建设等情况进行调研。

3月2日，市人大常委会主任白红战，副主任雷志、贾记鑫、周长松、赵武安，秘书长范强到中原区对中原宜居商贸城建设、新型城镇化建设情况进行调研。

3月9日，市人大常委会主任白红战带领部分常委会组成人员到郑州新郑综合保税区进行调研。市人大常委会副主任贾记鑫、李元法、赵武安，秘书长范强参加调研。

3月13日，市人大常委会主任白红战带领市文物局有关负责人对郑州商代都城遗址保护规划建设情况进行调研。市人大常委会秘书长范强参加调研。

3月14日，市人大常委会主任白红战到市环保局调研全市环境保护工作，并现场协调解决环境保护工作中遇到的问题。市人大常委会副主任周长松、秘书长范强等陪同调研。

3月27日，市人大常委会副主任贾记鑫到市消防支队对郑州市贯彻实施《中华人民共和国消防法》和《河南省消防条例》情况进行调研。

3月27日，市人大常委会主任白红战到中牟县、新郑市对部分在建省市重点工程项目进行视察。市人大常委会秘书长范强陪同视察。

3月31日、4月10日，市人大常委会主任白红战对金水路改造提升及主城区功能提升重点工程分别进行调研。

4月13日，市人大常委会高新区工委组织部分人大代表对郑州高新区产业集聚区建设情况进行视察。市人大常委会副主任周长松参加视察。

4月16日，市人大常委会副主任周长松带领部分常委会组成人员和人大代表对全市防震减灾情况进行调研。

4月18日，市人大常委会主任白红战带领市人大调研组对全市2012年一季度税收收入工作情况进行调研。

4月19日，市人大常委会主任白红战带领部分市人大常委会组成人员和市人大代表对郑州市文化建设工作进行视察。市人大常委会副主任赵武安参加视察。

5月3日，市人大常委会主任白红战专题视察郑州市"两环十五放射"道路、市域快速通道和部分分包的交通重点工程项目建设情况。市人大常委会秘书长范强参加视察。

5月4日，市人大常委会副主任赵武安带领部分常委会组成人员和市人大代表，对全市畜牧业发展情况进行视察。

5月11日，市人大常委会副主任周长松带领部分市人大代表对郑州市综合交通建设规划、交通基础设施建设情况进行视察。

5月16日，市人大常委会主任白红战带领部分市人大常委会组成人员及部分省、市人大代表赴管城区、经济开发区，对全市工业经济运行情况进行视察，秘书长范强参加视察。

5月17日，市人大常委会副主任贾记鑫带领市人大法制委员会、市人大常委会法制室和市政府有关部门负责人赴管城区进行《郑州市劳动用工条例》立法调研，了解该区劳动用工管理情况，征求基层单位意见。

5月22日，市人大常委会民侨外工委与市人大常委会农工委联合组织代表专业组代表，对郑州市黄河湿地规划保护建设情况进行调研。

5月24日，市人大常委会主任白红战带领部分常委会组成人员到新乡市对新型城镇化建设情况进行视察。市人大常委会副主任雷志、刘全心、贾记鑫、王平、李元法、周长松、赵武安，秘书长范强参加视察。

5月25日，市人大常委会副主任贾记鑫带领部分市人大常委会委员和全国、省、市三级人大代表，对郑州市法制宣传教育和依法治市工作情况进行视察。

5月29日，市人大常委会主任白红战、秘书长范强到上街区调研网格化管理工作。

5月30日，市人大常委会副主任赵武安带领部分市人大常委会委员和市人大代表，对全市校车安全及学前教育工作进行视察。

5月30日，市人大常委会主任白红战带领部分常委会组成人员对全市交通工程和交通管理工作进行视察。市委常委、副市长张建慧，市人大常委会副主任周长松，秘书长范强参加视察。

5月31日，市人大常委会副主任周长松带领部分市人大代表，对郑州市城际公交和客运站建设情况进行视察。

6月6日，市人大常委会副主任周长松带领部分常委会组成人员和人大代表，对全市城市防汛工作进行视察。

6月7日，市人大常委会主任白红战到上街区峡窝镇冯沟村和方顶村，对网格化管理工作进行调研。

6月7日，市人大常委会副主任赵武安对郑州市科技创新、科技成果转化等工作进行专题调研。

6月8日，市人大常委会主任白红战带领部分常委会组成人员和市人大代表，对全市重点工程项目建设进展情况进行视察。省辖市市长级干部乔新国，市委常委、副市长薛云伟，市人大常委会副主任刘全心、周长松、赵武安和秘书长范强参加视察。

6月12日，市人大常委会副主任赵武安带领部分人大代表，对郑州市内河、黄河防汛准备工作情况进行视察。

6月21日，市人大常委会副主任刘全心到金水区经八路、花园路街道办事处，调研指导网格化管理工作。

7月4日，市人大常委会主任白红战、副主任刘全心带领部分常委会组成人员和市人大代表，对郑州市促进中小企业发展工作情况进行视察。

7月4日，市人大常委会副主任周长松对郑州市三环快速路建设情况进行调研。

7月12日，市人大常委会副主任刘全心带领部分市人大常委会组成人员和市人大代表，到郑州市人力资源和社会劳动保障局视察全市劳动用工和就业创业工作。

7月31日，市人大常委会主任白红战一行到上街区峡窝镇，就新型农村社区建设和网格化管理工作进行蹲点调研。

8月1日，市人大常委会主任白红战带领部分常委会组成人员到中牟县，对郑州市文化产业发展情况进行专题调研。市人大常委会副主任刘全心、王平、李元法、周长松，秘书长范强参加调研。

8月2日，市人大常委会副主任李元法对郑州市游客集散中心建设情况进行调研。

8月2日，市人大常委会副主任刘全心带领部分常委会组成人员和人大代表，对全市服务业发展工作情况进行视察。

8月3日，市人大常委会主任白红战带领部分常委会组成人员到管城区，对新型城镇化建设工作进行调研。市人大常委会副主任雷志、王平、周长松，秘书长范强参加调研。

8月9日，市人大常委会主任白红战带领部分常委会组成人员和市人大代表，对三环快速路工程建设情况进行视察。市委常委、副市长张建慧陪同视察，市人大常委会副主任周长松、秘书长范强参加视察。

8月10日，市人大常委会主任白红战带领部分常委会组成人员和市人大代表，对全市财政预决算执行情况进行视察。

8月22日，市人大常委会主任白红战带领部分常委会组成人员，对郑州市文明城市创建工作进行调研。市人大常委会副主任赵武安、秘书长范强参加调研。

8月31日，市人大常委会副主任周长松带领部分常委会组成人员和市人大代表，对轨道交通建设情况进行视察。

9月5日，市人大常委会副主任周长松带领部分常委会组成人员和人大代表，对城市管理整治提升工作情况进行视察。

9月14日，市人大常委会副主任贾记鑫带领部分人大常委会委员和三级人大代表，对市检察院开展全市司法执法综合评价工作情况进行视察。

9月18日，市人大常委会主任白红战带领部分常委会组成人员和人大代表，对郑州市城建系统人大代表建议办理情况进行视察。市人大常委会副主任周长松、秘书长范强参加视察，副市长朱是西陪同视察。

9月18日，市人大常委会副主任李元法到经济开发区，对民侨外工作进行调研。

9月25-27日，市人大常委会副主任王平、李元法、赵武安先后带领部分领衔代表，对代表建议、议案办理情况进行视察。

9月25日，市人大常委会副主任赵

8月3日，市人大常委会主任白红战带领常委会组成人员在管城区视察新型城镇化建设工作

6月8日，市人大建设代表专业组对网格化管理和创新人大工作进行调研

武安带领部分常委会委员和人大代表，对市食品安全工作代表建议办理情况进行视察。

10月10日，市人大常委会副主任赵武安带领部分常委会组成人员和市人大代表，到荥阳市崔庙镇郑庄易地扶贫搬迁社区、郑庄核桃种植产业扶贫基地和上街区五云中心社区，对全市扶贫开发工作情况进行实地视察。

10月11日，市人大常委会主任白红战带领部分常委会组成人员及省、市人大代表，对全市新型工业化发展情况进行视察。市人大常委会副主任刘全心、秘书长范强参加视察。

10月17日，市人大常委会副主任周长松带领部分常委会组成人员和全国、省、市人大代表对全市保障性住房建设管理工作进行视察。

11月1日，市人大常委会主任白红战到上街区峡窝镇对网格化管理工作进行调研。市人大常委会秘书长范强参加调研。

11月7日，市人大常委会副主任周长松带领部分常委会组成人员，对郑州市冬季供热和供水情况进行视察。

11月8日，市人大常委会副主任周长松带领部分人大代表，对郑州市“中原环保世纪行”活动进行视察。

11月8日，市人大常委会主任白红战到郑州新区就“三大主体”工作开展情况进行调研。副市长、郑州新区管委会主任李公乐陪同调研。市人大常委会秘书长范强参加调研。

11月9日，市人大常委会副主任周长松带领部分常委会组成人员和市人大代表，对机动车尾气治理工作进行视察。

11月15日，市人大常委会教科文卫工委组织部分常委会委员和人大代表，对郑州市民办博物馆发展情况进行调研。

11月29日，市人大常委会副主任周长松到市公共交通总公司，对城市公共交通建设发展情况进行调研。

12月4日、6日，市人大常委会副主任王平先后对郑州新区国税局、地税局税收征管和纳税服务工作情况进行调研。

12月4日，市人大常委会副主任周长松带领部分常委会组成人员和人大代表，对郑州市新型城镇化建设工作进展情况进行视察。

12月14日，市人大常委会主任白红战带领部分常委会组成人员和人大代表，对全市税收工作进行视察。市人大常委会副主任王平、秘书长范强参加视察。

12月19日，市人大常委会副主任王平带领部分常委会组成人员，对全市2012年财政收入预计完成情况进行视察。

12月20日，市人大常委会主任白红战带领部分常委会组成人员和人大代表，对郑州市民生“十大实事”中城建环保项目建设情况进行视察。市委常委、副市长张建慧陪同视察，市人大常委会副主任周长松、秘书长范强参加视察。

12月21日，市人大常委会高新区工委组织省、市、区三级人大代表，对五龙口拆迁现场、格力产业园、生态廊道科学大道段、中铁隧道国家重点实验室进行集中视察，市人大常委会副主任周长松参加视察活动。

12月22日，市人大常委会主任白红战到上街区济源路街道网格管理服务中心和方顶村，对网格化管理工作和方顶村新型社区建设工作进行调研。秘书长范强参加调研。

（牛志熳）

人民政府

综 述

【概况】 2012年，郑州市以建设中原经济区核心增长区、全国重要的区域性中心城市和最佳宜居环境城市为目标，紧紧围绕“全国找坐标、中部求超越、河南挑大梁”的总体要求，进一步拉高标杆，持续抢抓中原经济区建设机遇，科学谋划，突出新型城镇化引领、现代产业体系构建和依靠群众推进工作落实长效机制建设“三大主体”工作，持续重做。认真落实《中原经济区郑州都市区建设纲要》，编制实施郑州都市区建设三年行动计划，着力“保增长、调结构、促转型、惠民生”，较好地完成了市十三届人大四次会议确定的目标任务。2012年，全市生产总值达到5547亿元，比上年增长12%；规模以上工业增加值完成2613.8亿元，增长17.2%；公共财政预算收入完成606.7亿元，增长20.8%；固定资产投资完成3561.2亿元，增长23%；社会消费品零售总额达

8月2日，人大代表视察全市服务业发展情况

到2290亿元，增长15.2%；居民消费价格指数涨幅为2.7%；城镇居民人均可支配收入24246元，增长12.2%；农民人均纯收入12531元，增长13.4%。

【新型城镇化建设】 2012年，郑州市以交通道路、生态廊道、四类社区、组团起步区、中心城区功能提升和产业集聚区建设“六个切入点”为载体，加快推进新型城镇化建设，实现了全域拆迁面积、城乡基本建设投资、土地收储和争取土地指标三个突破性进展。“两环十七放射”开工建设总量达70%以上，10条市域快速通道中郑汴物流通道、南三环东延、四港联动大道、国道107线、郑新快速通道新郑段建成通车。国家、省、市三级交通项目完成投资263亿元，是2011年的1.5倍。生态廊道绿化面积完成3600万平方米。中心城区功能逐步提升，“六旧九新”片区改造启动项目302个，三环以内177家市场中完成外迁23家、启动外迁25家。四类社区建设全面展开，启动城中村改造项目60个、合村并城社区98个、新型农村社区68个、新市镇25个，建成安置房800多万平方米。“畅通郑州”建设扎实推进，地铁1号线顺利实现双线轨通，京广高铁全线通车，郑州东站建成投用，京广快速路一期建成通车；市区打通断头路20条、新建停车场367个、新增停车泊位7万多个。三环快速化工程、高速路出入市口、南水北调跨渠桥梁等重大基础设施工程进展顺利。城区道路大修、排水管网改造、污水、热力、电力等市政工程有序推进，南部热源厂正式运行，城市管理整治提升初见成效。郑东新区实现“十年建新城”目标，郑州城市形象不断提升。城市组团加快建设。积极创建国家森林城市，完成造林近1.47万公顷，新增城市绿地1067万平方米，文博森林公园、西流湖生态公园（北区）建成开园。生态水系和水源工程进展加快，西流湖污水治理初见成效，龙湖调蓄工程建成蓄水。PM2.5监测启动运行。

【现代产业体系构建】 2012年，郑州市着力构建现代产业体系，积极破解影响郑州长远发展的深层次结构性矛盾问题，明确了工业和服务业主导产业定位及布局，投资2268亿元，开工建设了211个省市重点项目，产业转型升级步伐进一步加快。

新型工业化主导地位增强。七大工业主导产业对工业增长贡献率达到83%，拉动全市工业增长14个百分点。传统产业改造提升成效显著，战略性新兴产业和高新技术产业快速发展。汽车及装备制造、电子信息等八大产业基地加快整合。国机集团、华强电子、海尔产业园、中国联通中原数据基地等一批项目开工建设，格力电器等重大工业项目建成投产。销售收入超百亿元企业达到11家，郑煤机集团、华北石油局超100亿元，宇通集团首次突破300亿元，鸿富锦精密电子（郑州）有限公司突破1000亿元。产业集聚区工业企业主营业务收入4500亿元，增长26%，航空港产业集聚区成为全省第一个千亿级产业园区。

现代服务业发展逐步提速。全年服务业投资实现2127亿元，增长26%。郑东新区金融集聚核心功能区扎实开局，龙湖金融中心首批签约16个金融项目。商贸服务业和文化旅游业提档升级，房地产业健康发展。华南城、金马凯旋家居CBD等项目开工建设，方特欢乐世界、二七万达广场、王府井百货等项目建成运营，中石化郑州分公司、丹尼斯百货销售收入首次突破100亿元。

都市型现代农业稳步发展。粮食总产量达到170万吨，实现“十连增”。“菜篮子”产品产量稳步提高。现代农业示范区“136工程”全面启动。改造中低产田1.3万余公顷，新增有效灌溉面积近0.67万公顷，改善节水灌溉面积近0.47万公顷，农业生产条件持续改善。三全、好想你等五大农业产业化集群粗具规模，中牟·国家农业公园形象初显。全市农产品加工型龙头企业实现销售收入470亿元，5家企业被列为全国第一批主食加工业示范企业，占企业总数的1/4。

【开放创新双驱动战略实施】 2012年，郑州市深入实施开放创新双驱动战略，不断提升自主创新能力，城市核心竞争力持续增强。成功举办了第十八届郑交会、壬辰年黄帝故里拜祖大典、第九届中国郑州国际少林武术节、第四届中国·郑州农业博览会等一系列重大活动，全年会展面积达到175万平方米，郑州的影响力进一步提升。全年引进市外境内资金1099亿元人民币，约占全省总量的1/4；实现外商直接投资34.3亿美元，约占全省总量的1/3。产业招商成效明显，全年新签约亿元以上项目145个。出口总值完成202亿美元，增长1倍以上。全国跨境贸易电子商务服务试点项目启动。全市研发投入占GDP比重达到1.7%，高于全省平均水平。高新技术产业产值增长32%，专利申请量增长47.5%、授权量增长47.6%。国家技术发明奖实现了零的突破。国家专利审查协作河南中心落户郑州。郑州市荣获“国家创新型试点城市”“国家知识产权示范城市”称号。

【社会事业发展】 2012年，郑州市坚持经济发展与民生改善相统一，全市财政用于改善民生的支出达512亿元，增长23%，占公共财政预算支出的73%。民生“十大实事”基本完成。新增城镇就业再就业13万人，转移农村劳动力11万人。新建、改建农村公路500公里。解决49万农村人口饮水安全问题。新建、改扩建中小学校40所、幼儿园96所，新增市区中小学优质学位5万个、幼儿园学位2.5万个。完成易地扶贫搬迁和整村推进年度任务，扶贫标准提高到3000元，比国家和省定的标准高700元。医疗服务保障能力持续提升，一批优质医疗资源项目投入使用，“片医负责制”社区卫生服务覆盖全市800多万城乡居民，全国首家启动实施“居民健康卡”，新农合经办机制改革“郑州模式”在全国推广。社会保障水平不断提高，基本实现了应保尽保。社会救助工作进一步加强。保障房建设完成省定的目标。郑州市入选国家首批“公交都市”建设示范工程创建城市。国家公共文化服务体系示范区创建工作深入推进，文化惠民工程顺利完成。深入开展“社区管理年”活动，社区建设管理水平不断提升。颁布了《郑州市妇女发展规划（2011-2020年）》和《郑州市儿童发展规划（2011-2020年）》，妇女儿童事业全面发展。低生育水平持续稳定，郑州市计生委荣获“全国人口和计划生育工作先进集体”称号。

12月16日，中牟汽车产业集聚区十三家企业同时奠基

【民主法制和社会管理】 2012年，郑州市人民政府自觉接受人大及其常委会的监督，认真执行人大及其常委会的决议决定；主动接受人民政协的民主监督，认真听取民主党派、工商联、无党派人士和各人民团体的意见和建议。全年办理人大代表议案7件、建议543件，满意率近100%；办理政协委员提案468件，办结率100%，满意率98.5%。坚持依法行政，建设法治政府，推进依法治市，制定政府规章6部，提请市人大常委会审议地方性法规草案3部。积极建立以网格为载体的“坚持依靠群众、推进工作落实”长效机制，政府职能在基层得到进一步强化。下沉各级网格工作人员4.5万人，围绕7个重点领域和城市管理整治提升13项工作，及时排查化解了一大批热点难点问题，政府职能部门和公职人员履职意识、责任意识有了明显提高。加强和创新社会管理，深化社会治安综合治理，狠抓安全生产、消防安全和食品药品安全监管，深入推进平安郑州建设，社会大局和谐稳定。

加强社会主义核心价值观教育和精神文明创建，公民道德和社会文明程度持续提高。国防教育和国防后备力量建设取得新的成效，创建全国双拥模范城实现“六连冠”。

（李林晓　王晓东）

【政府信息编发和上报】 2012年，全市政务信息工作紧紧围绕政府工作重心，把握服务经济建设和社会发展、服务各级领导科学决策的宗旨，不断增强主动和超前服务意识，加强信息报送。

（一）落实“三项到位”，突出重点精心采编。市领导重视到位，为做好政务信息工作出题目、理思路，将信息工作列入重要议事日程常抓不懈。结合政府工作不同时期重点，汇编了《落实2012政府工作报告部署做好全年工作专题约稿》《加快新型城镇化建设专题约稿》《打造千亿产业基地 建设现代产业体系列专题》等6个专题86期政务信息。主动服务到位。把领导时刻关注的、正在思考的、有待了解的问题作为工作切入点，有选择地采编、报送能带动全局、适应发展的信息，提高提供领导决策服务的能力。强化提升到位。突出郑州市在中原经济区建设中“挑大梁、走前头”要求，站在凸显郑州首位度的高度，深入挖掘各级各部门在经济社会发展中出现的新情况、新经验、新成绩、新做法，多角度、多侧面地反映全市各项工作的开展情况。

（二）严把“三个关口”，适应发展不断创新。严把信息采集关。下发了《2012年政务信息工作报送要点》；进一步明确和健全综保区、经开区、郑东新区、出口加工区与郑州新区的信息网络建设，有针对性地开展信息调研。严把信息编发关。实行采集、编辑和签发三级审核，信息质量明显提高；把领导关注的重要信息调研作为重点，采取约稿与调研相结合，主动与市直各部门共同采集领导关注的重点信息。严把信息上报关。突出反映政府在各项工作落实中的亮点，部分信息进入了省委、省政府决策圈。

（三）突出“三项机制”，完善培训强化提升。突出信息主渠道机制。制定下发了《郑州市人民政府办公厅关于做好政务信息报送工作的通知》，落实专职信息员、工作交流和重大信息审计等制度，进一步加强政务信息主渠道建设。完善各级政务信息工作培训机制。邀请有关专家，在市政府办公厅组织的全市政府系统办公室主任会议上，开展了政务信息培训。全年全市各级采取培训班、以会代训、以老带新、以干代训等不同形式，组织信息业务培训26次，培训信息员532人次。坚持政治理论和业务知识学习机制。积极开展“坚持依靠群众、推进工作落实”提升行政效率等活动，进一步健全完善处室各项管理制度和工作职责，修订完善了《政务信息刊物编发流程》及《上网信息保密审核工作规则》等。

全年上报省政府信息1128条，被采用238条，被省政府领导批示32条，信息采用量名列省辖市第一；全年编发市政府信息刊物1010期，其中，《市政府工作快报》566期、《信息专报》232期、《政务要闻》212期，被市领导批示48条。10个县（市）区政府上报信息采用量进入全省县（市）先进行列。4月，市政府办公厅和6个县（市）区办公室被省政府办公厅评为2011年度河南省政务信息工作先进单位。

（巩　煌）

市政府重要会议

【市政府第四次全体（扩大）会议】 2012年3月27日，郑州市人民政府召开第四次全体（扩大）会议，总结分析2012年以来全市经济运行情况，并对下一阶段的工作进行安排部署。市长马懿在会上作重要讲话。

马懿强调，要突出重点、明确任务，扎实做好第二季度工作。一要抓好项目、融资、服务三个关键环节，加大固定资产投资，注重项目建设，明确投资方向。要整合政府投融资平台，积极做好银企对接；同时，创新政府性投资项目融资方式，强化各县（市）区作为融资主体的积极性。二要强化服务意识，围绕项目用地指标落实、规划审批和相关手续的办理，不断提高服务效率，优化投资环境。三要加强实体经济发展，确保全市经济平稳较快增长。四要加强税收管理工作，保障财政收入稳定增长。五要围绕民生工程建设，持续保障和改善民生。

马懿要求，要加强领导，真抓实干，切实提高政府工作效能。一要加强对经济工作的领导，完善经济运行领导机制。二要强化服务意识，树立企业至上、项目至上的理念。三要强化责任，把市委、市政府明确的任务作为工作重点，抓好落实，并建立严格的督促反馈机制。四要严格督查。强化目标运行过程的督导，并健全政府部门工作定期反馈、督查通报和责任追究制度。

【全市经济运行电视电话会议】 2012年4月20日，郑州市召开全市经济运行电视电话会议，分析一季度经济形势，研究部署二季度经济工作。会上，市委常委、常务副市长胡荃通报了一季度全市经济运行情况。

市长马懿指出，2012年第一季度，全市经济运行总体上保持了好的发展态势，但经济形势不容乐观，经济下行压力依然存在，最大的问题是结构性问题，一方面，传统产业、资源型产业在工业中的比重仍然较大；另一方面，全市特别是各区对房地产业的依赖依然

3月27日，郑州市人民政府第四次全体（扩大）会议召开

6月5日，全市优化经济发展环境暨市直机关处室季评奖惩工作动员会议召开

较强。他强调，今后一个时期要着重抓好三个方面的工作。一是要把投资作为拉动经济增长的核心，同时加快推进新型城镇化六个切入点工作。二是要加强经济运行情况的监测、分析和应对。尤其要做好37个重点行业的分析研究，并积极帮助传统优势产业改造升级。三是要在融资上下功夫。

【全市优化经济发展环境暨市直机关处室季评奖惩工作动员会议】 2012年6月5日，全市优化经济发展环境暨市直机关处室季评奖惩工作动员会议召开。会议总结了2011年全市优化经济发展环境工作，并安排部署2012年优化经济发展环境工作任务。

市长马懿强调，要突出重点，着眼长远，切实建立健全优化经济发展环境工作的长效机制。一要深化认识，在优化软环境上下功夫。二要转变作风，在提升机关处室行政效能上下功夫。三要着眼长远，在建立健全长效机制上下功夫。要着力构建三大工作机制，即围绕“责任、有序、高效”建立工作促进机制，围绕“有权必有责、用权受监督、失责要追究”建立工作责任机制，围绕“一级对一级负责、一级支持一级工作”建立工作落实机制。他要求，要加强领导、宣传和督察，狠抓落实，不断提高优化经济发展环境工作的水平和成效。

【全市上半年经济形势分析会】 2012年6月20日，全市上半年经济形势分析会举行。会议传达了省政府常务会议精神，分析预测全市上半年经济运行情况，对下一步经济运行重点工作进行部署。

市长马懿在讲话中指出，全市各级各部门要狠抓市委、市政府应对经济下滑采取的“保增长、调结构、促转型”各项措施，认清形势、坚定信心、克难攻坚，努力保持全市经济平稳较快增长。他要求，要突出重点，狠抓关键环节。一要抓投资，把扩大固定资产投资作为着力点，切实抓好项目签约、开工和引进。二要抓服务，不断增强服务质量和办事效率，积极营造务实高效的服务环境，加大对中小企业特别是小微型企业的帮扶力度。三要抓融资，破解建设资金瓶颈，既要支持重点工程、重点项目建设，也要帮助困难企业减缓下滑速度、扭转下滑趋势。四要抓征管，要加强财税征管，并进一步规范和提高税收征管水平。

【全市2012年金融工作会】 2012年6月21日，全市2012年金融工作会召开。会议贯彻落实全国第四次金融工作会议和2012年全省金融工作会议精神，回顾总结2011年及2012年上半年金融工作，安排部署今后一个时期金融业发展工作。

2012年，全市金融工作的主要目标是：金融体系更加完善，郑东新区金融集聚核心功能区建设取得明显进展，融资总量达到或超过930亿元，完成省定融资目标任务，力争引进金融机构5家以上，力争4家以上企业上市或报会。

市长马懿在会上强调，要突出做好五个方面的重点工作。一要抓住郑东新区金融产业集聚区这个郑州金融工作的载体，加快布局建设郑州龙湖金融中心。二要抓住各类投融资平台建设，创新投融资体制，努力破解建设资金瓶颈。三要抓住金融运行定期分析、项目融资对接等工作机制，进一步加强银、政、企沟通协作，切实做好资金和项目的对接服务。四要抓住为金融工作发展创造良好的生态环境，积极推进行业信用和地方信用体系建设。五要严厉打击非法集资、融资活动，做好金融工作监管。他要求，各级领导干部要重视现代金融知识学习、金融手段的运用、金融人才的培养和引进，努力打造区域金融高地。

【全市法制宣传教育和依法治市工作会议】 2012年7月4日，全市法制宣传教育和依法治市工作会议召开。会议传达学习了省委常委、市委书记吴天君在全市法制宣传教育和依法治市工作情况汇报上的重要批示，总结了2011年全市法制宣传教育和依法治市工作，并安排部署2012年重点工作任务。

市长马懿在会上强调，深入开展法制宣传教育，做好依法治市工作，要突出重点、抓住关键。一要把握“三个重点”，即法制宣传教育、依法行政、司法公正。二要抓好“四个专项治理”，即治安安全专项治理、生产安全专项治理、食品安全专项治理、环境安全专项治理。三要坚持“四项工作原则”，即坚持围绕中心，服务大局；坚持以人为本，服务群众；坚持突出重点，分类指导；坚持与时俱进，搞好创新。他要求，依法治市是全社会的责任，各部门、各行业要齐抓共管，形成合力。一要加强组织领导，落实责任和工作制度，推动依法治市工作的制

12月4日，郑州市第七次环境保护工作大会召开

度化、规范化；二要加强督促检查，确保各项工作落到实处；三要加强舆论宣传，营造人人关心、人人支持、人人参与法制宣传教育和依法治理工作的浓厚氛围。

【全市第七次环境保护工作大会】 2012年12月4日，全市第七次环境保护大会召开。会议总结了郑州市"十一五"环保工作，明确了"十二五"环保目标任务，并安排部署了今后一个时期全市的环保工作。

"十二五"期间，郑州市环保工作的主要目标是：到2015年，实现"一个削减、三个提升、三个改善"的总体环境目标，即主要污染排放总量持续削减，城市环境基础设施服务能力、环境监管和风险防范能力、城市环境竞争力大幅度提升，重点流域水环境质量持续改善，大气环境质量稳步改善，生态环境质量有所改善。全市化学需氧量和氨氮排放总量控制在10.03万吨和1.22万吨，在2010年基础上削减14.9%和18.1%；二氧化硫和氮氧化物排放总量控制在12.84万吨和17.92万吨，在2010年基础上削减15.4%和19.1%。市区空气质量好于二级标准的天数超过310天，城市道路交通噪声不大于68分贝，城市污水处理率不低于95%、县（市）污水处理率不低于85%，生活垃圾无害化处理率不低于92.5%。

市长马懿在会上强调，各级各部门要严格实行责任制，加大环保投入，积极动员全民参与，推动郑州走出一条山川更秀美、生态更宜居、人民更幸福的绿色发展之路。要做到"五个减排"，即在调整结构中减排，走绿色发展之路；在改革创新中减排，增强绿色发展动力；在持续推进中减排，拓展绿色发展空间；在生态建设中减排，改善绿色发展环境；在保障民生中减排，共享绿色发展成果。

（李林晓　王晓东）

8月31日，市长马懿调研郑东新区龙湖区域建设情况

市政府重要活动

【马懿陪同柬埔寨国王西哈莫尼访问郑州】 8月5-7日，柬埔寨国王诺罗敦·西哈莫尼、柬埔寨副首相兼王宫事务部大臣贡桑奥、参议院第二副主席迪农、副首相涅本才访问河南。其间，马懿陪同西哈莫尼一行观看了郑东新区建设宣传片，听取了郑东新区城市建设情况，西哈莫尼赞叹郑东新区高标准、高起点的规划及先进的设计理念。在郑州宇通集团，他们详细了解了企业生产管理、产品销售等情况。访问结束后，西哈莫尼特别提到实景演出《禅宗少林·音乐大典》，称赞这是一场精彩、完美的演出。

【马懿出访比利时丹麦瑞典】 5月1-11日，市长马懿带领市直相关部门负责人，赴比利时、丹麦、瑞典等国，考察欧盟城镇化建设，加深郑州和欧盟相关城市间的相互了解，积极寻求在经贸、文化、教育等领域的合作机会。

当地时间5月3日上午，中欧城镇化伙伴关系高层会议在布鲁塞尔举行。此次会议主题是"交流借鉴、互利共赢"。市长马懿应邀到会，并围绕可持续城市规划、城市基础设施建设与流动性等议题，和与会有关代表在城市规划、节能环保、绿色低碳、公共服务等领域进行了广泛探讨和深入交流。

马懿表示，郑州应邀参加中欧城镇化伙伴关系高层会议，受益匪浅。欧洲的城市化模式注重城市的空间合理布局、公共服务和人居环境，崇尚保护自然和历史风貌，值得郑州学习。同时，此次考察访问，增进了郑州与3个国家多个城市间的相互了解，进一步加深了郑州和欧洲人民之间的友谊，为郑州城市发展提供了借鉴、积累了经验。

考察团还邀请欧洲知名企业到郑考察访问，为郑州和欧洲之间在经贸、文化、教育等领域的合作打下了良好基础。

【马懿访问美国和香港】 应美国世兴公司和香港华润集团邀请，2012年10月29日至11月7日，市长马懿率团对美国和香港进行了友好访问。

2012年市长马懿调研考察活动

时 间	调研考察内容
1月3日	调研畅通郑州工作
1月6日	察看省会水电气暖行业安全运营情况
1月12日	深入超市、农贸市场和食品企业，察看省会春节市场供应和食品安全情况
1月17日	慰问驻郑院士
1月19日	到长途汽车客运站、轨道交通施工现场、城区加油站、烟花销售展厅等地，慰问坚守一线的干部职工，实地察看春节期间安全生产工作

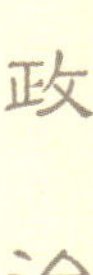

续表 1

时间	调研考察内容
1月22日	走访慰问中央驻郑机构
2月9日	察看郑少高速连接线工程、航海路西三环立交、中原路交通轨道1号线站点、京沙快速通道等部分城建交通重点项目
2月16日	对全市部分重点工业项目进行调研
3月18日	到新郑市察看黄帝故里拜祖大典各项筹备工作进展情况
3月22日	会见由中国外商投资企业协会常务副会长兼秘书长邵祥林率领的中国外商投资企业协会代表团一行
3月29日	到经开区、中牟县部分重点工业企业，调研汽车和装备制造业发展情况
4月18日	会见美国加利福尼亚州圣地亚哥郡郡长罗恩·罗伯茨一行
4月26日	会见中电投集团总经济师周世平、摩根大通中国区主席兼首席执行官邵子力等百瑞信托股东代表一行
5月14日	到北三环下穿铁路编组站项目工地和地铁1号线紫荆山站，就轨道交通规划建设及三环快速化工程进行调研
5月28日	到巩义市、新密市调研重点工业企业生产及重点项目推进情况
6月1日	会见莅郑参观考察的瑞房国际公司董事长托马斯·科维斯托莫和IBM全球副总裁、IBM中国开发中心总经理王阳一行
6月6日	检查全市高考准备工作
7月3日	到新密市李湾水库和双洎河超化西段河道治理工程现场，实地察看重点防汛单位隐患排查及防汛物资准备情况
	到新密市来集镇调研网格化管理工作推进情况
7月11日	赴成都、长沙、合肥考察经济社会发展重大工程和重点项目
7月20日	到部分城建重点工程建设现场，慰问建设工人，察看工程进展，协调解决工程建设中遇到的困难和问题
8月9日	带领全市党政考察团赴开封考察学习，并就加快推进郑汴一体化工作与开封市党政领导亲切座谈、共同研究
8月31日	深入郑东新区调研龙湖区域及金融集聚核心功能区建设情况，协调、解决郑东新区开发、建设中遇到的困难、问题
10月29日	对美国和香港进行友好访问
11月12日	深入部分供暖企业，察看供热准备情况
12月11日	到郑州新郑综合保税区（郑州航空港区）调研郑州航空港经济综合实验区建设工作推进情况

当地时间10月30日，马懿参加在佛罗里达州奥兰多市举行的第六十五届美国国家公务航空协会年会，并在中国馆发表演讲，介绍郑州发展通用航空事业的基础、优势和潜力。演讲结束后，马懿会见了美国国家公务航空协会和美国联邦航空局有关负责人，双方围绕郑州发展通用航空产业的战略定位和监管措施等进行了探讨。访问期间，考察团还考察了美国通用航空飞机制造企业穆尼航空股份有限公司飞机生产线、洛杉矶市范奈斯机场。马懿表示，将借助考察得到的经验，紧紧抓住国家和省实施低空空域改革和郑州航空港经济综合实验区建设的重大机遇，以郑州航空港经济综合实验区建设为统揽，以郑州通用航空试验区建设为重点，充分吸收和借鉴发达国家的成功经验，对郑州市的通用航空产业进行高起点谋划、高水平运作、高标准建设、高效率推进，努力把郑州打造成为中国通航经济发展领军城市。

在香港，考察团拜会了香港华润(集团)有限公司和华南城控股有限公司，与两家公司就进一步加强战略合作进行会谈。

（李林晓　王晓东）

3月4—5日，郑州市人社局迎接新疆哈密地区学生来郑实习

人力资源管理

【概况】 2012年，全市人力资源管理工作以“人才优先”为主线，以服务郑州都市区建设为中心，推动人力资源工作实现新发展。公务员队伍建设不断加强，完善公务员管理制度，规范日常管理。截至年底，全市共有公务员23717人，参照公务员管理5474人。制定了《郑州市2012年军转干部安置工作意见》，确定营职以下及技术级军转干部安置办法，全年共安置营职以下及技术级军转干部348人。扎实推进人才队伍建设，启动人才知识更新工程，深入实施全民技能振兴工程，全年引进外国专家120多人。圆满完成职称评审和职称考试资格审查工作，积极稳妥推进中小学教师职称改革试点工作。深入推进工资福利制度改革，高质量开展离退休干部服务工作，得到省人社厅领导的高度评价。人才交流中心人事档案总数达286063份，全年共举办各类招聘会188场，接待求职者约18万人次。事业单位人事制度改革不断深化，全年共核准认定事业单位4104家。郑州市人社局被人社部授予“全国人力资源社会保障系统先进集体”称号。

按照省委组织部、省人社厅等统一安排，郑州市承担了49名哈密地区未就业普通高校毕业生来郑培养锻炼工作。郑州市成立了领导小组，由市人社局具体负责统筹协调，由郑州市蔬菜研究所研发中心承担实习工作，并组织学员到登封任长霞先进事迹展览馆等地学习，培养了他们扎根基层、爱岗奉献的精神。

【公务员管理】 2012年，郑州市积极推进市直机关中层干部竞争上岗工作。完成政府机构改革后人员定岗工作，保证了行政机关按照改革的要求正常运转。坚持凡进必考制度，建立倾斜基层的招录政策，大幅增加乡镇公务员招录力度，公开遴选工作步入常态化，公务员队伍结构进一步优化。围绕市委、市政府中心工作开展公务员考核奖惩，推动了全市中心工作的落实。抓好重大培训项目实施，持续深化公务员岗位练兵活动，组织实施“绿城公仆杯”公务员素能竞赛，2万多名公务员参加了竞

2012年末郑州市国家公务员统计表

单位：人

行政机关公务员					
项目	总计	研究生	本科	专科	中专以下
	23717	1797	12255	8323	1342
市	12401	924	6640	4309	528
县（市）	9506	760	4693	3406	647
乡镇	1810	113	922	608	167

参照公务员管理单位					
项目	总计	研究生	本科	专科	中专以下
	5474	319	3253	1674	228
市	3115	245	2035	734	101
县（市）	2359	74	1218	940	127

2012年末郑州市事业单位工作人员基本情况统计表

单位：人

项目		序号	合计	女	少数民族	中共党员	博士	硕士	港澳台及外籍人士	学历					年龄						系统								军队
										研究生	大学本科	大学专科	中专	高中及以下	35岁及以下	36岁至40岁	41岁至45岁	46岁至50岁	51岁至54岁	55岁至59岁	党的系统	行政系统	人大	政协	法院	检察院	群众团体	
甲		乙	1	2	3	4	5	6	7	8	9	10	11	12	13	14	15	16	17	18	19	20	21	22	23	24	25	26
总计		1	186288	94911	3152	61927	162	4308	3	6096	73095	63416	20460	23221	78565	36308	29983	22563	10326	8543	2540	181548	29	54	701	440	955	21
管理人员	小计	2	39296	16068	951	21446	67	742	3	1224	19058	15225	3188	601	20406	7092	5470	3798	1408	1122	1325	36451	29	42	562	397	474	16
	其中：1、女	3	6782		199	3307	8	168		239	3816	2267	369	91	3802	1198	936	587	197	62	303	6178	1	13	65	87	135	
	2、少数民族	4	491	180		236		6		11	276	182	19	3	254	130	54	28	16	9	36	437		1	2	7	8	
	一级职员（部级正职）	5																										
	二级职员（部级副职）	6																										
	三级职员（厅级正职）	7	2	1		2	1			1	1								1	1		2						
	四级职员（厅级副职）	8	13		1	13	1	3		5	7	1						1	3	9	2	11						
	五级职员（处级正职）	9	167	28	4	162	5	14		36	97	34				2	15	44	26	80	10	155					2	
	六级职员（处级副职）	10	642	129	16	602	19	46		111	408	119	4		6	38	105	213	154	126	20	617	1				4	
	七级职员（科级正职）	11	2513	576	66	2170	13	83	0	196	1527	708	59	23	138	372	613	739	333	318	93	2359	8	6	6	2	38	1
	八级职员（科级副职）	12	4138	1353	105	3420	10	137	0	223	2534	1219	117	45	942	1109	1095	689	171	132	253	3752	13	14	26	17	61	2
	九级职员（科员）	13	29294	12873	670	14521	15	416	2	585	13756	11895	2552	506	16985	5479	3596	2080	706	448	835	27243	7	19	506	334	339	11
	十级职员（办事员）	14	1664	728	49	333	0	7	0	11	361	874	396	22	1523	69	34	24	8	6	55	1555		3	16	16	18	1
	其他等级人员	15	863	380	40	223	3	36	1	56	367	375	60	5	812	23	12	8	6	2	57	757			8	28	12	1

续表1

项目			序号	合计							学历					年龄						系统							
					女	少数民族	中共党员	博士	硕士	港澳台及外籍人士	研究生	大学本科	大学专科	中专	高中及以下	35岁及以下	36岁至40岁	41岁至45岁	46岁至50岁	51岁至54岁	55岁至59岁	党的系统	行政系统	人大	政协	法院	检察院	群众团体	军队
甲			乙	1	2	3	4	5	6	7	8	9	10	11	12	13	14	15	16	17	18	19	20	21	22	23	24	25	26
专业技术人员	小计		16	90327	53894	1220	26935	122	2581		3915	47635	30382	7991	404	37453	17810	14069	10432	5896	4667	256	89928		2		3	138	
	其中：1、在管理岗位工作的		17	1320	529	32	892	30	62		105	1004	184	27		70	178	378	444	126	124		1319					1	
	2、具有职业资格的		18	47187	27889	721	14077	99	1656	0	2531	27294	14018	3177	167	19876	9128	7432	5597	2817	2337	36	47096		2			53	
	3、女		19	34824		516	8252	39	1129	0	1498	19356	11347	2517	106	15968	7762	5535	3497	1659	403	31	34744					49	
	4、少数民族		20	829	507		291	1	36		41	495	190	98	5	355	138	180	100	34	22	2	823					4	
	高级岗位	一级	21	0							0																		
		二级	22	1	1		1					1							1				1						
		三级	23	136	48	3	83	4	8		11	108	13	3	1				44	27	64	2	134						
		四级	24	478	227	4	223	13	41		55	393	18	8	4			69	275	67	67	4	474						
		五级	25	1331	456	25	752	4	16		51	1018	256	4	2		7	104	475	345	399	13	1315					3	
		六级	26	2657	1230	41	1230	9	76		124	2099	417	16	1		96	843	1166	354	199	23	2629					5	
		七级	27	7306	3452	108	3209	28	259		475	5195	1496	127	13	48	1327	2962	1798	664	507	54	7244		1			7	
	中级岗位	八级	28	7025	3685	100	2308	9	106		157	3168	2626	1044	30	156	1009	1814	1784	1339	1013	46	6965					14	
		九级	29	8849	5458	119	3034	9	311		387	4381	3159	909	13	1022	3130	2347	1215	717	423	16	8820					13	
		十级	30	27157	15880	302	8603	41	676		1008	12711	10480	2848	110	8129	8107	4226	2852	2046	1744	47	27057		1		2	50	

续表2

项目		序号	合计	女	少数民族	中共党员	博士	硕士	港澳台及外籍人士	学历					年龄						系统							
										研究生	大学本科	大学专科	中专	高中及以下	35岁及以下	36岁至40岁	41岁至45岁	46岁至50岁	51岁至54岁	55岁至59岁	党的系统	行政系统	人大	政协	法院	检察院	群众团体	军队
甲		乙	1	2	3	4	5	6	7	8	9	10	11	12	13	14	15	16	17	18	19	20	21	22	23	24	25	26
专业技术人员 初级岗位	十一级	31	8126	5173	139	1882	2	154		213	4525	2618	701	69	5305	1612	680	363	145	112	22	8092					12	
	十二级	32	20654	13635	299	4550		759		1104	11972	6070	1393	115	16780	2180	850	406	172	125	21	20614				1	18	
	十三级	33	5098	3532	60	777	1	55		121	1345	2689	897	46	4560	307	164	44	18	14	3	5079					16	
其他等级人员		34	1509	1117	20	283	2	120		209	719	540	41		1453	35	10	9	2		5	1504						
工勤技能人员 小计		35	46074	16876	824	12825	0	2	0	6	4499	12998	7804	20767	11106	10187	10222	8614	3100	2845	953	44583		10	139	40	344	5
其中：1、女		36	8132		141	1877				1	1173	2530	1365	3063	2265	1715	1751	1753	474	22	43	7659			21	7	76	
2、少数民族		37	444	151		148				1	79	128	98	138	109	92	92	74	28	40	1	473					2	
一级岗位（高级技师）		38	1			1						1								1		1						
二级岗位（技师）		39	3260	967	81	1280					199	919	541	1601	2	32	450	1457	689	633	160	3062		2	6	4	25	1
三级岗位（高级工）		40	26767	9617	455	7713	0	2	0	4	2094	7015	4436	13218	1546	6246	8031	6512	2297	2133	597	25875		7	93	22	170	3
四级岗位（中级工）		41	9629	4157	143	2545	0	0	0	1	1359	3443	1545	3281	4832	2973	1278	422	64	56	124	9417		1	18	3	65	1
五级岗位（初级工）		42	5979	1991	134	1251	0	0	0	1	802	1514	1179	2483	4402	889	432	199	40	20	59	5804			22	10	84	
普通工		43	250	75	6	22					23	62	62	103	164	31	26	20	7	2	8	241				1		
其他等级人员		44	188	69	5	13					22	44	41	81	160	16	5	4	3		5	183						
其他从业人员		45	11911	8602	189	1613	3	1045		1056	2907	4995	1504	1449	9670	1397	600	163	48	33	6	11905						

9月20日，全市人民满意公务员表彰大会召开

赛活动，共评选出各类业务标兵、能手500余人。为推进效能政府建设，注重建立科学的公务员业绩评价机制，全面实施公务员绩效考核，“四位一体”指标体系和样本点考核法作为典型经验向全省推广。

【军转干部安置】 2012年，郑州市共安置营职以下及技术级军转干部348人，其中，技术9级以上41人、营职及相当技术等级239人、连排级及相当技术等级68人；县（市）安置11人。此外，安置随调家属64人。

市军转办在做好证件查核、档案审阅的基础上，根据郑州市实际和各单位需求情况，按照市委常委会“和谐、稳定”的要求，以安置政策、安置条件、安置程序、考试成绩、安置结果“五公开”为原则，采取遴选考试与功绩制量化积分考核相结合，确定军转干部综合成绩并进行分类排序。同时，为保证军转干部有更多的选择余地，市军转办向市直各单位发放了2012年军转干部岗位需求情况调查表，并与市编办进行对接、协调，掌握了全市接收单位的机构编制、领导职数、人才需求和实际接收现状、编制情况等信息，区分行政机关、政法系统、参照公务员法管理事业单位和事业单位四个类别，制定出《2012年军转干部预分计划》。拿出相应岗位数量，由军转干部依据排名顺序由高到低公开选择岗位，最大限度地实现安置工作的公开、透明。全市接收的营职以下及技术级军转干部中，安置到市直党政机关41名，约占总人数的12%；政法系统116名，约占总人数的33%；参照公务员法管理事业单位84名，约占总人数的24%；事业单位107名，约占总人数的31%。安置质量明显高于往年。

扎实做好自主择业军转干部管理服务工作。创新开展自主择业军转干部个性化培训、适应性培训和岗位见习工作，组织400余名军转干部深入基层网格实践锻炼；认真落实部分企业军转干部解困政策，有效维护社会稳定。

【人才队伍建设】 （1）专业技术人才队伍建设不断加强。启动人才知识更新工程，2000余名专业技术人员参加继续教育培训。开展博士后工作站考核评估工作，遴选申报5个博士后科研工作站和11个博士后研发基地。中小学教师职称改革试点工作稳妥推进，专业技术人员培养评价机制日趋完善。（2）技能人才队伍建设全面推进。深入实施全民技能振兴工程，落实全民技能振兴工程项目资金6668万元，完成职业技能培训33.67万人、职业技能鉴定7.5万人，培养高技能人才1.67万人。校企合作进一步深化，全市技工院校招生3.4万人。开展机关事业单位工勤技能岗位培训考核10034人。（3）引进国外智力工作成效明显。执行国家和省、市级引进国外人才项目51项，引进外国专家120多人。新批准14家外国专家聘请资格单位，全市具有聘请外国文教专家资格的中等以下教育机构数量达到84家，占全省总数的近一半。顺利完成2012年出国（境）培训项目，全年出国(境)培训项目的计划、执行情况名列全省第一。引智成果示范推广取得重大进展，3家单位被确定为“河南省引进国外智力示范单位和成果示范推广基地”，1家单位承担了1项国家引智成果示范推广项目。（4）人才服务工作扎实有效。全年共举办人才招聘会188次，引进各类专业技术人才2258人，较上年增长17%。组织各类人事考试67次，参考15.8万人。表彰奖励第二届突出贡献高技能人才和优秀技师，开展技能人才宣传月活动，营造“尊重劳动、尊重人才、崇尚技能、鼓励创造”的良好社会氛围。

【职称评定】 （一）职称评审工作。召开了2012年全市职称工作会议，以及各县(市)区、市直部分事业单位职称工作座谈会，对各事业单位进行了专业技术人员的情况进行全面摸底和统计分类。在此基础上，按照省人社厅对事业单位专业技术职务（岗位）机构比例新的政策规定，认真研究审核了各单位专业技术人员岗位结构比例，并严格按照此比例收取各系列（专业）的申报材料。组织、指导各系列（专业）中级职称任职资格评审工作，12月中旬结束了全部职称评审工作（中小学教师职称评审试点工作另行安排）。

（二）职称考试资格审查工作。一是专业技术资格考试报名工作。全年共审查护师（士）、医师（士）申报人员材料14208份，12067人符合报考条件。二是执业资格考试报名工作。审查注册安全工程师考试报考人员材料446

4月12日，第二届突出贡献高技能人才和优秀技师表彰暨技能人才宣传活动举行

份，401人符合报考条件；审查质量专业技术人员职业资格考试报考人员材料389份，343人符合报考条件；审查一级建造师考试报考人员材料11966份，8876人符合报名条件；审查二级建造师考试报考人员材料4万多份，3.5万多人符合报名条件；审查物业管理师考试报考人员材料1100份，976人符合报名条件；审查注册造价工程师考试报考人员材料858份，769人符合报名条件。审查房地产估价师考试报考人员材料109份，通过79人；审查房地产经纪人考试报考人员材料246份，通过201人；审查执业药师考试报考人员材料285份，通过15人；审查注册城市规划师考试报考人员材料75份，通过51人；审查审计专业技术资格考试报考人员材料184份，通过162人；审查企业法律顾问资格考试报考人员材料103份，通过81人。联合市畜牧局组织完成全国兽医执业资格考试，得到省人社厅和农业部的认可。

（三）文件办理、办证及聘任工作。全年共起草、印发各类文件110多份；打印卫生资格证书5000多本、二级建造师资格证书1680本；办理各类中级任职资格证书3435份；办理全市各系列高级任职资格证书1687本；完成近2.5万人的统计、经济等各类证书的办理工作。办理硕士、博士生初聘，以及调转人员资格确认、事业单位聘用、专业技术资格聘任近400人。

（四）中小学教师职称改革试点工作。按照省人社厅统一部署，首次在中小学教师职称评审中增加正高级层次评审。为稳妥推进试点工作，先后召开县（市）区人社部门和教育部门座谈会，并参加人社部关于教师正高级职称评审调研会，多次深入市属、区属重点示范学校调研。9月底和12月3日召开了全市中小学教师职称改革试点工作动员会和工作会议，12月中旬完成了全市中小学结构比例审核审批工作。

（五）职称信访工作。高度重视职称信访工作,自觉接受社会的监督。对信访件进行认真梳理、归类，本着快查快办的原则，按照《信访条例》和职称工作的有关规定逐一落实。采取下基层调研核实和请当事人到人社局调查等方式，对所有信访件中反映的问题进行了认真调查，对确实存在问题的人员，除对单位及本人进行教育外，还报请领导批准取消其任职资格。全年共查处信访案件30多件，涉及26人，取消3人的高级任职资格，取消6人的中级任职资格。

为适应网评的新形势，在郑州职称网上开通了职称工作建议和意见邮箱（zzsrsjzcc@163.com），指定专人负责收集、汇总、分类、上报各类意见和建议，对需要调查核实的上访信息实行集中调查研究，并及时进行反馈和网上答复。通过开通网上评议，极大地方便了群众投诉和建议，减少了来人上访的数量。全年共收到建议和意见1400多条，逐一进行了落实和回复。

4月11日，全市引进国外智力工作会议召开

【工资福利】（一）稳步推进全市其他事业单位工资制度改革。制定了郑州市其他事业单位绩效工资实施意见，市直345家其他事业单位、2.65万名工作人员实施了绩效工资；同时，进一步落实全市公共卫生与基层医疗卫生事业单位实施绩效工资各项政策，巩固深化义务教育学校绩效工资制度改革成果，完成事业单位绩效工资总量核定，同步调整了县（市）公共卫生与基层医疗卫生事业单位绩效工资水平，并组织对市直和部分县（市）区公共卫生单位绩效工资实施情况进行了跟踪调查，评估实施效果。

（二）完善公务员工资制度，做好特岗津贴的实施兑现工作。制定了人民警察法定工作日之外加班补贴审核办法，完成了市直人民警察加班补贴的审核发放工作；组织完成市直纪检监察机关及派驻机构办案人员岗位补贴标准调整工作；按照国家规定对密码人员岗位津贴标准进行了调整。做好日常工资业务审批工作。全年完成市直机关事业单位工作人员正常晋级晋档、增加薪级、考核奖审核发放5.8万余人次；完成市直机关、事业单位1.6万余名工作人员调动、职务（职称）晋升、转正定级、精神文明奖审核发放等日常审批工作。

（三）开展全市机关事业单位工资收入情况的调查分析。认真组织开展企业薪酬和公务员工资水平调查工作，高质量完成了全市机关事业单位2011年度工资统计年报的收集审核和汇总上报工作，同时开展数据分析，为制定和完善相关工资政策提供依据。

（四）认真做好市直机关困难职工补贴工作。下发了《关于对市直机关生活困难职工给予适当补助的通知》，确定35个行政单位的44名职工为慰问对象，共发放困难补贴8.8万元。

【干部离退休服务】（一）扎实做好机关事业单位离退休人员离退休费管理工作。针对郑州市机关事业单位离退休费管理工作中存在的薄弱环节，不断改进和完善保障机制。一是开展机关事业单位离退休费清理核查工作。市人社局联合市纪检监察、财政等部门制定下发了《关于开展全市财政供给单位离退休人员养老金清理核查工作的通知》，按照“到龄即退、减少即停、应发必发、错发必纠”的原则，对不符合政策规定的项目坚决予以清理，对符合政策规定但未发放的予以登记落实；同时，实行单位“一把手”审核签字制度，对不按规定故意瞒报、错报的，追究相关人员责任。通过清理核查工作，摸清了机关事业单位离退休人员的底数，完善了数据库。截至11月，完成了市直310余家单位1.3万余人的核查工作，共计纠正各类错误3500余人次。二是提前实施和完成其他事业单位退休人员生活补贴调整工作。8月中旬至9月底，完成了市直事业单位1万余人、近1亿元的增资手续审批工作，为各部门各单位及时兑现待遇做好了准备工作，维护了大局稳定。三是做好市直机关离退休费统发工作。不断完善出入数据库人员手续，扎实做好离退休费统计上报工作，保证了离退休人员养老金按月及时发放。全年共核算、汇总、发放市直机关离退休人员养老金约2.3亿元，月平均人数5250人，月均发放2100万元。

（二）努力提高机关事业单位离退休服务质量。一是加大调研力度。围绕机关事业单位离退休工作中存在的问题和不足，有针对性地拟定调研题目，下发调研通知，调动全市各部门各单位的积极性，为进一步提高离退休服务与管理质量出谋划策。二是出台规范性文件。制定出台了《关于进一步加强事业单位特殊工种提前退休审批工作的通知》，完善审批程序，加强监督管理，特别是建立了特殊工种备案制度。从1月起，以单位、主管部门核实为切入点，以组织公示为主要手段，建立了“特殊工种人员实际工作情况备案表”，备案结果作为办理提前退休时认定从事特殊工种工作年限的重要材料，为公开、公正、公平地落实提前退休政策提供了最基本的依据。

（三）圆满完成机关事业单位离退休审批及各项待遇落实工作。一是圆满完成了退休手续及退休待遇审批办理工作。今年共办理各类手续2800余人次，其中，退休1200余人、提高退休待遇480人、一次性抚恤金核准216人、工龄认定290人、高级专家延长退休年龄27人、其他待遇核准600余人。二是圆满完成了机关事业单位医务鉴定工作。全年共集中办理病退鉴定254人，组织人员上门鉴定213人。由于高质量完成鉴定工作，得到省人社厅领导的高度评价。三是及时完成了市直机关事业单位离休干部护理费调整兑现工作。从2012年1月起，离休干部护理费标准每人每月增加200元。市直1200余名离休干部的护理费6月底前全部兑现到位。

（四）及时完成政协提案和信访案件办理工作。一是按时完成市政协提案办理工作，并与政协委员和有关老同志积极沟通，受到政协委员的好评。二是配合信访部门，按时完成了离退休干部信访案件的调查处理和答复工作。全年共办理12333综合服务平台、信访部门转办的信访案件8起，接待处理来电、来信和来人信访事项1000余人次，做到了件件有答复、件件有回音。三是完成了原市属国有企业所办技工学校178名退休教师的待遇核算任务。

【人才交流服务】 （一）人事代理稳步增长。2012年共新增单位代理90家、注销10家，单位代理总数1101家；新增人事档案72448份、转出2573份，人事档案总数286063份；开具各类人事证明8831份，补办人事代理合同1730份；新增及转入统筹关系1119人，转出及停保766人,统筹在保总数7024人；户口转入5093人，转出5225人，户口总数42590人，办理第二代身份证7236人，申请户口准迁证1531人；新增流动党员5252人，转出2132人，转正1116人，党员总数24741人；办理初级职称初聘手续1280人、初级职称考核认定145人、中级职称初聘手续261人、中级职称申报315人、高级职称申报85人，初、中级职称换证108人；受理经济适用房申请1215人，经济适用房申请总数3379人；接受现场咨询15万次左右，电话咨询53750人次，在线咨询11449条。充分利用网站、大屏幕等平台，公布相关信息及相关事项办理结果，并为服务对象提供关爱式服务，必要时安排专人打电话通知。通过参加省教育厅组织的河南省大中专毕业生档案服务座谈会、走进高校、网上业务介绍及留言回复等方式，做好人事代理政策的宣传工作。积极采取举办座谈会的方式，加强与代理单位的沟通与合作，解决其工作中存在的问题，提高服务质量。

（二）档案管理规范高效。全年新接收应届毕业学生档案和录入信息62847人，办理学生档案改派8031人，调出人事档案11368人，合并人事档案44214人，补办人事代理合同728人次，办理转正定级、工资调整、年度考核39772人，办理流动人员婚育证283人，出具各类人事档案证明7545人，办理阅档政审2481人次，办理离退休手续38人，办理已退休大病医保8人，档案材料借还、整理合计58734次。依据《档案管理法》对档案管理的各项流程及须知，对档案进行了合理改进。档案管理人员认真学习档案工作国家标准、行业标准及档案标准化制作流程，为档案的标准化管理奠定了理论基础。

（三）定期举办各种类型人才招聘会，开展中高级人才推荐业务，为用人单位及求职者搭建桥梁。2012年共组织召开日常招聘会119次，参会单位4939家，提供岗位93841个；组织召开大型招聘会3次，参会单位547家，提供岗位10940个；组织召开专场招聘会66次，参会单位1403家，提供岗位26657个。为大中专毕业生免费办理求职登记，并设有招聘信息电子屏及招聘信息发布栏，供其免费查询。定期走访联系高校和企业，积极建立完善企业回访制度，加强沟通，了解需求，采纳良好建议，更好地服务各类企业及人才。建立了中高级人才库，为企业及个人提供中高级人才推荐业务。

（四）人才引进工作再上新台阶。积极创新工作思路、改进工作方式方法，并主动提供上门服务，使引进的人才既符合用人单位的需要，又为郑州经济的未来发展增添后劲。全年共向全国各地开出人才引进商调函3354份，成功引进各类专业技术人才2252人，较上年同期增长17.4%。其中，具有硕士研究生学历者 151人，比上年同期增长15.4%；本科学历者1281人，比上年同期增长26.9%；具有高级职称者16人、中级职称者64人；中共党员421人。

（五）认真做好人才培训工作。全年共对153人进行了计算机应用能力考核，协助工考办进行技工培训670人。

（六）积极办理非普通高等教育毕业生就业手续。全年共办结非普通高校毕业生就业手续467人。修改了“郑州市非普通高等教育毕业生就业手续服务明白卡”，最大程度地方便群众办理业务。

（七）加强人才中介与人才市场的规范管理。2-3月，对所监管的部分中介机构进行了突击抽查，对抽查中发现的违规行为提出了限期整改；深入40多家中介机构进行实地考察，督促10多家不达标的中介机构进行整改，并向其提供有效帮助；清理马路非法招聘摊位50多个；分别于5月、10月份组织开展了职业指导师理论和实操培训，并组织了考试，100多名学员参加了国家职业指导师全国统一考试；完成了人才学会的年检及组织机构代码证的重新办理工作；为富士康招募员工4400多人；办理郑州电力学院档案600多份。

（八）加强人才网站建设。截至2012年年底，郑州人才网总访问量达到343.5 万人次，2012年访问量253万人次；在线招聘企业3457家，发布招聘岗位11277个，个人简历数11291份；参与了“2012年送春风全国网络招聘大会”，郑州市人才交流中心和郑州人才网被人社部评为优秀组织单位及网站；先后参加了2012年全国高校毕业生就业网络联盟春季、夏季、秋季联合招聘周活动，其中，夏季联合招聘周组织招聘单位110多家、秋季联合招聘周组织单位100多家；完成了全国人才网站的联网工作，丰富了网站的公众查询、各类政策法规等信息，增加了富士康招聘中心栏目，实现了网上报名、录取信息发布及后台管理等；不断对人才网进行优化整理，提高服务能力。

（九）认真开展人才派遣工作。2012年，新增合作单位9家，合作单位总数达到103家；办理员工入职1807人，离职1194人，共派遣员工7769人；养老统筹新增1584人、减少1185人，养老保险在保总数3833人；医疗保险新增1473人、减少897人，医疗保险在保总数3645人；办理统招生就业、非统招生就业、人才引进、招工、调入等档案220份，户口转入38人、转出16人；累计发放工资37260人次，发放工资总额80893390.77元；公积金缴纳增加196人次、减少155人次，公积金缴纳总人数10026人，累计缴纳公积金金额8165727.54元；为92家客户单位办理2011年度社保基数申报事宜，共3706人申报了新基数；加强与机关事业单位的合作，2012年与市纪委、出入境管理处、政协、发改委及市委办公厅等单位签订了合作协议，并提供派遣服务。

（十）加强人才市场建设。东区人才市场全年新增立户单位12家，单位代理总数66家；新增人事档案3439份、调出504份，档案总数15084份；党员转入146人，党员总数612人；办理养老保险31人次；职称办理37人次；人才引进65人；办结非普通高等教育毕业生就业手续46人；户口挂靠 488人，户口总数1432 人。主动联系企业开展人才派遣业务，并本着方便办事群众的原则，提供了部分业务代办服务。

北区人才市场新增单位代理5家，单位代理总数7家；新增代理人员3124

人、调出321人，代理人员总数4621人；出具商调函135份；接转党组织关系881份、转出141人、转正173人，党员总数1447人；户口挂靠114人、迁出8人，户口总数123人；人才引进42人；办结非普通高等教育毕业生就业手续6人。认真做好对高校的上门服务工作，并推出了毕业生就业手续代办服务。

【事业单位改革】 2012年，郑州市全面完成事业单位岗位设置实施工作，被评为全省事业单位岗位设置管理工作先进单位。全年全市共核准认定事业单位4104家，占事业单位总数的96.66%；认定聘任岗位149498个，占事业单位人员总数的93.72%。抓好聘用制管理工作，全年全市共有4246家事业单位推行了聘用制改革，事业单位聘用率达到100%；共组织事业单位公开招聘工作人员2090人，其中市直事业单位244人、县（市）区事业单位242人，县（市）区教育系统招聘教师1604人。开展农民技师和民间艺人职称评审工作，进行了全市非公单位职称问题调研。

制定事业单位绩效工资实施方案，推进全市其他事业单位绩效工资制度改革；适时调整县（市）义务教育学校、公共卫生与基层医疗卫生事业单位绩效工资水平，巩固绩效工资改革成果。加强企业工资宏观管理，发布劳动力市场工资指导价位和企业人工成本信息。推进特殊工时审批制度改革，规范企业工时制度管理。严格实行最低工资制度，郑州市区最低工资标准调整为1080元/月、10.2元/小时。

建立健全事业单位人员计划管理制度，事业单位人员计划管理更加规范。开展事业单位离退休费清理核查工作，事业单位离退休费发放进一步规范。

（支晶晶）

外事侨务工作

【概况】 2012年，郑州市外侨办坚持“管理是手段，服务才是目的”的理念，在服务领导出访、注重出访实效上着力，保障了市委书记吴天君、市长马懿等四大班子领导重要出访活动的顺利完成；并圆满完成了各项礼宾接待任务。严把因公出国（境）审批审核关，实现了中央确定的“零增长”工作目标。全年共组织国际友好城市双边交流活动11次，并积极开展对外宣传，为郑州市对外交流与宣传拓展了新的空间。

【礼宾接待】 2012年，郑州市共接待海内外来访团组87批3482人次，其中，接待国宾级团组1批（柬埔寨国王诺罗敦·西哈莫尼来访）；省部级团组8批，主要有土库曼斯坦公路运输部部长代表团，老挝国会经济、计划和财政委员会主席代表团，新西兰国家党主席代表团，第九届郑州国际少林武术节参会大使团等。此外，接待了UPS国际总裁、世界银行高管、瑞典瑞房集团董事长、IBM全球副总裁、俄罗斯伏尔加—第聂伯集团总裁等为团长的世界500强企业团组10批次。

【出访团组】 2012年，郑州市四大班子领导重要出访活动共达成实质性出访成果25项。市委书记吴天君对日本、美国、加拿大友好访问期间，召开新闻发布会1次、通航产业专题研究会1次，参加会见活动6次，考察机场4个，走访考察企业、培训机构、政府部门10余家，签订合作协议3个，推动了日产汽车、林肯电器、庞巴迪飞机维修、电动汽车等项目的合作进展，促成了上街区与美国威奇托市关于在通用航空产业方面的合作交流；市长马懿出访欧洲时参加“中欧城镇化高层论坛”，郑州被作为重点城市进行了推介；市人大常委会主任白红战出访阿联酋后，荥阳市与阿籍华侨达成了在荥阳投资5.2亿元人民币建设物流园区的意向；市委常委、副市长薛云伟随省长郭庚茂出访美国、德国、阿联酋时，对郑州航空港经济实验区进行了全力推介，与美国达美航空公司、德国汉莎航空集团、阿联酋航空公司达成了合作共识等。

【因公出国（境）审批】 2012年，郑州市严格按照中央关于“控制总量、突出重点、保压结合、服务发展”的要求，统筹兼顾“两个确保”，严格执行限量管理，坚决制止无实质内容的一般性考察访问。全年郑州市因公出国（境）人数共计60批、610人次。

【友好城市交流】 2012年，郑州市友好城市出访活动5批次，对日本崎玉市、韩国晋州市、巴西若茵维莱市进行了访问；接待友好城市来访团组6批次，白俄罗斯莫吉廖夫市等5个友好城市派团访问郑州。互访交流内容涉及经贸合作、旅游、教育、文化、体育、青少年工作等领域。韩国庆尚北道清道郡、漆谷郡到二七区、金水区访问，二七区与清道郡签署了建立友好区郡意向书；白俄罗斯莫吉廖夫市议会代表团、美国圣地亚哥郡政府代表团、美国柯蒂斯音乐学院代表团等与郑州师范学院、中州大学等高校进行了交流活动。积极参加UCLG、世界历史都市联盟等国际性组织的活动，国际友好城市缔结取得新进展，与莫桑比克马托拉市签订了缔结友好城市关系意向书，与英国利物浦市签订了友好交流备忘录。

【对外宣传】 2012年，市外侨办积极与驻华外国使领馆联系沟通，促成了英国驻华大使馆参赞高博恩为团长的商贸代表团访郑，成功组织市商务局、教育局、畜牧局及相关企业、代表团的商贸对接活动；协调组织市公安局、地税局、仲裁委等市直部门参加了韩国驻武汉总领馆在郑举办的第四次通商交流会；推荐郑州市1名外籍专家荣获“河南省黄河友谊奖”；在《人民中国》杂志刊载了郑州市国际友好城市交往的文章《中日友好纽带之九——郑州》；为《中国河南》宣传手册提供了关于郑州部分的英文文字材料和图片等。

【涉外管理】 2012年，市外侨办协同有关部门，依法妥善处置了新加坡公民林秀芳向省委书记卢展工求助、韩国驻武汉总领馆要求协查韩国公民郑东周在巩义经济纠纷等涉外事件25起，维护了郑州市对外开放的形象。邀请外国人入境工作热情周到、严格把关，签发或申报外国人来郑邀请函37批111人次（其中签发14批74人），服务了郑州市经济发展。成功组织了郑州市涉外领事保护宣传月活动，承办了河南省涉外领事保护广场宣传活动，现场发放领事保护知识宣传手册1000多册，为300多名市民提供了咨询服务；对郑州市涉外单位200多名专职人员进行了涉外领事保护专题培训，增强了郑州市公民、企业在海外的安全风险防范意识和自我维权意识。加强在郑外籍专家的管理工作，配合协作单位对部分有聘请外籍教师资质的单位进行抽查，对15所有聘请外籍文教专家需求的幼儿园、中小学校进行了资质审查，指导单位规范管理，有序使用国外教育资源。

【服务企业国际业务开展】 2012年，市外侨办为宇通客车股份有限公司、明泰铝业股份有限公司等企业办理APEC商务旅行卡24个，极大地方便了企业国际业务的开展，提高了企业的商务效率，节省了时间成本，为企业一些重要商务项目的促成提供了直接方便。

【为侨服务】 2012年，全市共发放困难归侨补助金32.86万元、老归侨退休补贴7.59万元；全年走访慰问归侨侨眷代表和困难归侨侨眷32户，发送慰问品、慰问金近3万元；组织实施归侨侨眷再就业技能培训20多人次；办理了归侨侨眷证88个，对61名归侨侨眷考生进行了身份认定。继2011年管城区紫光社区被国务院侨办命名为“侨务工作明星社区”后，金水区文雅社区2012年被国务院侨办授牌为“侨务工作示范社区”，市外侨办为两个社区争取到上级拨款10万元，两个社区定期组织志愿者深入归侨侨眷家庭开展走访活动，社区医疗保健室定期为归侨侨眷和社区老人免费进行健康检查。

【海外华侨华人交往】 2012年，市外侨办通过各种渠道积极开展海外联谊工作。通过大型活动及公务出访团组，向海外华侨华人重点人士寄、送外宣资料和招商项目册2000多册，与海外华侨华人建立了密切联系。建立健全侨情资料库，编制了近400名海外重点华侨华人名录，利用互联网跟踪关注海外侨情的变化，努力实现侨务资源的可持续发展。一方面，关注海外侨商在郑投资与发展情况，积极开展研讨调研，推荐郑州市侨商投资企业加入中原侨商投资企业协会，吸引和招纳更多的侨商来郑投资；另一方面，积极做好海外侨胞来郑投资、捐赠和上级扶持资金争取工作，借助中原侨商投资企业协会成立之机，争取到海外在郑侨商对郑州市儿童福利院捐资30万元、国务院侨办对郑州市重点华侨华人科技创业项目扶持资金15万元。积极参与壬辰年黄帝故里拜祖大典、国际旅游城市市长论坛、河南省投资贸易洽谈会等重大活动，邀请海外重要侨领和华商来郑访问，海外华侨华人与郑州市达成投资意向4个，投资总额达数十亿元人民币，为郑州市招商引资作出了贡献。

【重大涉外活动】 在2012年郑州市所有大型活动中，市外侨办均承担有邀请、礼宾接待、翻译等任务。全年共完成口译任务106次，为郑州市出访及专项活动翻译、处理文字资料20多万字；通过重要出访、涉外涉侨接待和大型活动，直接或间接促成招商引资合作意向32个，签订合作协议12个，涉及投资金额数百亿元人民币。

在注重经济效果的同时，特别注重政治影响，在外宾中选择重点，进行了反对“法轮功”等邪教的宣传活动。在3月举行的壬辰年黄帝故里拜祖大典和第七届中国河南投资贸易洽谈会活动中，积极挖掘资源、开拓渠道，邀请参会华人华侨重点人士35人，国际友好人士、友好城市代表10人。美国美中商贸总会代表团、加拿大中华总商会代表团、白俄罗斯莫吉廖夫市政府代表团分别参加了拜祖大典与投洽会，受到省、市领导的接见，提升了活动所邀贵宾的整体层次和质量。在9月举行的“2012中国（郑州）世界旅游城市市长论坛”活动中，共接待了来自15个国家43个城市的71名参会代表，圆满完成了接待任务。此外，还承担了论坛各项宣传和会议翻译、40余位外借陪同翻译的培训及相关县（市）区礼宾接待的指导工作。在10月举行的第九届中国郑州国际少林武术节期间，共接待了来自厄瓜多尔等5个国家的驻华大使及苏里南驻华大使助理等8名重要外宾，成功组织了市委书记吴天君、市长马懿对外宾的会见活动。奥地利因斯布鲁克市城市代表、原副市长马丁·克鲁利斯先生应邀参会期间，到市旅游职业学院和郑州师范学院进行演讲与互动交流活动，并与市旅游局进行合作磋商，达成了利用摄影图片展览向奥地利城市推介郑州的合作意向。此外，还积极参与了第十八届郑州全国商品交易会暨消费品博览会等活动的接待工作。

（侯翊佳）

对台工作

【概况】 2012年，郑州市对台工作紧紧围绕“把握大局、巩固成果、稳中有进、深耕基层”的总体要求，以对台大招商促进郑台经贸合作为重点，以深化郑台大交流为主线，以开展“台商投资园区建设年”“对台交流基地创建”和“涉台投诉无积案”活动为抓手，凝心聚力，真抓实干，各项对台工作呈现崭新局面。郑州市被省委对台工作领导小组评为“对台工作先进市”，郑州市人民政府台湾事务办公室先后被省国家安全领导小组、市委市政府授予“河南省国家安全人民防线建设先进集体”“郑州市对外开放工作先进集体”和“承接产业转移系列活动先进单位”等荣誉称号。

【对台经贸合作】 2012年，郑州市牢牢抓住两岸关系进入巩固深化期和中原经济区建设上升为国家战略的重大机遇，以“台商园区”创建为抓手，多措并举，不断扩大郑台间的经济合作规模和经济贸易份额。全市全年新增郑州金均鑫有限公司、佳原（郑州）电子科技有限公司、郑州台湾科技园等台资企业15家，总投资91.25亿元人民币，实际利用台资37.5亿元人民币。

（一）开展创建助招商。引导和鼓励各县（市）区结合全市现代化产业体系需求、各地引资目标及工业发展方向、功能定位，制定科学的台商园区可持续发展规划，围绕规划建立引资项目库，依托现有园区发展台商工业园区或探索园中园发展模式，建立台资发展平台，开展有针对性的招商活动。在此基础上，筛选出条件成熟的新郑市新港产业集聚区和二七区马寨产业集聚区，命名为“郑州台商园区”并正式挂牌。

（二）利用节会促招商。积极完成壬辰年黄帝故里拜祖大典、第七届中国河南国际投资贸易洽谈会、2012豫台承接产业转移交流恳谈会、2012中国（郑州）产业转移系列对接活动和郑州农博会的邀宾接待工作，组织台商到郑东新区、2个省级台商园区、台湾科技园等地参访考察、对接项目、增进交流、促进合作。

（三）形成合力招大商。充分发挥郑州市台资企业协会和台胞台属联谊会的桥梁纽带作用，加强与全国各地友协和台联会、岛内行业协会、社会团体的联谊。积极开展郑台两地同业公会、行业协会间的交流交往，在交流中增进感情、促进合作，共同发展。

加强与2个省级台商园区的联系和服务，鼓励和引导其不断扩大园区规模，完善园区配套功能，增强园区承载能力，吸引台资重大项目向台商园区集聚，转移优势和特色产业入园组团发展。富士康项目带动近百家协理厂商和配套企业进驻，台湾正隆有限公司、黑松（萨摩亚）投资公司、丹尼斯百货等台资企业纷纷谋划布局；“郑州台湾科技园”项目引起医药、电子、商贸物流等行业的关注；台湾统一集团、顶新国际集团等园区企业不断追加投资，做大做强。

【对台交流交往】 2012年，郑州市在对台交流工作中充分发挥郑州文化底蕴深厚的优势，以对台交流基地创建为抓手，进一步打造和巩固交流品牌，注重和提高交流效果，推动郑台交流交往双向互动、良性发展。全年全市共进行交流项目217个，直接参加人数3086人。其中，应邀赴台交流项目85

3月24日，中共中央台办、国务院台办主任王毅视察黄河风景名胜区

个团（组）、394人；接待台湾交流团（组）132个、2692人。

（一）开展对台交流基地创建活动。多次召开县（市）区台办主任会议，研究和部署对台交流基地创建和挂牌工作，动员各级对台部门整合对台交流资源，使已有的品牌更具地域特色、文化内涵；同时，积极培育新的对台交流品牌，以丰富的中原文化增进两岸感情和民族认同。经过实地考察和综合评估，初步确定了第一批郑州市对台交流基地——郑州市黄河生态旅游风景区和郑氏文博院。11月23日，2家市级对台交流基地挂牌。

（二）依托拜祖大典等精品项目开展交流。作为壬辰年黄帝故里拜祖大典邀请部成员单位之一，市台办积极邀请台湾长荣航空运输集团、台湾友佳实业国际集团、台湾蓝天电脑集团等20名知名台资企业高管及台湾政要共计38人参加，并做好接待工作。其间，中国国民党荣誉主席吴伯雄偕夫人应邀出席大典，并敬香礼拜。3月27日，省委常委、市委书记吴天君会见了吴伯雄及夫人。

（三）进一步加强对台交流管理。积极促成8位市领导分别率团赴台进行经贸活动和专项交流活动，提升了郑州市对台交流的层次；通过多次举办交流工作专题培训、引入竞争激励机制等，充分调动各县（市）区、各开发区、市直有关部门及各社会团体有目的、有针对性地开展对台交流工作的主动性，使郑台两地交流进一步朝着多层次、多形式、宽领域的方向发展。

【对台宣传教育】 2012年，郑州市坚持对台宣传和涉台教育并举，按照“整合、借力、深化”的工作方针，以“郑州与台湾”网开通为契机，整合各方资源，努力打造主题宣传、政策宣传、入岛宣传全面协调开展的宣传格局。

（一）运用互联网开展对台宣传。3月中旬开通“郑州与台湾”网，汇集郑州经济、社会、文化、生活等方面最新、最丰富的信息资讯，设置“国之中”“商之城”“帝之都”“武之源”等十大板块和3个专栏，涵盖“全景郑州”“天地之中”“郑州商机”“台企风采”“郑台往来”“黄帝文化”“郑州都市区建设”“拜祖大典”“郑州非遗”等栏目。网站开通后，每日进行信息更新，及时发布最新涉台动态，并通过各种途径大力宣传，推动网站成为开展对台宣传的主阵地。

（二）扎实做好信息工作。在初步建立畅通有效的信息渠道及奖惩考评机制的基础上，充分动员基层台办和基层统战员主动挖掘信息，积极开展信息收集、撰写和报送工作。全年共编辑《对台工作信息》37期，采纳信息300条，其中《郑州市推出惠台新举措》《郑州台湾科技园进军物联网》《完善服务体系创新服务举措郑州唱响对台工作大戏》等分别被《人民政协报》《团结报》和《河南日报》采用，“豫台视窗”网采用178条，《河南省对台工作信息》采用93条。

（三）搭建新平台宣传。以网格化为统揽，深化涉台教育“五进”活动，充分依托和整合各类资源、各种宣传阵地，构筑起面向全市居民、学生、机关干部、企业等多层级的宣传教育网络体系；组织开展丰富多彩的市民喜闻乐见、台胞热心参与的活动，宣传党的各项方针政策，争取广大市民对对台工作的理解和支持，营造良好的对台工作氛围。

【对台服务】 2012年，郑州市坚持以构筑“对台网格化体系”为平台，增强服务意识，提升服务水平和质量，切实增强工作实效，全面打牢对台工作基础。2012年，郑州市台办共受理台商投诉28起，其中国台办和海协会转办案件7起，做到了事事有登记、案案有结果、件件有回复，达到了结案率100%和“无积案”的要求。

（一）建立“对台工作网格化管理体系”。先后出台并下发了《关于建立“坚持依靠群众、推进工作落实”长效机制，服务对台工作的实施意见》和《关于进一步加强网格化管理的实施意见》，将对台工作融入全市网格化管理体系中，通过常态化的走访调研，使机关干部力量下沉、重心下移，及时有效地解决台胞台企工作生活中的各种困难和问题，切实服务好、维护好台胞台商的合法权益，确保全市涉台大局的稳定。

（二）完善在郑重点台企服务机制。建立企业意见直达机制。通过开通服务台商24小时热线电话、公布台办邮箱、“郑州与台湾”网址，建立政府与企业双向沟通渠道，第一时间掌握企业生产发展情况、企业困难和问题、企业意见和建议。建立重点台企全程跟踪服务机制。在为首批重点服务企业提供安全生产、员工招聘与培训、职工基本保障、法律咨询、证照办理、推动校企合作等全方位服务的同时，不断丰富服务内容，提升服务质量和效能，引导和扶持企业做优做强、集聚发展。建立台企跟踪宣传机制。借助网络、报刊、媒体等，全面、真实地报道企业发展，展示企业形象，锻造企业品牌，为企业发展营造良好的舆论氛围。

（三）建立健全领导定期接待台商来访及电话预约来访制度。在认真贯彻领导分包重点台资企业的基础上，通过拓宽台商反映问题的渠道，提高协调处理台商投诉的效率，切实做到矛盾化解在基层、问题解决在当地。

（四）开展以“送政策、送法律、送服务、送温暖”为主题的大走访和“台商投诉无积案”活动。在台资企业座谈会上发放问卷调查表300份，全面掌握全市台资企业生产、经营状况和台胞台属台商生活情况，了解企业存在的困难，及时查找影响、制约台资企业发展及对台招商引资中的突出问题，做到早发现、早预防、早协调、早解决。特别是党的十八大召开后，及时深入台企进行政策宣讲和解读，鼓励台商坚定信心、增资扩容。同时，鼓励和引导各级对台部门学习和掌握解决台商投诉的方法和技巧，建立与有关部门沟通的联系机制，畅通涉台纠纷解决渠道。

【台胞台属联谊会工作】 2012年，郑州市台胞台属联谊会充分发挥亲情优势和组织优势，通过多种途径向海内外亲朋好友宣传郑州、推介郑州，为郑州都市区建设牵线搭桥、汇聚力量。

（一）圆满完成台联换届。5月16日，郑州市台胞台属联谊会第四次代表大会召开。来自12个县（市）区的123名代表及36名特邀台企台商代表参会。会议听取并审议了市台联第三届理事会

5月8日，台湾屏东县妇联分会参访团莅郑交流

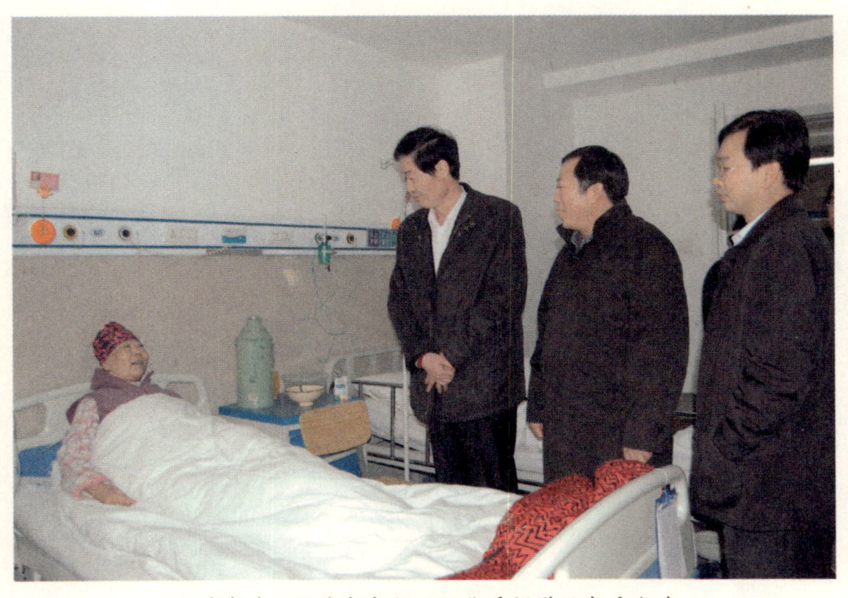

市委常委、统战部部长王跃华看望慰问患病台胞

工作报告，通过了新修订的《郑州市台胞台属联谊会章程》，选举产生了市台联第四届理事会。市台办副主任曹东梅当选为市台联会第四届理事会会长。

（二）开展台胞台属情况普查。组织各县（市）区对辖区台胞台属进行上门走访、逐户登记，就台胞台属整体情况、台湾省籍台胞情况、困难台胞台属致困原因和需求、中青年台胞台属等分门别类进行梳理，建立台账，并结合实际加强联系和服务，激发辖区台胞台属特别是中青年台胞台属的热情，使其积极投身当地经济社会建设。

（三）开展台联理事结对帮扶活动。9月14日，市台联组织20名台联理事和困难台胞台属家庭签订结对帮扶协议书，建立困难台胞台属帮扶机制，并推动全市各级台联理事主动与辖区困难台胞台属家庭结成帮扶对子，提供求学、就业、医疗等方面的帮助，初步实现了困难台胞台属救助的全覆盖。

【台资企业协会工作】 2012年，郑州市台资企业协会秉承“团结、协调、沟通、服务”的宗旨，在组织联谊、提供咨询、维护权益、排忧解难、服务地方经济等方面做了大量工作，促进了郑台两地的经贸合作与交流。

（一）搭建平台，当好纽带。充分发挥协会的桥梁纽带作用，与政府职能部门建立工作联系机制，搭建政府与企业沟通交流的平台。配合市台办做好“一法一细则一办法”等涉台法律知识宣传和普及工作，提高台商和台资企业依法维权和依法经营能力。组织会员企业参加省外商（台商）投资企业知识产权保护座谈会协会和壬辰年中原祭孔大典等经济和文化交流活动。

（二）强化服务，排忧解难。协助解决台商及台籍员工证照延签和补办问题，调处企业土地、房屋租赁、经营合作、厂房拆迁、水电供给、工商注册等各类矛盾和纠纷数十起；为来郑考察投资的台商提供政策咨询、信息资讯、项目对接、寻找合作伙伴等服务；积极争取相关领导和教育部门的大力支持，解决台商子女上学问题，全年共计协调解决7名台商、台干和台胞子女就学问题。

（三）扩大交流，提升形象。坚持“走出去”，加强与各地友协的横向交流，提升协会的知名度和影响力。组织河南国祥制冷设备、士林电机等会员企业，参加全国台企联在河北召开的“两岸新能源、新技术交流合作研讨会”。先后参加了重庆、沈阳、广州、深圳、昆山等20多家台协换届庆典和经贸活动，促进了协会间的交流交往，增强了相互间的联系，提升了协会的知名度。

（四）丰富载体，增强协会凝聚力。坚持利用春节、端午和中秋等传统节日，开展“三节三会”联谊活动，增进在郑台商沟通联络。坚持以会代训，提高企业综合素质，先后邀请台湾中国生产力中心、台北进出口商业公会、台北生产力促进协会等行业协会的专家学者来郑，以企业转型内销售市场之财税管理实务知识、两岸经贸框架协议签署带来的商机、企业生产管理、团队运作和经营提升等为主题,对在郑台企进行培训，增强企业自我管理和创新发展能力。

（张 晖）

信访工作

【概况】 2012年，郑州市群众信访工作以“坚持依靠群众、推进工作落实”长效机制为载体，突出领导干部接访、矛盾纠纷排查、信访积案化解、督查督办等重点，最大限度地把矛盾纠纷化解在基层和萌芽状态，确保了在全国、全省信访总量快速反弹的情况下，郑州市信访形势总体平稳可控。特别是党的十八大召开期间，全市没有发生影响郑州形象、干扰北京稳定的信访事项，圆满完成了省委“两个绝对不能发生”的目标任务，受到了中央联席办、国家信访局和省委督查组的通报表扬。郑州市被省委信访工作领导小组表彰为“2012年度信访工作优秀省辖市”；新郑市、中原区、管城区被省委、省政府表彰为“2012年度信访工作先进县（市）区”；新密市、金水区、惠济区、上街区被省委信访工作领导小组表彰为“2012年度信访工作优秀县（市）区”；郑州市信访局被省信访局表彰为“全省信访系统信息工作先进单位”和“河南省信访工作理论调研优秀组织奖”。

群众来信情况：全年受理群众向中央、省、市三级来信7765案9536件，同比分别下降4.4%和6.2%，重信率18.6%。

个人上访情况：全年共发生赴京个人上访353次441人，同比分别上升5.6%和14.4%；发生到省个人上访2906次3181人，同比分别上升16%和6.4%；发生来市个人上访771次1165人，同比分别下降10.2%和8.7%。

集体上访情况：全年共发生赴京集体上访32批288人，同比批数上升3.2%、人数下降78.3%，其中重访2批，重访率6.3%；发生到省集体上访628批15215人，同比分别上升72.5%和66.9%，其中重访333批，重访率53%；发生来市集体上访657批16237人，同比分别上升9%和13.1%，其中重访254批，重访率38.7%。

赴京非正常上访情况：全年共发生赴京非正常上访139人次，同比下降11%；其中重访87人次，同比下降8.3%。

信访案件办理情况：中央和省交办郑州市疑难信访案件89件，到期应结80件，按期办结80件，按期办结率100%，息访息诉率83%。

案件复查复核情况：全年共接待向市政府申请复查复核信访事项438起，经审查受理164起，按期复查复核结案110起。复查复核信访事项稳定率98%。

群众信访反映的问题主要集中在：一是担保公司违规经营引发的问题；二是城镇拆迁、土地征用问题，特别是城中村改造引发的问题；三是企业改制和职工生活待遇问题。这三类问题引发的赴京到省来市集体上访，约占全市集体上访总量的一半。

【领导责任制落实】 2012年，全市各级领导干部认真落实信访工作责任制，亲自阅批群众来信、分包疑难信访案件，公开接访、主动下访和约访，

1月30日，市委副书记王璋到市信访局调研

及时开会研究解决信访问题，有效化解了一大批不稳定因素和矛盾纠纷。省委常委、市委书记吴天君和市委副书记、市长马懿，多次听取信访工作汇报，研究解决信访问题，带头深入矛盾问题突出的地区和部门察民情、听民声、解民忧，为信访工作的开展提供科学指导；主管市领导经常到基层走访调研、接待群众，督导工作开展；其他市委常委和副市长主动到联系分管的县（市）区和部门约访、下访，倾听群众诉求，协调解决信访问题。在市委书记吴天君的推动下，郑州市将领导接访下访触角向基层延伸，明确规定县（市）区主要领导周末至少有一人用半天时间接访处访、重点市直单位排班接访、乡镇书记明确公开接访日和其他班子成员排班接访、村组干部主动陪访，切实增强了源头化解矛盾纠纷和防范风险的能力，做到了“小事不出村、大事不出乡、矛盾不上交”。

【信访积案化解】 2012年，郑州市以信访积案化解为切入点，努力推进信访问题成批解决。一是开展“解民忧、化积案、保稳定、促和谐”信访集中活动，分五批集中交办500起信访积案，结案率达到95%以上，息诉息访率达到80%以上。二是加强对中央、省交办的177起信访积案的督查督办，确保全部按期办结，息诉息访率达到88%。三是市、县两级定期召开联席会议，研究疑难重大信访突出问题310余件。四是充分发挥特殊疑难信访问题专项资金作用，市本级使用特殊疑难信访问题专项资金230.4万元，化解特殊疑难信访问题42起；新郑市设立300万元信访救助专项基金，有效使用79.6万元，解决疑难信访案件18起。全市各级各部门采取了切实有效的措施，有效推动解决了一批时间跨度长、案情本身复杂、协调解决难度大的信访积案。

【体制机制建设】 面对新情况、新问题，2012年，全市各级各部门在坚持联席会议、日短信通报、联系提醒等工作制度的同时，不断更新观念，探索和完善做好信访工作的体制机制。一是探索网格化管理化解矛盾新路子。制定信访工作《网格化管理实施方案》，强化各单位下沉人员信访工作职能，并召开全市信访工作网格化管理推进会，增强了基层依托三级信访网格化解矛盾纠纷的效能。二是探索“四员”联动化解矛盾新方法。建立由副县级领导担任的“首席信访协调员”“首席信访督查员”“首席信访评查员”工作重心往下走，全市6329名基层信访信息员发现信息往上报的上下联动工作机制，及时发现和妥善解决疑难问题纠纷385起。通过体制机制创新，有效推动了信访工作的健康发展。

【督查问责】 2012年，郑州市信访局共开展信访工作督导检查29次，对督导中发现的问题，采取信息告知、约谈会诊、去函提醒、通报警示、黄牌警告等形式，先后对处置信访事项不力的1个市直单位责任领导进行了约谈，对赴京非访量大的13个乡（镇）街道给予了黄牌警告，对领导两次接访不到位的1个区在全市通报批评，对市委组织部拟推荐的1个基层先进党组织予以建议否决，对连续两周集体上访量排名全市第一的1个市直单位发提醒通知。通过严格问责，有力推动了工作落实。

（刘文石）

机关事务工作

【概况】 2012年，郑州市市直机关事务管理局以服务保障巩固提升年活动为载体，以重点项目实施为龙头，围绕“忠诚敬业、务实创新、高效协作、笃学守正”局风，高扬“我主动、我践行、我落实”主旋律，创新思路，攻坚克难，奋发进取，保障了党政机关高效有序运转，实现了机关事务管理服务保障工作的新提升。

加强机关事务工作交流与培训。召开了市机关事务工作协会二届四次理事会暨“三优一满意”表彰大会，并参加了全国机关事务工作协会四届三次常务理事会；组织全市部分市直机关和各县（市）区事管局公共机构节能工作负责人到华南理工大学进行了培训。9月14日，郑州市机关事务管理局领导和相关处室负责人参加了由郑州市人民政府网站主办的“2012·2013年政风行风在线访谈活动”，逐一解答了网友关心的有关膳食服务、市委市政府南北院车辆通行证办理、南北院停车问题、办公用房配置、维护修缮及物业管理等多方面的问题。

5月26日，在市委市政府北院组织开展了市直机关夏季消防演练。统管办公区33个委（局）办分管安全工作的负责人及各单位办公室、财务、文印和档案室等部门300多人参加了演练，进一步强化了消防安全意识。

【重点项目建设】 一是郑州西区市民公共文化服务区建设开局良好。研究通过《郑州西区开发建设总体方案》，市机关事务管理局通过调研考察形成《郑州西区以资产融资调研报告》《郑州西区开发建设总体方案（建议稿）》；成立郑州西区开发建设指挥部，完成了核心区城市设计和23.5平方公里总体规划、核心区1.72平方公里地上附属物普查及中原西路以北约0.15平方公里地上附属物拆迁补偿；成立郑州西区市民公共文化服务区建设管理有限公司，对相关土地进行了报批。

二是两处移交资产及立体停车场修建改造圆满完成。完成淮河路67号院及兴华北街18号院办公房整修改造，有效解决了市新型城镇化办公室等5家单位的办公用房问题；立体停车场建成使用，有效缓解了机关北院停车紧张状况。

【公务用车管理】 2012年，郑州市机关事务管理局成立专门机构，从职能移交、政策研究、程序制定等环节着手，建章立制，摸清全市公务用车底数，测算编制、压减总量，按规定清理纠正了超编车、超标车等违规现象，实现全市公务用车“总量减少、费用降低、管理规范”目标。按照全市统一部署，完成了市级行政事业单位737辆黄标车治理任务。

【国有资产管理】 2012年，郑州市机关事务管理局通过资源整合，严把配置、使用、处置三个关口，实现国有资产统筹规划，提高了办公用房使用效率。收回原郑州市检察院办公用房

郑州市市直机关事务管理局领导参加“政风行风在线访谈”活动

2.2万平方米，为市直机关各单位调整办公用房1678平方米、新租4900平方米、维修5289平方米。研究拟定围绕原郑州市检察院办公区、原广电局办公区的办公用房调配方案，并针对5处房产历史遗留问题，拿出可行性报告并进入过户程序。

【公共机构节能管理】 2012年，郑州市机关事务管理局围绕“十二五”能耗目标，修订《郑州市公共机构节能工作考核办法和评分标准》《郑州市公共机构合同能源管理（暂行）办法》，完成全市公共机构节约能源资源宣传月、既有建筑基本信息、供热现状调查摸底和公共机构名录整理完善等基础工作，以及能源资源数据统计和全市能源资源普查等日常管理工作。副省长张大卫、国家机关事务管理局公共机构节能司调研组和省公共机构节能工作考核组对郑州市公共机构节约能源资源工作给予了充分肯定。

【基本建设管理】 2012年，郑州市机关事务管理局全力推进局重点项目、淮河路53号院食堂配套工程、高低压配电改造、伊河大厦外装饰方案设计及预算编制，修改完善《局基本建设管理办法》《市级机关基本建设管理办法》等制度，基建管理职能明显加强。

【精神文明创建管理】 2012年，郑州市机关事务管理局共完成42个省级和15个市级文明单位年度复查，以及市直18个新申报省级文明单位的初评和考核验收；同时，开展了停车秩序治理。

【物业管理】 2012年，郑州市机关事务管理局物业管理逐步规范。一方面在市档案馆新馆、兴华北街18号院办公区等政府投资建设的公益性设施，施行市场化招标；另一方面治理统管区域办公生活环境，并对陇海西路360号院接管和项目信息统计工作进行初步测算，为深化市场化管理做好充分准备。

【安全保卫工作】 2012年，郑州市机关事务管理局以平安创建为推动，以营造安全有序办公环境为要求，创新管理办法，在做好消防演练、设备检修、信访接待、车辆引导、安防检查等日常工作的同时，突出重点部位管理，预防关口前移，实现了“四零”目标，维持了机关大院正常办公秩序。

【机关服务】 2012年，郑州市机关服务保障水平不断提高。膳食服务继续坚持“卫生、可口、实惠、多样、优质”目标，确保餐饮安全。综合服务坚持网格化管理，建立分工协作、工作运行和监督考核机制，确保快速、热情、细致、周到。车辆保障服务坚持“管理规范、服务优质、安全行驶、节能降耗”目标，优化升级车辆管理数字化系统，确保全年行车无事故。通信服务按照“优质、文明、迅捷、畅通”要求，加快推进网络建设升级改造，满足办公和用户需要。会管服务以“规范、标准、精细、温馨”为目标，加强设备管理、会议服务功能建设和人员培训，高标准完成会议接待和保洁服务工作。

（张晶晶）

人民政协

综 述

【履行政协职能】 2012年，市政协坚持把助推科学发展作为履行政协职能的第一要务，紧紧围绕事关全市经济社会发展的全局性、战略性和前瞻性问题协商议政，努力为全市科学发展献计出力。

（一）助推“三化”协调科学发展。市政协把加快围绕“三化”协调科学发展作为十二届二十一次常委会议的中心议题进行专题议政。组织委员围绕郑州都市区建设如何坚持以新型城镇化为引领、新型工业化为主导、新型农业现代化为基础的“三化”协调进行发展等重大问题，深入开展调查研究，形成了加快推进郑州市“三化”协调科学发展的意见及建议。向市委、市政府提交了《关于郑州市新型城镇化进程中房地产业发展问题的调查与建议》《振兴服装产业，推进“三化”协调发展》《加快我市特色商业街区建设 促进“三化”协调科学发展》等12份调研报告，为市委、市政府科学决策提供了重要参考。

（二）助推文化产业发展。市政协十二届二十二次常委会围绕郑州市文化建设进行了专题议政。会前，认真组织各民主党派、工商联、市政协各专门委员会，围绕推进公共文化服务体系建设、促进文化事业和文化产业发展等重大问题深入开展调研。会议期间，常委们围绕会议主题，提出了加快公共文化基础设施建设，提高公共文化服务水平；调整文化产业结构和发展布局，培育优势文化产业；创新文化产品和服务，拓展群众文化消费市场；完善政策人才体制机制，营造文化发展环境等92条意见和建议，为推动文化大发展大繁荣、实现文化强市目标提供了重要参考。市委、市政府高度重视这次专题议政成果，要求有关部门搞好对接，把委员们的好建议充实到工作中，提高全市文化建设整体水平。

（三）助推新型城镇化建设。为更好地协助党委、政府做好都市区建设，2月，市政协组织委员对春节前集中新开工的26个项目进行了视察，并召开了相关企业和单位参加的座谈会。会后，市政协将有关情况进行了归纳整理，形成了《市政协视察集中开工项目进展情况报告》，报送市委、市政府主要领导，省委常委、市委书记吴天君批示要求加快工程建设进度，有力地推动了新开工项目的建设。5月和12月，市政协分别组织三级政协委员对郑州市“两环十五放射”交通道路和10条市域快速通道建设情况，以及道路绿化提升工程进展情况进行集中视察，并组织召开了情况反馈会，市委常委、副市长张建慧要求全市各级政府组织及有关部门认真汲取委员们提出的意见建议，进一步做好工作，加快推进郑州新型城镇化建设。此外，市政协还组织委员围绕新型农村社区建设、城中村改造、城市管理整治提升、综合交通枢纽工程建设等深入调研视察，提出要提高农民素质、增加农民就业、加强社区管理、实行城市建管并重、实现各类交通无缝对接等意见和建议，被有关部门积极采纳。

（四）助推网格化管理工作。市政协动员全市各级政协组织开展了“发挥政协作用，助推网格化管理工作”活动。市、县（市）区政协领导班子成员带头深入社区蹲点调研，及时指导帮助工作。各级政协委员就近联系社区和群众，进网格、访民情、听民意，对工作的开展情况实施民主监督、跟踪问效。抽调政协机关干部组成工作队，协助分包社区开展有关工作。各县（市）区政协充分发挥主动性和创造性，探索开展了一系列丰富多彩的活动，如新密市政协组织辖区委员进家入户宣传网格化管理工作，新郑市政协开展了“六进十送”活动，管城区政协要求委员每年至少联系一个社区、参与一次社区活动、反映一条社情民意、献一条计策、办一件实事等，有力助推了网格化管理工作深入开展。

（五）参与全市重点工作。市政协充分发挥自身优势，积极参与全市中心工作。一是市政协各位领导分别担任全市经济社会发展七大工作推进组的副组长，积极发挥作用，协助开展工作。二是积极参与黄帝拜祖大典活动，抽调机关4名干部参与筹备工作。三是根据市委的统一部署，抽调18名机关工作人员组成市政协群众工作队，深入金水区杜岭街道办西里路社区和彭公祠社区，积极帮扶解决有关困难和问题；选派3名机关干部组成市政协新农村建设驻村帮扶工作队赴登封市宣化镇岳窑村进行驻村帮扶。四是按照市委统一部署，市政协领导对所分包联系的金融担保公司整顿工作，定期进行指导、督查。同时抽调3名机关干部到金水区协助开展担保行业规范整顿工作，有力地助推了全市担保行业的规范整顿。

【服务改善民生】 2012年，市政协坚持以人为本、关注民生、履职为民，始终把发展和维护人民群众的根本利益放在重要位置，紧紧抓住人民群众最关心、最直接、最现实的问题，为人民办实事、办好事，积极促进社会的和谐稳定。

（一）督办提案促进民生改善。市政协全年共收到提案669件，经审查立案468件，其中17件被列为重点提案，通过规范办理程序、完善办理机制，实行领导领衔、现场办理、协商办理等措施，加强对重点提案督办，带动了整个提案办理工作的深入开展，推动了一大批事关民生提案的办理落实。如《关于对我市餐厨垃圾实行规范化管理的建议》引起市委、市政府高度重视，制定了《关于加强地沟油整治和餐厨废弃物管理的实施意见》，实现餐厨垃圾规范化管理；有关部门采纳了《关于提高空气质量检测标准的建议》，积极开展了PM2.5检测和“蓝天”行动暨大气污染防治工作；市中级人民法院针对《关于切实解决法院“执行难”问题的建议》，下发了《全市法院清理超期未结执行案件活动实施意见》，提高案件执行质量和效率。

12月14日，市政协视察“两环十七放射”道路绿化提升工程汇报会召开

（二）搭建载体服务社会发展。积极开展市政协系统学雷锋活动，制定了《关于开展学雷锋活动的实施意见》，动员全市各级政协组织和广大政协委员开展“千名志愿者学雷锋作奉献”活动。巩义、荥阳、登封、惠济、上街等县（市）区政协组织辖区政协委员，围绕城乡环境整治、公共秩序维护、网络文明、关爱弱势群体等，做了大量协调关系、化解矛盾、理顺情绪、增进团结的工作。市各民主党派、工商联和市政协各专门委员会精心组织，重点帮扶空巢老人、低保家庭、残障人士、贫困学生等，活动丰富多彩，成效显著。全年组织3000多名全市各级政协委员开展学雷锋活动近千次，弘扬和践行了雷锋精神。为支持新型农村社区小学建设，开展了“捐资助学奉献爱心”活动，半个月内，部分委员企业家和委员企业踊跃捐款530.4万元，体现了政协委员的责任担当和民生情怀。开展“政协组织服务委员、政协委员服务社会”活动，通过定期走访慰问，为委员解忧，帮群众解困，助社会发展。

（三）广开渠道反映社情民意。围绕社区物业管理、“菜篮子”工程、教育工作、食品安全、土地流转、防汛工作等事关群众切身利益的重要问题开展视察，及时反馈视察情况，促进有关问题解决。通过邀请公民代表列席政协例会、加强委员信箱管理、发放委员联系卡、开通政协博客和委员微博、接待群众来信来访等途径，广泛倾听民声，密切关注民情。创办《政协直通车》，及时把重要的社情民意信息送达党政机关主要领导。全年共上报了62条社情民意信息，促进了有关民生问题的解决和落实。

【广泛团结联谊】 2012年，市政协牢牢把握团结和民主两大主题，充分发挥人民政协作为最广泛的爱国统一战线组织的优势，密切联系各界，加强沟通协调，扩大交流联谊，为郑州都市区建设凝聚强大合力。

（一）重视与各党派团体合作共事。积极促进参加人民政协的各民主党派、工商联和无党派人士的团结合作，在政协各种会议上，努力营造民主和谐、合作共事的政治氛围。定期向各民主党派、工商联和无党派代表人士通报工作，主动征求他们对政协工作的意见建议，及时帮助他们协调和解决工作中的困难与问题。重点安排各民主党派、工商联在全体会议和常委会议上发言，以及办理他们提交的提案、报送他们反映的信息、研究他们提出的意见，为各民主党派、工商联和无党派代表人士发表意见主张创造条件。

（二）重视与各族各界搞好团结。认真组织委员到少数民族企业进行视察，帮其度困，助其发展。组织委员走访了中岳庙、法王寺等宗教活动场所，并就当前宗教活动场所管理体制、宗教界合法权益保护及如何处理好宗教与旅游管理之间的关系等提出了建设性意见。加强与少数民族和宗教界代表人士的联系，主动参加少数民族和宗教界的重大节日及活动，积极宣传党和政府的民族宗教政策，为合法信教群众、少数民族群众办实事，促进民族宗教关系和谐稳定。高度重视与台侨界委员的联系，鼓励他们为促进合作交流多作贡献。针对台资企业组织专题调研，推动郑州台湾科技园建设，努力为台资企业发展提供服务。

（三）重视扩大联谊交流。以根亲文化为纽带，着眼中原经济区郑州都市区大发展、大建设，联合豫闽两地专家学者，开展河南闽商与郑州都市区建设研究，多次召开座谈会，听取意见和建议，帮助闽商协调解决问题。编辑出版了《中原闽商》一书，新华网、人民网、《河南日报》等媒体给予了报道，为吸引更多闽商和其他外商投资郑州都市区建设发挥了积极作用。此书被省委常委、市委书记吴天君誉为“是一部研究闽商文化的珍贵史料”。编辑出版了《郑州古镇②》《老郑州印象》城建卷和商业卷等文史资料，实现选题专题化、系列化，较好地发挥了文史工作“存史、资政、团结、育人”的社会功能。举办庆“八一”拥军笔会、第七届海峡两岸书画展、郑州日照书法家联谊笔会等活动，进一步加强交流、增进共识、促进合作。

（四）重视与各级政协的沟通联系。积极配合全国政协、省政协完成大运河申遗保护、人口均衡发展、社区物业管理、新型城镇化建设等调研视察任务。参加十六城市联谊会、中心城市政协主席恳谈会、省辖市政协主席座谈会等活动，加强了与其他城市政协的联谊和交流。组织新一届县（市）区政协主席参加培训，进一步加强与县（市）区政协沟通协作，总结推广经验，实现工作联动，增强履职合力。

【加强提案办理】 2012年，全市广大政协委员、政协各参加单位和各专门委员会，切实把推动科学发展作为履行职能的第一要务，紧紧围绕郑州都市区建设，结合经济社会发展中的重大问题及群众普遍关心的难点、热点问题，深入实际调查研究，积极通过提案建言献策。全年共提交提案669件，经审查，立案468件，立案率69.96%；作为委员来信转送有关部门研究处理的185件；经与提案者协商后并案、撤案的16件。立案的提案中，委员提案446件，各民主党派、工商联、人民团体和政协各专门委员会、界别小组的集体提案22件；涉及经济城建类184件，科教文卫体类161件，政法统战劳动人事类123件。提案内容丰富，针对性强，体现了政协特色和时代特点。提案经78个承办单位办理，成效显著，为推动经济发展、促进社会和谐发挥了积极作用。市政协常委会按照“围绕中心、服务大局、提高质量、讲求实效”的提案工作方针，坚持开拓创新，不断改进服务，进一步完善提案工作制度，增强提案工作活力，提案工作有了新的进展。

（一）完善工作机制。认真贯彻落实中共中央办公厅、国务院办公厅《关于进一步加强人民政协提案办理工作的意见》（中办发〔2012〕13号）和省委办公厅、省政府办公厅《关于进一步加强人民政协提案办理工作的实施意见》（豫办〔2012〕19号）文件精神，结合郑州市政协提案办理工作实际，市委办公厅、市政府办公厅出台了《关于进一步加强人民政协提案办理工作的实施意见》（郑办〔2012〕46号），从12个方面对提案办理工作进行了细化、充实，对做好提案办理工作提出明确要求，为进一步加强政协提案办理工作提供了重要的理论依据和制度保障。同时，为提高工作效率，服务于委员，修改完善了政协提案办公系统，全面实现网上提交、签收、催办、答复、反馈和查询有关历史提案、现行政策法规等，全年通过电子文档提交提案率达到100%，提案提交、办理复文全部实现电子化，对于提高提案工作的效率和质量起到了十分重要的作用。

（二）严格提案审查。坚持“突出质量、兼顾数量”的原则，审查提案从细、立案从严，对内容空泛、没有具体建议的不予立案，对同一内容的采取并案，对不立案提案由提案委员会集体终审复核。全年不予立案提案量占总数的30%，建言献策的水平明显提高，提案的办理效果进一步显现。

（三）健全激励机制。评选表彰优秀提案，搭建示范激励平台，促进提案质量提高。2012年对《关于高标准建设郑州都市区的建议》《关于优先发展城市公共交通的建议》《关于对我市老年事业发展的建议》等35件提案进行了表彰。这些提案具有宏观性、前瞻性、可行性、原创性的特点，其建议被承办单位采纳，成效显著，影响重大，得到各方的一致认同。

（四）抓好重点提案。2012年，市政协领导领衔督办了17件重点提案，开展了6次重点提案督办活动，委员参加60余人次，实地察看14家相关单位和企业，召开6次座谈会，委员提出有针对性的意见和建议30余条。通过办好重点提案，以点带面，促进了提案办理工作整体水平的提升。

（五）加强提案宣传。市政协以“我为郑州发展献良策”专题广播节目为平台，政协委员和承办单位、人民群众互动，直接交流，全面展示了提案所反映的社会热点、难点和焦点问题，充分体现了委员的履职水平和政府部门办理提案水平。2012年共播出专题广播节目52期，参与委员达200余人次，内容涉及生态环境、食品安全、社会养老保障、幼儿教育、校车管理等热点问题。

【政协自身建设】 2012年，市政协主动适应新形势、新任务的要求，加强自身建设，提高履职能力，为做好各项工作夯实基础。

（一）加强理论业务学习。通过常委会议、主席会议、机关干部座谈会、机关党支部会议，采取理论中心组学习、专题辅导、集中学习和自学等形式，深入学习贯彻十八大精神，进一步统一思想、明确方向；围绕国务院关于中原经济区建设《指导意见》和《规划》“一文九论十八谈” “何平新九论”等重大理论和社会热点时政进行深入学习讨论，不断提高政协机关干部的政治理论素养。通过举办学习报告会、常委培训班，拓宽委员视野，提升委员素质，提高了委员的履职水平。

（二）深化“创树”活动开展。2012年，市政协本着“巩固、持续、提升、求效”的原则，更加注重对活动的督导指导，召开各县（市）区政协主席座谈会、部分委员之家负责人座谈会，举办“创树”活动现场观摩会、先进委员之家暨优秀政协委员经验交流会，加强对“创树”活动的引导。更加注重活动的互动结合，把深入开展“创树”活动与开展学雷锋活动和助推网格化管理工作结合起来，增强“创树”活动的效果。更加注重载体的创新探索，如金水区经八路委员之家建立政协委员和知名专家工作室；中原区桐柏路委员之家发动委员捐资建立“爱心超市”；二七区铭功路委员之家开展了“为经济发展献一策、为社会事业进一言、为居民群众办一事”活动等，进一步深化“创树”活动的开展。一年来，全市149个委员之家组织委员开展调研视察联谊活动1400多次，提交提案2100多件，反映社情民意2600多条，举办社会公益活

12月19日，市政协“捐资助学”活动表彰会召开

12月25日，《中原闽商》首发仪式举行

动1200多次，为公益事业累计投入上亿元，有762名政协委员受到了国家、省、市表彰，为助推经济发展、促进社会和谐发挥了重要作用。

（三）推进基层组织建设。召开基层组织建设现场会，总结推广中牟县乡镇（街道）政协工委建设的经验和做法，推动政协工作向基层延伸，为政协委员在乡镇（街道）开展政治协商、民主监督、参政议政提供了坚实的组织平台和良好的制度保障，拓宽了政协委员参与基层民主政治的渠道。

（四）注重理论研究和宣传工作。成立了郑州市人民政协理论研究会，围绕“学习贯彻十八大精神，推动政协理论和实践创新”这一主题，举办了政协理论研讨会，针对如何做好新时期政协工作进行了探讨交流。围绕政协重点工作，加强宣传策划，协调中央和地方新闻媒体，采取新闻报道、专题节目、开辟专版、人物访谈等多种形式，进行深入全面报道。全年在市级以上媒体刊发新闻稿件300余篇，其中，在中央、省级媒体刊登稿件26篇。继续办好《郑州政协》内刊、郑州政协网站、“我为郑州发展献良策”专题广播节目，编辑出版《郑州政协年鉴》，为政协工作营造了良好的舆论氛围。

（朱选举）

政协全会

【市政协十二届四次会议】 2012年1月31日至2月4日，政协郑州市第十二届委员会第四次会议在郑州召开。

1月31日上午，市政协十二届四次会议在市青少年宫隆重开幕。大会由市政协副主席岳喜忠主持。大会审议通过了市政协十二届四次会议议程和日程。市政协主席李秀奇代表政协郑州市第十二届委员会常务委员会作常委会工作报告，市政协副主席陈西川作关于十二届三次会议以来提案工作情况的报告。下午，出席市政协十二届四次会议的委员分组审议了政协常委会工作报告和提案工作报告。

2月1日上午，出席市政协十二届四次会议的委员列席市人大十三届四次会议开幕会，听取了郑州市人民政府副市长、代理市长马懿代表市政府向大会作的《政府工作报告》。下午，市政协十二届四次会议举行第二次全体会议。会议由市政协副主席张冬平主持。刘五一等6位委员分别代表党派、专委会进行大会发言。

2月2日上午，出席市政协十二届四次会议的委员分组讨论了《政府工作报告》。下午，市政协十二届四次会议召开表彰大会，会议由市政协主席李秀奇主持。对2011年度政协各项工作中涌现出来的先进集体、先进个人，以及2011年度优秀提案和先进承办单位进行表彰；对“创建委员之家，树立委员形象”活动优秀组织单位、优秀委员之家和先进个人及本届市政协委员中的193名优秀政协委员进行了表彰。

2月3日上午，出席市政协十二届四次会议的政协委员列席了市人大十三届四次会议第二次全体会议，听取了市人大常委会主任白红战作的市人大常委会工作报告、市中级人民法院院长王新生作的市中级人民法院工作报告、市人民检察院检察长杨祖伟作的市人民检察院工作报告。下午，市政协主席李秀奇主持召开市政协十二届三十六次主席会议，研究市政协十二届十八次常委会议有关事宜。下午，市政协主席李秀奇主持召开市政协十二届十八次常委会议。会议审议通过了市政协十二届十八次常委会议议程，听取了大会秘书长关于小组讨论情况的汇报、中共郑州市委关于增选政协常委会组成人员候选人的情况说明；会议审议并原则通过了有关选举和人事安排事项，以及政协郑州市第十二届委员会第四次会议有关决议（草案）和报告（草案）。

2月4日上午，市政协十二届四次会议举行第三次全体会议，会议由市政协副主席王薇主持。补选了政协郑州市第十二届委员会秘书长，增选了政协郑州市第十二届委员会常务委员会委员。召开了十二届十九次常委会议，听取市政协十二届四次会议选举大会选举情况报告。

2月4日上午，市政协十二届四次会议胜利闭幕。闭幕大会由市政协主席李秀奇主持。大会首先公布了补选政协郑州市第十二届委员会秘书长和增选政协郑州市第十二届委员会常务委员会委员计票结果。张建国当选为政协郑州市第十二届委员会秘书长，尚守道、李俊超、白宇宙、刘炳辰、杨传文、王志昂当选为政协郑州市第十二届委员会常务委员会委员。张桂兰因工作变动辞去市政协秘书长职务。大会通过了政协郑州市第十二届委员会第四次会议政治决

6月7日，市政协理论研究会成立大会举行

议、政协郑州市第十二届委员会第四次会议关于常务委员会工作报告的决议、政协郑州市第十二届委员会第四次会议关于十二届三次会议以来提案工作情况报告的决议和政协郑州市第十二届委员会提案委员会关于十二届四次会议提案审查情况的报告。

（朱选举 卢 浩）

政协常委会议

【市政协十二届十七次常委会议】2012年1月14日，市政协召开十二届十七次常委会议。会议听取了市政协关于十二届四次会议筹备情况的汇报,市委组织部关于有关人事情况的说明,市委统战部关于辞去、增补、撤销政协委员有关情况的说明,市政府关于《政府工作报告》起草情况的说明。审议通过了关于召开市政协十二届四次会议的决定和市政协十二届四次会议议程（草案）、日程，审议并原则通过了政协郑州市第十二届委员会常务委员会工作报告及报告人的决定、政协郑州市第十二届委员会常务委员会关于十二届三次会议以来提案工作情况报告及报告人的决定，审议通过了委员分组办法等有关事项和有关人事任免事项，增补了张建国等22名市政协委员，讨论了《政府工作报告（征求意见稿）》。

会议决定，市政协十二届四次会议于1月31日至2月4日召开。会议的建议议程是听取和审议政协郑州市第十二届委员会常务委员会工作报告、政协郑州市第十二届委员会常务委员会关于十二届三次会议以来提案工作情况的报告；列席市十三届人大四次会议，听取并讨论《政府工作报告》及其他有关报告；审议市政协十二届四次会议政治决议、市政协十二届四次会议关于常务委员会工作报告的决议、市政协十二届四次会议关于十二届三次会议以来提案工作情况报告的决议、政协郑州市第十二届委员会提案委员会关于市政协十二届四次会议提案审查情况的报告及其他有关事项。

市政协主席李秀奇要求，全市各级政协组织和广大政协委员认真学习贯彻中央精神和省委市委决策部署，明确建言献策的方向和重点；深入开展调查研究，提升议政建言的质量和水平；认真做好会务筹备，确保市政协十二届四次会议顺利召开。

【市政协十二届二十次常委会议】2012年3月28日，市政协召开十二届二十次常委会议。会议由市政协主席李秀奇主持。会议听取了全国政协委员、市政协副主席、市九三学社主委舒安娜和全国政协委员王超斌传达的十一届全国人大五次会议和十一届全国政协五次会议精神，听取了郑州市委常委、副市长张建慧关于郑州市市域快速通道、“两环十五放射”及生态廊道建设工程规划建设情况的通报。

常委们围绕学习贯彻全国“两会”精神和郑州市市域快速通道、“两环十五放射”及生态廊道建设工程规划建设情况进行了讨论，提出了有价值的意见和建议：在建设过程中要统筹考虑，注意环境保护，加强市容、市政管理，不能忽略小道路的畅通建设，切实做到安全有序；在城市道路绿化树种优化选择问题上，请学科专家研究适应北方气候的树种；在市外统一组织建设机关集中办公区，以有利于缓解市内交通、整合资源，节约行政成本，方便基层和群众办事；拆迁工作中，要充分考虑群众利益，在政策法规允许的范围内，选择最佳的补偿安置方案，规范对房屋拆迁各个环节的管理，做到依法拆迁、文明拆迁。对于2012年的政协工作，常委们表示一定会努力做到“三个走在先”，即学习研究走在先、建言献策走在先、遵守纪律走在先。

市政协主席李秀奇指出，全市各级政协组织和政协委员要把学习贯彻“两会”精神摆在突出位置，认真学习好、宣传好、贯彻好，进一步增强做好政协工作的责任感和使命感。要紧紧围绕郑州都市区建设、新型城镇化建设及事关郑州发展的重大问题，切实做到立大论、建大言、做大事。2012年的政协工作，要进一步创新工作思路、理念和方法，把“创树”（创建委员之家，树立委员形象）活动、“双服务”活动、学雷锋活动打造成政协的三张“名片”，不断扩大政协的社会影响，为促进郑州经济社会快速发展贡献力量。

【市政协十二届二十一次常委会议】2012年7月5-6日，市政协在新密市召开十二届二十一次常委会议，主要议题是围绕“三化”协调科学发展进行专题议政。会议审议通过了市政协十二届二十一次常委会会议议程，听取了市委统战部关于增补市政协委员的情况说明，增补了13名市政协委员；听取了市委常委、副市长张建慧关于郑州市“三化”协调科学发展情况的通报。常委们围绕“三化”协调科学发展和省委常委、市委书记吴天君关于“三化”协调科学发展及新型城镇化建设的讲话精神展开讨论，并围绕“三化”协调科学发展及发展中面临的新型农村社区建设、特色商业街区建设、新型城镇化建设、房地产业发展、振兴服装产业、职业教育等问题提出了富有建设性的意见建议，形成了一批高质量的参政议政成果。市政协经济委员会、九三学社郑州市委员会、市政协港澳台侨和外事委员会、民进郑州市委员会、市政协城市建设委员会、民革郑州市委员会等单位作了大会发言或书面发言。

市政协主席李秀奇指出，全市各级政协组织和政协委员要提高站位，切实增强推进“三化”协调科学发展的责任感和使命感；主动融入，切实发挥政协组织和政协委员在“三化”协调科学发展中的推动作用。同时希望市政府各有关部门高度重视、认真研究此次常委会议上提出的各项建议，进一步提高决策的科学化水平。

市委常委、市委副书记王璋就如何更好地发挥市政协在推动“三化”协调科学发展中的作用提出了四点要求；一是围绕中心，服务大局，在推动“三化”协调发展进程中作出新贡献。二是把握主题，发挥优势，在构建和谐社会进程中发挥新作用。三是创新发展，完善提高，在加强政协自身建设方面力求新突破。四是加强领导，创造条件，为政协履职尽责提供新保障。

【市政协十二届二十二次常委会议】2012年10月11-12日，市政协召开十二

1月31日，市政协十二届四次会议开幕

届二十二次常委会议，主要议题是围绕郑州市文化建设进行专题议政。会议审议通过了市政协十二届二十二次常委会议议程，听取了市政府副市长刘东关于郑州市文化建设发展情况的通报。市政协教科文卫体委员会、民族宗教委员会和农工党郑州市委、民革郑州市委、市工商联、郑州市天人文化旅游有限责任公司等单位分别围绕加强文化建设作了大会发言。围绕会议主题，常委们展开深入讨论，提出了富有建设性的意见建议，形成了一批高质量的参政议政成果：一是关于推进文化建设，建议在发展战略上要加快打造华夏历史文明传承创新核心区；二是关于加强群众文化工作，建议将文化阵地建设纳入全市网格化管理体系；三是关于发展城区文化旅游产业，建议科学整合郑州城区文化旅游资源；四是关于发展民营文化产业，建议鼓励民营文化企业参与国有文化单位的改革和发展；五是关于加强文化遗产保护与开发，建议要大力宣传文化遗产保护工作，在全社会形成关心、支持和参与文化遗产保护的浓厚氛围，制定地方性法规强化文化遗产保护；六是关于文化创意产业，建议建立健全文化创意产业中介机构和行业组织，提供更多的优惠政策；七是关于传承和弘扬嵩山少林文化，建议要加大对少林文化挖掘、研究、整理力度和宣传力度，进一步提高其知名度、扩大影响力。

市政协主席李秀奇指出，全市各级政协组织和政协委员要正确认识和处理好指导思想一元化与社会思想多样性、文化事业与文化产业、政府推动与共同参与、促进繁荣与加强管理等问题，切实抓好文化建设；要主动融入，履职尽责，为建设文化强市献策出力。

市委常委、市委副书记王璋就处理好文化事业发展几个方面的关系提出了要求：一是努力传承中国传统文化，处理好传统和吸取的关系，体现先进性；二是努力吸收人类文明成果，处理好兼收与取舍的关系，体现科学性；三是抵制各种消极因素，处理好排斥与改变的关系，体现时代性；四是努力与时俱进，处理好优化配置与发展创新的关系，体现创新性。

【市政协十二届二十三次常委会议】2012年11月27日，市政协召开十二届二十三次常委会议，学习贯彻党的十八大精神。会议传达学习了党的十八大会议精神、省委全委扩大会议精神和郑州市传达贯彻党的十八大精神大会精神。

市政协主席李秀奇在会上作了重要讲话。他指出，全市各级政协组织和市政协常委要把学习贯彻十八大精神作为当前和今后一个时期的首要政治任务，摆上重要议事日程，做到精心组织、认真研读、领导带头、联系实际。要通过持续不断的学习，准确把握、深刻理解十八大的主题、五年辉煌成就和十年伟大实践、科学发展观的历史地位、中国特色社会主义的丰富内涵、全面建成小康社会和全面深化改革开放的目标、“五位一体”的中国特色社会主义事业总体布局和重大部署，以及提高党的建设科学化水平的新举措。

（朱选举　卢　浩）

民主党派

综述

【概况】 2012年，郑州市多党合作事业持续健康发展，各民主党派履行职能实现新突破、加强自身建设实现新发展，“同心”实践系列活动取得新成效。为更好地协助各民主党派开展工作，市委统战部党派处建立了“党派处十件实事”专项工作台账，及时掌握工作进度，帮助各民主党派协调有关问题；建立“党派代表人士人物库”“后备干部人物库”和“党派高层次人才人物库”，制作2011年民主党派组织发展情况统计表册、郑州市2012年各民主党派上半年发展成员情况表、各民主党派成员基本情况统计表等，对各民主党派各基层组织和党派成员的基本情况进行修订和完善，全面更新各种数据，实行动态管理；举办了“党外骨干成员培训班”，41人参加了为期一个月的培训。一系列措施的实施，大大提高了工作实效。

【政治协商】 2012年，中共郑州市委积极与各民主党派搞好政治协商。坚持重大事项通报制度，政府及职能部门同民主党派联系制度，恳谈、交友、餐叙制度，考察调研制度等；同时，进一步加强民主党派代表人士队伍建设。

（一）坚持政治协商，实行科学民主决策。市委市政府召开情况通报会，向各民主党派、工商联负责人和无党派代表人士通报2011年全市国民经济运行情况以及党风廉政建设和反腐败工作。各民主党派对全市2011年党风廉政建设和反腐败工作、经济运行工作给予高度评价，同时围绕环境治理、生态建设、加大干部交流、拓宽参政议政渠道、加快推进郑州都市区建设等方面的问题提出意见和建议。

（二）广泛征求意见，以领导方式转变促进发展方式转变。中共郑州市委常委民主生活会召开前，市委专门征求各民主党派对市委领导班子在各个方面工作的意见和建议。各民主党派组织相关人员，召开专题会议，提出意见建议20余条，涉及改善民生、食品安全、公民思想道德建设、打造华夏文明传承核心创新区、加大民主党派干部的培养和使用等方面。市委及时反馈了有关情况，并明确由相关部门对意见建议的办理落实情况跟踪督办。

（三）建立餐叙制度，充分沟通思想，不断增进共识。根据形势的发展和任务的需要，为方便举行高层次、小范围的谈心活动，建立了各民主党派主委不定期餐叙制度。每次餐叙前，都明确主题、内容、时间、地点等，提前通知党派主委；各民主党派主委针对餐叙主题组织集体研究、认真讨论，提出意见建议；市委统战部对党派主委的意见建议认真研究、上报中共郑州市委，并及时反馈情况。餐叙活动开展以来，及时了解了民主党派的思想动态，进一步增强了政治认同和思想认同。

（四）学习贯彻中央文件精神，加强民主党派代表人士队伍建设。市委统战部党派处组织各民主党派市委班子成员参加“全国学习贯彻《关于加强新形势下党外代表人士队伍建设的意见》（中发〔2012〕4号）电视电话会”，并协助民主党派在各级基层组织宣传会议精神。召开征求意见座谈会，邀请各民主党派对《中共郑州市委关于加强新形势下党外代表人士队伍建设的实施意见（征求意见稿）》进行座谈讨论，听取修改意见和建议。根据意见精神，协助各民主党派建立“民主党派代表人士人物库”，采集了人物的基本信息，分析了人物库的组成结构。按照新的范围和标准，发现、物色了一批民主党派高层次人才和后备干部。党派代表人士不断涌现，推动全市多党合作事业继续向前发展。

【发挥民主党派作用】 2012年，郑州市各民主党派充分发挥自身优势，围绕中心，建言献策；考察调研，服务经济发展；开展社会服务，促进民生改善。

（一）重点调研课题成果丰硕。按照“党委出题、党派调研、政府采纳、部门落实”的工作机制，市委统战部党派处于年初与各民主党派协商确定了全年的重点调研课题，并由中共郑州市委办公厅印发《关于转发2012年各民主党派重点调研课题的通知》（郑办〔2012〕20号）；积极支持各民主党派就郑州都市区建设中全局性和战略性问题进行有组织的考察调研，协调相关单位予以支持、配合和帮助。各民主党派认真组织专家组，通过开展多次实地调研、座谈研讨等，形成了一批有价值的调研报告，得到市领导的批示肯定。

（二）合作项目建立长效机制。各民主党派积极邀请党派中央（省委）到郑州市考察调研，推动开展项目合作。如全国人大常委会副委员长、民建中央主席陈昌智一行来郑，就“大力发展文化旅游产业，促进经济结构调整”进行考察调研；致公党中央社会服务部部长李万通一行来郑，调研社会服务发展工作等。湖南省委常委、统战部部长李微微，云南省委常委、统战部部长黄毅等分别来郑参观考察。通过考察调研，筛选开展了一批合作项目：民革郑州市委和民革河南省委共同努力，民革中央积极协调，争取到中华慈善总会“慈善医疗济困行动”项目；九三学社郑州市委和九三学社河南省委共同努力，与九三学社上海市委多次洽谈，促成“沪豫科技合作”项目；借助致公党侨、海界别资源优势，支持“河南留学人员创业园”项目等。在项目实施过程中，市委统战部党派处积极帮助协调解决合作项目中存在的困难和难题，建立了项目合作长效机制，保证各合作项目按照时间进度稳步推进。

（三）社会服务形式多效果好。各民主党派拓宽发挥作用的渠道，多种形式开展社会服务活动。民革郑州市委组织党员赴革命老区驻马店市确山县，向任店镇木寨村捐献了834册图书，价值2万余元；组织中山书画研究会书画家到郑州市残疾人康复教育中心举行书画助残活动，为残疾人创作了30余幅书画作品。民建郑州市委、九三学社郑州市委组织成员开展关爱儿童、关爱老年妇女和敬老爱老捐助活动，捐助金额达30多万元。民进郑州市委组织会员到市列子小学开展“六一”国际儿童节慰问活动，赠送了价值3000余元的学习用具。农工党郑州市委组织党员参加“环境与健康宣传周”“7·11世界人口日”“国际科学与和平周”活动，为800多人进行义诊，共发放健康宣传册1600多份、药品价值5000多元。同时，在社会服务活动中，各党派成员注重反映社情民意、维护社会稳定，促进了社会和谐。

【加强党派自身建设】 2012年，在市委统战部党派处的协助下，郑州市各民主党派加强思想建设、组织建设和制度建设，圆满完成换届任务，顺利实现政治交接。

（一）协助民主党派举办联合中心组学习活动。协助举办各民主党派、工商联和无党派人士联合中心组第二十四次、第二十五次、第二十六次学习活动，集中学习贯彻全国“两会”精神；发挥优势、营造氛围，迎接中共十八大胜利召开；贯彻落实“同心”思想，全力助推新型城镇化引领“三化”协调科学发展。通过中心组学习，市各民主党派、工商联领导班子和无党派代表人士进一步增强了接受中国共产党领导的责任和意识，坚定了走中国特色社会主义道路的信念和决心；进一步提高了政治把握能力、组织领导能力、参政议政能力和合作共事能力，增强了运用科学理论认识问题、分析问题和解决问题的能力。

（二）协助各民主党派召开全市代表大会。2012年1月13-16日，郑州市6个民主党派陆续召开全市代表大会，选举产生各民主党派新一届市委会和市委领导班子，顺利实现了政治交接。换届后，一些在本领域本专业造诣较深、贡献较大或综合素质较高的复合型人才担任了市委委员，各民主党派领导班子的学历层次得到提高、知识结构更趋合理、年龄结构形成梯次、性别比例更加合适。建立了民主党派机关干部职级晋升的长效机制，选调1名副县级领导干部任民进专职副主委，提拔2名党派机关正科级干部分别任民革和民盟专职副主委、2名党派机关正科级干部任副调研员。

（三）协助各民主党派规范搞好基层组织建设。各民主党派市委换届后，党派的基层组织面临届满、新建、拆分重组等情况。全年先后有民革郑州市委医务支部、学校支部、金融支部、商业支部、粮邮支部等15个支部换届调整，新成立二七二支部；民建郑州市委新成立管城基层委员会、中原基层委员会和金水七支部；民进郑州市委24个基层支部全部换届；农工党郑州市委一院支部、二院支部、三院支部等7个支部换届，新成立七院支部等2个支部，届中调整市直三支部；九三学社郑州市委果树所支社、中原制药厂支社、郑锅支社等17个支社换届，拆分整合白鸽集团支社等3个支社，新成立高新区综合支社等3个支社；致公党郑州支部新成立郑东新区等5个支部。党派基层组织换届调整后，组织体系更加合理、领导班子更加具有活力。

（四）协助省委统战部做好省委委员推荐人选考察。按照省委统战部《关于协助各民主党派省委做好换届工作的通知》（豫统〔2012〕41号）文件精神和《关于协助做好民主党派省委委员推荐人选考察工作的有关事项》要求，针对需要郑州市协助考察的26名民主党派省委委员推荐人选和委托郑州市协助考察的2名拟任党派省委副主委、1名拟任党派省委常委、1名新提名党派省委委员、2名继续提名党派省委委员人选的不同情况，认真研究分析，制定不同的考察程序和内容，圆满完成了考察任务，为支持、协助各民主党派开好全省代表大会打下了良好的基础。

【迎接中共十八大“同心”系列活动】 迎接中共十八大“同心”系列活动主要包括8项内容：“同心·扶贫行动”进农村活动，“同心·送文化、送医疗、送法律”服务进社区活动，“同心杯”演讲比赛活动，“同心杯”书画展，“同心杯”征文活动，知名书画家采风笔会。全市统一战线持续举办“同心”系列活动以来，不断创新工作载体，丰富活动内容，努力打造“同心”品牌。实地调研了全市“三化”协调科学发展规划情况，专题座谈了实施全市统一战线助推新型城镇化引领“三化”协调科学发展“同心”实践行动，积极探索统一战线服务农村扶贫开发的有效途径，引导统一战线广大成员围绕中心、发挥优势，参大政、议大政、献大策；找准切入点，改善民生、促进和谐、服务发展。

“同心”系列活动在全市统一战线产生深刻影响，引发积极响应，并得到省委常委、统战部部长史济春的充分肯定。统一战线各领域工作呈现出新的局面：多党合作稳步发展，建言献策不断深化，招商引资成效显著，民族宗教团结和谐，海外统战更加活跃，队伍建设持续加强。截至年底，共招商引资154.63亿元，为扶贫行动捐资2000多万元，全市组织了医疗队、律师团、志愿者服务组等团队40多个，共捐款捐物价值500多万元。通过举办系列活动，统一战线广大成员坚持走中国特色社会主义道路的政治信念更加坚定、共同团结奋斗的思想基础更加牢固，为全市经济社会发展作出了积极贡献。省委常委、市委书记吴天君对活动作出批示，给予高度评价。

（杨飞雁　石　林）

民革郑州市委员会

【概况】 2012年，民革郑州市委坚持把思想教育放在首位，积极参加全市统一战线迎接中共十八大“同心”系列活动，为117位骨干党员订阅《团结报》，超额完成订阅任务。加强组织建设，召开了民革郑州市第十二次代表大会，选举产生民革郑州市第十二届委员会。市委会以组织换届为契机、以政治交接为主线，深入开展政治理论和思想道德教育。紧紧围绕郑州市建设中原经济区、郑州都市区的中心任务，积极履行参政议政职能。落实省委统战部相关文件精神，积极开展社会服务。抓住两岸关系不断向好的历史机遇，扎实推进祖统工作。

【思想建设】 2012年，民革郑州市委组织党员认真学习中共十七届七中全会、中共河南省第九次党代会、中共郑州市第十次党代会精神，学习《中原经济区郑州都市区建设纲要》等经济社会发展的重大政策。3月上旬，市委会组织骨干党员90余人赴重庆学习考察，参观中国民主党派历史陈列馆、渣滓洞等教育基地，并与重庆市民革党员座谈交流。中共中央印发《关于加强新形势下党外代表人士队伍建设的意见》后，市委会召开委员（扩大）会议进行集中学习。中共十八大胜利召开后，市委会及时向各基层组织发出学习中共十八大精神的通知，要求各支部上报学习心得体会。

在“同心”系列活动中，市委会选送7幅作品参加“同心”杯书画展并组织30名党员参加开幕式；在“同心送文化、送医疗、送法律进社区”活动中捐赠书籍1668册，价值4万余元；3名民革党员在“同心杯”征文活动中获征文一等奖；1名民革党员在“同心杯”演讲比赛活动中荣获二等奖；市委会获“同心杯”演讲比赛优秀组织奖。

2012年，郑州市民革新闻信息被《人民政协报》《团结报》《协商论坛》等省级以上新闻媒体采用14条；全年编印《郑州民革》4期，坚持正确的舆论导向，积极宣传报道市民革各项活动和思想理论方面的文章，对广大党员起到了积极的引导和教育作用。市委会宣传处处长李志学被民革中央授予“民革优秀宣传干部”荣誉称号。

【组织建设】 2012年1月16日，民革郑州市第十二次代表大会召开，101名代表出席大会，选举产生民革郑州市第十二届委员会；2012年下半年，市委会对12个支部进行换届，3个支部进行届中调整，新成立1个支部。通过组织换届，顺利实现人员更替和政治交接，市委会和各基层支部领导班子充实了力量，年龄结构和知识结构得到了进一步优化。

中共中央印发《关于加强新形势下党外代表人士队伍建设的意见》后，4月16日，市委会召开十二届二次委员（扩大）会议，集中学习《意见》精神。市委会经过详细摸排，建立起一支70人的代表人士队伍。为加强对代表人士的培养，2012年市委会共选送11名党员，参加了省、市社会主义学院举办的不同层次的培训班。

2012年，民革郑州市委新发展党员24人，全市共有党员498人，平均年龄54岁；党员中有博士8人，县处级以上干部13人，市级以上人大代表、政协委员33人，县区级人大代表、政协委员36人。为适应新形势下参政议政工作的需要，市委会2012年对原来所设的4个专委会作了调整，调整后分别为文化和教育委员会、经济和环境委员会、社会法制和服务委员会、祖统和联谊委员会。4个专委会分别由4位副主委担任主任，专委会职能以参政议政工作为中心，根据各专委会的组成特点在不同领域开展调研，每年至少提交两份调研报告。

【参政议政】 2012年，民革郑州市委各专委会围绕相关领域积极展开调研，提交了《整合城区文化旅游资源，进一步彰显郑州古都风貌》《加强职业教育，为承接产业转移奠定人才基础》《关于加强具茨山岩画保护利用的建议》《关于进一步加强我市湿地保护工作的建议》等调研报告，作为市政协常委会发言或市委统战部重点调研课题，取得很好的效果。

市政协十二届四次会议对2011年以来的35件优秀提案进行表彰，其中民革的1件集体提案和5件委员个人提案受到表彰：集体提案为《关于科学规划碧沙岗公园等近现代革命遗址，打造我市爱国主义教育和海峡两岸交流基地的建议》；个人提案为汪得勇提交的《关于如何促进我市中小企业发展战略新兴产业 助力节能减排的建议》、张新旗提交的《关于大力扶持发展清洁能源、节能减排技术的建议》、雷从芳提交的《关于办好“两店进社区”的建议》、李迎霞提交的《尽快在我市落实义务教育“两免一补”政策的建议》、刘五一提交的《关于进一步保护知识产权，实施商标战略的建议》。民革党员齐章洪、李迎霞等13人获得“优秀政协委员”称号；牛培玲、齐林被评为“创建委员之家，树立委员形象”活动先进个人。在联组讨论上，刘五一的发言得到时任河南省委常委、郑州市委书记连维良的批示。

9月12日，市人大办公厅、市政府办公厅、市政协办公厅联合表彰10件优秀提案，民革党员张自福提交的《关于大力建设停车场位的建议》、牛培玲提交的《切实发挥市各民主党派的民主监督作用 推进郑州市社会主义政治文明建设》在列。

【社会服务】 2012年，民革郑州市委社会法制和服务委员会分批向驻马店市确山县任店镇木寨村、新郑市八千乡君赵村、二七区福华街办事处铁道家园社区、管城回族区十八里河镇刘东村，捐献农业科技、医药养生、文学百科等方面的图书4170册，价值10万元。市直一支部主委路志欣被评为“民革全国社会服务工作先进个人”。

为加强法律及科普宣传，民革郑州市荥阳支部于5月25日在荥阳市索河办事处建材厂社区开展“三下乡”活动，向社区群众发放《婚姻法》《劳动法》等书籍300多册，科普书籍400多册，法律咨询200多人次，科普咨询300多人次。

为调研郑州市交通问题，了解社情民意，市委会于6月12日组织党员中的市、区两级政协委员及其他民革党员到金水路与二七路、文化路交叉口协助交警、交通协管员进行文明交通宣传，劝阻不文明交通行为。同日，为扶危济困、关爱弱势群体、增进社会和谐，市委会还组织潘进武等10位知名书画家到郑州市残疾人康复教育中心，为残疾人创作了30余幅书画作品，并合作完成了大型山水画《大河情》，赠送给康复教育中心。

【祖统工作】 2012年，民革郑州市委会接待了“第十一届台湾高校杰出青年赴大陆参访团”一行35人，通过参观少林寺、鹅坡武校等活动，让台湾青少年体验深厚的中原文化，增强了他们对大陆的认同感和归属感。由于市委会连续多年接待台湾高校杰出青年大陆参访团，郑州成为参访团大陆行程的必到之地，大大加强了郑州在台湾青年群体中的认知度。为促进两岸经贸往来，市委会还先后接待了来郑投资考察的台湾贯新企业集团一行等，并组织了赠送图书、参观新郑市博物馆、举行拜祖仪式、就郑州及台湾的经济环境形势进行座谈等活动。

2012年，民革郑州市委会被民革中央授予“民革全国祖统工作先进集体”荣誉称号。

（张 路 郭 存）

民盟郑州市委员会

【概况】 2012年，民盟郑州市委员会坚持用邓小平理论、“三个代表”重要思想和科学发展观武装广大盟员的头脑，加强思想建设；继续推进“人才强盟”战略，进一步打牢组织工作基础；充分发挥民盟人才荟萃、智力密集的优势，积极参政议政，参加社会服务。

截至年底，全市共有盟员991人。其中，男盟员587人、女盟员404人，平均年龄56岁；本科以上文化程度者586人，占全体盟员的59.1%；具有中高级职称的918人，占全体盟员的92.6%。

【思想建设】 2012年，民盟郑州市委员会以深化树立和践行社会主义核心价值体系为重点，通过召开主委会、市委全会、骨干盟员学习报告会、支部盟员生活会，以及举办入盟积极分子暨新盟员培训班、辅导报告会、形势报告会、经验交流会和座谈会等形式，组织广大盟员学习中共十八大、民盟十届五中全会和中共河南省第九次代表大会精神，提高政治理论水平和准确把握时代脉搏的能力。组织全市各级盟组织和广大盟员认真学习胡锦涛总书记的讲话精神，始终做到在思想上同心同德、在目标上同心同向、在行动上同心同行，不断巩固与中国共产党共同的政治立场、奋斗目标和核心价值观念。5月26-28日，民盟郑州市委在山东曲阜举办骨干盟员培训班。盟市委领导及部分骨干盟员约80人参加会议。12月13日，民盟郑州市委召开学习贯彻中共十八大精神及新盟员培训会。民盟郑州市委领导、新盟员及入盟积极分子50余人参加会议。

【组织建设】 2012年，民盟郑州市委把人才发展作为组织建设的第一要务，在注重政治素质、保证质量、优化结构的基础上，加大高层次高素质人才的发展力度，新发展55名政治素质好、业务能力强、有代表性的知识分子，为盟组织注入了新的活力。

1月12-13日，召开了民盟郑州市第十二次代表大会，153名盟员代表参加会议。大会审议并通过了民盟郑州市第十一届委员会工作报告，选举产生了民盟郑州市第十二届委员会和出席民盟河南省委第十二次代表大会的代表。会上组建了新一届市委会，完成了新老班子的政治交接。

为推动基层支部建设，2012年，盟市委深入郑州师院、中原工学院、郑州中学、新郑、二中等20多个基层支部，听取基层负责人意见40多人次。积极抓好基层组织的换届、调整工作。根据有关规定和基层组织的实际情况，对中原工学院支部、群艺馆支部等5个基层组织进行了换届调整，新建郑州中学支部。为增强基层支部和盟员参加盟务活动的积极性，开展了“先进支部”和“优秀盟员”评选活动，对管城等16个先进支部和唐海等70名优秀盟员进行了表彰。

高度重视后备干部队伍建设。2012年，初高中、高校作为民盟后备干部重要来源的地位得到进一步加强，盟市委以干部队伍建设民主化、科学化、制度化为目标，逐步建立健全一套发现选拔、培养锻炼、管理考核、推荐使用、跟踪监督的良性工作机制；坚持走群众路线，从参政议政工作、机关和基层工作取得成绩的盟员中发现人才，切实建立起一支高素质的后备干部队伍，为盟的事业发展提供了充足的人才保证。

【参政议政】 2012年，民盟郑州市委坚持把履行参政党职能的重点放在中共郑州市委、市政府的工作大局之中，以及事关全局和民生的重大问题上，提出具有综合性、全局性、前瞻性或者关键性的意见和建议，为促进经济平稳较快发展、维护社会和谐稳定作出了积极贡献。

郑州市“两会”期间，盟员中的政协委员、人大代表紧紧围绕郑州都市区建设和新型城镇化建设，就广大群众普遍关心的热点问题,提出了40余件有针对性的提案、议案和建议。同时，加大调研力度，多次组织盟员中的人大代表、政协委员，就大学生就业、深化农村改革等问题到教育局、农业局、财政局、交警支队等单位调研，撰写了《提升郑州城市品位和文化内涵的思考及建议》《治理郑州市交通问题的建议与对策》《关于新型城镇化过程中如何保障农民利益研究》和《关于党外代表人士队伍建设问题研究》等多篇调研报告，受到省市有关领导的关注和好评。《关于引入助理护士制度促进医院开展优质护理服务的建议》《关于加强网吧消防安全管理的建议》等提案被评为市政协优秀提案，取得了良好的评价和社会影响。

12月14日，民盟郑州市委召开参政议政座谈会，认真总结了2012年的提案、信息工作，提出了2013年参加郑州市“两会”期间做好自身参政议政工作的新思路、新任务。近20位盟员联系工作实际，围绕中原经济区建设、“三化”协调发展、建设小康社会目标、民办高等教育、学前教育、发展现代产业、生态文明建设、医疗保障改革、小城镇建设、促进旅游发展等经济社会发展的热点、难点问题，畅所欲言，提出了许多独到的见解和建议。

【社会服务】 2012年，民盟郑州市委团结带领全市广大盟员，努力服务社会和谐稳定大局，积极投身社会公益活动。

为迎接中共十八大胜利召开，9月14日上午，由中共郑州市委统战部主办，民盟郑州市委承办的迎接中共十八大“同心”杯书画展在市博物馆隆重开幕。此次书画展是全市统一战线迎接中共十八大“同心”系列活动之一，共展出全市统一战线知名书画家精品力作150余幅。这些作品主题鲜明，各具特色，从不同角度讴歌了中国共产党成立以来的光辉历程和伟大成就，对继承和弘扬老一辈优良传统、激发广大统一战线成员的政治责任感和历史使命感、打牢多党合作的思想政治基础具有重要意义。

积极组织“三下乡”等社会服务活动。荥阳支部开展义诊服务活动，免费发放检查卡300多张，600余名群众参加义诊。金水支部两次开展家庭教育知识讲座，为群众免费体检50人次，并成功主办了金水区民主党派“和谐金秋摄影书画展”活动。郑州果树所支部杨朝选主持国家和河南省“无公害果品生产技术”等多项重大项目，获得河南省科技成果二等奖；周增强主持完成了“酥梨无公害栽培技术示范推广”课题，获得了河南省科普成果二等奖。10月，文艺支部主委唐海组织盟内书画家康华峰、唐小山、王家祥等赴新疆哈密边关派出所慰问武警战士，创作书画作品30余幅，受到武警官兵的好评。

捐款捐物，奉献爱心。盟市委全年累计捐款捐物25万余元。其中，管城支部盟员累计捐款7万余元；荥阳支部盟员蔡雪贵为公益事业捐款3万元；盟员张雷捐献价值6万元药品，支持农村卫生事业；盟员中的政协委员张志华捐资助学5万元，李大文、张一帆捐资助学各2万元等。

招商引资，服务社会。荥阳支部主委王和祥带领盟员筹资40万元，为广武镇第四小学捐建公寓楼和餐厅；盟员蒋绍斌招商引资，引进了“杜仲生态园”“河南旅游集散中心”项目。

（朱珊珊）

民建郑州市委员会

【概况】 2012年，民建郑州市委员会采取多种形式，加强思想建设。加强组织建设，召开了民建郑州市第十四次代表大会，选出新一届市委会。参政议政、民主监督工作稳步推进，同时，注重实效，社会服务工作扎实开展。

【思想建设】 （一）强化树立“同心”思想，开展系列活动。一是及时下发学习“同心”思想精神的通知，要求各基层组织和广大会员认真学习和深刻领会胡锦涛总书记重要讲话精神，不断夯实团结奋斗的政治基础；二是通过各类会议、座谈会、培训、会员自学等方式加强学习，提高政治素质，坚定政治共识；三是继承和发扬民建老一辈领导人的优良传统，与中国共产党真诚合作、亲密合作。4月，市委会组织全体退休支部会员和机关退休干部到中原福塔参观游览，亲身感受了近年来全省、全市经济、政治和文化建设的光辉成就。7月，市委会组织广大会员积极参与全市统战系统迎接中共十八大“同心杯”书画展、征文活动，各支部踊跃报名，报送书画作品7幅、征文10篇。8月，市委会组织主副委、全体机关工作人员参加了全市统一战线“‘同心’送文化、送医疗、送法律”服务活动。9月，市委会承办了全市统一战线“同心杯”演讲比赛，取得圆满成功。通过一系列活动，会员们进一步增进了政治共识。

（二）认真学习中共十八大精神。中共十八大召开后，市委会立即下发文件，要求各支部和全市民建会员把学习贯彻中共十八大精神作为当前和今后一个时期的首要政治任务,认真学习、深入讨论。12月11日上午，市委会举办2012年骨干会员学习班，专题学习中共十八大报告，市委委员、在职支部主任、市级以上人大代表和政协委员等近30人参加学习。

（三）理论研究工作有了新进展。为贯彻落实民建中央、民建河南省委关于做好理论研究工作的相关文件精神，4月24日，民建郑州市委理论研究工作委员会成立大会暨第一次全体会议召开。会议通过了《民建郑州市第十四届委员会理论研究工作委员会工作规程》，确定了年度重点课题为“民建会员如何树立社会主义核心价值观”。会后，会员们报送9篇理论研究文章。6月，市委会为市政协理论研究委员会推荐4名委员，其中3名委员的理论文章被收录进市政协论文集。11月2日下午，市委会举办理论研究学习报告会，邀请民建中央宣传部理论研究处处长丁亮春和民建河南省委秘书长王家柱做专题讲座。通过学习，丰富了会员的理论知识，激发了会员开展理论研究的热情，对今后做好理论研究工作具有重要的指导和推动作用。

（四）加大宣传力度。利用郑州民建的网站积极宣传党的方针政策和民建上级组织精神，及时报道市委会的工作动态、基层支部丰富多彩的活动和会员在各行各业的风采。在网站开辟了“弘扬民建优良传统，践行社会主义核心价值体系”专栏、“迎接十八大，同心创大业”专栏，在会员中引起强烈反响。全年编发各类动态信息80余条，《团结报》采用1篇、《人民政协报》采用1篇、民建中央网站采用4篇、《河南民建》采用23篇、省民建网站采用21篇、“根在中原”网站采用7篇。

（五）加强会务交流。7月25日，民建广州市委一行13人莅郑，与民建郑州市委就新型城市化发展和会务工作进行座谈，从如何保护文化遗产及如何将历史文化资源与工商业、文化旅游业有机结合，推动经济发展等方面交换了意见。通过交流座谈，加深了两地民建的相互了解，增进了彼此的友谊。

【组织建设】（一）做好换届工作。1月13-14日，民建郑州市第十四次代表大会召开，大会审议并通过了民建郑州市第十三届委员会工作报告，选举产生了民建郑州市第十四届委员会，通过了出席民建河南省第八次代表大会的代表人选。张冬平当选为民建郑州市第十四届委员会主委，孙黎、崔豫琳、刘忠明、李政军、于珊当选为副主委，任命崔豫琳为秘书长。

（二）做好会员发展工作。全年发展新会员22人，其中本科12人、硕士研究生以上5人。截至年底，全市共有会员528人。其中，男会员340人、女会员188人，平均年龄53岁；本科以上文化程度者280人，占全体会员的53%；具有中高级职称的315人，占全体会员的59.7%。

（三）加强代表人士队伍建设。3月12日，民建郑州市委召开“加强民主党派代表人士队伍建设”座谈会，代表们围绕代表人士队伍建设工作在发现、培养、使用、管理环节中存在的问题，以及代表人士培养和实践锻炼机制的建设、如何做好推荐使用等展开热烈讨论。5月14-24日，省委统战部举办第十期民主党派干部培训班，民建郑州市委会选派2名副主委参加学习。9月13日，由市委统战部举办的统一战线主体培训班在市社会主义学院开班，市委会选派5名会员参加党外骨干成员培训班、选派1名会员参加党外青年干部培训班。11月8日，市委会召开党派代表人士座谈会，对《中共郑州市委关于加强新形势下党外代表人士队伍建设的实施意见》和《关于贯彻〈2010-2020年党外代表人士教育培训改革和发展纲要〉的实施意见》征求修改意见和建议。

（四）加强基层组织建设。一是支部及支部班子调整。金水三支部、四支部合并成立了金水七支部；直属三支部、金水二支部班子进行了调整。二是成立基层委员会。9月13日，民建管城区基层委员会成立；10月30日，民建中原区基层委员会成立。基层委员会的成立标志着民建郑州市委基层组织建设工作迈出了历史性的新步伐，对于更好地发挥民主党派参政议政、民主监督的职能具有十分重要的意义。三是推动基层支部开展各种活动。4月9日，民建南京市玄武区三支部莅郑，与民建郑州市金水二支部就民建信息工作、支部建设等方面的情况进行了交流座谈；金水一支部、三支部召开了学习中共十八大精神座谈会；二七支部、直属二支部组织了会员外出考察等活动。

（五）做好推荐考察工作。5月，与市委统战部组成联合考察组，对4名民建省委第八届委员会委员提名人选进行考察。11月，推荐十二届省人大代表候选人1名、十一届省政协委员候选人5名。

【参政议政】（一）立足“两会”，建言献策。郑州市十三届人大四次会议、市政协十二届四次会议召开期间，以市委会名义提交集体提案1件，副主委李政军代表市委会作了《进一步提高惠农富民水平,稳妥推进新型农村社区建设》的大会发言；会员中人大代表、政协委员提出建议、提案50余件。1件集体提案被评为优秀集体提案，2名委员的个人提案被评为优秀委员提案，1名代表的建议被列为重点督办建议，2名代表的建议被评为优秀议案建议。

（二）积极开展重点课题调研。7月，市委会组织部分专家围绕郑州都市区建设中融资问题开展调查研究，形成题为《创新机制，努力破解都市区项目建设融资瓶颈难题》的调研成果，为郑州市委、市政府提供决策参考。8月2-3日，市委会组织民建界别的政协委员到国家动漫产业发展基地（河南基地）调研，考察了河南小樱桃动漫公司、动漫报社及郑州漂亮宝贝动漫文化股份有限公司等企业，形成了题为《健全激励机制，完善制度保障，助推我市文化创意产业科学发展》的调研报告。11月24日，主委张冬平带领有关会员企业家和调研委部分成员到郑州市盛嘉投资咨询有限公司，就小微企业新型投融资模式进行了调研。

（三）积极反映社情民意。2012年，全市民建会员反映社情民意50余条。其中，被民建河南省委采用5篇，被民建中央采用2篇，被省政协采用1篇。

【社会服务】（一）为企业会员服务。组织2名企业家参加2012年中国风险投资论坛，组织3名会员参加2012年中国非公经济论坛，交流了经验，增长了知识，拓宽了视野。5月31日，企工委召开主任工作会议，增补7位副主任；6月12日，企工委举行企业家联谊会，了解委员们所处的行业和经营范围，以及委员们的情况和需求，为更好地为企业会员服务打下基础。7月28日，企工委副主任杜志刚投资创办的商业会所开业，并被授予“郑州市民建企工委活动之家”。“活动之家”的成立使民建市委会服务会员的工作上了一个新台阶，也为企业界会员间的交流与合作提供了一个良好的平台。

（二）开展学雷锋系列活动。3月7日，由民建会员发起的“学雷锋，我们在行动”暨希望小学捐赠活动在新密市袁庄乡姚山希望小学举行，为300多名儿童赠送了价值7万元的棉衣、文具、护肤品等物资。5-7月，市委会组织民建界别政协委员开展“学雷锋做奉献”活动，分为4个小组，分别开展了关爱留守儿童、关注贫困学校活动，尊老爱老、服务社会活动，用爱心为听障儿童构筑美好家园活动和让阳光播撒特殊教育活动，为留守儿童、残疾儿童、孤寡老人分别送去文具、食品等物资，充分体现了民建会员致富思源、回馈社会的优良传统和社会责任感，收到良好的社会效果。

2012年，民建会员共捐资助学102.86万元，开展科技扶贫374人次，开展“三下乡”活动15次，就业扶贫5870人次；为会员搭桥、促进合作交流产生的经济效益1255万元，投入扶贫资金17.2万元。

（百金丽）

民进郑州市委员会

【概况】2012年，民进郑州市委践行“同心”思想，加强思想建设。夯实组织基础，召开了第四届代表大会，选举产生新一届市委会，并新成立了5个专门工作委员会。参政议政工作中，以科学发展观为指导，围绕郑州市委、市政府的中心工作，不断探索参政议政工作的新规律，取得了新的发展。强化社会服务，努力为人民群众多办好事、多做实事。

截至2012年底，全市共有民进会员438人。其中，女会员252人；平均年龄52岁；本科以上文化程度406人，占会员总数的92.6%；具有中高级职称的会员412人，占会员总数的93.7%；教育界别会员320人，占会员总数的73%。

【思想建设】 2012年，民进郑州市委把践行“同心”思想与中共郑州市委统战部开展的“同心”实践活动相结合，组织开展了丰富多彩的活动，广大会员在思想上得到很大提升。6月，组织部分会员参加“‘根之情’海峡两岸大型系列活动‘给力中原经济区’·颜真卿书法学会作品大展”；7月，组织部分离任老领导赴东北进行社会考察；8月，市委会领导和市委委员、支部主委30余人前往内蒙古自治区和山西省，开展学习考察活动；9月，为庆祝第28个教师节，市委会组织近200名教师会员考察了郑州市三星级农家乐旅游服务企业、二七区“种植科技示范基地”和“养殖科技示范基地”——梨梁寨生态园。7-9月，市委会成功承办了“同心杯”统战理论征文活动，并以此次活动为契机，在会内围绕参政党建设和履行职能中的重大问题开展理论研究，各支部均撰写了相关理论文章。管城二支副主委张钦参加了市委统战部举办的“同心杯”统战主题演讲比赛，取得优秀成绩。

【组织建设】 （一）2012年1月14日，召开了民进郑州市第四次代表大会，选举产生了由23人组成的第四届委员会，四届一次会议上选举张民服为主任委员，徐平、谢淑芳、赵学庆、汪德峰、张强为副主任委员，任命赵学庆为秘书长。

（二）3月，根据工作需要，市委会成立了参政议政委员会、社会服务委员会、教育委员会、文化艺术工作委员会和妇女工作委员会等5个专门工作委员会，为全面履行职能提供了坚实的组织保证。

（三）4月，顺利完成基层支部重组和换届。按照区域，由原来的21个支部、1个小组，重组为24个支部。通过重组和换届，深化了政治交接，坚定了政治共识，优化了班子结构，强化了组织活力，发挥了人才特色，自身建设科学化水平得到新的提高。

（四）以建设高素质参政党地方组织为重点，以更好地履行参政党职能为目标，着力发现、吸收、培养亟需的代表性人物，以及有发展潜力的高层次中青年人才。2012年新发展会员28名。

2012年，民进郑州市委会被民进河南省委评为“全省先进市级组织”；基层支部中民进经开区支部、民进中原第一支部、民进惠济第二支部、民进金水第三支部被评为“民进全省先进基层组织”；会员王红卫、朱明琦、刘培菊、吴建增、李建霞、蔡爱芬、燕伟、魏丽被评为“民进全省优秀会员”。

【参政议政】 2012年，民进郑州市委在参政议政工作中，进一步发挥新成立的参政议政委员会的骨干作用，同时协调发挥其他几个专委会的积极作用，形成了参政议政工作核心团队，创新参政议政工作的方式、方法，取得显著成效。在2012年的郑州市“两会”上，民进郑州市委共提交提案38件，其中集体提案1件、委员个人提案37件；大会发言1件；代表议案1件、建议6件。其中市政协委员、民进郑州市委副主委张强撰写的《关于进一步完善动漫综合运营平台 推进郑州文化产业发展的建议》、市委委员许睿撰写的《关于郑州市公共体育设施建设的建议》等提案被列为2012年市政协领导重点督办提案，并参加了由市政协副主席及有关领导进行的实地跟踪督办活动。在市政协2011年度表彰大会上，民进市委集体提案《与时俱进机制创新 大力发展我市职业教育》被评为优秀集体提案；市政协委员、副主委张强撰写的《关于进一步促进农民专业合作组织发展的建议》提案、市委委员马喆撰写的《关于我市在城市建设中加强城市规划跟踪管理工作的建议》提案被评为优秀委员提案。省政协委员、市委会副主委汪德峰在省政协会议上的提案《关于家电下乡政策配套的建议》获2012年省政协优秀提案奖。

民进郑州市委根据本年度的重点调研课题认真搞好调查研究，形成了《传承中原文化精华 促进我市文化事业发展》《郑州都市区建设中土地资源开发利用与保护问题》两份调研报告，上报中共郑州市委、郑州市人民政府。

2012年，民进郑州市委进一步完善了参政议政长效机制建设，确定了专门委员会工作机制，加强工作研究性和规划性，不断提高议政调研的质量水平。积极做好协商会、议政会、市政协党派提案、大会发言的准备工作。拓宽了解社情民意的渠道，加强了信息工作，切实发挥出协调社会关系、维护和谐稳定的作用。2012年，民进郑州市委荣获民进河南省委授予的“全省参政议政先进单位”和“全省社情民意信息工作先进单位”称号。

【社会服务】 2012年，民进郑州市委继续以社会服务工作为切入口，更加关注人民群众最关心、最直接、最现实的利益问题。市委会进一步深化“同心”实践活动内涵，充分发挥自身优势，积极开展社会服务和会务活动。2月，市委会组织会员在河南人民会堂观看大型新编历史剧《开漳圣王陈元光》；5月，由市委会副主委赵学庆、汪德峰带队，到郑州市列子小学进行“六一”国际儿童节慰问活动，并赠送了价值3000余元的学习用具；6月，市委会组织市委委员和各支部主委，在省人民会堂观看“花儿朵朵开”爱朵儿幼儿园十周年联欢暨“六一”国际儿童节文艺会演。

（李 艳）

农工党郑州市委员会

【概况】 2012年，农工党郑州市委员会践行“同心”思想，加强思想建设。紧密围绕中共郑州市委、市人民政府的重大决策和中心工作，以及中原经济区建设规划、郑州市“十二五”规划、郑州都市区建设及郑州市经济社会工作的重点任务积极建言献策，认真履行参政党职能。在社会服务工作中始终坚持把群众受益作为出发点和落脚点，充分发挥界别优势，不断提升社会服务水平。以市委会换届工作为重点，进一步加强组织建设，顺利推进政治交接。

截至年底，全市共有农工党党员532人。其中，男党员252人、女党员280人，平均年龄52岁；本科以上文化程度者383人，占全体党员的72%；具有中高级职称的469人，占全体党员的88.2%。共有基层组织25个。

【思想建设】 （一）深刻领会“同心”思想，继续开展树立和践行社会主义核心价值体系主题教育活动。2012年，农工党郑州市委会引领广大党员增强坚持走中国特色社会主义道路的坚定性，努力践行社会主义核心价值体系。结合农工党郑州市委实际，制定了《农工党郑州市委关于开展“同心”活动的实施方案》，倾力打造具有农工党特色的“同心”品牌；着力提升层次、拓展领域、全力推动，最大限度实现“同心”思想理论价值和实践价值；着力扩大行动的覆盖面和影响力，努力以“同心”行动带动农工党郑州市整体工作向前扎实推进，积极引领广大农工党党员把智慧和力量凝聚到科学发展主题和实施“十二五”规划主线上来。市委会被农工党河南省委授予“树立和践行社会主义核心价值体系先进市级组织”，金水支部、二七支部、管城支部、市直三支部被评为“树立和践行社会主义核心价值体系先进基层组织”，王炜、李春燕、赵悦玲被评为先进个人。

（二）学习贯彻中共十八大会议精神，用中共十八大精神引领各项工作。为迎接中共十八大的召开，5-9月，市委会组织党员参加市委统战部举办的全市统一战线迎接中共十八大“同心”系列活动。8月28日，组织专家在二七区铁道家园小区开展“统一战线‘同心’送医疗进社区”活动，12名内科、外科、妇科专家为300多名社区群众提供健康咨询、义务诊断、测量血压服务，发放600余份健康宣传册和价值3000余元的常用药品。组织党员参观了书画展，参加了“同心杯”演讲比赛并获优秀组织奖；在“同心杯”征文活动中，共收到农工党员征文14篇。

在中共十八大召开前，市委会提前发出通知，要求全市基层组织认真组织党员收听收看中共十八大的报道，学习中共十八大报告。市委会制定了深入学习贯彻中共十八大精神的实施方案，在学习贯彻过程中，结合农工党实际，以及农工党十五大和全国“两会”精神、“同心”思想的学习，找准工作切入点，切实推动中共十八大精神落到实处。

【组织建设】 1月14-15日，农工党郑州市第六次代表大会召开，大会审议并通过了农工党郑州市第五届委员会工作报告，选举产生了农工党郑州市第六届委员会。7月1日，在农工党河南省第六次代表大会上，郑州市委会主委李新有当选为农工党河南省委副主委，结束了郑州市委会自成立以来主委一直未担任省委会副主委的历史，吴予红、李顺兴、孙中党当选为省委委员。

加强领导班子建设。市委会领导班子坚持参加郑州市各民主党派、工商联、无党派代表人士联合中心组学习，提高班子思想水平、理论修养和履职能力。进一步加强市委对各基层组织的工作指导和联系，切实掌握好基层组织中干部和党员队伍状况，指导帮助基层组织开展活动，形成全党上下联动、同步同心的和谐局面。

做好组织发展工作。认真贯彻农工党中央《关于进一步做好组织发展工作的若干意见》，全年新发展党员36人。

加强后备干部队伍建设。全年共选送5人到省社会主义学院进行培训、8人到市社会主义学院进行培训，帮助他们提高政治素质，坚定理想信念。加强对后备干部的管理，建立后备干部档案，充实和完善后备干部人才库，夯实建设高素质参政党的人才基础。

加强专委会建设。市委换届后，根据工作需要对各专委会进行了调整充实。各专委会结合自身重点工作，制定工作计划，并创新工作模式。学习宣传委员会创新宣传形式，对《郑州农工》进行了改版扩容，由原来的小报变为16开32页的杂志（季刊），为广大农工党员加强自身学习、更好地履职提供了新途径、新平台。宣传委员会主任刘建勋的文章《浅谈党外干部基本素质和能力建设》被农工党中央党刊《前进论坛》2012年第9期刊登。此外，全年出版信息反映19期。社会服务委员会与基层需求紧密结合，于6月6日在金水区庙李卫生院举办了“突发心脑血管意外的初步诊断和正确处置”的讲座，100余名村医参加了培训，提高了基层卫生人员诊疗水平。农工党郑州市委妇委会举办了“关注我们的面子工程”——迎“三八节”关爱女性讲座，并组织女党员开展了“庆‘三八’、游惠济”踏春活动。农工党郑州市委老龄委组织离退休老党员赴绿博园和郑州新东站参观，感受郑州日新月异的变化。市委会被农工党河南省委授予“创建学习型参政党组织建设先进市级组织”，市中医院支部、市第一人民医院支部、中原支部、市直二支部被评为“创建学习型参政党组织建设先进基层组织”，刘建勋、孙伟被评为先进个人。

推进基层组织建设。农工党郑州市委加强与基层组织所在单位的中共党委协商沟通，对郑州市中心医院支部、第一人民医院支部、第二人民医院支部、第三人民医院支部、管城支部、二七支部、中医院支部等15个支部进行了换届，新成立了第七人民医院支部、惠济支部，对市直三支部进行了届中调整，把一批优秀的农工党党员充实到领导岗位上来，顺利完成政治交接。通过加强、完善新班子的分工，打造战斗力更强的农工党基层组织。

支部活动丰富多彩。10月，管城支部组织党员参观丰乐农庄，举行了摘花生、钓鱼等农趣活动；5月，市直三支部组织全体党员到登封贫困山区感受群众生活，定出帮扶计划；六院支部组织在职党员到荥阳北邙恩诚果园进行参观调研及采摘活动等；市直四支部组织全体党员赴庐山等革命根据地参观学习。通过丰富多彩的活动增加了支部的凝聚力。

广大党员爱岗敬业取得新成绩。全市农工党员中担任省、市各专业委员会的主任委员、副主任委员50余人，在国家、省部级核心期刊发表论文55篇，取得科研成果8项。副主委李顺兴在首届“郑州慈善大奖”评比中被评为最具影响力的爱心个人，王慧君被河南省总工会授予河南省“五一劳动奖章”、被河南省妇联授予河南省“三八红旗手”，胡亚兰等6名党员入选郑州市“首届百名名医”，郑兆丰被共青团郑州市委评为“2012年郑州市新长征突击手”。

市委会被农工党河南省委授予“2007-2012年度组织工作先进市级组织”，市骨科医院支部、市第六人民医院支部、上街支部、疾控中心支部被评为“2007-2012年度组织工作先进基层组织”，师艳军被评为先进个人。

（张亚平）

【参政议政】 （一）积极参与政治协商。中共郑州市委统战部先后就“关于加快推进中原经济区建设”《中共郑州市委关于加强新形势下党外代表人士队伍建设的实施意见》等召开征集意见会，相继召开“郑州都市区新型城镇化重点工作推进”“郑州市经济运行”等情况通报会，郑州市政协就市域快速通道、“两环十七放射”及生态廊道建设工程规划建设情况进行通报；召开了加快郑州都市区建设学习报告会。

（二）在两会上积极建言。参政议政调研委员会结合农工党党界别优势，创新参政议政模式，科学参政。成立了医疗卫生、农业生态、社会管理创新、食品药品安全、人口计生等方面的专门调研小组，把郑州市“十二五”规划提出的关于要着力保障和改善民生、提高政府保障能力、推进基本公共服务均等化、加快医疗卫生事业改革发展、加强食品药品安全管理、全面做好人口工作等列为2012年的重点调研内容，通过形成高质量、可操作性强的调研报告，为郑州经济社会发展献计出力。在2012年市人大、政协全会上，农工党郑州市委提出了《关于加快郑州市农村土地流转的建议》等6件集体提案和36件个人提案，提出人大议案、建议31件。《关于基层医疗机构综合改革的调研与建议》在市政协全会上作了大会发言；《关于加快郑州市农村土地流转的建议》被确定为主席督办重点提案，8月15日，市政协副主席陈西川带领相关政协委员对该提案进行了督办，市农委起草了《郑州市土地承包经营权流转管理细则》，以加强土地承包经营权流转管理和服务。市委会2011年的集体提案《关于加快转变农业发展方式，全面推进都市型现代化农业发展的建议》，农工党员赵京辉的《关于切实解决污水中污泥治理的建议》、翟明玉的《就医参保人员住院前检查也应列入报销范畴》等在2012年市政协全会上被评为“优秀提案”。

农工党郑州市委经过认真调研，在市政协二十一次常委会上提出《加快我市休闲观光农业发展的建议》，并作为会议书面发言；《关于加强我市群众文化工作的调查和建议》在市政协第二十二次常委会上由吴予红副主委作了大会发言，在《郑州政协》第五期上全文刊发。

市委会被农工党河南省委授予“参政议政工作先进市级组织”，王新华、孙中党、师艳军、吴予红、吴营昌、李五田、李凤芝、李顺兴、李新有、陈飞、高亮等11名党员被评为“参政议政工作先进个人”。

【社会服务】（一）实施百千万农村计划生育家庭健康“同心”行动计划。根据农工党河南省委总体部署，制定了农工党郑州市委《百千万农村计划生育家庭健康“同心”行动计划（2012-2017）》实施方案，以社会服务委员会和参政议政调研委员会为主体，动员全体党员，在惠济区、二七区、中牟县的 8个乡（镇）、85个新型农村社区全面实施“同心”行动计划，5年内完成1000户以上计生家庭免费开展计划生育、生殖健康知识教育，进行健康体检、建立健康档案、做好跟踪服务。惠济支部、二七支部、市直二支部主动通过区、县计生委了解辖区内农村计生家庭情况，为下一步工作开展做好前期准备。

（二）围绕定点帮扶和专题活动开展社会服务。6月5日，农工党郑州市委组织20多位医疗专家在绿城广场举办第五届“中国环境与健康宣传周”、纪念“6·5”世界环境日义诊咨询活动，免费发放价值3000元的夏季常用药和500余册宣传册，农工党员、正合口腔医院院长吴建忠利用大型口腔检测车免费为广大市民检查，提供口腔健康咨询服务；7月11日，市委会组织医疗专家在绿城广场举办“7·11”世界人口日义诊宣传活动，30多位省市知名妇科、产科、儿科医疗专家为育龄妇女和儿童提供咨询和医疗免费服务，共接待健康咨询200余人次，测量血压100余人次，发放计生宣传手册等材料300余份；11月11日，农工党郑州市委组织医疗专家组到惠济区胖庄村为广大村民开展送医送药活动，发放健康宣传册100多份，药品价值2000多元，惠济支部全体党员参加了此次活动；11月13日，农工党郑州市委与河南省委、省直工委、郑州市科协在郑州市科技馆联合举办第二十四届“国际科学与和平周”活动，为近100人进行了义诊，发放健康宣传册200多份。

（四）基层组织积极开展义诊和社会公益活动。市第一人民医院支部组织医疗专家组到巩义市新中镇卫生院，市第二人民医院支部多次组织党员到巩义市小关镇卫生院、涉村镇卫生院等地为广大村民开展义诊活动；市第六人民医院支部组织党员走进社区、学校，在16所大中专院校开展疾病防治知识大讲堂，为入住郑州儿童福利院的儿童进行了艾滋病、梅毒、乙肝等传染病筛查；惠济支部在惠济区古荥镇实验小学开展“送卫生知识、送法律、送艺术进学校”活动；市直四支部组织党员到新郑市城关乡敬老院开展“关爱老年人献爱心活动”，并先后6次组织全体党员深入社区、农村开展送医送药义诊活动；郑州人民医院支部主任王慧君先后赴南阳、周口、平顶山等地市，参加“中国Ⅱ型糖尿病指南”推广活动，举办讲座和义诊；市妇幼小组组织党员到多所幼儿园开展“儿童常见病的防治”讲座；职防所小组党员深入企业、社区，讲授职业卫生知识。全年各基层组织共开展各种社会服务活动100余次，参与党员1000余人次。

市委会被农工党河南省委授予“实施百千万农村健康行动计划先进市级组织”，市第二人民医院支部、市第三人民医院支部、郑州人民医院支部、市儿童医院支部被评为“实施百千万农村健康行动计划先进基层组织”，王岩青、王建华、张亚平、李现杰、李俊卿、李雪莉被评为先进个人。

（张亚平）

九三学社郑州市委员会

【概况】 2012年，九三学社郑州市委全面贯彻中共十七届六中全会和中共十八大精神，以树立和践行社会主义核心价值体系为动力，全面加强思想建设。以组织建设为基础、班子建设为引领、制度建设为保障、机关建设为纽带，不断加强社市委自身建设，社员结构进一步优化、社组织的凝聚力进一步增强。社市委紧紧围绕郑州市经济社会发展和中共郑州市委、市政府的中心工作，进一步提高参政议政水平，为郑州都市区建言献策，贡献力量。努力发挥社员智力优势，大胆创新社会服务工作方式，促使社会服务工作内容充实、形式多样、成效显著。

截至年底，全市共有九三学社社员448人。其中，男社员261人、女社员187人，平均年龄54岁；本科以上文化程度者411人，占全体社员的91.7%；具有中高级职称的447人，占全体社员的99.8%。

【思想建设】2012年，九三学社郑州市委加强理论学习，提高整体素质，全市社员思想认识进一步提高、政治信念进一步坚定。社省委第七次代表大会召开后，社市委要求各基层组织结合实际认真组织学习九三学社河南省第六届委员会工作报告。中共十八大召开后，社市委主委会及时学习中共十八大精神，并下发通知，要求各基层组织采取座谈会等多种形式组织广大社员深入领会中共十八大精神；各基层委员会和直属支社组织社员学习中共十八大精神，社员撰写心得体会30余篇，社市委择优汇编成册，出版专刊。通过在全社开展向杨佳学习征文活动，深入践行社会主义核心价值体系，使学习杨佳同志先进事迹、立足岗位作贡献达到了一个新高潮。

【组织建设】（一）社市委换届，顺利实现政治交接。1月14日，九三学社郑州市第五次代表大会召开，选举产生了23人组成的第五届委员会。五届一次委员会议选举舒安娜任主任委员，郑高飞、王秀霞、李琳、刘崇怀、李秋红任副主任委员，任命郑高飞兼任秘书长。

（二）抓好领导班子建设，努力提高各级组织负责人和骨干成员的综合素质。一是认真贯彻《九三学社中央关于加强地方组织领导班子建设的意见》精神，按照民主集中制要求，建立健全领导班子议事决策机制，重要社务工作由主委会或市委会集体研究决定。二是通过组织市委委员赴重庆开展“重温历史，同心同行”主题教育活动，加强班子成员理论学习和思想交流，丰富自身内涵，努力提高领导班子和各级干部的政治把握能力、参政议政能力、组织协调能力和合作共事能力，牢固树立责任意识、服务意识，不断增强社组织的凝聚力和感召力。三是坚持社市委领导班子成员深入基层、联系社员制度。社市委领导先后走访近10家社员所在单位，主动争取单位领导的关心和支持，为部分社员在业务工作上的成长进步竭力做好推荐服务工作；走访看望老社员、生活困难和生病住院社员60余人次。

（三）以基层组织换届为契机，进一步健全基层组织。根据社员人数的不断增加，2012年新成立了3个支社，并对部分支社进行调整，使社的组织结构和成员分布更有利于社务活动的开展。截至年底，全社共有4个基层委员会、24个支社。通过基层换届，一批政治坚定、热心党派工作的中青年社员担负起基层组织的领导工作，基层组织的凝聚力和向心力进一步增强。

（四）对专委会进行调整，充实参政议政人员队伍。根据工作需要，新成立了参政议政咨询委员会等3个专委会。截至年底，全社共有科技委员会、农业委员会、教育文化委员会、医药卫生委员会、妇女委员会、老龄委员会、宣传委员会、经济委员会、人口资源环境委员会、参政议政咨询委员会等10个专委会。通过调整，社市委参政议政队伍进一步壮大。

（五）严把入社关，组织发展不断添活力。2012年新发展社员14名，平均年龄37岁。其中高级职称的6人，占总数的43%；科技界7人，占50%；医药卫生界4人，占28%；其他界别3人,占22%。

（六）后备干部队伍不断壮大。通过基层组织换届，市委会及时将一批有能力、年纪轻、政治素质好的同志充实到基层组织领导班子中，建立了民主党派领导干部人才库和优秀专家人才库，着力加强对后备干部的培养、管理和推荐、使用。安排10余人次在省、市社会主义学院学习培训，组织60余名骨干社员进行社情民意信息和宣传业务培训，进一步提高了后备干部的政治素质和参政议政水平。一批优秀社员走上领导岗位，担当起本单位业务骨干的重任。截至年底，全社有厅级干部2人、县处级干部10人、科级干部93人。

（七）各专委会根据自身特色，开展多种形式的社务活动，增强团结，凝聚人心。老龄工作委员会组织老社员参观黄河湿地公园，进一步丰富了离退休老社员的生活；妇女工作委员会通过参观中原福塔，为女社员联谊搭建了平台；医药卫生委员会、老龄工作委员会、妇女工作委员会联合开展了关爱老年妇女义诊活动；农业工作委员会、科技工作委员会多次联合开展科技下乡活动；经济委员会、人口资源环境委员会到郑州高新技术开发区进行调研；教育工作委员会到郑州市二七区辅读学校慰问；宣传工作委员会积极配合社市委开展征文、书画展等活动。

（八）围绕社务工作评价体系，加强机关执行能力建设。社市委向各专委会、支社下发了《基层组织社务工作评价细则》，各基层组织高度重视，积极开展工作。为总结督促工作，社市委在五届三次委员扩大会议上，通报了各基层组织4-8月社务工作考评结果。各基层组织认真总结经验、查漏补缺，力争上游。

【参政议政】 （一）调整充实参政议政工作机构，建立完善工作机制，切实加强履职工作的组织领导。成立了参政议政咨询委员会，修订了《九三学社郑州市委参政议政工作奖励办法》，进一步完善参政议政工作上下互动机制和激励机制。多次召开参政议政工作会议，具体安排部署参政议政重点工作和任务。把参政议政工作纳入各基层组织年度考核主要指标，努力调动广大社员的参政议政热情和积极性，扩大社员参与度。安排调研专用经费，做好机构、人员和经费的保障工作。

（二）加强参政议政的人才队伍建设。以县（市）区人大和政协换届为契机，社市委积极向社员所在辖区的统战部门推荐政协委员和人大代表候选人，通过选举和协商，全社共有3名社员当选县（市）区人大代表，其中常委1名；确定31名县（市）区政协委员，其中，县（市）区政协副主席2名、常委10名、委员19名。

（三）做好调查研究围绕全市中心工作选准课题，积极开展专题调研，收集社情民意，不断提高提案议案质量。围绕“三化”协调发展，成立调研组，在主委舒安娜带领下，通过实地调研，总结了郑州市新型农村社区的几种发展模式，提出了有建设性的意见和建议，形成调研报告《关于郑州新型农村社区建设的调研》；围绕“一城、两区、三园、四核、五圈”的战略规划发展，组成调研组，就如何将商城遗址保护、商历史文化传承与特色商务街区建设有机结合，进行了深入细致的调研，并针对目前存在的问题，提出多项建议，形成《关于商都遗址保护的调研报告》。

2012年，九三学社郑州市委提交市政协全会集体提案5件、全会和常委会大会发言材料3件，个人提案和议案、建议55件。其中，《关于对我市老年事业发展的建议》被评为优秀提案，《关于提高空气质量检测标准的建议》和《免费开放我市中小学体育场馆的建议》被列为市政协领导督办的重点提案；《关于在金水河上架设快速路的建议》的社情民意获中共河南省委常委、郑州市委书记吴天君批示，《以商城遗址保护利用为主线着力打造商文化特色商务中心区》《关于市勘察设计单位体制改革问题》《维护空气质量提高检测标准》等3份社情民意获时任市委书记连维良批示，《建议将郑州国内航空枢纽建设纳入国家战略》的社情民意被全国政协采用，《对农村教育撤点并校政策实施进行检查评估》的社情民意被社中央和省政协采用，《建议将郑州建设成内陆型现代物流中心的建议》被社中央采用。

（四）搞好信息宣传，扩大社会影响。社市委主委会专题研究“一刊一网”工作，通过了《九三学社郑州市委网站建设工作实施方案》和《〈九三郑州社讯〉编印工作实施方案》；将各基层委员会、专委会、支社的投稿情况纳入2012年社市委基层考核评价体系，对“一刊一网”采用稿件的作者所在基层社组织给予奖励。全年共编印《九三郑州社讯》2期、社市委换届专刊1期，及时更新社市委网站，内容不断丰富，点击率不断提高；征集社员学习感想和心得体会等理论文章、重大活动纪念文章等50余篇；被各级网站、期刊先后采用理论文章和各种信息60多篇。其中，《人民政协报》刊发信息1篇，人民网刊登了信息1篇，河南省委统战部“根在中原”网站刊发了信息5篇文章，进一步扩大了九三学社的社会影响。

（五）着手编纂《河南省郑州市九三学社志》。社市委主委会议研究通过《社志编纂实施方案》和社志目录，成立了编委会，并开始资料收集工作。

【社会服务】 （一）开展“百名专家进百村”活动。组织社员中的农业科技专家，到安阳市、鹤壁市和郑州市惠济区、二七区等地，针对农民生产中存在的问题，进行重点技术指导，受到所在地领导和农民的好评。组织法律专家赴惠济区、二七区免费开展法律咨询，发放农业、法律常识类书籍2000余册。

（二）开展“学雷锋、树形象、促和谐”活动。社市委组织医药卫生委员会、老龄工作委员会、妇女工作委员会等专家到华林都市家园开展义诊活动和卫生健康科普知识讲座，现场展出健康宣传展板20块、发放科学保健及健康知识宣传资料300余份、无纺布环保手提袋200个，100余名社区居民前来就诊。社市委科技委员会、农业委员会的专家到二七区侯寨乡，就葡萄果实坐果不良、大小粒严重等问题进行专题技术培训和现场指导，赠送相关技术资料300余份。

（三）强力推进“沪豫科技合作”。社市委积极响应社省委“进一步推动沪豫科技合作向纵深发展，扩大该合作在全省的受益覆盖面”的号召，全力推荐科研项目，上海交通大学、上海市农科院专家与郑州市蔬菜研究所签订了“2012年沪豫科技合作项目合作协议书”，将在蔬菜育种技术、转基因技术、基因克隆技术、植物脱毒技术、人才培养等方面为郑州市蔬菜研究所提供支持。

（四）“九地合作”取得新成效。社市委积极牵线搭桥，中国农科院棉花研究所与河南科瑞科技有限公司开展科技合作，推动农业科研成果转化成社会生产力。由河南科瑞科技有限公司负责提供“高频晶体超微量分析仪”设计开发科研所需关键仪器设备、开展农业检验新技术的基础研究和配套技术服务，并负责成果的转化和产品研制及市场应用推广；由中国农科院棉花研究所提供所需的科研力量和研发费用。

（五）立足本职，建功立业。2012年，郑州市各条战线的九三社员在各自岗位上勤奋工作，建功立业，取得了突出成就。社员荣获国家专利13项、河南省科技进步三等奖1项、河南省教育厅科技进步一等奖1项、河南省教育厅优秀教育成果一等奖1项、河南省人社厅河南省人力资源社会保障科研成果三等奖1项、河南省卫生厅科技三等奖1项，获其他省级奖项3项、市级奖项20余项。

（尚秋霞）

人民团体

工会工作

【概况】 2012年，全市各级工会以开展“面对面、心贴心、实打实服务职工在基层”活动为主线，认真落实“两个普遍”，全面加强维权帮扶，大力发展先进企业文化、职工文化，在加快推进郑州都市区建设、积极参与社会管理创新、努力构建和谐劳动关系中充分发挥了工会组织的作用。截至年底，全市基层工会组织达到23327个，覆盖法人单位37509家；工会会员达到181.17万人，其中农民工会员69万人。

【群众性劳动竞赛活动】 2012年，郑州市广泛开展“五比一创”建功立业竞赛、“三比两降”节能减排竞赛、技术比武、“工人先锋号”创建等职工建功“十二五”经济技术创新竞赛活动，参赛职工达230万人次。“五比一创”建功立业竞赛活动把更多新型城镇化建设项目、“三化”协调发展项目和民生工程纳入竞赛范畴，全市600多项市级以上重点项目建设参赛。“三比两降”节能减排竞赛把耗能大户、排污重点企业作为竞赛活动的重点，覆盖8682家单位，评聘节能减排义务监督员2209名。郑州市第九届职工技术运动会共设竞赛工种197项，涌现出郑州市技术状元198名、技术标兵794名。全市7204个单位的4.3万个车间班组参与“工人先锋号”创建活动，共评选出市级“工人先锋号”107个，“五一文明号”“五一文明岗”各50个。“安康杯”竞赛覆盖面进一步扩大，参赛单位达到8732家，覆盖职工97.9万人。7115家企业建立了工会劳动保护监督检查委员会，企业车间班组中工会小组劳动保护监督检查员达到23546名。

【“两个普遍”工作】 2012年，郑州市总工会贯彻落实全国工会推进建会暨发挥作用工作会议精神，深入开展“广普查、深组建、全覆盖”集中行动，持续推进工会进市场、进门店、进楼宇、进工地、进私企、进“两新”活动，最大限度地把包括劳务派遣工、进城务工人员在内的广大职工组织到工会中来。坚持建会与规范工作两手抓，深入开展争创“六好”工会、“职工之家”建设和“会员评家”活动。全市全年新建会企业法人5714家，会员净增22.97万人；争创全国百家示范乡镇（街道）工会2个，河南省“六好”县（市）区工会3个、“六好”乡镇（街道）工会5个、“六好”基层工会16个，河南省模范“职工之家”17个。按照“规模企业单独协商，行业性工资重点协商，区域性协商广泛覆盖”工作要求，进一步加大工资集体协商工作力度，完善了工资集体协商指导员培训制度、培训规划、工资集体协商专家指导组建立及考评办法，工资集体协商制度普遍建立，形成了各具特色、真谈善谈的协商新格局。全市签订集体合同和工资专项合同的企业共计8.4万家，合同覆盖职工150多万人，工资涨幅在15%左右。

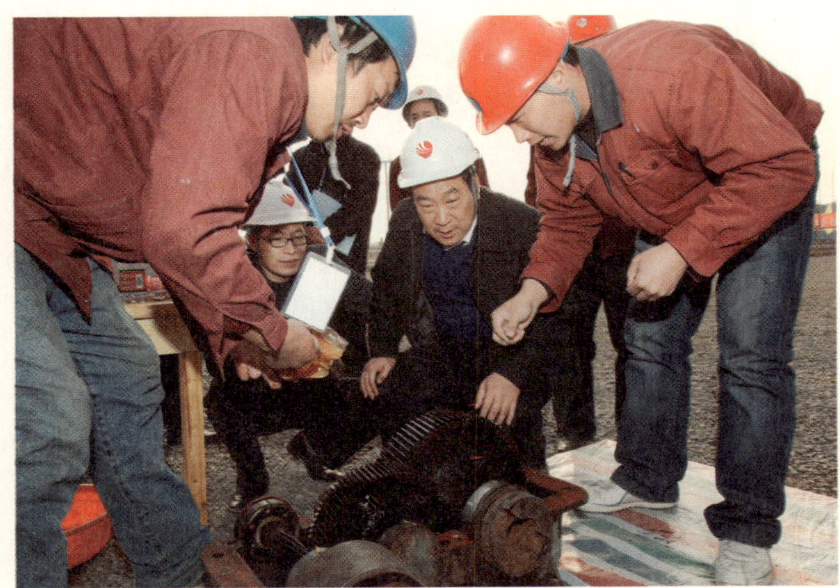

职工技术运动会竞赛现场

【维权服务体系建设】 2012年，郑州市持续推进劳动关系和谐企业创建活动，全市90%的企业、产业集聚区（工业园区）和有条件的乡镇（街道）、村（社区）普遍开展创建。积极参与、加强和创新社会管理，加强工会系统平安建设，开展了职工队伍状况调查、职工群众评议公交、文明交通职工志愿者服务活动，引导职工参与畅通郑州、和谐郑州建设。健全完善民主管理制度，全市建立职工（代表）大会制度的企事业单位2.22万家，建制率达到95.3%，涵盖职工178.66万人；实行厂务公开的企事业单位2.19万个，建制率达到93.9%，涵盖职工174.81万人。开展法律进机关、进社区、进企业、进单位活动，普遍设立工会维权服务站，与法院、司法等部门多方联动维权，不断加强工会法律援助队伍建设和职工信访工作，职工权益维护机制进一步完善。全市成立职工维权服务站700多个。市总工会共接待调处职工来访、来信、来电1071起，结案率达97.6%。

进一步完善帮扶网络，加强困难职工帮扶中心规范化建设，深入开展“春送岗位、夏送清凉、金秋助学、冬送温暖”活动，实现帮扶工作常态化、长效化。“双节”期间，共筹集慰问款物总额1735万元，走访571家困难企业，慰问困难和一线职工1.6万余人，追讨补发农民工工资及赔偿金额450.2万元。筹集助学资金1304.85万元，帮助4971名困难学子顺利入学。开展培训30826人，发放小额借款428万元，帮助15635人实现创业或就业。

【职工素质提升】 2012年，郑州市各级工会组织坚持用社会主义核心价值体系教育引导职工，扎实开展学习贯彻党的十八大精神，学习雷锋见行动、“三平”之中作贡献，“三关爱”志愿服务，庆祝市总工会成立85周年，反邪教法制宣传等各类主题宣传教育活动，做深做细职工思想政治工作。加强“三工”宣传工作，加强劳模选树和培养，大力弘扬新时期工人阶级伟大品格和劳模精神，推进先进企业文化、职工文化建设。全市101个先进集体和359名先进个人分别被授予郑州市“五一”劳动奖状、“五一”劳动奖章。全市建立劳模（高技能人才）工作室150个，劳模传帮带作用得到进一步发挥。职工素质建设工程全面实施，“创建学习型组织、争当知识型职工”活动深入开展，“职工教育培训示范点”和“职工书屋”建设不断加强。3家单位被评为全国优秀职工教育培训示范点，7家单位被评为省级职工教育培训示范点，选树了30个市级职工书屋示范点，评聘“首席员工”（金牌职工）3351名。“工会之窗”宣传阵地建设普遍推进，庆“五一”职工文艺会演活动在各县（市）区、产业工会和基层工会广泛开展。

【工会自身建设】 2012年，郑州市各级工会将“面对面、心贴心、实打实服务职工在基层”活动与贯彻落实市委、市政府 “坚持依靠群众、推进工作落实”长效机制紧密结合，全年各级工会组织、工会干部开展调研服务活动630多人次，走访企业870多家，访谈职工2万多名，为企业、职工服务1200多件次。各级工会重视工会干部教育培训工作，积极探索干部教育培训的新路子，举办各种形式工会干部培训班86期，参加培训的工会干部5100多人次；切实加强女职工组织规范化建设，女职工提升素质建功立业工程和女职工“关爱行动”持续实施；进一步完善工会财务管理制度，切实履行工会审查审计监督职责，努力保持工会经费收入稳定增长，提高工会经费的使用效率，维护工会资产的安全与效益，实现了工会资产的保值增值。各产业工会和市总直属基层工会、直属事业单位工作协调发展，作用得到充分发挥。

【王兆国视察郑州工会工作】 2012年5月17日，中共中央政治局委员、全国人大常委会副委员长、中华全国总工会主席王兆国到郑州考察指导工作。他先后考察调研了郑州市困难职工帮扶中心、郑州市嵩山路街道亚星社区、东风日产公司郑州工厂等地，对郑州各级工会围绕中心、服务大局，在推进“两个普遍”、构建和谐劳动关系、维护职工合法权益、帮扶困难职工等方面取得的成绩给予了积极评价。王兆国强调，要始终坚持全心全意依靠工人阶级的根本方针，坚定不移地走中国特色社会主义工会发展道路，通过勤奋劳动、诚实劳动、创新劳动创造社会财富和价值，推进经济平稳较快发展和社会全面进步，为中原经济区郑州都市区建设作出更大贡献。郑州市领导吴天君、马懿、白红战、赵瑞东、孙金献、李元法等陪同视察。

5月17日，中共中央政治局委员、全国人大常委会副委员长、中华全国总工会主席王兆国视察郑州市困难职工帮扶中心面点培训实操教室

【市总工会十三届五次全委会议】 2012年3月7日，郑州市总工会十三届五次全委会议举行。市总工会常务副主席陈观壤代表市总工会常委会作题为《抢抓机遇 持续求进 创新发展 团结动员职工为以新型城镇化为引领加快郑州都市区建设再立新功》的工作报告。会议审议通过了有关人事事项，增替补了4名委员、4名常务委员。对荣获河南省优秀工会工作者荣誉称号的先进个人代表、荣获郑州市职业道德建设十佳单位荣誉称号的先进单位代表、荣获郑州市职业道德建设十佳职工荣誉称号的个人进行了表彰。全市各县（市）区、产业工会、直属基层工会的市总工会第十三届委员会委员、市总工会第十三届经费审查委员会委员及列席人员400多人参加会议。市委常委、市委组织部部长高建慧，市人大副主任、市总工会主席李元法参加会议并作重要讲话。

（张昌付）

共青团工作

【概况】 2012年，郑州市各级团组织以“青春建功十二五、建功郑州都市区”为统揽，按照“一体四轮”工作格局，围绕“组织青年、引导青年、服务青年、维护青少年合法权益”四项基本职能，以服务新型城镇化、参与“坚持依靠群众、推进工作落实”长效机制为重点，扎实开展团的各项工作。其中，非公企业团建、青少年权益维护、学校共青团、文明城市创建、社区帮扶等工作被上级表彰或肯定；“五四”“六一”重点节日期间开展的系列活动效果突出；团的工作被国家级媒体报道11次、省级以上媒体报道90次、市级主流媒体报道209次。

至年底，全市共有团员青年270万人、团员41万人、青年志愿者39万人，团委696个、团（总）支部1.2万个。

【加强青少年理想信念教育】 2012年，郑州市成立了青年马克思主义者培养工程讲师团，通过理论学习、红色教育、社会实践、志愿服务、课题研究等形式，在广大青年学生中着力培养一批用马克思主义中国化的最新成果武装的马克思主义者，引导青年学生成长为中国特色社会主义事业的合格建设者和可靠接班人。广泛开展中国特色社会主义核心价值体系教育，开设郑州市青少年道德讲堂，定期邀请道德模范、先进典型讲课，通过身边人讲身边事、身边事教身边人，使青少年亲身感受到道德的力量。开展郑州市首届十大杰出（优秀）“三平”青年人物（集体）评选活动，树立交警杨华民、“感恩哥”宋杨等青年典型，用榜样的力量激励青少年成长成才。

2012年，全市共举办“学习道德楷模、争做文明青年”“青少年文明讲堂”“红领巾心向党”等各类教育实践活动800场（次），参与青年达20万人。组织全市各级团组织和广大团员青年认真学习贯彻落实党的十八大精神，成立12支宣讲团，分赴郑州各县（市）区开展宣讲工作；举办各种形式的学习实践活动78次，参与青年2万余人。

【引导青年建功新型城镇化建设】

2012年，郑州市各级团组织以“新型城镇化，青年怎么办”为主题，广泛开展学习讨论，组织团市委机关中层以上干部到新乡辉县孟庄镇南李庄社区和张村乡裴寨新村学习调研。组建青年志愿者服务队，走进农村、新型社区，为群众提供法律援助、心理咨询、孤寡老人帮扶等服务。开展“十优青年服务队”“十佳青年帮扶员”评选表彰活动，选树在新农村和新型城镇化建设志愿服务活动中作出突出贡献的先进青年集体、个人。

5月3日，由团市委主办的郑州共青团纪念建团九十周年“三平”青年群英会在市青少年宫举行

【服务青年民生】 2012年，郑州市共发放青年创业小额贷款483笔3206.5万元。开展“精品见习”“导师带教”“一对一传帮带”等活动，培训农村青年1.8万余人次，实现就业7000余人，落实培训资金220余万元。全市共建立中央级、市级青年就业创业见习基地92个，提供就业见习岗位1万多个。免费开展挖掘机、茶艺等实用技能培训，共培训农村青年近7000人，实现就业4000余人。打造“青公益”“青讲堂”等“青”字号活动品牌，通过每周一期的主题文化交流活动，提升青年活动的层次和内涵。以网络、微博等媒体为平台，开展志愿服务、义务献血、困难救助等青年公益活动，共帮扶困难青年200余人。

【维护青少年权益】 2012年，郑州市启动“青年与法同行”共青团普法教育系列活动，在全市法院与大中专院校、中小学校中建立“一对一”授课机制，定期组织法律专家进校园授课。全年共开办青少年法制课堂、模拟法庭100余场，参与学生8万余人。建立“一校一法官”制度，使青少年学法律活动常态化、制度化和规范化。开展“轻松备考 12355与你同行”服务高考活动，接听热线咨询271个，服务考生1300余人次。积极帮助困难青少年群体，募集希望工程捐款捐物508万元，位居全省第一、中部省会城市第二。资助488名家庭贫困大学生顺利入学；开展“温暖冬天·希望工程爱心大动员”活动，结对农民工子女5814名，援建希望小学1所、希望书屋12座、希望体育室3座。

【团组织创新性工作】 （一）建立郑州共青团爱心直饮水站。采取社会化运作方式和青年志愿者联动的公益模式，号召广大爱心企业积极参与，在市内广场、公交站台、人行天桥入口处等人口密集的场所建立郑州共青团爱心直饮水站。至年底，在绿城广场、郑东新区CBD广场、紫荆山公园建成并投入使用20余台直饮水站。此做法被《人民日报》报道。

（二）建设郑州市青少年服务大厅。在郑州市青少年宫东侧规划建设了郑州市青少年服务大厅，占地面积2000平方米。郑州市青少年服务大厅是中部地区首家为青少年提供服务的公益性综合场所，设立有法律援助、爱心捐赠、志愿服务、外来务工青年服务、就业推荐、创业帮扶、交友联谊等青年民生服务项目，2012年下半年对社会开放。12月26日《中国青年报》头版以《郑州共青团打造青少年一站式服务超市》为题进行了报道。

（三）招募网格志愿者深入全市三级网格。探索建立网格志愿者服务队，在《郑州日报》《郑州晚报》等媒体刊登招募公告，向全市青年发出活动倡议，首批网格志愿者参与到南阳路街道办各级网格管理，开展矛盾排查、疑难问题解决、服务辖区群众等活动。此外，在团市委所驻社区建立便民联系卡制度，定期发放、回收联系卡，及时获取群众诉求；建立网格化工作构架，即团市委深入办事处、工作队深入社区、队员和志愿者深入楼院的“三级网格联动工作构架”，使团的工作与网格化管理工作实现有机结合。

（四）持续推进“爱心助考”和“四点钟课堂”志愿品牌。打造郑州共青团“爱心助考”志愿服务品牌，启动“爱心助考”志愿服务活动，共向考生和家长提供服务逾15万人次。邀请热心公益事业的企业，为考生提供应急车辆；组织12355青少年心理咨询中心的10名心理咨询师，成立了爱心助考青年志愿服务队，为学生做心理辅导，缓解压力，受到考生、家长和社会的一致好评。以爱心联盟青年志愿服务站为主体，借助青年志愿服务站（点）的平台优势，在市内五区十余家青年志愿者服务站开设了“四点钟课堂”项目。共有2万名外来务

3月10日，“希望工程爱心助学教育基地”成立暨“爱心助学课外辅导班”开班仪式在北京101网校郑州分校举行

工、下岗再就业职工、残疾人家庭等城市弱势群体的子女从中获益，5月19日《中国青年报》以《四点钟课堂设在青年服务站》为题进行了专题报道。

【团的自身建设】 2012年，郑州市积极开展乡镇实体化“大团委”建设工作，下发《关于进一步支持和推动共青团基层组织建设和基层工作的意见》，为团的基层组织建设和基层工作提供保障。召开郑州市非公团建推进会，全年新建非公团组织227家，位居全省第一。加强中学基础团建工作，承接团中央中学共青团工作评估体系课题，形成了评估体系研究成果；同时，承办了团中央中学团建课题推进研讨会。郑州市中学共青团工作得到团中央领导的充分肯定。有效开展青年统战工作，在全省率先召开青年统战工作会议，推动了青联组织的自身建设和发展。开展驻外团工委集中建设活动，新建市级驻外团工委10家、县级驻外团工委20家。

不断提高团的事业化发展水平。青联、学联工作蓬勃开展，影响力和凝聚力不断增强。成功召开了郑州市第六次少代会，少先队的组织规模不断扩大，工作环境进一步优化。青年外事工作不断拓展，与港澳台地区青年组织的交流合作进一步密切。市青少年宫免费开放服务1.8万人次，公益性和社会性进一步凸显。

（董克伟）

妇联工作

【概况】 2012年，郑州市妇联围绕中心、服务大局，立足基层、服务妇女，以“建功郑州都市区·百万妇女展风采”为主题，以“五大工程”“三个重点”为抓手，切实发挥妇联组织在参与社会管理和创新中的桥梁纽带作用，团结带领广大妇女全面参与郑州都市区建设，实现了妇女儿童事业新发展。

至年底，全市共有妇女420.6万人，占总人数的48.74%；0-14岁儿童138万人，占总人数的16%。市妇联具体指导12个县（市）区和经开区、郑东新区、高新区、航空港区妇联组织开展工作；成立有郑州市总工会女职工委员会、郑州市女子书画家协会、郑州市女检察官协会、郑州市女企业家协会、郑州市育婴协会、郑州市律师协会女律师工作委员会、郑州市妇女·社会性别研究会等7个团体会员。全市共有90个乡镇、83个街道办事处建有妇联组织，2270个行政村、660个社区、80个市直机关设有妇代会（妇委会）。市妇联获得全国城乡妇女岗位建功先进集体、河南省“三八红旗集体”、创建全国文明城市集体三等功、郑州市“人民满意的公务员集体”等荣誉称号。

【服务市委市政府中心工作】 2012年，郑州市各级妇联组织按照市委“坚持依靠群众、推进工作落实”长效机制要求，抓住网格化管理这一联系群众的切入点推进各项工作。

科学建立妇女工作网格化管理体系。将妇女工作融入乡（镇）街道按行政管理划分的网格，完善了五级妇联组织网络体系，配备各级妇联工作网格长3349个，加强对各级网格长的相关培训；确保市区每个网格内有巾帼志愿者，为辖区妇女儿童提供维权、心理疏导、家庭矛盾调解等贴心服务，形成上下联动、层层抓落实的工作格局。

依托网格做好服务中心工作。市妇联投资30万元建成3所“留守流动儿童之家”；为2000余名妇女免费进行“两癌”检查；做好28个行政村“妇女之家”制度建设工作；开展“倡导文明新风、广场舞进农村”活动。各级妇联分别派出工作人员下沉到长效机制联系点，深入开展“下基层、访妇情、办实事”活动，累计解决各种问题410个、处理群众信访248起、为群众办理实事435件。抽调15名市妇联机关干部进驻航空港区IT产业园第一社区服务中心的6个网格，建立妇联组织和“妇女之家”，开展文娱活动、素质教育、维权咨询等多项工作，服务地方经济稳定发展。深入平安建设网格化管理市妇联分包的网格，以“平安家庭”创建为抓手，发动登封市颍阳镇群众学法、懂法、守法、用法，指导巡防体系建设，增强群众安全感和满意度，在2012年底开展的群众安全感调查中，颍阳镇排名进入全市乡（镇）办前100名。

3月3日，庆“三八”关爱女性万名医护送健康大型义诊暨妇女维权周宣传活动举行

【推进城乡妇女发展】 2012年，郑州市积极实施巾帼建功立业工程，深化和创新“双学双比”“巾帼建功”活动，组织动员妇女为加快郑州都市区建设贡献力量。

引领城乡妇女建功立业。持续实施巾帼科技星火工程，举办以种植、养殖为主的实用技术培训426期，培训妇女近6万人；组织670名妇女参加全国、省、市农村骨干妇女培训班。为农村妇女提供科技指导和项目资金服务支持，通过创建全国“巾帼现代农业科技示范基地”、省“巾帼科技养殖示范基地”和培树养殖女能手等，起到了典型示范、带富一方的作用。动员妇女奋战“三夏”，成立以女科技工作者、女党员、女致富能手为主体的巾帼帮扶队875支，帮助4500多户困难家庭抢收抢种农作物930多公顷。

促进妇女创业就业。引导妇女转变就业观念，鼓励多渠道多形式就业。开展“春风行动”，举办“春风送岗位”女性专场招聘周活动，为1万多名妇女提供职业技能培训，组织女性专场招聘会102次，提供就业岗位2万多个。加强与人社、财政、银行等部门的联合，完善办理妇女贷款流程、落实财政贴息政策，共发放小额担保贷款3亿多元，直接扶持3556名妇女创业发展，带动近万名群众就业和生产致富。

服务新型农村社区建设。成功承办全省妇联组织推进新型农村社区建设现场会，省委常委、市委书记吴天君出席会议并作重要讲话。开展以“进行一次走访调研，召开一个女乡（镇）街道党（工）委书记、乡镇长、街道办事处主任座谈会，编写一本宣传书籍，向妇女群众讲一堂课，举办一次培训”为主要内容的“五个一”活动，切实发挥好宣传引导作用。积极争取党委政府把“妇女之家”阵地建设纳入新型农村社区建设的总体规划。依托“妇女之家”积极探索妇联参与技能培训、志愿服务、文化培育、价值观念重塑等社区服

3月6日，“感动郑州慈孝人物（集体）”颁奖典礼举行

务的路子，帮助农民尽快转变为社区新居民。

【拓展文明家庭创建】 2012年，郑州市以社会主义核心价值体系为引领，以文明家庭创建工程为切入点，进一步加强女性及家庭成员的思想道德教育。

思想引领主题鲜明。加强与主流媒体的合作，加大手机短信、流动课堂、女性网站等宣传教育平台建设，贴近实际、贴近生活、贴近群众，引导群众树立践行社会主义核心价值观。党的十八大召开后，市妇联及时组织传达学习并召开全市妇女学习贯彻党的十八大精神座谈会，各级妇联组织迅速举办了形式多样的学习活动，在全市妇联系统和妇女群众中掀起学习宣传贯彻党的十八大精神的热潮。

注重培树先进典型。评选表彰“三八红旗手（集体）”“十大杰出女性”“巾帼建功”标兵、“巾帼文明岗”等先进典型300余个，激励广大妇女立足岗位，创先争优。开展郑州市“绿色家庭”“十佳母亲”“十大孝星”“十大寿星”“敬老好儿女”“郑州妇女好新闻奖”等评选活动，推荐的优秀公益律师王峥当选2012“感动郑州”十大年度人物，2个家庭获“全国文明家庭”称号。市县两级妇联组织共表彰各类先进典型近3000个，通过各级各类媒体宣传妇联工作和典型500余条（次）。

大力开展文明家庭创建活动。将每年的7月定为“郑州和谐家庭月”，通过成立郑州市促进婚姻家庭和谐联盟、举办“文明家庭大家谈”活动、开展首届“和谐家庭”评选等形式，积家庭“小和谐”为社会“大和谐”。开展廉政文化进家庭活动，通过举办廉内助座谈会、知识竞赛、打造示范点等举措树廉洁家风、建幸福之家。广泛开展志愿服务，巾帼志愿者队伍达到276支、12076人，相继开展义务植树、交通协管、生态环保等各类常态化服务。抓住“三八”“六一”、母亲节、重阳节等重大节日，举办首届“感动郑州慈孝人物（集体）”颁奖典礼、播出郑州慈孝人物（集体）——周末面对面特别节目，为家庭道德建设注入新的活力。通过举办“花开有声”——郑州市庆“六一”少年儿童地方戏曲专场晚会、“郑州·南阳女子书画联展”等活动，弘扬传统民族文化，为妇女儿童提供更好更多的精神食粮。

充分发挥家庭在儿童思想道德建设中的基础作用。完成《郑州市关于指导推进家庭教育五年规划（2011-2015年）》制定工作。广泛开展“十佳小公民”评选活动、“花蕾绽放 美丽人生”青春期女童家庭教育宣传实践活动、以“心向党、爱劳动、有礼貌”为主题的家庭道德教育宣传实践月活动、“亲子共同成长”家庭公益教育讲座等形式多样的家庭教育实践活动，引导广大家长树立正确的育人观念。

【维护妇女儿童合法权益】 2012年，郑州市以贯彻实施“两规划”为主线，全面落实男女平等基本国策和儿童优先原则，实施妇女儿童权益保护工程，在参与社会管理创新中切实维护好、实现好妇女儿童的合法权益。

颁布实施妇女儿童未来十年发展规划。发挥市政府妇儿工委和妇儿工委办的职能作用，完成郑州市新一轮妇女儿童发展规划的编制工作，并向社会广泛发布。新规划共确定妇女儿童在经济、政治、健康、教育、法律等12个领域的权益，设置了110项主要目标，提出了154项策略措施，为妇女健康发展和儿童快乐成长提供了有力的政策保障。顺利召开全市妇女儿童工作会议，总结十年来全市妇女儿童事业发展的成绩和经验，研究部署今后工作。拓展妇儿工委成员单位至42个，合力推进新的“两规划”的宣传、培训、实施，进一步优化妇女儿童发展环境。

深入开展普法教育。抓住“三八”节、“12·4”法制宣传日、“三下乡”等有利时机，集中进行普法宣传。开展以“百万家庭学法律，户户平安促和谐——预防和制止家庭暴力，促进社会和谐稳定”为主题的“三八”妇女维权周活动。在郑州人民广播电台播出《城市深呼吸》《我爱我家》《法律在身边》等法律心理维权栏目650余期。通过官方微博和“心通桥”，发布微博443条，拥有粉丝近3万人，有效提升社会影响。

深入推进平安建设。开展妇女权益保障情况调研活动，完成《郑州市妇女权益保障情况调研报告》，推动将《郑州市妇女权益保障规定》列入2013年立法调研计划。发展壮大郑州市12338妇女维权志愿者，服务团成员达1330余名，建立12338妇女维权志愿者QQ群、飞信群等电子管理系统，为群众提供法律、心理服务，2600余名妇女儿童直接受益。依法办信接访，市县两级接待妇女群众来信来访来电1378起，结案率98%以上。为困难妇女提供法律援助29件，帮助受援人挽回经济损失近400万元。深入开展“平安家庭”创建活动，评选“郑州市‘平安家庭’创建示范户”500个。各县（市）区妇联积极开展形式多样的普法、禁毒、防艾宣传，通过建立“反家庭暴力”援助热线、开展“零家庭暴力”示范社区创建等形式，不断拓展参与社会管理创新的广度与深度。

【承办郑州市民生实事】 2012年，郑州市妇联围绕民生实事，注重项目运作，整合各类社会资源为妇女儿童办实事、办好事。推进30万名城乡妇女“两癌”免费筛查的郑州市政府十大实事项目顺利实施，完成宫颈癌检查152459人、乳腺癌检查154212人。推动建立“两癌”检查长效机制，实现了全市城乡适龄妇女“两癌”检查的全覆盖。开展“关爱女性”——“两癌”慈善救助活动，为低保家庭患病妇女减免费用3万余元，争取全国妇联贫困母亲“两癌”救助专项基金56万元。

承办并圆满完成40所由市、县（市）区两级财政投入400万元的“留守流动儿童之家”的建设工作，并正式投入使用。截至2012年底，全市共建立97所“留守流动儿童之家”，惠及15万名留守流动儿童。实施“福彩资助百名春蕾女童项目”和“利海春雨助学行动”，为100名家庭困难的女生发放助学金20万元，对全市1600多名受“利海春雨助学行动”资助的特困家庭女生发放助学金、爱心助养款近320万元。通过实施“康芝红脸蛋基金”营养午餐补助计划、“关爱小乳牙工程之口腔关爱

3月14日，郑州市女乡镇（街道）党（工）委书记、乡镇长、街道办事处主任座谈会举行

快车郑州行”等项目，关爱贫困地区儿童健康成长。各县（市）区妇联积极开展各类帮扶、助学活动，共募集善款60余万元。

郑州市妇女儿童活动中心于10月落成，为全市进一步强化妇女儿童思想道德建设和素质教育提供了坚实的阵地依托。

【加强妇联组织建设】 2012年，郑州市以妇联组织强基固本工程和女性素质跃升工程为载体，进一步扩大妇联组织覆盖面，加强队伍建设，夯实妇女工作基础。

抓住社区换届选举契机，争取政策支持，力促女性进入社区“三委”班子，全市660个社区共选出4425名社区干部，其中女性3088人，占69.8%。在新型农村社区建设中建立健全以社区妇联为核心，“楼道妇委会”、妇女小组为基础，其他各类妇女组织共同参与的新型妇联组织。加强“妇女之家”建设，重点打造管城区映月路社区“妇女之家”等示范点50个。全面消除市直单位妇委会建设空白点，81个市直一级委（局）全部建立妇委会。督促指导各级妇联组织完成妇女组织建设的目标任务，在1100个非公有制经济组织、社会组织新建了妇委会。

举办郑州市女干部素养高端论坛，邀请河南大学知名教授王立群，以“从女性历史地位的发展看女干部的成长”为主题授课，收到良好反响。首开郑州市大规模培训基层女干部先河，对2011年村级组织换届中新当选的近3000名农村“三委”女委员进行集训。各级妇联通过开展“100场女性素质教育流动课堂进机关、进学校、进社区、进村镇”活动，共培训妇女群众30万余人次。同时，在清华大学、厦门大学举办了女领导干部培训班、妇联干部培训班、妇联执委高级研修班，并参与举办社会管理培训班、社区党支部书记、居委会主任、监事会主任培训班，为宣传男女平等基本国策、弘扬“四自”精神起到积极作用。

立足服务，从不同界别、不同层次妇女的切身利益出发，加强与各界妇女群众的沟通联系，7个妇联团体会员通过召开联席会议、举办培训讲座、召集年会等方式，增进会员之间、社团与妇联之间的交流，各团体会员踊跃加入巾帼志愿者队伍，开展妇女儿童权益维护、法律援助、扶弱助困、科技下乡等活动。参与联合举办第二届豫商·她世界年会，郑州市女企业家协会会长薛景霞、副会长薛荣、理事弓永红荣获中国“2012杰出创业女性”荣誉称号。组织妇女访问团赴美国、加拿大、韩国、日本等国家和台湾地区，就妇女工作进行交流访问，与来访的台湾屏东县妇联分会和上海市、哈尔滨市、海口市等地妇联参访团进行工作交流，扩大了郑州市妇联工作影响，树立了郑州女性的良好形象。

（焦欣园）

工商联

【概况】 2012年，郑州市工商联的各项工作取得了显著成绩。至2012年年底，全市共有县（市）区工商联组织12个、直属行业（异地）商会43个，会员2.4万人。副主席企业三全食品有限公司被国务院授予“全国就业先进企业”称号，董事长陈南荣获全国工商联“科技创新企业家奖”；副主席企业河南四方达超硬材料股份有限公司的“高档优质聚晶金刚石拉丝模坯开发研究”项目荣获“科技进步优秀奖”；郑州市工商联机关先后荣获省工商联授予的“2012年度目标考核先进单位特等奖”“2012年河南省工商联系统优秀调研成果二等奖”“2012年度河南省工商联系统宣传阵地建设先进单位”等奖项。

【思想政治工作】 2012年，郑州市工商联以深入学习贯彻党的十八大精神为契机，打牢思想政治基础。为深入学习贯彻党的十八大精神，郑州市工商联组织召开了全市县（市）区工商联暨商会建设工作会议。通过宣读、座谈等形式，认真学习讨论了胡锦涛总书记的工作报告。学习领会全省宣传思想政治工作暨民营企业文化建设工作会议精神，认真研究了全市县（市）区工商联暨商会建设工作新思路、新途径、新举措，促进了商会党组织建设和非公有制经济党建工作进一步加强。

【组织建设】 （一）圆满完成了市本级及12个县（市）区两级工商联换届工作。2月10日，郑州市工商联第十七次会员代表大会召开，选举产生了新一届领导班子。河南省委常委、省委统战部长史济春，省委常委、郑州市委书记吴天君，省政协副主席、省工商联主席梁静，郑州市市长马懿等领导出席会议。通过换届，使一批社会上有影响、经济上有实力、行业中有代表性，并热爱工商联事业的非公有制经济代表人士充实到工商联组织中来，壮大了会员队伍，改善了会员结构，增强了商会工作的活力和凝聚力，树立了商会组织的新形象。

（二）加强和改进工商联工作会议顺利召开。5月12日，市委、市政府召开了加强和改进工商联工作会议。市委组织部、市发改委、市财政局、市人力资源和社会保障局、市工商局等市直单位代表围绕工商联工作，就如何履行职能、发挥作用作了发言，市工商联、市总商会向全市工商联会员和民营企业家发出倡议，动员全市民营企业立刻行动起来，为加快推进中原经济区郑州都市区建设作出新贡献。

（三）加强指导，着力夯实商会组织基础。一是出台了《郑州市工商联商会管理办法》，进一步推动商会向制度化、规范化方向发展，将基层商会管理水平提升到一个新的高度。二是指导成立了西平商会、邓州商会和妇幼用品商会。三是建立完善了全市工商联系统执委常委数据库，强化了对市、县两级执委常委的动态规范管理。四是开展了以“讲责任、讲作为、讲正气，提升素质、提升水平、提升形象”为内容的“三讲三提升”活动，达到了锻炼党员党性、转变工作作风、发挥职能作用的目的。

【参政议政工作】 2012年，郑州市工

2月10日，郑州市工商联第十七次会员代表大会召开

商联群策群力，加大调研力度，参政议政工作取得新成效。为真正掌握郑州市小微企业现状，反映小微企业诉求，为市委、市政府的重大决策提供科学依据，市工商联围绕非公有制经济发展的现状、政策、环境等方面问题，深入非公有制企业走访调研。一是郑州市工商联结合全国工商联、省工商联调研活动，开展了小微企业“保生存谋发展”调研。2月20-25日，省政协副主席、省工商联主席梁静率领省工商联调研组，到金水区、管城区等7个县（市）区工商联，从小微企业发展状况、基层组织建设、文化产业建设、企业文化建设等四个方面进行了调研。2月27日，全国工商联党组副书记、副主席黄小祥一行11人到郑州调研，先后考察了三全食品股份有限公司、高新区信息港、大豫网和小樱桃动漫等企业。3月23-24日，全国政协副主席、全国工商联主席黄孟复，全国工商联副秘书长、经济部部长欧阳晓明等到郑州调研，视察了河南汉威电子股份有限公司、高新区信息港、郑州威科姆科技股份有限公司、新郑好想你枣业股份有限公司等企业，并召开了座谈会。4月14日，中共中央政治局常委、全国人大常委会委员长吴邦国在河南调研期间，十分关注国家动漫产业发展基地（河南基地）的建设，实地考察了郑州市工商联副会长单位小樱桃动漫公司等。二是通过深入调研，撰写了《郑州市小微企业发展情况调研报告》《郑州市行业商会调研报告》《郑州市乡镇街道工商联组织建设情况调研报告》《关于我市民营企业文化建设的调研报告》和《郑州市民营文化产业的现状与调查》等调研报告。

【经济服务工作】 2012年，郑州市工商联创新载体，搭建平台，服务水平有了新的提高。

（一）教育培训有实效。根据市政府关于开展“企业服务年”活动的总体要求，结合工商联实际，切实针对民营企业开展了形式多样的教育培训。先后组织非公有制经济代表人士参加了“民营企业助推中原经济区建设高峰论坛”。全国政协副主席、全国工商联主席黄孟复出席论坛并作重要讲话；民建中央副主席辜胜阻，长江商学院副院长王一江等围绕民营企业在中原经济区建设中面临的机遇和挑战等问题，进行了发言；会员代表就自己最关心的问题与嘉宾进行了互动交流、深入探讨，收到良好效果。参加了北京大学副校长、北大汇丰商学院院长海闻和中共中央党校校委委员、组织部部长赵长茂在郑州的报告会，两人分别围绕中国民营经济发展和中国宏观经济走势作了精彩演讲；参加了由河南省工商联与北京大学民营经济研究院联合主办的“中原民营经济发展与国学智慧高峰论坛”和由河南省人民政府、长江商学院共同主办的“2012长江中原发展研讨峰会”，以及全球励志演说家力克·胡哲和“亚洲首席超级演说家”梁凯恩在郑州的演讲活动。通过活动的开展，不仅提高了全市民营企业家对经济形势的认识和管理水平，也增强了工商联的凝聚力和活力。

（二）全市各级工商联组织充分发挥联系广泛的优势，为会员企业搭建平台，提供服务。一是搭建法律服务平台。管城区工商联、新密市工商联法律维权服务中心先后挂牌成立，在大力宣传国家有关政策、法律、法规，正确引导会员企业知法、守法、懂法、用法方面提供了优质的法律服务。二是搭建信息交流平台。登封市工商联、管城区工商联、荥阳市工商联等建立并开通了工商联网站，与会员企业联网，更加方便、快捷地为非公有制企业提供服务。2012年，全市工商联系统在国家级媒体发表信息文章十余篇，在省级媒体发表600多篇，在省工商联网站发表1000余篇。三是搭建教育培训平台。登封市工商联先后组织副会长企业家参加了清华、北大知名专家教授的“品牌引爆与创意营销”和“企业战略决策和博弈论”专题讲座；惠济区工商联邀请浙江大学教授为企业家作了新型城镇化建设辅导报告；二七区工商联组织民营企业家近30人赴浙江大学进行了培训；新郑市工商联举办了儒家文化与提高企业领导执行力培训、金融知识培训和健康知识教育讲座；巩义市工商联新华街道商会特邀香港胜者集团董事长张斌举办了“打造企业核心竞争力名家讲座”。通过学习，企业家们丰富了经济理论知识，提升了企业发展理念。四是搭建就业服务平台。巩义市工商联孝义街道商会成立了“机械研发中心”，聘请工程师3人，为会员企业进行技术指导，帮助技术革新，受到了会员企业的赞誉；上街区工商联与区人社局联合深入30个行政村，对辖区企业所需就业岗位进行了宣传，让农民工在自家门口挑选适合自己的工作，为140余家用工单位招聘了农民工。

（三）净化环境，公平竞争。5月20日，郑州市20余家企业代表参加了河南省工商界“反对贿赂·公平竞争”联盟活动启动仪式。会后，郑州市工商联立即召开会议，为深入开展“反对贿赂·公平竞争”联盟活动进行再宣传、再动员、再学习，并在6月28日举行了230余人参加的郑州市工商界“反对贿赂·公平竞争”联盟活动启动仪式。

【邀商引资】 2012年，郑州市工商联内引外联，邀商引资促发展。

（一）发挥优势，主动邀商。充分利用工商联、商会的资源，实施“走出去，请进来”，以“会”邀商。一是“请进来”。以“壬辰年黄帝故里拜祖大典”“国际少林武术节”举行为契机，邀请来自北京、上海、杭州、深圳、广州、东莞等地知名企业65家，全国500强企业6家、行业百强企业12家、上市公司15家。2012年，市工商联共签订投资项目207个，投资金额达193.3亿元人民币。二是“走出去”。组织企业家赴武汉参加了“民企携手湖北、共促中部崛起”活动。组织部分县（市）区工商联党组书记及企业家赴福建进行非公经济思想政治建设、商会建设和经贸考察；赴连云港参加“东中西经济贸易合作洽谈会”，并签署了欧亚大陆桥沿线商会合作框架协议；参加“2012中国·岳阳第九届城市友好商会经济协作会暨百强民营企业岳阳行活动”“第七届中国河南国际投资贸易洽谈会”“2012民营企业高峰论坛”等活动。截至年底，投资金额超百亿元人民币，到位资金达96亿元人民币，其中外资700万美元。

（二）“百千万工程”活动结硕

3月23-24日，全国政协副主席、全国工商联主席黄孟复在郑州高新技术产业开发区视察

果，新型城镇化建设见成效。2012年，郑州市工商联积极引导非公有制企业和非公有制经济人士支持、参与“百千万工程”建设和新型城镇化建设。一是在“百千万工程”建设活动当中，共有259家会员企业与村、社区结成帮扶对子，其中新增帮扶对子45个，全年共建立帮扶项目199个，累计投入帮扶资金约51.5亿元。帮扶创业2666人，帮扶就业35706人。二是在新型城镇化建设中，市工商联会员捐建项目104个，总投资额达867亿元，到位资金37.6亿元，有力推进新型城镇化建设的进程。9月28日召开了“月满中秋话团圆，商会民企共发展”——2012郑州市民营企业参与新型城镇化建设座谈会。省委常委、郑州市委书记吴天君等领导及市工商联专（兼）职副主席、总商会副会长、行业（异地）商会会长近百人出席会议。

【光彩事业】 2012年，郑州市工商联积极引导民营企业致富思源、富而思进，弘扬光彩精神，履行社会责任，参与社会公益事业。全年全市工商联系统捐款捐物累计7000余万元，彰显了非公有制经济人士奉献社会的风采。9月10日，组织民营企业参加了河南省工商联发起的“爱心包裹”邮寄活动；在第五个郑州“慈善日”活动中，组织会员企业积极捐赠善款1447万元。

积极开展助教助残帮扶活动。市工商联会员企业家捐资185万余元，用于改扩建学校、购买图书、资助贫困学生完成学业等；中牟县工商联举行“圆梦行动”捐资助学，会员企业家捐资3.3万元，资助11名贫困大学生；钢贸商会钢哥汽车俱乐部举行“爱心之旅、穿越西藏”之行，沿途为藏区小学义捐棉袄及书包、文具共计2万元；温州商会组织20余家企业与管城区23家受捐助的学校结对帮扶；莆田商会常务副会长、副会长捐款5万余元，为家乡小学购置100套课桌课椅等。

在帮扶贫困职工活动中，副主席企业三全食品有限公司董事长陈南向省工会捐资50万元、河南建投工程发展有限公司董事长雒新代向市工会捐资5万元，隆庆祥集团董事长袁小杰捐资20万元成立了隆庆祥爱心基金会，资助贫困下岗职工。高新区工商联组织会员企业赴沟赵、岳岗等村慰问困难群众，为他们送去米、面、油、肉等价值11万元的慰问品。平江商会会长王君军为家乡捐资80余万元，修筑被洪水冲毁的桥梁；邵阳商会和平江商会无条件服从郑州都市区建设大局，为商会所有搬迁的会员企业排忧解难。

民企进军营，慰问子弟兵。为进一步密切军政军民关系，促进双拥工作开展，市工商联于7月27日组织20余名副主席企业家代表到驻郑预备役高炮师慰问官兵，送去空调、衬衣、米面等价值25万元的慰问品，同时赠送了郑州市推出的电视动画片《河南“三平”精神》《动漫报》等精神文化产品，丰富官兵的精神文化生活。

（高明灿）

科协工作

【概况】 2012年，郑州市各级科协组织在市委、市政府的正确领导和省科协的具体指导下，认真学习贯彻党的十八大精神，深入贯彻落实科学发展观，紧紧围绕市委、市政府中心工作，团结带领广大科技工作者，与时俱进，锐意创新，较好地完成了市科协六届八次全委会议确定的各项任务，有力推动了科技与经济相结合，为郑州市经济社会持续健康快速发展作出了贡献。

【科技服务体系建设】 为凝聚高端智力，增强郑州市科技自主创新能力，促进科技成果向现实生产力转化，市科协在郑州市重点企业开展院士专家企业行活动，先后组织12位院士专家深入高新区、经开区的骨干企业开展技术咨询、技术服务、学术交流活动，活动期间签订合作项目6项，达成合作意向10余项。市政协与郑州高新区管委会联合举办“郑州高新区科技创新暨第四届产学研合作大会”，高新区管委会与中原工学院、河南省科学院签署了科技合作协议，相关企业与清华大学、解放军信息工程大学等十多家高等院校、科研院所签订合作协议140余项，达成合作意向200余项。市科协扎实开展“三讲一比”群众性科技创新活动，全市398个企业、16192名科技人员参加了活动，完成活动项目447个，采用合理化建议3172条。组织华北水利水电学院、河南省交通科学技术研究院有限公司等高校和企业成立了8个校企合作产学研示范基地及教学科研实践基地，搭建起资源共享创新平台。在大中型企业、县（市）区积极推进院士工作站建设,新批复成立院士工作站4家。为推动科技服务体系建设和创新型城市发展作出了积极的贡献。在国家发改委、科技部、国资委和中国科协联合召开的全国“讲理想、比贡献”活动总结表彰大会上，郑州市两家单位获得先进集体、先进专家工作站称号，1名科技工作者获得科技标兵称号。

【科技学术交流活动】 2012年，全市各学会、协会、研究会共组织开展高层论坛、学术交流活动330余次，参加活动的科技工作者达3万余人次，交流各类论文500余篇，举办各类业务培训班100期，培训科技人员5万余人次。举办“现代化城市暨国际大都市交通管理高端论坛”“2012郑州市电动汽车产业发展论坛”等活动，邀请中国科学院院士、香港大学教授叶嘉安，原国家建设部部长、欧亚科学院院士汪光焘，中国工程院院士、中国科学院物理研究所研究员陈立泉等国内著名专家，探讨和交流新形势下城市交通事业发展、电动汽车技术和产业发展等内容，为促进郑州市交通事业和电动汽车产业发展提供了思路。

【科技助政决策咨询工作】 2012年，市科协积极反映广大科技工作者的意见建议，为郑州都市区建设提供决策咨询服务。制定了《郑州市科技工作者建言献策活动方案》，印发至全市各有关单位。全年共收集整理各类建议稿30余篇，其中25篇科技专家建议稿报送市委、市政府及有关部门，得到了市委领导和有关部门的认可和好评。

3月23号，郑州市钻石精密制造有限公司院士工作站揭牌

【全民科学素质工作】2012年，市科协认真履行全民科学素质工作领导小组办公室职责，推动了全民科学素质工作的有效开展。首次开展了2012年郑州市百项全民科学素质行动计划工作。在清华大学组织举办了郑州市全民科学素质工作培训班，形成了跨部门、社会化的科普资源共建共享机制。依托郑州市社区科普大学开展了丰富多彩的全国食品安全宣传周活动。郑州市科协获得全国食品安全科普知识竞赛优秀组织奖、河南省食品安全暨四大放心工程科普知识竞赛“突出贡献奖”。

【郑州市民生实事科普项目建设】2012年，郑州市民生实事项目首次涉及科协工作，市科协承担了100个社区科普大学示范点的建设任务。截至2012年底，市科协在全市建设社区科普大学示范点107个，完成系统科普知识培训3256个课时（次），培训社区科普大学骨干业务人员1044名，新编印《中老年人常见疾病预防与护理》等1套8本社区科普大学科普读物，发放系列科普教材10070套，培训社区居民11万余人次，圆满完成了民生实事目标任务。

【科普惠农兴村计划】2012年，郑州市科普惠农兴村计划工作实现新突破，荥阳市获得河南省先进科普示范县（市）荣誉称号，登封市花卉协会等8个农村专业技术协会、中牟县春峰草莓基地等5个农村科普示范基地和5位农村科普带头人获得国家和省级科普惠农兴村计划表彰，共获得国家级、省级奖补资金187万元。新郑市、上街区、中原区创建成为“河南省科普示范县（市）区”。新密市被确定为郑州市先进科普示范县（市），惠济区孟屯大河家禽养殖户专业技术协会、巩义市大东方养殖技术科普示范基地等20个单位获得郑州市科普惠农兴村计划先进单位荣誉称号，共获得市级奖补资金130万元。

【青少年科普活动】2012年，为推进青少年科学素质教育工作，市科协联合市教育局组织举办了第18届郑州市青少年科技创新大赛，共有来自全市中小学及幼儿园的10万多名学生参与了活动。积极开展全国和河南省青少年科技创新大赛的项目推荐工作，市科协推荐的项目共获得各类一等奖50余项，获奖总数位居全省首位，中原区桐淮小学获得“科技教育创新十佳学校”荣誉称号，10名参赛全国大赛的获奖学生取得高考保送资格，郑州市科协被评为省级和全国青少年科技创新大赛基层赛事优秀组织单位奖。“六一”国际儿童节前夕，市科协在中原区桐淮小学开展了“科普进校园”活动，副市长马健出席活动并向小学生赠送了市科协编印的《七彩梦幻——2012年郑州市少年儿童科幻画优秀作品选编》画册。

【社会化科普活动】2012年，为进一步发挥科协组织人才荟萃、学科齐全的团体优势，市科协广泛开展了内容丰富、形式新颖的科普教育活动，取得了良好的社会效果。围绕“节约能源资源、保护生态环境、保障安全健康、促进创新创造”这一主题，向全市公务员免费发送科普短信，全年共发送48期12万余条内容。进一步加强反邪教警示教育，开展以“拒绝邪教、共铸平安”为主题的反邪教文艺巡演12场，受教育群众达10多万人。成功举办了2012年“全国科普日”活动，金水区、二七区等12个县（市）区开展了科普讲座、科普剧巡演、科普义诊、科普大集等科普活动210项。全年全市各级科协组织开展科普活动200余场次，参加人数近10万人次，发放科普资料6万余册；举办大型科普报告会26场，参加人数2.67万余人次。郑州科技馆充分发挥科普教育主阵地作用，全年接待观众32万余人次，积极开展“科技馆活动进校园”工作，连续5年获得全国科技馆活动进校园试点场馆一等奖。科普大篷车深入企业、农村、社区和学校开展科普活动，接待观众达6万余人次。

【先进科技工作者宣传表彰工作】2012年，市科协把宣传表彰作为服务科技工作者的重要手段，努力健全科技工作者表彰奖励体系。先后完成了郑州市第五届“十大科技女杰及巾帼科技带头人”表彰工作，首届郑州市“科技创新人才奖”评审工作和第二届“三讲一比”活动表彰材料申报工作。组织开展了郑州市首届学术成果展活动，并组织专家对参展成果进行了评审，评选出优秀学术成果20项。通过一系列宣传表彰活动，在全社会营造尊重劳动、尊重知识、尊重人才、尊重创造的浓厚氛围。

4月13号，郑州市社区科普大学示范点建设启动仪式举行

【科协组织建设】 2012年，市科协顺利完成了66个自然科学学会的年度审验工作，批复成立了郑州市检测校准学会、郑州市暖通节能学会，指导郑州市医学会等7个学会顺利完成了换届工作，极大促进了全市学会组织建设。进一步加强企事业科协组织建设，企事业科协组织总数达到62个。通过表彰、命名科普教育基地加强了科普基础设施建设，全市有17个科普教育基地被命名为河南省科普教育基地,占全省2012年命名总数的21%，7个科普教育基地被评为全国科普教育基地。反邪教基层组织网络得到进一步健全，全市地方高校反邪教协会、县（市）区反邪教协会覆盖率均达100%，全市各级各类民间反邪教组织总数达到801个，反邪教组织的覆盖面和影响力进一步扩大。

（李俊峰）

社会科学

【概况】 2012年，郑州市社科联根据市委、市政府工作总体部署，围绕郑州市经济、社会、文化等方面的热点难点问题，以郑州市都市区建设为重心，破解发展瓶颈的指导思想，规划制作调研课题，在广泛征求意见和专家论证分析的基础上，确定了研究重点及方向，报请市委、市政府主要领导批示后经过严格的课题申报招投标程序，确定了“郑州建设全国区域性金融中心城市研究”“推进郑州航空港经济综合实验区建设问题研究”“郑州市加快网格化管理体系建设研究”等9项重点课题。截至2012年底，9项重点课题已全部调研制作完毕。

积极做好省级、市级社科规划课题的结项、申报工作。完成了“河南省创新型产业集聚区的培育机制研究”“河南省农田水利建设面临的问题与解决对策”“中原经济区建设中的金融生态环境问题研究”等3项2011年度省级课题的调研制作工作，并已结项。相继申报并中标了“当前河南省面临的国内外宏观经济环境分析”“产业集聚区体制机制问题研究”等2项2012年度省发展研究中心课题。申报的“郑州都市区建设与中心城区提升发展问题研究”“华夏历史文明传承创新核心区建设问题研究”“郑州市创新型产业集聚区的运作模式与发展对策研究”等5项2012年度郑州市软科学研究计划项目课题全部获准立项，调研制作工作全面展开。

积极开展2011年度社科调研课题的结项、评奖以及2012年度社科调研课题立项工作。召开社科专家评审会，批准2012年度社会科学调研课题立项项目880个，并对2011年度716项结项课题进行了评审，共评出优秀社科调研课题一等奖40项，二等奖75项，三等奖96项。从评审情况看，郑州市社科调研课题逐步呈现出针对性强、调研深入、理论水平高、可操作性强等特点，为郑州市经济社会发展提供了理论支持和决策参考。

拓展研究领域，整合有效资源，积极开展调研工作。积极参加了“郑州市创建国家公共文化服务体系示范区”调研活动和“关于‘坚持依靠群众、推进工作落实’长效机制的一体化构架设计研究”课题的调研与制作，以及市编办组织的关于事业单位总量控制等有关方面的课题调研制作活动和市委宣传部组织的省社科院专家学者代表团在郑州关于产业集聚区建设、新型农村社区建设大型调研活动。通过积极参与郑州市各项课题调研活动，既锻炼了队伍也大大提升了社科联（院）的知名度。

【撰写《华夏历史文明传承创新核心区建设》重大文化课题】 国务院《关于支持河南省加快建设中原经济区的指导意见》中明确将华夏历史文明传承创新区定位为中原经济区的五大战略之一，对接国家和河南省区域发展战略，抢抓发展机遇，建设华夏历史文明传承创新核心区，是郑州应该承担的历史责任和现实举措。根据市委宣传部相关要求，社科联党组认真研究，成立了社科联（院）业务骨干和有关专家组成的课题组，对核心区建设的意义、内涵与定位、目标任务与载体等进行系统研究，为推进华夏历史文明传承创新核心区建设提供参考。截至2012年底，市社科联（院）完成了10个子课题的调研制作，并在子课题的基础上开展了总课题调研报告的制作工作。

【社科优秀成果评奖】 2012年，市社科联面向社会共征集社科优秀成果1256项，经郑州市优秀社科成果评奖委员会的严格评审，共有261项优秀成果获奖，其中《民生问古今》获得市社科优秀成果荣誉奖，《关于构建中原经济区核心增长区问题研究》等53项研究成果获得市社科优秀成果一等奖，《注重运作 善于运作 强化运作——关于郑州宜居健康城建设的调研报告》等77项研究成果获得市社科优秀成果二等奖，《加快二七区楼宇经济发展的调研与思考》等131项研究成果获得市社科优秀成果三等奖。从获奖成果情况看，内容涉及政治、经济、文化和历史等诸多领域，其中不乏新观点、新见解、新提法、新措施，尤其是调研报告对郑州市经济社会发展具有一定的指导性、应用性和可操作性。

【郑州文化发展报告】 在市委宣传部指导下，由社科联（院）组织编写的《2011-2012年郑州文化发展报告》，以翔实的资料数据、客观的动态研究，较为全面地反映了2011年郑州文化发展的基本情况。既有对郑州过去文化发展的回顾和总结，也有对未来文化发展的展望，既有对郑州文化产业发展形势的宏观分析，又有对文化产业不同行业的权威性年度报告，既有典型个案分析与参考借鉴，也有理论视野的专题研究。该书有较强的权威性、针对性和可读性，为政府进行科学决策、加快推进文化发展提供了理论依据，是郑州文化领域中一项重要的科研成果。

【社科成果转化】 2012年，市社科联针对郑州市经济社会发展中遇到的热点、难点和亟待解决的问题，调研编印了《以体制机制创新和科技创新支撑都市区建设》《郑州市新型农村社区建设问题调查与对策建议》《新型城镇化建设过程中的重点问题与应对思路》等12期《社科内参》，把专家学者提出的新思路、新观点、新措施等建议，及时呈

2012年郑州市社科优秀成果评奖会议举行

送市领导决策参考，受到了各级领导的关注和好评。市委副书记王璋在《社科内参》（2012第8期）《郑州市网格化管理的实践难点与重点研究》上作出批示，对课题组的调研工作表示肯定。编辑《社科调研对策建议快报》，将2011年度获奖课题中对郑州市经济社会发展具有针对性、前瞻性和实操性的优秀课题进行进一步深入修改、充实、加工、整理、摘要汇编，形成《社科调研对策建议快报》，报市领导参阅。

【郑州市社会科学2012（首届）学术年会】 2012年，市社科联与郑州师范学院联合举办“郑州市社会科学2012（首届）学术年会”，此次学术年会主题为“转型·创新·发展”。会议邀请的郑州市各界知名社科专家围绕郑州市经济社会发展中的热点、难点问题进行了学术交流。首届社科学术年会的成功举办，为郑州社科界搭建了一个高层次、品牌化的学术交流平台，为促进郑州市社科学术交流与创新，打造社科学术品牌提供了舞台，是郑州市社科界的一次年度学术盛会。

【社科知识普及活动】 为满足广大市民的文化需求，丰富文化生活，市社科联联合河南省图书馆共同开展了“中原大讲堂”活动。活动期间邀请理论素养好、演讲口才佳、热心公益事业的名家名师，就公众关心的热点话题进行讲解，共举办了“台海形势及对台政策”“中国绘画的审美与鉴赏”“清官包拯的真实历史”等15场公开课，内容涉及人文科学、社会科学等领域。“中原大讲堂”形式不拘一格，学理性与实用性并存，权威性与前卫性并重，追求学术创新，鼓励思想个性，强调雅俗共赏，重视传播互动，深受市民欢迎。积极开展社科知识大篷车活动，成立了十八大精神社科专家宣讲团，深入县（市）区、机关、社区、学校等单位宣讲十八大精神，全年，共开展宣讲活动20多场，受众人数达6000多人次，社会效果显著。

【社科系列中评会】 2012年，按照河南省人力资源和社会保障厅《关于批准组建嵩山少林武术职业学院教师（实验人员）中级专业技术职务任职资格评审委员会等中评会的通知》(豫人社职称〔2012〕14号)的要求，郑州市成立了郑州市社会科学研究系列中级专业技术职务任职资格评审委员会。市委宣传部和市社科联（院）联合下文，通知各县市（区）、市直相关机关、社科学会（协会、研究会）和省市大专院校、中小学等单位均可参与社科研究系列中级专业技术职务任职申报工作，社科中评工作全面启动。“社科中评会”的组建，有利于促进社科人才的培养选拔和队伍建设，有利于促进全市社科事业的繁荣发展，是郑州市社科史上具有里程碑意义的大事。

【《中州纵横》杂志】 2012年，《中州纵横》紧紧围绕市委、市政府的中心工作组织专门稿件，贴近郑州发展实际，邀请相关领域专家围绕专题深入探讨，精心策划，走精品化道路。重视作者队伍建设，筛选出知名专家300多人，完善专家库，进一步扩大了作者队伍。坚持“开门办刊”，在广泛征求作者和读者的建议和意见后，对原有的《论坛》《前沿》《关注》3个栏目进行了重点策划包装，突出其理论性、预见性和可读性；立足郑州，贴近郑州，新开辟了《博览中原》《时评》《新语》等栏目，深受读者的好评。

（张丽新）

文学艺术

【概况】 2012年，市文联紧紧围绕“坚持科学发展、构建和谐郑州”的主题，广泛开展各类文艺活动，为建设和谐文化、构建和谐社会提供精神动力和智力支持。庆祝“三八”妇女节，与郑州市和南阳市妇联合作，举办“建设中原经济区、巾帼建功展风采——郑州·南阳·女子书画联展”，进一步加深了两地妇女艺术家的友谊。举办郑州市第二十三届文学创作“走进新密”主题笔会，郑州市作协主席团、理事会代表，资深作家代表，青年作家、评论家代表，各县市文联领导、作协主席和作家代表共76人参加笔会。积极响应中宣部深入开展文化、科技、卫生“三下乡”号召，分别在中牟、巩义、新郑、登封等地举办10场迎新春戏曲晚会；组织参加市文明办“文化三下乡”活动，为群众免费写春联和艺术剪纸。深入贯彻落实市委办公厅《郑州市“学雷锋见行动‘三平’之中作贡献”教育实践活动实施方案》文件精神，召开了音乐界专家、学者座谈会，组织创作出以弘扬雷锋精神和“三平”精神歌曲5首。举办“纪念毛泽东同志《在延安文艺座谈会上的讲话》发表70周年壬辰书法精品展”，共展出全市老中青书法家的作品70件。联合郑州市市直机关工委举办“郑州市市直机关喜迎党的十八大书画摄影展”，组织评选出一等奖5件，二等奖14件，三等奖28件，纪念奖40件。为讴歌郑州市改革开放30多年来取得的伟大成就，组织了“文化艺术周”社区曲艺专场演出活动。

【各协会艺术活动】 市作协积极开展文学艺术创作，与河南日报报业集团合作采访创作出版了33万字的纪实文学集《追梦的女人》；组织作家为市委组织部“新农村建设”系列专题片和惠济区“廉政文化建设”专题片以及郑州市红十字会的3个电视专题片创作剧本；组织作者撰写讴歌雷锋诗歌作品；创研室徐敏的作品《红萌》被中国国家画院收藏。市书协为迎接党的十八大胜利召开，在河南博物院举办“中国当代章草十六家书法作品展”，展出钟海涛等16位颇具实力的中青年章草书法家作品160件，充分展示了当代章草书法艺术的勃勃生机，也标志着中国当代章草的重新崛起；纪念毛泽东同志诞辰120周年，在郑州升达艺术馆举办“寄情嵩山——钟海涛章草毛泽东诗词书法艺术展”，展出的66件章草书法作品是为纪念毛泽东同志诞辰专门精心创作而成，风格多样，精彩纷呈，表现了思想性与艺术性的高度统一。市音协合唱团在市群众艺术馆顺利地完成了参加全国“金钟奖——群星奖”合唱大赛的歌曲录音、录像工作。市曲协积极组织开展群

中原大讲堂活动

众性曲艺活动，市曲协常务副主席张守振坚持创作曲艺作品，2012年共创作河南坠子、曲艺说唱、唱词、小品等艺术形式作品10余篇，并大多搬上舞台演出；尚继业培养学生60多名，创作出多篇河洛大鼓作品并实现公演；赵宝献老师利用业余时间免费招收学生50多名，义务培养曲艺新人，为繁荣曲艺事业作出了一定贡献。市影协联合人力资源和社会保障部等单位拍摄的中国首部劳动监察题材的主旋律电影《信念》，在国家劳动监察全年工作会议上举行首映式得到高度评价；组织郑州市优秀影视作品及优秀主持人参加“第二十六届中国电视金鹰奖”评选和“第五届中国旅游电视周”活动；开展“喜迎十八大廉政电影放映周”活动，在大、中专院校放映主旋律电影20余场。市民协名誉主席、郑州大学教授阎夫立的郑商瓷《大团结》《葫芦》系列作品和市民协副主席王玲的黄河澄泥砚《如意八仙砚》获得第十届中国民协工艺美术最高奖——民间文艺山花奖；在首批“中原贡品”普查申报工作中，郑州申报的“郑商瓷”“登封瓷”“黄河澄泥砚”“密玉”“密瓷”“密二花”“汉阴石榴”等经省专家组审定，入选首批“中原贡品”保护名录，入选数量居全省第一；组织《巩义民间故事集》《巩义民俗志》《中牟民间故事集》《新密地名传说故事》以及郑州老作家赵富海的著作《老郑州》参加省民协“民间文艺金鼎奖”评奖活动。

【县（市）文联工作】 各县（市）文联广泛开展各类文艺活动，登封市文联举办了禹生石纽记碑揭碑暨大禹故里文化研究会揭牌仪式，第三届中国大禹文化之乡文化艺术节，登封作家“走进告成”文学笔会暨新型城镇化建设座谈会以及迎党的十八大“我心飞翔”舞蹈文艺晚会。新密市文联组织举办了2012年春节书法楹联刻字展览、新密市第四届预防职务犯罪书画展、重阳节书画展、“魅力中原、欢乐新密”戏剧专场晚会、第五届“情系筝韵”音乐会、“文联之春”大型综艺晚会、庆双节迎十八大专题中秋文艺晚会、“新密市第九届教师书画作品展”等一系列有影响、有成效的活动，为推动全市文艺事业繁荣发展和社会进步，为中原经济区建设作出了积极贡献。

【百花园杂志社】 2012年，百花园杂志社顺利完成“文化事业单位转企改制”工作，成功承办了2012年中国小小说名家沙龙年会活动，全年出版发行《小小说选刊》24期、《百花园》24期。

【开展以“送文化、下基层”为主题的系列活动】 根据市委宣传部“送文化、下基层”工作安排部署，市文联在全市范围内开展了一系列“送文化、下基层”主题活动。开展“送文化三下乡”慰问、喜迎十八大群众文艺赏析活动,组织省会表演艺术家及“梨园春”金奖擂主深入上街区、郑州机场新港区进行宣传慰问演出；承办“绿色音乐周”暨“郑州市首届群众文化艺术节”；组织表演艺术家走进花园口镇八堡村开展“践行十八大、文艺走基层——省市名家专场戏曲演出”活动，使农民开阔了视野，陶冶了情操，营造出团结和睦、积极向上的生活氛围。

【第五届“商鼎杯”全国书法大展】 第五届“商鼎杯”全国书法大展暨历届获奖作品邀请展由中共郑州市委宣传部，中牟县委、县政府，郑州市文联联合主办，10月9日在升达艺术馆开展，市领导王哲、刘东、王薇出席开幕式并观看了展览。活动共收到全国各省、自治区、直辖市寄送的稿件1000余件。经过层层评选，共评选出金奖5个、银奖15个、铜奖30个、优秀作品208个。“商鼎杯”作为郑州市书协的品牌展览已举办了五届，在全国书坛有着良好的知名度，为全国书法展推出新人，奖掖优秀书法人才，推动书法事业的和谐发展作出了积极贡献。

【GDC11平面设计中国展】 GDC11平面设计中国展郑州站暨郑州设计师作品邀请展由郑州市委宣传部、郑州市文联主办，郑州市平面艺术设计协会、深圳平面设计协会、郑州美术馆联合承办，活动包括GDC11获奖及入围作品展、深圳平面设计协会大师讲堂、郑州设计师作品邀请展等三大部分，活动为期5天，共展示作品约420件。GDC11平面设计中国展郑州站活动是郑州举办的规模最大、专业度最强、嘉宾级别最高的一次设计展览活动。

（陈轶川　徐向阳）

在2012中国（宁夏）黄河善谷慈善博览会上，全国政协副主席白立忱、民政部部长李立国到郑州展区听取汇报，并对郑州市近几年来的慈善工作给予了充分肯定

慈善事业

【概况】 2012年，郑州慈善总会广泛开展慈善募捐活动，对老、弱、病、残、幼等城乡困难群体实施救助。共举行各类募捐、救助活动50余次，共接收善款49632972.45元。其中，慈善日募集善款13719246.35元，日常募集善款13963726.10元。2012年，郑州慈善总会在安老、抚孤、助学、济困、助医等方面捐赠支出81935675.72元。其中，捐赠公交车价值57143000.00元，日常救助15377818.47元，慈善项目支出9414857.25元。救助困难群众约20万人次。2012年，郑州慈善总会被河南省慈善总会授予“2012年度先进慈善组织”称号。

2012年，在民政部主办的“第七届中华慈善奖”评选中，郑州市获3项大奖。其中，由郑州慈善总会推荐的“呵护心灵 一路同行”贫困精神病人慈善救助项目、“爱在慈善城 情暖夕阳红”——荥阳市困难老人帮扶项目被评为“最具影响力慈善项目”；郑州日产汽车有限公司被评为“最具爱心企业”。

在2012中国（宁夏）黄河善谷慈善博览会暨第二届“中国城市公益慈善指数发布会”上，郑州市荣获最高荣誉奖，被评为七星级慈善城市。郑州市城市慈善综合指数位居全国第八名。其中，慈善项目单项指数位居全国第三，政府支持单项指数位居全国第五。在这次城市慈善榜单上，全国共有320个城市参与统计。同时，在2012中国（宁夏）黄河善谷慈善博览会上，郑州展团受到好评。各地民政部门领导对郑州市以民政基础设施项目建设带动民政事业快速发展的思路和做法，给予了充分肯定。全国政协副主席白立忱、民政部部长李立国、副部长窦玉沛到郑州市展区听取汇报，并对郑州市近几年来的慈善工作给予了充分肯定和高度评价。

【"慈善冠名基金"实现新突破】 2012年，企业积极回报社会的热潮不断涌现，郑州四棉置业有限公司捐赠3000万元，用于建设中原区伊河路小学北校区。企业冠名基金有了新的突破。

商都妇产医院捐赠1000万元，成立"商都关爱女性健康慈善基金"，并向郑州市建委捐赠2000张体检卡，用于在郑农民工妇女免费体检。

河南省医药研究院附属医院向郑州慈善总会捐赠500万元，建立医疗救助慈善基金，对到河南省医药研究院附属医院就诊的困难群众和特殊群众开展爱心医疗救助活动。

慈善携手养老建立"银龄基金"。河南省爱心助老基金会捐赠300万元，建立"郑州银龄行动慈善基金"，用于长期的助老活动。郑州慈善总会采取有效措施规范管理，阳光运作，严格管好、高效用好基金，让捐赠人放心，让老年人受益。

成立"智在行"慈善基金。河南省智富伟业有限公司捐赠200万元，建立"智在行"慈善基金，用于帮扶郑州市弱势群体。

成立"启福烛光爱心"基金。启福置业股份有限公司捐赠1000万元，成立"启福烛光爱心"基金。该基金是郑州慈善总会首个用于奖励及救助贫困教师的专项基金。

【慈善救助】 （一）慈善助困活动。（1）开展"帮扶困难职工，爱心春暖千家"活动，为中原区困难职工发放善款200万元，救助困难职工千余人。（2）开展走访慰问中牟县、二七区、登封市及特殊岗位困难职工活动，送去慰问金及慰问品价值7万余元。

（二）慈善助学活动。（1）与郑州卜蜂莲花超市联合捐赠3万元，用于帮助登封市颍阳镇崔圪垯村"长霞希望小学"改善教学条件。（2）与郑州交通职业学院联合开展"助学利民造福社会"捐资助学活动，向开封县西姜砦乡靳砦小学捐款50万元，用于该校基础设施建设。（3）与郑州日产汽车有限公司联合开展"牵手工程"阳光助学活动，共出资150万元，资助300名贫困寒门学子。

（三）慈善助孤、助残活动。（1）与郑州宇通客车有限公司联合向郑州市儿童福利院和市精神病医院捐赠两台中型客车，为孤残儿童和患者的出行提供良好保障。（2）开展庆"六一"慰问活动，为郑州市儿童福利院、中牟县三官庙镇蟲店小学和八岗镇中心小学送去2万元慰问金和价值12万元的儿童服装、生活学习等用品。

（四）26个慈善项目取得丰硕惠民成果。2010年11月底，郑州市启动慈善项目，项目单位领导高度重视，专职管理人员工作认真，项目资金专款专用，规范透明，档案齐备，所有慈善项目运行良好。经过22个月的运行，累计投入资金2200多万元，实施慈善项目26个，惠顾困难群众近20万人次，得到了社会各界的充分肯定，取得了明显成效。通过实施慈善项目，有力地推动了郑州慈善事业的快速发展。

【"郑州慈善日"系列活动】 2012年是"郑州慈善日"活动开展的第五年，主题为"善行郑州情暖绿城"。首次在全市成功举办"善行郑州情暖绿城"慈善晚宴活动。晚宴活动穿插各种精彩的公益演出活动，来自社会各界的爱心企业、爱心单位和爱心个人慷慨捐赠，现场共募集善款2500万元，其中捐赠超过100万元的企业和单位多达17家。

10月16日，在绿城广场举行2012"郑州慈善日"活动仪式。民政部中民慈善捐助信息中心主任彭建梅及省市有关领导16人出席活动仪式。郑州市政府办公厅发文动员全市社会各界积极开展"慈善日"活动，市长马懿发表了题为《发扬中华民族传统美德 努力开创我市慈善事业新局面》的文章。郑州市委副书记王璋在仪式上作重要讲话，并对郑州慈善总会取得的成绩表示肯定。全市各县（市）区、市直机关各部门、学校代表、企业代表、部队代表、社工代表、郑州慈善志愿者代表等180多家单位、3000余人参加活动。全市现场捐赠8609万元。2012年"郑州慈善日"活动募集的资金主要用于开展安老、抚孤、助残、济困、助医、助学等多个方面的慈善项目。

积极开展慈善风云人物、慈善风云企业、慈善风云单位网上评选活动。郑州慈善总会通过中原网向社会公开征集评选2012郑州慈善风云人物等，依据公平、公正、公开的原则，接受全社会网友的投票和监督，评出2012郑州慈善风云企业、郑州慈善风云人物、郑州慈善风云单位各10名。

【慈善志愿者队伍不断壮大】 2012年，郑州慈善总会联合郑州市委市直机关工委、郑州市交通运输委员会、郑州市农业农村工作委员会、郑州市工业和信息化委员会、郑州市城乡建设委员会、郑州市公安局、郑州市卫生局7家单位，成立了郑州慈善总会市直机关分会，郑州慈善总会市直机关分会慈善志愿者队伍也正式成立。

郑州慈善总会志愿者在行动系列活动有序开展。郑州市金水区国基路巡防中队联合海龙电子城慈善志愿者分队开展便民服务下社区活动，为社区居民免费维修电脑、提供购机咨询、电脑清理、系统重装等服务；郑州大学小白鸽慈善志愿分队走进社区，开展"给老人送温暖"活动，为社区孤寡老人服务；郑州大学慈善志愿者助力郑开马拉松，除了负责郑州慈善总会的宣传活动之外，还负责郑开马拉松的赛事服务工作；郑州慈善志愿者市农委分队走进养老机构和郑州市儿童福利院，为老人和孩子们奉献爱心，并送去了生活用品。全市慈善志愿者纷纷走上街头张贴慈善日活动海报，远赴贫困山区进行支教活动，为少年儿童义演，开展"孝老爱亲"系列主题活动等。截至10月底，郑州慈善志愿者共组织开展志愿活动

郑州慈善总会会长武国瑞在第二届中国城市公益慈善指数发布典礼上接受采访

12次。

【慈善总会自身建设】 3月19日，市政府主持召开了全市慈善工作会议暨第二届理事会第四次会议。会议审议通过了郑州慈善总会2011年度财务工作报告，新增选了4名名誉会长、2名副会长和3名常务理事。增选省委常委、市委书记吴天君，市委常委、宣传部部长王哲，市委常委、统战部部长王跃华，副市长张学军4人为郑州慈善总会名誉会长。

召开省会新闻媒体创新慈善宣传方式座谈会。会议以创新发展慈善宣传方式为主题，结合郑州慈善总会长期开展的慈善周周行活动，新闻媒体代表畅所欲言，为郑州慈善宣传工作献计献策。

参加首届中国公益慈善项目交流展示会。郑州市民政局副局长、郑州慈善总会常务副会长兼秘书长王万民参加了多个公益慈善研讨会和慈善沙龙，与各企业展位工作人员和各大企业慈善基金会进行交流，初步达成捐赠意向5家。

慈善工作实行网格化管理。郑州慈善总会召开会议，对网格化管理进行部署，要求所有慈善工作要有人管、有人问、有人落实、有人汇报，所有工作细化到点，责任到人。郑州慈善总会工作人员结合自身实际情况，按照“定人、定岗、定责”的原则，逐步深化，精细管理，将慈善工作与网格化管理全面结合，建立“全覆盖、无缝隙”的慈善网格化管理体系。

河南省首部“慈善微电影”新鲜出炉。2012年9月4日，一部12分钟长、名为《阳光慈善温暖郑州》的微电影正式亮相郑州。微电影以郑州慈善总会的救助对象故事为主线，通过纪实手法，真实描述了留守儿童、空巢老人、大病家庭3个特殊社会群体的生存现状。微电影在优酷网、新浪微博发布3小时内，瞬间引起了全国网民的争相转载和传阅。截至当日18时，该微电影已经被转载超过百次，评论数百条，在全国范围内引起强烈反响。

【慈善项目运作】 自2010年开始，郑州慈善总会采取以项目带动募捐、以项目实施救助的新举措，通过慈善项目来带动募捐救助工作。2010年底，郑州慈善总会向社会发布了20个慈善项目。2011年底，郑州慈善总会向社会发布了26个慈善项目。截至2012年底，26个慈善项目运行规范有序，3000多万元善款专账专用，资金收支明细清晰透明，直接与间接受益群体达20多万人。慈善项目为弱势群体解决了实际困难，增强了他们生活的信心，在社会上引起良好反响，为促进社会和谐产生了积极作用，得到了社会各界的一致好评。

2012年8月，郑州慈善总会面向全社会公开征集2013年慈善项目。截至2012年11月底，共征集29个慈善新项目。12月，郑州慈善总会召开2013年慈善项目论证会，由省、市人大代表、政协委员、捐款企业代表、新闻媒体代表组成的郑州慈善总会监事会共同讨论，审议了2012年已经开展的26个慈善项目和2013年新征集的29个慈善项目。郑州慈善总会监事会深入到各项目申报单位，对新申报慈善项目进行调研摸底。依据论证、调研结果，在总结排查2012年和2013年项目的基础上，根据项目类同情况进行梳理，确定38个慈善项目。其中，19个为2012年已经开展继续实施的品牌慈善项目，19个为通过社会征集的新慈善项目。2012年底，郑州慈善总会发布了2013年开展实施的38个慈善项目。慈善项目共投入约2000万元，涉及助医、助学、助困、助残、安老、青少年心理援助、困境儿童帮扶、慈善文化建设等8个方面，基本覆盖全市弱势群体，预计2013年郑州市慈善项目受益人群为20万人。

此次慈善项目发布有四个特点：一是发布慈善项目最多，为郑州市历年之最；二是投入资金量最大，投入2000余万元善款，为历年之最；三是受助群体最大，将有20万人受益；四是引入国际组织的合作，已经有比利时慈善机构与美国脑瘫协会两家国外慈善机构与郑州市合作。

（赵娅慧）

红十字事业

【概况】 郑州市红十字会成立于50年代中期，“文化大革命”期间一度停止活动，1986年恢复工作，1996年被批准为隶属市卫生局领导的正科级事业单位。在市委、市政府和上级红十字会的关心支持下，2003年6月，郑州市红十字会理顺管理体制，被市编委批准为正县级单位，由市政府领导联系，参照国家公务员管理。

截至2012年底，郑州市红十字会拥有工作人员23名，机关下设办公室、赈灾救济部和宣传部。根据工作需要，增设了中华骨髓库河南省分库郑州工作站，为财政全额拨款事业单位，编制5人。机构设置齐全，功能基本完善，为有效开展红十字工作打下了良好的基础。

郑州市红十字会共有基层红十字会组织530个，市直团体会员单位43个，共有会员18万余人，其中青少年会员8万余人。所辖12个县（市）区中已有登封市、新郑市、二七区、管城回族区、惠济区理顺了管理体制，从卫生局划出，独立设置。

近年来，郑州市红十字会在市委、市政府的正确领导下，在省红十字会的关心支持下，认真贯彻落实《中华人民共和国红十字会法》，切实加强领导班子建设，坚持依法建会、依法治会、依法兴会，不断拓宽人道主义服务领域，在备灾、救灾、社会救助、卫生救护培训、红十字青少年、造血干细胞捐献等各项工作中取得了显著成绩。

2012年，郑州市红十字会承办中国红十字会总会项目2项，新成立基金6个，全年共募集救灾、救助款物合计1200余万元并全部发放完毕，受益群众55万人。培训初级救护员1015人，普及救护知识培训群众7000余人。志愿者成功捐献造血干细胞32例，累计实现成功捐献132例，连续8年保持省会城市第一。郑州市红十字会参加总会训练中心主办的“全国青少年应急安全知识竞赛”，获得二等奖和优秀组织奖。2012年，郑州市红十字会被河南省人社厅、省红十字会表彰为“全省红十字系统先进集体”，被郑州市直机关工委表彰为先进基层党组织。2012年，郑州市志

9月12日，中国红十字会副会长郭长江视察郑州市红十字应急救护培训基地，市委常委、宣传部部长王哲陪同视察

愿服务骨干陈福安被评为全国优秀志愿者。

【救灾、备灾工作】 2012年，郑州市组织开展了多项救灾、备灾以及应急救援工作。

（一）救灾工作。（1）援建的贵州省黔东南州剑河县太拥乡柳开村“博爱饮水及抗旱救灾基础设施建设工程”竣工并投入使用。郑州市委常委、宣传部部长王哲，郑州市政府副秘书长王霄鹏，郑州市红十字会党组书记、常务副会长张春香，副会长韩孝坤等出席竣工仪式。工程总投入90余万元，2012年9月竣工，解决了当地255户家庭的饮水困难和30公顷农田的灌溉问题，改善了当地群众的生活状况，促进了当地的经济发展，成为深受群众好评的“爱心工程”。（2）援建的舟曲县红十字备灾救灾中心项目，2012年7月12日举行开工典礼，主体工程正在建设中。（3）协助江油市红十字会“感恩河南基金”援建项目完成选址工作，最终确定援建登封市少林街道办事处中心小学教学楼。5月18日举行项目开工典礼，项目总标的162.1万元，项目已基本完工，将于2013年举行竣工仪式。

（二）备灾工作。郑州市应急救灾仓库已通过市发改委立项，红十字会与民政、水务、城管等部门共同建设和使用。市红十字会已将备灾救灾仓库需求情况上报有关部门。暂时借用市财政局公务仓作为备灾仓库使用，存储有帐篷、棉被、棉衣、应急包等救灾物资。通过申请财政支持、上级支持和社会自筹相结合，共募集价值350余万元救灾物资，受益群众达10万余人。

（三）应急救援工作。在2012年1月大雪灾害救助中，郑州市红十字会向登封市、荥阳市下拨价值20万元的面粉，解其燃眉之急。在7月份雨涝灾害救助中，第一时间向广大市民下发价值9.9万元的风衣与饮水消毒剂。2012年，相继成立郑州市红十字水上救援队与郑州市红十字应急救援队。建立健全应急救援队规章制度，进行有序管理。红十字水上救援队现有队员100人，红十字应急救援队现有队员20人。2012年，红十字水上救援队共计开展应急培训和预案演练13场。其中，进入中小学为学生进行义务培训6场，队员集中应急培训4场，在黄河边现场预案演练3场。红十字水上救援队救助溺水群众20余人次，多家媒体对其进行报道，社会影响广泛。2012年，红十字应急救援队共计开展应急培训7场，为3000余名青少年提供了心理援助。其中，走进山区为留守儿童、留守妈妈开展心理援助活动3场，为单亲家庭提供心理援助活动4场。

【人道救助工作】 2012年，郑州市红十字会针对大病患者、孤寡老人等弱势群体开展了全方位救助，共募集人道救助资金1200余万元并全部发放，受益人数达55万余人。主要开展了“一送四助”活动。

（一）“博爱送万家”活动。“博爱送万家”活动已成为红十字会的品牌活动，通过有效整合救助资源，2012年共为全市1500户贫困家庭发放了价值27万余元的米、面、油等物资。

（二）爱心助儿活动。爱心企业广州王老吉药业股份有限公司向惠济区大河路中心小学留守儿童捐赠了价值5万元的三公仔小儿七星茶和书包、文具等学习用品。联合郑州市可口可乐饮料有限公司举办“我环保、我快乐”儿童节主题活动，邀请50名留守儿童到大未来儿童城进行了体验活动。联合郑州市中医院举办“文化助残，放飞梦想”儿童节主题活动，为康园言语听力康复中心的孩子们捐赠了2.4万元救助金。向儿童福利院儿童捐赠了价值3.3万元的纸尿裤。爱心不找零聋哑儿童救助基金救助5名困难儿童3.3万元。大河博爱基金为6名白血病儿童救助资金3.3万元。

（三）爱心助学活动。继续与天明集团、郑州市教育局共同做好“天明博爱助学基金”项目，评选出第二批“天明博爱奖学金”学员，选出200名品学兼优的优秀学生，每人获得2000元的奖学金。1月5日，郑州市红十字会党组书记、常务副会长张春香，郑州市红十字会副会长韩孝坤，郑州市教育局党委委员王巨涛等参加了新密市奖学金发放仪式并到获奖学生家中走访慰问。2012年新招收天明博爱班学生343名，发放助学金343万元。全年召开天明博爱助学基金工作会议4次，共同研究解决助学工作中的困难和问题。向登封市张沟小学捐赠了价值13.4万元的桌椅。联合宇通公司开展金秋助学活动，为100名贫困大学生捐赠助学金50万元。发放“奥丝蓝黛”助学金2500元。郑州玉安联合有限公司捐赠50万元用于救助大连市和郑州市贫困大学生，其中12万元用于救助郑州市贫困大学生20人。海燕出版社、麦草动画分别向登封市告城镇第五小学捐赠了价值5000元和3000元的书籍、学习用品。搭建爱心“1+1”助学平台，提供求助信息，为爱心人士牵线搭桥，共资助郑州市21名贫困学生2.85万元。

（四）爱心助医活动。钢哥基金资助2名大病患者1.5万元。华山博爱健康援助基金资助382名患病群众，共发放救助金48.69万元。眼耳鼻喉博爱基金为500名贫困白内障、耳鼻喉科手术患者减免手术费20万元。郑州市儿童医院先心病患儿救助基金为140名先天性心脏病患儿救助医疗费48.57万元。“小天使”基金向24名贫困白血病儿童救助72万元，“天使阳光基金”救助定点医院落户郑州市儿童医院。2012年3–9月，郑州市儿童医院专家在红十字会人员的陪同下，赴中牟县等地筛查先心病患儿，红十字会工作人员现场指导家属申请救助资金。全年共有40名先心病患儿获得该基金救助。石家庄以岭药业股份有限公司通过省红十字会向郑州市捐赠莲花清瘟胶囊308箱，价值80万元。该药品已及时发放给全市2万余名出租车司机。

（五）爱心助困活动。嵩山饭店捐赠价值45万元的衣物发放给郑州市贫困交通协管员，并成立郑州市第一家酒店业企业红十字会。中秋节前夕，郑州市九头崖有限公司向郑州市红十字会捐赠月饼6.5万盒、价值550万元，市红十字会将其发放给郑州市环卫工人、轨道交通建设工人、低保户、五保户等社会弱势群体。郑州宝岛眼镜有限公司捐赠价值4000元的衣物，救助郑州市贫困群众。河南振兴房地产（集团）有限公司、河南光田置业有限公司、河南九鼎实业有限公司为车祸受伤的贫困群众

10月24日，周二彬同志捐献造血干细胞先进事迹表彰会举行

5月6日，郑州市红十字志愿服务队授旗仪式举行

捐赠32250元救助款；某爱心企业为意外受伤的贫困群众捐赠5万元救助款。市红十字会募集价值185万元的药物，救助郑州市及周边地区贫困群众。爱心的士一元博爱救助基金向6名贫困的士司机救助1.2万元。联合宇通公司开展重阳节敬老活动，为十八里河敬老院老人送去价值3000余元的生活用品。联合宇通公司开展冬日暖阳活动，为平民英雄及美德少年捐赠价值20万元的物资。

【应急救护培训】应急救护培训工作围绕“三大主体”工作，开展“四进三个一”（即进学校、进机关、进企业、进社区，教会一个学生、带动一个家庭、辐射一个社会）活动，在学校、社区建立了5个应急救护培训站和1个培训基地，并组织培训师资力量进入企业和机关开展应急救护普及培训工作。2012年共举办救护普及培训班28期，举办救护员培训班15期，培训初级救护员1015名，救护员复训68名，普及培训群众7000余人。为富士康、梦舒雅等重点企业的员工提供优质满意的应急救护培训服务；为武术学校培养了救护辅导员，组织辅导武校学生参加“第二届全国红十字应急救护大赛”，取得了好成绩，为易受损害群体提供了安全保障。以探索人道法项目为抓手，培训师资30名，开展了互动参与式教学，创新了学习方式；以红十字青少年志愿服务项目为抓手，在郑州四中等6所学校开展应急救护志愿服务活动；以“红十字学校健康安全活动”项目为抓手，举办3期健康安全辅导员培训班，培训学员100余名。

【“三献”工作】（一）无偿献血工作。加大无偿献血宣传力度，积极倡导市民自愿参加无偿献血活动，对涌现出的无偿献血先进事例进行报道。开展“6·14”世界献血日大型宣传活动，数百名志愿者走上街头激励推广无偿献血，极大提高了市民参与无偿献血的积极性。组织郑州市机关干部、红十字志愿者等参加无偿献血，满足全市临床用血需求。

（二）造血干细胞捐献工作。2012年共组织采样活动28次，共招募造血干细胞志愿者3208人，完成年初计划的160%，位居全省第一。全年共初筛386人，再动员319人，其中初筛联系上和同意的比率达到80%以上。安排体检的共有69名志愿者，顺利通过体检52人。成功捐献32人，创历年新高。历年累计成功捐献人数达132人，成功捐献人数连续8年在全国省会城市排名第一。10月24日，郑州市市直机关公务员成功捐献造血干细胞第一人表彰大会在市卫生局会议室举行，省市领导何传军、刘东、常绪东等出席大会并为周二彬颁奖。刘东在讲话中呼吁郑州市广大公务员积极加入造血干细胞捐献者队伍，努力开创全市造血干细胞捐献工作新局面。

（三）遗体器官捐献工作。遗体、人体器官捐献工作持续健康发展，经多方努力，2012年5月成立了“医用骨组织库”，并设立捐献办公室，宣传和捐献工作相继开展。申请成立了郑州红十字医用组织库中心。成功召开郑州红十字医用组织库中心第一届理事会第一次会议，选举产生了各位负责人，并招聘了相关工作人员。开展遗体器官组织捐献协调员、志愿者、专职人员培训工作。对贫困捐献者家庭进行人道主义救助，并开展各种形式的缅怀工作。截至2012年底，已登记捐献者50人，成功捐献7例。

【红十字青少年工作】12月25日，郑州市红十字青少年工作会议举行。郑州市副市长、市红十字会会长刘东，河南省红十字会组织宣传部部长任义德，郑州市教育局党委书记、局长毛杰，郑州市红十字会副会长韩孝坤，郑州市教育局副局长、市学校红十字工作委员会主任田保华等出席会议。各县（市）区红十字会、教体局、市属高校、局属各学校代表200余人参加了会议。会议由郑州市红十字会党组书记、常务副会长张春香主持。会议对全市红十字青少年工作进行了总结、部署，对2011-2012年度全市红十字青少年工作先进集体和先进个人进行了表彰，增补、更换了部分委员。

完善红十字学校工作委员会建设。对学校红十字会工作进行调研，进一步健全组织，规范管理。以“红十字模范学校创建活动”为抓手，全市学校红十字会工作再上新台阶。

开展“老牛生命课堂——自救互救进校园”项目工作。从教学计划、教学内容、竞赛活动、效果评估等方面，和郑州八中综合实践基地多次磋商，摸索出一套可行方案，使学生切实掌握了自救互救技能，学会了防灾避险知识。

【红十字志愿服务工作】3月1日，“弘扬雷锋精神，做有道德的人”活动启动仪式在绿城广场举行。郑州市红十字会联系河南省红十字血液中心两辆献血车到现场开展无偿献血活动，同时还进行造血干细胞捐献、应急救护知识宣传和红十字志愿者招募等活动。当天共有30余名志愿者参加了活动，现场招募造血干细胞捐献志愿者50余名。

开展郑开国际马拉松赛事志愿服务活动。4月8日，郑州市红十字会组织60余名红十字志愿者，开展郑开国际马拉松赛事志愿服务活动，并组织30余名红十字志愿者参加了比赛。郑州市第八中学、郑州市信息技术学校和郑州市艺术工程学校的30余名青少年红十字志愿者在比赛现场开展了救护志愿服务和应急救护知识宣传工作。

举行红十字志愿服务队授旗暨生命健康安全知识进社区活动启动仪式。5月6日，在管城区航海路街道办事处映月路社区，举行了红十字志愿服务队授旗仪式暨生命健康安全知识进社区活动启动仪式，省市领导出席活动并讲话。在授旗仪式上，宣读了《关于成立红十字志愿服务队的决定》，现场为红十字应急救援队等17支红十字志愿服务队授旗。

组织开展健康安全知识进社区志愿服务活动。组织青少年红十字志愿者，走进社区宣传健康安全知识，传授应急救护知识和技能。

开展预防艾滋病宣传志愿服务活动。在12月1日前后，组织红十字志愿者开展了预防艾滋病宣传志愿服务活动。

【红十字宣传工作】（1）开展纪念日宣传。积极参加3月5日学雷锋活动、4月8日郑开马拉松救护志愿者活动、5月6日安全教育进社区活动、5月8日三关爱绿城广场活动、5月12日防灾减灾日绿城广场活动，向广大群众传授自救互救和防灾避险技能，发放宣传折页，有8000余名群众受益，取得了良好的社会效果。（2）加大报道力度。在各类新闻媒体发表新闻报道50余篇次。《中国红十字报》以《平安春风进校园》为题，报道了郑州市“红十字学校健康安全活动”项目情况和经验，在全国红十字系统产生了广泛影响，受到总会领导的充分肯定和高度评价。在“5·8”世界红十字日当天，以《凝聚人道力量、致力改善民生，在都市区建设中发挥独特作用》为题，在《郑州日报》进行专版报道，使广大群众了解红十字会，提升了郑州市红十字会的社会形象和公信力。认真收集、整理、编辑工作信息，全年编发《郑州红十字简报》14期，很好地宣传了郑州市红十字会的各项工作。（3）完善信息发布。进一步健全了新闻发言人制度。升级完善了市红十字网站，在网站上每月公布收支明细，主动与捐赠者、受助者沟通交流，确保了财务工作“两公开两透明”。

（李祥新）

残疾人事业

【概况】 2012年，郑州市残联按照省、市下达的年度工作计划和任务目标，以“两个体系”建设为中心，抓康复、重就业、攻扶贫、强基层，大力解决残疾人最关心、最直接、最现实的问题，全面完成了年度工作任务。根据《中共河南省委河南省人民政府关于加快发展残疾人事业的实施意见》（豫文〔2009〕80号）及市政府有关文件精神，市残联紧紧围绕残疾人生活保障、养老保险、医疗保险、社会救助等方面，扎实推进残疾人社会保障体系和服务体系建设。在社会保障体系建设上力求广覆盖、低门槛，为残疾人提供政策倾斜。先后出台多项针对残疾人的特殊优惠政策和规定，并形成了长效机制。

在继续抓好各项政策落实的基础上，2012年又出台了《郑州市人民政府关于加快推进残疾人社会保障体系和服务体系建设实施方案》和《郑州市人民政府办公厅关于印发郑州市关爱孤独症儿童工作实施方案》，进一步推进了残疾人“两个体系”建设。围绕两个体系建设，力争多建点、上项目，为残疾人提供优质服务。继续开展孤独症儿童救助工作，经筛查后，对65名已确诊且有康复训练需求的孤独症儿童发放康复训练补贴12.541万元。将残疾人服务体系纳入到全市社会公共服务建设大局之中，使残疾人在康复、特殊教育、就业和生活服务等方面，享受更均等、更公平、更便利的公共服务。为巩固“白内障无障碍市”创建成果，郑州市建立了长效工作机制，投入20万元资金，为白内障患者免费实施复明手术200例。为加强残疾人“两个体系”建设工作力度，2012年3月，市残联与各县（市）区残联签订了残疾人“两个体系”建设目标责任书；4月中旬，专门召开残疾人“两个体系”建设工作推进会，从强化目标责任、制定工作计划、加强月报制度、加强组织领导等方面提出了明确要求，对各残工委成员单位进行了详细的职责分工，将目标任务细化分解，确保各项政策措施落到实处，共同推进郑州市残疾人“两个体系”建设。经过两年多的探索实践，全市残疾人“两个体系”建设工作已初步形成了良好的发展格局，2012年，省内外多家残联先后到郑州参观学习，并给予了较高的评价。

12月23日，中国残联主席张海迪在河南省残联党组书记李国成陪同下看望新密市残联康复中心残疾小朋友

【惠民工程】 2012年，市委、市政府将“向残疾人送温暖，为全市60岁以上持证残疾人免费体检”工作列入为民办实事工程。市残联与市卫生局、财政局等部门联合印发了《郑州市60周岁以上持证残疾人免费体检工作实施方案》，对符合体检条件的持证残疾人底数进行了核实，并登记造册。组织各县（市）区进行广泛宣传，对辖区残疾人发放免费体检卡，并协助卫生部门和定点机构，合理安排体检批次和人数，确保工作有序开展。全年完成残疾人体检16031人，下拨体检经费616.975万元。

【扶残助残活动】 按照政府主导、残联牵头、社会参与的原则，开展了多种形式的扶残助残活动。（1）在“三八”妇女节前夕，组织金水区百余名已婚残疾妇女进行了健康体检。（2）在第三次全国“肢残人活动日”期间，组织全市200名优秀肢残人代表进行了观影活动。（3）在开展“加强残疾人文化服务、保障残疾人文化权益”主题活动月，联合市肢残协会组织开展“一对一”志愿帮扶活动，组织志愿者帮助100多名优秀残疾人畅游郑州市绿博园，组织200多名重度肢残人、聋人、盲人和残疾儿童，登临中原福塔俯瞰郑州美景，走进黄河游览区母亲河怀抱亲近自然。活动月期间，发放慰问品价值9万余元。（4）中秋节前夕，组织残疾人各专门协会开展迎中秋、庆国庆活动，并承办了“十佳月饼”中原慈善行·郑州市盲聋哑学校捐赠仪式，共捐赠爱心月饼价值10万元。（5）继续开展“三无”残疾人补助工作。对无劳动能力、无生活来源、无法定抚养人或赡养人的残疾人每人每月提供300元补助。全年共补助“三无”残疾人1065人次，落实资金375.3万元。（6）对符合市级托养标准的8家机构进行补助，对累计托养达到8个月以上的16–59岁残疾人给予每人每年3000元的补助，做到了符合一人补助一人。全年居家托养849人、机构托养231人，发放托养机构补助金74.8万元，居家托养补助金39万元，超额完成了省残联下达的任务。（7）稳步推进就业培训工程。截至2012年年底，全市已培训残疾人11209人，占培训任务数的127%，培训后就业的残疾人有8175人，占就业任务数的167%。全年为残疾人提供职业指导和职业介绍服务2530余人次，通过按比例就业、集中就业和个体从业等形式安排残疾人就业9070余人，办理残疾人个体优惠证74本。（8）主动协调做好大中专院校残疾学生的招生录取工作。

在高考结束后，协调省残联、省招办对辖区内25名上线残疾考生基本情况进行全面收集、整理与统计，为残疾考生提供尽可能的帮助。对全市30名学前残疾儿童发放补助金6万元，对440名贫困残疾中小学生发放补助金44万元，对105名贫困残疾大中专生发放补助金31.5万元，共计发放助学金81.5万元。（9）完成3个省级、3个市级、13个县级残疾人扶贫基地建设任务，实现中央康复扶贫贷款计划760万元。（10）开展“曙光行动——轮椅助行工程”，发放轮椅1000辆，价值18万元；开展“爱的光芒”“圆梦行动”援助活动，为300名有需求的盲人发放读屏软件，投入资金27万元，为2000名聋人免费发放闪光门铃，价值35万元，发放辅助器具1200余件，慰问品价值9万元。

【残疾人康复工作】 （1）协调市卫生、民政、教育、财政等部门联合印发了《郑州市实现残疾人人人享有康复服务工作实施方案》，确定了任务目标、工作流程和有关政策。（2）继续实施低保家庭精神病患者医疗救助工作。在往年工作的基础上，市残联认真组织各县（市）区对全市低保家庭的精神病患者进行了再筛查、再统计，经过救助申报、逐级审核等环节，对救助对象进行了严格把关，统计出全市需救助人数及需补贴金额。全市共审批符合救助条件的低保家庭精神病患者2437人，发放医疗救助金292.33万元。（3）实施残疾人事业专项彩票公益金康复救助项目。根据省残联要求，下发了《关于配发2011-2012年度残疾人事业专项彩票公益金康复项目辅助器具和贫困成年听力残疾人助听器的通知》等文件，详细分解了各项康复救助任务，下拨救助资金，积极开展各项康复救助。为125名成人听力残疾人配发了助听器和电池，为650名贫困精神病患者提供了医疗救助，为500名低视力患者配发了助视器，为肢体残疾人装配矫形器60例、假肢129例。（4）组织实施残疾儿童抢救性康复工程。按照《河南省贫困残疾儿童抢救性康复工程实施方案》和配套《实施办法》的要求，市残联积极研究、制定了郑州市实施方案和实施办法，推荐、上报定点康复机构，组织开展残疾儿童摸底调查和聋儿（人工耳蜗）救助项目网上申报工作。下发了《关于开展聋儿（人工耳蜗）康复项目初筛工作的通知》，并确定了各项目救助对象。其中，聋儿人工耳蜗救助对象27名、聋儿助听器救助对象40名，智力残疾儿童45名，脑瘫儿童90名，助视器救助对象55名，假肢矫形器救助对象85名，辅助器具救助对象290名。

2012年，完成康复工作情况如下：为706名低视力残疾人配发助视器，完成年度任务的101.7%；培训低视力儿童家长410名，完成年度任务的100%；盲人定向行走训练703名，完成年度任务的100.4%；新收训聋儿197名，完成年度任务的100%；肢残康复训练536名，完成年度任务的160%；智残儿童康复训练225名，完成年度任务的117.6%；孤独症儿童康复训练163名，完成任务的136.5%；供应用品用具9677件，完成年度任务的112%；培训社区康复协调员865名，完成年度任务的393%。

【残疾人文化体育】 2012年，郑州市开展了丰富多彩的残疾人文化体育活动。根据省残联工作部署，6月市残联在市残疾人康复教育中心联合举办了“省会残联2012年残疾人文化活动周”启动仪式，组织了残疾人书画笔会。与此同时，各县（市）区残联相继开展了“唱红歌·庆‘七一’”、诗朗诵、书画展、才艺展、趣味运动会、法律知识讲座、康复知识讲座、心理咨询、文艺演出、读书比赛等活动，有近万名残疾人参与。中秋佳节，组织全市残疾人开展了“我们的节日·中秋诗歌诵读会”；组织参加“河南省残疾人事业好新闻”评选活动，获得一等奖1名、二等奖2名、三等奖1名。举办了“关注智障人士健康，推动特奥运动发展”主题系列活动。在郑州市第五届残疾人运动会上，全市16个代表团200余名运动员参加了比赛，选拔出10余名年轻的优秀残疾人运动员，为备战省第六届残疾人运动会打下了坚实基础。

【残疾人维权信访】 积极做好残疾人信访工作，保障残疾人合法权益。市残联信访部门严格执行《信访条例》，坚持热忱为残疾人服务，积极化解社会矛盾。按照省残联关于做好市、县两级建立残疾人法律援助工作站的要求，2012年市、县两级残联共成立13个残疾人法律援助工作站，新建50个法律援助受理点，全市的法律援助受理点达到150个，建立了市、县、乡残疾人法律援助全覆盖服务网。截至12月底，共处理残疾人来信来访来电1500余人次（件），做到事事有答复、件件有回音。据不完全统计，全年为贫困残疾人免费办理法律援助案件50余件，挽回经济损失20余万元。全年共审核发放残疾人证1.2万本，残疾人证卷宗装订125册。

【助残志愿者工作】 为进一步规范助残志愿活动的注册管理工作，及时修订了郑州市助残志愿者注册登记办法（草案），出台了《2012年郑州市助残志愿活动实施方案》《关于在全市残联系统开展“志愿助残阳光行动”结对帮扶贫困残疾人活动的通知》等文件。重新对全市市属高校、企业等13支志愿者队伍进行了整合，将全市25017名助残志愿者的资料输入数据库，助残志愿者利用节假日、“全国助残日”等残疾人节日，活跃在城区重要交通枢纽、商业网点、旅游景点、医疗机构等城市重点区域，向残疾人提供志愿服务25万余人次，形成了良好的社会道德风尚。

【残疾人机动轮椅车、电动三轮车整治工作】 根据市畅通办《关于开展城区违法行使车辆整治规范工作的意见》，5月和7月，市残联两次对市内5个区和4个开发区的残疾人机动轮椅车、电动三轮车基本情况进行摸底调查，登记造册。7月18日，组织了取缔营运残疾人车车主座谈会；19日，召开了由人大代表、政协委员、社会学者、律师、政府职能部门参加的风险评估座谈会。根据座谈会情况，市残联起草了《郑州市残疾人机动轮椅车、电动三轮车整治规范工作意见》，为进一步规范整治残疾人营运车辆提供了依据。

（毛贻广）

郑州市助残志愿者在行动

法　制

地方立法工作

【概况】2012年，郑州市人大常委会紧紧围绕全市工作大局，认真履行宪法和法律赋予的职责，以保障和改善民生、创新社会管理为重心，继续加强和改进立法工作，不断推进科学立法、民主立法，着力提高立法质量。出台了两部地方性法规：《郑州市劳动用工条例》《郑州市城市园林绿化条例》。

【制定地方性法规】《郑州市劳动用工条例》创制性地把全市劳动用工管理工作纳入了法制化轨道，为规范劳动用工行为、化解劳动争议纠纷、保护劳动者和用人单位合法权益、促进劳动关系和谐稳定提供了有力的法制保障。《郑州市城市园林绿化条例》从绿地系统规划、绿地建设标准、绿化保护管理等方面作出明确规定，对促进园林绿化事业持续健康发展、保护和改善城市生态环境起到了积极作用。

【清理修改地方性法规】2012年，郑州市人大常委会认真做好行政强制事项法规清理工作。对郑州市现行有效的61件地方性法规进行集中清理，修改了《郑州市失业保险条例》《郑州市燃气管理条例》《郑州市市区滨河公园建设管理条例》，废止了《郑州市城市园林绿化建设管理条例》。

开展对《中华人民共和国出境入境管理法（草案）》等18件（次）法律、法规草案征求修改意见工作，及时将修改意见和建议整理上报。

【地方立法工作研讨会】为检验地方性法规实施效果，进一步提高地方立法质量，2012年11月14-16日，市人大法制委员会召开了地方立法工作研讨会。会议对本届市人大常委会4年来制定的地方性法规实施情况进行调查研究，开展“立法回头看”，总结法规在行政管理和行政执法方面发挥的积极作用，查摆法规实施过程中存在的问题，并就法规授权规定的落实等问题进行了专题研讨。市人大常委会部分委员、法律咨询委员会的专家学者代表，以及市政府法制办、规划局、城市管理局等11个法规实施部门的40余人参加了会议。

（牛志嫚）

政府法制工作

【概况】2012年，郑州市贯彻落实国务院《全面推进依法行政实施纲要》《加强市县政府依法行政的决定》和《加强法治政府建设的意见》，紧紧围绕全市中心工作，政府立法求质量、法制审核求合法、行政复议办案求公信、行政诉讼求公正、行政执法求规范、违法责任追究求落实，全面推进依法行政、法治政府建设，为郑州都市区建设营造了良好的法制环境。

郑州市人民政府法制办公室在加强职能工作的同时，围绕中心工作前瞻性研究提出法制建议。拟制了《中共郑州市委办公厅　市政府办公厅关于整治规范郑州城区生产经营场所的意见》《郑州市人民政府法制办公室2012年涉法涉政策相关工作的二十条法制建议》《关于提高市政府常务会议效率的四点法制建议》等，共提出具体法制意见和建议174条。积极推进政府法制工作网格化管理。创新开展网格化管理工作，发挥政府法制工作特色优势，实施政府法制工作进网格行动，群众工作队深入基层，协助解决社会矛盾，政府法制工作全面融入网格化管理。此外，积极参与了规范整顿担保公司工作组提供法律政策保障工作、社会管理和信访稳定工作，推进郑州市经济发展和社会的和谐稳定。郑州市人民政府法制办公室获得了河南省“法治政府建设先进单位”“行政复议工作先进单位”“对外开放工作先进单位”等称号。

【干部依法行政培训】2012年，郑州市着力强化行政机关工作人员特别是领导干部依法行政的意识和依法解决经济社会事务的能力。一是印发《郑州市人民政府2012年度领导干部学法计划》，安排了年度领导干部学法的内容和时限，组织了3次市政府常务会议学法和2次全市县处级领导干部学法。二是举办郑州市政府县处级干部依法行政高级研修班。采取脱产培训、集中授课、实地考察、交流对话等形式，由国务院法制办领导、最高人民法院领导及国内外知名教授、专家，围绕全国依法行政的重点和难点问题进行讲解、座谈和研讨。三是组织对市、县两级2100余名新进行政执法队伍的人员进行法律知识培训和考试，确保了培训同步、标准统一，培训质量进一步提升。四是在全市行政执法人员中开展行政强制法知识竞赛，并选拔出郑州市代表队参加省行政强制法竞赛，获得了全省第二名的好成绩。

【政府立法工作】2012年，市政府法制办突出重点，落实责任，创新政府立法工作新机制。坚持开门立法、民主立法、科学立法，重点加强有关改善民生和发展社会事业方面的立法工作。全年完成地方性法规制定计划3件，顺利通过市人大常委会审议，获得了省人大常委会的批准。完成政府规章5件。广泛征集立法建议，拟定郑州市2013年度立法计划等。

【依法行政工作】2012年，郑州市依法行政工作不断深入。一是印发《郑州市2012年度依法行政工作要点》和《郑州市2012年度依法行政工作责任目标》，提出了2012年依法行政的12个工作目标，提升了工作实效。二是实施依法行政工作责任目标评议考核和行政执法机构执法绩效考核。对全市90个单位进行了依法行政工作责任目标评议考核，对42个市本级行政执法机构行政执法绩效情况进行了综合考核。三是编印4册共220余万字的《郑州市行政机关执法职责综览》，形成了行政机关新的“权力清单”，促使行政机关依法履职。四是制发《郑州市人民政府办公厅关于进一步规范市政府行政决策工作机制的通知》，对市政府会议制度、重大具体行政行为法制审核制度和公文运转制度等进行规范。五是印发《郑州市人民政府关于委托实施部分行政执法事项的若干规定》，为郑州新郑综合保税区（郑州航空港区）委托执法提供了法律依据。六是印发《郑州市人民政府关于确认市本级行政强制主体通告》，对市本级行政强制主体资格进行了清理。

【规范性文件审核备案】 2012年，郑州市强化规范性文件审核备案，维护法制统一，确保政令畅通。一是对市政府、市政府办公厅发布的1655件规范性文件全部进行合法性审核，提出法制审核意见1733条，审结率100%。二是受理备案文件2806件，分别向省政府和市人大常委会报备110件。三是认真完成有关行政强制的规范性文件清理工作。清理规范性文件9298件，对规范性文件中违反《行政强制法》规定的内容进行了修订、公布。四是印发《郑州市人民政府关于公布郑州市规范性文件备案义务主体的通告》，审查规范性文件2059件、办理规范性文件公民投诉异议审查案件5起、查处纠正违法规范性文件25份，责任过错追究率为100%。

【行政执法监督】 2012年，市政府法制办强化行政执法监督，严格落实行政执法责任。一是接待群众来电、来访480余人次，处理回复投诉事项380起，下发郑州市人民政府行政执法监督检查通知书14份，追究行政执法人员及相关人员责任21人。二是印发《郑州市人民政府法制办公室关于加强行政执法目录及重大具体行政行为决定书备案工作的通知》，抽取了30多个单位120余本行政执法案卷进行评查，提出整改意见300余条。三是印发《郑州市人民政府办公厅关于印发郑州市重大行政处罚备案审查监督实施办法的通知》。接受备案重大行政处罚决定书245份；接受结案的重大行政处罚案卷36件，审查36件。四是组织开展沿黄河惠济区段渔家乐联合执法综合整治等协同、联合行政执法，取得了较好的执法效果和社会效果。

【行政复议试点工作】 2012年，郑州市积极推进行政复议试点工作，定纷止争，化解矛盾。一是接待来信、来电、来访群众1.37万余人次，接受行政复议申请1876件。通过调解、和解，处理924件，案前调解率达49%；立案952件，审理858件，审结593件，决定撤销、确认违法、责令履行法定职责364件，直接纠错率为42%，间接纠错率为45%。二是印发《关于在全市推行行政复议案件公开庭审制度的通知》，全面推行行政复议案件听证制度。市本级公开审理行政复议案件712起。三是印发《郑州市人民政府行政复议委员会行政复议案件受理暂行规定》，进一步畅通案件受理渠道。四是制定行政复议败诉案件过错责任追究程序，从源头上减少违法行政行为的发生。五是印发《市委办公厅、市政府办公厅关于建立行政复议和信访工作衔接机制的通知》，正式建立了行政复议与信访工作衔接机制。

【行政诉讼和具体行政行为法制审核工作】 2012年，市政府法制办扎实做好行政诉讼和具体行政行为法制审核工作。一是参加市政府行政、民事诉讼116件，参加省政府受理行政复议案件134件。二是审核市政府具体行政行为127件。三是印发《郑州市人民政府法制办公室关于进一步加强行政机关合同备案工作的通知》，审核市政府与金融机构战略合作协议、重大项目合作意向等对外合同49件。四是印发《郑州市人民政府关于2011年度行政诉讼案件情况及败诉成因通报》，对2011年行政应诉败诉案件的成因进行了分析。五是针对68件全市行政机关败诉案件，向有关单位下发行政诉讼案件败诉案件过错责任追究通知书，追究过错责任。

（刘汗青）

政法工作

【概况】 2012年，全市各级政法综治部门全面加强社会矛盾化解、社会管理创新和平安郑州建设工作，为省会和谐稳定和党的十八大胜利召开营造了良好的社会环境，为中原经济区郑州都市区建设提供了有力保障。以网格化管理为载体的“坚持依靠群众、推进工作落实”长效机制建设工作成效显著，《中央综治委综治动态》（〔2012〕第8期）以《河南省郑州市构筑社会管理网格化体系》为题，推广了郑州市基层网格化管理经验；全国网格化消防安全工作现场会在郑州市召开；法院系统行政审判工作经验、检察机关非羁押诉讼和“两法衔接”工作经验在全国推广。《人民日报》、新华网、《河南日报》等多家中央、省级媒体宣传了郑州市社会管理创新经验，全国30多个省、自治区、直辖市分别到郑参观学习。扎实开展社会矛盾化解工作，全年全市人民调解组织共调处各类基层矛盾纠纷6.2万件，调成6万件，调成率97%，未发生因工作失责引发的重大信访事件，未发生在京、省影响较大的恶性上访事件。以“务实政法”工作理念为统领，切实加强政法机关作风和业务建设，推动全市政法部门逐步形成了多做少说、只做不说的务实作风和干事创业、争先创优的浓厚氛围，涌现出了以杨华民为代表的一大批先进典型，凸显了党委政府放心、人民群众满意的社会效果。2012年，全市政法部门按照“抓基层、打基础、上台阶”的理念，夯实基层组织，整合基层资源，壮大基层力量，强化基础工作，全面提升基层社会治安防控能力，郑州成为全国最具安全感的城市之一。

【创新社会管理】 2012年，郑州市把建立以网格化管理为载体的“坚持依靠群众、推进工作落实”长效机制，作为转变领导方式、强化群众工作的重要举措，列为市委“三大主体”中心工作之一。通过构建“三级网格、四级平台、五级联动”的管理工作格局，将全市划分为21282个基础网格，将45388名干部、20余万名群众自治力量定格到网格中，解决了旧体制中存在的条块分割、信息屏蔽、相互推诿、责任缺失等问题，有效破解了“看得见的管不了、管得了的看不见”的基层社会管理难题，使城乡社会管理科学化、制度化水平得到了显著提升。

（一）用领导方式转变推动工作模式转变。市委专门成立了以市委副书记王璋为组长的长效机制领导小组，市综治委在全省率先更名，由市长马懿任综治委主任；在全国省会城市中率先将郑州市综治办扩编为5个处室，增加行政编制10人；各县（市）综治委（办）全部更名、调整机构人员到位，共增设科室10余个，增加编制40余人。全市建立了领导逐级分包、工作力量下沉、3个1/3等13项工作机制，市综治办每季度组织召开创新社会管理工作推进会，全力推动各县（市）区管理创新工作。市平安办定期通报各单位工作进展情况，并将结果纳入年终考核，促使各级领导和机关干部主动深入基层一线，解决实际问题。

（二）用差异化职责推动条块融合。各级把条块融合作为网格化管理的核心要求，全市83个市直单位119支群众工作队长期驻村参与对口联系乡（镇）街道工作。各级政法部门全面融入网格，实现了职责无缝对接。公安机关将与群众利益密切相关的9项职责及户政等14项具体业务下沉到网格实施，在二级网格为人民群众直接办理证照、开具各类证明34多万件，登记流动人口68万人。检察机关建立“一站式检务中心”，持续开展“五进”千家行大走访活动，先后走访企业263家，帮助基层解决问题80余件。法院系统开展“拖欠进城务工人员工资案件集中办理”活动，审结案件560件，追回工资1000余万元，建立社会法庭126个，调处矛盾纠纷近8000件。司法部门组织13支群众工作队、220余

2月20日，全国部分社会管理创新综合试点地区考察交流会在新郑召开

名机关干部、490余名司法所工作人员、9500余名人民调解员融入三级网格，承办法律援助案件1791件，参与社会公益活动9560人次，开展群众法律服务90余万人次。

（三）用集中整治推动突出问题解决。在全市深入开展重点地区排查整治，围绕7个重点领域和城市综合管理提升13项重点工作，各级集中时间力量，深入排查治理。截至年底，全市累计排查社会治安重点县（市）区3个、乡（镇）街道94个、村（社区）321个，全部整改到位；发现各类基层问题152382个，解决142526个，解决率达93.5%。

（四）用明晰责权推动基层工作落实。全市各级牢牢把握长效机制“网格管理是载体、人员下沉是重点、条块融合是关键、责任追究是核心、信息平台是手段、解决问题是根本”的核心要义，按照责权利相一致的原则，定人、定岗、定责、定奖惩，逐级明确责任，量化具体到人，做到责权明晰，有效预防了问题发生后推诿扯皮、责任不清等现象发生，使各级政府职责在基层得到了有效落实。

（五）用试点示范推动整体工作提升。在各县（市）区和市直单位设立了39个创新社会管理工作试点，明确了各试点牵头单位、工作目标和完成时限,通过推动试点工作带动全市社会管理创新工作的稳步提升。2月20日，全国部分社会管理综合试点地区考察交流会在新郑召开，中央综治办主任陈训秋发表了重要讲话，并视察了郑州市的社会管理创新工作。在7月20日召开的全国社会管理工作会议上，郑州市就实行城乡教育、就业服务、医疗保障、住房保障、养老保障、服务组织建设“六个统筹、六个一体化”的经验做法作了典型发言。10月22日，全省社会管理创新试点工作推进会在新郑市召开，省委常委、政法委书记毛超峰等与会领导对郑州市试点工作成效给予了高度评价。

【社会矛盾化解】 2012年，郑州市围绕社会经济发展大局和市委中心工作，坚持民生优先、服务为先、源头治理，充分发挥人民调解组织的作用，深入开展大排查、大调处活动，基层调处社会矛盾纠纷能力明显提升。

（一）建立完善基层矛盾纠纷排查调处网络。全市十二县（市）区、182个乡镇（街道）全部建立了矛盾纠纷排查调处工作组织机构，按照市、县、乡、村（社区）、组（楼院）五级配备信访信息员6529名，定期排查各类不稳定因素。

（二）全面落实风险评估制度。严格在土地征用、拆迁安置、企业改制、集体资产处置等领域实施信访评估，加强跟踪指导，严格做到群众不满意决策不实施。2012年，先后组织了郑州市城区违法行驶车辆清理规范工作、“两环十七放射”生态廊道建设、书报刊亭清理、违规房地产清理等全市性重大决策项目的信访稳定评估，确保市委重点工作稳步推进。

（三）加强专业调解组织建设。全市共建立各类人民调解组织2653个，配备专职人民调解员8615名，每个基层调委会平均有3名人民调解员。在充分发挥人民调解基础性作用的同时，积极推动第三方行业性、专业性调解组织建设。先后成立了医疗纠纷人民调解委员会、河南电视台公共频道人民调解委员会，并分别在全市13个人民法院、49个中心法庭、142个公安派出所及28个交警大队设立了人民调解室。在全省率先建立警医联动模式，在全市各大医院成立81家警医办公室，派驻民警150余人，全年共排查医疗机构内部安全隐患297处，督促整改安全隐患280处，排查各类医患矛盾125起，处置医患纠纷167起，协助查处各类违法犯罪案件153起，治安拘留145人。

（四）全力维护人民群众权益。市政府出资60亿元重点实施就业再就业、卫生医疗、教育倍增、公共安全管理等十项民生工程，由市级领导分包，向社会公开责任单位、责任人和项目进度，让人民群众共享改革发展成果，从根本上预防和减少了社会矛盾的发生。全市各级政法部门坚持领导干部接访、带案下访制度，建立政法干警下基层联系服务群众长效机制，配备社区民警1733人，专职从事基层治安防范和便民服务，从源头预防和化解各类矛盾纠纷。

（五）严格落实信访责任追究。对处置信访事项不力的1个市直单位责任领导进行了约谈，对赴京非访量大的11个乡（镇）街道给予了黄牌警告，对领导两次接访不到位的1个县（市）区在全市通报批评，对市委组织部拟表彰的1个基层先进党组织给予建议否决，有力地推进了工作落实。

【政法队伍建设】 （一）深入开展主题教育实践活动。以“忠诚、为民、公正、廉洁”为主题，在全市政法系统深入开展政法干警核心价值观教育实践活动，使全市政法干警政治信念进一步坚定、忠诚本色进一步确立、为民服务意识进一步增强。5月底，省委常委、政法委书记毛超峰到教育活动联系点郑东新区派出所调研指导工作，给予了高度评价。

（二）切实加强政法综治干部教育培训。定期组织开办“政法大讲堂”，邀请知名专家专题授课。在中国浦东干部学院举办郑州市政法系统领导干部培训班，在新郑市组织全市182个乡镇（街道）300余名基层综治干部培训，进一步提升了政法综治队伍整体素质。

（三）充分发挥先进人物模范带头作用。4月30日至5月3日，中央电视台新闻频道《朝闻天下》栏目，连续4天报道郑州交警杨华民的典型事迹。市委政法委组织全市政法系统领导干部到“杨华民示范标准岗”进行了现场观摩并召开了动员会，号召全市政法系统向杨华民同志学习，进一步推动全市政法队伍建设。

（四）倡导树立“务实”政法机关新形象。在全市政法机关倡导“务实政法”理念，教育全体政法干警解放思想、忠诚履职、尽心尽责，科学运作，有效运作，形成团结向上、干事创业的良好氛围。建立机关干部下挂历练机制，共有13名政法委中层干部到基层公安派出所、交警支队、治安大队等一线部门挂职锻炼，提高素质、增强实战能力，取得了良好效果。

【基层基础建设】 2012年，郑州市综合打击效能、“打黑除恶”、打击“两抢一盗”、打击经济犯罪四项指标始终保持全国领先、全省第一。命案发案率同比下降13%，侦破率达到97.7%，命案攻坚再创历史最高水平。组织开展的“3·9”特大农资和“5·5”打击假药集群战役，受到公安部通令嘉奖。“一打击两整治”专项行动总体成绩位居全省前列。全市划分为110个巡防网格，公安、巡防、武警全天候巡逻防范，日均刑事类警情始终控制在80起左右，远远低于周边其他省会城市。

（一）深入开展“严打”整治斗争。全市以“四严一创”活动为载体，充分发挥政法部门主力军作用，公、检、法三部门紧密配合，协同作战，始终保持对各类刑事犯罪的高压态势。公安机关共破获各类刑事案件13789起，抓获犯罪嫌疑人近2万人。侦办涉黑组织15个、恶势力团伙87个，判决48个组织（团伙）、259人；破获“两抢一盗”案件9000余起，打掉团伙472个，抓获6000余人；全年共发命案91起，破90起，侦破率达到98.9%，创历史最高水平。成功侦破新中国成立以来郑州最大的吸贩毒案，一次性缴获高纯度海洛因17.5公斤；切断了全国通往河南1/2的毒品运输渠道，每年至少挽回经济损失1亿元。检察机关批准和决定逮捕7849人，提起公诉11040人；查处职务犯罪案件198件312人，大案比例占97.9%。法院系统受理案件102981件，审执结案件88829件。

（二）着力加强人防技防建设。市政府将加大技防建设作为2012年民生“十大实事”，市本级出资8000余万元，县、乡两级财政累计投资2.4亿元，加强城区100个大型路口、700个普通路口、30个重点部位和混合无线通信专网（包括12个340兆基站和8个LTE基站）建设。在交通或治安状况复杂的行政村中，建设200个视频监控示范村，引导农村逐步实现视频监控全覆盖。升级改造整合已建成的中、小学视频监控技防设施，为全市100个中、小学校安装了技防设施。截至年底，全市共建成监控平台6467个，主城区安装视频监控探头92725个，六县（市）及上街区安装视频监控探头48652个，全市城市视频监控等技防设施安装覆盖率达到95%，农户实用技防设施安装接入率达到90%。

全市每个社区组建了不少于9人，每个乡镇组建了不少于15人的专职治安巡防队，使全市专职治安巡防队员达到7200余人。市政府出资300万元为市内五区巡防队员增配1680辆警用电动自行车，每车配备两台灭火器，大大提升了城区巡防队员快速反应、抢险救灾、处置突发事件的能力。1-11月，全市巡访队员共现场抓获各类违法犯罪嫌疑人1156名，调解民事纠纷13828件，发现火灾隐患32047处，处置各类险情856起，扑救初起火灾213起。

（三）创新社区治安防控管理手段。全市加强和创新社区治安防控管理，由基层社区民警出任社区副书记或副主任。发动全市3万多名政法干警和群防群治力量，深入社区、村庄，从关系群众冷暖的“小事”做起，从影响群众生活的“小案”破起，从引发群众矛盾的“小纠纷”调起，从关系群众安全的“小隐患”整起，把大量倾向性、苗头性问题化解在了基层，解决在了萌芽状态。在全市推行居民楼院、内部单位“三色管理”模式，进一步加强重点部位治安防范工作，有效提升了基层社会治安防范能力。

（四）营造良好的社会舆论环境。全年共收集各类政法信息9000余条，编发《要情信息》48期。在市级以上新闻媒体发稿8959篇。其中新华社、《人民日报》、中央电视台、《法制日报》等中央级媒体刊播稿件1078篇；《河南日报》、河南电视台、《河南法制报》等省级新闻媒体刊播稿件5762篇；《郑州日报》、郑州电视台等市级新闻媒体刊播稿件2119篇。

（王铁銮）

2012年，市政府出资300万元为市内五区治安巡防队装备1680辆巡逻电动自行车

公安工作

【概况】 2012年，郑州市公安工作以“四严一创”和社区警务为载体，以社会管理创新为手段，以执法为民为核心，以信息化建设为支撑，以队伍建设为保障，有效维护了全市社会大局稳定和治安形势平稳，人民群众安全感和满意度持续提升，公安工作和队伍建设实现了新的进步。现行命案破案率创历史新高；打掉黑社会性质组织数居全省第一位，综合绩效继续保持全省前列；郑州市公安消防支队荣获全国“清剿火患”战役先进单位，连续6年在全市行政执法、行风政风评议和公安机关警种内部评议中排名首位；出入境管理工作中境外人员临时住宿登记率、准确率分别达98%和99%，位列全省第一。

【维护社会政治稳定】 2012年，郑州市各级公安机关以落实维护稳定为第一责任，把党的十八大安全保卫任务作为第一位的政治任务，坚持从源头预防涉稳问题的发生，妥善处置维稳事件，确保全市社会政治稳定。

（一）大力加强对敌斗争。健全情报信息收集研判机制，构建维稳重点人群数据库，依托大情报平台实施动态管控。全年共搜集上报情报信息3万余条，成功查处部督1号“308”专案核心人员张某某在郑州市的非法传教聚会点，妥善处置极左人员葛某某的聚集煽动活动。

（二）加大邪教组织打击力度。先后组织开展“净网战役”“震慑战役”“天鹰计划”，共破获“法轮功”案件38起，抓获涉案人员56名，打掉地下组织和团伙6个，捣毁窝点27处，缴获反动宣传品5万余份。妥善处置“实际神”邪教人员聚集活动19起，查控参与人员1931名，收缴反动宣传品1万余份。

（三）妥善处置群体性事件。坚

持一人一策、一案一策，重点关注担保公司利益群体、企业改制下岗职工上访群体，涉军群体、民师群体、涉艾群体和都市村庄拆迁改造回迁上访户等6类特殊利益群体，超前预警赴省进京集访活动28起1500余人次，有效瓦解串联聚会活动苗头100余起，成功处置策划组织跨区域串联聚会活动35起，没有发生在全国、全省造成重大影响的群体性事件。涉日“保钓”处置工作受到市委、市政府和省公安厅的高度评价。

（四）加强反恐怖工作。强力推进“情报、打击、防范、应急”四位一体反恐实战体制建设，反恐怖防范试点工作成果得到国家反恐办充分肯定。制定《省会郑州第一梯队应急力量编成》，形成布局合理、反应迅速的应急处置力量体系。成功举办“2012利剑”反恐处置突发事件演练和“卫士-2012”反恐应急拉动演练，有效提高了反恐应急处置能力。全年共核查涉恐线索42条，重点稳控了“反恐二号专案”涉案人员阿布都赛麦提·阿布都克热木。

（五）密切关注网上动向。积极开展舆情导控，在担保公司客户维权、涉日游行等敏感事件处置工作中，第一时间发现、第一时间上报、第一时间响应。成功侦破部督专案“av狼”等网站传播淫秽色情案、“妹妹公寓”网络淫秽色情团伙案，公安部予以高度评价。郑州市公安局网监支队被评为全国互联网监控信息十佳优秀直报点，新密市公安局被评为全国县级网安部门先进试点单位，工作经验在全国推广。

（六）全力做好公安信访工作。进一步建立完善信访工作长效机制，深入开展“信访源头治理年”活动，认真落实政法部门联合接访工作，全年接待群众来访372起3120人次，及时有效化解信访问题。省市政法委、省公安厅交办的重点信访案件，到期办结438起，办结率100%。全年受理初访案件办结率达90%以上，确保了党的十八大等重大活动及节日期间郑州公安信访环节没有发生影响社会稳定的问题。

【打击违法犯罪活动】 2012年，郑州市各级公安机关始终坚持“主动进攻、打主动仗”的理念，深度应用整体作战法，重点打击严重暴力犯罪、黑恶势力犯罪、多发性侵财犯罪。全年共破获刑事案件13789起，同比上升13.79%；起诉犯罪嫌疑人12086人，同比上升21.31%。百名民警起诉数全省领先，整体打击效能明显提升，社会治安大局持续平稳。

（一）命案侦破水平持续提升。严格落实“3+N”工作机制，强化“九长必到”和“一号班子上案”制度，全市共发现行命案91起，同比减少20起；破获现行命案90起，破案率98.9%，同比上升5.21个百分点；案发3天“黄金期”内破获率为87.36%。现行命案破案率创历史新高。全年破获命案积案13起，协破外省命案64起、本省外市命案48起。

（二）打黑除恶保持全省领先。坚持“打早打小、露头就打、综合施策、除恶务尽”的原则，以打击盘踞在经济领域的黑恶势力和农村黑恶势力为重点，共打掉涉黑组织15个、恶势力团伙87个；抓获黑恶势力团伙成员423名，破获各类违法犯罪案件502起。打掉黑社会性质组织数居全省第一，综合绩效继续保持全省前列。

（三）打击“两抢一盗”犯罪成效显著。坚持既破大案又管小案，全市抽调侦查人员350名，组建35支打击“两抢一盗”犯罪专业队，打好合成战、科技战、证据战，提高专业化打击能力。集中开展打击“两抢一盗”犯罪破案竞赛活动，全年共逮捕侵财犯罪嫌疑人8740人，同比上升26.4%；打掉侵财犯罪团伙700多个。

（四）严厉打击经济领域犯罪。开展打击经济犯罪“破案会战”，立案侦查经济案件3000起，破案2184起，移送起诉3637人，挽回经济损失50亿元。郑州先后发起的4起全国性集群战役被公安部贺电表彰，“2012.3.9”假农药集群战役公安部通令嘉奖；“2012.9.1”“2012.4.21”制售假冒伪劣食用油、假药集群战役荣立集体一等功。成立郑州市打击处理非法集资工作指挥部，全年全市立案侦查73起，涉案金额822余亿元；抓获犯罪嫌疑人372人，批准逮捕213人，移送起诉229人，挽回经济损失37.4亿元。

（五）打击毒品犯罪取得历史性突破。深入开展堵源截流专项行动、禁种铲毒统一行动、制毒化学品专项整治行动、打击吸贩毒专项行动，积极推进社区戒毒（康复）工作。全年全市共破获毒品犯罪案件290起，抓获涉毒犯罪嫌疑人416人，强制隔离戒毒1137人，行政拘留488人，缴获各类毒品27.1公斤，禁毒斗争形势进一步好转。成功侦破“2012.11.8”特大贩毒案件，一次性缴获高纯度海洛因17.5公斤，价值千万余元，涉案毒品数量为郑州市历史之最。

（六）深入开展各类专项打击行动。“追逃”行动共抓获网上逃犯2188人，其中故意杀人逃犯23人、外省逃犯686人、历年逃犯28人。打击拐卖妇女儿童犯罪专项行动共破获拐卖案件1979起，抓获涉拐犯罪嫌疑人1590人，解救被拐妇女、儿童1985人。在“打四黑除四害”专项行动中，共办理治安案件2450起，破获刑事案件1699起，捣毁源头窝点148家。深入开展“一打击两整治”行动，共抓获各类侵财犯罪嫌疑人4205人，破获侵财案件5185起，打掉侵财犯罪团伙318个。深入开展监所深挖犯罪工作，共挖破刑事案件447起，其中命案5起；抓获犯罪嫌疑人450人，查获网上逃犯36人。

（七）强化侦查手段建设。搭建刑事技术“五库联查”信息作战平台，实现系统间关联互查。组成电子物证室，提供直接破案线索及直接诉讼证据11起。在全省率先组建刑事犯罪信息研判合成作战队，研判串案线索50条，摧毁犯罪团伙15个，抓获犯罪嫌疑人89人，破获案件280余起。逐步组建视频侦查专业队，服务多发性侵财犯罪和重特大案件侦破。网上技术手段建设进一步完善，极大提升了情报线索搜集的广度和深度。全年技侦部门配合侦办重大刑事案件2050起；抓获犯罪嫌疑人3866名，其中逃

8月29日，市公安局举行“卫士-2012”反恐应急拉动演练

犯143名；情报信息工作继续保持全国先进位次。

【社会治安管理工作】 2012年，郑州市公安局积极探索创新社会治安管理模式，提升社会服务管理效能，不断增强对社会治安的控制能力，最大限度地服务公安实战、服务民生和经济社会发展。

对实有人口的管控采取分层分类管理、信息轨迹管理、落地查控管理"三位一体"管理新格局，强力推进"四实"登记制度，实有人口规范化管理水平全面提升。全年全市共采集流动人口信息120余万条，处置预警信息9000余条，抓获网上逃犯618名。2012年底全市共有流动人口3232886人。郑州市被确定为全省二代身份证指纹信息采集试点单位。积极推行居住证制度，稳妥加快户籍制度改革。全年全市办理居住证75余万个，同比增长50.2%。稳步推进街道门牌整建，完成了375条街道门牌梳理核对工作。深入开展户口清理整顿，查实纠正一人多户3732人、死亡未注销31723人。完善特殊人群管理，全市14302名重点人口全部纳入管控视线。

深入开展治爆缉枪专项行动，全年共收缴爆炸物品9152公斤、雷管56753枚、黑火药原材料3580公斤、枪支542把、子弹50188发、管制刀具3019把、仿真枪549支，收缴剧毒化学品40公斤、易制爆化学品125公斤。强化娱乐场所管理，全市386家娱乐场所安装了治安管理信息系统，4680人采集了个人信息。加强印章业、开锁业、典当拍卖业、废旧金属收购业和二手手机市场等特种行业的信息化管理，开展打假证建诚信专项整治行动，查处涉嫌假证章、假发票案件65起。扎实开展保安服务业监管工作，5家保安服务公司受到省公安厅表彰。开展"三电"、油气田整治专项行动，确保了输油气管道主干线和重要设施安全万无一失。严厉查处非法生产、经营、储存、运输、燃放烟花爆竹违法犯罪案件29起，收缴非法烟花爆竹1200箱。

严厉打击黄赌违法犯罪，全年共办理涉黄涉赌案件253起，抓获嫌疑人814人，销毁赌博机1284台。深入开展"护校安园"专项行动，全市65%的学校配备保安员、21%的学校技防设备与公安机关联网，有效维护了校园及师生安全。

此外，2012年，全市公安机关还圆满完成了黄帝故里拜祖大典、中超联赛、第九届中国郑州国际少林武术节等68场大型活动的安保监管工作。

【公安网格化管理工作】 2012年，郑州市公安局按照"试点先行、逐步推开、主动融入、务实重效"的思路，加快推进公安网格化管理体系建设，实现警务工作与网格化管理的有机衔接、无缝融入。

4月24日，郑州市公安局经侦支队开展打击制造销售假冒伪劣农药会战

（一）下沉警力。市公安局15名班子成员每人对口1-2个县（市）区，联系2-3个市内派出所或县（市）局，并分包一个二级网格。各分局、县（市）局班子成员共280人全部下沉分包全市197个一级网格，并分包联系450个二级网格。局直单位145名带长干部，每人联系一个二级网格；局直单位40%的机关民警下沉到社区二级网格。895名社区民警融入二级网格，3386名分局、县（市）局其他警种民警进入二级、三级网格。

（二）下放职责。根据社区民警十项工作任务，融合市委、市政府7项重点工作和13项城市管理提升的阶段性重点工作，进一步明确基本职责和配合职责。将治安秩序管理、特种行业管理、实有人口管理、消防管理、危爆物品管理、道路交通秩序管理、社区禁毒、内部单位管理等9项职责和14项具体业务下放到二级网格的警务室办理。截至年底，在二级网格的警务室内为人民群众直接办理证照、开具各类证明34万多件。

（三）协作联动。与卫生局联合，积极开展"平安医院"创建，在全市二级以上医院成立警医办81家，排查医疗机构内部安全隐患297处，督促整改安全隐患280处，排查发现医患矛盾125起，处置医患纠纷167起，协助查处各类违法犯罪案件153起，治安拘留145人，刑事处罚31人。与水务局联合，成立公安和水务联动执法办公室，下发了《郑州市公安局郑州市水务局联合开展保护水资源专项整治工作实施方案》，开展相关执法活动。

（四）创新手段。在每个三级网格中，挑选群众基础好、熟悉情况、具有公益心和号召力的群防群治力量，组织、建立以巡防队员、保安员、民调员、协管员（户籍协管和交通协管）、楼院管理员为主体的"五员"队伍，发放聘书、配发标识、统一培训，明确职责，落实奖惩，真正把社会管理的触角延伸到网格的每一个角落，对网格内力量进行有效补充。截至年底，"五员"队伍已达到8万余人。

（五）完善机制。根据网格化管理体系建设的要求，建立完善了时间保障机制、问责保障机制、考评保障机制，制定了《郑州市公安局季评奖惩工作方案》，对局直39个单位下沉网格开展工作情况进行督导检查、考核公示。下发了《郑州市公安局公务员绩效考评办法》，按照"一人一档"的原则，建立了网格民警执法工作台账，坚持"每周一考勤、每月一考核、每月一通报、季度一排名、年度总评比"。5-12月，全市公安机关在网格内采集流动人口信息90万余条，上报各类维稳信息23612条；排查治安、消防、交通等各类安全隐患14062个；排查化解矛盾纠纷22624起，协助其他职能部门发现、解决问题6700余个；"五员"队伍提供违法犯罪线索3202条，直接抓获违法犯罪嫌疑人1320人。

【交通秩序管理】 2012年，郑州市公安局深化智能交通系统建设，新建视频监控600余处，基本对市区主干道实现无缝隙覆盖。840套交通违法监测设备覆盖了市区95%以上主次干路、80%的支路。智能停车诱导系统通过专案论证。完成205处市政建设工程破路施工期间的道路交通组织任务，全力确保了京广快速路开通后的道路畅通。大力开展交通秩序整治，全年共处理交通违法行为374万余起。完善交通安全社会化管理长效机制，牵头组织交通、城管、残联等部门联合执法，禁止摩托车、电瓶观光车、三轮汽车、低速货车、拖拉机、畜力车、人力架子车等在市区限定区域内行驶，取缔摩托车、电瓶观光车等车辆在市区限定区域内非法营运、占道经营。加强客运安全管理，处理“黑名单”企业5家、违法车辆33车次；停运车辆涉及企业9家、违法车辆16车次；追究企业法人代表和车主的企业8家。截至年底，全市机动车保有量210.5万辆；全市共发生道路交通事故135071起、死亡149人、受伤935人，同比分别下降12.1%、22.8%、10.3%。

4月26日，东风路派出所举办“三色预警机制”广场文化活动

【消防安全管理工作】 2012年，郑州市消防工作中深入推进“防火墙”工程，深化“四抓三防两落实一到位”工作机制和网格精细化管理“36773”模式，先后组织对地下建筑等高危场所和在建工程、外墙保温材料及“城中村”、城乡接合部“三合一”“九小”场所等开展专项治理行动15次，圆满完成“双节”“两会”等大型保卫任务20余次，检查社会单位9.1万个次，督促整改火灾隐患50万余处，“三停”单位744家，临时查封隐患部位936处，行政拘留568人。全市建立了94个居民住宅小区消防安全管理示范点，66个社区建立消防体验中心，开展星级达标活动。挂牌督办的60家重大火灾隐患单位全部整改销案，全面提升了社会防控火灾能力，有效预防和遏制了重特大火灾事故，确保了全省火灾形势的持续平稳。

2012年，全市共发生火灾 1166起，出动消防车 3329 辆，出动警力 17372 人次，抢救被困人员 78 人，疏散被困人员 1460 人，抢救财产价值 7739.5万元。消防支队特勤大队被公安部评为“全国优秀公安基层单位”。

【出入境管理工作】 2012年，郑州市出入境管理工作相继推出“首问负责制”“AB岗位制”“即时服务”“限时服务”“延时服务”“预约服务”“一次性告知”和“全体民警战高峰”等制度，严格出入境审核把关，全年共受理公民因私出国（境）申请21万余人次。圆满完成电子护照启用工作，截至年底，全市有常住外国人3500人，共办理“三非”境外人员行政处罚案件41起。制定《涉外单位管理办法》和《旅栈业境外人员管理操作规范》，全市旅栈业境外人员临时住宿登记率、准确率分别达98%和99%，位列全省第一。

【公安信息化建设】 2012年，郑州市各级公安机关深入推进公安信息化建设，建成“五大属性”积分预警模型，全市重点人员预警后被打击处理的比率上升67%、下发管控指令下降36%，被评为全国优秀积分模型。强化社会信息资源整合，完善警务通“查录一体”模式，清理盘查行动中录入人员信息200余万条、车辆信息121余万条。利用情报平台抓捕逃犯4167名，抓获嫌疑人13572名，破获案件16883起，管控重点人员105261名。市公安局情报中心被公安部评为市级“大情报”工作成绩突出集体。顺利完成110“三台合一”升级改造，提升应急指挥调度水平。全市视频监控建设及应用工作取得新进展。“刑事案件现场信息三定侦查快速挖掘分析系统”顺利通过公安部验收，填补了国内空白。“犯罪现场行为证据分析在刑事诉讼中的表现形式及价值研究”项目成功入选郑州市2012年重大科技项目，“车辆动态管控系统”和“重点管控人员信息分析系统”荣获公安部2012年应用创新计划项目。

【社区警务建设工作】 2012年，郑州市各级公安机关加强社区警务工作，完善警务室建设，共建成标准化警务室724个。落实社区民警专职化，全市共配备专职社区民警885人。全面推行社区民警兼任社区（村）党支部副书记新模式，全市754名社区（驻村）民警落实兼职工作模式，其中，兼任社区党支部副书记或主任助理的506名、兼任乡（镇）综治办主任助理的248名。深入推进“三访三评”“守护平安、干净社会”活动，走访群众近34万人，慰问特困群众17698人，办好事实事4万件，发放各类慰问品价值22余万元。在网上公安局、网上服务大厅、博客、微博上设立“微访谈”“心通桥”栏目，广泛征求网民的意见建议，改进公安工作。

【执法规范化建设】 2012年，郑州市公安局规范执法行为和劳动教养审批流程，增强执法能力，进一步完善执法监督，提升执法效能，实现了法律与社会效果、能力与行为规范、程序与执法安全的有效统一。全年共批准劳动教养492人；举办法制大讲堂活动23次，参训民警6000余人次。成功举办新《刑事诉讼法》知识竞赛。认真组织开展“三整四建”和执法能力效率责任心大检查活动。巩固涉案人员非正常死亡问题、涉案财物管理问题专项治理，强力推进执法办案场所规范化建设和执法办案视频监督网上平台系统建设。切实加强对全部执法流程、执法环节和执法结果的即时监督管理，实现执法管理的流程化、常态化、信息化，防止执法安全事故和执法不规范行为发生。2012年，执法过错案件大幅下降，行政诉讼案件被法院维持率达95%以上。

【公安队伍建设】 2012年，郑州市各级公安机关坚持政治建警、素质强警、文化育警、从优待警，全面加强队伍建设。一是深入开展人民警察核心价值观教育实践活动。广大民警政治信念进一步坚定，忠诚本色进一步确立，为民服务意识进一步增强，思想作风和精神境界得到提升。省委常委、政法委书记毛超峰对郑州市公安局核心价值观教育活动予以充分肯定。二是扎实开展教育培训。省厅调训警衔晋升民警1017人；市公安局举办司以下警衔晋升培训班8期，培训民警846人；举办法制、刑侦、交警专题培训班各2期，培训民警1125人；举办“轮训轮值 战训合一”培训班3期，培训民警410人。大力选树先进典型，全市公安机关43个单位立功受奖或被评为全国、全省先进单位，344人荣立个人功，133个集体和

6月6日，市委常委、政法委书记黄保卫，副市长张学军带领政法系统代表观摩学习杨华民同志工作精神

707人荣获各级各类荣誉称号。三是坚持从严治警。持之以恒地抓好“五条禁令”“五个严禁”等制度规定的贯彻落实。严格落实党风廉政建设责任制，大力开展执法过程中涉案人员非正常死亡问题和涉案财物管理问题专项治理。不间断组织开展现场督察、集中督察和专项督察活动，督察纠正各类问题750余人次、提出整改建议110余次、发出督察法律文书129余份、对相关责任人“告诫谈话”22人（次）。四是认真落实从优待警制度。对28名英烈家属及因公牺牲、特困、伤残和患病民警申请救助金40余万元；对198名特困党员、民警家庭进行了救助慰问。建立心理健康保护专业队伍，全年共接听民警及家属电话咨询650多个，预约面询30余人次。

（李淑贞　王　静）

检察工作

【概况】 2012年，全市检察机关持续落实总体工作思路，围绕服务大局，突出办案和监督，狠抓案件质量，深入推进“三化三型”机关建设，各项检察工作取得了新进展，“四个领先、四个不能发生”工作目标总体实现。

在全省查办职务犯罪工作评比中，省检察院表彰的30个反贪和反渎工作均进入全省前60名的基层院中，郑州市新密市、荥阳市、新郑市、中牟县、二七区、金水区等6个县（市）区检察院受到表彰；30个单项工作进入全省前60名的基层院中，高新区和巩义市检察院受到表彰。全市受到表彰的检察院总数，占全省表彰查办职务犯罪工作先进单位总数的13.3%；共获得奖金140万元，占省院发放奖金总额的13%。在省检察院全年业务分析26个指标中，郑州市检察院领先的有20个指标。市、县两级检察院共获得国家级荣誉29项、省级荣誉45项。市检察院荣获“全国文明单位”称号，11个基层院获得或保持省级“文明单位”称号；7名干警获评全省检察业务专家。案件管理、未成年人保护等25项工作受到高检院、省检察院和市委领导批示肯定；公诉引导侦查提高命案质量、非羁押诉讼等32项创新做法，被高检院和省检察院以正式文件形式转发推广。

【服务郑州都市区建设】 2012年，全市检察机关发挥检察职能，主动服务和融入市委“三大主体”工作的决策部署。

（一）围绕服务经济发展谋划检察工作。坚持“三个严查”，把“党委满意、干部群众高兴、有利于优化经济发展环境”作为检验办案成效的基本标准；在市委的大力支持下，设立了郑州新区和航空港区两个检察处，协调安排了办公场所，申请了专项编制，组织安排了人员招录工作；继续向郑州轨道公司派驻检察特派员，对地铁工程项目建设进行同步监督；由班子成员带队，先后走访宇通公司、郑煤集团等大型企业，了解企业需求，提供法律服务；开展了专项预防，为南水北调、生态廊道等重点项目建设提供法律帮助。中原、惠济、荥阳等基层检察院制定服务新型城镇化建设的意见，得到当地党委、政府的肯定。

（二）融入网格、服务群众。市、县两级检察院共派出81个群众工作队，360名干警蹲点村组、社区，发挥检察职能，解决发生在群众身边的难事；持续开展“五进”千家行大走访活动，全社会对检察工作的满意度不断提高。

（三）认真落实维稳措施。坚持关口前移、重心下移，落实领导包案、领导干部联合接访制度，出台了《服务群众化解矛盾工作办法》《涉检信访案件风险管理办法》，建立严禁“首访拒绝”等长效机制；抽调57名干警参加全市打击处置非法集资和规范整顿担保机构的工作，坚持坚决又慎重的办案原则，取得了良好效果；认真清理涉检信访积案，解决了一批影响社会稳定的源头性问题。继续保持赴省进京涉检有理访零记录，确保了党的十八大期间没有来自郑州的涉检有理访。市委书记吴天君先后6次对市检察院发挥检察职能服务大局的做法批示肯定。

【刑事检察工作】 2012年，全市检察机关落实宽严相济刑事政策，效果明显。一是推行非羁押诉讼力度持续加大。全年作无逮捕必要不捕1701人，同比上升37%；其中对未成年犯罪嫌疑人作无逮捕必要不捕119人，同比上升19%。对6596名轻微犯罪嫌疑人适用了非羁押诉讼。二是案件质量进一步提高。全年捕后不起诉45人，同比下降21.1%；捕后轻刑判决率15.7%，低于全省捕后轻刑判决率11个百分点；诉后轻刑率7.4%，同比降低了2.9个百分点；对检察机关作出的不捕、不诉决定，公安机关无一提出复议和复核申请。

【查办和预防职务犯罪工作】 2012年，全市检察机关查办职务犯罪实现了稳定数量、提高质量。一是办案数量稳定。全年共立案侦查职务犯罪198件、312人，与往年办案数量大体持平。二是案件质量关键指标全省领先。反贪工作：立案环节大案率为97.3%，侦结后大案率为93.6%，分别位居全省第二和第一，均高于全省平均大案率18个百分点；查办县处级以上要案38人，位居全省第一，占全省总数的18%；实刑判决率为87.2%，高于全省37个百分点，位居全省第一。反渎工作：重特大案件占全部案件的比例为95.9%，高于全省平均比例11个百分点；实刑判决率为48.7%，高于全省判决率32个百分点，位居全省第一。

【诉讼监督工作】 2012年，全市检察机关诉讼监督的质量效果明显增强。一是侦查监督工作成效突出。全年共监督立案96人，同比上升20%，监督立案案件有罪判决率为101%，高于全省15个百分点；追加逮捕156人，同比上升11.4%，追加逮捕实刑判决率为100%。二是民行检察工作成效突

郑州市检察院走进经八路街道和明辉社区，现场接受控告、举报、申诉，为群众提供法律咨询

出。全年提出民行抗诉149件，同比上升23.1%，其中抗诉有结果155件、改判99件，均居全省第一，1起案件获评“全国检察机关民行检察十大精品案件”。三是刑罚执行监督工作成效突出。全年共监督纠正不当减刑、假释、暂予监外执行59人次，纠正违法监管行为52人次，纠正率均为100%；查办刑罚执行和监管活动中的职务犯罪19人，超过全年立案基本工作目标73%。在全省监所业务考评当中，郑州市名列第一。

【检察队伍建设】 2012年，全市各级检察机关坚持以“三化三型”机关建设为抓手，以市县两级检察院部门建设为重点，抓基层，打基础。一是强化专业化建设。以提升干警素质为核心，利用检察官大讲堂、检校合作，提高知识水平；加强岗位练兵，评选“十大精品案件”和“十佳业务能手”，提高检察业务技能；选调13名专家教授到基层院挂职兼职，提高研究创新能力；在两级党委政府支持下，新招录专业人才46名，为检察工作科学发展积蓄后劲。二是强化规范化建设。细化制度规定，分部门制定工作规范、工作流程，突出规范的指导性和可操作性，推动业务、队伍、事务规范化管理日臻完善。三是强化信息化建设。坚持“突出应用、以用促建”的原则，案件管理信息化系统试点运行工作稳步推进，绩效考评、远程指挥信息化系统逐步完善。四是强化基层院领导班子建设。配合县（市）区党委换届工作，选好配强基层院检察长，全年新提拔6名基层院检察长，对10名基层院检察长进行了调整交流。五是强化纪律作风建设。开展“新作风、新素质、新业绩、新形象”教育活动；坚持从严治检和从优待检，对检风检纪开展经常化督察，队伍作风素质有了新的提升。全年受理举报干警违纪信件15件，同比下降了32%。在全省开展的“规范权力行使、接受人民监督”检风检纪社会评议中，郑州市荣获第一名。六是强化基层基础建设。深入推进基层基础建设和执法办案（履职）能力提升年活动， 7月对13个基层院29个观摩点进行了现场观摩，互比互学，进一步激发了市、县两级检察院的创先争优意识。

（刘 冰 李 丹）

法院工作

【概况】 2012年，全市法院紧扣市委“三大主体”工作，认真履行审判职责，持续加强自身建设，着力推进更高层次、更高质量、更加文明的法院工作，为郑州都市区建设提供了更加有力的司法保障。全年共受理各类案件102981件，审执结88829件，其中市中院受理19141件，审执结16611件。全市法院连续4年在全省法院群众满意度测评中位居前列，涌现出全国优秀法院、全国法院文化建设先进单位、全国法院司法公开示范院等65个先进集体，全国优秀法官、全省十大人民满意法官等203名先进个人。

【司法服务工作】 2012年，全市法院以服务大局为使命，全力护航郑州都市区建设。

积极服务现代产业体系构建。强化能动司法，组建郑州新区、航空港区2个综合审判庭，为两区经济发展提供司法服务。妥善审结商贸物流、股权转让、企业破产等案件33764件，促进产业升级和结构调整。依法审结保险、证券、票据等金融案件2769件，积极服务金融业发展，助推金融中心建设。依法审结知识产权案件912件，严厉制裁侵权行为，加大对自主创新品牌、核心关键技术的保护，保障全市创新驱动战略实施。依法审结涉外和涉港澳台案件88件，优化投资环境，促进全市对外开放。

严厉打击非法集资行为。抽调76名法官，参加市委、市政府处理非法集资工作组，深入担保、借贷企业，排查化解金融风险。强化大局意识，妥善处理与非法集资相关的案件，积极配合有关部门追缴涉案资金，最大限度挽回集资户的经济损失。及时出台全市法院非法集资犯罪案件《证据审查标准》《情节认定标准》《量刑指导意见》3个规范性文件，统一裁判尺度。对受理的20件94人非法集资犯罪案件，准确认定事实，严格适用法律，对9件42人公开宣判，其中河南圣沃投资担保公司负责人王勇被判处死刑，缓期二年执行，有力维护了金融市场稳定。

深入推进平安郑州建设。认真落实宽严相济的刑事政策，审结各类刑事案件9732件，判处犯罪分子12601人。严厉打击严重暴力犯罪和多发性侵财犯罪，审结杀人、抢劫、绑架、盗窃等案件6243件，判处犯罪分子7794人，切实增强人民群众安全感。依法严惩重大责任事故、危险驾驶等危害公共安全犯罪行为，追究1239名被告人刑事责任。加大职务犯罪惩处力度，审结贪污、贿赂等案件233件340人，促进了反腐败斗争深入开展。积极探索减刑、假释案件展示式庭审模式，审结减刑、假释案件5809件，促进服刑人员改过自新。

积极参与网格化管理。坚持依靠群众促进矛盾化解，组织1825名法官联系2308个乡村、社区，选任社会法官2165名，依靠群众力量诉前化解抚养赡养、邻里纠纷5527起，促进了基层和谐稳定。与新闻媒体联办《法官在线》《法治前沿》等节目237期，加强法制宣传，切实增强群众法律意识。积极预防青少年违法犯罪，选派823名法官担任学校法制副校长，市、县两级法院院长上“开学第一堂法制课”，举办法制讲座、模拟法庭276次，10万余名学生接受教育。切实加强对未成年犯罪人的教育挽救，依法从轻判处未成年犯1195人；设立心理咨询室、社会观护基地，加强对未成年犯的跟踪帮教，帮助 135名未成年犯健康回归社会。

大力推进法治城市建设。坚持重沟通、重协调、重规范、重和谐，妥善审结政府信息公开、环境保护、社会保障等行政案件1560件，切实保护行政相对人合法权益，促进行政机关

省法院院长张立勇，市委常委、政法委书记黄保卫，市法院院长王新生共同为进城务工人员发放拖欠工程款

依法行政。依法执结非诉行政案件840件，保障新型城镇化建设顺利推进。及时发布行政审判白皮书，提出司法建议67条，充分发挥行政争议协调解决委员会作用，实现了司法与行政良性互动，共同提高执法水平。

【保障民生工作】 2012年，全市法院以为民司法为宗旨，积极回应群众司法新需求。

着力维护群众权益。高度关注涉民生案件审理，妥善审理婚姻家庭、教育医疗、房屋买卖等案件21419件，保障群众切身利益。依法审结危害食品药品安全、制售假冒伪劣商品等案件518件，判处“注水猪肉”案件主犯盛化锋有期徒刑12年，追究7名国家工作人员刑事责任，切实保障了群众生命健康安全。及时审结农村土地承包、农产品买卖等涉农案件3649件，依法维护了农民合法权益。健全涉军维权案件沟通协调机制，审结涉军案件51件，依法保护了军人、军属的合法权益。连续4年开展“拖欠进城务工人员工资案件集中办理”活动，与市总工会等4个单位联合制定《关于加强协作，共同维护进城务工人员权益的若干意见》，完善权益保护措施，对拖欠进城务工人员工资案件，坚持快立、快审、快结，全年共为1403名进城务工人员追回劳动报酬4761万元。

着力破解执行难题。市中院始终把解决执行难作为一项全局性工作常抓不懈，加大对执行难题的调研，指定9个基层法院探索实践“被执行人唯一生活住房执行”等6个课题，为破解执行难提供新思路。3次开展“集中曝光被执行人”活动，在媒体曝光600名被执行人名单，发放1500份执行通告，组织流动宣传车深入街道、农村，营造氛围，形成强大的执行震慑力，促使370名被执行人主动履行义务。加大对规避执行的惩治力度，限制高消费756人，限制出境32人，司法拘留709人，追究刑事责任18人，加大被执行人的失信成本。全年共执结案件16340件，标的额27亿元。

着力解决涉诉信访问题。始终把处理涉诉信访作为联系群众、倾听民意、为民解忧的重要途径，不断完善院长接访、法官下访制度，全年市、县两级法院院长接访群众1935人次，法官回访案件当事人2246人次，协调化解案件1556件。健全涉诉信访源头预防、综合治理长效机制，对所有案件进行信访评估，划分风险等级、制定预案，多元化解，最大限度地减少信访案件发生。2012年全市涉诉信访总量同比下降13.3%，进京访同比下降54%。

着力方便群众诉讼。完善诉讼服务中心功能，把群众来院诉讼事务集中推向前台办理，实行开放式、一站式服务，进一步方便群众查询咨询、转交材料、约见法官，全年共接待群众3万余人次。简化审理程序，适用简易程序、小额速裁程序审结案件16231件，案件审理周期平均缩短20天，切实减轻群众讼累。大力弘扬马锡五审判方式，深入农村、社区巡回审判13697件，就地立案、开庭和调解，减少了群众的奔波之苦。加大司法救助力度，对620名特困刑事被害人、申请执行人发放救助基金874万元，对1925名当事人缓减免诉讼费896万元，彰显了司法人文关怀。

着力推进司法民主公开。积极邀请人民陪审员参与案件审理，全年全市623名人民陪审员参审案件20832件，同比增加74%。坚持阳光司法，网上公开裁判文书21973份，网络直播案件庭审1995次。首次采用微博形式直播2名法官一天的工作情况，让群众更加直观地了解法官的工作方式方法。积极建设“服务型”法院门户网站，探索网上立案、网上送达、网上信访，全年共发布法院信息2543条，增加了法院工作的透明度。

【法院文化建设】 2012年，全市法院以法院文化建设为主线，努力构建法官精神家园。

加强团队建设，提升队伍战斗力。以开展政法干警核心价值观教育为载体，大力开展“示范党支部”活动，充分发挥支部的战斗堡垒作用。深化“我的团队”系列活动，展示丰富多彩的庭室文化；评选十佳庭室，培育团队精神，增强团队向心力。坚持开展干部任前谈话、法官任前宣誓，激发干警爱岗敬业精神，增强职业荣誉感。注重典型引领，公开表

4月20日，劳动者权益保护暨劳动争议审判实务研讨会举行

彰137名办案标兵、文书制作能手、服务能手，集中展示了46名法官的先进事迹，努力营造学先进、赶先进的氛围。

加强司法能力建设，提升审判质效。市中院推行青年法官导师制，选任23名资深法官对年轻法官传帮带，提高业务技能。开设法官大讲坛、庭室小讲堂，从院长到法官 126人登台讲授理论知识、实践经验，激发干警理论研究、探索创新的热情。组织120名办案能手到浙江大学深造，开阔眼界，更新观念，提高干警把握全局、服务发展的能力。认真落实人大代表、检察机关监督意见，主动评查庭审843个，评查裁判文书38489份，对发现的问题，制定整改措施，规范司法行为。加强对基层法院的指导，完善改判发回重审案件分析、典型案例指导制度，不断提升基层法官裁判水平。2012年，全市基层法院一审服判息诉率达87%。

加强廉政文化建设，确保廉洁司法。全市法院普遍建立各具特色的廉政文化长廊，营造崇廉尚廉氛围。深化“廉政亲情寄语”活动，邀请干警亲属来院座谈，构筑家庭助廉防火墙，郑州市中院做法被省、市纪委制作成廉政公益广告在电视、网络等媒体播放。组织院长、庭长、业务骨干718人到监狱听取服刑人员现身说法，就地开展廉政谈话，增强干警廉洁自律意识。充分发挥“清风茶社”教育阵地作用，及时对有不廉苗头的干警进行提醒，组织班子、支部定期到茶社过组织生活，查摆剖析，清心醒脑。建立违法违纪举报中心，加大查处力度，全年共查处违法违纪干警4人，确保了司法廉洁。全市法院违法违纪信访举报量连续三年下降。在全省廉政文化建设推进会上，市中院被省纪委推荐为廉政文化建设观摩点。

【接受相关监督】 2012年，全市法院把接受人大监督作为正确履行职责、实现司法公正的有力保障，坚持重要工作部署、重大案件审理及时向人大常委会报告，推进法院工作健康发展。

认真落实人大决议。深入贯彻市人大《关于加强全市审判机关行政审判工作的决议》，积极推进行政首长出庭应诉制度，通过发送书面出庭应诉通知，定期向市人大、市政府通报行政首长出庭应诉情况，确保制度落实到位。省委常委、市委书记吴天君批示要求落实好行政首长出庭应诉制度，市政府专门出台《关于加强行政机关法定代表人行政诉讼出庭应诉工作的意见》，全年行政机关负责人共出庭应诉145人次。市中院2次督查《决议》落实情况，专题向市人

2012年全市法院受理各类案件情况

全年共受理案件102981件

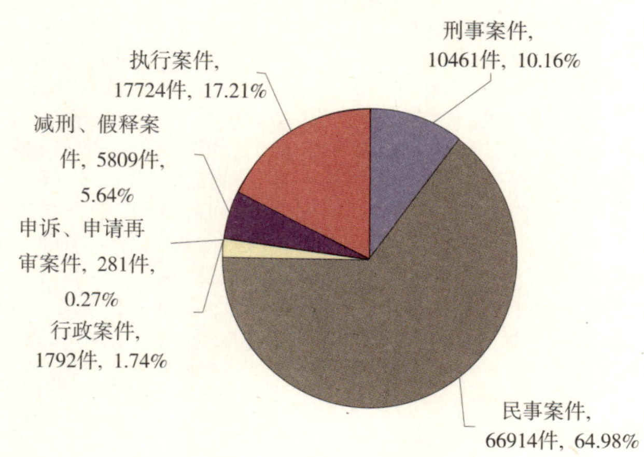

2012年全市法院审结各类案件情况

全年共审结案件88829件

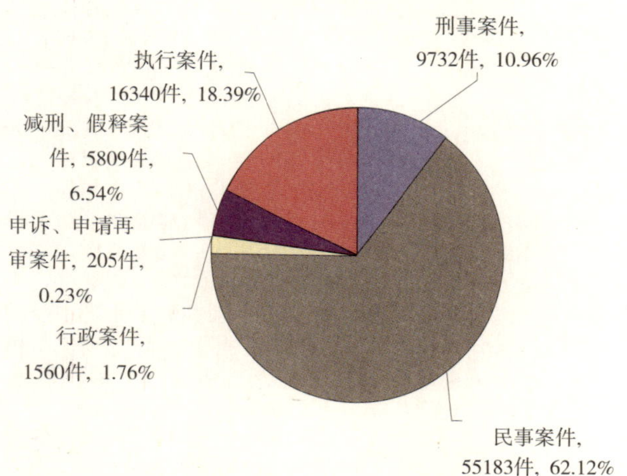

2012年全市法院法官办案百起以上人数

（单位：人）

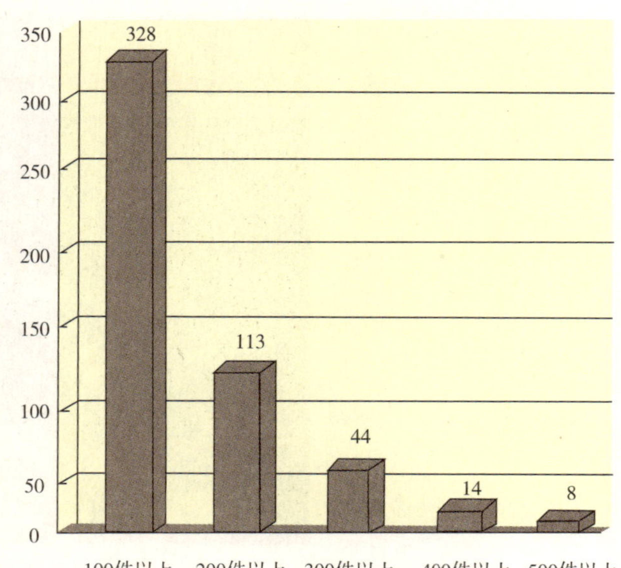

大常委会报告。11月，市人大常委会主任白红战带队到中院视察《决议》落实情况，有力推动了全市行政审判工作。

认真办理代表、委员建议、提案和关注案件。实行领导带头办理、承办部门优先办理、审判委员会优先讨论、联络督查部门全程跟踪办理4项制度，全年办结建议、提案7件，代表、委员关注案件93件，件件见面听取意见、件件报告办理情况。38名人大代表、政协委员专门致信对法院办理工作给予肯定。

认真做好人大代表、政协委员联络工作。全年主动上门走访人大代表、政协委员286人次，邀请人大代表、政协委员来院座谈、旁听案件1561人次，听取意见和建议。每半年向人大代表、政协委员通报法院工作情况，开通人大代表、政协委员短信联络平台，设立24小时专线电话，安排专人负责收集、办理和答复意见，切实保障人大代表、政协委员监督权落到实处。

（张 巍）

司法行政工作

【概况】 2012年，全市司法行政系统紧紧围绕服务大局、服务稳定、服务民生主题，继续深化三项重点工作，全面提升社会管理能力，抓服务、保民生，强基础、促提升，充分发挥司法行政职能作用，圆满完成了省司法厅下达的各项目标任务和向社会公开承诺办理的8件实事。

【普法和依法治理工作】 2012年，全市司法行政系统全面落实“六五”普法规划，召开了全市法制宣传教育和依法治市工作会议，省委常委、市委书记吴天君对全市法制宣传教育和依法治市工作作出了重要批示，市委副书记、市长马懿作了重要讲话。市人大常委会作出《关于进一步加强全市法制宣传教育和依法治市工作的决议》，出台了《郑州市依法治市工作领导小组工作制度》《领导小组成员单位职责》，保障了“六五”普法规划的顺利实施。

开展“深化‘法律六进’，服务科学发展”等主题法制宣传活动，采取展出法制图片、标语，发放法律知识手册、发送法治短信等形式开展法制宣传，全年接受法律服务群众90万余人次，普法讲师团全年组织普法宣讲活动1560余场。全市约10万名公务员参加了《行政强制法》法律知识考试。对“两委”干部、“法律明白人”、外出（来）务工人员等进行法制宣传教育690期，参加培训人员约58.5万人次。开展社区居民法制讲座592次，受教育居民14.9万人次。加强法治文化阵地建设，建设法治文化一条街95个，法治广场、法治公园86个。在全省第三届法治文艺会演中，郑州市选送的小品《“烦人”警官》荣获一等奖，2个节目荣获三等奖。

以法治创建为载体，持续提升法治建设水平。积极开展专项依法治理活动，将政府职责内的各项任务和市委、市政府中心工作融入网格化管理体系，推进多层次、多领域依法治理，取得了新成效。金水区、新郑市被全国普法办确定为“全国‘六五’普法依法治理工作联系点”；新密市超化镇河西村被司法部、民政部命名为“全国民主法治村”，新密市超化镇河西村、中原区凤和日丽社区被评为全省“十佳民主法治村（社区）”。

【监狱劳教工作】 （一）监管场所持续安全稳定。组织开展了百日安全排查活动、政法干警核心价值观教育活动、基层基础建设年活动、“富士康杯”教育改造能手技能竞赛活动、处置突发事件预案演练等专项活动。细化完善三大现场管理制度和警察直接管理制度，并严格督促检查，促进了安全制度的全面落实和安全隐患的及时整改。不断加强安全防范设施建设。建立了二级视频监控网络，场所物防技防设施进一步完善。

（二）教育矫治水平不断提高。全年按期、保质、保量完成了政治、文化、技术课教育，市监狱共完成“三课教育”523个课时，3个劳教所共完成4846个课时，超额完成计划课时。各狱所积极开展技术培训。189名罪犯通过并获得国家技能等级证书，324名劳教人员获得职业技术等级证书和岗位培训合格证书。加强心理咨询工作，成立了心理矫治中心，建立服刑人员和劳教人员的心理健康档案，开展心理健康教育。

（三）确保全年安全生产无事故。认真抓好安全监管责任体系建设，强化对生产重点部位、重点环节、重要时段的管理。抓好安全检查，市司法局不定期地组织人员深入生产一线进行检查，确保了全年“安全生产无事故”目标的顺利实现。

（四）精细化管理深入推进。探索涉法涉诉罪犯、劳教人员的管理办法，劳教系统管理软件在石佛劳教所试运行，用“悉、管、疏、帮”工作法实现息诉罢访；深化所务公开，完善所长接待日制度，实行“阳光执法”。扎实开展“公正执法行为、提高执法水平”专题教育活动，执法作风进一步转变，执法效果进一步提高。

【法律服务工作】 至2012年底，全市共有律师事务所202家，执业律师2480人，全年共办理各类法律事务6万多起。一是创新律师执业监管，在律师事务所开展“十星级”评定工作，着力开展基层组织建设年活动，推动律师行业创先争优活动深入开展，扎实开展以“忠诚、为民、公正、廉洁”为主要内容的核心价值观教育实践活动，律师的政治意识、大局意识、素质意识明显增强。二是广大律师主动融入人民调解、行政调解、司法调解等多元纠纷解决机制，有理有序地做好社会矛盾化解，全年全市律师共调解成功各类纠纷3200多件。三是持续开展律师进乡村、进社区活动，全市2480名执业律师进驻198个社区、乡村，开展了大规模的法制宣传和法律服务。四是深化实施服务民生工作，全年全市律师承办法律援助案件1791件，参与社会公益活动9560余

3月31日，郑州市社区矫正工作会议召开

10月24日，郑州市第九届“富士康杯”人民调解业务能手技能竞赛举行

人次。五是组建了重点项目建设律师服务团、招商引资律师服务团、产业积聚区建设律师服务团、发展现代农业律师服务团、保护知识产权律师服务团等专门律师服务团队，全力服务党委政府中心工作，全年全市律师共为130个市、县、乡政府（部门）担任了法律顾问。六是法企对接、结对服务，有529名律师与856家企业结对，帮助企业完善法人治理结构，规范企业生产经营，化解经济运行风险。

公证、司法鉴定和国家司法考试工作成效显著。公证业务领域和服务质量进一步提高，全年全市共办理各类公证12万件；为残疾人、外出（来）务工人员、下岗职工出证1048件，减收公证费用313万元。进一步提升鉴定人队伍素质和鉴定质量，全年共办理鉴定业务6092件；办理司法鉴定业务减免案件2846件，减免费用72.78万元。国家司法考试工作严防失泄密事件发生，从严治考，热情服务，严密组织，圆满完成了6435名考生的考试考务工作。

【法律援助工作】 2012年，全市司法行政系统切实加强基础设施建设，以法律援助工作被列入郑州市民生“十大实事”为契机，共新建50个规范化的法律援助点，全市规范化的法律援助受理点达到150个。继续加强法律援助接待室、值班律师办公室、受理点规范化建设，初步实现“城区半小时，郊县一小时”法律援助服务圈。全年法律援助办案6217件，完成了全年目标任务。提高法律援助办案质量，加强法律援助案件质量管理。12348法律咨询热线及各受理点专业律师免费接待群众来访来电咨询3万余人次。成立郑州市法律援助基金会，启动资金600万元拨付到位。法律援助机构工作人员或公职律师通过庭审旁听等方式加强案件监督，参与率高于20%；对办理完毕的法律援助案件，100%进行了回访。

【基层司法行政工作】 一是人民调解组织进一步完善。至2012年底，全市共有各类人民调解组织2677个，其中乡镇（街道）调委会155个，村（社区）调委会2461个，区域性、行业性调解组织61个，形成了以乡镇（街道）调委会为骨干、以村（居）调委会为基础、其他专业调委会为补充的人民调解组织体系。全市共有专职人民调解员8615名，占全省专职民调员总数的2/5，每个调委会平均有3名专职人民调解员。二是加强对人民调解员的培训工作。市司法局连续3年免费对近3000名调委会主任进行集中培训；组织开展人民调解业务技能竞赛，评选出人民调解技术能手；大力开展“十佳精品民调案例评选”活动，每个季度评出10个精品案例。三是“三调联动”工作机制稳步推进。在全市法院、中心法庭、公安派出所、交警大队设立人民调解室；市医调委工作稳步推进，各种机制不断健全。四是先后组织开展了“人民调解春风化雨”“人民调解百日攻坚”“人民调解质量年”和“走千村、访万户，讲法制、促和谐”等活动。2012年，全市共调处各类矛盾纠纷6.6万件，调成6.5万件，调成率97%，化解了大批社会矛盾及民转刑案件。

进一步完善安置帮教工作机制。落实帮教措施，加强对服刑在教人员的信息核查，实行信息核查月通报制度，全市信息核查率达到95%以上。2012年共接受刑释解教人员1778人，安置帮教1724名，安置帮教率为97.5%，重新犯罪率控制在了3%以内。

社区矫正工作扎实推进。成立了领导机构，制定出台了《郑州市人民政府关于社区矫正工作的意见》，印制了20种社区矫正文书。对司法所长统一进行了社区矫正知识的培训，全年共接受社区矫正对象1752名，解教488名。

【基层基础设施建设】 一是司法所人员全部到位。至2012年底，全市154个司法所全部立户列编，人员453人，其中政法专项编制96名、全供事业编制324名，大专以上文化程度者383人，所长按副科级配备，基本上实现了规格、隶属、编制、经费保障“四落实”。二是按照高起点规划、高标准建设、高品质装备的要求，全市154家司法所全部建成，乡镇司法所办公用房面积达到平均120平方米以上，城区司法所办公用房面积达到平均100平方米。三是扎实开展“监所基层基础设施建设年”活动，进一步充实基层警力，实现警力重心下沉，增强基层人防保障。基础设施建设不断加强，局属狱所争取市本级投资项目3个，总建筑面积1.44万平方米，总投资2776万元，全部开工建设。

（楚丽源）

仲裁工作

【概况】 2012年，郑州仲裁委认真贯彻执行市社会管理和信访稳定工作五年规划，以“办理精品案件，提升仲裁公信”为主线，以创新服务和拓展业务为突破口，以构建仲裁工作大格局为保障，努力推进仲裁事业持续快速健康发展，全年共受理案件2743件，同比增长29%；涉案标的额14.8亿元，同比增长11%。案件质量和办案效率均有明显提高，充分体现了仲裁的快速结案特点。

【仲裁宣传工作】 2012年，郑州仲裁委按照“推行仲裁法律制度是根本，融入市场经济是关键”的工作思路，制定了宣传工作专项方案，加大仲裁法律制度的宣传推广力度，提高郑州仲裁认知度。一是创新宣传方式，开展分层分类宣传。针对不同行业、仲裁知识普及程度不尽相同的特点，实施划类分级宣传法，展开科学的宣传推行活动。对仲裁基础好的部门以巩固和拓展业务为主，对基础一般的部门以走访、座谈、指导规范合同文本为主，对认知度较低的部门以组织座谈会为主。通过多层次的沟通联络，企业对仲裁的了解日益深入。二是举办专题活动。全年先后在各重点商会协会、重点部门召开座谈会36次，机关工作人员深入基层走访357人次，解答仲裁咨询1600人次。9月，成功举办了主题为“努力为社会管理创新提供优质仲裁法律服务”的全国仲裁工作年会，中央11个部委、5个省政府法制办和各省、自治区、直辖市160多个仲裁机构负责人出席会议，受到国务院法制办的充分肯定和兄弟仲裁机构的高度评价，对宣传郑州仲裁起到了积极的推动作用。三是积极推进郑州仲裁委建设工程争议评审工作。积极联系省市建设行政主管部门、行业协会、专业律师、高校教授等组建评审委员会，并于7月召开了第一次筹备会，为郑州仲裁委下一步建设工程争议评审工作的顺利进行奠定了基础。四是编印宣传刊物，及时更新网站信息。组织编写宣传彩页及制作郑州仲裁展板，积极参与“3·15”消费者权益保护日、“12·4”法制宣传日等活动。同时，组织编辑《郑州仲裁》，搭建理论研究与信息传递的平台，并适时投放企事业组织。及时更新郑州仲裁网站信息，以便当事人、仲裁员及社会大众及时了解仲裁委工作动态，学习与仲裁相关的法律知识，进一步扩大了宣传的覆盖面。

【提高案件质量】 2012年，郑州仲裁委牢固树立精品意识，秉持“居中止争，昭法致和”的理念，多策并举，不断提高办案质量，努力打造郑州仲裁公平、公正、快捷、高效的品牌。全年共审理案件841件，其中新受理案件637件、上年结转200件、法院裁定重新仲裁4件。审结案件527件，审结率82.7%；调解结案100件、和解撤案88件，调解和解率35.7%；当事人自动履行256件，自动履行率48.6%。简易案件平均审结期限45天，普通案件平均审结期限84天，远低于仲裁规则规定的2个月和4个月的审结期限。在受理的案件中，一方当事人或者双方当事人是本市以外的案件126件，占全年受理案件数的19.8%，较上年有明显增长，郑州仲裁委的影响力显著增强，为郑州仲裁委建立区域性仲裁中心奠定了基础。

一是做好案件立案工作。根据法律规定的立案条件，并结合当前的司法政策，对当事人提供的立案材料进行仔细、严格审核，符合立案条件的当天立案、当场送达立案文书。二是做好裁决文书的审核工作。坚持严格的裁决书三级审核，调解书、决定书二级审核制度，并在仲裁秘书中开展仲裁文书的自审和互审工作，及时发现各类失误。对实体部分中明显的漏裁、超裁和计算错误事项，仲裁秘书与仲裁庭及时沟通、协调解决。针对个别复杂疑难案件，组织专家进行论证，确保案件科学公正处理，全年共召开5次专家咨询委员会。三是对案件实行动态管理。每个案件从立案、仲裁通知送达、组庭、开庭到结案，仲裁秘书都要及时将相关信息录入案件管理系统软件，实行动态监控，并由具体办案仲裁秘书对承办案件逐一制定案件流程计划书，实施统筹管理。四是修订完善了《提高仲裁“三率”的工作意见》。制作重大事项办理流程图，并对裁决书制作规范、鉴定工作规定、简易案件文书样本等进行了修订完善，并严格执行，案件仲裁的标准化、规范化水平进一步提高，为提高仲裁的和解率、自动履行率、快速结案率奠定了坚实基础。五是抓好两支队伍建设，提高办案人员素质。抓好培训工作，先后举办3期仲裁员沙龙，邀请国内资深专家梁慧星、崔建元等来郑授课，使仲裁员、仲裁秘书不断接受新的知识和理论，提高解决实际问题的能力；安排2批14名机关中层以下人员到中国政法大学离职培训，及时掌握仲裁实践中的热点和难点问题；安排多名中层干部到全国先进的仲裁机构参加研讨会、座谈会，丰富理论知识，增强办案能力，保障办案质量。六是自觉接受当事人监督。通过接收当事人来电来信来访，畅通监督渠道，听取当事人对仲裁工作的意见和建议，实行个案跟踪、逐一答复，赢得了当事人的认可和肯定。

【创新仲裁调解机制】 2012年，郑州仲裁委针对创新社会管理提出的新要求，健全和发展多元纠纷解决机制，积极参与构建社会大调解格局，拓宽仲裁服务领域，实现仲裁调解社会化。一是推进仲裁调解网络建设。积极与省高院、郑州新区管委会、市中院、高新区法院协调对接，筹备设立诉前调解室和调解中心，推动仲裁、诉讼及行政调解的有效衔接；密切联系行业协会和商会，积极开展民商事调解工作。二是加强与人民团体和民间商会的合作。把与工商联的合作作为拓展服务领域的重要载体，郑州仲裁委1名副主任当选市工商联第七届常委。5月，郑州仲裁委与省工商联共同举办“仲裁服务与民营企业法律风险防范论坛”，80多位省直商会会长、副会长、秘书长参加论坛，使企业家对仲裁工作有了更深的了解。省直属商会下发《关于开展商会调解仲裁服务工作的实施意见》《关于采用仲裁调解方式解决经济合同纠纷有关问题的通知》，引导商会开展调解仲裁服务，有3000多家企业将仲裁引入合同条款。三是积极与市直有关部门沟通协调，将仲裁调解纳入市“十二五”规划和“三调联动”内容，扩大仲裁调解的覆盖面。四是以调解中心为依托，积极开展调解工作。郑州民商事调解中心成立后主动介入社会矛盾的热点和难点部位，利用仲裁化解纠纷，为当事人排忧解难。共协调20件合同纠纷案件达成补充仲裁协议，标的额达1.14亿元，其中18件在15日内办结、2件转入仲裁程序。

【仲裁机构规范化建设】 2012年，郑州仲裁委不断提升管理水平，推行仲裁机构规范化建设。一是强化目标管理。先后制定了仲裁事业发展目标及保障措施、绩效考核办法。二是规范权力运行。制定了《行风评议实施方案、网上事项办理实施方案》《服务重大项目承诺书制度》等，为服务市委、市政府中心工作提出了具体要求和实施细则；公布郑州仲裁委员会办公室内外职权目录和领导岗位职权、单位职权风险排查评定表，实现了权力运作的透明化、明晰化；修订了《财务管理办法》《仲裁员工作纪律》《廉洁自律规定》等，强化了自觉意识，堵塞了各种漏洞，调动了干事创业的积极因素。三是加强仲裁监督。将事前、事中和事后监督有机结合起来，突出过程监督。坚持实施由主任、主管主任和仲裁处长三级负责的案件督办制度，层层落实督办责任；安装了仲裁案件流程管理系统、庭审计算机监控系统，确保案件办理公开透明；定期开展案件评查工作，建立了内部问责自纠、专家咨询、司法监督和社会监督等制度，确保办案公平公正；建立健全了仲裁员档案，制订仲裁员办案手册，收集当事人、仲裁员对仲裁秘书、仲裁秘书对仲裁员的办案评价信息，定期开展仲裁员约谈警示活动，对仲裁员和仲裁秘书实施有效监督。

【优化仲裁环境】 2012年，郑州仲裁委将维护稳定作为重要工作，坚持预防为主，确保仲裁零信访，为仲裁发展创造良好的外部环境。建立健全了《郑州仲裁办信访评估制度》和《郑州仲裁办信访预警机制》，在当事人申请立案期间，对案件所有环节进行认真评估，确定信访可能；将评估结果纳入信访预警机制，提示办案人员加大矛盾调处力度，努力做到息访。尤其是涉及敏感案件、集团案件和社会反映强烈的案件，做到责任、人员、措施和工作力度到位，努力化解矛盾，平息信访。

（连　欢）

政法大事及典型案例

【平安郑州建设】 2012年，郑州市扎实推进平安郑州建设，通过实施乡镇（街道）平安建设工作三级动态管理、市级平安建设先进单位和基层示范单位考核复核、先进单位联系分包落后地区等项制度，从根本上解决了基层单位积极性不高、争先创优意识不强、工作成效评价缺失、“一岗双责”落实不到位等问题，在全市形成了各负其责、齐抓共管、争先创优的平安建设局面。

市委、市政府明确把平安建设的成效与领导干部年度考核评价挂钩，分别与16个县（市）区和52个成员单位签订了以党委主要领导为第一责任人、分管领导为直接责任人的平安建设目标责任保证书；出台了《关于建立平安建设工作领导小组成员单位联系乡镇（街道）工作机制的实施意见》；市综治办连续两年对全市182个乡镇（街道）组织开展公众安全感和群众满意度调查。全市形成了党委政府统一领导、各成员单位各负其责、人民群众广泛参与的良好工作格局。

全市各级财政部门不断加大对平安建设经费的保障力度，将应由政府承担的经费全部纳入同级财政预算，并随着经济的发展逐步增加投入。市财政安排平安郑州建设资金17.9亿元；市本级出资8000余万元、县乡两级财政累计投资2.4亿元用于技防建设；拿出1.2亿元用于专职巡防队伍建设；市政府出资60亿元重点实施就业再就业、卫生医疗、教育倍增、公共安全管理等十项民生工程；2012年共对全市30家先进单位、27家基层示范单位发放奖励工资6000余万元。

依托网格管理筑牢平安建设根基。（1）常态化开展防范治理。全市建立健全集中清理清查工作长效机制，定期按照网格划分组织开展集中清理清查活动。全年共参与人员40万人次，清查“三无”人员3.2万人次，登记暂住人员34万人次，查处交通违法7193次，破获各类案件1952起，抓获各类违法犯罪嫌疑人2484名。切实加强和创新社区治安防控。积极推行居民楼院、内部单位“三色管理”模式，将各级治安防范责任分包每个“格”、每个“点”、每个人，形成了面有巡逻、块有联动、点有监控、门有镇守的全方位立体化的防控格局。全年全市巡防队共现场抓获并扭送违法犯罪嫌疑人及有劣迹人员1156名，协助公安机关破获案件374起，调解民事纠纷13828件，发现火灾隐患32047处，处置各类险情856起，扑救初起火灾213起，做好事29152件。郑州市巡消工作得到公安部副部长刘金国和省委常委、政法委书记毛超峰等领导的充分肯定。（2）动态化管控重点人员。依托网格优势，发动网格人员逐楼、逐单元、逐户对闲散和问题青少年、刑释解教人员、吸毒人员、精神病人等重点人员逐一排查核实，切实将每名重点人员都纳入视线，严格管控，降低重点人员对社会的影响和危害。对流动人口相对集中的单位和企业，实行主动登门服务；实行楼长负责制，通过楼长对本栋楼居住人员、变更人员及时掌握。全年全市共采集流动人口信息120万余条，注销流动人口信息64万余条，处置各类预警信息9000余条，抓获网上逃犯618名。（3）专业化开展便民服务。全面落实网格化管理日走访、日巡查制度，实行三级网格人员每日深入群众、企业和单位进行拉网式排查，为政府精确服务提供信息支撑。各级职能部门大力开展知民情、解民忧、化民怨、暖民心活动，通过网格下沉人员，力所能及地帮助网格内困难群体解决实际困难。

创新完善平安建设工作四项机制。（1）建立联动解决问题机制，实现条块职能融合，有效解决了条块职责不清的问题，使基层网格人员发现问题的责任和职能部门解决问题的责任明确，促进了基层各类问题的有效解决。（2）建立乡（镇）街道分级管理机制，对全市182个乡（镇）街道平安建设工作实行三级动态考评管理，省、市平安建设工作先进乡（镇）街道只能从考评确认的平安建设工作一级乡（镇）街道中产生，对三级平安建设工作乡（镇）街道，市、县两级综治委派驻督导组指导整改工作。通过分级管理，进一步推动了各级各部门“人往基层走、钱往基层花、物往基层用、权往基层放、劲往基层使”，有效破解了抓基层夯而不实的难题。（3）建立考核考评机制，严格落实奖惩。对全市12个县（市）区、4个开发区、175个乡镇街道、53个成员单位和31个基层二级机构的平安建设工作进行了考核复核，对4个县级单位、60个乡（镇）街道、15个基层二级机构给予了通报表彰和奖励，对10个乡镇街道给予了平安建设重点管理和社会管理综合治理一票否决警示。通过严格奖惩考核，较好地提升了平安建设工作的影响力，有力地促进了全市齐抓共管格局的形成。（4）建立专项整治工作机制，净化全市社会治安环境。将社会治安重点地区排查整治工作作为深化平安建设的重要举措，通过采取有力措施，加大工作力度，人民群众安全感和满意率得到进一步提升，全市社会治安稳定环境得到进一步巩固。加强组织领导、督促检查，全年共组织专项督查4次，召开工作会议5次，下发通报7期；强化宣传发动，最大限度地争取社会各界和广大人民群众的支持，营造良好的社会氛围。全年共动员干部群众232538人次，发布通告5801份，召开座谈会1923场，接受群众举报405人次，从中破获刑事案件98件、抓获违法犯罪嫌疑人118人；细化排查调处，重点对非法生产、非法经营、非法建设、安全生产、信访稳定、基层组织建设六大重点领域和城乡接合部、“城中村”、校园及周边地区、歌舞娱乐、洗浴按摩、中小旅馆、出租房屋等重点场所，进行乡不漏村、村不漏户的全方位大排查，及时发现问题、整改到位，全年全市共排查社会治安重点乡（镇）街道46个、重点村（社区）193个。扎实开展行动，全市文化部门共排查发现存在问题的网吧43家，工商部门查处取缔“黑网吧”88家，教育部门共排查校园及周边“三厅一室”40个，校内安全隐患574个。在全省“一打击两整治”专项行动战果通报中，郑州市检察、工商、教育、法院、公安等部门打击成果均位居全省前列。

（王铁鎏）

【侦破未来路“2012.3.8”杀人碎尸案】 2012年3月6日13时许，未来路分局接到报警：金水区英协路56号院5号楼3单元402室的居民陈东、王冉夫妇及王冉的母亲3人同时失踪。接到报案后，未来路分局迅速展开调查，于3月8日10时许在陈东、王冉夫妇所住楼房地下室（属于陈东夫妻所有）发现了王冉及其母亲的尸块。

案发后，市委常委、政法委书记、市公安局局长黄保卫，市公安局副局长李奎业等迅速带领侦技人员赶到现场，组织指挥侦破工作，并迅速成立专案组，全面开展侦查工作。

侦查中，专案组民警发现陈东夫妇因要求双方父母帮助照看小孩问题发生矛盾冲突，2月下旬陈东将住房卖掉，将女儿送到长沙交给哥哥照顾，之后失踪。后经细致勘查，在陈东夫妇住房的主卧室墙上、床尾侧及客厅鞋柜上发现血迹，认定为第一犯罪现场。据此，专案组分析认为陈东有重大作案嫌疑，迅速对陈东展开抓捕工作。

由于该案件影响恶劣，舆论媒体密切关注，为尽快查找犯罪嫌疑人陈东的踪迹，专案组民警分别到成都、重庆、西安、长沙、昆明、广州、北京、银川等地开展调查工作，先后发现了陈东案发后在成都、重庆、杭州、广州活动的轨迹。但由于犯罪嫌疑人陈东反侦查意识较强，专案民警屡屡扑空，迟迟未能抓获到案。

专案组民警克服种种困难，长时间在全国各地追查追捕，终于先后在杭州、贵州发现了重要线索。杭州的余某曾在3-4月帮一名男子租房、做饭，经辨认照片确认该男子就是陈东；贵州安顺的陈某5月份以来为一个自称“潘绍明”的男子提供住宿、饮食，经辨认照片确认“潘绍明”就是陈东。11月16日17时许，在贵州省安顺市开发区西水路总段宿舍成功将犯罪嫌疑人陈东（男，35岁，湖南省华容县人）抓获。经讯问，犯罪嫌疑人陈东对因家庭矛盾冲突杀害妻子王冉及其母亲并碎尸的犯罪事实供认不讳。至此，“2012.3.8”杀人碎尸案胜利告破。

【侦破龙子湖“2012.9.25”命案】2012年9月25日6时3分，市公安局110指挥中心接到报警：龙子湖分局辖区河南职业技术学院7号楼4单元2楼一女生宿舍有人被扎伤。接警后，龙子湖分局迅速赶到现场，了解到该学院7403B女生宿舍内有4人被刀扎伤，3人已经死亡、1人重伤送医院抢救。市公安局结合现场情况立即启动严重暴力犯罪处置应急预案，市委常委、政法委书记、市公安局局长黄保卫和市公安局常务副局长杨玉章、副局长李奎业第一时间赶到现场，并迅速成立专案指挥部，调集案发地周边分局大要案应急响应梯队共100人到达现场，全面开展侦查工作。

经过设卡盘查、清理清查和调查访问等，专案指挥部发现，案发宿舍住宿人员陈某（女，河南职业技术学院2011级会计电算化专业114班学生，案发时不在该宿舍）于2012年3月通过网聊认识了张强（男，内蒙古自治区呼和浩特市赛罕区人，内蒙古工业大学土木工程系大二学生），两人交往一段时间后，于暑假前夕产生矛盾分手。经电话联系陈某，得知案发前陈某以家人被狗咬伤需要回云南昆明老家照顾为由请假一周，目的是为了躲避张强。张强多次寻找陈某未果，曾扬言要杀害陈某及其身边好友。专案指挥部综合分析认为张强有重大作案嫌疑，案发后张强搭乘长途客车沿京港澳高速向北逃窜。专案组立即将此案情向省公安厅作了汇报，省公安厅常务副厅长李建中立即做出工作部署、副厅长李法正带领刑事技术专家赶到现场，指导案件侦破工作。

专案指挥部协调沿线公安机关多警种布控，郑州、鹤壁、安阳警方和省高速交警多部门协同作战，查控嫌疑人可能乘坐的长途客车，并与司机取得联系。当嫌疑人张强乘坐的豫AA1802大巴客车在安阳汤阴高速公路出口处时被安阳警方拦住，跟随其后的龙子湖分局民警迅速上车，并成功抓获嫌疑人张强。经就地突审，嫌疑人张强供述了因情感挫折产生报复心理，于9月25日凌晨闯入河南职业技术学院7403B宿舍（当时宿舍内住6名女生），持刀连捅4名女生，致3死1重伤的犯罪事实。至此，“2012.9.25”杀人命案历经5个小时顺利侦破。

【侦破“2012.1.9”故意杀人案】2012年1月9日12时12分，郑州市公安局荥阳市局接到报警：在荥阳市豫龙镇西张寨村一麦地机井房内发现一具尸体。接警后，郑州市公安局迅速启动命案侦破快速反应机制，市公安局常务副局长杨玉章、副局长李奎业等第一时间到达现场，指导案件排查侦破工作。郑州市市委常委、政法委书记、公安局局长黄保卫指示要克难攻坚，全力侦破。

经过现场勘查发现，死者为男性，尸体全身赤裸，没有头和左手，颈部和左手腕处有锐器砍伤。犯罪分子手段残忍，加之临近年关，该案迅速成为社会各界和广大群众密切关注的话题。为尽快侦破此案，消除社会影响，荥阳市局立即成立专案组，展开全力攻坚。通过现场走访调查、嫌疑车辆排查、失踪人员排查、张贴悬赏通告、刊登寻人启事、寄送协查通报、群发手机短信等形式，充分发动群众广泛参与，全面征集案件线索。经过专案组近一年辗转山东、山西、河北、湖北、安徽、江苏、浙江、辽宁、吉林、黑龙江等省份，进行大量的基础排查工作后，终于得知一条重要线索：中牟县发现一名男性失踪人员，失踪时间与“2012.1.9”案件案发时间基本一致，与死者年龄相近。经过初步调查，死者冯某某，被害时17岁，在新郑市正龙食品有限公司上班，2011年12月27日从工厂离开后失踪。

通过侦查走访，专案组发现死者冯某某有3个重要关系人，即冯某某的工友李延峰、王勇和张中伟，其中前两人均有犯罪前科。案发前后李延峰和王勇均在案发现场附近出现，案发后李延峰曾使用死者冯某某的身份证在上街区入住旅店。专案组迅速判断李延峰、王勇、张中伟可能有重大作案嫌疑。2012年12月2日18时，在新郑市将涉案的犯罪嫌疑人李延峰（男，26岁，许昌市人）、王勇（男，32岁，荥阳市人）、张中伟（男，28岁，新郑市人）全部抓获。

经讯问，犯罪嫌疑人李延峰、王勇、张中伟分别如实供述了自己的犯罪事实：因张中伟收到冯某某发送的辱骂短信，恼怒之下便告诉好友李延峰伺机教训一下冯某某，剁掉其一只手帮其解气。于是，嫌疑人李延峰、王勇预谋后将冯某某骗至发现尸体的麦地机井房内，将其伤害致死后逃离现场。为向张中伟证明冯某某被伤害的事实，案发1天后，李延峰、王勇再次到案发现场，将死者的头和左手砍掉，随后将其掩埋在工厂围墙外绿化带中。

至此，豫龙镇“2012.1.9”故意杀人案成功告破。该案的侦破，使郑州市2012年现行命案侦破率创历史新高。

（李淑贞　王　静）

人民武装

郑州警备区

【概况】 2012年，郑州警备区围绕建设全面过硬战略预备力量，坚持务实创新、持续用力、科学发展，圆满完成年度各项任务，全面建设保持了良好的发展势头。

2012年2月19日，总装备部综合计划部副部长李少波率中央军委联合工作组，到郑州警备区民兵武器装备部仓库检查指导工作。济南军区副参谋长蒋建军，省军区司令员刘孟合、政委周和平，郑州警备区司令员尚守道等陪同检查。工作组对郑州警备区民兵武器装备仓库整体建设给予了充分肯定，并提出了好的建议。

【思想政治建设】 2012年，郑州警备区扎实推进用中国特色社会主义理论体系武装思想，以及党的十八大精神的传达学习。深入开展“赞颂科学发展成就、忠实履行历史使命”主题教育和当代革命军人核心价值观培育活动。认真抓好党委中心组理论学习、干部集中轮训和基层理论学习，坚持理论引导和实践感悟相结合，官兵高举旗帜、听党指挥、履行使命的思想根基更加牢固。结合国际国内重大事件，及时组织专题政策教育、经常性教育，确保了官兵信念坚定、思想稳定。紧紧围绕中心开展宣传工作，年度在各级各类报刊发稿582篇，郑州警备区被省军区表彰为“新闻报道先进单位”。

【军事斗争准备】 2012年，郑州警备区按照省军区《军事斗争准备五年规划》要求，注重“五个课题”研究，以“考、比、拉”为抓手，突出应急应战能力建设，战备训练创新发展。狠抓战备值班系统综合整治，投入32万元更新改造战备设施、投入300余万元建成警备区应急机动指挥控制平台，承担了省军区指挥所拉动演练任务，对12个县（市）区人武部进行了实兵实装实地拉动演练，师、团两级战备水平明显提高。积极组织参加省军区“五支队伍”集训比武，警备区人武部主官队伍、参谋骨干队伍分获团体第二名。扎实开展岗位练兵活动，首长机关组织指挥能力和信息化素养明显提升。着眼军民融合，完善国防动员预案，规范各专业办公室建设，落实现役部队预编兵员任务，国防动员基础建设更加巩固。下大力气破解“当兵冷、征兵难”问题，推进“五项工作”落实，集中组织发放义务兵优待金1.078亿元，兵员征集质量较高。郑州警备区被省军区表彰为“军事训练先进单位”和“征兵工作先进单位”。

5月上旬，郑州警备区围绕遂行多样化军事任务，按照实战化、实案化要求，以“3+2”任务体系为牵引，组织对机关、人武部两级战备方案（计划）进行集中修订完善，形成了上下配套、实在管用的战备方案体系。同时，针对党的十八大召开前后的特殊形势任务，按照“快速、准确、灵敏”的要求和“任务牵引、平战衔接”的原则，重点完善了维稳反恐、抗震救灾、抗洪抢险、森林防火、处置群体性事件等9类应急预案。

1月5日，郑州警备区党委全体（扩大）会议召开

【组织建设】 2012年，郑州警备区扎实开展“讲政治、顾大局、守纪律”集中学习教育活动和“读党史、学党章、上党课、过党日、交党费”活动。采取集中学习、书记培训、专题辅导、体会交流、实践帮带、比武竞赛等方法，加强党委班子和干部队伍建设，不断激发动力、提高能力、修炼定力、增强合力。13个团级党委依据法规抓班子、搞建设的动力和能力明显增强，党员干部示范带动作用得到强化。完成了退休干部和3名长期滞留伤病残人员的移交任务，转业干部安置和服务管理工作取得新成绩。加强部门及按系统军地协作抓反腐倡廉建设，中牟县、二七区人武部承担省军区廉政文化建设试点任务圆满完成。郑州警备区被省军区表彰为“先进师级党委”。

【基层建设】 2012年，郑州警备区按照省军区《基层建设规范》和“三个抓一遍”的要求，扎实开展基层建设达标创先活动。上半年在金水区和巩义市进行试点，组织乡镇、街道、企业和院校4类基层武装部现场观摩，统一规范了建设标准，年底对全市拟达标的122个基层武装部进行了检查验收。积极组织应急分队参与郑州市创新社会管理实践，受到地方党委政府和人民群众的广泛赞誉。进一步加强武器装备仓库规范化建设管理，圆满完成省军区民兵武器装备仓库规范化建设试点观摩和全省装备业务现场会任务，郑州警备区被省军区表彰为“民兵武器装备管理优秀达标单位”。

【安全管理工作】 2012年，郑州警备区自觉贯彻依法治军、从严治军方针，深入开展“学法规、用法规、守法规”活动，落实济南军区“七个严防”和省军区“六个不出”目标要求，认真组织“打击假冒军车、维护军队形象”专项整治和安全隐患“兜底查”。同时，着眼全面、规范、长效，建立了机关交班点名、机关轮流每周查、公勤队集中管理、车辆规范使用管理、职工队伍创先争优和周五学习教育日等六项制度。扎实开展“五项整治”和“百日安全竞赛”活动，突出抓好“人、车、枪、弹、密、酒、钱”的管理，对5名违纪战士给予纪律处分。郑州警备区抓安全管理的做法，在济南军区安全工作电视电话会议上作了介绍，并被省军区表彰为“安全工作先进单位”。

【后勤保障工作】 2012年，郑州警备区积极探索后勤动员工作试点建设方法路子，配套完善后勤战备设施，加强专业保障分队建设。坚持靠机制管人管事管钱，军需物资、运输油料、营房维修、医疗卫生等业务管控规范、保障有力。认真落实党委理财、审计监督等制度，年初对12名离职主管履行经济责任情况进行审计，年底对团级单位年度经费情况进行检查，经费使用管理更加规范有序。扎实开展“清人员、清装备、清经费、清住房、清贵重物品”活动。警备区机关营院换建和4个人武部迁建工作稳步推进。探索开展职工队伍创先争优活动，职工队伍“教、管、训、用”一体化模式做法被省军区推广。郑州警备区被济南军区表彰为“军交运输工作先进单位”，被省军区表彰为“财务管理先进单位”。

【双拥工作】 2012年，郑州警备区按照省军区融合式发展“三进入”要求，以“双四”活动为载体，深入开展向地方党委、政府和人民群众学习活动，实施助推郑州都市区建设“五项行动”。组织广大民兵预备役人员积极参与郑州市“三大主体”工作，在服务大局中提升应急应战能力。组织全市集中发放义务兵优待金，请专家作国家（军事）安全形势报告，召开庆“八一”军地座谈会，强化国防观念。积极协调市委、市政府出台《郑州市军队师职退休干部医疗保障管理办法》，组建专门工作机构、建立专项资金、设立绿色通道，为全市1008名军队移交地方安置管理的师职军休干部发放地厅级医疗优诊卡，享受同职级退休公务员医疗待遇，占全省师职军休干部总数的65%。

【国防动员工作】 2012年，郑州警备区着眼军民融合，完善国防动员预案和专业办公室建设。按照济南军区国动委会议工作计划和安排，由市国动委综合办组织8个专业动员办公室修改完善了各项专业预案，并报送济南军区审核。对国防动员指挥问题进行理论研究和探讨，撰写了理论研究文章，并制定出动员指挥演练计划。根据国家、济南军区和省国动委指示要求，5月，由市国动委领导带队，对各专业动员办公室机构设置、人员编配、办公场所、保密工作等内容进行检查，并针对检查出的问题提出整改意见和落实时限，有效推动了国防动员机构规范化建设水平。

枪械保养

【义务兵优待金发放】 2012年，郑州市按照“城乡一体、同役同酬”原则，建立义务兵最低优待金制度，发放标准不低于全市上年度农民人均纯收入的1.2倍。按照这一标准，2010年、2011年度应征入伍的8126户义务兵家庭，全部领取到优待金，累计金额达1.078亿元。2012年7月25日，郑州警备区在省人民会堂举行2012年郑州市义务兵优待金发放仪式，市委常委、郑州警备区政委刘桂新主持仪式，省委常委、省军区政委周和平出席仪式并讲话。

【民兵参与“畅通郑州”工作】 2012年1月7日至2月6日，郑州警备区组织58支民兵维护社会治安分队，积极参加“保道路畅通，促社会稳定”活动，确保春节期间社会安全稳定。一是将400余名民兵分成34个保畅通分队，在郑州市区20个主要路口、路段，以及上街区和6个县（市）共14个重要路口上岗执勤。主要任务是协助交巡警指挥、疏导交通及处理路口周围发生的交通治安案件；纠正和制止行人、（电动）自行车违反交通法规行为及机动车乱停乱放；劝阻摆摊设点等占道经营现象；及时纠正和制止农用车、机动三轮车、电瓶观光车、老年代步车等闯禁行和非法营运等行为，确保道路畅通。二是组织240名民兵成立24个治安巡逻小分队，在郑州市人员相对集中、民社情复杂、易发生事故案件的24个重点区域和路段开展治安巡逻。主要任务是发现和制止有危害社会稳定的苗头和行为，纠正和制止打架斗殴、酗酒滋事等不文明行为，以及帮助过往群众解决力所能及的事情，确保辖区安全稳定。活动期间，全市参与民兵平均每天制止车辆和行人违章739起，协助交警处理交通事故3起，帮助老人、儿童过马路12人次，检验了民兵维护社会治安分队的建设水平，达到了以用代训的目的。

【市、县两级军事志编纂出版】 2012年3-10月，郑州警备区根据各单位军事志编纂工作进展实际，及时把军事志工作重心调整到志稿的评审、出版上来，科学制定编纂出版计划，加强统管力度，严格落实志稿三审制度，并采取逐个审与交叉审相结合、专家评审与集中会审相结合的方法，确保各单位在强力推进编纂速度的同时，保证和提高志书质量。至10月15日，市县两级13个单位军事志全部按时出版，完成率达到100%。2012年底，《郑州军事志》被济南军区评为优秀志书。

民兵进行灭火训练

【惠济区人武部开展“五个课题”研究探索】 2012年，惠济区人武部突出抓好“五个课题”研究探索和具体实践，较好地破解了军事斗争准备的重点难点问题，促进了部队应急应战能力的提升。

（一）紧盯任务，瞄准支援保障联合作战真抓实练。先后3次邀请防空兵学院专家教授，对民兵预备役人员如何在支援保障联合作战中发挥作用进行集中研究，修订完善要地防空、交通运输、桥梁抢修等8个战备方案。积极与驻地防空部队、武警支队开展军警民联训联演，对民兵预备役人员如何协同配合、抢救抢修、持续保障进行研究和规范。认真搞好战场建设，对辖区内的5座黄河桥梁、15处国防工事进行实地勘查，为遂行支援保障联合作战任务提供信息支持。组织召开国动委成员联席会议，理顺了指挥关系。

（二）突出重点，着眼提升遂行多样化军事任务能力持续用力。落实“三个过一遍”要求，认真查找所属的10个基层武装部和22个基干民兵营建设中存在的问题，制订了《基层武装部和民兵连（营）部建设标准》，人武部组织人员分头搞好帮建；依托地方行业系统，在惠金河务局、区卫生局、三全食品公司分别组建民兵防汛、卫生防疫和水热气抢险分队，确保建用一致；借助区巡防大队编建民兵应急连，军警协作开展针对性训练，提高了遂行多样化军事任务的能力。

（三）多措并举，围绕落实征兵工作长效机制积极探索。协调区委、区政府制定贯彻落实省市征兵工作意见的13条具体措施，落实军地联动征兵宣传机制，定期组织征兵宣传通气会，充分运用科技信息手段组织征兵宣传。落实优待金发放检查机制和走访慰问机制，联合地方相关部门对各单位落实情况进行跟踪督查，并在春节、“八一”等节日期间开展大走访、大慰问活动。春节前夕，对全区599户现役官兵家庭和31户困难军烈属进行走访慰问，发放慰问金10万余元、“军属光荣”牌599块，营造了当兵光荣的浓厚氛围。

（四）真诚主动，为驻军服务保障倾心尽力。区人武部坚持定期到驻军走访，了解部队需求，2012年在区财力紧张的情况下，协调国防经费256万元，用于保障驻军单位建设发展。协调法院、司法等部门，开展送法进军营活动，先后帮助部队和官兵解决涉法问题30余件。大力开展为驻军办实事、解难题活动，全年协调安置军转干部30人、随军家属8人。2012年，惠济区人武部被河南省军区、省委政法委联合表彰为“涉军维权先进单位”，惠济区连续6次荣获郑州市“双拥模范区”称号。

（灏　淼）

武警郑州市支队

【概况】 2012年，武警郑州市支队始终坚持以科学发展观为指导，牢牢把握“稳中求进”工作总基调，紧紧围绕总队党委“四个一流”和“三句话”目标要求，大力推进部队科学发展和战斗力生成模式转变，部队呈现重点突破、全面进步、稳定上升的良好态势。先后迎接武警总部副司令员薛国强、戴肃军、何映华和副政委吴云峰、参谋长牛志忠等多位首长视察指导，对支队建设给予了充分肯定。成功承办省武警总队基层建设“三句话”试点观摩任务，受到与会代表的一致好评。

【思想政治建设】 2012年，武警郑州市支队着眼学习贯彻党的十八大精神，大力加强思想政治建设。一是着力强化创新理论武装。采取坐下来学、走出去看、讨论中议、思考中悟、蹲下去抓等方法，坚持不懈地抓好中国特色社会主义理论体系的学习研究，特别是中央军委主席胡锦涛“7·23”重要讲话、主题主线重大战略思想，以及武警总部党委书记座谈会、第二期军师职领导干部理论轮训及省武警总队师团职领导干部理论集训精神等重要内容的学习，班子成员的政治理论水平和理性思维能力明显提高。20多篇学习研究成果被军内外报刊及网络媒体登载。二是精心组织思想政治教育。突出忠诚卫士主题，紧扣精气神主线，在部队中扎实开展“赞颂科学发展成就、忠实履行职责使命”学习教育活动，组织常委、科长、大中队政工主官授课辅导，编发专题教育简报，通过观看神九飞天、蛟龙入海实况，唱响忠诚卫士组歌、征集优秀教育心得，采取支部搭讲台、群众定讲题、小组办讲座、战士话心声的方法，广泛开展小讨论、小辩论、小讲评、小交流等活动，收到明显效果，教育做法被《人民武警报》刊登。支队宣传干事邹璐璐被省武警总队评为十佳“优秀政治教员”，新密中队指导员周玉磊在省武警总队“看变化赞成就，颂党恩强责任”演讲比赛中荣获二等奖。结合“两会”“双节”“3·14”“7·5”和“9·18”等敏感期战备和维稳任务，深入开展“严守政治纪律、强化警魂意识”和抵制网络政治谣言、黄岩岛和“涉日游行”等形势任务教育，组织官兵收听国防大学金一南教授形势报告，支队长、政委进行专题授课，坚持“三个半小时”和心得体会展评，确保官兵政治纯洁可靠。围绕新兵“两个适应期”，广泛开展密切内部关系、珍爱生命、心理健康教育和“五帮一培养”活动，构建和谐内部环境。郑州市支队坚持“三个半小时”拓展思想工作空间的经验做法被《人民武警报》头版头条刊登。三是扎实做好经常性思想工作。坚持下发《季度经常性思想工作和心理工作指导意见》，严格落实谈心、思想汇报和形势分析等制度，摸清思想动态。在年初培训的基础上，9月，针对第四季度官兵思想规律性特点，集中数天时间，对思想骨干集中组织培训，提升他们开展思想工作的能力。充分运用“三互”“三位一体”“双四一”“五个一遍”等载体，严格落实思想动态日报告制度和三级承包责任制，跟进做好以落榜考生、学技术未如愿、身体患病、家庭涉法等六类人员为重点的“一人一事”思想工作，及时发现矛盾，确保思想稳定。

深入开展法律服务到基层、网络清查、涉军敏感问题防范、重要部位及重大勤务人员政治考核和心理疏导、网上健康操比赛等活动。四是积极推进先进军事文化建设。认真学习贯彻武警总部文化建设《纲要》《规划》和省武警总队先进军事文化试点会议精神，投入数百万元用于先进军事文化建设，设计建造了支队警史馆、图书馆和四大队260米文化长廊、塑胶篮球场、巨幅宣传画等，重新调整规划了四大队网络学习室、图书室、队史馆、体育活动室，更换了数个中队网络学习室的电脑，以十五中队为蓝本规范了基层政治环境。组织文化大篷车下基层，创办周末大讲堂，举办“迎盛会、铸忠诚”文艺汇演，进行网上歌咏、演讲比赛，开展“读好书、记日记、写家信、过生日、擦武器、进厨房、抓文体”七小活动和影评书评、战地晚会等系列文化活动，提振官兵精气神。七中队战士王小波休假期间火海救人身负重伤的先进事迹在部队内外引起强烈反响，树立了武警部队的良好形象，先后被《人民武警报》、新华网、河南电视台、《河南日报》等30余家新闻媒体宣传报道。精心组织任务中政治工作，紧贴部队遂行任务实际，修订完善各种预案，更新完善各类政工器材，精心打造战地文化氛围。“卫士-12”演习任务中政治工作在省武警总队总评中获得第一名。

【执勤处突与军事训练】 2012年，武警郑州市支队着眼维护社会稳定大局，全力抓好执勤处突与军事训练工作。一是攻坚破难提升执勤质量。积极协调召开警卫工作联席会议，联合监管总队组织“两看”目标监门哨综合鉴定，组织警卫、押运、“两规”勤务专题调研，加强勤务的指导和研究。认真贯彻省武警总队《执勤工作精细化实施细则》和《执勤战备设施建设规范画册》，深入开展勤务教育整顿、执勤业务培训等活动，官兵执勤能力不断跃升，在总队执勤训练大比武考核中取得总评第一名的好成绩。十中队战士杨洁在武警部队协作区域侦察兵集训结业考核中，为省武警总队夺得单位总评第一名作出了突出贡献。坚持大事大抓，强力推进，如期完成所有执勤单位“四防一体化”建设，提高了目标安防系数。为所有哨位配备了哨位智能集成箱，投入百万余元，加强新机关执勤信息化建设，提升了执勤信息化水平。二是真抓实备应对复杂形势。按照“下好先手棋，打好主动仗”要求，紧贴形势任务开展战备教育，健全完善各类处突预案，成立反恐AB特战分队，突出解救人质、设卡堵截、群体上访等针对性训练，提高了应对各类突发事件的能力。参与省武警总队数次野营拉练、“卫士-12”演习，任务完成圆满。紧贴防汛抗洪形势，及时完善预案方案，配备物资器材，开展抗洪演练，提高应对自然灾害的能力。截至10月中旬，共出动兵力万余人次，先后圆满完成中央首长专机警卫和省市“两会”、黄帝故里拜祖大典、中超联赛、涉日保钓游行备勤，郑开国际马拉松比赛、国际少林武术节现场安保，以及押运、押解、城市武装巡逻等重大临时任务近百余起，赢得了地方党委、政府和人民群众的高度赞扬。三是从严训练提升战斗能力。成立军事训练领导小组，先后5次组织检查考核调研，促进了训练工作开展。严格落实机关干部每日1小时体能训练，突出抓好参谋人员业务技能训练，在省武警总队参谋考核竞赛中取得团体第一名，“卫士-12”演习取得总评第二名，省武警总队3次新兵野营拉练综合成绩均名列前三名。深入开展“抓专训、强素质、保中心”专勤专训和群众性训练竞赛活动，集中时间分3批严密组织勤训轮换，有效提高执勤分队训练质量，支队在武警总部半年军事训练考核调研中成绩全优，在省武警总队侦察业务集训中获得单位第一名、在总队示范分队业务考核和教练员比武竞赛中获得单位第二名。投入百余万元，为所有单位制作配备了目标沙盘、电子讲台、400米障碍、特战训练场等器材，训练条件大幅改善，支队所有中队训保配套设施建设全部达标。

【部队正规化建设】 2012年，武警郑州市支队着眼推进部队安全发展，不断提升正规化管理水平。一是围绕大局谋安全。紧紧围绕党的十八大召开，按照“两个稳定、两个确保”的要求，健全完善各级安全工作组织，逐级鉴定安全责任书、建立安全专项奖励资金、加强组织领导力量。第一时间将上级重大安全问题防范指示传达给部队，收集整理社会形势动态变化情况，每季度召开“议中心、议训练、议思想、议安全”“四议”分析会和安全工作讲评会，每月开展安全防范教育，定期研究分析事故案件通报并下发会议简报，召开预防季节性事故案件部署动员会，以强有力的组织领导确保部队安全发展。二是规范标准促安全。以机关搬迁为契机，按照“机关作表率、直属队当样板”的要求，到省武警总队机关参观学习，邀请总队派人检查规范，不定时检查评比，每周颁发流动红旗，机关规范化程度明显提高。认真按照《正规化管理规定》和总队下发的日、周、月、季经常性工作规范手册及画册，在二、三、十五中队和四大队举办规范化、标准化、精细化试点和正规化建设暨装备“三化”管理现场观摩，分批组织大中队主官参观见学，进一步规范和统一建设标准。成立由部门领导带队的督导组，及时纠正和解决标准层次低、保持不经常的问题，部队正规化水平明显提高。在武警总部“三项工作”检查中，得到副司令员戴肃军的好评。三是严格管理抓安全。认真贯彻“辽宁会议”和“高岭集训”精神，扎实开展“条令法规学习月”活动，强化官兵条令意识。深入开展“迎盛会、严纪律、树形象、保安全”和“模范遵规守纪、带头履职尽责”作风纪律教育整顿，深入开展新兵“三查一除”、隐患大排查活动，集中组织私家车清查整顿、手机治理、印章管理和外借兵员清理等专项整治，消除安全隐患。严格《士官管理规定》，定期讲评士官，组织末位整训，进一步提高士官队伍建设质量。严格新兵“第二适应期”“两会”“节日长假”等重点人员、重点部位、重要时段教育管理，加大检查密度，特别是对转业待安置、探亲休假和在外学习人员，采取召回过组织生活、电话提醒教育、定期汇报思想等方式，全程纳入视线，防止失管失控。四是创新手段保安全。建立值班室手机信息平台，在重大节日、恶劣天气、官兵婚宴、紧急事态等情况下，适时发布安全险情提示，增强了官兵安全防范意识和能力；邀请地方专家，对居住在山坡、河边、雷区的中队和单独执勤点进行安全风险评估，组织紧急避险训练，完善处置预案，扎实做好应对各种自然灾害事故的防范准备；更新营院周边和哨兵监控系统，对营区实施全时管控，提高了安全系数。

【基层武警建设】 2012年，武警郑州市支队认真贯彻全军、总部和总队三级基层建设工作会议精神，扎实推动基层建设全面发展、整体提高。一是形成基层建设正确导向。围绕“四个一流”“三句话”“十件事”的目标要求，研究制定支队《贯彻落实抓基层“十件事”措施》和《贯彻落实“工作规范化、建设标准化、落实精细化”要求措施》，拍摄一日生活制度规范录像片，提高了基层建设精细化程度。采取以会代训、逢会必考、课题研究、领导传帮带、观看总队全面建设成果展示片等形式，对各级主官进行学习辅导。坚持季度过中队和双向讲评制度，修订完善了《落实〈纲要〉考评实施办法》和《优秀士兵评比实施细则》，定期分析基层建设形势，总结经验教训，改进工作方式，促进了经常性基础性工作落实。突出小散远直单位管理，坚持检查必到、蹲点必去、季度必考，实现小点建设与部队建设同发展、共进步。二是强化一线战斗堡垒功能。按照“选准、配强、训好、稳住”的要求，选准配强主官和班子，组织岗前培训，确保各项工作正常运行。认真落实蹲点调研、挂钩帮带等制度，对所有班子全部考察帮建一遍，对后进单位支部重点帮建，班子“三个能力”整体加强。运用网上查党日活动、会上考党务知识、现场看会议演示、实地查党支部记录的办法，规范了党务工作。认真贯彻落实创先争优长效机制，制定指导《意见》，开展比学赶帮超、亮牌示范上岗和办实事送温暖等系列活动，兑现“一诺三评”，把创先争优评比与“双争”、官兵晋职晋衔、立功受奖和入党考学挂钩，促进了支部战斗堡垒和党员先锋模范作用发挥。三是促进干部队伍作用发挥。在干部队伍中先后开展了“讲大局、强素质、正风气、尽职责”“四个正确对待”“摸实情、解难题、严管教、促稳定”等教育活动，较好地解决了干部履职尽责、敬业奉献、遵章守纪等方面的突出问题。深入开展干部大练基本功活动，10月参加了总队组织的基层大、中队政治主官网上培训，提升了本职工作能力。严格落实实地查、网络控、电话点、周通报、季讲评制度，以及干部请销假程序和审批权限，修订完善了《支队干部管理若干规定》《大队部及单独执勤点干部管理补充规定》《特殊时期干部管理规定》等，督促干部在位尽责。制定下发《干部争先创优评比实施细则》和《营以下干部选拔考核实施办法》，激发干部的工作热情。巩义中队指导员杨松根被总队评为“十大基层主官标兵”。

【后勤综合保障】 2012年，武警郑州市支队坚持“三个服务”方向和“三个倾斜”方针，以提高后勤管理质量效益为重点，狠抓后勤保障工作落实，扎实推进现代化后勤建设。一是应急保障能力有了新提高。修订完善各类后勤应急保障预案，规范后勤应急指挥机构职责和程序，进一步优化指挥体系。投资数十万元购买帐篷及炊事器材，大力开展后勤岗位练兵和业务技能竞赛活动，先后组织两期驾驶员复训、一期军械员培训和炊事员培训、一次基层干部后勤业务技能竞赛活动，有效提升了基层干部和后勤专业兵的后勤业务能力。圆满完成了数次野营拉练和“卫士-12”演习后勤保障任务，战勤科参谋张进在省武警总队参谋业务比武竞赛中取得战勤专业第一名。二是“四项设施”建设上了新台阶。采取支队整体规划部署、逐级签订责任书、常委驻点包片协调、督导组每周巡查汇报等方法，强力推进“四项设施”建设。装修改造了支队新机关主体楼；在四大队新建综合训练场、运动场、文化长廊和车库，进一步完善部队设施配套率，改善官兵生活条件。认真贯彻武警总部军事后勤工作改革（试点）、省武警总队鹤壁规范现场观摩会精神，更换基层中队炊事操作台等，提升后勤设施精细化管理水平。三是服务保障效益取得新成效。认真落实后勤管理数项规章，严格经费审批权限和干部离任审计,基层单位财务管理实现“三好五无”，在省武警总队财务业务会审和财务审计中取得总评第一名。积极开展“伙食指导周”和“先进食堂”“优秀炊事员”评选活动，官兵伙食满意率始终保持在98%以上。为所有军械库、兵器室安装远程门禁、电视监控和开门报警系统，配置密码枪柜和弹药柜，严格落实“二人双锁、三人五同、四人联签”和重大节日每天安全检查等制度，确保枪弹无差错。严格实行带车责任制和车辆回签制，全年出动车辆千余台次，行车安全无事故。坚持“周巡一片月巡一遍”，为基层官兵提供全方位卫勤保障。

（邹璐璐）

人民防空

【概况】 2012年，郑州市人防工作主动融入经济社会发展主旋律，以地下空间开发利用为牵引，围绕目标管理、城市防汛、开放纳凉、基层帮扶、整治提升等工作多次开展专题调研、督促检查、现场办公，指导基层完成目标任务和中心工作，重点工作有序推进，全市人防融合式跨越发展态势良好。2012年，市人防办被河南省国动委表彰为“国防动员先进单位”，被郑州市政府表彰为“依法行政工作先进单位”；人防学会被全国大中城市社科联评为“社会标兵团体”。

【地下空间开发】 2012年，全市审批地下空间530万平方米。以动物园项目为代表的合作开发“BOT”模式，以数码公园项目和燕凤路青年路项目为代表的公开竞标模式，以二七广场德化街项目为代表的划拨使用模式均顺利有序实施，为人防系统融合经济社会发展找到了结合点和切入点，得到国家人防办的充分肯定。地下空间开发先进经验先后在国家人防办2013年工作筹划会议（北京片区）、河南省人防办工程建设濮阳现场会和河南省人防工作半年总结会上作交流，人民网就此对郑州市人防办进行了专访。

【人防工程建设】 2012年，郑州市审批结建人防工程面积超额完成省定目标任务的20%，结建率达到100%，新建工程制作平战转换预案达到100%。开工建设了郑州动物园公共平战结合人防工程。

【人防工程管理】 2012年，郑州市人防工程维护管理成效显著。一是加强人防工程维护管理。结合城市管理综合整治提升活动，对火车站地下人防工程、国防会务中心和建设路、碧沙岗、秦岭路人防工程口部房等进行了维护管理和提升。人防办提升工作在市直机关组排名第一。二是排查整治人防险危工程。对早期人防工程进行全面普查，用“夏病冬治”理念对列入市政府十大险危工程之一的管城区唐子巷早期人防工程进行整治，成功经过汛期考验。三是开放人防工程供市民群众纳凉。全年全市共开放人防工程纳凉点41处，面积20万平方米。纳凉工作成为群众关注的热点、

郑州市人防办圆满完成黄帝故里拜祖大典保障任务

领导关注的重点、媒体关注的焦点。四是扎实做好人防防汛工作。创新并坚持郑州市人防办“险情处理第一程序”，坚持把人民群众生命财产放在首位，妥善处置了二七区南下街3号院、南建中街15号楼，中原区国棉三厂，管城区主事胡同5号、南庆里76号院、阜民里53号院等人防工程抢险任务。

【人防指挥通信】 2012年，郑州市人防指挥通信建设创新发展。一是按照国家《信息化条件下人民防空方案编制管理规定》，市人防办牵头，组织开展了郑州市城市防空袭方案修订工作。二是组织重要目标防护演练。贯彻融合式发展理念，把地下空间安全作为防灾应急演练重点，在火车站第一大道人防工程制定了防灾应急演练方案，为综合演练打好基础。三是加强指挥信息保障建设。新装部分电声警报，9月18日进行警报鸣放；完成了市（县）综合信息网络建设及验收，实现了与各区人防办的互联互通；安装了人防指挥自动化软件，初步完成人防数据的采集和录入。四是充分发挥机动指挥平台作用。对机动指挥平台进行升级改造，对操作人员进行全方位的综合培训，提高了人员、装备的应急能力。圆满完成黄帝故里拜祖大典的应急保障任务和实况转播工作，得到省市领导的好评。五是在“5·12防灾减灾日”广场展示活动中，出动人防特种救援应急车辆10余台、特种救援装备器材上百件，全面展示了人防特种救援新成果，扩大了人民防空的社会影响。六是加强应急疏散地域建设。规范思念果岭疏散基地的建设，预设和完善指挥设施，提高其应急性和实用性。七是组织专业队及志愿者队伍训练。组织全市8个专业队伍6000余人开展岗位练兵活动，人员参训率达96%以上；组织帕拉丁俱乐部人防应急救援志愿者训练活动1次，参加人员40人、车辆20台；10月31日，组织300名治安专业队员进行训练，并通过指挥系统向全省直播。

【人防行政执法】 2012年，郑州市人防法制建设实现新突破。一是进一步理顺执法体制。全面实现从“综合执法”到“精细执法”的转变。工程处负责工程审批、建设过程中违法行为的立案查处；平战结合处负责工程管理、维护和使用过程中违法行为的立案查处；指挥通信处负责通信警报建设中违法行为的立案查处；政策法规处负责行政执法工作的指导、监督和协调，承担行政复议和行政诉讼工作，不负责具体的行政执法工作。二是严格查处和纠正人防工程建设中的违规违法行为。截至年底，立案21起，办结7起、正在办理14起；收缴罚款24.19万元，依法追缴人防易地建设费1377.99万元；责令补建人防工程2.9万平方米。三是积极应对郑州市首起人防行政诉讼案件的应诉工作。河南振宇置业有限公司不建人防工程不服市人防办行政处罚决定向法院提起诉讼，引发郑州市首例人防行政诉讼案件。该案一审、二审因人防办主任张德印作为行政“一把手”4个月内两次出庭应诉，引起社会广泛关注，二审通过网络全程进行了直播。经审理，市人防办证据确凿、程序合法，二审（终审）以市人防办胜诉告终。

【人防宣传教育】 一是开展人防教育工作。抓好人防教育“五进”工作标准落实，人防教育不断制度化、规范化。在金水区鑫苑名家社区举行了人防教育“五进”省级示范单位授牌仪式现场会。二是开展人防宣传工作。围绕人防工作中心，结合“5·12防灾减灾日”“法律进社区”“纳凉启动仪式”等活动，广泛宣传人防工作的新成果、新特点、新举措，营造了全社会关心支持人防建设的良好氛围。7月26日，市人防办就地下空间开发利用接受人民网专访，访谈视频挂放人民网河南频道首页。

（王　玮　马睿丰）

城乡建设与环境保护

CHENG XIANG JIAN SHE YU HUAN JING BAO HU

◎建设行业管理

◎城乡规划与管理

◎园林绿化与公用事业

◎城乡环境保护

建设行业管理

综述

【概况】 2012年，郑州市按照“畅通郑州”建设要求，重点逐步实施了中心城区“环形+井字”快速路网和断头路打通等民生项目建设。郑州市建设行政主管部门通过发挥市政工程建设中心统筹组织职能，全面推行工程项目领导责任制，细化量化监督机制，健全考核奖惩机制，注重宣传报道和政策引导，创新工作机制和方法，拓展多元化融资渠道，加强施工计划管理，在确保工程质量安全的前提下，不断提高施工效率，全年开工建设各项市政工程57项，累计完成投资136亿元。其中，京广快速通道一期工程4月建成通车，明显缓解南北交通拥堵状况；总投资110亿元、全长44公里的三环快速化工程于6月底全线开工建设，配套各类管线长近百公里，大多数工程进入主线段箱梁施工阶段；13座跨南水北调总干渠桥梁工程中，红松路桥、雪松路桥、长江路桥、元通大道桥、京广路桥等5座桥梁工程主体完工，累计完成投资8.5亿元；在建支线路网及断头路打通项目36个，累计完成投资2.4亿元，列入2012年市委、市政府为民办理“十大实事”之一的金桥路（桂园街—香山路）、电厂路（黎明路—嵩山北路）、五龙口南路（西三环—电厂路）、齐礼阎东街（政通路—航海路）、峨眉路（郑航北路—三峡路）、湖西路（郑上路—风茂街）、南屏路（石柱路—京广路）、端午路（代庄街—京广南路）、南湾路（郑航北路—长江路）、汉江路（大学路—兑周路）、郑大南路（航海路—汉江路）、嵩岳路延长线（神驰路—棉纺北路）、木马东街（创智路—开元路）、郑航南路（兴华南街—兑周路）、中秋路（大学南路—代庄街）、建业路（郑汴路—货栈街）、体育路（丰庆路—文化路）、花溪路（107国道—防洪辅道）、青年路（燕风路—中州大道）、共建街（福寿街—兴盛路）等20条支线路网全部具备通车条件；黄河路下穿北编组站隧道工程、北三环下穿铁路编组站工程加快推进，分别累计完成投资2.8亿元、2.9亿元；陇海路高架快速路、下穿中州大道隧道等重点路网建设项目前期进展顺利。

【村镇建设】 随着我国新型城镇化进程的不断加快，特别是党的十八大提出“推动城乡发展一体化”后，全市小城镇建设力度不断加大，各县（市）区均把加快城镇化进程作为各级党委政府工作的重中之重，狠抓基础设施建设和重大重点项目建设，因地制宜实施小城镇中长期发展规划，小城镇建设的战略地位不断突出，重点镇建设质量明显提高。全市39个重点乡镇按计划完成基础设施建设162项，完成投资20.3亿元；镇区面积由2011年的226.1平方公里，增加到2012年的233平方公里，增长3.05%；城镇化率由2011年的49.94%，增加到2012年的51%，提高1.06个百分点。郑州市把“打造精品规划、拉大镇区框架、大力发展基础设施建设”作为2012年小城镇建设的工作重点，全市89个乡镇全部完成规划编制任务，90%以上的乡镇完成规划修编任务，小区规划与功能区建设取得一定的进展，小城镇建设步入科学规划、规范建设、严格管理的良性发展轨道，建设品位不断提高。随着小城镇基础设施建设步伐的加快，城镇综合服务功能逐步完善，发展环境明显改善，聚集功能不断增强，带动乡镇企业、主导产业的迅速发展，为拉动经济快速增长和加快镇区人口聚集起到关键性作用，也为全市产业结构的调整发挥了积极作用。

【农村危房改造】 2012年，全市共完成农村危房改造任务2558户，争取资金2008.03万元（中央资金1918.5万元，省级资金89.53万元）。通过充实郑州市农村危房改造工作领导小组办公室组成力量，加强了组织后盾和人员保障。市建委与市发改委、财政局联合出台了《郑州市2012年农村危房改造工作实施方案》（郑建文〔2012〕116号），进一步明确了指导思想、目标任务和基本原则，并按照中央和省有关精神，确定各项管理措施和危房改造程序，为全年农村危房改造工作的顺利开展提供基本依据。为切实解决实际工作中的困难和问题，中央政府在2011年每户补助6000元的标准上又增加1500元，同时省政府配套350元，加上市财政配套的500元，2012年补助标准达到每户8350元。继续严格落实《农村危房改造工作制度》，坚持周汇报、月例会、季评比和现场督导的工作制度，坚持到各县（市）对工作人员进行现场指导，完善各类资料，特别是对信息录入系统进行再培训，鼓励县（市）积极创新思路、总结经验，并组织工作人员到兄弟城市学习，收到很好的效果。

【建制镇生活垃圾中转站监管】 按照《郑州市人民政府办公厅关于加强全市乡镇生活垃圾中转站运行监管的实施意见》的要求，郑州市在建制镇完善推进“村收集、乡运输、县（市）处理”的生活垃圾收集处理体系建设管理工作，加大对建制镇生活垃圾中转站运行管理的监管督查力度，通过采取暗访督导、通报讲评和重点镇的“一票否决”制等措施，全市74座生活垃圾中转站和37辆后装式垃圾压缩车运行正常，农村人居环境持续改善，取得较好的社会效益。

【房屋征收】 制定配套政策，规范房屋征收行为。根据《国有土地上房屋征收与补偿条例》（国务院令第590号），郑州市结合实际制定相关配套政策，先后出台《郑州市人民政府关于加强国有土地上房屋征收与补偿工作监督指导的通知》《郑州市国有土地上房屋征收与补偿工作流程》《征收安置补偿方案范本和摸底调查样本（试行）》《郑州市国有土地上房屋征收补偿费用管理办法》《郑州市国有土地上房屋征收社会稳定风险评估暂行办法》 5个规范性文件，进一步完善工作制度，增强实际可操作性，努力预防和减少信访突出问题与群体性事件，确保国有土地上房屋征收与补偿工作依法有序进行，维护社会稳定。

严格房屋征收监督管理工作。对全市国有土地上房屋征收计划进行备案，全年共备案征收项目83项，征收房屋总面积约552.4万平方米；加强征收补偿方案的审核与备案工作，全年审核征收项目补偿方案6个，即中原区文化

市建委领导参加郑州市人民政府门户网站在线访谈活动

广场项目、金水区太康路基督教堂旧改项目、金水区聂庄改造项目、丰乐路3号院项目、二七区解放新村项目、嵩山食品厂棚户区项目；加强对征收补偿费用的监督管理，全年监管征收补偿费用1.057亿元，返还监管资金6310万元；金水区太康路基督教堂、中原文化广场、解放新村、金水区聂庄片区等4个旧城改造项目有序进行。

做好市政重点工程拆迁协调工作。郑州市建设行政主管部门协调跨南水北调总干渠桥梁、支线路网打通、三环快速路、"一河两岸"提升、中州大道隧道、陇海路快速通道等市政重点工程的拆迁工作，保障了重点工程建设。全年国有土地上房屋征收总面积21.9万平方米，市政工程拆迁总面积890万平方米。

【执法监察】 按照郑州市"网格化"管理长效机制要求，市建委制定《"坚持依靠群众，夯实基层基础，推动科学发展"活动实施方案》（郑建党〔2012〕37号），依法打击违法建设，规范建设市场秩序，不断提升执法效能。细化各级职责范围，层层分解责任，努力做到责任无缝衔接、执法不留死角。制定巡查计划表，填写巡查日志，建立巡查台账，通过前移执法时间节点、事先告知、加大巡查频次、下达停工通知书、现场值守、领导约谈、上缴书面整改承诺书、张贴设备封条、启动联动机制、依法依规严格处罚、及时申请法院强制执行等手段，坚持在第一时间发现、制止并处理违法行为。全年立案查处各类违法建设341起，同比增加4.9%，处罚金额约3800万元，同比减少约12.5%，通过加大监察力度，严肃惩处违法违规主体，切实维护群众合法权益，净化建筑市场环境。

（王正田　朱书伟）

建筑业管理

【概况】 2012年，郑州市建筑业管理继续按照"优化环境、完善服务、加强管理、扶优助强"的原则，加强资质管理，严格市场准入与清出；加强建筑市场宏观调控，加大对骨干企业扶持力度，进一步优化产业结构；继续创新管理模式，规范建筑劳务市场；落实清欠长效机制，维护企业和农民工合法权益；加强招标投标监管，不断提高交易市场星级化服务水平。全年完成建筑业产值977亿元，同比增长15%。累计施工工程2673个，施工面积9174.45万平方米，累计竣工工程1623个，竣工面积2841万平方米。全市建筑业企业1547家，从业人数40余万人。

【建筑劳务市场规范管理】 2012年，郑州市建设行政主管部门多次召开座谈会，充分听取企业的意见和建议，认真落实《加大扶优扶强力度，整合建筑劳务资源》等一系列规范性文件。通过设立劳务管理中心，开设劳务用工信息管理平台，在新开工工程中实行劳务合同备案，推行施工现场实名制和工资卡制度，不定期检查施工现场劳务合同、刷卡照相考核记录、工资发放台账等资料，加大现场稽查力度，把市场管理与现场管理相结合，把总承包企业管理与劳务分包企业管理相结合，稳步推进劳务用工体系建设，不断提升建筑业管理水平，进一步规范建筑劳务市场。

【建筑企业资质管理】 2012年，郑州市严格市场准入审批，加强企业资质动态核查，严格落实清出制度，进一步净化建筑业队伍。根据市场需求与行业现状，加强宏观调控，遏制过度竞争，报请省住建厅同意，暂停建筑、市政、商品混凝土等八类企业增项资质审批，限制过度竞争；实施新的预拌混凝土资质标准，提高准入门槛，规范行业发展秩序。开发资质管理软件，建立企业人员、业绩、证书数据库，提高查重、验伪效率，严防企业借用证书、业绩造假等现象。全年审批三级建筑业企业149家、注销1家；初审合格上报省住建厅审批的三级以上企业150家，招标代理机构21家；建议省住建厅取消不符合资质标准的企业222家。

【招投标监管】 2012年，郑州市建设行政主管部门积极探索完善招投标监管制度，深化监管工作的细节，整顿招投标市场秩序，规范招投标监管工作程序，努力推进制度和方式创新，招投标监管工作不断向广度、深度发展。会同河南省工程招投标协会举办3期《招标投标法实施条例》培训班，共有招标人、招标代理机构、投标人、评标专家、监督人等2000余人参加培训，为《条例》的贯彻实施和进一步做好招投标监管打下坚实的基础。按照《河南省人民政府办公厅关于进一步规范建筑市场加强建设工程质量安全管理的意见》（豫政办〔2012〕130号）和《河南省住房和城乡建设厅关于进一步加强全省建设工程监理管理的若干意见》（豫建建〔2012〕35号）文件精神，加强对监理招标文件备案审核，防止招标出现带有限制性、歧视性和违反国家政策法规的条款，严格执行《建设工程监理与相关服务收费管理规定》，加强对监理企业投标报价的复核，防止工程监理低价恶性竞争。加大对注册建造师"克隆证"的清理力度，严防出让或出租资质参与招投标等违法行为，对涉嫌"克隆证"的53个注册建造师所在的27家施工企业下发限期整改通知单，有效遏制了"克隆证"问题，进一步净化工程招投标环境。不断完善电子标书和计算机辅助评标系统，全年共有63个工程建设项目的施工招标采用该系统，涉及建筑面积96.12万平方米，中标金额29.95亿元。积极协调铁路工程项目进入郑州市建筑工程交易市场参加招投标，6月6日，郑州市建设工程交易中心与郑州铁路局正式签署《郑州铁路局工程项目进入郑州市建设工程交易中心招投标服务协议书》。依据"国家十部委办"联合印发的《评标专家专业分类标准》，开发并推行新的评标专家库随机抽取和语音通知系统，开发建立轨道专业评标专家分库，在广泛征集各类专业的评标专家入库的基础上，对评标专家库中的评标专业进行科学设置。全年受理交易工程1752项，监管项目400项，交易额321亿元，建筑面积483万平方米，工程造价124.96亿元。

【信用体系建设】 2012年，郑州市建设行政主管部门充分发挥郑州工程建设信息网"工程建设项目信息和信用公开共享专栏"引导作用，严格落实《郑州市施工企业项目经理诚信行为管理办法》等文件，不断加强信用体系建设。一是进一步完善信用体系管理平台。将企业在资质申请、劳务用工、招标投标、勘察设计等方面的行为纳入信用平台，将企业信用记录同资质管理、招投标管理等相结合。二是加强信用监督，明确奖惩机制。开展信用等级评价，完善信用档案，对信用良好的企业给予相应的表彰，对信用记录不良的企业，在资质管理、评优评先、招标投标等环节加以限制，并视情况会同相关部门给予警告、通报、降低资质等必要的行政或经济处罚。

【清欠工作】 2012年的清欠工作注重完善长效机制，及时分析新问题、新现象，不断改进相应措施。一是将清欠工作与资质管理相结合，完善参建主体信用档案，通过限制问题企业资质升级和增项等方式，规范企业行为。二是在施工许可发放环节，结合施工许可证发放工作，加强对项目资金审核，防止因资金不足导致拖欠工程款行为。三是以设立劳务中心、开设劳务信息平台为依托，以劳务合同备案、工地实名制和工资卡制为手段，以支持发展管理规范、信用度好的劳务企业为途径，加强劳务用工管理，规范用工行为。四是完善投诉受理机制，畅通投诉渠道，加大易发多发时段工作力度，及时公开曝光恶意讨薪、聚众闹访等行为。全年受理拖欠工程款及民工工资事件186起，清理拖欠工程款4370万元，清理拖欠农民工工资5624万元，维护了企业和农民工合法权益。

【工程质量管理】 2012年，郑州市严格执行工程建设法律法规和强制性标准，严格日常监管和过程监督，以质量通病防治、建筑节能监管、住宅工程质量分户验收为重点，狠抓施工重要节点和质量管理薄弱环节，严把竣工验收关，全市工程质量稳中有升。全年质量监督到位率100%，竣工工程合格率100%，行政执法结案率93%，工程质量投诉答复率100%、结案率90%，全年创"全国市政金杯示范工程"1项，创省建设工程"中州杯"奖19项、结构"中州杯"奖15项，创市"商鼎杯"奖16项、结构"商鼎杯"奖48项。市中心城区新办理房建监督工程496项，建筑面积828.49万平方米；监督在建房建工程2703项，建筑面积3183.6万平方米；监督竣工验收工程622项，建筑面积903.9万平方米。新办理市政监督工程38项，监督在建市政工程101项，监督竣工验收工程27项。

【工程监理规范化管理】 2012年，郑州市建设行政主管部门不断规范工程监理等行业发展秩序。一是加强制度建设。研究出台《关于进一步加强建设工程监理管理的通知》（郑建〔2012〕30号）、《关于进一步加强保障性安居工程质量管理工作的通知》（郑建〔2012〕34号）、《郑州市建设工程责任主体质量行为信用记录管理办法》（郑建文〔2012〕118号）和《关于开展工程监理企业资质动态考核的通知》（郑建办〔2012〕14号）等多个规范性文件，为工程质量管理提供了新依据，有效规范了建筑市场秩序。二是加强监理行业管理。严格企业市场准入、清出机制，严格企业资质、资格动态考核制度，杜绝管理水平不高、市场行为不规范的企业进入市场。加大对监理的监督、执法力度，开展监理单位质保体系运行、人员履行职责情况、旁站监理和监理资料等专项整治工作。通过市场、现场两场联动，坚决清退不符合资质标准、动态考核要求的企业，清退严重违规的企业。三是加强检测行业管理。出台《郑州市建设工程质量检测行业诚信行为信息记录和公示管理办法》（郑建文〔2012〕106号）、《郑州市预拌商品混凝土行业诚信行为信息记录和公示管理办法》（郑建文〔2012〕107号）、《关于加强建筑施工现场标准养护管理的通知》（郑建〔2012〕73号）、《关于进一步加强建设工程钢筋质量进场复检监管的通知》（郑建〔2012〕114号）等文件，采取现场检查、存档资料抽查等方式，加强检测机构、检测现场和预拌商品混凝土生产现场监管力度，及时下发限期整改通知书，召开质量讲评会，约谈相关企业负责人，提请行政处罚，进一步规范行业秩序。

市建委举办郑州市建筑职业技能比武大赛活动

【工程安全监管】 2012年，郑州市建设行政主管部门坚持"安全第一、预防为主、综合治理"的工作方针，充分发挥制度和机制效能，不断改进工作方法，不断健全长效机制，切实落实各级主体责任、各项法规政策和各种管理技术措施，通过深入开展"安全生产年"等活动，提高全市建设工程安全生产、文明施工管理水平。通过健全领导机构，明确责任分工，分解年度任务，层层落实责任，进一步完善管理制度，明确岗位职责，不断加强队伍建设，严格规范执法程序，切实提高依法行政能力，进一步推动安全生产管理工作规范化、制度化。出台《郑州市建设工程安全监督管理办法（草案）》等一系列文件，进一步细化和规范各项管理措施。大力开展安全生产宣传教育和知识竞赛活动，强化施工企业和从业人员安全生产意识和管理水平。开办专业培训班和农民工夜校，加强安全管理人员和一线施工人员的教育培训，累计开办培训班30期，培训监理人员5000余人。修订《郑州市建设工程事故灾难应急救援预案》，开展大规模安全生产应急救援演练活动。开展日常检查工作，及时督促整改事故隐患和突出问题，连续开展安全生产大检查，采取企业自查、行业检查、政府督查、社会监督相结合的方式，对全市建设工程开展"地毯式"大检查。共处罚非法违法施工企业及项目82项，罚款67万元，公开曝光近200家企业。开展平安创建、防汛、消防、高坠、触电及深基坑、起重机械设备等专项整治工作，加大深基坑、高支模架、超高脚手架、悬挑架、整体提升脚手架、建筑起重设备安拆使用等危险部位、危险设备、关键环节的隐患排查治理力度，强化重大事故隐患和重大危险源登记、销案工作，提高建设安全生产水平。按照"四不放过"和"依法依规、实事求是、注重实效"的原则，严肃责任追究，督促吸取教训促进整改落实。严格审查施工企业安全生产条件，加强安全生产许可证动态监管，强化“三类人员”安全生产考核，加强对各县（市）区建设安全管理部门和企业的安全生产动态考核，不断提高综合监管能力。建立郑州市建设安全生产专家库，充分发挥专家智囊作用，共有329名专家入库。

全年监管建设工程799项2800个单体，其中，房屋建筑工程636项，市政基础设施工程42项，轨道交通工程18项，建筑面积3000万平方米。下发安全事故隐患整改通知书2885份，停工整改指令48份，查处各类事故隐患及文明施工问题13285条，均按要求整改到位。全年共创省级文明工地64项，市级安全文明标准化工程132项，安全生产标准化示范工程25项，安全生产诚信企业10家，“中州平安杯”工程24项。累计安排培训建筑施工企业“三类人员”和监理企业监理人员12562人，在建筑工地开办农民工夜校386所，培训农民工28万人。全年安全生产形势平稳，安全生产事故发生率和死亡率下降16.6%。轨道交通工程2009年开工以来实现零事故、零伤亡、零损失，安全生产工作达到国内先进水平。省住建厅以《郑州市建设工程施工安全质量标准化实施指南》为蓝本，修订发布《河南省建设工程施工安全生产标准化实施指南》，由新华出版社出版、全国发行，在河南省推广实施。郑州市组织开发的“建筑起重机械安全监督管理系统”顺利通过省住建厅安全科技成果鉴定，获得河南省安全生产监督管理局安全生产科技成果二等奖。

【文明施工管理】 按照属地管理原则，郑州市把建筑工地文明施工管理责任下放到各区政府，全面建立了“横向到边、纵向到底，群防群治、齐抓共管，上下联动、条块融合，杜绝盲区、不留死角”的文明施工长效管理体系。根据《郑州市建筑工地扬尘污染综合整治工作方案》（郑政〔2012〕6号），市城建委牵头市城管局、市环保局、市重点办、市监察局成立了郑州市建筑工地扬尘污染综合整治办公室，2月15日开始办公，抽调检查人员70余名开展强力督查。各区政府也成立领导小组、管理机构、监管队伍，制定建筑工地综合整治工作方案和详细可行的考评体系，对全市800余处建筑工地实施网格式、差异化管理。同时，将扬尘污染综合整治工作与城市管理整治提升工作纳为一体，并结合实际，建立全面、详细的整治标准和考评体系，共制定房屋建筑工程、市政基础设施工程、轨道交通工程施工工地综合整治标准15条，拆迁工地综合整治标准11条，待建空地综合整治标准4条，涵盖了工地出入口、车辆冲洗设施、围挡（墙）美化、道路硬化、黄土裸露、场区绿化、垃圾存放、垃圾运输车辆资质管理、人员教育、噪声污染以及工地扬尘控制和施工现场周边路面的硬化、绿化、保洁等文明施工整治工作。扬尘办及6个巡查组采取明查暗访、日常巡查、综合督查、月考评、季通报、年总评的方式，从3月2日开始，对全市12个区政府、管委会管辖的所有房屋建筑工地、市政基础设施工地、轨道交通工地、拆迁工地、裸露空地进行督查考评排名，共召开专题会议14次，发放扬尘整治标准挂图3000余套，下发整改通知单672份，查处问题3685条，督察通报93期涉及142个工地，共对26个限期整改不到位的建筑工地实施财政扣款，并在新闻媒体上曝光不积极落实整改的建筑工地56次500余项，有效降低了建筑工地扬尘对城市空气质量的影响。

【重点工程监管】 *保障性住房质量监管* 通过“监、帮、促”、重点扶持、定期巡查的方式，优先为保障性住房提供技术指导，帮助责任主体解决困难和技术难题。对保障性违规工程实施强制性结构检测，确保工程结构安全。强化监督、执法、巡检、检测四位一体的闭合管理模式，使保障性工程严格按照图审和技术规范、标准进行施工，确保工程实体质量。

地铁工程监管 坚持不定期巡回抽查、检查，深入现场跟踪服务指导，积极探索研究地铁工程的安全监管方法。出台《郑州市轨道交通工程质量验收管理办法（暂行）》（郑建文〔2012〕10号），规范轨道工程质量管理。坚持样板引路，强化首段验收，严控条件验收。根据工程特点，加大随机抽查力度，开展专项检查，全市轨道交通工程建设顺利开展。

重点市政工程施工质量监管 前移监督关口，加大对市政工程原材料、成品、半成品的监督力度。加强巡查、抽查力度，及时发现、整改存在的质量问题。制定市政工程质量监督标准化工作程序，使日常监督工作有章可循。开展各项检查评比、宣传教育和创建精品市政工程等活动，全面提高市政工程质量。

【工程造价管理】 2012年，郑州市建设行政主管部门全力进行计价制度改革，充分发挥工程造价管理的作用。及时召开《郑州市城市轨道交通工程单位估价表》的宣贯和技术交底会议，重点讲解技术交底资料，并现场演示计算机软件的操作，为估价表在全市的顺利实施打下了良好的基础。根据《河南省住房和城乡建设厅关于加强建设工程费用计价项目中社会保障费管理的意见》（豫建建〔2012〕76号），及时修订郑州市相关规定，重点将建设劳保费统一管理的范围从市区内扩展到规划区内，并增加了专户管理的内容。全年收缴建设劳保费用2.81亿元，同比下降32.66%；拨付3.64亿元，其中，拨付179家施工企业财政结余资金2亿元，拨付本年工程建设劳保费1.64亿元；审验并核定出109家施工企业的建设劳保费拨付限额。开展竣工结算备案管理，严格履行竣工结算备案审批制度，全年备案483个项目，建筑面积792.54万平方米，合同价76.74亿元，竣工结算价96.6亿元，有效维护了发包承包双方的合法权益。做好安全文明施工措施费现场考评测算工作，对郑州市合同造价在5000万元以上的在建工程备案登记，全年共完成108项工程备案登记，并对其中大观园、郑州洁云里、郑州期货大厦工程和郑州轻院新校区等43项工程的安全文明施工措施费现场考评费进行批复。全年共申报安全文明措施费1.76亿元，审减总额7747万元，审减率占申报总数的44%。深入多家企业对项目经理、造价员、安全员等进行现场安全文明施工措施费考评费政策文件的宣传工作，共培训人员100余人。对工程中出现的新材料、新工艺、新技术引起的定额缺项问题进行调研，共批复清华园地面辐射供暖、支架堆载预压和京广快速路清水混凝土等工程共计19项定额缺项子目，涉及工程造价上亿元。继续向市场提供有价值的信息资料，实现指标编制工作的动态管理，全年在《郑州日报》、网站和《工程造价动态》上公开发布4期住宅、办公楼、超市、医院等12种不同类型的建筑工程造价指标。在市政指标方面，选取60米、50米、40米、30米、20米宽的5种道路综合指标，根据材料价格的变化进行测算和发布，为政府工程的投资决策提供了较有价值的参考。在材料价格信息的测算方面，全年发布建设材料基准价格信息季度价4期、月价12期，涉及建设工程材料8000余种，为企业提供价格信息方面的服务。

（王正田　朱书伟）

建筑节能

【概况】 2012年，全市建筑节能工作稳步推进，圆满完成省住建厅下达的年度目标任务。墙材革新工作加快发展，县（市）区新型墙体材料专项基金开始返退。散装水泥、预拌混凝土、预拌砂浆发展工作再上新台阶，实现市区“禁现”90%以上的目标。散装水泥专项资金征收达到预期。全年完成城建科研项目立项22个，累计投资600余万元。全年全市建筑节能实现节约标准煤20.05万吨，新建建筑节能标准执行率连续7年保持100%，城区新建建筑节能标准实施率连续5年保持100%，县（市）新建建筑节能标准实施率首次达

市建委组织召开郑州市建设安全生产工作会议

到100%。

年初，郑州市建设行政主管部门及时印发工作要点，分解年度目标任务，制定考核办法，年中和年底分别组织设计、质监、建筑节能管理部门和技术专家，通过听取汇报、抽查设计审查文件、抽检施工和竣工验收资料、查看工程现场等方法，分组对全市建筑节能与墙材革新工作进行综合检查，及时通报情况，严格落实奖惩。积极与财政部门沟通，全年安排专项资金预算365万元，推动科研和示范项目建设。设立“郑州市绿色建筑新能源应用技术导则”等4个科研课题，不断完善地方标准体系。将墙改基金与建筑节能挂钩，做好建筑节能专项验收备案工作，全年完成节能备案80家，对不符合节能要求的工程不予返退墙改基金，有效提高了节能标准实施率。严格落实民用建筑能耗统计制度。全年完成全市248栋国家机关办公建筑、101栋大型公共建筑、37栋中小型公共建筑和397栋居住建筑的能耗信息统计、上报工作，撰写完成《郑州市2009—2010年度民用建筑能耗和节能信息统计工作总结》。建筑用能系统运行节能管理稳步推进，圆满完成2011年度全市国家机关办公建筑和大型公共建筑分项用电量报送工作。完成既有居住建筑供热计量及节能改造70.6万平方米，超额完成省住建厅下达的任务。机关办公建筑实施节能改造1.9万平方米。大力发展CL和混凝土保温幕墙建筑体系，将“推进建筑节能技术和产品的产业化，大力推进CL建筑体系的推广应用”列入《郑州市“十二五”建筑节能专项规划》中，《郑州市推广应用CL和混凝土保温幕墙建筑体系实施方案》获市政府批准印发全市执行。全市有275万平方米的新建建筑应用混凝土保温幕墙建筑体系，45万平方米应用CL建筑体系的项目已开工。绿色建筑发展迈上新台阶。3项共计47.29万平方米的绿色建筑通过一星级设计评价。加快推进可再生能源建筑应用工作，利用住建部和财政部印发《关于完善可再生能源建筑应用政策及调整资金分配管理方式的通知》的契机，拟定的《郑州市可再生能源建筑应用推进方案》获市政府批准执行。全年组织申报2项“光电惠豫”、4项光电建筑应用和10项“金太阳”示范项目，总装机容量达65.78兆瓦，通过现场会、推介会等方式积极推广示范成果，全年新增可再生能源建筑应用面积199.63万平方米。

【墙材革新】 根据郑州市人民政府《关于整顿规范蒸压加气混凝土砌块行业工作的通知》（郑政明电〔2011〕141号）精神，市建设行政主管部门明确目标任务，制定工作方案，通过现场观摩、督导检查和日常巡查等形式，积极整顿规范蒸压加气混凝土砌块行业。全年35家企业取得“河南省新型墙体材料确认证”，42家企业因手续不全正加紧改造。加强对新型墙材的动态管理。贯彻落实《河南省新型墙体材料确认管理办法》《河南省新型墙体材料确认产品动态考核办法（试行）》（豫建墙〔2012〕10号）、《郑州市建委关于进一步配备完善新型墙材确认产品企业实验室的指导意见》（郑建文〔2012〕238号）等文件精神，要求各县（市）区督导所属企业做好确认产品动态考核工作，要求企业按照动态考核评定表进行自查、完善。加大对混凝土类新型墙材产品的示范引导，出台《关于加强混凝土类新型墙体材料确认管理的通知》，引导企业树立品牌意识、责任意识和奉献意识。培育郑州佳正新型材料有限公司和河南信成新型建材有限公司2家企业成为郑州市重点骨干企业。抓好新郑市薛店镇岳庄新型墙材农村示范工程建设。加强对新型墙材远程监控的管理，根据《郑州市新型墙体材料远程监控系统管理办法（试行）》（郑建文〔2010〕42号）计划安排，全年完成12家蒸压类企业、2家板材类企业的远程监控安装，同时要求各县（市）区加强对远程监控的管理，充分发挥报警、视频及语音三大功能，落实系统日常管理工作制度，加强值班维护、线路巡查等，有效解决了不按规定配比黏土等问题，提高了全市新型墙材行业监管科学化、信息化水平。加大新产品、新技术研发力度，全年投入65万元用于“自保温蒸压加气混凝土砌块生产技术和工程应用”“蒸压灰砂加气混凝土砌块应用”“聚苯颗粒喷射混凝土新型墙体材料研究与应用”等产品或技术的研发，组织专家组成员深入河南盛天环保再生资源利用有限公司开展以“建筑垃圾在新型墙材应用”为题目的调研。巩固城市“禁黏”成果，推进乡镇“禁实”，严格落实省住建厅2012年度“禁黏”“禁实”目标任务，加强乡镇“禁实”工作督导检查，对4个“禁实”试点乡镇补贴资金16万元。新密市岳村镇、新郑市薛店镇、荥阳市广武镇、中牟县青年路街道办事处等4个“禁实”乡镇全部通过验收。开展墙材执法检查活动，对全市在建工程中违规使用黏土类墙体材料情况等6项内容进行排查，对违规在建工程及时下达限期整改通知书。

【墙材基金管理】 2012年，郑州市墙材基金管理工作通过优化返退流程，公示相关文件、规定，发放告知单，延长办理时间等措施，不断提高服务质量和效率，真正做到方便企业、方便群众。严格按照各级专项基金文件要求，强化墙体材料专项基金管理，做到应收尽收。全年新型墙体材料专项基金征收1.4亿元，市区基金征收率达100%，县（市）区基金征收率达93%，解缴率为100%。市区基金返退办理84笔，返退金额5503万元，较2011年大幅提高。县（市）区专项基金返退开始办理，改变了以往只征不返的局面。

【散装水泥等推广】 2012年，郑州市推广散装水泥1000万吨、预拌混凝土980万立方米、预拌砂浆65万立方米，实现市区“禁现”90%以上的目标，为节约资源和保护环境创综合效益4.5亿元。其中，节约标煤22.97万吨，减少粉尘污染10.05万吨，减少二氧化碳排放59.73万吨。全年征收散装水泥专项资金1275万元，达到预期目标。做好散装水泥、预拌混凝土和预拌砂浆运输车的备案登记工作，全年办理车辆备案登记8450余辆（次）。继续落实散装水泥、预拌混凝土和预拌砂浆“三位一体”发展模式。充分发挥散装水泥专项资金经济杠杆作用，采取“生产企业重点扶持、科研项目重点研发、技术人员重点培训”的办法，对企业给予专项补贴，用有限的资金帮助企业解决设备、研发和人员培训等困难，提高企业竞争力。鼓励协调企业加强产品研发，扶持起点高、市场定位准的产品，轻质加气混凝土材料抹灰砂浆、低碱高柔抗裂砂浆、高速公路快速修补材料等一批国内领先的科研产品研发成功，开辟了预拌砂浆推广空间，为粉刷墙体空鼓、开裂及脱落等问题提供了解决办法。郑州筑邦建材有限公司实验室被郑州市科技局认定为“郑州市预拌干粉建筑材料工程技术研究中心”。

（王正田　朱书伟）

勘察设计管理

【概况】 2012年，郑州市建设行政主管部门通过加强勘察设计企业资质动态考核和从业人员资格管理，进一步规范勘察设计市场秩序，继续推动企业深化内部改革，积极开辟外地市场，推进行业诚信建设，提高勘察设计质量和水平。全年完成工程勘察合同6.3亿元、工程设计合同28亿元、营业收入44亿元，3项指标均同比增长10%。截至年底，纳入郑州市属地化管理的勘察设计企业共有255家，其中甲级资质企业76家、乙级153家、丙级26家；施工图设计文件审查机构6家，其中一类审查机构4家、二类审查机构2家。共有从业人员2.4万人，各类注册人员3100多人。积极推广应用高强钢筋，400兆帕高强钢筋项目在郑州市使用覆盖率达95%，住宅项目应用比率达40%-50%，公建项目应用比率达50%-60%，接近国家2015年推广应用目标。

【市场秩序规范管理】 2012年，郑州市建设行政主管部门制定《关于进一步规范勘察设计市场秩序 加快质量控制的通知》，严格企业及从业人员自觉履行法定基本建设程序，保障勘察设计质量。开展企业资质动态考核工作，完善市场准入清出机制，进一步规范市场行为，对12家考核结论为基本合格的企业，列入行业重点监管对象。加强资质和从业人员的资格管理，全年完成70家勘察设计企业资质审核上报工作，其中新申请企业42家、资质增项15家、资质升级1家、资质延续12家。根据省住建厅工作安排，完成269名注册建筑师考试报名工作。开展全市工程勘察质量监督执法专项检查、高强钢筋推广应用情况检查，针对存在问题的勘察企业认真分析原因、制定整改措施，并跟踪监督整改到位，进一步维护郑州勘察设计市场的严肃性。根据《河南省建筑边坡与深基坑工程管理规定》（试行）、《河南省建筑边坡与深基坑工程设计方案评审办法》，建立建筑边坡与深基坑工程设计方案评审机制，全年评审设计方案70个。加强中日建筑设计人员的学术交流，探讨建筑抗震技术问题，组织150多名注册结构工程师、注册岩土工程师参加中日建筑抗震技术研讨会。

【节能评审】 2012年，郑州市建设行政主管部门严格要求设计企业、施工图审查机构执行河南省居住建筑节能65%、公共建筑节能50%的标准，全年备案住宅工程720项，节能建筑面积880万平方米，公共建筑270项，节能建筑面积440万平方米。此外，组织专家，对145个民用建筑设计方案进行节能专项评审。

【施工图审查】 全年审查建筑工程项目1140项，建筑面积1500万平方米，总投资额192亿元；审查市政工程项目110项，总投资额24亿元。审查出违反强制性条文问题680条，非强条问题26000条，均要求送审单位进行改正。

（王正田　朱书伟）

城乡规划与管理

城乡规划设计

【概况】 2012年，郑州市注重城市设计的编制工作，用规划引导中心城区的更新和开发建设。编制完成了《郑州市总体城市设计》，积极推进“六旧九新”的城市设计工作。“六旧”片区的城市设计，1个编制完成并通过市政府审查（西流湖城市设计），2个完成初步成果，通过市规委会审查，进行方案深化（内环地区城市设计、医学院—碧沙岗片区城市设计），3个进行现场调研、资料收集和方案筹备（省行政文化中心城市设计、文化路以西片区、十七里河片区）。“九新”片区的城市设计也得到加快推进，2个完成最终成果（郑东新区综合交通枢纽地区城市设计、经开区核心区城市设计），3个完成阶段性成果（龙湖区域城市设计、白沙组团城市设计、绿博组团），2个进行专家评审（郑东龙子湖城市设计、航空港区城市设计），1个通过市规委会研究（高新区IT科技产业区城市设计），1个在组织编制（惠济新区起步区）。2012年，完成了《郑州市中州大道（黄河桥—北三环）区段城市设计》中期成果，市民公共文化服务区和金水河“一河两岸”城市设计编制工作，《郑州市商城遗址公园南片区保护规划和商城遗址公园及周边地区城市设计》。

【郑州都市区空间发展战略规划】 2011年2月24日，郑州市城乡规划局组织召开郑州都市区空间发展战略规划启动会，来自国内外5家知名规划编制机构参加本次征集活动。2011年11月4日，在郑州都市区空间发展战略规划征集方案评审会上，由郑州市规划勘测设计研究院制订的一号方案取得优胜。2012年3月，按照专家评审意见和各征集方案优点，完成方案整合。

该规划对郑州都市区发展定位为：国家中心城市、全国经济格局的战略支点、全国“三化”协调科学发展示范区、世界文化名城、国际陆港、中原经济区的核心增长区。

规划内容：按照合理的组团发展、城乡统筹、产城融合的发展框架，把郑州都市区规划为“一主、三区、四卫、一带、两翼、三轴”多中心、组团式、网络型、开放式空间结构，实现与周边城市的空间对接。一主即中心城区，三区即东部、南部、西部三个新城，四卫即巩义、登封、新密、新郑四个外围组团，一带即北部沿黄文化旅游生态产业带，两翼即都市区西南和东南隅的文化旅游生态产业区、现代农业生态产业区，三轴即陇海、京广两大城市发展轴和西南向城市发展轴。规划以“公共交通、服务设施、生态环境”为先导，引导城市开发建设；贯彻“网络生态、紧凑组团、产城融合”的空间发展理念，合理组织城乡空间；进一步明晰郑州市域7446平方公里范围内各空间发展层级，形成级配合理的城乡一体化发展模式；以“一主、三区、四组团、27个新

以绿色生态空间为基底，各圈层内功能复合发展，通过多维、多向发展的轴线强化圈层内部、圈层之间的联系，最终形成多层次、多中心、多功能高度复合的城市空间发展模型。

合纵连横、三珠嵌碧、众星拱月、城乡共融

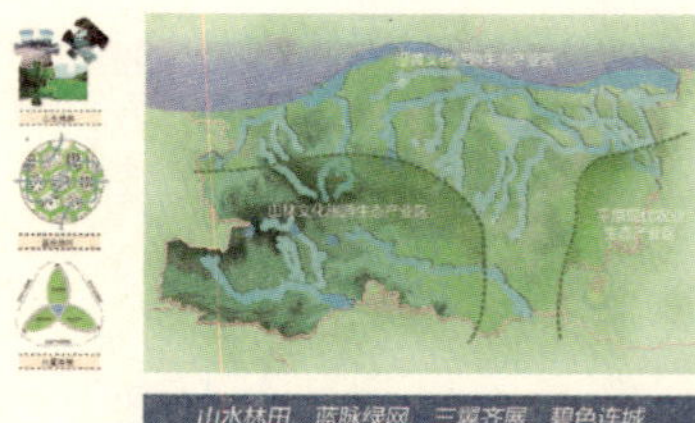
山水林田、蓝脉绿网、三翼齐展、碧色连城

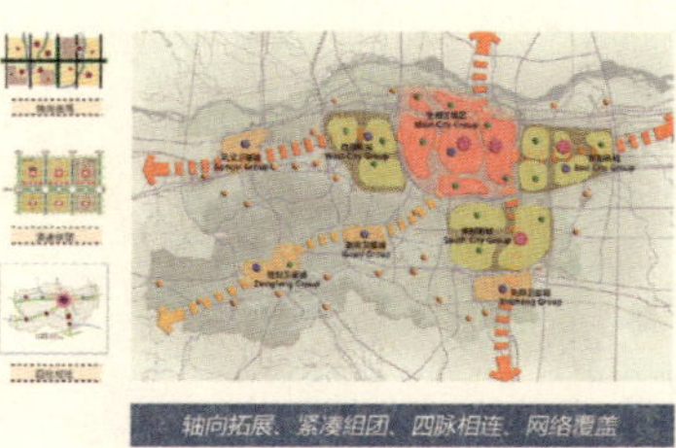
轴向拓展、紧凑组团、四脉相连、网络覆盖

“一心、三区、四星，一带、两翼、三轴”多中心、组团式、网络型、开放空间结构

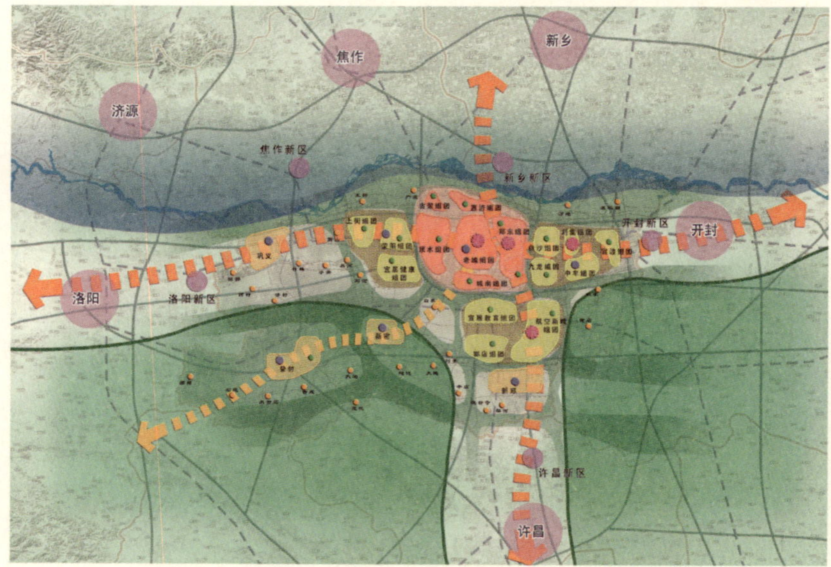

郑州都市区空间发展结构图（竖版）

市镇、182个新型农村社区、56个历史文化风貌特色村”为主要建设空间，集约节约利用土地，实现新型城镇化带动“三化”协调发展。

【郑州航空经济综合实验区空间发展战略规划】 2012年初，郑州市为深入贯彻落实省委、省政府关于建设郑州航空港经济综合实验区（以下简称实验区）的战略决策，组织编制实验区空间发展战略规划。

规划目标：按照“打造大产业，形成大枢纽，塑造大都市”的总体思路，紧紧抓住中原经济区建设重大机遇，以建设国内大型航空枢纽建设为基础，依托郑州综保区、富士康项目和郑州优越的区位优势，以国际、国内产业转移为契机，充分发挥“铁、公、机”综合交通优势，创新社会、经济、行政管理机制，争取国家在航权、外汇、口岸管理等方面支持，将实验区打造成为中原经济区先行先试区、全球重要资源集疏区、开放创新引领区、高端产业聚集区和高端人才汇集区，实现物流、金流、机流、讯流、人流畅通。对实验区的人口、产业、基础设施、国土资源保护与利用、生态安全格局等做出空间安排，为实验区内的郑州新郑综合保税区和郑州新区的空间优化和升级提供依据，应对郑州航空经济大发展所带来的各种挑战。同时，为指导实验区内城乡规划和下位规划提供依据。

航空港415平方公里范围

空间发展战略规划的主要内容：空间布局理念：（1）公交导向、轴向聚势。规划中采用“TOD”模式引导空间有序拓展。利用公交交通走廊构建整体空间骨架，在交通枢纽地区形成各功能中心，带动周边空间复合发展。公交走廊形成的城市发展轴线串联各大中心体系，引导整个城市“轴向拓展”。实现交通价值与城市功能价值的双重体现。有利于促进新城空间结构形成，创造独特的空间特色。（2）南北协同、东西对接。实验区产业空间围绕机场枢纽功能圈层式展开，机场以北形成以高新技术产业为特色的城市功能空间，机场以南形成以临空经济为特色的城市功能空间。南北空间布局主要体现与机场实现产业协同，东西向为各大城市组团空间紧密对接，塑造完整的城市空间形象。（3）组团发展、多核驱动。多元组团发展，一是以空间增量扩张来承载新生功能；二是组团分工，确保每种核心功能都能得到充足的发展用地，避免相互干扰、彼此挤压；三是以核心功能带动配套功能，实现步行尺度的职住平衡。（4）生态网络、廊道隔离。控制和保护城市滨水生态区，并通过自然和基础设施廊道串联各大基底，使城市更具活力、更紧凑和更具多样性。以绿楔间隔的公共交通走廊型的城市空间拓展方式，将新的开发集中于公共交通枢纽，有利于公共交通的组织，实现有控制的紧凑型疏解，实现“低碳城市”的目标。

空间结构：（1）一港两区。以空港区为几何主体，形成北侧的科技产业功能区“航北区”和南侧的临空产业功能区“航南区”两大产业主导的新型城区。（2）一脉三心。以南水北调干渠作为整个航空经济区的景观主脉络，串联南北城市功能区。（3）多元复合。依托航空枢纽，打造国际空港经济，同时在南北功能区中形成多元的功能空间体系，推动产业协同共生、提升生产链价值、优化人居环境。（4）网络组团。将规划范围内的自然水系、森林公园以及基础设施廊道进行梳理，形成绿色网络框架，产业新区、城市功能区以及现代物流区等各大功能空间嵌入绿地网络，组团式生长。

组团发展规模与功能定位：落实“一港两区、一脉三心”区域格局，以水系、生态防护廊道以及主要干道绿化带为基础进行组团式布局，分别围绕机场综合枢纽核心以及规划生活及生产服务中心布局各个功能组团，共分为航北区、空港区以及航南区三个大的功能组团。（1）空港区。总用地面积约102平方公里，建设用地面积约38平方公里，定位为国际空港区。以机场为核心，环绕布局保税区、电子交易区以及航空核心产业区，南水北调以东集中设置航空物流园区及临空产业园区。（2）航北区。总用地面积约121平方公里，建设用地面积约82平方公里，定位为科技产业区。围绕城市生活服务中心以及区域生产服务中心布局生活区及产业区。其中，生活服务中心和生产服务中心相隔南水北调而布局，南水北调干渠以西主要布局城市生活区及张庄森林公园；环绕生产服务中心，南水北调以东地区依次布局城市生活区、科技产业区以及航空培训及休闲展示区。（3）航南区。总用地面积约175平方公里，建设用地面积约140平方公里，定位为临空产业区。围绕片区生活服务中心以及生产服务中心分别布局生活区、科研区及产业区。其中，结合苑陵故城规划布局遗址公园，紧邻南水北调以西地区主要为城市生活区，临近京港澳高速公路布局高端制造产业园；结合古枣林保护区，京广铁路以西规划为生态休闲区；紧邻南水北调以东布局片区生活服务中心，围绕其布局城市

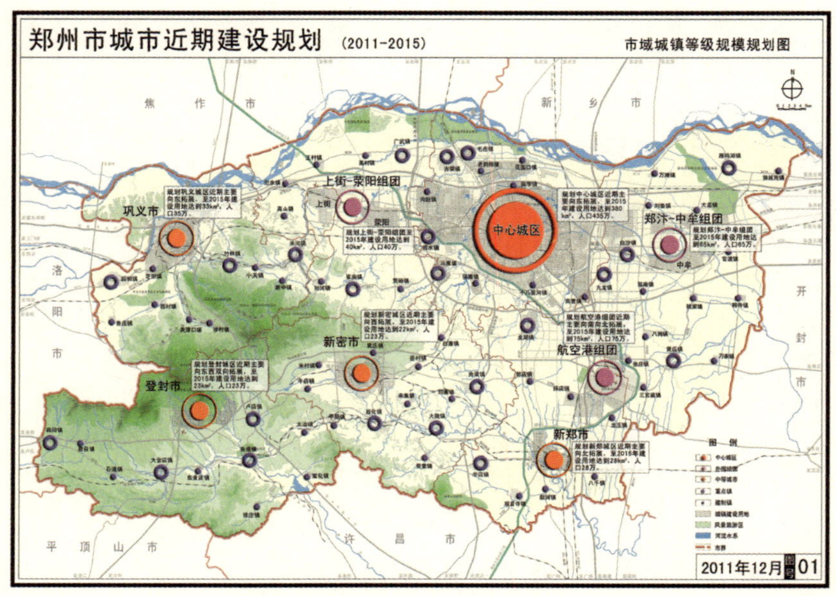

市域城镇等级规模规划图

生活区以及产业研发区；商登高速公路以南集中布局临空产业区，结合轨道交通换乘枢纽设置生产服务中心，环绕其布局产业区及配套生活区。

【“控规”全覆盖】 2010年3月，郑州市启动中心城区250平方公里20个片区的控制性规划全覆盖工作。按照“空间上分层次、时间上分阶段、公共利益法制化，重大基础设施明确化，管理维护动态化”的编制思路，基本完成“控规”导则，并陆续经专家评审会和其他各级会议通过。其中市政府已批复两个片区，余下18个片区完成公示，有16个片区完成专家评审和预联审联批会以及郑州市规划局局长办公会程序，3个片区上报市政府联审联批会。至2012年12月，18个片区“控规”按照各级会议纪要进行深化完善，计划于2013年3月之前完成首批报批工作。

【金水河“一河两岸”城市设计】 6月29日，郑州市金水河“一河两岸”城市设计国际征集工作启动，9月12日，专家评审会召开，最后由上海同济城市规划设计研究院进行深化设计。

规划区范围为金水河（南四环—中州大道）“一河两岸”，岸线总长19.6公里，规划面积约30.5平方公里。整体理念为“金水玉带、中州翔龙”。通过金水河两岸的有机更新，提升郑州中心城区的功能，改善人居环境，提供一个城市中央公园的休闲去处，形成老城区和新组团的互动发展。规划定位为“活力之源、文化之河、生态之廊”。规划结构为“金水为脉，玉带延展；文化为核，六区协同”。以金水河构筑生态人文景观带，南北贯穿中心城区，形成多元复合功能发展带。沿金水河以文化为统领，结合周边功能区形成六大功能片区，由北至南依次为东部门户区、文化核心区、陆路枢纽区、科技创新区、滨水宜居区和生态文化区，六大片区通过金水河的纽带作用形成复合多元，一体发展的活力区域。

【市民公共文化服务区城市设计】 6月29日，郑州市市民公共文化服务区城市设计国际征集工作启动，9月11日，专家评审会召开，最后由法国斯构莫尼建筑设计咨询有限公司进行深化设计。

设计范围为北至郑上路，东至洛达路，南至陇海路，西至常州路，面积约23.53平方公里。整体理念为“九曲黄河、九州之中”。方案梳理了郑州南北五千年和东西三千年的历史文化，交会在市民公共文化服务区。方案采用中轴对称的形式，体现“中”的概念。本着大气、庄重的原则突出南北向轴线，北起黄河，南至绕城高速，沿轴线有郑州黄河游览区、祖师庙、西山遗址、郑庄遗址、荥阳故城、后庄王遗址、小双桥遗址、常庙遗址和娄河遗址等历史文化资源；贯穿黄河、枯河、索须河、南水北调总干渠、常庄水库、尖岗水库等生态水系，形成纵贯南北的文化、生态轴，打造华夏历史文明传承之轴。规划核心区包括市民公共服务区、郑州中央文化区及配套服务区三大功能，提出“区域统领、东西平衡、文化引领、生态低碳、产城融合、便捷高效”六大战略，依托南水北调水系、西流湖、植物园等生态资源，打造独具中原文化特色、生态型、智能化的市民公共文化服务区。

【郑州市城市近期建设规划（2011—2015）编制】 为贯彻落实《国务院关于郑州市城市总体规划的批复》和《郑州市国民经济和社会发展第十二个五年规划纲要》，郑州市城乡规划部门编制完成《郑州市城市近期建设规划（2011–2015）》。2012年2月，经郑州市人民政府批准，从法定层面上明确了近期建设的时序、发展方向、建设目标和空间布局。

规划原则：坚持法定性原则、政策性原则、近远结合性原则、协调性原则、可操作性等原则。规划指导思想是坚持统筹协调，把促进“三化”协调发挥作为推动科学发展、转变发展方式的具体体现；坚持节约集约，实现内涵式发展和均衡发展；坚持“以人为本”，体现“民生优先”，切实落实“十二五”保障性住房建设任务和要求；坚持适度先行建设基础设施，提高城市综合交通服务水平，保障城市安全。

发展策略：（1）市域，统筹城乡区域发展，探索以新型城镇化为引领的“三化协调”科学发展之路，建设郑州都市区，构建现代城镇体系。实施具有战略意义的关键性地区发展带动，引导产业、设施、人口有序集聚，促进更大范围内城市功能重构和提升。适度超前建设区域交通设施，构建中心城区与外围组团、中等城市、城镇在空间结构上相适应的综合交通体系，引导和促进城市有序发展。协调好区域性重大市政基础设施与城乡发展和生态环境的关系，实现区域基础设施共建共享。加强区域生态水系和生态绿地建设，推进水域生态功能区、湿地生态功能区、林业生态功能区建设，构建区域生态格局。（2）中心城区，实施“新区拓展与旧城更新”并举策略，完善城市空间结构、优化用地空间布局，全面提升城市功能。围绕经济建设、新型工业化和现代产业体系发展需求，推进产业园区建设，引导产业合理布局，促进产业集约发展。推进基本公共服务设施和交通市政设施建设，增强城市综合服务能力和综合承载力。保护生态环境，集约节约利用资源，推进生态低碳城市建设。

行动与计划：（1）近期主要发展方向。根据城市总体规划确定的城市空间结构发展方向和城市功能布局调整目标，规划近期城市主要沿东西、南北两条轴线拓展，主要发展方向向东。（2）近期用地空间布局。“十二五”期末，规划城市建设用地380平方公里，人口约435万，中心城区“两轴八片多中心”的空间布局结构基本形成。（3）近期建设用地供应指引。近期主要更新改造城中村用地面积41.19平方公里，旧工业区用地面积12.64平方公里，旧仓储区用地面积4.33平方公里；近期主要新增居住用地面积8.58平方公里，商业用地3.27平方

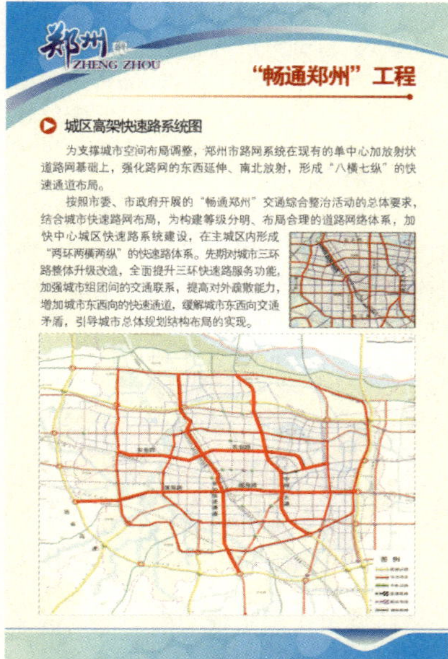

“畅通郑州”工程城区高架快速路系统规划

公里，工业用地面积10.78平方公里，仓储用地面积2.98平方公里。（4）近期重点发展地区。分为重点开发地区、重点改善地区、重点提升地区、重点生态建设地区。（5）近期专项建设规划与项目建设计划。分为区域城乡统筹推进计划、居住及住宅建设发展计划、园区建设与整合计划、商业金融业设施建设计划、和谐民生计划、文脉延续计划、碧水蓝天计划、综合交通设施建设计划、市政基础设施支撑能力提升计划、防灾体系建设计划、地下空间开发计划。

规划实施：（1）建立健全近期建设规划实施工作机制，即统筹推进、综合协调、部门联动、区域协作。（2）完善以下相关配套政策和措施，即完善以高效集约利用为目标的建设用地政策；制定以改善和保障民生、提升城市功能为主旨的城市更新政策；完善以中低收入阶层为主要服务对象的保障性住房政策；完善其他与城市空间协调发展密切相关的政策。（3）完善以下规划实施和管理监督制度，即建立健全近期建设规划制定工作机制；严格城市“四线”管理，在此基础上推进“六线”管理实施；加强城乡规划信息化管理平台建设；完善规划监督管理制度。

【畅通郑州白皮书（2012–2014）】《白皮书》提出按照“域外枢纽、域内畅通”的目标，坚持“远近结合、疏堵结合、工程措施与管理措施相结合”的原则，从强化公交优先、建设畅通郑州十大工程、落实综合交通管理十项措施、推进中心城区功能外疏、倡导文明出行等五方面着手，实施综合性治理，力争用三年时间，使郑州的交通拥堵状况得到较大改观。

《白皮书》主要内容：（1）推进公共交通优先发展。按照“公交是为民，公交是形象，公交要优先，公交当自强”的原则，以建设“公交都市”示范城市为契机，至2014年底，常规公交线路达到300条、线路总长4621公里，形成快速公交、干线公交、支线公交和微型公交互为补充的“四级公交网络”，万人公交车辆保有量达18标台以上，确保“主城区500米上车，5分钟换乘”。轨道交通地铁1号线一期投入运营，承载市区10%的公共客运量。以“以奖代增”的方式，每年新增出租车200辆。公共交通分担率达到45%，基本确立公共交通在城市居民出行中的主体地位。（2）实施畅通郑州十大工程建设。通过实施轨道交通建设工程、三环快速化工程、京广快速路二期工程、陇海路高架快速路工程、金水路和花园路准快速化工程、16个高速公路出入市口工程、10条都市区快速路工程、“两环十七放射”生态廊道改造提升工程、支线路网工程、停车场建设工程等畅通郑州十大工程建设，以建成结构合理、功能完善的城市路网为目标，加快城市快速路、次干路、支路等各等级道路建设。到2014年，中心城区通过“环形+井字”快速通道和次干道、支路网建设，都市区通过10条快速廊道、16个高速公路出入市口等项目建设，初步形成功能完善、级配合理、运行高效的路网结构。（3）落实综合交通管理措施。加快智能化交通管理系统建设，依法严格交通管理，加强高峰期间的交通管控，适时调整禁行禁停区域，扩大单向交通组织范围，实施信号配时精细化控制，建设车辆诱导系统，完善交通监控和流量检测系统，完善停车差异化收费机制，提高交通事故快速处置能力。（4）优化和疏解中心城区功能。加快新组团建设；优化中心城区功能，全面加快中心城区市场、工业企业、仓储企业、机关事业单位“四个外迁”工作。力争利用3年左右的时间，完成中心城区177家商品交易批发市场、40个工业企业、69个仓储单位和长途客运站外迁规划的各主体功能组团，引导鼓励一批省市机关、事业单位迁入新规划的公共文化行政服务区，带动人口疏散和功能疏解。

【“两环十七放射”生态廊道规划】规划建设的中心城区“两环十七放射”生态廊道，将形成“环形加放射”快速路网体系，是完善城市组团、产业集聚、新型社区和引领项目、发展经济、改善环境的重要基础设施，是郑州市重要的交通道路网和出入市口。“两环”即三环路、四环路，“十七放射”即以三环为起点向外辐射的十七条道路，南北向道路有郑密路、嵩山南路、大学南路、京广快速路南段、中州大道南段、郑新快速通道、机场高速、中州大道北段、京广快速路北段（天河路）、江山路；东西向道路有科学大道、化工路、郑上路、中原路、航海路、商都路、金水东路。

“两环十七放射”生态廊道完成规划总长约365公里，包括道路断面规划、附属设施布置、道路交叉口处理等道路详细规划设计，两侧各按照50米绿化带进行控制，实施景观提升。按照快速、环保的出行理念，构建绿廊加漫步道体系，融入人行步道、自行车道、公交港湾、绿岛加油站、公厕等公建设施综合体，在满足交通功能的同时，实现“公交进港湾，行走在中间，辅道在两边，休闲在林间”的景观效果。

【轨道交通规划修编】 6月27日，郑州市人民政府批准《郑州市城市轨道交通线网规划修编2010–2020》。规划要点：远期年（2010–2020）轨道交通线网规划，郑州市轨道交通线网远期将形成“一环、两纵、三射、三线”的网络布局形态。2020年城市轨道交通线网由市区普线网和都市区快线网两个层次共9条线路组成，规划总里程为301.2公里，其中3条都市快线92.7公里、6条市区普线208.5公里。远景年（2020–2050）轨道交通线网规划，郑州市城市轨道交通线网将由17条轨道交通线路组成，其中都市区快线7条，市区普线10条，轨道交通线路的总里程将达到636.8公里，设站总数355座。全网平均站间距为2.0公里。

【市中心区停车场近期建设规划】 规划目标：按照2012年城建计划，完成2万个公共停车位建设，完成193处公共停车场近期建设规划选址，泊位4万个。

公共停车场布局规划：规划期内加强公共建设项目配套停车场建设，形成“以配建停车场为主（86%），路外公共停车场为辅（9%），路边停车场（5%）为补充”的停车场供应体系，实现停车供给与需求的基本平衡。高新区、郑东新区、经开区，新增刚性停车场152处，用地面积106.8公顷；弹性停车场19处，用地面积约20.8公顷。最终规划路外公共停车场455处，用地面积299.9公顷。

重点区域停车场专项规划：针对二七商业中心区、碧沙岗区域、郑东新区CBD区域展开综合性的区域停车场专项规划，在加强停车设施供应的基础上，强调政策的协调性、管理的系统性，并编制停车诱导系统导则，为停车场管理手段的提升创造条件。

近期建设策略：采取由以加大停车设施供应为主，调控需求为辅的

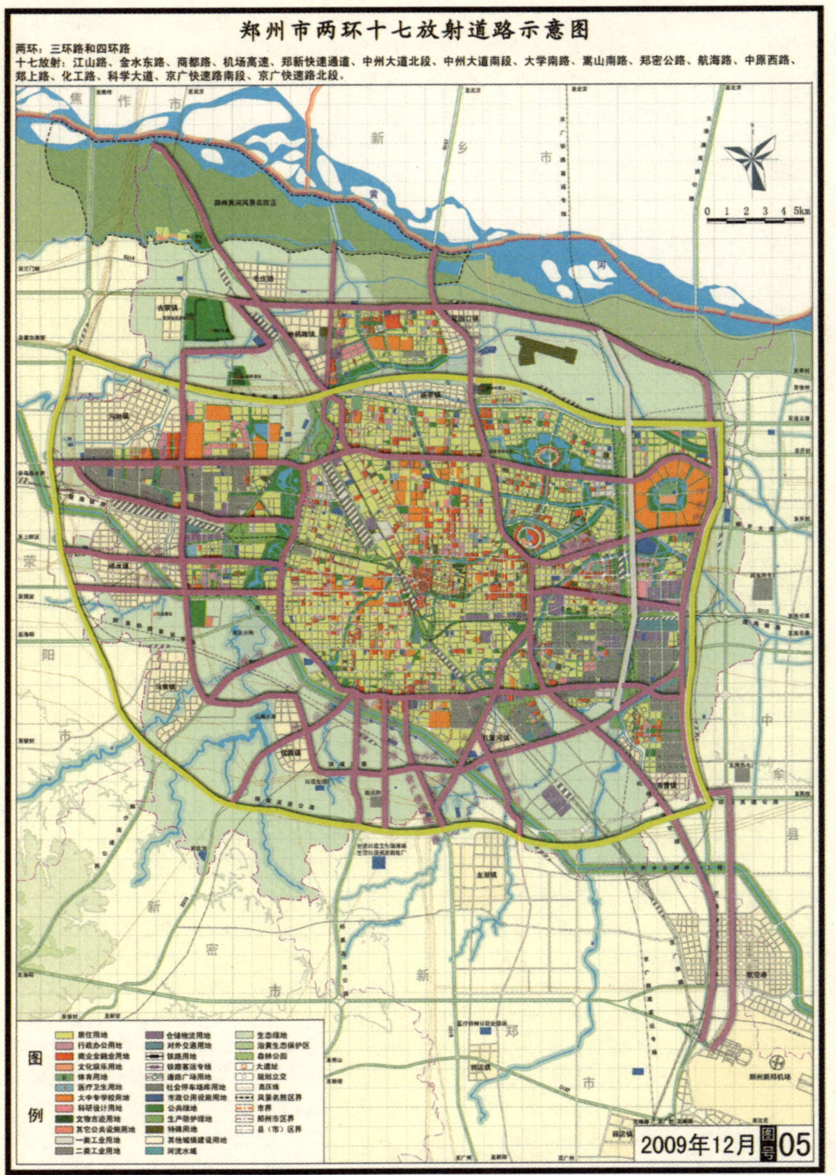

两环十七放射道路规划

政策向控制停车需求与适度供应并重转变；加快现状建成区内公共停车设施建设，同时加大停车需求管理的力度；适度实施停车需求管理政策，合理规划停车设施，引导停车者接受需求管理的理念。针对现状建成区，在加快规划公共停车场用地实施的同时，利用现状绿地、广场、绿地及交通设施用地的立体化空间开发，对现状地面停车场等进行立体化改造，并利用现状空地、临时工地、烂尾楼建设路外临时停车场，缓解停车矛盾。针对城市新建区，在实施建筑物配建停车设施高指标控制的同时，加强规划社会公共停车场用地的规划和控制，为未来停车设施改善预留空间。

近期建设规划：为缓解中心城区停车矛盾，根据三环内用地较为紧张的现状矛盾，近期公共停车场建设采用实施性和控制性相结合的方式，对现状地面停车场进行立体化改造，结合公共绿地建设地下停车场，对有条件的停车场用地先期建设，力争近期建设公共停车泊位不小于10万个，总投资不小于70亿元。针对停车矛盾突出区域，先期规划22处社会公共停车场和43处社会公共立体停车场。建立停车诱导系统，提升管理手段的科技投入，提高公共停车场的利用效率，规范路边停车位管理。

【排水工程和再生水工程专项规划】 该项规划2011年10月启动，2012年6月完成专家评审工作。规划范围以郑州市区界为基本单元，包括郑州西南绕城高速公路、黄河、京港澳高速公路所围合的区域（1100平方公里范围内）。该规划重点是在用地上保证市政基础设施得到落实，保证各项管理要素在专项规划中充分体现，促进与保障经济社会快速发展。

排水专项规划主要内容：划定城市排水范围，确定排水体制；划分排水系统，估算雨水量和污水量；确定排水管、渠系统的布局；确定各污水泵站、雨水泵站、污水处理厂的位置和规模，并预留其用地；结合环保规划提出各污水处理厂的污水处理等级和污泥的处置途径；规划实施措施等；提出城市排水工程的近期建设规划。

再生水利用规划主要内容：编制背景、依据、规划期限、范围、目标、原则；郑州水资源研究。再生水利用工程现状概况及分析；再生水用途与用量规划、水质规划；再生水源与水厂规划、供水干管规划；近期建设规划及规划实施策略等。

【6项市政专项工程规划修编】 2012年初，郑州市启动给水、排水、再生水利用、电力、燃气、集中供热6项市政专项工程规划修编，4月得到郑州市人民政府审批。规划范围为郑州市中心城区，总面积450平方公里。通过收集水文地质等自然资料、市政设施现状及城市相关规划资料，分析城市市政基础设施建设存在的主要问题和发展需要，提出科学可行的市政设施建设目标和标准，对给水、排水、再生水利用、电力、热力、燃气等市政设施及管网进行规划，并提出相关的配套政策和保证措施，为市政设施项目设计提供依据。

【博爱—郑州—薛店天然气工程郑州市域段选线规划】 该规划2012年6月启动，12月经过审定。郑州市域段规划范围为北起荥阳，经中原区、二七区，南至新郑薛店，全长73.66公里。规划目的：大力推广天然气等清洁能源，争取更多的天然气资源，完善输配网络，优化能源结构、改善大气环境，建设环境友好型、资源节约型社会，加快河南省"全气化"目标的实现。被列为2012年河南省重点建设项目。规划天然气管道起点为王村镇穿越黄河工程点，终点为新郑薛店镇分输站。依据郑州市空间发展战略规划中确定的大型市政设施廊道规划布局，在满足各种安全、消防等技术要求的前提下，经多方案比较论证，确定输气管道线路走向方案。

【医疗卫生设施用地布局规划】 2012年11月21日，郑州市域医疗卫生设施用地布局规划（2011—2020）通过郑州市人民政府市长联审联批会。规划共分7个部分：规划背景、郑州市域医疗卫生设施现状分析、郑州市域医疗卫生服务体系规划及空间布局策略、郑州市域医疗卫生设施配置标准及规模预测、郑州市域医疗卫生设施布局规划、郑州市区及县（市）区医疗卫生设施布局规划和近期建设及实施措施。

规划目标：到2020年，郑州市市域医疗卫生服务能级要达到国家区域性中心城市的要求，构建国家区域性医疗卫生服务中心，构建与郑州都市区发展定位和城乡人口分布相适应的医疗服务支撑体系。

规划主要内容：市域医疗卫生服务体系构建，各县（市）区的医疗卫生设施用地布局规划，各镇村医疗设施布局要求。

空间布局结构：一主、三副、四中心、多点。“一主”是打造国家区域性医疗服务中心，含河医碧沙岗综合医疗中心、省人民医院区域综合医疗中心；“三副”是东部新城区域医疗服务次中心、西部新城区域医疗服务次中心和航空港区区域医疗服务次中心；“四中心”是指新密市医疗服务中心、新郑市医疗服务中心、巩义市医疗服务中心、登封市医疗服务中心；“多点”指重点乡镇医疗服务集中点。

布局规划：至2020年，郑州市域医院总数234所，其中，保留76所、扩建12所、改建9所、迁建19所、在建4所、新建115所。医院床位数86294张，其中，综合医院床位49756张、中医院床位15828张、专科医院床位20710张。乡镇卫生院61所，主要配置在新型农村社区（或中心村）内，其中，中心卫生院29所、一般卫生院32所，卫生院床位数2750张。新建社区卫生服务中心112所，置换社区卫生服务中心26所，保留65所，整个市域社区卫生服务中心总数达到203所，社区卫生服务站总数达到600所左右。疾病预防控制中心共20所（不含省疾病预防控制中心），其中，保留5所，迁建8所，新建7所。卫生监督所共20个（不含省卫生监督所），其中，保留2个，迁建8个，新建10个。妇幼保健院（所）共25个（不含省妇幼保健院），其中，保留扩建6个，迁建7个，新建12个，妇幼保健院床位数3304张。急救中心1个（不含省急救中心），急救分中心8个，其中，保留3个，迁建4个，新建1个。急救站221个，新增128个。血液中心1处，为省红十字会血液中心（保留），另在郑州新区（部分）、荥阳市、巩义市、登封市、新密市、新郑市、上街区和航空港区分别设立血库1处，位于其急救中心内。卫生信息中心20处，其中，郑州市区9处，郑州新区（部分）4处，上街区、荥阳市、航空港、新郑市、巩义市、登封市和新密市各1处。健康教育中心1处，健康教育所20处，其中，郑州市区8处，郑州新区（部分）4处，上街区、荥阳市、航空港、新郑市、巩义市、登封市和新密市各1处。地下医院结合重点人防工程布局，中心城区内的三级甲等医院和部分二级医院按人防要求设地下人防工程，战时作为地下医院。医疗废弃物集中处置中心位于新郑市的郭店乡，近期各县(市)区和高新区、经开区、郑东新区分别设置1-2处医疗废弃物转运中心，远期在郑州新区的白沙组团、中牟组团、刘集组团、九龙组团和航空港组团分别设置1-2处医疗废弃物转运中心。各医疗机构内设置医疗废弃物收集点。

【新型农村社区规划指导意见】 根据国家、省、市相关法律、法规和规范，郑州市人民政府制定《郑州市新型农村社区规划建设指导意见》，指导新型农村社区规划建设。

编制原则：以人为本原则、宜居宜业原则、可持续发展原则、因地制宜原则、有序推进原则、集约节约原则、设施同步原则。

规划编制体系：新型农村社区规划编制体系分为大型社区的总体规划、控制性详细规划、城市设计和修建性详细规划，以及中型、小型社区的空间发展规划和修建性详细规划。根据人口规模，郑州都市区新型农村社区划分为大型、中型、小型三类。大型社区是指人口规模在10000人以上的新型农村社区，一般指未作为新市镇的建制镇现镇区或乡政府所在地；中型社区是指人口规模在5000-10000人的新型农村社区；小型社区是指人口规模小于5000人的新型农村社区，一般宜在3000人以上，特色保留村原则上控制在现状人口规模内。

编制要求：落实《郑州都市区空间发展战略》《县（市）区新“三化”协调发展空间布局规划》等上位规划的要求，做到空间发展规划、土地利用总体规划、产业发展、人口布局规划和生态廊道的协调，引导和调控镇（乡）域新型农村社区、产业的合理发展与空间布局；指导新型农村社区的总体规划和空间发展规划的编制。

主要规划内容：发展战略研究、空间管制与开发引导、镇（乡）域新型农村社区体系规划、大型社区规划布局、近期建设规划、规划实施措施和方法建议。对公共服务设施、道路交通设施、市政基础设施进行要求，规范了新型农村社区规划组织编制与审批流程，明确了新型农村社区建设用地标准和新型农村社区建筑设计要求。

（李同现）

城乡规划管理

【概况】 郑州市依法依规对建筑规划审批权全部下放至分局，将部分规划编制权下放至各区政府。推进网上办公，完善服务制度，全年办事大厅发放“一书两证”1182件。

坚持按照规划要求，严格批后管理。对房地产开发项目在主体竣工之后全部进行规划核实。全年共办理建设工程规划核实365项，其中组织验线285项，建设工程正负零验线率100%；组织建设工程规划竣工核实80项。加强地下工程验线工作，共组织验线85项。

加强已批规划的实施。编制完成《郑州市城市近期建设规划（2011-2015）》并经市政府批准，明确了近期建设的时序、发展方向和空间布局。开展《郑州市城市总体规划（2010-2020）》实施评估工作，切实发挥城市规划对城市发展的调控和引导作用。坚持民生为先，大力推进水、电、气、暖、通信、道路、学校、医院、养老设施、保障性住房建设、停车场等基础设施和公共服务设施的实施。对2008-2012年已批建设项目控制性详细规划中涉及公共服务项目落实情况进行摸底排查，对养老设施进行远期控制，对保障性住房建立台账，对停车场建设简化审批程序，

1月6日，市长马懿参观郑州市城乡规划成果展

对基础设施和公共服务设施在项目规划中没落实的不予进行规划审批。全年共办理市政工程项目选址意见书38项，其中包含变电站项目6项、污水处理厂项目3项，供水项目2项、跨南水北调总干渠桥梁项目14项；办理9条道路、4座立交桥、1处停车场、1座变电站等市政工程建设用地规划许可证。办理交通建设工程规划许可证审批61项；办理各项市政管网建设工程规划许可证241项，其中给水33项、雨水28项、污水30项、电力41项、电信20项、热力36项、天然气52项、中水1项；公共停车场审批52处，建成公共停车泊位10429个。全年共办理经适房选址意见书13个，办理经适房建设用地规划许可证26个，发放经适房建设规划许可证18个，交费即可发经适房建设规划许可证4个，开“路条”加快手续办理的8个。

【地下管线探测和三维信息管理系统开发】 该项目于2012年2月启动。

项目建设目标：通过地下管线普查解决基础数据的问题，并以普查成果建立具权威性、现实性的郑州市地下管线综合数据库和专业数据库；构建三级地下管线管理应用体系，实现地下管线资料信息化、网络化管理；组建郑州市地下管线数据管理服务中心，建立可靠的地下管线资料归档制度；建立具有空间化、数字化、网络化、智能化和可视化的技术系统，将地下管线信息进行数字化获取、存储、管理、分析、查询、输出、更新；建立切实可行的数据更新机制，保证地下管线数据的动态管理；提高城市管理效率，为社会提供多元化的服务，为城市可持续发展及减灾防灾提供决策支持。

项目建设内容：通过先进的技术手段，力争用两年左右的时间，查清本市四环以内的各类地下管线，建立地下管线三维信息管理系统，实现地下管线信息的共建共享；加强地下管线验线和规划核实管理，建立地下管线信息的动态更新、管理和服务等长效机制，促进城市地下空间的统一规划、合理开发和科学管理，为城市建设服务，为应急处置提供技术支持。根据前期调研、相关统计、试验段数据、郑州市现状道路路网等情况，预计普查范围内地下管线长度约20000公里。

项目进展情况：控制网加密测量与布设项目，完成了郑州市四环以内570平方公里的控制网测量任务，布设各等级控制点2153个，施测水准1282公里。该工程于2012年5月15日通过省测绘产品质量监督站和专家验收。地下管线探测项目，截至2012年11月30日，已完成约13000公里地下管线探测任务，累计完成约60%地下管线探测总体工程量，预计在2013年6月底前完成地下管线探测和建库任务。地下管线三维信息管理系统开发与建设。信息系统开发项目，已完成85%以上总体工作量。系统大部分设备及软件已到位，管线数据库建设及部分细部功能在调试和完善，机房试运行环境搭建完成，计划2013年3月底前正式投入试运行。

【城乡规划信息系统建设】 郑州市城乡规划信息系统建设项目被列为“数字郑州‘十二五’建设发展规划”主要建设内容。2012年完成系统一期建设内容，项目通过专家验收并正式上线运行。该系统特点：整合了郑州市城乡建设各项信息资源，通过规划综合数据库的建设，为规划编制提供了定量分析手段；为规划实施管理提供了直观的技术依据；为规划监督、反馈提供了高效的检测手段和评价方法；实现了从城乡规划的编制、审批、决策到公众参与和实施监督的全过程的一体化管理。

【规划审批】 优化审批程序。依法依规将建筑规划审批权全部下放至分局，将部分规划编制权下放至各区政府。推进网上办公。完成“图文一体化”协同办公平台及规划综合数据库系统建设，实现“一书两证”业务审批、各类规划编制、项目批后管理等协同带图办公。完善服务制度。缩短审批（报批）时限，在建设项目审批过程中，凡是申请材料齐全且符合审批条件的，当场受理；对控制性详细规划的报批、对《建设项目选址意见书》《建设用地规划许可证》和《建设工程规划许可证》的核发，在原来的基础上缩短一半以上时间；规划编制审批或项目审批实行首问负责制和一次性告知制；项目受理后，实行承办人项目包干制度；突出重点项目的服务工作，实行项目联系单，建立规划主管部门内部审批处室之间联动机制，做到交叉进行、平行作业，实现内部对项目的“零对接”；建立健全例会制度、下基层制度、审查制度、督察督办制度等规划服务机制；加大对项目研究的局长办公会会议频率，将每周一次局长办公会改为每周至少2次，对疑难项目坚持每周一次局长办公会进行集体会诊，积极推进。

【批后管理】 规划批后管理坚持按照规划要求，严格做好地下管线工程和建筑工程出地面、结顶时的验线工作，努力做到地下管网安全，防止建筑“长高长胖”。坚持对工程竣工后的中小学、幼儿园、停车位、绿地、配套设施及社区用房等逐项一一规划核实。加强地下工程验线工作，防止随便挖沟现象的发生。

【规划执法】 2012年，郑州市集中开展了以中心城区道路两侧为重点的违法建设整治工作。建立依靠群众推进违法查处工作机制，违法建设整治工作取得阶段性成果。市人大出台《郑州市人民代表大会常务委员会关于违法建设查处工作的决议》（郑人常〔2012〕36号），首次明确市内五区人民政府和各开发区管委会，要组织辖区内违法建设的日常巡查，及时发现、制止和拆除违法建设，为依法依规查处违法建设提供了政策支撑。市查处违法建设办公室建立周例会、周报等制度，并且强化舆论宣传，及时在《郑州日报》《郑州晚报》上对各区排查和拆除的违法建设进行通报。建立市、区、街道查处违法建设“三级网格”体系，市城乡规划监察支队所有人员全部沉入基层、沉入网格，

9月11日，郑州市民公共文化服务区暨金水河“一河两岸”城市设计专家评审会举行，省委常委、市委书记吴天君出席会议

郑州市城乡规划局开展城乡规划法律法规宣传活动

对违法建设做到及时发现、及时认定。重点完成对中心城区道路两侧20米内违法建设的排查、认定、登记造册工作。2012年，郑州市城乡规划支队拆除违法建设10660起，面积340万平方米，收缴罚款6200万元。

【规划新体制运行】 2012年，郑州市学习借鉴合肥经验，加强规划土地建设管理和投融资工作，中共郑州市委、郑州市人民政府出台了《中共郑州市委郑州市人民政府关于加强城乡规划土地建设管理和投融资工作的实施意见》（郑发〔2012〕21号），要求规划统一管理、土地统一收储、用地统一出让、补偿统一标准、收益统一分配、工程统一建设"六统一"。该意见有关加强规划统一管理的主要内容是：按照规划编制权上收、规划审批权下放、调动市区两级积极性的原则，对各级在规划编制工作中的任务、权限、职责进行明确，对除去水、电、气、暖、路等市政基础设施和教育、医疗卫生、文化、体育等公共服务设施、行政办公、军事用地等项目的划拨用地及保密设施等项目外的"一书两证"进行下放，由各规划分局负责"招拍挂"项目和核发《建设用地规划许可证》《建设工程规划许可证》。对规划机构进行了理顺，综保区（航空港区）、郑东新区、高新技术产业开发区、经济技术开发区的规划局，设置为郑州市城乡规划局的直属分局。按照《意见》，市城乡规划局郑州市规委会办公室开始运作，4个开发区的规划局作为市局直属分局开始工作，市城乡规划局内部处室得到调整。

（李同现）

园林绿化与公用事业

园林绿化建设与管理

【概况】 2012年，郑州市园林绿化工作紧紧围绕新型城镇化建设和最佳人居环境城市建设目标，以“两环十七放射”生态廊道绿化为引领，以项目建设为带动，以坚持依靠群众推进工作落实长效机制为保障，通过多种增绿建绿措施，大幅增加城市绿量，提升园林绿化景观品位，提高精细化管理水平。2012年，市区（含上街区和航空港区）共新建绿地1245.3万平方米，新植乔木105.03万株。新建在建公园4个、游园16个；完成立体绿化35.23万株，屋顶绿化76796平方米。市区建成区绿化覆盖率、绿地率和人均公园绿地面积分别达到32.7%、37%和10.5平方米。全市新创建省级园林单位、园林小区15个；新创建市级园林单位、园林小区54个；创建省五星级公园2个。

【公园绿地建设】 2012年，郑州市园林局紧紧围绕市委、市政府下达的年度工作目标，认真做好西湖城市生态公园、雕塑公园、南水北调生态文化公园等公园建设及前期工作。

西流湖城市生态公园项目 该项目北区（化工路—郑上路段）建成并于12月30日开放。共完成挖掘土方15.2万立方米，回填及外购土方21.61万立方米，清运垃圾18.5万立方米，清理苗木2.3万平方米，微地形塑造4.2万平方米，平整场地37.3万平方米，铺装广场5000余平方米，铺设游路6000米，建设公厕管理房3个，栽植乔木8950株、花灌木35.15万株、地被植物20.41万平方米。南区（中原西路—郑上路段）绿化工程，完成新植乔木2942株、花灌木1750株，占可施工区域绿化总量的13%。市政工程完成6个广场和入口花坛、中原大桥处挡土墙工程建设；公厕、停车场等工程有序推进，占工程总量的25%。

雕塑公园建设项目 该项目一期雕塑艺术馆建设工程完成工程总量的89%。二期绿化建设，完成附属物拆迁、拆迁补偿和土地报批预审工作，设计方案通过专家评审，投资概算经审核通过。

南水北调生态文化公园建设项目 该项目对干渠两侧200米范围内的地面附属物、动迁总量及费用估算、土地普查等情况进行了初步摸底统计，确定了各相关区、管委会不少于1000米的示范段建设范围，完成了总体设计方案招标和初评工作，设计单位北京北林地景规划设计院根据专家意见对整体设计方案进行整合。市发改委、市财政局联合出台了郑州市南水北调带状公园征地拆迁补偿及绿地建设奖补标准。

【各区公园游园绿地建设】 2012年，各区、管委会共建成公园3个，在建1个；建成游园16个。新建绿地1245.3万平方米，新植乔木105.03万株，垂直绿化35.23万株，屋顶绿化76796平方米。其中，中原区新建绿地75.33万平方米，新植乔木5.98万株，完成垂直绿化3.1万株，屋顶绿化3.8万平方米，建成游园1个（郑上路与西四环交叉口西北角，面积2万平方米）。二七区新建绿地71.1万平方米、新植乔木7.53万株，完成垂直绿化4.6万株，屋顶绿化10960平方米，建成游园1个（陵园路与郑密路交叉口西北角，面积4170平方米）。金水区新建绿地50.2万平方米，新植乔木5.08万株，完成垂直绿化3.05万株，屋顶绿化9000平方米。管城区新建绿地75.2万平方米，新植乔木5.01万株，完成垂直绿化3.1万株，屋顶绿化3000平方米，建成游园1个（中州大道与郑尉路东北角，面积1万平方米）。惠济区新建绿地110.4万平方米，新植乔木9.67万株，完成垂直绿化3.18万株，屋顶绿化4136平方米，建成公园2个（郑州花园口旅游区西侧，面积19.98万平方米；牛庄与后刘庄之间，面积65万平方米），建成游园3个（天河北路与新城路交叉口，面积1.2万平方米；文化路与开元路交叉口向北，面积9500平方米；开元路与清华园路交叉口向东，面积3100平方米）。上街区新建绿地150万平方米，新植乔木30万株，完成垂直绿化3万株，屋顶绿化5000平方米，建成公园1个（科学大道与连霍高速引线交叉口，面积1万平方米），建成游园1个（航空路与科学大道交叉口，面积1万平方米）。郑东新区新建绿地110万平方米，新植乔木8.03万株，完成垂直绿化3万株，屋顶绿化3000平方米，建成游园3个（熊儿河路与相济路交叉口，面积1万平方米；东风路，面积1.3万平方米；康平路，面积7000平方米）。高新区新建绿地168万平方米，新植乔木15.05万株，完成垂直绿化2.1万株，屋顶绿化3700平方米，建成游园3个（西四环梧桐街交叉口西南角，面积3.58万平方米；金菊街，面积4.47万平方米；科学大道地质游园，面积4800平方米）。经开区新建绿地260万平方米，新植乔木13.3万株，完成垂直绿化10.1万株，建成游园1个（航海东路四港联动大道以西，面积2.55万平方米）。综保区（航空港区）新建绿地175.02万平方米，新植乔木4.87万株，在建公园1个（河流沟河道绿化公园，面积40.39万平方米），建成游园2个（迎宾路与郑港大道交叉口东北角，面积6555平方米；郑港大道与秋实路交叉口，面积7516平方米）。

【道路绿化建设】 2012年，郑州市启动“两环十七放射”生态廊道建设工程。“两环”即三环路和四环路；“十七放射”，即起始于中心城区或三环路，通向四环路及以外的17条放射状道路，分别是金水东路、商都路、机场高速、郑新路、中州大道南段、京广快速南延、大学南路、嵩山南路、郑密路、航海西路、中原西路、郑上路、化工路、科学大道、京广快速北延、江山路、中州大道北段。2012年底新增加文化路、花园路、107辅道、航海东路4条道路，统称为“两环十七放射”道路，道路总长度365公里。建成后新增绿地2489万平方米，统一由市园林局作规划设计，分别由各区、管委会拆迁承建。2012年2月16日，在全市新型城镇化推进大会上，把“两环十七放射”道路绿化提升列为推进新型城镇化六项切入点之一，并成立了“两环十七放射”道路绿化提升工程建设指挥部，指挥部办公室设在市园林局。市园林局按照市委、市政府要求担负起牵头抓总的责任，作规划、定标准、建机制，加强技术把关，抓好督导检查，搞好统计汇总，各区、管委会都把“两环十七放射”生态廊道绿化建设作为中心工作，按照规划

湿地公园

设计要求，实施大拆迁、大绿化。全年各区、管委会累计完成清运垃圾25.63万立方米，培土36.80万立方米，绿化861万平方米；开工建设公交港湾35个，完工24个；完成人行步道铺设107公里、自行车道铺设93公里。其中，中原西路生态廊道绿化示范段建设项目，绿化工程栽植乔木9537株、花灌木2764株、草坪地被植物6500平方米；市政工程完成公厕、自行车道、公交港湾的基础垫层铺设和部分上水、电缆管线的铺装等工程，铺设广场透水砖2.77万平方米。中州大道北段（北四环至黄河大桥段）景观绿化工程栽植乔木6300株。京广快速路绿化工程全部完工，新建绿地近10万平方米。共栽植法桐、大叶女贞、广玉兰、黄山栾等大乔木4075株，栽植西府海棠、紫薇、海桐球、紫荆、红叶石楠、八角金盘等小乔木和花灌木160万余株，栽植麦冬、金娃娃萱草、时令花卉等地被植物3.6万平方米。

【单位及居住区绿化建设】 2012年，郑州市单位庭院和居住区绿化美化工作稳步推进，市级园林单位、小区绿地率达到30%以上，绿化覆盖率达到35%以上，全市新创建省级园林单位10个，即河南商业高等专科学校、郑东新区海文实验幼儿园、郑州市儿童福利院、荥阳市国家税务局、荥阳市国土资源局、新密市人民武装部、中牟县地方税务局白沙税务所、郑州大学西亚斯国际学院、河南福寿园。新创建市级园林单位23个，即中共郑州市委党校、郑州领秀梦舒雅服饰有限公司、河南长城信息技术有限公司、郑州市疾病预防控制中心、郑州市二七区侯寨乡人民政府、郑州市管城回族区人民检察院、郑州市惠济区地方税务局、河南华泰特种电缆有限公司、中国人民解放军武装警察部队河南省总队、中牟县白沙镇第一初级中学、中牟县地税局韩寺中心所、巩义瑞康医院、巩义市国土资源局竹林国土资源所、人民电缆集团有限公司、河南御寨山庄度假美食有限公司、新密市袁庄乡人民政府、新密市国土资源局、荥阳市公安局交通巡逻警察大队、荥阳市华泰特阀有限公司、荥阳市总工会、荥阳市审计局、荥阳市安全生产监督和煤炭管理局、新郑市市直初级中学。新创建省级园林小区5个，即郑州市江南小镇小区、郑州市天伦·庄园小区、郑州市中凯华府小区、郑州市大河龙城小区、郑州市五号街坊小区。新创建市级园林小区31个，即锦绣华北（小区）、锦艺·国际华都欧尚（小区）、正商·明钻一期（小区）、冉屯新村南院（小区）、滨河名家（小区）、河南省环境保护厅家属院（小区）、绿洲云顶（小区）、圣菲城（小区）、郑州国际城（小区）、丰庆·华府（小区）、伟业栖岸（小区）、纬四路18号院（小区）、河南省广电局家属院经五路2号院（小区）、曼哈顿（小区）、紫楠花园（小区）、康城·棕榈泉（小区）、紫南花园（小区）、正商·幸福港湾（小区）、华都港湾（小区）、鑫苑·逸品香山一期（小区）、宏达小区、正弘山（小区）、中牟县水木清华（小区）、中牟县郑东新世界（小区）、巩义市金地花园（小区）、巩义市大峪沟镇峪秀花园（小区）、登封市中凯龙城（小区）、新密市来集镇王堂村祥和社区（小区）、新密市白寨镇翟沟社区（小区）、新密市超化镇黄固寺社区（小区）、新密市超化镇河西社区（小区）。

【县（市）园林绿化建设】 2012年，各县(市)加大园林绿化财政投入，强力推进公园绿地建设。全年共完成31条生态廊道绿化建设，新建公园6个、游园28个，新增绿地911万平方米。中牟县以城市园林绿化项目建设为中心，实施县城基础设施完善改造提升工程，重点实施了潘安游乐园改造工程和二中花园、贸易区花园改造工程，改造面积6.47万平方米；城区道路行道树栽植补植工程，栽植补植法桐、垂柳、大叶女贞、栾树等2150株；四牟园建设工程，面积45万平方米；新老城区绿化生态全覆盖第二期绿化栽植项目，共栽植栾树、大叶女贞、雪松等树30余万株。建成区绿地率36.3%，绿化覆盖率38.2%，人均公共绿地9.42平方米。巩义市以创建国家生态园林城市为目标，全年完成园林绿化建设投资392.07万元，市区新增绿地面积3.29万平方米，生态廊道建设新增绿地面积5.2万平方米，共栽植乔木1.36万株、灌木37.04万株、草坪3.97万平方米，建成区绿化覆盖率、绿地率和人均公园绿地面积，分别达到42.6%、39.1%、15.9平方米。登封市实施精细化管理，在洧河路东段、嵩阳中学北路、嵩山南路，共栽植行道树大叶白蜡461株，法桐125株；月季园建设，于7月竣工；棋盘山公园建设工程，完成总工程量的77%；嵩阳公园（东扩）功能提升建设工程，进行投资招标并通过了设计方案，市区各公园游园苗木补栽绿化工作，共补植月季4000余株，碧桃、木槿等花灌木4000余株，乔木200余株，鸢尾4万余株。投资10万元完成嵩阳路、颍河路花坛绿篱补植，共补栽大叶黄杨4.6万株。荥阳市以改善城市生态环境为目标，围绕年度工作任务，做好各项增绿工作。完成了建设路春季植树工作，共栽植大叶女贞、白蜡共计5000余株；市区补植行道树531株，各类乔灌木800多株，草坪1000平方米；广武路栽植矮牵牛（红、黄、蓝、粉四色）、三色槿2400株；科学大道、荥泽大道、荥阳市连霍高速上街出入口引线道路绿化工程，共新增绿地152.5万平方米，种植月季10万余株。新密市以增绿扩绿为中心不断增加城区绿化总量，全年绿化总投资2110万元，新建绿地18.5万平方米。其中，道路绿地7万平方米；居住区绿地11.5万平方米；新植（补植）乔木1万株，各类花灌木40.2万余株。新郑市以园林绿化整治提升工作为切入点，全面推进城市园林绿化建设。完成了新华路分车带及荷花园、中行花园、柳园、郑韩古城绿地升级改造工作，改造绿地面积2.1万平方米，新植花灌木23万余株、地被植物7000平方米；城区道路补栽行道树214株、花灌木11576株、地被植物4100平方米；完成绿地内喷灌供水管网和污水管网改造5500米，砌筑井10座。

【园林绿化管理】 2012年，郑州市园林局按照“条块融合、职责明确、联动负责、逐级问责、网格覆盖”的原则，积极、探索以网格为载体的“坚持依靠群众、推进工作落实”长效机制。确立了“三三四六”管理思路：明确市属园林绿化专业单位直管、市直有关部门管理、各区（管委会）管理三条主线；科学划分三级网格，管护单位为一级网格，科（室、队、所）为二级网格，班（组、路）为三级网格；搭建“市园林局—区（管委会）—街道（乡镇）—社区（村）”四级管理平台，分别建立工作台账和发现问题解决问题的数据信息库，台账式跟踪督查，信息联网互通互用；形成“市局—区（管委会）—区局—街道（乡镇）—社区（村）—街区（楼院）和单位庭院”六级上下联动。建立“联动协调机制、联合执法机制和考评考核机制，在市区范围内迅速构建、实行了园林绿化网格化管理体系。市区共建立一级网格104个、二级网格903个、三级网格4216个，各级干部615人下沉网格。全年市区各级网格员共排查出涉及园林绿化的问题4672个，办结率达97%。各县（市）也健全了网格化管理机制，完善了日常管护网络，结合“月季花杯”竞赛活动，抓好各项管理工作，园林绿化管护水平进一步提升。

3月，在全市园林系统组织开展了园林绿化管理集中整治提升百日行动，其间还组织专业单位对中州大道北段进行专项治理，整个百日行动期间，全市共补栽乔木7440株，补植地被植物52.8万平方米，清除死株338株，清理干枯枝25.7万株，治理黄土裸露30万平方米，清运垃圾2.4万多吨，修整树穴17.1万个，修剪模纹绿篱295万平方米，修剪草坪等地被植物733万平方米，病虫害防治323批次，安装维修果皮箱、坐凳、健身器材等园林设施4200多个，有效地治理了缺株断带、黄土裸露、死树枯枝等问题，改善了城区景观环境，园林绿化景观品位进一步提升。

市园林局创新管理理念，采取大标段、高资质、高门槛的招标方式，将合同到期的57个标段近1000万平方米社会化管养绿地整合为20个标段，重新招标管理，制发绿地管护监管考评办法，建立由市局督查监督、管护单位监督、区级监督的三级监督制度，实行市局考评考核、各管护单位内部考核两级考核，根据两级考核结果综合评定，进行末位淘汰。采取市场化绿化管理新机制，完善了奖惩机制和监管连带责任机制，强化了对管养公司和监管单位的约束。

【园林绿化法制建设及执法工作】 2012年，《郑州市城市园林绿化条例》重新修订，获得市人大通过和省人大批准，于10月1日正式颁布实施。为做好条例的宣传贯彻，市园林局编印了《城市园林绿化法规汇编》，在全市组织开展了《条例》集中宣传月活动。同时还出台了《园林绿化工程质量监督管理实施办法》《公园广场管理规范》等系列制度规定，全市园林绿化依法建设管理工作得到加强。全年市园林局共受理群众投诉举报119起，查处无证砍伐（毁绿）案件127起，移送森林公安8起，办理了一批有影响的案件，挽回经济损失1000多万元。办事大厅全年共受理行政许可事项264件，办结率100%。市园林局对全市2010年至2011年已竣工的18个园林绿化工程项目、112家施工企业和在建的34个园林绿化工程项目、133家施工企业施工进行质量抽查。2012年，郑州市中州大道北段（北三环—黄河大桥段）绿化建设工程22标等8个工程项目获得河南省市政（园林）工程金杯奖，黄河迎宾馆外环境改造工程等20个工程项目被评为河南省市政公用（园林）优良工程，郑州市馨悦苑小区景观及绿化工程等4个工程项目被评为河南省市政公用（园林）工程省级安全文明工地。

【城区美化】 2012年，郑州市不断加大城市绿化美化力度，注重挖掘园林花卉文化内涵，成功举办了郑州市第四届海棠文化节、郑州市第十八届月季花展、第十五届郁金香花展、2012紫荆花展、第四届鸢尾花展、第三届牡丹芍药展等系列花展活动，丰富了市民文化生活。在春节、“五一”“十一”等重大节日及少林武术节、壬辰年拜祖大典等重大活动期间组织公园广场设计制作园林植物景观和立体花坛，全年累计摆放草花600多万盆（株）、制作立体花坛和景观小品70多个，营造了浓厚的节日氛围。

【园林绿化规划设计与监理】 2012年，市园林局按照《郑州市城市总体规划》要求，启动了《郑州市绿地系统规划》的修编工作，完成了绿地系统规划纲要的编制，并进行覆盖全市域的园林绿化概念性规划和环城高速以内都市区绿地系统规划编制准备工作。全年完成的园林绿化规划设计项目有：“两环十七放射”道路，“八纵八横”景观大道中6条道路的相关设计，郑州市南水北调生态文化公园示范段景观设计，第九届中国（北京）国际园林花卉博览会郑州园方案、施工图设计及第一阶段工程监理工作，雕塑公园二期施工图设计，市园林局扶贫项目翟坡鸿福社区方案及施工图，京广快速路图纸答疑、建设方案编制、示范段方案及施工图调整修改工作，航海广场改造建设方案，人民公园、碧沙岗公园局部改造建设方案，第十届中国（武汉）国际园林博览会规划方案及申报图册制作，第五届全国月季花展郑州展区设计方案，郑州市三苗圃景观改造郊野公园方案设计，登封少林寺风景区少溪河河道景观改造方案及施工图，郑东新区火车站匝道、广场南路等道路绿化设计方案及施工图，南环公园方案调整，市政协庭院绿化方案设计，西三环科学大道立交、郑上路立交、南三环嵩山路立交绿化改造方案及施工图设计。完成了郑州市西流湖南区绿化工程监理工作。

【园林科研】 2012年，郑州市园林科研工作取得较大突破，科研项目获省建设科技进步二等奖1项、市科技进步二等奖2项，6个科研项目通过成果鉴定，2个项目列入市2012年度科技攻关计划。论文获全国园林科技优秀论文二等奖1篇、市自然科学优秀论文二等奖2篇。全年各专业单位积极开展新品种引进栽植工作，共引进植物新品种171个、古老月季品种30个，完成了法桐、月季种质资源及园林科研基地用地的租赁工作。园林绿化企业发展迅速，在创造就业岗位的同时也创造了可观的经济效益。截至年底，全市园林绿化企业440家，就业人数1.5万人，年产值72亿元左右。

生态廊道呈现出“大绿量、高密度、多节点、多景观”的乔灌木相结合的景观效果

绿文广场文化公园美景

【植物病虫害防治】 2012年，市园林局制定下发《关于加强园林植保工作的通知》（郑园林〔2012〕12号）和《关于开展全市范围园林植保督查工作的通知》（郑园林〔2012〕120号），要求各园林专业单位加强对园林植物的管理抚育，做好病虫害防治工作。4月，根据气候特点和月份植物病虫害的发生危害现状，在全市范围内开展园林植物病虫害联防联治、统一喷施药物工作。9月初，根据市政府关于美国白蛾防治工作的紧急部署，对公园（游园）、绿地、道路行道树、单位庭院、居住区及公共场所的植物，进行多轮排查和防治。共使用药物约700公斤，投入车辆机械60余台，人力627人次。确保全年没有出现美国白蛾病虫害等重大疫情。

【动物管养与繁育】 2012年，市园林局不断加强动物园管养水平和引进力度，做好动物防疫诊治、增强管理创新，提升园区生态环境，完善体制机制，抓好服务经营。全年累计引进长颈鹿、黑猩猩、环尾狐猴、金丝猴、红鹮、双角犀鸟、白梢冠蕉鹃等25个品种184头（只），繁殖动物31个品种217头（只），其中长颈鹿、河马、东北虎、非洲狮、白虎等国家Ⅰ级保护动物7个品种35头（只），Ⅱ级保护动物14种131头（只）。没有发生凶猛动物脱笼和动物伤人等安全事故。

（朱德山　张　泳）

城市供水

【概况】 2012年，郑州自来水投资控股有限公司大力推进城市供水工程项目建设，加强生产经营管理和供水服务，全年完成供水量28111.11万立方米，同比上升9.07%；完成售水量23511.86万立方米，同比上升7.56%；出厂水水质综合合格率达100%，管网水水质综合合格率达99.74%，产销差率15.35%，同比上升0.16个百分点。新增供水管网119.4公里，城市供水管网总长度2647.46公里。

【供水安全】 2012年，郑州自来水公司着重做好城市供水安全管理，加大对水源井的维护、维修监管力度，东周、石佛20眼水源井恢复供水能力；利用清水池调蓄作用，错峰供水，保证供水系统持续稳定运行。对柿园、东周、石佛等水厂加氯车间等重大危险源点进行安全性评价。开展以“安康杯”为主题的活动，实施安全自检，消除隐患。提高维修技术水平，根据设备使用周期进行计划维修，延长设备使用寿命，提高设备运行效率，设备利用率较2011年增加2.88%。加强管网管理，强化计划预防和检修，加强GIS系统建设与应用，开展“三阀一栓”维护和越级停水、埋没阀门、暗漏专项管理。加大隐患整改力度，解决大贺庄房屋占压东周水厂原水管道等问题，整改处理三环快速化车道占压供水管道等9处隐患，最大限度地保证了管网安全运行。均衡管网压力，科学调度，使管网管理逐步趋于系统化、规范化，保障供水管网安全运行。开展应急演练月活动，组织对制水生产、管网维护、工程施工等方面的突发性事故应急演练，参加市建委组织的模拟演练，增强供水安全的应急处置能力。

【规范供用水市场秩序】 2012年，郑州自来水公司规范报装管理，杜绝违反供水条例及报装管理规定行为，对通过新用户报装系统流程信息查出的14处违规工程，逐一督促整改。全年共受理用户报装970项，完成二次供水工程验收132项、移交资料132份、二次供水设备302套。推广二次供水有偿服务，并纳入统一管理。推进都市村庄无表用户装表计量及大口径流量计安装，推进产销差率控制。夯实供水营销基础管理，从指标管理、计量分区管理、水表周检修漏、管网检漏维修、清欠疑难小区水费、污水处理费征缴等几个方面不断加大力度，提升供水营销规范化水平。持续加大打击偷盗水和损坏、盗用消火栓管理工作力度。按照省政法委等七委局下发的《关于打击盗用城镇公共供水及盗窃破坏公共供水设施等违法犯罪行为的规定》，深入推进供水监察各项工作。全年共落实举报432起，追缴各类费用309.24万元，行政拘留3人，完成城市自备井污水处理费追缴913.75万元。

【供水工程建设】 2012年，郑州自来水公司积极推进刘湾水厂、航空港区引水工程建设，累计完成工程建设项目投资74216.78万元。其中，郑州市刘湾水厂工程累计完成项目投资17959万元；水厂深度处理改造工程完成投资12417万元；户表改造工程项目是市政府2012年十大实事之一，全年完工41999户，完成投资12470.7万元，圆满完成市政府下达的4万户工程任务；航空港区引水工程累计完成投资1.23亿元，于3月投入试运行并向港区送水，向航空港区输送水497.23万立方米；航空港区第一水厂工程完成投资8051万元，完成厂区工程及配套管网工程建设并投产运行，向航空港区供水1254.49万立方米；郑州市输配水管网改造及配套设施建设工程完成投资9846.16万元，新建管网39.145公里，改造管网21.885公里；其他专项工程完成投资1241.3万元。

【供水服务】 2012年，郑州自来水公司及时解决用户用水纠纷和矛盾，快速抢修突发停水。落实市长电话转办信息649件、ZZIC转办信息142件、新闻单位转办信息167件，处理市长电话网络系统转办信息59件、市长信息20件，处理“心通桥”舆情信息260件、数字化城市管理信息4485件。利用公司网站和政府部门政务信息公开平台，向用户公开供水服务承诺事项、供水法规及涉水办理业务流程等内容，便于用户和广大市民查阅、办理有关业务。着力解决城市供水管理服务、病害窨井整治、抢修和施工现场管理等方面的问题，全年完成病害闸井整治1364处（其中更换井盖709处）、表井设施整治722处、消火栓269处，查出并整改施工现场、文明施工管理等整改项目603处，安装安全

1月6日，市长马懿视察调研城市供水生产运行情况

标示贴2754个。加强水质监测，从水源地原水水质保护、改进制水工艺、提高水质监测、改造老旧管网等多方面入手，提高出厂水质和管网水质。完成水质监测实验室资质认定评审工作，已具备169项参数检测能力。加强职工教育和新入职人员培训，加强基础网络建设、档案建设与管理，规范档案开发和利用，2012年共新立案卷1055卷，年内利用各类档案7576卷次。持续开展供水服务春暖万家活动，积极开展便民服务进社区，利用周末休息时间，深入社区现场开展供水宣传、预存水费、用水咨询、检修设施等，为广大市民办实事、办好事，切实解决市民用水中遇到的难题。

（朱　林）

城市燃气

【概况】 2012年，郑州华润燃气有限公司明确战略导向，转变思维模式，实施外延扩张与内涵增长并举，以市场拓展为龙头，以精益管理为基础，以团队建设为保障，以协同发展为己任，继续保持快速发展的良好势头。全年公司实现总体营业收入21.7亿元，同比增幅16%；累计外购天然气7.51亿立方米，销售天然气7.21亿立方米，新增燃气用户14.2万户；“百尊”燃气具销售26390台；输配管网投资总额累计达到2.6亿元，规划建设重点工程18项，完成铺设中压燃气管道85公里、高压燃气管道27公里。

【气源保障】 2012年，郑州市争取气源获得重大突破，多点多路多通道气源格局基本成型，为郑州市未来发展提供了充足能源动力。与中石油达成一致，争取到2.3亿立方米的机动气量指标；博郑线气源谈判取得实质性进展，与蓝天集团达成供气意向，供气量初步确定为2013年1亿立方米，2014年1.8亿立方米，2015年以后为3亿立方米；2012年4月1日，与省煤化集团开展战略合作，以引入其控制的西气东输二线气、义马煤制天然气和新疆煤制天然气资源。2012年冬季，周边多个城市出现气荒限购现象，但郑州市日最大供气量达420万立方米，对各类用户均不间断充足供应。

【燃气输配工程建设】 2012年，郑州市燃气基础设施建设推进加速，输配系统日臻完善。5月，航空港区管道天然气通气，结束了航空港区依靠槽车运送天然气的历史。7月，安飞母站扩建完成，母站产量由10万立方米提升到20万立方米；8月，万通街加气站完工投入运行，完善了郑州市加气站网络布局，东区车辆加气更加便捷。四港联动工程与西北四环连通通气，同时建成天河路、金水北区两座高中压调压站，解决了长期以来郑州市东北区域供气压力偏低的问题，市区供气更加均衡。12月，西气东输二线郑州支线工程正式通气，将第三路气源引入郑州，气源保障更加充分。12月，登封凤凰岭门站及配套管线工程完工，登封市结束了长期以来靠车载供气的历史。

【市场拓展】 2012年，郑州华润燃气协助市发改委编制了气化郑州发展规划，提出整改存量、控制增量的气化思路，并且提出汽车改气、煤油锅炉改气、燃煤电厂改燃气电厂、推进分布式能源建设几大重点路径，为提高郑州市大气质量，建设美丽郑州寻找突破口。以用户需求为中心，不断开发新区域，促进新型城镇化建设和新农村建设，促进燃气事业发展。在中牟区域，与郑州宇通、华强、东风日产、东风风神、新交通板簧厂等大客户签订供气协议，解决郑州市多个重点用户的燃眉之急。签约清华忆江南项目，与广武镇政府达成供气协议；与孟庄镇君利、昭元房地产项目签订供气协议，支持当地城镇化建设工程。开辟分布式能源及LNG（液化天然气）业务等新业务领域，以利于建设环保城市。与华电合作的华电（郑州）分布式能源公司注册成立，筹建富士康分布式能源站。同时郑州华润燃气积极探索车用LNG业务，购置两辆移动加注车，分别供应长通物流及公交公司，累计销售LNG4.5万公斤。在公交公司首座LNG加气站项目招标中一举中标，实现了与公交公司战略合作的良好开端。

【规范服务】 2012年，郑州华润燃气针对报装客户，按照“后台围绕前台转、前台围绕客户转、全员围绕服务转”的服务理念，联合工程、设计两家公司积极推行新客户发展一站式服务模式。对居民客户开展便民服务，拓展缴费渠道，与邮政、银联等相关方合作，开辟邮政便民服务站、社区服务点、银联自动终端缴费等新的缴费渠道。继续以“牛师傅”服务品牌作为推手，实现从“一头牛”到“一群牛”群体服务意识的升华。在2012年首届“感动郑州”十大年度人物评比中，公司职工牛志国凭借爱岗敬业、帮困助残、无私奉献的感人事迹高票当选。2012年，郑州华润燃气“牛师傅”服务小分队进社区累计开展服务120次，服务客户超过10万户，接待客户咨询15953户，发放宣传资料17831份。开发个性化安装业务，一是依据用户需求，满足用户户内燃气设施的个性化设计要求；二是减少用户后期再改造形成的隐患，提高用气安全指数。

【精益管理】 2012年，郑州华润燃气承担了华润燃气集团CNG（压缩天然气）加气站单位电耗总部试点项目课题，同时自发开展了购销差治理、加快工商业用户开发两项课题，均取得显著成果。其中，在CNG加气站单位电耗课题中，加气站综合千立方耗电量降低至197千瓦时，同比下降4.37%；在加快工商业用户开发课题中，全年发展工商业客户750户，完成年度计划的124%，同比增幅为13%；在购销差综合治理课题中，通过推广不停输碰管作业、偷盗气治理等技术和管理手段，使购销差率降至4.50%以内，创历史新低。

【安全管理】 2012年，郑州华润燃气深入开展“一入户、六到位”的安检新模式，安检质量较上年大幅提高，安检合格率约为95%。实行用户分级分类管理，对小户型及出租户的燃气安全隐患进行专项检查及治理，点面结合，突出重点，增强各项安全举措的针对性。加强班组安全建设，在132个班组全面开

1月6日，市长马懿调研燃气供应情况

展班组安全建设和行为安全观察活动，行为安全观察综合指数从年初的92.54%上升到年底的94.88%。开展多渠道的安全宣传活动，先后在河南电视台《民生大参考》《小莉帮忙》等栏目播出安全用气节目，与学校联合开展“安全宣传进校园”系列活动，在“全国安全生产月”期间组织开展广场安全用气宣传活动。加强隐患整改力度，与公安机关密切协同，联合制定下发《2012年偷盗气治理工作方案》，持续大力打击偷盗气行为。2012年共查处偷盗气及故障表用户近700户，有效降低了私接私改燃气设施带来的安全隐患。加强违章占压燃气设施的治理，一方面加强沟通协调，通过联合执法等手段，加强顽固违章治理力度，另一方面，加强巡检力度，发放便民联络卡，制止新违章出现。2012年共清理22处违章占压，整改率63%，有效清除了安全隐患，防范发生事故的风险。

（靳晓静）

集中供热

【概况】 2012年，郑州市热力总公司以三年滚动发展规划为统领，加快实施“五大格局”管理模式，以提升供热系统为抓手，坚持科技进步与管理创新双驱动，积极推进管理到站、收费到户等新措施，经营管理、供热生产实现大飞跃，集中供热基础设施建设实现新突破，供热质量显著提高，供热“阳光服务”品牌更加深入人心。全年完成供热量1032万吉焦，同比增长204万吉焦，增长25%，实现供热主营业务收入5.08亿元，新建供热主管网43公里，建设换热站67座，接收热力站312座，实现收费到户19.7万户，实现供暖面积2500万平方米，新增供热面积350万平方米；室温合格率99.4%，设备完好率99.7%，抢修及时率100%，热线电话回复率、办结率100%，回访满意率99.9%。中原环保股份有限公司全年供热面积839万平方米，供热计量、混水供热技术运用成功，供热技术得到提升。2012年，郑州市热力总公司先后荣获全国交通建设系统“工人先锋号”、全国“安康杯”竞赛活动优胜班组、河南省“安康杯”竞赛优胜企业和优胜班组、河南省市政公用业协会先进单位、河南省十佳工会等荣誉称号。

【安全生产】 2012年，市热力总公司以热力站接收、二次网精细化调节和信息化进班组等管理举措为重点，精心组织供热生产服务，全面推动供热生产管理模式的全新变革，“组合拳”提升供热系统，多措并举提高供热质量，确保供热的开局平稳。通过综合调度、信息化等手段的广泛应用，使供热生产运行大局稳定有序，圆满完成年度各项供热生产任务。年内无大面积停热事故，无重大安全责任事故，无责任投诉和重大媒体曝光事件。

【供热调度】 市热力总公司本着全市一盘棋思想，以整个市区的热源和热用户为基础，将中原环保西区供热的运行状况一并纳入调度方案中统筹考虑，继续提升市热力总公司在郑州市集中供热生产管理过程中的核心地位和指导作用。通过对上个采暖季调度系统的综合评估，对存在的40多处问题进行整改提高，完成了用户基础资料的汇总与录入，完善了集中供热现状图。通过对200多套方案的对比分析，在科学计算与分析水利平衡等数据模型的基础上，对涵盖热源、主干网、热力站、二次网和用户的整个供热系统的运行进行科学部署，在有限的条件下为更多的热用户提供优质、可靠的供热质量，2011-2012采暖期供热严格执行用户室温18正负2摄氏度的行业标准，供热质量稳中有升，室温合格率达99.4%。

【站网调节】 2012年，市热力总公司投资1500万元接收热力站312座，截至年底，已累计接管热力站529座，占热力站总数的66%；制定《热力站、二次网管理办法》等配套制度，进一步规范接收代管热力站的运营管理。二次网调节是2012年供热准备工作的重点与亮点，7月，开始组织进行二次网的冲洗、排污、消缺与初调节等大量的精细化准备工作，10月，供热主干网开始注水、打压，10月下旬完成消缺工作，开始注软水，11月初，大网具备运行条件。

【供热保障】 2012年，市热力总公司投资1262万元，完成了涵盖锅炉、辅机、供热管网等内容的75项大修技改项目，确保设备完好率达99.7%。强化安全生产，深入贯彻五级安全网络管理制度，完善各类应急预案，组织生产一线进行模拟演练，重点对热力井、管网设施、占压管道、钻探施工工程等关键点加大巡查力度。运行期间坚持24小时值班制度，严格落实热源、热力站、热网事故及故障登记报告制度，严格执行安全隐患排查汇报制度，确保生产建设领域的安全稳定。随着南郊热源厂的投运，煤炭需求量大幅增加，市热力总公司制定了《供热运行煤炭供应应急方案》，提前储备优质煤炭10.85万吨，全力保证供热生产用煤，全年共采购优质煤炭超过23万吨。在管网维护上，继续强化“大维护”的深度与广度，提升抢险队伍的软硬件配置，建立了供热抢险备品备件库，确保了热网运行的安全性与稳定性。

【供热计量】 供热计量各项工作基本实现常态化、规范化、标准化管理，2012年完成5个项目的供热计量及节能改造，共计改造面积42.5万平方米。2012年内实现供热计量收费面积70.37万平方米，其中居住建筑44.45万平方米，公共建筑25.92万平方米；累计实现供热计量装置安装面积129.44万平方米，其中居住建筑56.5万平方米，公共建筑72.94万平方米。

【生产运行】 11月12日，南郊热源厂顺利点火启动，枣庄、东明路两个自控热源同步启炉，在市热力总公司调度中心的统一调度指挥下，大网开始顺利加热升温，各分公司调度按照总公司调度中心指令开始进行管网预调节。14日，整个系统供热温度基本达标，正式供热开始两天之内，从热源、热网到用户基本达到稳定，提前进入供热稳定期，创造了用时最短的记录。运行期内，根据天气状况和运行参数加强二次网的精细化调节，有效消除了二次网流量失衡、用户冷热不均等现象。

【热网维护】 继续强化“大维护”的深度与广度，显著提升主干热网统一维护与统一抢险的能力，年内组织完成供热辖区内一次主干热网的普查，并对管网隐患进行排查。提升抢险队伍的软硬件配置，添置1台抢险车与先进的应急抢险器具，建立供热抢险备品备件库。继续推广带压堵漏技术，年内成功排除各类险情60余起，均能够在不放水、不停热的状态下进行，抢修及时率达100%，确保了热网运行的安全性与稳定性，全年无大面积停热事故，无同一处管网多次爆管的情况发生。

【主业发展】 2012年，市热力总公司坚持站在郑州市的高度来谋划集中供热发展规划，结合都市区建设、“气化郑州”等新领域、新要求，积极打造全市统一的热源发展平台，引领供热主业实现持续、快速、健康的发展。2012年，随着南郊热源厂如期点火投运，有效弥补了郑州市西南区供热能力的不足，形成了北区、东区、南区三大热源鼎足支撑的新格局，使“大热源”体系布局更加均衡。市热力总公司在综合考虑市场需求和用户特点的基础上，进一步加快发展步伐，充分利用“大联网”的优势，加快新增供热能力向实际供热面积的转化，全年新增供热面积350万平方米，实现供热总面积2500万平方米，实现供热主营业务收入5.08亿元。市热力总公司工业热负荷对主业发展的贡献度进一步提升，航空港区热源厂建设了换热首站，全年为富士康提供稳定高效的生产用汽，经开区热源厂新增承德露露郑州公司等新用户。9月，提前开始全面启动经营收费，采取多种便民收费措施，继续扩大收费到户的规模与范围，截至2012年底，已实现收费到户19.7万户，涉及供热面积1181万平方米，占总面积的48.8%。

【南郊热源厂建设】 2012年，市热力总公司进一步扩大集中供热建设规模，加快作为南部重点热源的南郊热源厂建设步伐，11月12日，南郊热源厂如期投运，消除了南部区域集中供热的空白。

南郊热源厂集中供热工程估算总投资20361.99万元，位于市南郊绕城公路以南、郑石高速路以东，建设用地5.33公顷。一期工程建设规模为2×116兆瓦循环流化床锅炉，供热能力232兆瓦，建成后可解决郑州市西南地区航海路以南、绕城公路（南四环）以北、机场高速公路以西，约37平方公里的城市供热，可供采暖面积515万平方米。该工程2009年10月10日开工建设，2011年，主厂房土建工程完工，2台116兆瓦循环流化床锅炉安装完成，脱硫除尘系统安装完成，辅机安装及动力管道工程收尾工作完成，南区供热分公司员工培训和制度建立工作完成，2011年底已具备运行条件。但因大学南路（南四环—南荆路）约1.6公里道路未打通，环翠路（大学南路向西至隔压站）道路未建设，致使南郊热源厂无法对外供热。2012年，市热力总公司倒排工期，全力推进建设进度，9月，完成厂区土建安装和设备调试，10月中旬烘、煮炉等工作有序进行，按期完成配套隔压站主体工程和设备安装，并于10月底进行了联合调试。大学南路配套主管网是南郊热源厂如期投运的关键，市热力总公司克服拆迁难、工期短等困难，9月下旬开始进场施工，10月22日全线贯通。11月12日，市长马懿主持南郊热源厂点火仪式，南郊热源厂正式肩负起郑州市西南区322万平方米的冬季供热任务。

11月12日，市长马懿调研全市供热情况并参加南郊热源厂点火启动仪式

【供热管网建设】 2012年，市热力总公司继续加快实施建成区集中供热管网全覆盖工程，集中供热基础设施建设实现新突破，管网建设规模再上新台阶。年初制订了全年管网建设计划，坚持设计、招标、报批等工作提前进行，达到开工条件，立即进场开工，坚持高质量、高标准加快实现“大联网”，全年新建供热主管网43公里，南郊热源厂配套管网项目和建成区供热管网全覆盖工程顺利获得2012年国家中央预算内资金3000万元。

【科技创新】 2012年，市热力总公司加快实施科技兴企战略，对供热运行管理的各个环节均进行了大量的科技投入和技术创新，形成了有热力特色的核心竞争力。加快新能源供热技术的研究和科研项目储备与申报，开展供热技术的标准化管理工作，归纳、整理、编制完成了《供热行业标准目录》，进行了“分布式能源技术可行性分析”“移动供热车技术可行性分析”“无人值守站技术的研究与应用”“带压开口堵漏技术在热网故障抢修中的应用”等10余项科研项目的储备工作，科技攻关项目“实施供热计量应具备的技术条件分析与研究”已结题。

积极推进无人值守站建设，加大监控设备投入，实施远程监控。投资3000多万元建设无人值守站，主要包括一次网电调阀、一次网热量表、各系统温度压力、水位测点安装、监控柜安装、综合布线及综合调试等购进和安装，供热系统自动化与智能化水平显著提升。2012年，全公司有监控站点466个，监测站点121个，共计594个换热站纳入调度系统管理范围，占供热区域换热站总数的72%，热网运行自动化管理水平显著提升。

加强技术研发，采用换热循环系统机组布置方案建设标准化热力站。8月，组建郑鼎公司，年内生产供热机组120台，市热力总公司拥有了建造标准一体化的供热机组能力。与北京天时公司共同组建郑热天时公司，增强了市热力总公司热网自控设备与技术的生产研发能力。

加强新技术应用，为确保南郊热源厂的安全稳定运行，市热力总公司经过科学论证，在厂外设置隔压站消除厂区与航海路热用户的高差，经过实际运行检验，该技术在确保南区热网安全运行等方面发挥了重要的作用。在大管径热网设计与建设的过程中，积极尝试应用无补偿、无固定墩的直埋先进技术，在降低投资和施工难度的同时，进一步提高热网的安全性。在管网工程建设中开展技术创新，与供货单位共同开发行业内首创的无拼接口整体弯头。继续发挥GPS定位测量的重要作用，购置全站仪，全年共测量定位新建管网45条，累计测量37公里，实现工程量的精确测算。

【节能减排】 2012年是市热力总公司“节能降耗年”，年初，公司便陆续派出各级业务骨干到行业内先进企业考察实习，以先进企业为坐标实行节能降耗。召开节能降耗专题会，深入挖掘供热生产管理各个环节的节能潜力，在全公司开展节能降耗大讨论，公司确定“以确保供热质量为根本前提，全面开启节能降耗年”的年度发展总纲，坚持通过技术进步和管理创新等有效手段，实现热源、热网的综合平衡和经济运行，切实节能降耗。

【供热系统优化】 2012年，市热力总公司以信息网络技术为主要推动力，“组合拳”提升供热系统，多措并举显著提高供热质量。调度中心利用水力计算模拟软件，拟定最佳的管网运行方案，并据此对多条供热主干管网进行升级改造和优化，有效克服了管网运行中的瓶颈问题，显著提升了热源热效率和管网输送效率。投资3000多万元，加快推进无人值守站建设，有594座热力站实现远程监测，其中466座可进行自动控制，显著提升了供热系统的自动化与智能化水平。顺利完成涵盖热力站工艺改造、自动控制系统改造、电气改造、阀门及附件改造、保温及防腐改造等五方面的热力站节能改造工程，申报2013年国家节能技术改造财政奖励备选项目。

【“挖潜增效”竞赛】 2012年，市热力总公司创新管理机制与手段，深入开展“挖潜增效”竞赛活动，以考核评比促进节能降耗工作。建立与先进企业的对标机制，制定系统性的节能指标，并层层分解、量化到班组和个人。供热运行稳定后，坚持看天供热，进行多次以提升供热质量和节能降耗为目的的管网切割，制定《二次网水利平衡调节指导意见》，改变调节理念，采用更加合理的“由远及近”的调节方式，各供热分公司根据用户的不同特点总结出多套细致有效的调节方法。严格煤、水、电等各项能耗的规范管理，制定《热力站水电费核算管理办法》等制度，按月度对所有热力站的能耗情况进行排名，并将节能部分拿出来奖励班组与职工，上不封顶，大大调动了供热一线职工节能降耗的积极性与主动性。2012年，热网购热单耗为36.7瓦/平方米（37.1吉焦/万平方米），比计划节约热量25.59万吉焦，同比上年节约热量69.22万吉焦；热网煤单耗为1.782吨标煤/万平方米·天，比计划节标煤2418吨，同比上年节标煤6986吨。

【节能技术应用】 2012年，市热力总公司坚持推广节能环保新技术、新工艺，在航空港区热源厂、二马路热源厂锅炉使用新型分层给煤装置，锅炉燃烧效率提高3%以上；在枣庄分公司蒸汽锅炉上喷涂“杰能王”高温远红外节能涂料，显著降低了煤耗。通过各种有效措施，锅炉吨蒸汽耗标煤量同比下降6.3%，外网每万平方米热单耗下降7%，热力站电单耗和水单耗下降10%–15%。

【环保工作】 2012年，市热力总公司拟定了年度环保工作方案，将上级下达的环境保护目标细化分解到各相关部门，并按要求做好锅炉检测等工作。加大环保投入，为二马路、枣庄等5座燃煤锅炉安装脱硫除尘和在线监测设备，大部分建成完工并通过环保部门检测。新建的南郊热源厂等锅炉房均采用先进的DCS控制系统、高效的布袋除尘器及循环流化床湿法脱硫技术，安装使用鼓、引风机和循环水泵变频等节能环保设备。根据“气化郑州”的整体部署与安排，编制完成市区内6个热源厂“煤改气”工程，首批东明路热源厂和政七街热源厂“煤改气”项目可研报告编制完成，进行项目前期准备工作。

【供热服务】 市热力总公司客服中心负责受理供热热线、立刻办、数字化城市专线、市长电话和群众来访等工作。2011年，郑州热力整合热线资源着力建设“大客服”，实行一个号码对外，对客服中心进行扩容，热线坐席由6个增加到18个。2012年，投资60多万元升级客服系统，把原有的18条模拟电话线路更换为30条数字光纤线路，增加了自动缴费信息查询、供热常识自助查询、信息打印等新功能。客服中心通过供热服务网格化管理与信息化进班组的有效结合，实现服务阵线的全面前移，班组电脑可通过专线接入总公司各应用系统，基层班组和专管员可按照各自的网格化分管区域，实时查询客服、经营、调度系统，及时了解供热运行参数、用户缴费信息、用户开关栓信息、客服转单及公告信息等，在方便用户的同时，减少多项中间环节，显著提高了工作效率与服务质量。全年共接听客户来电90882个，均能够按照首问负责制、限时办结制、回访反馈制的要求及时办理，回复率100%，办结率100%，回访满意率99.9%。接转郑州市数字化管理系统网络专线转办件1101件，接转市长电话、立刻办、各级媒体转办件1515件，均按要求及时妥善办结。为加强“阳光服务”品牌建设，市热力总公司不断创新服务内容和服务理念，制作发放1万多个热力标识环保袋和供热常识宣传资料，供热前夕，组织多次阳光服务进社区活动，为用户提供缴费、开阀、咨询等一站式现场服务；制作2410块便民服务牌张贴到收费到户小区的楼栋内，利用短信平台向4.4万户用户发送试压提醒短信，印制张贴2.5万张注水试压通知单；公司机关继续以支部为单位组织服务队，深入社区为用户提供人性化的供热服务；供热期间与市政府网站共同策划大型在线访谈与互动活动，宣传公司行风建设的新举措与服务承诺，并在线解答网友的提问；实现承诺践诺，通过岗位责任制、首问责任制、服务承诺制、责任追究制和绩效挂钩考核制的连续执行，保证“八条服务承诺”“十五条服务规范”落实到位；以“优质服务”竞赛活动为依托，在基层广泛开展“供热服务优胜单位”“供热服务先进班组”和“服务之星”的评比活动，树立服务标杆，使“阳光服务”品牌焕发出新的活力。

（王力艰）

污水处理

【概况】 2012年，王新庄、马头岗、五龙口污水处理厂安全稳定运行，出水水质稳定达标，全年共处理城市污水3.85亿立方米，八岗污泥处置厂全年累计处理污泥14.6万吨。郑州市污水净化有限公司获全国“五一劳动奖状”、河南省“安康杯”竞赛优秀单位、全国

市热力总公司进行供热服务宣传

交通建设系统“工人先锋号”、2010-2012全省创先争优先进基层党组织等荣誉称号。中原环保股份有限公司取得河南省资源综合利用认定证书，获AAA级信用单位，被评为郑州市首批诚信守法企业，被表彰为河南省城镇污水处理运营优秀单位。

【工程建设】 马头岗污水处理厂二期工程作为国务院批复的《国家重点流域水污染防治规划（2011-2015）》中规模最大、功能最齐全、减排贡献度最强的城市生活污水综合处理设施，顺利完成国家审批工作，国家发改委给予该项目中央预算内资金21150万元，首批10080万元中央资金拨付到位。2012年，工程完成进厂管线、三大池土建、部分设备及监理招标工作，正在进行围墙砌筑和进厂管线施工，全年完成投资7215万元。

南三环污水处理厂工程完成土地征迁补偿、三通一平、进口设备招标、部分国产设备招标、箱体土建施工及监理招标工作，进行桩基工程施工，年内基本完成国家发改委下达2012年中央预算内资金3600万元，全年完成投资3788万元。

双桥污水处理厂工程完成立项、规划选址等前期工作，并参照马头岗污水处理厂二期工程模式，正式启动上报国家发改委审批程序，争取中央资金支持。

马寨污水处理厂工程完成可研审批及初步设计、勘察招标工作，征地范围内附属物拆迁基本完成，进行现场勘探。新力电力中水管线工程完成选线、环评、建设方案审批、施工及监理招标，市政府组织召开破路联审联批会，按要求征求相关部门意见。

郑州新区污水处理厂完成立项、选址、环评、可研等前期手续报批，进行初步设计招标准备。三环再生水管线工程完成初步设计批复，进行施工及监理招标。

五龙口污水处理厂二期工程、马头岗污水处理厂厂外干管工程2012年11月完成竣工验收，交付固定资产42621万元。五龙口、马头岗污水处理厂升级改造工程及八岗污泥处置厂二期工程完成工程决算。经开区泵站决算资料及桐柏路再生水管线竣工验收资料已上报。

【科技创新】 郑州市污水净化有限公司与郑州大学联合开展的“十一五”水专项课题“混合型城市污水深度处理与回用关键技术研究及示范”项目已结题，与中国农业科学院合作的“城市污泥无害化处理产品的农用开发与研究”重大科研项目在实施。与南京大学、郑州轻工业学院签订合作协议，参加国家“十二五”重大水专项课题研究，以探索和研究城市污水深度除磷脱氮和脱色除浊关键技术以及污泥堆肥生物高效转化关键技术。完成了郑州市城市污水污泥处理综合再生利用工程技术中心和河南省城市污水污泥处理工程技术研究中心的申请和报批工作。

（李建超 刘翠翠）

城市环境雕塑

【概况】 2012年，郑州市环境雕塑建设研究所以雕塑科研创作为基础，推动城市雕塑发展，全年完成雕塑创作作品4件，陶塑作品创作13件，设计纪念品方案11件。对100件雕塑作品小稿进行了维修、效果翻新整治。探索城市雕塑科学管理措施，不断加强雕塑维护新技术、新材料的实验和应用，在雕塑表面去污、不锈钢雕塑除锈、防锈等管理维护方面取得显著提升。为加强雕塑监管，在部分人流量大、雕塑易损坏场所试点安装了网络监控设施，辅助管理人员实行24小时监管，这是郑州市首次对公共城市雕塑进行网络监管，也是全国城市雕塑管理工作中第一次运用数字化管理手段。一年来，共维护城市雕塑2.5万多件次，维修城市雕塑25座，全面清洗养护城市雕塑81座，整治乱贴乱画、小广告600余处；对大型雕塑进行安全检查40余座次。

【“触觉·雕塑——与城市发展同步”雕塑展】 5月，围绕2012年全国助残日活动主题“加强残疾人文化服务、保障残疾人文化权益”，郑州市文明办、郑州市志愿者联合会和郑州市环境雕塑建设研究所共同举办了“触觉·雕塑——与城市发展同步”公益展览活动，30多位盲人在40多位志愿者的一对一服务帮助下，通过自己双手的触摸和志愿者耐心讲解，真切地感受了郑州城市发展的变化，体会了城市雕塑文化的内涵，与正常人一样分享着郑州城市发展的成果。这是省内首次为视觉障碍人群举办的艺术展，旨在让视觉障碍人群通过触摸雕塑感知客观世界，感受城市的发展变化，共享城市发展的成果。

【和谐金秋——中原当代陶艺展】 10月18日，由郑州市环境雕塑建设研究所主办的“和谐金秋——中原当代陶艺展暨中原当代陶艺创作营开营仪式”开幕。展览共汇集了中原20多位当代陶艺家的100余件不同时期的陶艺作品，反映了当代陶艺家的艺术创新与艺术个性。河南省美术家协会副主席李学峰、河南省工艺美术学会副会长刘延忠、郑州轻工业学院艺术设计学院副院长任留柱、河南省美术家协会雕塑艺术委员会副主任崔国琦等领导和200多名群众参加了开幕式，并参观展览。

（蔡莹莹）

城乡环境保护

环境保护

【概况】 2012年，郑州市环保工作坚持以科学发展观为指导，牢固树立在发展中保护、在保护中发展的理念，紧紧围绕省政府下达的年度目标任务，着力解决危害群众健康和影响可持续发展的突出环境问题，较好地完成了各项环保目标任务，全市环境质量得到持续改善。按照空气质量污染指数（API）评价，市区环境空气质量一、二级天数达到319天，达标率为87.2%；黄河郑州花园口和颍河登封白沙水库断面水质达标率均为100%，贾鲁河、双洎河水质达到近年最高水平；全市集中式饮用水水源地水质达标率保持100%；城市环境综合整治定量考核工作连续18年蝉联全省首位。

【大气污染防治】 2012年，郑州市全面推进大气污染防治。在全市范围内积极开展“蓝天”行动，以PM2.5监测与防治为突破口，突出PM2.5污染监测分析、机动车尾气污染治理、煤烟污染治理和扬尘污染控制等4个整治重点。一是做好PM2.5监测及发布工作。投入资金2325万余元，完成市区9个PM2.5环境空气质量监测子站的基础设施改造、仪器安装调试和试运行工作，是全国第二个与国家环境监测总站实现联网的城市。12月18日，正式对外发布PM2.5等6项监测因子的监测数据。二是加强机动车污染治理。年检车辆58.49万余辆，整改6.74万余辆，达标率88.5%，超额完成年度目标任务；查处超标排放车辆1.1万余辆，1.04万辆治理并复检合格，治理率94%；党政机关、事业单位“黄标车”淘汰工作稳步推进，第一批145辆公务“黄标车辆”进入报废程序。三是深化煤烟污染治理。拆除和改造城区10蒸吨以下燃煤锅炉37台；11台10蒸吨以上燃煤锅炉完成烟尘升级改造和脱硫治理工作；32家规模以上餐饮单位完成油烟治理任务；市区新建无燃煤区面积11.26平方公里。

【水污染防治】 2012年，郑州市以贯彻落实国家《重点流域水污染防治规划（2011–2015年）》（以下简称《规划》）为契机，以贾鲁河、双洎河流域治理为重点，深入开展重点流域区域环境综合整治，强力督导各个项目的落实，全市共纳入33个治理项目，7个项目完成，5个项目在调试，7个项目开工建设。为进一步改善全市水环境质量，市环保局成立了贾鲁河污染治理行动指挥部，采取加大生态调水、实施治理工程、提高污水处理厂运行水平、实行河段长负责等措施，贾鲁河、双洎河流域共完成12项治理工程。

【主要污染物减排】 2012年，郑州市深挖工程减排、结构减排、管理减排潜力，在经济保持高速增长的情况下，主要污染物排放总量基本得到控制，完成省政府下达郑州市的年度减排目标。深入开展污染减排工程促进年活动，扎实推进重点减排工程建设，112个年度重点减排工程中，88个完工，21个在建。开展主要污染物排放总量预算管理，严格建设项目总量核定，新建项目预支增量核定2090家（含登记表补报项目），该项工作走在全省前列，在9月21日举行的全国总量预算管理现场会上，郑州市政府作典型发言。

【重点区域行业环境综合整治】 2012年，郑州市在完成省定环境整治工作任务的基础上，全面开展以“三强化、两提升、两突出”为主要内容的市环境综合整治工作，促进重点区域环境质量的持续改善。一是省环境综合整治任务圆满完成。登封阳城工业区关闭企业5家，完成治理工程1项，空气质量三级以上天数达到240天，超额完成省定目标；积极开展重点行业企业治理，1家停产，3家关闭，4家完成治理项目，5家开工建设治理项目。二是市环境综合整治工作进展顺利。加强饮用水水源地保护，违规建设项目加快搬迁，黄河水源保护区内渔家乐整治工作已完成，上街区第二污水处理厂试运行，完成4项水源地生物隔离工程和污染源综合整治工程。郑州高新区和中原区须水镇环境综合整治工作稳步推进，高新区2家企业整治到位，须水镇6家微粉加工等排污企业已关停。

【执行环境影响评价制度】 2012年，郑州市严格建设项目环境管理和竣工环保验收，审批项目2350个，全部执行“环评”制度；验收项目1149个，全部执行“三同时”制度，污染物排放全部达标。抓好规划“环评”工作，2家省级产业集聚区和2家市级产业（专业）园区通过审查，5家进一步修改完善。深入开展“企业服务年”活动，畅通“环评”审批“绿色通道”，全力做好重点项目服务工作，完成省、市重点项目审批560个，全部做到应批尽批。积极推进清洁生产审核，35家企业完成清洁生产审核任务。

【农村环境保护】 2012年，郑州市以生态创建为载体，以深化农村环境连片综合整治为主要着力点，不断加强农村环境保护。2011年度47个农村环境连片整治项目全部通过省、市工程验收，新增乡镇污水处理能力16690吨/天、生活垃圾收集能力121.85吨/天、畜禽粪便综合利用处理能力64.9吨/天；新密市“推进四个创新、务求四大突破”的农村环境连片综合整治模式获得省环保厅推广。2012年度3个农村环境连片综合整治项目按省要求加紧实施。7个省级生态乡镇、46个省级生态村和41个市级生态村完成创建任务，被省环保厅和市政府命名。

【危险废物和辐射环境管理】 2012年，郑州市持续强化危险废物产生单位和经营单位管理，严厉查处环境违法行为，确保危险废物无害化处置率达到100%；对电子废物拆解企业派驻监督员，实施全过程监管；开展电解铝行业大修渣、煤焦油渣、废矿物油和含汞危险废物等专项检查行动，检查企业300余家，取缔非法炼汞企业2家；深化医疗废物集中处置成果，安全处置医疗废物7920余吨，处置率达100%，初步实现村级医疗机构医疗废物集中处置。不断加强废旧放射源收贮和废旧金属回收熔炼企业监管，开展核技术利用与放射性物品运输辐射安全综合检查专项行动，检查辐射工作单位368家次，下达限期整改通知书38份；收贮废弃放射源54枚、放射性废物1000公斤，安全处置率100%；370家辐射工作单位许可证持证率和延续率均达100%；辐射安全事故实现零发生率。在全省率先完成8.31万吨铬渣治理任务，得到国务院和省政府的高度评价。

【环境监察】 2012年，郑州市环保部门持续加强环境监察。继续开展各项环保专项行动，不断加大环境执法力度，严厉查处各类环境违法行为，切实维护广大群众环境权益。完成了环保部对郑州市环境监察移动执法试点项目验收工作；"郑州市环保规范化执法平台"通过省环保厅评审；出动执法人员5.7万余人次，检查企业2.8万余家次，市本级污染防治设施正常运行率达到97%以上；征收排污费2862万元，立案查处环境违法案件174起，处罚金额432.9万元，对环保部及华北督查中心督办的6家企业整改工作督促完成；12369热线受理电话1.7万余个，受理率、查处率、回访率和结案率均为100%，被环保部评为全国12369环保举报热线为民服务创先争优优质服务窗口。

【环境监测】 2012年，郑州市环保部门认真履行环境监测职能，完成了环境质量监测、污染源监测、监督性监测和应急监测等各项监测任务，上报各类监测数据39.7万余个，编写各类环境通报、公报、专报、分析报告等287期，公布环境空气日报和预报各360期，为环境决策和管理提供了科学依据。强力推进环境监测站标准化建设达标验收工作，新增分析能力39项、监测设备201套（台）、实验用房450平方米，监测能力得到进一步提升。加强主要污染物总量减排监测体系建设，建立监测数据应用制度，推动环境监察与监测联动，及时查处环境违法行为。制定水环境质量自动监测异常数据分级响应内部程序，确保突发水环境问题得到及时处理。

【环保法制建设】 2012年，郑州市不断健全环保法制。一是出台《郑州市机动车排气污染防治管理办法》，使机动车污染防治工作有法可依。二是加强规范性文件管理，进一步健全规范性文件征求意见、合法性审查、集体决定、公布、清理、异议审查等制度，审查规范性文件69个，合法率为100%。三是推进行政效能电子监察系统建设，市环保局作为第二期试点单位，在全市作经验介绍。四是完成人大建议、政协提案办理工作，市环保局共收到人大建议、政协提案34件，全部按要求办理完毕，代表、委员满意率100%。

【环境信访】 2012年，郑州市环保部门以平安建设工作为主线，着力解决影响社会和谐稳定的突出环境信访问题，全力维护社会和谐稳定。市本级受理群众来信来访274件，领导阅批率、办结率、按时回复率均为100%，做到件件有着落、事事有回音。成功化解10余起到市局集体上访事件，推进郑尧高速公路污染赔偿问题得到妥善解决。全市未发生因环境问题引发的赴京到省集体上访、非正常上访、恶性上访等事件，郑州市环境信访稳定形势总体平稳，多次受到省环保厅通报表扬。

【环境科技】 2012年，郑州市环保部门扎实开展环境基础科研，不断提高科研队伍自主研究能力，科学服务环境管理。一是完成了2011年度郑州市集中式饮用水水源环境状况评估，对全市28个集中式饮用水水源保护区进行了详细的监测和评估，为水源地保护工作提供了基础依据。二是加强污染场地环境研究，完成了郑州农药厂土壤修复清查工作，编写了评估报告，为开展土壤修复工作打下良好基础。三是开展郑州市声环境功能区划分方法研究，提出"过渡区"的重要概念，有效解决了城市规划与建设现状之间的差异造成的矛盾，该课题被评为市科技成果二等奖。四是参与国家重大水专项课题研究。郑州市承担子课题2个，分别为"贾鲁河流域废水处理与回用""沙颍河流域面源污染治理"，均完成课题研究并通过环保部验收。五是积极开展科研项目申报，申报"PM2.5对郑州市雾霾天气影响及防治对策的研究"等项目4个，市科技局批准立项2个。

【环境应急能力建设】 2012年，郑州市环保部门修改完善《郑州市环境监测预警响应暂行规定》和《郑州市环境保护局突发环境事件应急预案》，组织编印了《郑州市环境应急手册》，为及时妥善处置环境突发事件奠定坚实基础。开展铅蓄电池、涉重金属及化学品生产企业专项检查，建立完善了环境风险源动态管理数据库和电子监察档案。扎实开展全市环境应急实战演练和"严密打防控、迎接十八大"油气安保集中行动，确保十八大期间环境安全。妥善处置了郑尧高速倾倒煤焦油提取废液、惠济区花园口村油漆稀料罐车泄漏等6起环境应急事件。

【环保宣传】 郑州市环保部门拓展环保宣教触角，联合市委宣传部、市文明办、市教育局、共青团郑州市委、市妇联等部门印发《郑州市环境宣传教育行动纲要（2011-2015年）》，明确全市"十二五"期间环保宣传教育工作目标；深入开展"郑州环保世纪行"活动，坚持新闻发布会制度，充分保障公众的环境知情权；在国家、省、市各大新闻媒体刊发稿件235篇，大力宣传环保新理念，提高全民意识，10月18日，《中国环境报》头版报道郑州市环保网格化管理做法，引起全社会良好反响；充分发挥"绿色郑州"环保微博和"心通桥"等网络媒体的舆论宣传作用，发布微博3900余条，拥有微博粉丝15万余人，办理环保微博和"心通桥"投诉180余起，做到件件有回音、件件有落实，"绿色郑州"环保微博被评为河南省和郑州市十大政务微博；以"6·5"世界环境日为主题，积极开展"倡导绿色消费践行环境保护"宣传月活动，大力宣传环保生活知识；持续开展环境大接访活动，开展大接访活动3次，设立主、分会场39个，咨询台、投诉台61个，发放宣传手册1.2万余本，接访群众5万余人，促使一大批热点、难点环境问题得到解决；联合市教育局对2011年度的40余家市级绿色学校进行验收，开展2012年度绿色系列创建活动。

【环保长效机制网格化管理】 2012年，按照市委、市政府的统一部署，全市环保系统建立了"坚持依靠群众、推进工作落实"长效机制。一是融入"三级网格"。全市环保系统下沉1087

以生态创建为载体，深化农村环境连片综合整治，农村节能环保处处可见

人至三级网格，下沉比例45.7%，对每级网格进行“定人、定岗、定责、定奖惩”，形成了乡（镇）街道和环保部门协同联动、密切配合、共同担责的工作格局。二是搭建“四级平台”。建立市、县（市）区、乡（镇）街道、村（社区）四级联网的社会公共管理信息平台，按照“统一受理、分级处置、跟踪督查、评价奖惩”的原则，对环保工作中存在的问题实行逐级发现、逐级办理、逐级报告，确保各类问题“应发现，尽发现；应处置，尽处置”。三是实施“五级联动”。市、县、乡、村、村组上下五级联动、一级对一级负责。全市环保系统构建起“两有、双覆盖”（各级网格有问题能及时发现，人民群众有问题能随时反映；实现行政区域和监管业务的双覆盖）的环保管理体系。

（张　磊）

气象服务

【概况】2012年，全市年平均气温正常或偏低，其中冬季正常或偏低，春季、夏季、秋季正常或略偏高，12月异常偏低。全市年降水量较常年偏少2–3成，且降水时空分布极为不均，其中登封年降水量397.1毫米，较常年少215.6毫米。全市年日照时数正常。年内相继出现了暴雨、高温、大风、大雾、扬沙、冰雹等灾害性天气。

气温　全市年平均气温13.3–14.4℃，较常年偏低0.4–1.6℃，其中巩义、登封、新密、新郑偏低超过1℃。郑州地区2012年冬季平均气温正常或偏低。季平均气温为1.2–2.0℃之间，除登封、新密偏低外，其他县（市）正常。春季平均气温荥阳、郑州、中牟较常年正常，其他县（市）较常年偏高。季平均气温15.7–16.9℃，与常年同期均值的相比偏高0.3–1.3℃，其中郑州、中牟偏高1.3℃。夏季平均气温26.0–27.5℃，与历年平均值相比属正常或显著偏高。与历年同期相比，新郑、巩义、新密、登封、中牟分别偏高0.3℃、0.6℃、0.1℃、0.5℃、0.3℃，属正常，荥阳、郑州偏高1.3℃，属明显偏高。秋季平均气温除荥阳偏高外，其余县（市）正常。季平均气温14.8–16.3℃之间，较常年郑州、巩义、登封、新密、新郑和中牟正常，荥阳偏高。季中温度变化平稳，无异常现象发生。年内大于35.0℃的日数：巩义23天，荥阳24天，郑州22天，新密10天，中牟14天，新郑15天，登封10天。年内极端最高气温41.7℃，出现在巩义的6月13日；冬季极端最低气温为–8.7℃，出现在新密的1月5日。

降水　2012年郑州市年降水量较常年偏少2–3毫米。年总降水量为397.1–537.7毫米，其中登封异常偏少，年降水量397.1毫米，较常年少215.6毫米。郑州地区2012年冬季降水量较常年偏少6–8成，属显著偏少或异常偏少，降水时段分布极为不均，降水基本集中在2011年12月上旬及2012年1月中旬。季总降水量5.9–12.7毫米，与常年同期相比，各县（市）偏少63.8%–81.3%。春季降水荥阳、新密较常年正常，郑州、巩义、中牟偏少，其他县（市）显著偏少；降水时空分布不均，季总降水量为51.5–106.9毫米，较常年同期偏少13.3–66.6毫米。夏季降水时空分布不均，季总降水量199.3–322.5毫米，较常年偏少15.7%–41.1%，均属偏少。季内降水主要集中在7月上旬至8月上、中旬，而其他时段降水以显著偏少或异常偏少为主。秋季季总降水量76.8–134.8毫米，较常年巩义、中牟偏少，其余县（市）正常，降水时空分布不均，其中10月和11月郑州偏少，9月正常或偏多。2012年12月降水量5.6–10.1毫米，除登封偏少外，其余县（市）为正常。年内一日最大降水量74.9 毫米，出现在新郑的8月20日；最长连续降水日数为6天，过程降水量14.7毫米。6月25–30日出现在新密；最长连续无降水日数为43天，出现在中牟的5月13日–6月24日。

日照　全区年日照时数正常。全年日照总时数为1886.2–2234.5小时，较常年同期偏少99.7–217.3小时。冬季日照时数偏少或异常偏少。季总日照时数为283.7–389.8小时，比常年同期偏少10.5–107.1小时。春季日照时数除新郑较常年偏少外，其余县（市）较常年正常。季日照时数488.6–567.4小时，较常年同期相对误差在–79.8–3.4小时。夏季总日照时数525.3–613.1小时，较常年同期正常。季内6月日照时数188.2–244.1小时，较常年同期荥阳、中牟偏少10.6–21.0小时，其余县（市）偏多1.1–32.1小时，属正常。秋季日照时数正常。总日照时数为375.0–540.3小时，较常年同期相对误差在–85.2–71.5小时之间，其中巩义偏少85.2小时，新密偏多71.5小时。

【主要灾害性天气】暴雨　4月18日，新密市区出现强对流天气，下午14时至15时，1个小时内降水量达到45.1毫米，达到暴雨量级，日降水量50.9毫米。6月25日巩义出现暴雨天气，日降水量为57.1毫米。7月4日新郑出现暴雨天气，日降水量为70.8毫米。8月20日郑州、新密、新郑、中牟出现暴雨天气，日降水量分别为73.1毫米、64.6毫米、74.9毫米、53.4毫米。

大雾　2012年1月1日，郑州、巩义、荥阳、登封、新密、新郑和中牟出现大雾天气，最小能见度郑州600米、巩义200米、荥阳300米、登封300米、新密200米、新郑200米、中牟800米。1月2日，郑州、新密出现大雾天气，最小能见度郑州900米、新密800米。1月10日，郑州、新密、新郑和中牟出现大雾天气，最小能见度郑州200米、新密600米、新郑20米、中牟150米。1月11日，中牟出现大雾天气，最小能见度800米。1月15日，巩义、新密出现大雾天气，最小能见度巩义400米、新密600米。1月16日，巩义、新密出现大雾天气，最小能见度巩义20米、新密600米。1月17日，郑州、巩义、登封、新密出现大雾天气，最小能见度郑州800米，巩义30米，登封、新密300米。1月18日，登封、新密出现大雾天气，最小能见度登封600米、新密800米。1月19日，巩义、登封、新密出现大雾天气，最小能见度巩义400米、登封500米、新密800米。2月13日，郑州、巩义、新密出现大雾天气，最小能见度郑州、巩义600米，新密100米。3月17日，中牟出现大雾天气，最小能见度300米。4月19日，新密、中牟、新郑出现大雾天气，最小能见度新密30米、中牟500米、新郑600米。4月23日，巩义出现大雾天气，最小能见度600米。5月8日，新密、中牟出现大雾天气，最小能见度新密500米、中牟50米。5月10日，中牟出现大雾天气，最小能见度50米。5月11日，新郑出现大雾天气，最小能见度600米。5月13日，中牟出现大雾天气，最小能见度70米。6月7日，新郑、中牟出现大雾天气，最小能见度新郑100米、中牟200米。7月3日，中牟出现大雾天气，最小能见度100米。7月8日，登封出现大雾天气，最小能见度500米。8月7日，中牟出现了大雾天气，最小能见度80米。8月29日和8月30日，中牟出现大雾天气，最小能见度分别为30米、50米。9月1日，登封出现大雾天气，最小能见度600米。9月9日，巩义出现大雾天气，最小能见度800米。9月12日，郑州出现大雾天气，最小能见度400米。10月16日，登封出现大雾天气，最小能见度350米。10月18日，中牟出现大雾天气，最小能见度80米。

扬沙　2012年2月23日、3月23日，郑州出现扬沙天气。3月18日、6月24日，巩义出现扬沙天气。6月10日、6月11日、登封出现扬沙天气。

大风　2012年2月23日，登封出现21.4米/秒的偏东大风。3月18日，中牟出现19.5米/秒的东北大风。3月23日，巩义出现17.5米/秒的西北大风、登封出现22.8米/秒的偏北大风、新密出现18.5米/秒的北西北大风、新郑出现21.6米/秒的西北大风、中牟出现17.9米/秒的西西北大风。3月30日，新郑出现17.1米/秒的北东北大风。4月24日，新密出现19.7米/秒的偏北大风。7月13日登封出现大风天气，极大风速18.3米/秒。11月4日，郑州、登封、新郑、中牟出现大风天气，最大风速为郑州西风17.0米/秒、登封北西北风20.6米/秒、新郑西西北风19.6米/秒、中牟西风17.7米/秒。11月10日，登封出现大风天气，极大风速为西西北风18.0米/秒。

开展安全生产月宣传咨询活动

高温 6月8日，巩义出现了38.0℃的高温天气。6月9日，荥阳、郑州、新郑出现了38℃以上的高温天气。6月12日，郑州、新郑出现了38℃以上的高温天气。6月13日，郑州地区出现了38℃以上的高温天气，其中巩义日最高温度41.7℃。7月11日，荥阳、郑州、新郑出现了38℃以上的高温天气。7月12日，荥阳、郑州、新密出现了38℃以上的高温天气。7月29日，巩义、荥阳、郑州出现了38.0℃以上的高温天气。

冰雹 6月23日登封出现了冰雹天气。

【气候影响评价】 气候与农业 2012年冬季的气候条件对农业生产总的来说弊大于利，整个冬季气温基本正常，没有出现对小麦生长造成严重影响的极端天气；日照时数偏少，基本能满足小麦的生长；2011年12月中旬至2012年2月全区无有效降水，对小麦生长造成一定影响。春季冬小麦自返青到扬花、灌浆，光、热条件较好，3月下旬、4月下旬及5月10日前后的降水，对冬小麦生长较为有利。但春季总的降水偏少，5月干旱较为严重，对玉米播种产生较为不利的影响。夏季气候条件对农业生产总的来说气温、光照比较有利，但8月的阴雨天气影响了玉米后期的灌浆速度。秋季的气候对郑州市的农业来说有利有弊。9月阴雨日数较少，日照时数正常，对秋作物的最后成熟及收获、晾晒较为有利，较为充足的降水为小麦播种打下了良好的墒情基础。10月温、光、水均为正常，有利于冬小麦的生长。11月降水偏少，光照时数偏多，对大棚蔬菜生长有利，冬小麦生长正常。

气候与健康 2012年冬季前期降水异常偏少，有利细菌繁殖，流感频发。春季平均气温荥阳、郑州、中牟较常年正常，其他县（市）较常年偏高，对人们身体健康影响不大。夏季6月中旬和7月下旬持续的偏高气温，给人们的工作和生活带来不利影响；8月气温较为适宜，酷暑炎热天气较少，有利于人们的工作和生活。秋季温度正常，日照时数正常，有利于市民开展户外活动。

气候与交通运输及建筑业 冬季整体降水偏少，气温略偏低但起伏较小，对交通有利。夏季降水正常或偏少，暴雨日少且强度小对交通运输业、人们出行影响较小，对建筑施工和野外作业未造成影响。秋季气候基本没有对交通造成不利影响。

气候与旅游 元旦（2012年1月1–3日）及春节黄金周（2012年1月21–27日）期间，无雨雪天气，但温度较低，对人们的出游热情造成一定影响。清明、“五一”假期期间，无降水，气候冷热适中，适合市民外出旅游。“十一”黄金周期间，基本无降水，利于人们外出旅游。

【气象业务建设】 2012年，郑州市气象监测网络运行平稳，地面、高空、农气、酸雨测报错情率均为0.0‰。预报、地面、高空、农气通讯传输质量全面达标，全市有34个地面“百班”、12个地面“250班”、19个高空“百班”、2个农气“百班”，通过测报验收。全年晴雨TS评分，最高、最低气温质量均达到省级考核目标，各台站地面气象观测业务改革切换正常，业务平稳运行。

【气象服务】 2012年，市气象局狠抓预报服务和灾害预警工作，积极应对各种气象灾害。重点做好了干旱、暴雨、暴雪、低温冰冻等重大气象灾害的监测预警服务工作，强化了暴雨洪涝、高温中暑、地质灾害等气象预报服务，做好了“春运”“三夏”“三秋”、高考、少林武术节、拜祖大典、移民搬迁、绿博会等重大社会活动的气象服务工作。

【气象重点项目建设】 气象服务区域中心站项目进展顺利，新建气象服务区域中心站25个、气象信息服务站15个，安装七要素自动气象站8套、农业大棚自动气象站7套、农田小气候自动气象站2套、大气电场仪7套、闪电定位仪3套、自动土壤水分站19套、手机大喇叭500套、电子显示屏15块。公共气象预测预警信息发布系统建设方面，新建大型气象预警显示屏3块，中小型气象预警显示屏47块，在现有电子显示屏上加装远程发布模块64个。山洪灾害防治县级非工程措施（气象部分）建设项目正式启动，新建成19套六要素自动气象站、12套自动雨量站、1个市级和5个县级数据处理中心，初步形成山洪灾害防治气象观测网络，资料已全部上传省气象局信息网络与技术保障中心。为农服务乡村专项建设项目方面，新建气象信息服务站37个，安装手机大喇叭350台、气象预警电子显示屏50块。

【《关于加快推进郑州市率先基本实现现代化工作的意见》实施】 2012年12月，郑州市政府印发了《关于加快推进郑州市率先基本实现现代化工作的意见》（以下简称《意见》），要求进一步加快推进郑州市率先基本实现现代化工作，更好地为郑州经济建设和社会发展服务。《意见》提出了郑州市率先基本实现现代化工作的目标任务，要求到2015年，郑州气象现代化建设要在提高公共气象服务能力和社会管理水平、提升气象现代化装备和技术应用水平、创新体制机制、推进基层气象机构改革稳步发展、探索高效率高效益高质量气象现代化发展道路等5个方面实现重点突破，率先建成先进的综合气象观测网、率先实现气象预警信息发布城乡一体化、率先建成大城市精细化气象预报和服务系统。基本建成统筹硬实力、软实力协调发展，涵盖先进的气象业务服务、新型的气象事业结构、完善的体制机制，满足地方经济社会发展和人民安全福祉日益增长需求的气象现代化体系。《意见》细化了具体现代化指标，要求达到或超过河南省气象现代化指标。围绕提高4个能力，建设4个一流两个方面提出了一系列主要建设任务。要求各县（市）政府和各有关部门要强化组织领导，健全政府主导的气象现代化建设工作机制。加强投入保障，充分利用各类资源，统筹各方资金，保障气象现代化建设项目资金到位、进度落实、质量保证，尽早发挥效益。加强宣传引导，引导全社会形成主动关注、应用各类气象科技信息的习惯、理念和方式方法。加强管理评估，及时调整目标任务，完善推进举措，优化保障机制。

（张俊杰）

地震预防

【概况】 2012年，豫鲁冀交界地区（含郑州市）被国务院确定为有可能发生破坏性地震值得注意的地区。为贯彻落实《河南省人民政府办公厅转发省地震局关于2012年河南省地震趋势和进一步做好防震减灾工作意见的通知》的要求，切实做好郑州市2012年防震减灾工作。市政府下发了《郑州市人民政府关于切实做好2012年防震减灾工作的实施意见》；制定了《郑州市防震减灾五年工作规划》《2012年郑州市防震减灾工作计划》以及《2012年郑州市防震减灾工作要点》；召开了全市防震减灾工作会议，对全市防震减灾工作进行安排和部署；召开了全市防震、抗震指挥部会议，对成员单位的人员进行了调整，进一步明确了成员单位的职责，并与各县（市）区签订了目标责任书。市地震局认真贯彻落实全市防震减灾工作会议的要求和部署，结合全市防震减灾工作实际，把握重点，创新思路，建立了权责明晰条块融合的防震减灾网格化管理体系，并与各级网格责任人签订了目标责任书，明确了每级网格的职责和任务，确立了一级对一级负责的工作机制，通过网格作用，实现常规化推进方式向网格化推进方式的转变，推动了年度各项工作目标的完成。2012年，郑州市地震局被评为河南省防震减灾工作先进单位和综合管理先进单位。二七区、上街区、荥阳市地震局被省地震局评为全省县（市）区防震减灾工作先进单位。上街区地震局获得全国县级防震减灾工作综合考核先进单位荣誉称号。

【地震监测预报工作】 2012年，市地震局制定地震监测工作年度目标、健全工作机制、严格各项工作落实，圆满完成了地震监测预报工作各项任务。扎实做好地震监测台站的管理工作，组织技术人员对台站监测仪器和各县（市）区的前兆观测仪器进行全面认真地检查和维护，确保了观测资料的连续性和可靠性。做好群测群防工作，积极开展地质灾害群测群防“十有县”创建活动，登封市、巩义市、新密市、荥阳市、上街区被确定为2012年郑州市地质灾害群测群防“十有县”。坚持周、月、季和紧急地震趋势会商制度，及时科学分析判定震情趋势，并向市委、市政府报告会商意见，为政府决策提供依据。做好宏观观测站的管理工作，对宏观观测站点进行检查、清理和规范，统一挂牌、统一发放工作人员补助。做好地震监测重大宏观异常落实工作，强化宏观观测人员的岗位职责意识，坚持实行重大宏观异常及时报告和落实制度，确保观测人员24小时在岗和不出现漏登漏报情况，并保持通信畅通。依法保护地震监测设施和地震观测环境，2012年全市监测台站的监测设施运转正常、观测环境良好。

【县（市）区地震台站建设】 2012年郑州市地震局大力推进县（市）区地震台站的建设工作，积极落实台站建设和监测仪器更新的配套经费，调研和指导地震台仪器设备的购置和配备工作。上街地震台建设项目进展顺利，主体建筑、监测井钻井等基建工程全部竣工，监测设备的采购、安装、调试工作基本完成，信息节点安装调试完毕，实现了与郑州航海台、许昌地震台、洛阳地震台、焦作地震台的联网和资源共享。登封地震台建设项目完成了选址、立项和可行性报告论证等前期准备工作。

【震害防御工作】 实施防震减灾“十二五”规划。2012年，郑州市对《郑州市防震减灾“十二五”规划》进行了进一步充实完善，并采取有效措施，按照计划逐步实施。市发改委将全市应急避难场所建设规划纳入国民经济和社会发展总体规划，做好市级应急避难场所建设项目的计划安排和立项审批工作。市规划局按照城市规划、建设与抗震防灾工作的总体要求，做好城市总体规划中有关城市抗震防灾的专项规划以及土地利用、建筑与基础设施建设等规划工作。

建设工程抗震设防管理方面。2012年，郑州市将建设工程抗震设防要求纳入了全市基本建设管理程序，实行联审联批管理。市发改委、市建委、市规划局、市国土资源局等部门把抗震设防要求的审定意见作为建设工程项目选址、可行性论证（申请报告）、设计方案的依据和必备内容进行审核，不符合抗震设防要求的，不得审批、核准或者备案。市地震局对全市重大建设工程以及可能产生严重次生灾害的建设工程开展了地震安全性评价工作，并严格要求工程项目方按照审定的抗震设防要求和相关行业的抗震设计规范进行设计和施工。截至2012年底，市地震局共完成地震安全勘测工作110项，审批建设工程项目249项，对47项重大建设工程项目按照要求进行了地震安全性评价工作。

进一步加大抗震设防执法检查，避免抗震设防违法现象的发生。2012年，全市地震执法部门检查工地192个，下达责令整改通知书12份。市地震局审查工程建设项目1140项，建筑面积1500万平方米，审查出违反强制性条文或设计抗震设防问题680条，均要求送审单位在初审的基础上对原设计进行了改正。

积极开展建设工程的抗震安全检查、加固工作和中小学校舍安全工程活动，避免次生灾害的发生。2012年，市地震局对一些需要加固的学校、供水、医院等涉及民生的重大建设工程以及黄河堤防、防洪防汛等容易产生次生灾害的隐患点进行排查，并配合有关部门和单位结合城市规划和具体情况，有计划、有步骤地对存在安全隐患的建筑物和易产生次生灾害的隐患点进行加固改造。认真开展校舍安全隐患排查治理工作，各中小学把校舍的防震工作纳入学校安全隐患排查治理的重要内容抓紧抓好，对学校校舍、教学楼等建筑定期进行检查，对达不到抗震设防要求的建筑物及时进行加固修缮。

着力推进农村民居地震安全示范工程和地震安全示范社区建设。市政府出台了《关于推进农村民居地震安全工程的实施意见》，该意见结合郑州都市区总体规划，对如何加快推进农村民居地震安全工程建设提出了具体的实施意见。2012年，荥阳市上集社区等8个社区被市政府确定为地震安全示范社区；上街区峡窝镇上街村、金水区马渡村等两个农村民居工程被市政府确定为农村民居地震安全示范工程。

技术人员深入农田开展春小麦大田调查活动

【防震减灾科普宣传活动】 2012年，市地震局以“5·12”防灾减灾日为契

5月5日，2012年全市防震减灾宣传月活动启动仪式举行

机，以开展防震减灾知识“六进”活动为重点，深化防震减灾宣传教育，在全市开展了形式多样的防震减灾宣传教育活动。开展防震减灾宣传月活动，5月5日，在二七区郑飞社区举行了2012年全市防震减灾宣传月活动启动仪式。5月12日，在绿城广场集中举行了以“弘扬防灾减灾文化，提高防灾减灾意识”为主题的“5·12”防灾减灾日大型宣传活动。在宣传活动月期间，各县（市）区和公安消防、人防、民政、农业、气象、卫生等防震减灾指挥部成员单位以及各有关单位采取多种形式，大力宣传防震减灾知识与技能，增强了广大民众的防震减灾意识，取得了良好效果。开展“防震减灾知识进基层入网格”活动，制作了防震减灾知识宣传图书、挂图、折页和光盘等宣传资料，广泛在机关、企业、学校、社区、广场等场所发放。通过在全市的快速公交BRT线路候车站台设置防震减灾知识公益宣传牌和发放宣传资料的方式，大力开展了以防震减灾科普知识进公交为主题的公益活动。利用“7·28”唐山大地震纪念日和“2012世界标准日”，在全市开展了防震减灾宣传和地震安全宣传系列活动。在系列宣传活动中，共展出宣传展板500余块，悬挂宣传条幅300余条，设置咨询台100余个，发放宣传知识手册10万余册、光盘2万余张、宣传折页20万余张，宣传扑克2000余副，举办防灾减灾及地震科普知识讲座300余场。

【“六五”普法和防震减灾依法行政工作】提升法制意识，做好“六五”普法和防震减灾依法行政工作。市地震局按照国务院《关于全面推进依法行政实施纲要》《郑州市“六五”普法依法治市工作规划》和《郑州市人民政府关于进一步规范行政执法行为的通知》的要求，结合工作实际，以宣传《防震减灾法》为重点，制定了普法工作计划，编写了《防震减灾法律知识应知应会宣传读本》。积极组织参加全市依法行政工作培训，进一步提高了工作人员的依法行政意识和自觉性，取得了良好的效果。完成了行政执法目录和重大具体行政行为决定书的备案工作及2012年行政执法资格认证工作。

【地震应急指挥体系建设】2012年，郑州市按照统一指挥、反应迅速、运转高效、保障有力的要求，进一步加强各级抗震救灾指挥体系建设，完善了防震抗震指挥部工作制度和各成员单位的职责任务，经常性地进行工作通报和联络，定期开展地震应急检查，做到有备无患。指挥部各成员单位和有关单位进一步完善了本部门和本单位的地震应急预案。根据国务院、省、市防震减灾工作会议精神和河南省地震应急工作方案的要求，市地震局制定了《2012年郑州市地震应急工作方案》，并对全市各县（市）区地震主管部门的应急准备工作进行督导检查，指导各县（市）区制定了本级地震应急工作方案，对各县（市）区地震主管部门主要负责人、分管应急工作负责人、地震灾情速报人员、应急救援志愿者、地震灾情专线电话等进行了明确和汇总。

【应急救援队伍的建设和演练】2012年，市地震局加强地震应急救援演练，不断提高郑州市地震突发事件的应对能力。完成了全市防震减灾工作人员和全市地震现场工作队应急演练；完成了2012年豫北地震快速联队开封地区演练任务。全年共开展地震医疗应急救援演练24次，动用各种医疗救护车辆167台次，参与医护人员737人。加强专业应急救援队伍建设，郑州市公安局组织系统内各部门分别建立专业救援队伍，公安消防部门充分发挥专业救援职能，组建了两支共75人的地震应急救援队伍。2012年，郑州市市、县两级地震医疗专业应急救援队总数达到65支，应急队员1011人。

【应急避难场所建设】2012年，市地震局结合城市规划和广场、绿地、公园等公共设施建设，开展应急避难场所建设工作。对全市适合建设应急避难场所的场地进行了统计和汇总，共汇总符合建设应急避难场所条件的场地125处。其中，Ⅰ类避难场所39处、Ⅱ类避难场所61处、Ⅲ类避难场所25处。通过考察调研，确定了在西流湖城市生态公园建设一个Ⅰ类城市避险避难场所建设项目以及在航海广场、文化公园各建设一个Ⅱ类应急避难场所建设项目，共计投资700万元，其中中央财政资金268万元。

【应急救援物资储备】2012年，市地震局投入资金50万元，采购了25种共计238件地震应急救援装备物资。民政部门认真做好应急物资储备工作，储备帐篷500顶、毛巾被1000床、棉被4000床、雨鞋200双、雨衣300件、雨伞200把。公安消防部门不断强化抗震救灾工作的物资保障，配备了生命探测仪、重型支撑套具及各类破拆、营救和保障等器材。

（陈启佳）

区域新貌

郑州新郑综合保税区（郑

省委常委、市委书记吴天君，市长马懿带领市直有关部门负责人到郑州新郑综合保税区（郑州航空港区）调研郑州航空港经济综合实验区规划建设工作推进情况

省委常委、市委书记吴天君到郑州新郑综合保税区（郑州航空港区）调研郑州航空经济综合实验区规划建设工作推进情况

郑州新郑综合保税区（郑州航空港区）管委会主任张延明带队赴香港招商——俄罗斯空桥项目

美国北达科他州副州长Drew Wrigley（瑞格礼）率领商务考察团到郑州新郑综合保税区（郑州航空港区）参观考察

苹果公司总裁蒂姆·库克（Tim Cook）、高级副总裁杰夫·威廉姆斯（Jeff William）到郑州新郑综合保税区（郑州航空港区）参观考察

阿联酋王子兼皇家集团董事长谢赫·艾马尔·纳赛尔·艾哈迈德·阿勒·穆阿拉、阿联酋驻华大使奥马尔·阿勒·比他尔、香港建工集团董事长聂川考察调研郑州新郑综合保税区（郑州航空港区）

跨南水北调干渠桥梁开工典礼

河南投资集团有限公司、国家开发银行、郑州新郑综合保税区（郑州航空港区）战略合作签约暨郑州航空港经济综合实验区市政道路项目开工仪式

州航空港区）管理委员会

1、机场二期工程开工奠基仪式

2、合村并城枣园小区建成项目

3、合村并城在建项目

4、机场二期鸟瞰图

5、机场二期工程项目平整土地现场

6、郑州新郑综合保税区（郑州航空港区）南水北调桥梁效果图

7、台湾科技园北广场

8、郑州新郑综合保税区主卡口

郑东新区管理委员会

中共中央政治局委员、全国人大常委会副委员长、中华全国总工会主席王兆国视察郑州综合交通枢纽工程建设情况

中共中央政治局委员、广东省委书记汪洋视察郑东新区

第十届全国政协副主席、中国工程院主席团名誉主席、“中国特色城市化道路发展战略研究”项目组组长徐匡迪率“中国特色城市化”课题组莅临郑东新区，就特色城市化发展情况进行调研

青海省委书记、省人大常委会主任强卫率青海省党政代表团考察郑东新区

山西省省长王君带领山西省党政考察团一行人考察郑东新区

省委常委、市委书记吴天君到郑东新区龙湖区域调研开发建设情况

副省长王铁到郑东新区调研重点项目建设情况。副市长、郑州新区管委会主任李公乐陪同

市长马懿带领市直相关部门负责人到郑东新区调研龙湖区域开发建设和金融集聚核心功能区建设情况

中国民生银行与市政府战略研发服务基地建设暨业务合作协议签约仪式

郑东新区金融集聚核心功能区建设情况说明会暨项目签约仪式在中州宾馆举行

在华外资银行“龙年中原行”活动在郑东新区永和铂爵酒店举行

郑州引黄灌溉龙湖调蓄工程蓄水仪式在郑东新区龙湖湖心岛举行

湿地公园小桥

绿城百合社区

东区CBD

河堤公园

南北运河

郑州之林

郑州高新技术产业开发区管理委员会

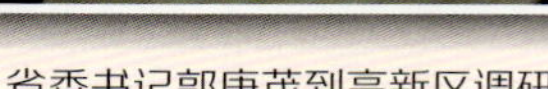

省委书记郭庚茂到高新区调研

省委常委、市委书记吴天君到高新区调研

1、光华大酒店
2、成功之路雕塑
3、创业中心
4、郑州威科姆科技公司
5、国家动漫基地鸟瞰图
6、格力空调基地开工奠基
7、管委会大楼
8、火炬大厦
9、管委会与中国银行举行合作签约仪式

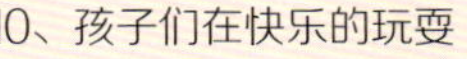

10、孩子们在快乐的玩耍
11、汉威电子成功登陆首批创业板企业
12、西现代城
13、雕塑——竞

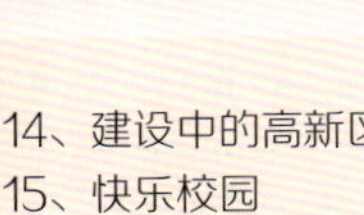

14、建设中的高新区
15、快乐校园
16、软件园
17、生茂光电
18、生物医药

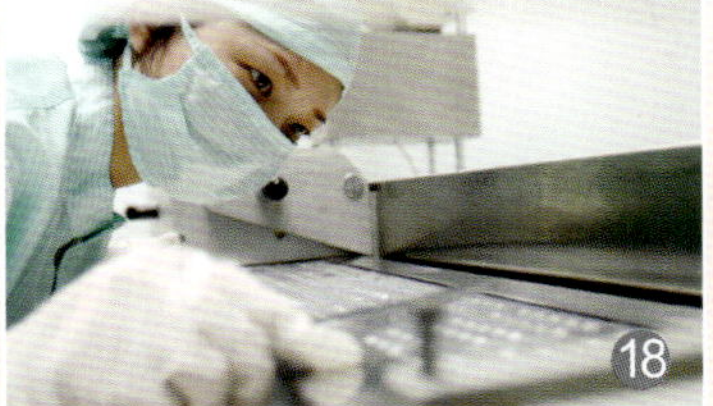

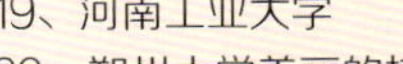

19、河南工业大学
20、郑州大学美丽的校园湖景
21、大学科技园西区
22、郑州大学
23、郑州外国语学校

24、郑州中学
25、郑州烟草研究院
26、中国河南专利孵化转移中心
27、总体规划
28、全景

郑州经济技术开发区管理委员会

省长郭庚茂参加东风日产郑州工厂第10万辆整车正式下线仪式

科技部党组成员、纪检组长郭向远，省委常委、市委书记吴天君到经开区调研

省人大常委会副主任王文超到郑州煤矿机械集团股份有限公司调研

青岛港·河南保税物流中心共建郑州“无水港”暨河南豫青国际物流有限公司揭牌，市长马懿与青岛港（集团）有限公司董事局主席、总裁常德传共同为公司揭牌

市委常委、市政法委书记、市公安局局长黄保卫到经开区东风日产郑州工厂调研

副市长马健到中铁盾构项目生产车间和创业中心调研高新技术企业

国家七部委联合调研组到东风日产郑州工厂调研

国家电子商务示范城市——郑州市跨境贸易电子商务服务（E贸易）试点项目启动仪式

东风日产生产线

东风日产标志

东风日产厂区

海马（郑州）汽车有限公司生产线

海马第二工厂北大门

海马第三工厂奠基式

海马M3

郑州经济技术开发区管理委员会

宇通新能源汽车生产线

宇通重工自卸车

宇通生产的垃圾清运车

宇通新能源客车

郑州煤机厂房设计图

郑州煤机长壁机械有限公司

中央滨水大道设计图

中铁隧道装备制造有限公司新下线的两台盾构

创业中心

龙工机械

滨河国际新城夜景

商务休闲内港设计图

郑州市白沙园区管理委员会

省委常委、市委书记吴天君在园区调研

华夏历史文明传承创新示范区合作共建协议签约仪式

郑州方特欢乐世界开业典礼

白沙园区集中供热启动仪式

白沙园区工作推进会

郑开城际铁路紧张施工

郑开大道沿线项目建筑景观

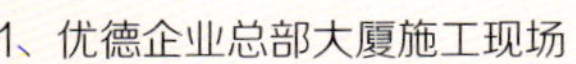

1、优德企业总部大厦施工现场
2、优德企业总部大厦效果图
3、郑开大道生态廊道一角
4、白沙安置小区施工现场
5、雁鸣路跨贾鲁河大桥主体工程
6、刘集02号安置小区建设现场
7、中原文化艺术学院正门
8、河南有色地质家园施工现场

中共巩义市委巩义市人民政府

国土资源部党组成员、国家土地副总督察张德霖实地察看巩义市黄河滩区土地开发整理项目建设情况

常务副省长李克考察巩义产业集聚区建设

省委常委、郑州市委书记吴天君带领相关部门负责人到巩义市调研农业农村工作。郑州市及巩义市领导王林贺、朱是西、张春阳等陪同调研

郑州市市长马懿在巩义市调研重点工业项目。郑州市及巩义市领导王跃华、马健、吴忠华、张春阳等陪同调研

郑州市委常委、纪委书记王璋看望驻村工作队

郑州市委常委、巩义市委书记舒庆深入米河镇调研经济社会发展情况

巩义市市长张春阳到恒星公司调研

省直管试点县（市）观摩团到巩义市现场观摩

无线巩义战略合作框架协议签约仪式

青龙山综合旅游保护开发项目签约仪式

巩义市第三届民俗文化节开幕式

阅读大赛

刘镇华庄园

石河道生态园

米河镇神墨碑林公园

新密市人民政府

省长郭庚茂视察新密市产业集聚区建设

省委常委、郑州市委书记吴天君视察新密市新型城镇化建设

郑州市市长马懿在新密市指导郑登快速通道拆迁工作和生态廊道建设

新密市新地标——溱水桥建成通车。新密市委书记王铁良、市长蒿铁群带领四大班子及有关单位负责人在溱水桥指导工作

六冶（郑州）科技重工有限公司项目在新密市产业集聚区开工奠基

新密市召开打造千亿级耐材基地动员大会

郑州市新型城镇化建设现场推进会在新密市召开，新密市委书记王铁良在会上作典型发言

新密市人民政府与央企上市企业——瑞泰科技股份有限公司签订战略合作协议

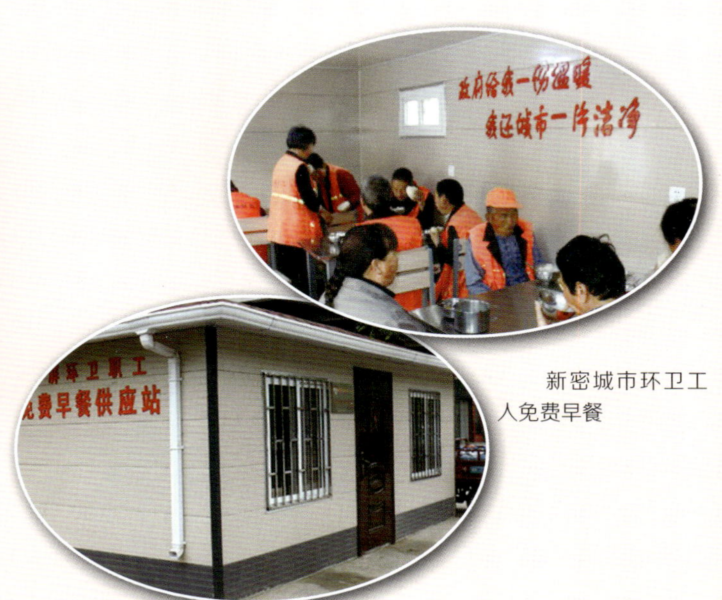

新密城市环卫工人免费早餐

新密市餐厨垃圾无害化处理中心建成，在全国、全省县（市）领先

新密市生态廊道建设一角——王翟路廊道绿化

来集镇桧树亭社区

登封市人民政府

全国人大常委会副委员长、民建中央主席陈昌智带领民建中央调研组在登封市调研文化旅游产业发展情况

全国政协副主席、民革中央常务副主席厉无畏等领导出席第九届中国郑州国际少林武术节登封迎宾式

省委常委、郑州市委书记吴天君一行莅临登封观摩产业集聚区建设情况

郑州市市长马懿到登封市产业集聚区实地调研

联合国教科文组织世界地质公园专家盖伊·马蒂尼、亚历克斯一行对嵩山进行为期3天的实地考察和再评估

大连万达集团董事长王健林一行参观考察登封市文化旅游产业

登封文化创意园项目签约仪式

华夏文明与世界文明论坛

登封市人民政府

1、音乐大典二期——照见山居
2、产业集聚区道路
3、登封市新型工业化暨项目建设工作推进大会
4、登告公路生态廊道景观
5、唐庄新型农村社区
6、武术节登封市情说明暨项目签约仪式
7、雅新精品水果种植示范园
8、音乐大典——禅宗少林

新郑市人民政府

中共中央政治局委员、国务院副总理王岐山莅临新郑农村商业银行调研指导工作

省委书记、省人大常委会主任卢展工在新郑调研

省委常委、郑州市委书记吴天君到新郑市调研新型城镇化建设工作

国家司法部政治部主任张彦珍调研新郑市司法调解工作

郑州市市长马懿在新郑市调研拜祖大典筹备工作

壬辰年黄帝故里拜祖盛况

新郑市委书记王广国慰问老干部

新郑市市长张国宏调研新型社区建设工作

郑州华南城开工奠基典礼

新郑市民生110服务中心

在建的新郑新型农村社区——鸡王社区

河南六盛钢材交易中心

在建的中储粮大豆油储运加工建设项目

荥阳市人民政府

郑州市委副书记王璋在荥阳调研水务网格化管理工作

荥阳市被评为河南省义务教育均衡先进县（市）

郑州市新材料产业集聚区揭牌成立，实现年内招商引资签约总额突破百亿元目标

实施路网建设工程

新建成的荥阳中医院综合楼

高山镇区

组织开展首届“感动荥阳十大人物”评选活动

荥阳市被评为第二届“中国城市公益慈善指数”七星级慈善城市，图为荥阳市召开孤儿帮扶会议

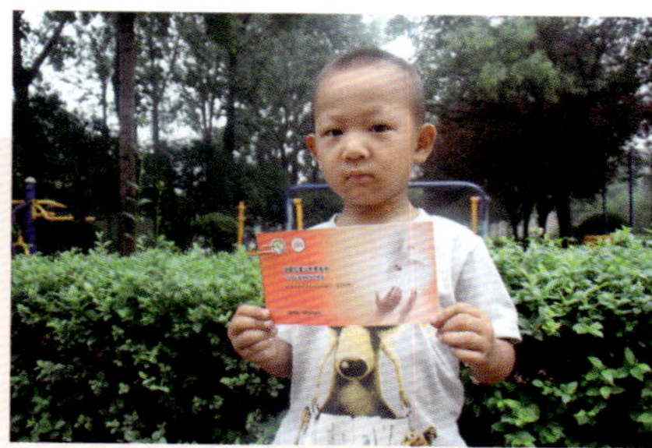
受资助的孤儿

忆江南住宅小区

香堤湾酒店投入运营

景秀蓝山

新建的荥阳一小教学楼

新型农村社区

索河整治景观初显

中原影视城建成并投入使用

举行荥阳市第二届运动会

黄河谷
大鲤鱼
HUANG HE GU DA LI YU

黄河鲤鱼通过国家地理标志产品认证

中牟县人民政府

省长郭庚茂视察汽车工业园

商务部副部长姜增伟在省商务厅厅长李清树、副市长薛云伟等领导陪同下视察万邦国际农产品物流城

省委副书记邓凯到三官庙镇大辛庄村视察工作

省委常委、市委书记吴天君，市长马懿，市人大常委会主任白红战等领导视察中牟县新型城镇化建设情况

省委常委、市委书记吴天君调研中牟县生态廊道建设

副省长刘满仓调研万邦物流

市长马懿调研宇通项目建设

“八一”前夕，中牟县委书记杨福平慰问光荣院老复员军人

1、中牟水城建设
2、生态廊道建设
3、静泊山庄
4、中牟·国家农业公园—富士康菲格太阳能生物工厂
5、弘亿国际草莓庄园立体种植
6、建设中的国家农业公园一角
7、贾鲁河生态治理
8、郑汴物流大道建成通车

郑州市金水区人民政府

省委副书记邓凯到纬三路小学与小学生欢度“六一”

省委常委、市委书记吴天君在金水区主持召开新型城镇化建设现场会

省委常委、市委书记吴天君察看道路建设情况

省委常委、市委书记吴天君察看高速口建设

市委副书记王璋到科教新城调研

市政协主席李秀奇在金水区调研城市改造工作

市委常委、纪委书记郭锡昌在金水区调研区重点工作

市委常委、市委秘书长孙金献在金水区调研科教新城建设情况

区委书记郑灏东到经八路街道调研网格化工作

区委书记郑灏东调研科教新城建设

区四大班子调研金城大道红线内附属物拆迁工作

区长陈宏伟在科教新城建设仪式上的讲话

区长陈宏伟视察征收现场

召开全区现场会

科教新城启动仪式

改造后的西史赵村

改造后的琉璃寺

改造后的美虎屯街景

京广快速路远景

郑州市二七区人民政府

省委常委、市委书记吴天君在区委书记蔡红的陪同下到二七区调研

省委常委、市委书记吴天君，市委副书记王璋到二七区调研

省委常委、副省长刘满仓视察花花牛项目

副省长赵建才到二七区视察地铁建设情况

市长马懿出席郑州市首届森林生态文化节暨文博、花博、森林、湿地示范园开园仪式

市长马懿视察二七区重点项目建设情况

市委副书记王璋视察二七区“创文”工作

市委常委、宣传部部长王哲到二七区调研长效机制工作

郑州市二七区人民政府

区领导蔡红、张杰锋、卢书选、赵季平、王启树、林海视察露宿街头外来务工人员及流浪乞讨人员救助工作

区长王鹏调研辖区项目建设情况

长效机制工作网格长认真履行职责

二七区生态廊道建设显雏形

积极参与“创文”行动

农贸市场正规化建设

第六届樱桃节开幕

重大项目奠基

二七区城中村改造项目

夜幕下的二七广场流光溢彩

郑州火车站广场

二七德化步行街

郑州市管城回族区人民政府

全国政协副主席陈宗兴与辖区育龄妇女交谈

国家安全监管总局局长杨栋梁到辖区调研

司法部党组成员韩亨林视察二里岗基层司法所

省委常委、市委书记吴天君视察 商城遗址改造工程

省委常委、市委书记吴天君视察新型城镇化在建项目

省政协副主席、省人口计生委主任高体健视察社区计生建设情况

市长马懿在敬老院视察

市人大常委会主任白红战到辖区社区调研

郑州市管城回族区人民政府

国家开发银行总行业务发展局副局长刘彦超一行对郑州商城遗址保护项目进行考察调研.

副市长马健在刘东村调研网格化管理工作

区委书记法建强视察老旧小区改造项目

区长高建军在刘东村调研

情系特殊儿童 爱心点燃希望

举办列子文化艺术节

秀美的休闲好去处——青龙山庄

永恒．理想世界园林暨雕塑效果图

郑州文庙

郑州市中原区人民政府

省委常委、市委书记吴天君带领市直有关部门负责人实地察看锦艺城项目

公安部消防局局长陈伟明到建设路街道办事处调研指导消防工作

中国中部纺织服装品牌中心开工仪式

商务部条法司副司长杨国华到辖区的国家级商业示范社区——帝湖花园社区调研社区商业建设

五矿建设有限公司与中原区政府项目合作签约仪式在裕达国贸举行

航海西路夜景

1、区委书记赵书贤视察冉屯拆迁
2、区长王东亮接待来访群众
3、南水北调工程建设现场
4、欧凯龙国际建材家居采购中心
5、盛润锦绣城
6、方圆经纬
7、中原区鸟瞰
8、戏迷天地
9、锦艺城王府井百货

郑州市惠济区人民政府

省委常委、市委书记吴天君、副省长赵建才陪同安徽省省长李斌在惠济区三全食品厂参观

国家文物局副局长童明康视察大运河惠济段

全国工商联副主席黄小祥视察惠济区三全食品工业

省委常委、市委书记吴天君在惠济区京广快速路段调研

省委常委、市委书记吴天君在惠济区视察刘寨网格化、花园口合村并城工作

市长马懿在惠济区花卉基地调研

中组部老干部局副巡视员赵庆视察同乐社区“四就近”工作

区委书记常继红视察安全生产、食品安全工作

区委书记常继红视察重点项目建设情况

区委书记常继红、区长黄钫视察惠济区新型城镇化建设工作

区委书记常继红、区长黄钫慰问民警、环卫工、医护人员

区长黄钫调研花园口镇重点企业

黄河湿地

林间步道秋色

天河路两侧绿树红花

迎宾花园

宁静的家园——黄河大观四季温泉度假区

休闲观光果园

郑州市上街区人民政府

省委常委、市委书记吴天君在上街区五云中心社区询问居民搬迁后的生活来源和居住情况

副省长张广智实地察看郑州通航试验区建设情况

部分驻豫全国人大代表视察上街区通用航空试验区

河南省新型城镇化调研组在上街区指导工作

河南华泰特种电缆有限公司二期项目开工仪式

中国中部机电产业总部基地项目签约仪式

上街区第一季度项目集中开工暨河南863科技创业园奠基仪式

中国·郑州第四届农业博览会——上街展台

郑州市上街区人民政府

1、中原西路西延快速通道、陇海路西延快速通道开工典礼
2、汜水河上街段治理工程开工
3、连霍高速上街区出入口引线——昆仑路
4、原夏侯小学异地重建，更名为上街区金华小学
5、科学大道西延工程上街段——安阳路
6、景色宜人的江南小镇社区
7、南部山区扶贫搬迁安置小区全面完工

区域图片荟萃

经济

JING JI

◎开发区

◎工业经济

◎民营经济

◎交通运输业

◎服务业

◎农业

◎财政　税务

◎经济监督与管理

开发区

郑州新区

【概况】 2012年，郑州新区坚持以邓小平理论和“三个代表”重要思想为指导，深入贯彻科学发展观，抢抓中原经济区规划建设机遇，大力实施重大产业项目带动、功能组团基础设施建设拉动战略，做强投融资、土地和人才三大支撑平台，突出汽车及装备制造、电子信息、现代物流、金融、文化创意、都市现代农业等六大产业，加快推进龙湖地区、综合交通枢纽地区、龙子湖地区、白沙—绿博组团、汽车城、国际物流园区、滨水国际社区和现代农业示范区等重点区域开发建设，经济社会保持了良好的发展态势。全年实现生产总值740亿元，比上年增长19%。规模以上工业增加值完成340亿元，比上年增长30%。社会消费品零售总额完成280亿元，比上年增长13.5%。固定资产投资完成830亿元，比上年增长30%。出口总额完成130亿美元，比上年增长100%。

【基础设施项目建设】 2012年，郑州新区城建基础设施计划开工项目344项，项目总投资428.2亿元，年度计划投资165.2亿元。（1）道路交通建设稳步推进。年初计划的9条跨区域道路如期开工建设，重点区域和功能组团内部道路交通建设加快推进。其中，龙湖区域新开工建设道路13条，综合交通枢纽区域19条（段）道路、6座桥梁、2条地下人行通道实现竣工。（2）生态水系建设取得重大进展。2012年11月18日，总投资近30亿元的引黄灌溉龙湖调蓄工程正式蓄水。工程建成后水域面积约5.6平方公里，郑东新区总水域面积达到11平方公里，占东区规划总面积的近1/10。（3）协调推进水、电、气、暖等基础配套设施建设，各功能组团的承载能力进一步提升，为产业入驻和人口集聚打下了良好基础。（4）生态廊道建设进展顺利。新区范围内共开工建设生态廊道项目总长约114.28公里，绿化面积约870万平方米，总投资约18.85亿元。

【重大产业项目建设】 2012年，郑州新区范围内的省、市及本级重点产业项目共计185个，总投资2739.1亿元。（1）围绕郑东新区金融集聚核心功能区建设，加快金融产业集聚发展。华夏银行、平安银行等8家金融机构先后开业；工商银行、交通银行等16个金融项目成功签约，总投资150亿元；中国民生银行战略研发服务基地正式入驻中原金融产业园，“两圆一带一方块”的金融产业空间布局基本成形。（2）汽车产业日益壮大。东风日产郑州汽车生产基地已成为东风汽车的第四大生产基地、日产汽车在中国的第二大生产基地；2012年3月20日，第一款自主品牌“启辰”轿车顺利下线并实现量产。宇通新能源客车、宇通重工、宇通校车项目稳步推进，宇通专用车生产线一期实现竣工投产。（3）文化创意产业正在形成新的产业支撑点。郑州华强文化科技产业基地一期方特欢乐世界顺利开园，完成投资约25亿元，有望形成年接待游客500万人次的能力，有力带动全省文化创意旅游、交通运输、餐饮服务、会展博览、房地产等相关产业发展。（4）现代物流业稳步发展。国际物流园区已签约入驻物流项目12个，协议投资总额约120亿元；作为国际物流园核心区的新加坡国际物流产业园确立了建立智慧物流新城的目标。

【重点区域开发】（1）龙湖地区。控制性详细规划已完成批复，CBD副中心等重点区域城市设计全面完成，各项规划建设稳步推进。龙湖区域15个行政村、37个自然村的拆迁基本完成，拆除各类建筑物总面积近1000万平方米，祭城南等3个安置区建设全面启动。（2）综合交通枢纽地区。郑州东站已正式投入使用，东站西广场绿地之窗、升龙站前广场和绿地中央广场等重点项目快速推进。（3）龙子湖地区。龙子湖湖心岛建设工作进一步加快，成功签约了9个科研创意项目，总投资约60亿元。（4）白沙-绿博组团。进一步明确了白沙组团行政服务区和绿博组团华夏历史文明传承创新区的功能定位，深化完善了其规划体系，同时协调推进路、水、电、气、暖等基础设施建设。（5）郑州汽车城。以经开区、国际物流园区和中牟汽车产业集聚区为主体，加快郑州汽车城规划建设，形成了“一带、两翼、三组团、四通道·六功能区”的发展格局，明确了汽车城的发展目标和行动计划，整车和重要零部件企业的招商引资力度进一步加大。（6）国际物流园区。突出基础设施和入驻项目提速建设两大主题，积极向商务部、外交部申请，将新加坡国际物流产业园“智慧物流新城”合作项目正式列入中新双边合作联委会议题，确定了工作推进方案。（7）滨水国际社区。总投资100亿元的滨河国际新城项目已与中建七局正式签约，合资公司已正式挂牌成立，项目进入实质性开发阶段。（8）现代农业示范区。按照“一年打基础、两年保开园、三年成示范”的目标，强力推进中牟都市型现代农业示范区建设，南北两个各5平方公里的先导区建设全面启动，866.67公顷土地流转到位。

【新型城镇化建设】（1）大力推进合村并城工作。2012年，郑州新区完成全域合村并城规划研究工作，实施合村并城试点区域10个，建设面积约495.95万平方米，项目总投资约99亿元、年度投资约33亿元，安置人口约7.3万人。其中，郑东新区3个试点项目全部启动建设；经开区4个试点项目正在抓紧推进，各项规划已经到位；中牟县白沙组团3个社区建设已进入施工阶段。（2）积极推进城中村改造及新型农村社区建设工作。2012年，完成了新型农村社区建设规划、4个新市镇“三化”协调发展空间布局规划的编制和评审工作，启动了6个新型农村社区的建设工作。新建农民住宅57.8万平方米，完成投资11.72亿元。

【三大平台建设】（1）在投融资平台建设方面，通过整合新区各投融资平台资源，历经两年多申报，2012年3月20日，成功发行了20亿元的郑州新区基础设施建设企业债券。这是全省城市新区和郑州市第一只获得国家发改委批准发行的市政项目建设债券，标志着郑州市在债券融资领域实现重大突破。在此基础上，启动了二期企业债券发行工作，资产梳理工作正在抓紧进行。（2）在土地平台建设方面，通过“储备下沉、交易上收”实现了新区范围内的国有建设用地统一储备交易；通过全面推行土地供应区片价格制度，客观评估、定期公布，整体提升和平衡了郑州新区的土地供应价格，满足了新区发展的需要。（3）在人才平台建设方面，依托“郑州新区人才网”，通过与兄弟地市人才网站合作，打造了人才信息交流互动平台。同时，将龙子湖湖心岛规划为人才集聚区，为探索新区引进和培养人才的新途径创造了良好条件。

（张向辉）

郑州新郑综合保税区（郑州航空港区）

【概况】 2012年，综保区（航空港区）认真落实国务院《指导意见》和省、市经济工作会议精神，以建设航空经济示范区为载体，着力构建现代综合交通体系，培育临空产业集群，打造对外开放高地，创新体制机制，保障和改善民生。按照“一城五区”的规划布局，大力实施“五化战略”，强力推进新型城镇化建设、现代产业体系构建和“坚持依靠群众、推进工作落实”长效机制建设“三大主体”工作，在全市率先走出一条以新型城镇化建设为引领的“三化”协调科学发展的路子。“一城”即航空城。“五区”即机场核心区、电子信息产业园区、临空物流园区、生物医药产业园区、国际化商务社区。“五化战略”即空港枢纽化、经济临空化、产业高端化、城市国际化、社会和谐化。2012年，全区实现生产总值190.7亿元，同比增长77.6%。规模以上工业增加值完成167亿元，同比增长105.2%。地方财政收入完成26亿元，同比增长153%。全社会固定资产投资完成116.2亿元，同比增长44%。实现外贸进出口总值280亿美元，同比增长214%。多项经济指标超额完成年初制定的目标任务。2012年11月17日，国务院批准《中原经济区规划》，提出建设郑州航空港经济综合实验区。

【新型城镇化建设】 新型城镇化建设强力推进，大都市建设已经起步。在合村并城方面，按照“政府主导、市场运作、统筹规划、有序推进”的工作思路，坚持以产业发展为支撑，以合村并城为抓手，以和谐宜居为目的，加快全域城市化进程，努力实现农民居住环境、公共服务、就业结构、消费方式“四个城市化”目标。综保区（航空港区）对被征地拆迁农民实行“五重”补贴和奖励，即搬迁有补有奖，一户一个大礼包；新居舒适安逸，一户一个安乐窝；安置有住有租，一户一棵摇钱树；商铺按人分红，一户一个聚宝盆；保障待遇优厚，一人一颗定心丸。自2012年7月开工，截至年底，累计开工242.15万平方米，占总任务量的41%；完成投资95.23亿元，占总投资的42%；已建成7万平方米，主体封顶103.49万平方米，合计110.49万平方米，占总任务量的18.7%。计划6月底前再开工180万平方米，10月底再开工168.43万平方米；至年底，实现全部项目动工，累计投资达到195亿元，完成总投资的88.6%。预计6月底竣工48万平方米，8月底竣工110万平方米，年底前竣工75万平方米；至年底，合计竣工面积达到240万平方米，完成总任务量的40.6%。至2014年底，全面完成合村并城工作，实现全域城市化，将为实验区建设节约土地798.47公顷。

在起步区建设方面，按照“一年打基础、两年见成效、三年大发展”的开发时序，完成了22.4平方公里的起步区规划，启动了3平方公里的核心区建设。投资10亿元，启动了环湖公园、大型城市公共绿化轴、南水北调绿化带三大绿地建设项目。

在道路交通建设方面，2012年综保区（航空港区）财政完成投资220亿元，开工建设了34条道路。总投资55.77亿元的郑州至机场城际铁路项目，已完成土地征迁45.53公顷。新周高速、轨道交通2号线、综保区快速路系统等工程正在规划建设之中。总投资25亿元的18座跨南水北调干渠桥梁建设进展顺利，预计2013年8月底可全部竣工。

在生态廊道建设方面，2012年已完成四港联动大道两侧沿途征租地65万平方米，拆迁面积12.3万平方米，全线培土57万立方米，微地形塑造150.5万立方米，绿化53.6万平方米，喷灌工程4.28公里，完成了自行车道、人行步道主体工程。

在中心城区功能提升方面，投资1.365亿元，建成日供水能力10万吨的港区第一水厂；投资3.6亿元，建成220千伏输变电站1座、110千伏输变电站2座；投资5.54亿元，建设日处理污水能力5万吨的第一污水处理厂、日处理污水10万吨的第二污水处理厂一期工程，预计2013年6月前可建成投用。另外，建成港区至郑州的23公里长的高压燃气管道，累计铺设道路管网50多公里；建成了港区热源厂一期工程，供热能力达到每小时70蒸吨。

【现代产业体系构建】 现代产业体系构建取得重大突破，大产业发展格局正在形成。按照培育大产业、建设大枢纽、塑造大都市的发展要求，以航空经济为引领的现代产业基地初步成形。以富士康项目为龙头，以智能手机终端制造为突破口，积极引进TFT面板、触摸屏组件、手机锂电池、摄像头、耳机等一系列配套项目。同时，深化与富士康合作，吸引带动电子零组件制造商及物流厂商入驻，全力推动富士康“8+1+3”产业园项目建设。2012年，电子信息产业实现工业总产值1210亿元，同比增长220%。

2012年，郑州机场旅客吞吐量1167万人次，同比增长15.01%，增幅居全国第三；航空运输起降10.93万架次，同比增长18.01%，增幅居全国第二；货邮吞吐量突破15万吨，同比增长47.07%，增幅居全国第一。新引进航空公司3家，新开辟航线8条。截至年底，在郑州机场运营的航空公司有27家，通航城市63个，开通航线90条。

现代服务业快速发展。俄罗斯空桥、河南航空公司等基地建设项目已陆

4月12日，中共中央政治局常委、全国人大常委会委员长吴邦国一行实地考察郑州新郑综合保税区（郑州航空港区）

续启动，TNT中部枢纽项目、UPS郑州基地项目取得重大进展；中外运、丹尼斯购物广场、金星广场、裕鸿商业公园等项目已开工建设。抢抓建设郑州国家高技术生物医药自主创新基地的机遇，生物医药产业呈现出良好的发展态势。截至年底，生物医药产业基地先导区、台湾科技园建设已粗具规模，建成了33栋楼、20万平方米厂房，入驻规模以上企业9家，实现销售收入2.3亿元。与国药集团、河南羚锐、瑞安生物、河南普瑞、博凯医药、远大集团等30余家生物医药企业进行了接触洽谈，签约和达成意向企业22家。

【网格化管理】 网格化管理机制持续推进，网格化管理体系初步形成。以网格化管理为载体，以社会公共管理七大领域问题排查整治为对象，不断深化“坚持依靠群众、推进工作落实”长效机制建设，为经济社会发展提供了坚强保障。初步建立了以网格划分、信息采集、人员下沉和平台建设为标志的网格化管理体系。基本形成了全区三级网格、四级平台、五级联动的治安格局，645名各级干部下沉到基层，其中178名机关干部下沉到村（社区）。加大对重点工作和专项工作的治理力度。组建了建筑工地、户外广告、占道经营、园林绿化、交通秩序、环境卫生、集贸市场、道路路面、收废拾荒、精品街整治等10个专项整治指挥部，对城市综合管理中的13项突出问题进行了集中治理。以富士康周边环境专项整治为重点，共拆除违法建设4000多间，拆除面积约12万平方米，完成新修道路绿化面积17.46万平方米，绿化已有道路面积37.62万平方米。解决问题成效显著，逐步形成了运用网格化推动工作的长效机制。通过各级网格干部主动排查，全区共发现问题9257起，解决9241起，办结率达99.83%。随着以网格载体的长效机制建设持续推进，各级干部运用网格化开展工作的主动性不断增强，水平和能力不断提高，网格化管理已成为各级干部开展工作的一种有效手段。

【航空枢纽建设】 航空枢纽建设实现良好开端，成为全国唯一一个综合交通枢纽建设试点。在2011年全国民航工作会议上，国家民航局把郑州机场确定为“十二五”期间全国唯一的综合交通枢纽建设试点，中国民航局要把郑州建成继北京、上海、广州之后主要的航空运输枢纽。郑州新郑国际机场规划跑道5条，其中专用货运跑道1条。截至年底，正在运营的是一条4E级跑道（3400米×45米），可以起降除A380以外的所有大型飞机，已开通航线90条。其中，国际及地区全货运航线9条，运营航空公司7家，即俄罗斯空桥、国泰、UPS、国货航、香港航空、南航、扬子江等；航点包括莫斯科、阿姆斯特丹、

6月13日，国家发改委副主任徐宪平一行到郑州新郑综合保税区（郑州航空港区）调研新型城镇化建设情况

芝加哥、香港、卢森堡、布拉格、仁川、安克雷奇、洛杉矶等九大国际城市；通航城市包括仁川、莫斯科、洛杉矶、阿姆斯特丹、芝加哥、卢森堡、布拉格、安克雷奇、香港等城市。2012年，旅客吞吐量1167.36万人次，全国排名第十八位（与上年比在全国上升3个名次），同比增长15%，增速排名全国第二位。货邮吞吐量15万吨，全国排名第十五位（与上年比在全国上升5个名次，总量跃居中部六省第一位），总量同比增速47%，位居全国第一位。

2012年12月19日，机场二期工程奠基。主要包括航站区（T2航站楼、综合换乘中心）、飞行区（一条4F级跑道，3600米×60米）、货站区与空管小区四大工程，总占地面积572.47公顷，建设总投资154亿元（不包括征地拆迁资金约50亿元），可以起降目前所有的飞机。拆迁涉及6个行政村、1.24万余人，工期两年半，比原计划提前1年。截至年底，航站区111.47公顷土地已全部完成拆迁并交付使用；飞行区420公顷土地正在进行地上附属物拆迁；货站区已就原有批复方案24.93公顷与机场公司提交新方案37.53公顷同时进行了普查，并已完成了定界、埋桩工作。空管小区迁建方案正在积极对接中。项目建成后，可实现客运零换乘与货运的无缝对接，满足年客运能力2900万人次，货邮吞吐50万吨的需求。

【富士康项目建设】 富士康项目建设迈上新台阶，扛起河南进出口半壁江山。2012年，实现进出口总值285亿美元，占河南省进出口总量的55.1%。富士康项目是省市重点工程，是综保区（航空港区）在建的最大产业项目。

7月20日，俄罗斯空桥货运航空公司副总裁、亚太地区首席代表宋成昱考察郑州新郑综合保税区（郑州航空港区）

2012年，完成投资45亿元，新建工业厂房43栋、74个楼层、100万平方米；累计完成投资90亿元，建成厂房76栋、144个楼层、200万平方米。完成投资53亿元，新建员工宿舍120万平方米，新增床位11.7万个；累计完成投资110亿元，建成员工宿舍219万平方米，提供床位23.3万个，宿舍床位盈余5.7万个，可完全满足富士康员工居住需求。2012年，富士康郑州科技园布局手机生产线95条，生产手机6846万部，完成工业总产值1210亿元、工业增加值157亿元。富士康郑州科技园已成为全球最大的智能手机生产基地之一。2012年，累计实现进出口总额284.97亿美元。其中，进口总额128.48亿美元，出口总额156.5亿美元。进出口总额占全市比重82%，占全省比重55.1%。在富士康的带动下，全省进出口总额增幅跃居全国第三，连续12个月居中部六省第一，河南省经济外向度由2010年的4.7%提高到10.9%，郑州经济外向度大幅飙升至近30%，有力地促进了河南省、郑州市外向型经济的发展。

作为郑州航空港经济综合实验区建设的主要参与者，富士康有意进一步扩大在实验区投资，初步确定的项目有结算中心、屏杆计划、电子交易展示中心、航空物流园、精密机械产业园、光电产业园、汽车电子产业园等项目。

【对外开放】 对外开放高地建设取得新进展，成为全国“小区推动大省”的典范。郑州新郑综合保税区规划面积5.073平方公里。2010年7月提出申请，100天完成申报，10月24日国务院批准成为中部第一个综保区；一年完成建设，2011年11月4日封关运行，创造了“郑州速度”；当年完成进出口总额89亿美元，创造了“政府边建设、企业边生产、海关边监管”的“郑州模式”；已围网面积2.73平方公里。2012年，完成进出口总额284.97亿美元，占全省进出口总额的55.1%，在全国110个海关特别监管区中排名第五位；在全国31个综保区中排名第二位。被海关总署推举为全国综保区，尤其是内陆地区综保区建设的标兵和示范，初步实现了“小区推动大省”的作用。

2012年12月，获批成为“自产内销货物返区维修”业务试点，已成为富士康苹果手机全球维修基地。2012年12月，实现了苹果手机内销，截至年底内销手机超过700万部。

【民生建设】 以保障和改善民生为重点，不断加大民生投入，让人民群众共享发展成果，幸福航空港建设持续推进。健全社会保障体系，制定出台了综保区（航空港区）征地补偿、拆迁安置、社会保障和新农合等方面的政策性规定，扎实推进各项保障制度和惠民政策的落实。2012年，中央、省、市、区四级财政共补助新农合基金1524.312万元，农民参合率达到97.6%，实现了农村人口应参尽参。调高了对被征地农民补贴标准，为被征地农民发放各类补贴2384.3万元。就业补贴、养老补贴从原来的147元/月、123元/月、180元/月的标准，分别调高至165元/月、138元/月、200元/月。完善教育制度，狠抓教学管理，引进优秀人才，教学质量全面提高，全年实施优质教育资源倍增项目2个，实施优质教育资源促进项目3个。完善医疗救护制度，打造10分钟紧急救援医疗圈。围绕公共就业服务，全年发布招聘岗位5000余个，实现农村劳动力转移就业2261人。鼓励和支持农民自主创业，为创业者提供资金贷款支持。进一步优化用工环境，保护职工的合法权益。先后开展了农民工工资支付专项检查活动、清理整顿人力资源市场秩序等专项行动，调解处理各类大的劳资纠纷30多起，为职工追回拖欠工资1000多万元，帮助职工要回工伤赔偿金80多万元。

（王　丹）

郑东新区

【概况】 2012年，郑东新区GDP完成120.3亿元，同比增长13%。第三产业增加值完成113亿元，同比增长13.5%。固定资产投资完成267亿元，同比增长26%。地方财政总收入完成69.3亿元，同比增长30%；其中，公共财政预算收入完成32.4亿元，同比增长16.7%。主要指标增速均高于全市平均水平。在全市16个县（市）区中，第三产业增速居全市第一位，公共财政预算收入规模居全市第二位，收入质量居全市第三位，GDP和固定资产投资增速均居全市第四位。截至2012年年底，东区10年累计完成投资近1600亿元，建成和在建房屋面积3500万平方米，建成区面积80平方公里，绿化面积1600万平方米，水域面积1100万平方米；以CBD为核心的起步区基本建成，包括龙湖区域在内的各功能组团全面建设，“十年建新区”的目标基本实现。以“十年建新区”为节点，郑东新区策划实施了系列宣传活动，全面展示了东区成就，得到了上级和社会的认可。

【新型城镇化加快推进】 （1）项目开工数再创新高。2012年，新开工项目70个，为年度计划的125%。其中，亿元以上项目23个，10亿元以上项目12个；在建省市重点项目达到40个，完成投资57亿元。（2）龙湖区域建设取得突破。引黄灌溉龙湖调蓄工程开始蓄水，蓄水量超过600万立方米，生态效应初显；龙湖工程创造了国内外水利工程多个第一。基础设施建设完成投资近20亿元，北三环东延工程实现投资过半。龙湖重点区域城市设计、环湖景观设计基本完成，龙湖CBD建筑单体设计提交深化成果。（3）综合交通枢纽区域建设成效显著。郑州东站建成投用，高铁效应初步显现；东站周边19条道路、6座桥梁先后建成投用。升龙广场、绿地之窗和中央广场等西广场项目进展顺利，累计投资超过100亿元。（4）龙子湖区域建设提速。以河大国际学院开工为标志，15所高校项目全部启动，累计完成投资110亿元；湖心岛7个科研项目开工建设。（5）合村并城工作有序推进。龙湖区域3个合村并城试点项目开工建设。生态廊道建设取得阶段性成果。实施BT建设模式，在全市率先完成生态廊道及“两环十七放射”绿化提升工程，高标准配建驿站、公交港湾等公共配套设施，打造了全市的建设标杆。（6）土地保障能力进一步提升。全年批回土地805.07公顷，征收集体土地578.4公顷，供应土地799.07公顷，保障了各建设项目的需要。

【现代服务业体系初步建立】 金融集聚核心功能区建设扎实推进。建立了省、市、区三级推进机制和专家咨询机制，制定了金融业发展三年行动计划。平安银行等13家金融机构实现开业，工商银行等16个金融项目正式签约，总投资近150亿元。引进各类金融机构总数达到150家，5家国有银行和12家全国性股份制银行中分别有4家、9家签约或入驻。驻区14家银行存、贷款余额占全省比重分别达到71.3%和64.9%。金融业增速达到15.8%。

高端商贸业得到优化升级。加快特色商圈、特色街区建设，丹尼斯七天地、红星美凯龙等商家相继开业，万豪、洲际等国际一线酒店品牌先后入驻，宾利、劳斯莱斯等高端汽车品牌加快聚集，CBD商圈、商都路商圈和高铁商圈渐成规模。

市场外迁快速推进。引进万庄农化、省数字认证中心等多家电子商务企业，成为商务部命名的首批国家电子商务示范基地。配套产业竞相发展。苹果、惠普等知名企业先后进驻，入区世界500强和国内500强企业分别达42家和56家，CBD各种税收超亿元楼宇达到15幢。

依托高校优势，打造科研高地。国家知识产权局专利审查协作河南中心落户东区，成为全国第四个、中西部第一个协作中心。国家质量检测中心、诺西研发中心、日产研发中心相继进驻；高新农业装备研究中心等8个科研项目入驻龙子湖湖心岛。河南文化产业公共服务平台初步建成。国际会展中心累计举办各类会展突破1000场次，参展人员突破900万人次。

产业结构调整效应进一步显现。依托主导产业的发展，金融业占三产比

4月13日，中共中央政治局常委、全国人大常委会委员长吴邦国到郑东新区考察

重上升到54%，成为拉动经济发展的主导力量；房地产业比重下降至22.5%，摆脱了长期主要依靠房地产业带动发展的局面，抗风险和可持续发展能力不断增强。

【长效机制基本形成】 构建了科学的网格化体系。郑东新区划分了8个一级网格、77个二级网格、407个三级网格；工商、市政等具有社会管理职能的部门分别融入网格。从机关和办事处抽调564名干部，组成58个群众工作队下沉到社区（行政村），形成条块融合、覆盖全区的网格化管理格局。充分动员发动群众，开展“民生直通车”等活动，组建“一长多员”的管理队伍，发展义务网格员1112人，使群众直接参与网格化管理，群众基础更加坚实。强力推进两大类20项问题的整治。成立7个重点领域领导小组，通过联席会、观摩会等方式化解疑难问题。累计发现问题19039件，办结18753件，办结率98.5%。其中，清理违法占地106.67公顷，拆除违法建设10.7万平方米。城市管理不断提升，开展13项突出问题整治活动，复浇道路14条，新增停车泊位7500个。

【民生事业】 坚持发展为民，统筹推进各项社会事业发展。实施优质教育资源倍增工程，建成商鼎路一小等中小学校和幼儿园7所，新增学位12720个。实施“三名工程”，新招聘中小学教师387名，与郑州师院开展战略合作，教师队伍整体素质进一步提高。医疗保障能力持续提升。依托省直三院成立了郑东新区人民医院；与郑大一附院合作开展“省级专家进社区”活动，使社区居民能就近享受到省级医疗专家服务；落实新农合政策，新农合参合率达到98.5%。社会保障水平不断提高。新增居民养老保险参保6146人，新增医疗保险参保81730人，被征地农民基本生活保障参保率达到98%。新增城镇就业、再就业2300人，登记失业率控制在4.5%以内。

开工保障性住房2000套，竣工738套。积极推进“十星社区”创建工作。装修社区用房2.4万平方米，建立社区社会服务信息平台和社区公共服务平台，阿卡迪亚等6个社区通过市“星级社区”考核验收。实施文化惠民工程，建成农村文化大院4个、社区文化活动中心11个。完善计划生育利益导向机制，全区人口出生率控制在12.2‰以内。

社会管理和谐有序。信访工作卓有成效，在区域情况复杂，拆迁范围广、任务重，以及担保公司风险化解难度大的情况下，东区未发生重大信访事件，社会大局保持稳定。安全生产工作得到加强，以保障食品安全为目标，在全市率先开展餐厨垃圾集中回收试点；以消除隐患为重点，组织“打非治违”等10余个专项整治活动，全年未发生重大安全生产事故，安全形势总体平稳。加强劳动保障监察工作，为1600名外来务工人员追讨工资1090万元。构建五位一体的治安防控网络，群众安全感显著增强。

【机关自身建设】 基层基础进一步夯实。扎实开展创先争优活动，以及公开承诺、认真践诺、亮身份、树形象等活动，组建各类党员志愿者队伍53支，发挥党组织战斗堡垒作用和党员先锋模范作用，助推中心工作的开展。开展基层组织建设年活动，构建党建工作责任体系。新成立4个党工委、17个社区和非公企业党支部；36个社区党组织顺利实现换届；116个基层党组织完成分类定级，2个后进基层党组织完成整改晋级。

干部队伍建设不断加强。通过开办“东区讲坛”“金融大讲堂”、领导干部高级研修班等方式，提升党员干部的理论素养。通过党员集中教育培训，培训新任村（社区）“三委”成员、机关和“两新”组织党员干部近1800人次。以“讲树”主题教育活动为主线，开展了机关运动会、东区精神征集等活动，活跃了机关氛围，提振了干部精神。落实党风廉政建设责任制，开展廉政文化“六进”等活动，扎实推进“公务灶”、公车治理等工作。积极构建廉政风险防控体系，制定防控措施300余项；加大案件查办力度，严格审计监督，确保了公共财政的安全有效。

（李晓东）

2月24日，中共中央政治局委员、国务院副总理王岐山到郑东新区考察

郑州高新技术产业开发区

【概况】 2012年，高新区在市委、市政府的正确领导下，以“三大主体工作”为抓手，开拓创新，顽强拼搏，各项工作取得重要突破。新型城镇化建设强力推进，拆迁完成近千万平方米。现代产业体系构建成效明显，中国联通、华强、微软大项目开工建设；国家级重点实验室建设实现郑州市“零的突破”。高新区被科技部评为国家高新区建区20周年“全国先进高新区”。2012年，全区国内生产总值比上年增长14%；地方公共财政预算收入完成15亿元，比上年增长25%；固定资产投资比上年增长25%；规模以上工业企业增加值比上年增长21%。实际利用外资26320万美元，比上年增长31%；利用域外资金68亿元，比上年增长19%。全面完成省市下达的出口创汇目标。

【基础设施建设】 2012年，高新区基础设施建设完成投资38.3亿元。（1）新建道路31条，新增道路20公里，逐步形成了多环回形路网。新建桥梁2座，其中，莲花街桥已具备通车条件；9月13日，科学大道西延工程竣工通车。（2）“两环十七放射”生态廊道建设涉及高新区道路共32.46公里，绿化建设已完工，公共配套设施建设年底前完成90%，新增绿化面积约240万平方米。（3）2012年，新增供暖管网20公里，新增供水管网28公里。由高新区与省建投合作、日产能10万吨的梧桐水厂，一期5万吨项目已竣工投产，并实现供水。（4）投资100亿元的郑州高新数码港项目南1地块正在拆迁，并在完善修规方案。彩虹花园重振工程主体改建新开工项目12个，完成主体改扩建项目6个，新开业项目5个，正常经营项目8个。（5）郑州高新区须水河生态水系工程湖区东部水系建设基本完成。主河道除待拆桥梁、莲花街两侧等部分范围外，土方开挖基本完成，开始砌筑护坡；输水工程及蓄水工程开始施工。截至2012年年底,高新区建成区面积35平方公里,绿化覆盖率36%。

【主导产业】 围绕高新区重点工作，进一步确立以电子信息、软件、动漫创意为核心内容的电子信息主导产业，加快打造电子电器、信息枢纽、动漫广告、软件和网络、电子物流、智能仪器仪表、科技创新七大产业集群。电子电器产业集群中，格力电器产业园累计完成投资40亿元，并已投产；总投资30亿元的电子电器产业园14家企业，6家已建成，4家已投产，累计完成投资16亿元。信息枢纽产业集群中，总投资600亿元的郑州IT产业园年内计划的11个项目，总投资215亿元；投资72亿元的中国联通中原数据基地、投资20亿元的微软教育云计算产业园及蓝信、向心力等9个项目已开工建设，完成投资近10亿元；投资5亿元的河南移动通信枢纽已建成投入使用。动漫广告产业集群中，投资33亿元的中原广告产业园年底前一期部分投入使用；投资12亿元的动漫产业基地，已聚集85家动漫企业，占全省的80%左右。软件和网络产业集群中，投资20亿元的河南电子商务产业园，已有腾讯、百度、上海锋范软件等6家企业进驻；腾讯·大豫网QQ在线用户已超过5000万户；投资5000万元的大河网已完成公司注册，正在进行内部装修。电子物流产业集群中，投资100亿元的大学科技园（东区）项目，已开工70万平方米，年底累计有13万平方米投入使用；投资30亿元的华强电子高端服务业基地已开工建设；全球第三的专业通路商、投资1亿元的联强国际项目已建成，设备、人员已到位。智能仪器仪表产业集群中，投资20亿元的汉威物联网产业园，已完成投资2亿元；新天科技、四维机电等9个项目，总投资26.6亿元，其中8家主体已全部封顶，2家建成，完成投资8.4亿元。

【新型城市化建设与管理】 2012年，高新区丁楼、大谢、北里、大里4个村庄城中村改造控制性详细规划获得郑州市政府批准；布袋李村庄已通过市长联审联批会待报市政府批准。高新区坚持以新型城镇化为引领，坚持以拆开路、以拆促建。全年完成祥营、沟赵等15个村及“两环十七放射”道路拆迁工作，完成拆迁近千万平方米。特别是祥营村的拆迁，不仅破解了多年困扰高新区发展的瓶颈，也打开了高新区向西发展的通道和空间；五龙口的拆迁，为东风路西延、促进高新区与主城区融合，创造了有利条件。高新区10个安置区项目已全部开工建设，在建面积约142万平方米，完成投资约8亿元。其中，第一个政府主导合村并城项目——高新锦和苑社区32万平方米安置房，已完成投资2.9亿多元。

加强网格化管理。高新区5个一级网格、53个二级网格、163个三级网格框架已经搭建，570多名人员下沉到基础网格，条块融合职能得到较好发挥。领导分包，街道、村（社区）、基础网格长、职能部门、群众工作队等共同参与的网格化管理运行机制初步形成，发现问题、解决问题、反映问题机制运行良好。7个重点领域排查出来的全部问题为8062项，整治7752项，整治率为96.15%。发现社情问题69873项，解决69657项，解决率为99.69%。

【科技创新】 通过发改委系统，高新区内有13家企业申报2012年度郑州市工程研究中心，郑州机械研究所等6家企业获批成为2012年河南省企业技术中心，河南中能能源有限公司获批成为河南省工程研究中心。郑州市工信委认定高新区内科林公司等7家企业技术中心为“市级企业技术中心”，共获资金支持210万元。中铁隧道的盾构及掘进技术国家重点实验室，2012年11月22日顺利通过国家验收，成为河南省第一家通过验收的国家重点实验室。郑州机械所、中棉所国家重点实验室主楼已封顶；三磨所和烟草研究院正在积极申报国家重点实验室。截至年底，共获批市级以上研发机构37家；获批郑州市科技进步奖26项，新认定高新技术企业15家；新培育并认定市级创新型企业9家、省级创新型试点企业3家；获批企业院士工作站5个，其中省级2个、市级3个；高新区共申请专利2045件，其中发明专利642件；授权专利1609件，其中发明专利324件。

中国河南专利孵化转移中心

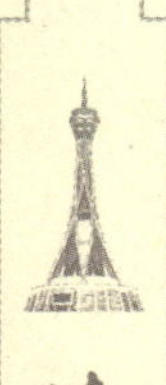

软件园

【招商引资】 2012年，高新区围绕电子信息这个主导产业开展招商，拉长和完善产业链。以商招商，充分发挥大项目的集聚作用。坚持"走出去"招商，不断拓宽项目信息渠道。全年新引进大项目情况良好，共有10余个5亿元以上的项目签约入驻。其中包括投资33亿元的联通中原数据基地（二期）项目，投资33亿元的中原广告产业园项目，投资10亿元的康茂LED研发生产基地项目，投资5亿元的九州物联网产业园项目，投资5亿元的河南石佛艺术公社文化艺术创作及产业发展基地项目，投资5亿元的河南省交通科学研究院智能交通物联网科技园项目，投资100亿元的郑州高新数码港项目，投资9亿元的靖业集团逸泉国际酒店项目，投资6.8亿元的旭鑫国际西湖购物广场项目，投资10亿元的河南省电子商务产业园项目，投资5.5亿元的神州智能卡项目。截至2012年年底，高新区内聚集各类企业3000余家，销售收入超亿元企业近70家，上市企业10家，聚集了4所大学和8个部属研究院所。

【民生建设】 2012年，高新区大力实施优质教育资源倍增计划，新增优质学位1875个（小学675个，中学1200个）；信大幼儿园、锦和苑幼儿园、付庄中学、付庄幼儿园4个项目已开始建设，长椿路小学项目年底全部完工，枫杨外国语学校新校区项目已完成主体工程量的60%，高新区第一幼儿园12月10日正式开园，郑州中学三附小、郑州中学四附小项目正在加快建设。实施药物"零差价"制度，严格落实基本药物采购和配送制度；全面推进建立居民健康档案工作。积极做好2012年"三夏、三秋"农业工作，顺利完成第四届中国·郑州农业博览会郑州高新区参展筹备组织工作。加强社会保障工作，认真落实自然灾害救助、失地农民保障等各项社会保障政策。完成公共租赁住房5315套，竣工经济适用住房1824套。在食品安全方面，制订详细的目标责任制考核评分表，并下发了《郑州高新区食品安全有奖举报管理办法》，切实保障全区人民群众的饮食安全。

（刘 洁）

郑州经济技术开发区

【概况】 2012年，在市委、市政府和新区党工委、管委会的正确领导下，郑州经开区积极应对欧债危机冲击和自身转型发展的挑战，创新发展思路，凝聚发展力量，破解发展难题，优化发展环境，坚持工业强区这个总要求不动摇，统筹推进新型工业化和新型城镇化互动发展。尽管受到外部经济环境形成的下行压力影响，但各项主要经济指标依然保持了良好的增长态势。

经济发展逆势上扬，综合实力不断增强。2012年，全区地区生产总值完成128.2亿元，同比增长11.6%。第三产业增加值完成26.3亿元，同比增长7%。规模以上工业增加值完成77.2亿元，同比增长13.6%。全社会固定资产投资完成142亿元，同比增长26%。财政总收入46.7亿元，同比增长21.4%；公共财政预算收入12.09亿元，同比增长22%。出口总额7.08亿美元，同比增长17.5%。实际利用外资5.8亿美元，同比增长68.2%。社会消费品零售总额完成65.3亿元，同比增长12.4%。

2012年是全区各项工作取得较大成效的关键一年，各项主体工作取得了跨越式发展。

（一）以项目开工、投产为标志的现代产业体系构建迈出新步伐。在市委、市政府的正确领导下，全区进一步明确了产业定位和主导产业布局，从"招商引资"逐步向"选商引资"转变。加大"三位一体"项目、"五职"分包项目推进力度，全面实施"招、落、建"攻坚行动。东风日产、宇通专用车、郑煤机、百事可乐等一批产业链长、科技含量高、附加值高的主导产业相继落地、开工、投产，成为经开区构建现代产业体系的重要载体。

（二）以合村并城为代表的新型城镇化建设取得新突破。2012年是经开区建区以来征迁安置工作规模最大、投资最多、进度最快、成效最明显的一年，征迁规模和总投资均超过前6年的总和。按照"两年拆迁完毕、三年安置到位"的既定目标，一个空间布局合理、功能分工有序、资源配置优化、公共服务均等、环境优美舒适的工业化新城即将展现在人们面前。

（三）以"两环十七放射"为机遇的城市提升工作迈上新台阶。本着高标准、高起点、高品位的要求，在投资13亿元完成"两环十七放射"建设任务的同时，进一步深化推进畅通、绿化、美化、亮化四大工程，多管齐下，齐头并进，着力提升城市品位，打造幸福经开区。全区新增绿化面积1.6万平方米，城区绿化率达到20%以上；打通断头路23条，四港联动大道经开区段被评为全市道路建设样板工程，建成区道路全部实现路通灯明。

（四）以网格化管理为核心的社会管理工作取得新成效。网格化管理和专业协同网络以及农村联户代表队伍的建立，标志着经开区社会管理工作打破了以前"各管一摊"的模式，形成了统筹兼顾、全面覆盖的管理服务体系。信息采集更加科学有效，监督、反馈、督办渠道畅通，违法行为治理更加及时，管理资源集约利用，促进了政府职能特别是市场监管、公共服务和社会管理职责在基层得到有效落实。全区发展环境进一步优化，干群关系更加和谐，民主自治更加完善。

（五）以"公开选聘"为抓手的干部队伍建设得到加强。2012年，全区通过公开选拔副科级干部，公开选聘优秀大学生村干部，完善科级后备干部管理机制，加强干部教育培训等手段，一批业务能力强、综合素质高的干部走上领导岗位，优化提高了全区干部队伍的整体素质，并且在全区形成了注重学习、主动提高自身素质的良好风气。

【新型城镇化建设】 以国际社区为引领，新型城镇化建设稳步推进。按照"以区构城、产城融合"的理念，坚持规划先行，突出特色，全力做好国际社区规划编制工作，统筹考虑商业文化宜居区、滨河国际新城总体规划。通过规划引领、交通支撑、产城融合、配套完善、文化特色五大核心抓手，完成规划国际社区约32.57平方公里，规划人口35万人。采取与央企中建七局合作成立中建城开公司，捆绑实施滨河国际新城项目建设等多种融资模式，有效缓解了财政投资的压力。全年投资13亿元，完成"两环十七

海马（郑州）汽车有限公司鸟瞰图

放射”绿化任务114万平方米，培土270万方，栽植苗木11万余株。启动了13个村庄的征迁工作，共征迁村民3506户15574人、面积187万平方米。投入资金16.7亿元，完成4个村庄的整村征迁工作，各项指标均完成总任务的30%以上。开工建设瑞绣、瑞祥、瑞春、盛和三期和四期，世和一期、瑞锦一期7个安置小区，总开工面积167万平方米，预计2014年可建成交付使用。

【招商引资】 以招商引资为动力，发展活力显著增强。坚持三大区域和六大方向招商，积极承接高端产业转移，吸引主导产业项目入驻，谋划对接高技术服务业项目。通过参加拜祖大典、省投洽会、中博会等省市招商活动，以及自行举办经开区汽车及装备制造业招商推介会等形式，成功签约项目22个，协议投资总额约150亿元，实际利用外资5.81亿美元、利用省外资金37.2亿元。其中，河南媒体港项目、台湾友嘉集团数控机床及叉车生产基地、日本加特可公司自动变速箱项目等9个项目已基本成熟，有望于2013年落地开工建设。跟踪洽谈了森林河房车、日产新能源汽车、京东方科技集团有机发光显示器、伟创立电子通信、奥特莱斯生活广场、菲律宾SM集团、万达商业综合体等项目。全区招商项目呈现出外资项目多、域外投资多、工业项目多、投资规模大、科技含量高的良好势头。

【构建现代产业体系】 以转方式调结构为主线，着力构建现代产业体系。坚持新型工业化道路不动摇，加快推进产业结构优化升级。全区重点项目完成投资180亿元。在加快壮大汽车及装备制造业发展的同时，积极培育战略新兴产业，改造提升传统优势产业。2012年，新开工项目32个。总投资40.7亿元的东风日产郑州工厂扩建项目、投资40亿元的海尔创新产业园项目、投资5.5亿元的中兴产业园生产基地等一批主导产业项目投资力度强劲，有力地促进了产业聚集；投资13亿元的宇通专用车郑州生产基地项目、投资1.85亿元的百事可乐郑州灌装厂项目等20个项目相继竣工投产。全区项目建设呈现出“开工快、投产快、见效快”的良好态势。

【对外开放与科技创新】 以对外开放科技创新为支撑，核心竞争力进一步提高。2012年，完成外贸出口7亿美元，完成对外经济技术合作合同额2.17亿美元，完成对外经济技术合作营业额3.8亿美元，实现境外投资1620万美元。年初，郑州“无水港”项目成功签约并开通运营。河南保税物流中心跨境贸易电子商务项目获得批复，已正式开始运营。出口加工区B区报批工作顺利通过国家九部委联合会审，同时启动了控规编制工作和产业发展布局规划编制工作。

不断加大对企业技术研发机构建设的扶持力度。2012年，完成各类科技项目申报140项，申请科技资金4000万元，申报专利1137项；获批各级研发中心12家、高新技术企业7家，实现技术合同交易额3.45亿元。河南留学人员创业孵化基地正式启动，为归国人才提供了一个集研发、生产、中试、产业化生产为一体的服务平台；累计获得国家“千人计划”专家5名，占全省申报专家人数的50%，生物医药、高等级公路检测、LED半导体照明、直线电机等一批高科技项目为全区经济发展注入了新生力量。

【民生建设】 以改善民生为根本，发展成果惠及群众。2012年，投入教育、文化、社保、医疗卫生、农林水利等民生性支出2.1亿元，同比增长32.9%。基础设施建设投资3.9亿元，同比增长45.7%。全区城市功能日益完善，社会保障体系进一步健全，各项社会事业全

郑州铁路集装箱中心站

面进步。

完成107国道东辅道、第十八大街、第十九大街等23条道路部分路段建设，总通车里程16.6公里。教育支出1.6亿元，同比增长34.3%，占全年财政支出的比重为12.3%。果园路小学如期建成招生，新开工中学、小学及公办幼儿园各1所，面向社会公开招聘优秀教师90名，充实到教学一线。新开工公共租赁住房项目4个共2532套。召开招聘活动30余次，提供用工岗位9500个，新增城镇就业1847人，农村劳动力转移就业710人。完成第二十二、二十三大街等4条道路的照明工程，安装路灯236基、光源415盏。大力开展城市提升工程，除"两环十七放射"和生态廊道建设外，区内新增绿化面积1.6万平方米，种植各类乔、灌木10余万株；新建停车场16个，新增停车位3200余个；新进道路洗扫、冲洗车17台，全区环卫车辆累计达63台，机械化清扫率达到40%以上。扎实开展社会救助工作，努力扩大困难群体救助覆盖面。2012年，全区发放低保资金120万元、五保户供养金55万元，报销新农合医疗费用862.5万元。

【网格化管理】 以网格化管理为突破口，社会大局和谐稳定。按照市委、市政府的部署和要求，科学划分网格，将区属3个街道、26个行政村、5个居民社区划分成177个社会管理网格，并建立公安、消防、质检、工商等专业网格，统分结合，多网融合，打造出一张"横到边、纵到底、全覆盖、无缝隙"高效和谐的社会管理网络。2012年，共录入台账信息2925条，办结2908件，办结率99.4%；上传社情信息864条，办结825件，办结率95.5%。

对全区社区服务用房进行清理，落实社区办公用房6560平方米，达到规定面积的4.8倍。发现、劝阻、拆除违法建筑8000余平方米，区内违法建设得到有效遏制。加强食品安全查处力度，对全区食品生产企业建立信用档案，对餐饮商户进行量化分级，并纳入管理体系；取缔了一批黑作坊、非法养殖户，查处食品假冒案件30起，查扣问题食用油300余箱，案值50余万元。处理治安案件396起，破案率达到85%以上，信访案件结案率达到95%以上。此外，店外经营、占道经营、违章停车、乱倒垃圾等城市管理老大难问题也得到了有效治理，社会管理效能大大提升，社会风气不断优化，群众生活和谐稳定。

【机关自身建设】 以迎接党的十八大召开和基层组织建设年为主线，围绕发展大局，在创先争优活动中，深入开展"建新城、作承诺、创佳绩""大学习、大讨论、大实践"和"我为先进制造业新城献计献策"等活动，进一步提升了各级党组织的凝聚力和战斗力。积极探索公开选拔新路子，面向全区公开选拔19名副科级领导干部。结合基层工作实际，充实调整了14名街道领导班子成员，从大学生村官中公选22名优秀干部充实到街道工作，进一步优化了基层组织结构。完成了全国、省、区三级人大代表、政协委员推荐选举工作和农村（社区）"三委"换届任务。实施干部素质提升工程，制定了《2012年党员干部教育培训计划》，开展各种学习培训活动。依托区党校，举办4个主体班次，举办专题讲座3期，党员干部、农村社区"三委"成员、家庭联户代表等1600余人接受了教育培训。进一步强化干部监督管理，坚持思想教育和日常监督相结合，严肃查处各类违纪违法行为。作风建设不断加强，积极开展机关和干部作风整顿活动，集中治理"庸、懒、散、软"等消极现象，促进了党风政风和社会风气的进一步好转。

（王倩倩）

河南郑州出口加工区

【概况】 2012年，郑州出口加工区在市委、市政府正确领导下，以邓小平理论和"三个代表"重要思想为指导，深入贯彻落实科学发展观，开拓创新，狠抓落实，各项工作取得了显著成效。完成固定资产投资34亿元，同比增长180%。完成工业总产值47亿元，同比增长66%。完成工业产品销售收入45亿元，同比增长57%。完成进出口总额（含结转）11.7亿美元，同比增长9%。其中，进口总额5.2亿美元，出口总额（含结转）6.5亿美元，同比增长27%。出口加工区已经成为郑州经济开发区对外开放经济工作的重要平台，呈现出跨越式发展的良好态势。

重点项目建设取得突破性进展。优化运作机制，完善工作制度，全力以赴推进富士康二期30万平方米标准厂房和65万平方米职工公寓建设项目。截至2012年12月底，富士康二期项目13栋厂房已全部完工并交付使用，可满足1.7万人住宿需求的宏光花园公寓也建成并交付使用。

B区报批工作基本完成。会同省、市相关部门多次赴京，与国家相关部委沟通，紧密跟踪B区批复进度。截至年底，申报工作已顺利通过国家九部委联合会审，下一步国务院将下发正式批复文件。同时，B区控规编制工作和产业发展布局规划工作均已启动。

园区发展环境不断优化。不断优化企业通关环境，做好与驻区海关的沟通，解决了部分企业区域快速通关、非海关监管车运输等难题。做好中小企业的扶持工作，积极协调，为区内企业落实科技、农业、出口等专项奖励资金700多万元。不断完善园区基础设施配套建设，大力实施净化、绿化、美化、亮化工程，企业生产生活环境得到明显改善。

【招商工作取得新成效】 围绕园区产业发展目标，抢抓产业转移机遇，克服各种不利因素影响，拓宽招商渠道，加大招商力度，扩大招商成果，加速产业结构调整。积极组织参加中博会、黄帝拜祖大典等大型招商活动，与世界500强企业伟创力、普思电子、欧姆龙等项目建立了密切联系。大力实施"走出去、请进来"招商战略，由管委领导带队赴广州、深圳、东莞、上海、厦门等地开展驻地招商，邀请20余个团组到郑州出口加工区考察。充分利用各种招商资源，建立了良好的招商网络平台。2012年，全区引进项目11个，项目协议投资额12.6亿元；合同利用外资5208万美元，同比增长179%；实际利用外资2

郑州出口加工区领导与世界500强企业伟创力公司代表洽谈

亿美元。

【机关自身建设】 不断强化党建和机关管理，全面推动工作作风改进和工作效能提升，取得了较好成效。深入开展基层组织建设年活动，持续推进企业党建工作，党的建设全面加强。进一步健全首问负责制、限时办结制、责任追究制等效能建设制度，加大整肃治懒力度，努力推动服务型机关建设，机关的办事效率和服务质量明显提高。坚持做到每月组织两次以上的集中理论学习，学习型机关建设成效显著。设立“公务灶”，认真开展“节能减排机关带头行动”“资源节约宣传周”和“能源节约体验日”等活动，节约型机关建设扎实推进。

（刘星光）

郑州市白沙园区

【概况】 2012年，郑州市白沙园区管委会以科学发展观为指导，严格按照市委、市政府赋予的全新定位，解放思想，务实创新，加快构建现代产业体系，完善提升城市功能，着力打造郑州都市区建设新样本。2012年1-12月，白沙园区企业营业收入完成110.4亿元，同比增长11.6%。规模以上工业增加值完成107.7亿元，同比增长24.4%。固定资产投资完成104.9万元，同比增长53.8%。基础设施投资完成29.3亿元，同比增长30.6%。工业项目完成投资41.2亿元，同比增长28%；实际完成融资14.8亿元。实现就业人数3.9万人，同比增长12%。

【规划编制】 充分发挥规划引领作用，加快构建一流规划体系。推进重点区域城市设计全域覆盖，完成了公共文化服务区、绿博组团城市设计方案深化工作，以及郑开大道沿线城市设计方案编制工作和服务白沙公共文化服务区项目转移工作，加速编制东南片区城市设计方案。高效推进控规编制，编制完成了白沙组团西南、东南、东北片区及绿博园北部区域控规方案，修改完善了现代教育园区控规方案。紧密结合华夏历史文明传承创新示范区建设，启动编制了绿博组团控制性详细规划。全面推进专项规划编制工作，完成了生态水系规划初步方案、跨贾鲁河桥梁规划设计方案评审工作，深化市政专项规划，编制完成了郑开大道交通规划及道路管线综合规划，完成了政务文化新区骨干道路、龙城渠管线综合规划，上下衔接、控制有力的城市规划体系初步建立。

【基础配套设施建设】 强力推进通道路网建设，着力提升基础配套水平。按照生态、人文、低碳理念，以白沙组团起步区为重点，先后开工通道工程51个，建成通道28个60公里。2012年，开工道路工程22个66.4公里，前程路、祭城路、杨桥路、康庄路、文明路、郑开北辅道、龙阳西路等主要通道工程进展顺利，累计完成投资15.1亿元。省市重点项目绿博大道郑州段32公里全部建成通车，郑开城际铁路桩台施工基本完工，铺轨完成过半。在道路建设的同时，严格按照8车道以上单侧50米、6车道以上30米标准进行通道绿线控制。投资5000万元，建成郑开大道生态廊道一期3.3公里；投资1.2亿元，基本建成人文路林荫停车场；完成绿博大道廊道培土60万立方米，道路西段廊道绿化全面完工。

【新型城镇化建设】 高标准实施合村并城工作，争创全省新型城镇化建设典范。按照中高档城市社区标准，2014年底前规划建设白沙，刘集01号和02号3处安置社区，完成白沙组团21个自然村、3.1万名群众合村并城工作。截至2012年年底，已累计完成涉路、涉渠、涉项目拆迁2100户125万平方米，开工建设安置小区2处。其中，白沙安置小区一期29栋已进场施工，刘集02号安置小区一期21栋单体进入地上二层施工。累计投入资金1亿元，预计2013年两处小区实现主体封顶87万平方米。此外，刘集01号安置小区选址初步确定，正在进行方案优化工作。

【项目建设】 全面推进项目建设，促进重点区域快出形象。2012年，新开工项目22个，续建项目20个，竣工项目8个，建成项目7个；建成总数达到18个，完成投资75亿元。其中，现代教育园区开工院校13所（市教育局5所院校合并为郑州旅游职业学院），完成投资23亿元；建成省委党校、中原文化艺术学院等6所院校。6月底，方特欢乐世界顺利开园，累计接待游客80万人次；方特梦幻王国开工建设，累计完成投资28.5亿元。强力推进郑开大道都市风貌带建设，完成优德国际办公综合体、河南建设大厦10个项目设计评审工作，开工建设项目4个。着力强化项目支撑，做大做强文化产业。签订共建华夏历史文发明传承创新示范区战略合作协议，引进中原国际宝石文化博览园、河南省京剧院等文化产业项目6个，总投资41.6亿元。

【白沙公共文化服务区建设】 落实“一河两区”空间布局，启动白沙公共文化服务区建设。充分融入中原文化元素，快速完成了白沙公共文化服务区城市设计方案。主动作为，高效完成了公共文化服务区33个原有项目转移、退出工作，确保大局稳定。编制完成基础设施及配套建设方案，先期开工前程路、祭城路、永盛路等骨干路网20.3公里。稳步推进与河南投资集团首批50亿元中长期融资战略合作项目建设，有力强化后续资金保障。积极对接，切实加快项目入驻，确定省公安厅业务技术服务中心、省图书馆、省博物馆、省博物院（二期）等单位入驻意向，初步奠定了项目基础。

【加强要素保障】 加强要素保障，提升持续发展能力。（1）加快土地征收供给工作。供出建设用地30宗，发放优德等7个项目建设用地批准书，发放天一伟业等28个项目国有土地证书，发放森大置业等5个项目土地他项权利证明书，有力保障了基础设施及产业项目建设。（2）扩大融资规模。国开行中长期贷款到位7.9亿元，中信银行3亿元贷款到位1亿元。深度参与郑州新区市政项目建设债券发行工作，2.4亿元发债资金拨付到位。2012年，直接累计融资

省委常委、市委书记吴天君在白沙园区调研

额度11.3亿元。（3）拓展建投公司经营业务。重点推进中产花苑、教师限价房项目、紫光科技园三大项目建设，并取得阶段性进展。

【提升城市运营水平】 严格建设监管，提升城市运营水平。规范建设手续管理，催办38个项目完善工程手续，办理工程招投标审查备案6项，完成人文路林荫停车场等6个项目工程招标工作，办理建筑工程施工许可手续18项。2012年，组织进行质量、安全生产专项大检查5次，下发工程质量整改通知书20份、事故隐患整改通知书100份，查处各类安全隐患1400余处，责令停工整改项目21个；2项工程荣获郑州市优质结构（"结构商鼎杯"）工程奖，1项工程荣获河南省建筑工程"中州杯"。妥善处理工资及工程款拖欠问题，调处劳资纠纷38起，坚决维护劳动者合法权益。加快建成项目移交工作，完成郑开北辅道12项基础设施工程验收工作。深入开展市容环境大整治大提升活动，完成多个卫生难点整治工作，累计清运垃圾3000立方米。推行环境卫生门前三包制度，加快市政卫生设施建设。开建公厕7座、垃圾中转站2处，11月底全部建成。完成白沙污水处理厂环评及贾鲁河流域水污染防治工作，完成18家企业排污申报登记工作，核查、验收6家企业污染治理设施，对25家在建施工单位不定期进行了现场检查。

（王国平）

郑州国际物流园区

【概况】 2012年是郑州国际物流园区各项工作大干快上的关键之年。年初，园区明确了跨越式发展的工作主题，并确定以"基础设施先行、项目建设推动、新加坡国际物流产业园起步"为工作重点，突出基础设施和入驻项目提速建设这个主旋律，做实做大投融资平台，提高招商引资水平。重点围绕新加坡国际物流产业园、宇通汽车产业园、东风日产零部件产业园三大区域，采取强力措施，以点带面，加快开发建设步伐。园区开发建设呈现出持续求进、稳步提升的良好发展态势。

2012年，国际物流园区规模以上工业主营业务收入达到99.3亿元。固定资产投资完成41.2亿元，同比增长23%。企业地税、国税收入完成1亿元。合同利用外资1.15亿美元，实际利用外资约3273万美元。

【新加坡国际物流产业园建设】 2012年，国际物流园区继续将新加坡国际物流产业园作为开发建设的核心区和一切工作的重中之重，加快开发建设步伐。深化成果，推动与新加坡在更高层次、更广领域的经贸合作。切实按照河南省省长郭庚茂提出的"要以国务院出台《关于支持河南省加快建设中原经济区的指导意见》为契机，在更高层次、更广领域加强与新加坡的合作"指示精神，继续加强与新加坡国际企业发展局、淡马锡集团及其他新加坡企业的合作交流。经过积极争取，新加坡国际物流产业园进展情况被成功列入"中新双方投资促进委员会第三次联席会议"议题，得到新加坡方面的明确支持。2012年6月，省政府将"河南（郑州）新加坡国际物流园区筹备工作领导小组"调整为"建设工作领导小组"，省长郭庚茂担任组长，为新加坡国际物流产业园的开发建设提供了强有力的组织保障。以此为契机，国际物流园区在项目投资、物流信息化、园区总体开发等方面积极与新加坡洽谈合作，并取得了明显成效。

借鉴成功经验，积极主动寻求战略合作伙伴。继续着眼于"政府间合作"和"企业化运作"两个层面，加快开发建设步伐。在引入实体项目落地的同时，持续与新方探讨设立公司制合作开发平台，实现企业化运作园区的模式创新。按此构想，主动与新加坡淡马锡集团、胜科集团（新加坡淡马锡控股公司）、普洛斯公司（新加坡GIC控股公司）联络对接，积极探讨建立战略合作关系，以及采取"总体规划、一二级联动开发"的模式，共同投资新加坡国际物流产业园土地一级开发、公用事业配套、物流地产开发、城镇设施建设的相关事宜。淡马锡公司已明确表态，支持旗下企业参与新加坡国际物流产业园建设，普洛斯首期投资1亿美元的物流地产项目已开工建设。

8月15日，丰树（郑州）物流园正式奠基开工

【现代产业体系构建】 国际物流园区切实按照现代物流业和汽车及装备制造业的主导产业定位，围绕宇通整车及零部件产业园、东风日产零部件产业园，加快汽车及装备基地建设，着力打造郑州汽车城的重要组团及供应链配套服务基地。围绕新加坡国际物流产业园，加快现代物流产业基地建设，着力打造千亿级现代物流产业基地，将其建设成为中原经济区现代物流业发展的核心区，逐步构建特色鲜明的现代产业体系。

招商引资呈现良好发展态势。紧紧围绕园区功能定位，制定了产业项目准入标准及审核程序，严格项目准入，注重产业培育。积极采取小分队招商、驻地招商、专题推介等形式，大力开展招商活动。2012年，新签约项目11个，通过园区联席审查、具备签约条件项目13个。其中，现代物流业项目6个，投资总额69亿元，普洛斯物流、华丰中原金属物流、人民电器总部基地等一批物流企业纷纷签约；汽车及装备制造业项目5个，投资总额5.5亿元，包括宁波可挺、宁波长华、鬼怒川等项目。河南泰浦物流、广州邦一、宇通校车、宇通VMI等13个项目通过园区联席会审、具备签约条件，将择机签约。同时，规划占地近133.33公顷的郑州国际汽车博览中心项目正在积极跟进。园区招商引资呈现出主导产业布局进一步明晰，并迅速集聚的良好态势。

主导产业项目加快推进。2012年，国际物流园区新开工建设项目9个，在建项目3个。其中，现代物流业项目开工7个，全部位于新加坡国际物流产业园，完成投资8.4亿元，按照工期安排，多数项目将于2013年上半年建成并投入使用；汽车及装备制造业项目开工2个，均为东风日产配套项目。在建产业项目3个，分别为宇通重工、宇通新能源和昇兴制罐。其中，省重点项目宇通新能源主要车间已经建成投产；

7月24日，副市长、郑州新区管委会主任李公乐在国际物流园区调研项目建设情况

宇通重工厂房建设已接近尾声，办公楼即将封顶；昇兴制罐项目已建成投产。

【新型城镇化建设】 2012年，国际物流园区以道路交通和生态廊道建设为先导，以合村并城为突破口，采取强力措施，全力加速新型城镇化建设步伐。以基础设施建设先行为重点，按照一次规划到位、一次设计到位、一次建设到位的原则，全面推进基础设施建设步伐，完成投资8亿元。道路建设方面，开工建设前程大街、喜达路、义通街等8条道路，完成投资4亿元。其中，服务新加坡国际物流产业园的喜达路、义通街已经通车。供水工程方面，服务宇通项目的沿南三环东延道路铺设的自来水管网已经开工，全长6公里，管网建设接近尾声。供电工程方面，2座110千伏变电站已建成并投入使用。供气工程方面，由郑州华润燃气公司为宇通项目配套敷设的燃气管网已经完成。供热工程方面，首条至宇通新能源客车项目的热力管线已经敷设完成。污水工程方面，园区首座污水泵站及管网建设已经基本完工。生态廊道建设方面，“两环十七放射”涉及园区的南三环东延快速通道生态廊道建设工程，项目匡算投资2.4亿元，全长6.62公里，绿化面积46万平方米。2012年，道路管线施工全部结束，全线10个标段的绿化已经全线进场施工，完成投资1亿元。

全面启动合村并城工作。选址布局九龙、白沙、郑庵3个安置区，2012年已经启动了31个自然村的土地报批、规划审查等前期工作，全面启动了3个安置区的项目立项、文物勘探、地质勘探和施工图设计等工作。其中，九龙镇西贾安置区已开工建设，项目第一批30公顷用地顺利批回，第二批13.33公顷用地已上报审批；2012年7月，一期12栋8万平方米安置房已开工建设，完成投资2亿元，主体工程施工建设至8层，建成8万平方米，2013年上半年主体工程将完工，2013年底将建成使用，可安置人口2303人。

【规划工作】 为进一步引导园区各类产业相对集聚发展，紧凑有序布局，提升环境品质，实现资源共享，节约集约土地，结合主导产业发展方向，园区创新开发模式，以细分产业类别、实施组团建设为重点，规划了电子商务及快递集散物流园、时尚物流园、冷链物流园、汽车零部件园等4个专业园区。通过高水平、前瞻性的规划设计，为招商引资和项目入驻提供具有较强针对性、适应性、灵活性、可操作性的空间解决方案，形成园区内因产业而宜，空间、景观、功能等方面既相对独立又彼此呼应，既协调统一又各具特色的“园中园”格局。2012年，北京土人景观与建筑规划设计研究院的规划编制已经完成初步方案，并启动了电子商务及快递集散物流园的开发建设。同时，围绕项目建设，积极开展园区项目用地控规全覆盖编制工作。围绕基础设施建设，积极开展道路管线综合规划编制工作，编制完成航海大道等15条道路、总长度近30公里的道路管线综合规划。面向社会公开招标，及时开展园区中心区城市设计工作。开展园区规划环境影响评价报告编制工作，加强规划方案审查、规划审批等工作，促进园区规划的顺利实施。

（朱翠姣）

工业经济

工业综述

【概况】 2012年，郑州市完成工业投资总额1356.1亿元，占全市固定资产投资的38.1%，完成投资超亿元项目109个。

工业投资总量在中部六省省会城市排名第三位。全市全部工业增加值总额为2874.8亿元，占全市生产总值的比重达到51.8%。全市规模以上工业完成增加值2613.8亿元，增长17.2%，高出全国平均增速7.2个百分点，高出全省平均增速2.6个百分点。规模以上工业增加值总量和增速在中部六省省会城市中均排名第二位。全市规模以上工业完成主营业务收入9470.6亿元，增长19.6%，规模以上工业企业实现利润890.1亿元，增长4.8%。全市七大工业主导产业完成规模以上工业增加值1671.4亿元，增长23.1%，高于全市平均增速5.9个百分点，占全市工业比重的64%，对全市工业增长的贡献率为83.1%，拉动全市工业增长14.3个百分点。年销售收入超百亿元企业达到11户，其中河南中烟工业有限责任公司、郑州宇通集团有限公司、郑州煤炭工业(集团)有限责任公司等3家企业销售收入超300亿元；鸿富锦精密电子（郑州）

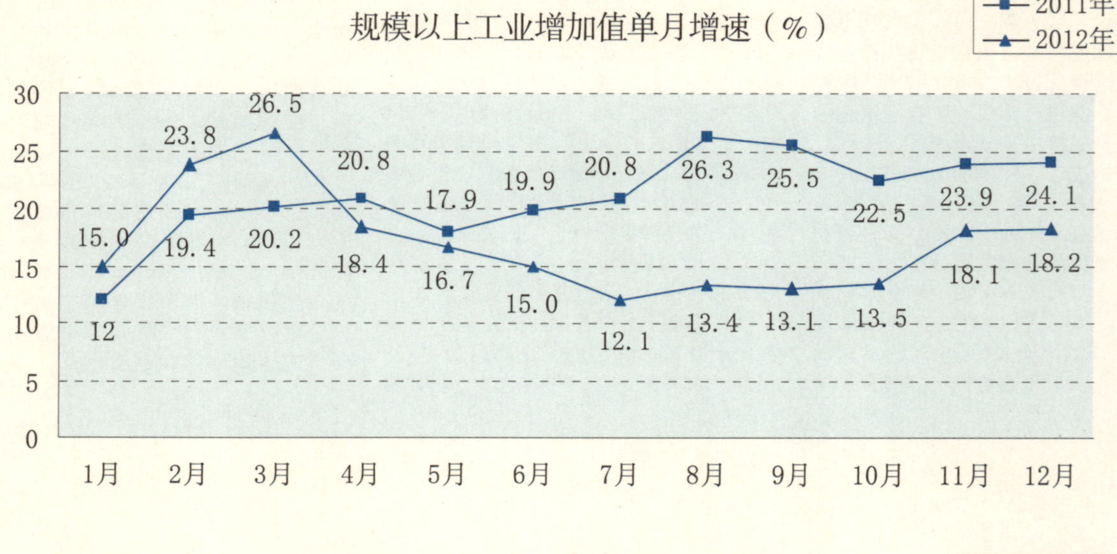

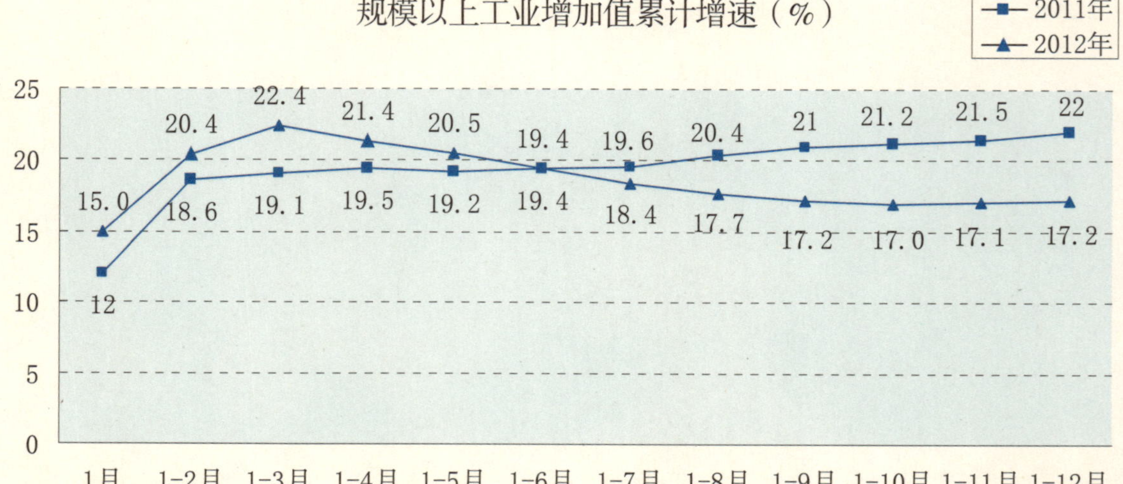

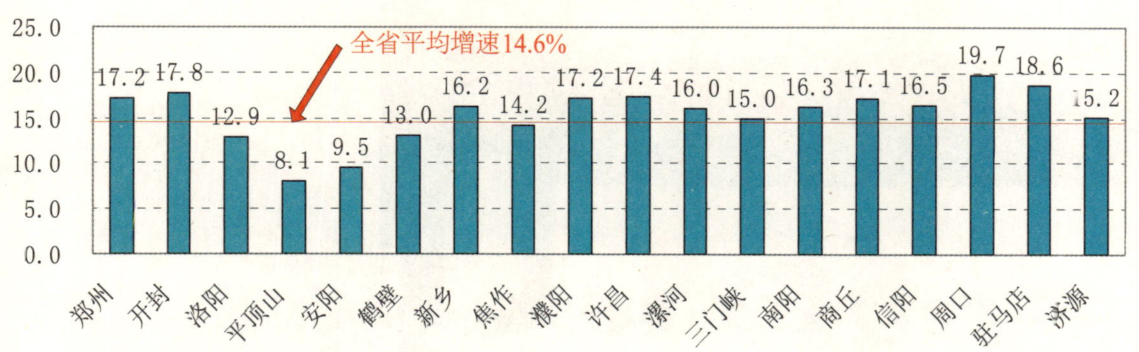

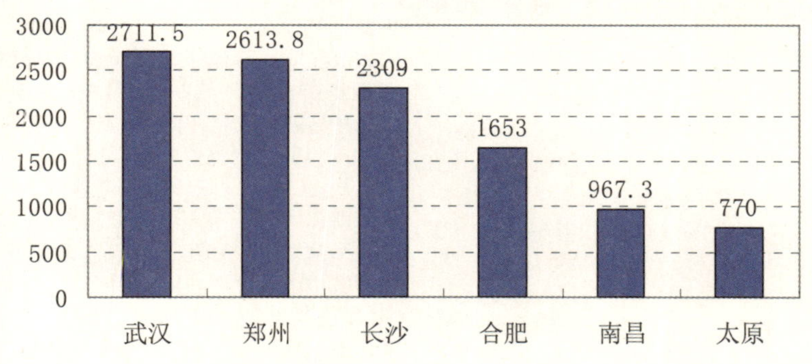

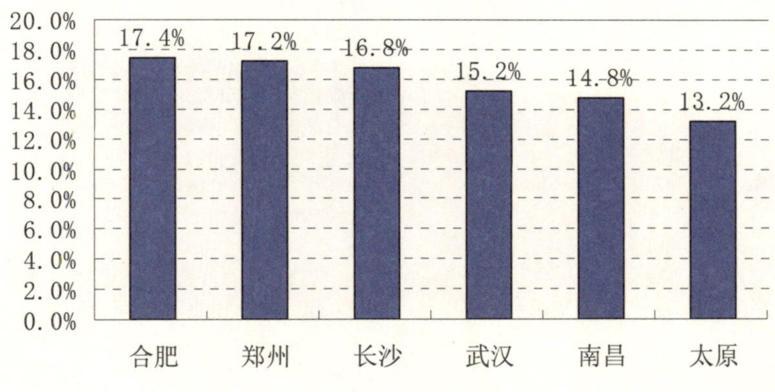

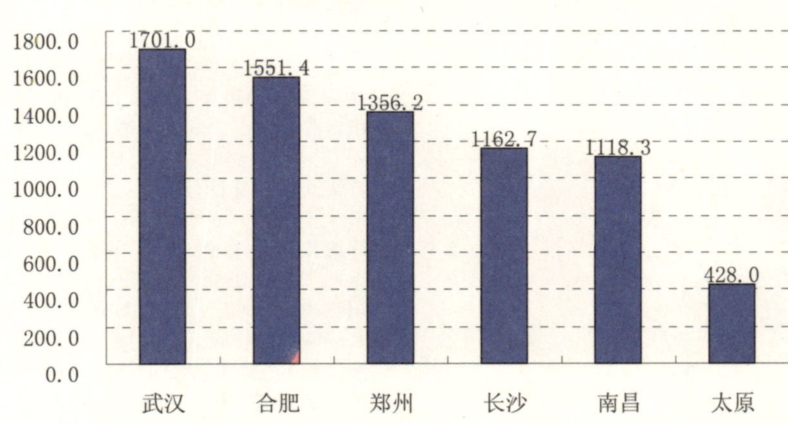

有限公司销售收入突破1000亿元。

【郑州市规模工业总量在全国位次实现前移】 2012年，郑州市规模以上工业增加值总量为2613.8亿元，在全国27个省会城市排名前移1位，超过南京市的2572亿元，排名第4位。在全国35个大中城市排名前移2位，超过南京市、宁波市，排名第11位。同时，郑州市规模以上工业增加值总量还超过大庆市2560亿元和泉州市2295.4亿元两个未列入全国35个大中城市名单的城市。

【工业产业结构】 2012年，全市37个工业行业大类中有31个行业累计增加值保持增长，行业增长面达83.8%。建材耐材行业完成工业增加值611.3亿元，占全市工业比重的23.39%，比2011年提高0.59个百分点；食品行业完成工业增加值451.9亿元，占全市工业比重的17.29%，比2011年提高1.55个百分点；煤电能源产业完成工业增加值396亿元，占全市工业比重的15.15%，比2011年下降3.62个百分点，其中煤炭行业完成工业增加值158.3亿元，占全市工业比重的6.05%，比2011年下降4.04个百分点；装备制造业完成工业增加值284.9亿元，占全市工业比重的10.9%，比2011年提高0.85个百分点；电子信息产业完成工业增加值228.4亿元，占全市工业比重的8.74%，比2011年提高1.33个百分点；汽车产业完成工业增加值126.1亿元，占全市工业比重的4.83%，比2011年下降0.51个百分点；铝行业完成工业增加值118.7亿元，占全市工业比重的4.54%，比2011年下降0.74个百分点；纺织工业完成工业增加值37.6亿元，占全市工业比重的1.44%，比2011年下降0.1个百分点。

【实施工业倍增超越计划】 2012年，郑州市研究制定工业经济“三年倍增五年超越”计划，提出“三年倍增”“五年超越”和“结构优化”等工业发展目标，明确全市重点发展汽车及装备制造业、电子信息产业、新材料产业、生物及医药产业、铝精深加工业、现代食

2月17日，郑州市工业和信息化工作会议召开

品制造业和品牌服装及家居业等七大工业主导产业，建设2个5000亿级和6个千亿级产业基地。确定了各县（市）区重点发展的主导产业和布局，解决了长期以来制约郑州市工业发展的主导产业不清、产业分布散乱的重大问题。提出并实施10项推进工程，强化5项保障措施。研究出台了汽车、装备制造、电子信息、生物及医药、以超硬材料为主的新材料、千亿级新型耐材、铝及铝精深加工、现代食品制造、品牌服装及家居制造等9个重点工业行业行动计划（2012–2016年），把今后3–5年目标分解到每个年度，落实到每个县（市）区。召开全市新型工业化暨重点项目产业集聚区推进大会，对新型工业化工作进行了全面安排部署。

2011年郑州市主要工业产业比重

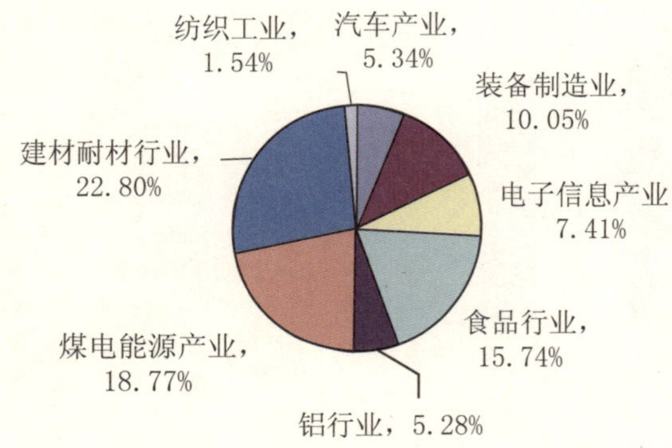

2012年郑州市主要工业产业比重

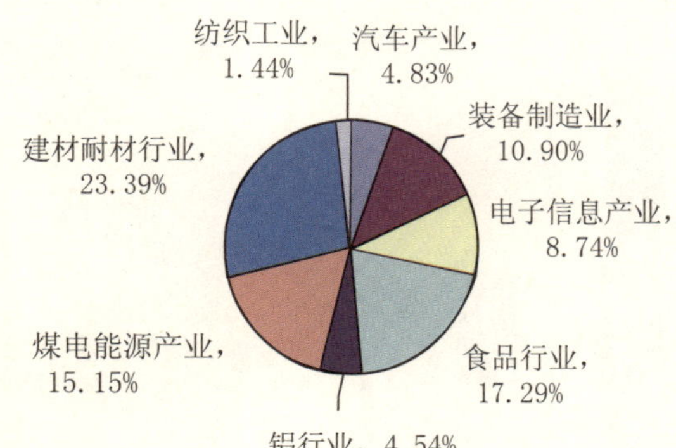

【工业重点项目建设】 承接产业转移工作。2012年，市工信委积极承接产业转移工作。组织省内外客商400余人参加2012中国（郑州）产业转移系列对接活动。对外发布电子信息等12大类63个招商项目。全市共上报签约项目96个，签约资金总额1024.34亿元，其中引进省外资金217.53亿元。

重大工业项目集中签约仪式。2012年，市工信委成功举办全市重大工业项目集中签约仪式。市工信委与国机集团、榕基集团、河南中宇通用航空公司、深圳立晖英琦投资公司、上海立翔装饰材料公司、郑州博源机械公司、河南宝鸿实业公司分别签订了郑州新材料产业集聚区、榕基软件园、中鸿工业园、宝鸿年产1000万只节能照明灯、上海立翔年产8万吨彩涂铝板及铝合金散热器、博源年产8万米高端液压油缸与5000台混凝土罐体罐车总成生产基地、高强年产50万件汽车车用空调支架总成、中宇高端航空器材物流产业园等8个重点项目，投资总额达441亿元。

重点工业项目顺利推进。2012年，郑州市工业重点项目顺利推进。鸿富锦精密电子（郑州）有限公司富士康郑州航空港区IT产业园、中国（郑州）国际汽车后市场产业园项目等13个项目累计投资均超10亿元。海尔产业园、华强电子、中国联通中原数据基地、国机产业园、大陆和台湾合资康茂公司LED研发生产基地等一批重大工业项目开工建设，郑州电子电器产业园、海马商务汽车有限公司第三工厂项目、郑州宇通重工整体搬迁和环保科技项目、中孚实业高性能铝合金特种铝材项目、华丰钢铁物流园项目、郑州市固态照明产业化应用示范基地项目等重点在建项目建设顺利推进，格力电器等一批重大工业项目顺利竣工投产。

【“百高”“百强”企业体系建设】 2012年，郑州市基本建立“百高”“百强”企业体系。市工信委推荐30家规模优势企业和19家高成长企业入选省“双百”企业；确定规模优势企业100户、高成长企业100户为郑州市“双百”重点支持企业。各县（市）区根据企业实际情况评选出县级“双百”企业。全市已形成了省、市、县三级“百高”“百强”企业体系，发挥了重点企业在结构调整和转型升级中的示范带动作用，壮大了工业发展主体。

【大企业大集团培育】 2012年，郑州市大企业大集团培育工作取得新突破。郑煤集团、豫联集团、宇通集团等3家企业入选中国500强企业。全市新增郑州煤矿机械集团股份有限公司和华北石油局两户销售收入超百亿元企业，全市销售收入超百亿元企业总数达到11户，分别是鸿富锦精密电子（郑州）有限公司、河南中烟工业有限责任公司、郑州

5月24日，省委常委、市委书记吴天君调研经开区新能源汽车产业

宇通集团有限公司、郑州煤炭工业(集团)有限责任公司、郑州供电公司、登封电厂集团有限公司、河南豫联能源集团有限责任公司、郑州日产汽车有限公司、郑州日产汽车有限公司乘用车分公司、郑州煤矿机械集团股份有限公司和华北石油局。其中，鸿富锦精密电子（郑州）有限公司销售收入首次突破1000亿元，实现了郑州市销售收入超千亿元企业零的突破。郑州宇通集团有限公司销售收入首次突破300亿元，郑州煤矿机械集团股份有限公司和华北石油局销售收入首次突破100亿元。

【企业技术创新】 加快工业创新体系建设，全年新增国家级企业技术中心1家、省级30家、市级59家。全市各类企业技术中心总数达到493家，其中，国家级14家，省级242家，市级237家。中孚实业“大型铝电解连续稳定运行工艺及装备开发”项目获国家技术发明奖二等奖。郑煤集团、宇通客车、好想你枣业3家企业成为省级技术创新示范企业。郑州宇通客车股份有限公司、河南光力科技有限公司分别获得第十四届中国专利金奖和优秀奖。宇通客车获得中国外观设计金奖。重大技术装备进口税收政策得到落实，郑煤机、四维机电共获得1977万美元（约合人民币1.23亿元）的免税支持。2012年，全市高新技术产业增加值达到1117亿元，增长28.8%。

【企业质量品牌建设】 2012年，郑州市深入实施质量品牌战略。郑煤机、好想你枣业、中铁七局等4家企业获得河

郑州市超百亿元企业2011年和2012年销售收入情况

序号	企业名称	销售收入（亿元）	
		2011年	2012年
1	鸿富锦精密电子（郑州）有限公司	355.6	1188
2	河南中烟工业有限责任公司	320.5	395.3
3	郑州宇通集团有限公司	258.6	302
4	郑州煤炭工业(集团)有限责任公司	306	340
5	郑州供电公司	176.3	188
6	登封电厂集团有限公司	142	189
7	河南豫联能源集团有限责任公司	234	226
8	郑州日产汽车有限公司	112	87.8
9	郑州日产汽车有限公司乘用车分公司	172.4	171.3
10	郑州煤矿机械集团股份有限公司	79.6	102.95
11	华北石油局	84.72	131.84

2012年各县（市）区及开发区规模以上工业增加值总量图（亿元）

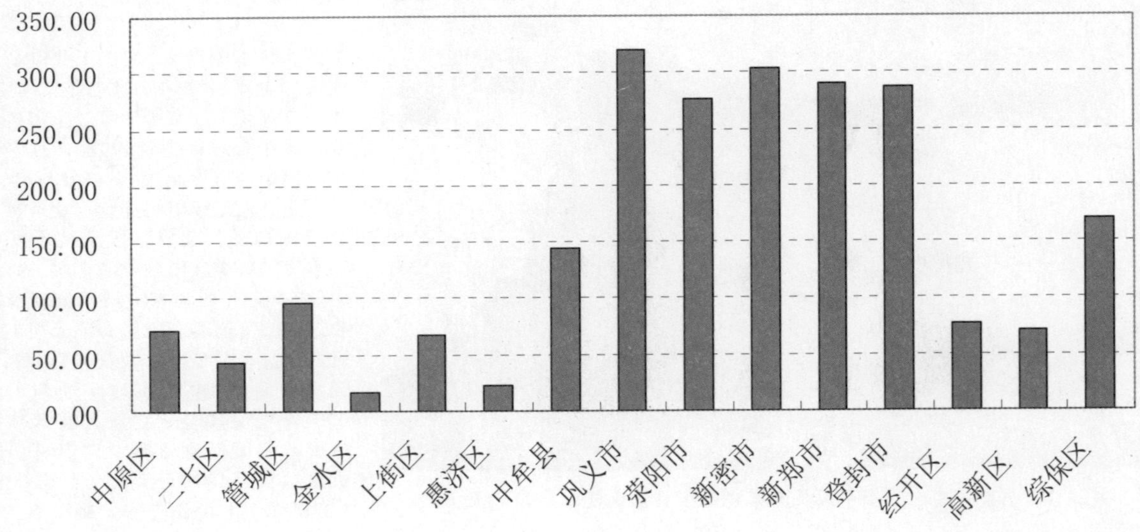

3个开发区2011年及2012年规模以上工业增加值情况

单位：亿元

县（市）区	2011年				2012年			
	增加值	排序	增速	排序	增加值	排序	增速	排序
经开区	72.88	2	138.2%	2	77.24	2	13.6%	3
高新区	62.54	3	22%	3	70.68	3	22.2%	2
综保区	95	1	158%	1	169.00	1	110%	1

南省省长质量奖，华润燃气等5家单位获得郑州市市长质量奖，31家企业被评为“河南省质量诚信A等工业企业”，41种产品获得“河南省名牌产品”称号。136件商标成为河南省著名商标，“博大”等3件商标获中国驰名商标称号。新开普公司《实施质量总评解决方案》作为全省唯一入选全国质量标杆学习实践成果予以推广，宇通、三全被评为河南省质量标杆企业。

【经济社会信息化建设】 2012年，郑州市加快“两化融合”试验区建设，着力构建“企业、行业、园区”点线面结合的推进新格局，全市新增省级“两化融合”示范企业10家。以创建国家级电子商务示范城市为契机，加快电子商务发展，全年新增电子商务示范企业22户，郑州市纺织服装行业服务平台成功上线运营。开展郑州市2012年中小企业“数字”企业建设工作，全年建设标准型“数字企业”1700家。加强电子政务应用及民生信息化，市信息资源管理中心项目、城市一卡通项目、基础地理信息系统、金审、进图等重点信息化项目进展顺利，数字医院、数字社区、数字校园等民生信息化试点工程取得成效。

【国家级三网融合试点城市建设】 2012年，郑州市大力推进国家级三网融合试点城市建设，加快完善信息基础设施。全年共新增FTTH覆盖家庭超过150万户，使用4兆及以上宽带产品用户超过60%；新增固定接入互联网家庭用户超过100万户；基本完成广电有线电视网络数字化、双向化升级改造工程。

【产业集聚区建设】 2012年，郑州市继续深入推进新型工业化产业示范基地建设，巩义市产业集聚区成功创建为国家新型工业化产业示范基地，马寨产业集聚区、中牟汽车工业园被省工信厅确定为省级新型工业化产业示范基地。加强园区基础设施建设，建设以工业为主导的生态型产业集聚区。建立世界500强、国内500强、央企和行业龙头企业的档案信息库，指导园区搞好对接。全市产业集聚区完成营业收入7042.2亿元，增长21.5%。其中，经开区等10个国家、省、市新型工业化产业示范基地完成营业收入3300亿元。

【企业服务工作】 2012年,市工信委认真做好企业服务工作。在复旦大学网络教育学院培训中心举办郑州市重点工业企业领导能力提升专题培训班，邀请知名专家学者授课，郑州市30户重点工业企业负责人参加培训。组织编纂全市“双百”企业产品供需目录，帮助重点企业实现产品对接，减少库存资金占压，加快资金周转。组织全市80户企业参加全省产销对接会，签订产销协议40个，协议金额24.8亿元。组织9个重点项目和29户企业负责人参加省、市银企对接会，达成6.5亿元贷款意向。与省商务厅、郑州银行等单位沟通协调，帮助新力电力、泰祥电厂等9家电力企业协调融资问题，办理银行贷款。

【行业运行监测】 全面建立工业经济运行监测分析体系。每月监测30户重点企业生产数据，加强重点城市、重点行业、重点园区、重点企业、重点产品的

5月28日，郑州市市长马懿在巩义市调研工业发展情况

监测分析，认真研究国际国内工业经济走势。召开全市工业经济运行工作季度会议，深入分析全市工业经济运行态势，为市委、市政府提出具体对策和调控措施。

保持电网平稳运行。研究制定《2012年郑州市有序用电方案》，启动了电力运行预警监控系统，开展了全市春、秋季安全用电大检查和电网综合反事故演习等活动，继续完善电力应急处理快速反应机制。在迎峰度夏和度冬保电保暖期间，积极协调有关部门，保障电厂正常运营，以政府委托贷款方式为新力电力等3家热电厂解决流动资金1.5亿元，鼓励市区热电企业增加电煤库存。

【工业节能降耗】 2012年，市工信委加大工业节能降耗工作力度，引导重点耗能企业投资5.23亿元完成了37个节能技改项目，年可节约标准煤1.3万吨；完成64户重点耗能企业节能监测和100户重点耗能企业节能监察执法任务，20个产品被认定为省工业节能产品；完成对34户企业的资源综合利用认定初审工作。全市规模以上工业增加值能耗下降9.5%，超额完成能耗下降年度目标。2012年，郑州市工业企业共争取国家清洁生产项目资金补贴650万元。

【工业淘汰落后产能】 2012年，郑州市共淘汰落后企业11户，其中皮革制造企业1户，淘汰落后产能80万标张；造纸企业10户，淘汰落后产能18.4万吨。关闭小企业7户，其中化工行业3户，产能2.3万吨；造纸行业1户，产能1.2万吨；铁合金行业2户，产能7500吨；电石行业1户，产能1500吨。全年共申请国家关闭小企业补助资金549万元。组织登封市鑫峰磨料有限公司等10家企业申报国家2013年度关闭小企业计划。

【军民品融合式发展】 2012年，根据国务院总体部署，郑州市继续推进军民品融合式发展工作。中船重工713所能源配套及施工装备项目、郑飞集团电动汽车产业园、河南航天工业总公司液压气动产业园等项目进展顺利。市工信委积极同有关部门协调，帮助金阳电器与中航工业合作投资20亿元的防务发电装备项目办理用地手续。中电科27所与郑州市合作，注册成立中电科信息产业有限公司，总投资18亿元的中电科电动汽车产业基地项目已启动。加大政策扶持力度鼓励宇通重工、恒天重工、佛光发电等企业积极发展军品产业，提升企业技术水平和质量标准，增强企业竞争力。

【工信系统企业安全生产】 2012年，市工信委加强系统内企业安全生产工作，层层签订安全生产责任书，开展“安全郑州工业信息化行业行动”，夯实基层基础，坚持安全检查和隐患排查治理，继续推进“安全生产合格班组”和“安全生产示范班组”活动，加强安全教育培训，建立重大事故隐患排查治理工作机制，深入开展打非治违专项行动和职业健康监管活动。全年共排查各类事故隐患5656项，已整改5627项，事故隐患整改率达到99.5%，控制率100%，无重大隐患。各级责任书签订率、在岗人员教育培训率、持证上岗率均为100%，圆满完成安全生产责任目标。

【工业扶持政策】 2012年，郑州市出台《中共郑州市委郑州市人民政府关于实施工业经济“三年倍增五年超越”计划加快推进新型工业化的实施意见》（郑发〔2012〕17号）、《郑州市人民政府关于加快建设郑州电子信息产业基地的实施意见》（郑政文〔2012〕238号）、《关于加快推进信息化和工业化深度融合的指导意见》（郑工信〔2012〕210号）等工业政策，并针对电解铝行业亏损局面实行了电价补贴政策，支持重点行业和企业发展。

【县（市）区及开发区工业】 2012年，巩义市规模以上工业增加值完成320.1亿元，工业总量在郑州市辖区内保持第一。金水区由2011年的第十四位下降到第十五位，中牟县由2011年的第六位下降到第七位，登封市由2011年的第三位下降到第四位。新郑市由2011年的第四位上升到第三位，高新区由2011年的第十二位上升到第十一位，综保区（航空港区）由2011年的第七位上升到第六位。其他县（市）区及经开区工业总量排名较2011年没有变化。

（牛志永 屈本礼 邢清选 李 定 羊治勇）

七大主导产业

【概况】 郑州市按照建设中原经济区、郑州都市区的总体要求，以“三化”协调发展为方向，以转变经济发展方式为主线，坚持“集聚、集群、集约”方针，明确主导产业定位，优化产业布局，壮大产业规模，努力提升主导产业竞争力，加快形成结构优化、布局合理、特色鲜明、集约高效、竞争力强的现代产业体系。重点发展汽车和装备制造、电子信息、生物医药、新材料、铝工业、纺织服装和食品工业等七大行业。

汽车和装备制造业 加快汽车城总体规划和装备制造业专项规划的实施，建设郑州市百万辆汽车制造基地，推进整车及零部件产业发展，加快装备制造业向高端化和服务型转型升级，把郑州市建设成为国内一流的以重型装备和高端装备为主的现代装备制造基地。到2014年汽车和装备制造业销售收入达到3500亿元，到2016年达到5500亿元。

电子信息产业 突出高端带动和集群发展，提升自主创新能力和产业化水平，把郑州市建设成为中西部电子信息产业强市。到2014年电子信息产业实现销售收入3000亿元，到2016年达到5000亿元。

生物医药产业 加快郑州生物基地建设，做大做强生物医药产业，着力提升新型疫苗、诊断试剂、化学创新药物、现代中药的竞争力，大力发展干细胞治疗等基因技术药物。到2014年生物医药产业实现销售收入200亿元，到2016年达到400亿元。

新材料产业 重点发展具有产业基础的超硬材料及制品、新型有色金属合金材料、新型节能环保材料、新型耐火材料，积极培育具有市场潜力的电子信

息材料、汽车材料、新能源材料，把郑州市建设成为在全国有较强竞争力的新材料产业基地。到2014年新材料产业实现销售收入600亿元，到2016年达到1000亿元。

铝及铝精深加工业　提升研发能力和装备水平，提高铝加工产品档次与精深加工比例，加快向铝产业链高端环节转移，促进从原材料基地到终端产品生产基地的转化，把郑州市建设成为全国综合性强、产业链完整的铝工业基地。到2014年铝及铝精深加工业实现销售收入1000亿元，到2016年达到1200亿元。

纺织服装业　培育服装自主品牌，加快纺织服装研发、设计、创意产业发展，完善产业链条，提升高中档产品，把郑州市建设成为现代化的中原纺织服装城、全国著名的纺织服装生产基地和贸易中心。到2014年纺织服装产业实现销售收入600亿元，到2016年达到1000亿元。

现代食品制造业 提升食品产业结构，大力发展休闲食品产业，提高冷链、绿色、功能食品比重，推进主食工业化，加快食品工业由大变强，把郑州市建设成为品牌效应明显、特色优势突出的现代食品工业基地。到2014年食品工业实现销售收入1200亿元，到2016年达到1600亿元。

【汽车及装备制造业】　2012年，汽车及装备制造业完成工业增加值419.7亿元，增长13.1%，占全市工业比重16.1%,对全市工业增长的贡献率为14.6%，拉动全市工业增长2.5个百分点。2012年，全市汽车产量367597辆，增长3.6%；改装车产量19726辆，增长5.5%；全市矿山专用设备产量96.8万吨，增长31.6%。

2012年，郑州市修订完善了《郑州市汽车产业发展规划纲要（2010-2015年）》和《郑州汽车城总体战略规划》。加快整车企业扩张，市工信委为河南千熙换电式电动汽车项目、河南千熙新型电池维护充项目、河南千熙换电站服务网络建设项目、宇通重工年产5000台专用车产能提升技改项目、宇通重工专用车关键零部件技改与产能提升项目、宇通客车校车生产基地项目以及节能与新能源客车生产基地技术改造项目等办理项目准入备案手续。加快推进宇通客车产能提升、新能源客车项目、宇通重工整体搬迁和校车项目，郑州日产第二工厂45万辆产能提升项目，海马二期年产15万辆轿车、30万台发动机和中牟生产基地项目，少林客车年产5000台大型系列客车及 1.5万台中型客车技改项目等项目建设。延伸配套产业链条。加快推进郑州华威20万套高档汽车用弧锥齿轮生产线，郑州江东汽车零部件有限公司年产20万台套汽车车桥和车架、郑州大河滤清器年产300万支汽车滤清器等重大汽车产业项目建设。加快新能源汽车技术研发和示范推广应用，推动85路电动公交车的示范运营工作。以中铁隧道装备公司为标志的轨道交通设备行业保持20%高速增长，郑煤机销售收入首次超过100亿元，位居中国煤炭机械制造行业第二位。重点推进投资100亿元的河南龙工工业园项目、投资30亿元的宇通重工整体搬迁项目、投资16亿元的郑州宇通环保科技有限公司搬迁及扩产项目、投资24.5亿元的河南通冠国际工程机械产业园项目、投资9.2亿元的郑煤机大型洗选成套关键装备建设项目、投资8亿元的四维机电高端电液自动化控制阀类加工基地项目等31个项目，共实现投资281.8亿元。市工信委与国机集团、中国北方等企业签约建设郑州新材料产业集聚区及国机精工、北方机车郑州修造基地等项目。经开区、荥阳市、上街区作为装备制造业重点发展地区，全年合计实现销售收入656.08亿元，占全市装备制造业比重达到55%，产业集聚效应明显。

【电子信息产业】　2012年，郑州市电子信息产业完成工业增加值228.4亿元，增长1.2倍，占全市工业比重的8.7%，对全市工业增长的贡献率为37.9%，拉动全市工业增长6.5个百分点。2012年，全市手机产量6846.3万部，增长1.8倍。

2012年，市工信委动态掌握格力电器、富士康、海尔电器、中国移动河南公司、联通公司等29个重点项目信息。组织9家企业申报2012年度国家电子产业发展基金普通项目、招标项目和倍增计划项目扶持资金，其中新益华、光力科技和汉威电子获得2012年度国家电子产业发展基金1000万元扶持资金。组织召开平板显示器产业和智能电网研讨会。产业布局更加优化，构建以新郑综合保税区（航空港区）、高新区为核心的高端电子产品制造和研发“两大基地”；以金水科教新城、高新区为核心的高端软件和信息服务业“两大园区”。项目区电子信息产业增加值占全市电子信息产业总量的90%以上。骨干企业快速成长。鸿富锦精密电子公司全年生产手机6846万部，实现销售收入1188亿元，成为郑州市首家销售收入超千亿元企业；格力电器投产以来，累计生产空调124.9万套，完成总产值42亿元；旭飞光电公司液晶玻璃基板生产线实现销售收入1.48亿元，二期工程的一条生产线正在试生产、两条生产线正在调试，投产后将成为国内最大的液晶玻璃基板产业基地；汉威电子气体传感器、气体检测仪销量在国内行业排名第

2012年全市汽车企业产量比重

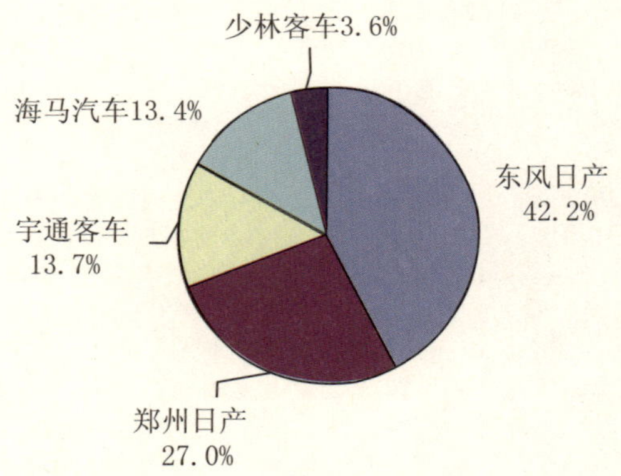

2012年全市汽车工业产值比重

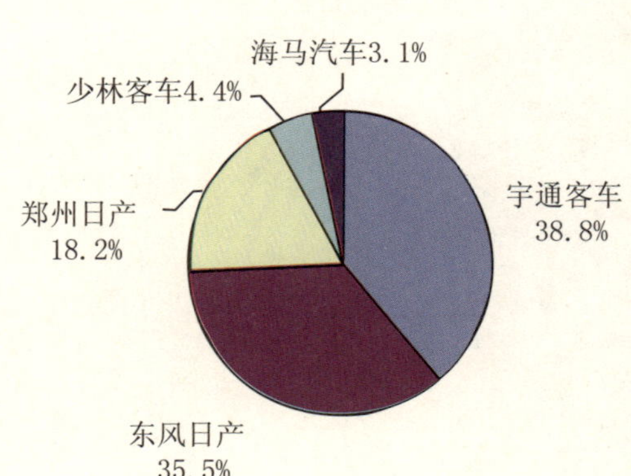

一；新益华农村基本医疗卫生综合信息服务平台已覆盖河南、贵州、黑龙江全省和湖南、湖北部分县区；新天科技民用智能仪表市场占有率居全国前三；思维自动化、光力科技、信大捷安、三晖电气、日立信、威科姆、生茂光电、蓝信科技等8家电子信息企业被省发改委确定为省重点上市后备企业。加强行业协作，市工信委成立了郑州市软件行业协会，积极筹建郑州市电子企业协会。

郑州市重点工业项目集中签约仪式并鉴签

【**新材料产业**】 2012年，郑州市新材料产业完成工业增加值374.3亿元，增长17.8%，占全市工业比重的14.3%，对全市工业增长的贡献率为16.7%，拉动全市工业增长2.9个百分点。2012年，全市耐火材料产量2417.1万吨，增长15.2%；磨具产量51.4万吨，增长16.6%。

依托郑州市耐火材料的良好发展基础，积极发展高导热微孔模压炭砖、塑性相结合刚玉复合砖、电熔再结合镁铬复合尖晶石砖、顶燃式热风炉用低蠕变砖、纳米硅砖、氧化铝轻质砖等一大批新型耐材产品。加快以超硬材料为主的新材料产业发展。新材料产业集聚区筹建当年共签约项目25个，项目金额103.28亿元。联合磨料磨具公司200万升纳米金刚石研磨液技术改造、富耐克公司年产6500万克拉CBN磨料和110万把CBN刀具生产基地、中岳新能源公司非晶及纳米金属材料等项目竣工；加快推进华晶年产10.2亿克拉高品级金刚石、新亚超深井油田钻探用金刚石复合片产业化等在建重点项目。鼓励支持企业申报项目扶持资金，联合磨料磨具公司"高端制造业稀土氧化铈深加工项目"获国家扶持资金1330万元；四方达超硬材料公司"矿产开采PDC截齿及潜孔钻头产业化项目"获国家扶持资金1710万元。郑州市新认定亚龙超硬材料等6个企业技术中心，使企业技术中心总数达到39个，其中国家级1个、省级13个、市级25个。

【**生物及医药产业**】 2012年，郑州市生物及医药产业完成工业增加值32.4亿元，下降11.7%。市工信委开展制药行业指标持续下降专题调研，加强行业运行监测分析，建立重点企业季报制度。推进卓峰制药新厂搬迁扩建、安图绿科公司年产1000万人份妇科五联检试剂、华南医电公司新型生命信息遥测监护系统、远大生物GMP改造、郑州台湾科技园等项目建设。加快国家生物医药自主创新产业基地建设。抓好天津药业新郑公司4个针剂车间GMP改造工程。新认定灵佑药业等企业技术中心6个，企业技术中心总数达到42个，其中省级29个、市级13个。

【**铝及铝精深加工产业**】 2012年，铝及铝精深加工产业完成工业增加值118.7亿元，增长12.3%，占全市工业比重的4.5%，对全市工业增长的贡献率为4.2%，拉动全市工业增长0.7个百分点。全市氧化铝产量253万吨，增长2.6%；电解铝产量69.7万吨，增长0.2%；铝材产量295万吨，下降1.9%。2012年12月份全国氧化铝价格（含税）2621元/吨，比上年同期下降175元/吨；电解铝价格（含税）15020元/吨，较上年同期下降207元/吨。面对铝及铝精深加工企业用电成本增加、资金周转困难和上游企业不良形势等因素，市工信委

郑州市2012年工业七大主导产业主要指标

单位：亿元

七大主导产业名称	增加值 总量	增加值 增速	增加值 比重	增加值贡献率	增加值拉动率	销售收入总量	销售收入增速
七大主导产业合计	1671.35	23.1%	63.94%	83.07	14.29		
汽车及装备制造业	419.70	13.1%	16.06%	14.63	2.52	1782.22	8.4%
电子信息工业	228.42	1.2倍	8.74%	37.88	6.52	1461.63	1.5倍
新材料产业	374.27	17.8%	14.32%	16.72	2.88	1298.38	20.9%
生物及医药产业	32.37	–11.7%	1.24%	–1.23	–0.21	124.37	–3.3%
铝及铝精深加工产业	118.71	12.3%	4.54%	4.17	0.72	775.23	4.4%
现代食品制造业	446.82	15.2%	17.09%	9.52	1.64	726.28	17.3%
家居和品牌服装制造业	51.07	9.8%	1.95%	1.38	0.24	205.00	8.1%

研究制定有关扶持政策，全力落实《郑州市人民政府关于全市电解铝行业脱困有关问题的会议纪要》，加大对全市电解铝行业企业脱困帮助力度。

【现代食品制造业】 2012年，郑州市现代食品制造业完成工业增加值446.8亿元，增长15.2%，占全市工业比重的17.9%，对全市工业增长的贡献率为9.5%，拉动全市工业增长1.6个百分点。全市卷烟产量1691亿支，增长0.9%；速冻米面食品产量100.6万吨，增长7.3%；方便面产量26.4万吨，增长1.4%；软饮料产量251.1万吨，增长7.6%。三全、思念公司速冻食品产销量位居全国速冻行业前两位，全市速冻食品行业产销量占全国速冻食品产销总量的60%；金星集团啤酒产销量已连续4年居全国第四位；好想你公司产销量居全国同行业第一位；白象集团产量稳居全国同行业第二。

【家居和品牌服装制造业】 2012年，郑州市家居和品牌服装制造业完成工业增加值51.1亿元，增长9.8%，占全市工业比重的2%，对全市工业增长的贡献率为1.4%，拉动全市工业增长0.2个百分点。全市服装产量12987万件，增长10.3%；纱产量6.7万吨，下降1.3%。以领秀、娅丽达、渡森、云顶等为代表的服装品牌跻身国内一线品牌，产品覆盖全国。大力调整纺织服装产品结构，推进纺织服装、家居企业向产业集聚区集中，实现产业规模化经营，继续鼓励和支持服装企业进行兼并重组合作，组建服装集团快速做大做强。积极开展服装家居产业招商引资，重点抓好金马凯旋家居CBD、锦艺轻纺城等项目建设。

（牛志永 屈本礼 邢清选 李 定 羊治勇）

电力工业

【概况】 2012年，郑州供电公司主要指标完成情况：供电量完成408.67亿千瓦时，同比增长1.38%；售电量完成395.02亿千瓦时，同比增长1.20%。电网线损率3.34%，与计划指标持平。电网最高负荷722.3万千瓦，同比增长2.79%。城市综合电压合格率99.911%，较计划指标提高0.043个百分点。电费回收率100%，全面实现“双结零”。6县（市）局完成供电量130.57亿千瓦时，同比下降1.55%。2012年，郑州供电公司实现连续安全生产4125天。

【电网建设与改造】 2012年，郑州供电公司积极服务郑州都市区建设，完成了郑州供电区主配网和通信网规划、“六城十组团”电力专项规划编制，电力设施布局规划被纳入郑州都市区总体规划。切实履行属地协调职责，圆满完成哈—郑特高压“四通一平”及用地手续办理工作。加大项目前期工作力度，全年有18个项目收到可研评审意见、19个项目取得环评批复，22个项通过土地预审、31个项目获得省发改委核准或批复。全年完成电网投资41亿元，投产110千伏及以上输变电工程21项，新增变电容量118.3万千伏安，线路268.2公里，解决过负荷10千伏线路87条、配电变压器120台，新增供电能力37.8兆伏安，有效满足了省会经济社会发展的用电需求。

【郑州地区全社会供用电情况】 2012年，郑州市全社会用电量479.52亿千瓦时，同比增长5.16%。其中第一产业用电量8.27亿千瓦时，同比降低5.21%；第二产业用电量335.59亿千瓦时，同比增长2.31%；第三产业用电量72.72亿千瓦时，同比增长17.62%；全市城乡居民生活用电量62.94亿千瓦时，同比增长9.62%。

【郑州供电区供用电情况】 2012年，郑州供电公司累计完成售电量395.02亿千瓦时，同比增加4.67亿千瓦时，增幅1.20%。

2012年，郑州供电区局供最高负荷达722.3万千瓦，比2011年最高负荷702.7万千瓦增长2.7%。网供最大负荷643.6万千瓦，比2011年同期622.2万千瓦增长3.4%。市区最大负荷360.3万千瓦，超过上年市区最大负荷（325.3万千瓦）35万千瓦，同比增长10.75%。供电区日最大用电量14905亿千瓦时，同比增长3.6%。

【年电量增长特点】 2012年，郑州市电量增长呈现以下特点：受电解铝、水泥、钢铁等高耗能企业减产影响大工业用电量明显下滑，全年大工业累计用电量为154.4亿千瓦时，较上年同期减少6.77亿千瓦时，同比降低4.2%。在富士康等高新技术企业带动下，交通运输、电气、电子设备制造业用电量增长显著，累计用电量达12.35亿千瓦时，同比增长91.51%，其中，富士康累计用电量达7.21亿千瓦时，同比增加5.39亿千瓦时。居民生活、非居民照明、商业电量保持高速增长，成为2012年最主要的电量增长点，累计用电量88.17亿千瓦时，合计同比增加13.68亿千瓦时，同比提高18.36%，同比增幅分别达到15.59%、19.97%和22.13%。

【行业用电量状况】 大工业电量：2012年，大工业电量为154.4亿千瓦时，较上年同期减少6.77亿千瓦时，同比降低4.2%，贡献率为-145.04%，所占售电结构39.09%。

非普工业电量：1-12月，非普工业电量累计18.15亿千瓦时，同比降低1.93%，贡献率为-7.64%，占售电比重的4.59%。

居民生活电量：1-12月，居民生活累计电量44.15亿千瓦时，同比提高15.59%，贡献率为127.52%，占售电结构的11.18%。

商业电量：2012年，商业用电量累计27.15亿千瓦时，同比提高22.13%，增长贡献率达到105.37%，占售电结构6.87%。

农业用电量：农业用电量累计3.73亿千瓦时，同比提高4.73%，贡献率为3.61%，占售电结构0.94%。

趸售电量：2012年，趸售电量累计完成130.57亿千瓦时，同比降低1.55%，贡献率为-43.98%，占售电结构的33.05%。

【县域电量】 电量增长较快县（市） 县域电量的主要增长点集中在中牟、新郑和巩义3个县（市），行业增长主要分布于巩义的电解铝和铝制品深加工行业、新郑保税区新增项目建设、中牟富士康和大学城项目的陆续开工。（1）中牟累计完成电量12.79亿千瓦时，增幅24.41%。随着郑开房地产项目开发建设以及航空港区富士康配套建设项目粗具规模，项目电量负荷稳步上升。（2）新郑累计完成电量26.52亿千瓦时，增幅3.41%。受钢铁市场需求下降，钢铁生产大幅下滑影响，电量增

可靠供电点亮万家灯火

2012年全社会用电量情况

单位：万千瓦时

	2012年		2011年		用电量同比增长
	用电量	比重	用电量	比重	
全社会用电总计	4795228	100%	4559910	100%	5.16%
A.全行业用电合计	4165789	86.87%	3985708	87.41%	4.52%
第一产业	82693	1.72%	87242	1.91%	-5.21%
第二产业	3355935	69.99%	3280229	71.94%	2.31%
第三产业	727161	15.16%	618237	13.56%	17.62%
B.城乡居民生活用电合计	629439	13.13%	574202	12.59%	9.62%
城镇居民	376295	7.85%	330118	7.24%	13.99%
乡村居民	253144	5.28%	244083	5.35%	3.71%

2008-2012年郑州供电公司供售电量情况趋势

单位：亿千瓦时

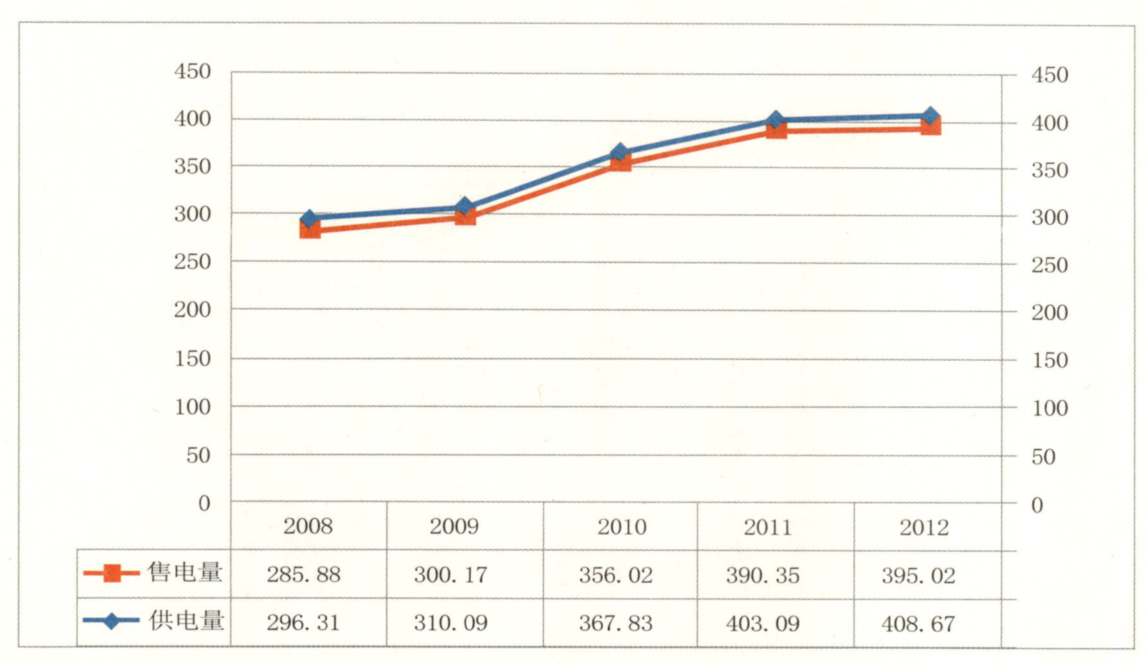

	2008	2009	2010	2011	2012
售电量	285.88	300.17	356.02	390.35	395.02
供电量	296.31	310.09	367.83	403.09	408.67

幅空间缩小。（3）巩义累计完成电量37.71亿万千瓦时，增幅6.1%。增长点主要在电解铝和铝制品深加工行业，负荷稳步增长。1-12月份大工业新增客户45户，报装容量达86605千伏安。

电量增幅缓慢县（市） 登封市、荥阳市和新密市电量增长缓慢，出现负增长，原因主要是2011年下半年，受整个经济形势持续低迷的影响，煤炭、钢铁、冶炼、造纸、耐火、铝制品加工等行业的生产量持续减产，导致工业电量增速放缓。（1）登封市。铁合金产品市场萎缩，冶炼企业基本处于停产状态，负荷下降较大，大工业电量累计同比下降43.39%，比重下降15.58%。其中冶炼大工业电量累计同比下降62.62%，比重下降21.74%。（2）荥阳市。大工业用户电量下降幅度较大，其中郑州瑞气气体有限公司、郑州宝翔石墨制品有限公司、郑州平原磨料有限公司等3家企业1-12月份用电量仅为6023.9万千瓦时，较上年同期降低了5224.62万千瓦时，降幅达46.44%。（3）新密市。受国家产业政策调控的影响，新密市的造纸、耐材、煤炭、建材四大行业生产下滑较大，仅双润磨具公司、振中公司、世兴公司、安彩公司等几家耐材公司累计电量减少9597万千瓦时；恒丰纸业、兴源纸业、顺发纸业等20多家大的造纸企业开工不足，累计电量减少10200万千瓦时。

【安全生产】 2012年，郑州供电公司扎实开展国家电网公司“安全年”活动，严格落实安全生产责任制，修编了安全管理规定及工作规程。以季节性

2012年分类售电量情况及结构表

单位：万千瓦时

项目	1月至12月				
	2012年	同期增加	同期比%	贡献率	结构
一、工业用电	1543986	−67714	−4.20%	−145.04%	39.09%
二、非普工业	181476	−3566	−1.93%	−7.64%	4.59%
三、农业用电	37301	1684	4.73%	3.61%	0.94%
四、居民生活	441509	59535	15.59%	127.52%	11.19%
五、非居民照明	168727	28084	19.97%	60.16%	4.27%
六、商业	271485	49193	22.13%	105.37%	6.87%
七、直售合计	2644484	67216	2.61%	143.98%	66.95%
八、六县合计	1305715	−20530	−1.55%	−43.98%	33.05%
九、总计	3950199	46685	1.20%	100.00%	100.00%

2012年各月售电量及增长比走势图

单位：万千瓦时，%

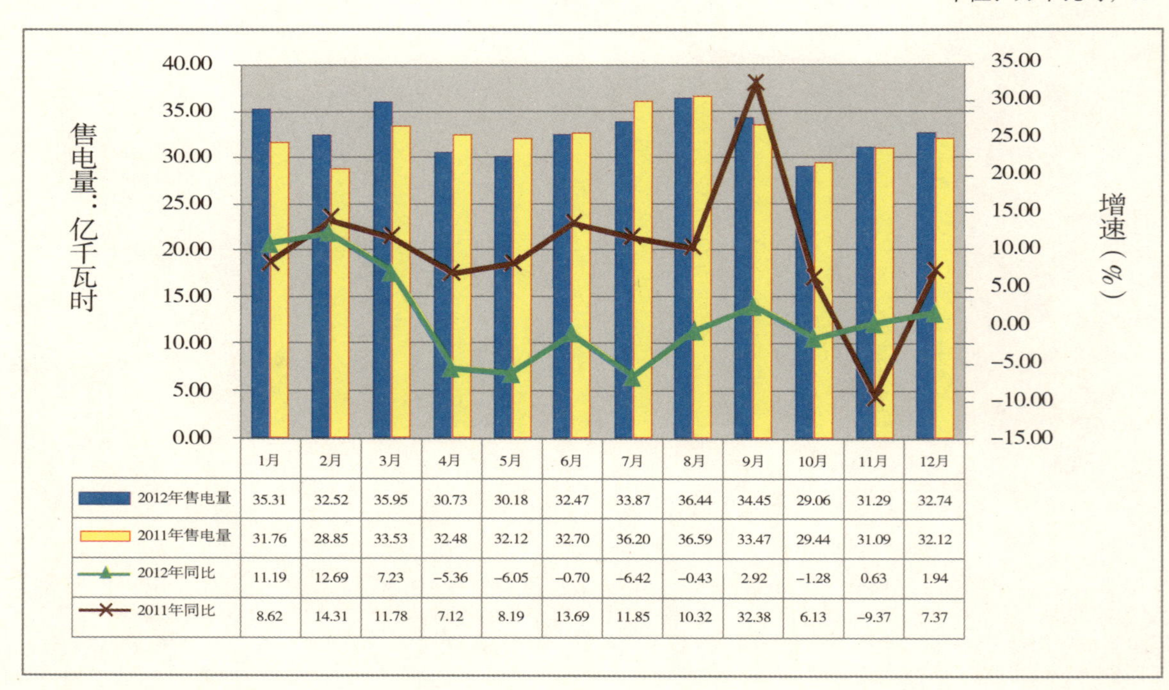

	1月	2月	3月	4月	5月	6月	7月	8月	9月	10月	11月	12月
2012年售电量	35.31	32.52	35.95	30.73	30.18	32.47	33.87	36.44	34.45	29.06	31.29	32.74
2011年售电量	31.76	28.85	33.53	32.48	32.12	32.70	36.20	36.59	33.47	29.44	31.09	32.12
2012年同比	11.19	12.69	7.23	−5.36	−6.05	−0.70	−6.42	−0.43	2.92	−1.28	0.63	1.94
2011年同比	8.62	14.31	11.78	7.12	8.19	13.69	11.85	10.32	32.38	6.13	−9.37	7.37

安全大检查和城市电网安全性评价为契机，深化“两抓一建”安全风险管控工作，加大隐患排查和反违章纠察力度，开展现场纠察84次，解决问题61项，消除安全隐患15项。深化应急常态机制建设，组建了17支应急抢修队，开展15次应急演练，进一步检验了应急预案的针对性和应急抢修能力。

【电力营销】 2012年，郑州供电公司全面提高营销管理水平,各项指标顺利完成。扎实开展电力市场开拓“百日攻坚”专项活动，全年完成业扩报装容量422.79万千伏安，同比增长37.58%。挖掘供电潜力，解决限报用电项目197个，容量48.34万千伏安。深化营销稽查监控系统应用，加强关键指标管控，落实电费风险防控措施，有力保障了经营成果。加强生产技术管理，积极推广状态检修和在线监测，输变电系统可用系数同比提升0.02个百分点。开展退役

2012年1-12月累计售电结构图

单位：万千瓦时，%

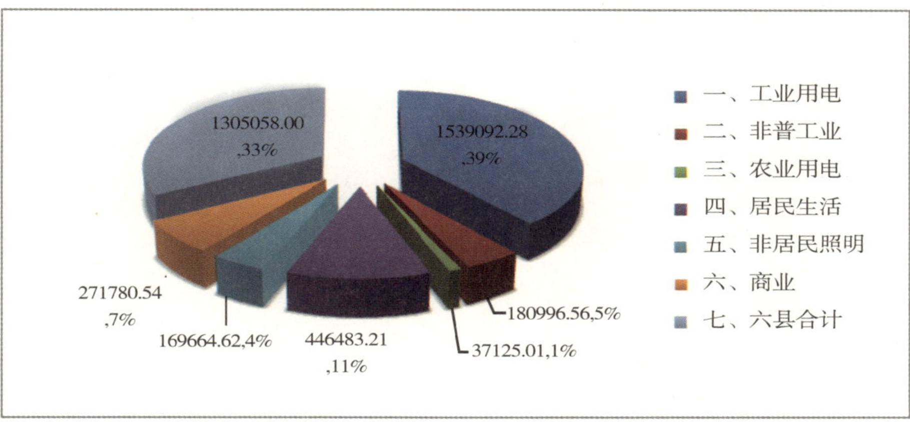

特高压换流站

郑州供电公司95598服务热线“让声音微笑 用行动说话”

设备利用和废旧物资集中处置，实现收益257.92万元。

【电力服务】 2012年，郑州供电公司严格遵守国家电网公司供电服务“十项承诺”，努力提升供电服务质量，构建和谐营销环境。积极服务重点项目建设，推行“个性化服务”，大用户平均接电时间缩短5个工作日。服务保障性住房建设，送电容量3.365万千伏安，惠及居民5003户。拓宽缴费渠道，建成社会化代收费网点547个，“10分钟缴费圈”覆盖范围不断扩大。加快用电信息采集系统建设，实现专公变覆盖率、抄通率两个100%。稳妥落实居民阶梯电价政策，完成133万居民客户的电价普查和用电类型甄别；完成1.03万户低保户、五保户免费用电返还。实施95598光明服务工程，畅通服务渠道，通过供电服务进社区、开通官方微博、加强营配协同等多种途径，客户满意率不断提高，郑州供电公司连续5年位居全市行风评议公共服务行业首位，19个基层站（所）获省级“群众满意的基层站所”称号。

【农电工作】 2012年，郑州供电公司以实施农电“十二五”发展规划为主线，以推进农网改造升级工程和提升县级供电企业管理为抓手，推动农电价值提升，实现农电可持续发展。新一轮农网改造工程加快推进，2011年工程全面完成；2012年工程完成总投资的71.12%。提前完成“低电压”专项治理，解决1.55万户低电压问题。加强农电集约化管理，压降银行账户19个，建立了6县一体的融资平台，提高了资金使用效益。加强乡供电所和台区建设，建成3个国家电网公司标准化示范供电所；实施“双提”专项行动，六县（市）局10千伏和400伏线损率分别下降了0.32%和0.31%。持续加强新农村电气化建设，荥阳、新郑的行政村全部达到新农村电气化标准。巩义局、荥阳局通过了国家电网公司一流县供电企业复验。

【科技创新】 2012年，郑州供电公司科技创新工作取得新成绩，5项科研成果获得省供电公司科技进步奖，192项技术成果取得国内专利授权，2项QC成果获国优称号，1个班组获全国质量信得过班组称号。郑州供电公司被国家电网公司评为2012年全国电力行业质量管理小组活动优秀企业。

（施顺玉）

食品工业

【概况】 2012年，郑州市规模以上食品企业总数达到199家，平均从业人数69059人。规模以上食品工业完成工业增加值446.8亿元，同比增长15.2%，占全市规模以上工业增加值的17.3%，比上年提高1.6个百分点，对全市工业增长的贡献率为9.8%。其中，农副产品加工业完成58.2亿元，同比增长23.6%；食品制造业完成59.7亿元，同比增长1.8%；饮料制造业完成24.2亿元，同比增长9.2%；烟草制造业完成308.8亿元，同比增长18.5%。

规模以上食品企业完成销售收入726.3亿元，同比增长17.3%，占全市规模以上工业企业销售收入的7.7%。其中,农副产品加工业完成销售收入272.2亿元，同比增长27.2%；食品制造业完成销售收入244.5亿元，同比增长1.8%；饮料制造业完成销售收入91.8亿元，同比增长20.3%；烟草制造业完成销售收入138.8亿元，同比增长23.1%。

规模以上食品企业实现利税总额179.3亿元，同比增长19.42%；实现税金总额88.2亿元，同比增长19.8%；实现利润总额74.6亿元，同比增长18.9%。

主要产品产量：小麦粉完成170.6万吨，同比增长10.3%；饲料完成210.7万吨，同比增长18.7%；精制食用植物油完成30.4万吨，同比增长47.4%；速冻米面食品完成100.6万吨，同比增长7.3%；方便面完成26.4万吨，同比增长1.4%；啤酒完成58.6万升，同比增长21.1%；软饮料完成251.1万吨，同比增长7.6%；卷烟完成1691.01亿支，同比增长0.9%。

【行业运行特点】 龙头企业规模扩大，主导行业优势进一步显现。2012年，三全、思念、金星、白象、河南中烟、好想你、阳光油脂等食品行业龙头企业，加大资金投入，进行战略产业布局和重点项目建设，进一步扩大和提升了企业规模优势及市场控制能力，强化了自身的持续发展和行业的主导地位。2012年，三全、思念的饺子、汤圆、粽子等速冻食品产销量位居全国速冻行业前两位，郑州市速冻食品行业产销量占全国产销总量的60%；金星集团啤酒产销量连续4年位居全国第四位；枣制品生产企业好想你公司产销量居全国同行业第一位；方便面生产企业白象集团产量稳居全国同行业第二。企业创新能力进一步增强。2012年，全市食品行业新增企业技术中心5家，总数达到36家。其中，国家级技术中心2家，省级技术中心18家，市级技术中心16家。重点项目建设实现突破。2012年，三全、思念、中粮、双汇等一批重点项目一期、二期已相继完工投产；投资25亿元的顶新国际集团扩大再投资项目、河南花花牛公司年产40万吨乳制品项目、好想你公司中国红枣综合基地等项目正在加紧建设。

【重点项目建设】 2012年，郑州市食品行业有亿元以上投资项目21个，随着这些项目的完工，郑州市食品行业的优势将有进一步的提升。农副产品加工业重点项目：中粮集团郑州产业园项目，益海嘉里集团日加工小麦面粉1800吨生产线项目，益海嘉里集团食用油加工生产线项目，中储粮油脂有限公司年加工30万吨大豆油项目，中储粮油脂有限公司仓储物流项目，雏鹰农牧年产40万吨饲料加工项目，双汇集团200万头生猪屠宰及加工20万吨肉制品项目。食品制造业重点项目：三全公司食品综合基地建设项目，思念公司新工业园建设项目，郑州三一食品科技有限公司冷冻食品加工项目，郑州三一食品科技有限公司小麦加工项目，好想你枣业优质红枣系列产品深加工项目，白象集团挂面生产线扩建项目。酒、饮料和精制茶制造业重点项目：康师傅食品工业基地建设项目，金星集团省外啤酒生产线建设项目，承德露露集团年产10万吨杏仁露系列饮料项目，郑州百事饮料罐装厂年产6万吨软饮料生产线项目，雅士利（郑州）营养品有限公司年产3万吨豆奶粉生产项目，雅士利（郑州）营养品有限公司奶粉分装车间项目。烟草制品业重点项目：中烟集团投资33亿元,年产130万箱新郑州卷烟厂建设项目。

【食品协会工作】 2012年，市食品协会充分发挥行业发展管理的指导作用，积极开展调研及研讨活动。根据郑州市食品工业发展面临着复杂多变的国内外形势的影响，深入各企业及相关县（市）区开展调研，召开经济运行分析会和座谈会，分析形势、交流经验，并提出相关建议，为上级领导提供决策信息，为企业及行业发展当好参谋。深入重点企业及重点项目进行督导和调研，了解发展和建设情况，及时发现存在问题，积极协调解决，促进其早日达产见效。针对市政协《关于大力推进主食产业发展 确保食品安全的建议》的提案，对全市主食产业化发展现状进行了调研，从不同角度对行业的现状、发展、存在问题进行了分析，并写出了相关调研报告及回复。以加强食品安全管理，加大源头治理力度，规范行业行为，严格实行市场准入制度，逐步推行标准化生产、规范化经营为主要内容，对郑州市食品企业开展调研，撰写了《食品安全诚信体系研究》调研报告，探究食品安全诚信体系建设，以提高食品安全工作的针对性、科学性和有效性。

【品牌建设】 实施品牌战略，博大面业的“博大”挂面获中国驰名商标荣誉称号，好想你公司荣获2012年省长质量奖，白象食品在巴西第十六届世界食品科技大会上获得“全球食品工业大奖”，成为唯一获奖的方便面生产企业。截至2012年年底，郑州市共有7个企业的9个产品获得“中国驰名商标”称号，11个企业的13个产品获得“河南省第一品牌产品”称号，15个产品获得“河南省著名商标”称号。其中，好想你枣业拥有“好想你”“枣博士”两个中国驰名商标。

【食品诚信体系建设】 2012年，市工信委将食品诚信体系建设工作当成重点工作来抓。一是根据全市“坚持依靠群众、推进工作落实”长效机制推进大会精神，建立起由市工信委、食品企业、各县（市）区工信部门组成的三级食品安全信息联系体系。二是全力配合省工信厅及市有关部门，及时下发《关于开展“瘦肉精”和含“瘦肉精”饲料清查收缴工作的通知》，深入推进“瘦肉精”专项整治工作。三是组织食品企业参加工信部、省工信厅组织的食品企业诚信管理体系建设培训会，向企业宣传国家、省食品行业“十二五”发展规划，讲解诚信管理体系建设程序与标准；向各县（市）区工信部门及企业发放体系建设资料、书籍和光盘，积极宣传相关知识，鼓励企业开展诚信管理体系建设。四是推荐思念、三全等公司5名食品行业专家入选郑州市人民政府食品安全专家委员会。五是积极配合省工信厅协调处理好“三聚氰胺”事件遗留问题。及时核实并兑付婴幼儿奶粉患儿赔偿金；协同省工信厅到工信部汇报全省婴幼儿奶粉患儿赔偿情况及申请赔偿资金；同时接待并耐心解释婴幼儿奶粉患儿家属来访与咨询。

（康新）

煤炭工业

【概况】 2012年，郑州市煤炭行业牢固树立煤矿安全生产“从零开始,向零奋斗”和“零容忍、零死亡”的安全理念，以隐患排查治理为主线，以“打非治违”为手段，夯实基层基础，推进产业升级，提升安全水平，确保了煤矿安全生产形势持续稳定。截至2012年年底，郑州市辖区内共有煤矿222家，设计生产能力6666万吨/年。其中省骨干煤炭企业直属煤矿41家，兼并重组煤矿122家，比照省骨干煤炭企业安全管理7家，地方保留煤矿52家。全市煤矿总产量4567.73万吨，同比下降33.9%，实现产值265亿元。其中地方及兼并重组煤矿生产原煤2796.91万吨，同比下降40%，实现产值162亿元。

【煤炭企业兼并重组】 2012年，市煤炭局按照河南省人民政府省长办公会议纪要精神的要求，重点做好河南煤化集团兼并重组省煤层气公司7家煤矿的有关协调工作。先后召开8次督导协调会议，下发1份会议纪要和4份督导通知书，协调解决疑难问题。6次赴进展缓慢的相关县（市）、煤矿进行督导，确保按时按质完成移交工作。针对移交煤矿中存在的司法纠纷，与省、市相关部门进行沟通，积极协调解决。截至年底，调整主体的7家煤矿当中，有4家煤矿完成了兼并重组协议签订、管理团队派驻、财务审计、股权转让等工作。

【郑州市兼并重组煤矿回头看活动】 2012年，市煤炭局按照省政府兼并重组煤矿“回头看”活动的统一部署，在全市地方煤矿深入开展“回头看”活动。制定了《郑州市兼并重组煤矿回头看活动方案》明确了“回头看”工作的总体目标和各阶段的工作时间节点，提出了具体的工作要求。夯实煤矿安全生产基础，引导全市地方煤矿累计投入安全整改资金10亿元，用于购买综采设备、改造通风排水系统、升级监测监控系统、改变支护工艺等整改项目。严把复工、复产验收关，利用复工、复产验收为杠杆，设置“三项指标”，即8项验收前置条件，29项重点验收内容，12项实操演练。突出防坠器现场测试、双回路现场切换、水泵联合试运转、雨季“三防”应急演练、反风演习等实操演练。通过实操演练，共查出隐患和习惯性违章300余条，纠正不标准操作80余人次，改进不规范指挥30余人次，完善通风设施36组，更换排水设备28件，有效提升了矿井应急处置和抗灾能力。组织开展专家技术“会诊”服务。立足于“查大系统、治大隐患、防大事故”，聘请具有丰富实践经验的高层次技术专家10名，对全市复工、复产矿井进行技术“会诊”服务，查出和解决煤矿在开拓布置和瓦斯、水害治理等方面存在的安全隐患。全年共技术“会诊”地方煤矿14家，查出各类问题146条，提出针对性的整改要求60条和风险预控性建议57条。

【煤矿安全监管】 2012年，郑州市煤炭局创新煤炭安全监管方式、方法，把网格管理向煤矿现场延伸，建立了产煤县、产煤乡镇、产煤村、煤矿四级网格。全市煤炭部门工作人员全部下沉到42个产煤乡镇、171个产煤村，在全市形成了煤矿安全生产工作“全覆盖、无缝隙”的监管体系。加强安全生产的过程控制，对全市地方煤矿采取了“两采一准”、限采限掘、限定井下作业人数、矿级领导“双带班”等控制安全生产过程的措施，取得了显著成效。严格规范采掘工程管理，抓住煤矿安全生产的关键地点，实行采掘工程设计和作业计划审批、审查、备案制度，规定煤矿企业只能在批准或计划的作业范围内进行作业，规范了煤矿采掘行为。扎实开展安全体系评价工作，继续完善安全生产评价标准，将标准条款增至553条，确立了更高的安全目标，明确了更严格的准入门槛，出台了更积极的行业政策，使评价内容更加全面、科学、合理。各县（市）区煤炭管理部门、地方煤炭主体、煤矿企业逐条对照评价标准，加大投入，完善机构，配备人员，落实措施，持续自我整改、自我完善、自我提升。全市参与第四季度安全评价的煤矿有26家，其中15家被评为一类矿井，同比增长30%。

【煤矿“打非治违”专项行动】 2012年，郑州市煤炭局认真贯彻落实国务院关于安全生产领域“打非治违”专项行动的统一部署，扎实开展煤矿“打非治违”专项行动，依法依规、依据政策，集中严厉打击煤矿各类非法、违法生产经营建设行为,坚决治理纠正煤矿各类违规、违章行为，及时发现和整改煤矿各类安全隐患，进一步落实煤矿安全生产责任、规范煤矿安全生产秩序、构建煤矿安全生产长效机制，有效防范和坚决遏制煤矿重特大事故的发生，确保全市煤矿安全生产形势持续稳定。全年共督查、检查煤炭企业801矿次，排查隐患11780条，责令限期整改13矿次，责令停工停产3家，行政处罚6家。

【煤矿安全隐患排查治理】 2012年，郑州市政府出台《关于建立全市煤矿安全隐患排查治理制度的通知》，明确了“排查隐患与跟踪督办责任分离”的原则和“重大隐患漏查等同事故”的责任追究机制，从源头预防了各类事故发生。全市共排查安全隐患2万余条，其中重大安全隐患30余条。

【瓦斯水害治理】 瓦斯治理 郑州市政府依托磴槽集团，以中国矿业大学专家技术团队为技术支撑，投资2000多万元，建立了郑州市煤矿安全生产技术研究中心。分别投资600多万元在登封市新丰煤矿、巩义市华泰煤矿建立了郑州市煤矿瓦斯实验室。重点对瓦斯相关参数进行检测，研究解决郑州地区“三软”煤层瓦斯、水害、顶板等方面的技术难题，为煤矿企业提供技术服务，为管理部门提供更为科学的监管依据。市煤炭局借鉴淮南矿业集团先进的瓦斯治理经验，强力推广开采保护层和施工顶底板岩巷穿层抽放相结合的区域防突措施；督促7家高、突矿井编制了“一矿一策、一面一策”瓦斯治理方案，明确治理工程、保护层面积、抽采量等瓦斯治理6项指标，使瓦斯防治更具针对性和操作性；指导4家煤矿升级了瓦斯抽采监控系统，实现了抽采“八参数”在线监测和自动计量，使瓦斯监控更加有效。

水害治理 市煤炭组织10家地方煤炭主体企业利用先进的物探技术对所属煤矿情况进行水文地质补充勘探，查

市政府召开全市煤炭工作会议

清、查明了采空区和相邻矿井及废弃老窑积水等情况，为防治水工作提供了可靠依据。

【煤矿事故】 2012年，郑州市煤矿安全生产形势保持了稳定向好的态势和趋势，新密市、巩义市、荥阳市、新郑市、二七区实现了煤矿安全生产零死亡。全市地方煤矿发生死亡事故1起，死亡2人，百万吨死亡率0.07%，低于全国和全省平均水平。

【煤矿新工艺、新技术、新设备推广】 2012年，郑州市有20家煤矿完成悬移支架更新，4家煤矿实现了综合机械化开采，4家煤矿实现了机采，12家煤矿实现了综合机械挖掘。11家煤矿购买了综采、综掘设备，正在安装调试。20多家煤矿的主要巷道采用U型钢和锚喷支护工艺，断面达到10平方以上。登封市推进“163”工程，完成采掘机械化投资2.68亿元，5家矿井实现了综合机械挖掘。部分煤矿的主要提升绞车、主通风机、空压机等设备采用变频节能控制技术，设备操作更加方便，设备运行安全性得到提高，电能消耗得到了节约。

【应急救援体系建设】 2012年，市煤炭局强化煤炭安全生产应急救援体系建设，积极主动开展预防性安全检查，全年共进行预防检查460 队次、查出隐患1051条，参加反风演习60矿次、排放瓦斯70次。积极开展应急救援技术演练，组织郑州市煤炭系统救护中队、辅助救护队集中开展了2次应急救援综合技术演练，提高了队伍整体应急救援能力。积极参加第七届河南省矿山救援技术竞赛，郑州市 5支代表队均取得了优异成绩，其中登封参赛队以168分的成绩获得全省地方队第一名，参赛队员综合成绩名列全省前四名。严格煤矿企业应急预案审查工作，对辖区内50家煤矿企业生产安全事故应急救援预案进行严格审查，提高了煤炭企业应急救援预案编制水平，提升了处置突发事件的能力。

【从业人员教育培训】 2012年，市煤炭局通过狠抓教育培训，从业人员素质得到明显提升。全年培训从业人员3.5万余人次，合格发证2.6万余人；举办煤矿一线安全监督员培训班12期，培训923人，合格发证896人；审查批准举办特殊工种培训班30期，培训2068人；完成从业人员职业技能鉴定工作，完成鉴定考核4204人；积极开展学历教育，组织推荐21人到煤炭普通高校深造，35人参加煤炭院校紧缺人才脱产培养。强化煤矿企业师资队伍建设，举办煤矿安全师资培训班2期，邀请国家、省著名专家授课，对170名地方煤矿教师进行了培训。深入开展“五职”矿长任职资格“回头看”活动，组织225名地方主体企业主要负责人和“五职”矿长进行了笔试和面试，对其任职资格进行了重新审查。

【煤炭运销】 2012年，市煤炭局加强电煤销售管理，积极引导督促煤炭生产、经营企业从大局出发，优先保障省内电煤供应。制定了《郑州市2012年迎峰度夏、度冬保电电煤应急保障方案》，全年郑州市通过铁路销售煤炭21.9万吨。严格执行煤炭运输计划申报制度，全年经过平衡审核汇总，上报煤炭运输计划565.7万吨，其中上报河南省电煤运输计划251万吨，省外电煤运输计划289.5万吨，满足了企业对煤炭运输计划的需求。开展全市煤炭经营企业经营资格证年度全面检查工作，对全市377家具有煤炭经营资格的企业严格按照要求和程序进行了全面检查，经过初审最后认定合格企业301家，基本合格企业52家，不合格企业24家。加强煤炭质量管理，在全市范围内开展煤炭质量专项检查，委托有资质的煤炭质量检验机构现场取样抽检，对存在煤炭质量问题的煤炭经营企业依据有关规定予以严肃处理。

（李世伟）

井下避难硐室

烟草工业

【概况】 2012年，郑州市烟草系统深化工商协同，按订单组织货源，满足市场有效需求，全年购进卷烟37.08万箱，同比增长2.48%。强化营销管理，深挖市场潜力，突出抓好一、二类烟销售，大力扩销三类烟，扎实推进“四转三”“三进二”工作，全年销售卷烟37.21万箱，同比增长4.03%。其中一、二类烟销售比重达到22.5%，同比提高0.57个百分点；三类烟销售比重达到55.7%，同比提高15.2个百分点。卷烟单箱销售收入(不含税)达到21824.8元，同比增长7.8%。不断优化物流资源，提高配送保障能力，加快“三网”建设，网上订货率达到76.38%，电子结算率达到98%。

【专卖管理】 2012年，市烟草局市场监管能力显著增强。推行“计划性”监管方式，推进“三无”示范街创建活动，扎实开展“天价烟”专项治理，加大对网上违法销售卷烟行为的监管和打击力度，加强对“千条户”的监管，市场净化率进一步提升。落实专卖内管责任，强化对“两烟”经营重点环节和属地工业企业的监管，市场经营秩序进一步好转。认真落实省烟草局打假工作部署，深入开展打假破网斗争，加大对网络案件的侦办力度，成功侦办了“4·7”“4·16”等7起符合国家烟草局、公安部标准和“8·30”等4起烟草符合省烟草局标准的制售假烟网络案件。全年共查处各类涉烟违法案件1573起，查获各类违法、违规卷烟4100多件，拘留55人、逮捕29人、判刑22人。

【烟叶生产】 2012年，郑州市烟叶种植总面积0.91千公顷，同比增加0.24千公顷；累计收购烟叶3.44万担，同比增加0.64万担；完成基础设施项目投资1419万元，建设烟田基础设施项目231个。

【企业管理】 2012年，市烟草局严格预算管理，压缩可控费用，三项费用率同比降低8.73%。认真开展“管理创一流”活动，强化对标结果的应用，注重贯标工作实效，经济运行质量进一步提升。切实加强审计监督，扎实开展全面审计整改工作，全年完成审计项目77个，促进增收节支187.41万元。加快信息化集成整合步伐，完善管理系统功能，信息网络系统安全顺畅运行。落实“能招尽招”“应招尽招”原则，健全民主决策机制，规范权力运行，“两项工作”深入推进。落实安全生产责任制，层层签订责任书，推进安全管理标准化建设，全年安全生产经营无事故。加强对干部职工的思想教育，突出正面引导，落实信访稳定责任，完善应急管理机制，及时妥善调处不稳定因素，企业大局基本稳定。

（马书伟）

民营经济

综述

【概况】 2012年，全市民营经济、中小企业工作以“保增长、调结构、促转型”为目标，贯彻落实国务院《关于进一步支持小型微型企业健康发展的意见》和省政府《关于进一步促进小型微型企业健康发展的若干意见》等一系列促进中小企业发展相关政策措施，抢抓中原经济区和郑州都市区建设的发展机遇，站位全局、着眼长远、主动作为，积极为企业做好服务，协调解决企业发展过程中遇到的困难和问题，民营经济继续保持平稳健康快速发展。

2012年，全市民营经济完成增加值3994亿元，同比增长18.1%；规模以上工业完成增加值2012亿元,同比增长18.8%；第三产业完成增加值1629亿元,同比增长17.8%；累计完成税收576亿元，同比增长15.3%；民间投资完成2623亿元,同比增长23%;社会消费品零售额完成1913亿元，同比增长17.2%。民营企业总数超过8.3万家，从业人员达185万人。

【民营经济总量】 2012年，郑州市民营经济总量继续保持平稳较快发展态势。全市民营经济完成增加值3994亿元，同比增长18.1%。其中，第二产业完成增加值2347亿元，同比增长18.5%；第三产业完成增加值1629亿元，同比增长17.8%。为实现平稳快速发展，广大民营企业站在“全国找坐标、中部求超越、河南挑大梁”的高度，牢牢把握“抢抓机遇、持续求进、突出提升”的要求，加快经济发展方式转变和调整产业结构步伐，取得明显成效，为郑州市“保增长、调结构、促转型”目标的实现提供坚实保障。

【规模以上工业经济运行情况】 2012年，郑州市规模以上工业经济保持较快增长。民营工业企业加大产业结构调整和转型力度，工业经济结构更加合理，其中汽车工业、电子信息产业、食品、设备加工、服装行业快速发展，电子信息、汽车等保持较高增长态势。以新能源、新材料、电子、生物等为代表的高附加值新兴产业，拉动工业经济保持平稳增长。全年规模以上工业完成增加值2012亿元,同比增长18.8%,占全市规模以上工业增加值总量的75%，完成销售收入6169亿元，同比增长19.6%，实现利润678亿元，同比增长15%。

【民间投资继续高速增长】 2012年，郑州市民间投资累计完成2623亿元,同比增长23%，占全市城镇固定资产投资总额76%，继续保持高速增长，对全市经济增长贡献进一步加大，继续担当城镇固定资产投资的主体军。为保持民间投资高速增长，郑州市积极贯彻落实国家、省、市促进民间投资健康发展的一系列政策，进一步拓宽民间投资范围，鼓舞投资者增强投资信心，引导民间投资增长保持健康发展。

【民营经济税收】 2012年，随着郑州市保增长各项措施的具体实施，广大民营企业经济效益进一步回升，拉动所上缴各项税收平稳增长，民营经济成为郑州市税收的主要来源。全年民营经济累计完成税收576亿元，同比增长15.3%，占全市税收总额的74%，其中，上缴国税356亿元，同比增长17%，占全市国税入库税金的74%；上缴地税220亿元，同比增长11.6%，占全市地税入库税金的84%。

【消费品市场】 2012年，郑州市消费品市场快速增长，2012年后期，居民消费价格指数保持下降态势，居民消费压力得到一定程度缓解，同时，在节假日消费的推动下，消费品零售额保持快速增长态势，为经济增长提供一定程度支撑。全年全市民营经济累计完成消费品零售额1913亿元，同比增长17.2%，占全市社会消费品零售总额的83%,其中，批发业完成209亿元，零售业完成1330亿元，住宿业完成22亿元，餐饮业完成323亿元。

【民营经济存在的主要问题】 2012年，郑州市民营经济保持了平稳较快发展，但是仍然存在一些制约发展的问题。一是对民营经济、中小企业的政策支持和财政支持力度不够，出台的政策措施缺乏针对中小企业在税收、土地及其他方面的具体支持措施和操作细节。中小企业平等使用生产要素、公平参与市场竞争、同等受到法律保护方面仍存在“两重门”现象。二是企业融资能力狭窄，资金“瓶颈”依然突出。全市融资平台、信用体系、投融资体系建设尚不够健全，企业自身直接融资能力和上市公司再融资能力不足，加之部分中小企业生产经营能力不足，资金周转困难，导致扩大生产步伐缓慢，发展受到限制。三是产业结构不合理。郑州市民营企业中初级产品比例大，原材料、粗加工、资源性产业占总量的60%。新能源、新材料、生物医药、信息传媒网络、环境保护、资源综合利用等具有发展潜力的新兴产业所占比重仍然偏低，发展空间狭窄，后劲不足。四是自主创新能力不足。大部分企业产品处于产业链的上游，高、精、尖、优产品少，生产成本高，附加值低。企业缺乏优秀的管理人才、技术人才和营销人才，多数民营企业采取家族式管理，粗线条制度，资产不明晰，没有引进现代化管理方式与手段。产品研发能力滞后，科研经费所占比重不高，产品更新换代周期长。五是企业生产经营成本持续上升，盈利空间缩小。“招工难”和“用工贵”问题突出，劳动力成本上升，进一步提高了运营成本。原材料价格上涨造成企业经营困难程度加剧。企业融资贷款在各项费用增加的影响下，造成企业财务费用大幅上涨，冲减企业利润。受国内外经济形势下滑的影响，企业订单减少，市场份额萎缩，产品价格下滑。

（刘　林）

民营经济管理

【概况】 2012年，市中小企业服务局通过召开经济运行分析会议，研究解决中小企业发展中存在的问题，加强经济运行监测，发现问题及时进行协调解决。7月24日，在全市促进中小微企业健康发展工作会议上，市委常委、统战部部长王跃华全面分析了郑州市上半年经济运行情况，并对下半年中小企业发展工作进行了再动员、再部署、再安排，确保圆满完成全年既定发展目标。

民营经济支持措施　为支持民营经济、中小企业快速发展，郑州市从政策、资金、技术、人才等方面采取措施。按照国务院《关于进一步支持小型微型企业健康发展的意见》及省政府《关于进一步促进小型微型企业健康发展的若干意见》等政策措施，郑州市制定出台了《郑州市人民政府关于进一步促进小型微型企业健康发展的若干意见》《关于支持小型微型企业贷款融资的通知》等政策措施，保证了中央、省支持中小企业发展政策的贯彻落实。同时，贯彻"国九条"和"国四条"对中小企业的财税支持政策，努力缓解融资难题，帮助企业加快技术改造、提高装备水平、提升创新能力，效果逐步显现，促进了中小企业健康发展。

民营经济服务措施　2012年，市中小企业服务局开拓创新，主动服务中小微企业。一是发挥中小企业专家服务团人才优势，建立起中小企业专家服务团工作机制。制定《2012年度郑州市中小企业专家服务团活动方案》，为中小企业提供咨询、管理、指导等服务。11月，组织了新密市耐火材料企业创新发展报告会、荥阳市中小微企业创新发展报告会、郑州大学中小企业高级研修班等活动，受到中小企业欢迎。二是推进中小企业公共服务平台建设和产业集聚发展。全市共有中小企业公共服务平台7家，其中，创业类2家，综合类1家，管理类3家，其他类1家。共有各类产业集聚区50家，共有各类中小企业创业基地41个。郑州市中小企业信息服务平台被推荐上报2012年国家级中小企业公共服务平台网络建设项目。三是以"三百工程"为载体，支持鼓励中小企业做强做大。对郑州市"百强民营企业""百家成长型中小企业""50家重点科技民营企业""50家诚信民营企业"进行重点培育支持，引导企业进行科技、体制和管理创新，扩大规模，形成核心竞争力，在各行业中造就一批中小企业"小巨人"和"龙头"企业。四是扎实推进"翔计划"工作。分别举办了"'翔计划'走进马寨产业集聚区""助推中小企业成长峰会'翔计划'荥阳站应用培训"两期活动。五是加强中小企业信息服务平台建设，为郑州市中小企业提供电子商务、融资担保、政策法规、专家咨询、人力资源等免费公益服务。

【培训、交流、引进人才等活动】2012年，市中小企业服务局组织开展培训、交流、引进人才等活动，为企业发展增添后劲。一是开展各种培训活动。11月，组织120名中小微企业董事长、总经理，赴厦门大学参加高级研修班培训。全年对全市担保机构高管进行4次专业技术培训，共培训500余人次。组织企业参加第九届中国国际中小企业博览会，扩大对外交流。二是帮助企业引进人才。以"中小企业银河培训工程"和河南省中小企业网为平台，帮助企业开展网上百日招聘高校毕业生活动。

【专项资金扶持中小微企业发展】2012年，市中小企业服务局积极争取、用好专项资金，大力扶持中小微企业发展。一是积极争取国家、省级中小企业发展专项资金。2012年，郑州市共有5家中小微企业获得国家中小企业发展专项资金376万元，有63家中小微企业获得省级中小企业发展专项资金1720万元。市财政拿出2000万元支持80家中小微企业用于开发新产品、新技术、新能源、专业化改造项目，拿出3539.6万元对担保公司、中小微企业给予资金补助。二是设立3000万元的"种子贷基金"和"财政补贴贷款"，缓解小型、微型企业贷款难问题。2012年，共有14家企业通过"种子贷基金"和"财政补贴贷款"两种模式获得银行6630万元的贷款。三是搭建银行、担保机构和中小微企业合作交流平台。4月22日，召开2012年银企洽谈会，推荐项目和企业476个，融资需求达到936亿元。其中，项目252个，融资需求达到720亿元；企业224家，融资需求218亿元。四是发挥担保机构、小额贷款公司融资功能。83家担保公司为4849家企业提供新增贷款，新增担保9226笔，2012年累计新增担保额达197亿元。42家开业的小额贷款公司共为3672户中小企业发放4986笔小额贷款，累计贷款额达72.6亿元。其中，为1967户农户和个体工商户发放2599笔小额贷款，贷款额达30.5亿元；为企业发放816笔小额贷款，贷款额达19.58亿元。

【担保机构规范整顿】2012年，郑州市深入推进担保机构规范整顿工作。坚持"以稳定为核心、突出打击、分类处置、推进规范、实现目标"的总体原则，按照"打击一批、化解一批、规范一批、支持一批、退出一批"的工作思路，将所有担保公司纳入"条块融合、网格化管理"工作机制。先后出台了《关于促进全市担保行业规范发展的意见》《关于印发郑州市加强担保机构监管暂行办法的通知》《关于印发未取得融资性担保机构经营许可证担保企业退出担保行业暂行办法的通知》。同时，采取完善工作机制、加快案件侦办、推进化解处置、开展效能监察、完善行业管理的政策措施、发挥企业信用担保协会的行业自律作用、畅通退出渠道等措施，推动担保机构规范整顿工作有序进行。

【小额贷款公司监管】2012年，郑州市加强对小额贷款公司的监管，做好风险防范。一是规范审报程序，严把准入门槛，积极稳妥地开展小额贷款公司试点申报工作。2012年有7家小额贷款公司获得省工信厅审批，有8家正在审批公示过程中。二是出台《关于对全市小额贷款公司加强风险防范的通知》《关于小额贷款公司设立申报和监督管理的通知》，加强监管。三是加强运营监测，开展信息报送，对全市小额贷款公司进行动态监督管理。四是对小额贷款公司进行全面检查，督促公司加强管理。五是开展高管人员培训及考试工作。六是对小额贷款公司的资金运营及财务状况等重大事项进行重点审核，做好行业年审和变更工作。

（刘　林）

铁路

综述

【概况】 郑州铁路局地处中原，位于全国路网中心。管辖线路横跨河南、山西、山东三省，通过15个分界口与北京、西安、武汉、太原、上海、济南铁路局相邻，所辖京广、陇海、京九、焦柳、郑西高铁等营业线路和郑州、洛阳、商丘、新乡、月山、南阳等铁路枢纽纵横交织成网，构成东达沿海、南通两湖、西连秦晋、北接京津的铁路网络，在国民经济发展中有着举足轻重的地位，被誉为“中国铁路心脏”。

2012年，郑州铁路局以最大限度服务地方经济发展和方便人民群众安全出行为目标，加强安全管理，优化运输组织，积极推进铁路建设，着力改进企业思想文化建设，大力改善民生，维护职工队伍稳定，企业各项工作取得长足进展，为促进地方经济发展，加快中原经济区建设提供了强有力的运力保障。全年完成运输收入、旅客发送量、货物发送量、换算周转量分别为232.89亿元、7904.7万人、16935万吨和2539.7亿吨公里，其中运输收入、旅客发送量同比分别增长4.2%、4.29%。全局完成投资136.11亿元，基本建设全年投产新线569.7公里，客运专线双线553.9公里、普速15.8公里，电气化铁路569.7公里，完成新线铺轨41.2公里、复线铺轨20公里。截至11月4日，郑州铁路局实现安全生产1600天，创建局以来最好安全成绩。

年末，郑州铁路局线路管辖范围：京广线北于柏庄、安阳间485.800公里处与北京局分界，南于小商桥、孟庙间807.000公里处与武汉局分界；陇海线东于虞城县、张阁庄间354.000公里处与上海局分界，西于太要、潼关间935.500公里处与西安局分界；焦柳线南于耿坡、部营间474.099公里处与武汉局分界；新兖线东于算王庄、菏泽南间148.000公里处与济南局分界；京九线北于曹县、梁堤头间650.273公里处与济南局分界，南于木兰、王楼间718.300公里处与上海局分界；太焦线北于夏店、大平间190.682公里处与太原局分界；邯长线东于长治北、北舍间215.491公里处与北京局分界；侯月线北于嘉峰、端氏间147.273公里处与太原局分界；宁西线西于商南、富水间248.285公里处与西安局分界，东于李家湾、小林间563.600公里处与武汉局分界；孟宝线东于平顶山西、余官营间98.000公里处于武汉局分界；郑西高铁西于灵宝西、华山北间950.627公里处与西安局分界；京广高铁北于安阳东站510.330公里处与北京局分界，南于许昌东站780.712公里处与武汉局分界。其他线路都在局管范围内。

全局运营线路正线及联络线65条，运营线路营业长度2385.100公里，总延展长6950.643公里。其中，正线延展长4456.532公里，比上年增加16.016公里；站段岔特线延展长2494.111公里，比上年增加18.536公里。正线60型钢轨4304.413公里，占正线总延展的96.6%；正线无缝线路延展长3825.363公里，占正线总延展的85.8%。道岔8558组，其中正线道岔3245组。正线曲线3004条1290.303公里。道口238处，其中有人看守道口21处。

运营线路有桥梁3055座184197米，其中特大桥43座，大桥239座；隧道156座100746米，其中3公里以上的长隧道5座；涵渠6821座180581米。桥隧总换算长223073米。

全局合资线路正线及联络线11条，线路营业里程798.700公里。线路总延展长1569.067公里，其中正线延展长1390.945公里，站段岔特线延展长178.122公里。道口62处，其中有人看守道口11处。

年末，郑州铁路局有行政职能机构30个，部管附属机构38个，局管附属机构18个。有运输站段33个，非运输单位31个。全局有职工116490人，其中干部17359人，女干部4270人。

郑州铁路局机关位于郑州市二七区陇海中路106号，邮政编码450052。

【机构整合】 按照铁道部《关于规范铁路办事处设置及人员配备等事项的通知》（铁劳卫〔2012〕40号）文件要求，经郑州铁路局、局党委研究决定，2012年4月12日起撤销郑州铁路办事处、洛阳铁路办事处及其党群组织。同日，成立郑州铁路局郑州安全监察分室和洛阳安全监察分室，为郑州铁路局行政附属机构，由局安全监察室归口管

11月26日，郑州桥工段组织600多名施工人员，对南水北调中线干线一期工程总干渠京广二线与铁路交叉工程线路进行拨接施工

理。同时，成立郑州铁路局郑州离退休工作站和洛阳离退休工作站，为郑州铁路局行政附属机构，由局离退休管理处归口管理。

【吴邦国、王兆国视察石武客专郑州东站】 4月13日，中共中央政治局常委、全国人大常委会委员长吴邦国一行，在河南省委书记卢展工、河南省省长郭庚茂、河南省政协主席叶冬松，郑州铁路局局长张军邦、局党委书记杨建祥等陪同下，到石武客专郑州东站视察铁路建设项目。吴邦国委员长先后观看了郑州东站建设项目专题片，观摩了郑州东站沙盘模型，听取了郑州局关于郑州东站建设基本情况的汇报，详细了解郑州东站的设计理念、建设规模和工期、站台、股道布置、主站房功能区域划分等情况，还到郑州东站高架候车层施工现场进行视察，亲切接见了郑州东站铁路建设项目的建设、施工、监理等参建单位代表，并挥毫题写了站名。

5月17日，中共中央政治局委员、全国人大常委会副委员长、中华全国总工会主席王兆国一行，在河南省委书记卢展工，省委常委、省委秘书长刘春良，省委常委、郑州市委书记吴天君，以及郑州铁路局局长张军邦、局党委书记杨建祥、副局长李会林、杨伟军等陪同下，到石武客专郑州东站视察。王兆国一行先后观看了工程介绍专题片，参观了石武客专郑州东站模型，实地察看施工现场，听取郑州局关于郑州东站基本情况的汇报，并询问车站有关设计、施工、投资、工期等方面的问题，深入了解公交、地铁、长途客车、城际铁路等立体交通配套设施建设情况，对郑州东站的建设为地方经济社会发展起到的重要作用给予了肯定。

5月17日，中共中央政治局委员、全国人大常委会副委员长、中华全国总工会主席王兆国一行到建设中的郑州东站高架层实地察看工程进展情况

【京广高铁郑武段、京郑段开通】 2012年9月28日和12月26日，京广高铁郑武段和京郑段相继开通运营，标志着国家《中长期铁路网规划》中"四横四纵"高速铁路里的"一纵"（北京—石家庄—郑州—武汉—广州—深圳客运专线），这一世界上运营里程最长的高铁全线贯通。全国高速铁路运营里程达9300余公里，成为世界上发展最快、规模最大的国家，高速铁路总体技术水平进入世界先进行列。

京广高铁京郑段681公里，新建线路664公里。其中，桥梁545.7公里，占线路总长的82.2%。设计时速350公里。线路自北京西站引出，全线新建安阳东、鹤壁东、新乡东、郑州东等13个客运站。

郑武段536公里，设计时速350公里，初期运营时速300公里，2008年10月15日开工建设。全线设有郑州东、许昌东、漯河西、驻马店西、明港东、信阳东、孝感北、横店东8个车站。郑州至武汉间运行时间由原来的最快4小时28分缩短至1小时56分，北京至广州间的最快高铁列车运行时间将缩短到8小时以内。

京广高铁京郑段、郑武段与既有的郑西高铁在郑州形成"T"型交叉。9月28日，京广高铁上的郑州东站正式启用。站房总建筑面积41.2万平方米，站台雨棚7.8万平方米，为目前在建最大高铁站。站房地面建筑共分三层，采取"上进下出为主，下进下出为辅"的旅客流线，站内实现了与公交、地铁、城际铁路等交通方式"零距离"换乘。

【南水北调工程路局代建项目全部开工】 3月19日，南水北调中线总干渠与宁西铁路交叉工程南阳铁路疏解区穿越宁西正线、穿越宁西铁路西北联络线、穿越宁西铁路西南联络线三个标段同时开工。至此，郑州铁路局代建的25个项目全部开工。南水北调总体规划分东、中、西三条调水线路。

中线源头位于河南省西南部和湖北省西北部交界处，在亚洲第一大淡水湖丹江口水库东岸，汤、禹、杏三山之间。中线一期工程渠线总长1432公里，其中总干渠长1276.4公里。中线干线工程有铁路交叉工程39处，其中河南境内27处。2010年1月15日至2012年1月30日，郑州铁路局分6批与有关部门签订中线总干渠与铁路交叉工程25个项目的代建合同。其中，涉及国有铁路15处，地方铁路专用线10处。代建工程中，有大中型桥梁25座，各类箱桥112座，便线过渡11.5公里，改移线路28.7公里，挖填土石322万立方米，接触网改造45.4条公里，自动闭塞49.3正线/公里，电力线改移15.9公里，通信线路迁改624公里，同时涉及部分房建迁改项目，代建合同总额近12.4亿元。至年末，建成通车14处。即新月待焦联络线、安大煤专线、安古煤专线、中铝狮子营煤专线、中铝运

河南省委书记卢展工、省长郭庚茂共同为郑州东站启动揭牌

京广高铁郑武段、京郑段开通首发仪式现场

输部线、汤鹤线、浚鹤线、中铝检修厂线、陇海线、平顶山西货场线、京广Ⅱ线、京广Ⅰ线、焦枝线铁路交叉工程及新密铁路倒虹吸护管框架桥工程。8月14日，国务院南水北调办公室主任、水利部部长鄂竟平检查南水北调跨宁西铁路工程，对郑州铁路局所做的工作给予充分肯定。

【郑徐客运专线开工】 12月26日，郑州至徐州铁路客运专线正式开工。郑徐客运专线是《中长期铁路网规划》中“四纵四横”之一的徐州至兰州铁路客运专线的重要组成部分。线路西起郑州，在郑州枢纽与郑西高铁、京广高铁衔接，东至江苏省徐州市，在徐州枢纽与京沪高铁衔接，是客运专线网中“贯通一横、连接两纵”的桥梁。

郑徐客专正线全长361.9公里。其中，河南省境内252.8公里，安徽省境内73.4公里，江苏省境内35.7公里。全线设郑州东、开封北、兰考南、民权北、商丘、砀山南、永城北、萧县北、徐州东9个车站。该工程为双线电气化客运专线，运行列车采用动车组，设计速度目标值时速350公里，工期48个月。郑徐客专全线无隧道，桥梁全长337.4公里，占正线长度的93.5%。

【推进河南铁路建设会议纪要签署】 5月14日，铁道部党组书记、部长盛光祖与河南省委副书记、省长郭庚茂在铁道部就进一步推进河南铁路建设举行会谈，并共同签署会议纪要。铁道部党组成员、副部长陆东福，河南省副省长张大卫，郑州铁路局局长张军邦、河南城际铁路有限公司总经理杨树新参加会议。

此次会议，旨在贯彻落实国家“十二五”规划纲要和《国务院关于支持河南省加快建设中原经济区的指导意见》，加快河南现代化综合交通枢纽建设。根据会议纪要，部省双方将按照有利于促进中原城市群综合交通发展、加快中原城市群城际铁路建设、拓展城际铁路综合开发和实现可持续经营的原则，共同研究推进城际铁路建设运营的体制创新，通过项目股权转换，实现城际铁路由地方控股、铁路部门提供专业技术和管理服务。郭庚茂指出，铁道部对河南的发展给予了大力支持和帮助，突显河南在全国铁路网的重要地位和作用。河南正处于蓄势崛起的关键阶段，完善河南铁路网建设，打造现代综合交通体系，对于河南加快建设中原经济区至关重要。

铁路法检两院移交地方签字仪式举行

【铁路法检两院移交地方】 6月6日，郑州铁路局河南省境内铁路法院、检察院移交签字仪式在郑州举行。郑州铁路局局长张军邦先后与河南省高级人民法院院长张立勇、省高级人民检察院常务副检察长张国臣代表交接双方分别在铁路法院移交协议、铁路检察院移交协议上签字。此举标志着郑州铁路局河南省境内的铁路法院、检察院两级六院正式移交河南省，一次性整体纳入国家司法体系，实行属地管理。最高人民法院副院长苏泽林，最高人民检察院副检察长姜建初，铁道部总经济师余邦利，河南省委常委、常务副省长李克，河南省委常委、政法委书记毛超峰，河南省高级人民法院院长张立勇、常务副院长田立文，河南省高级人民检察院常务副检察长张国臣，最高人民法院法官管理部部长冯跃，最高人民检察院铁检厅厅长阎敏才，铁道部政策法规司副司长魏南珍和郑州铁路局局长张军邦、局党委书记杨建祥等出席签字仪式。河南省委常委、政法委书记毛超峰主持签字仪式。

【实现安全生产1600天】 截至11月4日18时，郑州铁路局实现无责任铁路交通一般A类及其以上事故1600天，取得建局以来最好成绩。郑州铁路局始终坚持从实际出发，牢固树立“安全大如天、万事排最先”的理念，积极探索安全规律，不断总结、完善和推广安全管理的“督、促、帮、引”四字经验，完善安全生产的闭环管理。2012年，制定《郑州铁路局安全风险控制体系建设和运用管理实施办法》，配套出台《郑州铁路局现场作业环节安全风险控制重点》，对施工安全、调车安全、车辆防溜、防洪关键等安全风险设定“高压线”。按照“逐级负责、领导负责、专业负责、岗位负责”的要求，建立、完善安全责任制管理体系、安全生产考核体系、安全责任追究体系、安全综合评价体系、安全信息调查处理体系，科学界定路局、业务处室、站段的安全管理责任，明晰领导层、管理层、作业层岗位安全职责。同时，修订完善安全生产考核办法，将施工安全、联控、“天窗”修、路外安全、劳动安全等全部纳入其中；设立1亿元奖励基金，严格奖惩兑现；加大对发生冲、脱、挤一般D类事故单位的考核力度，调动抓好安全工作的积极性和主动性。

【“五一”“十一”假日运输】 “五一”假日（4月29日至5月1日），全局发送旅客97.3万人次，同比多发送18万人次，增幅1.8%，创历史同期新高。郑州铁路局及早调查运输市场，合理安排运力，针对“五一”期间赴洛阳看牡丹，赴南阳、开封游玩短途旅客较多的实际，组织增开管内临客72列，加开客流流向集中的北京、武汉等方向直通临客13列，组织车辆加挂96辆。同期全局装车日均完成7844车，卸车日均完成5631车，同比日均多卸146车。

“十一”长假（9月27日至10月7日），全局发送旅客317.6万人次，同比增长7.5%。其中，直通旅客发送量同比增长8.3%。客票收入21554万元，同比增长8.8%。全局日均装车6906车，兑现率85.3%，同比提高14.1%；货运收入32217万元，同比增收1810万元。双节期间，正逢郑武高铁开通，郑武、郑西等高铁实行新的列车运行图，郑武高铁开行动车组列车25对，郑西高铁跨线开行8对。增开旅游专列3列，直通临客1对，安阳至桂林北旅游专列1对，长治至张家界旅游专列1对，焦作至北京西直通临客1对。

【12306货运服务电话开通】 8月1日零时，郑州铁路局12306货运服务电话正式开通，主要受理快运班列信息咨询和投诉建议业务，为路局快运货物班列顺利开行提供全方位咨询服务。与此同时，全路开通www.12306.cn网站，对快运班列进行网上预售和预订。郑州铁路局开通圃田、圃田西、洛阳东、安阳、新乡、商丘、济源7个地区进行网站和营业厅的办理工作。主要受理货运班列的咨询、投诉和建议，并开通对班列各个舱位的预订、查询和办理等功能。快运班列由原来的日请求车、月报计划等方式直接转变为网上订购，同时开通查询、变更、取消等功能。客户可以通过12306网站了解快运班列的开行车次、发到站、运行时刻及价格，在网上提报货物运输需求，系统自动受理并实时反馈结果，并可通过网站进行货物追踪查询。

【路局货运组织方式改革】 11月12日，郑州铁路局落实部党组“多元化经营、一体化管理、全口径核算”的经营思路，对货运、物流组织机构和工作职能进行调整，车站货运和物流企业由“独立门户”实现高度融合，并在郑州北站、新乡车站建立试点，推进货运组织科学合理改革。在机构设置和岗位职能上，车务站段货运车间、班组，进一步强化货运服务和市场开发职能。货运机构设置将内勤货运班组调整为货运营销班组，主要货运营业站货运营业厅设值班主任、客户经理、发送综合、到达综合等窗口；其他车站设客户经理和货运综合窗口。值班主任窗口负责营业厅日常组织管理；客户经理窗口由物流企业选派人员担当，负责了解掌握客户对铁路物流服务的需求和意见建议，向客户提供服务项目和服务费用咨询等；发送综合窗口负责电子商务网上业务注册核准及热线咨询，核实客户提出的订单内容和货源情况等；到达综合窗口负责查收到达货车的货运票据等。

【“郑西高铁快速物流项目”开通】 9月19日，“郑州至西安高铁快速物流项目”开通运营仪式举行，河南省邮政速递物流有限公司和顺丰快递公司的信函、快件首次登上郑州—西安G2009次列车。为了发挥高铁快速物流产品更快捷、更安全、更高效、更经济、更绿色的优势，郑州铁路局河南中原铁道物流有限公司邀请河南省邮政和国内十大物流公司加盟，和西安局联手，进行跨局合作，建立“快递公司—郑州车站—西安高铁站”的操作流程，确保货物安全到达目的地。该项目是全路第一家跨局高铁物流项目，标志着郑州铁路局高铁快速物流项目正式运营和快件业务全面展开。

【“三门峡·天鹅号”高速旅游列车开行】 8月4日，“三门峡·天鹅号”高速旅游列车启动仪式在郑州车站举行。河南省副省长张广智、省旅游局副局长何琳，三门峡市市委书记杨树平、三门峡市市长赵海燕以及郑州铁路局副局长陆彦彬等领导参加启动仪式。近年来，三门峡市相继开辟黄河生态游、寻古朝敬游、民俗风情游、山水风光游等特色路线，开发了白天鹅观赏、峡谷漂流等项目。为推进大旅游建设，郑州铁路局与三门峡市联合开行“三门峡·天鹅号”高速旅游列车，为广大游客了解三门峡文化、参观三门峡名胜古迹、参与三门峡经济建设和发展提供了便利。该列车是铁路和地方双方友好合作的成功典范，是郑西高铁开通以来第一列旅游列车，第一次采用最舒适先进的380A车型，第一次采取“公交运营模式”。该列车由郑州站始发，终到站为三门峡南站，每列定员1000人，每天定时、定点开出。

【“郑州铁道·京广家园”项目开工】 5月15日，郑州铁路局又一项民生工程“郑州铁道·京广家园”开工。河南省副省长赵建才，郑州铁路局领导张军邦、杨建祥、王俊吉、王国强、李学章以及省政府办公厅、省国土厅、省住建厅、省地税局、省财政厅、省重点项目办和郑州市政府相关委局负责人参加开工典礼。该项目位于郑州市二七区京广路以东、陇海路以南、物资供应总段厂区内，是河南省棚户区异地安置改造重点项目，也是河南省最大的铁路棚户区改造项目。项目占地面积203141平方米，建设用地面积166705平方米，拆除房屋38756平方米；规划建设28栋（一期13栋，二期15栋）高层住宅，总建筑面积680872.12平方米、6164户，容积率3.48，绿地率35.66%，停车位5502个。同时配建体现铁路元素的小游园，是集绿化、美化、文化于一体的精品铁路住宅区。

【路局先进典型评选】 2012年，郑州铁路局开展了“安全为天·我心中的安全功臣”“人在旅途·我心中的服务明星”和“感动郑铁·我身边的道德模范”评选活动。采取个人自荐、单位推荐、社会举荐相结合的方式，扩大职工参与范围。全局各单位累计推荐候选人112人（次），年龄最大的80岁、最小的24岁，一线职工比例94%。按照热点

12月3日，河南省副省长张大卫一行到京广高铁河南境内郑州以北段现场办公

6月20日，我国最先进的CRH380A-6095L动车组入驻郑州铁路局

轮动、分季评选的方式，以及填表推荐、资格审查、集中宣传、入围投票、电视（专家）评选的流程，全年分7批推出60名（组）候选人。路局报刊、电视台、网站协调联动，每月对评选活动和候选人事迹进行集中宣传，同时在“郑铁在线”“我们与社会同行”网站（互联网）刊登服务明星候选人、道德模范候选人事迹和选票。活动共收到选票1016万余张，网友留言3120余条，以及焦作市志愿者协会、长治市文明委等众多社会单位、团体的推荐信20余封，同比增长66.7%，创路局典型评选投票最高纪录。

举行电视评选晚会和专家评审会，评选揭晓安全功臣、服务明星、道德模范共计33名，授予太焦线孔庄站区“道德模范特别奖”。2012年1月5日，郑州铁路局“2011·群星璀璨”颁奖盛典在郑州举行。河南省副省长陈雪枫等领导和铁道部有关领导，以及路局领导班子成员出席，并为获奖者颁奖。颁奖盛典由中央电视台著名节目主持人海霞、河南省话剧院国家一级演员于同云友情主持。从2007年至2012年，郑州铁路局连续6年开展群众性先进典型评选活动，有10名感动郑铁杰出新闻人物、60名安全功臣、40名服务明星、30名业务状元和10名道德模范受到表彰。

【“孔庄精神”在全社会叫响】 孔庄车站是长治北车站下属的一个四等中间站，位于太行山深处，是郑州铁路局管内唯一不通公路的站区。该站有54名男职工，每天接发列车154列，每年煤炭通过量达6800余万吨，是晋煤外运通道的咽喉。2012年3月，郑州铁路局党委书记杨建祥到孔庄调研；4月，《中原铁道报》刊登长篇通信《奏响敬业爱岗拼搏奉献的最强音》，“孔庄精神”在全社会叫响。8月23日、24日，中央电视台综合频道在黄金时段“身边的感动”栏目，分上下两集播出专题片《悬崖上的“捅山工”》，用镜头诠释奉献、敬业、奋斗、团结的“孔庄精神”，为人们深度展示了一线铁路工人的工作环境和生存空间，引起社会强烈反响。这是央视首次连续在黄金时段播发反映铁路工人典型事迹的节目，并被国内多家有影响的媒体转载。孔庄人艰苦朴素的工作作风和拼搏奉献的敬业精神，再次成为中央级媒体宣传的重点。《人民日报》及其主办的《环球人物》杂志分别以组图、整版的形式刊登孔庄职工的事迹；新华网、《中国青年报》《人民铁道报》分别以头版头条刊发长篇报道；上海东方卫视制作播出《孔庄的守护者》。一系列宣传报道的刊发播出，将“孔庄精神”的内涵和外延不断深化和扩大，引起路内外反响。“捅山工”迅速成为社会关注的热点，“艰苦不怕吃苦、安全即是奉献”的“孔庄精神”作为新时期铁路职工的一面旗帜，在全社会充分叫响。

在全路第十二届运动会闭幕式上，铁道部向郑州铁路局赠送礼品

【路局政务微博连获“三金”】 12月6–7日，2012新浪全国政务微博大会中南五省峰会、2012河南省首届政务微博发展论坛相继在郑州举行。郑州铁路局新浪官方微博分别获2012年度全国十大交通机构微博、中南区政府机构微博“影响力飞跃奖”、河南省十大优秀政务机构微博三项大奖。同时，在2月15日国家行政学院发布的《2011年中国政务微博客评估报告》中，郑州铁路局政务微博在全国32358家认证党政机构微博客中，名列党政机构微博客综合排名100强的第七十六位，是全路唯一上榜的铁路局微博。

郑州铁路局官方微博自2011年开通以来，注重整合内部资源、构建信息网络系统，坚持每天编写、发布铁路系列科普博文，以直观的语言、图文并茂的方式增强网民对铁路的感性认识，赢得网民对铁路工作的理解和支持。坚持“及时发布、坦诚交流、热情服务、随问随答”的原则，为网民解疑释惑、解决问题。微博组织“随手拍铁路，体验新石武”主题拍客活动，组织网友现场体验铁路工作。至2012年年末，郑州铁路局官方微博先后推出郑州车站、郑州东站系列“公交乘车终极攻略”等，单个主题博文被直接转发1600余次，粉丝总量突破51万人。

【路局5人当选全路首席技师】 4月13日，铁道部首次命名45名职工为全路首席技师，郑州铁路局郑州桥工段徐鹏、杜小明，郑州机务段琚中超，洛阳机务段李向前，焦作车辆段赵锦锦等5名职工当选。全路首席技师均为全局首席技师或者高级技师，并获得过“全国技术能手”称号。受铁道部委托，郑州铁路局与全路首席技师签订任用协议，明确双方职责和义务，做好日常、年度和任期考核。全路首席技师任期3年，自签订任用协议之日起，在按照规定享受原有高级技师或技师津贴、局首席技师津贴的同时，享受每月800元全路首席技师津贴。

【全路第十二届运动会举行】 10月20–27日，全路第十二届运动会在郑州举行。本届运动会以“科学发展，全民健身”为主题，设篮球、乒乓球、羽毛球、中国象棋、桥牌、大众健美操、大众体育（陆上项目）、气排球、老年门球、老年气排球等10个项目，采取赛区与赛会制相结合的方式，4–10月分别在7个铁路局进行。郑州铁路局承办运动会开幕式、闭幕式和大众健美操、大众体育（陆上项目）、桥牌、老年门球4项比赛，全路21个代表团的710名运动员、90名裁判员和仲裁员参加比赛。开幕式、闭幕式分别于20日、27日在郑州铁路局体育活动中心和局文化宫举行。铁道部党组书记、部长、中国火车头体育协会主席盛光祖，部党组成员、副部长彭开宙、胡亚东、陆东福、王志国，部党组成员、纪委书记安立敏，部党组成员、全国铁路总工会主席、中国火车头体育协会常务副主席、全国铁路第十二届运动会组委会主任何玉华，部总经济师余邦利，部政治部副主任宋刚、吴利民，全国铁路总工会副主席张岩、索河、郭润英、黄永斌，铁道部各司局有关负责人，郑州铁路局领导班子成员，以及郑西客专公司、京广客专河南公司、河南城际铁路公司、驻郑州局军代处负责人出席开幕式、闭幕式。最终，郑州铁路局获11项第一名，即乒乓球混合团体、男子单打、女子单打第一名，大众体育项目双手前投实心球男子、女子第一名，跳远女子第一名，25米折返跑男子、女子第一名，集体项目4×100米接力比赛男子、女子及时代列车第一名。同时，在气排球、中国象棋、篮球、老年气排球、桥牌、老年门球等多个项目上取得名次，郑州铁路局桥牌队和老年门球队分获“体育道德风尚奖”。

（张 蕾）

郑州车站

【概况】 郑州车站中心里程为京广线K676+153，按技术性质分类为区段站，按业务性质分类为客运站。管辖郑州客站、京广高铁许昌东站和郑州南至小商桥11个中间站，管辖里程126.456公里（郑州站京广下行进站信号机至小商桥上行进站信号机间距离）。按车站等级分类，有特等站1个，即郑州客站；一等站2个，即许昌站、许昌东站；二等站1个，即新郑站；三等站5个，即长葛站、临颍站、小李庄站、薛店站、郑州南站；四等站4个，即谢庄站、苏桥站、官亭站、小商桥站。按照业务性质分类，有货运营业站4个，即郑州南站、小李庄站、薛店站、新郑站；客货运兼办营业站3个，即临颍站、许昌站、长葛站。机关位于郑州市二马路82号，邮政编码450000。

【机构设置与职工队伍】 2012年，郑州车站设行政科室10个，即办公室、计财科、劳人科（党委干部科）、技术科、安全科、教育科、收入科、客运科、货运科、电算站。有二级机构6个，即路风办、综治办、服务中心、离退办、宣传科、经管办。有生产车间5个，即客运车间、运转车间、售票车间、供水车间、设备车间。另有经营实体6个，生产班组72个。党群组织设党委、纪委、工会、团委，下设党群工作室。党委下属党总支12个，党支部7个，班组党支部51个，党小组95个。工会下属车间工会14个，工会小组74个。团委下属团总支1个，团支部12个。

2012年末，郑州车站拥有职工总数3570人。其中，女职工1344人，干部358人；共产党员1512人，共青团员107人。按文化程度分，拥有研究生学历7人，本科学历272人，专科学历655人，中专学历343人，高中及其以下学历2293人。干部技术职务中，高级12人，中级45人，初级111人。工人技术等级中，技师70人，高级工548人，中级工1453人，初级工809人。

【主要技术设备】 郑州客站有客车到发线13条、道岔223组，零星车存车线5条，机车走行线2条。1–12道设48个双头上水栓，13道设24个单头上水栓。制冷机房1920平方米，有电制冷机4台、溴化锂制冷机3台、400千瓦变压器6台、热交换器8台、热力交换泵11台、风柜43台、水泵38台，以及水、热力管网系统。郑州客站为站机合一单位，有DF7型调车机4台。郑州客站有候车厅13个。其中，普通候车厅8个，软席母婴军人候车厅1个，贵宾候车厅1个，豪华休息厅1个，旅行休闲厅2个。1–8厅每厅候车面积1550平方米，每厅候车能力为1291人。拥有站台7座，1–6台每台面积6780平方米，7台面积5932.5平方米。拥有三品检查仪14台。其中，东进口6台，西进口4台，贵宾厅3台，旅行休闲厅1台。有售票大厅2个，东售票厅面积1920平方米，西售票厅面积1540平方米。有售票窗口72个，其中东站房40个，西站房32个。有客票代售点136个，其中市内82个，郊县26个，中原铁道旅游集团28个（属车站托管）。郑州客整所场区（一场）有到发线11条，道岔29组。

【运输安全】 推进安全风险管理。制定《郑州车站安全风险管理控制措施和运用管理办法》，下发《行车系统的安全风险管理措施》及《关于印发〈郑州车站安全风险责任追究办法（暂行）〉的通知》，在关键岗位设置岗位风险提示卡。制定郑州车站岗位安全风险责任制，明确全站各级干部的管理职能、风险职责；制定郑州车站调车作业指导书，对关键作业环节制定作业标准，明确作业程序。在全路安全风险管理现场会上，郑州车站安全风险管理做法得到认可。

严把石武高铁安全。6月3日–8月25日，石武高铁郑州东至漯河西间联调联试期间，郑州车站派专业管理干部对许昌东站联调联试检测、试验列车开行、施工等重点关键环节进行全程盯控。严格“非常情况立即停止作业、立即汇报”要求，根据许昌东站试运行情况，制作联调联试安全风险卡控明示板，明确当天试验项目、车次和卡控关键。联调联试期间，许昌东站安全接发列车1314列，其中郑州局开行1206列，检测车222列，动车组984列，组织反方向运行591列；配合武汉局开行108列，检测车42列，动车组66列，反方向运行43列。同时，下发《关于建立许昌东站工作制度的会议纪要》，对许昌东站安全管理制度、干部考核等各方面进行深入调研，制定安全风险管理、天窗施工、消防安全等20余项管理文件。9月9–11日，在郑州铁路局组织的安全评估中，许昌东站一次通过，顺利开通。

强化隐患整治。突出“客车、列车、正线”全面排查整治，对设备惯性故障和突出隐患开展技术攻关，采取各车间、中间站自查自验、系统全面复验、检查评估的方法，确保春秋检工作实效。修订《郑州车站消防应急预案》，对全站消防卷帘门、感烟器、消防管道等设备进行维修、更新，最大限度地消除火灾隐患。开展以调车作业环境检查、调车作业规章制度检查等10项工作为主要内容的调车安全专项整治；开展路外安全专项检查，对站车清理、站内车辆及人员、道口管理、防护设施等进行重点检查。全年下发督办216项，做到100%落实。至2012年年末，郑州车站实现连续安全生产7022天。

【实行实名制验票】 2012年1月8日起，郑州车站列车实行实名制验票。新增70个监控终端，更新东票厅、中通廊、候车室、地道电子引导显示屏102块，在1–6号候车厅增设实名制验票台，提升实名制验票的效率。1月8日起，进藏进疆列车实行实名制查验工作。郑州车站出台《关于加强进疆、进藏列车组织工作的通知》，组织4个大班84名休班客运人员帮班，对进疆、进藏列车进行实名制验票和地道封闭，防止票证不符或无票旅客进入站区。10月22日–11月20日，实名制验证范围扩大调整为所有进京、进疆、进藏、动车组（含高铁列车）、直达特快列车、直通特快列车100%验证。郑州车站出台《关于加强列车实名制售票、验票的通知》，抽调休班和下白班的客运人员128人，进行帮班验票、放行组织和侧廊引导。成立实名制验证检查小组，加大客流高峰期和后半夜的检查巡视力度，重点检查进站口、候车厅、车厢口的实名制验证落实情况，确保了实名制验证工作扎实开展。

【列车调图】 2012年4月1日，郑西高铁列车开行方案调整，郑西高铁列车开行对数由15对增至17对。新增北京西—西安北、汉口—西安北时速250公里动车组列车各1对。原北京西—郑州D131/2次运行区段调整为北京西—西安北，套跑郑州—西安北动车组列车1对。原郑州—武汉D141/2次运行区段调整为西安北—汉口。新增郑州（新乡）—北京西、郑州—汉口长期临客2对。7月1日调整列车运行图，郑州客站新增直通旅客列车0.5对，提高列车等级1对，改变列车经由4.5对，变更运行区段2对，取消停站1对。新图实施后，郑州站日均办理图定列车325列。其中，白班办理列车149列，减少3列；夜班办理列车176列，增加2列。9月28日新图实施后，减少西安北—郑州动车组6对、西安北—汉口动车组1对，既有线列车停运2对，郑州—西安北确认列车0.5对，合计9.5对；新增经郑西、郑武高铁运行跨线动车组3对，郑州—广州南、武汉经由郑武高铁运行动车组各1对，空送、回空动车组2.5对，许昌东—荥阳南确认列车0.5对，合计8对，郑州站总计减少1.5对。郑州站日均办理图定列车161对，322列，比“7·1”图减少1.5对。郑州站白班办理列车145列，减少4列；夜班办理列车177列，增加1列。新图实施后，郑州站图定运能日均50998张，比调图前减少3619张。

【运输生产任务】 2012年春运（1月8日–2月16日）40天，郑州车站发送旅客351万人次，同比增长1.4%。“五一”小长假（4月28日–5月1日)，申请加开郑州铁路局管内临客11列；针对“牡丹花会”和“五一”小长假旅游拉动效应，动态预测旅客发送量，优化临客及旅游列车开行方案。组织机关“售票突击队”轮岗售票，开足站区60个售票窗口，实行24小时不间断售票。对乘降人数较多的车次实行南北双向放行，实现乘降效率最大化。“五一”假期，郑州车站发送旅客55.3万人次，同比多发送2.2万人，增幅4.1%，创历史新高。其中，4月29日发送旅客16.5万人次。

暑运（7–8月）客流以旅游观光、休假疗养、学生客流为主，流向集中于京沪杭、东北三省、沿海城市和黄山、张家界、桂林等主要旅游城市。郑州车站建立票额资源共享调配机制，掌握管内客运站车票余额，增开售票窗口，确保售票服务质量不降低。采取“提前放行、举牌引导、排序上车”的方式，组织旅客乘降，发挥“李克售票服务台”“迎宾第一岗”作用，提供应急医疗救助、旅行信息问询等服务。暑运期间，郑州车站发送旅客610.4万人次，运输进款7.01亿元。

“十一”黄金周（9月27日–10月7日）正值许昌东站试运行期间，郑州车站结合调图与许昌东站的开通，通过各种新闻媒体渠道发布开行车次与时刻，并加强对互联网、电话订票等多种售票方式的宣传，主动引导旅客采用多种购票方式购票。提前启用流动售票车，在客流高峰时根据旅客需求开足4个省内短途窗口。“十一”期间，郑州车站发送旅客130万人次。其中，9月29日、30日，分别发送14.62万人次和16.99万人次，远超春运单日发送记录，创历史新高。

【营销服务】 2012年，围绕“增运增收、节支降耗”主题，郑州车站抓住客运、货运、多经三项重点，拓展货运电子商务，拓展经营渠道，优化资源配置，提高经济效益。

优化基本服务 深入推进“服务旅客创先争优”活动，坚持“以客为尊”的理念，建立列车信息预报制度，利用“铁行网”、车站官方微博等媒介，加强与旅客的互动沟通，实时解决出行难题，实现了旅客投诉有门、解决有道、沟通无碍。

营销效益持续增长 制定对外宣传内容，通过报纸、电台（交通广播电台）和电视台，宣传购买3–10天车票的旅客到代售点和西票厅进行购票，引导旅客节假日出行提前电话订票或到代售点购票，避开车站售票厅购票高峰。重新绘制郑州市区、郊县代售点示意图，并通过互联网公布。利用东、西进站大屏幕，滚动播放电话订票信息、西票厅购票信息和代售点购票信息，引导旅客利用电话订票、票厅买票、代售点购票3种渠道进行购票。节假日大客流期间，增派日勤人员到票厅轮流替换窗口售票员吃饭，保证票厅所有售票窗口不间断进行售票；在东广场增设流动售票车，增开4个短途窗口；在东票厅门前增建临时房，设置2个省内短途窗口，同时将东进站口旁边的问事处改为临时售票处，增开2个售票窗口。灵活调整东票厅内服务台和18号窗口人员，实时监控票厅内客流变化情况，广播引导旅客均衡购票。详细统计节假日客流成分和客流流向，科学提报加车计划，确定郑武高铁开行方案。利用票额复用、共用手段，缓解运能压力，同时在本站票额不足情况下，向旅客推荐郑武高铁和往返、联程车票。2012年，郑州车站发售共用票411万张，同比增长5.2%；复用票545万张；异地票230万张，同比增长8%。

提升服务质量 推进“服务旅客创先争优”活动，采取增开代售网点、延长售票时间、提升服务水平等措施，打造“15分钟购票圈”。至2012年年末，郑州客站共有客票代售点159个。

郑州车站主要任务指标（2012年）

项 目	全年完成	计划指标	较计划增减	同比增减（%）
运输收入（万元）	391525.2	414214	–22688.8	0.05
客运收入（万元）	333985.9	355097	–21111.1	0.06
货运收入（万元）	57539.3	59117	–1577.7	0.01
装车数（车）	89385	109800	–20415.0	–0.17
卸车数（车）	96368			7.72
发送吨（万吨）	546.1	675	–128.9	–0.18
发送人（万人次）	3520.94	3612	–91.0	0.02

提升列车上水服务质量，建立“三卡一平台”服务机制（即服务承诺卡、质量监督卡、工作写实卡和站车给水短信平台），公示供水车间工作理念、作业标准、路风规定及联系方式、电子邮箱、地址等信息。利用“站车供水手机短信平台”，加强与途经列车的交流沟通，了解列车需求或建议。全年发放“服务承诺卡”1200份，反馈“质量监督卡”800份，管理人员上报“工作写实卡”450份，“站车给水短信平台”收到列车信息、来电221次。春运期间，列车上水率达到95%以上，受到铁道部通报表扬。同时，围绕建设“24小时购物圈”，对东广场原有商铺更新改造，引入肯德基、麦当劳等知名餐饮企业入驻经营，提升车站经营品位，赢得了旅客赞誉。

1月5日，河南省副省长陈雪枫一行在郑州铁路局局长张军邦、副局长王国建的陪同下，到郑州车辆段动车所检查指导工作

【郑州车站换装施工】 1月24日7–19时，郑州车站信号联锁设备换装施工顺利完成。铁道部党组书记、部长盛光祖对郑州站信号联锁设备换装施工做出批示，祝贺郑州局顺利、圆满完成郑州站信号联锁换装施工任务。此次施工，是郑州车站建站百年以来最大的一次全站性微机联锁换装施工，历时12个小时，涉及全路17个铁路局的171个单位和部门，影响列车150列。其中，调整客车始发终到站36列，变更客车运行径路9列，停运客车91列，安排有计划等点14列。郑州车站原使用的信号电气集中联锁设备已服役21年，超过大修周期。当天施工完成223组道岔、178架信号机及微机联锁设备的倒装和开通，试验列车进路1672条，试验项目多达3.4万个（对所有新换装的信号机、轨道电路、道岔及13个口的站联、场联电路进行试验），对车站41.47条公里的接触网线路进行全面检修，拆除和新铺道岔各1组。升级换代后的信号微机联锁设备，实现了车站与列车控制系统、调度指挥系统的顺利对接和信息互通，打通既有铁路与高速铁路的瓶颈制约，达到既有线与郑西高铁、京广高铁及城际铁路间的畅通连接。

【许昌东站开通运营】 许昌东站位于许昌市东区烟墩郭村天宝路东段，中心里程为K779+869，是河南省第二大高速铁路枢纽。车站等级为一等站，技术性质为中间站，业务性质为客运站。2012年5月31日，郑州车站接管许昌东站，9月28日开通运营。许昌东站总建筑面积19994.5平方米，有股道5条、站台6座。其中，1–2站台为郑渝客运专线预留。站房为五层结构，主体中间位置为旅客候车大厅，南北两侧4个夹层，分别设售票大厅、办公用房、出站大厅、旅客服务用房、VIP候车厅、设备用房等。进出站均采用平面地道形式。其中，候车大厅5217.62平方米，有坐席1824个、无障碍坐席24个。售票大厅513.91平方米，有22个功能窗口。其中，人工售票窗口8个，自动售票机窗口6个，公安制证窗口1个，预留窗口7个。另有贵宾候车室2个。未来的郑渝高铁将在许昌与石武高铁并站，郑州经合肥到杭州的高铁将从许昌经周口、安徽阜阳、合肥至杭州，许昌也将依托许昌东站成为“四站一港”的综合交通枢纽。

【职工培训】 （1）立足年龄结构与知识结构“双优化”，开展“人才建设”工程，采取一线选拔、组织推荐、标兵优先等方式，对重点选拔出的年轻职工每年进行一次德、能、勤、绩、廉动态综合考评。2012年，郑州车站组织涉及11个职名车站高职资格考试，51人获得高职资格。（2）针对石武客专储备人员培训，选送优秀人才参加铁道部、铁路局资格性培训。2012年，取得资格证书客服人员29人、车站值班员4人、管理干部4人。同时，选派24人到洛阳职工培训基地和龙门站进行规章补强培训。（3）举行郑州车站第三届“成才杯”职业技能竞赛，来自全站14个车间、中间站的150名选手，参与到6个工种17个职名的角逐中。这也是历届“成才杯”职业技能竞赛中规模最大、比赛项目最全、参赛人员最多的一次。2012年，在郑州铁路局职业技能竞赛中，郑州车站取得客运团体第一、车务系统接发列车动车组第一、干部组第二、双线技术站组第三、调车团体第一，以及客运值班员、客运员、客运计划员、车站值班员、信号员、货运值班员6项个人第一。

【路风建设】 制定《郑州车站路风风险控制（高压线）管理办法》，建立“监督电话、旅客留言簿、路风监督点、外勤值班站长、铁行网站长信箱”投诉信息链，邀请路内外媒体和社会监督员到车站“走基层、下一线”。加强对客运岗位和经营收费点巡视，每季跟车开展一次票源调查。假日运输中，每天随机挑选10个市区、5个郊县代售点的发售记录，派专人进行核对。至2012年年末，共检查客票代售点340余次，发放路风监察通知书44份，暂停售票业务代售点20个，对5名涉嫌违规售票和乱收费职工给予待岗处理。在进站口、候车厅、售票厅等显著位置公布服务质量监督电话，对旅客投诉逐一登记，进行处理。开展“开门评站”活动，共征集回收调查问卷2213份，并全部落实到相关业务科室、车间（中间站）限期整改。

【民生建设】 深化厂务公开，全年组织职工代表参加招标会10次。推行单位负责人与职工代表民主恳谈制度，职代会职工代表对站长进行质询，逐项解决职工提出的问题。落实“三不让”承诺（即不让一名职工家庭生活在贫困线以下、不让一名职工子女上不起学、不让一名职工看不起病），以“覆盖广泛，运作规范，救助及时，保障有力”为目标，建立三级包保体系，对路局重困职工、车站一般建档困难职工和车站一般困难职工分别建立档案，确定包保对象，定期慰问困难职工，做到精神帮扶与物质帮扶并举。1–10月，郑州车站共发放“三不让”资金83.68万元、补助729人次。开展“服务职工在基层”主题活动，组成13个服务小组，全年走访职工2800人次，解决问题68件。发放“七彩连心卡”，公布工会电话，全年共发放2800张，覆盖面82%。加强“三线”建设。围绕“快乐工作、健康生活”活动主题，每月开展全民健身文体

1月28日，铁道部党组书记、部长盛光祖在郑州车站安全监控应急指挥中心检查春运工作

活动，参加职工3600人次，开展瑜伽培训班50期、培训961人。同时，检查班组小药箱68个，配备常用药和防暑药品28种2.8万元。投入6.3万元，组织“送清凉”活动58次。开展读书活动，全年新录入图书3105册，新增杂志650册，借阅6357人次；开展“流动图书到小站”活动，更换流动图书1650册。2012年，郑州车站被全国总工会命名为全国“职工书屋”示范点。

（杨　瑛）

郑州东站

【概况】 郑州东站是国家规划“四纵四横”铁路快速客运网中京广客运专线和徐兰客运专线十字交会处的高铁枢纽站。高铁客运站中心里程为K689+000。站场设置为三场，即京广场、城际场、徐兰场；三所，即郑州东动车所、二郎庙线路所、疏解区线路所。高速铁路区段14.8公里。同时，管辖既有陇海线圃田西（特等站）、圃田（二等站）、占杨（四等站）、中牟（三等站）四个中间站，普速铁路区段33公里。圃田西站是全路综合型特等货运站和国家内陆一类口岸，技术性质为地区性编组站，业务性质为货运站。郑州东站机关位于管城区圃田乡圃田站，邮政编码450000。

【机构设置与职工队伍】 2012年，郑州东站设行政科室八个，即办公室、安全科、业务科（客货运、统计）、财务科（含计划、收入）、技术设备科、劳人科（党委干部科）、职教科、电算站；生产车间3个，即高铁运转车间、客运车间、上水车间；经营实体三个，即中原物流第一分公司、劳动服务公司、装卸公司；中间站四个，即圃田西站（设运转、货运车间）、中牟车站、圃田车站、占杨车站。全站拥有班组22个。党群组织设党委、纪委、工会、团委。党委设党群办公室，下属党总支4个、党支部29个、党小组59个。工会下属车间工支会13个、工会小组58个。团委下属团支部7个。

2012年年末，郑州东站拥有职工总数1587人。其中，女职工531人，干部219人；共产党员725人，共青团员88人。按文化程度分，拥有大专及其以上学历546人，中专学历257人，高中及其以下学历784人。干部技术职务中，高级5人，中级35人，初级89人。工人技术等级中，高级技师1人，工人技师41人，高级工324人，中级工445人，初级工150人。

【主要技术设备】 郑州东站分为高铁站区和普速区段。高铁客站站区包括京广场、动车所、二郎庙线路所、疏解区线路所。京广场有股道16条，到发线14条，道岔59组（全部为融雪道岔）；动车所有股道26条，到发线23条，道岔90组（39组为融雪道岔）。上水设备分布在京广场1-8道和13-16道，有98个遥控上水单元。

高铁郑州东客站候车层有进站口6个，VIP贵宾候车厅2个，重点旅客候车区、母婴候车区、商务旅客候车区各1个，售票厅4个，售票窗口24个，自动售票机24个，检票口30个，查询机60台，候车座椅3312个，安检仪8台；站台层有进站口2个，贵宾厅3个，候车座椅1752个；出站层有出站口10个，补票口6个，出站闸机40台，售票厅2个，候车座椅336个。全站有微机自动化办公系统、售票系统、电话问讯订票系统、互联网订票系统、安全监控系统、客运导向系统、引导揭示系统、信息查询系统、客运广播系统、客车到发管理系统、消防控制系统各1套。安全监控系统分为行车安全监控系统和客运安全监控系统，综控室由435个摄像头、30个25英寸拼接屏组成，对全站各个候车区、售票处、进出站口、站台和各旅客通道实施全天候监控。行车安全监控系统分布于高铁郑州东站和普速区段管辖的4个中间站，监控8个行车岗点和圃田西咽喉区域。

普速区段有股道50条。其中，到发线19条，调车线16条，专用线15条。配有东风7型内燃机4台。拥有旅客候车室1个，行包房1个，售票厅1个，旅客站台2个，地道1个。货运设施有货场4个，货物仓库16个，货物雨棚4座，货运营业大厅2个。

【新办公楼启用】 作为全局一流示范站区的圃田机关办公楼，是车站支点东移的核心。整体建筑外观呈U型，方正稳重。建筑形式整体采用江南徽派园林式建筑风格，整体英红瓦锁扣式抛物面

宽敞明亮的郑州东站高铁候车大厅

具有江南传统文化特色，外挑雨棚取材于江南园林门厅设计，外墙运用干挂白麻石材与中部玻璃幕墙，形成传统与现代的有机结合。建筑面积7700平方米，南北宽37.7米，东西长96.52米。2011年11月，圃田机关办公楼动工修建，2012年10月建成，12月投入使用。在办公楼建设之初，郑州东站围绕服务安全生产、简洁实用的原则，加强与建设单位协调，科学合理地完善总体布局和配套设施，避免短视行为。同时，从长远谋划，研究更实用、更合理的功能区划分，注重办公、职教、生活区域环境氛围的设计，更贴近安全生产管理的人性化。机关办公楼的东迁，不是一座办公楼和办公地点的简单改变，而是从过去货站街时代的道路不畅、围城困扰，转变为地处“四港联动”、物流集散核心枢纽区域的圃田时代，为整个支点东移的实施奠定了基础。

【新郑州东站投入使用】 2012年9月28日，石武客专郑武段开通运营，郑州东站正式投入使用。郑州东站总规划面积约240公顷，其中车站枢纽用地约100公顷。外形采用“莲鹤方壶”“双连壶”的设计形式，体现出“博大、厚重”的中原文化。车站位于东风南路以东，金水东路以南，心怡路与广场北路交叉口。站房主体建筑东西长502米，南北宽245米；站房总建筑面积41.2万平方米，是全国最大的高铁站之一。12月26日京广高铁全线开通后，列车开行由每天34趟上升到108趟，日发送旅客由原来的3000多人次上升到1万多人次。按照路局“河南省窗口、郑州局名片”的要求，车站提出“解放思想、凝心聚力，打造高铁一流示范站”的总体思路，确立了创新、诚信、协作、共赢的企业精神，明确新东站、星标准、心服务、馨感受的服务理念。围绕设施设备、行车组织、旅客乘降等关键，车站对高铁运营所涉及的客运、行车等关键岗位实行全覆盖包保，解决技术难题2800多个。针对列车开行密度大等问题，加强了新图时刻表、编组表和新旧图交替计划等数据核对，确保了售票、客服等系统数据的准确性。同时，优化售票窗口、候车验票检票、站台乘降组织、出站检票等方案，确保人员分配合理，作业程序科学完善。制定故障模拟及应急演练细化措施、运行试验故障模拟及应急救援演练卡控表和故障模拟写实表，提高了非正常情况下行车人员的应急处置能力。结合车站管内高铁行车线路、设备特点，参与编制了石武客专列车运行图，最大限度释放高速铁路运能。至2012年年末，车站安全发送旅客42.9万人次。

【京广客专联调联试】 京广客运专线郑州局联调联试和试运行共188天（2012年6月21日–12月25日），主要分为郑武段试验、郑武至京郑段同步试验、郑武段试运行、郑武段开通及过渡、京郑段试运行、京郑段开通及过渡等六个阶段。为做好联调联试工作，组织24名行车人员参加部局和车站组织的高铁培训班，系统学习高铁的行车知识和技术特点。利用CTC模拟演练设备组织人员演练，熟悉控制台各种操纵功能，掌握计算机联锁和CTC设备操作。加强新客站管内联调联试期间的行车、施工组织，制定《石武客专联调联试期间行车、施工组织细化措施》《石武客专行车应急预案》《行车岗位区域管理制度》等20余项细化措施。成立运输、安全、设备等专业组，审核试验方案、施工计划内容，制定联调联试行车、施工组织细化措施，做好京广场和动车所的现场包保和盯控工作。强化全过程盯控，周密制定联调联试运输组织方案，根据各站、所的特点，详细制定“运行试验计划”和“接发列车安全卡控表”，细分运行车次、接发股道、来车方向、运行方向、联控用语等内容。

【运输安全】 围绕安全风险管理，以抓现场、治“两违”、提素质、保设备为目标，严格行车部门岗位安全风险管理“五个一”工作标准。对施工、接发列车、调车作业、劳动安全、车辆防溜等安全风险源设定红线，将“高压线”作为作业人员日常工作的重点内容，进行重点提醒和把关。针对以往班组考核中存在的大而不全、虚而不实等问题，车站修订班组考核办法，将班组细分为8个考核组计55个小班组进行考核。筹措资金40余万元，对运转车间驼峰作业楼进行全面整治，购置更新行车模拟演练系统和车站监控系统，提升了素质保安全、设备保安全的能力。到2012年年末，郑州东站实现连续安全生产2136天。

【运输生产任务】 在经济下行趋势明显、站内多条货物线移交的情况下，以新产品推介会、货运电子商务平台等手段，加大“快运班列、混装货物、大件运输、物流配送、多式联运”五大运输品牌货源营销和宣传力度，努力提高运输效益。2012年，全站装车数、货物发送量、运输收入3项主要指标分别完成57934车、290.2万吨、59158万元。

打造高铁服务品牌，以先进的服务理念和优质的服务态度开展客运营销工作，增强市场的竞争力。2012年，郑州东站实现客票收入7344.5万元；弥补了货运亏欠，且运输总收入超年计划4710万元，呈现了客货并进相得益彰的良性发展前景。

【职工培训与民生建设】 抓好高铁人员培训。2012年，派出60余人次到郑州站、龙门站跟班实习；举办高铁行车知识、客运规章、值班员和应急值守人员培训班4期、培训109人；举办全封闭脱产培训的高铁客运人员培训班1期、培训181人，实现高铁客运、行车全员持证上岗；举办高铁客运、上水、售票工种补强培训班、共计139人次参加，组织人身安全培训考试205人，组织高铁客运人员进行了12项应急预案演练培训。组织适应性培训考试49期、共计8647人次参加。其中，脱产培训37期、1049人次参加，业余培训12期、7598人次参加。建立培训使用待遇“一体化”考核机制，把全站同一工种从高到低分为3个等级。每季度进行一次全员动态考核，取得一级岗位的职工在同工种岗位竞争、招聘管理人员、工班长聘任中优先选用，与使用待遇挂钩；将管理人员与工班长任免、双文明职工、车站安全生产先进个人评选与职业岗位等级挂钩，2012年考核1316人次，选拔班组长24人。开展安全生产“每月一讲”活动，组织专兼职教师现场授课，全年组织“每月一讲”讲座17场。举办车站2012年职业技能大赛，设接发列车、调车作业团体项目2个，运输、客运及货运系统个人项目12个，全站360人参赛，历时1个月，最终42人分获一、二、三等奖；在全局客运、车务、货运系统第四届职业技能竞赛中，郑州东站获客运、动车组接发列车、大站平面取送、车号员等4个项目团体第三名，有14名选手获得个人名次。

2012年，郑州东站筹集资金免费为全站干部职工进行了常规体检。筹资7万余元，为全站在职在岗职工缴纳了医疗互助合作保障金。新建占杨站单身宿舍，改造供水设施，改善了职工生活条件；新建了中牟活动室、高铁新职工宿舍以及高铁生活文化设施。落实“三不让”扶贫帮困工作，全年救助慰问191人次、投入19.1万元，助医786人次、投入40.5万元，助学50人、投入4.9万元。

（卢 光）

郑州北站

【概况】 郑州北站位于京广、陇海两大干线的交会处，在河南省省会郑州市西北部，是贯通我国北方、华东、华南、西北和西南的主要铁路交通枢纽之一，是郑州铁路局管内唯一路网性编组站。郑州北编组站站区南北长6.63公里，东西宽0.8公里，下行驼峰位于京广线K669+526以西710米，陇海线（陇客高线）K574+625以北2.4公里。车站按技术性质分类为编组站，按业务性质分类为货运站，按业务量分类为特等站。站型为双向纵列式三级八场，拥有各种线路228条。其中，到发线61条，调车线91条，联络线及段管线76条。线路总延展长390公里。主要担负着南北京广、东西陇海4个方向行包、军用和货物列车的中转及货运检查作业，各专用线、段管线的取送和装卸作业，检修车的取送作业，机械保温车的加油作业，超限货物车辆的复检作业，以及货物的整理换装作业。以点多、线长、面大、调度指挥集中、车场分工明确、进路布置灵活、解编流水作业、有调比重大、折角车流多及综合自动化程度高等为其主要特点。机关位于郑州市金水区沙口路44号，邮政编码450053。

【机构设置与职工队伍】 2012年，郑州北站设行政科室9个，即车站办公室、技术科、货运科、收入统计科、劳人科、计财科、安全科、教育科、信息科。下辖中间站9个。其中，三等站5个，即郑州西、海棠寺、南阳寨、铁炉、广武；四等站3个，即东双桥、马寨和黄河南岸车站；五等站1个，即欢河车站。按业务性质分类，郑州西、海棠寺、南阳寨、铁炉和广武车站等5个车站为货运站。东双桥和欢河车站分别担当着西北环线不经郑州车站运行的直特快客车接发任务。编组站区有生产车间5个，即上行运转车间、下行运转车间、调度、货运车间、货检车间;设备管理车间1个，即信息设备车间。全站有生产班组79个。党群组织设党委、纪委、工会、团委。党委设党群工作办公室，下属党总支10个、车间党支部9个、班组（科室）党支部49个、党小组105个，有在职党员888人。工会下属工支会18个、工会小组79个。团委下属团支部13个。

2012年年末，郑州北站拥有在职职工2381人（含非运输企业）。其中，女职工329人，干部231人（含多元经营管理中心干部）；共产党员917人，共青团员92人。按文化程度分，拥有大专及其以上学历634人，中专及技校学历341人，高中及其以下学历1406人。干部技术职务中，高级8人，中级65人，初级112人。工人技术等级中，高级技师2人，技师153人，高级工412人，中级工698人，初级工347人。主要工种中，调度员42人，车站值班员131人，调车区长（含助理调度员）69人，助理值班员156人，调车长173人，连接员262人，车号员20人，货检员242人，货运员128人。

【主要技术设备】 截至2012年年底，郑州北站拥有电子计算机服务器10台、生产微机328台，自动化驼峰2座、非机械化驼峰1座，内燃调车机14台，道岔1026组、信号机835架，TDJ-302减速顶12076台，无能源液压停车器201台，挡车器11台，站场工业电视监视系统4套；各种线路228条，总延展长约390公里。2012年，郑州北站对货运制票系统、货运计划系统、货运安全系统、SMIS2.4系统、TMIS系统、车站核心矩阵、十八点报点系统实施软硬件技术升级260余次；将上编场减速顶、停车器设备同步更新，安装减速顶1216台、停车器18台，使编组场溜放车辆安全控制始终处于最佳状态。2012年，郑州北站组织施工675次，相继完成了配合郑州车站信号联锁设备换装的郑州西站接触网改造，上发场信号设备换装施工，郑西高铁软件升级，上发场、下到场接触网改造，为增强全站综合实力提供了有力的技术支撑。

【成为全国安全文化建设示范企业】 4月25日，经国家安全生产监督管理总局批准并下发文件，郑州北站被命名为“全国安全文化建设示范企业”。全国有81家当选企业，河南省有两家获此殊荣。郑州北站重视安全文化建设，10年间始终将安全文化建设贯穿于3个《郑州北站三年发展规划》之中，实现了安全文化建设体系化、制度化、科学化。车站依托丰厚的文化积淀，在文化落地和有形化创建方面不断探索，提炼“驼峰精神”，以此为文化源构建包括发展理念、安全理念、人才理念为内容的较为完整的企业文化体系。建成站史厅，编印《安全文化手册》，制作系列专题宣传片，建立安全教育警示厅，拍摄安全教育片。同时，郑州北站坚持一年一项主题活动，一年一次评比表彰，一年一评十件大事，一年一场职业技能大赛，一年一台大型文体活动，用文化的力量引领车站安全发展。

【运输安全】 （1）深化安全风险管理。突出抓好风险源识别，重点解决管理不规范、责任不落实、考核不到位等安全管理问题，通过严格干部责任追究制度的落实，全面提升车站安全管理水平，从源头上强化安全风险管理。分层制定本系统、本部门和各管理层、各作业层、各作业岗位风险控制措施和办法。坚持每月对车间、中间站进行安全评估检查，将安全风险控制责任落实到一线岗位和各作业环节，形成经纬交织的安全风险管理网络。（2）稳固安全基础建设。按照“逐级负责、专业负责、分工负责、岗位负责”的要求，健全和完善各管理岗位、现场作业岗位工作标准和流程。将设备作业流程和质量标准、各岗位作业标准纳入作业指导书，明确安全风险点和关键岗位，使每个人都清楚“干什么、怎么干、干不好怎么办”，确保现场作业规范有序。同时，开展“十大安全功臣”评选活动，上行车间张树松等10人当选，郑州北站给予人均3000元的奖励。（3）抓好措施制度落实。按照“安全在管理，管理在干部，干部在作风，作风在落实”的原则，严格干部值班、包保、盯控等制度，坚持日写实、周报告、月评比，对发生安全问题的部门、人员，加大责任追究力度，从根本上解决干部能力不足、作风不实、严不起来、落不下去等惯性问题，降低安全管理风险。至2012年年末，郑州北站实现连续安全生产2010天。

【运输生产任务】 面对连年递增的运输任务指标压力和年初生产指标一度下滑势头，郑州北站坚持以日为战、以车为战，量入为出、精打细算，制订并实施增运增收阶段推进计划，全力扭转任务急剧下滑的势头。依托区位及自身优势，优化装车组织，加强高附加值、高运价号、长运距货物的装车组织，促进货运上量增收补欠。2012年，全站装车完成47721车，发送吨287.3万吨，运输收入48843万元。日均装车130车，比计划减少30车；发送吨287万吨，按计划亏欠78万吨；保价收入239万元，超奋斗目标4万元。5月29日，全站实现单日装车303车，刷新了2011年5月1日296车单日装车纪录，创建站以来最高纪录。

【职工培训】 （1）补强短板，抓好基层、基础、基本功。坚持抓好车间、班组日常基础培训，加强对班组业务薄弱人员的培训力度，对关键岗位、关键人员建立帮促台账，制定业务骨干包保帮促办法，长期进行跟踪帮促。（2）强化培训，解决重点、难点、疑问点。加强调车人员的业务学习、演练，解决调车人员实作技能有待提高的难点问题，解决调车人员对新设备在非正常情况下的应用与掌握的疑难点。引导职工树立安全风险意识，落实安全风险源及控制措施，确保培训、考试人人过关，不留死角。（3）岗位练功，实现全面、全员、全覆盖。开展“天天学、月月练、季度打擂台、年度大比武”等练功活动，落实“自上而下、全员参与”培训机制和职工教育培训奖励政策，激发职工练功比武的热情。2012年度，职业技能竞赛自10月底开始，历时2个月，参赛班组52个，参赛队员267名。调车比武创造了20人完成稳妥连挂3钩，两个调车组稳妥连挂9钩的好成绩。此次职业技能竞赛，累计奖励40万元。10月，参加郑州铁路局车务系统第四届职业技能竞赛，郑州北站获得技术站双线组团体第一名，干部代表队获得团体第二名。

【企业文化与民生建设】 2012年，郑州北站围绕“驼峰”这个铁路编组站核心调车设备，以“负重前行、无私奉献、坚韧不拔、奋发向上”的驼峰精神为文化源，总结提炼了“建设发展科学品质卓越人文北站”的发展愿景、“大局为重、畅通为本、服务路网、奉献社会”的车站宗旨、“科技兴站、人才兴站、经营强站、文化强站”的发展理念、“工作零差错、作业零违章、设备零故障、质量零缺陷”的工作理念、“人人都是人才、人人都能成才”的人才理念、“学习充实自我、学习提升能力、学习改善工作”的学习理念等文化精髓。同时，对全站《畅通网》《编组场》期刊、“枢纽情”手机报等宣传阵地进行了改版更新。建成内涵丰富、图文并茂的站史厅，拍摄企业形象片，设计制作了《郑州北站文化手册》，用文化的力量升华思想、规范行为，提升文明素养。

2012年，郑州北站向郑州铁路局争取到5个新建小区285套住房，并完成了新房分配工作。同时，改善信息设备车间和货检车间职工食堂、浴池条件，建成了职工篮球场和室外活动场所；完成了东干道道路西侧生态农场基本建设；完善集体经济和车站之间的协调联动机制，采取扶持货车绳网制作、办纯净水厂、纱窗制作等措施，促进了集体经济的增长。2012年，全站坚持落实“三不让”帮扶政策措施，修改车站内部职工互助基金收缴管理和使用办法，并适当加大了行政投入比例。全年职工收入稳步增长，增长水平超过全局职工平均增长水平。

【建站50周年系列活动】 为迎接2013年1月1日建站50周年，2012年11月，郑州北站先后开展了以“今天是你的生日——我的北站”为主题的征文、楹联、绘画、摄影、书法、安全谚语、感人故事、纪念实物、站歌等文化作品征集活动，并根据征集到的优秀作品编印了记录50年历程的画册《征程》、书籍《如歌岁月》。举办庆祝建站50周年书画笔会，邀请郑州铁路局职工书画院和郑州长生书画院艺术家挥毫泼墨。组织建站50周年座谈会，通过老北站人讲述“水牛站”“干打垒”“通勤车”的故事，感受过去艰苦的生产生活条件；邀请前任站长陈杰、李万臣回顾北站《三年发展规划》的出台、大规模环境整治、生产指挥中心建成以及一批先进技术设备上马等历程，重温“二次创业”的激情。郑州铁路局党委书记杨建祥用“回眸北站大变化、喜看北站新作为、希望北站再腾飞”表达了对北站的期望和重托。

【新一轮《三年发展规划》启动】 2012年1月，经郑州北站十二届三次职工代表大会审议通过，《郑州北站三年发展规划》（2012-2014）正式启动，实现了贯穿10年3个《三年发展规划》的无缝对接。《规划》提出了巩固三届“全国文明单位”创建成果，建设“发展科学品质卓越人文北站”的目标。2005年，郑州北站首获“全国文明单位”称号，并抓住部、局1.5亿元现代化改造机遇，制定了第一个《三年发展规划》（2006-2008），把建设“安全高效文明和谐的花园式现代化郑州北站”作为共同愿景；2008年，郑州北站蝉联“全国文明单位”称号，推出了第二个《三年发展规划》（2009-2011），提出了建设“全路一流、全国知名郑州北站”的目标，2011年郑州北站再次荣获“全国文明单位”称号。

（张怡晨）

郑州客运段

【概况】 郑州客运段是担当客运乘务和运转乘务的综合段。担当东到上海、厦门、福州、宁波、温州、青岛，西至乌鲁木齐、成都、重庆、银川、太原，北抵北京、哈尔滨，南达广州、深圳、湛江、昆明等方向的50对特快、快速各等级旅客列车，以及郑州至北京西、上海虹桥、西安北、太原、济南、深圳等方向的22.5对动车组的乘务工作任务。担当的旅客列车形成连接东西、贯通南北的旅客运输网络，直辖市乘务区段纵横28个省、自治区，固定乘务里程165969公里，年运输能力约6000万人次，运转乘务里程2367万公里，旅客运输规模和能力居全路前列，成为带动中原经济发展和沟通祖国四面八方的重要桥梁和纽带。机关位于郑州市二马路80号，下属各客运车队分别在郑州五里堡客整场（邮政编码450000）、洛阳市西工区史家屯客技站（邮政编码471000）和新乡市卫滨区铁西路14号（邮政编码453000）。

【机构设置与职工队伍】 2012年12月，郑州客运段成立了温州车队；杭合车队易名为杭州车队，青成车队与银川车队整合为成银车队。截至2012年年末，郑州客运段设行政科室10个，即办公室、安全科、乘务科、路风监察科、职工教育科、信息技术科、收入统计科、财务科、劳动人事科(党委干部科)、武装保卫科。下属客运车队23个，即动车车队、北京一队、北京二队、北京三队、上海车队、广州一队、广州二队、昆明车队、哈尔滨车队、深圳车队、京九车队、成都车队、沪杭车队、沪宁车队、湛江车队、乌特车队、乌鲁木齐车队、福州车队、成银车队、太原车队、杭州车队、重庆车队、温州车队；车间5个，即郑州运转车间、洛阳运转车间、后勤供应车间、旅行服务车间、洗涤车间；公司1个，即劳动服务公司（集体经济管理办公室）。设班组290个，其中客运乘务228个、运转乘务21个、车下班组41个。党群组织设党委、纪委、工会、团委，下设党群工作室。党委下属党总支31个，党支部215个，值乘党支部177个。工会下属工支会32个，工会小组239个。团委下属团总支10个，团支部43个。

2012年年末，郑州客运段拥有职工总数7645人。其中，女职工2717人，干部368人，列车长421人；共产党员2935人，共青团员98人。按文化程度分，拥有博士学历1人，研究生学历20人，本科学历267人，大专学历1125人，中专（含技校）学历726人，高中及其以下学历5506人。干部技术职务中，高级6人，中级48人，初级137人。职工技术等级中，高级技师1人，技师25人，高级工840人，中级工4454人，初级工2104人。年末，另有其他从业人员（集体工）1199人。

【客运乘务与客运收入】 2012年，以“服务旅客创先争优”活动为契机，围绕卫生、供水、卧具、温度、供餐、如厕、态度等7项基本内容，提升列车服务质量。建立郑州、洛阳、新乡各次列车卧具备品电子管理库，对列车卧具备品的配置、更新进行科学化管理。每天对各趟出库列车的卧具备品装备情况、基础卫生清理情况等进行严格把关。投入200万元，更新配备了卧具、备品，对K180、K154、2150/1次等部分列车车底进行了更换，乘车环境明显改善。在

12月26日，省长郭庚茂等慰问客运工作人员

9月20日，郑州铁路局邀请100多名新闻记者踏上体验石武高铁之旅

郑州东站建立集调度、指挥、乘务为一体的高铁乘务中心，制定高铁乘务管理制度8项、高铁安全管理制度14项、高铁动车组应急预案处置办法22项。2012年，郑州客运段在保持原有“红旗列车”数量的基础上，又新增局级“红旗列车”3对，动车、既有车均保持良好服务质量，旅客满意度、社会认同度显著提升。

2012年，结合全路车票实名制的实行,采取增加重点区段验票次数、对已补卧硬座车票加盖名章防止车票复用、为班组配备电子秤等办法，堵塞了收入漏洞。利用卧代散、席位复用、宿营车剩余卧铺等办法，积极增运增收；同时，争取政策支持，增加了旅游专列、棉农专列等临客列车开行数量，为完成运输指标奠定了基础。开展收入竞赛等主题活动，下达车队运输收入预算、考核、奋斗3项指标，激发了全员创收热情。2012年，郑州客运段堵漏保收任务完成2.54亿元，超年计划9.09%。

【安全管理】 以安全四防为卡控重点，分层次、分类别对客运安全、运转安全、人身安全、应急处置等方面面临的安全风险进行全面研判，建立高铁安全管理制度，制定高铁动车组应急预案处置办法。制作“一书三卡”（作业指导书，风险控制卡、安全提示卡、应急指导卡），发放给每个乘务职工，指导现场作业，帮助职工把好风险控制第一关。明确管理层岗位量化考核标准和管理责任，分线检查组结合每周发现问题，编发《周分线检查通报》，由责任部门整改销号。典型、突出问题以及重复出现的问题，以“督查督办”形式通报全段，并跟踪整改落实；对问题班组的包保干部、车队主管干部及党政负责人，按规定纳入月度考核。至2012年年末，郑州客运段实现连续安全生产2074天。

【路风建设】 坚持“标本兼治、纠建并举”原则，落实“四卡一考核”制度，深化“五控”机制建设，路风管理水平明显提升。（1）以“服务旅客创先争优”活动为契机，明确路风工作“十不准”和路风高压线的7条内容，在职工中确立“树理念、控三客、严惩处”的路风管理思路。教育职工从思想上高度重视路风工作，从行为上严格规范自身行为，确保路风不出问题。（2）建立5项防范路风问题发生的基本保障制度，即“四卡”制度，列车始发、区间验票制度，剩余卧铺公开出售、登记、回访制度，首问首诉负责制度，列车长定期巡视检查制度。改变班组路风“管理无抓手，卡控无重点”的局面，实现路风现场控制精细化、考核明确化、管理规范化，从源头上治理客车惯性路风问题。（3）建立班组自控检查机制、车队管控检查机制、机关监控检查机制等，发挥自控、自检、自查的作用，形成全方位、立体式路风监控网络。2012年，郑州客运段实现连续无路风事件2957天，被郑州铁路局授予“路风工作先进单位”称号，并在全局路风工作表彰大会上进行了经验介绍。

【卧具洗涤与旅行服务】 郑州客运段洗涤车间下辖郑州、洛阳、新乡三个洗涤厂，厂房总面积3800平方米，年洗涤卧具1400万件（标准件）。2012年，针对较脏卧具处理难题，推出了“创新节能洗涤技法”。采取“走出去请进来”的方式，学习先进洗涤经验，开展科学实验和技术攻关，不断提高洗涤质量。同时，做好节能降耗，采取预洗、漂洗循环洗涤的方式进行规范洗涤。不同卧具使用不同洗涤方法，每件用水量下降5%，洗涤原材料费用降低11%。根据湿度、温度、环境对设备的影响开展攻关，解决了故障频发设备问题，降低了维修成本和设备维修率。

抓好餐车防火安全检查，围绕关键线路、关键列车、关键环节、关键岗位、关键人员等，查找安全隐患，完善了餐车炉灶、烟囱、排烟罩检查登记制度。落实《食品安全法》和食品卫生“五四制”，严禁“三无”食品、腐烂变质和过期食品上车，保证上车的商品、餐料新鲜卫生、质量合格。严禁餐车班组私进商品和餐料，保证乘务职工和旅客的饮食安全。深挖经营潜力，转变经营观念和经营方式，根据旅客需求，增加了适合婴儿、老人、病人及不同民族、不同地区旅客的饭菜，做到订餐到铺位、座位，解决了重点旅客饮食问题。坚持早中晚饭菜各不同，最大限度地扩大经营，赢得了市场。

6月28—29日，郑州客运段开展业务大赛选树技能达人

【职工培训与民生建设】 2012年，郑州客运段举办列车员培训班170期、培

8月20日，郑州铁路局2012年首趟棉农专列载着近2000名摘棉工踏上“淘金”之路

训4093人次，运转车长培训班40期、培训548人次，餐营工种培训班23期、培训400人次，广播员培训班10期、培训260人次，列车长培训班13期、培训410人次。排查职工培训安全风险点，建立问题库，制定整改措施及分系统、分专业的安全风险源、构成因素及卡控措施，深化安全风险管理工作。对新招高铁（动车）乘务人员213人进行了为期40天的培训，做到高铁（动车）乘务人员100%持CRH证上岗。组织列车长、列车员等9个工种的职业技能竞赛，并参加了郑州铁路局第四届职业技能竞赛客运专业决赛中列车长、列车值班员、列车员、餐车长、餐车服务员等5个工种的比赛。每月由段长、主管段长、业务科室科长对列车长进行一次主题集中授课，将最新工作思路、工作要求、工作标准传递给一线管理者，保证规章及时传、理解不走样。同时，结合近年来客运文件和客运专刊，以列车员、运转车长为重点，编写了列车长、列车员岗位培训教材，为下一步开展网络培训、远程教育奠定了基础。

2012年，郑州客运段坚持收入分配倾斜一线的既有政策，给绿皮车职工支付艰苦岗位奖，发放暑期专项补贴。自筹资金，对暑期看车职工给予高温补贴。投入250万元，采取暑期、春运期间乘务饭免费办法，受到了职工好评。实行车下岗位岗薪制，合理拉开车上车下收入差距，调动了职工上车乘务的积极性。开展“关爱送到一线”活动，为职工发放防暑降温用品和防寒手套、保暖袜子，为女职工发放保健用品等，促进了劳动关系的和谐稳定。改造新乡中心职工车棚、职工学习室、整备浴池；改造段机关、五里堡、洛阳、新乡职工食堂，改善了职工就餐条件；为单身职工宿舍配备卧具备品，初步具备了“公寓化管理”的条件。为郑州、新乡地区职工争取经济适用房959套。落实“三不让”承诺，2012年支出“三不让”资金191万元，助困1203人次、助医463人次、助学226人次。

（史媛媛）

公路运输业

综 述

【概况】 2012年，面对复杂经济环境和繁重建设任务，郑州交通运输工作以“三大主体”工作为引领，攻坚克难，顽强拼搏，圆满完成了年度各项目标任务。完成投资创历史新高，2012年国家、省、市三级在郑交通项目完成投资262.9亿元，是2011年的1.5倍，是“十一五”时期完成投资总和的1.9倍；新开工市管项目39个，是2011年的4倍，是“十一五”时期开工项目总和的1.5倍；完工市管项目18个，是2011年的6倍,是“十一五”时期完工项目总和的1.8倍；市管交通项目完成投资146亿元，是2011年的2.4倍，超过“十一五”时期完成投资的总和。运输服务保障有力，运输生产各项指标持续增长，圆满完成了春运、“十一”黄金周、第七届全国农运会等运输保障任务。安全生产持续稳定，全市交通建设、消防、水上运输、交通工业继续保持“零亡人”纪录，2012年道路运输百万车公里责任亡人率为2011年的50%，运输生产事故逐年下降，再创新低。在全系统深入开展“扬正气、树形象”活动，干部职工的荣誉意识、责任意识和形象意识更加强烈，奋勇争先、勇争一流的氛围更加浓厚。2012年，市交通委获得市级以上荣誉40余项，比2011年成倍增长。届满重创省级文明单位圆满成功，创建国家级文明单位扎实推进。郑州市成功入选全国首批“公交都市”建设示范工程创建城市，市交通委被交通运输部评为“全国交通运输行政执法评议考核优秀单位”。市交通战备办公室被国家国防动员委员会评为“十一五”以来“全国交通战备工作先进单位”。市公交总公司被交通运输部评为“全国公共交通十佳企业”“全国交通运输文化建设示范单位”。2012年，市交通委机关被授予“郑州市人民满意公务员集体”称号。

交通基础设施建设　坚持以新型城镇化为引领，加快交通道路建设。10条市域快速通道中，四港联动快速通道、郑新快速通道、郑汴物流快速通道、南三环东延快速通道、G107新郑境快速通道建成通车，中原路西延快速通道、陇海路西延快速通道、郑登快速通道、沿黄快速通道、科学大道西延快速通道开工建设。2012年，新建市域快速通道及升级改造国家、省级干线公路199公里，开工建设县域交通道路1056公里，建成通车586公里。郑州综合交通枢纽公路客运站、南三环与京港澳高速互通式立交、机场高速新南站、G310线巩义境小訾殿至巩偃界段改建工程、S232线荥阳境桥北沟至新密交界段、S316线黄岗寺南水北调大桥等项目建成投入使用。客运北站、6座跨南水北调干渠桥梁等项目加快推进。G107辅道南延线南四环至西南绕城高速段、大学路南延南四环至西南绕城高速段、高铁新客站公交综合枢纽站等项目开工建设。强化工程质量管理和道路管理养护，项目监督覆盖率达95%以上，工程合格率达100%，干线公路工程优良率达95%以上，农村公路工程优良率达85%以上。

运输服务保障能力　2012年，完成公路客运量3.19亿人次、客运周转量174.1亿人公里，同比分别增长5.4%、8%；完成货运量2.4亿吨、货运周转量414.2亿吨公里，同比分别增长12.8%、17.2%。城市公交和出租车分别完成客运量9.8亿人次、3亿人次，同比分别增长7.3%、6%。全市规模以上物流货运站达到50个，机动车维修企业发展到5250家。在全省率先开通汽车网络售票业务。全年淘汰高能耗运输车辆3000余台，超额完成节能减排目标。强化公交优先发展战略，在全省率先开通郑汴公交“一卡通”。全年投入近4亿元，新增公交车700辆；新开和优化公交线路72条。在全国率先采用“招手停”方式开通微型公交线路，解决了市民最后一公里出行问题。深入开展出租车和谐劳动关系创建活动，保障出租车驾驶员合法权益。全面加强国防交通专业保障队伍建设，深入推进交通战备军民融合发展，保障能力得到大幅提升。

行业管理　2012年，全系统建立网格197个，构建了由平格、纵格和总格组成的具有行业特色的以网格为载体、依靠群众推进工作落实的长效机制。1458名干部下沉到政府一级和二级网格并联系三级网格，全年排查问题2600余个，办结2589个，办结率99.6%。扎实推进城市管理整治提升工作，道路客货运、出租车、机动车修配、机动车驾驶员培训、水上交通等专项整治扎实有效，全年查处各类违规行为6600余起，维护了运输市场秩序。持续强化客货运输、维修等企业服务质量信誉考核，进一步优化客运站秩序。治超成果得到巩固，治超舆论导向作用明显，超限超载率始终控制在4%以下。加强和创新社会管理，扎实推进平安建设，定期开展接访活动，行业大局保持和谐稳定。

依法行政 2012年，不断加强执法形象建设，提前完成执法形象“四统一”建设任务。《郑州市客运出租汽车管理条例》通过市人大常委会审议，《郑州市汽车租赁业管理规定》《郑州市轨道交通管理条例》等法规起草工作稳步推进。交通运输法制宣传教育形式多样，执法能力培训不断强化，执法人员岗位练兵和技能竞赛活动成效显著。执法行为不断规范，规范性文件审查、备案和清理工作有力有序；不断完善行政许可各项制度，全面履行行政复议职责，行政争议得到有效化解。

运输安全生产 2012年，深入开展“道路客运安全年”“打非治违”“平安工地建设”等活动。严格落实“三关一监督”“三关一排查”等制度。不断健全应急保障机制建设，全市所有“两客一危”车辆、城市公交车和50%的出租车安装了GPS监控终端，工程施工、运输场站、水上交通、路政管理等实现了视频实时监控。不断加强道路运输、公路养护、水上运输、建筑施工等安全隐患排查，隐患整改率达100%。公路灾害防治、危桥改造、安保工程成效显著，交通运输安全形势持续巩固。

【“扬正气、树形象”活动】 2012年，全系统认真贯彻市交通委党委决策部署，把“扬正气、树形象”活动与中心任务、日常工作和本职岗位紧密结合，使活动贴近岗位实际、融入岗位职责、化为岗位行动，涌现出了一大批先进典型。市交通委党委两次召开总结表彰大会，表彰了24个先进单位、264名先进个人。对“文明的士之星”金杯奖获得者重奖出租车1辆，组织40名基层一线先进标兵赴美国进行考察学习，营造了奋勇争先、勇争一流的氛围。

通过不断深入开展的“扬正气、树形象”实践活动，全系统涌现出一大批先进典型和好人好事，被省市多家媒体、各大网站报道。市交通战备办公室主任李卫民任荥阳市汜水镇新沟村党支部第一书记后，引导村民创收致富，为新沟村经济发展和农民脱贫致富作出贡献。出租汽车行业涌现出以周和房、赵丙臣、卢海莉、冀廷五、韦华等为代表的一批爱岗敬业、文明礼貌、助人为乐的先进模范。郭高中、宋常稳、陈宗义和王琦四位的哥，赤手空拳勇斗持刀歹徒，成功救出被劫持女司机；晨曦公司驾驶员周志强拾金不昧，面对16万元巨额现金不动心。交运集团客运十公司驾驶员刘玉宪、靳书斌智斗人贩子，成功救出被拐少女；客运南站候车大厅服务员张引杰时刻为旅客着想，随时随地为大家提供帮助，被称为“移动的服务台”。

【网格化管理】 2012年，郑州市交通运输委员会按照市委、市政府部署安排，构建了由平格、纵格和总格组成的具有交通运输特色的网格化管理体系。委机关和委属单位1458名领导干部和业务骨干融入到全市的三级网格中，形成平格；委属18家企事业单位、数十万名员工负责全市交通运输基础设施建设和道路、水路运输市场监管与安全监管，形成纵格；委网格化管理工作领导小组以交通信息指挥中心和96669交通服务热线为平台，统一指挥、协调、督查、考核平格、纵格工作，处理疑难问题，形成总格。

下沉的网格管理人员与基层群众广泛接触，了解民意、汇集民智，着力解决与群众生活生产密切相关、长期以来得不到有效解决的问题，为群众办实事。全系统共搜集各类问题2421个。其中，纵格发现问题2213个，属于职责范围自行解决问题2207个，交办协调解决问题6个；平格发现问题114个，上级交办问题67个，其他网格交办问题47个，已经解决的有105个，问题解决率达92.1%。

【安全生产】 2012年，市交通委以“安全郑州交通运输创建2012年行动”为主线，开展宣传教育培训，落实责任，强化监管，深化安全专项整治，交通运输安全生产保持良好态势。

加强领导，层层落实安全生产责任制。研究制定安全生产“一岗双责”制度，委属单位主管领导与所属单位、部门和监管的单位等层层签订安全责任书。

在全系统继续开展“大检查大整治大督查”活动，多次与市安监局联合督查检查安全工作。活动期间，发现一般隐患1179处，已整改1178处。确保重点时段交通运输安全， 节日期间，各单位严格执行24小时值班制度和领导干部带班制度，及时处理突发事件并按规定及时报告。开展交通运输安全专项整治 ，全力遏制事故发生。集中开展“打非治违”专项行动，全市交通运输系统组织检查1157次，出动人员8731人次，检查企业1401家，打击各类非法、违法、违规行为3037起，责令停产停业535家，没收非法生产设备4组，关闭非法违法企业13家。深入开展安全生产专项整治工作，共排查道路运输企业497次、公路养护施工企业65次、水上运输企业67次、建筑施工企业62次，累计排除安全隐患2215处。积极协调市安监局、公安局开展“道路客运安全年”活动。调配警力与市运管局执法人员联合对市区4个售假牌窝点进行查处。查获假客运线路包车牌500余张、假运输合同500余套、假客运路单500余张、假客车维护卡300余张、假道路运输证10本、私制各类印章27枚；涉嫌出售假包车牌的6名人员已被公安机关刑拘。联合公安部门深入开展旅游包车客运安全专项治理和“三超一疲劳”治理活动，有效预防道路交通事故的发生，全市旅游客运企业无证营运现象得到有效治理。积极开展交通在建工程项目安全专项整治活动，下发整改通知书28份。

开展交通运输安全宣传培训。2012年，市交通委积极开展各类宣传教育培训，提高安全意识，营造交通运输

2月16日，省委常委、市委书记吴天君察看郑少高速航海路连接线新建工程

安全氛围，规范安全操作技能。各单位采取设立安全专栏、制作安全板报、播放警示教育片、发放安全资料等形式，开展了声势浩大的交通运输安全知识宣传活动。举办安全生产骨干培训班，参加安全生产知识竞赛。4月，成功举办两期安全生产管理业务骨干培训班，260人参加培训，通过考核，由市安监局颁发国家认可的安管人员从业资格证。组织委系统3458名干部职工参加了第四届“安全河南杯”安全生产知识竞赛。6月27日，市交通运输委员会参加了2012年郑州市安全生产知识电视大赛，并荣获市直组三等奖。积极组织开展“交通安全反思日”“安全生产月”宣传咨询等活动。组织全系统200余人观看市安监局组织放映的电影《生命监管》，进一步提高安全生产监管监察人员执法水平。通过一系列活动的开展，宣传了交通运输系统的良好形象，增强了广大市民的安全生产防范意识。

加强企业安全生产考评工作， 积极开展诚信企业考核、发展型企业、安全生产企业标准化建设工作。上半年，组织召开了3次交通运输安全创建和安全生产现场观摩座谈会，进一步推进了安全生产发展型、标准化和诚信企业的创建工作。8月和11月，分别组织全市交通运输系统60余名安全管理人员参加交通运输部和省交通运输厅举办的培训班，有29人次顺利通过考试，取得了省交通运输厅颁发的道路运输和城市客运专业的企业安全生产标准化考评员资格证。组织建立三级交通运输企业安全生产标准化考评机构，通过考评机构评审，有一批交通运输企业创建成为安全生产标准化各等级企业。全系统有6家企业开展了安全发展型示范企业创建活动。其中，市交运集团和交建投公司被评为诚信企业，宇通公司顺利通过安全生产标准化二级企业复审，市交通设计院被评为“河南省安全文化建设示范企业”，市公交总公司获得“全国交通运输企业文化建设示范单位”称号，正在努力争创安全发展型示范企业。

交通运输安全度汛。积极落实防汛工作网格化管理以及安全生产长效机制要求，建立24小时领导带班制度和专人值班制度，任务到岗，责任到人，治理到位，自上而下形成了有机的信息反馈机制和联动指挥机制。安排专人加强对易发灾害的桥梁、涵洞、边坡、边沟以及历年经常水毁、水淹路段的巡查力度和频率，及时反馈重点路段桥梁安全动态，确保了重点部位安全度汛。开展演练，科学应对突发事件。 委属各单位按照统一部署，举行各项应急预案演练活动，参演职工消防技能、自我保护意识明显提高，收到了良好的效果。运管局和交运集团分别举行了大客车应急救援演练，修配管理处在南检测中心组织员工进行了消防演练。全系统参与演练人员2000余人，出动油罐车、救护车、装载机、保障车等47辆。通过演练，检阅了应急预案的组织实施能力，提升了交通运输安全应急管理工作的水平。

【交通信息化建设】 推进出租汽车服务管理信息系统试点工程。按照交通运输部要求，完成了郑州市出租汽车服务管理信息系统试点工程“三个中心”的基础设施建设，积极推进出租车管理服务信息系统试点工程建设。重点完成了数据资源中心系统工作软件开发，并对11个子系统进行了集成。与客运管理处共同确定了出租车车载智能终端的技术标准，完成了硬件设备的选型定型。

开展城市客运智能化试点工程建设工作。年初，郑州市被省交通运输厅列为全省“城市智能交通试点工程”两个试点建设城市之一。上半年，积极申请交通运输部城市客运智能化试点项目。将部、省项目一并进行，开展了城市客运智能化项目的需求分析，与交通运输部科学研究院联合编制完成了《郑州市城市公交运行监管与综合信息服务系统试点工程可行性研究报告》，制订了试点工程实施方案。2012年11月，试点工程《可研报告》通过了省交通运输厅组织的专家评审，并上报交通运输部。交通运输部批准了试点工程《可研报告》，并确定补助工程建设资金1000万元。

组织开展郑州交通运输信息资源整合与服务工程研究。该项目是省交通运输厅试点工程。整合工程以现有信息化系统为基础，建成全市交通运输系统一套网络、一个中心、两个平台、三大系统、三大保障体系，全面提升“公众服务、安全应急、决策分析”能力。市交通委成立了由委分管领导和委属有关单位主要领导组成的项目工作领导小组，组织开展了《郑州市交通运输信息资源整合与服务工程项目可行性研究报告》的编制工作，并制订了整合工程的实施方案。

协调多项行业信息化工程项目顺利实施。积极承担建立网格化管理信息平台工作，组织人员加班加点完成开发任务。配合省交通运输厅技术小组，完成了信息资源整合与服务工程地市级改造和整合。协调移动运营商，实施西四环视频监控系统建设，完成了监控设备安装调试。指导市路政支队完成了“高速公路路政治超信息系统”的开发；指导市公路局编制了《干线公路综合信息系统建设方案》。

【交通战备工作】 2012年，郑州市交通战备办公室以2012年济南军区和省交通战备工作会议精神为指导，按照“着眼长期抓战备、围绕保障抓队伍、突出机制抓现代化”的思路，全力做好部队应急作战和处置突发事件的交通保障工作，大力加强交通战备现代化建设，努力提高专业保障队伍快速反应、快速抢修、快速机动的能力，积极探索部队与地方军民融合式发展、实现双赢的创新模式，圆满完成了各项工作任务。2012年，共为部队提供交通保障任务33次，协调交警部门出动警车160台次、出动交警及路政人员980余人次；落实计划投资760万元，为部队修建进出口道路14条，建设里程计23.2公里；组织全市国防交通专业保障队伍集训1次。市交通战备办公室被国家国防动员委员会评为“十一五”以来全国交通战备工作先进单位，是河南省18个地市交战机构中的唯一一家。

2012年，先后为郑州防空兵指挥学院教学演习、省预备役高射炮兵师军事训练等提供交通保障33次，保障军区首长安全通行6次，共出动保障车辆100台次、出动交通保障人员600人次，协调交警部门出动警车160台次、出动警力300余人次。确保了部队首长和

2月9日，市长马懿察看郑少高速航海路连接线新建工程

9000余名官兵、2000台车辆装备的顺利通行和交通安全。

做好交通战备机构情况调查填报工作。圆满完成《郑州市国防交通运输动员预案》的修订工作和"国防交通信息管理系统"数据统计上报工作。组织国防交通专业保障队伍参加应急拉动点验。完成了郑州市国防交通专业保障队伍的编组调整工作。市交战办组织荥阳市、新郑市、登封市、新密市和惠济区、交运集团等部门和单位的70余名国防交通干部进行了专项集训，大家进一步理解了理性爱国与滋事破坏的区别、经济发展与国防建设的关系、国际地位与和平发展的关系。

【党风廉政建设】 2012年，市交通委制订下发了《在全市交通运输系统开展"四会一课"廉政教育成果转化年活动的实施方案》。在重大节假日前，组织进行廉政专题教育，编发廉政提醒短信；每季度下发教育指导计划，为委属各单位下发20份音像资料；各单位党组织书记上廉政党课17次。建立了党员干部廉政教育登记制度。指导委属单位，打造具有行业特色的廉政文化建设精品工程。市公路局被命名为市级"廉政文化示范点"。组织全系统11名纪检监察干部参加市纪委组织的业务培训和网络舆情信息员培训，进一步提高了全系统纪检监察干部的业务能力。在省交通运输厅组织的2012年全省交通运输系统纪检监察理论调研论文征集评选中，市交通委获二等奖。

分解细化党风廉政建设责任制的有关内容，层层签订目标责任书。组织开展党员干部私自从事营利性活动专项清理工作，进一步完善了党员干部廉政信息档案。研究制订了《郑州市交通运输委员会2012年全面推进廉政风险防控规范权力运行机制建设实施方案》。按照"谁行使、谁清理"的原则，组织机关各处室共梳理行政权力和重要业务事项104条，编制行政权力和重要业务事项廉政风险分布图100项。共排查各类岗位廉政风险点480个。完成了风险防控点的排查和岗位风险等级评定工作。

对治理工程建设领域突出问题进行督导。加大对在建工程廉政双合同制度落实情况和从业单位、从业人员无行贿记录落实情况的监督检查，进一步规范了工程现场廉政公示内容的设置。对54次工程招投标活动进行了现场监督。11月初，配合市治理工程建设领域突出问题工作领导小组，对2011年以来9个政府投资项目进行了借用资质的问题普查，没有发现借用资质的问题。

【政风行风建设】 扎实推进政风行风建设，切实维护群众利益。认真贯彻落实郑州市《市直机关工作人员工作纪律要求（暂行）》，制定下发了《关于进一步加强机关作风建设，推进"扬正气、树形象"活动深入开展的实施意见》，在全系统深入开展加强机关建设活动。结合省厅开展的"三整顿、三创建"活动，把"扬正气、树形象"活动融入到加强行风建设中，加大协调督查力度，受到了省厅督查组的肯定。召开两次政风行风建设推进会。每月对全系统交通行政执法单位和服务窗口进行督促检查，对易发多发违规上路查车的重点路段、重点单位进行了重点治理，始终保持治理公路"三乱"的高压态势，确保了全市公路基本无"三乱"问题发生。按照市纠风办的统一安排，9月12日，组织进行了"政风行风在线访谈"，收到了良好效果。

加大举报投诉案件的查处力度。严格落实举报投诉电话24小时值班制度，对群众反映的问题快速反应、及时反馈。对各单位电话值班、公交热线和出租车服务热线进行了45次抽查，对存在问题的单位及时进行通报，限期整改。同时，认真受理举报投诉案件，加大查办力度。共受理举报投诉42起，并及时进行了调查处理，按时办结率达到100%，反馈意见满意率达到98.5%。

（宋立新　闫从明　陈振坤）

交通基础设施建设

【交通重点工程建设】 （一）市域快速通道项目。郑汴物流通道、四港联动大道快速通道已建成通车；南三环东延快速通道107辅道至万洪公路段于2012年上半年建成通车，万洪公路于11月27日正式通车；郑新快速通道于2012年年底实现全线通车；国道107新郑境快速通道于11月20日举行通车仪式。

5条新建市域快速通道项目全部开工。其中，陇海路西延快速通道、中原路西延快速通道于2012年上半年开工，陇海路西延四环到西南绕城高速段和中原路西延郑州到上街段已经开建；陇海路西延快速通道（西南绕城高速至S232段）、郑登快速通道、科学大道西延快速通道（西南绕城高速至上街区安阳路）3个项目于11月9日举行开工仪式；沿黄快速通道江山路至Y104段于12月26日开工建设。

（二）环城高速公路出入市口项目。16座新增环城高速出入口估算总投资32.5亿元，已完成投资11.4亿元。截至年底，已完工2座，分别是郑开大道与京港澳高速互通式立交、花园路与连霍高速互通式立交。按照市政府的部署安排，除4座立交暂缓实施，其余全部开工建设。

（三）正在加快推进建设的项目。（1）东南四环连接线新建工程计划2013年4月完工，累计完成投资2.2732亿元，占总投资的87.07%。（2）国道107郑州段改建工程与郑汴路互通立交新建工程计划2013年年底完工，累计完成投资3.5亿元，占总投资的48.45%。（3）国道107郑州境改线项目孟庄至龙湖连接线计划2013年9月完工，累计完成投资4.2亿元，占总投资的59.28%。（4）中州大道与郑新快速通道互通式立交计划2013年年底完工，累计完成投资3.532亿元，占总投资的57.03%。（5）金岱路跨南水北调总干渠桥累计完成投资6645万元，占总投资的66.64%。（6）国道107辅道十八里河南水北调桥工程（南四环桥）桩基、墩柱均已全部完成，承台完成75%。（7）省道316线黄冈寺南水北调桥工程（郑密公路桥）桩基、墩柱均已全部完成。（8）豫一路跨南水北调总干渠桥累计完成投资7342万元，占总投资的66.62%。（9）新国道310跨南水北调总干渠桥累计完成投资9357万元，占总投资的42.68%。（10）化工北路跨南水北调总干渠桥累计完成投资7000万元，占总投资的55.23%。（11）紫辰路跨南水北调总干渠桥累计完成投资6800万元，占总投资的69.60%。（12）东四环南延线跨南水北调总干渠桥累计完成投资7770万元，占总投资的61.30%。

【高速公路建设】 2012年，郑州市负责服务协调的省高速公路重点工程项目4个。其中，高速公路改扩建项目2个，高速公路新建项目2个，总里程150公里，涉及3个县（区）、14个乡（镇），共完成投资12.3亿元。在4个项目中，连霍高速郑洛段旧路面改造工程于2012年9月开始施工，12月完工；桃花峪黄河大桥路基、路面、桥梁、隧道完成100%，累计完成投资38.3亿元，占总投资的97%；连霍高速刘江至商丘郑州段改建项目中牟段完成土方73%、桩基90%、梁板100%、涵洞85%，累计完成投资8.5亿元。

【干线公路建设】 2012年，郑州市干线公路建设紧紧围绕构建"高速支撑、中心放射、区域联动、村镇成网"的交通路网体系，遵循"整体规划、分步实施"的原则，大力实施"六路升级、五路改造、构建大五环"，圆满完成了年度目标任务。2012年，G107线新郑境改建、G310线巩义小訾殿至巩偃界段改建、S232线荥阳境桥北沟至新密交界段改造、郑密公路桥（S316线黄岗寺南水北调大桥）新建等4个项目主体完工，S223线中牟鹤岗至三官庙段改造、S316线改建（郑登快速通道）、S314线改建（江山路至Y104段）等3个项目开工。完成建设投资11.4亿元，创历史新高；改建公路总里程79.3公里，路网结构得到进一步优化。工程优良率达85%以上。市公路管理局被省公路管理局授予"全省普通干线公路工程建设先进单位"和"全省普通干线公路工程建设科技创新单位"称号。

加强工程质量监管，健全工程质

3月27日，市人大常委会主任白红战察看四港联动大道建设情况

量考核体系和责任追究制度，对工程质量实施动态监管，坚决杜绝不合格工程和豆腐渣工程。G107线新郑境改建项目率先实行首件工程认可制、材料准入制等，全过程控制工程质量，为创建优质工程提供了保证。

破解发展“瓶颈”，加强与市发改委、财政局、国土局等单位的沟通协调，运用BT建设模式，有效解决了项目建设受资金、征地拆迁等因素制约的难题，为项目建设提供了坚实保障。

实施“科技兴路”，G107线新郑境改建项目开发使用了“公路工程工序质量节点图像监控信息系统”，使施工、监理工作公开化、透明化；南水北调桥新建项目对“基于光纤传感网络的桥梁施工监测关键系统研究”的应用，提高了施工质量。

【农村公路建设】 2012年，河南省给郑州市下达的农村公路建设计划共471.73公里，同时，新改建农村公路400公里也是郑州市为民承诺的“十大实事”之一。2012年，全市共完工农村公路建设项目508公里，完成投资5.7亿元，超额完成年度目标任务。

质量为先，积极开展农村公路建设质量回访活动和农村公路建设计划项目质量监管工作。在全市范围内开展了农村公路建设质量回访活动，对全市2008-2011年省下达的农村公路建设计划项目逐一进行了专项质量调查。对发现的病害进行了治理，提高了农村公路服务水平。此外，还建立了农村公路建设质量月报制度。印发了《关于进一步加强我市农村公路建设计划项目质量监管工作的通知》，要求县（市）区地方公路管理所每月上报农村公路建设质量监管工作开展情况，定期对该项工作进行抽查。及时掌握了郑州市农村公路的建设质量动态，强化了各管理所对建设项目的监管责任，对提高全市农村公路建设质量水平起到了促进作用。

安全为本，加强“安全生产年”活动的宣传和检查。深入开展“安全生产年”活动，制订了《郑州市农村公路“安全生产年”活动实施方案》。加大日常巡查力度，深入施工现场，检查安全生产措施落实情况，减少一般事故，杜绝重特大安全责任事故发生，力争零死亡，确保农村公路工程建设安全态势稳定。

开展挂靠借用资质投标违规出借资质问题专项清理工作，维护了农村公路建设招投标秩序。根据中央治理工程建设领域突出问题工作领导小组《关于对工程建设中挂靠借用资质投标违规出借资质问题进行专项清理的通知》部署，印发了《郑州市清理农村公路工程建设中挂靠借用资质投标违规出借资质问题实施方案》。组织各县（市）区地管所对2011年1月1日以来新开工、投资额500万元以上的农村公路建设计划项目进行了认真清理。经过对登封市、新密市、新郑市、荥阳市、二七区等12个工程建设项目涉及的相关情况的逐一排查，未发现任何违规问题，有力维护了工程建设招标投标秩序，促进了全市农村公路工程建设市场健康发展。

【场站建设】 2012年，场站建设以“中原崛起，交通先行；三化协调，交通先行”为基本原则，以建设“域外枢纽、域内畅通”大交通体系为目标，紧抓落实，因地制宜，科学谋划，合理布局，逐渐形成了高起点、多层次、全覆盖的交通场站规划体系。截至2012年年底，全市已建成一级客运站3个，即郑州长途汽车中心站、郑州长途客运南站、新密市客运中心站；二级站12个，三级站3个；公交综合停车场17个，公交换乘枢纽站22个，线路首末站16个；出租车服务区1个。2012年，在建的场站项目主要有9个。

（一）综合交通枢纽公路客运站（郑州汽车站）。位于国道107辅道以东、七里河路以南、动力北路以北、圃田西路以西。项目总投资5.1亿元。按照一级客运站标准设计，日发送量6.5万人次，总占地面积62263平方米，总建筑面积76698平方米。主要包括站房主体建筑、司乘公寓、商业用房等。2012年9月28日，郑州综合交通枢纽站站房下部分正式投入运营，实现了长途客运、公交、出租汽车等交通方式与高铁客运的“无缝衔接”和“零距离换乘”，建立了便捷、快速的综合换乘体系，为旅客提供了方便、快捷的出行服务。

（二）高铁站房下停车场。位于郑东新区圃田西路、107辅道，使用面积4公顷，2012年9月28日正式投入使用。该项目作为高铁新客站的配套工程，提高了郑州综合交通枢纽的综合服务能力，完善了高铁新客站作为城市副中心的综合能力。

（三）客运北站。位于花园北路以东、连霍高速公路以南。属一级客

5月17日，市政协主席李秀奇察看南出口暨郑新快速通道新建工程

运站，设计日发送量2.4万人次。该项目总投资28896万元，总建筑面积29076平方米（实际规划核定总建筑面积28850平方米）。已完成场地文物普探、节能、地震、人防审核和建设工程规划许可证办理。监理和桩基招标工作已经开始，桩基预审已经结束，监理已经开标。进场施工前的各项准备工作基本就绪。计划于2014年10月前建成投入使用。该站可实现与地铁、公交、出租车的有效衔接，方便乘客换乘。

（四）郑州航空港区综合枢纽长途客运站。位于郑州航空港区综合枢纽北部区域，西临四港联动大道、北临郑港二路、东临郑港一街，总占地约8.97公顷（净用地7.2公顷）。按一级客运站规划设计，设计日发送旅客2万人次，总建筑面积1.5万平方米，总投资约1.28亿元。项目选址申请、项目建议书、地形图和入区备案表等相关材料已递交港区国土规划局和经贸局。项目可行性研究报告正在编制，安全评价报告已编制完成，环境影响评价报告已报港区环境建设局待批。该站建成后，可实现与地铁、城铁、公交、出租车的衔接，方便乘客换乘。

（五）龙子湖高校园区综合停车场。位于郑东新区祭城路北、明理路西，占地1.57公顷，总投资约3500万元。计划2013年完成施工设计、施工招标并开工建设。拟建成具有停车场、维修车间、办公区、大型枢纽站、信息调度中心等功能的大型公交综合场站。

（六）郑州市高铁新客站公交综合枢纽站。位于圃田西路、107辅道以东、商鼎路与动力南路围合区域北部，总投资6.03亿元。该项目将建成具有停车场、修理厂、大型枢纽站、信息调度中心等功能的大型公交综合场站。

（七）郑州航空港区公交综合停车场。西临四港联动大道、南临郑港三路、东临郑港一街，占地7.2公顷，总投资1.62亿元。拟建成具有停车场、修理厂、大型枢纽站、信息调度中心、办公区等功能的大型公交综合场站。港区公交站的建设，保障了港区市民、富士康员工出行，实现了中心城区与新区开发建设的良性互动，提升了新区与中心城区的衔接能力。

（八）北四环与花园路立交桥下出租车服务区。位于北四环与花园路立交桥下，占地面积约4200平方米。该服务区可向出租车驾驶员提供就餐、座套换洗、洗车、停车、开水、临休、如厕等服务。总投资约180万元。截至2012年年底，已完成投资160万元，完成工程进度90%。

（九）郑州航空港区出租车服务区。东临郑港一街、南临郑港三路，东西长65米，南北长103米，占地0.67公顷，总投资1800万元（含加气站）。

【工程质量管理】 2012年，紧紧围绕交通工程建设质量和安全监督等中心工作，以切实可行的措施，确保全市交通重点建设项目工程质量监督管理再上新台阶。在积极改进监督管理办法、创新监督管理模式、完善质量监督管理制度的同时，大力推进工程质量监督和交竣工检测验收工作。2012年，共完成27个在建交通重点工程建设项目的质量监督工作，监督里程104.64公里；完成交工检测工程项目8个，完成检测里程100.29公里，交工检测合格率达到100%。全市交通重点工程建设项目建设质量水平稳步提高，连续5年保持了未发生一般性安全事故和人员零伤亡的成绩。

以规范管理为核心，提高工作实效。坚持“质量第一、安全至上”的工作原则，精心组织，科学安排，集中全力抓质量和安全监督工作。将质量安全责任统一起来，要求每个项目质量监督工程师也同时是安全监督工程师，全面负责质量和安全监督工作。以服务意识为重点，提升服务水平。在质量监督过程中，对可能发生质量安全问题的部位、工序等及时提醒相关人员，加强预防。积极向农村公路建设管理人员和技术人员宣传有关法规政策和专业知识，指导招投标工作和资料整理工作，有针对性地召开质量专题会议，及时解决管理和技术问题。公开办事承诺和监督举报电话，接受社会监督，保持良好的工作作风和行风。

以责任意识为宗旨，坚持“三不放过”，即坚持发现质量安全隐患不放过，坚持发现问题不处理不放过，坚持处理后没有监督工程师复验认可不放过。针对全市繁重的交通建设任务和公路建设的特点，采取综合检查、专项检查、日常巡查相结合的质量安全监管措施，及时发现质量安全问题和隐患。

以制度落实为抓手，规范监督行为。认真落实《监督工程师守则》《质量监督公开办事制度》等管理制度，规范监督行为。在工程质量安全监督过程中，从工程质量监督申请资料的审查、监督通知的签发、监督过程中的监督检查，到交、竣工质量检测、鉴定，实行监督工程师负责制，做到严格执行政策法规、严格监督程序、严格质量标准、严格按照规定时效办事，维护了质量监督工作的权威性，提高了办事效率，树立了良好的监督执法形象。

以三阶段检测为手段，提高工程质量监督实效。要求质监站严格按照三阶段验收的文件要求，对工程项目进行检测，用数据说话。开展“阳光监督、公开检测”活动，提高了质量安全监督水平，确保了工程质量安全。

（宋立新　闫从明　陈振坤）

五座环城高速互通式立交开工建设

公路养护

【干线公路养护】 按照“畅通主导、安全至上、服务为本、创新引领”的方针，创新举措，务求实效，干线公路管理养护工作得到进一步提升。2012年，养护工程累计完成投资1.5亿元。优良路率85.15%，比上年提高近10个百分点。市公路管理局被省公路管理局授予“全省普通干线公路养护管理先进单位”“全省干线公路养护工职业技能竞赛先进集体”称号，登封市少林道班被评为“模范道班”。

突出重点养护。建立大中修工程“企业自检、社会监理、法人负责、政府监督”的四级质量保证体系，引入第三方质量检测，确保了工程质量。同时，对全市桥梁进行定期检测、定期隐患排查，及时进行改造维护，确保了群众出行安全。共完成S237线登封境巩登界至卢店段等5项大中修工程、G310线荥阳至上街段等8项水毁、危桥改造工程。

扎实开展综合管理劳动竞赛，按

6月26日，市交通委主任王顺生实地察看跨南水北调总干渠桥梁工程建设情况

照“月抽查、季检查、半年初评、年终总评”的原则，以竞赛为载体，强化日常性、预防性、科学性养护。日常养护基本实现了“路面平整清洁、路基坚固顺适、标志齐全醒目、绿化协调美观、行车安全畅通、服务全面提升”的目标。

着力打造精品道路，制定了《郑州市市域快速通道管理办法（草案）》《精品路实施方案》，做好四港联动大道等市域快速通道的日常养护工作。用1–3年时间，将四港联动大道、S223、G107建成精品示范路，“畅、安、舒、美”的路容路貌基本形成，成为省会城市靓丽的“名片”。

强化应急保障体系建设，建立专门的应急抢险队伍，完善应急预案，储备防汛物资，定期培训演练，提高了应急处置水平。G107线郑州小刘桥等段出现水毁险情时，迅速组织抢修，疏导交通，有效保障了行车安全。

【农村公路养护】 2012年，全市县道小修保养累计完成投资1876万元。整修路肩边坡297.51万平方米，疏通边沟192.3万公里，处理坑槽3.65万平方米，处理翻浆2.92万平方米，处理沉陷4.64万平方米，巡路保洁4.87万公里。重点对宜林路段缺株少苗进行了补植、补栽，种植乔木18万株、灌木46万株，累计完成投资1630万元。修复水毁216处，累计投资达865万元。完善道路标志、标线投资350万元。完成农村公路大中修工程项目130个，投资5000万元。其中，省补助资金1766万元，完成243.2公里；市补助资金1842万元，完成212.5公里。创建文明示范路150公里、安保工程72公里。完成700公里的农村公路评定试点工作。对41座危险桥梁进行了维修加固和改造，累计投入3000万元，确保了全市农村公路的安全畅通。农村公路列养率达100%，县道优良路率达85%。全市农村公路服务水平明显提升，着重突出绿化美化特色，塑造畅通的行车环境，树立了良好的农村公路形象。

大力开展农村公路管理养护年活动和河南省农村公路“十、百、千”示范工程创建活动。根据省交通运输厅下发的《河南省农村公路养护管理年活动实施方案》要求，及时制定了《郑州市农村公路养护管理年活动实施方案》，层层签订责任目标。以日常养护和路政巡查工作为重点，全面加强农村公路管理养护工作，不断提升农村公路的整体服务水平。

积极开展“双文明”创建活动，完善农村公路养护体制建设。加强道班（养护中心）和乡镇养护站的建设，逐步实现养护工作管理规范化。2012年初，继续在全市开展了“双文明”（文明养护道班、文明养护站）活动。按照“制度健全、管理规范、环境舒适、设施齐全、养护到位”的总体目标，制定评比标准。全市统一了各级养护管理机构的上墙图表和各种规章制度及生产工作日志。郑州市有农村公路管养工作职责的乡镇都已成立了养护站，所有乡、村公路均已纳入乡镇养护站的管理。通过活动的开展，极大地改善了全市农村公路养护道班的整体面貌，促进了乡镇养护站的建设。

绿化、美化公路，打造舒适的道路通行环境，使全市农村公路逐步达到人在车中坐、车在画中行的美好景观。以提高公路的服务水平为基础，以绿色廊道建设为契机，重点加强全市农村公路的绿化、美化工作，塑造良好的行车环境。对X030、X038、X014等主要的县乡道两侧各50米进行了绿色廊道建设。对宜林路段缺株少苗进行了补植、补栽，种植乔木21万株、灌木46万株，累计完成投资1130余万元。

积极开展“文明示范路”和“安保工程”创建工作。把处理路面病害、路基横断面标准化、路肩培护、道路设施专项治理作为重点，按照省“文明示范路”标准，倾心打造“畅、洁、绿、美、安、文”六位一体的“文明示范路”新样板。2012年，共创建“文明示范路”150公里，创建“安保工程”72公里。

（宋立新 闫从明 陈振坤）

道路运输生产

【概况】 2012年，全市道路运输工作以创造安全有序的道路运输经营环境为总目标，以转变发展方式、提高道路运输保障能力为主线，以运管体制改革为契机，以“扬正气、树形象”活动为载体，以城市管理提升、网格化管理和道路运输市场治理为突破口，创新发展举措，狠抓工作落实，行业管理得到增强，安全生产保持平稳，服务水平明显提升，为实现年度目标任务打下了坚实基础。全年道路运输共完成客运量31870万人次、客运周转量1740562万人公里，分别比上年同期增长5.4%、8.0%；完成货运量23732万吨、货运周转量4168636万吨公里，分别比上年同期增长13.6%、18.0%。

根据省政府办公厅《关于道路运输管理体制改革的意见》精神，积极走访了市区5个区交通主管部门和运管所，认真听取基层意见，并到外地进行了实地考察，运管体制改革各项准备工作正有计划有步骤地推进。

客运一体化进程强力推进。为加快推进都市区城际公交发展，构建完善的城乡公交运营网络，方便人民群众安全便捷出行，经市运管局、荥阳市和上街区运管部门、郑州交运集团等单位的认真筹划和积极协调，开通了郑州至上街都市区城际公交，进一步推进了城乡公交一体化进程，促进了区域经济社会发展。

安全监管工作不断强化。认真落实运输企业安全主体责任、“四项机制”“二关一监督”“三不进站六不出站”等各项安全生产制度，确保了“两会”、春运等重点时段的道路运输安全。开展“安全生产月”宣传咨询活动，下发宣传资料5000余份，接受群众咨询500余人次，收到了良好效果。

运政执法水平得到提高。落实执法目标责任制，重新划分执法范围，明确责任区、责任片、责任段。规范执法文书，运政执法“四统一”得到较好落实。坚持文明执法，杜绝了公路“三乱”发生。开展执法培训，全年培训320多人次。

行业文明建设有新进展。在行业内开展了“文明规范汽车站”“精品客运班线”和“文明驾校”等创建活动，提升了行业文明形象。利用电子屏幕、板报和横幅进行宣传，在郑州交通信息网、河南运政信息网及新闻媒体刊登各类新闻信息报道或稿件180多篇，营造了良好的舆论氛围，提升了运输管理部门形象。

【运输市场秩序逐步规范】 根据省交通运输厅关于《全省道路运输市场秩序清理整顿实施方案》，相继开展了客运、货运物流和驾培市场秩序清理整顿。2012年，共出动执法人员1万多人次，出动执法车辆3000多台次，检查车辆近6万台次，查扣违法经营车辆1037台次。清理旅游客运企业13家、无证车辆313台。查处售假牌的窝点4个，查获各类假证牌1800多个。取缔无证经营驾校2所，关停非法培训点89个，暂扣教练车26辆。查扣各类违规物流企业（含分支机构）726家。运输市场清理整顿取得了显著成效，得到了各级领导的好评。

【春运工作安全有序】 2012年春运工作于1月8日开始，至2月16日结束，为期40天。市交通委早准备、早安排、早行动，制订春运方案，编制应急预案，成立春运工作领导小组，召开动员会，积极组织运力，强化驻站监督，全面开展市场检查，有力保障了春运工作有序开展。春运期间，全市共投放客车6017余辆，发送738281班次，共运送旅客1485万人次，比上年同期增长117%。未发生一起安全责任事故，确保了春运工作的安全、畅通、有序。

（宋立新　闫从明　陈振坤）

城市公共交通

【城市公交】 2012年，郑州公交在“建设大郑州、发展大公交”发展战略指导下，坚持“立道致远、行公为民”的核心价值观，认真践行《郑州宣言》的各项要求，践行省委书记卢展工“公交是为民、公交是形象、公交要优先、公交当自强”的指示精神，主动适应郑州都市区、中原经济区建设对公交发展提出的新要求，积极应对城市发展带给公交的新任务，积极创新、主动应对，使人民群众的出行更便捷、乘坐更舒适、换乘更方便，在缓解城市交通拥堵、服务并引领城市发展中做出了积极贡献。2012年，郑州市成功入选交通运输部“公交都市”建设示范工程第一批创建城市。同时，郑州公交被交通运输部评为全国城市公共交通十佳先进企业。2012年，郑州公交连创省级文明单位成功获批。在全国文明城市文明指数测评中，作为唯一一家“道德领域专项治理”先进单位由郑州市向国家文明委推荐。2012年，郑州公交获得省市各类荣誉20余项。截至2012年年底，郑州市平均每万人拥有公交车16标台。郑州公交拥有各种运营车辆5548台。其中，空调车3266台，占全部运营车辆的58.87%；新能源公交车1570台。拥有公交线路257条，线路总长度3881.35公里，拥有职工1.4万人。2012年，完成运营里程2.66亿公里、客运总量9.85亿人次、客运收入7.32亿元，日均运营里程72万公里，运送乘客270多万人次，公交出行分担率为28%。在中心城区，一般不超过500米就可以坐上公交车。

增加车辆，提高乘客出行舒适度。加大车辆技术改造和更新步伐，大力推进低能耗、低排放、清洁能源等新型公交车辆的应用。2012年，购置新能源公交车1110台，淘汰老旧车辆400多台。乘车环境、排放水平和车辆安全状况明显改善，乘客舒适度进一步增强。

实施多层次服务体系建设，提供个性化公交出行服务、定制服务。积极实施多层次公交服务体系，根据大型企业、大型工厂、大学园区等特殊人群出行需求，创新运营机制，在约定的时间、约定的地点为特殊需求人群提供个性化出行服务、定制服务。2012年，为企事业单位开展个性化定制服务1.2万多趟次，为大专院校安排服务车辆6000余趟次，其他服务2900多趟次。

积极推进公交场站建设。航空港区公交综合停车场、龙子湖高校园区综合停车场及高铁新客站公交综合枢纽站工程被市政府列入2012年为民办理“十大实事”。郑州公交积极配合政府及相关部门，克服公交场站建设中规划、征地等困难，航空港区公交综合停车场、龙子湖高校园区综合停车场及高铁新客站公交综合枢纽站等项目已开工建设，为公交线网衔接提供了基础设施保障。

推进公交智能化、信息化建设，提高公交服务科技含量。实现了全部车辆全程可视化监控、智能调度、分段超速报警、双向免提通话、自动报站和车辆满载率统计等功能。城市公交服务前移，实现了手机公交、电子站牌，为乘客提供了客服中心和公交网“四位一体”的公交信息服务。公交IC卡经过升级换代，成为技术更先进、功能更多、保密性更强的CPU卡。

【优化公交服务网络】 2012年，郑州公交进一步优化服务网络，提升服务能力，满足群众多元化的出行需求。按照郑州市畅通工程的要求，结合产业集聚区发展，郑州公交坚持按照快速线路、主干线路、支线路、微型公交等四级线网结构优化公交线网，与常规线路、定制服务、通勤班车、夜班线路等多种生产组织模式相结合，全力保障群众刚性和多样化出行需求。2012年，共新开线路26条，调整优化线路59条。其中，开通微型公交线路15条，增加“扬手招呼站”100多处。有效解决了市民“最后一公里”出行问题和背街小巷居民出行问题，填补了公交服务空白和盲区，公交线网覆盖范围不断扩大，运营效率得到提高。

【开展优质服务争创活动】 2012年，郑州公交持续开展优质服务争创活动，积极推行服务程序化、规范化、标准化，推动公交服务由“满意型”向“感动型”转变。开展了“星级服务”“精品线路”“品牌车组”“三无线路”等多项争创活动，提高了车长遵章意识、服务意识。同时，全面推广“首站站立迎客”“逢站有迎词”“进站顺序靠边”等服务形式。2012年，评出精品线路22条，品牌车组43个，精品站台8个，“三无”线路449条；车厢服务合格率99.54%，车辆整洁合格率97.69%，车辆设备完好率100%，工作车率94%。

【公交职工培训】 2012年，郑州公交大力加强职工培训，提升了公交职工队伍整体素质。以提高职工队伍的整体服务意识、服务质量，以及提高职

整装待发的微型公交车

公交场站开工奠基仪式

工业务技能、思想素质为切入点，有针对性地开展了培训工作。2012年，共举办职业资格、客运服务资格及岗前培训22期，参培人员达2565人次。同时，打造职工之家，强化企业主人翁意识，让职工参与管理。丰富职工的精神文化生活，积极改善生产生活条件、提升职工生活品质，增强职工的幸福指数，让职工愉快地工作、快乐地生活。

【“公交都市”创建工作】 2011年初，交通运输部提出国家“公交都市”建设示范工程发展战略。郑州市政府积极响应，于2011年3月率先向交通运输部提交了创建申请报告，并被交通运输部列为第一批候选城市。2012年2月，市政府在北京向交通运输部进行了申请汇报。2012年10月，郑州市被交通运输部确定为第一批15个创建城市之一。在交通运输部和河南省委、省政府的支持下，郑州市积极研究深化创建“公交都市”示范城市实施方案，制定了切实可行的发展措施，全力推进“公交都市”示范城市建设工作。

【出租汽车】 2012年，郑州市出租汽车行业以健康发展为中心，努力提升服务质量，着力提高从业人员素质。积极开展“扬正气、树形象”活动，选树先进典型。大力开展“文明的士之星”评选活动，树立管理就是服务的理念。2012年，完成客运量2.9亿人次，较好地完成了年度各项目标任务。

在市场管理方面，全年检查营运车辆4万余台（次），现场整顿营运车辆近4500台（次），纠正车容车貌等违章现象9000余台（次）。全年查处各类违章3402台（次），处理各类违章3741起，进行违章培训1513人（次），强制注销出租汽车驾驶员服务资格证2本。

在行业审验方面，全年完成审验出租车辆9352台（次），合格9194台（次），合格率98.3%；检查退役车辆1007台，安装检查更新车辆1049台。

在车辆更新等业务方面，全年共办理各类业务手续26642份。其中，办理资格证申办手续4413份，资格证变更手续6955份，资格证停业手续8323份，车主变更1100份，车辆转户1台，各类业务档案修改706份；认证退役出租车辆1110台，报批、发放更新文件48份，批准车辆更新1115台，办理更新车辆1157台，车辆歇业1141台；办理经营权无偿延期30台。

在经营权变更、转让方面，全年办理经营权变更业务116件，转让业务1261件，补发特业牌照384个。按照《郑州市出租汽车经营权年度有偿配置方案》，办理经营权有偿延期业务1244件，共上缴财政有偿使用费1332万元。

在岗培训工作正规有序。根据《出租汽车驾驶员从业资格证管理规定》，为进一步提高行业从业人员整体素质，按计划分批次对行业2.4万余名司机进行了全员培训，覆盖面达100%，培训合格率达99%。

油补发放及时到位。按照上级要求，分两次将油补款及时准确发放到司机手中，全年共发放油补2.79亿元。

积极开展对出租汽车司机的安全教育培训，规范操作流程，强化交通安全意识，完善各类安全生产工作制度，健全安全生产事故应急预案及各类台账。全年未发生一起安全责任事故，安全生产形势良好。

信息化建设工作稳步推进。郑州市出租汽车行业被列为交通部信息化建设试点之一。根据交通运输部城市出租汽车服务管理信息系统试点工程软件统一开发推广与实施联网联控的要求，在系统软件开发联调测试阶段，分别对综合运行分析、电召服务、服务质量考评等子系统进行了功能调整。此项工作已进行完毕。

【出租汽车行业稳定工作】 2012年，始终把行业稳定工作放在各项工作首位，进一步完善各项工作制度，充分发挥行业信息员队伍的作用，认真听取行业司机的意见和建议。按照交通运输部关于在出租汽车行业开展精细化管理的总要求，积极与公司管理人员沟通，了解公司详情，掌握公司重点人员思想动态。督促公司管理人员开展家访活动，定期到出租车公司向行业从业人员宣传政策法规。重大节假日由班子成员带队开展走访活动，在加油站、加气站开展联谊活动，全面了解司机思想动态，及时掌控行业稳定情况。认真研究存在的问题，把问题和矛盾消灭在萌芽状态。通过一系列工作的开展，全行业稳定态势总体良好，没有出现一起群体上访事件。

【出租汽车市场管理】 加强市场管理，维护市场运营秩序，为经营者提供一个良好的经营环境，为乘客创造一个良好的出行环境。加强执法队伍建设，规范执法行为。年初，加大对执法人员管理力度，着力整顿作风纪律建设，转变思想观念。组织开展了两期执法培训班，完善了廉政守则。通过教育整顿，进一步规范了执法行为，切实解决了执法队伍思想作风、工作作风等方面存在的问题，政风行风进一步好转，廉政建设成效明显。2012年，共上缴廉政金2600元。

积极开展综合治理活动，创造良好的营运环境。执法队员克服人员少、车辆老化等困难，采取多项措施，对行业存在的拒载、议价等严重违章行为进行打击。（1）从教育入手，开展了“扬正气、树形象、争当文明的士”“我为郑州添光彩、文明交通万里行”和“文明交通进出租”等活动，提高广大司机的思想认识，改善了服务理念。（2）开展治理打击行动，主要开展“百日综合治理活动”“打击拒载专项行动”“扬正气、树形象、除顽疾集中整治行动”等，规范营运行为，遏制拒载、议价等违章现象。（3）开展专项整治行动，有针对性地对长期盘踞在新东站、火车站、市内各大长途汽车站周边地区的拒载、欺客宰客等严重违章行为进行打击，对屡教不改的司机清除出行业队伍。通过治理，拒载、议价等恶性违章现象得到了初步遏制，有效地净化了营运秩序，维护了合法经营者的利益，也为市民的出行提供了一个良好的乘车环境。2012年，共打击各类违章车辆3402台（次），处理各类违章3741起；进行违章培训1513人（次），强制注销2人，上缴财政罚款280余万元。

【首届“文明的士之星”评选活动】 为强化全市出租汽车驾驶员文明服务、优质服务意识，强化出租汽车行业责任意识、形象意识和荣誉意识，开展了首届“文明的士之星”评选活动。每个司机都能树立文明服务、优质服务意识，把做小事为先、做好事为荣变成自觉行动，积极投身到“文明的士之星”评选活动中来。经过公司申报、网络投票、现场答辩、评委打分等程序，共评选出“文明的士之星”司机2321名。其中，年度大奖（一辆含5年经营权的索纳塔出租车）被多年先进典型司机周和房摘得；另有10名年度“文明的士之星”将走出国门，到国外考察出租车行业先进经验。该项活动的开展，有力促进了行业文明服务、优质服务的意识的进一步提升，行业整体素质有了明显提高，形成了比学赶超的浓厚氛围，广大司机以先进为榜样，立足本职岗位建功立业。

【完善法律法规】 完善法律法规，为出租汽车行业健康发展提供法律保障。随着时间的推移，2005年修订的《郑州市客运出租汽车管理条例》已不能适应行业发展需求。为进一步完善出租汽车行业法规体系，为行业服务管理提供有效的法律支撑，妥善解决困扰行业稳定和事关行业长远健康发展的突出问题，在深入调研的基础上，结合郑州市出租汽车行业发展实际，2011年9月启动了《郑州市客运出租汽车管理条例》修订工作。经过征求多方意见，五易其稿，2012年8月30日经市第十三届人大第三十次会议审议通过《郑州市客运出租汽车管理条例（修正案）》，并已上报省人大进行审议待批。同时，充分吸纳借鉴外地经验，起草制定了《出租汽车经营企业管理办法》《出租汽车驾驶员管理办法》等配套措施，并正在广泛征求各方面意见建议。

【组建特色车队】 2012年，出租汽车行业积极组建特色车队，开展优质服务活动。为树立行业新形象，为乘客提供更加优质的服务，在行业中积极开展特色服务车队建设，进一步增强了驾驶员的责任感、使命感和荣誉感。已在行业中组建了“雷锋车队”“党员车队”“志愿者车队”“周和房车队”“巾帼女子车队”等，共有500余台车辆参加。先后组织特色车队先进驾驶员开展了普及文明风尚志愿活动、爱心送考活动、送温暖爱心服务活动，以及面向特殊群体的志愿帮扶活动，为广大乘客提供优质服务。特色车队的成立，彰显出租汽车行业特色，得到了社会认可，受到了各界好评。

【和谐劳动关系创建活动】 积极开展出租汽车行业和谐劳动关系创建活动，探索建立行业稳定发展的新模式。年初，启动了出租汽车行业和谐劳动关系创建活动。活动取得了初步成效，出租汽车驾驶员权益得到保障，劳动关系得到规范，行业精神文明建设有序进行，运营设施不断完善，理顺了管理模式，转变了思想观念，为今后的改制工作提供了成功经验，同时也为今后的创建活动打下了一个良好的基础。2012年5月11日、12日，交通运输部道路运输司副司长徐亚华带队对郑州市出租汽车行业和谐劳动关系创建活动开展情况进行了检查督导，充分肯定了郑州市出租汽车行业和谐劳动关系创建活动所做的工作。

大力推进住房公积金缴存工作。出租汽车行业70%以上驾驶员为外地户籍，有相当一部分司机有在本市购房意愿，但因不符合贷款条件而享受不到国家优惠政策。为切实减轻出租汽车驾驶员购房压力，经与市住房公积金管理中心进行沟通协调，双方联合出台了《郑州市出租汽车行业住房公积金缴存实施意见》。已为1967名符合条件的出租汽车驾驶员办理了住房公积金贷款业务，切实解决了出租汽车驾驶员的后顾之忧，受到广大司机的欢迎。

全面启动出租汽车服务设施建设。积极协调筹措社会资金，建成了郑州市首座出租汽车综合服务区。它是集“红色的士家园”、加气站、餐饮、修车、购物、换零等功能为一体的综合服务性设施，为广大出租车驾驶员提供了便利的服务，切实解决了司机加气难、如厕难、停车难、吃饭难的“四难”问题。其余三座综合服务区正在建设之中，将于2013年上半年完工。在市委、市政府的大力支持下，与国土、规划等部门沟通，利用社会资源，新建成了12座出租汽车加气站，加上原有的14座，全市共有26座加气站。彻底改变了困扰郑州市多年的加气难问题，受到了广大司机的拥护与好评。

建立行业工会组织，保护广大司机合法权益。在全市建立党组织的22家出租汽车企业组建了工会组织，吸收符合条件的司机成为会员。他们在日常经营活动中，做到主动依法维权，及时解决他们的合理诉求。

开展法律援助活动。组建律师援助团队，在出租汽车企业与司机之间的合同规范方面进行重点帮助，出台了规范的经营合同范本，达到了权责对等、风险共担的公平原则，切实维护了从业人员的合法权益。

开展行业文化建设。积极与企业沟通，完善了各公司内部文化设施。争取上级支持，协调资金，开展了一系列文化活动，建立了企业与司机的互动关系，营造了良好的和谐劳动关系创建氛围。先后举办了“的哥的姐看郑州”摄影比赛、爱心送考、拔河比赛等活动，达到了全年每个节假日都有活动的总目标。开展“走出去、请进来”活动。在春秋两季，选拔一批行业先进典型代表，分两批到红色革命圣地徐州淮海战役纪念馆和红旗渠接受学习教育；结合行业实际，分别聘请专家学者为企业和司机授课，讲解如何提高管理服务水平、提升职业素质、安全驾驶、规范服务等内容。通过活动，进一步增强了行业向心力、凝聚力及集体荣誉感，同时也开阔了驾驶员的视野，使大家感受到了集体的温暖，找到了归属感。

加强党建工作，充分发挥党员的模范带头作用。针对出租汽车行业分散、流动、点多、线长、面广的特点，通过发挥“红色的士家园”的作用，在出租汽车驾驶员中培养入党积极分子、发展新党员，让行业党员驾驶员与非党员驾驶员结对子，不断增强行业发展的凝聚力。同时，通过建立党员档案，为党员参加组织生活提供保障，从根本上解决了党员“无处缴纳党费、无处过组织生活”的问题。郑州市已在出租汽车企业新建基层党支部22个，新发展党员256名。在深化行业和谐劳动关系创建工作，维护行业稳定健康发展中发挥了重要作用。

（宋立新　闫从明　陈振坤）

交通行业管理

【依法行政工作】 2012年，市交通委严格落实依法行政责任制，依法行政工作整体水平不断提高，树立和提升了郑州交通的良好形象。结合《行政强制法》的贯彻实施，不断创新形式，广泛宣传法律、法规知识，形成了法制宣传工作齐抓共管的良好局面。根据上级部门的要求，投入600余万元，大力开展交通行政执法形象建设，完成了执法证件、执法工作服装、执法标志标识、执法场所外观等“四统一”工作，为塑造郑州交通服务型行业的新形象奠定了基础。

强化督查促落实。结合省交通运输厅和市政府法制工作检查评比及绩效考核，在全系统开展了全面的考核评比工作，强力推进依法行政工作。先后制定了交通执法行为暗访监督制度和依法行政工作纪律督查制度，并具体督促落实和改进提高。不断加大系统内依法行政工作督查力度，对委系统各单位的交通行政执法、案卷管理、效能建设等情况进行随机检查，帮助解决问题，督促问题整改，有效地纠正了违法执法行为。

改进作风树形象。自觉接受监督，按照为民、务实的要求，定期汇总广大市民对依法行政工作的意见建议，认真查找问题和不足，不断总结依法行政工作经验，改进工作作风，树立良好形象。受理对行政执法、交通服务投诉，提升了便民服务的效率。2012年，共接待交通执法投诉135件，办结135件，答复率、处理率100%，满意率100%，受到社会各界和广大群众的好评。

健全制度打基础。始终坚持把建立健全体制机制作为依法行政工作的长久支撑和根本保障，不断修订完善各项制度规定，坚持科学、民主、依法决策，避免决策失误。强力推进立法工作进程，加强与上级法制部门和相关部门的联系，严格按照上级部门要求的时间节点和立法程序上报各类文件资料。积极推进《郑州市客运出租汽车管理条例》《郑州市汽车租赁业管理规定》和《郑州市城市轨道交通管理条例》的立法工作。

规范培训强素质。2012年，举办法制管理干部培训班2期，进一步提高了领导干部依法行政的综合素质。组织交通行政执法人员培训班6期，培训1290人次。通过培训，提高了执法队伍素质和交通行政执法水平，保持了交通行政执法队伍的良好形象。以加强交通依法行政能力建设为重点，开展了执法人员岗位练兵和技能竞赛活动，提高了干部职工的能力素养，增强了创新能力。

严格执法重效果。严格按照《行政强制法》《行政处罚法》《交通行政执法规范》等有关法律、法规，规范全市交通行政执法队伍执法行为。规范执法文书，以完善审核备案制度为根本，进一步加强规范性文件管理工作。执法文书规范工作力度大、效果好，规范性文件审核备案工作措施得力，实现了审核率、备案率和及时率均达到100%的目标，多次受到省交通运输厅和市政府的高度赞扬。

【道路运输市场管理】 规范了运输市场经营秩序。主动出击，打击扰乱经营秩序行为。清理了市区内5个非法长途客运汽车停靠点及新闻媒体关注的五里堡加油站区域私设站点等现象，查扣违规车辆3台，扣证7本。规范了火车站地区运输市场秩序。主动与车站管委会协调，积极联合交警三大队、市交运集团、火车站派出所、站区执法局、监察队等有关部门，打掉了长期盘踞在世贸商城西北角郑州发往平顶山的30多辆长途客车非法营运团伙，查处违规经营长途客车36起。郑州至平顶山间营运车辆实行统一排班、统一核算，实现了有序经营。取缔了在银基商贸城南门郑州发往焦作的涉嫌非法营运的大商务面包车，查扣非法营运车辆4台。加大对汽车站及出入市口稽查力度。针对不同区域，分别采取长期驻点守候、加大巡查密度和临时突查等方式，共查扣营运证160多本，车辆违规行为得到有效遏制。

在客运市场清理整顿方面，强化了客运市场源头治理。对客运企业进行大排查，取缔了“黑公司”河南省鸿运汽车旅游有限公司新郑分公司，下达整改通知书25份。对无证车辆进行清理，积极与公安车管部门对接，摸清全市13家旅游企业有313台无证营运车辆。通过召开旅游企业负责人座谈会、企业自行清理、抄告通报并下达整改通知书、约谈企业负责人、经济处罚及取消经营资格等方法，共清理248台，另有65台无证车辆已全部停驶。市运管局会同公安部门对“河南安行旅游公司六车队”“河南泰达汽车旅游服务有限公司”等4个售假牌的窝点，进行了集中查处。共查获假客运线路包车牌500余张、假运输合同500余套、客运路单500余张、假客车维护卡300余张、假道路运输证10本、私制各类印章27枚。涉嫌出售假包车牌的6名人员已被公安机关刑拘。

在货运市场清理整顿方面，积极协调郑州市交警部门，对物流企业集聚地区南四环、老107国道与南三环交会处、郑汴路及以东区域、北环及中州大道以北区域等进行联合执法，关停“黑物流”30多家，查处货运物流企业391家，查扣货运违规车辆611辆，有效打击了非法经营行为。

在驾培市场清理整顿方面，共走访驾校68家，摸清了驾培市场现状。开展了严查非法驾校和擅自设立培训点活动，共取缔无证经营驾校2所，关停非法培训点89个，暂扣教练车26辆。为从根本上遏制非法驾校问题，积极推进驾校信息化建设步伐，2012年11月底前，各驾校全部完成了计算机计时培训管理系统安装工作。

【道路运输安全监管】 以建立安全监管长效机制为目标，认真落实安全生产“四项机制”“两关一监督”制度，确保了全年无重大责任事故。注重源头监管，把好驻站监督关，突出了运输企业安全主体责任，督促运输企业严格落实“三不进站、六不出站”制度。在“两节一会”及其他节假日期间，强化对驾乘人员安全生产专题教育。强化安全动态监控，全市所有省、市际营运班车、旅游包车及危险品运输车辆GPS安装率达到100%。加强对长途客运车辆和旅游包车的跟踪监管，严格落实凌晨2点至5点长途客运驾驶员休息制度，建立了长途客运驾驶员落地休息跟踪登记管理台账。加强安全应急演练，在新郑国际机场开展了道路运输长途客车应急救援演练活动，出动各种车辆10余台。加强隐患排查，2012年，共排查企业478家，查处隐患231项，督促整改231项，整改率达到100%。发放宣传资料5000份，解答各类问题30余件，悬挂横幅12条，制作宣传展板5块。

【路政管理】 2012年，路政管理工作努力践行“以人为本、以车为本、以路为本”的管理理念，强管理、重服务、保畅通，公路路政执法和道路运输管理工作均呈现出整体推进、稳步发展的良好局面。为进一步巩固提高路政管理人员综合素质，及时督促协调各级路政管理机构，积极开展以会代训、岗位练兵、比武竞赛等多种形式的业务培训工作。2012年，共组织高速公路、干线公路、农村公路路政管理人员培训10余期，参加培训人员700余人次。11月，举办了“绿城公仆杯”交通路政员业务竞赛活动，掀起了学知识、钻业务、练技术的新高潮。

加强政策宣传，注重正面引导。坚持“宣传引导，教育先行”的原则，大力强化路面宣传和新闻媒体宣传，重点宣传《公路法》《公路安全保护条例》《道路运输条例》和治理车辆超限超载运输违法行为的法律法规。组织一线执法人员，在高速公路收费站、服务区、沿线各村镇散发《致广大高速公路道路运输业户的一封信》等宣传单5000余份，张贴超限超载车辆认定标准图解图片等宣传材料300余份，悬挂宣传标语条幅80多条，出动政策法规宣传车200多台/次，累计印发专题简报320多期。通过大量有效的宣传教育工作，提高了广大交通参与者维护公路安全畅通的自觉性，赢得了社会各界的理解支持，为执法工作创造了良好的外部环境。

要求执法人员认真对照《交通行政执法风纪》《交通行政执法检查行为规范》《交通行政处罚行为规范》等5个规范，提高服务水平。2012年是小型客车重大节假日免收通行费的第一年。及时制定了工作方案和应急预案，加强组织领导，提前做好各项准备工作，确保郑州市小型客车免收通行费工作落到实处，保证了节假日期间绕城高速通行秩序井然。

【超限超载治理】 2012年初，市治超办在广泛征求意见的基础上，研究制定了《2012年郑州市车辆超限超载治理工作方案》，对2012年治超主要工作和治理措施进行了具体安排。2012年，共对21.8万余台车辆进行了检测，治理超限车辆3.9万余台，累计卸货16.5万余吨，超限率控制在4%以内。

为贯彻落实“三整顿三创建”活动，按照《郑州市治理车辆超限超载专项整顿方案》的要求，3月，组织干线、农村公路开展了为期10天的专项整治活动。出动路政执法人员995人次、警力125人次，查处超限超载车辆337辆，卸货11667吨。6月5日，市治超办召开由全市干线、农村、高速公路治超部门参加的全市治超工作推进会，通报了2012年1—5月郑州市治超工作情况及存在的主要问题。自8月10日起，组织开展了为期100天的治超专项行动，确保了十八大期间全市道路的安全通行。

按照《郑州市人民政府关于进一步加强车辆超限超载治理工作的实施意见》和《郑州市车辆超限超载工作领导

小组关于车辆超限超载经济挂钩工作实施办法》有关规定，认真落实经济挂钩工作。2012年，共认定符合经济挂钩工作超限超载车辆156辆，划转各县（市）区财政资金468万元，有效促进了各县（市）区治超工作的开展。深入开展治超督查工作，市治超督查室共对各县市治超办、超限站和路政大队进行了30多次的明察暗访，对各单位治超工作进行全面督导，及时发现问题，及时要求相关单位进行整改。

在高速公路超限超载车辆治理方面，按照“关口前移、把住源头、严格执法、保持高压”的工作原则，进一步巩固和扩大治超成果。研究制定了《高速公路超限车辆治理实施方案》，投入10余万元，组织研发了“郑州市超限运输管理系统”。首创并组织实施治超工作“五步法”，采取邮寄告知通知、高速入口劝返、约谈重点企业、签订承诺书、建立“黑名单”制度等办法，将治超与保障经济发展、服务人民群众、构建和谐社会有机结合。共对超限超载车辆邮寄责令停止超限违法行为通知书2000余份，查获处理超限车辆40余台，劝返超限超载运输货车5219台次，市域高速公路车辆超载率下降50%以上。治超工作“五步法”这种非接触式执法模式的推行，实现了管段高速公路超限超载运输车辆台次明显减少、超限率逐月下降，还实现了治超工作的“重点治理”和“有的放矢”。“郑州市超限运输管理系统”和治超“五步法”已被省交通运输厅在全省推广。

【修配市场管理】 2012年，全市共受理新开业户申请283家，合格276家，办理变更、换证业户304家。全市共有维修业户5548家（一类191家、二类618家、三类4441家、其他业户298家），其中郑州市区3121家（一类151家、二类453家、三类2517家）。全市机动车维修行业总量保持了持续稳定增长。

维修企业年度质量信誉考核顺利完成。共印制行业管理手册800册、质量信誉考核实施方案1000份、其他各类表格6万余份，参与具体考核工作22人。共有4081家业户参加考核，企业参与率100%。经市考核办初审评议，郑州市考核领导小组复核评审，全年共确定AAA级企业46家、AA级331家、A级3164家、B级127家、新办413家。质量信誉考核工作成效居全省前列。

维修市场经营秩序得到改善。全年累计出动执法人员1800余人次、执法车辆800余台次，累计检查维修业户3700余家次，查处纠正违规经营行为446起，有效打击了违法经营现象，改善了机动车维修市场秩序。同时，积极开展维修质量纠纷调解工作，通过公平、公正的调解，缓解了承、托修双方的矛盾，保护了双方的合法权益。

车辆技术管理工作成效明显，有力地保障了道路运输车辆技术安全。共办理评定备案39801台次，二级维护备案68826台次，新增车辆备案8346台。完成客车类型等级复核3582台次。其中，高级车2838台次，中级车642台次，普通车102台次。办理在达标车型表的新增车辆（入户、过户、转籍）备案5698台次，统计汇总存在问题的新增车辆24台。查处未按规定维护和检测的运输车辆410余台。

从业人员培训工作扎实推进。共完成技术负责人、质量检验员、机修、电器、钣金、涂漆、汽车美容装饰等工种从业人员培训36期，培训3000余人。积极与人力资源和社会保障局协调，增设了全市二手车评估、汽车装饰两个工种的培训和鉴定工作，新建了二手车评估师题库。

行业活动有声有色。依托市机动车维修行业协会，先后组织开展了“3·15”质量服务月、维修企业进社区、进广场等活动，拉近了维修行业与广大车主的距离。9月，开展了全市机动车维修行业“扬正气、树形象、讲诚信、重服务，打造企业品牌”活动，签署了机动车维修行业《郑州公约》，通过了《关于加强郑州市汽车维修行业品牌建设的意见》，形成了21篇论文并汇编成册。另外，大力宣传贯彻《机动车维修服务规范》，增强了企业规范经营意识。

2012年，组织执法人员参加省交通运输厅、市法制办和委系统执法培训200余人次，组织执法人员测试160余人次。全年共计审核规范性文件和行政执法案卷40余份，按规定上报备案规范性文件、规范性文件审核目录、政风行风评议目录及其他各类法制文件、资料共计140余份，回复网格化案件67份。与下属各部门和全体执法人员签订了“不作为、慢作为、乱作为、滥作为和不文明执法行为整治承诺书”。2012年修管队伍未发现一起违法乱纪现象。

【海事管理】 2012年，水路运输市场平稳有序。所辖长航货船完成水路货运量12万吨、周转量4080万吨公里，继续保持稳定势态；辖区水路客运量7.6万人次、旅客周转量121.6万人公里，同比增长13%。继续保持全市水上交通安全“零事故”的良好态势。在落实水上交通安全监管主体责任方面，以逐级签订水上交通安全目标责任书的形式，以及网格化的管理模式，建立了责任明确、横到边竖到底的安全监管格局。强化“三关一排查”“四个重点”监管工作，突出抓好春节、清明、“五一”“十一”及旅游旺季等重点时段的水上交通安全监管工作。结合辖区实际，开展打击水上交通安全生产违法违规行为专项行动，集中排查、整治水上安全隐患和违规违法行为，切实解决水上安全生产存在的突出问题，有效预防水上交通安全生产事故的发生，确保了辖区水上交通安全形势稳定。

海事航务行政执法能力得到进一步提升。坚持规范执法、严格执法、文明执法，做到全年行政执法无错案、零投诉。2012年，对船舶实施现场签证104次，受理和办结行政审批134件，实施现场技术检验284艘次，船检工作完成率达到100%。积极开展辖区船员安全培训和换发证工作，确保辖区船员持证上岗率达到100%。进一步加强法制建设，完善行政处罚自由裁量制度，组织开展法制培训和考核，促进各项行政执法工作的规范开展。在继2010年、2011年两次获得全市依法行政先进单位称号的基础上，2012年市海事局再次获得全市依法行政先进单位称号，实现了“三连冠”。

水上交通安全基础设施建设取得实质性进展。2012年，全市水上交通安全现场监管基础设施和装备有了新突破，市海事局在郑东新区昆丽河东码头和黄河风景游览区建立两处海事现场监管站所，配备了海事趸船、海事巡航艇、海事摩托艇、救生橡皮舟、救生圈、救生衣等水上应急装备物资。惠济区海事处完成了花园口快艇码头和斜坡道的投资和建设，配备了海事趸船和海巡艇，改善了水上交通安全监管基础设施；登封市海事所购置了新的海巡艇，投放在白沙水库；金水区海事处在黄河配备了救援艇等。

扎实推进水上应急搜救体系建设。2012年，认真宣贯《河南省水上突发事件应急预案》，积极筹备郑州市水上应急搜救指挥中心，设立水上应急搜救仓库，补充应急搜救装备，并积极组织实施应急搜救行动。在6月17日、7月18日，先后两次参与救助黄河落水的游客；在6月份端午节首届中华轩辕龙舟赛和8月份国际名校赛艇挑战赛上，成功救助落水队员7名。郑州海事、社会力量水上搜救行为，获得了上级机关、领导的赞扬和群众的好评。在交通运输部对上年度贡献突出社会搜救力量通报表彰中，郑州市启航游船有限公司和花园口黄河浮桥有限公司榜上有名，郑州市连续3年获交通运输部水上搜救表彰奖励。

强化海事管理队伍建设，提高了干部职工的服务意识、服务质量、业务技能。抽调精干执法力量，组建执法大队，每周组织船舶驾驶、水上搜救、游泳等水上实操训练项目。2012年，市海事局局长曾利民获得全国海事工作先进个人称号，夏国荣获得郑州市“三八红旗手”称号。

（宋立新 闫从明 陈振坤）

交通企业

【郑州宇通客车股份有限公司】2012年，宇通公司紧密围绕“提能力、抓转型、促发展”的经营管理主题，继续提升企业文化与人力资源的基础管理水平，实现了公司整体逆势增长，经营业绩再创新高。集团销售大中型客车、工程机械、专用车55456台，比2011年的52316台增加3140台，增幅6%。实现销售额302.88亿元，比2011年的258.58亿元增加44.3亿元，增幅17.1%。各项业务核心竞争力和抗风险能力持续增强，集团整体保持了持续、健康、稳定的发展态势。

公司日产能突破285台。2012年，生产、工艺紧密围绕产能规划，从年初开始细化过程管理，深入挖掘管理盲区，初步形成了全链条管理模式。在校车及新能源车辆销量剧增的情况下，为支撑公司产能目标顺利实现，生产处、工艺部结合各车间、技术等部门，先后成立了校车、全承载、新能源车辆产能提升项目组。通过瓶颈问题攻关、工艺结构优化以及线下定节拍项目的持续研究和推广，将产能由2011年的210台/日提升到2012年的285台/日以上，有效支持了公司年度目标的达成。

扎实推进各项战略举措落地，确保战略目标的顺利实现。公司对相关业务科学筹划，进一步巩固了传统优势市场，大力开拓校车、新能源等新兴市场，大力开拓海外市场。同时，建成专用车、新能源新生产基地，并加快建设重工新生产基地，有力支撑了战略规划的落地。

加强企业文化和人力资源建设。公司大力推进人力资源建设，通过重点推进职位体系建设项目和任职资格体系建设项目，建立规范、科学、合理的职位、职级管理体系及各职位的任职资格标准，打通战略—组织—人力资源的接口，实现了员工能力牵引提升与企业核心竞争力加强的双赢。

坚持科学发展观，深入推进企业管理转型。公司继续推进企业管理由粗放向精细转型，由人治向法治转型。在公司治理层面，逐步完善三会管理，实现科学管理、科学决策。在业务运营层面，尽快提升业务管理的专业化水平，建立科学合理的、体系化的业务管理模式，快速提升运营效率，持续提升各业务板块的核心竞争力。

宇通新能源项目　2012年，宇通在新能源产品研发、销售方面继续引领行业发展。截至2012年年底，宇通承担的863计划项目数量居行业第一。“宇通纯电驱动客车系列化产品技术开发项目”被成功列入国家新能源汽车技术创新工程支持项目。开创的非AMT技术混联式混合动力系统新构型，打破了行业定制化的传统模式。助推郑州市“十城千辆”工程推广计划顺利达成，且完成率排名居全国第一。同时，在混合动力客车全国推广招标中，宇通成为中标车型最全的企业。2012年，宇通新能源客车销售1934台，销售额突破20亿元，市场占有率超过25%，居行业第一。

宇通校车　宇通校车厚积薄发。2012年，宇通校车受到社会各界和市场的瞩目与青睐。两会期间，作为全国人大代表的郑州宇通客车企业集团总裁汤玉祥，再次将《关于建立健全校车运营法律法规，加快校车融入学生生活的建议》带到两会，受到各界强烈关注。此外，1月，宇通校车主题公益广告《可能篇》正式在央视一套开播。2月，宇通携三款校车亮相北京国际校车展，并被授予“爱心企业”荣誉称号。4月，宇通主持制定的GB24407-2012《校车安全技术条件》正式发布。5月，宇通打造出国内首款新国标校车，并在国际道路运输车辆展上亮相。7月，宇通率先成功通过校车座椅动态碰撞试验，开创行业先河。8月，宇通5个系列新标准校车正式推向市场。9月，ZK6102DX校车正面碰撞试验圆满完成，宇通成为中国首个成功进行校车正面碰撞试验的客车企业。2012年，宇通销售校车超过7000台，成为行业内销量最多、影响最广的企业。

【郑州交通运输集团有限责任公司】2012年，交运集团公司紧紧服务中原经济区和郑州都市区建设大局，立足交通“三个先行”，以集团公司五年发展规划为指导，以加快发展方式转变为主线，以安全稳定为基础，以服务提升为保证，围绕生产经营中心任务，科学谋划发展，持续改革创新，深化企业管理，全面超额完成了2012年各项目标任务，推动了集团公司跨越式发展。全年实现收入23.65亿元，为年度目标的112.62%。其中，客运运输收入11.35亿元，站务票房收入14.43亿元，物流业务收入9.53亿元，综合板块营业收入2.77亿元。实现利润3059万元，为年度目标的106.95%。实现税金1.14亿元。完成客运量3009.45万人次、客运周转量46.44亿人公里，分别为年度目标的100.32%和100.96%。完成货运量334.61万吨、货运周转量5亿吨公里，分别为年度目标的101.4%和104.2%。

注重加快场站建设，基础支撑进一步增强。加快推进客运北站、巩义客运站、客运西北站建设，推进客运东站、客运西站、客运西南站、港区客运站、金象物流园区等选址规划工作。完成了郑尧客运站启用、中心站南区改造和郑州高铁站接收运营工作。扎实推进南阳路站外迁和京广站、二马路站、陇海站、城东路31号院、巩义老站土地开发和客运东站、货运中心土地置换工作。

推进客运发展整合　2012年，交运集团积极推进客运发展整合，进一步扩大市场份额。完成了商丘、漯河、安阳等地区部分线路优化整合，以及新蔡、舞钢、浚县、鄢陵线路公司化改造，经营效益实现新提升。着力推进资源整合和城际城乡、旅游客运发展，并购设立了郑州金象公交荥阳分公司、上街分公司，开通了关山、回龙、九连山景区旅游直通车，市场拓展实现新突破。创新经营理念，开通了郑州至上街、郑州至中牟都市区城际公交，为今后郑州都市区城际公交发展、推进城乡客运一体化起到示范引领作用。在坚持客运市场治理常态化的基础上，创新治理理念，规范和治理平顶山、新乡、焦作等线路，为其他线路治理积累了成功经验。扎实做好第七届全国农运会交通服务保障工作，派出130辆大巴、160多名工作人员服务保障18个场馆，以安全优质的服务、热情饱满的精神状态，展示了集团公司的良好形象，受到全国农运会组委会和南阳市委市政府的高度评价和奖励。

推进站务服务建设　2012年，交运集团积极推进站务服务建设，进一步提升了综合盈利能力。（1）着力抓好旺季运输组织、安全稽核和市场治理，票房收入实现新提高。全年单月票房收入均突破亿元以上，创历史新高。（2）强化市场营销、场站前移和票价调整工作，积极送票送车进厂矿、进工地、进学校，扩大网络、邮政、自助、联网售票，设立电子票务中心，建立微博信息平台。2012年4月26日，开通了网络售票业务，极大地方便了旅客出行。全年网络售票30372张，实现收入236.5万元。（3）强化商场资源整合开发，着力推进商业项目引进和商务开发、招租工作，成功引进肯德基快餐项目、改建商务茶吧、稳步推进集中采购，提升了商场收入。积极借鉴外省市先进经验，加大快件业务发展和外部市场开发力度，着力抓好公车组货、收入定补、信息平台建设和新业务开发，提高了快件收入含金量和市场占有率。（4）建设启用郑尧客运卫星站，增加了新的经济增长点；完成了中心站南区改造、郑州高铁站接收运营工作，提升了郑州客运枢纽功能。

推进物流发展转型　2012年，交运集团积极推进物流发展转型，进一步增强了物流发展活力。（1）挖掘资源潜力，深化利润考核机制，积极推行利润抵偿承包经营模式，增强了发展活力。（2）在加强网络布局优化、市场资源整合的基础上，以项目经营与管理为突破口，积极切入供应链经营环节，扩大了大宗货源开发和大项目运作。成功开发了中原铁道物流、正星科技、宇通重工、中电投等大客户和河南脱氧生物制品天津运输专线、三门峡至新疆氧化铝粉运输等大宗货源，提升了物流经营层次和经营质量。（3）设立郑州航空港区金象保税物流有限公司、郑州豫运通报关服务有限公司，开发经营电子账册业务，组建全省首家海关监管车队，为入驻综保区拓展国际物流业务创造了条件。（4）依托企业运输优势，加快金象物流、甩挂运输、宇通供应链物流和货物配送业务发展，积极推动传统物流向现代化、精细化发展方式的转变。

安全生产 2012年，交运集团注重强化安全管理，安全生产平稳有效。全年总行程30964万公里，行车安全4项指标为每百万车公里责任事故率0.17次，责任受伤率0.21人，责任亡人率0.02人，经济损失率1.01万元，均低于上级考核指标；消防安全、场地安全、劳动安全等方面保持了稳定局面。（1）紧紧围绕安全发展主线，强化安全标准化建设，创新安全管理手段，持续完善落实安全制度。编制下发了国家安全管理文件汇编，完善制定了《集团公司安全管理规定》《安全工作约谈制度》《关于建立安全生产标准化示范试点单位的实施方案》等。（2）强化安全源头化管理，着力抓好安全应急处置教育、安全带使用宣传和卧铺客车安全管理，深入开展道路客运、消防、防汛减灾隐患整治，开展“三超一疲”治理，以及道路客运安全年、安全生产月和“爱车红旗竞赛”、公车驾驶员节油评比等活动。（3）强化科技兴安，推广使用了高速公路上下客报警系统、驾驶员在线疲劳驾驶监测系统、车辆防碰撞报警系统、酒精测试仪和指纹报班系统。（4）积极推进节能减排，在200公里以内的部分线路上更新推广了新能源车辆。在坚持短途线路推进CNG车辆发展的基础上，积极推进LNG车辆使用，并配套建设两座LNG加气站。全年发展LNG、CNG车辆190台，节能减排效果显著。加强消防安全、场地安全、劳动安全管理，安全形势总体保持基本稳定。

改革创新 2012年，交运集团注重深化改革创新，稳妥推进机构体制改革，科学设置管理机构框架。撤销了原投资建设总公司、实业开发总公司、客运总公司、站务总公司4个专业总公司，撤并了客运十六公司、物流汽车修理厂、大件起重公司、物流八公司、印刷厂、消防器材厂、开关厂等7个基层单位。优化了组织结构，减少了管理层次，提高了管理效率，在建立科学高效、运转顺畅的现代企业制度，推动集团公司跨越式发展方面取得了历史性突破。优化产业股权结构，扎实推进郑州交运投资管理有限责任公司剩余财产分配和公司清算工作；收购了河南省金象保税物流有限公司51%的股权。

提升服务质量 2012年，交运集团注重提升服务质量，进一步规范了服务管理。（1）强化服务经营理念，制定完善服务标准，优化服务管理流程，强化服务质量监管，提升了服务管理效率。（2）深入开展“文明规范汽车站”“服务质量月”“服务质量季”活动，并以“文明规范汽车站”“质量信誉考核”“星级服务员”等评比活动为载体，着力打造有社会影响力的服务明星、服务班组等先进典型，提升服务质量和社会形象。（3）组织开展“爱心杯”知识竞赛活动和多方位、多层次、多形式的服务技能培训工作，提高了服务人员综合素质和服务能力。（4）抓重点创亮点，创新服务方式，延伸服务内涵，着力强化服务文化、服务品牌建设，提升了服务质量和品牌影响力，树立了社会窗口良好形象。

【郑州交通建设投资有限公司】 2012年，交建投公司以服务交通基础设施建设为重点，以交通项目融资为目标，开展了交通项目投融资、郑州交通基础设施建设、交通相关资源经营开发等工作，为郑州市新型城镇化建设做出了贡献。截至2012年年底，公司资产总额为88亿元，净资产总额为57亿元，资产负债率为35%；全年落实银行贷款1.94亿元。圆满完成了郑州汽车站项目建设任务。

在融资创新方面，公司按照市政府和主管部门的安排，全力推进贷款融资、债券融资、基金融资、结构化融资工作，取得了阶段性成果。2012年，落实银行贷款1.94亿元。其中，中信银行8000万元用于市财政投资交通项目建设，建设银行和中信银行贷款11383万元用于郑州汽车站项目建设。公司组成专项工作组，围绕股权投资基金的政策法规、运作模式、国内案例等进行了深入调查研究，并与六宝（北京）基金管理公司、加拿大DBC投资集团进行了多轮对接和磋商，拟定了交通发展基金运作方案，探索以股权投资基金的形式募集交通资金。根据银行方面提供的融资新政策，与兴业银行、平安银行等金融机构进行积极对接，提出了注入国有土地等系列举措融资30多亿元的方案。

在项目建设方面，根据市政府安排，主要负责建设郑州汽车站、社会停车场续建工程以及东广场新建工程。郑州汽车站工程总投资5.6亿元，工程已完工并投入使用。社会停车场项目投资4118万元，已按期完工并投入使用，并委托郑州市停车场管理中心经营。东广场项目地处郑州综合交通枢纽核心区，该区域规划先后进行了多次调整，立项需重新上报国家人防总局，截至年底已顺利拿到国家人防总局批文，为进一步开展方案设计、初步设计等前期工作打下了基础。

债券融资 2012年初，交建投公司被市政府确定为“城投债”发债主体。主要完成了与第一创业摩根大通、中原证券、长江证券等9家券商的广泛接触，拟定了发行10亿元、15亿–20亿元、25亿元三套发债备选方案；完成了发债方案和中介机构的审核工作，确定主承销商为第一创业摩根大通公司，评级机构为联合资信评估有限公司，会计师事务所为亚太（集团）会计师事务所有限公司，律师事务所为河南天基律师事务所。另外，完善了52亿元道路桥梁资产划转手续，完成了财务审计、信用评级等报批准备工作，评定公司信用等级为AA+。申请发行18亿元公司债券的申报文件已报市发改委。

交通建设投资经营开发 为了谋求实现企业战略转型，推进公司可持续发展，按照市政府要求，2012年交建投公司积极研究相关产业政策，加强与民企的战略合作，推进交通相关资源的经营开发，以增加公司经营性资产和现金流。（1）通信弱电管线开发。与郑州万和投资公司签署了合作框架协议，开启了实质介入管线工程建设开发的新阶段。郑少高速公路连接线项目、郑新快速通道项目管线工程已基本完工，南三环东段、万洪公路项目管线工程已开工建设。（2）广告经营开发。郑州东站线下公铁换乘区、社会停车场广告灯箱已投资完工；郑州汽车站广场风动灯杆道旗广告已完成；G107新建经开区、港区灯杆道旗广告已上报审批，其余市内公共信息栏、花园口互通立交LED屏等广告开发正在积极运作。（3）其他经营开发。立交桥下空间开发进展顺利，G107郑州境改建工程跨连霍高速互通立交桥下空间开发已展开初步的场地硬化、围挡保护工程。积极参与市政府主导的“城市一卡通”信息化工程前期运作，安排专人“走出去、请进来”广泛调研，研究提出郑州市“城市一卡通”工程的实施方案，上报市政府数字办，得到了市领导认可和好评。

创新思维推进融资 在郑州市推进新型城镇化建设的进程中，2013年将进入强投阶段，全市投资、融资任务比较繁重。交通投融资公司作为资金筹措的主要平台和载体，为了保证工程融资贷款，公司采取了一系列举措。继续与银行进行对接，积极关注货币政策变化，适时跟进贷款融资工作；向银行提供项目清单，提前研究融资方案，完善融资条件；争取政府支持，积极参与经营性交通项目，在现有贷款政策范围内落实银行贷款；积极开展债券融资、结构化融资等工作，实现融资的新突破，提升融资实力，为可持续发展打基础。

客运站项目建设 作为省、市重点工程，2012年交建投公司领导高度重视客运站项目建设，定期召开项目例会，及时研究、解决相关问题。（1）严格

工程质量控制。在质量管理中坚持高标准、严要求，注重过程控制、事前监督，强化“三检”制度。严格要求方案审批及质量验收程序，加强对人员、材料、机械的管理，做到精心组织、全面控制。（2）狠抓工程进度管理。科学组织、合理调度，制定详细的工程节点计划，按照网格化管理要求，领导干部全部下沉一线，与项目管理人员同吃、同住，分片包干现场办公。建立“日检查、三天一考核”机制，形成了分级监管、责任明晰、定位准确、高效运转、奖惩分明的网格化监管体系。（3）严把安全生产关。按照上级主管部门的要求，认真学习各类安全生产知识，结合各阶段工作重点，在确保工程建设进度的基础上，制定具有针对性的工作方法及措施。建立“日巡查、周例会、月专题会”制度，在安全生产与工程进度、工程投资发生矛盾时，坚决以安全生产为大局开展工作。（4）加强基层党建工作。把支部建在工程一线，开展各项党建活动，加强党员管理和组织学习，提高了战斗力和执行力。

2012年，在坚持安全生产“党政同责”“一岗双责”的基础上，采取两手抓的工作方式，加大安全教育、制度建设，取得了明显成效。成立安全生产领导小组、消防安全工作领导小组、抗洪抢险突击队等，明确了安全责任，健全了应急机构，完善了规章制度，营造“人人注意安全、人人参与安全”的良好安全生产氛围。开通“安全飞信”工作平台，通过手机短信向每位员工发送安全条例及安全小知识，增强了安全生产意识，并荣获交通系统“安全生产知识”竞赛优秀奖等。客运站项目建立了安全例会和日巡查制度，及时解决各种突发问题，消除各类安全隐患，实现了安全生产零事故。

【郑州市交通规划勘察设计研究院】 2012年，是“十二五”规划和中原经济区、郑州都市区建设承上启下的重要一年，也是设计院持续推进跨越式发展的关键之年。市交通设计院紧紧抓住郑州都市区新型城镇化建设的黄金机遇，推进各项工作又上新台阶，实现了主要经济指标的平稳快速增长。完成经营开发合同额1.12亿元，占年度经营目标1.1亿元的101.82%，同比增长9.8%。在2011年成功突破亿元大关的基础上，进一步巩固了亿元院地位。完成营业收入5834.79万元，占年度营业收入目标5500万元的106.08%，同比增长4.12%。实现净利润905.04万元，11月提前完成了年度净利润900万元的目标。主要经济指标再创新高。2012年，设计院被中共郑州市委评选为“郑州市创先争优示范点”，成为全市交通运输系统仅有的两个示范点之一；被中国交通企业管理协会评选为2012年度“全国交通运输行业诚信建设先进单位”和“全国交通运输行业企业文化建设优秀单位”，副院长王一文被评为“全国交通运输企业文化建设先进个人”。设计院成为全市交通运输系统唯一蝉联2011年、2012年“全国交通运输企业文化建设优秀单位”荣誉称号的单位。2012年，还被省交通运输厅授予“河南省交通劳动奖状”，被市人民政府评为“郑州市交通重点工程建设先进集体”。

发挥技术中心优势 2012年，市交通设计院技术中心优势在服务大局中得到新提升。坚持“综合发展，全面占位，优质服务，充分保障”的总方针，为市交通委在郑州都市区建设中充分发挥“交通先行官”作用提供了全方位的技术服务和技术支持。积极参与郑州市新型城镇路网规划、郑州航空城交通场站枢纽专项规划、郑州市省道网调整规划及37个交通重点工程项目可行性研究报告的编制工作。上挂、委派、借调19名专业技术骨干，参与交通委交通规划、重点工程管理和技术服务。向郑州市南出口暨郑新快速通道改建工程、G107线新郑境改建工程等在建项目派驻19名设计代表，及时进行技术跟踪服务。院主要领导积极参加委交通基础设施建设领导小组周例会和市交通枢纽指挥部工作例会，对郑州交通基础设施建设提出了大量建设性意见和建议。设计院作为全市交通运输技术中心的地位进一步巩固，覆盖全行业的服务能力和服务水平持续提升。

人才强院战略 打造一支专业人才齐全、知识结构合理、年龄结构优化、技术水平过硬的高素质人才队伍，是服务大局、满足全市交通运输事业创新发展的现实需要，也是推进设计院长远发展的战略要求。围绕这一目标，2012年设计院致力于高标准引进高端技术人才和资质升级急需的注册类专业人才，共引进各类专业技术人员32人。全院职工总数达到195人,涵盖公路、桥梁、建筑、市政、景观绿化等专业，中高级职称人员比例为47%，本科及其以上学历人员比例为83%。

在做好人才引进工作的同时，继续坚持尊贤容众、人尽其才的理念，加强学习型组织建设，进一步完善发现人才、聚集人才、服务人才的机制。（1）持续加大教育培训力度。采取“请进来、送出去”和内部交流相结合的方式，全年共完成55批870人次的培训工作，投入培训经费36万元，有效提升了现有管理人才、技术人才的整体素质和业务能力。（2）持续开展“一帮二扶三带”活动。组织老专家和技术骨干，带领年轻同志实地观摩武船重型工程有限公司桥梁钢结构制作及G107线新郑境改建工程、郑少连接线南水北调大桥等在建项目，快速提升年轻同志的设计能力和业务水平。（3）完善考试激励措施。积极推荐各级专业技术人员参加职称评审，全年共有1人通过教授级高工评审，3人通过高级职称评审，10人通过中级职称评审，22人通过初级职称评审。组织参加各类专业技术执业资格考试65人次，全院公开发表各类学术论文27篇，形成了积极向上的良好学习氛围。

交通勘察设计市场经营开发 2012年，面对日趋严峻的经营形势和竞争压力，市交通设计院积极调整思路，加强合作经营，多渠道、全方位拓展市场。全年共签订合同104项，完成经营开发合同额1.12亿元，初步形成了立足郑州、面向全省、走向全国的经营开发格局。在做精做强交通勘察设计主业的同时，通过合作经营等方式，积极拓展市政业务市场，承接了商丘市梁园产业集聚区道路建设工程、安阳市内黄县北外环路新建工程等一批市政工程项目，实现了主营业务向行业外市场的有效延伸。通过加强与中国市政工程西北设计研究院中原分院、上海现代建筑设计集团市政设计院、深圳市市政设计研究院等国内知名大院的交流合作，为进一步拓展市场空间创造了条件。

结合发展实际，颁布实施了《推荐引进工程勘察设计项目管理办法》，充分调动了全院职工参与市场经营的积极性，营造出全员经营的浓厚氛围。经过大量前期调研、酝酿及论证工作，设计院在云南区域市场取得突破。9月下旬，首个外部分支机构——郑州市交通规划勘察设计研究院昆明分院正式注册成立。这标志着设计院“走出去”战略迈出了实质性步伐。昆明分院成立伊始，就成功中标S314线临沧市小黑江桥至勐省段公路工程勘察设计项目（合同额728.93万元）。昆明分院作为探索跨省区管理模式的试点，将为设计院走出去拓展外部市场、参与更加广阔的市场竞争、进一步增强行业知名度起到积极的示范带动作用。

设计服务不断创新 2012年，市交通设计院设计能力和服务水平不断提高。为全力保障以市域快速通道和南水北调大桥新建项目为主要内容的交通重点工程建设，3月初，在全院范围掀起了“大干一百天，当好排头兵，勾画郑州交通新经纬”活动，取得了显著成效。全年已完成和正在进行的勘察设计项目共计163项，累计完成产值1.18亿元。主要包括郑登快速通道改建工程、G107线新郑境改建工程、S314线郑州段改建工程、郑州市紫辰路、豫一路南水北调大桥新建工程等重点项目的咨询、勘察、设计工作。

为及时解决项目施工过程中的技术问题，确保在建工程顺利实施，设计院采取了一系列措施。派出19名经验丰富的设计代表常驻工地，及时配合施工单位做好技术服务；先后组织6批近150人次技术人员深入郑少连接线南水北调大桥、庞村西南水北调大桥新建工程等施工一线，现场解决施工中出现的技术问题；持续加大科研投入，“连续配筋混凝土路面力学特性与应用技术研究”被省交通运输厅评为河南省交通运输科学技术一等奖，“信息融合技术研究及其在智能交通中的应用”“公路建设与养护节能减排评估指标体系研究”取得初步成果；完善项目经理负责制，密切与施工单位联系，加大设计回访及信息反馈力度，规范和加快设计变更、技术问题处理的程序和速度，进一步树立了优质服务形象。

资质管理 2012年，市交通设计院深入分析长远发展面临的形势，按照年初制定的工作计划，稳步推进市政行业（道路工程、桥梁工程）设计甲级资质申报工作，取得了工程咨询（市政）丙级资质，完成了工程咨询（公路）甲级资质重新认定。工程勘察（岩土工程、水文地质、工程测量）甲级、公路行业（公路、特大桥梁）设计甲级、公路行业（交通工程）设计乙级、市政行业（道路工程、桥梁工程、给水工程、排水工程）设计乙级资质通过省建设厅动态考核，完成了测绘资质年度注册，为资质保级升级工作的顺利开展奠定了基础。

安全生产和质量管理 2012年，在安全生产方面，市交通设计院坚持“安全第一、预防为主、综合治理”的方针，突出落实安全生产责任制，深化隐患排查治理，完善安全生产长效机制，确保了安全生产零事故。全面深化安全生产月活动，积极参与安全生产咨询日、“安全河南杯”知识竞赛，组织开展高层建筑逃生应急演练等活动，被评为河南省消防宣传先进单位和郑州市交通运输系统应急管理先进单位。代表市交通委在全市安全生产知识电视大赛61支参赛队伍中脱颖而出，进入最终十强总决赛并荣获三等奖。将安全要义融入企业文化建设，以宣传开路造势，以文化凝聚人心，成为全省交通运输系统唯一获得“河南省安全文化示范企业”称号的单位。

在质量管理方面，强化责任意识和质量意识，严格落实ISO9001质量管理体系、ISO14001环境管理体系、GB/T28001职业健康安全管理体系要求，将“三体系”标准贯穿于勘察设计全过程，确保质量管理始终与行业先进水平同步。完善了设计成果院级审查制度和施工图外业验收办法，明确了技术周例会制度。先后召开23次专题技术研讨会，对设计方案进行论证研讨。组织专家深入现场，验收市域快速通道新建项目和云南省S314线临沧市小黑江桥至勐省段公路工程外业勘察成果，从源头上控制了设计质量。

【郑州路桥建设投资集团有限公司】 2012年，郑州路桥集团呈现出良好的发展态势。共完成市场开发任务17.2亿元，完成计划任务12亿元的143.4%；完成产值16.5亿元，完成计划任务16亿元的103.2%；实现经营利润6158.5万元，完成计划任务6000万元的102.6%；完成融资金额7.5亿元，完成计划任务6亿元的116.7%；上缴税款5115万元，完成计划任务3000万元的170.5%。

企业管理得到新提升 路桥集团公司进一步加大对工程项目施工全过程、全方位的计划、组织、控制和协调，取得了良好成效。（1）强化施工前期技术准备工作，对各项目施工组织设计及各分项施工方案严格审查，确保工程顺利开工。（2）制定下发了《工程量支付管理办法》《BT项目工程变更管理办法》和《工程项目考核管理办法》等制度，做到有章可循，按规办事。（3）分解指标，强化措施，加强现场监管，对各在建项目进行不定期、分阶段的安全质量专项检查，确保各项目安全顺利进行。（4）围绕“精品工程”标准，强化质保体系，通过严把检验检测关口，狠抓质量行为规范等措施，使工程质量处于全面受控状态，工程质量稳中有升。（5）严控工程进度目标，加大对周边环境的协调力度和人员设备的投入，确保各项目每个阶段的进度目标得到有效落实。

工程建设 2012年，工程建设取得新成果。临危受命、服务大局，在原BT投资方管理混乱、进度滞后的情况下，郑州路桥集团面对时间紧、任务重、施工环境复杂的不利条件，全面接管了南水北调5座桥的建设任务。成立组织、明确责任、分解任务、细化目标，在较短时间内形成了施工高潮，受到上级领导和社会各界的高度赞誉。截至2012年12月13日，5座桥梁向干渠施工方全部移交了作业面，完成了省、市南水北调办及市政府下达的第一阶段目标任务。

完成花园路与连霍高速互通式立交和郑少连接线主体工程。这两个项目是集团公司首批投资承建的BT项目。在施工初期，受到拆迁不到位、图纸滞后和工期紧张等因素影响，集团公司排除干扰、加速推进、统筹协调。12月3日，郑少连接线项目南水北调大桥主线桥实现合龙；12月10日花连项目主体贯通，12月24日通过交工验收检测评审。

下半年，集团公司主动承担了投资建设陇海路西延二期快速通道新建工程和郑州科学大道西延快速通道新建工程两个项目的任务。在省外项目施工中，集团公司、工程公司从大局出发，在业主资金不到位的情况下，为项目注入资金超千万元，及时解决了项目资金压力，推动了项目的顺利开展。其中，淮息项目被河南省高速公路发展公司评为“施工先进单位”，济祁项目被业主评为“先进项目经理部”。

融资和财务管理 2012年初，国家继续实施稳健的货币政策，路桥集团公司积极与银行等金融机构开展沟通，扩大合作范围，拓宽融资渠道，与多家有实力的金融单位密切合作。在市政府全力支持和市国资委、市建投公司努力协调下，通过广发银行在银行间交易协会成功发行广发银行企业中期票据4亿元。这是集团公司首次面向社会进行直接融资，成功实现了当天发行当天认购完毕的良好业绩，受到了市政府、市交通委领导的赞扬。受此带动，多家银行纷纷与路桥集团公司展开合作。2012年，共完成融资任务7.5亿元，续贷6.6亿元，有效缓解了在建重点工程的资金困难。同时，加快对已完工BT项目回购款的回收工作。成立了专门的验收、移交、结（决）算、回购工作领导小组，统筹协调回购款的回收工作。2012年，港区新港大道等11项工程共取得回购款3000余万元，成功收到了第一个BT项目的第一批回购资金，实现了项目建设资金的良性循环。花连和郑少连接线两个项目的回购款申报工作正在积极推进中。

面对2012年上半年项目建设资金短缺、任务繁重的情况，路桥集团公司职工主动拿出个人资金投入项目建设中，有效缓解了项目建设资金压力。在集团公司融资到位后，已全部返还了职工的个人资金。

推行财务管理标准化、规范化、制度化建设，探索出财务集中管理新模式。加大对各在建、在监项目成本费用的控制和监督，建立并完善了项目财务账目管理规章制度，实现了内部财务政策的集中统一管理。在成本管理方面，各项目部采取有效控制措施，取得了很好的成效。结合工程实际情况，合理安排资金调度，重点加大对BT项目的投入。2012年，路桥集团公司累计完成投资7.8亿元。其中，用于BT项目建设投资7.5亿元。进一步拓宽融资渠道，为下一步推行债券发行和金融信托做好前期材料的准备工作。

郑少高速运营管理 2012年，郑少高速以“大干一百天”和“双百三十”创建活动为契机，重点围绕“促征收、抓养护、保安全、控成本、提效益、重宣传”，开展了一系列工作。规范征收，加大堵漏力度。坚持推行“日总结、周例会、月评选”机制，加大了对闯卡车、假军车、球迷车的整治力度和偷逃行为查验、处理技巧的业务培训。2012年，郑少高速堵漏增收金额13.8万元，抓获闯卡车辆66辆，收回流失卡228个。2012年，郑少高速共计收入2.07亿元，首次突破2亿元；郑州西南站在全省294个收费站中荣获第四名。同时，郑少高速还荣获全省高速公路“管理进步奖”，郑少发展公司获得全省高速公路收费管理先进单位、养护管理先进单位等称号。在“十佳收费站”创建中，新密停车区成功创建全省“优秀

停车区”；在全省征收、机电技能竞赛中，郑少高速代表队分别取得“优秀组织奖”“高速公路收费业务能手”“河南省高速公路机电运维业务标兵”等荣誉。努力提升对外宣传力度，树立“郑少品牌”。2012年，郑少高速在省市级以上媒体发表各类宣传报道37篇，同时还顺利完成了拜祖大典、少林武术节、柬埔寨国王来访等多项重大社会活动的保通工作。

市场经营开发 2012年，路桥集团公司积极调整思路、整合资源、多措并举，多渠道、全方位的拓展市场，初步形成了立足郑州、把握全省、走向全国的经营开发格局。继续坚持以道路施工为主、多样化经营为辅的综合开发模式，突出做好公路市场和市政领域的开发工作。2012年，集团公司承接了郑州市陇海路西延新建工程（BT）、郑州市南水北调总干渠五座桥项目（BT）、省道314跨南水北调桥新建工程、郑州科学大道西段快速通道新建工程（BT）、陇海路西延二期快速通道新建工程等重点项目。工程公司承接了邯郸南水北调桥梁工程、马鞍山土建一标、许平南养护工程等项目。监理公司取得了省道316线郑州至登封（郑登快速通道）改建工程、兰州至郎木寺高速公路(S2)临夏至合作段工程施工监理1标段、榆（林）商（州）线韦庄至罗敷段高速公路建设项目J1合同段、省道223中牟境贺岗至三官庙段改造工程SDJL监理合同段等项目。

努力提高在监项目服务质量，积极争取在监延期项目服务费的追加。2012年，监理公司成功与铁魏公路、周口八一路胜利桥和周口大道3个项目达成延期追加合作协议，追加服务费470万元。省外平台更加丰富，市场开发工作走向规范化、专业化。2012年12月12日，郑州路桥集团贵州分公司在贵阳挂牌成立，并成功签订了贵阳市滨河路新建项目、红岩A2地块项目、贵州省环保产业园区项目等多个项目意向书，还与贵州省环保产业园区、中国工商银行、中铁二十三局等多家单位签订了战略合作协议书，为进一步拓展市场空间奠定了基础。

资质管理 （1）工程公司实现注册资本金增资1000万元，并完成了职业健康、质量管理、环境管理和建筑施工企业管理规范4项体系的认证工作。同时，荣获河南和湖南建设市场“AA”信用等级，初步完成了市建委资质管理系统公路工程施工总承包一级资质就位资料的录入工作。（2）监理公司在做好交通部甲级资质、市政监理乙级资质考核工作的基础上，顺利通过了2012年度质量认证体系的监督审核工作。

同时，为更好地为在建项目提供技术服务和支持，工程公司成立了科技中心，担负起工程项目建设的科技创新和信息化建设工作。2012年，工程公司申报的“长寿命透/排水路面材料制备与施工工艺关键技术研究”“长寿命彩色防滑路面材料制备与施工工艺关键技术研究”和“斜坡道专用彩色防滑路面材料制备与施工工艺关键技术研究”3项科技成果，顺利通过省住建厅和省科技厅的鉴定认证。监理公司发明的柱体箍筋卷动器荣获国家专利，开发的公路工程工序质量节点图像监控信息系统科研成果受到市公路局领导的认可和采纳，有望在全省推广运用。

（宋立新 闫从明 陈振坤）

航空运输业

河南郑州新郑国际机场管理有限公司

【概况】 2012年，郑州新郑国际机场在省委、省政府正确领导下和有关部门大力支持下，按照省政府提出的“货运为先，以货带客；国际为先，以外带内；以干为先，公铁集疏”的发展战略，抢抓机遇，务实重干，各项工作都取得了显著成绩。2012年，郑州新郑国际机场完成旅客吞吐量1167.36万人次，同比增长15.01%；完成货邮吞吐量15.12万吨，同比增长47.07%。其中，国际和地区旅客吞吐量达到42.39万人次，同比增长34.2%；国际和地区货邮吞吐量达到4.61万吨，同比增长309.8%。经停旅客量152.22万人次，占旅客吞吐量的13.04%，同比增长23.31%。2012年，郑州新郑国际机场未发生各类航空安全事故和事故征候，圆满完成十八大代表等重要专（包）机及各类重大活动航班保障任务，被民航中南管理局评为“年度航空安全目标责任考核达标单位”。

【运输生产与市场开发】 2012年是郑州机场改革发展的关键一年，也是推进大型航空枢纽建设取得显著成效的一年。截至年底，在郑州机场运营的有20家客运航空公司、7家货运航空公司，通航城市达到63个，开通航线达90条，基本形成了覆盖全国和东南亚的干支结合的航线网络。其中，国内客运航线72条，国际地区客运航线9条，国内货运航线4条，国际地区货运航线5条。

客运呈现出快速增长态势。一是增速达到15.01%，在全国大型机场中排名第三位，行业排名由2011年的第二十一位上升为第十八位。二是经停和中转业务比例明显上升。2012年，经停旅客量152.22万人次，占旅客吞吐量的13.04%，同比增长23.31%。三是国际地区业务增长迅猛。2012年，国际地区旅客吞吐量42.39万人次，同比增长34.2%，增速高出全部旅客吞吐量的近20个百分点。

货运呈现出迅猛增长的态势。一是在全行业货邮负增长情况下，2012年实现47.07%的增速，在全国大型机场中位居第一位，行业排名由2011年的第二十位跃居第十五位。二是国际地区货邮量呈爆发式增长。2012年，国际地区货邮吞吐量4.61万吨，占货邮总量的30.51%，同比增长309.8%。三是全货机规模效应凸显。2012年，全货机运量达到5.59万吨，占货邮总量的36.98%，增长357.28%。新引进的国泰、UPS、国货航和南航等航空公司投放了全货机运力，新开辟货运航线6条，新增通航城市10个。开通了郑州至美国安克雷奇、芝加哥和韩国仁川及国内杭州、厦门、呼和浩特、广州、乌鲁木齐等地的货运航线，加密了郑州至欧洲和香港地区的货运航班。四是航空货运网络初步形成。UPS、富士康、国泰、辛克、乔达、顺丰、申通等国内外航空物流和货运代理企业引入郑州，空空中转、空陆联运业务全面展开，初步形成了国际和国内航线、航空和公路运输衔接互转的航空货运网络。

【安全生产与服务保障】 2012年，郑州新郑国际机场严格落实安全主体责任，进一步强化安全运行管理，全年共安全保障航班10.92万架次，同比增长17.45%。始终坚持“安全第一，预防为主，综合治理”方针，认真实施《2012年航空安全工作方案》，进一步明确安全工作目标，有效落实安全主体责任。以推进安全管理体系（SMS）建设为抓手，落实规章标准，管控安全风险，强化运行管理；以“安全生产年”活动为载体，加大专项检查力度，组织开展“打非治违”、航班备降保障、危险品运输治理等专项行动。强化安全知识和技能培训，开展了安全理念教育，增强了广大员工的“持续安全”意识，提高了安全工作技能。2012年，郑州新郑国际机场未发生各类航空安全事故和事故征候，圆满完成十八大代表等重要专（包）机及各类重大活动航班保障任务，被民航中南管理局评为“年度航空安全目标责任考核达标单位”。

以争创“省长质量奖”为动力，以推进文明服务为目标，坚持搞好“两个服务”，全面提升服务质量。一是推行《郑州新郑国际机场服务质量标准》，实施《服务质量督查工作管理规定（暂行）》，加强对服务质量的管理和督导，促使服务内容标准化、规范化。二是优化服务环境，T1航站楼增设了综合服务引导台，改造中转业务流程，进一步完善无障碍设施，为旅客提供优质便捷的服务。三是改进不正常航班服务保障工作，健全与航空公司、联检部门的沟通协调机制，实现优质高效的“联动服务”。四是优化完善投诉管理流程，认真整改问题，加强薄弱环节，及时反馈处理结果。五是创新服务项目，提升服务品质。对港澳台同胞入境提供落地签证服务。航空保税燃油进出口业务已获国家有关部门批准，将于2013年第一季度正式运营。

【企业改革与工程建设】 2012年，郑州新郑国际机场按照省委、省政府关于机场公司实行集团化改制的要求，完善了法人治理结构，成立了集团党委、纪委和董事会，加快推进集团公司筹建工作。资产投资管理更加规范，认真编制实施2012年固定资产投资计划，积极争取行业支持与资金补助。加强财务、人事、工程管理，研究出台了相关制度和管理办法。进一步细化合同管理，规范合同签订程序，加强企业风险管控，公司管理水平跃上新台阶。

加快推进郑州机场二期工程前期工作，可研报告获得国家发改委批复，T2航站楼、综合交通换乘中心（GTC）、飞行区监理招标工作已经启动。积极推进区港联动项目，机场货站改扩建工程完工并投入试运行，有效保障了“苹果”产品的航空运输；综保区货站工程已经完工，信息平台项目完成了区港联动信息系统第一期工程，实现了综保区与机场物流的互联互通。

（郭智杰　刘　辉）

中国南方航空股份有限公司河南分公司

【概况】 2012年，面对安全形势开局不利的局面，南航河南分公司全体干部员工迎难而上，抢抓机遇，扎实工作，克服了生产任务繁重、人力资源紧张、基础条件薄弱等诸多困难，圆满完成了各项任务。全年呈现了安全形势总体可控，生产经营较快增长，运行保障能力不断增强，服务品质稳步提升，内部管理日趋规范，企业发展和谐有序，班子队伍团结稳定的良好局面。

在运营安全管理方面，采取更加严格的安全管理措施，加大规章制度的执行力度，加大安全责任追究。认真对照“九防”工作要求，坚持“见微知著”和“小事做大”原则，全面进行流程梳理，进一步查漏补缺。持续开展安全整顿，积极深化管理，强化技术，细化规章，改进作风，严格风险防控。下半年，受公司运力增长、经营指标增压、新入职员工陆续上岗等因素影响，安全风险防控难度进一步凸显。南航河南分公司注重工作的预见性和前瞻性，有针对性地加强人员技能培训，确保了安全整顿落到实处，见到实效。截至12月31日，2012年共安全飞行7.27万小时。完成A检241架次，C检4架次，航后4624架次，短停过站航班15742架次，保证地面安全行车130万公里。安全形势总体平稳，实现了第20个安全年。

【运输生产与客货管理】 2012年，中原经济区建设逐步发力，为航空客货运的增长提供了有力支撑。南航河南分公司紧紧抓住这一机遇，以适度扩张的思维，不等不靠，创新营销。在航线航班上，围绕股份公司战略转型和枢纽建设，构建了轮辐式的航线网络，扩大了南航在中部的区域优势。在市场把控上，确保运力的精确投放和航班的精细管理。在市场开发上，以大客户开发为抓手，成立了6个大客户开发小组，丰富了产品结构，重点抓好高端客源和“一老一新一幼”的旅游产品，实现了收益品质的大幅提升。公司月月实现盈利，在股份公司年度经营考核中名列前茅。货运部面对市场低迷，运输需求不旺的不利形势，抓热线、调结构、提收益、促转型，大力挖掘快件产品和高附加值的邮运业务，改善收入结构。大力销售货运包机，2012年静态指标完成率超过120%，在股份公司经营考核中名列前茅。

2012年，承运旅客431万人次，完成货邮运量4.2万吨，飞机日利用率10.1小时。实现收入41.16亿元，利润3.9亿元。正班客座率83.8%，正班载运率80.1%，客座率和载运率水平创历史新高。航线座公里收入0.6029元，平均票价830元，同比分别增长4.75%和7%，实现了收益品质的大幅提升。

【服务质量管理】 2012年，股份公司提出了争创“中国最好、亚洲一流、全球知名”的Skytrax五星级航空公司的目标。南航河南分公司认真贯彻股份公司2012年服务会议精神，把“国际品牌服务年”活动落到实处。从提升人员素质、细化服务标准、优化工作流程、提高航班正点率等方面入手，开展服务整顿。坚持服务工作一盘棋理念，把工作重点放在打破部门界限，强化业务交叉地带职责衔接上，既充分考虑各保障单位的职能特点，又强调协同作战，努力改变各部门之间服务质量参差不齐的现状，推动了服务质量的全面共同提高。规章意识、争先意识、全局意识和协作意识明显加强，形成了遇到问题多找主观，少找客观，不抱怨、不畏难、不懈怠的良好工作氛围。2012年，公司的服务排名稳定保持在股份公司前列，实现了年初制定的“保五争四”目标。

【自身建设】 2012年，南航河南分公司多措并举，切实转变工作作风，提高企业内部管理水平。以“重品行、看能力、讲状态”为标准选拔干部，以强化五种能力建设，提升六种意识为目标教育和培训干部，加强干部队伍建设。实施全员激励机制，创新人力资源管理。加强督办力度，强化工作执行力。加强资金风险防控工作，加大信息技术支持力度。优化飞行运行环境和保障环境，全力落实好“三服务”工作。

加强党建和企业文化建设。推进党建和思想政治工作，为公司科学发展提供坚强后盾。积极开展特色党建活动，增强了基层组织和党员干部队伍的活力，为民服务创先争优活动取得实效。以完善惩防体系建设为主线，扎实推进党风廉政建设，营造浓厚的清正廉洁氛围，维护了党纪政纪的严肃性。发挥工会、共青团的桥梁纽带作用，开展劳动竞赛和班组建设，办好“职工之家”等活动，开展丰富多彩的文体活动，丰富了员工业余文化生活，增进了情感交流。离退休老干部服务工作、特困职工、特困劳务工帮扶工作均取得了显著实效。

（刘海英）

华南蓝天航空油料有限公司河南分公司

【概况】 华南蓝天航空油料有限公司河南分公司位于郑州新郑国际机场，共有航空加油站、使用油库（含卸油站）两个作业现场及机关。主要担负着郑州新郑国际机场所有进出港飞行器的航油供应工作。2012年，华南蓝天河南分公司紧紧围绕“以‘创先争优’为主线，激发工作热情；以铁军建设为核心，塑造品牌形象；以规范化建设为重点，提升管理水平，以标准化作业为抓手，夯实安全生产；以文化建设为平台，创建和谐企业，继续抓好三基工作”的总体工作思路，落实责任，强化管理，确保了安全与稳定，取得了较好的经营业绩。

总体安全生产和经营情况。2012年，华南蓝天河南分公司整体安全形势平稳，安全指标完成情况较好，全面确保了“一票否决”10项杜绝和两项控制指标。全年共保障航班54936架次，加注航煤29.7万吨，比上年同期分别增长17.85%和 23.04%。日均加油量达到814吨、151架次。共接收航油30.97万吨、6531槽车，分别比上年增长24.6%和24.47%。较好地保证了地面交通安全，未发生责任不安全事件。

保税油业务进展顺利。3月19日，取得海关保税仓库建立注册登记证。11月底，取得海关出口监管仓库行政许可。12月，随着第一批保税油的入库，标志着分公司保税油业务正式启动。

积极参与当地机场公司的机场二期建设及支线机场建设工作。机场二期可研报告已提交国家发改委，同时还参与了信阳、商丘、安阳等支线机场的评估、研讨等工作。

2012年，华南蓝天河南分公司被河南省总工会和河南省安全生产监督管理局联合授予“2011年度河南省‘安康杯’竞赛优胜单位”称号，还被郑州市航空港区管理委员会授予“2011年度税收贡献奖企业”荣誉称号。华南蓝天河南分公司使用油库被河南省总工会授予“工人先锋号”称号。华南蓝天河南分公司被评为“河南省单位内部治安保卫工作先进单位”，公关行政部时建华经理同时被评为先进个人。华南蓝天河南分公司荣获华南蓝天“航油铁军”建设及“什么是幸福”主题辩论比赛冠军。分公司总经理卢卫华被评为河南省2012年春运工作先进个人。航空加油站经理（兼支部书记）张鹏飞被评为华南蓝天公司2012年度优秀党务工作者。

【安全生产】 2012年，严格执行“四级”安全检查制度，开展隐患排查，强化应急管理、风险控制和变更管理。积极开展“安全里程碑”和“安全生产月”活动，适时组织安全教育和安全生产专项活动，强化安全意识，安全根基更加稳固。

强化安全管理队伍建设。为提升分公司安全管理队伍自循环水平，强化安全管理队伍能力建设，2012年成立了分公司安全检查小组，将安全检查人员相对固定下来，并建立聘任考核和末位淘汰机制，增强检查员发现问题、解决问题的能力，提升了安全检查效能。

积极创造输油管线联防机制。2012年6月20日，华南蓝天河南分公司邀请航空港区政府、民航河南监管局、新郑市、新郑机场管理公司及航油管线周边单位近20人，举行了航油管线联防座谈会，为进一步落实河南分公司安全主体责任，取得政府及周边群众的支持与协作，实现航油管线安全运行，奠定了良好的基础。

加强应急管理，继续做好风险控制和变更管理，对高风险项目进行挂牌督办。除加强日常的各类应急演练、开展风险评估外，还对2011年评估及控制基础重新调整风险等级，并将重要的高风险项目列为总经理挂牌督办项目。2012年，总经理挂牌督办项目主要有3个，均采取相应措施使其在可控范围内。一是航空加油站机坪监控信号；二是卸油站石油公司开展地油运作，与华南蓝天河南分公司存在交叉作业的风险，同时卸、发油时存在溢油的风险；三是新招员工培训不到位的风险。

【增设“隐患最佳整改奖”】 为鼓励员工上报安全隐患的积极性，2012年分公司专门对安全隐患管理办法进行修订，特别增加了“隐患最佳整改奖”，以激励各现场对上报隐患进行高效整改。在年初和年中，分两次对上报的安全隐患进行了汇总，共评选出“最具价值安全隐患”10条，并对人均上报数量第一的使用油库进行了奖励。航空加油站2条隐患整改效果较好，被授予“隐患最佳整改奖”。这些制度的制定与落实，有效地激发了员工上报、整改安全隐患的积极性。据统计，2012年华南蓝天河南分公司主动上报安全隐患比上年同期增长17.7%。隐患整改完成率为88%，管控率为100%。剩余未完成的隐患主要涉及设备设施的改造、管理措施的完善，均已采取了相应的控制措施。

【员工行为安全管理】 加强员工行为安全管理，杜绝责任不安全事件。2012年2月，华南蓝天河南分公司制定了“员工行为安全管理方案”。从4月开始，各现场开展了员工作业行为安全观察工作。通过行为观察、分析与纠正，有效地减少了员工行为不安全因素，较好地保障了现场作业安全。同时，为进一步提高员工对安全行为的重视和员工的自觉遵章意识，航空加油站开展了“个人行为安全承诺”活动，与员工签订了个人行为安全承诺书，进一步促进此项工作的开展，确保了现场运行的平稳与安全。使用油库对员工的不安全行为进行统计分析，总结出在安全防护、劳保用品使用上的不安全行为，进行公示，以示警戒。

【“消防安全保卫战”活动】 开展“消防安全保卫战”活动，确保十八大期间的安全供油。为迎接十八大的召开，华南蓝天河南分公司开展了“消防安全保卫战”活动，分公司、各库站、各班组积极学习宣传贯彻活动精神。全体员工充分认识到为十八大创造良好安全环境的重要性，努力提升安全管理水平，扎实做好风险防范和隐患排查，以安全生产新成效确保了十八大期间各项安全指标的落实。在十八大召开前夕，分公司开展了安全自查，并对安全隐患问题整改情况进行复核，力求所有问题整改到位。自查中，特别加强了安保和用电安全检查，确保安保设施、电气装置安全有效，人员操作措施得当。对十八大代表包机航班，选派政治、技术过硬的加油员，按照专机加油要求，确保此航班供油安全顺利。在十八大召开期间，分公司提升了安保等级，启用油库大门防冲撞设施，安保录像24小时开机。做好围界管理，加强进出油库人员管理，确保非本单位人员进出油库始终有人陪同，非本单位人员严禁留宿油库。库站保安和值班人员加强日常巡视次数，确保无可疑人员、包裹出现在库区。分公司不定期对各单位安全管理情况进行检查，对现场员工作业情况进行不定期抽查，及时发现解决工作中存在的突出问题，确保了员工思想重视、作业安全。

【设施设备维护】 加大设施设备维护力度，夯实设备根基。2012年，华南蓝天河南分公司在加大各现场设备设施维修保养的基础上，进行了多个基础项目改造，夯实了设备根基，减少了设备运行风险。为消除分公司对讲机故障较多、维修费高这一隐患，为航空加油站购置了车载通信台。对高风险的油罐防腐维修项目，制定高空作业安全控制措施，做好许可证管理和现场监督落实工作。为消除原铁路专用线护栏破损严重、人员随意进出风险，在库外专用线两侧重新购买、安装了钢质护栏。建立输油管线完整性管理手册，完成了罐区地坪及防火堤网格图绘制和罐区渗漏测试工作，完成了管线实际坐标测绘并已提供给规划局。完成了加油车电气检查，机坪地井阀的升级工作已完成，从原有二版升级到三版，完成了原有国产栓头的更换工作。

【经营管理】 2012年，华南蓝天河南分公司全面推进“规范化”工作。一是按照分公司规范化建设评价标准，对规范化管理进行了自评。二是召开推进会，学习相关规范化管理文件，明确了各单位应完善的部分。三是从制度上进行完善，制定了“分公司证照管理办法”。对经营证照管理办法、职能及流程进行了梳理；完善并下发了“分公司报账管理办法”的补充规定，进一步理顺了生产和行政费用的账务范围，为即将开展“KPI”指标管理奠定了基础；制定分公司“低值易耗品管理办法”，弥补了资产管理的空缺。

继续细化、量化和完善业绩考核细则，通过业绩指标的制定,分解任务、落实责任。一是根据蓝天总部对分公司业绩考核内容的调整，完善和调整了分公司各单位的相关考核内容。将预算管理、固定资产完成情况等多项工作融于其中。二是在对2011年绩效考评办法进行自评与互评的基础上，调整和完善业绩合同内容，明确任务，增强可操作性和责任意识。三是细化、量化安全过程管理中的业绩指标，如对班组的合理化建议、安全隐患的质量和数量等都做了明确要求。

【加强财务基础管理工作】 2012年，进一步加强财务基础管理工作，促进分公司经营管理水平的提高。一是加强预算管理。在以往费用预算三级管理模式的基础上，按照预算细化至成本中心的形式，本年度对业务招待费及维修费用分解至分公司各单位。在业务招待费分解上，加大了公共费用的比例，制定了分公司公共费用申请流程。同时，在维修费的使用管理中，增加了节约、奖励的考核要求。二是加强应收账款管理工作。根据考核指标的变化，适时调整了应收账款工作的关注点。此外，还加强了其他应收款清理，如外围水电费的清缴等。公关行政部与企划财务部联合，细化了月抄表、月公布、月缴纳等具体措施，较好地维护了公司的利益。三是加大对各炼厂来油吨油运费的监控，按批次对不同来油地点不同批次吨油运费的情况进行计算和比对。对异常情况，及时反馈总部。尤其是2012年度分公司对自备车费用组成进行了解及比对，对有效控制延时费的发生起到了积极作用。

【班组达标创优工作】 2012年，华南蓝天河南分公司开展了班组达标创优工作。（1）为了加强对班组建设达标工作的领导，制定《河南分公司班组达标创优实施方案》，成立班组建设领导小组。（2）多措并举，促进班组建设。航空加油站设立了“班组建设园地”，制作了“班级建设看板”，系统展示了班组建设的目标、口号、活动情况及“加油之星”的评比等，较好地促进了班组建设。使用油库卸油班组开展了“卸油安全里程碑”活动，从卸油数量、安全行为、合理化建议、安全隐患等多维度评比安全先进个人，油库自控班组以卓有成效的班组建设内容荣获了河南省总工会颁发的“工人先锋号”荣誉称号。

【开展打造“航油铁军”活动】 2012年，华南蓝天河南分公司继续开展打造“航油铁军”活动。在进一步巩固、完善航空加油站飞机加油标准化作业的基础上，主要是推动使用油库在卸油作业、油库日常巡库检查和入库教育这三个作业规范、标准化工作的开展。一是航空加油站在巩固标准化作业的基础上，开展了每月“加油之星”的评选活动。同时，还开展了“以考促学”活动，每个月由站里统一出题，对每名员工进行油料专业知识、加油作业规范和程序考试，以考试的形式促进大家努力学习业务知识，提高了员工自身素质。二是使用油库开展了标准化作业尝试。经过多次讨论，使用油库确定了以使用油库现场开封库作业、入库教育和卸油作业三项作业作为标准化作业的试点项目，进行标准化作业的尝试。截至2012年年底，三项标准作业程序已经制定出来，并进行了两次初步评审，在实践过程中不断完善和改进，以最终形成标准化作业程序后在现场实施。

【创建“五型”机关】 2012年，华南蓝天河南分公司开展了“五型”机关创建活动。一是以“切实提高工作效率和工作质量，提高机关工作服务水平”为目的，开展“学习型、创新型、效率型、服务型、廉洁型”的五型机关创建活动，进一步强化内部规范管理，规范工作秩序。制定了“分公司‘五型’机关创建活动方案”，并结合机关部门职责将五型分型到部门，制定了详细的活动推进计划表。二是以“7S”为切入点，促进“五型”机关创建活动的开展。“7S”活动是企业现场各项管理的基础活动，它有助于消除企业在生产过程中可能面临的各类不良现象。“7S”是整理(sort)、整顿(straighten)、清扫(sweep)、清洁(sanitary)、素养(sentiment)、节约(save)、安全(safety)的简称。华南蓝天河南分公司派人到中国航油驻洛阳石化办事处及中国石化洛阳分公司参观学习，并召开座谈会，就规范化建设对促进分公司管理的重要性统一了认识。开展多次培训，向员工介绍“7S”的定义、“7S”的发展历程、开展“7S”活动的目的和意义等基本知识，重点强调了开展“7S”工作的推进步骤以及如何把标准变成员工的习惯。此外，还邀请了广西分公司书记彭超明等到华南蓝天河南分公司现场进行经验介绍，对分公司规范化工作和“7S”工作的开展奠定了基础。以机关各部门为试点进行了清理、整顿，基层库站分别选取综合办公楼、仓库等区域作为试点开展了“7S”工作。

【创建良好经营环境】 2012年，华南蓝天河南分公司着力创建良好经营环境。坚持党委中心组学习及党员民主评议，强化党的先进性意识。开展形势任务教育主题活动，提高全员思想的统一性。开展丰富多彩的活动，搭建员工沟通的平台，促进和谐团队建设，确保员工工作激情。积极参与蓝天公司举办的“铁军建设”和“什么是幸福”主题辩论赛。通过精心准备和刻苦训练，分公司代表队勇夺冠军，极大地调动了员工的工作热情。开展主题团日活动，通过开展向团员青年荐书赠书、青年团员座谈等活动，引导青年团员完善自己适应公司，立足平凡岗位建功立业。此外，4月，先后分三批组织在岗员工进行春游；5月，举行了分公司“铁军杯”台球友谊赛；9月，举办了“迎中秋庆国庆文体活动”“葡萄酒制作品评活动”等。各项活动的开展，丰富了员工业余生活，展示了员工朝气蓬勃的精神面貌，营造了和谐共进的氛围。

较好地完成薪酬接轨、定岗定编、劳务工转制及新进员工的招聘工作。按照蓝天公司的统一部署，注重政策的宣讲和解读，充分宣扬政策的导向性和激励作用，及时了解员工思想动态，及时给予正确引导，有力激发和调动员工工作的积极性。此外，针对2011年郑州机场加油量30%以上的增长实情，分公司在做好现场调配的基础上，积极与蓝天总部沟通，在增员指标下达后，第一时间启动招聘工作，使各现场人员紧张状况得到了初步缓解。

【落实“关爱工程”】 2012年，华南蓝天河南分公司积极落实“关爱工程”，坚持开展“夏送清凉”“冬送温暖”活动。元旦春节等重大节日，分公司领导坚持到值班现场进行慰问，到退休老领导、劳动模范、困难职工家中进行慰问，并送上慰问品。坚持“五必访”，让员工充分感受到分公司的温暖。推动建设“职工之家”活动的开展，上报健身器材需求清单，将总部工会批复的健身器材及时配置到位。关心退休、内退人员的思想和生活。平时注重与退休和内退人员保持良好沟通，在节假日及生病治疗期间，对退休老同志进行走访和慰问。组织开展有利于老同志身心健康的活动，在重阳节集体庆祝节日，使退休员工充分感受组织的关怀和温暖。

（马晓祎）

服务业

商贸流通

商业贸易

【概况】 2012年，全市商务工作坚持扩大开放，转变发展方式，健全流通网络，提升服务水平，各项工作扎实有效开展。

对外贸易实现新突破。全市进出口总额完成352.9亿美元，同比增长129.8%。其中进口额、出口额分别完成150.6亿美元和202.3亿美元，同比分别增长152.9%和110.5%，出口额占全省的68.3%，继续位居中部六省省会城市第一位，增幅分别高出全国、全省102.6和56.2个百分点。

招商引资取得新成效。全市引进内资与实际利用外资合计折合人民币1314.6亿元，占固定资产投资总额的36.9%。全市实际利用外资34.3亿美元，占年度目标的100.1%，同比增长10.6%，规模居中部六省省会城市第二位、全国省会城市第七位。全市引进市外境内资金1099.1亿元，完成全年目标的106.1%，同比增长16.7%。其中，省外资金797.7亿元，为全年目标的113%，同比增长24.3%。

对外经济技术合作稳步推进。全市对外经济技术合作营业额完成14.6亿美元，占目标的127.2%，同比增长41.9%；境外投资完成6.4亿美元，占目标的105.1%，同比增长20.8%。

社会消费品零售总额稳定增长。全市完成社会消费品零售总额2289.9亿元，同比增长15.2%。

【全市外贸进出口突破350亿美元】 2012年，郑州市对外贸易延续上年强势增长的势头，在全国外贸出口增幅下滑的情况下，继续保持快速增长，进出口和出口均创历史纪录。据海关统计，全市外贸进出口完成352.9亿美元，同比增长126.8%。其中，进口150.6亿美元，增长152.9%；出口202.3亿美元，增长110.5%，增幅分别高出全国、全省102.6和56.2个百分点，出口总额及增幅位居中部六省省会城市第一位，在全国省会城市中排名第六位。

外贸运行主要特点：一是出口商品结构优化。全市机电产品出口175.1亿美元，增长169.0%，占全市出口额86.6%，比上年提高18.1个百分点；出口超2000万美元的商品主要有手机、汽车及汽车底盘、纺织服装、铝及铝深加工产品和陶瓷产品等27种。其中，电话机（包括手机和有线电话机）、汽车及底盘和家具等15种产品出口增长，铝深加工产品、旅行箱包和人造刚玉等12种产品出口下降。二是外商投资企业出口占比大。全市国有企业出口12.7亿美元，增长13.8%；民营企业出口25.9亿美元，下降7.7%；外商投资企业出口163.7亿美元，增长187.9%，占全市出口额80.9%。三是加工贸易出口增长迅猛。受富士康集团出口拉动，全市加工贸易出口快速增长。加工贸易出口160.7亿美元，增长207.6%，占全市出口额的79.5%；而一般贸易出口下滑，全年仅出口39.2亿美元，下降8.3%。四是对传统市场和新兴市场出口稳定增长。郑州市出口市场前三位的分别是美国、欧盟和荷兰，出口总额达137.8亿美元，比上年增加89.3%，占全市出口总额的68.1%；美国首次成为郑州市出口第一大市场，出口总额达58.3亿美元，比上年增长206.9%；对新兴市场国家出口增长较快，对拉美国家出口88861万美元，对东盟国家出口88671万美元，对南非出口7896万美元，分别增长78.5%、121.1%和15.7%。五是外贸出口企业持续增加。2012年全市有外贸出口业绩的企业达到1423家，比上年增加174家，占全省出口企业的38.5%。其中，出口百万美元以上467家，千万美元以上88家，上亿美元以上企业4家，分别是鸿富锦精密电子（郑州）有限公司、郑州宇通客车股份有限公司、中平能化国际贸易有限公司和郑州明泰实业有限公司。

【全市招商规模突破1314.6亿元】 2012年，全市引进内资与实际利用外资合计折合人民币1314.6亿元，占固定资产投资总额的36.9%。

全年全市实际使用外资金额34.3亿美元，占目标的100.1%，同比增长10.6%。实际到位前五位的行业是制造业、服务贸易业、建筑业、能源供应业、房地产业，分别到位127469万美元、94335万美元、37009万美元、36646万美元、31524万美元,合计资金326983万美元，占全市实际利用外资总额的95.4%。实际到位前五位的国家和地区是香港、英属维尔京群岛、台湾省、美国、日本，分别到位240793万美元、29728万美元、24713万美元、22084万美元、5989万美元，合计资金323307万美元，占全市实际利用外资总量的94.3%。截至2012年12月，全市累计批准设立外商投资企业3484家，现存注册运营的企业673家（2011年外商投资企业联合年检数据），累计实际使用外资金额156.25亿美元，共34家世界500强企业在郑投资设立46个项目。

全市引进市外资金1099.1亿元，占目标的106.1%，同比增长16.7%。其中，引进省外资金797.7亿元，占目标的113%，同比增长24.3%。实际到

新密市曲梁服装类批发市场

位省外资金前五位的行业是制造业、房地产业、金融业、居民服务业、批发和零售业，分别到位269.6亿元、246.8亿元、45.8亿元、39.8亿元、38亿元，合计资金640亿元，占到位资金总额的80.23%。实际到位省外资金前五位的地区是北京、上海、广东、浙江、福建，分别到位183.7亿元、131.4亿元、105.1亿元、51.2亿元、50.5亿元，合计资金521.9亿元，占到位资金总额的65.43%。

【郑州市被省政府命名为河南省汽车及零部件出口基地】 郑州市把汽车产业作为全市的战略支撑产业来培育，通过规划引导、强化招商、狠抓项目，政策扶持，推进集聚，鼓励出口等措施，郑州汽车产业的竞争力和影响力不断提升，汽车及零部件企业迅速发展壮大，汽车及零部件出口大幅提高。2011年全市汽车及零部件进出口48850万美元，同比增长31.09%。其中，出口40819万美元，同比增长39.8%。2012年，全市汽车及零部件出口完成66903万美元，同比增长58.3%。其中，汽车整车和底盘出口56739万美元，同比增长72.2%。经过多年的发展，郑州市已形成了以郑州宇通、郑州日产、郑州少林和郑州宇通重工为代表的一批汽车骨干出口企业，汽车及零部件产品远销非洲、拉丁美洲和中东等国家和地区，企业品牌的整体形象和国际市场影响力大幅提升，成为全省重要的汽车及零部件出口地区。11月初，省人民政府办公厅发文（豫政办〔2012〕157号）正式批准郑州市为河南省汽车及零部件出口基地。

【河南保税物流中心与青岛港共建郑州“无水港”】 2月9日，青岛港与河南保税物流中心共建郑州“无水港”暨河南豫青国际物流有限公司揭牌仪式，在河南保税物流中心封关区内举行。这标志着青岛港正式“搬”到河南广大货主的家门口，实现了河南省与四大洋、七大洲的“全球通”。通过豫青公司，可以有效落实海关区域通关、国检直通放行等优惠便利政策，完成内陆港与海港物流对接，构建信息共享平台，一体化运作郑州“无水港”，实现企业优势资源共享。

【2011年外贸服务平台建设项目资金拨付到位】 2012年3月，按照国家和省有关规定，省财政2011年切块下达郑州市的775万元外贸公共服务平台建设专项资金全部拨付至各项目单位。

外贸公共服务平台建设资金主要用于支持国家、省级出口基地公共服务平台项目建设。项目审核实行专家评审和现场查验制度。市商务局会商市财政局，根据省商务厅、财政厅印发的资金管理办法和有关规定，组织行业专家和财务专家，召开评审会，对申报的16个外贸服务平台建设项目进行评审。根据专家评审意见，市商务局、市财政局经实地核查，确定河南省进口物资公共保税中心有限公司的公共物流平台等11个支持项目。按照企业实际投入情况确定资金支持比例，且最高不超过200万元的原则进行资金分配，及时将专项资金拨付到各项目单位，确保专款专用，安全有效。

【周末蔬菜直销活动启动】 5月5日，郑州市周末蔬菜直销工作正式启动，首批7个试点分布在中原区、二七区、管城区、金水区和郑东新区，此次活动总共销售蔬菜49吨，各销售点供应蔬菜品种10个以上，平均价格低于周边市场20%左右，部分品种价格优惠达40%。

周末蔬菜直销作为民生工程，为居民就近、低价购菜提供了便利，周末菜市场实现“菜园子”和“菜篮子”的无缝对接，一定程度上对于稳定菜价，保障供应，缓解农产品“卖难”“买贵”现象起到积极推动作用。按照市社区“两店”建设工作领导小组要求，2012年在不低于上年销售场所数量的基础上，根据市民需求和销售实际情况，各区再增设1-2个销售点，确保全年蔬菜直销点达到10个以上。

【郑州市首次投放政府储备蔬菜】 为应对雨雪天气给蔬菜市场带来的影响，郑州市从1月20日开始，连续3天向市场投放应急储备蔬菜，投放总量达1000吨。这是郑州市首次动用政府蔬菜储备。投放的蔬菜品种有西红柿、黄瓜、辣椒、豆角、芹菜、白菜、萝卜、胡萝卜、土豆和洋葱等10余种；投放地点分别在丹尼斯百货有限公司、河南华润万家生活超市、北京华联配送中心、毛庄直营店等32个销售点；投放时间为1月20-22日的8：00至21:00；投放价格由政府统一定价，在3天的投放时间内，单品价格维持不变。

【老旧汽车报废更新补贴资金发放】 2012年8月14日，根据《财政部、商务部关于加大老旧汽车报废更新补贴工作力度的通知》和省财政厅、商务厅文件精神，郑州市商务局和郑州市财政局联合设立郑州市老旧汽车报废更新补贴服务联合窗口，专门负责补贴资金申请的受理、审核、资金拨付工作。符合财政部、商务部2012年第27号公告规定的老旧汽车报废更新补贴申请条件的车主，将国家要求的车辆报废和更新的相关证明申请材料提交到联合服务窗口，经过商务、财政部门工作人员审查合格，补贴资金（每辆车1.1万元-1.8万元）直接拨付到车主的郑州银行账户。经过半年多时间的实施，郑州市老旧汽车报废更新补贴资金联合服务窗口共为688辆报废车车主发放国家补贴资金1081.6万元。其中，农村客运车辆210辆，补贴资金231万元；城市公交车辆421辆，补贴资金748万元；重型货车57辆，补贴资金102.6万元。

【郑州市重点邀商“大个头”企业参加省投洽会】 1月18日，第七届中国河南国际投资贸易洽谈会郑州市筹委会办公室召开专题动员会，部署安排客商邀请、项目征集、专项活动、会刊编纂、会务接待、宣传推广、安全保卫、市容整治等各项筹备工作。

筹备工作启动后，邀商任务分解到14个市直单位和各县（市）区、开发区，为提高邀商质量和层次，确保一批国内外500强、行业前10强等“大个头”企业的高管参会，邀商组结合各市直单位行业优势和各县（市）区、开发区的在谈、签约大项目情况，排查出87家重点企业作为重点邀商对象，并合理分配到各相关各县（市）区、开发区和市直单位，明确要求要注重客商质量，确保客商数量，将邀商工作和项目促进工作紧密结合，务必邀请这些企业副总裁级以上高管参会。

截至3月22日投洽会前，郑州市向客商共发出邀请函500余份，其中包括微软、伟创力、杜邦、达能、沃尔玛、西门子、通用、拉法基、高盛、嘉里、中石油、中兴通信、新濠国际等世界500强及知名企业。最终确认参会客商320人，其中，境外（包含港澳台地区）客商91人，境内客商229人。确认参会企业共（包含商协会）272家，其中，美国通用电器有限公司、沃尔玛集团公司等世界500强企业37家（其中境外世界500强企业21家）；深圳华为技术有限公司、恒天集团公司等国内500强企业61家；行业100强企业152家；在郑有投资项目的企业125家。

【小分队招商】 5月22-24日，市商务局组织招商小分队赴北京走访西门子公司，与西门子（中国）有限公司副总裁林泽波，西门子基础设施与城市领域的楼宇科技集团、交通集团部门负责人就西门子公司在工业、能源、医疗、基础设施与城市四个业务领域与郑州如何开展合作进行探讨。会谈中，双方就轨道交通、机场建设、电动汽车配套、水处理、楼宇科技、医疗器械生产基地等具体项目展开讨论，并达成初步共识，认为可以在多个领域开展合作，应尽快签订战略合作框架协议，深入探讨各个领域具体项目合作模式。

5月25日，郑州市商务局副局长张福清一行与海尔工业地产有限公司总经理史春洁就海尔集团与郑州现有合作项目及在其他电子电器生产领域开展合作进行沟通会谈。郑州市商务局将在双方共识的基础上，积极推进与海尔集团现有合作项目，争取海尔更多项目落地郑州，实现“引进一个项目带动一个产业”的效果。海尔集团在郑投资的海尔

（郑州）市场创新产业园一期项目已经确定，主要包括物流和空调项目，总投资13.5亿元。其中物流项目占地17.3公顷，总投资2.2亿元，建成后年销售额在100亿元以上；空调项目计划2012年9月开工建设，总投资11.3亿元，占地33.3公顷，设计产能600万台/年，达产后年产值预计可达200亿元，是海尔集团最大的单体空调项目。

【华南城项目建设】 2月7日，深圳市委常委、统战部部长张思平，全国政协委员、华南城控股有限公司联席主席马介璋，行政总裁梁满林等考察团一行就郑州华南城项目做进一步调研和考察。考察团首先到南龙湖宜居教育城郑州华南城项目选址地进行实地考察，并召开座谈会。

7日晚，常务副省长李克会见考察团一行。李克向考察团介绍了河南省经济发展情况和中原经济区建设情况，并着重介绍郑州市在区位、交通、物流、商贸、政策等方面的发展优势，希望华南城项目能够尽快落户郑州。华南城控股有限公司联席主席马介璋介绍了华南城公司和在国内投资情况，表达了在郑投资意愿。

华南城新国线物流有限公司在郑调研 2月22-25日，华南城新国线物流有限公司总经理徐燕在郑考察仓储物流情况，重点对郑州市物流流向、交通、物流市场、园区分布、专业市场拆迁等情况进行调研。华南城物流调研组一行拜访了河南省物流协会领导，分别到郑州市商务局和郑州市市场发展局召开座谈会，并考察郑州市周边的物流业发展情况。

郑州华南城项目规划座谈会召开 3月1日，郑州华南城项目规划座谈会在河南省商务厅召开，会议首先介绍华南城郑州项目规划情况，对郑州华南城项目前期推进情况作了说明。会议对项目规划内容进行讨论，提出建议。

与会领导指出华南城郑州项目要借助郑州航空经济示范区建设和中原经济区建设的契机，提升中部市场升级，坚持政府支持、市场引导、企业努力，规划好、建设好郑州华南城项目，项目定位要面向河南、面向全国、面向国际大市场，针对郑州商贸物流发展大方向定位市场分类、整合优质市场资源。

市政府召开郑州华南城项目对接会 3月28日，市政府召开郑州华南城项目对接会，市政府副秘书长李杰主持会议，市商务局、市发改委、市交通委、市财政局、市土地局、市规划局、市环保局、市工商局、市地税局、市轨道办、市热力总公司等单位负责人参加会议。会议针对项目环评手续、土地供应、道路建设、公司注册、轨道交通、供热、政策等方面一一进行了沟通对接，并提出解决方案。

郑州华南城项目签约 4月9日，郑州华南城项目签约仪式在裕达国贸会议中心举行。省委常委、市委书记吴天君，副省长赵建才，市长马懿，市人大常委会主任白红战，市政协主席李秀奇等省市领导和华南城控股有限公司董事长郑松兴，华南城控股有限公司总裁梁满林等集团公司高管以及郑州市、新郑市有关部门领导和负责人出席签约仪式。签约仪式由市委常委、副市长薛云伟主持。副省长赵建才、市长马懿等领导分别在仪式中致辞，欢迎华南城集团到郑州投资。

新郑市人民政府与深圳华南城投资控股有限公司，郑州华南城有限公司与中国建筑第五工程局有限公司分别签署了相关协议。

省市领导推进郑州华南城项目 7月4-6日，省委常委、市委书记吴天君，副省长赵建才，市长马懿和副市长薛云伟等省市领导分别接见华南城集团董事长郑松兴一行，并就郑州华南城项目的推进事宜进行交流。

吴天君指出，作为省市重点项目，要把郑州华南城项目作为郑州商贸物流业发展的一号工程来抓，以最强有力的方式来推进，项目规划要进一步优化提升，将华南城项目打造成国内先进的集新产品展示、发布、定价、交易于一体的大型商贸物流中心；要把华南城会展中心纳入项目一期建设内容，建设成为国内一流的会展会议中心。马懿要求，项目规划要做深做精，加快审批程序；根据项目现状，市委、市政府要成立新的华南城项目推进领导小组，由市委常委、副市长薛云伟牵头组成项目推进班子，建立周例会、月例会机制，大力推进项目建设。

【客商在郑考察】 *菲律宾SM集团在郑考察* 2月17日，菲律宾SM集团所属的安泰地产有限公司副总裁许荣州先生一行到访市商务局，接洽SM集团总裁施汉生等3人参加三月三拜祖大典事宜，并提出SM集团有意在郑投资建设商业综合体项目。市商务局按照SM集团提出的选址要求与市内各区、开发区对接后，收集了市内5区和郑州新区范围内共17个拟选址地块，并及时将地块信息反馈给SM集团。3月6-7日，应市商务局邀请，许荣州一行3人再次到访郑州磋商投资事宜。3月6日，市商务局组织惠济区、二七区、经开区、综合保税区招商部门负责人就SM集团城市综合体项目与许荣州座谈，详细介绍了项目拟选址地块情况。会后，许荣州一行赴二七生态文化新城运河新区、惠济区新城路地块、中州大道东地块、经开区滨水新区、综合保税区十字形商业服务带考察各区域投资环境，并实地察看了拟选址地块。

香港物流业代表团在郑考察 4月18-20日，香港付货人委员会主席林宣武、香港贸易发展局服务业拓展总监古静敏带领香港物流企业代表一行26人考察郑州市。主要是了解郑州市物流业现状、发展趋势和市场前景，加强与郑州市在物流业领域的合作。

19日，代表团在索菲特国际饭店举办"香港—河南物流业合作交流会"。市委常委、副市长薛云伟出席交流会并发表演讲。薛云伟介绍了郑州市物流基础设施建设、未来规划前景、郑州市支持物流业发展的政策等。香港物流业与郑州合作，到郑州发展有很大的商机。与会企业就两地物流企业在空运、陆运、铁路等领域的合作展开讨论。

18日和19日，香港物流业代表团一行参观考察了郑州新郑国际机场民航客货服务中心及郑州新郑综合保税区，以及思念食品、中铁联集郑州中心站和郑州丹尼斯全日通物流3家企业。

俏江南集团总裁张兰一行在郑考察 7月18-19日，俏江南集团总裁张兰一行5人在郑考察、洽谈项目。俏江南集团是一家国际性餐饮服务管理企业，总部位于北京。张兰一行先后参观考察了原油脂化学厂、北环旧货交易市场、马寨镇陈家沟遗址公园所在地，并与市国资委和马寨镇政府负责人进行座谈，深入了解考察地块情况及投资环境。19日，市委常委、副市长薛云伟会见张兰

华南城综合商业广场透视图

一行，欢迎俏江南集团来郑考察洽谈。

【商务工作会议】 全省世贸工作会议 3月1–2日，全省世贸工作会议在郑州召开，各省辖市世贸工作分管人员参会。会议总结2011年全省世贸工作的开展情况，分析国内外贸易形势，并对如何做好2012年工作进行部署。

会议明确，2012年全省世贸工作总体思路是：围绕商务中心工作，服务商务大局，不断提高贸易摩擦应对和贸易救济工作的能力和水平，为产业和企业营造公平的贸易环境，推进全省安全高效的开放型经济体系建设。工作重点包括：一是提高贸易摩擦应对能力。加大应对贸易摩擦指导和支持力度，增强外贸企业应对贸易摩擦的信心和实力。做好政策措施合规性审查工作，降低贸易摩擦发生的概率和企业应诉成本。二是提高贸易救济能力和效果。切实做好重点企业的预警监测工作，做好贸易救济立案指导、案件调查和复审、效果跟踪工作。三是提高产业损害预警监测水平。优化产业安全数据库，做好监测企业的数据直报工作，提高数据的覆盖面，确保数据的准确性、可靠性和可比性，提升监测企业数据上报率。四是推动反垄断工作开展。不断提高对经营者集中案件审查工作的参与度，加强对企业经营者集中申报的监控。推进出口型项目引进和跟踪工作，并积极开展调查研究。

郑州市纳入河南省产业安全数据库的被监测企业13家，包括郑州宇通客车集团有限公司、中国长城铝业有限公司等涉及汽车、能源、纺织、食品、生物、电子等不同领域的多家代表性企业。

市标准化菜市场试点建设现场观摩会 3月6日，市商务局组织金水区、惠济区、管城区、二七区商务局以及部分在建或拟建的共计15家菜市场负责人赴中原区颍河西路农贸市场、昆仑路菜市场、三棉农贸市场进行实地观摩，并召开现场会。与会人员对上述3个市场的建设模式、建设标准及内部设置情况观摩，并就菜市场建设的相关问题进行探讨，相互交流建设经验，取长补短。

截至3月6日，全市拟建的40家标准化菜市场，建设完成或基本建设完成28家，其中17家通过验收；剩余的12家市场中有7家开工建设，余下的5家市场正在建设筹备当中。

典当行业工作座谈会 3月8日，河南省商务厅、郑州市商务局在郑州嵩山饭店召开郑州市典当行业工作座谈会，省商务厅副厅长魏国庭、市商务局局长朱河顺出席会议，郑州市45户典当企业经理参加会议。

会上，企业经理围绕行业发展、存在问题和发展建议踊跃发言。郑州市典当行业存在的主要问题：一是典当业缺乏政策支持。二是缺乏典当专业人才。三是社会对典当业认识不足。四是郑州市典当业标识不统一，不利于行业形象的树立。针对以上问题提出了以下几方面的建议：一是国家应尽快推出《典当业管理条例》。二是增加专业培训；三是加强行业宣传；四是统一典当业标识，提升行业形象。

最后，魏国庭在分析国家经济形势对典当行业的影响后，对郑州市典当行业提出要求：一是走出去、请进来。学习外省市先进的经验与做法，提高业务素质。请专家培训，提高业务知识。二是找上门、见到人。典当业的发展需要多部门的支持，涉及政策问题要与各部门协调，行业协会要充分发挥作用。三是讲下去、报上来。监管部门要多宣传法律法规，各企业统计报表要及时上报。四是积极推、往前走。各企业要树立信心，在探索中前进。

全市生猪定点屠宰资格审核清理工作会议 3月14日，全市生猪定点屠宰资格审核清理工作会议召开。会议传达贯彻全国生猪定点屠宰资格审核清理工作电视电话会议精神，安排部署全市生猪定点屠宰资格审核清理工作。

各县（市）区商务部门负责人和科（室）负责人，市商务、畜牧、环保部门相关处室负责人以及全市所有生猪定点屠宰场负责人参加会议。会议印发了《郑州市生猪定点屠宰资格审核清理工作实施方案》，传达学习了《商务部办公厅关于生猪定点屠宰资格审核清理工作相关要求的通知》和全国生猪定点屠宰资格审核清理工作电视电话会议精神。会议还对加强生猪定点屠宰场的管理，继续开展打击私屠滥宰活动，推进"放心肉"服务体系建设，建设生猪定点屠宰企业远程监控系统以及郑州市肉类流通追溯体系建设等方面的工作进行了安排。

全市生猪定点屠宰资格审核清理工作推进会 4月17日，全市生猪定点屠宰资格审核清理工作推进会召开。会议传达贯彻全国和全省生猪定点屠宰资格审核清理工作部署会精神，安排部署下一阶段工作。各县（市）、上街区、惠济区、郑东新区、经开区商务部门分管领导和科（室）负责人参加会议。会议通报了前一阶段全市生猪定点屠宰资格审核清理工作开展情况；听取了各县（市）区审核清理工作进展情况。

会议要求，各县（市）区要认真贯彻好各级审核清理的会议精神；商务、环保和畜牧部门联合审核时要严格"两个标准、一个规划"，即：国家A类定点屠宰场标准、省B类小型屠宰场（点）标准和全省生猪定点屠宰场设置规划，要坚持原则，不徇私情；严格执行审核清理程序，按照时间节点推动工作。同时，要做好审核清理信息上报工作。会议还就打击私屠滥宰，加强肉品卫生安全工作作出安排和布置。

零售企业违规收费自查自纠复查工作会 6月1日，市商务局组织召开全市大型零售企业向供应商违规收费自查自纠复查工作会。市相关零售企业和清理整顿协调小组成员单位有关人员参加会议。

会议传达商务部副部长姜增伟在电视电话会议上的讲话精神，同时下发《关于对我市大型零售企业向供应商违规收费自查自纠情况开展复查有关事项的通知》（郑商〔2012〕197号），要求零售商对自查自纠情况认真复查，如实填报2010–2011年期间服务性收费项目明细。

会议要求，相关零售企业一定要高度重视清理整顿违规收费工作，加大自查自纠回头看工作力度，如实填报相关数据。对于自查确认无问题的企业，如果联合检查中发现问题，将按照"自查从宽、被查从严"的原则依法从严查处。

放心早餐示范店建设工作推进会议 8月6日，市投资促进中心主任张延

吕氏豚馒店面形象

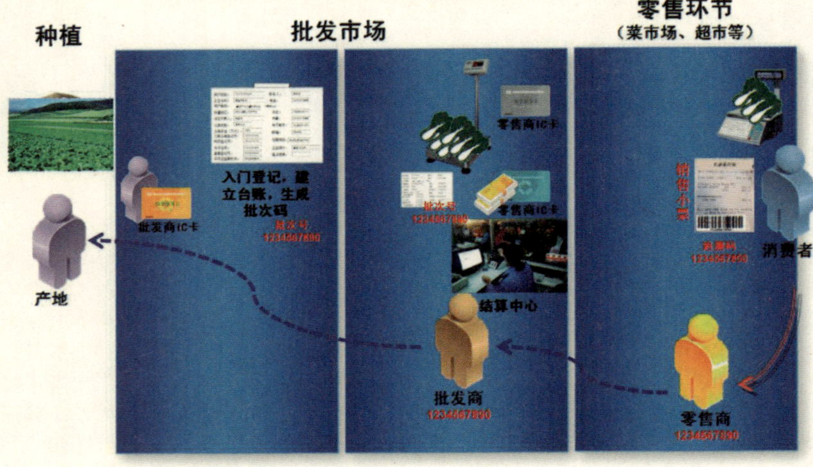

蔬菜追溯体系

廷主持召开放心早餐示范店建设工作推进会议。会上，市内各区分别介绍了工作进度，分析示范店建设工作中存在的困难和问题。会议要求，各区要坚持建设标准，加快工作进度，扎实、细致地做好早餐示范店建设的各项工作。

【全国药品流通行业管理工作会议在郑州召开】 7月26—27日，全国药品流通行业管理工作会议在郑召开，会议主题是贯彻落实国务院医改和药品安全“十二五”规划，促进药品流通行业持续健康发展。商务部副部长姜增伟出席会议并讲话。省级和计划单列市商务主管部门领导、中国医药商业等协会负责人、全国药品流通百强企业高管等约200名代表参加会议。

会上，姜增伟要求，各级商务主管部门要充分认识医改对于改善民生、带动消费、促进相关产业发展的重要意义，按照医改对药品流通行业管理和改革发展提出的新要求，切实履行好行业管理职责。一是要尽快明确基层行业管理职能，抓紧完善行业管理工作体系；二是积极参与医改工作，建立与有关部门的沟通协调机制，创造行业发展的良好外部环境；三是加大调研力度，及时发现企业在“调结构、转方式”中的典型，加大宣传力度，研究促进行业改革发展的措施办法；四是大力开展行业信用建设，形成行业自律机制，使药品流通行业成为商贸流通行业诚信经营的表率；五是加强药品流通理论研究，夯实行业发展基础；六是充分发挥行业协会桥梁作用和企业的主力军作用，共同促进行业健康发展。

【全国肉菜流通追溯体系建设工作座谈会在郑州召开】 9月24—25日，商务部在郑州召开全国肉菜流通追溯体系建设工作座谈会，总结交流第二批和第三批试点城市的工作经验，安排部署下一阶段的工作。全国21个省（自治区）、25个试点城市商务主管部门的分管领导和处室负责人共100余人参加会议，商务部市场秩序司副巡视员李振中出席会议并讲话，市委常委、副市长薛云伟、省商务厅副厅长魏国庭、市政府副秘书长赵红军出席会议。会议由商务部市场秩序司于晓处长主持。

李振中在讲话中指出，肉菜流通追溯体系建设工作难度大、任务重，责任重大，关系民生。要认真贯彻商务部副部长姜增伟提出的“联合招标、互联互通、保证质量、降低成本、加快进度”的要求。要做好以下重点工作：一是加强统筹协调，加快工作进度；二是加强调查研究，完善技术方案；三是改进招标方式，确保招标成效；四是保障工作力量，加强业务学习，要做行家里手；五是组织专家评审，依靠集体智慧，优化各地的技术方案和建设方案；六是加强日常管理，确保建设成效；七是加强信息沟通，确保数据真实；八是加强资金管理，确保资金安全。

【第十八届郑交会在郑州举办】 10月12日，由商务部重点支持，省政府主办，市政府、省商务厅承办的第十八届郑州全国商品交易会暨日用消费品博览会在郑州国际会展中心开幕。省委常委、统战部部长史济春，省长助理卢大伟，省商务厅厅长李清树，市长马懿，省商务厅副厅长魏国庭，市委常委、副市长薛云伟，市政府秘书长吴忠华等领导出席开幕式。

中国商业联合会党委副书记安惠民，中国东盟商务理事会中方秘书处常务秘书长许宁宁，巴勒斯坦前任驻中国大使、中非投资委员会驻中国首席代表穆斯塔法·萨法日尼，老挝国家工商总会副秘书长沟玛丽，泰国商会副会长许耀坚，马来西亚经济贸易总商会事务委员会理事彭彦彰，中华海峡两岸文化观光产业发展协会理事长宋智忱，昆明市副市长阮凤斌，广州市协作办公室副主任林卫民等嘉宾出席开幕式。

马懿代表市委、市政府向来自海内外的嘉宾和广大客商表示诚挚欢迎。他在致辞中说，历经17年培育和发展，郑交会已成为全国最具影响力的品牌展会之一，本届交易会以“扩大开放、合作交流、繁荣市场、促进消费”为宗旨，以日用消费品展览交易为重点，面向百姓，服务大众，共设17个专业展区，吸引了11个国家和地区及全国30多个城市的2000多家企业报名参展，参会人数达20万人次以上，在交易内容、参展规模、展馆设计等方面均有较大改进，为广大客商搭建了开放合作、面向国际的展示交易平台。作为本届盛会的东道主，我们将按照精心策划、竭诚服务、公正规范的理念，努力为广大客商提供热情周到、

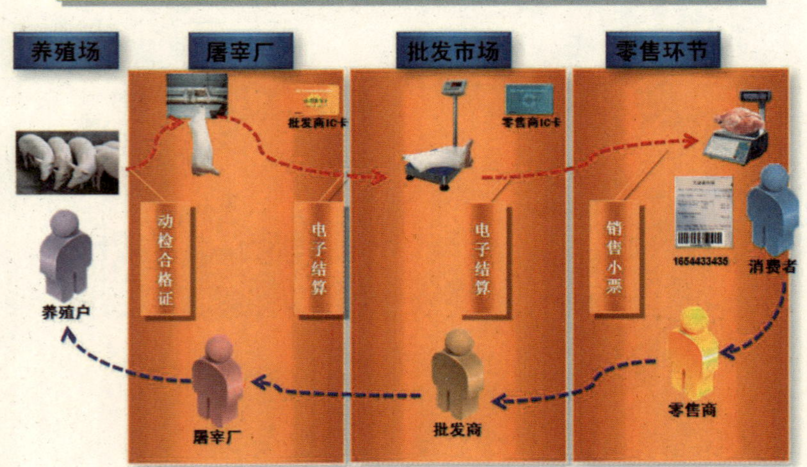

肉类追溯体系

细致一流的全方位服务。

安惠民在致辞中说，中国商业联合会将一如既往地利用自身资源优势积极支持郑交会的发展。许宁宁在致辞时说，中国东盟商务理事会将进一步深化和郑交会组委会的战略合作，继续携手合作，共谋发展。

【组织参加展会交易会】 *参加第22届华交会* 3月1–5日，由商务部支持，上海市、江苏省、浙江省、安徽省、福建省、江西省、山东省、南京市、宁波市九省市联合主办的第二十二届中国华东进出口商品交易会在上海浦东新国际展览中心举行。郑州市部分县（市）区商务局和40余家外贸企业参加了本届交易会。

本届华交会场地扩至11.5万平方米，设立标准展位5880个，参展企业达3500多家。场馆设服装、家用纺织品、装饰礼品、日用消费品4个展区。河南新开元贸易有限公司、郑州裕华制衣有限公司等郑州市参展参会企业，共接待来自30多个国家和地区的采购商1300余人次，分别与日本、韩国、阿联酋、马来西亚、美国、欧盟、香港等国家和地区的客商草签出口意向和合作意向。展会期间，郑州市参展参会企业还参加了由主办方组织的其他经贸洽谈活动，并向与会的其他省市的外贸企业和客商发放了第七届中国河南国际投资贸易洽谈会邀请函。

参加第111届广交会 4月15日–5月5日，第111届中国进出口商品交易会在广州琶洲展馆举行。本届广交会到会采购商再创历史新高，超过21万人，分别来自213个国家和地区。受国际经济环境不景气影响，成交额下滑，环比下滑近5%。郑州市参展企业交易踊跃，成交额比上届微增3.8%。

郑州市参展企业主要特点：一是参展企业踊跃，展位有所增加。本届广交会郑州市参展企业197家，比上届增18.6%，展位数420个，分别占全省参展企业和展位数的59.5%和54.5%。参展企业包括郑州宇通客车、郑州日产汽车、中磨进出口公司、安华玻璃、众成纺织、汉威电子等知名外贸企业。二是特装展位增加，充分展示郑州市企业形象。郑州市特装参展企业52家，品牌展18家，共计52个特装188个展位，白鸽集团获选省优秀参展企业奖。三是参展商品品种多，成交额较上届微增。本届广交会郑州市参展商品共15大类2000余种产品，主要有：磨料磨具、食品机械、纺织服装、化工医药、工艺礼品、玻璃器皿、家具家纺和汽（客）车车辆等。出口成交额1.4亿美元，较上届增长3.8%，达成出口意向5.2亿美元。四是参展新产品较上届有所增加。70%参展企业均有新产品参展参会。五是依托广交会，开展承接产业转移活动。广交会期间，郑州市参加了省交易团组织的引进出口型项目承接产业转移活动，与沿海省市参展企业对接洽谈，考察中山市相关企业和专业市场，并与有关商会和企业座谈，并与50余家外贸出口企业建立联系。

参加首届京交会 经国务院批准，中国（北京）国际服务贸易交易会（简称京交会）5月28日在北京国家会议中心开幕。本次京交会会期共5天，开幕式由中国商务部部长陈德铭主持，多国政要及驻华使节、世界贸易组织、联合国贸易和发展会议、经济合作与发展组织负责人等出席，中共中央政治局常委、国务院总理温家宝出席开幕式并发表题为《在扩大开放中推动服务贸易发展》的主题演讲。

本届京交会以“服务贸易：新视野、新机遇、新发展”为主题，由开幕式暨高峰论坛、高层论坛、专业交易洽谈、综合展示、主题推介、权威发布会等六个板块组成，是一个国家级、国际性、综合型的服务贸易交易会。

郑州代表团由市委常委、副市长薛云伟任团长，市商务局局长朱河顺任副团长，市商务局、相关县（市）区、重点服务外包企业有关人员等50余人组成，随河南省代表团参加大会。

会议期间，薛云伟参加了大会主办的服务外包产业发展城市峰会、省市长与跨国公司CEO高峰会及河南省人民政府招待酒会，并观摩了服务外包城市及跨国公司展区等重要活动。市商务局组织有关县（市）区及服务外包企业参加了专业交易洽谈和项目签约等活动。郑州市的河南省863软件孵化器有限公司与日本CRM情报株式会社、河南约克信息技术股份有限公司与加拿大长青会、河南惠文软件工程有限公司与西班牙Cityvision.SL.公司、河南芝麻开门数码商务有限公司与英国aiCache Inc.公司分别进行了金融开发、会展服务系统、智慧教育云、技术支持服务外包协议等4个项目的签约，签约金额近6000万元人民币。同时，河南惠文软件工程有限公司等企业还与相关企业进行进一步接触洽谈，初步达成合作意向。

为加快服务外包示范城市的申报工作，郑州市还参加了商务部统一组织的服务外包城市展，高新区、经开区、惠济区等在会上进行展示，向海内外参会代表推介服务外包产业发展概况、产业特色、发展经验、取得的成就等，并重点将城市优势、城市形象、投资环境、发展态势和城市的个性化政策向各参会客商重点展示和推介。

参加第二届中国—亚欧博览会 9月2–7日，由新疆维吾尔自治区人民政府、新疆生产建设兵团、商务部等29个部门共同主办，22个省市人民政府及部分外国政府部门和国际组织协办，新疆国际博览事务局、乌鲁木齐市人民政府等11个单位承办的第二届中国—亚欧博览会，在乌鲁木齐市新疆国际会展中心举行。中共中央政治局常委、国务院总理温家宝出席开幕式暨主论坛并发表重要讲话，吉尔吉斯斯坦和马尔代夫国家元首、柬埔寨等国家政府首脑和政要出席开幕式并参观博览会。

博览会主题为“和谐发展、合作共赢”，6个国际组织、55个国家（地区）的客商参展参会，参展国家（地区）首次覆盖亚洲、欧洲、非洲、北美洲、南美洲、大洋洲六大洲，参展商品千余种，国际化特征明显。

郑州市委常委、副市长薛云伟，市商务局局长朱河顺，部分县（市）区及商务局领导、40余家外贸企业参加本届博览会。其中，郑州宇通重工、黎明重工、维科重工、宏信电子等15家企业参展，参展产品涵盖工程机械、电子信息、能源环保、五金建材、能源照明和食品农产品等。郑州市参展企业共接待来自30多个国家和地区的采购商超过1200人次，分别与哈萨克斯坦、吉尔吉斯斯坦、乌兹别克斯坦等国家和地区的客商初步达成出口和合作意向。展会期间，郑州市参展参会企业还参加了由主办方组织的其他经贸洽谈活动。

参加第九届中国—东盟博览会 9月21–25日，由商务部和东盟十国经贸主管部门及东盟秘书处共同主办的第九届中国—东盟博览会暨中国—东盟商务与投资峰会、大地飞歌·2012—第十四届南宁国际民歌艺术节在南宁举行。中共中央政治局常委、国家副主席习近平，第九届中国—东盟博览会主题国缅甸总统吴登盛，老挝、越南、马来西亚等国家的政府首脑和政要及联合国贸发会议秘书长出席开幕式并参观博览会。

郑州市部分县（市）区商务局领导、30余家外贸企业参加本届博览会。其中，郑州日产汽车、黎明重工集团、河南金水电缆和河南新天科技公司等12家企业参展，参展产品涵盖汽车、工程机械、电子信息、纺织服装、节能设备和食品农产品等。郑州市参展企业共接待来自20多个国家和地区的采购商超过1000人次，分别与马来西亚、越南、缅甸和泰国等国家和地区的客商初步达成出口和合作意向。展会期间，郑州市参会企业还参加了由主办方组织的一系列经贸、投资和文化交流活动。

参加第112届广交会 10月15日–11月4日，第112届广交会在广州琶洲展馆举行。

本届广交会郑州市参展企业成交额比上届增长2.9%，高出省交易团增幅0.8个百分点。其主要特点：一是参展企业踊跃，企业和展位有所增加。参展企业达到229家，比上届增长10.7%，展位数达到426个，分别占全省参展企业和展位数的59.32%和53.26%；参展企业包括郑州宇通客车、郑州日产汽车、白鸽磨料磨具、安华玻璃、汉威电子、鸿宾木艺等郑州市知名外贸企业。二是特装展位增加，充分展示企业形象。参展

企业共计55个特装156个展位，特装参展企业达到55家，品牌展22家。三是参展商品品种多，成交额较上届微增。本届广交会郑州市参展商品共15大类2000余种产品，主要有：汽（客）车车辆、食品机械、建筑机械、纺织服装、化工医药、工艺礼品、玻璃器皿、磨料磨具和家具家纺等。出口成交额14500万美元，较上届增长2.9%，达成出口意向5.5亿美元。四是参展新产品较上届有所增加。郑州市外贸企业根据国际市场需求结构变化及时调整经营策略，加大新产品研发力度，大力开发适销产品，通过技术创新、设计创新吸引客户，推出符合消费需求、物美价廉的产品，70%参展企业均有新产品参展参会。五是依托广交会，开展承接产业转移活动。广交会期间，郑州市参加了省交易团组织的引进出口型项目承接产业转移活动。重点引进适合郑州市产业发展的电子信息、机械制造和纺织服装等项目，并与70余家外贸出口企业建立了联系。

参加第十四届中国国际高新技术成果交易会 11月16–21日，由商务部、科技部、工业与信息化部、国家发改委、教育部、人力资源和社会保障部、国家知识产权局、中国科学院、中国工程院和深圳市人民政府主办，农业部协办的第十四届中国国际高新技术成果交易会在深圳市国际会展中心举行。开幕式由高交会组委会主任、深圳市市长许勤主持，全国人大常委会副委员长路甬祥宣布高交会开幕，商务部副部长姜增伟代表主办单位在开幕式上致辞，全国政协副主席、科技部部长万钢出席开幕式。郑州市商务局、科技局、财政局、工信委、郑东新区、经开区等有关单位和部分县（市）区商务主管部门及高新技术企业60余人组团参会。

本届高交会秉承“推进科技创新，提升发展质量”的主题，全面展示了我国创新驱动发展、科技促进贸易等方面的成果。“高新技术成果交易、高新技术专业产品展、中国高新技术论坛、super–SUPER专题活动、人才与智力交流会、不落幕的交易会”等六大板块聚集参展商近3000家，总展览面积超过11万平方米。

郑州市参展企业郑州博润科技有限公司、河南宇宙人工晶状体研制有限公司、河南富耐克超硬材料有限公司、郑州冰川网络技术有限公司、正星科技有限公司、河南思达高科技股份有限公司、河南华南医电科技有限公司等，充分利用高交会搭建的平台，推介本企业的新产品、新技术，并和国内外客商进行广泛洽谈。河南约克信息技术有限公司、河南紫光物联技术有限公司等企业负责人与国内外参会企业对接项目，获取新技术信息。

参加第八届泛珠三角区域名优产品展销会 11月27–29日，第八届“泛珠三角区域名优产品展销会”在海口举办，由广东、福建、江西、湖南、广西、海南、四川、贵州、云南九省（区）政府以及香港、澳门特别行政区政府共同推动的泛珠三角区域“9+2”合作模式，是中国规模最大、范围最广的区域合作，本次采购洽谈活动覆盖农副产品、电子信息、医药、食品和轻纺产品等多个行业。

郑州市受海南省商务厅邀请参加第八届“泛珠三角区域名优产品展销会”农副产品购销对接洽谈会。郑州市农产品流通龙头企业河南万邦农产品物流有限公司作为本次洽谈会上台签约的两家企业之一（另一家为山东寿光农产品物流园），与海南省蔬菜生产基地、专业合作社及种植大户等签署了12万吨的蔬菜购销订单。

【国家农产品现代流通综合试点项目建设】 国家农产品现代流通综合项目试点工作自2010年开始，连续两年在全国部分省份集中开展。郑州市2010年、2011年分别入选国家项目试点城市，包括大型农产品批发市场基础设施建设、“农超对接”项目建设等。全市综合试点项目共11个，分别是河南万邦国际农产品物流股份有限公司、郑州信基调味品城有限公司以及郑州毛庄绿园实业有限公司等承办的批发市场基础建设项目，由郑州双汇连锁商业有限公司、好想你枣业股份有限公司、北京华联综合超市股份有限公司、河南华润万家生活超市有限公司与企业优选合作社承办的农超对接项目，以及郑州百姓购物广场农贸市场建设项目。

3月12–14日，郑州市对国家农产品现代流通综合试点项目进行初审自查，共有6个项目，分别是河南万邦国际农产品物流股份有限公司、郑州信基调味品城有限公司承办的批发市场基础建设项目，北京华联综合超市股份有限公司与登封市金辉种植专业合作社承办的农超对接项目，河南华润万家生活超市有限公司与惠济区旭航种植养殖专业合作社承办的农超对接项目。

3月31日–4月9日，省商务厅对郑州市承担的国家农产品现代流通综合试点进行审计验收，启动省级复审验收程序。

6月5–6日，省商务厅、省财政厅组成联合验收组，对郑州市承办的国家农产品现代流通综合试点项目进行验收，全部项目复审验收均为通过。

【农超对接工作通过省级评审】 12月10日，省商务厅、省财政厅组织专家对郑州市2012年度农超对接试点工作进行评审。按照财政部办公厅、商务部办公厅《关于2012年开展农超对接试点有关问题的通知》及《补充通知》要求，郑州市确定郑州丹尼斯百货有限公司、永辉超市河南有限公司和河南华润万家生活超市有限公司为2012年度农超对接试点企业，并制定了郑州市农超对接工作实施方案。

专家组对郑州市上报的工作方案及申报企业情况进行审核，专家组一致认为郑州市方案制定符合国家政策要求及郑州市实际情况，企业资质均能够达到国家申报标准，评审结果为“通过”。

【省商务厅检查郑州市中央财政内贸发展专项资金项目】 8月29–30日，省商务厅对郑州市2012年中央财政内贸发展专项资金项目管理情况开展检查。检查共涉及项目17个，其中万村千乡市场配送中心与乡镇商业中心项目3个，农产品现代流通综合试点项目11个，再生资源回收利用体系项目3个。进一步规范了内贸专项资金项目的建设、管理工

农贸市场建设

作，明确了内贸专项资金使用监督管理的重点环节，健全了项目安排、审核的工作机制，保证资金安全高效使用。

【集贸市场整治提升】 在市提升办的统一领导下，市商务局、市市场发展局、市工商局、市食品药品监督管理局、市爱卫办紧密协作，齐抓共管，认真落实《郑州市城市管理整治提升五年工作方案》有关要求。一是成立“郑州市集贸市场综合整治指挥部”，由市商务局副局长张福清任指挥长。二是由市商务局牵头，起草制定《郑州市集贸市场整治提升五年工作方案》。该方案对集贸市场整治提升工作的指导思想、总体目标、整治提升标准、总体时间安排、工作措施、考评办法、责任分工等作出明确规定，在征求市直有关单位和各区意见后，上报市提升办审核后印发全市执行。三是制定完成市集贸市场整治提升各项规章制度。针对工作实际，制定各区政府（管委会）、市直有关单位开展集贸市场整治提升工作考评办法和《郑州市集贸市场整治考核评分标准》，作为集贸市场整治提升督导检查的重要依据，同时建立日报、周报和限期整改制度，及时跟踪发现问题和解决问题。四是建立周例会和月汇报制度，统一工作思路，深入推进集贸市场整治提升工作。五是建立全市集贸市场问题台账，详细了解集贸市场建设与管理中存在的基本问题，增强工作的针对性和方向性。六是加强宣传，指挥部内设宣传组，与新闻媒体积极协作，特别是借助新型媒介手段加强集贸市场整治提升宣传工作，同时督促和引导市场开办者要通过办专栏、发放宣传单、广播通知等方式加强集贸市场整治提升宣传，确保实现“让市民知道、让市民监督”两个目标。自3月下旬以来，组织全市性明察活动4次，暗访活动16次，检查市场52个，集贸市场环境卫生明显好转。

12月20-26日，市集贸市场综合整治指挥部对集贸市场达标评比工作进行验收。验收重点是全面检查市场商户依法经营和食品安全管理情况，要求各区进一步加强市场运营监管力度，无证经营商户限期办理各项证照，对不符合食品安全规定的要采取撤柜、扣押等措施，督促整改，确保食品安全卫生，让市民放心消费、开心消费。

【马懿视察节前市场供应】 1月12日，市委副书记、代市长马懿带领市直机关部门负责人，深入超市、农贸市场和食品企业，察看省会春节市场供应和食品安全情况。市委常委、副市长薛云伟陪同察看。

马懿一行先后到华润万家超市南阳路店、寺坡农贸市场和三全食品股份有限公司，察看省会春节市场供应和食品安全情况。马懿强调，民以食为天，保证让人民群众吃上安全、放心的食品，是政府义不容辞的责任。

【蒋耀平考察郑州富士康项目】 2月27日，商务部副部长蒋耀平一行，在郑州参加全国机电和科技产业商务工作会议期间，专程到郑州新郑综合保税区考察富士康郑州项目。省商务厅厅长李清树、郑州市委常委、副市长薛云伟，综保区管委会主任张延明等陪同考察。

蒋耀平一行首先到综保区报关大楼，听取海关等相关部门负责人的情况介绍；之后参观位于综保区内的苹果手机生产车间，并就有关生产情况和企业负责人进行交流。

参观完毕，召开了由省市有关领导和富士康郑州项目负责人参加的座谈会。薛云伟主持会议，富士康郑州项目负责人和张延明分别汇报了富士康郑州项目和综保区有关情况。

蒋耀平对郑州市委、市政府在承接产业转移和招商引资工作方面作出的巨大努力和取得的优异成绩表示高度赞赏，对富士康郑州项目建设进度和出口情况给予了积极评价。他勉励郑州市再接再厉，在新一轮承接产业转移中抓住机遇，争取更大的成绩。

【组织县（市）流通领域市场监管人员参加培训】 3月28-30日，省商务厅在河南商业高等专科学校组织为期3天的全省流通领域市场监管暨12312商务举报投诉服务工作培训班，以提升流通领域市场监管人员的能力和水平，提高商务执法队伍和12312服务机构工作人员的业务素质和技能。郑州市组织辖区内县（市）流通领域市场监管负责人参加培训。

此次培训班授课老师为高校专家教授和省厅业务骨干，授课内容包括商务领域法律基础、生猪屠宰定点管理、酒类流通管理、成品油管理、外派劳务管理、商务综合执法实务等与商务领域密切相关的业务知识，并到流通领域市场监管工作开展较好的济源市商务局进行实地参观考察。

（倪 永 马 虹）

供销合作

【概况】 2012年，全市供销系统紧紧围绕保稳定、抓改革、促发展这一主线，以新网工程建设为抓手，按照“政府引导、供销社承办、社会参与、市场化运作”的模式，以“巩固”“提升”为重点，改造整合原有经营网络，做大做强龙头企业，建设乡镇中心超市和村级综合服务社，圆满完成全年各项目标任务，全系统呈现良好发展态势。2012年，共完成商品销售总额251.3亿元，占年计划的120.8%，同比增长42.2%；实现利税2.3亿元，占年计划的128%，同比增长74.6%。同时，建立健全安全生产长效机制并狠抓落实，确保全系统生产经营安全无事故。

【新网工程】 2012年，全市新网工程建设累计总投资26.2亿元，新建改造营业面积52.1万平方米；培育规范龙头企业21个、配送中心14个，改扩建再生资源回收站亭1100个、分拣中心8个；建成乡镇超市230个、村级超市3112个，覆盖全部乡镇和90%以上的行政村，创造就业岗位3万多个，在全市形成县区有配送中心、村镇有连锁超市的经营服务网络。同时大力推进信息化建设，用电子商务、连锁配送等现代经营方式提升传统网络，有效改善农村消费环境，拉动农村需求，促进流通现代化。

2012年，新网工程建设取得较好成效。一是龙头企业带动能力实现新提升。市、县两级龙头企业规模持续扩张、实力持续壮大、带动能力持续增强，商品配送率和配送覆盖面大幅提高，逐步形成龙头带动、网络支撑、连锁配送、合作共赢的新格局。2012年，龙头企业销售额16.5亿元，其中配送额达8.2亿元。郑州供销超市总公司立足构建“供销大物流”，不仅建设了10万平方米的仓储物流区、先进的信息平台，而且探索出“省内次日送达、市内两小时送达、全省无物流盲点”的现代物流运作模式。在龙头企业的引领下，一大批投资大、面积大、标准高、效益好的项目投入建设，新网工程运营质量进一步提高。全系统仅10个重点项目投资额就达6亿元、建筑面积达15万平方米。其中，郑州供销超市总公司的综合配送中心建设项目和三得利农副产品加工中心的标准化仓库建设项目建筑面积都超过1.6万平方米，投入运营后效益良好。二是系统实力实现新提升。随着新网工程建设的深入开展，全系统资产总量和所有者权益连续4年保持30%以上的增幅，4年翻一番，实现资产由卖到买、由少到多，所有者权益由负变正、由少到多的转变。截至年底，全系统资产总额、所有者权益分别为24.8亿元、6.5亿元，分别是2008年的1.2倍、1.5倍。三是社会形象实现新提升。全国总社、省市领导对郑州市新网工程建设的成就给予充分肯定。市供销社连续4年荣获全省综合绩效考核特等奖第一名，被人力资源和社会保障部、中华全国供销合作总社授予全国供销系统先进集体荣誉称号，并被市委、市政府评为城市管理整治提升工作先进单位第一名。《中华合作时报》《河南经济报》《郑州日报》、郑州电视台等媒体多次宣传报道新网工程建设的经验做法，供销社的社会形象和地位进一步提升。

【稳定工作】 全市供销系统在历史遗留问题多、稳定压力大的情况下，始终把稳定作为开展各项工作的前提。一是坚持把稳定工作摆在首要位置研究

部署，发展、改革、稳定工作统筹兼顾，同布置、同考核、同奖惩。二是进一步完善信访制度，畅通信访渠道，坚持凡是职工来访都认真对待，凡是职工来信都认真梳理，凡是职工反映的问题都及时研究处理。三是定期深入基层和企业，变群众上访为领导下访，对不稳定因素做到早发现，早预案，早解决。对已发生的一些信访事项，在深入企业的过程中，做好企业和职工的沟通协调，切实把问题解决在基层，消灭在萌芽状态。四是认真做好敏感时期的信访集中活动和领导干部大接访活动，较好地化解矛盾，维护系统稳定大局，得到市委、市政府领导和有关部门的好评。2012年，全市系统到省到市群访越级访数量首次降为"零"，信访量从上年55批次227人次降到26批次53人次，较上年同期分别下降53%和77%。

【企业改革】 2012年，全市供销系统稳妥推进社有企业改革，改制终结1家，改革有实质性进展1家，其他10家按既定目标推进。各县（市）供销社社属企业改革改制工作也正在按当地政府的部署稳步推进。

【农村合作经济组织建设】 2012年，河南蜜乐源专业合作社、荥阳林果专业合作社、郑州日用品协会等一大批拥有自己注册商标、带动能力强的专业合作社、协会得到规范发展。河南蜜乐源专业合作社被国家农业部评为全国农民专业合作社示范社。新密市大隗丰园食品专业合作社、巩义市米河镇新月农副产品专业合作社入选2012年全国供销社系统农民专业合作社示范社。截至年底，全系统共发展各类专业合作社312个、协会115个、村级综合服务社2743个，入社社员达到5.2万户，带动农户3万户，年助农增收超过2亿元。

【招商引资】 2012年，全系统除争取到各级各类财政扶持资金7000万元以外，还发挥优势，吸纳社会资本投入新网工程建设，全年招商引资签约额达90亿元，实际到位4.2亿元。其中，登封市供销社牵头实施的1平方公里核心商务区建设项目引进域外资金达86亿元，一期工程投资18.5亿元，已到位1.5亿元。

（邓德邻　郭云英）

粮油购销

【概况】 2012年，全市主要粮食工作目标完成情况是：粮食收购量责任目标81800万公斤，完成184690.8万公斤,占全年任务的226%，其中夏粮收购4.99亿公斤；粮油加工转化粮食消耗量责任目标120000万公斤，完成281270万公斤，占全年任务的234%；招商引资项目责任目标1个、招商引资金额8000万元，完成19个、引进资金43亿元，实际到位资金5.1亿元；地方储备粮油按计划完成，科学储粮率达99%以上；粮食储存"一符四无"粮油率100%，超目标任务5个百分点。全市粮油储备确保数量真实、质量完好、储存安全。全系统在推进依法行政、执行粮食政策、党风廉政和政风行风建设、平安建设和信访稳定、遏制重特大安全事故、完成上级交办的工作任务等定性目标方面整体运行良好。全面超额完成省、市下达各项目标任务，未出现任何一票否决的情况。

【粮食购销】 2012年，郑州市在粮食购销方面，一是在全市城乡组织开展社会粮食、食用植物油及油料供需平衡调查，全面掌握郑州市社会粮油供需平衡情况。统计调查2011年全市粮食供应量176.4万吨，粮食总需求量383万吨，较上年上涨18.9%，为加强和改善粮食调控提供数据支持。二是扎实做好夏粮收购工作。2012年6月18日，全省启动最低收购价。郑州市国有及国有控股粮食购销企业认真落实最低收购价政策，发挥主渠道作用；市粮食局指导其他粮食收储和加工企业积极入市收购，充实库存。全市共收购小麦49.9万吨，其中按最低收购价收购19.5万吨，按市场价收购30.4万吨。全市小麦收购平均价格为2.108元/公斤，共增加农民收入约4000万元。三是积极开展秋粮收购工作。改变过去粮食收购"重夏轻秋"的做法，针对秋粮收割后玉米价格相对较弱的特点，敞开收购，共完成秋粮收购12万吨，在保护种粮农民利益的同时，积累秋粮购销经验，提高企业的经济效益。

【推进主食产业化】 2012年，国家粮食局、省政府相继出台推进主食产业化的有关文件，为在全省主食产业化发展中"挑大梁、走前头、做示范"，市粮食局认真履行牵头单位责任，认真调研，宣传先行，积极推进，推动粮食加工业共同发展。一是广泛宣传、多层次普及主食文化。以"保障粮食安全、传承粮食文化、关注大众健康"为主要内容，以主食文化和主食营养为重点，布置展板，发放宣传册，大力宣传主食文化；同时，组织相关主食加工企业通过邀请消费者到厂观摩、现场品尝、社区推介等手段，扩大居民对主食产业化产品的认知度和信任度，为主食产业化的推进创造良好的社会环境。二是组织到西安、天津考察其馒头工程，并结合郑州实际，起草《郑州市人民政府关于大力推进主食产业化实施意见》，经市政府常务会议研究后下发，确定郑州市中长期主食产业化目标，明确各项优惠政策。三是积极做好主食产业化各项推进工作。指导企业制定发展规划，组织申报示范企业，郑州市的兴泰、思念、三全、白象、云鹤等5家企业被国家认定为全国主食加工业示范企业，占全国的1/4。国家粮食局局长任正晓在调研河南兴泰等4个企业时，充分肯定郑州市主食产业化推进工作。四是推动粮油加工和精深加工较快发展。以推进主食产业化为契机，指导和帮助粮油加工企业加强创新，提高产品附加值。2012年，57家粮食企业年实际产量达438万吨；共完成工业总产值247亿元，较上年增长11%；产品销售收入255亿元，较上年增长12%；完成工业增加值40.3亿元，较上年增长31%；利税10.8亿元。

【农户科学储粮指导】 郑州市从2009年启动农民科学储粮工程，当年在全省率先完成1.5万套小粮仓发放和农户科学储粮培训工作。2012年，按照国家、省粮食局下达5万户的小粮仓计划，市粮食局精心组织，科学制订工作方案、规范招标程序、严格技术标准，6个县（市）区共完成发放5万套小粮仓，保

现代化大型平房仓

证了农民在夏粮收割、晾晒后能及时使用小粮仓，使用小粮仓的农户粮食产后损失从8%降到2%以下，既保证粮食储存品质，又间接促进农户增产、增收。

【粮食检验监测体系建设】 2012年，郑州市积极推进粮食检验监测体系建设，不断提升粮食质量监测能力和水平，维护粮食生产者、经营者和消费者的合法权益，保障粮食质量安全。一是加强组织领导。成立粮食安全监管领导小组，与各储粮单位层层签订储粮安全责任书，形成上下对应、一级抓一级、层层抓落实的粮食质量安全监管协调新机制。二是增添检测设备。郑州市粮油质量检测中心购置检测仪器设备，并对化验室进行整修，使之全部达到防尘、防风、防爆、防震等要求。三是加强社会宣传。市粮食部门通过悬挂标语、横幅，制作展板，发放宣传资料，设置咨询台，现场试吃等方式，开展丰富多彩的社会宣传活动，提高群众鉴别粮油食品优劣的能力，对粮食质量安全重要性的认识，形成质量安全群众参与、社会关注、共同监督的良好氛围。四是构建检测体系。建立以市粮油质量监测中心为主体的粮食质量监测平台，重点抓好新收获粮食的品质测报，包括等级、水分和卫生指标；承担辖区内各级储备粮、政策性用粮的质量监测与抽查。五是参与食品安全管理。7月，郑州市粮科所以全市公开招标第二名的成绩中标郑州市大宗食品检验，承担郑州市大米的食品安全检验，由于检测准确、工作完成好，又被增加了食用油、杂粮和面粉检测任务，全年共完成检验任务970批次。

【军粮供应】 2012年，郑州市军粮供应坚持“以兵为本、综合保障”的服务宗旨，努力构建“平时供应、急时应急、战时应战”的全天候军粮供应保障体系。一是积极开展军粮竞价采购资格审查工作。按照全省军供会议精神，郑州市军粮供应中心成立了河南省军粮采购审查小组，对郑州、平顶山、许昌区域内的军供小麦粉和大米竞标加工供应厂家进行资格审查，通过听取汇报、座谈、查阅资料、实地查看等方式，最终确定2个厂家，给予军粮加工供应资格。二是严格执行军粮入库“一车一批一检”验收制度，设立军粮质量化验室，保证军粮供应质量安全。三是制定《郑州市军用购粮卡系统设备使用管理规定》，抽调专人管理，并与各军供网点签订责任目标保证书，严格手续交接和登记制度，确保军用购粮卡系统设备安全运行。四是优化服务方式，主动服务部队，切实做好品种串换，保证军粮全天24小时供应。五是定期走访慰问驻地部队，听取广大官兵的意见和建议，进一步密切军地关系，为共同搞好军粮保障工作打下基础。

【监督检查】 郑州市把依法行政，维护市场正常秩序作为粮食工作的重点之一。一是严格按照程序办理粮食收购许可证和履行行政复议职责。对粮食收购资格申报者严格审核、严格把关，实行一次性告之，合格一家，办理一家，对不符合标准者，坚决不予审批。2012年新办理粮食收购许可证12家，并按上级规定完成了粮食收购资格核查工作。全年办理行政复议案件2件，做到工作细致、定纷止争、案结事了。二是加强日常监管。及时组织对粮食出入库、统计制度执行情况、政策性粮食出库和供应等方面的检查监督，确保各项政策制度的有效落实。三是精心做好年度粮食库存检查和夏粮收购专项检查。库存检查中，成立组织、加强协调、精心安排，通过自查、普查，全市各种性质粮食账实相符，质量符合国家标准；夏粮收购专项检查，共进行专项检查193次，检查收购主体207个次，对不符合规定的给予相应的行政处理，规范了粮食市场。四是加强队伍建设。开展执法培训，建立市粮油库存检查专业人才库，进一步完善权责明确、行为规范、监督有效、保障有力的粮食执法体系；开展监督检查示范单位创建活动，对照标准，一一落实，不断加强制度建设、机构建设和队伍建设，全市监督检查整体水平得到较大提升。五是加大对涉粮案件的查处力度。设置专门电话和信箱，关注网络等媒体舆情，认真做好举报、投诉的受理和处理工作。

【行业管理】 郑州市粮食管理部门将管理和服务紧密结合，通过服务提高管理水平。一是加强粮食仓储管理。层层签订储粮安全责任书，严格保管员、化验员持证上岗制度；严格“一、三、七”粮情检测制度、粮情分析制度；积极推行“科学保粮技术”，积极探索绿色储粮，确保粮食储存安全。二是强化轮换管理。严格按照郑州市地方储备粮管理办法，按照市本级储备粮年初下达轮换计划，落实制度、落实责任，严格实行分仓审批制度，严格入仓验收。全年市本级储备粮油轮换计划全部完成，各县（市）区储备粮也按各自的轮换计划顺利完成，确保地方储备粮油100%“一符三专四落实”，粮食常储常新。三是扎实开展文明单位创建活动。市粮食局始终将创建工作和业务工作有机结合，开展各项丰富多彩的创建活动，顺利通过省级文明单位重创验收，被河南省委、省人民政府命名为省文明单位。

（吴　晓）

投资促进工作

【概况】 2012年，郑州市进一步加强与新亚欧大陆桥沿线城市的交流与合作。（1）密切关注大陆桥网站，收集和交流新亚欧大陆桥区域经济发展信息。每月及时收发《大陆桥视野》杂志，收集、整理有价值的经济信息，做好与新亚欧大陆桥及陇兰经济促进会文件收发工作。（2）积极参与陆桥沿线城市活动。3月，郑州市与陆桥沿线城市领导在北京举行联谊活动，围绕加强陆桥沿线城市经济合作、促进优势互补共同发展主题进行深入交流，并共同签署议案和建议提交全国人代会，请求国家和有关部委对陆桥经济带的发展给予高度关注和支持。（3）积极参与陇海兰新经济促进会活动。6月，陇海兰新经济促进会第十三次年会在太原市举办，郑州市上报了陇海兰新经济促进会理事会的推荐人员名单。会议确定郑州市委常委、副市长薛云伟任陇海兰新经济促进会副理事长。

现代化粮食仓储企业出粮情况

【友好城市交流与合作】 2012年3月，市人大常委会主任白红战及常委听取了《国内友好城市缔结交往情况的报告》，并提出加强友好城市交流与合作等建议。会后，郑州市组织了以市人大常委会副主任李元法为团长的友好城市代表团，走访调研友好城市南宁、福州及友好合作城市深圳。通过组织国内友好城市领导的高层互访，密切了与各友好城市之间的友谊，借鉴了各友好城市在城市建设和管理、对外开放和经济发展等方面的成功经验。

4月，由连云港市委书记、市人大常委会主任李强率领的连云港市党政代表团到郑州市参观考察，双方签署了连云港市与郑州市共建国家东中西区域合作示范区战略合作框架协议。

11月，以石家庄市副市长王大军为团长的学习考察团来郑，考察团参观考察了郑州高新技术产业区、经济技术开发区、新郑综合保税区和证券交易所。双方在座谈会上交流了都市区建设、新区建设以及开发区建设等方面的经验，并就新形势下县域特色产业发展、合作模式进行了深入探讨。

【驻郑单位联络服务】 做好日常业务咨询、人员接待、业务受理及证件办理工作。新备案登记外地驻郑办事机构180家，换证206家，注销证件12家。截至年底，在郑州市备案登记的外地驻郑办事机构合计1972家，正常开展工作的有1280家，外地市、县级政府设立办事机构的有25家。

积极为驻郑机构搭建平台，开展经济交流活动。2012年,每季度分行业举办一次外地驻郑办事机构座谈会，加强了相关行业驻郑办事处之间的横向联系。

积极做好外地驻郑机构走访工作。2012年，市投资促进服务中心走访了中联重科股份有限公司、杭州娃哈哈集团有限公司、深圳科源科技工程发展有限公司等12家驻郑机构，了解企业及驻郑机构的发展情况和需要解决的实际问题，主动牵线搭桥，多方协调，搞好服务。

做好档案管理工作。及时归档、规范管理外地驻郑办事机构提供的备案材料，及时更新驻郑机构电子档案库。

（陈　丹）

会展业

【概况】 2012年，郑州市举办展览158个，较上年增长12%，完成全年目标的102.6%；展览面积175万平方米，同比增长12.9%，完成全年目标的102.9%。举办3万平方米以上的大型展会12个，展览总面积77.15万平方米；举办全国性流动展会5个，展览面积18.88万平方米；新创办展会6个，展览面积6.8万平方米，举办大型节庆活动17个，全市会展业实现经济社会效益约150亿元。

【新会展场馆选址规划】 经过对航空港区、宜居健康城、中牟产业园、汽车城、郑州华南城等选址方案进行调研论证后，选址确定在华南城。成立华南城新会展中心建设组，由市会展办牵头，新郑市政府和市财政、规划、国土等部门及华南城控股有限公司共同参与，建立项目推进周例会制度。先后赴深圳、武汉、成都、重庆、北京、上海、沈阳等地考察大型展馆的开发、投资、建设模式。新会展中心及会展配套设施的规划布局已形成初步意见，委托北京市建筑设计研究院为展馆做概念性规划。

【流动展会申办】 2012年，市会展办加强与流动展主办方合作，创新申办展会模式，争取知名展会主办方在郑建立分支机构或设立分展。建立会展办、郑州香港会展管理公司、郑州国际会展有限责任公司三方联动申办流动展会机制，积极拜访易通全联（北京）国际展览公司、中国奶业协会、国药励展展览有限责任公司等办展机构，开展流动展会申办工作。2012年申办到全国汽车配件交易会、中国国际奶业展览会、中国植保信息交流暨农药械交易会、第十三届全国医疗器械区域博览会暨2012绿色医院解决方案博览会等5个流动展会，展览面积18.88万平方米。申办到2013年度的全国肥料信息交流暨产品交易会、全国农业机械展览会、第八届中国中部投资贸易博览会等流动展会3个，展览面积12.75万平方米。

【品牌展会扶持】 2012年，郑州市发布“2012年郑州市重点引导支持展会目录”，筛选出19个发展势头好、潜力大的展会项目作为重点引导支持展会进行重点扶持。发挥会展业发展专项资金引导作用，开展对2012年春季全国汽车配件交易会暨全国汽车配件采购交易会等31个展会项目的资金申请受理、资料审核和现场评估等工作，依照扶优扶强的原则，按照有关政策规定严格工作流程，重点支持符合郑州市会展产业导向和市场优势的展会项目。

【会展公共服务】 2012年，市会展办认真落实会展联席办公会议制度，重点做好全国汽车配件交易会、中国国际汽车后市场博览会、江苏产品万里行郑州展销会、第四届中国国际发制品展览会、第十三届全国医疗器械区域博览会暨2012绿色医院解决方案博览会、河南家禽交易会、第五届中国国际汽车展览会等展会的服务工作，联合宣传、公安、交通、城管、卫生等部门，共同为主办方在新闻宣传、领导邀请、交通保障、展馆协调、观众组织等方面做好服务，为展会主办方在郑办展办会提供优质服务。

【会展市场秩序管理】 为加强对全市会展市场的管理，市政府办公厅下发《关于进一步加强会展管理的通知》（郑政办〔2012〕82号），建立大型会展联席办公会议制度、快速反应机制和责任追究制度等，建立健全工作机制，加强依法管理。对全市办展单位进行备案登记，掌握企业基本信息。认真落实会展活动登记备案制度，对举办单位的资质、展览项目内容进行认真审查，引导举办单位规范办展，逐步建立展前把关、展中和展后监护的全程监管模式。

【会展宣传推介】 为吸引国内外办展机构来郑发展，先后在上海和成都举办郑州会展业（上海）推介会和豫籍会展企业家论坛。郑州会展业（上海）推介会邀请到全球展览业协会主席、上海市商务委员会副主任陈先进等领导以及上海市国际展览有限公司、法兰克福展览(上海)有限公司等50多位知名展览公司负责人参加活动，推介会宣传郑州办展环境，吸引知名办展机构来郑发展。借助第八届中国国际会展文化节这一平台，同期举办豫籍会展企业家论坛，邀请著名专家学者、知名展会主办方，以及优秀豫籍企业家参加会议，宣传推介郑州办展环境，邀请优秀豫籍会展企业家回家乡开拓业务。

【会展工作主要特点】 *会展主体运营水平提升* 2012年，郑州市办展主体中，与全国商协会、知名展览机构合作办展的有13家，占全市办展单位总数的18%，主办方注重与国际或全国重要行业协会合作，提升运营管理水平。郑州市按照扶优扶强的原则，重点培育会展龙头企业发展。郑州国际会展中心托管合作第一个合作期限已到，郑州国际会展有限公司在前期友好合作基础上多次深入谈判合作事宜。双方在人事、财务等方面达成一致性意见，进一步明确责权利，提高郑州国际会展中心国际化管理水平。郑州鑫达实业有限公司与全球最大的办展机构英国励展展览集团合资组建河南励展宏达展览有限公司，引进先进的管理理念和国际营销资源，共同打造中国国际汽车后市场博览会暨中国汽车用品（郑州）交易会。

会展与节庆活动共同发展 2012年，郑州市会展业快速发展的同时，节庆活动也得到不断丰富，先后举办了壬辰年黄帝故里拜祖大典、第九届中国郑州国际少林武术节、2012郑州·中国绿博园彩灯艺术节、2012年新春文化庙会、第六届郑州樱桃节、中牟西瓜节暨大蒜贸易洽谈会、郑州国际啤酒节、中华枣乡风情游暨第十届好想你红枣文化节、郑州首届黄河湿地文化节等一系列影响广泛、特色突出的节庆活动，丰富

了会展的内涵，形成专业展览和特色节庆同步发展，整体提升的良好局面，促进了“大会展经济”格局的形成。

自主品牌展会实力增强 2012年，郑州市自主品牌展会实力增强。全年全市办展单位举办展览132个，占全市展览数量的84%；展览面积145.51万平方米，占全市展览总面积的83%。外地办展单位举办展览26个，占全市展览数量的16%；展览面积29.53万平方米，占全市展览总面积的17%。本地办展主体处于主力地位，自主品牌展会规模质量较上年显著提升，展会实力不断增强。3万平方米以上的12个展会中，自主品牌展会达到10个。自主品牌展会规模增长迅速，中国国际汽车后市场博览会展览面积20万平方米，比上年增长43%；春季大河车展展览面积5.2万平方米，比上年增长24%；第二届中国郑州国际家具博览会展览面积3.35万平方米，比上年增长458%。

新创办展会数量多质量高 2012年，郑州市新创办展会项目6个，展览面积6.8万平方米，新创办展会数量多质量高。办展机构结合特色产业、消费热点和专业批发市场优势，积极创办有特色、有实力、有市场的展会项目。中国建筑机械工程机械（郑州）博览会将长葛产业优势和郑州会展优势相结合，推动展会快速发展。郑州国际玉文化博览会暨2012中国昆明泛亚石博览会郑州巡展设立玉雕精品展区，档次高品质优。

会展国际化程度提升 郑州市会展业国际化程度不断提高，展会的国际参展比例不断提高，会展主体的国际化步伐不断加快。第十八届郑交会国外参展企业达132家，参展展位310个，展出面积为6000平方米，参展面积较上年增加25%，参会国家之广、国际参展企业数量之多、国际展出面积之大均创历史之最。第四届中国国际时尚发制品及美容美发用品展览会共有来自南非、英国、加拿大等国家和地区的150多位国外专业买家到会采购，并首次吸引了来自日本、韩国等国外企业参展。郑州市会展主体不断加强与国际会展组织的联系合作，郑州宏达实业有限公司与英国励展集团合资成立河南励展宏达展览有限公司，这是继郑州好博塔苏斯展览有限公司之后成立的又一家合资会展公司。

会展专业化程度提高 2012年，郑州市举办专业性展会153个，占全市展会总数的97%，专业性展会展览面积161.84万平方米，占全市展览总面积的92%。专业性展会主要集中在汽车/交通工具、房产/建筑/装潢、农/林/牧/渔等领域。汽车行业展会规模大质量好，展会数量11个，展览总面积49.5万平方米，展会题材涉及汽车配件、汽车后市场用品、整车等汽车产业链的各个专业领域。农业类展会数量共11个，展览总面积22.2万平方米，涉及农业生产、加工、植保、机械、养殖等全产业链，实现展会与优势产业相互促进，融合发展，专业化程度不断提升。

会展市场化程度较高 2012年，郑州市民营企业举办展览123个，占全市展览数量的78%；展览面积133.19万平方米，占全市展览总面积的76%。国有企业举办展览18个，占全市展览数量的11%；展览面积22.3万平方米，占全市展览总面积的13%。政府单位举办展览10个，占全市展览数量的6%；展览面积10.75万平方米，占全市展览总面积的6%。社会团体举办展览7个，占全市展览数量的4%；展览面积8.8万平方米，占全市展览总面积的5%。民营企业成为郑州市会展业的中坚力量，政府主办展会在策划、招商等方面加大市场化运作份额，郑州市会展业市场化程度逐步提高。

会展展出情况

【举办第十八届郑交会】 第十八届郑交会被商务部列入2012年度引导支持展会，展会权威性和影响力得到提高。组委会进一步优化调整专业展区，严格审核招展单位，全程监控招展过程，确保招展工作公平有序。国内招商务实有效，赴福州、烟台、哈尔滨、南宁等地参加同类型展会，邀请客商参展参会。国际化招商成效显著，赴印尼、文莱、新加坡、老挝、柬埔寨等地举办郑交会推介会，拜访当地知名商会。

本届郑交会国际化程度大幅提高，参会国家之广、国际参展企业数量之多、国际展出面积之大均创历史之最。展会总展览面积达8万平方米，其中，室内面积5.5万平方米，室外面积2.5万平方米。设置特装展位51个，标准展位1438个，划分为17个专业展区，参展企业2000余家。马来西亚、泰国、越南、缅甸、老挝、津巴布韦、韩国、台湾、香港等国家和地区参展企业达132家，参展展位310个，展出面积6000平方米，较上年增加25%，涉及特色食品、工艺品和红木家具等多个品类。广州、深圳、青岛、浙江、乌鲁木齐、福州、昆明、宿州、太原、南宁、西安、宝鸡等12个国内友好城市以及开封、平顶山、焦作等14个省辖市组团参展参会，展会的观众人数在20万人次以上。

【郑交会被商务部列为2012年引导支持展会】 商务部组织专家对各省、自治区、直辖市、计划单列市商务主管部门及各大行业联合会向商务部推荐的展会进行评审，发布2012年商务部引导支持展会名单，确定108个展会项目作为2012年商务部引导支持展会，有效发挥重点展会示范效应，推动展览行业健康发展。由河南省人民政府主办，郑州市人民政府、河南省商务厅承办的郑州全国商品交易会名列其中，这是郑交会自2010年以来连续第三次被商务部列为支持引导展会。经过17年精心培育，郑交会影响力、辐射力不断增强，郑交会展览面积已达8万平方米，参会观众20万人次左右，成为中部地区乃至全国日用消费品领域重要的展会之一。

【郑州入围中国最受欢迎会展城市】 2012年，《中国会展》杂志社发布中国会展行业信心指数调查，郑州与北京、上海、广州、成都、杭州、深圳一同入围“中国最受欢迎的会展城市”。

调查根据近年各大会展城市办展数量、规模、承接海外大型会展能力、服务水平等多项指标进行综合考核，最终确定入围名单。在2009–2010年中国会展城市展会数量排名及展会面积排名中，郑州分别以2009年的第七、第八，2010年的第八、第七，位于中西部会展城市首位。

【郑州鑫达公司与英国励展博览集团建立合资展览公司】 6月6日，郑州鑫达实业有限公司与英国励展博览集团在索菲特酒店举行签约仪式，双方合作建立合资展览公司，共同打造中国国际汽车后市场博览会暨中国汽车用品（郑州）交易会。市委常委、副市长薛云伟，省商务厅巡视员耿建国，励展博览集团亚太区商业和战略执行副总裁陈添顺,励展博览集团国际商务总干事约翰克雷格等出席签约仪式。

郑州鑫达实业有限公司于2005年创办中国国际汽车后市场博览会暨中国汽车用品（郑州）交易会。励展博览集团总部在英国，旗下33个分支机构遍布世界，涉及行业及地域广泛。此次是该集团首次布局中国中西部地区。

【郑州会展业（上海）推介会举办】 7月17日，由郑州市会展工作管理办公室主办，郑州香港会展管理有限公司承办的郑州会展业（上海）推介会在上海锦江饭店举行。全球展览业协会主席、上海市商务委员会副主任陈先进，上海市会展行业协会会长吴承璘，郑州市会展办副主任李乔松、王亚平，郑州国际会展有限责任公司董事长宋加利，郑州香港会展管理有限公司副董事长Hugh Scrimgeour，郑州国际会展中心总经理温忠东等领导出席会议。来自上海市国际展览有限公司、法兰克福展览(上海)有限公司等数十家上海知名展览公司有关负责人参加推介会。

李乔松首先致辞，希望在已有的合作基础上，进一步建立健全合作机制，不断取得更加丰硕的成果。

上海会展行业协会会长吴承璘在致辞中讲道，郑州历史文化底蕴深厚，产业体系完备，希望有更多的上海会展企业到郑州开拓业务，合作发展。

王亚平向与会嘉宾介绍了郑州市会展业发展优势及前景。

（倪 永 马 虹）

旅游业

综 述

【概况】 2012年，郑州市旅游局认真贯彻落实市委市政府各项决策部署，坚持以大项目引进、集聚区发展和公共服务配套为抓手，精心谋划，扎实工作，圆满完成了年度各项目标任务，旅游经济快速增长。据统计，2012年，全市共接待国内游客6158.2万人次，同比增长13.5%；国内旅游收入690.1亿元人民币，同比增长18.93%；接待入境游客42.2万人次，同比增长9.9%；外汇收入1.58亿美元，同比增长7.05%；实现旅游总收入700.08亿元人民币，同比增长18.68%。截至2012年年底，全市备案景区91个，3A级以上旅游景区24个（其中5A级旅游景区1个，4A级旅游景区7个，3A级旅游景区16个），三星级以上旅游饭店85个（其中五星级旅游饭店5个，四星级旅游饭店22个，三星级旅游饭店58个），旅行社202家，旅游车、船近600台，直接从业人员近10万人。旅游业正逐步成为推动经济社会发展的重要力量。2012年，郑州市在福布斯中国大陆旅游业最发达的城市中排名第十六位；郑州市旅游局荣登2012中国旅游总评榜“年度最具推广力国内旅游局”榜首。

【项目建设稳步推进】 《郑州市旅游产业发展规划（2012–2020）》及3个专项规划设计、《郑州旅游目的地建设三年行动计划》《郑州黄河滨河公园总体规划(2011–2030)》编制完成。郑州国际功夫文化产业园（登封）、郑州东部（中牟）娱乐产业集聚区总体策划与概念性规划初步完成。郑州市旅游集散咨询服务中心顺利立项，并列入市行政公共文化服务区总体规划。2012年，全市争取省旅游发展专项资金250万元，对11个重点项目奖补670万元，吸引项目投资14.19亿元。新郑、巩义、登封不断加大旅游资金投入，项目建设成效明显，全市45个在建项目当年完成投资18.5亿元。绿博园、中原福塔成功创建4A级景区，二七区樱桃沟成功创建3A级景区，精品景区建设迈出新步伐。惠济区绿源山水温泉度假区、巩义市杜甫故里景区、中牟方特欢乐世界和登封锦鹏生态园主题酒店相继建成开放，大东区旅游集聚区、嵩山旅游集聚区、沿黄旅游集聚区初步形成。伏羲山大峡谷旅游区和郑州斐德利尔国际酒庄项目成功落地，签约金额达40亿元人民币。

【宣传营销创新发展】 公开征集确定了郑州旅游标识和主题口号，城市CI设计取得新突破。组织摄制了郑州旅游宣传片，郑州旅游广告片在央视4套《海峡两岸》栏目播出。创新实施了“杜甫”“刘洋”名人营销，借助微博达人实施微营销，采用“快闪”新形式实施新闻营销，扩大了外在影响。策划组织“最郑州”旅游摄影大赛系列活动，二七、新郑、管城、金水、中原积极开展旅游服务进社区、进乡村活动，累计发放宣传品17万份，强化了本地宣传。组织赴东北地区开展旅游促销，积极参加各类专业展会，邀请港澳台、韩国、印度尼西亚、德国旅行商等来郑州市考察踩线，持续开发国内外市场。继续推动中原经济区城市旅游联盟城市的务实合作，主导召开了“5•19”联盟产品展销会和联盟年会，联盟秘书处确立常设郑州市旅游局。联合开封、洛阳、焦作赴京开展社区营销，参与发起成立了南水北调中线城市旅游联盟和京广高铁沿线城市旅游推广联盟等区域合作组织，与开封市签订了郑汴一体化旅游合作协议，强化了区域合作。

【旅游环境不断优化】 登封市高度重视嵩山少林景区综合整治工作，凝心聚力，全面整改，投入资金3000万元整改提升，最终以971分的优异成绩，顺利通过国家旅游局的5A级复验；省旅游局还在少林景区召开了景区建设现场观摩会。郑州市在全省率先启动景区质量等级暗访复核、限期整改、约谈负责人等管控机制，整体管理效能明显提升。高度重视游客满意度工作，继续组织模拟测评，定期发布排名。登封、荥阳、新密等县市持续加大力度，游客满意度明显提升。2012年，郑州市游客满意度

11月28日，省委第六巡视组旅游工作座谈会召开

在全国年度排名明显前移，受到国家旅游局、市委市政府领导充分肯定。2012年，郑州市落实旅游包机、招徕游客先进旅行社、优秀导游员等奖励资金近460万元，产业促进政策得到有效落实。同时，旅游市场监管力度明显加大，全年联合检查32次，落实专项检查156次，受理游客投诉43起，承办行政执法类案件近百起，为游客挽回损失近7万元，树立了郑州旅游的良好形象。旅游安全生产工作扎实有效，积极开展安全隐患排查督办专项行动，狠抓季节性安全预防，被市政府评为“安全生产达标单位”；世纪欢乐园景区受到国家旅游局旅游安全检查组好评。

【公共服务日趋完善】 2012年，郑州游客信息咨询服务中心现场接待境内外游客近两万人次，免费赠阅宣传品近3万套，12301旅游服务热线受理咨询电话近4万个，信息传播功能明显增强。郑州市旅游局官方网站点击量突破23万人次，荣获全省地市旅游局官网评估第一名、全国优秀旅游目的地网站等荣誉；积极推进全省旅游863工程任务落实，旅游信息采集与传播能力不断提升，郑州市入选“国家智慧旅游试点城市”。投入资金120万元，在部分主干道增设了旅游交通标识牌58块，新（改）建旅游星级厕所52座，落实建设补贴533万元，A级景区旅游厕所三年整治任务基本完成，旅游服务配套设施更加完善。

【重点任务完成出色】 扎实推进“百村万户”旅游富民工程，投入旅游发展资金20万元，帮助新密市草庙村等6个村成功创建河南省特色旅游村，在全市97家窗口单位摆放“郑州旅游图”任务圆满完成，市旅游局被评为民生实事办理先进单位。认真开展“坚持依靠群众、推进工作落实”长效机制驻村工作，指导帮助登封市少林街道玄天庙村成功申创“河南省特色旅游村”。出色完成了世界旅游城市市长论坛相关筹备工作，在论坛贵宾邀请、市领导主旨演讲、特装展和世界旅游城市“欢乐大巡游”等工作中成绩突出，受到国家旅游局和省市领导的一致好评。圆满完成黄帝故里拜祖大典、国际少林武术节、农博会等重大活动的相关保障任务，高标准完成了旅游援疆活动组织、投资担保公司规范整顿、全国一类语言文字创建等任务，多次受到上级通报表彰。

【自身建设全面加强】 2012年，郑州市旅游局高度重视协会建设，精心组织了旅行社分会、星级饭店分会和旅游景区分会会员大会，修订了章程，协会建设取得新进步。以服务技能培训和职业道德教育为重点，继续在全行业开展创先争优、质量提升活动，高标准组织了全市导游大赛，并在上级组织的导游大赛中勇创佳绩，获省导游大赛4个一等奖，5个二等奖，4个三等奖和4个优秀奖，名列全省第一；二七区导游员董阳以总分91.28分的优异成绩荣获全国导游大赛二等奖。

（代亚柠）

旅游管理与服务

【“春节黄金周”旅游市场安全检查工作】 为确保“春节黄金周”假日旅游市场繁荣有序，切实做好假日旅游安全工作，2012年1月18日，郑州市政府副秘书长宋柏松，郑州市旅游局党组书记、局长龙同胜带领市假日办成员单位负责人对郑州市部分重要景区进行了安全检查。市假日办实地考察了郑州海洋馆和世纪欢乐园景区，对景区安全应急预案、安全责任制度、安全警示标志、消防设施设备、旅游项目安全情况、大型娱乐机械装备安全检测记录等相关安全工作的落实情况进行了检查。市公安局、市交通运输委员会、市质量技术监督局、市卫生局、市消防支队、市应急办等市假日办成员单位参加了此次检查活动。

【省旅游工作会议在郑召开】 2月14–15日，2012年全省旅游工作会议在郑州召开。河南省人大常委会副主任储亚平、副省长张广智、省政协副主席邓永俭、省发改委副主任靳磊、省财政厅副厅长梁太祥、省公务员局副局长陈昌芝等出席会议，省政府副秘书长万旭主持会议。省旅游局党组书记、局长范修芳代表河南省旅游局作工作报告，省旅游局其他领导就分管工作进行了具体部署。会议对48个先进集体和78个先进个人进行了表彰。郑州市导游管理服务中心导游员杨军获得“全国旅游系统劳动模范”荣誉称号；郑州市旅游信息咨询服务中心旅游网站在全省专业评估中获得第一名；郑州市导游管理服务中心、巩义市康百万庄园保护所、河南登封中国国际旅行社有限公司获得“河南省旅游系统先进集体”荣誉称号；新郑市旅游和文物局局长张向东、郑州三皇山桃花峪景区管委会主任杨军营、河南郑旅国际旅游集团有限公司董事长程长山、丰乐园大酒店总经理宋建利、河南美好假期旅行社导游任影、郑州凤凰旅行社导游何媛获得“河南省旅游系统先进工作者”荣誉称号。

2月15日，省旅游工作会议在郑州闭幕后，郑州市旅游局高度重视，会后迅速整理出此次会议精神提纲，并立即召开局党组扩大会议，传达学习全省旅游工作会议精神，并对相关工作进行安排部署，同时要求局机关各处室及直属单位全体干部职工认真贯彻落实。局党组成员还认真学习省旅游局相关领导就分管工作进行具体部署的讲话内容，对照各自分工，明确责任，深入细致地落实好各项工作。

【乡村旅游培训工作会议暨现场观摩会召开】 4月21–23日，全市乡村旅游培训工作会议暨现场观摩会在荥阳召开。来自全市各县（市）区旅游主管部门负责人，旅游乡（镇）街道、村支两委的负责人，以及部分乡村旅游企业代表160余人参加了这次培训。

整个培训工作由省内知名院校旅游专业教授和在饭店、农家乐方面富有扎实理论基础和丰富实践经验的专家授课，培训内容涵盖特色旅游村的营销和建设、导游讲解、后厨管理、服务礼仪及农家乐管理经验交流等。培训期间，还组织学员到荥阳三皇山桃花峪景区进行现场观摩交流，借鉴特色旅游村旅游开发的成功经验。此次培训，较好地发挥了规范乡村旅游服务、提升发展质量、强化产业特色，促进农户增收、引领创新发展的作用，受到了乡村旅游经

郑州市首批旅游标准化（试点）工作会议召开

营者的广泛欢迎。

【开展导游专项执法检查行动】 为认真贯彻国家旅游局"以提升旅游服务质量为中心，坚持不懈规范旅游市场秩序"的工作部署，进一步规范导游执业行为，提高旅游服务质量，郑州市旅游局在全市范围内开展了导游人员专项执法检查工作。8月25日，郑州市旅游质监所执法人员在省人民会堂、市青少年宫等旅游团队集散地对带团导游进行了现场突击检查。当天共检查32人，对河南中州国际旅行社有限公司委派的导游员刘某某、郑州金辉国际旅行社有限公司委派的导游员范某某未佩戴导游证的行为现场予以纠正，当场下发导游人员违规通知单，并对其导游证给予扣4分的处理；对河南康辉国际旅行社有限公司委派的导游员武某某、孙某、叶某某，河南中州国际旅行社有限公司委派的导游员陈某某只持导游资格证（未持导游证）带团的行为以及河南中州国际旅行社委派的导游员张某某、河南金太阳国际旅行社有限公司委派的导游员潘某未能提供导游证的行为进行了进一步的核查处理。

此次专项执法检查，严格依据《导游人员管理实施办法》，重点查处了导游不佩戴导游证上岗、不携带有效计划书、不按规定执团旗、未通过年审继续从事导游业务等违规行为。郑州市旅游局组织力量，深入旅游团队集散地和游客聚集区，集中开展检查活动。通过专项检查活动，切实提升了全市导游员服务水平，同时也为2012中国（郑州）世界旅游城市城市市长论坛的顺利召开营造了良好的旅游市场环境。

【扎实做好中秋、国庆假日旅游工作】 2012年，郑州市旅游局认真贯彻落实全省中秋节、国庆节假日旅游电视电话会议精神，及时启动假日旅游协调机制，全面部署，精心谋划，认真筹备，围绕五个重点扎实做好"双节"旅游工作，确保实现"安全、秩序、质量、效益"四统一的假日旅游工作目标。

围绕安全抓监管。全市旅游系统进一步完善和落实应对公共突发事件的防控预案和紧急救援预案，做好重点地段扩容以及旅游高峰时段人员分流等工作预案，完善应对游客拥堵等突发性事件的工作预案。联合交通、公安、安监等假日办成员单位，对市场进行安全督查，重点检查旅游客运车辆、景区车辆、游船等运载工具的安全性能，坚决杜绝"带病"上岗运营。开展"守卫平安"消防安全专项行动，对旅游星级饭店、旅游A级景区进行全面的消防安全大排查，对景区娱乐设施进行检修，及时消除隐患，杜绝各类安全事故发生，确保安全稳定。节日期间，加强对旅行社、导游员等进行监督检查，规范了其运营行为。

环翠峪之春

围绕成效抓推介。郑州旅游广告片在央视成功投放，"郑汴洛焦旅游推广联盟"联合4城市旅游局和主要旅游景区在北京市最大的社区——天通苑社区开展了社区营销活动，港中旅嵩山少林景区等单位参加了活动。活动现场，郑州市共发放3万多份宣传资料，积极宣传"天地之中，功夫之都"的郑州旅游形象，提高了郑州、开封、洛阳、焦作4市旅游在北京的知名度和影响力。以世界旅游城市市长论坛召开为契机，组织做好"欢乐大巡游"活动，做好世界旅游城市博览会郑州特装展台及全市重点旅游企业的参展工作；在市长论坛期间，开展了郑州旅游形象专版宣传工作；协助做好信阳、宜昌到郑州进行旅游推介的各项工作；借助郑武高铁开通之际，在武汉市场开展网络营销，全面展示了发展中的郑州的强大魅力。

围绕特色抓活动。为丰富中秋、国庆期间广大市民、游客的文化生活，郑州市旅游局精心组织辖区各景区点，举办各类文化节庆活动，整合推出多项旅游产品。产品共分"节庆游，品风华秋韵""采摘游，享丰硕秋实""特色游，览斑斓秋色"等三大主题，包含新郑枣乡风情游、巩义长寿山红叶节、荥阳河阴石榴文化节、惠济区黄河湿地文化节，以及赏月游、民俗游、采摘游、亲子游、休闲游等多条特色旅游线路，为郑州市民和游客奉上了丰富多彩的节日旅游大餐。

围绕规范抓管理。郑州市旅游局加强管理，分类指导，内强素质，外树形象，促进旅游行业规范提升。以《机关规范化管理手册》和《处室岗位职责手册》的编制完成为抓手，着力推进机关管理规范化，同时加强岗位权力风险排查和防控。着手制定郑州市"十佳旅行社"评选办法，开展A级景区复核和2012年全市旅游星级饭店复核工作。加快旅游标准化建设步伐，推动登封市等省级旅游标准化示范城市、示范单位的创建工作。在成功举办全市导游大赛的

玄天庙特色旅游村授牌仪式举行

杜甫故里

基础上，积极做好参加全省导游大赛的组织和准备工作。

围绕高效抓服务。为保证市民能快快乐乐出行、明明白白消费，合理依法维权，郑州市旅游质监所专门发布旅游消费提示，并公布了郑州市24小时旅游投诉受理电话12301转2、67188061。节日期间，郑州市旅游咨询服务热线12301转1，也是24小时人工服务，为广大游客及市民提供旅游信息咨询服务。“双节”期间，县（市）区旅游行政管理部门结合各自工作实际，安排专人到游客密集、人流量大、易发生安全事故的重点旅游景区全天值守，郑州市旅游局安排巡查组对各县（市）区重点景区值守落实情况进行了监督检查。

【旅游交叉检查工作座谈会召开】 2012年10月26日，郑州市旅游局组织召开了旅游交叉检查工作座谈会。来自12个县（市）区和经开区、高新区、郑东新区、航空港区参加旅游市场交叉检查的近20人，以及郑州市旅游局副局长薛宝霞和旅游质监所负责人参加了座谈会。座谈会上，各检查组组长分别汇报了异地交叉检查情况。同时，结合本单位实际，围绕如何提升旅游服务质量，如何加强执法队伍建设，提出了许多合理化建议。薛宝霞对交叉检查工作提出了具体要求。大家纷纷表示，通过听、查、看、访，学习到了兄弟县（市）区好的管理模式及经验做法，并将应用到自身的工作实践，进一步规范旅游市场秩序，提升旅游质监执法水平，促进郑州市旅游服务质量全面提高。

【旅游质监工作现场会召开】 2012年11月6日，郑州市旅游质监工作现场会在登封市召开，12个县（市）区和郑东新区、经开区、高新区、航空港区旅游行政管理部门负责旅游质监执法的分管领导、质监所长（或监管科长）、有关旅游企业的负责人以及新闻媒体记者等70余人参加了会议。郑州市旅游局副局长薛宝霞出席会议并讲话。登封市旅游质监所等5家单位作了典型发言，与会人员现场观摩学习了郑州青屏旅行社有限公司等6家单位的旅游业务档案、服务质量管理体系、旅游团队服务管理系统运用等服务质量管理标准化档案资料。会议要求，各县（市）区旅游行政管理部门要进一步提高对质监执法重要性的认识，切实加强执法队伍建设，全面提高质监执法人员素质，进一步提高质监执法工作效能，开拓创新、务求实效，切实提升郑州市旅游服务质量，高标准完成年度目标任务。

【组织“绿城公仆杯”公务员素能竞赛决赛】 开展公务员素能竞赛是岗位练兵活动的深化和持续，是争创人民满意公务员活动的重要内容，同时也是进一步提升全市旅游系统干部队伍素质及业务能力的重要举措。为进一步提升各级旅游行政主管部门的工作效能，巩固岗位练兵成果，持续提升所属人员的综合素质，按照郑州市公务员局统一部署，2012年11月22日，郑州市旅游局组织了“绿城公仆杯”公务员素能竞赛旅游管理业务决赛。此次素能竞赛决赛以笔试方式进行，考试内容出自郑州市公务员局组织编写的《郑州市公务员学习读本》（第二卷）及郑州市旅游局编印的《网格化管理——旅游服务手册》，包括公务员应知应会、旅游业务、旅游法规及网格化管理的相关知识，内容涵盖面广，题量大，对选手的基础能力及业务素质是一个全面的考察。郑州市竞赛委员会的两位领导巡视检查了考试现场，对竞赛组织及实施情况给予了充分肯定。经过此次决赛，选拔出了一批优秀业务骨干参加全市竞赛，其中有8人在全市竞赛中脱颖而出，被市人社局表彰为基本业务标兵或业务能手。

（代亚柠）

嵩山

假日旅游

【春节黄金周旅游】 2012年春节黄金周，天气晴好，为旅游市场提供了良好的出行条件。郑州市采取多项促进措施，丰富节日旅游市场，为市民提供了丰富多彩的文化旅游产品。市假日旅游协调机构和旅游经营单位扎实推进春节黄金周各项工作，确保了旅游市场各环节、各要素平稳有序地开展，实现了“安全、秩序、质量、效益”四统一的目标。

节日文化丰富多彩，名优景点客流稳升。2012年春节黄金周，郑州市根据中国传统节日文化特点，组织全市各大景区在春节黄金周期间推出了丰富多彩的节日文化旅游产品，增加了各种优惠活动，多种多样的文化旅游大餐受到了市民的欢迎。丰乐农庄、郑州世纪欢乐园、浮戏山雪花洞、郑州海洋馆等景区接待量增幅较大，有效拉动了春节旅游市场，实现了旅游接待人数和收入的稳步增长。据重点统计和抽样调查测算，黄金周期间，郑州市共接待游客233.47万人次，同比增长8.13%；实现旅游收入12.67亿元人民币，同比增长10.04%。其中，丰乐农庄接待游客11.2万人次，同比增长2.28%；郑州世纪欢乐园接待游客5.54万人次，同比增长1.54%，门票收入266.4万元，同比增长1.89%；浮戏山雪花洞景区接待游客0.74万人次，同比增长4.39%，门票收入30.62万元，同比增长7.64%；郑州海洋馆接待游客2.06万人次，同比增长23.62%，门票收入189.5万元，同比增长21.71%。

“民俗文化”异常火爆。2012年春节黄金周，一些景区围绕浓厚的传统节日气氛，纷纷推出丰富多彩的民俗文化活动与游客分享，取得了良好效果。互动参与项目备受欢迎，吸引了大批游客，黄帝故里举行了敬香祈福活动及拜祖活动，康百万庄园举办了“许愿墙上祈洪福”“龙腾虎跃抢福海”“财神送礼撞大运”“迎新春乐开怀猜谜游园”等活动，浮戏山雪花洞景区举办了“智力灯谜竞猜”“脑筋急转弯”等新春主题庆祝活动。郑州绿博园举办了“龙腾盛世，绿色家园”2012郑州绿博园彩灯艺术节，整个园区在过年的氛围中成为一座“水晶不夜城”；同时，还举办了中原龙年民族文化艺术节，糖画、剪纸、踩高跷、跑旱船、皮影戏、杂技、绣球招亲、傣族竹竿舞等民俗活动，吸引了大量游客，让游客在轻松喜庆的氛围中体味了浓浓的传统年味。

商都庙会大放异彩。节日期间，由河南省文化厅、河南省旅游局、河南省体育局、河南省供销总社、郑州市人民政府主办，河南省文化社会活动中心、河南金鹭鸵鸟园、黄河富景生态园承办的2012“春满中原”商都民俗庙会在郑州金鹭鸵鸟园拉开大幕。在黄河富景生态园景区、森林公园大众健身园内同时设立庙会分会场，共同推出商都传统庙会活动。庙会期间，金鹭鸵鸟园着力打造“龙腾中原——龙狮鼓展演”“春节拜典”“烟花鞭炮节”“民俗竞技狂欢节”四大主题活动，以百神送福、秧歌会、诗歌会、相亲会、猜谜会、跑鼓车、走灯会、寻宝会等为特色专题活动内容，极大地提高了庙会互动参与性，并与北京朝阳公园、南京夫子庙、西安芙蓉园、成都武侯祠开展东西南北中春节大联动。黄河富景生态园推出了“风情中原——民俗风情展演”“梦回秦汉——影视体验活动”“马术文化节”等。城隍庙—文庙推出各种精彩活动，继续延续多年的传统庙会。全市其他景区也围绕春节传统文化特点，推出了与庙会内容相类似的文化活动，文化旅游成为2012年春节黄金周期间的活动主题。河南博物院为观众推出听故事、做灯笼、印年画、剪窗花等活动，让观众了解春节传统风俗。商都民俗庙会深受广大市民和游客喜爱。据统计，举办庙会的4个景区每天游客接待量超过10万人次，同比增长30%以上。其中，河南金鹭鸵鸟养殖园接待游客3.49万人次，同比增长7.59%。

都市旅游产品节日走俏。随着中原经济区、郑州都市区的建设发展，“郑州人游郑州”“郑州一日游”活动逐步深入人心。2012年春节黄金周期间，许多市民趁着节日闲暇，携亲带友，游览郑东新区中央商务区、茶城、古玩城、花木城、郑州植物园等家门口的美丽城市风景。尤其是郑东新区中央商务区，节日期间吸引了5万多名游客，游客量增幅达到15%以上；郑州丰乐园大酒店通过升级改造，受到广大市民的青睐，游客爆满，共接待游客近1.5万人次，营业额达300万元。

广场、街区文化趋热。在二七广场—德化步行街、绿城广场等处，广场文化、街区文化、小型演艺等文化旅游产品走热。依托人民公园、紫荆山公园、碧沙岗公园、中博广场、百盛广场、大河广场、郑东新区如意湖文化广场、高新区文化时空广场、经开区中心广场等各大广场公园，集中开展示范性广场群众文化活动；郑州市群艺馆开展了国家级及省市级文化遗产项目展示活动；绿城广场举办了全市性民间文艺集中展演，主题为盘鼓大赛和常规性曲艺大赛。

2012年，欢乐健康郑州游推出的“郑州人游郑州直通车”“郑州、开封互动游直通车”两大旅游产品已初见成效，游客“早出晚归”“两地互游”非常方便。据统计，2012年春节黄金周期间，郑州海洋馆、郑州世纪欢乐园、金鹭鸵鸟园等景区接待来自开封的游客比往年增长10%。

自驾游继续增长　随着私家车的大幅增长，2012年春节黄金周期间，近郊游、短线游、自驾游继续增长，康身健体、陶冶情操，已经成为节日里大多数市民的选择。嵩山少林、康百万庄园、商都庙会等景区出现不同程度的汽车拥堵现象。据抽样调查显示，游客短线自驾游的比重占全市接待总量的75%以上，比上年同期增加5个百分点。省内客源地前10位依次为郑州、开封、洛阳、许昌、焦作、新乡、安阳、漯河、平顶山、南阳。在自驾游比例大幅度增长的同时，健康游前景看好。为增强体质的健康游也开始受到关注，一些亲朋好友通过爬山、出游、骑自行车等一起进行近郊旅游，在旅途中锻炼身体，健康出游的人数比往年大幅增加。

旅游者对原汁原味的乡村游、乡情游以及个性化、精品化的休闲度假产品更加关注，温泉、滑雪、赏花、品茶、康体、运动等已成为广大游客的主要休闲方式。春节黄金周期间，江南春温泉度假区、丰乐农庄、黄河大观四季温泉度假区、嵩山滑雪场等城郊乡村度假地，吸引了大量市民和游客休闲度假，景区游客接待量再创新高。丰乐农庄游客接待量比上年增长近5%，江南春温泉游客接待量比上年增长10%。

假日旅游工作机制高效顺畅。2012春节黄金周，按照省旅游假日办的工作部署，在市委、市政府的统一领导下，市假日协调领导成员单位上下联动，各负其责，齐心合力，保障各项安全预案运行有效，措施得力，确保了假日旅游安全，市场繁荣有序。

节日前夕，郑州市政府副秘书长宋柏松、郑州市旅游局局长龙同胜带领市假日办成员单位（市公安局、市交通运输委员会、市质量技术监督局、市卫生局、市消防支队等）负责人，开展了旅游安全检查活动。重点对郑州海洋馆

郑州海洋馆

少林寺塔林

和世纪欢乐园景区进行了检查，对景区安全应急预案、安全责任制度、安全警示标志、消防设施设备、旅游项目安全情况、大型娱乐机械装备安全检测记录等相关安全工作的落实情况进行了细致的检查。市假日办各有关单位、各景区高度重视假日旅游安全工作，安排部署各项工作，确保了春节黄金周期间全市旅游市场的安定有序。

节前和节日期间，郑州市旅游局就春节黄金周假日期间安全管理等问题专门召开会议。局党组书记、局长龙同胜明确提出了狠抓落实、加强衔接、确保安全的三点要求，并由局领导带队，分区、分片负责，重点做好安全检查、旅游咨询投诉、景区值守、信息预报等项工作。各县（市）区旅游部门对重要地段和重点项目进行了安全排查，在主要景区进行值班值守。巩义市、登封市、新郑市对春节黄金周旅游安全工作高度重视，主要领导带队检查旅游安全。各相关部门展开了拉网式排查，加强管理，严格执法。市公安局、市质量技术监督局、市工商局、市交通委、市卫生局、市物价局、市城市管理局、市消防支队等部门各司其职，确保市民过上一个安全快乐的春节。民航、铁路、公路等交通运输部门克服困难，积极安排运力，保障了游客和旅客的顺利出行。

旅游质量明显提高，市场环境安全有序。2012年春节黄金周期间，郑州市旅游安全形势平稳，旅游市场秩序井然。节前景区对安全工作高度重视，对各种安全隐患进行大检查，提前消除安全隐患，充分保障节日期间游客安全。黄金周期间，全市没有发生一起旅游安全事故；市旅游质监所共接到各类咨询电话130余个，无一起正式立案投诉，旅游市场秩序良好，无重大旅游服务质量投诉发生。

【“五一”假日旅游】 “五一”小长假期间，郑州市传统景区游客接待量平稳增长，公共开放型景点游人如织，新兴业态景点备受青睐。据重点统计和抽样调查测算，3天时间全市共接待游客393.11万人次，同比增长10.8%；实现旅游收入23.09亿元，同比增长8.7%。

（一）重点景区游客增。“五一”小长假期间，纳入全市统计信息预报的14个重点景区，共接待游客73.93万人次，同比增长12.07%；实现门票收入1579.83万元，同比增长8.66%。其中，嵩山少林景区接待游客8.25万人次，同比增长22.1%；黄河风景名胜区接待游客4.54万人次，同比增长25.4%；黄帝故里景区接待游客6.23万人次，同比增长4.53%；康百万庄园接待游客3.47万人次，同比增长17.71%；世纪欢乐园接待游客7.19万人次，同比增长17.29%。

（二）都市游线路人气旺。随着“郑州人游郑州”“郑州一日游”深入人心，越来越多市民热衷于闲暇携亲带友，游览绿城美景。“五一”期间，河南博物院、河南地质博物馆、市博物馆、市科技馆、城隍庙、郑东新区中央商务区、绿博园、郑州植物园等特色鲜明的城市旅游产品，吸引了大量游客旅游观光。假日期间，新开业的绿源山水度假区日均接待游客6000人左右；到郑东新区中央商务区登船、购物的游客日均达2000多人。

（三）快乐健康游成时尚。据抽样调查测算，假日期间，郑州市合家出游比例达55%以上；自助游游客达69%，同比增加2个百分点。省内游客比重占全市接待总量的80%以上。金鹭鸵鸟游乐园接待游客11.04万人次，门票收入88.23万元；浮戏山雪花洞接待游客7.47万人次，门票收入73.7万元；郑州海洋馆接待游客2.31万人次，同比增长23.52%。

“五一”期间，温泉、赏花、品茶、康体、运动等休闲旅游活动非常受市民青睐。丰乐园热带雨林温泉休闲会所等新兴康体旅游项目，吸引了众多市民前往休闲度假，健康出游理念日渐深入人心。

【中秋、国庆假日旅游】 2012年中秋、国庆假日期间，天气晴好，风和日丽，国家首次实行7座以下小型客车高速公路节日免费通行的政策，使得假日旅游市场普遍火爆，郑州市多数景区景点接待量和效益大幅度增长。全市假日旅游市场顺利实现了“安全、秩序、质量、效益”四统一的目标。

政策利好，旅游接待人数和经济效益增长迅猛。2012年中秋、国庆假日，旅游政策环境进一步优化，国家实行7座以下小型客车高速公路节日免费通行的政策，高速公路车流如织；中秋和国庆两个节日相连，为游客提供了比较充裕的出游时间，极大地刺激了人们的出游愿望，多种旅游意愿得到集中释放。据重点统计和抽样调查测算，假日期间，全市共接待游客969.51万人次，同比增长18.21 %;旅游收入34.91亿元人民币，同比增长23.17%。

龙头景区带动，旅游资源集聚效应引领旅游市场人气骤增。假日期间，郑州市重点景区特别是4A级以上品牌景区，游客接待量明显增长。在嵩山旅游聚集区，嵩山少林景区共接待游客21.36万人次，同比增长26.93 %，门票收入1652.28万元，同比增长36.65%；受少林景区的龙头带动影响，嵩山周边的嵩阳书院、中岳庙、三皇寨、嵩岳寺塔、会善寺等接待游客人数明显增长。在黄河旅游带，郑州黄河生态旅游风景区共接待游客6.87万人次，同比增长29.27 %，门票收入369.41万元，同比增长22.64%；富景生态园共接待游客3.47万人次，同比增长4.52%，门票收入79.6万元，同比增长88.49%；与之相邻的黄河湿地公园、绿源山水、薰衣草庄园等新开放景点都借势走红，实现集群式增长。在郑东旅游聚集区，郑东新区中央商务区8天接待人数突破20万人次，同比增长33%；河南省招商引资重点旅游项目方特欢乐世界，共接待游客近16万人次，实现门票收入3674.5万元。

高铁沿线客流增长。2012年中秋、国庆假日期间，中短线游仍为主体，长线游稳中有升。9月28日，随着石武高铁郑州至武汉段的正式开通，郑州的高铁已经可以直达西安、武汉、广州、深圳等大城市，大大缩短了高铁沿线大城市之间的旅行时间。广州到郑州只要6个小时，武汉到郑州、西安到郑州都可以实现“早出晚归”。据抽样调查显示，郑西高铁沿线的西安、三门峡、洛阳等城市到郑州的游客持续增长，郑武高铁沿线的武汉、信阳、漯河等城市游客也呈现增长态势。到少林寺的武汉市游客增长20%，到黄河生态旅游风景区的河北省游客增长15%，到黄帝故里的陕西省游客增长21%，到方特欢乐世界、世纪欢乐园的西安市游客增长25%。

近两年，郑州市对周边省、市旅游市场的重点开拓，使中短线旅游市场迅猛攀升。据抽样调查显示，500公里半径范围内区域，已经成为郑州市主要的假日旅游客源地市场。一日游游客比例达到63%，省内游客比重占全市接待总量的77%。省内客源地前5位依次为郑州、洛阳、许昌、开封、平顶

少林寺寺门

山。同时，高铁的运营，使郑州市假日期间长线游客接待量增长较快。省外游客比重占全市接待总量的23%，比上年同期增长40%以上。主要客源地集中在与河南省交界的湖北、山东、河北、陕西、山西等省份及广东、北京等经济发达地区。

随着中短线游、长线游的范围不断扩大，居民对假日旅游的需求更加注重个性化和多样化，自驾车旅游、自助游比例持续升高。据抽样调查显示，游客自驾车比例占62.6%，自助游游客比例高达90.6%，合家出游的比例达到57.4%。

旅游服务质量显著提升。经过近两年的建设，旅游基础设施进一步完善。在郑州市通往景区的高速公路、主要干线公路以及相关城市道路上，都系统地设置了旅游引导标识，方便了自驾车旅游。如通往方特欢乐世界的旅游交通标识牌的系统设置，可以把省内外游客直接引导进入景区。

近两年来，郑州市实施了旅游厕所整体提升和改造建设计划，全市主要A级景区厕所基本达到了星级标准，提高了服务档次和水平。郑州金鹭鸵鸟观赏园在园区内新建、改建旅游星级厕所10多个，2012年中秋、国庆假日期间，园区共接待游客14.19万人次，高峰期游客如厕没有拥堵现象。少林寺景区通过了国家旅游局组织的5A级景区复核；绿博园创建4A级景区、樱桃沟创建3A级景区均取得了较好的成效。2012年，通过旅游景区暗访复核整改活动，各主要景区内游客服务中心、旅游厕所、旅游步道、引导标识等硬件服务设施得到整体升级改造，旅游服务质量和水平显著提高。

假日旅游市场丰富多彩。中秋、国庆假日前夕，2012中国（郑州）世界旅游城市市长论坛在郑州召开，同时举办了世界旅游城市博览会。郑州市旅游局借助郑武高铁开通良机，联合腾讯大豫网组织开展了“郑武高铁开通、微博达人游郑”活动。腾讯微博达人在郑州踩线活动期间，以随走随拍随发的形式，共发表“郑武高铁开通”“Q妹带你游郑州”两个相关话题2300条，微博受众至少2000万人次。武汉的主要媒体也对此项活动和郑州旅游给予了大篇幅的专题报道，有效引导了武汉游客乘高铁到郑州市旅游。

中秋、国庆假日期间，郑州市开展了大规模的旅游形象宣传促销活动。郑州市旅游局组织各县（市）区旅游行政管理部门、主要景区（点）、旅行社、星级酒店的工作人员，现场为市民、游客提供旅游咨询服务，并推出优惠活动。各大景区也策划推出了一批形式多样的旅游活动，大大提高了对游客的吸引力。嵩山少林景区每天在游客中心广场举行大型武术迎宾活动，并推出“夜游天地之中、见证星月传奇”中秋节观星赏月之旅；郑州黄河生态旅游风景区、黄帝故里景区每天举行大型拜祖表演仪式；巩义河洛康家景区举办了民俗文化节，推出了剪纸、木版年画、皮影道具等17个民俗活动；浮戏山雪花洞景区推出了“赏红叶、摘野果”活动；杜甫故里景区开展了有奖吟诗对诗活动；荥阳推出了河阴石榴文化节；绿博园举办了“中国•郑州第二届蝴蝶兰展览交易会”；惠济区丰乐农庄、黄河花园口、黄河富景生态园、黄河湿地公园、绿源山水等八大景区联动，持续开展了黄河湿地文化节活动。

2012年，郑州市继续实施“百村万户”旅游富民工程，重点扶持了一批旅游特色村，开展了河南省乡村旅游经营单位星级评定工作，有力地促进了全市乡村休闲旅游的快速发展。城乡互动，休闲度假旅游成为郑州市旅游的一大亮点，郑东新区和城市公园内游客如织。据统计，中秋、国庆假日期间，郑东新区中央商务区8天接待游客人数突破20万人次，同比增长33%；浮戏山雪花洞景区共接待游客9.55万人次，同比增长20.97%，门票收入110.16万元，同比增长21.40%；神仙洞森林公园共接待游客3.9万人次，同比增长21.4%，门票收入35万元，同比增长21.4%。惠济区连片农家乐、二七区樱桃沟、巩义市杨树沟、中牟县雁鸣湖等农家乐生意红火。其中，杨树沟景区农家宾馆共接待游客1.1万人次，同比增长21%；凤凰山农家宾馆共接待游客2万人次，同比增长20%。

旅游服务业营业收入大幅攀升。2012年中秋、国庆假日期间，餐饮、住宿和购物等旅游服务业营业收入大幅攀升，郑州市旅游消费旺盛。全市各星级饭店纷纷推出促销措施，加大营销力度，取得了良好效果。多家饭店举行了中秋赏月美食节和主题营销活动，假日旅游产品更加丰富多彩。据抽样调查显示，星级饭店平均客房入住率达73%左右，同比增长3个百分点。热点景区所在的宾馆、饭店入住率较高，登封市星级饭店入住率达到98%以上，登封锦鹏大酒店入住率达到98%，郑州丰乐园大酒店入住率达到95%。强烈的假日消费需求，带动了郑州市各餐饮店、大商场的人气。全市各类特色餐饮店、大商场、超市人气兴旺，营业额大幅增长。郑州市特色旅游商品也受到广大游客的青睐，少林寺宝剑、少林素饼、登封芥菜、新郑大枣等特色旅游商品，在景区的购物商店里供不应求；荥阳刘沟石榴在田间就被游客抢购一空，还有上街区的富硒梨、中牟大闸蟹都成为受游客欢迎的旅游商品。

旅游市场安全有序。2012年中秋、国庆假日前夕，省、市假日办强化管理服务，组织召开了假日旅游工作电视电话会议，对各项工作进行了安排部署。假日前夕和节日期间，市假日办各成员单位密切配合，通力合作，展开拉网式排查，加强管理，严格执法，全力协调解决出现的各种问题。市公安局、市质量技术监督局、市工商局、市交通委、市卫生局、市物价局、市城管局、市消防支队等部门各司其职，确保市民过上一个安全快乐的中秋、国庆假日。民航、铁路、公路等交通运输部门积极安排运力，保障游客和旅客的顺利出行。

市领导丁世显、市政府副秘书长李杰、市旅游局局长龙同胜节前对假日旅游市场工作进行充分部署和安排，假日期间分别对主要景区景点等进行巡视、检查，现场研究解决相关问题。市旅游局安排落实局领导分区、分片对假日旅游市场安全工作进行检查，周密部署旅游咨询投诉、信息预报等项工作；由局领导带队，逐日对旅游市场进行巡查，一线督导各县（市）区、主要景区景点的假日旅游工作。各县（市）区旅游部门对重要地段和重点项目开展安全排查，落实景区值班值守制度。中秋、国庆假日期间，郑州市旅游安全形势平稳，旅游市场秩序井然，没有发生重大旅游安全事故。郑州市旅游质监所共接到各类旅游咨询电话100多个，处理旅游纠纷12起。从投诉的内容分类看，涉及旅行社5起，涉及景区7起，均已得到快速、圆满解决。

（代亚柠）

旅游宣传营销

【旅游进社区系列活动启动】 为深入落实国家旅游局“欢乐健康游”主题年活动，积极响应省旅游局“中原人游中原”活动，2012年1月3日，由郑州市旅游局、金水区人民政府主办，金水区文化旅游局承办的“2012欢乐健康郑州游——旅游进社区”系列活动启动仪式在金水区富田丽景社区举行。市政府副秘书长宋柏松、郑州市旅游局局长龙同胜、开封市旅游局副局长高新建、郑州市社区建设服务局副局长霍正钦、金水区副区长徐雄、金水区文化旅游局局长吴兆强参加了启动仪式。

该活动是2012年郑州市“旅游进社区”的首场活动，也是全市旅游系统备战春节黄金周，推介宣传城市形象和旅游资源，服务市民和游客的良好契机。在活动现场，郑州市旅游局向社区居民提供了内容详尽的旅游知识、旅游提示、文明旅游倡议等旅游资讯；郑州市旅游质监所、郑州市旅游信息咨询服务中心、金水区文化旅游局等单位工作人员现场接受市民旅游咨询、旅游投诉、旅游维权，向市民发放了《文明旅游理性消费品质旅游出行提示》《旅游维权手册》《郑州旅游地图》《郑州旅游指南》、郑州旅游宣传折页等宣传资料。包括少林寺、黄帝故里、黄河风景名胜区、康百万庄园等景区在内的35家旅游景区、4家星级酒店及20多家旅行社参加了活动。据不完全统计，活动现场共发放各类宣传资料近2万份、各类旅游纪念品2200份，接待社区居民咨询约3000人次。

【参加中国（青岛）国内旅游交易会】 4月13日，2012中国国内旅游交易会开幕式在青岛举行，国家旅游局局长邵琪伟、山东省省长姜大明出席开幕式。郑州市旅游局局长龙同胜率郑州市旅游展销团赴青岛参加了第十九届国内旅游交易会。登封市旅游局、新郑市旅游局、上街区旅游局，以及港中旅登封少林文化旅游有限公司、黄河风景名胜区、黄帝故里、康百万庄园等重点景区参加了此次交易会。

此次展会总面积达4.5万平方米，为历届规模最大，共设置展位2218个，其中特殊搭建展位2134个。来自各省、区、市和港澳台地区的41个代表团、2030个参展单位参展，参观展会观众人数达10万余人次。另外，本届旅交会还增设了现场销售区、旅游装备展区，并增设网上交易平台和旅行社集中采购环节，线上线下交易并行。

交易会开幕当天，郑州市展销团即发放各类宣传品万余份，并与中旅总社、国旅总社、康辉总社等国内重点旅行商达成多项合作意向。各旅行商表示，将进一步与郑州市旅游企业搞好对接，积极包装设计中原旅游产品线路，并进一步加大推广力度，争取更多游客到郑州市观光旅游。

【中原经济区城市旅游联盟旅游展销会举行】 为更好地落实国家旅游局大力宣传推广“欢乐健康游”旅游主题的有关精神，积极响应“健康生活，欢乐旅游”的旅游号召，为市民游客出游提供更多更好的选择，5月19日“中国旅游日”，郑州市在绿博园举行了中原经济区城市旅游联盟旅游展销会。此次活动由河南省旅游局、中原经济区城市旅游联盟、郑州市人民政府主办，郑州市旅游局（联盟秘书处）、郑州市林业局、中牟县人民政府承办。河南省旅游局副局长王玉宝、郑州市人民政府省辖市市长级干部丁世显，郑州市旅游局、郑州市林业局，中牟县县委、县政府相关领导，以及来自晋城、平顶山、开封、洛阳、焦作、新乡、南阳、漯河、信阳、商丘、宿州等中原经济区城市旅游联盟10余个城市旅游局领导出席了活动启动仪式。

启动仪式上，丁世显代表活动主办方向大会致辞，对来自中原经济区兄弟城市的旅游业界人士表示热烈欢迎，并介绍了郑州旅游的发展近况，表达了作为中原经济区城市旅游联盟轮值主席城市竭诚服务联盟发展的诚意。郑州市旅游局党组副书记、常务副局长张杰在仪式上重申了联盟成立的宗旨和作为联盟轮值主席城市旅游局应尽的义务，并介绍了此次活动的基本情况。此次活动是联盟2012年度开展的一次重要的市场营销活动，既是贯彻落实国务院《关于支持河南省加快建设中原经济区的指导意见》的具体行动，也是积极响应国家旅游局“健康生活，欢乐旅游”号召的实际举措。

据统计，中原经济区城市旅游联盟成员单位、A级景区、星级酒店、旅行社、好想你枣业等140多家单位、旅游企业及省会20余家媒体参加了旅游展销会，活动现场发放各类旅游宣传资料近百万份。大会突出了“中原人游中原”这一主题，在中原各地旅游企业开展业务合作交流的同时，积极深入地开展旅游企业与市民游客的双向互动，通过旅游演艺节目展演、现场有奖问答、广场推介等多种形式的宣传推广，进一步推动了中原各地互游活动的深入开展。

【赴东北拓展客源】 7月15日，在郑州市旅游局牵头组织下，由郑州市部分县（市）区旅游部门、省内知名景区、旅行社40多名成员组成的大型旅游推介团赴郑州市新兴客源拓展地——东北地区，开展了为期一周的旅游推介活动。此次推介，是近10年来郑州旅游营销首次走进东北。推介团先后在沈阳、长春、哈尔滨举行了旅游推介活动，交流磋商合作事宜，签订旅游合作协议。

东北地区是郑州市重要的目标客源地。该地区游客消费能力强，辐射带动力大，过夜游客多，是继珠三角、长三角、环渤海地区后郑州旅游新兴客源的重要拓展地。此次推介，除新郑、登封、中牟、经开区等县（市）区旅游部门以及嵩山少林、黄河风景名胜区、黄帝故里、康百万庄园等知名景区外，焦作云台山、开封清明上河园也主动加入推介团，与郑州市知名景区联合推出了多条郑、汴、焦黄金旅游线路。

推介会期间，郑州市旅游局与沈阳、长春、哈尔滨3市旅游局共同签署了合作协议，实现了平台共建、市场共推、信息共享、政策互惠、市场共管。同时，推出多种组合产品和线路，联手加强专列、包机、动车等优惠政策，鼓励两地旅游企业参与进来。中旅总社河南公司、河南南湖国旅、郑州海外国旅、河南大河国旅等还分别与3地12家旅行社签署了合作协议，相约共同开发两地旅游产品，创新设计旅游线路，实现游客互送。这些旅行社均为当地佼佼者，其中不乏全国百强。

此次推介的最大亮点是郑州市旅游局的创新营销——郑州市十大历史名人诗圣“杜甫”和身着宇航服的郑州姑娘“飞天神女刘洋”一起营销郑州。郑州市旅游局副局长何宏波指出，请“杜甫”是因为2012年是杜甫诞辰1300周年；请“飞天神女刘洋”是因为庆祝我国成功实现载人交会对接，实现航天科技的新突破。哈尔滨站当天，在哈尔滨市百年老街——中央大街，两位郑州古今名人以“快闪”的方式穿越至现场进行营销，引得当地市民驻足、合影。除两位郑州名人外，郑州市旅游局此次还邀请了少林武术学校的学生同行，武僧打扮的小伙子在中央大街拉开架势，喊声震天的武术表演，短短几分钟就让中央大街成为人潮聚集地。

【参加中国北方旅游交易会】 8月24–26日，郑州市组团参加了由北方10省（区、市）旅游局（委）共同主办，山西省旅游局和太原市人民政府联合承办的第十七届北方旅游交易会。本届北方旅游交易会在中国（太原）煤炭交易中心博览中心举行，以“交流合作、转型跨越”为主题，以“以美好的城市形象吸引游客、以独特的旅游产品留住游

康百万庄园

客、以优质的综合服务感动游客”为定位，以“参与广泛、交流密切、特色鲜明、成交显著”为目标，展览总面积约3.6万平方米，国内外参展商800余家，正式参展代表超过6000名，参会代表1万余名，参观者近10万人，现场展卖成交额超过1000万元。

在郑州市旅游局的积极组织下，郑州市旅游企业参展踊跃，参加本届北方旅游交易会的郑州代表团共有17人。登封市、新郑市旅游局高度重视，分管领导亲自组织并前往参加。港中旅少林景区、黄帝故里景区、绿博园、中原福塔等郑州市重点旅游企业参加了此次交易会。在3天会期中，郑州市展团共发放宣传资料4万余份，接待境内外旅游咨询者3万余人次，并主动到各主要客源地展团所在展台发送宣传品，进行业务对接和工作交流。许多境内外旅行商对郑州市旅游产品兴趣浓厚，主动到郑州市展台咨询，并表示将积极组织游客到郑州旅游。不少媒体也对郑州旅游非常关注，表示要实地感受郑州旅游近年来的巨大变化。

【郑汴洛焦旅游联盟在京进行社区营销】 为进一步提高郑州、开封、洛阳、焦作四市旅游在北京的知名度和影响力，9月16日，“郑汴洛焦旅游推广联盟”联合4城市旅游局和主要旅游景区，在北京市最大的社区——天通苑社区开展了社区营销活动，郑州市嵩山少林、中岳庙、嵩阳书院等景区参加了活动。

四城市共同向北京市民推介了各自的旅游产品。郑州市旅游局推介员对郑州市旅游资源进行了全面介绍，现场组织开展了丰富多彩的有奖问答活动，以充满趣味的问题和精美的奖品引起了北京市民的积极参与。郑州市旅游局组织开展的少林功夫表演，把活动现场气氛推向高潮，武术队员与北京市民的互动节目，更是激起了现场的参与热情。活动现场，郑州市共发放宣传资料3万多份，积极宣传了“天地之中，功夫之都”的郑州旅游形象。

【参加第七届海峡两岸台北旅展】 近年来，随着郑州市旅游业的快速发展和郑州至台湾航线的开通，到郑州的台湾游客人数不断增长，台湾地区已成为郑州市重要的客源地之一。为扩大郑州旅游在台湾地区的知名度和影响力，加强两地旅游交流与合作，10月25日–10月30日，由河南省旅游局副局长何琳带队的参展团参加了第七届海峡两岸台北旅展。郑州市旅游局常务副局长张杰带领金水区、管城回族区、新郑市等县（市）区旅游行政管理部门负责人参展。

台北旅展不仅是台湾地区最具代表性的国际会展，也是亚太地区规模最大的国际性专业旅展之一，具有展销合一的特点。本届旅展在台北世贸展览馆一馆、三馆举行，展区面积4万多平方米，设置展位1200多个，是台湾地区旅展史上规模最大的一次，来自60个国家和地区的850个参展单位参展，参观人数超过26万人次。

展会期间，郑州市旅游局常务副局长张杰与组团到郑州旅游人数较多的旅行社负责人进行了交流，介绍了郑州市旅游发展现状和未来发展设想，以及台湾旅行商组团来郑旅游的相关优惠政策和奖励措施。台湾各大旅行商纷纷表示，将积极加强与郑州市旅游企业的沟通和对接，重点包装设计适合台湾游客的中原旅游产品线路，并加大推广力度，积极组团让更多的台湾游客到郑州观光旅游。

作为全球华夏文明和中华民族的发源地，郑州市文化底蕴厚重、人文资源丰富。展会期间，郑州市推出了精彩纷呈的旅游产品，发放各类宣传品3000余份，吸引台北市民纷纷到郑州展位进行咨询并报名；现场精彩的少林功夫表演，吸引了众多参展旅行商及游客，郑州展位前人流不断。

【参加中国（上海）国际旅游交易会】 11月15日，由国家旅游局、中国民用航空局和上海市人民政府共同主办的2012

位于黄河岸边同盟山上的炎黄二帝巨型塑像

中国国际旅游交易会在上海开幕。郑州市旅游局局长龙同胜率郑州市参展团参加了交易会。登封市旅游局、新郑市旅游和文物局、荥阳市旅游局等县（市）旅游主管部门以及港中旅（登封）嵩山少林文化旅游有限公司、黄河风景名胜区、黄帝故里景区、郑州绿博园、郑州海外国际旅行社、河南中信国际旅行社、河南康辉国际旅行社等郑州市主要旅游经营单位随团参会。

中国国际旅游交易会已连续举办13届，是亚太地区规模最大、影响最广泛的综合性旅游展会之一。本届旅交会展馆总面积5.75万平方米，展台总数2514个，参展国家及地区达104个，来自五大洲50个国家（地区）的旅游买家1200多家参会，为历届旅交会规模之最。

旅交会开幕当天，郑州市参展团共发放各类宣传资料4万余份，开展各类旅游咨询3000余次，与包括美国、德国、新加坡、韩国在内的主要客源国参展商和买家进行了广泛而深入的交流洽谈，在旅游产品开发、市场推广和售后服务等方面达成多项合作意向。旅交会期间，郑州市旅游局还应邀参加了由国家旅游局与中东欧14国旅游部门主办的“中国-中东欧国家旅游产品专卖推介会”、中俄联合举办的旅游合作论坛、台湾观光协会举办的“台湾之夜”两岸旅游联谊会等活动，进一步提高了郑州旅游在境内外业界的知名度和影响力，为开拓入境客源市场创造了条件。

（代亚柠）

旅游节庆活动

【举办2012“最郑州”旅游摄影大赛】 4月11日，2012“最郑州”旅游摄影大赛启动仪式在郑州市旅游信息咨询服务中心举行。河南省旅游局纪检书记周保建、河南省摄影家协会主席于德水、郑州市政府副秘书长商建东、郑州市旅游局局长龙同胜、河南省艺术摄影学会副会长陈晓琦出席了启动仪式。河南省旅游信息中心、河南省美术馆、新密市有关领导，以及各县（市）区旅游行政主管部门的负责人与百余位专业摄影家和摄影爱好者共同参加了此次活动。

2012“最郑州”旅游摄影大赛由郑州市旅游局、河南省艺术摄影学会共同主办，各县（市）区人民政府及旅游行政管理部门协办，活动时间为4月11日-9月30日。整个活动分专业组与业余组两类，来自河南省摄影家协会的200余名专业摄影师参与采风创作。组委会共收到参选作品1730余幅，元旦期间在郑州市博物馆进行公开展出，受到市民的普遍赞誉。

“随手拍”旅游摄影大赛面对摄影爱好者，2000余名摄影爱好者拿起相机，从不同角度定格郑州旅游的精彩瞬间。短短6个月时间，共收到网络上传摄影作品3600余幅，在动员和引导广大摄影爱好者发现、传播“美丽郑州”的同时，还开创和提升了“最郑州”旅游摄影大赛这一城市旅游宣传品牌，为广大市民参与城市旅游宣传开辟了新渠道。

【郑州市导游大赛暨第二届河南省导游大赛选拔赛】 2012年8月28日，2012年郑州市导游大赛在嵩山饭店举办。大赛由郑州市旅游局、郑州市财贸金融工会和郑州市旅游协会共同举办，得到了省旅游局、市人大、市政协、市财贸金融工会、各县（市）区旅游行政管理部门和广大旅游企业的大力支持。此次大赛以“比技能、赛服务、展风采”为宗旨，以提高导游服务技能水平和综合素养为目的，开展导游服务技能比赛，展示导游形象风采，交流导游服务经验，增强导游作为文化交流使者的作用，选拔优秀选手参加河南省和全国导游大赛，促进郑州市旅游业健康快速发展。

此次大赛，共有来自全市16个县（市）区、120多家旅游企业的150多名选手报名参赛。从5月开始，大赛分初赛、复赛、决赛预赛、决赛4个阶段进行。其中，34名选手参加了复赛。在复赛选手中，有24名中文导游员，10名中文讲解员。有19名选手参加了决赛。在决赛选手中，有13名中文导游员，6名中文讲解员。最后，有3名优秀讲解员、3名最佳讲解员、10名十佳导游员、10名优秀导游员获胜。其中，中文导游员第一名和中文讲解员第一名荣获郑州市“五一劳动奖章”，8家单位荣获优秀组织奖。

本次大赛有四个特点。（1）层次高。无论从大赛评委邀请还是比赛项目与评价标准，都尽可能参照省级、国家赛事要求进行组织和衡量，拔高了比赛的起点，确保了赛事的质量。（2）亮点多。此次大赛是对导游员队伍精神面貌、整体水平的集体检阅，参加决赛的19名选手以精彩的讲解和高超的技艺，诠释了他们对事业的热爱，展示了旅游一线职工热爱本职、无私奉献、力争上游的精神面貌。（3）效果佳。整个比赛组织严密、程序规范、评判标准严格。各位评委评判尽职尽责，公正公平；各参赛单位和选手团结协作，顽强拼搏，取得了很好的效果。（4）影响好。此次大赛从举办开始，省市多家新闻媒体进行了跟踪报道，引起了广泛关注，在报道活动的同时，有效提升了旅游产业的整体形象。

【世界旅游城市市长论坛举办】 9月27日，2012中国（郑州）世界旅游城市市长论坛开幕式暨世界旅游日庆祝活动在郑州国际会展中心举办。近百个国内外城市市长抵达郑州，共同探讨“旅游·城市活力之源”这一主题。

十届全国政协副主席张怀西，河南省委副书记、省长郭庚茂，国家旅游局副局长杜江，河南省委常委、统战部部长史济春，省委常委、郑州市委书记吴天君，十届省人大常委会副主任贾连朝，全国政协常委袁祖亮，国家旅游局旅游促进与国际合作司司长李世宏，河南省旅游局局长范修芳等出席开幕式；联合国世界旅游组织执行主任皮埃儿夫人玛丽亚·默西迪斯、世界旅游及旅行理事会执行总监洛琳·普朗特、亚太旅游协会首席执行官特别顾问张科德，韩国国际旅游展览会会长慎重睦，台湾观光协会名誉会长张学劳，以及参会的境外和国内旅游城市市长等嘉宾，韩国、印度尼西亚、马来西亚、日本等国家和台湾、香港等地区，以及河南省境内外主要客源市场的200多家旅行商、航空公司、投资商代表，世界旅游城市博览会参展商，国内外新闻媒体代表参加了开幕式。张怀西宣布论坛开幕，郭庚茂、杜江和洛琳·普朗特分别致辞；郭庚茂、杜江、史济春、吴天君、洛琳·普朗特、张科德共同击缶，庆祝开

4月11日，“最郑州”旅游摄影大赛正式启动

幕并启动开幕装置；河南省副省长张广智主持开幕式。

中国（郑州）世界旅游城市市长论坛由中国国家旅游局和河南省人民政府共同主办，联合国世界旅游组织、亚太旅游协会、世界旅游业理事会协办支持，已于2008年、2010年成功举办两届，成为向世界宣传郑州市和河南省旅游的一张名片、向全球展示文化魅力的一大舞台和打造世界知名旅游目的地的国际交流平台。本届市长论坛比以往更加重视创新形式、丰富内容，以旅游搭台，以经济唱戏，以文化彰显魅力，促进经济、文化交流合作。共设置了市长论坛大会、世界旅游城市博览会、河南省情说明会暨旅游产业对接会和欢乐大巡游四大块内容。

此次论坛，围绕旅游城市发展的活力资源，进行旅游城市市长、专家、学者的交流和对话，旅游产品和商品的展示展览通过布展的方式来面向公众，项目的推荐和旅游产品的推介同时进行。为了烘托第三届中国（郑州）世界旅游城市市长论坛气氛，郑州市特意邀请了18个国内外艺术团，通过欢乐大巡游，展示了不同地区的传统、艺术、资源。此次论坛，极大地带动了郑州市旅游业的快速发展，对提升城市形象、扩大对外开放水平起到了重要的推动作用。

【“十万市民游东区”活动正式启动】 12月29日，由郑州市旅游局和郑东新区管理委员会联合主办的“十万市民游东区”活动在郑东新区城市规划展览馆拉开序幕。郑州市旅游局副局长何宏波、郑东新区管委会常务副主任赵新民与500余名市民、游客一起出席了活动启动仪式。

此次活动，是郑州市继2006年、2008年之后再次推出的游东区活动，旨在以活动为抓手，通过市民游览郑东新区，体验郑东新区发展新变化和郑州市发展成就，进一步增强广大市民热爱郑州、增辉郑州的热情，推动郑州的城市旅游发展。从2012年12月29日至2013年1月20日，市民可以在紫荆山立交桥下河南宾馆门口和如意湖文化广场免费乘坐大巴，参与“便捷郑东”“水域郑东”“宜居郑东”“方向郑东”四大主题活动。在12月29日的“便捷郑东”活动中，市民分别游览了文化广场音乐喷泉、郑东新区城市规划展览馆、丹尼斯七天地、公交场站、会展中心地铁站、郑州东站、长途客运站等郑东新区的标志性建筑和交通功能设施。整个活动期间，大巴车陆续带领市民参观郑东新区的如意湖文化广场、如意湖、龙湖、湿地公园、东西运河等，欣赏“水域郑东”；到郑东新区的图书馆、地质博物馆、绿城百合小区、圣玛医院，体验“宜居郑东”；走进会展宾馆、中央商务区步行街，品味“方向郑东”。

（代亚柠）

银行保险业

人民银行

【概况】 2012年，人民银行郑州中心支行按照“稳中求进”的工作总基调，迎难而上，主动作为，认真贯彻执行稳健的货币政策，强化信贷产品和管理方法创新，全面加强金融管理，全省货币信贷稳定增长，金融体系持续保持稳定，中央银行金融服务水平有效提升，外汇管理进一步改善，圆满完成全年工作任务。被省政府授予金融支持经济发展优秀奖；被评为全省企业服务工作先进单位和全省行风优秀单位，获得省级文明单位称号；多项金融业务得到人民银行总、分行的充分肯定，在总行组织的业务竞赛中荣获优异成绩。

截至2012年12月末，金融机构本外币各项存款余额为10697.6亿元，同比增长18.5%；较年初增加1670.8亿元，同比多增588.2亿元。其中，人民币各项存款余额为10448.3亿元，较年初增加1483.4亿元，同比多增411.9亿元，余额和新增额占全省的比重分别为33%和29.7%。金融机构本外币各项贷款余额为6963.7亿元，同比增长13.1%；较年初增加806.6亿元，同比多增314.7亿元。其中，人民币各项贷款余额为6794.1亿元，同比增长11.1%，余额占全省的比重为33.9%；较年初增加681.3亿元，同比多增182.1亿元，新增额占全省的比重为27%。

【金融运行状况】 2012年，郑州市金融机构认真贯彻执行稳健的货币政策，在经济下行压力较大的背景下，采取有效措施积极优化信贷结构，加大信贷投放力度，各项贷款增加较多，增速稳中有升，对地方经济的支持力度进一步增强。

存款情况

（一）单位存款大量增加，其中单位定期存款快速增长。12月末，金融机构单位存款余额为6057.9亿元，同比增长19%，高出各项存款增速2.5个百分点；较年初增加966.3亿元，同比多增420亿元，占各项存款增量的65.1%，较上年同期提高14.1个百分点。分结构看，定期单位存款同比增长30.6%，高出单位存款增速11.6个百分点，较年初增加333.5亿元，同比多增101.1亿元；活期单位存款同比增长11.7%，较年初增加296亿元，同比多增123.7亿元；保证金存款同比增长13.3%，较年初增加140.3亿元，同比少增50.1亿元。其中，单位活期存款和定期存款合计增加629.5亿元，占单位存款增量的65.1%，是推动单位存款大量增加的主要原因。单位存款尤其是定期存款增加较多的主要原因：一是存款利率实行上浮后，单位进行定期存款的意愿有所增强；二是2012年企业生产经营形势不乐观，企业日常资金使用量较往年有所减少，多余资金以存款形式存放银行较多；三是股市反复震荡、民间借贷风险逐渐暴露，在投资风险加大的情况下，单位投资倾向于购买银行理财产品，在一定时点上转化为单位存款。

（二）储蓄存款快速增长，对存款拉动作用进一步增强。12月末，金融机构储蓄存款余额为3845.5亿元，同比增长18.2%，高出各项存款增速1.7个百分点，较6月末和上年同期分别提高3.1和6.5个百分点；较年初增加593.3亿元，同比多增232.5亿元，占各项存款增量的40%，较上年同期提高6.3个百分点，对存款增长的拉动作用进一步增强。储蓄存款快速增长的主要原因：一是受股市持续低迷、楼市调控不放松、居民投资渠

1月9日，传达贯彻全国金融工作会议暨外汇总局工作会议精神

道变窄等因素影响，居民闲散资金回流银行体系较多；二是存款利率上浮后，居民储蓄意愿有所回升，金融机构同时加大了对储蓄存款的营销考核力度。

贷款情况

（一）贷款短期化趋势较为明显。12月末，金融机构短期贷款同比增长24%，分别高出各项贷款和中长期贷款增速12.9和20.2个百分点；较年初增加535.6亿元，同比多增74.2亿元，占各项贷款增量的78.6%。中长期贷款同比增长3.8%，较年初增加138.4亿元，同比少增163亿元，仅占各项贷款增量的20.3%。票据融资同比增长2.4%，较年初增加5.1亿元，同比多增270.4亿元。

（二）个人贷款及单位短期经营贷款增加较多。12月末，金融机构个人贷款及透支较年初增加295.7亿元，同比多增71.6亿元，其中，个人住房贷款较年初增加168.3亿元，同比多增75.1亿元，占个人贷款增量的56.9%。单位经营贷款较年初增加121.2亿元，同比少增255.6亿元，其中，单位短期经营贷款较年初增加374.6亿元，同比多增24.7亿元。单位固定资产贷款较年初增加99.4亿元，同比多增10.1亿元，其中，单位中长期固定资产贷款较年初增加79.9亿元，同比少增9.3亿元。

（三）新增贷款重点投向制造业、建筑业、批发零售业和交通运输仓储邮政业。2012年，上述4个行业新增贷款（不含票据贴现）占比分别为17.6%、13.8%、10.2%和7.8%，合计占比达到49.4%。反映民生及现代服务业中的租赁商务服务业、科学研究和技术服务业、水利环境和公共设施管理业、卫生社会工作占比大幅提高，2012年，上述4个行业新增贷款占比较上年同期大幅提高12.5个百分点。从承贷主体看，金融机构对中、小微企业的信贷支持力度较大。2012年，全市中、小微企业贷款余额分别达到1255.8亿元和791.1亿元，较年初分别新增204.1亿元和108.5亿元，分别占企业贷款增量的79.1%和42.1%。

（四）全国性大型银行贷款投放占比较大。2012年，全国性大型银行和全国性中小型银行贷款较年初分别新增307.8亿元和97.6亿元，分别占全市各项贷款增量的45.2%和14.3%。全国性大型银行中，工商银行、中国银行和建设银行贷款增加较多，分别增加100.4亿元、85.7亿元和45.3亿元；全国性中小型银行中，中信银行、华夏银行、招商银行和浦发银行贷款增加较多，分别增加39.2亿元、34.5亿元、21.5亿元和18.2亿元。区域性中小型银行、农村信用社和财务公司贷款分别增加173.8亿元、25.3亿元和59.7亿元，合计占全市各项贷款增量的38%。

【货币信贷管理】 2012年，人民银行郑州中心支行继续坚持“监测、分析、引导、管理和服务”的工作思路，贯彻落实稳健的货币政策，综合运用多种货币政策工具，引导货币信贷和社会融资规模平稳适度增长，强化对实体经济的信贷支持，有力促进了河南经济平稳较快发展。

（一）贯彻落实稳健的货币政策，引导辖内货币信贷和社会融资规模平稳适度增长，着力加大对实体经济的支持力度。一是加强对金融机构的窗口指导。会同省政府金融办、省发改委、省工信厅、省银监局按季召开河南省金融形势分析暨窗口指导会，根据形势发展不定期组织金融机构召开专题座谈会，针对经济下行、货币政策预调微调等情况，及时深入金融机构开展调研指导，引导金融机构按照“总量适度、审慎灵活、定向支持”的原则，贯彻落实好稳健货币政策，促进全省货币信贷和社会融资规模平稳增长，促进信贷结构和融资结构优化调整。二是强化政策协调配合。制定下发《关于金融支持实体经济发展 服务中原经济区建设的指导意见》，并会同省发改委、省金融办、省财政厅、省银监局共同出台《加强融资对接 做好金融服务工作方案》，综合运用多种货币政策工具，实施农村金融产品和服务方式创新、“小巨人”企业信贷培育计划等20项具体措施，促进信贷政策与区域发展政策、产业政策的协调联动，加大对实体经济的支持力度。三是搭建银企合作平台。会同省工信厅组织召开优质中小企业贷款项目推介会、全省金融机构与中小企业对接会，促进银（行）担（保）、银企合作；会同省旅游局召开全省旅游企业和金融机构深度合作对接会，推荐旅游景区、旅游产业集聚区，促进银（行）旅（游企业）合作。

河南省金融业务暨外汇管理工作会议

（二）用好差别准备金动态调整工具，指导地方法人金融机构合理把握贷款投放总量、节奏。一是继续坚持“全省测算、动态监测、灵活调剂、差别调控”的原则，周密部署全年地方法人金融机构差别准备金动态调整工作，努力做到既符合差别准备金动态调整的总量要求，又充分调动各法人机构支持地方经济发展的积极性。二是严格按照总行差别准备金动态调整公式要求，测算、核对全省211家地方法人金融机构的基础指标和全年贷款合意新增额，为准确核定年度信贷规划和科学调控打下良好基础。三是加强对地方法人金融机构信贷运行状况的监测。按日监测全省法人机构整体贷款进度，按旬监测各市贷款进度，按季监测各法人机构流动性情况，严防发生流动性风险。四是加强与地方法人金融机构的沟通，以专题调研、约见谈话、电话访谈等形式，及时了解各地方法人金融机构贷款需求和投放中面临的困难，引导其在把握好贷款投放总量结构、有效防范系统性风险的基础上，切实用好贷款规划。五是加强对农村信用社的督促指导。针对全省农信社系统88家五类社（银监标准）通过溢价发行、清收、资产置换等方式剥离不良贷款，升级达标为四类社，对全省法人机构整体贷款增长影响较大的情况，多次约见省联社负责人，要求其做好不同农信社的分类指导，最大限度保持贷款的平稳运行。

（三）管理和运用好货币政策工具，切实发挥货币政策工具的调控和引导作用。

（1）依法开展准备金管理。一是动态监测辖内法人金融机构法定存款准备金缴存状况，组织开展存款准备金管理情况检查，对出现的欠缴存款准备金的机构，依法依规进行处罚，全年共对25家法人金融机构予以处罚，金额47.51万元。二是严格执行差别存款准备金政策。强化189家涉农法人金融机构经营指标监测考核，对达标机构和县级“三农金融事业部”分别执行比正常存款准备金率低1个和2个百分点的差别存款准备金率。

（2）加强再贷款、再贴现业务管理。一是灵活调剂各类再贷款、再贴现限额。全年6次提请召开中心支行审贷委员会会议，累计调整支农再贷款、再贴现、支持中小金融机构再贷款限额149亿元、13亿元、6.2亿元，充分满足各地资金需求。二是提高再贷款、再贴现使用效率。全年全省支农再贷款年累计发放156.6亿元，余额195.7亿元。再贴现年累计发放25.9亿元，余额7.8亿元，其中，涉农再贴现占比85.52%，中小企业再贴现占比100%。三是充分发挥再贷款、再贴现的激励引导作用。及时下拨总行考核双达标县域法人金融机构增加支农再贷款限额40亿元。四是严格再贷款管理。组织各市中心支行以交叉检查形式，开展年度再贷款管理检查，以检查促工作，以检查促管理。五是坚持村镇银行支农贷款首贷报备制度。年内共对辖内5家村镇银行首次申请使用支农再贷款按要求进行评估报备。

（3）加强利率监测、宣传和管理。一是加强对利率变动的监测、分析，先后撰写《对河南省民间融资情况的调查与思考》等10余篇调查报告，全面反映利率政策执行过程中的新情况、新问题。二是加强对金融机构利率管理和定价工作的指导。制定下发《关于主动适应利率市场化改革进程 加强利率管理工作的通知》，通过召开会议、现场督导等方式，指导金融机构不断完善内部计结息操作规则及利息计算方法，提高定价能力。定期向辖内金融机构发布利率监测数据，引导金融机构合理确定贷款利率水平，特别是小微企业的贷款利率。三是会同省民委、财政厅完成“十二五”期间民族特需商品定点企业的筛选和申报工作，全年共为全省民族、民贸企业办理贷款贴息1.89亿元，同比多增3000万元。四是加强对利率政策和Shibor的宣传普及，组织开展送利率知识进社区、进校园等形式多样的宣传活动。

（4）组织开展农村金融创新示范县（市）创建评比活动，着力改善对三农的金融服务。一是会同省财政厅、省政府金融办、河南银监局、河南证监局、河南保监局等部门以及9家涉农金融机构，对省辖市推荐的29个县（市）进行推荐、评选，认定10个县（市）作为河南省首批农村金融创新示范县（市）。二是系统总结农村金融产品和服务方式创新工作经验，召开专题工作座谈会，深入研讨工作切入点、结合点和创新点，明确每个示范县（市）的重点创新突破领域。三是加强政策引导和支持。省、市、县三级联动，出台专项配套政策，推动示范县（市）工作开展。四是编发《河南省新型农村金融产

中国人民银行郑州中心支行2012年纪检监察工作会议

品和服务模式集锦》，利用广播、电视、报纸、网络等媒介，宣传全省农村金融创新工作经验成效、措施及最新进展。人民银行总行副行长刘士余对郑州中心支行上报的《关于河南省开展争创农村金融创新示范县（市）活动工作情况的报告》进行批示，对河南省农村金融产品和服务方式创新工作给予高度肯定。《金融时报》以《金融创新：为中原三农腾飞插上翅膀》为题，对河南省农村金融产品和服务方式创新工作进行专题报道。

（5）深入开展“小巨人”企业信贷培育工作，着力缓解中小微型企业融资难。一是细化配套政策、制度。会同省工信厅制定年度工作方案，明确工作目标，细化政策措施，建立配套制度，深入推动工作开展，并召开“小巨人”企业信贷培育工作年度总结推进会，进行阶段性总结和工作推进。二是动态调整企业名单。组织对省级“小巨人”企业名单进行更新，将已发展成为大型企业，或者出现诚信问题的，及时调出省级名单，并增补一批小微企业加入信贷培育计划，加大对小微企业的支持力度。三是搭建银企沟通平台。联合省工信厅在全省范围内筛选中小微企业贷款项目，组织召开项目推介会、对接会。四是加强政策业务宣传。利用多种媒介、多种形式，向中小微企业和“小巨人”企业宣传相关政策及业务品种。编发《河南省小巨人企业信贷培育政策及产品手册》，收录金融机构8大类、54种中小微企业信贷产品，供全省借鉴交流和复制推广。自业务开展以来，河南省金融机构累计对“小巨人”企业开展财务辅导7759次，25.1%的“小巨人”企业信用等级获得提升，获得贷款支持的企业占比达85%以上。河南省“小巨人”企业信贷培育工作被河南省省委经济工作会议纳入2012年全省创新体制机制的重要措施。《金融时报》《河南日报》《大河报》等媒体进行了多次专题报道。

（6）积极推进跨境人民币业务。开展走进国际贸易大户活动，组织到富士康、郑州宇通客车等20余家大型企业，就跨境人民币业务开展情况、企业汇率避险工具需求及使用情况进行实地调研，现场解决企业难题。全省跨境人民币结算业务从无到有、从小到大呈现跨越式发展态势，累计结算金额达到137亿元。

（7）做好民生领域金融服务，支持弱势群体就学和实现更高质量就业。一是扎实做好小额担保贷款各项工作，支持创业促就业和全民创业。加强与省直相关部门沟通协调，不断完善业务备案与数据监测相结合的管理机制，督促经办金融机构规范开展小额担保贷款业务。二是认真落实国家助学贷款政策。联合河南省教育厅制定《全省生源地信用助学贷款工作实施意见》，并提请省政府予以转发。鼓励引导国家开发银行河南省分行不断完善国家助学贷款“河南模式”，提高贷款覆盖程度，实现“应贷尽贷”目标。三是改进完善大学生“村官”创业贷款模式。督促金融机构通过将大学生“村官”纳入信用户评定、组建信用共同体、开展财务辅导、开辟绿色通道等措施，支持大学生“村官”创业富民。2012年，郑州中心支行货币信贷管理处荣获全国就业工作先进单位，被国务院通报表彰，并荣获2011–2012年度河南省维护妇女儿童权益先进集体。《金融时报》对河南省金融支持大学生“村官”创业富民工作进行专题报道。

（8）加强房地产金融管理与监测，落实差别化住房信贷政策。一是制定下发《关于建立河南省银行业金融机构差别化住房信贷政策调整备案制度的通知》，要求金融机构将个人住房贷款首付比例和利率水平等的最新变化及时

2012年河南省货币信贷管理工作会议

向当地人民银行备案，切实履行房地产金融管理职责。二是建立保障房融资监测制度，搭建信息平台，加强辖区公共租赁住房和廉租房等保障性住房项目与省级保障性住房融资平台公司、各家银行的资金对接。配合住建部门做好住房公积金贷款支持保障性安居工程建设试点工作。三是加强对房地产市场的监测分析。《河南省首套房贷最低利率水平快速调查》等多篇调研报告受到总行领导好评。

（9）加大直接融资推动力度，支持拓宽企业融资渠道，优化融资结构。一是制定下发《关于加快推进银行间市场直接债务融资服务中原经济区建设的若干意见》，推动企业在银行间市场直接债务融资，更好地服务实体经济。二是加强与交易商协会沟通与合作，与交易商协会、省政府金融办签署三方借助银行间市场助推河南省经济发展合作备忘录，为河南省企业在银行间市场直接债务融资拓展更大空间。三是促成郑州、安阳、新乡、焦作4市政府与当地人民银行、中债信用增进投资股份有限公司签署区域集优合作框架协议；通过召开座谈会、实地调研和政策指导等形式，强化对区域集优工作跟踪督导，引导中小企业运用区域集优模式拓宽融资渠道。四是会同省财政厅、省政府金融办做好2010年、2011年度直接债务融资工具发行承销补贴、奖励工作，调动企业、承销银行等各市场参与主体的积极性。2012年全省企业在银行间市场直接融资是2011年的1.5倍，较好地发挥了金融市场服务实体经济发展的作用。

【农村信用社改革】 2012年，人民银行郑州中心支行继续加强对农村信用社改革实施效果监测考核。一是完成2011年度河南省143家农村信用社央行票据兑付后续监测考核和11家村镇银行经营状况的监测考核。经总行认定，全部达到考核标准的农村信用社58家，比上年增加14家；资本充足率和不良贷款比例同时达标农村信用社78家，比上年减少10家；资本充足率和不良贷款比例未同时达标农村信用社7家，比上年减少4家，总体情况好于上年。二是开展2012年度农村信用社兑付票据后续监测现场考核。组织全省人民银行对110家农村信用社（行）进行现场检查，针对检查中存在的问题，对103家社（行）下达了整改通知，分别对25家社（行）负责人进行了约见谈话，并要求81家社（行）上报整改报告。三是做好相关配合工作。配合总行核查组完成对洛阳新安县、偃师市农村信用联社专项中央银行票据兑付后续监测考核情况的核查工作；先后3次配合省政府金融办对全省农村信用社达标升级工作进行督导。

【金融稳定】 2012年，人民银行郑州中心支行进一步规范金融稳定重大事项报告制度，不断加强对金融机构的监测、管理，针对异常情况和苗头性问题及时分析排查，健全完善金融风险突发事件应对机制，制定印发了《郑州中心支行金融风险突发事件应对预案》。组织对地方法人金融机构开展稳健性现场评估和绩效考核机制专项现场评估，对金融风险的防控能力不断增强。继续深入推进“两管理、两综合，一保护”工作，组织开发了河南省新设银行业金融机构高管人员测试系统，制定实施河南省金融机构人民币管理综合评价办法、支付结算和清算业务综合评价暂行办法，对金融机构相关业务开展全面评估。金融消费权益保护工作稳步推进，出台《关于大力开展金融消费权益保护工作的意见》，建立金融消费权益保护工作机制和保护中心，全年处理消费者投诉、申诉416件，群众满意度超过95%。

【金融统计】 2012年，人民银行郑州中心支行调查统计和金融研究工作基础扎实，监测统计工作水平不断提高。申请成为总行标准化存贷款综合抽样统计试点之一，在全省范围内确定78家成为样本机构，做好标准化存贷款数据准备工作。有序组织开展制度性调查，加强重点行业、重点企业、重要政策效果的监测分析，不断提高监测分析水平。组织开展2012年河南省金融统计检查，并对检查结果在全省进行通报。

【支付清算】 成立河南省支付清算自律管理委员会，在全国较早实现支付清算行业省辖自律管理，初步形成支付结算和清算的政府监管、行业自律、内部控制三位一体管理格局，在协调推进支付密码推广应用、郑州市同城票据交换外包和郑汴结算同城等事项中，取得明显成效。开展全省支付清算系统风险排查、安全评估，强化支付清算系统参与者日常营业管理，制定《河南省银行业金融机构支付结算和清算业务综合评价暂行办法》，实施银行机构年度综合评价。实现全省支付清算系统安全稳定运行，全年支付系统安全运行率达到100%。坚持定期通报制度，违规银行机构同比减少40%，大小额支付系统正常查复率达到100%的银行机构同比增长17%和43%。持续开展支付结算执法检查，全省共抽调223人，组成46个检查组，对12家银行143个分支机构进行现场检查，共发现19类问题。加强非金融机构监管工作，促进支付服务市场健康发展。创新支付结算安全管理措施，支持非现金支付工具创新，积极推进公务卡制度改革，优化银行卡受理市场环境。推动农村支付服务环境建设工作向纵深发展，全省设立助农取款服务点2.3万个，乡镇以上区域实现支付结算基础设施全覆盖，农民工银行卡特色服务交易金额连续5年稳居全国首位。

【反洗钱】 2012年，反洗钱工作深入推进，制定下发《河南省金融业反洗钱工作转型2013–2015年实施规划》，对未来三年的反洗钱工作转型进行具体安排。全面落实风险为本的反洗钱监管理念，加强反洗钱非现场监管工作，在全面风险评价的基础上，以风险为本，实行差异化监管，针对性地开展反洗钱现场检查。落实金融机构法人监管理念，配合总行指导工商银行河南省分行开展试点相关工作，成功申请并顺利推进中原证券试点工作，选择1家县域法人机构开展监管档案试点。探索建立反洗钱岗位资格准入制度，完善反洗钱从业人员在线测试系统。不断完善反洗钱工作协作机制，加强资金监测，依法开展反洗钱调查和协查工作，配合公安机关破获鹤壁“5·29”地下钱庄案等一批重特大涉嫌洗钱及其上游犯罪案件，成效显著，得到人民银行总行反洗钱案件专

河南省金融机构反洗钱宣传月活动

项奖励，并被总行授予中国人民银行反洗钱工作先进集体称号。全面推进河南省金融系统反恐怖融资试点工作，制定实施《河南省金融机构反恐怖融资试点经验推广工作方案》，加大对涉恐资金的监测、协查力度。

【人民币管理】 2012年，人民银行郑州中心支行强化人民币流通管理工作，有序推广发行基金出入库物流化管理系统，实现库存发行基金仓储化、信息化管理，降低了业务风险。有效实施对金融机构人民币管理工作的综合评价，督促商业银行更好地履行人民币流通管理职能、树立人民银行的管理权威。加强沟通协调，发挥反假货币联席工作会议作用，形成防范打击假币侵害犯罪合力，筑牢反假货币“人防”“机防”防线，维护人民币信誉，做到“持有者放心”。2012年，人民银行郑州中心支行获国务院反假货币联席会议评定的先进单位称号。全面开展“千乡助农”残损币兑换服务，全省共建立兑换点3337个，圆满完成全年销毁任务。

【国库工作】 2012年，国库工作进一步推进，积极扩大财税库银横向联网系统（TIPS）应用范围，将全省工会会费纳入系统收缴；全省电子业务量占比达到93.7%，居全国前列。推动国库业务立体交叉检查监督体系、福利企业退税联审联批制度等创新工作，形成国库事前防范、事中事后监督和违规惩治相结合的国库风险防范体系，实现国库管理信息的电子化储存，并在实行电子化对账方面进行了有益的探索。国库直接支付业务稳步开展，全省3个地市中心支库、9个县支库开展国库直接支付业务，拓宽了国库服务社会功能。

【信用体系建设】 2012年，人民银行郑州中心支行会同省发改委推动建立社会信用体系建设工作机制，加强对全省社会信用体系建设的规划部署，建立完善社会信用体系建设省、市、县三级联席会议或领导小组工作机制。统筹规划，逐步统一机构代码、信息标准和技术规范，为信用信息共享创造条件。在部分领域示范建立守信激励、失信惩戒机制；进一步完善金融业征信系统建设，推动动产融资租赁系统应用，便利中小企业融资。积极拓展信用产品应用领域，加强政务诚信建设，提升政府公信力和执行力。开展社会信用建设示范试点，深化中小企业和农村信用体系建设。加大诚信宣传力度，不断提高社会公众的信用意识。圆满完成全省机构信用代码推广应用工作。加强对金融机构的管理，推进征信系统小机构平台建设，开发县域中小企业信用信息数据库管理平台，以汤阴县中小企业信用体系实验区为载体，探索创建中小企业信用体系，总行征信局《中小企业信用体系建设简报》刊发此项工作经验介绍。

【调查研究】 2012年，人民银行郑州中心支行继续在全行推行“调研立行”的工作思路，大力开展调查研究工作。2012年，全省人民银行系统开展34项重点课题研究，为上级行、地方政府决策提供参考。全行上下着力推动“大调研”格局，行领导和处级干部带头开展调查研究，结合工作实际共撰写123篇调研报告。郑州中心支行的调研文章《我国通货膨胀先行指标与预测实证研究》获得总行重点课题二等奖。

【外汇管理】 2012年，人民银行郑州中心支行制定出台《关于支持涉外经济发展 加快中原经济区建设的指导意见》，从改善涉外金融服务、完善外汇管理措施等方面提出30项支持措施，得到省委、省政府的充分肯定。在全省实施货物贸易外汇管理制度改革，推进直接投资外汇管理改革，在全省取消部分直接投资项下管理环节，进一步简化境外直接投资审核程序，支持郑州跨境贸易电子商务服务试点项目。积极向总局争取个案优惠政策，先后为富士康集团、双汇集团等涉外企业解决发展难题，支持全省涉外企业发展。加大外汇资金流动监管，规范资本市场外汇业务管理，强化外汇检查工作，严厉打击外汇领域违法违规行为，确保辖内外汇市场合法稳健运行。全省外汇检查共立案41件，收缴罚没款467万元。

（蒋靖亚）

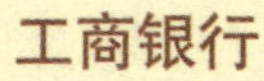

工商银行

【概况】 2012年，中国工商银行河南省分行营业部贯彻“实施提升工程、构建优秀分行”发展战略，紧扣“创新发展上台阶、联动营销谱新篇”主题，以“八个突出、八个着力”为抓手，坚持整体联动，加快创新驱动，推进各项业务跨越发展，呈现良好的发展态势、发展趋势和发展气势。

2012年年末，营业部在保持各项存、贷款余额同业第一的同时，储蓄存

人民银行总行纪委书记王华庆到人民银行郑州中心支行调研指导工作

国付宝与工行河南分行在线支付合作签约仪式

款新增额、各项贷款新增额、公司贷款新增额、个人贷款新增额等主要业务指标保持或夺取同业第一。其中，储蓄存款新增91.19亿元；各项贷款新增131.45亿元，公司贷款新增79.15亿元，个人贷款新增50.63亿元。实现中间业务收入12.02亿元，同比增加2.03亿元，保持同业第一。

2012年，营业部被中央文明委授予全国文明单位称号，获郑州城市建设金融服务特别贡献奖、河南省金牌理财服务团队等多项金融奖项；被人行郑州中心支行评为河南省金融系统反洗钱工作先进集体，获评河南省金融系统三农和中小微企业金融服务劳动竞赛先进集体。在第三方客户满意度市场调研中，营业部自2010年四季度以来连续9个季度综合排名保持同业第一位次。辖属5个营业机构被省政府授予“群众满意的基层站所”称号；2家机构分别获中国银行业文明规范服务“百佳示范单位”和“千佳示范单位”称号。

【新兴业务】 2012年，营业部全年销售各类理财产品782.17亿元，其中，销售个人理财产品635.71亿元,销售公司理财产品146.46亿元。实现销售基金、代理保险等主要指标同业第一。黄金业务交易量达到76.75万公斤。新增信用卡发卡16.11万张，同业第一；存量卡达到147.87万张，同业第一；实现信用卡消费额211亿元，同比增加64亿元。新增企业电子银行客户1673户，总量达到3.14万户，同业第一。实现电子银行交易额4.75万亿元，同比增加4437亿元，同业第一。国际结算131.31亿美元，同比增加93.74亿美元；结售汇8.33亿美元，同比增加2.43亿美元；国际贸易融资累放22.84亿美元，同比增加19.76亿美元。

【经营结构】 2012年，营业部存款1000万元以上法人客户由上年末的444户上升到529户，增幅19.14%；新增对公结算优质客户681户；电子银行客户对存量中高端客户覆盖率51.66%、对私人银行客户覆盖率83.96%，客户结构得到优化。贸易融资占全部公司贷款的比重由年初的4.63%提高到6.47%；小企业贷款余额占全部公司贷款的比重由年初的4.34%提高到5.69%，资产结构得到改善。中间业务收入占营业净收入的比重27.03%，较上年提高2.02个百分点，收入结构得到优化。

【经营效益】 2012年，营业部人均存、贷款分别为3480.8万元和2430.8万元，同比分别增加486.13万元和299.83万元；网均存、贷款分别为78653.2万元和54926.99万元，同比分别增加12527.13万元和7872.64万元；人均中间业务收入33.05万元，网均中间业务收入746.87万元，同比分别增加4.71万元和121.13万元。成本收入比24.2%。

【风险防控】 2012年末，业务风险率0.76/10000、风险度6.79、风险暴露水平5.17/10000，分别较上年下降27.62%、8.99%、20.83%，均控制在全省工行系统平均水平以下，其中，风险率和风险暴露水平全省工行系统排名第一，五级网点全部消灭，业务运行质量进一步提升。按照“横向协调联动、纵向条线管控”原则，构建营业部全流程信贷业务联动管理机制，实行信贷风险防控按条线把口，全面促进信贷运行品质的持续提升。强化安全管理监督机制，加大对营业场所风险隐患排查，切实加强安全防范，确保安全营运，为业务发展提供有力支撑。内控管理水平持续提升，实现连续8年“零发案”，内控评价保持工行总行“一级”。

【渠道建设】 2012年，营业部新增网点1家、调整优化网点5家；新增自助设备95台，总量达到1010台；新增、改建自助银行10间，总量达到188间；新增信用卡消费POS1678台，存量达到6017台；新增电话POS189台。通过电子银行及自助渠道实现业务量4.51亿笔，同比增加0.56亿笔，增幅14.2%；柜面业务可分流率36.2%，较2011年末压降2.4个百分点；实现电子银行交易额5.16万亿元，增幅16.5%。同时，通过优化岗位结构，压缩二线中后台人员3名。新增客户经理81名，总数达857名，占全行人数的23.56%，较年初提高1.6个百分点。

【管理效能】 2012年，营业部深入开展“合规建设提升年、管理品质提升年”主题教育活动，员工的合规理念得以增强，工作作风得到改进，经营管理能力得到提升。全面推进“建设最安全银行”活动，安全保卫部门对全辖所有营业网点、自助银行、ATM机和金库进行安全评估检查验收，集中组织开展安全防范技能培训，全行物防、技防、人

金水区政府与工商银行河南省分行营业部战略合作签约仪式

防、消防管理品质得到全面提升。案件防范方面保持“零发案”。

（江 湛 席新权 宋慧静）

农业银行

【概况】 2012年，农行河南省分行营业部紧紧围绕“1213”发展战略和“三争两提高”奋斗目标，按照省行党委提出的“做全省农行发展的旗帜、服务的窗口、管理的榜样”总体要求，以科学发展观为指导，以提升价值创造力为核心，以加强经济资本管理为抓手，深入推进“三比”，转变发展方式，强化精细管理，夯实经营基础，创新经营机制，持续加压奋进，实现市场形象、竞争能力、业务结构和经营绩效的稳步提升，主要指标位居全省系统首位，各项业务取得全面、协调、可持续发展。

负债业务 截至年底，各项存款余额581.4亿元，较年初净增59.3亿元，完成省分行年度计划的117.5%，系统内增量占比17.4%，居全省首位。四大行增量市场份额占比9.48%，排名第四位。

资产业务 截至年底，各项贷款余额286.9亿元，较年初净增23.5亿元。系统内增量占比16.5%，居全省首位；四大行增量市场份额占比9.97%，排名第四位。

中间业务 2012年，实现中间业务收入3.1亿元，同比多收1561万元，完成省分行年度计划的93.8%；四大行市场份额占比13.03%，排名第四位。

不良资产清收 2012年，累计清收不良资产3.2亿元，其中清收委托不良资产1.1亿元，完成省行年度计划的102.8%；清收自营不良资产2.1亿元，完成省行年度计划的489%。清收全省贡献度均居全省系统首位。

三农业务 2012年，涉农贷款净增5.8亿元，完成省行年度计划的118.1%，农户不良贷款率2.93%，低于省行3%的控制目标0.07个百分点。

经营利润 2012年，实现拨备前利润13.1亿元，同比增盈1.7亿元，完成省分行年度计划的101.8%，系统内贡献度24.8%，居全省首位；实现拨备后利润14亿元，同比增盈2.1亿元，完成省行年度计划的127.3%，居全省首位。

内控管理 全面推进“三大集中”工作质效，认真做好总行“三化三铁”工作，持续推进“合规建设提升年”活动和“基础管理提升年”活动，开展合规文化管理体系建设，切实开展平安农行和“四无县支行”创建工作，实现安全合规经营。

【零售业务】 2012年，营业部进一步完善《零售业务指导意见》，积极引导支行以高端、高价值客户群的培育和维护为抓手，提升服务质量，深化网点转型，有效促进了零售业务的稳步发展。一是加大贵宾客户营销、管理力度。加大《营业部贵宾客户分类管理意见》落实力度，对金融资产达50万元以上的客户实行名单制管理，提升贵宾客户对营业部的依存度和贡献度。至2012年年底，营业部个人贵宾客户9.5万户，年日均金融资产余额251亿元，较年初增加1.3万户、25亿元。二是强化网点基础建设。积极同上级行沟通协调，将上街支行升格为一级支行，提升了经营层次，增强了县域市场拓展力量。按照网点布局统一规划，加大对位置偏僻、无发展潜力网点向城市繁华路段、城市规划重点区域调移力度，一年来共改造、装修营业网点25个，调移网点12个，新购建网点2个。三是持续强化电子渠道建设。整治营业网点内外部环境，建立规范、安全、舒适的营业环境。加大自助银行建设和POS、转账电话等在线终端机具布局力度，加强大堂业务引导，推行“折换卡”工程，强制部分柜面业务向电子渠道迁移。2012年，建成离行式自助银行7家，新建、更换在行式自助银行386个，拓展特约商户407户，新增转账电话5390部，为存款、结算、产品等各项业务低成本、高效率增长打造了发展平台。四是提升网点服务能力。扎实落实星级网点主任、星级大堂经理、星级柜员3个考评办法，对柜员、大堂经理、网点主任实行动态考评，并拿出1000万元专项资金进行奖励，激发营业网点各层面人员工作热情。至年底，营业部电子渠道分流率达76%，较年初提高11个百分点，有效提升了网点服务水平和营销能力。

【对公业务】 2012年，营业部明确重点，细化措施，努力促进对公业务快速发展。一是强化管理，挖掘存量客户潜力。坚持推行《对公客户“四专”管理实施意见》，对重点客户实行“专人维护、专项费用、专门考核、专户监测”，按时通报考核，严格激励约束，提高了客户经理维护、挖潜存量客户的积极性。全年深度挖潜了一批高端客户，促进了对公存款的稳定增长。2012年年底，该部在全辖选取100家资产类高端客户、100家负债类高端客户，由营业部班子成员带队，利用10天时间，开展“十日双百”客户营销走访活动，密切银企关系，了解客户需求，进一步巩固了客户基础。二是明确重点，积极拓展优质客户。严格落实《对公客户“源头营销”指导意见》，要求班子成员带头，部门、支行积极跟进，持续加强对地方财政、社保、公积金、公检法等政府机构类客户，以及烟草、军队等系统性、集团性客户的营销力度，努力扩大优质客户群体。通过强力攻坚，营业部成功营销大批高端客户，有效提高了综合竞争实力。三是储备项目，持续夯实发展基础。自8月起，营业部在全辖扎实开展了“客户营销储备竞赛活动”，要求各支行、各部门采取有效激励措施，调动一切积极因素，营销储备资产客户。活动中，成功营销优质法人资产客户11户，批复授信29亿元；进入审批流程重点项目38个，授信额度约150亿元；拟营销重点项目12个，拟营销金额130亿元，为营业部长期的业务发展奠定了基础。四是应对形势，抓好新产品落地。针对信贷规模极度紧缺的情况，主动研究新产品，大胆推行尝试，实现多项新产品成功落地。至年底，该部成功办理委托债券投资业务19亿元，内保外贷业务3500万美元，黄金租赁200公斤，同业融出45亿元、融资租赁3.7亿元，国内信用证5亿元，实现中间业务收入2500万元，实现利息收入2400万元，实现存款增长5.8亿元。

【中间业务】 2012年，营业部整合资源，拓宽渠道，大力推进中间业务提速发展。一是强化部门联动，实行交叉营

反洗钱活动

销，加大高端客户使用现金管理、企业网银、电子商务等产品的占比和使用率，以产品稳定客户，以客户带动产品，实现了负债业务与中间业务的良性发展。二是借助信贷规模趋紧时机，充分利用贷款定价杠杆，积极营销代收代付、贵宾卡、理财等业务，提高了资产客户的综合价值回报。三是以每月的产品与客户分析为指导，引导员工营销综合收益高、市场潜力大、客户认同度高的产品，促进中间业务均衡有效发展。

【机制建设】 2012年，营业部进一步完善经营机制，激发经营活力。一是完善综合绩效考核办法，加大对价值创造、全面风险管理和结构优化等指标的考核力度，提高综合绩效考核与工资分配、费用配置的挂钩比例，引导支行转变发展方式，提高发展质量，有效促进营业部可持续发展。二是完善资源配置方式，在保持存款、中间业务等基础性业务和战略性产品资源配置相对稳定的基础上，加大对日均存款资源配置力度，促进支行扎实做好基础工作，持续夯实业务发展基础。三是完善考核激励机制。修订《支行高管收入分配办法》，加大行长工资与日均存款完成情况挂钩力度，激励支行积极营销有效存款。持续推行《营业部支行高管及重要岗位人员营销排队考核办法》，支行重要岗位人员每月公开"晒业绩"，领导带头营销的理念已经转变为各级领导干部的自觉行动。四是持续细化业务经营分析，对重点客户的增减变动、产品覆盖情况、重点产品的使用、同业对比情况、环比情况等，进行深入、细致的分析，并根据班子点评要求，形成督办，一追到底，督促支行明晰方法，强力执行，有效发展。

【基础管理】 2012年，营业部进一步推进精细化管理，夯实发展基础。一是运营基础管理能力得到强化。制定了《县级支行内部主管行长考核办法》和《运营主管星级考评办法》，强化对内部行长、运营主管的管理、考核，拉开工资差距，提高了柜面业务操作风险防控力度。深入开展"平安农行""四无县支行"创建、"三化三铁"及"周周少、月月比"等活动，有效增强了员工的风险防范意识和风险防控能力，实现了安全合规经营。二是信用风险防控能力得到提升。加大对政府融资平台等重点领域的信贷风险防控，强化贷前调查，贷款审查、审批和贷后管理，有效提升了信贷基础管理水平。对存量不良贷款，制定各支行清收目标和进度计划，下派农户不良贷款清收小组，加大不良贷款清收力度，不良贷款有效控制在省行容忍度之内。三是合规文化建设有效推进。扎实开展"合规建设提升年"活动，牢固树立"合规创造价值"经营理念，形成按权限、按程序、按制度、按规则办事的行为规范，为可持续发展构筑了坚实保障。

【企业文化建设】 2012年8－11月，营业部在总结上年经验的基础上，持续开展"比学习、比精细、比奉献"活动，促进全行员工思想观念进一步转换，树立"学习、精细、奉献"意识，构建特色企业文化。该项活动设立学习测试、演讲比赛、体验柜员生活、营销储备客户等10项具体实事，要求各支行、各部门充分发挥主观能动性，制定活动细化方案，出台部门员工360度考核办法，吸引员工自觉参加活动。营业部机关562人次参加了学习测试，67人次参加了演讲比赛，下派柜员65人次，在各类报刊发表文章118篇，营销优质客户71户。

（申爱洁　张俊涛）

业务技术比赛

建设银行

【概况】 2012年，建设银行郑州金水支行以"合规建设提升年"为工作主线，坚持"项目带动、产品带动、高端带动"经营思路，紧抓存款、中间业务收入和客户账户新增等工作重点，深入推进"合规建设提升年"、党团主题实践、全员客户大营销等活动，加强网点建设，全力提升市场竞争能力、系统贡献能力、风险控制能力和价值创造能力，主营业务强势发展。一般性存款、经济增加值、考核利润、客户账户新增、战略性业务等主要指标均超额完成省分行计划；中间业务收入再创历史新高；实现了无重大违规、无案件，以及创建平安年的目标。

【业务经营】 2012年，建设银行郑州金水支行实现考核利润10.69亿元，经济增加值5.89亿元。

存款增长强劲，贷款稳步推进。全口径存款余额665.7亿元，时点新增115.5亿元。其中，一般性存款余额652.2亿元，时点新增119.3亿元;企业存款余额296.4亿元，时点新增67.4亿元；个人存款余额355.8亿元，时点新增51.8亿元;同业存款余额13.5亿元，日均新增22.5亿元。各项贷款余额254.5亿元，其中公司类贷款153.1亿元、个人类贷款余额101.4亿元。

中间业务收入再创历史新高。实现中间业务收入4.8亿元，净收入4.6亿元，较上年增长23.3%，高于全省平均完成率6.6个百分点。其中银行卡业务收入1.4亿元，增幅22.6%；基金业务收入3140万元，"四行"占比63%，销量稳居同业第一；代理保险销售8.5亿元，系统、"四行"、同业稳居第一。

资产质量持续向好。不良贷款余额2780.8万元，不良贷款率0.11%。

【战略发展】 2012年，建设银行郑州金水支行战略性业务保持快速增长。电子银行业务实现收入3638万元，较上年增长31.2%。企业网银客户新增3434户，个人网银盾客户新增26万户，电子银行渠道分流率76.6%。国际业务实现国际结算量6.8亿美元，结售汇4亿美元。信用卡业务客户净新增6.3万户，商户收单业务新增904户，汽车分期业务交易额2.9亿元，较上年增长112%。机构业务的机构类存款时点余额99.6亿元，较年初新增27.2亿元，余额、新增系统内均居第一。机构类贷款余额36.99亿元，新发放3.7亿元。实现中间业务收入2265.8万元。小企业业务累计投放贷款11.6亿元，较年初新增3.3亿元；小企业信贷基本户122户，较年初新增22户。

【项目、产品与高端带动】 2012年，

建设银行郑州金水支行坚持“项目带动、产品带动、高端带动”经营思路，项目、产品和高端带动成效显著。

成功营销郑州煤炭工业（集团）有限责任公司30亿元私募债券，为河南省内首支成功注册发行的私募债券，建设银行郑州金水支行成为省内首家主承销私募债券的金融机构。

成功营销郑州市三环路快速化工程BT项目、富士康综合保税区A区开发项目、东风日产郑州发动机工厂建设等3个重大项目开户。成功为中建基础设施开发有限公司发放贷款9880万元，为省分行系统内首笔BT项目投放。

成功为中建（郑州）城市开发建设有限公司投放河南省第一单城镇化新农村建设项目贷款3亿元，实现新农村建设贷款突破。

同业率先取得郑州市首批公积金项目7.5亿元贷款承办权。向开元、康桥等房地产开发项目，煜盛旧城改造等项目投放3.03亿元贷款。助业贷款投放8.4亿元，系统排名第一。

实现全省首家网上招投标系统河南电力物资公司项目成功上线，交易额达2.36亿元。完成全省首户重点商贸类专业市场世贸商城善融商务项目上线，拓展28个基本户。

成功与郑州市卫生局签订郑州市居民健康卡合作框架协议，发行首张居民健康卡片，成为全国居民健康卡首发行和郑州市居民健康卡主办合作银行。

成功为郑州宇通客车股份有限公司办理河南省系统内首笔买断型银行投保出口融资业务，实现贷款投放112万美元。

与中国河南国际合作集团有限公司、国家开发银行签订贷款项目资金监管协议，锁定3600万美元资金结算，开辟了利用政策性银行信贷资金进行三方合作的先河。

结算通卡累计发卡20万张，较年初新增8.7万张，稳定资金9.6亿元，存量、新增发卡均居系统第一。

在郑州市三环路快速化工程BT项目建设中，实现中水电（郑州）投资发展有限公司基本账户、中国水电集团路桥三环项目总承包部账户以及中国水利水电第三、第五、第十一工程局有限公司施工账户开立。

养老金业务实现运营客户9户，获省分行2012年度养老金业务先进单位。

【网点建设】 2012年，建设银行郑州金水支行网点建设工作扎实推进。完成东客站支行、航空港区支行等网点开业，在线运行离行式自助设备100台，较上年增加52.9%。深化前后台业务分离(COS-T)项目上线工作。完成13家对私网点对公业务转型，8家网点“三综合”工作顺利推进。

【基础建设与合规服务】 2012年，建设银行郑州金水支行扎实推进“合规建设提升年”活动。组织签署承诺书，开展宣传学习、检查和常态化合规评价、合规警言警句征集等活动。全面推进员工合规行为、风险防控和职业道德建设。

严格落实风险排查整改工作。建立全面风险管理责任制，开展客户信用风险、声誉风险、区域风险、产品与服务风险、运营合规与操作风险、案件和员工行为风险、安全保卫风险等全面风险排查。加大员工行为集中排查力度，深化落实轻微违规积分管理办法，全年内外部监督检查发现轻微违规问题599个，违规积分830分。

服务能力稳步提升。深化党团主题实践活动和创先争优活动，先后获总行2012年度电子银行先进集体称号，省分行“青春炫风采”服务风采大赛一等奖，省分行青年岗位技能暨防控操作风险知识竞赛团体二等奖。该行营业部获总行级文明单位称号，营业部、居易国际广场支行被省分行评为女职工文明示范先进单位。

（张新乔　李甲子）

中国银行

【概况】 2012年，中国银行股份有限公司河南省分行郑州城区各直属支行（以下简称“郑州城区支行”）全面贯彻落实总、分行发展战略，积极应对复杂严峻的经营形势，紧紧围绕“以效益为中心，综合平衡、持续发展”的战略部署和“目标、信心、实干、创新、绩效”方针，坚持以目标任务和提高市场竞争力为标杆，进一步强化对公业务个人业务联动和上下联动，努力开拓市场，加大贷款投放，全力支持郑州地区经济建设，各项业务取得良好成效。

负债业务　截至2012年年底，郑州城区支行人民币各项存款余额740.15亿元，较上年末增长152.4亿元，增幅25.93%。其中，储蓄存款余额272.6亿元，较上年末增长43.71亿元，增幅19.1%；公司存款余额467.55亿元，较上年末新增108.69亿元，增幅30.29%；人民币金融机构存款余额181.89亿元，较上年末增长57.55亿元，增幅32%。

资产业务　截至2012年年底，郑州城区支行人民币各项贷款余额308.92亿元，较上年末增长85.69亿元，增幅38.39%。其中，人民币公司贷款余额409.73亿元，较上年末增加17.12亿元，增幅4.36%；人民币零售贷款余额143亿元，较上年末增加32.17亿元，增幅29.03%；年末票据融资余额56.19亿元，较上年末新增36.4亿元。

中间业务　加大中间业务产品创新力度，大力创新企业短融、代发债等投行业务及信托、租赁等不占用信贷规模的企业直接、间接融资产品，通过规模外资金业务创新，提高资金使用效益。强化理财产品创新，加强信托受益权、权益类资产投资，积极推动委托贷款、直接投资模式的理财产品。加强与保险公司、信托公司、证券公司、金融租赁公司等金融机构合作，围绕客户资金流创新产品，解决客户需求。创新供应链产品及小企业融资产品，吸引集团客户、产业集群客户，锁定企业上下游资金。截至年末，郑州城区支行实现中间业务净收入5.95亿元，在郑州地区同业市场份额为19.59%，较2011年末提升2.49个百分点，居同业第三位。在全省中间业务收入贡献度为27.81%，较上年末提升9.11个百分点。

资产质量　2012年，郑州城区支行累计清收化解不良贷款本金1.92亿元，其中，公司贷款0.78亿元，零售贷款1.13亿元。进一步优化了资产质量，为优质重点客户提供服务。

【信贷投放】 中国银行河南省分行充分发挥金融业在城市建设服务方面的重要作用，加强向郑州地区重点项目和企业信贷投入，在新增贷款及引入省外资金支持方面连续多年位居省内银行业前列，鼎力支持郑州地区的经济发展。一是抢抓中原经济区、郑州都市区及各县域地区“合村并城”建设机遇，满足重点项目资金需求。截至年底，郑州地区公司贷款余额410亿元，全年累计投放534亿元，余额新增17亿元，贷款余额、投放量、新增额、增速均列系统内中部六省省会城市第一名。重点支持了富士康、轨道交通、郑州铁路局、宇通客车、郑州煤电、万达广场、中孚实业、郑州土地储备等企业和项目。强化产品带动，为企业提供发债、定向增发等直接融资产品，帮助企业上市及债券募集资金，拓展企业融资渠道，2012年累计叙做债券、中期票据、融资租赁、表外理财等投行资金95.5亿元，重点支持了郑州新区建设投资公司、公交公司、中心医院、千禧置业、中原环保等客户和项目。

【扶持企业】 2012年，郑州城区支行围绕中原经济区建设这个中心，着眼“中原崛起、河南振兴”这个大局，本着“健康发展、区别对待、有保有压、防范风险”的原则，以批量化支持中小微企业和新模式业务下沉网点为抓手，以制度创新、产品创新、服务创新来持续提升服务小微企业能力和风险管理能力，全力支持小微及涉农企业发展。一是从战略高度重视支持小微企业。将其列入全行战略业务，明确支持小微企业发展不仅是贯彻国家经济政策、履行社会责任的外在要求，更是调结构、控风险、提收益的内在发展动力。二是优化小微企业服务机制。为更加高效、专业和全面地服务小微企业，在全省近500家网点开展“破冰行动”，对小微企业金融服务推进至全辖网点。在经济较为发达、小微企业聚集、社会诚信度较高、风险管理能力较强、资源配置到位的地区，逐步推行“二级信贷工厂”和省行级信用审查人员模式，逐步健全适应小微企业金融业务的专业化机构和管理机制。三是积极创新适用中小企业经营特点的产品。创新开发“互助通宝”“双汇通宝”“专利贷”等系列特色金融产品，有效破解小微企业融资难、担保难“瓶颈”。中国银行河南省分行“易贷通”产品荣获2012年“河南省银行业服务小微企业及‘三农’贷款十佳金融创新产品”一等奖，“双汇通宝”产品在全国中行系统推广，“专利贷”产品得到副省长徐济超的高度评价。四是强化风险管理手段。创新运用科技化贷后管理工具，实施差异化、批量化、智慧化的贷后管理模式，减轻客户经理的贷后管理和内务压力，强化贷后管理的实效。发挥“五位一体”共同防控风险的作用，做好情景分析、尽责审查、预警、放款审核、反欺诈等管理工作，切实防范信用风险、操作风险和道德风险，持续提升小微企业金融服务质量。

2012年，中国银行河南省分行小微企业客户新增1061户，增幅109%；贷款新增58亿元，增幅38%；小微企业贷款新增位居四大行第一。中国银行河南省分行在2012年3月被省银监局评为2011年度小企业金融服务工作先进单位；省分行中小企业业务部被中国金融工会河南省工作委员会评为三农中小微企业金融服务劳动竞赛先进集体。

【风险管理】 2012年，郑州城区支行不断加大资产管控力度，坚持风险管理与业务发展并重，全年保持资产质量基本稳定，授信业务持续健康较快发展。一是坚持“六位一体”风险管控工作机制，做实信贷资产盘存工作，重点做好风险排查和风险梳理，摸清家底，逐户制定风险防控措施，确保资产质量稳定。二是加强重点领域的风险防控和化解。对部分产能过剩行业、民间借贷、对外担保、集团客户、民营企业、融资平台、特定客户等领域排查发现的问题和风险隐患，持续加强整改和化解，防范授信风险。三是持续开展授信结构调整优化。围绕降低经济资本占用和提高EVA，继续提高优先发展类行业授信占比，积极支持绿色信贷、战略性新兴产业、文化传媒等授信发展，拓宽授信领域。四是强化各业务条线风险监测与管控。加强零售贷款风险管控，积极开展中小企业、理财业务、融资性担保公司及银行卡不良等排查工作。五是加强条线管理力度。建立良好的绩效考核和管理机制，推动各项工作的有效落实；同时进一步梳理组织架构、人员结构情况，及时补充关键岗位和重要环节人员，保障人力资源需求和工作质量。

【内控管理】 2012年，郑州城区支行认真贯彻“防风险、上水平”工作方针，以建立全面、主动、量化的风险管理体系为主线，巩固“双基”、强化机制，实现全年无案件、无监管处罚。一是深入开展“合规建设提升年”活动。结合监管要求，进一步完善合规责任机制，全员签订合规建设提升责任与承诺书，加强合规日常管理；先后开展了“一把手”宣讲、“明德增智、共塑合规”学习培训、“合规大讨论”“合规好建议”“合规督导”、检查排查、治理整改等项活动。二是加强对重点业务、重点地区的风险排查和梳理，先后参与省行并组织本机构的“拉网式风险排查”“员工参与社会融资专项治理”“十一个回头看”等一系列排查项目，排查机构覆盖面100%，主动防范案件风险。三是加强对重要问题和主要风险的整改跟进。通过建立专项整改台账、整改责任制等措施，加强基层机构风险识别能力和防范能力。2012年，郑州城区支行检查发现问题整改率98%，中高风险问题整改率100%。四是结合《基层机构操作风险控制手册》学习，加强操作风险管理工具应用，通过业务操作流程梳理、RACA成果消化整合，提炼管控要点和风险点，加强业务和管理流程中重点环节的标准化操作。同时，加强LDC的收集，全年共收集LDC一笔，金额38560元。五是开展基层机构合规管理标准化体系试点工作，进一步完善基层管理新模式。在郑州花园支行试点基层机构合规管理标准化体系，结合全辖网点转型、业务下沉、网点管理、流程优化等要求，围绕规范员工岗位行为、提升基层合规管理能力。

（刘京新）

郑州银行

【概况】 2012年，郑州银行完成新一届董事会、监事会换届，专家学者、优秀股东代表组成了新一届董事会、监事会，为全行发展提供了有力的战略支撑。新一届经营班子全力推进郑州银行改革发展，一是确定了以“商贸物流银行”“中小企业融资专家”“精品社区银行”为内容的特色郑银三个市场定位。二是引入微贷技术，成立微贷中心，使小微贷款业务从外延式增长转向内涵式延伸，继续领先中小企业融资的省内行业优势。三是完成新乡分行的设立，为郑州银行省内第二家分行，省内跨区域发展步伐加快。

截至2012年年底，郑州银行共有73家分支行，其中60家市区支行，6家县域支行，2家异地分行，5家二级支行，在职员工2199人；全行资产规模突破1000亿元，达到1040.45亿元，较2011年底增长315.88亿元；各项存款规模突破800亿元，一般性存款余额746.45亿元（不含同业存款79.28亿元），较2011年底增长192.67亿元；贷款余额497.74亿元，全年新增贷款投放122.81亿元；全年实现拨备前利润22.65亿元，较2011年增长70.17%。资本充足率15.2%，不良贷款率0.43%，拨备覆盖率467.02%，流动性比率36.47%，存贷款比率66.68%，资本利润率21.09%，资产利润率1.69%，各项指标全部达到监管要求并实现系统性向好。

【金融改革】 2012年，在郑州市政府的领导协调下，郑州银行将15亿元专项贷款全部本息归还完毕，历史风险全部化解。同时，郑州银行按照上市公司标准有序推进股权整合，完成99%的股权确认和80%的资产确权工作，并与多家潜在战略投资者进行了友好磋商。对总行风险管理部、公司业务部、信贷审批部等部门的职责进行合理调整，职责更加清晰，流程更加优化；科学制定信贷投放计划，持续优化信贷结构，信贷工作质量有效提升；将同业业务、理财研发、授权管理等工作的归口部门进行合理调整，使其更加合理科学，有力地支撑了业务发展。

【中小企业贷款】 截至2012年底，郑州银行小企业贷款及个贷总余额为185.55亿元，较2011年底143.69亿元增长41.86亿元，增幅29.13%，圆满完成小微贷款“两个高于”目标。一是采取单独的信贷计划，按照单独的考核办法，利用单独的信贷系统，管理单独的专职客户经理队伍，在小企业信贷业务领域建立一套成熟完整的工作机制。二是与FICO公司合作，建立小微业务新售后服务管理系统。三是与德国IPC公司合作，引进微贷技术，成立微贷中心，为微小企业和个体工商户设计开发了门槛低、无抵押、放款快的金融产品“鼎盛贷”和“鼎速贷”。截至2012年年底，成立4家微贷中心，累计投放微贷1.11亿元。四是建立绿色通道，提高审查审批效率。针对小微企业用款小、频、急的特点，着力建设贷款审批绿色通道，对支行实行差别授权，简化小企业贷款业务的审批程序，减少贷款审批层级；对总部不同层级的审批人员给予差别授权，实行限时工作制，缩短总部审批链条，提高审批效率。五是培育“小巨人”企业，帮助中小企业做大做强。从符合国家相关政策和行业条件标准的中小企业中，挑选34户进入郑州银行2012年“小巨人”企业名单，通过建立工作台账，给予贷款利率优惠、设计综合融资方案、强化信贷培育工作、创新服务模式等多举措全方位进行培育，促其做大做强。

【私人业务】 2012年，郑州银行确立了“精品社区银行”的市场定位，不断探索私人业务发展新模式，为城市居民

12月17日，《金融时报》和中国社科院金融研究所评选出的“2012中国金融机构金牌榜·金龙奖”在京颁布。郑州银行荣获“年度最具成长性中小银行”和“年度最佳小微企业服务中小银行”两项大奖

和个体商户提供优质的金融服务。一是成立锦艺城社区支行，并以郑州市大型专业市场为依托，成立零售专营支行，一方面满足社区居民日常结算、代理缴费业务，办理消费贷款、个人经营性贷款的需求，另一方面为社区内小微企业尤其是微型企业经营发展提供所需要的结算、融资服务，打破微小企业融资难的瓶颈。二是继续加快个人贷款业务发展步伐。2012年，郑州银行成立产品研发团队，推出“个人消费信用贷款”“理财产品质押贷款”“个人生产经营性信用贷款”等个人贷款品种，丰富了个人金融产品体系。截至2012年12月底，郑州银行个人贷款余额101.87亿元，较2011年底84.24亿元净增17.63亿元，增幅20.93%。

【理财业务】 2012年，郑州银行“金梧桐鼎诚”和“金梧桐稳健”系列理财产品以持续的定价优势和良好的信誉保障，市场影响力进一步提升。全年共发行自营理财产品19支，发行规模46.7亿元（含稳健15号）；兑付理财产品21支，兑付规模35.58亿元；实现中间业务收入1675.37万元。

【金融创新】 2012年，郑州银行围绕“特色郑银”建设，成立产品创新委员会，拟定产品创新奖励办法，为加快金融创新提供组织保障和政策保障。积极开展金融创新，业务产品体系日益丰富。开发了国内保理、商票保贴、卖方控货模式预付款融资、物业经营权质押贷款、个人消费信用贷款、个人生产经营性信用贷款、流量贷、联保贷等产品，城中村拆迁改造贷款等产品已落地实施；推出了代销基金、代销贵金属、第三方存管、商鼎缴费卡、理财POS、手机银行、支付宝、ATM无卡续存等业务，完善网上银行支付功能和资金归集管理功能；资产转让、信托收益权代持、银团贷款等投行产品不断丰富。

【经营管理】 2012年，郑州银行持续推进精细化、科学化经营管理，开创经营管理的新局面。一是在考核方面：完善了以战略指标、平衡计分卡指标、管理系数调节指标组成的考核体系，覆盖所有部门、分支行以及各个条线，统筹兼顾经营指标、风险管控和工作作风，充分发挥了考核在经营管理中的指挥棒作用；加强考核监测，适时调整考核指标，增强考核的针对性和科学性；出台或完善营运序列、督查督办相应的考核办法，考核体系更加完善。二是在财务管理方面：通过加强对各主要指标的预测、监测，定期召开经营形势分析例会和资产负债管理例会，开展同业交流合作等工作，及时调整工作重点，合理安排调度资金，科学调配资产负债结构，使资产负债管理水平不断提升，各项主要指标持续优化。三是在机构建设方面：将基建办更名为机构发展部，将机构管理和建设职能纳入该部门；制定《网点建设指导意见》，规范网点设计装修和施工标准；新乡分行及增设的5家二级支行获准开业，完成5家支行的迁址或扩建，网点形象进一步美化，辐射能力进一步增强。

【信息科技】 2012年，郑州银行科技投入较上年增加近一倍，各项工作均超额完成既定目标。一是采用我国先进技术顺利完成灾备系统建设，并实施多次应急演练。截至年底，同城灾备系统建设完毕，灾备级别达到业界最高级（六级），异地灾备系统在加紧建设，将形成“两地三中心”的保障架构体系，可确保重要信息系统的安全运营。二是顺利完成10项大型项目、14项中型项目、22项小型项目的开发工作，超额完成年度工作计划。三是确保2012年郑州银行应用系统的安全、稳定、高效运营，没有出现柜面业务非正常停机事故。

（甄鹏举）

12月27日，郑州银行首家物流支行开业，标志着郑州银行的特色经营迈出坚实步伐

中国人寿保险

【概况】 2012年，中国人寿保险股份有限公司郑州市分公司按照“三大一强”的总体工作要求和“两个坚定不移”“两个战略”的重大决策，调整业务结构，夯实队伍基础，做大公司品牌，做强基础建设，持续推进发展方式转变,全体员工艰苦拼搏，扎实工作，实现了公司市场份额领先，管理品质优良，较好地完成了省公司各项指标。

全年郑州公司共实现保费收入24.98亿元，较上年增长3.49%。其中，

中国人寿参与新农合经办服务现场会

首年期交保费收入3.03亿元，同比下降18.28%；短险保费收入1.06亿元，同比上升6.56%；续期业务保费收入15.09亿元，同比增长17.99%，续期保费收费率为97%。

业务结构合理调整。10年期以上期交保费1.14亿元，同比增长20.90%，10年期业务占比37.6%；团险渠道建工险、学平险等传统支撑型业务规模持续提升，累计实现建工险保费1700多万元，同比增长28.35%；学平险提费稳步推进，累计实现学平险保费1988万元，同比增长9.8%；银邮渠道全年实现期交保费12941万元，其中5年期及以上业务占比40%，10年期及以上保费收入952万元，同比增长60%。

队伍实力显著提升。2012年，营销团队新增人力2740人，月增员率5.59%，超额达成省公司下达的月均增员率4%的目标，前三季度共晋升组经理104人，同比增长520%，截至三季度，获省公司队伍建设奖励335.7万元。银邮渠道全年新增客户经理98人，理财经理236人，在银邮市场负增长、同业人力下滑的大形势下，郑州银保队伍基本实现队伍与业务的匹配。

市场地位得到巩固。2012年，郑州公司市场份额27.33%，个险市场份额29.03%，团险渠道意外险市场份额21.46%，继续保持领先地位。银邮业务在五大代理渠道均保持市场第一的领先地位。

创星工程取得实效。全市共达成五星级农服部2家，四星级农服部2家，三星级农服部5家，二星级农服部8家，一星级农服部16家，准星级农服部24家，准星级以上占比达63%，较上年增长3个百分点。在三季度末全面消灭了空白网点。农村团队人力净增长520人，季均举绩人力（即成功做成业务的持证人力）较上年提升266人，月均增员率达3.92%；总保费较上年度增长3066万元，其中10年期较上年度增长933万元，实现了业务、队伍稳步发展。

影响力进一步扩大。2012年，郑州公司被主流媒体评选为“最具影响力保险机构”“最具社会责任保险机构”，5月19日，中国保监会主席项俊波莅临郑州，就新农合经办改革“郑州模式”进行专题调研。8月30日，卫生部、保监会联合召开郑州全国现场会，卫生部副部长刘谦、中国保监会副主席陈文辉、中国人寿总裁万峰等领导莅临会议。郑州市商业保险经办新农合入选全国“十大医改新闻事件”。医疗险拓展团队获全国“五一”劳动奖状、河南金融系统服务三农先进集体称号。

【业务提升】 2012年，中国人寿郑州公司紧盯内涵价值，确保稳步提升。

个险渠道在保持首年期交业务稳定发展的基础上，对10年期及以上期交业务进行重点推动，特别是在新康宁产品销售推动中，借助首卖、营销员自保件奖励、特殊核保政策的宣导和精英大单分享等推动措施，全年共销售新康宁13582件共4515万元，占全年10年期以上保费的44%。

银邮渠道持续推动自营业务发展，借助省公司“星光大道”黄金联赛和10年期业务竞赛等活动，组织销售队伍自营内涵价值高的期交业务，实现自营期交保费2596万元，占期交保费总量的23.3%。

团险渠道进一步加大对重点项目和新渠道业务的拓展力度，分阶段开展专项销售活动，建工险在效益型业务方面的规模支撑作用大幅提升。同时，贷款保险与农联社、农行、广发行、村镇银行进行有效合作，旅游险方面陆续与12家旅行社签订合作协议，专业代理方面与5家代理、经纪公司签订合作协议，新渠道保费收入突破千万元。

【销售管理】 2012年，中国人寿郑州公司紧盯细节追踪，夯实销售基础。一是做好企划推动，营造销售氛围。以业务对抗活动为抓手，科学制定企划和支持措施；以产品说明会、客户答谢会、网点沙龙等为平台，提供销售支持；以业务追踪报表为工具，紧盯序时进度，“比同期、比同业、比同级”，形成“赶、比、超”的竞赛氛围，激发有奖必争、有奖必拿的销售热情。二是开展分片包点，加强业务督导。机关各部室经理分包各县公司，各业务部门员工分包本渠道单位，并将其绩效奖励与分包单位业务完成情况挂钩，充分发挥督导人员的责任和帮扶作用，有效促进了业务发展。三是强化经营分析，推动业务发展。适时召开业务动员会、分析会、促进会，坚持周例会制度，对标全系统、对照企划案，锁定位次、目标和奖项，制定相应的措施，有计划有步骤地推进，实现争先进位的突破。

助力马拉松

【人力资源管理】 2012年，中国人寿郑州公司紧盯队伍建设，增强发展后劲。一是坚持常态增员，有效扩充队伍人力。坚持日常增员与集中增员相结合的原则，制定全年队伍建设方案，制作各类增员和制度经营专题，强化队伍管理数据支持，下发常态增员报表总结及战报，持续推动全辖增员，不断补充新生力量，为业务发展提供人力保障。二是强化培训力度，有效提升销售能力。坚持制式培训与专业培训相结合的原则，根据阶段特点有针对性地进行培训和经验交流，全年共组织各类制式及非制式培训班262期，累计培训22293人次。三是创新支持手段，有效激发队伍活力。借助国寿e家平台的推广，创新销售模式，提升展业的科技含量，培养一批科技展业先锋，提升销售队伍产能和展业素质。按照项目推进阶段，2012年四个季度季均举绩人力都超过80%，在全省国寿e家推广单位中始终名列前茅。

【风险管控】 2012年，中国人寿郑州公司紧盯风险管控，提高合规水平。一是教育先行，提高风险防范意识。围绕"诚信我为先"教育活动，全年共搭建"诚信墙"121个，9541人次接受诚信教育，参训率达91.61%，组织进社区宣传诚信活动48次，5042人参加诚信合规知识考试，参考率95.06%。通过专题培训、收看警示教育片、展板宣传、张贴"十做十不做"卡片等多种形式，对全市领导干部、员工队伍、柜面人员、关键岗位人员进行分类宣导教育，提高风险防范意识。二是以防为主，加强日常管控力度。借助技术手段，复效保单710件，复效金额517万元，发现违规行为5件，挽回损失1.6万元，通过"交叉互查"发现问题6条，涉及金额3.7万元。借助检查手段，组织开展反洗钱、单证印章、销售误导综合治理、个险佣金专项评估等各类自查9次，实现对基层单位现场监督和适时监督。借助法律手段，全年办理诉讼、仲裁案件61件，接收保监局和总、省公司转办投诉件7件，接收涉嫌违规件323件。三是优化流程，提升防范风险能力。一方面规范权限管理，确保柜员业务处理安全性、合规性；另一方面，加强资金管理，确保股份和集团的周转金限额均控制在省公司下达的指标内。

【服务提升】 2012年，中国人寿郑州公司紧盯客户需求，提升服务水平。一是改进柜面服务，提高工作效率。通过推行综合柜员制，收付费系统及保全受理平台上线，举办技能大赛等工作，提高柜员综合素质；通过柜面设备的更新，特别是旗舰店的建设，提升服务竞争力。二是狠抓基础工作，降低运行成本。超额完成省公司下达的"集团代理业务非年交转年交""月领转年领"目标。同时，推行银行批量转账工作，POS刷卡手续费从之前的平均每月约16万元下降到11月的3.5万元，费用降幅达到75%以上。2012年银行批量转账考核率全省排名第一。三是实行定向服务，提高理赔实效。通过定向服务，及时帮助各县、城区客户服务中心分析理赔、调查存在的问题及影响因素，寻找解决办法，减少公司的争议升级和诉讼案件。组织开展"理赔服务进万家""国寿爱心 呵护成长"等个性化服务活动，将服务前伸，提高客户满意度。四是推行国寿1＋N，提升附加价值。以推动"国寿1＋N"附加值服务为出发点，全年陆续开展了VIP客户拜访活动、VIP客户专场活动、国寿大讲堂、夏季观影活动、少儿绘画活动等客户回馈活动，并联合一些特约商家，推出超值特惠服务，提升公司美誉度。

（申　森）

泰康人寿保险

【概况】 2012年，泰康人寿郑州分公司不断锐意进取，坚持创新发展。在系统内，经营品质稳步提高，各项经营指标均处在系统前列，在保单继续率、队伍定着率、理赔时效、保单差错率等品质指标上处于领先位置；在市场上，在竞争主体不断增加的情况下，依然保持稳定的市场份额，各项业务齐头并进、协调发展，逐步建立了稳定的业务平台。公司始终坚持"专业化、规范化、国际化"发展战略，坚持"稳健经营，开拓创新"的发展方针，致力提供专业化、高品质的寿险服务。

2012年，泰康人寿郑州分公司个险共达成总规模保费3481万元标准保费，同比增长35%，继续保持系统前列。其中，营销完成2512万元标准保费，同比增长13.7%，收展完成969万元标准保费，同比增长165%。银保完成33448万元保费。营销、收展等各项业务均实现同比正增长。

【经营管理】 2012年，泰康人寿郑州分公司以价值为导向，不断加强管理，规范流程，提高效率，完善考核评价机制。一是经营效益稳步提升，价值导向成果显著。郑州本部全年达成新单价值2302万元。二是基础管理不断夯实，经营指标位居前列。全面推动"八荣八耻"工程，新人、主管等各层级培训有效开展。三是业务品质不断改善，品质指标持续提升。个险13个月继续率90.72%，银保13个月继续率94.03%；个险电话回访成功率100%，财务综合转账率96.98%，同比提升1.84个百分点，零现金率100%。四是运营整合持续推进，组织活动有效开展。在运营体系建设上，一方面进一步推进四级机构服务前置，前置率达到75%，缓解了县域内外部客户的服务需求；另一方面推进运营整合与流程再造，通过前后台分离，提升"综合服务与综合作业"能力，改善客户感受，提高作业效率，提升服务满意度。五是文化建设显现成效，干部培养持续跟进。在文化建设上，初步建立"诚实、进取、学习、和谐"的团队文化,形成积极正面的销售氛围，统一了价值观，规范了行为准则，员工得到成长，同时为公司培养并输送了一批优秀人才。

【个险业务】 2012年，泰康人寿郑州分公司个险营销工作实现成功转型，2011年营销完成2208万元标准保费，2012年完成2512万元标准保费，同比增长13.7%， 2011年收展完成365万元标准保费，2012年完成969万元标准保费，同比增长165%，个险标保总量排名系统第二。基础管理初见成效，核

5月20日，泰康人寿郑州分公司成功召开以"聚焦财富　共赢未来"为主题的论坛报告会

7月12日，泰康人寿郑州分公司组织员工进行拓展训练

心营销指标系统领先。业务结构得到进一步优化，队伍建设得到进一步强化。团队自主经营能力得到提升，整体投产比增强。

【理赔业务】 理赔业务一是完善了指标考核体系，指标考核由每项指标考核全员，优化为每项指标考核到个人，指标考核更加科学合理。二是加强培训管理，提升本部调查人和四级机构综合内勤的业务技能和服务水平。三是加强调查队伍建设，保证调查质量和调查时效，提升了工作效率、客户满意度和品质管理的力度。

大力推广健保通服务，客户在泰康人寿郑州分公司的健保通医院住院后，理赔方式由客户出院后提供资料事后理赔，转变为客户出院时在医院领取理赔金。实现理赔服务“免申请，零等待”，打破了传统健康险理赔模式，有效地提高了理赔客户感受度、满意度和忠诚度。2012年度郑州分公司共开通健保通医院8家。郑州本部实现健保通案件结案129件。

郑州分公司率先成为河南分公司3G移动理赔试点机构。2012年E化率达成76.56%，客户理赔满意度不断提升。

10–12月，总公司在全国范围启动“信守承诺、关爱一生”第五届理赔服务节，郑州分公司迅速召开郑州市区及所辖6县1区理赔服务节网络会议。紧密结合本届理赔服务节，开展数说理赔进早会、康乃馨探视、慢病送关怀以及加强特殊案件管理等多重活动。组织机构内勤深入学习理赔服务节的活动内容，落实活动要求。在理赔服务节期间，郑州本部深入一线营销团队，强力宣导服务节各项内容，开展了MSS系统报案宣导与操作，举办“理赔服务促销售”进营销早会，规范业务部门合规展业，助理一线业务发展。另外举办了多场次不同规模的理赔现场会，创新了各种服务手段。

【内控建设】 2012年，泰康人寿郑州分公司加强运营品质管理，做好风险管控。一是建立会议制度，打造一流会议服务平台。二是创新客户增值服务，增强品质管理力度。在基础回访竞赛方案开展的同时，创新导入对客户的增值服务，提升泰康服务品牌，阶段性公示竞赛结果，提升回访问题件责任人关注度，保证回访指标的实现，增强品质管理力度。三是严控权限审批关。结合《2011年权限管理办法》，制定权限管理制度，从源头把控权限申请关，并对调岗、离岗人员的权限进行清理，防止风险发生。四是针对大额退费类业务，制定大额回访制度。依据风险点制定回访话术，对大额代办业务实现100%电话回访，防范风险的发生，确保客户利益不受损害。五是加强核保业务品质管理，执行精英代理人管理办法。六是建立品质管理风险台账，对承保管理过程中发现的品质风险进行登记、定期汇总反馈。

【客户服务】 2012年，泰康人寿郑州分公司以客户感受度为核心，坚持基础服务和增值服务两手同时抓，取得显著成效。一是统一新生活广场工作人员形象，制定新生活广场人员服务手册，规范接待流程、用语，令客户从视觉、听觉上耳目一新。二是运营部工作人员实现一柜通，多方面学习，避免客户来往于多个柜台之间的麻烦，真正做到为客户着想、为客户服务。三是全面梳理VIP客户清单，推出高端客户体检、专项讲座、高端客户亲至零等待等系列服务。四是通过E站到家、MSS代办保全等多渠道，为客户办理业务手续提供方便，做到为客户设想，以客户感受高效便捷为优先。五是成功举办以健康为主题的第十三届客户服务节活动，邀请知名专家深入乡镇进行健康讲座。

（张玲玲）

邮电通信业

邮 政

【概况】 2012年，郑州市邮政局充分发挥邮政行业优势，抢抓机遇，创新发展，各方面工作均取得了较好成绩。截至2012年年底，全市共有邮政局所267处，邮政储蓄网点175处。其中，企业储蓄网点126个。拥有ATM自动柜员机160台，邮资机54台，信箱信筒626个，邮政车辆382辆。邮路总长6570公里，市区共设投递段道979条。拥有邮政报刊亭87个，零售社会终端138个。年末，邮政企业拥有从业人员4352人，在岗职工1430人，其他用工2922人；大

新郑市邮政局与邮政特聘农艺师在龙王乡邮政万亩示范方对小麦进行测产

专以上学历2313人，专业技术职称人员450人。服务面积7446平方公里，服务人口863万人。全年实现业务总量7.89亿元，收入规模居全省首位，列全国27个省会城市第六位，比上年增长3.2%，保持了良好的发展势头。

2012年，郑州市邮政局通过多形式、多渠道开展全员教育培训和岗位练兵等活动，注重邮政经营管理专业人才开发，不断提升各级领导干部综合素质和能力，加快对大学生员工的培养，职工队伍的整体素质有了明显提高。郑州局先后对全区11个工种进行技能分级考核2959人次，参加技能鉴定1113人次，有677人取得了技能鉴定合格证书。举办邮政储蓄营业员、邮件分拣员、信息技术员3个工种的技能比武。郑州市邮政局信息技术中心在全省邮政信息网运行维护技能竞赛活动中，取得团体第一名。

郑州市邮政局已连续4年开展“爱心包裹”关爱活动，邮政企业累计捐款109万元。2012年，继2007年后再次荣获“省级文明单位”称号。2012年，郑州市邮政局共有11个集体、8名个人被授予市级以上荣誉称号。其中，郑州市邮政局获得全国“2012年通信行业用户满意企业”“河南省文明单位”等称号；紫荆山路邮政营业处获得“全国妇女创先争优先进集体”称号；信息技术中心软件开发班获得“河南省学习型标兵班组”称号。信息技术中心马昂获得“河南省百名职工技术英杰”称号；信息技术中心陆涌、金水区邮政局李慧、市内分拣局苏丽丽获得郑州市“五一劳动奖章”。

6月17日，河南省邮政公司、郑州市邮政局相关领导为刘洋父母送上《天宫赞歌》纪念邮折

【科学管理能力显著增强】 财务管理方面：强化资金资产的集中信息化管理，细化专项费用项目管理，增强了专项费用的使用效果。发挥会计检查和审计监督职能，完成经济责任审计7个、工程项目审计105个，送审金额4800.12万元，审减金额1141.18万元，有效遏制和规避了经营风险。

人力资源管理方面：建立规范用工长效机制，有效规避用工风险。2012年，共清退未经审批私自用工7人、超期限使用的非全日制用工5人，解决历史遗留问题16例，规范劳务用工49人。做好三工转换，优化员工结构，79名岗位经验丰富的优秀聘用工转为在岗职工，75名技能水平高的优秀劳务工转为聘用工。大幅提高薪酬水平，完成了职工岗位工资与基本酬金的调标工作，建立了更加科学合理的内部分配激励机制。合同用工人均增加工资400元，劳务工人均增加工资430元，年底绩效工资每人增加200元。

经营管理方面：突出做好重大安全隐患问题整改，按照银监部门“合规建设提升年”具体要求，全区邮政金融保险风险防控能力稳步提升。认真开展全区邮政文明示范窗口“双百佳”创建、市区“用户满意示范窗口”创建等活动，通过向用户发征询意见函，强化对服务质量的监测和考评，提高了服务质量。十八大会议前夕，对邮政通信安全工作进行安排部署，层层签订安全责任书，并开展专项检查活动；十八大期间，未发生一起安全事故。2012年，全区邮件时限综合准时率达到99.99%，邮政服务得到社会各界认可。

安全管理方面：建立了安全责任明确、规章制度完善、检查标准统一、考评办法健全的安全管理体系。2012年新建、改建金融网点安防工程21个，完善了有关枪支弹药和业务库守护押运的规章制度，规范了操作规程，确保了全区邮政枪支弹药、业务库的安全和稳定，有效防范了金融风险。2012年，全区安全生产无重大事故、治安消防无案件。

【邮政形象不断提高】 2012年，郑州邮政工作受到各级党委政府和社会各界的充分肯定。时任河南省委书记的卢展工视察郑州邮政旗舰店时，会见了来郑调研的集团公司党组书记张亚非，并在《中国共产党第十八次全国代表大会纪念封》上签字留念。河南省委常委、郑州市委书记吴天君，河南省委常委、宣传部部长赵素萍分别在省公司总经理杨海福等领导陪同下，到郑州邮政局视察指导工作，并与郑州邮政旗舰店营业员亲切交谈，还对邮政积极服务地方社会经济发展所取得的成就给予充分肯定。郑州市人民政府副市长刘东在出席郑州邮政局举办的第四十三届世界邮政日庆祝活动后，为郑州邮政题词“发展现代邮政，构建和谐社会”“邮政融入文化产业，服务经济社会发展”。集团公司总经理李国华、党组书记张亚非等领导，也多次到郑州邮政局调研指导工作，并对郑州邮政的各项工作给予充分肯定。郑州邮政的发展成就，得到了新闻媒体的广泛关注，省会主流媒体正面宣传报道郑州邮政的稿件400余篇，大大提升了郑州邮政的社会美誉度和影响力，为企业改革发展营造了良好的舆论氛围。

【幸福郑邮建设扎实推进】 2012年，郑州市邮政局大幅提高员工薪酬水平。年中，合同用工人均增加400元，劳务工人均增加工资430元；年末，绩效工资每人增加200元，还为投递员增加了访销津贴、旺季津贴及客户经理的营销津贴。在“职工小家”建设方面，全区被命名的省级以上“合格职工小家”59个，占职工小家总数的72%。其中，新密市邮政局金华支局被国家邮政工会授予“全国邮政系统农村支局（所）模范职工小家”称号，上街区邮政局被国家邮政工会授予“模范职工之家”称号。兑付“三保证三关爱”资金45.8万余元，救助职工及亲属计676人次。开展“冬送温暖、夏送清凉”系列关爱活动，慰问困难职工36人次、一线职工1330余人次，为外勤投递人员配发保暖内衣、绿豆、菊花凉茶、白糖。为18名考上大学的职工子女发放助学奖励金6.3万元；中秋节，为全区包括离退休职工及劳务工在内的职工父母寄递月饼4755盒。

【基础能力建设】 2012年，郑州市邮政局紧紧抓住郑州都市区建设、旧城改造的机遇，积极响应省公司号召，进一步加大基础设施建设力度，强力推进农村支局所、城市金融网点、物流仓储配送中心、村邮站建设，不断提高经营能力，户外媒体竞争力不断增强。全年新征建设用地16处，4处综合生产楼建成或正在建设，新郑、中牟物流仓储配送中心工程完成施

新郑市邮政局在当地19个邮政报刊亭增设“便民充电站”，受到市民欢迎

工。装修改造城市金融网点14处，新建和改造农村支局所16处，空白乡镇局所补建完成选址4处。购置城市金融网点5处，建成百全精品店、直营店26处。

【网络支撑能力建设】 2012年，郑州邮政局加大了对生产营业设备的支撑力度，全年共新增和更新营业终端101台、打印机102台、点钞机254台、身份证复印机126台、扎把机126台。另外，为县局配备营业台席备机15套。完成了监控联网改造工程，共联网网点137个，联网监控主机373台。该工程实现了网点监控视频的远程浏览、调阅、语音的远程对讲、网点告警上传至市局监控中心和110监控中心、金库监管等功能。

研发创新能力明显提升。完成了河南邮政实物资产管理系统和河南省函件媒体资源管理系统开发与上线运行。这两个系统作为省公司的科技立项项目，已经通过省公司的项目验收。当当网包裹寄递、零售教辅期刊管理系统、河南省中邮人寿单证管理系统、农电代收等5个项目完成了开发及应用。

【社会综合服务平台建设】 2012年，郑州市邮政局积极打造三位一体的社会综合服务平台，凸显企业核心优势。三位一体的平台包括办公楼、营业场所、仓储，涵盖7000多名投递员的网络及信息技术平台，还包括未来的5万个村邮站、3万个加盟店，以及规划中的城（1万平方米以上）、乡（1—5000平方米）仓储中心+综合超市。

2012年，全区新建村邮站252个，累计建成村邮站1384个；新建连锁超市和便民服务站63个，累计建成连锁超市和便民服务站1366个。累计建成直营店18处，已全部开业。优化村邮站565个，改善了邮政连锁平台的质量。2012年，以县（市）局为单位组织开展了“十佳村邮站”评选活动，每季度选出订货量前10名村邮站进行奖励，推动村邮站更好地发挥作用。全年实现平台物流商品销售额3865.37万元，占总销售额的30.2%；全年累计配送农资322.53吨。立足服务三农，全区共建成示范田2612.73公顷。

【业务发展亮点纷呈】 2012年，郑州邮政局以加快转变发展方式为主线，以深化改革创新为动力，以提升企业效益为目标，以加快平台与能力建设为抓手，真抓实干，开拓进取，圆满完成各项目标任务，有力推动了郑州邮政持续、快速、健康发展。2012年11月，函件专业启动电商小包业务以来，2个月签订客户24家，累计揽收近2万件，实现了快速发展。在“春风行动”“夏日风暴”和“收获金秋”系列营销活动中，商函邮惠圈、贺岁礼包商函、招生商函等项目取得了显著成效。集邮专业以节日营销为主要支撑板块，以规范库存管理、提升内部管理质量为主要抓手，以社会热点和新邮发行为契机，紧紧围绕服务地方经济建设，创新拓展集邮市场，完成省公司计划的110%。发行专业不断深化专业化经营，务实创新发展，实现了发行专业快速发展，收入规模居全省第一位。报刊零售专业围绕“创新经营、提升能力、规范管理”三方面工作扎实推进，全年收入规模居全省第二位，进度居全省第四位。代理金融专业以项目为抓手，积极启动“代发工资”“商易通”“存款担保零元购机”等项目，新增商易通685部，余额净增26.44亿元，增幅70.8%。代理保险专业加快业务转型和结构调整力度，全区累计完成代理保费7亿元，同比下降41.7%，完成年计划的38%。银保市场占有率39.97%，居郑州银保渠道第一位。分销物流专业创新项目运作，充分利用现有邮政社会综合服务平台资源，积极拓展城乡流通市场，不断做大商品配送规模，收入规模居全省第二位，增幅达25.3%。电子商务专业转变发展方式，加大创新力度，新增短信加办量首次居全省第一位；自邮一族居全省领先位次；航空机票全区累计销售45780张，销量居全省第一位；代收费业务实现收入增幅56.30%。同时，各县（市）区邮政业务也有了长足发展，新密邮政储蓄居民存款余额突破30亿元。

积极创新营销模式，以报刊媒体推介会的形式，宣传展示邮发报刊媒体广告平台的项目方案和运作优势，与20家单位达成合作协议，形成收入191.4万元。该项目获得了全省邮政“营销项目创新奖”三等奖。以品鉴会的形式，举办高端酒水客户答谢活动，重点邀请企业客户，推出优惠政策，实现酒水项目收入262.37万元。以举办影视活动为突破口，探索函件新媒体业务发展之路。先后成功举办了“红色经典·礼献中原”——芭蕾舞剧《白毛女》、“畅享中原——走进巩义”等影视活动。

全力做好校园包裹收寄工作。全区邮政成立多个流动服务小组，深入各大中专院校，各区（市）县结合自身实际，合理调配资源，收寄校园包裹取得阶段性进展。截至6月18日，全区共收寄校园包裹4.52万袋，形成收入77.81万元，比上年收入增长12.24%。

2012年6月，郑州市邮政局与当当网成功签订合作协议，负责当当网郑州配送中心的邮件收寄业务，为邮政发展传统包裹电商配送业务提供了宝贵经验。至年底，当当网收寄点共收寄邮件65710件，实现收入42.11万元。

百全特色农产品形象店开业。郑州市邮政局率先建成玉凤路、花园路、百花路三家邮政“百全”特色农产品形象展示店，标志着河南邮政“特色农产品生产基地—仓储物流中心—产品展示销售”农产品物流产业链条的形成。

【深化邮政体制改革】 在市区局邮政体制改革方面，进一步完善了区局体系架构，强化绩效考核激励机制，将专业化经营在区局引向深入。一是理顺管理体制，推动区局向经营管理型转变，形成了区局管理专业、管理收投分局、管理邮政支局，“条块”结合的新模式。二是完善经营机制。推行以区局为实体的财务核算模式，赋予区局较大的经营发展、人员配置、成本管控、管理考核等自主权。三是加大激励保障。建立了区局长、专业负责人、支局长职级晋升机制，鼓励区局在省公司和市局政策范围内，自主制定激励办法，搭建业务发展和员工营销平台。四是强化专业发展。进一步加强区局专业领军人才、专业人员和专职营销人员的培养，使区局和专业能够更好地融合互动。通过市区邮政体制改革，区局成为拥有营业、投递、营销以及连锁超市、便民服务站等综合资源的经营实体，实现了对城市市场的深度开发。2012年，郑州市区局累计实现收入3.34亿元，比上年同期增长9.06%，高出全区平均增幅5.86个百分点。

在投递体制改革方面，加快投递经营服务平台建设的战略部署，进一步理顺了投递管理体制，在保证投递服务质量的基础上，建立了五级客户经理制，鼓励投递员积极参与综合服务、访销工作。组建投递员营销团队，促使投递队伍向综合客户经理队伍转变，邮政投递网向投递经营服务平台转变。开展投递综合服务平台创优争先竞赛活动，每季度都对优秀投递营销团队和个人进行表彰。全区共有943名投递人员参与访销，398名投递员晋升为初级及其以上客户经理序列，占投递员总数的42.1%，超过省公司下达的考核指标12个百分点。

在分销物流专业化经营改革方面，进一步理顺了分销物流专业经营管理体制，建立专业独立核算体系，制定科学的绩效考核办法，规范了业务流程。市局通过设置项目经理，配备营销策划和培训人员，增强专业经营管理力量，实现了分销物流专业的快速健康发展。实施专业独立核算后，下半年物流专业收入同比增长49.26%。

在报刊零售专业体制改革方面，成立市、县报刊零售专业管理机构，初步建立了一支专业队伍，增强了自身发展能力。

【市委书记、市长对邮政示范方作批示】 2011-2012年，郑州邮政局加强与各级涉农部门的沟通与合作，建立“三农”技术顾问组织，直接为农民开展田间管理、技术培训和现场指导等工作。两年来，郑州邮政万亩示范方共增产粮食10358吨，较非示范方年均增幅达11.3%，实现增收2278.76万元。在不增加农户投入的前提下，邮政示范方农户平均每年增收1056元，有效解决了农民在农业生产中对农资产品“不放心、不方便、不实惠”和对农业技术“不明白、不掌握、不普及”的问题。8月13日，河南省委常委、郑州市委书记吴天君在郑州市邮政局呈送的《关于开展邮政万亩示范方建设情况的报告》上作出批示：“希望该局不断总结经验，实现高产增收与特色增效并重，为‘三化’协调发展做出贡献。”8月27日，郑州市人民政府市长马懿在该《报告》上做出批示：“感谢邮政部门为郑州做出的贡献，郑州各级政府与农业部门应积极配合支持，为郑州农业发展做出更大成绩。”

【新邮品发行】 1月5日，郑州市邮政局举行生肖文化节暨壬辰龙年邮票首发仪式。活动现场搭建了一幅长达20.12米、由56张生肖龙邮票和2012张中国邮政贺卡拼成的“二龙戏珠”图，并邀请舞龙队进行表演。活动现场还举办了包括世界第一枚生肖邮票、中国第一枚生肖邮票、刮擦生肖邮票、布质生肖邮票等全球范围内的珍邮展览，为集邮爱好者免费加盖生肖邮戳，并向225名属龙市民赠送了精美礼品。非物质文化遗产项目蛋雕和香包传承人张艳、朱仙镇木版年画传承人刘金禄、为成龙创作肖像剪纸艺术家程玉霞等11位民间艺术家，现场进行了艺术创作和表演，为广大集邮爱好者奉献了一场视觉盛宴。

4月27日，郑州市邮政局与河南威佳汽车集团在郑州威达专营店联合举办《福禄寿喜》特种邮票首发仪式。《福禄寿喜》特种邮票1套4枚，每枚面值1.20元，创造了中国：邮票史上多个“第一”：即“福禄寿喜”第一次同登中国邮票、第一次采用激光全息反射膜技术、第一次使用激光半透雕刻制作，具有很高的文化价值和收藏价值。

8月31日，郑州市邮政局举行《宋词》邮票首发式暨2012年中秋集邮文化礼品展。《宋词》特种邮票1套6枚，是继2009年《唐诗三百首》邮票发行后，中国邮政发行的又一套“会说话”的古典诗词邮票。《宋词》特种邮票将《宋词三百首》一书中的宋词全部收录，其中6首以邮票图案形式表现，其余3万字微缩印制在邮票版边上，通过专门配备的电子笔点读发音，完美诠释了“一版票、一本书”的创意理念。

11月8日，郑州市邮政局举行了《中国共产党第十八次全国代表大会》纪念邮票发行式暨“河南高校大学生邮戳设计大赛”颁奖仪式。该纪念邮票1套2枚，小型张1枚。内容分别是“科学发展”“继往开来”，小型张内容为“欢庆”。活动为在河南高校大学生邮戳设计大赛中获奖的同学进行了颁奖。

为庆祝第四十三届世界邮政日，10月9日，郑州市邮政局举行了第二届中国郑州贺卡文化节开幕式暨《少林六合拳》贺卡首发仪式。郑州市人民政府副市长刘东，河南省邮政公司副总经理张军政，中共郑州市委外宣办、郑州市人民政府新闻办主任王丽艳，郑州市邮政局局长张大海，《少林六合拳》拳图作者郑金玉女士等，以及《中国日报》、中国新闻社、《河南日报》《大河报》等数十家主流媒体记者和社会各界人士参加了此次活动。

【“节约纸张、保护环境、寄语未来”活动】 3月28日，由郑东新区教体局、建设环保局、邮政局联合开展的“节约纸张、保护环境、寄语未来”绿色环保主题教育活动启动仪式在众意路小学举行。郑东新区管委会副主任苏西刚，市邮政局、郑东新区教体局、建设环保局等单位领导出席了仪式。郑东新区各中小学校教师、小学生代表近百人参加了仪式。此次活动，旨在通过“积极引导、自愿参与”的方式，引导中小学生通过用废旧报纸置换的形式，免费换取带有邮资的活动专用环保明信片，增强学生的环保意识。

【“爱心河南，圆梦中原”活动】 6月1日，由河南省扶贫开发办公室、省工商业联合会、省关心下一代工作委员会、省教育厅、省文学艺术界联合会、省邮政公司共同主办的“爱心河南，圆梦中原”河南省爱心包裹项目2012大型公益活动启动仪式在郑州邮政大厦举行。河南省政协副主席靳绥东，省扶贫办党组书记胡玉成，省文联主席马国强，省工商联副主席李振，省文联副主席宋华平，省邮政公司副总经理徐茂君、庞殿超，以及市邮政局领导班子成员等出席了仪式，河南省各界爱心单位代表和爱心人士与省、市主要新闻媒体记者等200余人参加了仪式。活动当天，郑州市邮政局在一楼广场设置了“爱心包裹捐赠站”，在旗舰店开设多个台席办理爱心包裹捐赠业务，方便与会来宾现场捐赠。在郑州启动仪式现场，90多家爱心企业和个人共捐赠爱心包裹价值200余万元。其中，市邮政局捐赠23万元，邮储银行郑州市分行捐赠5.4万元，郑州市速递分公司捐赠3.4万元。荥阳市邮政局职工卢俊辉个人捐赠5000元，这也是他连续4年参加活动，累计捐赠达1.7万元。

（魏拉 贺琳 邢月雯）

移动通信

【概况】 2012年度，在郑州市委、市政府的正确领导下和社会各界的关心支持下，中国移动通信集团河南有限公司郑州分公司（以下简称郑州移动）全体员工努力拼搏，坚持以科学发展观统揽全局，紧紧围绕集团公司“三篇文章”和“一、二、三、四”整体工作思路，以提升价值和效益为目标，以“质量、服务、创新”为关键着力点，充分发挥企业综合优势，抢抓机遇，理清思路，各项工作取得了新进展，圆满完成了年初既定的工作目标，企业综合实力大幅提升，为全市发展做出了新的贡献。

深入开拓市场，提升企业综合能力。2012年，郑州移动深入实施“用户深耕、服务提升、渠道转型”三大工程，坚持智慧经营，加强存量保有和增量拓展，坚持高效低成本运营，加强资源整合与科学配置，调整运营收入结构。在大力拓展客户规模促进收入增长的同时，持续加大数据业务营销、信息化业务开发和流量业务推广，挖掘新的收入增长点，圆满完成了各项生产经营任务，实现了企业运营效益的持续增长。全年完成运营收入60亿元，企业综合实力进一步增强。

积极承担社会责任，全业务运营取得显著成效。2012年是国家“十二五”规划深入推进实施的重要一年，是河南省着力打造中原经济区建设的启动之年，也是全业务和移动互联网业务提速发展的转型攻坚年。身处中原经济区重中之重的郑州移动加快精细化运营转型，大众市场重点推广数据流量业务，深入拓展传统短信业务，收入型增值业务稳步发展。郑州移动以信息化收入增长为主线，聚焦全业务运营和移动互联网运营，统筹兼顾集团维稳和拓展，以构建行业、重要、中小集团三层服务体系为抓手，高度关注政府、金融、卫生、税务、工商等重点行业和重点项目，智慧竞争、精准拓展，实现了市政务外网、新农合、地税专网和固话等项目的新突破，全业务运营取得了显著成效。

【网络建设】 2012年，郑州移动加大资源投入，网络比较优势得到巩固。着力推进四网协同发展，以精品网络领先工程为抓手，认真开展“工兵行动”“深耕行动”，加速提升TD质量，专项整治WLAN网络问题，夯实领先优势基础，有效解决了影响客户感知的热点问题和影响网络质量领先的短板问题。深入开展网络提升和专项优化工作，加快解决网络质量突出问题，网络质量得到有效提升，语音质量明显改善。集团自动路测指标全部达标，掉话率、接通率和呼叫全程成功率均优于竞争对手，郑州本地网线路故障次数、故障历时同比下降显著。围绕市场发展和客户需求，加快工程建设进度，提前完成了各项重点工程建设目标。

【客户服务】 2012年，郑州移动积极改进服务质量，客户满意度得到持续提升。深入贯彻“客户为根，服务为本”的服务理念，强化协同管理，狠抓短板，持续创新服务模式，夯实全面服务质量管理体系。积极探索满意度过程管理，强化满意度指导支撑能力。强化职能部门支撑，开展区域调研，下发满意度通报，尝试运营指标关联，实施满意度透明化过程管理，全面推动企业各项满意度考核指标达到了目标值。着力提升现场管理驱动能力、运营支撑能力、人员服务能力，窗口服务质量关键点的闭环管理机制更加完善，整体服务水平得到提升，投诉处理能力得到增强，有效提升了客户满意度。

【基础管理】 2012年，郑州移动进一步强化落实各项工作，务实推进基础管理更上一层楼。深化全面预算管理，提升财务分析价值，强化财务监督职能。同时，结合G3业务发展策略，重点配合做好相关资源争取和调配工作，确保重点业务及改革项目支出。优化队伍结构和职责体系，推进片区市场与聚类市场的精细化营销。加快新一代营业厅建设配套的人力资源转型，薪酬体系改革逐步覆盖到营业员、客户经理和渠道业务员。积极发挥参谋助手、协调综合、宣传服务、督促检查和后勤保障的“五大职能”，自觉服从服务于企业发展大局，立足市场需求，提升宣传效能，扩大企业影响，进一步发挥公司内部宣传平台的宣传沟通作用。营造安全生产宣传氛围，共制作各类型宣传资料2000余件，举办各类培训7次，受训员工500多人次。深入实践科学发展观，以建立健全惩治和预防腐败体系建设为主线，持续完善“三重一大”制度建设，着力构建“三横三纵”的廉洁风险防控机制，全面推进反腐倡廉建设工作。认真学习贯彻党的十八大精神，公司党建评价体系工作顺利通过省公司验收。深入扎实开展创先争优活动，注重员工的人文关怀，征集职工代表提案131条，实现答复满意率100%。在第五届岗位技能比武和全市技能比武大赛中，取得2个全省第一名、3个第二名、3个第三名、7个优秀奖和集体组织奖，并取得5个“郑州市技术能手”称号及“郑州市五一劳动奖章”等。积极引导全体员工开展创新活动，申报创新推广项目42项，申报专利技术1项。

（关媛媛）

联通通信

【概况】 2012年，郑州市联通公司依照省公司统一部署，推进体制改革，转变经营模式，实施机制创新，适应移动互联网发展需要的运营体系初步形成，通信业务收入快速增长，盈利能力持续提升，运营活力显著增强，员工待遇明显提高。

2012年，郑州市联通公司通信业务发展取得新的突破。公司积极拓展3G销售渠道和新型营销模式，3G业务实现快速发展。宽带业务依据较强的市场优势，实施差异化营销策略，实现了较快的规模增长。ICT业务确立3G带动和利润驱动模式，全年业务发展增长强劲。2012年，公司完成主营收入同比增长14％，收入利润率比上年增长0.7个百分点。公司加大网络能力建设，通信网络服务能力得到提高。实施节能降耗、技术改造工程，加强质量管理工作，网络管理和运行质量得到进一步提高。开展服务感知活动，聚焦热点难点问题，减少了通信质量投诉率，网络支撑能力与服务质量得以双重提升。

2012年，郑州市联通公司实施运营体制改革，按照“管理上收、营销下沉”和建立“营销专业化、支撑集中化、管理一体化”的扁平化运营体系，创新经营体制。公司完善了预算管理体系，开展管理提升活动，夯实基础管理。优化资源配置模式，深化全成本管理，实现了物资采购、物流配送一体化。2012年，公司进一步强化目标管理责任制，推进质量管理，3项成果获行业优秀成果奖，1项成果获国家优秀成果奖。

2012年，郑州市联通公司着力提高服务感知质量。从失误预防、问题解决、通报机制、持续改进四个维度建立客户感知管理体系，修订业务、渠道、网络和支撑四大模块业务规程，推进大服务体系落地。建立投诉退费一线授权制度，制定服务成本倒追机制，退费处理时限缩短至10分钟。开展“3G服务提升”“降低升级投诉”“服务创新评比”等专项活动，2012年每万用户投诉量同比得到下降。

【核心业务发展】 2012年，郑州市联通公司3G业务发展规模迈上新台阶。

2012年6月2日，中原数据基地落户郑州

6月2日，省长郭庚茂参加中原数据基地奠基仪式

公司抓实3G业务终端、渠道、应用、融合“四个拉动”，推进流量经营，实施客户接触面体验式营销，强化3G应用，营造移动互联网发展氛围，业务规模发展成效显著。宽带业务得到持续较快发展，公司确立“品质+服务”的经营模式，加快光纤接入网建设与改造，推出“480”服务，推广提速网站，注重提速营销，业务呈现持续上升态势。积极推进2G业务发展，加快营销模式转型，在特定区域推出竞争性产品，迅速扭转了持续下滑局面。大力推进融合业务发展，加强3G宽带X+1宣传推广力度，与年初相比，深度融合业务渗透率得到持续扩大。

【重点市场拓展】 2012年，郑州市联通公司努力提升重点市场拓展能力。积极推广行业应用，推进战略合作，签订“智慧郑州”战略协议，与多家重点客户达成合作意向，社管通、司法通等信息化应用的示范效应初步显现，大客户拓展规模明显增长。公司中小企业营销体系初步形成，强化网格化营销，推行标准化作业模式，发展重点向整家拓展转变。校园市场持续化营销初显成效，启动部门协同联动营销活动，建立了持续化营销体系。进一步提升公司渠道规模和效能，加大转型力度，落实渠道分级管理责任制，自有厅积极推进营销模式转型，电子渠道进一步完善销售及支撑体系，交易额占收比、服务承载占比均得到明显提升。

【网络建设】 2012年，郑州市联通公司3G网络加大盲点补建和室分建设，基站全部升级具备HSPA+功能，城市区域良好覆盖率、高速里程覆盖率、乡镇覆盖率得到持续提升。宽带网坚持网络覆盖与升级改造并重，光网覆盖小区比年初增加。公司积极优化宽带装移修流程，开设了96480宽带专家服务热线，修障及时率、装机及时率均居全省首位。实施网络改造，降低运行成本，运营管理水平得到明显提高。同时，公司圆满完成了十八大等重大通信保障任务。

【建立工会工作网站】 2012年，郑州市联通分公司建立了工会工作网站，网站实现了提案常态化管理。员工可以随时查阅《劳动争议调解委员会工作条例》等关系到切身利益的各项规定，通过维权窗口自行维权。网站增设了文体活动专栏，开设了文体活动投票专区，通过网络直接查找职工书屋里的图书。网站还开设了光荣榜、视频中心栏、信息动态栏，工会论坛栏让员工集思广益，畅所欲言。工会工作网站的建立，营造了更加和谐向上的企业文化环境，进一步助力企业发展。

【业务拓展】 2012年，郑州市联通公司运用3G的网络优势，加快行业应用产品的创新研发，研制开发了“手机电子会议系统”。该系统用手机应用取代传统的代表证、会议手册、会议通知等纸质会务形式。该系统的成功开发，创新了形式、节约了成本，进一步提升了3G流量，加速了移动网络市场拓展，为3G业务在政府、企事业等社会团体客户的拓展提供了实用、绿色、便捷的业务应用支撑。

2012年，在郑州市政府组织的公开招标中，郑州市联通分公司赢得“12345市长热线”项目的承办权。5月15日，“市长热线”全面投入运营，为表达民情民意、沟通政府与百姓、解决市民投诉铺就了一条绿色通道。

2012年4月15日，郑州市联通公司与迪信通举行战略合作启动仪式，迪信通郑州旗舰店——二七广场店“联通专区”正式对外营业。迪信通将在郑州地区全面代理联通的各项业务，销售各种联通定制终端。

2012年，郑州市联通公司全面开展联通商城集中运营，优化商城人力资源配置，落实各类营销策略，提升了运营效率和营销能力。联通商城以集团公司10010首页改版为契机，借助崭新的B2C商务模式，主推苹果、联想、华为、小米、酷派四个品牌专区，设立特价终端销售、热门手机配件推荐栏目，加强终端、号卡的营销。联通商城集中运营，给客户带来了畅快的网上购物体验与便捷的服务。

2012年6月1日，“少林腊八一钵粥，佛爱联通你我他”祈福号码义卖善款捐赠仪式在郑州市联通公司举行。郑州联通携手少林寺举办大型公益施粥活动，引起社会强烈反响，万余名市民参与了活动。郑州联通祈福义卖号码销售7000余张，郑州市联通公司将所筹善款30万元，全部捐赠给河南省慈善总会，其中部分善款定向捐赠给少林慈幼院。

2012年4月，郑州市联通公司与登封市嵩山管理委员会开展战略合作，推出“智慧嵩山”。该项目是按照登封市嵩山管理委员会对少林寺景区的信息化需求合作开发的景区管理信息化系统。该系统实现了手机定位、调度对讲、签到考勤、手机票务、视频监控等功能，提高了景区的管理水平。

【节能减排】 2012年，郑州市联通公司深入开展节能减排工作，取得了显著效果。公司针对节能减排工作重点制订工作方案，开展节能知识竞赛活动。规定办公室内夏季空调设定温度，对市区内的供水管网设施每月定期进行巡查、维修和检测，制作用水明细清单。同时，公司加快转供电改直供电工作，更新了“逾龄”高能耗的电源设备，加大了网络“瘦身”力度。积极开展绿色营销，推出了面向用户的电子渠道营销模式。完成了安装新风系统基站，基站建设中使用BBU+RRU分布式基站，比传统基站省电40%。

【郑州市互联网协会挂牌成立】 2012年5月25日，郑州市互联网协会成立大会暨一届一次会员代表大会在黄河饭店举行。郑州市互联网协会是由郑州联通公司联合郑州移动公司、郑州电信公司、郑州铁通公司共同发起的具有法人资格的社团组织，包括郑州大学、中原证券等共35个单位会员。该协会的成立，标志着郑州市互联网发展进入了一个崭新的阶段。协会充分发挥联系政府、服务企业，促进行业自律的功能，为促进郑州市互联网发展和振兴郑州经济服务。郑州市联通公司总经理孙颖担任首任理事长。

【网格化社会公共管理信息系统】 2012年，郑州市联通公司落实郑州市委、市政府提出的网格化管理要求，建立“三级网格、四级平台、五级联动”的社会公共管理工作格局，与郑州市相关部门合作，积极推进网格化社会公共管理项目——“社管通”建设，助力郑州市政府信息化建设。郑州市联通公司运用3G高速传输技术及智能终端，将数字信息化和移动通信技术相结合，实现了地市、县（市）区、乡（镇）街道、村（社区）四级网络管理人员及时反馈群众民生问题与信息交流。网格化社会公共管理信息系统的建立，推进了“社管通”信息化应用平台建设，提升了城市管理水平。

（曹兴建）

电信通信

【概况】 2012年，面对激烈的市场竞争，郑州电信以科学发展观为指导，紧紧围绕以创新和服务双领先推动规模发展这条主线，着力提升创新、服务、集约、运营四大能力，继续深化改革，扎实有效地推进企业转型。2012年，郑州电信超额完成收入目标，同比增幅34.6%，全业务收入位列北方主要城市第二位，同比增幅位列第一。在网用户规模突破154万户，智能终端种类由2011年的53款跃升至203款，进一步激活了天翼终端产业链，为消费者提供更优质更丰富的通信产品。校园用户规模大幅跃升，政企客户拓展快速崛起，销售管家、物流E通、数字企业等行业应用逐步深入人心。郑州电信公司不断创新服务手段，改善服务流程，通过装维人员的统一管控，进一步提高宽带服务能力。网络规模不断扩大，为打造电信优质网络品牌提供了强有力的保障。2012年新建基站233个，宽带带宽扩容为320G，新覆盖项目420个，新增覆盖用户39.59万户，基站总数达到1476个。

在为客户提供优质的网络、产品和服务的同时，郑州电信积极履行社会责任。圆满完成了十八大通信保障工作，提升网络和信息安全，积极整治垃圾短信，结对帮扶困难村庄，积极参与文明交通活动等。郑州电信公司还组织成立了一支“天翼志愿者服务队”，利用节假日走进郑州市儿童福利院、养老院、社区等开展志愿服务活动，受到了一致好评。经过近10年的蜕变，郑州电信在取得经营业绩的同时，精神文明建设取得显著成绩，得到政府部门和社会各界的支持和认可，再度荣获省级文明单位称号。

【信息化建设】 2012年，针对郑州市企业信息化现状和产业特点，郑州电信在推进“数字企业”建设的过程中，围绕企业在成长发展过程中经常遇到的困难，制定出以数字企业“六个一”为核心的解决方案，通过专家讲解、现场演示、亲身体验等方式，让参会企业了解到当今世界企业信息化发展的潮流及方向，坚定了发展企业信息化的决心。第一，针对企业在基础建设、内部管理、外部服务等三个层面，以数字化建设需求为目标，制定一对一服务计划，以“送体验到企业”为契机，开展信息化进企业宣传活动，给企业提供整体解决方案，让企业员工亲身体验信息化运用给日常生活带来的便利。第二，结合企业信息化现状，挑选出15-25家企业，纳入首批重点建设的“数字企业”示范单位。对符合条件的重点企业提供优惠政策及服务，在资费政策上给予优惠，并对各行业标杆企业提供免费（或优惠）信息化产品试用体验。第三，在各分区数字企业巡展会上邀请标杆企业介绍企业信息化建设经验及优质的信息化应用给企业带来的便利。

【网络建设】 从2010年开始，郑州电信全面推进光网络部署，大力开展光网建设，构建“百兆进户、千兆进楼、T级出口”的宽带网络能力，打造绿色高性能光通信网络。2012年，通过推进IP接入网扁平化工作，共优化宽带端口36万个，覆盖用户26.7万户。在3G网络建设方面，郑州电信公司不断加大投入，优化网络运行，立足客户需求，不断提升网络承载能力。截至2012年年底，已建室内分布站点累计达到1261个。此外，郑州电信还不断创新手段，优化网络运行，降低了网络故障率。

【客户服务】 2012年，郑州电信以“创新和服务双领先”为战略，以“提升服务能力”为目标，夯实基础服务，重点以营业厅服务质量、装维服务质量以及降低用户投诉率为主要抓手，提升用户满意度。积极转变工作观念，创新工作思路，推进公司各项服务工作的全面开展，以全方位的沟通方式提高公司整体服务水平，采取服务监管措施努力提升员工的服务意识，通过差异化的维系活动为客户提供更贴心的服务。郑州电信公司的优质服务赢得了客户和社会各界的一致好评，其中郑州电信客户服务部投诉班荣获省级“青年文明号”称号。

完善工作流程，提高用户满意度。管理就是基础，是企业健康发展的内因。2012年，郑州电信继续秉承“用户至上、用心服务”的服务理念，进一步健全各项规章制度，优化服务规范和准则。同时，对各项服务流程和服务岗位进行自查自纠，建立二次投诉转派制度，进一步理顺内部管理和工作流程，提高了处理和解决问题的效率。为了进一步保障客户的利益，为客户提供更优质的服务，郑州电信公司客户服务部转变工作思路，由被动地解决问题转变为预防投诉的发生，从根本上提升了基础服务能力。

从用户出发，加强装维服务管控工作。2012年，客户服务部以装维服务质量提升为重点，以故障处理为中心，在做好基础服务的同时，着力提升装维服务工作。通过开展“服务能力提升攻坚”活动、制定集中性重大故障处理应急预案、提出县区“四小时修障、超时双倍赔偿”的服务承诺等一系列举措，有效地提升了装维服务能力，为客户提供了强有力的服务保障。

规范服务准则，提升营业服务水平。2012年，郑州电信公司重新编制了《营业手册》和《维系手册》，进一步优化和规范服务准则。同时，围绕一线服务人员开展专题培训，内容涉及服务礼仪、营业服务、装维服务、故障投诉处理等，参与培训人员达1500余人次。针对营业人员的管理现状和服务短板问题，郑州电信公司建立了营业厅现场分析会制度，多角度、全方位地增强了一线营业人员的服务能力。通过设立客户意见箱、开通服务监督电话、发放客户征询函等方式，及时听取客户的意见和建议，接受社会监督。

（张雨薇）

农业

综述

【概况】2012年，全市各级农业部门按照“三化”协调科学发展的要求，坚持以新型城镇化为引领，以转变农业发展方式为主线，以服务城市、富裕农民为目标，不断创新思路、强化措施，狠抓落实，大力发展都市型现代农业，全市农业农村工作继续保持良好的发展势头。全市农林牧渔业总产值254.6亿元，增加值142.4亿元，增幅均为4%。农民人均纯收入达到12531元，增幅13.4%。粮食生产再获丰收，总产达169.49万吨，超额完成160万吨的目标任务，增幅1.7%。蔬菜播种面积83.33千公顷，蔬菜产量280.5万吨，增幅3.8%。水果生产面积18.38千公顷，总产32.4万吨。花卉生产5.27千公顷，累计完成鲜切花生产1750万支，盆栽花卉1200万盆（株）。水产品总产量14.88万吨，增幅3.3%。肉类、禽蛋、牛奶产量均位居中部省会城市前列。

农业现代化建设方面：全年新建设施农业0.56千公顷，开发新菜田4千公顷，新开挖标准化鱼塘0.44千公顷，改造中低产田13.33千公顷，新增农机具1.5万多台（件），农业耕种收综合机械化水平达到76%，农业生产条件逐步改善。市级以上龙头企业总数为396家，全市涉农企业总数发展到872家，年销售收入1238亿元，农业投入品和农产品交易总额1460亿元，农产品精深加工业和农业物流业处于全国领先位置。新建农民专业合作社259家，总数达到1665家，农业组织化规模化水平进一步提高。全市所有涉农乡（镇）、街道均已建成农产品质量安全监管站或区域中心服务站，实现了农产品监管和检测、检验工作的全覆盖。农业气象服务体系和农村气象灾害防御体系逐步健全。

生态环境建设方面：全年完成造林14.93千公顷，林业生态廊道建设完成绿化长度460公里、绿化面积2896万平方米。创建国家森林城市工作正式启动，建成郑州黄河国家湿地公园等4个示范园，举办了黄河湿地文化节、第二届蝴蝶兰展览交易会等节会活动。启动实施生态水系工程提升规划，花园口引黄灌溉水源工程正式向龙湖供水，牛口峪引黄调蓄、“西水东引”水源工程前期工作有序推进。全力服务南水北调工程建设，配套工程全线开工。加大农作物秸秆禁烧和综合利用工作力度，秋季农作物秸秆禁烧首次实现国家遥感监控数量为零。

农业农村基础设施建设方面：全年完成5000个小型水源工程和0.67千公顷节水灌溉工程建设，完成29座小Ⅰ型水库、21座小Ⅱ型水库的除险加固和8条中小河流河道治理工作任务，改造中低产田13.33千公顷，郑州市农田水利基本建设工作获得河南省“红旗渠精神杯”荣誉称号。防汛抗旱工作扎实有效，新网工程按计划推进，粮食收购、储存和流通取得较好成绩。丹江口库区移民安置工作圆满完成省委、省政府“四年任务、两年完成”目标任务，市农委获得“全省移民迁安工作先进单位”荣誉称号。农村基层组织建设和社会管理不断加强，党群干群关系进一步密切，农村社会大局继续保持和谐稳定。

新型农村社区建设方面：启动了67个新型农村社区建设。新改建农村公路508公里，完成 211个电气化村建设，建成污水处理设施69套，垃圾中转站406座。解决48.67万人饮水安全村村通自来水问题，转移农村劳动力11万人。将郑州市扶贫标准提高到3000元/人，完成了2831户10258人的易地扶贫搬迁、30个村的整村推进任务，2.08万人实现稳定脱贫。新改建农村幼儿园30所、中小学校舍3万多平方米、农村文化大院100个、农家书屋365个。6县（市）农村低保标准由每人每月180元提高到200元。新农合经办机制改革“郑州模式”在全国推广，城乡居民社会养老保险制度实现了全覆盖。

新型城镇化建设方面：2012年，遵循“科学规划、合理布局、分类指导、示范带动、农民自愿”的原则，以增加农民收入为核心，积极发挥新型农村社区建设的战略基点作用，加快推进32个省级新型农村社区建设健康有序发展，促进城乡统筹协调发展，加快新型城镇化进程。2012年，全市32个省级新型农村社区共完成投资11.8亿元，新建农民住房1.53万户，超额完成了年度建设任务，获得省委农办系统新型农村社区建设先进单位荣誉称号。

“菜篮子”工程建设方面：2012年市委、市政府高度重视“菜篮子”工

君源现代农业生态示范园

程建设，把开发建设新菜田基础设施面积4千公顷项目（其中水产1.33千公顷）、新增设施农业生产面积0.53千公顷项目列入市委、市政府为民办十件实事目标任务重点推进，通过加快发展集约化、设施化蔬菜基地和水产健康养殖基地建设等措施，切实提高主要“菜篮子”产品生产能力和产品发展水平，提高全市“菜篮子”产品自给率，保障市场需求。

（张　鸣　王俊杰）

【农村集体财务审计工作】 开展农村集体财务审计工作。2012年10月,市农委下发了《关于开展全市农村集体财务审计暨对土地流转等项工作进行检查的通知》（郑农办〔2012〕91号），抽调县（市）区农经业务人员组成3个检查组，于10月16日-25日对全市6个县（市）开展了农村集体财务审计工作，随机抽取18个乡（镇）、街道的59个行政村进行了审计检查，审计资产总额9656.76万元，查出违纪资金545.47万元，占审计资金总额的5.65%。其中，违反财务开支审批制度、程序支出148.16万元，占违纪资金总额的27.16%；违规借款9.01万元，占违纪资金总额的1.65%；违规发放干部补助福利等31.23万元，占违纪资金总额的5.73%；乱收押金、费用等0.05万元，占违纪资金总额的0.01%；白条列支237.52万元，占违纪资金总额的43.54%；违规购建固定资产7.11万元，占违纪资金总额的1.3%；违规变卖固定资产26.5万元，占违纪资金总额的4.86%；招待费列支0.93万元，占违纪资金总额的0.17%；固定资产账实不符0.04万元，占违纪资金总额的0.01%；报刊超标1.32万元，占违纪资金总额的0.24%；其他违规资金83.62万元。从审计检查的情况看，全市农村集体经济组织在贯彻落实国家有关政策、制度方面较好。

【农村集体经济股份合作制改革】 2012年，金水区作为郑州市农村集体经济股份合作制改革工作试点，共完成了148个村组的股改工作，占全区总村组数的69.2%。在金水区试点的基础上，中原区和二七区也开展了农村集体经济股份合作制改革工作。通过股份合作制改革，创新了农村集体“三资”管理的新模式，实现了集体资产的民主管理，搭建了“产权明晰、股权固化、按股分红”的管理新框架，村组集体经济运行机制、经营机制、管理机制和分配机制得到了有效规范，一方面改善了农民收入结构，为农民收入持续增长提供了保证；另一方面也融洽了农村党群、干群关系，促进了农村经济发展和社会和谐稳定。

（宿志鹏）

【农村土地承包与流转管理】 2012年，郑州市共下拨土地流转财政奖补专项资金483万余元。全市家庭承包耕地总面积为234.6千公顷，土地流转总面积达到37.6千公顷，占家庭承包耕地总面积的16.02%。流转方式有出租、转包、转让、互换、股份合作等。其中出租29.07千公顷，占流转总面积的77.4%，转包5.53千公顷，占流转总面积的14.8%，其他形式1.4千公顷，占流转总面积的3.7%。2012年全市新增家庭承包耕地流转面积8.87千公顷。为进一步加强土地流转财政奖补项目申报工作，避免以往土地流转财政奖补项目申报过程中出现的问题，切实规范项目申报文本的制作，进一步明确土地流转财政奖补项目申报审核程序和土地流转服务中心（站）规范化建设标准，郑州市下发了《郑州市土地承包经营权流转财政奖补激励政策项目申报审核指南》《郑州市土地流转财政奖补激励项目申报标准文本》《郑州市农村土地承包经营权流转服务中心（站）规范化建设标准》等多个文件。为规范全市农村土地承包经营权流转行为，郑州市开展了《郑州市土地承包经营权流转管理细则》立法调研工作，以维护流转双方当事人的合法权益，有效地查处土地承包经营权流转过程中的一切违法违规违纪行为。为了转变农业发展方式，促进农业的标准化、集约化和产业化，加快现代农业建设，郑州市起草了《郑州市“十二五”农业规模化经营发展规划》，规划到2020年全市农业规模化经营面积力争达到120千公顷。郑州对6个县（市）的17个乡级土地流转服务站的土地承包经营权纠纷调解仲裁工作开展情况、乡级土地流转服务站规范化建设情况、开展土地流转管理与服务情况、合同电子备案情况以及2011年各县（市）土地流转财政奖补资金拨付情况等工作进行了检查督导，并对发现的问题限期整改，促进了全市土地流转工作健康有序发展。

（冀　彬）

【农村经济与农民收入】 2012年，郑州市16个县（市）区共有159个乡（镇）、街道，2372个行政村，17321个村民组，116.1万户农户，449万农业人口，267.5万个农村劳动力，249.5千公顷耕地。全市农村集体经济组织共有资产115.7亿元，负债33.8亿元，所有者权益81.9亿元。全年总收入27.4亿元，总支出21.2亿元，本年收益6.2亿元。全市农民共获得各项政府补贴5.6亿元。农户共上缴集体各种款项3503万元，农业生产性收费4902万元，行政事业性收费980万元，农民政策性负担进一步减轻，获得政府扶持力度加大。

（马　良）

【农业产业化经营】 2012年，郑州市委、市政府高度重视农业产业化工作，出台了《关于扶持农业龙头企业做大做强 加快农业产业化经营助推新型城镇化建设的意见》，将产业化专项扶持资金增加到9300万元，进一步促进了农业龙头企业的发展。全市新增农业龙头企业34家，总数达到396家。其中国家级企业13家、省级企业56家，上市企业5家。在省级以上农业产业化龙头企业行业10强评比中，郑州市的正龙、三全、思念、雏鹰、花花牛、好想你等10家龙头企业分别入选面及面制品行业、畜禽养殖行业、油脂行业、乳制品和果蔬行业10强，入选企业数占全省总数的18%。农产品加工业快速发展，2012年全市加工型龙头企业实现销售收入突破470亿元，同比增长14.6%。积极开展农业产业化集群建设工作，通过政策引导，进一步推动龙头企业向优势产区集中。以思念为主的速冻食品集群、以白象为主的方便面集群、以好想你为主的

第四届中国·郑州农业博览会项目签约仪式

农开项目招投标

枣制品集群、以聚丰为主的饲料加工集群、以雏鹰为主的畜牧养殖集群等五大类农业产业化集群已粗具规模。

（胡丹华）

【农业对外开放及创汇农业】 2012年，全市农产品出口创汇额达到21291万美元，比上年增长3.94%，位居全省第二。郑州毛庄绿园实业有限公司供港蔬菜基地、郑州润嘉食品有限公司大蒜基地通过GAP良好农业规范认证，河南雏鹰农牧股份有限公司供港活猪基地、郑州增保食品有限公司出口芦笋基地、郑州毛庄绿园实业有限公司供港蔬菜基地、河南金鹭特种养殖股份有限公司鸵鸟基地和郑中畜牧有限公司供港活猪基地入选国家质检总局与河南省人民政府确定的"河南省出口食品农产品质量安全示范区"。

【第四届中国·郑州农业博览会】 2012年11月16–18日，第四届中国·郑州农业博览会在郑州国际会展中心举行。本届大会的主题是"展示新型农业现代化发展成果，加大招商引资力度，提升农业产业化水平"。大会集中展示了全国各地现代农业发展成果，促进了农产品贸易和流通，推动了农业新技术、新产品、新成果和新品种交流与合作，极大地提升了农产品品牌知名度和影响力。本次展会共有参会客商292家，发布招商引资项目106个，投资金额250.45亿元。其中，郑州市签约项目53个，签约金额188.75亿元。会议期间，举办了首届中国农业投资大会和郑州市现代农业投资说明会。

（贺全九）

【万名科技人员包万村科技行动】 2012年，郑州市农委组织市、县、乡三级农业科技人员770名，分包全市2147个行政村，开展包村服务粮食生产科技行动。对包村科技人员实行"两公开、两监督"工作制度，同时,市农委成立了8个督导组督导县（市）区工作。"实施万名科技人员包万村科技行动"取得了很好的成效。全市科技人员直接指导农户35万户，培训农民190万人次，发放技术明白纸400万张，举办各种农技培训班400多期，编发信息简报160多篇，专刊20期，帮助农民解决粮食生产中的技术难题800多个。

（黄峻峰）

【农产品质量监管】 2012年，全市所有涉农乡（镇）、街道均已建成农产品质量安全监管站，实现了农产品质量安全监管全覆盖。由农业部投资的3个县级农产品质量检测机构按照设计概算已全部建成并投入使用。荥阳、新郑两个县级检验、检测机构通过了专家评审，实现了计量和机构"双认证"。加强农产品质量安全检验、检测监管信息平台建设，在全市新建10个信息监控点，将信息化监控覆盖全市主要的生产基地、批发市场、农贸市场和大型超市、配送中心，有效提升了监管能力。同时，创新"郑州模式"，启动农产品质量追溯体系建设。2012年对全市实行产地准出制度的农产品生产基地进行4次抽检（定量检测），涉及蔬菜、水果、水产品3个大类，合格率分别为97%、100%、100%，有效地提高了郑州市农产品质量安全监管水平。

【农产品质量安全整治】 2012年，郑州市以农贸市场、农资经营门店和农产品生产基地为重点，在全市范围内开展了农产品质量安全隐患排查活动。针对排查出的问题，根据市场热点、季节特点和工作实际，在重大节会和病虫害高发期间，组织开展农产品质量安全专项整治，杜绝不合格农产品进入市场。2012年，全市共抽检（现场速测）蔬菜166.6万个批次，抽检水果15.2万个批次，抽检水产品3.9万个批次。全年无重大农产品质量安全事件发生。通过专项整治活动，全市农产品质量安全监管水平和质量安全水平稳步提高，农产品检测合格率高于全国平均水平1个百分点以上，切实保障了广大市民的"餐桌安全"。

【农产品标准化生产】 2012年，郑州市农委编制了农业标准化发展规划，并制、修订结球甘蓝等10项蔬菜生产技术操作规程。进一步规范生产行为，严格技术操作规程，保障了郑州市农产品质量安全。全市新建市级以上农业标准化生产示范基地31个，面积3.13千公顷，总面积达到10.6千公顷。

【"三品一标"认证】 全市新认定无公害农产品生产基地34个，面积2.6千公顷。新认证"三品"262个，其中，无公害农产品183个、绿色食品62个、有机农产品17个。"三品一标"认证登记总数达到916个，其中，无公害农产品、绿色食品和有机农产品总数分别达到674个、181个和51个，地理标志农产品10个，位居全省前列。

（张俊卿）

【农业综合开发】 2012年，全市完成农业综合开发总投资46283.34万元，其中，中央财政资金6760万元，省财政资金2093.4万元，市财政资金27173.5万元，县级财政配套资金3520万元，群众自筹资金6736.44万元。全市农业综合开发项目建设高标准农田、改造中低产田总面积17.33千公顷。项目区新增灌溉面积9.25千公顷，改善灌溉5.8千公顷，新增节水灌溉面积10.27千公顷，年节约水量830.36万立方米。增加农田林网防护面积5.37千公顷，年新增粮食3034万公斤，新增蔬菜7000万公斤，新增种植业总产值3.14亿元。农业综合开发改造中低产田13.33千公顷项目被列入2012年郑州市政府为民办十件实事目标任务。

【国家级农业综合开发项目】 2012年，郑州市新增国家级农业综合开发项目面积1.33千公顷，总面积达到5.33千公顷，总投资7774万元。新建排灌站1座，新打机电井661眼，修复配套机电井137眼，输变电线路配套221.2公里，开挖疏浚渠道46.8公里，埋设管道253.5公里，建渠系建筑物127座，改良土壤0.87千公顷，新修、整修机耕道路152.4公里，造林0.27千公顷，培训农民技术员和农民0.15万人次，项目示范推广面积0.8千公顷。

【市级农业综合开发项目】 2012年，郑州市本级农业综合开发项目面积8千公顷。完成总投资16463万元，其中，市财政资金12355万元，县级配套资金2320万元，群众自筹资金1788万元。新建排灌站23座，新打机电井726眼，修复配套机电井257眼，输变电线路配套

255.4公里，开挖疏浚渠道34公里，衬砌渠道17.5公里，埋设管道342.7公里，建渠系建筑物276座，小型蓄排水工程24座，改良土壤2.07千公顷，平整土地109.33公顷，新修机耕、水泥道路265.1公里，植树95026株，培训农民600人次，项目示范推广面积196.7公顷。

新菜田开发项目。2012年，郑州市新菜田项目开发面积2.67千公顷。完成总投资8428.4万元，其中，市财政资金7628.4万元，县级配套资金800万元。新打机电井482眼，修复配套机电井44眼，新建变压器64台，输变电线路配套143.4公里，埋设管道253公里，新修机耕道路105.4公里，植树2.44万株。

水产开发项目。2012年，郑州市水产项目开发面积1.33千公顷。完成总投资4157.5万元，其中，市财政资金3757.5万元，县级配套资金400万元。新建排灌站1座，新打机电井91眼，输变电线路配套30.6公里，开挖排水沟74公里，新建渠系建筑物268座，埋设管道3.3公里，新修机耕道路70.8公里，造林25240株。

（虎春光）

全市骨干企业结对帮扶贫困村试点工作会议

【农业信息化建设】2012年，郑州市加大农业信息基础设施建设力度，完善郑州市农村信息化综合服务系统，涉农信息资源整合取得了新进展。在新郑和中牟建成精准农业物联网应用示范点2个。扩展“12316三农热线”系统功能，受理涉农咨询电话15300个，发送“三夏”、“三秋”、技术、供求等方面信息548万余条，接收短信40万人次。市农业信息中心编发《郑州农业手机报》366期，印发《郑州农业农村信息》80期，编发《郑州农业》刊物12期，外出采访拍摄117次，拍摄视频资料2000分钟，拍摄照片2.3万张。扩充农业数据库信息3万多条。

（陈　阳）

扶贫开发

【概况】2012年，郑州市将农民人均纯收入3000元作为新的扶贫标准，比全国、全省2300元的标准提高了30%。全市累计投入各级财政资金2.33亿元，比2011年增加65%，其中市本级财政投资增加5750万元，比2011年增加74.6%，年度扶贫开发工作圆满完成。通过实施整村推进扶贫、易地扶贫搬迁、科技产业化扶贫、雨露计划培训以及强化行业和社会扶贫等，全年实现2.08万人稳定脱贫，超额完成省定目标任务。

【整村推进扶贫】2012年，郑州市将整村推进项目、基础设施项目建设资金向改善贫困地区生产条件上倾斜。全年共投入整村推进和基础设施建设资金7325万元，在30个村实施了整村推进，累计修建生产路86公里，打井219眼，铺设管道169公里，新增有效灌溉面积2.27千公顷，超出目标任务的50%。

【易地搬迁扶贫】2012年，郑州市按照“三化”协调科学发展的要求，将易地扶贫搬迁作为助推新型城镇化、新型农村社区建设的载体和切入点，编制完成了《郑州市易地扶贫搬迁三年行动计划》，全年共投入财政易地扶贫搬迁资金12718万元，安置搬迁2831户10258人，资金投入总量和搬迁人数均创历年新高。

【产业和科技扶贫】2012年，郑州市加大科技和产业扶贫力度，提高农业综合生产能力，全年共投入资金1133.5万元，完成科技和产业扶贫项目60个，辐射带动贫困人口56610人。积极开展实施增收到户项目，扶持贫困户400户，受益1568人。

【雨露计划培训】2012年，郑州市共投入雨露计划培训资金532万元，培训贫困群众6517人。其中，就近就地转移培训2085人、职业技能培训4432人。实现就业6016人，占目标任务5663人的106.8%。

【社会化扶贫】2012年，郑州市加大行业、社会扶贫力度，不断壮大扶贫力量。重新确定103个市直机关、事业单位定点帮扶103个贫困村，并加强对定点帮扶工作的督导和考核。探索城市骨干企业结对帮扶贫困村的试点工作，联合国资委和工信委，选择了12家城市骨干企业结对帮扶12个贫困村，开创了郑州市社会扶贫的新途径。积极筹备郑州市扶贫开发协会，各项准备工作已经就绪。加强妇联、老促会、共青团等群团组织和其他社会力量参与扶贫，成功举办了郑州市老区贫困地区骨干妇女培训班、郑州市青年扶贫致富带头人培训班等扶贫活动。

（谢鸿利）

种植业

【概况】2012年，全市农作物播种总面积507.47千公顷，比上年减少2.35千公顷。全年粮食作物播种面积363.11千公顷，比上年减少0.26千公顷，其中夏粮176.3千公顷、秋粮186.81千公顷。全市推广小麦优良品种172.76千公顷，占麦播面积的94.4%。全年粮食总产169.47万吨，比上年增加2.77万吨，其中夏粮产量80.69万吨、秋粮产量88.78万吨。全年粮食平均亩产311.1公斤，比上年增加5.3公斤。全年油料作物播种面积51.39千公顷，总产18.66万吨；棉花播种面积2.96千公顷，总产0.29万吨；蔬菜播种面积76.45千公顷，总产305.06万吨。

（钱兆源）

【夏粮生产】2012年全市夏粮面积176.3千公顷，总产80.69万吨。从产量构成因素看，全市各类型麦区平均亩成穗32.1万穗，较上年增加0.6万穗。其中，水浇地平均亩成穗34.8万穗，与上年持平；旱地平均亩成穗29.4万穗，较上年增加1.2万穗。全市平均穗粒数29.9粒，较上年增加0.5粒。其中，水浇地平均穗粒数32.4粒，较上年增加0.2粒；旱地平均穗粒数27.4粒，较上年增加0.8粒。全市平均千粒重38.5克，较上年增加0.2克。其中，水浇地平均千粒重39.5克，较上年增加0.2克；旱地平均千粒重37.5克，与上年基本持平。

夏粮生产管理　2012年，夏粮生产的播种、春季管理、一喷三防等关键时期，市政府及时召开电视、电话会议，对不同时期应采取的应变技术以及种子、化肥、农机、农药等物资和技术培训等工作进行科学安排。市委、市政府主要领导亲自到县（市）检查指导工作。市农委针对夏粮播种准备期的气候特点，及时制定应变栽培措施。组织有关专家认真分析小麦播种工作面临的形势与问题，提出了因地制宜适时耕翻整地、增施底肥、搞好药剂拌种、合理加大播量、适当浅播等应变栽培措施，为夏粮丰收打下了良好的麦播基础。夏粮生产过程中,市农委在省小麦专家督导组的指导下，按照省农业厅“万名科技人员包万村行动计划”，抽调了666名农业技术人员，分包全市2115个村，开展技术培训和技术宣传工作，并深入田间地头指导小麦生产，麦田管理及时有效。

优质高产冀谷19示范田

【小麦高产创建活动】 广泛开展高产创建活动，通过示范带动，提高小麦产量水平和田间管理水平。郑州市农委高度重视，及早安排部署，做到了各示范方有专人负责、有实施方案、有田间档案，在夏粮生产中发挥了明显的示范带动作用。经测产验收，2012年郑州市共完成小麦高产创建万亩示范方8个，平均单产540.8公斤。完成千亩示范方25个，平均单产552.4公斤。完成小麦高产攻关试验田13个，平均单产573.8公斤。在项目实施过程中各县（市）区认真落实统一品种、统一配方施肥、统一耕作、统一病虫害防治等技术措施，有效促进了小麦先进生产技术的推广，带动了周围农民采用先进生产技术，对提升全市小麦生产水平起到了良好的推动作用。

【气象条件对小麦生产的影响】 2012年，小麦生产气象条件的影响总体利大于弊。有利因素主要表现为：2011年9月中下旬全市累计降雨量215.2毫米，比常年同期增加170.3毫米；10月22–23日又出现1次降水过程，降雨量26.7毫米。降水充足麦田底墒好，小麦出苗整齐均匀，为小麦冬春生长发育奠定了良好的墒情基础。2012年2月上旬至3月中旬平均气温4.3摄氏度，较上年低1.4摄氏度，较常年低0.3摄氏度。早春气温偏低且无倒春寒等极端低温天气发生，对抑制春季分蘖、延长小麦穗分化时间，增加穗粒数有利。3月下旬以后，温度回升快，光照较好，有利于小麦中后期健壮生长。4月下旬降水量48.2毫米，5月中旬降水12.4毫米。小麦孕穗、灌浆期降水及时为小麦灌浆提供了良好的水分条件。不利因素表现为：由于9月份降雨多，秋作物收获期普遍推迟，加之10月中旬再次降雨，土壤含水量高，部分麦田因降雨播种期较常年晚5–7天。小麦冬前分蘖期，11月、12月日照时数为151.7小时，较上年同期的362.1小时少210.4小时；较常年的306.7小时少155小时。冬前光照不足，不利于光合产物积累，造成地上部徒长，根系发育不良，形成“头重脚轻”、地上地下不协调现象。加上播种期偏晚的影响，越冬期大部分麦田与常年相比，叶龄少1片，分蘖少1–2个，次生根少2–3条。小麦扬花期降雨，小麦赤霉病发生相对较重，对千粒重有影响。

（徐红丽）

【秋粮生产】 2012年，全市秋季粮食作物播种面积186.81千公顷，总产为88.78万吨。其中，玉米158.32千公顷、薯类9.47千公顷、大豆3.68千公顷、水稻0.4千公顷。

气候条件对秋粮生产的影响。气象因素利大于弊。主要表现为前期干旱，中后期基本风调雨顺。播种期干旱，影响旱地玉米适期播种。5月12日，出现降雨过程，平均12.4毫米。在此次降雨后郑州市有近40天没有降雨，旱象较为严重。6月25–29日，郑州市有1次降雨过程，平均7.2毫米。由于降雨不平均，只有部分县（市）抢墒播种。7月4–10日，郑州市有1次降雨过程，平均81.9毫米。这次降雨后，旱地玉米才播种结束。由于播种晚，成熟推迟，对旱地玉米千粒重有较大影响。前期的干旱虽然使旱播玉米出现了干旱，但7月上旬的降雨彻底解除了旱情。8月上、中、下旬各有1次降雨，平均降雨量分别是34.8毫米、76.6毫米、31.1毫米，且雨后转晴快，此时，旱玉米和大豆进入扬花、授粉期，充足的水分和日照对这一时期的秋作物生长发育非常有利。进入9月，气温、降水、日照接近或好于常年水平，基本没有大的灾害，巩义、新密有部分玉米倒伏，但只是点片发生，对产量影响不大。

秋作物优质高产品种推广。秋作物优质高产品种推广面积逐年加大，品种结构进一步优化。玉米主导品种：“郑单958”推广43.85千公顷，“浚单20”推广38.56千公顷，“先玉335”推广19.53千公顷，“中科”系列推广12.41千公顷，“蠡玉”系列推广12.85千公顷，“济单7号”推广5.6千公顷。红薯主导品种：“徐薯18”推广面积1.67千公顷，“北京335”推广2.13千公顷。大豆主导品种：“豫豆”系列推广1.5千公顷。

（赵郑华）

【花生生产】 2012年，全市花生种植面积41.4千公顷，较上年增加0.5千公顷；总产15.5万吨，较上年减少1.8万吨。

花生高产创建项目区建设。花生高产创建项目区主推“一增四推”技术，即合理增加种植密度、推广配方施肥、推广机械化播种、推广地膜覆盖、推广病虫草害综合防治技术。采取了“五统一”措施，即统一种子、统一农膜、统一配方施肥、统一机防、统一病虫害防治。根据花生高产创建万亩示范片实际，分别选择优质、抗病、丰产性状好的“花育19”“花育16”“豫花15”等品种为项目区推广品种。中牟县农业部门组织优质花生良种20多万公斤，在高产创建示范区内进行推广，淘汰了多年低产、劣质的本地老品种，使主导品种的利用率达到了80%以上，有力地促进了农民收入的增加。

（徐国强）

【蔬菜生产】 2012年，全市共完成蔬菜生产面积76.45千公顷，完成蔬菜总产量305.06万吨，比上年增加4%。蔬菜生产面积较大的种类分别是大蒜24.67千公顷、大白菜3.93千公顷、白萝卜3.87千公顷、胡萝卜3.4千公顷、番茄3.4千公顷、小白菜3.4千公顷、菠菜3.27千公顷、黄瓜3.2千公顷、豇豆2.4千公顷、芹菜2.27千公顷、辣椒2.27千公

豫花15示范田

顷。其中黄瓜、番茄、大蒜、辣椒、菠菜等生产面积与上年基本持平，甘蓝、花菜、西葫芦、冬瓜、南瓜、茄子、菜豆等与上年相比略有增加，面积减少的有大葱、大白菜、韭菜、胡萝卜、白萝卜，分别减少2.13千公顷、1.2千公顷、0.73千公顷、0.53千公顷和0.33千公顷。全年天气利于大部分蔬菜生产，白萝卜、胡萝卜、芹菜、大葱、黄瓜、番茄等单产与上年相比均有所增加，但大蒜由于受到春季持续低温影响，苗期生长量不够，苗子细弱，再加上抽薹后连续阴雨天气，部分黄叶、死亡，大蒜减产严重。

（班青宇）

【水果生产】2012年，全市完成水果生产面积18.4千公顷，总产量32.4万吨。其中，苹果1.93千公顷，产量4.4万吨；桃3.4千公顷，产量5.6万吨；梨2.07千公顷，产量4.7万吨；葡萄1.93千公顷,产量3.1万吨；杏2千公顷，产量3.4万吨；石榴2.73千公顷,产量4.4万吨；樱桃1.93千公顷，产量2.0万吨。生产面积较大的县市分别为新郑市4千公顷、中牟县3.53千公顷、荥阳市3.07千公顷、巩义市2.13千公顷、新密市1.5千公顷。

（安　冕）

【花卉生产】2012年，郑州市花卉苗木种植面积5.27千公顷，同比增长6.8%，全年销售额达7.15亿元，同比增长19%。其中,鲜切花生产面积96.2公顷，年销售额3000多万元；盆栽花卉生产面积146.67公顷，年销售额9200多万元；观赏苗木生产面积2.59千公顷，年销售额4.7亿元；食用与药用花卉生产面积2.27千公顷，年销售额9600多万元；草坪生产面积39.33公顷，年销售额230多万元。

（王　峰）

【设施农业】2012年，郑州市将设施农业建设项目列入市政府为民办十件实事目标任务，予以支持发展。为确保项目建设的顺利实施，市农委、市财政局及时制定2012年《郑州市设施农业建设项目奖励办法》，用于规范项目申报、工程建设和项目资金的使用与管理。5月初，在各县（市）区上报的基础上，经过专家组初步筛选、现场答辩，集体评议、实地查勘和形成结论等程序，市农委批复设施农业和“菜篮子”工程建设项目120个，计划扶持资金总额2.09亿元。项目下达后，各级农业、财政部门认真加强项目督查，了解掌握项目建设情况，及时发现和帮助解决问题，搞好项目建设指导和技术服务，确保建设质量和工程进度。截至12月底，全市共新建农业设施面积558.9公顷。

（班青宇）

【农作物病虫草害发生】2012年，全市农作物主要病虫草鼠害为中度发生年份，发生面积1092.7千公顷次。主要农作物病虫草害发生情况：（1）小麦病虫害为中度偏重发生年份，重于常年，发生面积607.82千公顷次。其中小麦赤霉病、麦穗蚜、小麦纹枯病中度偏重发生，麦蜘蛛中度偏轻发生，其他病虫害轻发生。尤其是小麦赤霉病发生较重，是近25年来发生最重的一年。（2）玉米病虫草害中度偏轻发生，发生面积293.95千公顷次，其中玉米蓟马中度发生，局部偏重；玉米螟中偏轻发生，局部中度，其他病虫害轻发生。（3）花生病虫草害中度发生，发生面积111.2千公顷次，其中花生叶斑病中度发生，局部偏重；花生蚜虫、叶螨、地下害虫中偏轻发生，其他病虫害轻发生。（4）大豆病虫草害轻发生，发生面积3.98千公顷次，其中大豆田地下害虫中偏轻发生，其他病虫害轻发生。（5）棉花病虫草害轻发生，发生面积8.37千公顷次。（6）全市蔬菜病虫害中度发生，略轻于常年，发生面积102.28千公顷次。其中病害中度发生，保护地黄瓜霜霉病、露地番茄晚疫病、根结线虫病中度发生；露地黄瓜霜霉病、番茄早疫病、多种蔬菜病毒病、辣椒疫病、白菜霜霉病中偏轻发生；保护地蔬菜灰霉病、番茄早疫病、番茄晚疫病、辣椒疫病、根结线虫病、病毒病中偏轻发生，其他病害轻发生。虫害中度发生，小菜蛾、蚜虫、美洲斑潜蝇中度发生；菜青虫、甜菜夜蛾、棉铃虫、叶螨、白粉虱中度偏轻发生；其他虫害轻发生。（7）果树病虫草害中度发生，发生面积22.25千公顷次。苹果炭疽病、葡萄霜霉病、葡萄炭疽病、桃蚜中度发生；苹果腐烂病、苹果斑点落叶病、苹果褐斑病、山楂叶螨、桃小食心虫、苹果黄蚜、梨黑星病、梨蚜、桃蛀螟中偏轻发生；其他病虫害轻发生。

【农作物病虫草害防治】2012年，全市农作物病虫草害发生面积1092.7千公顷次，开展防治面积987.25千公顷次，占发生面积的90.3%。通过防治有效地控制了病虫危害，挽回粮食损失15369.09万公斤，挽回油料损失840.76万公斤，挽回棉花损失47.43万公斤，挽回蔬菜损失6849.96万公斤，挽回水果损失1592.76万公斤。

领导重视，组织得力。2012年农作物病虫害防治工作受到各级政府的高度重视，得到了有力支持。4月16日市政府召开了春季麦田管理电视电话会议，5月12日又召开了“三夏”生产工作电视电话会议，要求各级政府要增强责任感，加强麦田管理，高度重视小麦病虫害的防治，实行责任制，强化督查，狠抓落实。副市长朱是西到荥阳等地考察时，专门调研了小麦“一喷三防”工作，并对麦田管理及小麦“一喷三防”工作提出了严格的要求。在病虫害防治关键时期，市农委抽调技术骨干组成专家组先后到各县（市）区指导病虫害大面积防治，确保各项措施落实到位。8月省、市政府分别召开了“三秋”生产工作电视电话会议，对秋作物病虫害防治做了详细部署。会后各县（市）区认真贯彻电视电话会议精神，根据虫情制定防治预案，狠抓落实，搞好防治。在病虫害防治关键时期，市植保站技术骨干组成专家组先后到新郑、新密、荥阳等地指导大面积防治。在各级政府的高度重视下，各地精心组织，狠抓落实，确保全市农作物病虫害防治的顺利进行。

搞好技术宣传，普及防治技术。在农作物病虫草害防治关键时期，市植保站积极组织开展病虫草害防治技术培训，并通过广播、电视等新闻媒体，普及病虫害防治技术。2012年，全市各级植保部门利用广播、电视、报纸宣传病虫害防治知识40余次，举办县、乡、村各级病虫害防治技术培训74次，培训农民5万余人次，印发技术资

料60余万份。

搞好麦播期病虫害防治。市植保站根据地下害虫虫口密度和小麦根部病害的分布制定防治对策，大力推广种子包衣和药剂拌种技术，切实做好麦播期病虫害的防治，保证一播全苗。分类指导，科学防治。在准确搞好病虫害中长期预测预报的基础上，市植保站及时制定病虫防治预案，指导农民适时开展防治。春季以农委办公室文件的形式下发了《2012年春季小麦病虫害防治工作意见》，及时指导田间防治。针对2012年小麦赤霉病、小麦纹枯病、麦蜘蛛、麦穗蚜、二点委夜蛾、花生叶斑病在局部地区偏重发生的情况，各级植保站技术骨干深入田间指导农民科学防治，有效地控制了灾情。

（胡　锐）

【东亚飞蝗综合治理】 2012年，夏秋蝗中度发生，发生面积29.5千公顷，达到防治指标面积17.8千公顷，开展防治16.1千公顷。

蝗虫防治工作措施：（1）进一步落实治蝗领导责任制。郑州市成立了以副市长朱是西为指挥长的蝗虫防治指挥部，根据人员变化情况，各蝗区县（市）区及时调整了治蝗领导组织，明确任务，责任到人，使治蝗工作有组织、有计划地开展。（2）强化了蝗情监测工作。各蝗区县（市）区固定16个测报点、16名蝗虫侦察员，系统开展了越冬蝗卵、蝗蝻出土情况、蝗蝻发育进度调查及蝗蝻“拉网”普查，澄清了蝗虫分布情况，及时发出治蝗简报，并根据蝗虫发生情况，制定了防控预案。（3）防控资金准备充分。按照治蝗经费实行分级负担制的原则，积极筹措资金，确保治蝗经费及时到位，并加强资金管理，提高使用效率。（4）进行技术培训，做好蝗虫防治工作。全市共培训治蝗人员620人次，印发资料2740份，出动治蝗人员380人次，出动车辆23部，出动机动弥雾机145部，使用农药14.6吨。组织开展飞机防治5.67千公顷，人工防治10.4千公顷，夏秋蝗防治面积共计16.1千公顷，占达标面积的90.26%，防治效果达80%以上，有效地控制了蝗虫为害，达到了“不起飞、不成灾”的目标。

（邢彩云）

【植物检疫】 一是对专职检疫员进行培训。为确保郑州市植物检疫事业的发展，提高执法人员的业务素质，在市农委的统一组织下，市植保站邀请有关专家对专职检疫员进行了培训，并进行了相关知识测试，以保证培训效果，进一步加强了检疫队伍建设。二是宣传植物检疫法规，搞好检疫备案。全市共进行植物检疫宣传培训67次，发放植物检疫法规宣传页5.9万余份。按照《河南省农业植物检疫备案办法》的规定，市植保站对郑州市种子生产、加工、经营单位进行了认真的审查核实，对符合规定条件的核发植物检疫备案证和植物检疫报检员证。全年共发放两证120套。三是认真开展产地检疫和调运检疫。全市小麦产检面积7.87千公顷，为报检面积的100%，产检合格面积7.65千公顷，生产合格种子4599.8万公斤。2012年全市申报小麦制种田10.61千公顷，全部要求采用有效药剂进行除害处理。市植保站全年签发省间调运检疫证书2367个批次，省内调运检疫证书3954个批次，共调运检疫合格种子730.6216万公斤，分别为小麦种110.0315万公斤，玉米种616.8918万公斤，棉花种1.5783万公斤，其他农作物种子3.7458万公斤，花卉苗木16.5336万株。通过检疫有效地防止了危险性病虫杂草的传播蔓延，保证了农业生产安全。四是加强检疫执法，严格市场管理。为加强市场管理，规范经营行为，3月中旬到4月中旬和9月中旬到10月上旬，市植保站对全市农作物种子经营单位进行检查，共检查经营户660多户，对违规调运种子的商户依法进行了处理。

（柴　升）

【培肥地力】 2012年，全市共完成麦秸麦糠覆盖、小麦高留茬153.33千公顷，玉米秸秆还田113.33千公顷，有机肥积造1300万立方米。耕地理化性状得到改善，土壤肥力稳中有升，有机质提升试点区域有机质含量呈逐年递增趋势。2012年，市农委在新郑市、登封市、新密市、中牟县设立了4个有机质提升试点。通过实施小麦、玉米等作物秸秆还田、增施商品有机肥等措施，使4个提升试点区域土壤有机质含量提高了0.1–0.2克/千克，土壤容重降低了0.05–0.15克/立方厘米，孔隙增加2–6个百分点，土壤持水量提高了3个百分点左右，减少钾肥使用量10%，亩节本增效30元以上，耕地地力与耕地环境质量显著提高。

【测土配方施肥】 2012年，全市推广测土配方施肥面积360千公顷。其中，玉米120千公顷，花生23.33千公顷，冬小麦172千公顷，大蒜18.67千公顷，蔬菜、瓜果等其他作物26千公顷。建立测土配方施肥万亩示范区14个，建立1.33公顷以上示范方110个。巩固整建制乡镇推进测土配方施肥乡镇9个，新增整建制推进配方肥试点乡镇3个。设计小麦施肥配方 15个、玉米施肥配方13个、大蒜配方1个，生产配方肥 9万吨，配方肥施用面积133.33千公顷。采集土壤样品5900个，化验土样3.6万项次，分析植株样品290个。完成秋季作物田间试验30个、三区示范70个。通过实施测土配方施肥，粮食作物单产水平提高十分明显，经济效益可观。根据近7年试验统计，测土配方施肥项目区内小麦平均每亩增产21.5公斤，节约化肥1.52公斤（折纯），每亩可节本增效46元；玉米平均每亩增产26.2公斤，节肥1.6公斤(折纯)，亩节本增效56元；花生平均每亩增产16.2公斤，节肥1.5公斤(折纯)，亩节本增效70元左右。郑州市仅实施测土配方施肥一项就可为农民增加收入接近2亿元。测土配方施肥实施区施肥上出现了“氮减磷稳钾增”的明显变化，施肥结构得到进一步优化，氮磷钾比例趋于合理，避免和减轻因施肥不科学带来的肥料资源浪费和环境污染，有效地保护了生态环境，年减少化肥施用量6500余吨（折纯）。

（郭长江）

【休闲农业】 2012年，郑州市休闲农业的影响力和示范带动作用显著增强，社会工商资本发展休闲农业的意愿不断提升，为郑州市休闲农业发展带来了活力和动力。截至2012年年底，全市登记在册的休闲农业园区（农庄）总数达到129家，带动农民就业2.1万人，比上年增加13.5%；年接待790万人次，比上年增加近22.3%；年综合收入突破10亿元，比上年增加近20%。

【郑州市休闲农业发展规划编制工作】 市农委通过公开招标的形式，选择了南京必得规划设计院及南京农业大学共同参与编制《郑州市休闲观光农业发展规划（2012–2020）》。重点提出了利用优势资源，发展四大区域，建设重点项目，培育特色农园，打造精品线路的规划思路。该项规划草案已经过两次项目对接和修改。

【旱作农业】 2012年，郑州市共示范推广旱作新品种12个，其中徐薯15、紫072、郑红22 三个甘薯新品种；次郎、杨丰2个甜柿新品种；“大毛花”“49”两个金银花新品种；豫花15、小白沙等5个地膜花生新品种。示范推广了全覆膜滴灌技术、甜柿新品种嫁接技术、丘陵薄地产量倍增技术及多元化、立体化栽培技术、金银花规模化栽培技术、优质谷子高产高效栽培技术、薄皮核桃优质高效栽培技术等7项旱作新技术。扶持发展了旱作区荥阳王村镇甘薯生产基地、荥阳二郎庙村甜柿生产基地、新密五指岭金银花生产基地、中牟三官庙乡地膜花生生产基地、荥阳刘河分水岭村谷子生产基地共5个特色基地。安排了中牟三官庙乡花生新品种展示田，荥阳二郎庙村甜柿新品种展示田，荥阳王村镇甘薯展示田，新密尖山五指岭金银花展示田，荥阳刘河分水岭村优质谷子展示田，新郑新村镇薄皮核桃展示田共6处旱作综合技术示范展示田。

（宋爱平）

水产业

【概况】 2012年，郑州市水产养殖总面积9.33千公顷，年产量达到14.8万吨。水产养殖面积位居全省第七，水产品产量位居全省第二。全市新开挖鱼塘面积440公顷，其中巩义66.67公顷，荥阳133.33公顷，惠济40公顷，中牟200公顷。水产品产地抽检合格率达到100%。渔业安全生产形势保持稳定，全年无重大安全事故发生。

【水产品质量安全】 2012年，郑州市农委水产管理办公室在全市范围内开展水产品质量安全执法检查4次，配合农业部水产品质量安全检查组抽检1次。全年组织渔民防病技术培训班5期，培训渔民500人次。深入养殖场现场防病指导，服务渔民3500人次。通过科学防病、科学用药，杜绝了违禁药物的使用，保障了水产品质量安全。郑州市水产品药物残留产地抽检合格率达到100%。

【渔政监督管理】 依法开展春季禁渔工作，在黄河禁渔期间重点做好宣传、动员、教育和检查执法。开展机动渔船年度检验工作，对渔民进行安全知识宣传培训，让渔民主动、正确了解安全知识，自觉提高 安全意识。加强对水生野生动物的驯养和经营利用管理，处理好保护与利用的关系。积极开展增殖放流工作。按照农业部《全国水生生物增殖放流总体规划》，结合实际制定增殖放流实施方案并组织实施。全年共向大型水库、公共水域放流经济鱼类500万尾。

【水产良种繁育和疫病防控体系建设】 积极推进水产良种工程建设。加强现有良种场改造，积极创建国家级、省级水产良种场，促进苗种生产规范、健康发展。积极发挥县级水生动物疫病防治站的职能，逐步建立和完善水生动物疫病监测预警和防控机制。加强水生动物疫病测报和重大水生动物疫病专项监控，不断完善各级《水生动物疫病应急预案》，强化突发疫情的快速反应能力，提高水生动物疫病防控能力水平。开展执业兽医（水产养殖）登记制度，努力培养一支以乡村兽医为主体、执业兽医为指导的水产养殖疫病防控队伍。以此为基础，实施养殖用药处方制度，规范渔药使用，降低药残、药害，保障水产品质量安全。

【水域滩涂养殖发证登记工作】 2012年，郑州市农委水产管理办公室扎实推进和完善水域滩涂养殖证制度，落实《农业部关于稳定水域滩涂养殖使用权推进水域滩涂养殖发证登记工作的意见》，认真做好水域滩涂养殖发证登记工作。加强对工作人员的法律法规和发证登记业务培训，提高业务能力和办事效率。截至2012年年底，中牟县发证水面2.90千公顷，全县水产养殖水面3.5千公顷，发证登记率达到82.8%；荥阳市发证水面1.30千公顷，全市水产养殖水面1.601千公顷，发证登记率达到81.2%。

首届郑州黄河鲤鱼评比暨烹饪表演赛

【黄河鲤鱼品牌建设】 2012年，郑州市政府出台《郑州市人民政府关于加快推进郑州黄河鲤鱼品牌建设 促进现代渔业发展的意见》，为打造郑州黄河鲤鱼品牌营造了良好的基础和开端。郑州黄河鲤鱼农产品成功入选国家地理标志保护行列，使郑州黄河鲤鱼有了品质和声誉的“身份证”，不仅受到法律保护，更为郑州市赢得了知名度。在郑州市第四届农业博览会上成功举办了首届郑州黄河鲤鱼评比大赛暨郑州黄河鲤鱼烹饪大赛，不仅宣传了黄河鲤鱼文化，推介了黄河鲤鱼品牌，展示了黄河鲤鱼美食，更提高公众对郑州黄河鲤鱼的认知度，提升了郑州黄河鲤鱼品牌价值和影响力。郑州市农委水产管理办公室与电视媒体进行合作，协助郑州市电视台拍摄了两部郑州黄河鲤鱼的专题片，取得了良好的社会反响。

（胡金文）

畜牧业

【概况】 2012年，郑州市各级畜牧管理部门认真贯彻落实省、市农村工作会议精神，以提高畜牧综合生产能力和保障畜产品质量安全为核心，大力推进畜禽标准化、规模化养殖场（区）建设，不断强化重大动物疫病防控和畜产品质量监管，使全市畜牧业保持了稳定发展的良好态势。2012年，全市肉类总产量25.38万吨，同比增长5.1%。禽蛋总产

市委副书记王璋在河南广安生物科技股份有限公司调研

郑州市新闻媒体对肉类市场的检验检疫工作进行监督

量22.23万吨，同比增长3.6%。奶总产量51.89万吨，同比增长3.2%。全市畜牧业总产值104.2亿元，占农林牧渔总产值的比重达到40.9%。

【畜牧产业化经营】 2012年，郑州市畜牧业以畜牧龙头企业带动各类畜牧合作组织为主体的产业化经营模式快速形成，产业化水平不断提高。全市有市级以上畜牧产业化龙头企业114个，畜牧专业合作组织293家，带动农户3万余户。双汇食品工业园、雏鹰集团15万头生猪出口创汇示范园、中牟万头奶牛养殖场等一批重点项目的建设，进一步加速了全市畜牧产业资源的整合、结构的优化、经营的转变，使郑州市畜牧业生产的集约化、设施化和产业化发展水平不断提高。

【畜牧生产】 2012年，郑州市畜牧工作坚持以标准化规模养殖场（区）示范创建为抓手，以提高畜牧业综合生产能力和竞争力为核心，积极引导养殖场（户）大力发展规模养殖和畜产品加工，不断推进畜牧业发展方式的根本性转变，较好地实现了畜牧业数量、质量和效益的同步增长。2012年，全市生猪存栏179.4万头，同比增长5.7%；出栏生猪224.68万头，同比增长7%。出栏家禽4399.76万只,同比增长3.2%。奶牛存栏 9.3 万头，同比下降 3.1 %。全市新建规模以上畜禽养殖场27个，总数达到4296个。新增各类养殖合作组织、协会10个，总数达到293个。

积极推进“千万吨奶业跨越工程”，全力抓好奶业发展。以落实河南省千万吨奶业跨越工程建设为契机，加快推进奶业发展。2012年新建存栏500头奶牛养殖场（小区）7个，存栏1000头以上养殖场1个。200头以上规模奶牛小区（场）达到86个，其中存栏500头以上小区（场）55个，规模养殖比例达到95%以上。

（张军峰 李章群 刘宏亮）

郑州市畜牧局检疫人员在郑州双汇生产车间现场检测“瘦肉精”残留

【动物疫病防控】 2012年，郑州市严格落实重大动物疫病防控目标责任制，春秋两季集中免疫大会战圆满完成。全年共发放疫苗5445万毫升（头份），应免猪、牛、羊、禽免疫率均达100%。监测预警达到全覆盖，全市监测血清抗体4201份，免疫抗体合格率均在70%以上。产地检疫、屠宰检疫和日常监管不断加强，全年完成产地检疫畜禽5200多万头（只）、屠宰检疫动物产品990多万头（只）。动物疫病防控工作自动化办公水平进一步提升，推广使用了“郑州市重大动物疫病综合管理软件”。执业兽医资格考试组织严密，做到了零差错、零事故。流行病学调查深入开展，“动物防疫日”制度、“签约式”防疫制度和“免疫回执单”制度全面推行，中小规模以上养殖场（户）防疫意识和防控技能不断提高。经过各相关单位的共同努力，全市未发生区域性重大动物疫情，有力地保障了全市畜牧业健康发展和社会公共卫生安全。

强制免疫达到应免尽免。全市春秋两季集中免疫和月月补免补防期间，共发放口蹄疫疫苗912.5万毫升、高致病性禽流感疫苗3716万毫升、猪瘟疫苗517万头份、高致病性猪蓝耳病疫苗300万头份。应免猪、牛、羊、禽免疫率均为100%。全市未发生区域性重大动物疫情，畜牧业健康发展。

监测预警达到全覆盖。按照《2012年郑州市高致病性禽流感和口蹄疫等主要动物疫病监测方案》和《郑州市2012年动物疫病免疫效果定点监测方案》要求，动物疫病监测工作做到病种、区域全覆盖。共监测血清抗体4201份，免疫抗体合格率均在70%以上；病原学监测样品150份，全部为阴性，为重大动物疫病防控提供了科学依据。

动物流行病学调查深入开展。2012年，市畜牧局按照《2012年郑州市高致病性禽流感和口蹄疫等主要动物疫流行病学调查计划》和《2012年郑州市高致病性禽流感和口蹄疫等主要动物疫流行病学调查实施方案》要求，对全市二级监测网点中的96个规模畜牧养殖场（小区）开展了流行病学调查，采集各类棉拭子及血清样品168份，填写流行病学调查表96份，送检猪瘟、高致病性蓝耳病疫苗各两个批次共46瓶，调查结果为准确掌握全市疫病防控动态打下坚实基础。

消毒灭源达到应消尽消。为切实做好全市消毒灭源工作，市畜牧局制定下发了“消毒灭源工作方案”，明确查源和消毒灭源工作目标任务和要求，并组织发放高效消毒剂7吨。按照统一要求，各县（市）区畜牧部门认真落实消毒灭源工作，全市累计消毒面积5000多万平方米，基本达到应消尽消。

【畜产品质量安全监管】 为确保畜禽生产投入品质量安全，郑州市畜牧局本着“标本兼治，着力治本，疏堵结合，确保安全”的原则，坚持多措并举，强化执法监督，狠抓源头整治。一是开展畜产品质量安全专项整治。全面落实国家、省、市畜产品安全监管要求和标准，扎实开展了“瘦肉精”、生鲜乳、饲料、兽药和鲜肉等5个专项整治行动。市畜牧局出动执法人员1.5万多人次，组织开展了为期40天的“瘦肉精”严打暨饲料专项整治行动，对全市5542家兽药、饲料生产经营企业及养殖企业进行了检查。安排部署兽药查处活动7起，受理省局兽药督办案件和群众举报案件20余起，立案36起，结案36起，查获假兽药300多件，有力打击了制假售假行为，维护了全市兽药经营秩序。配合省局开展了奶站和运输车辆的拉网式检查，检查生鲜乳收购站81个，奶牛场73个，检查生鲜乳运输车辆51台，未发现在生鲜乳生产、收购环节中添加任何违禁添加物行为。二是强化畜产品质量安全监测。根据农业部和省畜牧局下达的2012年郑州市兽药饲料及畜产品质量安全监测计划任务要求，全市共完成农业部、省、市三级抽检任务1.44万批次，其中兽药监测404批次，饲料监测508批次，畜产品监测5088批次，“瘦肉精”监测8400批次，未发现违法添加违禁物品现象。三是加大外埠入郑肉品监管力度。郑州市外埠入郑畜产品查验点抽检车辆1.2万车次，共抽检白条猪50万头，分割猪肉鲜品3300吨、猪肉冻品1.6万吨。其中，“瘦肉精”抽检1466批次，较好地确保了市民食肉安全。

（李文波　李　健　周永利）

林　业

【概况】　2012年，全市共完成林业建设规模22.08千公顷，其中生态林建设14.93千公顷，是目标任务12.65千公顷的118%；完成森林抚育和低效林改造7.15千公顷，是目标任务6.97千公顷的102%。全市参加义务植树人数355.4万人次，植树1272万余株，义务植树尽责率达95%以上。建立各级义务植树基地100个。建成6个林业生态乡镇和100个林业生态村。林业生态廊道完成52条路（段）、2条水系、4个节点的绿化，共计460公里，绿化面积2896万平方米。建设林中慢行系统115公里、新式公交港湾50个。

【创建国家森林城市】　2012年，郑州市先后印发了《关于创建国家森林城市的决定》和《郑州市创建国家森林城市工作实施意见》，对创建国家森林城市工作进行了深入动员、全面部署和有序推进。成立了全市创建国家森林城市工作领导小组，从市林业局抽调人员初步组建了领导小组办公室。编制完成了森林城市建设规划，经市人大常委会高票通过并形成决议。先后举办了创建国家森林城市宣传活动启动仪式、首届森林生态文化节、首届黄河湿地文化节、第二届蝴蝶兰展览交易会、郑州市切花花艺比赛展览交易会等宣传活动。

2月22日，2012年省会郑州全民义务植树动员大会召开

【都市区森林公园体系建设】　2012年，全市共建成5个森林公园。其中，“五一”节前建成并免费开放了郑州文博森林公园、郑州苗木花卉博览园、郑州滨黄河森林公园、郑州黄河国家湿地公园等4个林业示范园；新郑轩辕湖文化园按期完工。

【林业产业】　2012年，郑州市林业局认真落实都市区花卉苗木产业发展规划，出台了《关于加快推进花卉苗木产业发展的意见》，启动完成了“一个市场、两个集聚区、两个基地和一个示范园”年度重点工程建设任务，成立了市花卉苗木协会。全市新育苗木1.65千公顷，花卉栽培总面积达到183.13公顷。完成林业总产值30亿元，较2011年增长25%。省级林业产业化重点龙头企业总数达到22个。积极参加第五届中国月季花展暨首届三亚国际玫瑰节，获得4金、4银、3铜共11块奖牌。

【森林资源保护】　2012年，市林业局严格林地征占用管理和林木采伐、运输管理，圆满完成县级林地保护利用规划编制工作。严厉打击各类涉林违法犯罪活动，查处各类行政案件375起，刑事案件105起。切实加强森林防火，全市共发生森林火情8起，无重、特大森林火灾发生，受害率控制在0.1‰以下，低于省定1‰的目标，市林业局被省政府评为全省防火工作先进单位。全市林业有害生物成灾率为0.69‰，无公害防治率达到94.5%，测报准确率98%、种苗产地检疫率100%，实现了林业有害生物防治“四率”的“一降三提高”。组织完成了全市湿地资源调查工作。

美丽的城郊森林

【集体林权制度改革】 2012年，市林业局认真做好集体林地确权发证工作，全市办理林权证6300多本，办证林地面积7.43千公顷，是目标任务6.4千公顷的116%。林地家庭承包率达75%以上。加快推进林下经济发展，组织对有关县（市）区林下经济发展规划进行了评审，编制完成了《郑州市2012-2015年林下经济发展规划》。成立了郑州市林业改革发展办公室，核增事业编制4人。

【林业科技】 2012年，郑州市建成科技示范园1处，制定地方林业技术标准1项。市林业局积极开展榧子栎移植栽培试验，引进优良品种10多个。积极组织送科技下乡活动，举办培训班和技术讲座98场。认真开展了打击制售假冒种苗和植物新品种保护权工作。积极开展科普基地申报工作，绿博园被郑州市科技局命名为"郑州市科普教育基地"；被全国林业协会命名为"全国林业科普教育基地"。市苗木场北基地被省科技厅命名为"河南省林业科技示范园"。

（陈振武）

农业机械化

【概况】 2012年，郑州市农机工作在市委、市政府的正确领导下，坚持以促进农业持续增效、农民有效增收、农村加快发展为核心，积极落实农机购置补贴政策，精心组织重要农时机械化生产,切实加强农机专业合作社建设，大力推广农机化新技术,全力抓好秸秆综合利用和禁烧工作，不断提高农机管理工作水平，圆满完成了各项任务，进一步巩固了农业机械化发展的好势头、好局面，为全市粮食丰产丰收作出了突出贡献。2012年，全市共落实各级财政购机补贴资金8697万元,比上年增加2288万元，增加35.7%，创历史新高。新增各类农机具1.5万多台（件），受益农机合作组织及农户1万多家。全市耕、种、收综合机械化水平达到76%，做到了应耕尽耕。完成小麦机收面积175.52千公顷，机收率达到97.1%，小麦生产过程基本实现机械化，农业生产进入以机械作业为主的新时代。薄弱环节机械化取得重大突破，马铃薯、花生等根茎类作物机械化收获稳步发展，机械收获面积突破15.67千公顷。农业机械化作业领域由粮食作物向经济作物、由大田农业向设施农业、由种植业向养殖业和农产品加工业全面拓展。玉米机械化收获面积106.01千公顷，机收率达65.9%，比上年增加近8个百分点。全年机械化秸秆还田面积340.42千公顷，其中小麦秸秆机械化还田面积184.93千公顷，还田率达到95.1%,玉米秸秆机械还田155.49千公顷，还田率近85%，全

郑州市农机局组织召开郑州市2012年度农机管理工作会议

年农作物秸秆机械化综合利用率达到90%。完成农机帮扶作业面积近13.33千公顷。全年完成农田机械节水灌溉面积57.75千公顷,较上年增加13.55千公顷。全市经工商注册的农机专业合作社达到203家，比上年增加35家。机械化保护性耕作实施面积达到46.74千公顷。培训各类农机操作人员36139人次，完成农机"阳光工程"培训任务，培训1800人次。建设全国设施农业装备与技术示范单位2个、保护性耕作示范县3个。农机安全生产保持较好形势，实现了全年农机安全生产。农业机械的效益发挥为发展现代农业、推进郑州都市区和中原经济区建设作出积极贡献。

截至2012年年底，全市农业机械原值达到44.85亿元，比上年增加2.44亿元，增长5.75%。全市农机总动力达到547.19万千瓦，比上年增加25.97万千瓦，增长4.98%。其中柴油发动机动力428.15万千瓦，比上年增加18万千瓦，增长4.39%，汽油发动机动力4.3万千瓦，比上年增加0.31万千瓦，增长7.77%，电动机动力114.74万千瓦，比上年增长7.66万千瓦，增长7.15%。各种农用拖拉机全面增长，拖拉机拥有量达到12.98万台，比上年增加0.23万台，增长1.8%。大中型拖拉机达到12253台，比上年增加1169台，增长10.55%，其中轮式拖拉机拥有量11147台，比上年增加1273台，增长12.89%。小型拖拉机拥有量11.75万台，比上年增加1400台，增长1.21%。拖拉机配套农具20.47万部，比上年增加4300部，增长2.15%。其中大中型拖拉机配套农具2.91万部，比上年增加0.33万部，增长12.79%，配套比1：2.4。小型拖拉机配套农具17.57万部，比上年增加0.11万部，增长0.63%，配套比1：1.5。耕整机比上年增加63台（套），总数达到2396台（套）（1.21万千瓦）,机引犁82157台，比上年增加795台，增长0.98%，机引耙72326台，旋耕机10272台，比上年增加1121台，增长12.35%，深松机比上年增加58台，总数达到608台，增长10.55%。播种机达2.7万台，比上年增加1500台，增长5.88%，其中免耕播种机1828台，精少量播种机2.19万台，化肥深施机2445台，地膜覆盖机1687台。

农用运输车拥有量11.91万台（168.28万千瓦），其中三轮汽车拥有量9.89万台（115.24万千瓦），低速载货汽车拥有量2.03万台（53.03万千瓦）。收获机械化科技含量逐年提高，联合收获机趋向大型化发展速度加快，保有量达到6774台（35.35万千瓦），比上年增加1005台，增长17.42%。其中自走式稻麦联合收割机4634台，占联合收获机总量的68.41%，玉米联合收获机保有量达到1822台（10.59万千瓦），其中自走式1511台,占玉米联合收获机的82.93%。机动脱粒机3.31万台（2.79万千瓦），谷物烘干机13台（109.5千瓦），种子加工机械42台（340千瓦），保鲜储藏设备82台（2.4万千瓦），割晒机4532台（1.48万千瓦），机动喷雾（粉）机1.11万台（3.23万千瓦），秸秆粉碎还田机8639台，秸秆捡拾打捆机24台，花生收获机1261台。其他收获机械从无到有，快速发展，其中大豆收获机3台（180千瓦），油菜籽收获机27台（1578千瓦），马铃薯收获机16台（81千瓦），青饲料收获机111台（4530千瓦），牧草收获机31台（96千瓦）。排灌动力机械保有量9.7万台（76.05万千瓦），其中柴油机1.92万台（14.57万千瓦），电动机7.78万台（61.48万千瓦）；农用水泵、节水灌溉机械保有量分别为10.35万台、1.05万台（套）。设施农业设备有了新的发展且向系统化管理方向迈进，改变了以往只有温室，没有控制设施的局面，温室面积达到5683.68万平方米，田园管理机450台，滴灌机260台，控温湿机械92

收获现场

台，其他设施农业机械保有量296台，形成了一条龙服务管理模式。农产品加工作业机械已向食品加工及家庭作坊方向延伸，畜牧业机械、林业机械、渔业机械都得到了不同程度的发展。

2012年，全市机耕面积251.75千公顷,占可耕地面积的86.26%，其中小麦机耕面积128.56千公顷，玉米机耕面积80.32千公顷，大豆机耕面积3.88千公顷，油菜机耕面积4.76千公顷，马铃薯机耕面积9.09千公顷，花生机耕面积21.31千公顷，棉花机耕面积3.83千公顷；全市机播面积326.5千公顷，占总播种面积的64.94%，其中小麦机播面积177.92千公顷，玉米机播面积130.43千公顷，花生机播面积14.21千公顷，水稻机械种植面积0.39千公顷，大豆机播面积1.82千公顷，油菜机播面积1.73千公顷；全市主要粮食作物机收面积299.41千公顷，占总收获面积的84.41%，其中小麦机收面积175.52千公顷，玉米机收面积106.01千公顷，花生机收面积14.93千公顷，水稻机收面积0.39千公顷，大豆机收面积0.93千公顷，油菜机收面积0.89千公顷，马铃薯机收面积0.74千公顷；机电灌溉面积235.01千公顷，比上年增加11.31千公顷，增长5.01%；机械植保面积151.82千公顷；机械脱粒粮食138.35万吨，比上年增加1.75万吨。全年共完成机械深耕面积177.15千公顷，机械深松面积17.1千公顷，机械化免耕播种面积176.07千公顷，保护性耕作面积46.74千公顷，精少量播种面积171.6千公顷，机械深施化肥面积100.88千公顷，机械铺膜面积9.34千公顷，机械化秸秆还田面积340.42千公顷。全年共完成农机跨区作业面积87.57千公顷，其中跨区机耕面积7.11千公顷，跨区机播面积2.9千公顷，跨区机收面积77千公顷。全年共完成免耕播种面积237.13千公顷，其中小麦免耕播种面积47.02千公顷，玉米免耕播种面积143.22千公顷。全市农机经营总收入18.97亿元，其中农机户经营纯收入18.72亿元，占农机总收入的98.68%。

【“三夏”机收会战】 2012年“三夏”，天气持续晴好，加之全市各级农机部门组织调度得力，机械供应充足，夏收夏种平稳顺利，小麦适时收获率高，夏玉米播种同步跟进，小麦机收秩序和作业环境明显好于往年。“三夏”期间，全市共投入各种农业机械25万台（套），其中拖拉机12.8万台，夏收主力机械联合收割机5700台（含引进），夏种主力机械玉米播种机2万余台。机收小麦面积175.52千公顷，机收率97.1%。机播玉米130.43千公顷，机播率85.9%。参与农机会战的农机专业合作社有168家，签订农机作业合同20143份，作业面积 131.33千公顷。全市检修各类农业机械23.4万台（套），培训各类农机人员23956人次，设立农机服务站点58个，免费发放联合收割机跨区作业证1400张。

农机购置补贴工作：2012年，上级购机补贴资金方案出台较晚，为使国家惠农政策尽快落实到位，满足“三夏”农机会战的需要，市农机局加班加点制订补贴方案，并通过《郑州日报》和其他新闻媒体向社会公布，接受社会各界的监督。通过发放明白卡和开通服务热线等形式，广泛宣传农机购置补贴申请办法、补贴机具种类等。及时将第一批农机购置补贴资金4426万元全部补贴到位，新增补贴机具6213台，为“三夏”农机会战提供了新的装备支持。

部门联动，打造农机绿色通道。“三夏”期间，郑州市农机局加强同公安交警部门的协调，进一步做好道路保通工作。加大路面管控和巡逻力度，为参加跨区作业的联合收割机保驾护航，确保跨区机收秩序井然；加强同交通部门的协调，继续落实联合收割机过桥过路免收通行费，协调处理道路通行过程中的相关问题，保持路况良好畅通；加强同中石化、中石油的协调，准备充足的柴油货源，设立农机用油保供站，为联合收割机开辟绿色通道，加油车服务到田间，保证油料供应；加强同移动公司的协调，继续搭建信息平台，增加信息传送次数，及时发送相关“三夏”信息，为农机手提供免费信息服务；加强同气象部门的协调，密切关注天气变化，增加预报次数，延长预报时段，使农民抓紧时机及时收种。

落实服务措施，打造服务品牌。“三夏”农机会战期间，市农机局通过落实“十项”服务措施，打造服务品牌。（1）信息服务到位。“三夏”期间，郑州市农机局成立农机“110”指挥中心，制定应急预案；县（市）区成立农机“110”指挥分中心，为跨区作业机手提供信息服务、气象服务，合理调配机车，引导联合收割机合理有序流动，协调有关部门解决跨区作业过程中遇到的拦截机等问题。（2）检修服务到位。全市成立60个农机服务小分队，240人携维修工具深入乡村、农户、田间地头，对参加“三夏”作业的机具进行一次普遍检查、维修和保养，确保机械以良好的技术状态投入“三夏”生产。（3）培训服务到位。全市抽调200名农机教师深入乡镇、合作社对农机手进行集中培训，特别是强化对新机手的培训，让机手掌握联合收获机的维护保养、操作使用、故障排除等新知识、新技术，把实用的技术送到广大农民手中。（4）接待服务到位。市农机局在全市主要道路路口设立“三夏”服务站点，备有茶水、药品、维修工具、气象信息、县（区）当地的交通地图、当地小麦成熟期和机收需求信息等，免费提供作业信息、简单的维修及中介服务等。（5）零配件供应服务到位。市农机局提前对“三夏”生产期间农机作业用油、机械及配件需求进行调查，督促农机供修站点，积极筹备资金，及早购进“三夏”作业机具的易耗易损零配件及各类保障物资，以确保“三夏”农机零配件充足供应。（6）组织服务到位。充分发挥农机专业合作社、农机大户的组织带动作用，大力组织推广订单作业、承包服务、“一条龙服务”、帮扶服务等服务模式，提高跨区作业服务效益。（7）补贴机具落实服务到位。充分利用报纸、电视、网络及手机短信平台大力宣传补贴政策，使农机购置补贴政策达到家喻户晓。（8）安全服务到位。市农机局建立随机安全员制度，抽调100名监理员，成立30个安全监理督查小分队，深入生产一线，对机手进行安全生产教育和技术培训，严防火灾、人员伤亡和机械事故发生。每日实行农机事故“零报告”制度。（9）宣传服务到位。市农机局与新闻媒体密切合作，组织策划重要农时农机会战宣传报道，大力宣传农业机械化在提高农业综合生产能力和防灾、抗灾能力方面的重要作用，宣传农机会战中出现的好经验和先进典型，加快收种进度。（10）应急服务到位。“三夏”期间，市、县（市）区农机部门设立服务热线电话，24小时值守，及时为机手提供咨询和帮助。对突发事件早汇报、早协调、早处置，确保“三夏”农机作业顺利进行。

科学组织出效益。“三夏”期间，郑州市农机局成立农机“110”指挥中心，县（市）区成立农机“110”指挥分中心，全面组织、指导、协调全市“三夏”机收会战和跨区作业有关事宜。为加快机收进度，各县（市）区根据本地的小麦种植面积、收获时间、联合收割机拥有量、联合收割机的分布情况确定引机数量和方向，派人赴外地引进机车。共引进收割机1000台，其中外省706台。同时做好引进机车的分配和调度，避免出现机车扎堆、机收死角、机收空挡等现象，以免影响“三夏”机收进程。为加快收获进度，郑州市农机局充分发挥农机专业合作社的主力军作用，通过短信平台和实施订单作业，科学引导联合收割机有序流动，减少机车跑空路程，提高联合收割机的作业效率。为加快机收进度，引导联合收割机实行昼夜作业、“一条龙作业”，人歇机不停，成熟一块，收获一块，抢种一块，加快收种进度。

农机专业合作社引领农机会战。“三夏”农机会战期间，以农机专业合作社为代表的新型农机服务组织充分发挥装备水平高、技术能力强、信息来源广等特点，准备充分、行动迅速、措施得力，成为“三夏”农机会战的主力军。订单作业助抢收。农机合作社从4月份起，就在当地农机部门的指导下，积极与有关镇、村及种粮大户签订作业合同，推行订单作业，既发挥了机械作用又提高了作业效率。全市农机合作社共签订作业合同20143份，协议作业面积131.33千公顷。“一体化”作业促进度。针对“三夏”农时紧迫的特点，各农机合作社实行小麦机收、秸秆粉碎还田、玉米免耕直播一条龙作业服务，收种一次性完成。减少了中间环节，拉长了作业链条，提高了作业效率。农机帮扶显真情。“三夏”期间建立多种形式的“三夏助收队”，优先、优价对外出务工人员家属、军烈属和困难户开展帮扶服务。“三夏”期间，共帮扶19171多户，帮扶面积4.2千公顷。

秸秆综合利用。农作物秸秆是重要的生物质资源。加大农作物秸秆综合利用力度，可以提高秸秆综合利用率，有效减少秸秆焚烧，防止因焚烧秸秆而引起大气污染和水源污染，保护环境，有助于提高秸秆利用价值、发展循环经济。“三夏”期间，郑州市农机部门充分发挥农业机械在秸秆综合利用方面的重要作用，以疏为主，堵、疏结合，用机械手段杜绝秸秆焚烧。全市收割机95.1%都安装有秸秆粉碎还田装置，外地机车必须安装粉碎装置才能到郑州市作业。麦收期间，通过限制收割机割茬高度和推广小麦机收、秸秆还田、免耕播种玉米“一条龙”的作业模式，从源头上防止焚烧。采取秸秆打捆、秸秆压块等措施，为造纸厂和生物电厂提供原料，变废为宝，增加农民收入。

【“三秋”农机战役】2012年，郑州市农机部门围绕市委、市政府“夏秋并重，稳夏增秋”的要求，早计划、早动员、早部署，集中精力，精心组织40万台（套）农业机械投入秋收、秋种工作。投入玉米收获机2300台，其中本地1721台，引进579台；投入拖拉机12.8万台；秸秆还田机0.76万台；小麦播种机2.5万台。机械收获玉米面积106.01千公顷，机收率65.9%。秸秆还田面积166.57千公顷，还田率70.84%。机耕面积179.87千公顷，其中深耕133.73千公顷，深耕率74.4%。机械播种面积177.92千公顷，机播率98.9%。全市共检修机械35万台（套），培训各类农机操作人员20493人，签订作业合同1.75万份，农机帮扶面积8.87千公顷。

为充分发挥农业机械在“三秋”生产中的主力军作用，确保“三秋”农机生产顺利进行，郑州市各级农机部门多措并举，做到了8个到位。（1）信息服务到位。全市各级农机部门组织人员深入乡村，对机具保有量、技术状况、分布情况、当地农作物种植区域布局以及适宜机收、机播面积和作业时间等信息进行摸底调查，对各项作业信息进行全面整理汇总，建立了农机户电子档案，并通过农机“110”指挥中心信息发布平台将天气信息、作业信息等传递给农机手，使他们少跑冤枉路，提高了机械使用率，增加了机手收入。“三秋”期间农机部门共发布信息5万多条，接受群众咨询2100人次。（2）确保物资供应到位。“三秋”期间，郑州市农机局通过协调油料供应部门备足油料，在县城郊区、农村设立了100座“三秋”农机供应站，在辖区内所有供应站，张贴“农机专用”标识，确保农机就近加油，敞开供应。全市16个农机生产商、139家农机经销商、1302个农机维修网点备好价值3700万元的各类农机易损零部件和整机，积极开展送机、送件到村、到户、到田头服务，方便农民需求。（3）确保农机技术服务到位。“三秋”前夕，郑州市各级农机部门抽调管理干部、组织技术人员深入乡村农户，指导农民对参加“三秋”作业的机具状态进行了一次普遍检查、维修和保养，使机械以完好的状态投入“三秋”生产。通过集中辅导和分片定点相结合的方式对机手进行了技术培训。通过协调农机生产企业和销售供应商在搞好“三包”技术服务的基础上，开展上门修理、送修下乡和预约维修，备足常用易损维修配件，保证“三包”服务质量。“三秋”期间全市共检修各类农业机械35万台次，为完成“三秋”生产任务提供了装备保证。（4）确保农机帮扶措施到位。市农机局会同民政部门以乡为单位对军、烈、孤、困、寡、务工缺少劳力家庭进行摸底调查，建立档案，并根据本地区困难扶助对象的情况，制定“三秋”农机帮扶措施，将农机帮扶任务落实到机、责任到人。“三秋”期间，全市共成立农机帮扶队30多个，签订帮扶协议1.75万份，帮扶面积达8.87千公顷。并对特殊的人群实行了优先服务和免、减作业费服务。（5）指挥调度服务到位。郑州市农机部门根据区域内作业时间差做好机械小范围流动作业调度方案和机械流向图，调整机械余缺，保证机械合理运用，保障农机作业秩序和机手效益。（6）农机专业

郑州市农机安全监理服务网点对收获机进行维修

合作社的主力军作用发挥到位。农机合作社、农机大户等社会化服务组织是农业生产的重要力量，各县（市）区充分发挥他们的机具、技术力量、规模等优势，指导他们同周边村组和本村农户签订全程或单项作业协议。鼓励开展玉米机收、秸秆还田、深耕深松、机播等一条龙作业和复式作业，提高作业效率，增加机手收入，减少农户支出，加快作业进度。（7）购机补贴政策落实到位。为使补贴政策尽快落到实处，全市各级农机部门严格程序、规范操作、精心组织，确保补贴机械投入“三秋”农机生产中。积极引导农机服务组织、农机大户及农民重点购置玉米收获机械，全市新增玉米收获机366台，强力提升了郑州市玉米机械化收获水平。（8）安全生产措施到位。深入开展“三秋”农机安全生产宣传及安全生产综合整治，是市委、市政府安全生产的工作要求。市农机局结合“三秋”农机生产特点，全面落实农机生产安全责任制，组织人员深入田间地头，排查事故隐患，纠正违章行为，消除农机作业事故隐患，并对机手进行安全生产教育，不搞疲劳驾驶，不违章作业，努力消除一切不安全因素，把机械故障率和机车事故率降到最低限度。“三秋”期间全市农机部门共成立了26个“三秋”农机安全生产服务站，出动30余部“三秋”安全生产检查督查车，排查违章和事故隐患42起，从源头上预防农机事故发生，确保了“三秋”农机生产安全、顺利进行。

【玉米机械化收获】2012年，市农机局把加快推进玉米收获机械化作为一项重要任务，采取示范带动、扶持推动、点面互动的措施，积极加以落实，取得了明显成效。在具体操作中购机补贴适当向玉米收获机械倾斜，扩大购置玉米收割机补贴范围，提高资金补贴率，专门下文明确了本市农户或农机专业合作社所购市外生产的玉米收获机给予等同省级奖补标准的奖励补贴；所购本市生产的已享受省级奖补的，可再享受5%的市级奖励补贴。全年共推广各类玉米收获机366台，机收玉米面积106.01千公顷，玉米机收率65.9%，创历史新高。同时大力组织玉米跨区机收，培育玉米机收市场，从普及玉米机播、推行标准化种植入手，为玉米机收创造条件，确保了全市玉米收获机械化取得新突破，强力提升了郑州市玉米机械化收获水平。

【农机购置补贴】2012年，上级共下达郑州市中央财政购机补贴资金5551万元，省级财政购机补贴资金551万元，市本级财政安排购机补贴资金2000万元，县级财政安排购机补贴资金595万元，总额8697万元的各级补贴共引导农民投入农机化发展资金超2.5亿元，全市新增各类农机具1.5万多台（件），受益农机合作组织及农户1万多家，有力地促进了郑州市农机装备整体水平的提升和优化。

【秸秆综合利用及禁烧】2012年，全市小麦秸秆机械化还田率达到95.1%，玉米秸秆机械化还田率近85%，全年农作物秸秆机械化综合利用率达到90%，全市农作物秸秆禁烧首次实现国家遥感卫星焚烧火点监控数量为零。

领导高度重视。市委、市政府高度重视秸秆禁烧和综合利用工作，成立了郑州市农作物秸秆禁烧和综合利用办公室，从6个市直部门抽调30名工作人员组成6个督查组。先后下发了《郑州市人民政府关于印发郑州市进一步加强农作物秸秆禁烧和综合利用工作方案的通知》《市委办公厅市政府办公厅关于认真做好农作物秸秆禁烧和综合利用工作的通知》《郑州市人民政府办公厅关于加强秸秆焚烧和资源化利用工作的紧急通知》和《郑州市人民政府办公厅关于进一步加强2012年秋季农作物秸秆禁烧和综合利用工作的紧急通知》。禁烧期间，市委书记吴天君对秸秆禁烧工作作出重要批示，副市长朱是西带领禁烧工作巡视组、市禁烧办和市政府督查室等有关部门，多次对秋季秸秆禁烧和综合利用工作进行明察暗访，对发现的问题在全市进行及时通报处理，要求发现问题的县（市）区及时拿出整改措施，做到“有烟必查、有火必罚”。

建立强有力的网格化管理。2012年，郑州市各县（市）区把农作物秸秆禁烧和综合利用工作列入网格化管理，明确乡（镇）街道人民政府是秸秆综合利用和禁烧工作主体，乡（镇）街道党政一把手对辖区内秸秆综合利用和禁烧工作负总责。市政府与各县（市）区、各县（市）区与乡（镇）办事处、乡（镇）办事处与行政村、村组与户逐级层层签订目标管理责任书；实行督察组包县（市）区、县（市）区领导包乡（镇）街道、乡（镇）街道干部包村组、村组干部包户制度，做到一级抓一级、层层抓落实，责任明确，分工到位，建立了从上到下横向到边纵向到底的网格化管理网络。

广泛宣传、营造气氛。“三夏”“三秋”期间，全市各级、各部门充分利用广播、电视、网络等媒体宣传，发放张贴《秸秆禁烧公告》，出动宣传车、悬挂宣传条幅、刷写宣传标语等多种形式，大力开展秸秆禁烧和综合利用宣传工作。据统计，累计悬挂宣传条幅7000余条，刷写标语8万余条，印发通告1万余份、《致农民朋友的一封公开信》18万份，发放《致中小学生的一封公开信》10万多份，编发短信3000多条，出动宣传督查车辆1000余台，巡视、督查、执勤人员6000多人，真正做到了宣传标语悬挂到村头、宣传车巡回广播到田间、媒体宣传到全民、到村组，从而形成了人人重视秸秆禁烧的强大舆论氛围。

加大投入、保障有力。2012年，郑州市农机购置补贴方案向发展秸秆综合利用机械重点倾斜，市农机局采取直补农户或合作社的方法对大型联合收割机、保护性耕作机具、秸秆捡拾打捆机、揉丝机、秸秆生物质燃料加工机械、秸秆还田机械等机械进行重点补贴。各县（市）区制定相应的关联秸秆资源化利用的农机购置补贴、秸秆粉碎还田作业补贴、秸秆离田收集加工补贴等惠农政策。通过农机直补、还田先补、离田现补等多种方式，充分调动广大农民的秸秆资源化利用的积极性。2012年，郑州市农机购置补贴总规模为8697万元，用于秸秆综合利用的购机补贴资金规模达到5346万元，共补贴机具3705台（套），占总购置补贴资金的61.47%。农机装备数量的增加和质量的提升为郑州市秸秆禁烧和综合利用工作提供了有力的装备保障。

加大督查、确保成效。“三夏”“三秋”期间，市政府6个督查组进行分片督查，每个督察组配备卫星定位导航仪、摄像机、照相机等调查取证设备，对郑州市周边区域，以机场为中心半径15公里，沿高速公路、铁路两侧各2公里和国道、省道干线两侧1公里区域以及重点路段加大监督检查和管控力度。3个巡视组对各县（市）区不定期进行巡查。市禁烧办和市委、市政府督查室及市级媒体组成机动组联合进行不定时暗访，实现了巡查、督察、检查全覆盖。市禁烧办实行24小时值班，设立举报电话，及时上传下达，随时处理举报问题。全市采取“一线督查、卫星引导、与媒体互动、与119联动”的四位一体模式严控焚烧。对禁烧控制不力出现的焚烧火点及时查处、督促整改，并通过短信平台、工作简报等方式予以全市通报。市禁烧办做到“有烟必查、有火必究、有焚必报、有报必罚”。

【农机宣传】2012年，郑州市的农机工作以宣传作为争取领导重视，赢得社会支持的有力抓手，进一步营造舆论氛围，树立了郑州农机的良好形象。在“三夏”“三秋”期间，郑州市农机部门积极同新闻媒体加强沟通和配合，以跨区机收作业、合作社建设、购机补贴落实、保护性耕作实施、新机具新技术推广演示会为主题展开宣传报道，大力宣传农业机械化在提高农业综合生产能力和防灾、抗灾能力等方面的重要作用，取得了良好的效果。全年中央、省、市新闻媒体共报道郑州市农机生产新闻256次，其中中央及省级媒体新闻播报40条，郑州市级电视台新闻播报40条，县（区）新闻播报176条。市农机局编发农机简报及信息190期，在郑州市农机信息网上发布信息近300条。

【农机专业合作社建设】 2012年，郑州市农机局按照“统筹规划，加大扶持，培育亮点，协调发展”的总体思路，依照“民办、民管、民受益”的原则，因地制宜、因势利导，坚持合作形式多样化、投资主体多元化、经营方式企业化、服务形式市场化，积极宣传、引导农机户、农机大户及各种社会力量组建农机合作社，走联合发展之路，实现了农机合作社从少到多、从小到大的良性循环，农机服务方式不断创新，农机资源得到充分利用，农机经营效益得到明显提高，农机服务逐步向社会化、市场化、专业化、产业化迈进，推动了郑州市农机合作社的蓬勃发展。2012年，全市经工商部门注册的农机合作社有203家，资产总额达到50646万元，入社社员3230人，服务农户18.19万户，服务总收入15884万元。“三夏”“三秋”期间，合作社共签订作业合同3.75万份，协议作业面积266.67千公顷；帮扶农户4.6万户，面积13.07千公顷。

农机专业合作社车库

各级政府和农机管理部门高度重视农机专业合作社建设。各级政府和农机部门相继出台了关于加快发展农机专业合作社的意见和扶持措施,制定了农机专业合作社发展实施方案和发展目标。各级农机部门积极争取政府财政资金，支持农机专业合作社场库棚建设、购置维修设备、改善信息化办公设施等。农机购置补贴政策资金重点向农机合作社倾斜，并且放开机具台（套）补贴限制，支持发展先进成套农机装备。有关农机化建设项目和新机具、新技术示范推广项目，能够由农机合作社承担的，优先予以安排。协调工商、税务、金融等部门，设立农机合作社注册“绿色通道”，优先提供小额贷款或优惠贷款，简化放贷程序，放宽贷款担保限制，延长还款期限，解决农机合作社自有资金不足的难题。有力地促进了农机专业合作社基础设施建设水平和社会服务能力的提高。

农机专业合作社组建形式多样化。农机户联合型。主要是由具有丰富农机作业、市场经营、技术维修等经验的多家农机户联合牵头，吸收其他农机户参加，成立的农机专业合作社。或由农机专业大户发起，农机手等自愿带机、带资按股份制原则入社。如登封市宏发农机专业合作社、惠济区保丰农机服务者专业合作社等。集体组织主导型。乡、村集体经济好的地方，机具由集体出资购买为主，成立的农机专业合作社。或者以村委班子成员牵头，组织农机户参加成立的农机合作社。农忙时主要以服务本村本乡农民为主，机具由集体统一管理、统一调度、统一作业，政府买单或只向农户收取作业成本费，解决了外出务工户、无劳力户的困难。如新郑市临港农机专业合作社、新密郭岗农机专业合作社等。农机企业依托型。主要是农机加工、维修、流通企业利用他们生产、加工、维修、营销、技术、市场、资金等优势，吸收农机户、农户参加，形成“龙头企业+农机合作社+农户”的农机服务产业化链条。如荥阳市农鑫农机专业合作社、中牟县大丰农机专业合作社等。社会资本带动型。由社会能人牵头，吸引民间资本投资成立的农机专业合作社。农忙从事农田作业，农闲开展多种经营，实现了一年四季有活干，提高了场地和设备的利用率，经济效益明显。如新郑市好帮手农机专业合作社、荥阳利民农机专业合作社等。

农机专业合作社经营内容市场化。2012年，全市农机专业合作社经营服务项目达10余项，涉及机械制造、农机销售、农机维修、农田作业、运输、建筑、生物质燃料、农产品加工、园林绿化、养殖、种植等项目。除为农业生产服务之外，大部分农机专业合作社正不断拓宽服务领域，扩大服务内容，提高经营效益，增加农机专业合作社的生命力和发展活力。合作社在不断发展壮大的同时，还积极参与救灾抢险和扶贫济困等社会公益活动，提高农机专业合作社的社会影响力，打造“公益农机”品牌。

农机专业合作社服务模式社会化。开展跨区作业。跨区作业是合作社开展社会化服务的代表模式。跨区作业的范围正由小麦机收向玉米机收、小麦免耕播种拓展，跨区作业模式不断扩大，农机跨区作业品牌的影响力不断增强。实行订单作业。订单作业是合作社开展社会化服务的主要方式。合作社通过提前考察作业市场，与用机户签订作业协议或达成口头协议，按照协议开展机械作业服务。开展“一条龙”作业。合作社利用自己装备齐全的优势开展收获、整地、播种、运输“一条龙”作业，拉长服务链条，不但提高了作业效率，经济效益也明显增加。开展农机适度规模经营。合作社通过土地承包、土地流转等方式把分散的地块集中起来，统一供种供肥、统一作业、统一管理服务，实现区域化种植、标准化生产、规模化经营。有效地降低了作业成本，提高了土地产出率。

【科技创新与农机科普宣传】 为结合新农村建设，积极做好农机科技创新、农机科普宣传工作，郑州市各级农机部门围绕农业生产粮食增收，大力推广保护性耕作技术、小麦玉米免耕播种技术、小麦玉米机械化收获技术、农作物植保技术、秸秆还田技术、红薯花生土豆机械化挖掘技术、机械化挖坑技术和设施农业技术。玉米机收率实现重大突破，达到65.9%；小麦机收率达到97.1%。

针对保护性耕作，玉米机收重点项目，加强科普宣传和培训。2012年，郑州市农机局多次利用电视、报刊和网络等媒体进行农机科普宣传。印制保护性耕作知识培训教材、免耕播种机的使用与调整、农机知识问答、农机安全操作规程等书籍和宣传资料4.3万余份，制作农机科普宣传VCD光盘3000张。针对项目区建设重点市农机局采取宣传和培训相结合，送教下乡与新机演示相结合的模式。全年开办培训班32期，培训农民2.31万人次；科技人员送教下乡35次，召开现场演示会19次。郑州市农机局获得2012年度全国农机科普先进集体标兵荣誉称号。

【保护性耕作】 2012年，郑州市农机局以促进农业增效、农民增收为目标，以带动全市农机新技术发展，保护人类生存环境为核心，认真开展了机械化保护性耕作项目实施工作，取得了显著的社会效益、生态效益和经济效益，有力地促进了农村经济的发展。2012年全市共完成保护性耕作面积46.74千公顷，新增实施面积13.05千公顷。新增免耕播种机28台，保有量达到1828台。新增其他保护性耕作机具324台，总数达到3769台。

【郑州农业机械化协会】 市农机局为了优化配置郑州市农机资源，更好地促进农业增效、农民增收，加快社会主义新农村建设，按照市政府有关领导指示，遵循政府引导、行业参与、平等交流、资源共享、社会监督的原则，积极筹备成立郑州农业机械化协会。协会的各项规章制度和章程已经修订完毕，已完成辖区内县（市）区级农机管理部门、农机生产企业、流通销售企业、农机专业合作社和各类农业生产服务组织的入会登记工作，拟定了协会负责人。郑州农业机械化协会于2012年8月11日正式挂牌成立。

【平安农机】 2012年，郑州市各级农机管理部门进一步完善农业机械安全监督管理体系，鼓励支持农机安全互助组织有序发展，加强安全社区建设，提升社区安全保障能力和服务水平。推进“平安农机示范县”建设，倡导以人为本、关注安全、关爱生命的安全文化。郑州市农机局面对新形势，积极探索新的创建模式，把农机专业合作组织纳入到“平安农机”创建工作的目标考核体系内。郑州市现有农机合作组织（合作社）203家，农机合作组织的资源优势明显，各类农业机械保有量大，便于农机安全管理。郑州市农机局根据全市农机工作发展实际，第一时间将农机安全监理工作直指这一新型基层组织，从源头上有力地防止农机事故发生。每个农机专业合作组织除规定的创建标准外，都设立有“安全室”，做到墙上有标语、制度上墙面、办公桌上有台账、拖拉机和联合收割机库房有灭火器等消防设施。并确立“安全员”负责本组织日常农机安全生产监管、监督工作，定期或不定期为社员宣传教育培训农机法律法规和安全知识。2012年郑州市新增省级“平安农机”示范乡（镇）4个，省级“平安农机”示范合作社4个，市级“平安农机”示范合作社11个、“平安农机”示范村32个、“平安农机”示范户180个。新密市农机安全监理站创建成为国家级“为民服务创先争优”示范窗口。

【农机教育培训】 2012年，郑州市农机教育培训工作紧紧围绕新农村建设和农机化发展需求，创新工作思路，以发展现代农业、增加农民收入、建设社会主义新农村为目标，以创新农机技术推广机制为突破口，以开展新型农民培训为抓手，全面推进农机化科技进步，为农业和农村发展提供强有力的农机科技和人才支撑，推动了郑州市农业机械化的健康发展。2012年，郑州市农机培训部门按照“创新培训模式，提高培训质量”的总体思路，不断推动农机培训广泛深入开展，努力提高农机操作、管理、维修人员水平。全年共举办各类培训班82期，培训各类农机人员44449人次，其中培训农机管理人员363人次，培训农机技术人员7760人次，培训农机监理人员187人次，培训农机操作人员36139人次，完成农机“阳光工程”培训1800人次。

【农机新机具、新技术推广】 2012年，郑州市农机推广部门紧紧围绕粮食增产、农业增效、农民增收的目标，认真策划农机化新技术、新机具与新设备的研制、试验、示范和推广，重点实施玉米机械收获、机械保护性耕作、秸秆还田机械化、生物质燃料模压成型等技术的示范推广，继续开展薯类收获机械化、胡萝卜收获机械化等项目的技术试验和示范推广，圆满完成了“三夏”“三秋”农机生产任务，使全市农机装备水平得到全面提升，促进了郑州市农机化事业快速发展。

借现场演示会，推广农机新机具，实现郑州市农机增量新突破。现场会是展示、宣传农机新机具、新技术的重要载体，“三夏”“三秋”期间，郑州市农机推广部门组成技术服务小分队，深入乡村开展上门服务，共召开了104次现场会及技术培训会，培训人员10万人次。借助中央惠农政策的有利时机，大力宣传、推广适应本地主要作物的先进、适用、环保的新技术和新机械，加快农业机械化进程，改善农业基础设施，促进新农村建设。

重点农机化技术项目推广。组织实施机械化保护性耕作技术推广项目。2012年，郑州市承担农业部保护性耕作示范县项目和省保护性耕作示范项目，在实施保护性耕作技术方面，16个县（市）区无论在配套资金上,还是在作业技术规范、机具操作规程上,均在上年基础上进行了完善和加强。项目实施中,郑州市农机局多次召开会议部署，并组织农机推广技术人员深入乡、村田间地头进行新机具技术指导和技术培训。县（市）区积极建立示范点（基地），以点带面，通过对比试验，利用项目带动,达到大面积推广实施的目的。2012年，全市共完成保护性耕作面积46.74千公顷，新增实施面积13.05千公顷。新增免耕播种机28台，总数达到1828台。新增其他保护性耕作机具324台，总数达到3769台。保护性耕作比传统播种亩均增收157元，全市净增收9613万元。机械化设施农业技术取得大突破。2012年，郑州市农机局“机械化设施农业技术应用与推广”项目被列为郑州市现代农业科技创新工程项目。全市新增微耕机151台，总数达到1626台；新增卷帘机470台，总数达到1309台。以示范点为依托，稳步推进胡萝卜机械化生产试验基地建设项目。2012年，郑州市继续承担河南省农机推广站胡萝卜机械化生产试验基地建设项目，项目实施面积近13.33公顷。为扎实推进胡萝卜机械化生产试验基地建设项目实施，郑州市农机局加强了“胡萝卜机械化生产试验基地建设”项目领导，全面落实审定项目实施方案，督促配套资金落实，成立技术骨干为成员的项目实施组，确保项目各项实施工作有序进行。积极引进和示范经济作物生产机械化技术。随着农业种植结构的调整，农机化作业由粮食作物向多种经济作物扩展，为进一步加大农机与农艺之间的融合，全面提升经济作物机械作业水平，郑州市农机推广部门大力推广花生机械收获、大蒜机械种植、红薯机械收获等机械化技术的宣传和示范。2012年全市新增根茎收获机50台，总量达1680台，作业面积18.07千公顷。

【农机安全监理】 2012年，郑州市农机安全监理部门以创建“平安农机”和“为民服务创先争优”示范窗口为契机，深入贯彻落实科学发展、安全发展

郑州农机协会成立大会

的指导原则和"安全第一、预防为主、综合治理"方针，以农机"打非治违"和"百日安全生产"大检查活动为抓手，围绕"安全生产年"工作要求，以确保安全、促进农民增收为目的，结合郑州市农机安全监理工作特点，完善优质服务标准，规范服务行为，加强宣传教育，强化动态管理、源头监管，遏制了农机事故的发生，有力地促进了全市农机安全生产状况的持续稳定好转，为维护和提升郑州市农机安全生产形势，促进全市农机化事业又好又快发展作出了新的贡献。2012年，全市新入户登记拖拉机968台、新入户登记联合收割机615台，新考驾驶员证518人。享受购机补贴的拖拉机、联合收割机上牌率达到98%。平安农机合作社"三率"达到100%。市农机局组织安全生产检查560次，出动监理人员5000余人次，检查拖拉机和联合收割机4800余台次，纠正违法违章现象4500余人次，排除事故隐患3230余起，确保了2012年全年无重大农机安全事故发生。郑州市农机局获得2012年"郑州市安全生产先进单位"荣誉称号。

强化服务意识，努力做好农业机械年度检审验工作。农业机械年度检审验是农机监理工作重点之一，是确保全市农机安全生产的关键环节。为了扎实地做好此项工作，郑州市农机安全监理部门主要从三个方面入手。一是加大宣传力度，提高机手参审意识。二是措施到位，责任到人，确保严格按标准办理，确保检审顺利进行，大大提高了年度检审率。三是充分利用农机合作组织农业机械保有量大、资源集中的优势，开展检审工作有利于农机检审验工作效率进一步提高。2012年全市农机合作组织"三率"全部达到100%。

全面开展农机安全生产大检查。全市农机监理部门按照"一岗双责"的要求，制定工作方案，确定工作目标，突出工作重点，将任务层层分解,落实了责任、明确了分工。一是组织农机监理人员，按照《农业机械安全监督管理条例》等法律法规的规定，针对存在的突出问题和薄弱环节，深入田间地头、场院等农机作业场所开展安全生产大检查，纠正拖拉机违法载人、超速超载、无牌无证驾驶、疲劳驾驶等违法行为，及时排查事故隐患，降低农村道路交通事故发生。二是加强农机作业网点的安全检查，针对存在的隐患及时提出整改方案督促其整改，进而消除安全事故苗头。三是进一步规范牌证管理工作。把好新驾驶员考试关，严格考试程序和内容，严禁托人代考、凭关系免考等违规行为；把好拖拉机的检验关，严格按规定的项目和标准进行检验，强化源头管理，消除事故隐患。2012年，郑州市农机局被郑州市人民政府授予"郑州市安全生产先进单位"荣誉称号。

扎实开展农机安全生产专项活动。根据各级政府和主管部门的文件精神和安排部署，郑州市各级农机安全监理部门相继开展了农机"打非治违"专项行动、"农机文明交通行动""安全生产月"活动、"百日安全生产"大检查活动、重要节假日和主要农时季节专项安全检查活动，切实做到了"四有"，即有方案、有措施、有检查、有落实，确保了专项活动取得实效。为深入贯彻落实农业部、省农机局有关文件精神，进一步加强农机安全监管，保障农机安全生产，郑州市农机安全监理所统筹安排，精心部署，制定了切实可行的工作方案，结合农机安全隐患排查治理，组织农机监理人员深入乡村道路、田间场院、集贸市场等场所开展安全检查，严格查处农机安全监理机构违法违规发放拖拉机、联合收割机号牌、行驶证、驾驶证等行为，坚决杜绝超标准、超范围、跨行政区域发牌发证，严厉打击套牌、假牌行为。对检查中发现的"无牌、无证、无年检"的"三无"现象督促机主自觉接受管理。积极联合公安、交通等部门集中开展农村道路交通安全检查，严厉打击和查处拖拉机违法载客、超速超载、无证驾驶、酒后驾驶等严重违法行为。

把握全局，高标准做好农忙时节农机安全生产。一是加强组织领导，适时制定应急预案。为搞好"三夏""三秋"期间的农机安全生产工作，市农机安全监理所多次召开专题会议，对工作进行了总体部署安排。适时下发了通知，并对各县（市）区农机监理站的"三夏""三秋"农机安全生产工作提出了具体要求。启动《郑州市农业机械重特大事故应急救援预案》，同时督查各县（市）区农机主管部门制定并落实农机安全生产应急预案。二是强化安全服务，确保机具状态良好。市农机安全监理所在各县区主要交通要道及农机作业车辆过往密集路段建立55处固定农机安全监理服务站，22处流动服务站，在每个服务站配备毛巾、肥皂、水杯、茶水、防暑降温药、维修工具等物品，免费为农机手提供接待、调度、维修指导等周到的服务，解决机手的后顾之忧。全市200多名农机安全监理员实行分片包干，落实责任，深入农机安全生产第一线，对参加粮食生产的小麦联合收割机、脱粒机、拖拉机等农业机械进行检修和保养，保证了病机不入田、入田无病机。三是严格实行24小时值班制度，随时做好信息咨询和突发事件的处理工作，全面保障农机安全生产信息的上传下达通畅无阻。"三夏""三秋"等农忙时节每天实行农机事故"零报告"制度，每天汇总全市机收进度以及安全生产动态。

强化农机安全生产宣传教育。发挥农机合作组织优势，做好机手宣传培训。各级农机安全监理机构充分发挥农机合作社在农机安全生产工作中的主力军作用。在"三夏"麦收、"三秋"玉米收获开始前，组织农机手在合作社对收割机等农业机械进行安全技术检验，利用合作社场院张贴安全知识挂图，上安全教育课，共开展农机安全生产知识培训122次，受教育人数达4403人，有效提高了广大机手的安全意识。深入田间地头，广泛开展宣传农机安全教育。市农机安全监理所出动宣传车20余辆，深入到各村、组、场院、田间地头进行巡回流动宣传，开展宣传教育活动600次，播报全市农机安全生产报道110余篇，发放各类农机安全生产资料1.2万余册，制作"平安农机"宣传袋1.1万个，制作农机安全生产横幅、标语500余幅。中国农业机械信息网、中国农机监理网、郑州电视台、河南人民广播电台、《郑州日报》等多家新闻媒体对郑州市农机安全生产工作进行了宣传报道。2012年郑州市农机安全监理所获得全国农机科普"先进集体"标兵称号。

（臧伟锋）

农机安全监理人员正在为机手检修机车

农业机械2012年年末拥有量

项目 单位	农业机械总动力（万千瓦）				其中：耕作机械						其中：收获机械					
	合计	柴油发动机动力	汽油发动机动力	电动机动力	大中型拖拉机		其中轮式拖拉机		小型拖拉机		联合收获机		割晒机		机动脱粒机	
					万台	万千瓦	万台	万千瓦	万台	万千瓦	万台	万千瓦	万台	万千瓦	万台	万千瓦
郑州市	547.1852	428.1502	4.2987	114.736	1.2253	56.1462	1.1147	50.7657	11.7541	113.2573	0.6774	35.3529	0.4532	1.4837	3.3053	2.7878
中原区	2.7681	1.859	0.0034	0.9057	0.0126	0.4745	0.0126	0.4745	0.001	0.0101	0.0078	0.3037	0	0	0.0075	0.03
二七区	8.8384	6.8979	0.2139	1.7266	0.0092	0.3918	0.0092	0.3918	0.035	0.4122	0.005	0.2449	0	0	0.0376	0
管城区	7.6348	5.5264	0.0368	2.0716	0.0179	0.6959	0.0179	0.6959	0.0368	0.4048	0.0065	0.4225	0.0051	0.0562	0.0053	0
金水区	5.205	4.2	0.005	1	0.0066	0.2647	0.0066	0.2647	0.01	0.07	0.0074	0.3275	0	0	0.02	0.1
上街区	3.9352	2.9552	0.02	0.96	0.0271	1.0434	0.0253	1.0064	0.0504	0.5742	0.0062	0.2667	0	0	0.01	0
惠济区	12.419	8.441	0.298	3.68	0.0292	1.4118	0.026	1.396	0.012	0.105	0.0152	0.981	0	0	0.0022	0.022
郑东新区	4.905	4.1	0.005	0.8	0.0064	0.2694	0.0004	0.2694	0.009	0.065	0.007	0.315	0	0	0.019	0.095
经开区	0.314	0.2051	0.0012	0.1077	0.0018	0.0905	0.0018	0.0905	0.0012	0.0096	0.0007	0.0462	0	0	0	0
航空港区	8.3179	4.5384	0.0425	3.737	0.0042	0.2105	0.0042	0.2104	0.098	0.6	0.0084	0.5361	0	0	0.0061	0.061
高新区	2.7681	1.859	0.0034	0.9057	0.0126	0.4745	0.0126	0.4745	0.001	0.0101	0.0086	0.3501	0	0	0.0075	0.03
中牟县	103.7796	94.7831	0.0906	8.9059	0.3369	14.0868	0.2617	10.4392	5.1278	46.2471	0.0814	3.6829	0.1861	0	0.1332	0
巩义市	57.6088	45.3837	0.2403	11.9848	0.1633	6.5149	0.1633	6.5149	1.3898	11.4705	0.0661	2.4997	0.0043	0.0448	1.0585	0
荥阳市	77.2731	61.6236	0.5113	15.1382	0.1543	5.6793	0.1543	5.6793	0.3408	4.2539	0.1053	4.8302	0.0132	0.0664	0.3093	0
新密市	95.1124	60.1689	0.47	34.4735	0.1644	10.2887	0.1644	10.2887	0.7311	9.3468	0.1469	10.3372	0.0054	0.0663	0.4336	1.3008
新郑市	95.0749	79.0805	1.9189	14.0755	0.2018	10.294	0.1781	8.9259	1.6095	14.1775	0.1347	6.7196	0.0368	0	0.1149	1.149
登封市	61.2309	46.5284	0.4384	14.2641	0.077	3.9555	0.0763	3.6436	2.3007	25.5005	0.0702	3.4363	0.2023	1.25	1.1406	0

农业机械2012年年末作业量

项目 / 单位	机耕面积	机播面积	机械植保面积	机收面积	其中小麦机收面积	其中玉米机收面积	机械化秸秆还田面积	机械脱粒粮食数量	机械初加工农产品数量	农机运输作业量
	万公顷	万公顷	万公顷	万公顷	万公顷	万公顷	万公顷	万吨	万吨	亿吨/公里
郑州市	25.1754	33.0586	15.1817	30.5563	17.5519	10.6011	34.0422	138.3472	202.1865	20.1657
中原区	0.2	0.2713	0.2897	0.2627	0.1667	0.096	0.3127	1.72	0.0817	0.1768
二七区	0.1446	0.14	0.33	0.1186	0.0686	0.05	0.1212	0.4513	1.4688	0.6
管城区	0.3466	0.3295	0.2471	0.308	0.196	0.112	0.3826	0.8721	8.8915	0.227
金水区	0.2	0.33	0.008	0.27	0.16	0.11	0.28	0.7	0.08	0.15
上街区	0.297	0.3376	0.438	0.297	0.202	0.095	0.232	1.24	1.505	0.024
惠济区	0.467	0.4546	0.252	0.46	0.254	0.133	0.3	1.85	1.485	1.6055
郑东新区	0.2667	0.2667	0.068	0.24	0.18	0.06	1.2	0.02	2	0.32
经开区	0.14	0.2426	0.01	0.2426	0.12	0.1226	0.096	0.1152	2.3	0.27
航空港区	0.62	0.892	0.72	0.63	0.35	0.15	0.38	0.26	0.2668	0.15
高新区	0.3103	0.5805	0.01	0.5535	0.3003	0.2432	0.5535	0.7	0.08	0.15
中牟县	6.1737	6.44	0	6.2063	2.632	2.31	6.0513	14.7786	26.2072	2.0376
巩义市	2.8	3.633	1.4749	3.237	2.023	1.19	3.66	12.77	12.42	3.165
荥阳市	3.669	5.374	2.154	4.995	3.033	1.78	5.36	45.86	88.01	0.58
新密市	2.1645	4.8986	2.447	4.0966	2.5433	1.5533	4.6406	20.86	19.0305	0.1887
新郑市	4.253	5.4802	6.667	5.126	2.923	1.729	5.599	28.71	35.83	4.8611
登封市	3.123	3.3882	0.066	3.513	2.4	0.867	4.8733	7.44	2.53	5.66

水利建设

【概况】 2012年,郑州市水务工作呈现良好态势，治水、兴水项目建设取得明显成效。生态水系提升规划编制完成，项目建设逐步展开，西流湖公园和龙湖调蓄项目工程成功蓄水，河岸绿化工作全面铺开，生态水系运行管理机制不断完善。牛口峪引黄调蓄工程等各项重点工程前期工作有序展开，南水北调配套工程正式开工建设，移民工作稳步推进，水利体制改革扎实有效，郑州市水务局连续13年获得省“红旗渠精神杯”。

全年解决农村居民饮水安全人口48.67万人，占年度目标任务的121.7%，建设小型水源工程5000个（含塘堰坝）；升级改造农田灌溉机井8717眼，新增有效灌溉面积7046.67公顷，改善节水灌溉面积4666.67公顷；完成29座小Ⅰ型水库和21座小Ⅱ型病险水库除险加固任务；水土流失治理面积93平方公里，占年度目标任务的116%；加快中小河流治理步伐，完成项目建设任务8个。

【防汛抗旱】 2012年上半年郑州市旱情严重，市政府成立抗旱工作指挥部及时安排部署抗旱工作，启动抗旱应急预案，加快水源工程建设，发挥各级抗旱服务队的积极作用，全面服务抗旱减灾工作，有效减轻了旱情影响。防汛期间，市水务局严格落实防汛责任制，明确了郑州市主要水库、河道、淤地坝等水域防汛责任人224名，对各级防汛单位和部门进行网格定位，全面排查和治理防汛隐患，落实防汛物资储备和防汛队伍。同时，加强防汛非工程措施建设，投资3200万元，建成了覆盖68个乡（镇）747个行政村的山洪灾害自动测报系统和预警系统；编制县乡村三级预案821个，发放防灾避灾明白卡16万张，建立了市县乡村组户6级防汛预警机制，构建了郑州市防汛安全网络。

【生态水系建设】 2012年，《郑州市生态水系提升规划》编制完成，市水务局按照规划要求，以建设水源工程、水系连通工程、水面扩增工程、人工湿地工程、水景观工程为主要内容，开工建设了一批水系提升项目工程。其中，投资6400万元的花园口引黄灌溉（龙湖调蓄）水源工程已完工，2012年10月起，以日平均3个流量向龙湖供水；生态水系输水工程运行良好，2012年12月向西流湖开始输水；投资1860万元的潮河拦蓄水建筑物工程顺利完工；投资4309万元的潮河上游治理工程正式开工；牛口峪引黄调蓄工程项目建议书已编制完成，并上报省发改委、省水利厅审批，水资源论证、防洪影响评价、环境影响评价、水土保持方案编制及移民安置规划等各项前期工作正在积极推进。

【农村水利建设】 2012年，郑州市以“红旗渠精神杯”和“中州杯”竞赛为载体，大力开展农田水利基本建设。积极实施机井升级改造工程，全年新打机井500眼，维修机井772眼，配泵7274台，建设护井工程8717个，安装IC卡2000套。加强小型农田水利重点县项目建设，积极开展“民办公助”项目的申报、审核工作。持续加强“五小水利工程”建设，建设小型水源工程5000个（含塘堰坝），新增节水灌溉面积0.67千公顷。在5县（市）建立完善了基层水利服务体系，共落实事业编制331个。推动小型农田水利工程管理体制改革，通过租赁、拍卖、承包等形式，完成了10.84万处小型农田水利工程管理体制改革。2012年《郑州市农田水利现代化示范乡镇规划》编制完成。

【农村安全饮水工程】 2012年，郑州市委、市政府将农村饮水安全村村通自来水工程项目列入为民办“十大实事”目标任务。市水务局根据新型城镇化的要求，编制完成了《郑州市新型农村社区饮水安全三年行动规划》，将工作重心向中心乡镇、新型农村社区倾斜，重点建设大型集中供水工程，提高农村自来水覆盖率。全年共投资2.4亿元，建设集中供水工程252处，其中，万人以上及联村供水工程26处，解决了48.67万人安全饮水问题，占年度目标任务的121.7%。2012年郑州市进入国家和省、市饮水安全计划的农村人口达到56.5万人，实现了农村饮水安全工作新突破。

【中小河流治理工作】 2012年，郑州市共有8个项目列入全省中小河流治理规划，计划投资15199万元，其中，中央财政资金8586万元，省财政资金2407万元，市财政资金2028万元，县级财政配套资金2178万元。8个项目全部竣工，累计完成投资1.65亿元，完成投资率108.6%。同时，按照《全国重点地区中小河流近期治理建设规划》实施方案，市水务局编制完成了2013-2015年中小河流治理实施方案，进一步细化“十二五”治理任务，为深入推进中小河流治理创造有利条件。

【病险水库除险加固工程】 2012年，郑州市29座小Ⅰ型水库除险加固工程建设任务全部完成，其中，竣工验收4座，主体工程投入使用验收25座。71座小Ⅱ型病险水库完成了安全鉴定核查工作，初步设计申报方案全部获得通过批复。24座小Ⅱ型病险水库除险加固工程开工建设，其中3座正在施工、21座已完工并进行主体工程投入使用验收。中央维修养护资金项目全部完工。2012年，上级下达的2011年度中央维修养护资金项目共有15个，总投资886万元，市水务局按时保质完成了项目建设任务并全部通过竣工验收,受到省水利厅通报表扬。

【水土生态保持】 2012年，郑州市水生态土保持工作认真贯彻落实新《水土保持法》，以树立行业形象为主线，以治理水土流失、建设生态文明为目的，以开展水土保持监督管理能力建设为重点，以生产建设项目监督执法为突破口，经过各县（市）区水务局、农委水土保持部门的共同努力，全年共治理水土流失面积93平方公里。投资2033万元的2011年度中央预算内3个水土保持重点工程全部完工；投资2221万元的2012年度中央预算内3个水土保持重点工程全面开工建设；完成了12条小流域水土保持综合治理规划；完成了新密坡耕地水土流失综合治理试点等3个项目前期工作；邙山水土保持生态园被教育部、水利部公布为全国首批中小学水土保持教育社会实践基地；19条中小河流治理等重点水利建设项目被纳入水土保持监督管理范围；尖岗水库除险加固工程等3个项目被授予“河南省水土保持生态文明工程”；郑州市、新密市、巩义市获得全省水土保持工作先进单位荣誉称号。

【水资源管理工作】 一是郑州市成立水务、公安联动执法办公室，全年受理水事违法案件59起，拆除封闭取水工程11处，纳入计划管理30处，郑州市获得“河南省水利与公安联合保护水资源专项整治工作先进集体”荣誉称号。二是探索计划用水指标预下达制度，郑州市城区计划用水管理率达到85%，全年累计征收各类规费2965万元。三是市水务局对2批83个型号用水器具进行了检测，定期对29处重要水功能区进行水量、水质监测，完成了22个节水型社会建设示范项目建设，年节水能力达540万立方米。

【南水北调征迁工作】 2012年，郑州市南水北调工程征迁工作全面收尾。在征迁过程中，郑州市各级征迁机构主动工作，坚持公开、公正的原则和刚性政策、亲情操作的方法，实现了文明、和谐的征迁目标，没有集体上访、越级上访事件发生。截至2012年年底，全市共完成移民安置18735人，建设移民新村22个，为移民调整新村建设和生产用地1.53千公顷，涉及当地近30万人推磨式调地。22个移民新村共组织移民搬迁24批次，搬迁移民4557户，组织搬迁车辆近4000台次，参加搬迁随车工作人员7000余人次，争取市直30多个局委直接投入帮扶资金9037.71万元，用于移民新村的建设和生产帮扶。

（吕齐友）

黄河治理

【概况】 2012年，郑州黄河治理开发与管理工作取得了突出成绩。防洪保安能力有了新提高，在专业抢险队伍管理、涉河安全管理和防汛信息化建设方面取得了新成绩；各项基本建设取得新成果，近期防洪工程建设开工早、进展快，受到河南河务局表扬；工程面貌呈现新景象，自筹资金完成了花园口景区、“河韵碑林”、北广场及赵口景点等建设项目，年终工程管理检查取得突出成绩；河道内开发建设与管理工作取得新突破，主要经验和成果在河南黄河范围内进行了推广；经济发展再上新台阶，“企业文化年”建设成效显著，供水产业得到持续发展；基层民生建设取得新成就，自筹资金完成了郑东新区2公顷土地的征用，解决了花园口桥东6.67公顷土地的归属权，并平整投入使用。

【防汛工作】 2012年，郑州市各级政府高度重视黄河防汛工作，全面落实防汛行政首长负责制，逐级召开会议对黄河防汛工作进行部署。市政府、警备区、河务局三方联合，进一步完善了“三位一体”军民联防体系；郑州黄河防汛信息平台开发运用，实现了与省、市防汛指挥部的互联互通；强化防汛队伍组织和能力建设，圆满完成韦滩、东大坝和内蒙古跨区域抢险任务；防汛准备工作扎实有力，完成了3.68万立方米的石料采运和根石加固任务。

郑州河务局圆满完成了黄河汛期调水调沙、迎战干流洪峰和台风防御等工作；完成了东大坝重大险情、韦滩畸形河势的抢护任务。全年投入抢险资金324.61万元，完成了12处工程56道坝的146次抢险任务，累计抢险体积3.1万立方米，确保了黄河郑州段安全度汛。在河南河务局年终防汛工作考评中，郑州河务局获得市级河务局考评成绩第一名。

【涉河安全管理】 涉河安全管理工作成效显著，全年发放宣传材料8万份，设置警示标志1500个，工程沿线普遍喷涂了警示标语。组织开展了媒体专访和涉河安全进校园、进社区等活动。政府监管责任得到有效落实，郑州市辖区全年无一例涉河责任事故发生。涉河安全管理工作得到副省长刘满仓和市委书记吴天君及黄委、省河务局领导的充分肯定。

【防汛工程建设】 2012年，郑州黄河防洪基本建设任务圆满完成。新增征地补偿经费项目如期完成，其中,巩义、中牟的项目在全河率先通过县级政府验收；完成了金沟控导工程1-16坝、基层饮水项目、危房改建和巩义、惠金防汛指挥中心等项目建设任务。近期防洪工程建设强力推进。实现了从合同签订到全河率先开工等5个第一，即第一个缴纳保证金并签订合同、第一个组织人员设备进场、第一个提交担保函并办理预付款、第一个报送开工报告、金沟控导17-26坝全河第一家开工，整体工作进展迅速，受到河南河务局表扬。截至2012年底，裴峪控导10-11坝改建、赵口控导13-14坝新建项目提前169天完成合同建设任务，金沟控导17-22坝、桃花峪控导7-11坝主体工程提前竣工。

【防汛工程管理】 2012年，郑州河务局加大堤顶道路维修、养护和综合治理工作力度，确保堤顶道路平顺畅通。采取措施完全封堵了雁鸣湖集贸市场路口，根除了每年100多天在防汛工程上进行集市贸易的顽疾；自筹资金在花园口建成停车场3处，完成了北广场改造和绿化任务。违章垦殖、淤区违章建筑专项治理取得明显成效。“河韵碑林”项目基本完工，赵口工程景点基础建设稳步推进。在河南河务局年终工程管理考评中，惠金河务局继续保持领先态势。中牟河务局绩效考核激励机制成效显著，全局维修养护管理得到进一步规范，受到河南河务局充分肯定。2012年郑州河务局累计完成绿化植树任务7.42万棵。

【水行政管理】 2012年，郑州河务局在河南沿黄各地市率先出台了“黄河河道内开发建设与管理工作意见”，建立了“政府领导、分级负责、依法管理、协同配合”的管理机制，得到省河务局领导充分肯定，并在河南黄河范围内进行了推广；加大河道巡查和执法力度，查处各类水事案件159起，结案147起，结案率92.5%；严格落实河道采砂规划、审批、收费和监管等管理制度，加强河道内建设项目日常监督管理。依法取缔了南水北调穿黄工程安全区域内的5处采沙场、荥阳汜水滩区4个非法炼油厂，执法成效受到省河务局领导充分肯定；以“世界水日”“中国水周”以及“12·4”法制宣传日为重点，深化“六五”普法活动；强化水政监察能力建设，水行政执法案卷质量评比在省河务局名列前茅。

【水资源管理】 2012年，郑州河务局认真落实审计整改要求，督促完成了孤柏嘴提水工程计量设施安装和丰乐农庄1号地热井的封闭工作；强化取水建设项目监督检查，督促用水单位依法取水；协助花园口、杨桥灌区进行了闸前清淤50万立方米，配合政府开展了相关引水需求分析、牛口峪引水工程前期准备等工作。全年累计完成引水量10.5亿立方米。

【科技创新】 2012年，郑州治黄科技管理工作取得新成绩。郑州河务局获得黄委科技进步奖1项、河南河务局科技进步奖3项、河南河务局科技火花奖10项、通过黄委“三新”认定11项。开展科技论文交流活动，3篇论文获得河南河务局科技论文交流二等奖。加强网络值班，提高网络服务和维护能力。完成了网络安全、入侵防控设备的安装及电子政务系统的升级和数据调试工作。认真做好本级水利信息系统运行维护，编制完成了水利信息系统预算。

【民生建设】 2012年，郑州河务局进一步强化“基层为本、民生为重”理念的落实。惠金、巩义河务局办公基地建设项目全面完成。自筹资金在郑东新区征用土地2公顷，采取积极措施解决了花园口桥东6.67公顷土地的归属权并进行了土地整理，为进一步改善中牟河务局办公基础条件和发展仓储产业提供了基础条件。深入开展基层班组优化管理活动，一线班组办公、生活条件得到进一步改善。继续投入以奖代补资金30万元，对一线维修养护班组和个人进行奖励。配合省级文明单位创建工作，对局机关办公楼、庭院等进行了整修美化，改善了机关办公环境，并落实2013年机关房屋修缮预算资金106万元。

（蒋胜军）

2012年汛期，郑州河务局多措并举大力开展涉河安全宣传警示活动

财政 税务

财政管理

【概况】 2012年，全市财政总收入完成974.6亿元，同比增长18.8%；地方公共财政预算收入完成606.7亿元，同比增长20.8%，增收104.4亿元；地方公共财政预算支出完成700.6亿元，同比增长23.7%，增支135亿元，再创历史新高。

财政支出向民生领域倾斜，全市财政民生支出511.7亿元，同比增长22.6%，占全年公共财政预算支出的比重为73.3%。教育、科学技术和农林水事务3项法定支出分别增长34.8%、51%和32%，均超过财政经常性收入增幅，完成了国家确定的教育支出占公共财政支出比例目标。

不断壮大的财政收入和持续增长的财政支出，有力保障了全市重点项目、民生工程等资金需求，财政促发展、惠民生作用充分发挥，为郑州都市区建设和郑州经济社会跨越式发展提供了有力的财力支撑。

【财政体制改革】 2012年，郑州市财政体制改革稳步推进。市财政部门对影响财政改革发展的突出矛盾和问题，坚持事不避难，难中求进，敢用和善用改革创新的办法解决了一批多年积累下来的难题，进一步构建了有利于财政事业科学发展的体制机制。完善开发区预算管理体制。出台《郑州市财政局关于加强我市开发区预算管理工作的报告》，加强对开发区预决算的监督审查工作。完善县（市）区财政管理体制。出台《郑州市人民政府关于完善市与县（市）区财政管理体制的通知》（郑政文〔2012〕304号），进一步完善市、县（市）财政及土地管理体制。积极争取上级资金。拟制《郑州市人民政府关于调整河南中烟工业有限责任公司纳税模式的请示》（郑政文〔2012〕260号）和《郑州市人民政府关于恳请下划一揽子在郑省级收入的请示》（郑政文〔2012〕261号），积极争取收入下划，壮大郑州市财力。

【财政“大监督”机制建设】 2012年，郑州市积极推进财政“大监督”机制建设。印发《郑州市财政局关于建立财政“大监督”格局工作机制的实施意见的通知》，建立财政监督覆盖所有政府性资金和财政运行全过程的运行机制。将预算监督贯穿于财政管理的体制、机制和改革的总体设计之中，把财政监督的重点转到对预算的监督上来，逐步实行对预算资金的同步监督。2012年查出并纠正不规范资金21283万元，收回财政资金1337.6万元。市财政部门牵头起草8个加强和完善财政管理办法，为促进国家重大政策落实、规范财政财务管理发挥了积极作用。

全市财政工作会

【财政管理】 2012年，市财政部门积极运用财政监督成果促进财政管理。通过对监督检查结果深入分析研究，结合财政管理实际，提出加强和完善财政管理制度办法的建议意见，牵头起草了《财政监督管理工作考核暂行办法》等8个文件，强化财政管理，堵塞管理漏洞，提高管理水平。开展财政内部监督工作。组织对局国库处等10个预算管理类处室履行日常监督管理职责和内部控制制度建设以及执行情况进行检查，确保每3年检查一遍，对重要资金管理处室每年检查一遍。

【项目资金绩效考核】 2012年，市财政部门印发《关于开展预算绩效管理试点工作的通知》，对郑州市教育、科技、农业、文化、环保、医疗、社保、保障性住房等民生资金、“十大实事”、产业引导等专项资金的项目资金开展绩效管理试点工作，市财政局各支出管理处室重点选择2个项目进行预算绩效重点评价，实施绩效监督。

【一事一议财政奖补】 2012年，郑州市一事一议财政奖补工作开展面达到90%，共上报一事一议项目1149个，涉及4县（市）6区3个开发区（不包括巩义市、中牟县）的1134个村，涉及农村人口2312978人，全部为先补后建项目，项目投资总额3.77亿元，申报财政奖补资金共计1.21亿元，开工1149个项目，其中，村内水渠261千米、堰塘水窖24个，机电井318眼、小型提灌站27座、村内安全饮水管线1912千米、垃圾收集点192个、村内公厕13座、村内植树784715株、其他村内公共设施244907平方米。2012年中央、省级配套资金6116万元，市财政配套2605万元，已全部拨付各县（市）区。超额完成一事一议财政奖补工作任务。

【税收征管】 2012年，市财政部门严格控管税源，确保税收应收尽收。

市委常委、常务副市长胡荃调研财政工作

加强土地交易环节印花税征管。10月，联合下发《关于加强土地交易印花税征收管理的通知》（郑财税源〔2012〕3号），加强土地交易环节控管，有效防止税收流失。加强市级BT模式融资建设项目税收征管。11月，联合下发《关于加强市级BT模式融资建设项目税收征收管理的通知》（郑财税源〔2012〕4号），分别从明确税务登记纳税申报地点及税款入库方式、合理分配税收收入、加强环节控制等方面对BT项目税收征管进行规范，对进一步优化全市经济发展环境、提升综合服务水平、实现税收源泉控管发挥了重要作用。加强建筑业、政府投资项目税收源泉控管。按照“部门配合、信息共享、先税后款、以票控税、依法行政、过错追究”的原则，实行部门协作、源头控管的管理办法，堵塞税收征管漏洞。落实税源经济体系建设工作例会制度。多次组织召开全市税源经济体系建设工作例会以及专题会，着力研究加强税收征管有力举措，促进税收持续稳定增长。

【虚开增值税发票专项打击行动】 5-10月，市财政、国税、公安等部门，在全市范围内深入开展打击虚开增值税专用发票违法犯罪的专项行动。共查补入库税收10781万元，发现涉嫌虚开虚抵159户，查实假增值税专用发票1227份，移交公安机关30户，抓捕6人，立案追逃10人。

【财政专户清理整顿】 截至12月底，全市撤并财政专户138个，撤并率为23.4%，实现归口国库部门管理的财政专户91个，全市保留财政专户681个，比上年减少16.8%。

【县（市）区公务卡制度改革】 截至12月底，全市17个县（市）区及开发区全部实行公务卡制度改革，全市纳入公务卡制度改革的预算单位共计2548户，办卡量达39542张，比上年增长38.5%，公务卡消费金额18860万元，比上年提高53.1%。

【预算单位银行账户联网管理】 2012年，市直预算单位银行账户实施动态管理,账户开立、变更和撤销等审批事项全部实行网上登记、申报、审批。市本级预算单位银行账户开展网上申报、审批年检工作。

【政府采购工作会召开】 3月8日，全市政府采购工作会议召开，会上传达了全省政府采购工作会议精神和《2012年郑州市政府采购工作要点》；总结了2011年政府采购工作的亮点和存在的问题；安排部署了2012年政府采购工作任务；组织大家围绕目标任务进行讨论座谈，明确工作思路及工作重点。

【轨道交通利用世行贷款项目前期准备工作】 1月9-13日，世行专家在郑对轨道交通项目进行了鉴别。3月3-6日，世行专家在郑就城市轨道交通模型的技术细节问题，以及鉴别会议中商定的关键行动内容的进展情况、GEF技术支持事宜等问题进行会谈。6月4-8日，世行专家一行13人在郑考察郑州市世行贷款轨道交通3号线一期工程项目准备情况。10月22-25日，世行专家一行11人在郑对贷款项目进行了预评估。

（王五星）

国税管理

【概况】 2012年，郑州市国税部门把组织收入作为一切工作的中心，充分发挥税收职能作用，坚持组织收入原则，依法征税，应收尽收，坚决不收过头税，通过实行“双控双提”（监控收入进度、监控收入增幅，提高收入质量，提升征管效率），在实现首季“开门红”、半年“双过半”、三季度“超七五”的基础上，圆满完成全年组织收入任务。全年全市国税收入共完成423.04亿元，同比增长20.52%、增收72.04亿元。其中，完成地方级税收收入99.7亿元，同比增长20.1%、增收16.67亿元；完成市级及市级以下税收收入85.99亿元，同比增长16.37%、增收12.1亿元。

【“两管四化”强征管】 2012年，郑州市国税部门按照分级分类管理的要求，探索全新税收征管模式。“管住”中小税源，实行“属地化、网格化”管理，主动融入政府网格化管理体系，借助社会力量形成工作合力，全面提升工作效率和征管质量。年底，全局共登记管理各类纳税人18.6万户，较年初增加2.5万户。“管好”重点税源，实行“专业化、团队化”管理，5月，市局成立大企业税收管理局，重点监控50户市级以上重点税源企业和11大支柱行业，管理三级定点联系企业846户，全年累计入库税收166.21亿元，同比增收29.74亿元，增长21.79%。各县（市）区局成立重点税源管理分局，全年950户重点税源企业入库税收243.13亿元，同比增收31.51亿元，增长14.89%，拉动整体税收增长10.8个百分点。

【纳税评估】 2012年，郑州市国税部门主动查找薄弱环节强化纳税评估，抽调全市业务骨干进行调配和重组，市局成立10个集中评估组，稽查局成立24个稽查组，各县（市）区局成立100个纳税评估组，集中开展专项分析、专项评估、专项稽查，形成上下一盘棋、共同促收入的工作局面。全年评估稽查入库税款6.31亿元，同比增收1.75亿元，增长38.46%；其中稽查入库3.77亿元，同比增长8600万元，创历史新高。

【税收优惠政策落实】 2012年，郑州市国税部门全年为各类企业办理减免抵退税96.72亿元，同比增加15.09亿元，减免税增幅为18.49%。其中，为全市1004户出口企业办理退（免）税31.56亿元，支持外向型经济发展；近8万户个体工商户享受到增值税起征点调整优惠政策，免税额2.2亿元；办理新投资固定资产抵扣增值税14.44亿元，支持企业升级改造和重点项目建设；落实蔬菜流通环节免征增值税政策，免征税额6500万元。

【税务服务】 2012年，郑州市国税

部门开展为纳税人解难题、办实事、促和谐活动，全年共举办税收政策宣讲会26场，拨打调查电话9871个，走访纳税人241户，发放调查问卷73017份，收集意见、解决困难283个，全年涉税举报和服务投诉较上年分别下降39.3%和10.2%。创新服务手段、方式和方法，开发试点运行“网上审批系统”，初步实现网上即办、网上预审和网上预约三大功能，覆盖九大类涉税业务，填补了全省网上办税服务厅涉税项目办理的空白，满足纳税人多元化办税需求。在国家税务总局组织开展的纳税人满意度调查中，郑州市排名位居全国35个省会城市国税系统第七位，较上次前移6个位次。

【党风廉政建设】 郑州市国税部门按照“带好队伍是关键、不出问题是底线”的思路，持续推进党风廉政建设和惩防体系建设工作。坚持把惩防体系建设与税收业务工作同部署、同落实、同检查、同考核，把党风廉政建设责任目标分解为7大项53小项，责任落实到领导班子成员、相关职能部门，不断强化“一把手”是党风廉政建设第一责任人和“一岗双责”意识。持续推进内控机制建设，“税收风险内控系统”在全市上线运行，初步形成三级内控机制网络。深入开展“廉洁兴税教育月”活动，全面落实“两课三会”制度，学习贯彻《廉政准则》《税收违法违纪行为处分规定》。持续推进政风行风建设，开展“向社会承诺、让人民满意”的公开承诺活动，取得全市政风行风评议第一名的成绩，13个税务分局（办税大厅）被省纠风领导小组表彰为“全省群众满意基层站所”。

（乔　磊　许培娟）

地税管理

【概况】 2012年,全市地税系统共组织各项收入276.18亿元，同比增长9.2%，增收23.19亿元。其中税收完成255.69亿元，同比增长7.2%，增收17.18亿元。税收收入创下历史新高，稳居全省首位，占全省税收收入的19.4%，税收总量（含省直属局、郑州新区局）共435.33亿元，位居中部六省省会城市第二位。地方级税收完成218.69亿元，占年计划218.45亿元的100.09%，同比增长11%，增收21.59亿元，其他收入完成20.49亿元，同比增长41.6%，增收6.02亿元。

【依法行政】 2012年，全市地税系统继续深化依法行政，完善依法行政责任目标考核指标体系，试点运行税收执法责任制计算机自动考核系统，对税收执法行为实施全程监控和考核，严格执法过错责任追究，年均执法正确率达99.9%。推进“六五”普法工作，开展优秀稽查案卷和优秀行政处罚案卷评比，举行法制员专题培训、行政强制法网上答题、“以案释法、以讲促学百场法制讲座”等活动，切实提高了干部依法行政的能力。全年预先法律审核税务行政处罚案件34起，全面自查税务行政处罚案件12326件，办理税法援助案件72件，成功化解涉税争议71起。

【税源清查监管】 2012年，全市地税系统借助经济税源信息共享平台，定期开展工商信息比对，增强税源清查的针对性和有效性，新办税务登记5.46万户，提高了登记比率。验证纳税人身份证信息4.54万条，确保了纳税人基础信息的准确性。开展全市税源专项清查，通过紧盯“内部信息”把脉申报征收环节，紧盯“外部信息”把脉户籍管理环节，紧盯“历史信息”大力清缴欠税等措施，累计清查入库税收3.79亿元，税源清查工作先进经验在全省推广。稳步实行个体税收社会管理，把一些零星分散、难以控管的个体工商户，以委托代征方式，委托给市场管理方、街道办事处代为征收，共签订委托代征协议110份，代征个体纳税人1.6万户，代征税款4600万元。将重点工程项目统一纳入市局税收征管重点税源监控范围，重点工程建设项目初步实现市、县两级监控。全市共监控重点工程项目506个，已开工项目112个，办理项目登记127户，入库各项税收3.5亿元。克服国家对房地产行业调控政策及限购限贷政策给组织收入工作带来的冲击，加强管理力度，采取有效增收措施，共组织房地产行业税收113.68亿元，同比增长12.9%。2012年，省级以上重点税源累计入库税收99.8亿元，占全市税收收入的40%，监控户数及重点税源税收比重均位居全省第一位。

【税源网格化管理】 2012年，全市地税系统以郑州市网格化管理平台为抓手，结合自身职能职责特点，搭建内网，融入外网，自上而下地构建了基层征收单位、税务所、管理员“三级税源网格化管理”体系，全系统共建立一级税源网格12个，二级税源网格168个，三级税源网格798个，实现了“双网重合、完全覆盖”。

【行业税收管理】 2012年，市地税管理部门加强与财政、教育等部门的联系，抽取70家民办培训机构进行调查，出台《民办教育培训机构税收征管指导意见》，划定税收风险预警系数，方便基层参照执行，办理教育培训机构税务登记443户，征收税款716万元。依据市政府出台的《郑州市房屋租赁联合管理工作方案》，建立“全面登记、依法征收、分类管理”的房屋租赁业综合治税机制，办理私房租赁税务登记3319户，入库税收5.75亿元，办证户数和入库税收实现“双突破”。

【小税种管理】 2012年，市地税管理部门及时与财政局、国土资源局、房管局沟通联系，加强小税种管理，各小税种全面实现增长，其中车船税增长118.6%，土地使用税增长41.3%，房产税增长27.4%，土地增值税增长23.1%，耕地占用税增长35.7%。

【纳税评估】 2012年，市地税管理部门首次成立市级纳税评估组，探索专业化纳税评估新模式，对建筑业和交通运输业纳税指标异常的10户纳税人开展市级评估，共入库税款及滞纳金2323万元。在全市范围内组织开展对外出经营纳税人的专项评估工作，核实有问题数据5766条，评估出税款3011万元。选定使用网络发票的房地产业、餐饮业、旅店业纳税人为目标，开展申报与发票数据比对分析，采取完善系统控制和将监控结果纳入纳税评估等办法，全市共补缴入库税款及滞纳金2252.4万元。

【流转税管理】 2012年，市地税管理部门坚持依法治税的组织收入原则，全面落实税收政策，强化流转税征收管理，大力组织流转税收入。全市累计完成营业税、资源税、土地增值税“三税”收入112.5亿元，占地方税收收入的51.46%。其中，营业税收入88.3亿元，同比增长9.1%，增收7.4亿元；土地增值税收入20.4亿元，同比增长23.1%，增收3.83亿元；资源税收入3.8亿元，同比增长18.3%，增收0.6亿元。征收文化建设事业费3934万元，同比增长13.4%，增收464万元。

【存量房交易税收管理系统上线】 4月1日，郑州市存量房（住宅）评估系统经过准备、实施、测试等阶段，在全省率先成功上线。该系统上线后运行平稳，进一步规范了房地产交易市场秩序，堵塞了税收漏洞。截至年底，核定存量房交易2.22万例，核实价格97.6亿元，评估价高于申报价16.2万例，占交易数量的73%，计征各税10亿元（含政策性免税），同比增长25%，增收2亿元，郑州市地税局被省局命名为存量房评估示范单位。

【所得税管理】 2012年，市地税管理部门坚持以组织收入为中心，认真贯彻落实各项所得税政策，制定所得税促收措施，抓税源、夯税基，强化所得税征管，规范所得税征纳行为，克服全市经济下行压力不断加大、国家对房地产行业的调控政策持续从紧、制造行业形势低迷、多数煤炭企业停产和结构性减税政策等各种不利因素的影响。重点加强低零申报和亏损企业所得税管理。狠抓薄弱环节，实施专业化管理，企业所得税管理质量和效率明显提升，全市3万户纳税人参加企业所得税汇算清缴，增加5400多户，补缴税款8.56亿元，增长17.6%。1.68万人办理了年所得12万元以上个人所得税自行申报，补缴税款3182万元，各项考核指标均位列全省第一。全市共认定非营利性组织5户，确认160户企业“三新”技术开发项目999个，高新技术企业认定35户，复审10户。全年共组织企业所得税收入391827万元，同比下降2%，个人所得税收入225566万元，同比下降22.6%，除政策性减税因素影响外，两税种基本保持了稳定，所得税收入呈现前低后高、缺口逐渐收窄的形势，略高于年初预计，继续巩固地方税收第二和第三大税种的地位。

强化与财政、工商合作机制，实现信息共享，通过信息技术手段汇总到11623户68516条信息，通过督办单形式对股权转让提出明确工作要求，督促各单位做好股权转让清查工作，共查补各项税款10207万元，其中，个人所得税8861万元、企业所得税2.8万元、印花税1340万元。

省委常委、市委书记吴天君实地察看二七区地税局立体车库建设情况

【纳税服务】 2012年，纳税服务工作注重抓好“办税服务厅、12366纳税服务热线和税务网站”三种服务渠道，构建以“实体、语音、网络”为主体的服务架构。全年共受理热线咨询21万人次，其中，人工接听电话12万人次，系统自动接转9万人次，接通率达到92.5%以上，纳税人满意度达到98%以上。开展“提效能、创品牌、树形象”主题实践活动，建立“纳税服务联席会议”制度和“企业服务活动”长效机制，建设12366纳税服务热线地税知识库，编印《纳税服务工作信息双月刊》，推广“一窗式”“问诊式”服务，促进征纳关系更加和谐。加强纳税辅导，召开税企座谈会112次，参加座谈会的企业8161户，收回各种征求意见表1.3万份，共培训纳税人2.57万人次。加强纳税信誉等级建设，对纳税百强和A级信用纳税人公开表彰，增强企业软实力。认真落实各项税收优惠政策，为纳税人减免税收1.2亿元。

【税收宣传】 2012年，组织开展第21个全国税收宣传月活动，编印发放各种税收宣传资料10余万份，邀请25家全市纳税百强代表和省、市主流媒体，参加“走进郑州地税”开放体验日活动，组织“千名税官大走访活动”，积极参与省局“税务局长在线访谈”活动和“走进河南地税”摄影展活动，与邮政局联合印制带有税收宣传内容的《特别关注》杂志，对大型酒店、洗浴中心、临街店铺进行免费赠阅。参加郑州广播电台711栏目直播，就广大纳税人关心的发票摇奖的目的、日期、活动地点、参加条件、奖项设置以及发票快速反应机制等热点问题现场解答。积极开展一把手专题访谈和“微访谈”，通过与纳税人的零距离交流，赢得社会各界的理解和支持。

【信息管税】 2012年，市地税管理部门不断优化自助办税系统，为纳税人提供7×24小时自助办税、POS机刷卡缴税、国地税联办等17种纳税方式，保持多元化缴款种类全国第一，从传统模式上打破纳税服务的时间和空间界限。配合省局做好征管系统二期试点工作，财税库银、网上办税服务厅、短信平台、自助办税、POS机打发票、全民付缴税等项目的前期工作均已完毕，征管质量考核模块的研发、测试工作顺利完成，征管质量考评子系统于11月1日上线试运行，实现税收征管质效的持续改进和不断提高。

【发票管理】 2012年，郑州市成功举办第八、第九次发票二次摇奖活动，“刮刮有奖发票”布奖率由不足2%提高到10%，提高了消费者索取发票的积极性。其中，发票二次摇奖成功摇出228个奖项，奖品金额达176万元，“刮刮有奖定额发票”共兑付奖金1423万余元。全面启用发票发售环节密码验证功能，有效避免了发票冒领、代领、骗购现象。做好网络发票拓展及在线开具工作，全市使用各类网络发票的纳税人涉及建筑业、房地产业、交通运输业等12大行业，开具网络发票819万份，开具金额1443.49亿元。建立24小时打击发票违法违章行为长效机制，全年受理投诉咨询电话24038个，出现场1696次，罚款处理915户次，罚款金额162万元，促进定额发票使用量增长28.3%，省政府编发专期通报予以肯定，《中国税务报》、河南电视台等主流媒体先后作了专题报道。

【税务稽查】 2012年，通过政府主导，税务、公安、土地、规划、工商、房管等部门联动，建立具有较强约束力的税源共享综合治税机制。依托一级稽查模式，开展房地产、股权转让、重点税源企业、资本交易税收专项检查，入库稽查收入2.13亿元。全面推进基层举报中心规范化建设，规范税收举报案件受理来源。精心组织打击发票违法犯罪“利剑行动”，查处违法案件63起，捣毁窝点4个，收缴假发票29.93万份，票面金额3285万元，查补税款、滞纳金及罚款126万多元，有效遏止涉税犯罪发生。

【内部督查审计】 2012年，市地税管理部门对基层单位4名科级、5名副科级离任干部进行任期经济责任审计，对市稽查局等10个单位开展专项审计，涉及经费支出2亿余元，其中专项经费6000余万元。发现违规问题176个，制订整改意见30余条。审计基建项目11项，涉及建设资金1400余万元，审减金额82万余元。配合国税局对全市73家税务师事务所的脱钩改制情况和1182名相关从业人员的从业资格进行了检查，杜绝税务人员违法违规行为。

（王全堂）

经济监督与管理

发展计划管理

【概况】 2012年，郑州市发展改革工作紧紧围绕新型城镇化引领、现代产业体系构建和网格化管理“三大主体”工作，把保增长、调结构、促转型作为首要任务，突出重点、统筹兼顾，精心谋划、务实运作，着力推动经济发展方式转变。

（一）抓运行谋全局，发挥参谋助手作用。一是科学编制年度计划和计划报告。市发改委提出了《郑州市2012年国民经济和社会发展计划》，编制了《郑州市2012年政府投资项目计划》等重要文件。二是坚持开展经济运行监测分析。共召开5次全市范围的季度经济形势分析会，召开40余次日例会（旬例会），编发50余期经济监测日例会（旬例会）简报。三是及时制定出台稳运行调控政策措施。5月，在全省率先出台《保增长调结构促转型若干意见》共19条；8月，出台《关于贯彻落实省政府〈促进经济平稳较快增长的若干措施〉的实施意见》共50条；针对经济运行存在的问题，有针对性地制定政策措施文件30余件。四是积极谋划重大问题研究。研究提出《关于2011年经济运行总结和2012年经济工作的建议》；牵头组织起草了《中共郑州市委、郑州市人民政府关于进一步优化主导产业布局的实施意见》（郑发〔2012〕13号），确立了工业七大主导产业和服务业七大支柱产业；向《中原经济区规划》规划编制组提出七大方面80余项建议。

（二）做好固定资产投资和重大项目建设管理工作。2012年郑州市列入第一、第二批省重点项目共484项，占全省比重近50%，共可争取省配土地指标11053.33公顷，创历史新高。省、市重点项目完成投资2267.5亿元，同比增长26.3%；新开工211个项目，为年度计划的104%；已竣工70个项目，为年度计划的116.7%。全年市发改系统共审批、核准项目187个，总投资约400亿元；通过专家评审和优化方案等方式，审减投资约60.4亿元。复核各类备案项目1593个，总投资约2386亿元。

（三）着力推进服务业发展提质增速。2012年，郑州市服务业增加值完成2232亿元，同比增长9.0%。明确服务业发展目标和定位，提出了重点发展的七大主导产业和工作措施：按照“一区一特色”的原则，高标准组织编制中心商务区和特色商业区规划，加快中心城区工业企业和批发市场外迁；完善服务业推进机制；推动服务业集聚发展；大力实施服务业“3551”工程；加强服务业发展考核；进一步完善服务业统计体系；规划建设一批服务业重大项目。

（四）着力推进产业集聚区建设。制定《2012年郑州市加快产业集聚区建设专项工作方案》《关于促进郑州市产业集聚区持续健康快速发展的意见》和《郑州市产业集聚区建设专项效能监察工作实施方案》，不断优化产业集聚区发展环境。围绕破解产业集聚区发展空间不足问题，做好规划布局调整申报工作。重点推动污水集中处理、集中供热、综合性服务中心、公共服务平台等配套设施建设，促进了产业集聚区功能集合构建。按照每个县（市）区重点发展1–2个市级专业园区的原则，对全市专业园区进行重新清理、论证，初步认定36个产业集聚区（专业园区）予以重点扶持和建设。

（五）着力做好项目谋划争取。围绕交通、能源、水利、城镇基础设施、现代农业、教育医疗、保障房建设等国家重点投资支持领域，制定争取国家发改委项目行动计划。积极争取重大项目，推进《航空港经济综合实验区总体发展规划》编制，投资9.9亿元以上的马头岗污水处理厂二期工程、发行总额为16亿元的郑州城建集团公司债券获得国家批复，总长约120.68公里、总投资798亿元的轨道交通第二阶段建设规划方案获国家发改委原则同意。积极争取中央预算资金支持。232个项目获中央资金支持约21亿元。积极争取国家“先行先试”政策支持。郑州获批为全国唯一一家综合性“跨境贸易电子商务”试点城市，成功入选全国“公交都市”建设示范工程第一批创建城市，郑东新区被商务部授牌成为全国首批“国家电子商务示范基地”。

市发改委组织参加全市市直机关运动会

（六）着力加快推进郑州航空港经济综合实验区建设。按照“建设大枢纽、培育大产业、发展大都市”的总体要求，高标准起草郑州航空港经济综合实验区总体发展规划，着力打造新的经济增长点。8月，启动《航空港经济综合实验区总体发展规划》编制工作。10月26日，国务院主要领导做出批示，同意郑州建设航空港经济综合实验区。

（七）着力以项目建设助推民生社会事业。积极协调符合条件的民生项目申报并列入省、市重点项目。积极策划包装项目，争取上级政策资金支持。强化资金、土地等要素保障，积极协调省重点民生项目获得土地、环保、资金等要素资源优先配置，全力保障民生实事项目有序推进。

全市发改系统主任会

【国民经济和社会发展情况】 2012年，全市认真实施市十三届人大第四次会议批准的国民经济和社会发展年度计划，紧紧抓住国家大力实施促进中部崛起战略、支持中原经济区建设的重大机遇，努力克服外部环境变化带来的不利影响，有效遏制了经济下滑势头，经济社会总体保持平稳较快发展，郑州都市区建设迈出坚实步伐。2012年全市生产总值达到5547亿元，增长12%，基本完成年初确定的主要目标任务。

（一）经济保持平稳较快发展，主要指标增势持续向好。2012年全市经济社会发展在速度、质量、效益、协调性等方面，继续保持平稳态势。财政收支较快增长。全口径财政收入完成1532.7亿元，增长17.4%。地方公共财政预算收入达到606亿元，增长21%；地方公共财政预算支出达到700.6亿元，增长23.7%。经济结构持续改善。三次产业结构由2011年的2.7：59.0：38.3调整为2.6：57.8：39.6。工业七大主导产业增加值占工业增加值的83.1%，服务业七大支柱产业增加值占服务业增加值的80%。经济发展后劲不断增强。固定资产投资达到3561亿元，增长23%；其中服务业完成投资2127亿元，增长26%。对外开放取得重大突破。市属及以下出口总值达到202亿美元，增长一倍以上；实际利用外商直接投资34.3亿美元，增长10.6%。消费市场持续繁荣。社会消费品零售总额达到2290亿元，增长15%；居民消费价格指数上涨2.7%。城镇化水平稳步提升。城镇化率达到66.1%。人民生活不断提高。城镇居民人均可支配收入和农民人均纯收入分别达到24246元、12531元，分别增长12.2%、13.4%。

（二）新型城镇化全面推进，城市综合承载力稳步提高。以“六个切入点”为突破，坚持以拆开路、以拆促建、以拆促改、以拆促转，拆迁工作取得突破性进展，新型城镇化建设全面展开。交通道路和生态廊道建设提速。2012年国家、省、市三级在郑交通项目完成投资263亿元。郑州东站建成投用，京广快速路一期建成通车；地铁1号线一期工程全线20个车站主体结构全部完工，2号线一期工程16个车站已开工11个，4号线顺利开工；“两环十七放射”道路工程开工建设总量达到70%以上，配套生态廊道绿化3600万平方米；10条快速通道中除沿黄快速通道外全部开工建设，其中郑汴物流通道、南三环东延快速通道、G107新郑境快速通道、四港联动大道和郑新快速通道南四环至新郑段建成通车；郑开大道与京港澳高速互通式立交已顺利通车，航海东路与京港澳高速立交工程进展顺利，G107辅道与连霍高速等8个互通式立交工程开工建设；三环快速化工程进展顺利，京广快速路二期、中州大道下穿隧道工程开工建设；县域交通道路开工建设1056公里。中心城区功能不断提升。“六旧九新”片区改造已开工302个项目；开工建设刘湾水厂、柿园和白庙水厂改造等供水工程和马头岗污水处理厂二期、南三环污水处理厂等污水处理项目，新建和改造配水管网53.45公里、燃气管道64.77公里、供热管道10公里；完成16条道路大修工程。四类社区建设稳步推进。2012年，四类社区建设共投入资金568.3亿元，开工安置房1641万平方米，建成安置房800余万平方米；启动建设城中村改造社区60个、合村并城社区98个、新型农村社区68个、新市镇25个。城市组团和产业集聚区快速发展。城市组团开工建设52个基础设施项目、39个公共服务设施项目、29个产业项目、16个四类社区，完成投资102.91亿元。全市产业集聚区工业企业主营业务收入完成4500亿元，增长26%，其中省级产业集聚区工业企业主营业务收入完成2650亿元，增长40%；营业收入超200亿元的产业集聚区达到6家，其中航空港产业集聚区成为全省第一个千亿元级产业园区。

（三）工业经济快速增长，产业布局不断优化。大力实施“三年倍增、五年超越”计划，全市工业经济继续保持较快增长态势，2012年工业增加值完成2875亿元，增长15.6%；其中，规模以上工业增加值完成2614亿元，增长17%。产业布局进一步优化。根据《关于进一步优化主导产业布局的实施意见》，按照“突出主业，错位发展”原则，确立了汽车及装备制造、电子信息、新材料等7个主导产业，制定了打造汽车及装备制造业、电子信息产业2个5000亿级和新材料、生物医药、品牌服装等6个超千亿级产业基地的工作目标。全市共创建国家级新型工业化产业示范基地2个、省级5个、市级7个。主导产业支撑作用明显。2012年，全市工业七大主导产业增加值2400亿元，增长19.5%，高于全市工业增速3.9个百分点，对全市工业增长的贡献率达到83%，拉动全市工业增长14个百分点。传统产业改造提升成效显著。铝、食品、纺织服装等传统产业改造投入不断加大，淘汰铁合金、造纸等行业落后产能200万吨。高新技术产业加快发展。获批国家创新型试点城市、国家知识产权示范城市；中铁隧道盾构及掘进技术实验室成为国家重点实验室。2012年高新技术产业实现增加值1117亿元，增长28.8%。大企业培育取得新成效。宇通集团、豫联集团、郑煤集团等3家企业进入中国500强，“建喜”“博大”等4件商标获中国驰名商标称号，新认定省级“两化”融合示范企业5家，市定重点上市后备企业达到150家。2012年销售收入超百亿元企业达到11家，其中，鸿富锦精密电子（郑州）有限公司销售收入达到1000亿元以上、河南中烟450亿元以上、宇通集团300亿元以上，郑煤机、华北石油局首次突破百亿元。格力电器2012年6月份投产

全市新型工业化暨产业集聚区建设推进大会

以来，销售收入达到50亿元。

（四）服务业发展逐步提速，业态水平不断提高。树立服务业优先发展理念，以服务业七大支柱产业为重点，加快推进服务业“一枢纽十中心”建设。服务业增加值完成2196.2亿元，增长8.4%。组织召开全市服务业大会，出台《关于进一步促进服务业快速发展的指导意见》等一系列支持政策，明确了物流、商贸等服务业七大支柱产业。（1）物流业：国药控股河南物流中心等项目已竣工投入使用，新加坡物流园丰树物流等项目有序推进。全市5A级物流企业达到3家、4A级物流企业达到12家。物流业增加值达到265亿元，增长10%。（2）金融业：金融机构各项存款余额为10448.3亿元，较年初增长16.5%；各项贷款余额为6794.5亿元，较年初增长11.1%。2012年全市共引进各类金融机构10家，郑东新区金融集聚核心功能区金融机构总数达到125家；玻璃、油菜、菜籽粕期货批准上市，郑州商品交易所交易品种达到11种。金融业增加值达到320亿元，增长15%。（3）商贸业：全年新增6000平方米以上大卖场5家，大型零售门店数量达到63家，营业面积72.6万平方米；二七万达广场、西元国际广场、福都购物广场3个大型商业综合体建成开业，郑州华南城商贸物流中心一期工程已完成投资12亿元，1万余名商户已签约登记，郑东新区成为全国首批“国家电子商务示范基地”。（4）文化创意旅游业：国家动漫产业发展基地（河南基地）、郑州动漫产业基地基本建成，郑州方特欢乐世界投入运营。2012年，共接待国内外游客6200万余人次，旅游总收入700亿元人民币,增长18.8%。（5）高技术服务业：国家专利审查河南协作中心和首个国家知识产权创意产业试点园区落户郑州市，成功创建国家电子商务示范城市，取得E贸易政策性试点。专利授权量9000件，实现技术合同成交额65亿元，增长18%。（6）房地产业：2012年，全市商品房投放面积1800万平方米，商品房销售面积1300万平方米，房地产市场保持平稳态势。（7）公共服务业：教育、医疗卫生、社区服务等公共服务业快速发展，荥阳宜居健康产业园等加快推进，白沙公共文化服务区、西流湖公共文化服务区等正在进行整体规划。积极编制中心商务区和特色商业区规划。在郑东新区和12个县（市）区分别规划建设2个中心商务区和11个特色商业区。截至年底，管城区、上街区特色商业区规划已获批复，惠济区、二七区特色商业区规划和郑东新区中央商务区规划已通过评审。稳步推进中心城区市场外迁，已有23家市场完成外迁，新启动外迁市场25家。

（五）农业产业化持续加快，都市型农业稳步发展。2012年，第一产业实现增加值142.4亿元，增长4%；粮食总产达到170万吨，实现十连增。农业产业化水平显著提升。新增市级以上龙头企业30家，总数达到396家，加工型龙头企业实现销售收入470亿元，培育销售收入超20亿元的现代农业产业化集群3个，白象、三全、思念等5家企业被列为第一批全国主食加工业示范企业。都市型农业稳步发展。启动都市型现代农业示范区“136”工程，中牟·国家农业公园形象初显。全市具有一定规模和基础的休闲农业园区115家，休闲农业特色村28个，农业节庆活动27个，农家乐341个；完成鲜切花（切叶）生产1750万支，盆栽花卉1200万盆（株）。农村生产生活条件逐步改善。实施4000公顷新菜田基础设施和13333.3公顷高标准农田建设，改造提升农田灌溉机井8400眼，新增设施农业面积540公顷；花园口引黄灌溉水源工程已正式向龙湖供水，牛口峪引黄调蓄工程稳步推进；全市共投入“三夏、三秋”农机联合作业70万台（套），农业耕种收综合机械化水平达到76%。全年解决49万农村人口和4.05万农村学校学生饮水安全；完成1万人易地扶贫搬迁和2.1万人稳定脱贫。农产品质量安全水平不断提高。农产品质量安全监管和追溯体系建设稳步推进，全年制（修）订农产品技术操作规程10项，新增无公害农产品、绿色食品、有机农产品和农产品地理标志认证产品200个，总数达854个；新建农产品质量安全信息监控点10个，累计建成50个。

（六）投资规模继续扩大，项目建设快速推进。2012年，郑州市共争取省重点项目484个，占全省比重近50%，重点项目涉及用地11053.33公顷。城建投资首次突破千亿元，民间投资达到2750亿元左右。项目推进机制进一步完善。建立了市领导“一对一”分包项目机制，强化市、县、乡三级协调联动机制，完善重大项目周例会制度。市委、市政府先后召开项目协调推进会90余次，解决铁路、公路、油气管道等线形项目复杂问题48项；召开了32次重大项目推进工作周例会，协调解决了“两环十七放射”、轨道交通线网等60多个省、市重点项目资金、土地等问题。省市重点项目建设顺利。2012年，省、市重点项目建设完成投资2268亿元，增长26.3%；新开工211个项目，开工率为104%；已竣工70个项目，竣工率为116.7%。郑州综合交通枢纽及公路客运等配套工程建成投用，东风日产郑州工厂产能扩建、河南龙工工业园、河南宇通零部件产业园等一批在建项目进程加快。投资结构不断优化。省、市重点项目中，产业投资比重达到42.7%，比2011年提高3.2个百分点。完成投资超亿元项目205个，富士康航空港区IT产业园、中国（郑州）国际汽车后市场产业园等38个项目累计投资均超10亿元。融资渠道进一步拓宽。建立政府性存款与政府性贷款挂钩激励机制，引导金融机构加大对郑州市信贷支持力度。综合运用银行贷款、信托计划、BT、融资租赁、发行中期票据、建立城市建设发展基金等方式进行融资。城建集团、巩义市建投和盛润集团等发行企业债券40亿元，全市各类融资总额达到1080亿元。争取国家和省项目、资金、政策支持取得新成效。2012年争取中央、省支持资金达到21.4亿元。总投资154亿元的机场二期项目已正式开工建设。总长120.68公里、总投资798亿元的轨道交通第二阶段建设规划方案，已上报国家发改委。总投资9.9亿元的马头岗污水处理厂二期工程，单项工程获中央预算内资金支持达到2.2亿元。

（七）改革开放不断深化，招商引资成效显著。2012年实际利用外资34.3亿美元，增长10.6%；引进市外境内资金1099亿元，增长16.7%。航空港经济综合实验区成功获批。郑州航空港经济综合实验区已获国务院正式批准规划建设，《郑州航空港经济综合实验区总体发展规划》《郑州航空港经济综合实验区空间战略发展规划》和《郑州航空港经济综合实验区产业发展战略规划》等规划编制工作进展顺利。新郑机场新开辟了郑州至香港、郑州经莫斯科至芝加哥等4条国际货运航线，国际和地区货运航线已达到9条。开放招商扎实推进。强化“五职”招商责任制，围绕“三力”项目，瞄准国内外500强和行业前20强企业，开展针对性走访对接，共签约亿元以上项目145个，其中北车集团等汽车和装备制造产业项目28个，河南移动数据中心等电子信息产业项目15个，UPS等航空及物流项目17个。体制改革不断深化。事业单位分类改革稳步开展，国有企业改革持续推进，政府性投融资平台加快整合，经营性文化单位转企改制取得实质性进展。白鸽集团与中机公司合并重组进展顺利，市属4个文艺院团基本完成改制，市豫剧团、曲剧团、歌舞剧院转企改制走向市场。

（八）民生保障持续改善，社会事业健康发展。高度重视民生改善，着力解决人民群众关心、关切的实际问题。初步统计，2012年用于民生的财政支出达到512亿元，增长23%。民生十大实事进展顺利。年初确定的民生“十大实事”60项任务，除快速公交拓展、南水北调带状公园，分别因规划调整和主干渠工程尚未完工而无法完成外，其余58项均圆满完成。积极开展就业创业工作。2012年新增城镇就业再就业13万人，转移农村劳动力11万人，组织创业培训7.4万人。优先发展教育事业。新建、改扩建中小学40所、幼儿园96所，2012年新增市区中小学优质学位5万个，幼儿园学位2.5万个。职业教育攻坚工作强力推进，高等教育办学水平不断提升。医疗卫生条件明显改善。市一院港区医院、市中心医院信息工程大学医院、郑州人民医院脑科医院、市儿童医院西区医院等一批优质医疗资源促进计划项目投入使用，实现扩增床位2250张；启动50所乡镇卫生院取暖设施和房屋保暖改造工程。社会保障水平不断提高。养老保险制度实现全覆盖；医疗保险参保265万人，失业保险参保106万人；新农合参合农民达到425万人，人均筹资标准提高到290元。保障房建设稳步推进。列入省定台账的52个项目51999套保障性住房，已全部开工建设；列入省级预计竣工台账的21个项目30023套保障性住房，已全部完工。公共文化服务水平进一步提升。郑州图书馆新馆基本竣工，新建、改建200个社区文化活动中心、100个行政村文化大院，新建300个社区公共电子阅览室、410个农家书屋。畅通郑州建设步伐加快。发布了《畅通郑州白皮书》，打通断头路20条，新建停车场367个，新增停车泊位7万多个。成功入选全国首批公交都市建设示范工程创建城市，新购置新能源公交车500辆，开辟和调整优化公交线路74条。生态建设和环境保护持续改善。黄河国家湿地公园、花卉苗木博览园、西流湖生态公园（北区）等正式开园；新增绿地1067万平方米，新增造林面积14666.67公顷；PM2.5监测工作开始运行；万元生产总值能耗下降5.6%。

（段广宇）

中部六省省会城市发改委主任联席会

【地区经济工作】 2012年，郑州市认真贯彻落实国家区域经济发展政策，围绕中部崛起、区域经济发展、重点流域水污染治理项目建设和对口支援等重点工作，扎实有效开展各项工作并取得较好成效。

促进中部地区崛起工作强力推进。积极贯彻国发〔2011〕32号文、国发〔2012〕43号文精神和《中原经济区规划》，深入推进中原经济区、郑州都市区建设。市发改委组织编写《周边城市经济社会发展快报》200多期。10月，在郑召开中部六省省会城市发改委主任联席会议，进一步加强中部六省省会城市之间的联系与合作，为促进中部崛起奠定了良好基础。

区域经济发展研究工作取得新成效。组织开展郑州市向南、向北发展布局问题研究，提出打造郑新经济合作区和培育郑许经济发展带的初步设想。积极推进区域经济合作，2012年郑州市与连云港市签订共同建设国家东中西区域合作示范区战略合作框架协议。10月，开展了中原经济区城市合作发展问题研究，起草了《关于助推中原经济区城市合作发展的思考与建议》。坚持做好县域经济发展形势分析工作，及时总结分析6县（市）经济社会发展形势。

争取重点流域水污染治理项目中央预算内资金工作取得新突破。组织谋划重点流域水污染治理项目进“十二五”规划，郑州市南三环污水处理厂、航空港区第二污水处理厂以及县（市）污水处理厂等32个项目列入规划。2012年，郑州市共争取重点流域水污染治理项目中央预算内资金近2.8亿元。马头岗污水处理厂二期工程获得国家发改委批复和中央预算内资金支持2.1亿多元，刷新郑州市单个项目获得中央资金2亿元纪录。

对口支援新疆哈密工作扎实推进。组织召开对口支援新疆哈密市工作领导小组（扩大）会议，制订《郑州市2012年对口支援新疆哈密市工作要点》。6月，与市旅游局共同组织新疆哈密天山之夏暨河南万人游新疆观光美食节旅游节活动，举办中国•哈密“甜蜜之旅”第九届哈密瓜节新闻发布会，促进和带动两地文化旅游产业发展。积极开展结对帮扶工作，金水区和市教育局、市农委、市卫生局、市人口计生委等单位向哈密市捐献了资金和设备。组织开展郑州“光明行”活动，郑州市第二人民医院14位白内障眼科专家到哈密市开展白内障人工晶体植入手术，免费治疗17例白内障患者。

（罗书森）

【服务业综述】 2012年，郑州市委、市政府把加快服务业发展和强化对外开放作为“保增长、调结构、促转型”的重要抓手，6月，召开了全市服务业发展和对外开放大会，号召全市上下牢固树立服务业发展优先的理念，以服务业七大支柱产业为重点，加快推进服务业“一枢纽十中心”建设，动员各级各部门大力实施开放带动主战略，深入开展大招商和项目落实年活动。出台《关于进一步促进服务业快速发展的指导意见》等一系列支持政策，主导产业取得显著进展，服务业支柱产业主导地位显著提升。一是服务业占比止跌回升。2012年全市服务业增加值完成2196.2亿元，增长8.4%；占全市生产总值的比重达到39.6%，比上年提高近1.3个百分点，占比下滑的趋势得到遏制。二是服务业固定资产投资增速进一步提高。2012年全市服务业完成固定资产投资2126.6亿元，增长26.2%，增速高出全市固定资产投资3.5个百分点。三是服务业重大项目建设成效显著。新郑华南城、中国家居CBD郑州产业园等一批重大服务业项目相继开工建设，郑州市还成为全国唯一一个综合性跨境贸易电子商务试点城市。四是招商引资有效拉动投资增长。全年新签约亿元以上招商引资项目188个，新开工亿元以上项目137个，招商引资总规模达到1315.2亿元，增长15.7%，占全市固定资产投资总额的36.9%。五是对外贸易在困境中逆势上扬。全市进出口总额直接跨过200亿美元跃上300亿美元大关，全年完成352.9亿美元，增速达到129.8%，占全省进出口总额的2/3以上，其中出口突破200亿美元，增长110.5%，居中部六省省会城市第一位，全国省会城市第六位。

（王礼光）

【固定资产投资】 2012年，郑州市强化项目带动、投资拉动战略，着力扩需求、破瓶颈、惠民生，经济增长缓中趋稳，投资增速止跌回升，全市固定资产投资完成3561亿元，同比增长22.7%。其中第一产业完成投资73.9亿元，同比增长20.8%；第二产业完成投资1360.7亿元，同比增长16.9%，其中工业完成投资1356.1亿元，同比增长17.1%；第三产业完成投资2126.7亿元，同比增长26.2%。

县（市）区投资情况 航空港区、郑东新区、高新区、经开区保持年初以来的高速增长态势，增速分别达到103%、35.1%、34.6%、32.7%。中原、金水、二七、管城、上街、惠济6区投资增速均在25%以上，高于全市平均水平，分别为28.5%、27.9%、27.9%、27.6%、27.2%、25.3%。6县（市）投资增速相对较低，均低于全市平均水平，其中巩义市增速仅为22.6%；中牟、新郑、新密、荥阳、登封增速分别为24.7%、24.5%、24.4%、24.2%、24.2%。

上街、荥阳、巩义三地目标完成情况较好，分别达到全年目标的98.3%、93.8%、90.1%。高新区、管城、惠济、经开区四地完成投资均低于全年目标的80%，分别为79.54%、75.9%、71.2%、69.3%。

行业投资情况 工业方面，完成投资1041.7亿元，同比增长31.4%，其中增长较快的是电子、煤炭、纺织、食品行业，增速分别达到163.3%、92.6%、84.8%、47.9%；冶金、机械、电力增速相对缓慢，分别为28.5%、16.7%、16.4%；燃气、化工行业投资则出现明显下滑，分别下降7.1%、7.8%。

服务业方面，完成投资1463.1亿元，同比增长20.6%，其中增速较快的是卫生及社会事业、信息服务业，分别增长89.0%、50.0%；教育行业增长20.3%；水利、环境和公共设施管理业增速回落，仅为8.9%；文化、体育和娱乐业投资下降了16.1%。占全市投资比重1/3的房地产业完成投资926.9亿元，同比仅增长23.9%，较全市平均增速低1.1个百分点。

重点项目投资情况 2012年，两批省、市重点项目767个，总投资2.2万亿元，年度投资目标2061.5亿元，计划当年新开工203个项目，计划竣工60个项目。其中，省重点项目484个，总投资1.75万亿元，年度投资目标1271亿元，计划当年新开工116个项目，计划竣工24个项目；市重点项目283个，总投资5031.6亿元，年度投资目标790.5亿元，计划当年新开工87个项目，计划竣工36个项目。

2012年，省、市重点项目完成投资2267.5亿元，同比增长26.3%，为年度计划的110%。其中，省重点全年完成投资1430.5亿元，同比增长25.4%，为年度计划的112.5%；市重点全年完成投资837亿元，同比增长27.9%，为年度计划的105.9%。

2012年，省、市重点项目新开工211个项目，为年度计划的104%；已竣工70个项目，为年度计划的116.7%。其中，省重点项目已开工119个项目，为计划的102.6%，已竣工28个项目，为计划的116.7%；市重点已开工92个项目，为计划的105.7%；已竣工42个项目，为计划的116.7%。

【重大项目完成情况】 2012年，完成投资超过5亿元的项目达75个，完成投资达1741.2亿元，占完成投资总额的76.8%。其中，“两环十七放射”、新型农村社区、南水北调中线一期工程等项目完成投资均超百亿，郑州华强文化科技产业基地、宇通公司节能与新能源客车和二七万达广场等38个项目完成投资均超10亿元。

（王世洪）

【设计审批管理】 2012年，在项目审批过程中，一是规范审批程序，所有项目的审批严格按照法律、法规和相关规定实施；二是提高办事效率，所有建设项目的审批，申报资料齐全，在规定的时限（工作日）内完成；三是积极协调解决项目在审批过程中出现的相关问题和困难，努力为服务对象做好服务。

在设计审批工作中，积极向市政府以及有关领导提出建议和重大问题，包括关于郑州市档案新馆设计变更情况、郑州市公安局二七分局拘留所项目有关问题、关于郑州市第九人民医院老年关爱病房楼和精神心理病房楼项目修正概算、关于郑州市公安局金水分局指挥中心项目调整概算问题的意见等，关于市政府投资建设项目外立面装修问题、关于郑州市政府投资项目竣工验收问题的情况汇报等，均被市政府采纳，为项目进展争取了时间。

【设计审批项目】 2012年，全年共批复项目初步设计53项、设计变更12项、修正概算3项、竣工验收2项，共批复项目概算178.03亿元。

上报省发改委批复的初步设计13项。包括S316线郑州至登封段改建工程两阶段初步设计、郑州市G107辅道南延线与西南绕城高速公路互通式立交工程两阶段初步设计、郑州市大学南路与西南绕城高速公路互通式立交工程两阶段初步设计、郑州市莲花街与西南绕城高速公路互通式立交工程两阶段初步设计、郑州市陇海西路与西南绕城高速公路互通式立交工程两阶段初步设计、郑州市中州大道与新郑快速通道立交工程初步设计、郑州市石佛劳动教养管理所戒毒习艺中心项目初步设计、登封天地之中历史建筑群保护设施建设项目初步设计、郑州公路运输主枢纽客运北站新建项目初步设计、郑州市马头岗污水处理厂二期工程初步设计、郑州地铁集装箱中心站铁路一类口岸工程初步设计、S314线郑州境改建工程（江山路至石河路段）初步设计、S323线新密关口至登封张庄段改建工程初步设计等，上报总概算103.88亿元。

批复市本级投资项目初步设计53项，包括荥阳市第二污水处理厂工程初步设计、郑州市第二十三中学教学综合楼建设项目初步设计、郑州市社会福利院改扩建项目初步设计、郑州市京广路跨南水北调中线总干渠大桥工程初步设计、郑州市石佛劳动教养管理所帮教备勤楼项目初步设计、郑州市公安局交警支队车辆管理所办事大厅项目初步设计、东风日产物流通道下穿南三环隧道工程初步设计、郑州市刘湾水厂工程初步设计、郑州市淮河路跨南水北调中线总干渠桥梁工程初步设计、郑州市三环快速化项目南三环（兴华南街至京广铁路）工程初步设计、航空港区第一污水处理厂二期工程初步设计、郑州市凯旋路跨南水北调中线总干渠桥梁工程初步设计、郑州市站前大道跨南水北调中线总干渠桥梁工程初步设计、郑州市紫荆山南路跨南水北调中线总干渠桥梁工程初步设计、郑州市碧云路跨南水北调中线总干渠桥梁工程初步设计、郑州市金岱路跨南水北调中线总干渠桥梁工程初步设计、郑州市化工北路跨南水北调中线总干渠桥梁工程初步设计、郑州市东四环南延线跨南水北调中线总干渠桥梁工程初步设计、郑州市新G310跨南水北调中线总干渠桥梁工程初步设计、荥阳市中水回用工程初步设计、郑州市三环快速化项目西三环（北三环至南三环）工程初步设计、中国长城铝业公司国有工矿棚户区改造工程初步设计、郑州财经技师学院（郑州财经高级技工学校）教学实训综合楼建设项目初步设计、郑州市豫一路跨南水北调总干渠桥梁新建工程初步设计、郑州市紫辰路跨南水北调总干渠桥梁新建工程初步设计、荥阳市高山镇镇区供水管网改扩建工程初步设计、荥阳市广武镇镇区供水管网改扩建工程初步设计、郑州市三环快速化项目北三环（南阳路至中州大道）初步设计、郑州市三环快速化项目中州大道（陇海铁路至南三环）工程初步设计、市财税学校扩建项目初步设计，郑州师范学院科研信息楼、大礼堂、综合训练馆项目初步设计，郑州市消防支队重特大灾害事故处置物资储备库及特勤站项目初步设计、郑州市S314南水北调桥新建工程初步设计、郑州市公安局地铁分局通信指挥中心初步设计、郑州市第八人民医院迁建项目初步设计、登封市新区污水处理及回用工程初步设计、上街区公安业务用房建设项目初步设计、郑州市第十人民医院迁建项目初步设计、郑州市陇海西路西延（西四环至西南绕城高速）新建工程初步设计、登封市少林寺污水处理厂建设项目初步设计、郑州市轨道交通4号线龙湖段市政配套工程初步设计、郑州市军供站军供保障综合楼建设项目初步设计、新郑综合保税区第二污水处理厂初步设计、新密市公安局信息技术指挥中心建设项目初步设计、郑州至上街快速通道新建工程初步设计、荥阳市贾峪镇镇区供水管网改扩建工程初步设计、郑州市中心城区4条市政道路跨东风渠桥梁工程初步设计、郑州市雕塑公园项目二期工程初步设计、郑州市再生水利用三环管线工程初步设计、荥阳市汜水镇镇区供水管网改扩建工程初步设计、郑州市公安局惠济分局拘留所项目初步设计、郑州市公安局法医学检验鉴定中心项目初步设计等，累计概算投资约178.03亿元。

审查批复项目重大设计变更10项，包括郑州市人民检察院技术通信大楼及市预防职务犯罪警示教育基地建设项目外立面、郑州市妇女儿童活动中心工程、郑州市档案新馆建设项目，郑州市第七中学扩建新疆部餐厅、新建学生公寓项目，郑州市五十一中综合楼建设项目、郑州市紫荆山南路跨南水北调中线总干渠桥梁工程、郑州市白松路跨南水北调中线总干渠桥梁工程、中州大学二期工程综合实训基地建设项目、郑州市刘湾水厂工程等。

【设计招标投标管理】 2012年，在市政府投资建设项目招标投标监督管理工作中，市发改委结合项目批复实际情况和项目单位的使用要求，根据建设项目基础设施条件、场地现状、规划条件、周边环境、布局特点、交通组织、景观绿化、节能减排、环境保护等要素，对建设项目勘察设计招标文件、评标办法以及相关的合同条款等提供指导，提出注意事项，对勘察设计招标投标全过程依法实施严格、规范的管理和监督，最大限度地维护各级政府和建设单位利益，保证政府投资项目的勘察设计招标投标工作规范、健康、有序进行。全年共实施对政府投资建设项目勘察设计招标活动监督61次。

【项目竣工验收管理】 2012年，市发改委进一步加强项目竣工验收管理工作。对1994年《郑州市建设项目竣工验收规定》出台以来审批的建设项目竣工验收工作进行了全面的梳理；对2005年以来审批的限额以上政府投资项目竣工验收工作情况进行了重点排查。针对竣工验收工作推进难、进度慢、项目单位不重视的情况进行调查分析，制定《郑州市政府投资项目竣工验收办法（草稿）》。全年批复竣工验收2项，包括郑州市马头岗污水处理厂厂外干管工程、郑州市五龙口污水处理厂二期工程。

（王 利）

国土资源管理

【概况】 2012年，郑州市国土资源管理工作紧紧围绕都市区建设主线，以贯彻落实《河南省深化城乡土地管理制度改革促进“三化”协调发展试点方案》为统领，以“保发展、保红线、惠民生”为目标，以深入开展“规划管理年、优质服务年、改革创新年”活动为抓手，深化城乡土地管理制度改革，创新工作思路，转变工作作风，改进工作方法，大胆探索，主动作为，全力支撑郑州都市区建设，圆满完成各项工作目标和任务。市国土资源局被国土资源部评为全国国土资源系统纪检监察工作先进单位；荣获省、市完成责任目标优秀单位等近20项荣誉称号。

【重点项目用地】 2012年，郑州市积极谋划保障重点项目用地，优先保障完成G107辅道与连霍高速立交、新建郑州至新郑机场城际铁路、南三环与机场高速公路郑州南收费站迁建工程、郑州800千伏换流站、兰—郑—长成品油管道工程（郑州段）、110千伏卢店输变电工程、郑州市东南四环连接线新建工程、南水北调（郑州段）等9个国家和省、市重点项目，总面积2770.8096公顷。

2012年，全市经国务院和省政府批准建设用地165个批次。统筹城乡建设用地需求，依法申报43批增减挂钩项目，建新区总规模1155.5088公顷，拆旧区总规模1210.1612公顷；批准23个批次，涉及建新区面积688.6538公顷，涉及拆旧区面积761.2389公顷。保障了华南城、富士康等一大批国家、省、市重点项目和产业集聚区项目按期落地开工。

郑州市国土资源管理工作深入贯彻房地产调控政策，坚持把保障性住房作为重中之重，圆满完成市政府下达的50416套保障性住房126公顷用地保障任务。积极维护被征地农民的合法权益，及时足额拨付征地补偿安置费，完成建设用地征收面积1826公顷，未发生因征地安置补偿引发的群体性事件。

【节约集约用地】 2012年，郑州市国土资源管理部门坚持最严格的节约用地制度，贯彻《郑州市城市地下空间开发利用管理暂行办法》及产业集聚区有关土地开发利用规定，积极引导各级牢固树立节约集约用地理念，充分开发利用地上地下空间。严格执行投资强度不低于3500万元/公顷的产业集聚区土地利用规定，并签入国有建设用地出让合同。在全市范围内开展囤地圈地、违规用地、土地闲置浪费问题专项治理活动。征收率和供应率得到较大幅度提高，供而未用和低效利用的闲置土地得到有效处置，闲置土地处置率达到81%。严格落实建设项目用地预审制度，严格执行禁止用地和限制用地目录，全年共受理建设项目用地预审185宗，通过168宗，补正13宗，不合格退卷4宗。加强土地储备和出让工作。市本级完成土地收购储备683.13公顷；全市出让国有土地547宗，成交面积2188.1公顷，出让金收入286.36亿元,其中，市本级出让国有土地185宗，成交面积770.8公顷，出让金收入197.71亿元。

【耕地和基本农田保护】 2012年，郑州市强化责任，坚守红线，全面落实耕地保护责任目标。国家、省政府和国家土地督察济南局通过检查郑州市耕地保护责任目标履行情况及耕地占补平衡情况，对郑州市该项工作给予充分肯定。全市通过“深度挖潜”“异地补耕”，拓宽补充耕地渠道，全年完成补充耕地面积3382.9367公顷，其中自行补充耕地2462.2693公顷，易地补充耕地920.6674公顷。连续14年实现耕地占补平衡。全年共实施耕地占补平衡项目39个，可新增耕地2724公顷，其中验收项目10个，新增耕地288公顷；实施完成10个南水北调移民安置区生产用地土地整治项目建设任务；积极推进在建的5个土地综合整治试点项目实施工作，完工后可节约建设用地指标410公顷。

【矿产资源管理】 2012年，郑州市矿产资源管理以“规范秩序、合理利用、有序开发”为重点，完成郑州市矿业权设置方案编制，新设矿业权88个，扩界矿业权66个，并通过省厅评审。组建郑州市矿业权交易市场，矿业权交易活动于2012年9月26日正式启动。设立采矿权标识牌280个，规范矿业权管理。建立矿图审查和现场检查制度，全年检查指导20个国土资源所、检查服务68家矿山企业，矿产督查员赴89个矿山和23个勘查项目现场专项督查，督查矿产资源勘查开发秩序。加强矿产资源勘查和地质找矿工作，全年提交详查报告2个，普查报告5个，资源储量核实（勘探）报告评审备案11个，新增资源储量包括煤4.17亿吨、水泥用灰岩3.07亿吨。矿产资源补偿费应收尽收，全市共征收补偿费1.28亿元，较上年增长4.3%。服务和推进国家整装勘察项目、煤下铝勘察等6个项目实施，做好项目设立、实施、延续、年检、验收等管理服务工作，帮助勘察单位解决困难问题。

【执法监察】 2012年，郑州市国土资源管理部门积极维护郑州市良好的国土资源管理秩序及对外形象。国土资源部3次检查郑州市统计变更及卫片执法，均顺利通过，没有出现影响郑州市经济发展的恶性违法事件。全市违法占用耕地面积占新增建设用地占用耕地总面积的5.55%，较上年下降0.54个百分点。全年立案查处各类土地违法案件712宗，拆除违法建筑物45.51万平方米，没收违法建筑物120.96万平方米，收缴罚款2744.67万元，追究党政纪处分58人，追究刑事责任15人。14个矿产违法图斑中，立案查处3个，其余11个违法采矿点全部关闭取缔。严肃查处18家煤矿超层越界开采违法行为并全部立案查处到位。国土、公安、电力、安检等部门联合出动执法车辆20余台、执法人员200余名，对违法采矿点联合执法集中整治，扣押非法机动车3台，拆除钩机显示屏及主板6个，拘留3名非法采矿人员，并对违法采矿后续产业进行取缔治理。积极推进国土资源视频监控网试点建设，新郑市安排专项资金100万元，完成20个监控点建设安装任务。

【土地变更调查】 2012年，郑州市国土资源管理部门全力做好全市农村集体土地确权登记发证工作，制发《郑州市集体土地确权登记发证工作实施方案》，规范土地登记各种报件的填写，严格各项登记制度和操作规范，保证宗地发证权属清楚、面积准确、程序合法、资料完备。全年共核发国有土地使用证637本、土地他项权利证书547本，办理土地抵押权注销登记482件。受理法院查封解封业务1081件，办结率不低于95%。受理各项土地登记查询1003宗、土地权属及发证相关的纠纷18起。

【地质灾害防治】 2012年，郑州市国土资源管理部门认真宣传贯彻《地质灾害防治条例》及《郑州市地质灾害防治规划》，完善实施《郑州市地质灾害年度防治方案》，深化地质灾害群测群防“十有县”建设。坚持预防为主，认真开展汛期地质灾害预警预报。全市累计出动2448人次对694处地质灾害隐患点进行检查、巡查，共排查出地质灾害各类隐患点873处，其中崩塌435处、滑坡238处、泥石流18处、地面塌陷124处、地裂缝18处、不稳定斜坡35处、地面沉降5处，发布三级以上地灾预警预报信息17次，全年未发生地质灾害导致的人员伤亡和重大经济财产损失。嵩山世界地质公园顺利通过联合国教科文组织评估验收，受到国土资源部表扬。

【国土资源管理改革创新】 根据《中共郑州市委郑州市人民政府关于加强城乡规划土地建设管理和投融资工作的意见》（郑发〔2012〕21号）关于“规划统一管理、土地统一收储、用地统一出让、补偿统一标准、收益统一分配、工程统一建设”的“六个统一”要求，郑州市国土资源局建立“关于提高办事效率、简化办事程序、理顺管理体制”的工作机制。统一土地交易平台，中心城区（一主三区）的土地出让由市局统一组织。统一土地收储，采取市局土地储备中心与各区、各管委会储备分中心联合收储工作机制。统一土地管理，由市土地管理委员会统一协调项目用地，统一配置用地计划和占补平衡指标。同时，为提高效率，优化发展环境，对建设项目用地预审、集体土地征（转）用受理和征收、耕地破坏鉴定、耕地占补平衡、土地整治项目、土地供应以及地籍调查、土地确权中涉及的部分事权、事项进行下放。

【平安建设与信访稳定】 2012年，郑州市国土资源管理部门制定并印发《2012年度郑州市国土资源局平安建设工作意见》及《2012年度平安建设工作责任目标考核和奖惩办法》，采用明察暗访、半年考评、年终考核相结合的办法，对平安建设工作实施定期检查和年度考核，根据考核结果，实施奖惩。在全市国土资源系统开展“平安国土资源所”创建活动，进一步夯实平安建设基层基础工作。在“两会”和党代会、党的十八大召开期间，深入开展“认真排查妥善处理涉土信访问题，下大力气改善信访攀升势头”整改活动和“2012年度全市国土资源系统信访稳定工作暨信访积案化解百日行动”活动，严格按照“一个问题、一名领导、一套班子、一个方案、一抓到底”的办法，层层实行领导和部门分包责任制，切实做到“责任不落实不放过、工作不到位不放过、隐患不排除不放过、问题不解决不放过”，集中排查调处化解涉及群众切身利益和影响社会稳定的突出问题。全年共受理群众来信90件，受理省厅转办信访件18件，受理群众信访复查事项15件，办理复核案件9件，全部按期办结，办结率100%。在3月份开始的全市治理围地圈地、违规用地、土地闲置浪费问题专项治理行动中，解决了群众实名举报反映的郑州国泰房地产开发公司土地长期闲置等问题。同时还利用“4·22”世界地球日和“6·25”全国土地日等宣传时机，在宣传国土资源法律法规的同时，宣传平安建设工作，从而营造出人人参与、共创平安的浓厚氛围。

（李前进）

工商行政管理

【概况】 2012年，郑州市工商局各级12315机构共受理消费者申（投）诉、举报、咨询63884件，较上年减少7992件，同比下降11.12%。

全年受理的咨询中，涉及消费者权益保护的咨询30644件，较上年减少4638件，同比下降13.15%，主要集中在商品质量和服务质量方面，尤其是商品质量方面较为突出，约占咨询总量的24.55%。涉及其他工商业务的咨询30786件，较上年减少3510件，同比下降10.23%。此类咨询主要集中在企业注册监管方面，约占其他工商业务咨询的16.51%。

2012年度共受理消费者申（投）诉1582件，较上年减少129件，同比下降7.54%；已处理申（投）诉案件1575件，较上年减少123件，同比下降7.24%；调解成功案件1507件，较上年减少110件，同比下降6.80%；涉及争议金额273.18万元，加倍赔偿损失14.28万元，为消费者挽回经济损失246.67万元，较上年增加66.63万元，同比增长37.01%。

2012年共接受消费者举报872件，较上年增加285件，同比增长48.55%；已处理举报822件，较上年增加279件，同比增长51.38%；涉案总值165.49万元，较上年增加11.26万元，同比增长7.30%，罚没金额115.13万元，较上年增加66.46万元，同比增长136.55%。从类别上看，主要为涉嫌违法产品质量法规、违反个体私营登记管理法规和违反商标管理法规的举报。

全年全市工商系统共查处取缔无照经营户6222户，查处取缔黑网吧254家，引导办照13246户，查处无照经营案件2408起，案值1283.95万元，罚没金额811.91万元。

2012年开展的专项行动主要有四个：一是中原红盾“五个周边”市场集中整治行动。在为期100天的行动开展过程中，全市累计出动执法人员73802人次，检查各类经营主体144723户次，查处取缔无证无照经营户836户，端掉各类黑窝点44个，查处黑网吧21个。二是校园周边地区经营秩序和查处取缔黑网吧专项行动。这次行动自5月1日开始至9月30日结束。行动中，全市共出动执法人员10518人次，检查已登记的网吧1433户次，查处取缔黑网吧118家，向文化、公安、电信管理等有关部门通报违法经营户20家。三是安全生产领域“打非治违”专项行动。自5月开展非煤矿山、危险化学品、烟花爆竹、冶金等领域的“打非治违”专项行动以来，全市工商系统累计出动执法人员3506人次，执法车辆734台次，检查各类经营主体12525户次，查处取缔无照经营487户，引导办照2723户。在对道路交通、建筑施工、消防、危险化学品、烟花爆竹、民用爆炸物品、冶金等重点行业进行的集中整治中，立案查处交通物流、加油站等行业违法经营企业23家，涉案金额87.77万元，罚没金额31.63万元。四是开展“双打”及取缔无照经营行动。11月10日开始，重点整治农村、城乡结合部等无照经营的多发、易发区域和食品、网吧、娱乐服务等行业。

9月13日，国家工商总局副局长滕佳材到郑州市工商局调研

【食品安全监管】 2012年，郑州市工商行政管理局以保障流通环节食品安全和维护消费者合法权益为目标，依据《食品安全法》《产品质量法》《消费者权益保护法》等相关法律法规，开展专项整治执法行动，强化流通环节食品市场监管，加大消费维权工作力度。

年初，召开全市流通环节食品安全工作专题会议，对全年流通环节食品安全监管工作进行周密部署,从市局到各单位都成立一把手负总责的食品质量安全监管工作领导小组。市工商局全年共计召开食品安全工作会议12次，同时参加郑州市食品安全工作例会和有关活动。印发《2012年全市流通环节食品安全监管和消费者权益保护重点工作安排》《2012年郑州市流通环节食品安全工作要点》《2012年流通环节食品安全治理整顿工作方案》《郑州市工商行政管理局2012年商品质量监测工作计划》，对全市流通环节食品安全工作进行了具体安排。

2012年，郑州市流通环节食品经营者共44015户，其中，食用油经营者6282户，乳制品经营者1201户（包含婴幼儿配方乳粉经营者447户）。全年全市工商行政管理系统共出动执法人员203131人次，检查食品经营者380134户次，检查批发市场、集贸市场等各类市场14160个次，取缔无照经营534户，查处不符合食品安全标准的食品案件3560件，案值654.05587万元，罚没金额1193.21022万元，为消费者挽回经济损失57.9235万元。

食品安全专项整治 2012年，郑州市开展了农村食品市场专项整治执法行动、中原红盾行动“五个周边”市场集中整治、乳制品市场专项整治执法行动，食用油市场以及打击经营不合格食用油、涉嫌地沟油专项整治执法行动，肉制品市场专项整治、酒类市场专项整治执法行动、调味面制品和麻辣小食品专项整治执法行动、打击流通环节非法添加和滥用食品添加剂专项整治执法行动、豆制品市场专项整治，开展元旦、春节、“五一”、“六一”和中秋、国庆等节日期间流通环节食品安全专项整治共计20多次。

9月、10月，开展中原红盾“双整治”行动，将整治流通环节非法添加和滥用食品添加剂行为作为整治重点，抽检528个批次，通过省局内外网公布食品抽检信息520期，查扣滥用食品添加剂的食品111.1公斤，立案查处食品违法案件1325件，案值208.94万元，罚没款262.196元。

开创性开展国际少林武术节期间流通环节食品安全专项整治，将开幕式闭幕式所在地、比赛场馆、运动员居住宾馆等作为整治的重点区域，进行拉网式排查和重点整治。严查经营者证照是否齐全、经营食品是否有前置许可手续、是否存在不允许在流通环节公开销售的商品，对无证经营、经营假冒伪劣、“三无”等不符合食品安全标准的食品、不履行进货查验制度的行为坚决予以查处，对违法经营行为做到发现一起查处一起，切实保障经营者的主体资格合法、食品质量安全合格。

食品安全“四大放心”工程 2012年，市工商局按照《郑州市实施食品安全“四大放心”工程工作方案》的文件精神和要求，制定《郑州市工商行政管理局食品安全“四大放心”工程实施方案》（郑工商文〔2012〕110号）。7月30日，召开“四大放心”工程安排部署会，对开展此项工作提出明确要求。9月11日，组织召开食品安全工作会议，对“四大放心”工程工作进行再安排、再部署。

一是严把流通环节食品经营主体资格准入关，对食品经营户逐户进行清查，依法坚决取缔无证、无照食品经营者。二是加强对食品经营者履行法定义务的督促检查，将乳制品经营者履行进货查验和查验记录的义务作为日常巡查的重要内容，对辖区乳粉经营者进行拉网式排查，督促经营者填写流通环节乳制品经营者查验和记录供货者资质情况登记表、流通环节乳制品经营者进货台账登记表、流通环节乳制品批发企业销售台账登记表，并留存备查。三是加强对食品市场的日常巡查力度，及时发现存在的问题和不足，有针对性地进行综合治理和监管。重点加强对农贸市场、商场、超市、肉品和豆制品专卖店的监督检查，严格落实生鲜猪肉“两证两章”制度。严防食品经营者违法违规经营、销售劣质食品，依法严厉打击销售假冒伪劣、“三无”、过期、变质食品等违法行为。四是加强对消费者和食品经营者的宣传教育工作，提高消费者的法律意识、食品安全意识、维权意识，提高经营者的遵纪守法意识，促进其自觉诚信守法经营。五是充分发挥12315申诉举报中心作用，做好消费者申诉、举报受理工作，做到“有诉必应、有案必接”，切实维护消费者合法权益。

国务院食安委督导组组长、国家工商总局副局长王东峰在市委常委、副市长薛云伟陪同下在沃尔玛超市现场指导食品安全工作

食品市场质量监督 2012年，市工商管理部门累计抽取食品样品2039个批次。其中，抽取乳粉1328个批次，全部合格，合格率100%；抽取葡萄酒、调味面制品、豆制品、肉制品、饮料、蜜饯、老酸奶、冰激凌、调味品、月饼、食用油、饮用水、糕点、含乳食品等多种食品共计424个批次，有55个批次的样品被判定为不合格，合格率87%。抽检结果显示，即食小食品、饮用水以及调味品等合格率较低，不合格项目多为微生物等项目。对销售不合格食品的经销商进行了严厉查处或依法取缔，有效打击了制售假冒伪劣食品的违法行为。

在依法对销售不合格食品的经销商进行立案处理以及对样品标称企业送达抽检结果的同时，及时将不合格食品的详细信息函告样品标称企业所在地工商局和质监局，发送各类不合格商品信息通报函100余份。同时，充分运用各类商品检测信息，撰写商品质量监测简报30余篇，向社会公众公示食品质量检测信息25期。发布消费警示和消费提示，督促企业和经营者加强自律意识，引导消费者科学、理性消费，切实保护消费者合法权益，维护社会安定和谐。

食品安全投诉举报处理 2012年，市工商管理部门加强与卫生、农业、质监、食药等部门的协调配合，开展联合执法，打击食品违法行为，及时通报相关信息。对流通环节食品违法行为进行处罚，案值较大、影响较为恶劣的，依法移交公安部门处理。2012年度，共向公安部门移交案件3起。收到协查函32件，其中，外省地市15件，河南省辖市、县17件，对通报中涉及的不合格食品及时通报市食安办、质监局等相关部门。对流通环节食品抽样检验中发现的不合格食品信息，及时向相关部门和单位进行通报。全年累计邮递送达各种不合格食品信息通报函119件，其中，外省市97件，河南省辖市、县22件。

按照《12315工作制度》和《郑州市人民政府办公厅关于印发郑州市举报食品安全违法案件有功人员奖励办法（试行）的通知》（郑政办〔2012〕25号）、《转发关于印发〈河南省流通环节食品安全举报奖励实施细则〉的通知》（郑工商文〔2012〕182号）等有关规定，认真做好职责范围内的食品安全咨询、申诉、投诉、举报等工作，及时调查处理申诉、投诉、举报，切实维护消费者合法权益。

食品安全应急处理 按照《郑州市工商行政管理局流通环节食品安全事故应急处理预案（试行）》（郑工商文〔2012〕82号），成立郑州市食品安全应急领导小组，开展食品安全应急演练，健全食品安全预警防范和应急机制，提高食品安全的监管水平和处置突发事故的能力。

2012年，成功处置豆浆粉精、麻辣食品、油鱼冒充鳕鱼、茶叶检出农药残留、蜜饯涉嫌假冒鱼翅、红烧肉添加剂等多起舆情事件。认真落实食品安全政府信息公开工作。及时在工商局门户网站公布食品安全相关信息，发布消费警示和消费提示，累计公示食品检测信息近1500条。

食品安全宣传教育 2012年，市工商管理部门强化宣传教育，营造人人维护食品安全的氛围。一是借助2012年“3·15”国际消费者权益日活动，围绕“消费与安全”年主题，大力宣传食品安全相关知识，发放各种宣传材料76222份，悬挂宣传条幅143条。二是开展食品安全宣传周活动及“河南省食品生产加工小作坊和食品摊贩管理办法”等大型宣传活动。发放宣传资料10.29万份，媒体报道26次，举办专访、讲座19次，“五进”宣传进社区245次，进学校74次，进农村218次，进企业132次，进市场346次，播放各类公益广告1837次，张贴诚信宣传画545张，制作展板118个，制挂标语204条，接受咨询7319人次。三是强化食品安全宣传教育及培训。9月18日，召开全系统中原红盾“双整治”行动推进电视电话会，进行食品添加剂知识培训。10月10日，在郑州大学礼堂举行郑州市工商系统中原红盾“双整治”行动法律知识讲座。监管执法人员代表、食品添加剂经营者、食品添加剂市场开办方、辖区网格管理员、有食品现场生产加工行为的食品商场（超市、连锁店）经营者等共计700余人聆听了讲座。

食品安全滚动式抽检 2012年，市工商管理部门深化流通环节食品安全监管机制手段创新和能力建设，对流通环节上游食品批发市场推行滚动式抽检工作模式，提高对整个食品流通环节的监管力度和效率。滚动式抽检即利用检测手段，对流通环节覆盖面广、货物流通快、影响力大的食品批发市场，开展常态化、全覆盖的抽检方式，对市场内的食品经营户实施逐户轮番抽样，动态监控。依据现行有效的国家标准对食品质量进行判定，避免日常监管工作中因食品进货查验的局限性，造成不合格食品失察、漏查，从而流入消费环节，对消费者身体健康造成损害。全年先后对万客来食品城和信基调味品城实施滚动式抽检。

临期食品安全监管 2012年，市工商管理部门印发《关于进一步加强临近保质期食品监管工作的通知》，在全市全面推广临近保质期食品提示

工作。以沃尔玛、大润发、丹尼斯等大型超市为试点，推广大中型食品商场超市的先进经验和成功做法，按照就近原则，组织食品经营者学习借鉴。根据经营者具体情况，分门别类，督促经营场所面积在100平方米以下的食品经营者，在经营场所对临近保质期食品向消费者做出醒目提示；经营场所面积在100-300平方米的食品经营者，设立临近保质期食品销售专柜；经营场所面积在300平方米以上的食品经营者，设立临近保质期食品销售专区。2012年，设立临近保质期食品销售专柜的食品经营者595户，设立临近保质期食品销售专区的食品经营者148户，向消费者做出醒目提示4万多户，查处案件28起。

食品安全监管长效机制建设　2012年，市工商管理部门以网格化监管为手段，建立食品安全监管长效机制。一是明确网格监管责任。按照"边界清晰、责任到人、工作量相对均衡、相邻网格便于协作配合"的原则把各县（市）局、各分局监管区域划分为三级监管网格。乡、镇、办为一级网格，行政村、社区为二级网格，村组、楼院、街区为三级网格。在每一个管理网格内，按照"定人、定岗、定责、定奖惩"的"四定"原则，逐级明确责任，细化分工，量化到人，按照一把手负总责、所长负管理责任、监管员具体负责的原则科学划分责任，实现监管服务重心下移和关口前移。二是依托网格建立数字化信息管理机制。依托网格建立以食品和食品添加剂经营户基本情况为核心的食品安全数字化信息管理机制。按照"集中采集、动态更新、信息共享"的原则，全面收集辖区内食品和食品添加剂经营主体性质、数量、经营范围、分布情况及食品经营户食品进货查验和食品进货查验记录情况等数据信息，完善基础信息数据库。三是依托网格建立工作沟通机制。网格监管员定期开展网格内市场巡查，及时查找和发现问题，对工商监管职责内的问题依法及时解决；对需要属地政府或相关职能部门协调配合的问题，及时向网格负责人沟通汇报，争取开展属地政府指挥协调、相关职能部门配合的联合执法行动。对排查中发现的不属于职责范围内的问题及时向有管辖权的职能单位及属地网格负责人反映。对其他单位反映通报的工商监管职责范围内的问题，立即开展调查处理，对调查处理情况及时上报。四是开展网格员、网格协管员监管巡查技能培训。坚持每个三级网格至少发展一名食品安全监管工商网格协管员，延伸工商部门深入排查问题、及时发现问题、妥善解决问题的触角；定期开展网格化监管食品安全监管业务培训，提高工商监管执法人员和食品安全监管网格协管员的矛盾排查能力、问题发现能力、应急处置能力、依法办事能力和服务发展能力。

工商执法人员查处假冒饮料

【企业注册登记】　截至2012年12月底，全市实有企业420807户（含分支机构，下同），同比下降1.63%。内资企业17366户，同比减少1.71%；私营企业113114 户，同比增长6.91%；外商投资企业1735户，同比增长7.97%；个体工商户286381户，同比下降4.82%；农民专业合作社2211户，同比增长21.68%。全市实有注册资本（金）56961108.33万元，增长15.29%。内资企业16833974.95万元，同比增长14.10%；外商投资企业581131.25万美元，同比增长14.14%；私营企业37889338.28万元，同比增长15.87%；个体工商1002038.73万元，同比增长8.08%；农民专业合作社654625.12万元，同比增长26.11%。

2012年全市新登记企业100618户，下降6.05%。新登记内资企业1589户，下降5.86%；外商投资企业186户，下降3.63%；私营企业18520 户，下降10.67%；个体工商户79925户，下降4.89%；农民专业合作社398 户，下降10.56%。全市实有注册资本（金）5993369.27万元，下降35.39%。内资企业1164928.08万元，同比下降47.53%；外商投资企业46837.24万美元，同比增长36.38%；私营企业4292906.98 万元，同比下降32.73%；个体工商353014.62万元，同比增长3.48%；农民专业合作社135682.35万元，同比下降54.66%。

新登记高成长性企业10户、战略新兴产业企业21户、现代服务业企业4211户、现代农业企业352户，帮助33户个体工商户升级为小微企业，帮助2家小个人独资、合伙企业转型为有限公司，帮助9家国有企业实现重组改制，减免小微企业费用107.0538万元。办理股权出质1024件，出质担保债权总额2946019.42万元。

【企业年检】　2012年，郑州市工商局登记应参检企业16138户，通过网上预审核企业14760户，通过年检企业14667户，参检率为90.9%，同比增加5.2%。

【中原红盾"双反"行动】　2012年，郑州市工商局在中原红盾"双反"行动期间，充分利用好"一个抓手""两个平台""三个结合""四项措施"。共立案5277起，结案4800起，案值5321.49万元，罚没款1980.37万元，查扣物资802吨，移送司法机关4件。其中不正当竞争案件立案2627起，结案2486起，案值2339.4万元，罚没款859.03万元，查扣物资786吨。

"一个抓手"：用《郑州市工商行政管理局"双反"行动考核验收计分标准》对各单位组织领导、宣传教育、查办案件、信息报送等方面进行详细而全面的考核。

"两个平台"：利用中原红盾"双反"行动简报这个信息平台及时宣传"双反"行动的各种信息，共编发"双反"简报80余期；利用执法交流平台，把全系统办理的精品案件从案源发现到调查取证，从法律法规运用到自由裁量权的把握，作全方位展示，为全系统执法办案提供样板。

"三个结合"：把"双反"行动与网格化监管工作相结合，通过网格化监管办理不正当竞争案件30多起。把"双反"行动与提高基层执法人员办案能力相结合。把"双反"行动与树立工商行政管理部门的执法权威相结合。

"四项措施"：一是建立目标责任制，二是拓宽案件来源，三是开展

工商执法人员检查节日食品安全

业务培训，四是加强督导。

【专项整治行动】 农资市场专项行动 2012年，郑州市工商局积极开展以农资打假为重点的“春季农资打假百日行动”、红盾护农“春雷”行动、打假冒保“三夏”行动和秋冬季农资市场等专项执法行动。一是对农资市场进行全面排查，进一步规范农资经营主体资格。二是加大对农资市场检查执法力度，严厉查处销售假冒伪劣农资坑农害农违法行为。三是通过多渠道宣传农资相关法律法规、“双六项”制度和农资鉴别的有关知识，教育经营者守法经营，提高农民维权意识。四是对重要农资产品进行质量监测。2012年，市工商局联合省质检院在全市范围内抽检化肥样品60个，农药样品40个，化肥合格率为78.18%；农药合格率为95.96%。全年全市工商系统共查处农资案件130起，比上年上升96.97%，案值达30余万元，罚没金额17.70万元，比上年下降30.83%。五是认真做好农资市场监管信息化建设工作，组织市场监管业务骨干和基层工商所市场管理人员参加农资经营主体标注培训，全市共有农资经营主体3869户，已标注3418户，完成88.34%。

合同格式条款专项整治行动 2012年3月，按照国家总局统一部署，郑州市工商局制定了《关于开展整治利用合同格式条款侵害消费者合法权益专项行动的实施方案》，重点整治合同格式条款中不公平、不合理的规定以及设置合同陷阱等问题。7月，下发《关于进一步落实整治利用合同格式条款侵害消费者合法权益专项行动的通知》，提出了“一所一案”的办案目标，并对各单位工作任务进行细分量化。9月12日，按照省局统一部署，市工商局开展中原红盾“双整治”行动。

2012年，全市工商系统共出动执法人员14321人次，执法车辆3226车次，检查经营主体16365家，检查合同6717份，收集整理不平等合同格式条款959条，发放限期整改通知书377份，查处案件353件，罚没款60.2509万元，没收违法所得70.5349万元，挽回经济损失115.7158万元，开展行政约谈408次，发放行政建议书294份。

重要商品市场专项整治 2012年，郑州市强化重要商品市场专项整治。一是开展肉品、豆制品市场清查，确保消费安全。实施食品安全“四大放心”工程，严格落实生鲜猪肉“两证两章”制度，依法查处销售不合格猪肉的违法行为。二是进一步落实“限塑令”。严厉打击市场内违规销售、使用不合格塑料购物袋行为。三是开展清查销售不合格美瞳产品的违法行为。四是对全市129家品牌汽车经营企业进行备案审核。五是做好动产抵押登记工作。2012年，全市工商系统共办理动产抵押登记408份，为企业融资337689.1万元。

“礼品回收”专项整治 2012年8月15日至10月15日，郑州市工商局在全市范围内开展了“礼品回收”专项整治行动。在为期两个月的整治活动中，全市工商系统共出动执法人员19159人次，车辆3754台次，检查商户38132户次，清理“礼品回收”广告牌367个，查处“礼品回收”无照经营户41家，立案查处24起，罚没款15.2万元;查处商标侵权案件1起，罚没款0.2万元；向有关部门函告2起。

【商标专用权保护】 2012年，郑州市工商局先后组织开展了“郎”和“泸州”等商标打假维权专项行动，《商标法》颁布30周年宣传活动，驰名、著名商标企业大走访活动，不断加大商标专用权保护力度。全年全市工商行政管理系统共查处各类商标违法案件1284件，比上年增加69件，增幅5.68%；案值856.45万元，比上年增加152.06万元，增幅21.59%；罚款558.45万元，比上年增加130.45万元，增幅30.48%；没收、销毁侵权商品27279件、侵权商标标识982件。

【公平交易执法】 2012年，郑州市工商局以“双反”行动、打击传销、规范直销为重点，全面开展公平交易工作。全年共查处各类违法案件7970件，案值6383.99万元，罚没款4613.54万元，其中，不正当竞争案件2555件，案值3476.65万元，罚没款1900.51万元，商业贿赂案件办结33起，是上年案件数量的1.65倍。

【消费者协会维权工作】 2012年，郑州市消费者协会认真履行《消法》

市工商局局长岳希忠在全系统半年工作会议上讲话

赋予的七项职能，围绕中消协确定的“消费与安全”年主题和全省消协工作会议精神，以服务中原经济区建设和郑州都市区建设为中心，以营造安全、和谐消费环境为主线，积极开展消费维权工作。推进“一会两站”和“两站五进”工作。全市建立各级消协分会76个，设立“两站”1413个，完成三年任务的100%。其中进市场94个、进商场250个、进社区277个、进农村766个、进景点26个。

2012年，郑州市消费者协会共接受消费者电话、来信、网上、现场投诉、咨询64103件，其中，受理消费者投诉2203件，办结2140件，结案率为97.14%，为消费者挽回经济损失467.25万元。在各类投诉中，质量（包括商品质量和服务质量）问题高居榜首，共1364件，占投诉总数的61.92%；计量问题120件，占投诉总数的5.45%；营销合同问题105件，占投诉总数的4.77%；其他问题438件，占投诉总数的19.88%；其他种类问题（如安全、价格、计量、广告、假冒、虚假品质表示等）共计176件，占投诉总数的7.99%。

加强对商品和服务的监督，为消费者提供消费信息，指导消费。一是针对消费者反映强烈的热点、难点问题，及时发布消费警示，使消费者免受劣质商品和不良服务之害。二是开展信息咨询服务。三是开展预付式消费服务评议活动，关注消费热点和维权难点，警示消费陷阱，提高维权意识，促进商品和服务提供者诚信守法经营，改善消费环境。四是参与家政服务行业主要工种市场参考价格征求意见座谈会，提出修改意见与建议并被采纳。五是召开郑州市70多家商品和服务企业参加的座谈会，宣讲了年主题的宣传提纲，通报了2011年消费投诉情况，对投诉数据进行了分析点评。六是开展“文明餐桌行动”问卷调查活动。对食品安全等10大项12小项内容进行了调查。七是开展“引导诚信经营，杜绝缺斤短两行为”活动。全市消协组织共参与商品市场检查76次，出动工作人员149人次，监督检查水果经营户582户，受理消费者价格、计量（其他商品）方面的投诉42件，开展宣传教育活动133次。八是根据中秋、国庆“双节”黄金消费期的特点，组织召开郑州市主城区大型电器经销企业国美、永乐、五星、苏宁4家企业售后负责人座谈会，要求各大电器经销企业要守法诚信经营。

召开中原红盾“双反”行动动员会

【商标申报及奖励】 2012年，郑州市工商局共上报3件中国驰名商标认定申请，163件河南省著名商标申请。其中，著名商标申请数量比上年增加26件，增幅为18.98%。

申请对河南宝视达眼镜（连锁）有限公司等13家中国驰名商标企业，分别给予50万元的奖励；申请对郑州天方食品有限公司等109家河南省著名商标企业，分别给予40万元的奖励。

截至年底，全市拥有注册商标63522件，占河南省注册商标总数的35.15%，比上年增长17886件，增幅39.19%。其中，中国驰名商标23件（行政认定），占全省驰名商标总数的28.57%；河南省著名商标341件，比上年增加79件，增幅30.15%。驰名、著名商标及注册商标拥有量均稳居全省第一。

【广告监督管理】 2012年，郑州市工商局不断加大广告监管执法力度。一是继续深化虚假违法广告专项整治行动，以医疗、药品、保健食品等行业为重点，对与群众生活密切相关的多个领域的违法广告进行全面清理。并先后开展医药广告、非法集资广告、户外广告、旅游服务广告、房地产广告、含有“特供”“专供”等内容的广告、食品和食品添加剂广告等多次专项整治行动，巩固了虚假违法广告专项整治成果。二是畅通多渠道投诉举报途径，接受群众通过来电、来函、来访或者网站留言等多种方式对广告发布、广告管理等工作的监督。对虚假违法广告的投诉举报，认真做好处理，及时反馈处理结果，做到事事有回音、件件有落实。三是及时查办上级交办、有关部门移送、群众投诉举报以及监测检查发现的广告违法案件。先后立案查处了河南电视台发布的“清和雪·日本纳豆”食品广告；郑州电视台发布的“陈李济舒筋健腰丸”药品广告、浪漫香榭丽祛斑霜化妆品广告；郑州人民广播电台发布的“香菇口服液”保健食品广告等一批违法违规广告，市属主要媒体的广告违法率有了明显下降。全年全市共查处违法、违规广告案件258件，罚没金额共计176.8万元。

【广告监测工作】 2012年，共监测市属主要媒体发布的各类广告167680条次，其中违法广告4615条次，编发违法广告监测通报20期，下发责令停止发布通知书22件，责令郑州电视台、郑州人民广播电台、《郑州晚报》等市属主要媒体共计停发200种产品与服务的广告。定期在《郑州日报》等主要媒体上刊发典型违法广告公告，公告“陈李济舒筋健腰丸”“藏药黄金组合”“乌龙养血胶囊”等39个违法问题突出、发布频次较高的违法违规广告。

【打击传销】 开展多种形式的宣传活动，营造打击防范传销的社会氛围。春节前后，市工商局组织各单位到辖区的车站、广场、大型商场等人员密集的地方，开展打击传销的宣传活动，对务工流出流入人员及广大居民进行防范传销教育。利用局域网打击预防传销《专栏》及时发布2012年度打击传销一号和二号警示，发布打击传销文章18篇及相关法律法规知识6篇。在郑州电视台黄金时段连续播放反传销专题片《美丽的陷阱》等内容，从9月10日开始连续播放一个月打击传销的公益广告。

2012年，共接到涉嫌传销举报52件，组织查处行动43次，出动执法人员2838人次，执法车辆469台次，端掉传销窝点21个，教育遣散传销人员400余人，收缴涉嫌传销的电脑主机8台，有关书籍和笔记本等200本，行政立案4起，仍在办理2起，办结2起，罚款2000元。刑事立案2起，仍在办理1起，法院立案审查1起，刑拘22人，批捕12人，起诉8人，网上追逃8人。开展宣传活动14次，检查重点场所20

个、村庄9个、居民户647个。金水工商分局对河南同昊四方企业服务有限公司涉嫌传销问题进行调查，因此案涉及人员多、金额大，已经涉嫌犯罪，将此案移送公安部门立案侦查。

【直销监管】 2012年，郑州市工商局定期召集辖区从事直销经营和拟从事直销经营的企业负责人会议，集中学习国务院、国家工商总局、省工商局有关打击传销、规范直销的法规和文件，听取企业有关经营情况汇报，并提出严格要求。同时对直销企业组织的180多场业务培训和产品知识讲座进行现场监督。对直销企业进行行政约谈，要求他们严格自律，加强内部管理，保证健康运行。

【规范执法行为】 2012年，郑州市工商局加强执法监督，严格规范执法行为。一是开展专项执法检查，规范执法行为。以新野县新甸铺和汉城工商所违法行政被中央电视台焦点访谈曝光一事为反面教材，组织全系统开展规范执法行为专项检查和行政执法责任目标考评活动，促进依法行政。按照行政执法行为备案目录，从各单位随机抽取行政处罚案卷63卷、规范性文件49件、行政许可案卷57卷进行评审，通报案卷中存在的5大类28个问题，并督促有关单位进行整改；按照省局要求，印发《关于在全市工商系统进一步推进规范行政处罚裁量权的通知》，在全系统开展规范行政处罚裁量权专项行动。二是深入推行行政处罚结案报告制度，规范案件的执行。杜绝行政处罚案件执行过程中查扣、罚没物品处理、处罚决定执行等环节容易出现的漏洞，不断提升全市工商系统行政处罚案件的质量，健全法制监督制度。三是建立重大行政处罚备案审查制度。贯彻落实《郑州市重大行政处罚备案审查监督实施办法》，建立重大行政处罚备案审查制度，共向市政府报送处罚决定书83份。四是做好案件核审工作和具体行政行为备案工作。案件核审严格执行《河南省工商行政管理局行使行政处罚自由裁量权规则》《河南省工商行政管理局行政处罚自由裁量权执行基准》和《工商行政管理机关行政处罚案件听证规则》，共核审各单位报送罚没款金额5万元以上重大疑难行政处罚案卷31件，同时按时向市政府报送行政执法目录。前三季度，市工商局共做出具体行政行为31896项，其中行政许可14327项、行政处罚662项、行政确认397项、行政强制90项、企业年检16421项。五是建立行政处罚决定书抄送制度。下发《关于加强行政处罚决定书抄送工作的通知》，要求各单位建立行政处罚决定书抄送制度，健全行政处罚决定书抄送登记手续，明确专人负责。六是做好依法行政工作责任目标评议考核发现问题整改工作。根据《关于对郑州市工商行政管理局2011年度依法行政工作责任目标评议考核发现问题进行整改的通知》（郑依法行政组〔2012〕61号）要求，全面开展自查自纠，并将整改情况按时上报市依法行政工作领导小组。七是推进服务型行政执法建设工作。制定《推进服务型行政执法建设工作实施方案》，把转变职能,构建管理、执法和服务三位一体的服务型行政执法制度体系，履行行政执法职责，改进行政执法方式，深入推进文明执法，积极倡导理性执法、平和执法作为推进服务型行政执法建设工作的重要任务，坚持整体推进、重点突破的方法，推进服务型行政执法建设。八是组织开展全市工商系统2012年依法行政责任目标考核工作。12月10-15日，对抽查的二七、高新、中原、新密等6个单位2012年度依法行政工作进行实地考核。

法制宣传 制定《郑州市工商局2012年学法计划》《郑州市工商局2012年法制宣传教育工作计划》，印发《郑州市工商局深入开展加强交通秩序管理优化城市交通环境法制宣传教育活动实施方案》，组织全系统参加国家工商总局举办的依法行政视频讲座，强化程序法治意识、提高依法行政水平。11月30日，组织全系统公务员开展《中华人民共和国行政强制法》和《中华人民共和国行政复议法》法律知识学习考试活动，全系统2500多人统一参加了考试。

规范性文件监管 制定印发《关于学习贯彻〈郑州市规范性文件监督管理规定〉的通知》,严格规范性文件的法定权限，依法科学合理确定制定主体资格和制定内容事项，切实增强法律制度的可操作性。切实做到规范性文件管理“机构、人员、任务”三落实，严格落实规范性文件合法性审核制度。对各处室制发的18份规范性文件，严格进行法制审核，提出修改意见6条，保证了文件内容无违反法律、法规、规章的相关规定，并按要求上报市政府备案。做好规范性文件清理工作，严格落实规范性文件有效期制度。经过一个月的清理，确认继续有效89件、废止123件。9月3日，下发《郑州市工商行政管理局规范性文件清理结果》（郑工商文〔2012〕138号），并在系统网站上向社会公布。制定印发《郑州市工商行政管理局关于对现有规章制度进行清理的通知》（郑工商文〔2012〕171号），集中解决规章制度存在的明显与经济社会发展不适应、与上位法或有关政策不一致、与工作实际不相符、相互间不协调等突出问题，有效维护全系统规章制度的规范和统一。

依法行政复议和诉讼 健全制度，依法参加行政复议、行政诉讼。2012年，市工商局作为被申请人的行政复议案件共39件，其中36件为职业投诉人因消费投诉提起。审结29件，结果维持8件，终止19件，责令履行2件。新增一审行政诉讼案件25件，审结21件，结果驳回诉讼请求9件，驳回起诉1件，撤回起诉9件，撤销2件。

【国家电子商务诚信交易试点】 2012年，国家工商总局确定郑州市工商局等5个单位为国家电子商务诚信交易试点局。9月21日，郑州市工商局承办的全国电子商务示范城市工商部门试点项目推进会在黄河迎宾馆召开，来自国家工商总局等10多个省（市）工商局的60多名代表参加会议。国家总局市场司对电子商务示范城市工商部门试点工作进行了部署。

【诚信示范市场创建】 2012年，郑州市工商局开展创建诚信示范市场活动，共有1个市场成为全国诚信示范市场，2个市场成为省级诚信示范市场，管城分局航海东路工商所获全国工商系统诚信市场创建活动先进单位。

【信访举报网络建设】 健全信访举报工作网络，不断扩大社会监督渠道。在“郑州工商红盾网”开通网上执法监督信箱、局长信箱和廉政建设举报信箱的基础上，增设“zzic”舆情信箱、“心通桥”网络问政平台和“郑州工商”网络微博等互联网监督渠道，受理对工商行政管理人员违法违纪和失职渎职行为的举报，变“信访”为“网访”，方便群众，提高效率。建立网络监督快速反应处理机制，网络问政平台在工作日4个小时内进行呼应式回复，提高信访举报工作效率。充分利用网络平台和计算机网络信息传递时效性的优势，及时确立信访信息预测预警的热点、难点和敏感问题，进行跟踪。认真受理信访举报投诉，严格执法执纪。定期对信访举报总量、特点、重点疑难复杂案件进行专题分析，分析研判信访举报热点与发展趋势和信访举报规律，为领导决策和开展专项行政监察提供依据。全年共受理群众来信来访、电话和网络举报80件，转办、督办省局、市纪委交办的信访举报件13件，投诉举报处理率和上级要结果案件按时结报率均达到100%。全市工商系统共处理“心通桥”网民诉求事项423条，转办52条，办结337条，办结率92%，网民满意率92.3%。

【办事大厅工作】 2012年，郑州市工商局办事大厅依法对审批主体、事项名称、程序、审批和收费的标准及依据、联系电话、办理结果进行公开，并及时更新相关内容。全年共受理业务登记1126件，为企业、商户等社会群体提供档案查询20838件，回答网上咨询5700多条，回复“局长信箱”83件，实现按时办结率100%。

郑州市工商局办事大厅共设有17个窗口，主要服务内容有：企业（含外资）注册登记、年检；国税登记；地税登记；代码证登记；外资审批；银行收费；行政事业性收费；刻章；群众诉求等业务及相关业务咨询。

办事大厅“十项服务承诺” 市局在全系统推出“十项服务承诺”，不积压行政审批事项，压缩审批时限，简化办事程序及手续，提高办事效能。一是实行“四公开一监督”制度。二是实行首问负责制度。三是实行限时办结制度。凡申请人申请合法、手续完备、材料齐全、符合法定程序的请办事项，名称预先核准、股权出质登记、个体工商户登记和验照、企业年度检验当场办结；各类企业设立登记、变更登记、注销登记办理时间由法定的15个工作日压缩到7个工作日内办结。四是实行“四清”服务制度。五是实行“一审一核”和“独立审核”制度。六是推行预约服务、延时服务和跟踪服务。七是实行重点企业联络员制度。八是鼎力支持就业与再就业。九是实行文明服务制度。十是严格执行有关禁令规定。

（李振南）

审计监督

【概况】 2012年，郑州市审计机关共完成审计项目1088个，审计调查项目42个，共查出违规资金14.2亿元，管理不规范资金99.6亿元。经审计处理，促进财政增收节支8.4亿元，核减政府工程投资5.7亿元，移送司法机关、纪检监察等部门处理事项26件，提交的审计工作报告、信息被采用260篇。

【预算执行审计】 2012年，郑州市预算执行审计共涉及25个部门和单位，对5个专项资金进行审计调查，查出应上缴财政资金5.4亿元，挤占挪用专项资金4489万元，滞拨专项资金3.8亿元。深入贯彻《审计署关于进一步加强财政审计的意见》精神，把财政审计的重点放在推动建立健全更加统一完整的政府财政和预算管理制度上，着力拓展财政审计的范围和内容，努力构建财政审计大格局。向市十三届人大常委会第三十次会议作的《关于2011年度市本级预算执行及其他财政收支的审计工作报告》首次实现网络直播；审计整改报告被国内多家知名新闻媒体刊登报道，进一步扩大了审计工作影响力。

省审计厅厅长李笃铭莅临郑州市审计局调研

【投资审计】 2012年，郑州市投资审计坚持服务郑州都市区建设，进一步拓展加大投资审计的广度和力度，颁布实施《郑州市市级临时机构国有资产管理暂行办法》，为加强建设项目管理，提高政府投资综合效益发挥了积极作用。一年来，全市共完成工程竣工结算审计和评审项目560个，核减政府工程造价5.7亿元。市局完成竣工决算审计项目13个，核减工程造价2亿元，核减率达10%；二七区核减1.4亿元，实现县区级投资审计核减突破亿元；新郑市、荥阳市、中牟县的核减金额都在3000万元以上。同时，对地铁建设工程、奥林匹克体育公园和三环快速化等重点建设项目实施跟踪审计，确保工程资金的安全完整。

【专项资金审计】 2012年，郑州市专项资金审计加强对城镇化建设资金的审计监督，促进公共资源配置更加科学合理，切实维护人民群众的利益。开展的对郑州市省级土地整理项目建设绩效情况和资金管理使用情况的审计，揭示和查处政策执行、项目建设和资金使用中存在的问题，促进土地整理工作健康有序发展。开展的市公共住宅资产负债损益审计项目，市政府针对审计提出的发行企业债券的建议出台4个会议纪要，审计成果进一步转化为对企业有帮助的具体政策。开展的中小学校舍安全工程跟踪审计、农村饮水安全村村通自来水工程审计、亚行贷款旱作可持续农业项目和世界银行贷款生态畜牧养殖项目等审计项目，在查清真实情况的基础上，反映问题，分析原因，提出改进建议，确保资金规范运行。

【经济责任审计】 2012年，郑州市经济责任审计牢牢把握权力运行与责任履行两个重点，不断加强计划管理和

郑州市审计工作会

结果运用，进一步建立健全经济责任审计工作领导小组联席会议制度，制定下发一系列规则和操作指南，经济责任审计稳步推进。全年共对161名党政领导干部进行了审计，查出违纪违规资金2亿元，管理不规范资金32.4亿元，有效发挥了经济责任审计在推进党风廉政建设、加强干部监督管理方面的积极作用。进一步扩大任中审计范围，将政府主要部门负责人任期满3年、事业单位主要负责人任期满8年全部纳入；探索试行县（市）区书记和县（市）区长、法院院长、检察院检察长的同步审计，进一步提升审计效能。市局对市客运管理处的经济责任审计项目，被省审计厅评为精品审计项目；惠济区对该区卫生局的经济责任审计项目受到省审计厅表彰；金水区、新密市、上街区、管城区、中原区、巩义市等县（市）区的经济责任审计也取得长足进步。

【专项审计调查】 2012年，郑州市专项审计调查围绕促进宏观财税政策的贯彻落实，对财政超收收入、公立医院医疗政策执行、餐饮业重点税源单位税费征管等情况开展专项调查，揭示了政策执行过程中相关措施不完善、不配套、不衔接以及政策目标未实现等问题。围绕环境资源保护和新农村建设，对市污水处理企业运营状况和农村饮水安全村村通自来水工程开展专项调查，得到市人大常委会的高度评价，被列为专题询问和调研项目。围绕维护财政资金安全和效益，对人防工程易地建设费、市地方融资平台公司和公检法司系统基础设施建设情况等开展专项调查，多个项目被省审计厅评为优秀审计项目，受到市领导批示肯定和省审计厅通报表彰。市局被省审计厅授予政法基础设施项目建设情况审计调查先进集体称号。

【社保资金和保障房安居工程审计】 2012年，对国务院交办的社保资金和保障房安居工程审计两项重大民生审计项目，郑州市审计部门按照上级统一部署，先后组织县（市）区审计局368名审计人员，组成32个审计组，对新乡市12类18项社会保障资金和洛阳市保障性住房的投资、建设、分配、运营等情况进行审计。揭露了各项社会保障资金在筹集、管理、分配和使用中存在的突出问题，并提出了针对性建议，在完善社会保障制度体系，切实保障和改善民生方面发挥了积极作用。郑州市审计局获全国社会保障资金审计先进公务员集体称号；登封市审计局获全省社会保障资金审计先进集体称号。

【临时性审计任务】 2012年，郑州市审计局在计划审计项目之外，接到市委、市政府交办的打击处置非法集资及规范整顿担保机构工作、拜祖大典经费审计、市委组织部远程教育专项资金审计、全市政法系统基本建设项目债务核查、三环快速化跟踪审计等临时性工作6项，先后共派出审计人员60余人次，圆满完成了交办任务。在打击处置非法集资及规范整顿担保机构工作中，市审计局在负责河南华大投资担保有限公司相关事宜的同时，还抽调15人参与市打击处置非法集资专案组工作。华大公司和所有5起央批案件已全部移送起诉进入司法程序，审计工作帮助挽回群众经济损失，维护了社会稳定。

【审计信息化建设】 2012年，郑州市审计部门依托信息化建设，提高工作效率。通过建设审计专网，畅通了上下级审计机关信息传递渠道，提升了数据分析能力，提高了工作效率；通过开展培训，计算机审计骨干人才不断成长，审计信息化程度不断提高。2012年，郑州市审计部门有5篇计算机审计方法入选审计署计算机方法库；在审计署和省审计厅AO应用实例评选活动中，分别有11篇和15篇获奖，其中《透视排污费征收管理系统AO显神威》获审计署优秀奖。郑州市审计局被省审计厅授予AO应用实例征集活动优秀组织单位称号，并在全省金审工程应用推广会上介绍经验。

【审计质量建设】 2012年，郑州市审计部门健全项目管理，提高审计质量。项目安排科学化，根据经济社会发展和市委、市政府工作需要，科学安排审计项目。结合国家节能减排政策和郑州现状，自主实施了对市污水处理企业运营状况的专项调查，促进了相关企业整合和节能减排工作的开展，其成功经验也被省审计厅借鉴，作为2013年一项行业审计调查在全省开展。业务标准规范化，结合新准则，重新制定了《精品审计项目评选标准》，明确审计工作各个环节的工作目标和质量要求，进一步完善审计质量和审计时效控制方法。审计结果共享化，2012年，同时对5个长期未审的政府驻外办事处开展审计，将共性问题统一整理汇总利用，在提高效率、节省人力的同时，有效发挥审计监督合力。

【审计成效管理】 2012年，郑州市审计部门注重宏观分析，注重分析揭示重大违法违规问题。针对重点领域和关键环节，坚持查深查透，依法揭露和处理；注重分析反映经济社会发展中的突出矛盾和风险隐患，通过向市委、市政府提交《审计综合报告》《审计情况反映》等领导参阅材料，为服务决策、防范风险和加强科学管理提供服务；注重分析体制机制制度问题，通过对“三农”问题、公共基础设施建设跟踪审计风险、金融企业领导人员经济责任审计评价体系等课题的研究，以理论创新指导审计实践。

（杨小娜）

物价管理

【概况】 2012年，郑州市价格工作按照“稳增长、控物价、调结构、惠民生、抓改革、促和谐”的宏观要求，充分发挥价格杠杆作用，为郑州市经济健康发展与社会和谐稳定提供了良好的价格环境。-12月，居民消费价格指数（CPI）与上年同期相比累计上涨2.7%，比河南省价格总水平高0.2个百分点，比全国价格总水平高0.1个百分点，在全国36个大中城市中处于中等水平，完成了年初制定的4%左右的调控目标。

【价格调控】 2012年，郑州市物价部门始终把保持价格总水平基本稳定作为首要任务，把保障改善民生作为出发点和落脚点，不断深化和落实“坚持依靠群众、推进工作落实”长效机制，大力推进平价商店建设，各项举措取得新成效。一是加大价格监测力度，提高分析预警能力。增加了价格监测的频次和覆盖面，全面加强了市场价格的监控。共监测品种664种，向国家价格监测中心和省发改委上报监测报表累计2412次、上传价格监测分析资料95篇，向市委、市政府报送《价格监测快报》69期，完成《郑州价格》12期，进行专项调查32次，为政府决策提供重要依据。门户网站全年上传更新各类信息3.6万条，全方位多层次的履行价格信息发布和信息公开功能。二是积极开展涉农产品生产情况调查和成本监测，认真做好定期和调定价成本监审。2012年，完成了《郑州市生猪生产成本调查分析报告》《中牟县大棚西瓜生产成本及收益情况调查报告》《鸡蛋价格快速上涨的原因分析》等专项调查。先后制定了经济适用住房成本监审办法和民办教育成本监审办法，共对经济适用房、学校住宿、医院床位费等36个项目进行了成本监审，涉及金额40亿元，核减不合理费用18亿元。三是加大价格调节基金征收力度，发挥扶持生产、平抑物价作用。2012年在开发区和电信、电力、烟草、装饰装修等4个行业开征价格调节基金，征收渠道统一交由市地税部门代征，进一步加大了征收力度。全市共征收价格调节基金近4.17亿元（其中市本级1.7亿元）。使用价调基金48万元对低收入群体进行补贴；使用价调基金879万

2012年1-12月居民消费价格指数对比表

（以上年同期为100）

郑州	1月	2月	3月	4月	5月	6月	7月	8月	9月	10月	11月	12月	累计
CPI	104.6	103.1	103.6	103.3	103	102.3	102.1	102.2	102.2	102	102.3	102.6	102.8

2012年1-12月八大类价格指数对比表

名　称	1月	2月	3月	4月	5月	6月	7月	8月	9月	10月	11月	12月	累计比
居民消费价格总指数	105.1	103.3	103.9	103.8	103.1	102.0	101.7	102.2	101.8	101.4	101.8	102.2	102.7
一、食品	113.4	106.7	108.7	108.9	107.1	103.1	102.3	103.7	101.9	100.6	102.4	103.7	105.1
肉禽及其制品	127.1	114.8	112.6	110.8	108.0	100.1	95.3	94.9	93.9	95.5	98.4	100.2	103.6
蛋	92.0	81.0	90.3	88.0	84.5	93.0	93.1	98.7	99.9	102.6	107.0	113.3	95.4
菜	133.5	106.2	121.3	131.5	132.6	108.1	108.0	121.9	111.4	96.0	108.9	112.5	116.0
二、烟酒及用品	103.6	103.8	102.9	102.3	102.7	102.3	101.2	100.6	99.2	99.5	98.8	99.8	101.4
三、衣着	100.9	101.0	101.2	100.6	100.0	99.8	100.1	100.3	100.5	100.0	99.6	99.8	100.3
四、家庭设备用品及维修服务	102.1	102.5	102.4	102.5	102.6	102.7	103.6	103.3	103.2	102.7	102.3	102.7	102.7
五、医疗保健和个人用品	100.4	101.1	100.9	101.2	101.1	101.0	100.6	100.8	100.9	101.3	100.9	101.3	101.0
六、交通和通信	100.8	100.9	101.0	100.8	100.7	100.3	99.6	99.6	99.9	100.0	100.0	99.8	100.3
七、娱乐教育文化用品及服务	100.3	100.4	101.0	100.7	100.8	100.5	99.7	99.7	100.6	100.6	100.1	100.1	100.4
八、居住	103.4	103.3	103.2	102.8	102.5	103.6	104.2	104.5	104.5	104.7	104.8	104.1	103.8

元对11个申请使用价格调节基金的种植和养殖企业项目进行扶持；使用价调基金667.2万元扶持生猪生产，储备活体猪5.56万头。四是积极开展平价商店建设，努力构建政府调控平台。2012年，市政府批准市物价局提出平价商店建设意见，在全市大型社区建设平价商店，首批10家平价商店于2012年11月28日正式营业，全年建设50家的任务顺利完成。建设目标是：2014年实现50%覆盖率，2016年实现全覆盖。具体要求是：平价商店销售的蔬菜价格要有15个品种低于周边平均价格的15%，要有5个不高于1元的菜品，其销售的粮、油、肉、蛋、禽的价格也要低于周边平均价格5%。

【价格管理】 2012年，郑州市积极落实产业集聚区电价政策，对位于郑州市县域内的产业集聚区的大工业企业进行调查，执行每千瓦时优惠0.08元的省网直供电价政策，全市新增受益企业24家。

支持出租汽车行业发展，将出租车起步价由6元上调为8元。对郑州市四环内执行1.5元票价的7条线路实行1元票价的政策。进一步完善机动车停车场差别化收费政策，加强了公共停车场收费管理工作。

降低532个品种、3216个品规的药品价格。在成本监审基础上，对市中心医院、市妇幼保健医院等8家医院的床位费标准进行审批。

贯彻省发改委《关于提高2012年稻谷最低收购价格的通知》，将新粮上市的每50公斤早籼稻最低收购价格提高到120元，比2011年提高18元，保护了农民的种粮积极性。对农副产品流通销售环节收费进行清理规范，继续对涉及11个行业（部门）的17大类34项收费进行认真归纳梳理，减少农副产品生产和流通成本。

在成本监审的基础上，对郑州市动物园门票价格进行重新核定，门票价格调整为30元/人。同时出台了低保家庭人员免票以及实行月票、年票等优惠措施。

严格保障性住房价格审批。全年共审核经济适用住房项目17个，总建筑面积126万平方米，多层销售基准价格1850元/平方米，高层销售基准价格2855元/平方米。进一步规范商品住房销售价格行为，落实商品住房明码标价制度。开展公共租赁住房租金标准调查和测算，出台公共租赁住房租金标准，进一步完善全市多层次住房供应和保障体系。针对群众反映的小区停车收费、水电公摊等物业服务收费热点问题及服务与收费质价不符问题，市物价部门起草了新的《物业服务收费管理办法》，对收费管理模式进行改革，上报市委、市政府审定。对新申报的物业服务收费小区，严格收费等级标准审批，切实维护业主利益。全年共审批一、二级物业服务收费小区11家，公示率达到100%。

做好殡仪（葬）服务收费管理工作，对郑州市殡仪馆收费项目和标准进行重新审核，落实政府免收市民的932元四项基本殡仪（葬）服务收费。

加强教育收费管理，对郑州市10多所公办高中的择校费进行下调。

【收费许可管理】 2012年，共对教育、卫生、市政等39个部门（系统）的680个收费许可证进行年审，对全市近300个行政事业性和经营性收费项目进行清理整顿，对国家和省、市政府明令取消或停止的收费项目予以取消，对不在办证目录的收费项目予以注销。2012年年审共涉及金额46.11亿元，其中，行政事业性收费项目67项，比2011年减少10项，涉及金额17.22亿元。涉企收费金额9.49亿元，比2011年减少3702万元。注销、收回收费许可证6个，取消和停止收费项目1项1个标准，降低收费标准5个，建议整改单位17家。整顿规范社团收费行为，会同纠风等部门出台相关文件，降低3个收费过高协会的收费标准。

【价格监督】 2012年，郑州市先后开展了涉农收费、节日市场价格、医疗卫生服务价格、教育收费、行政事业性收费、商品房价格等重点和专项检查，对涉及生产、流通、消费等各个领域的价费进行全面检查，规范了各类价格收费行为，保障了群众的合法权益。2012年，全市共查处143件价格违法案件，实施经济制裁366.57万元，其中，没收违法所得157.54万元，罚款209.03万元。

进一步加强12358价格举报电话、ZZIC等网络舆情办理及办事大厅工作。全年价格举报电话共接听投诉、咨询15443人次，接待群众来访472人次，对来电、来人、来信等各类群众投诉共立案437件，办结431件，案件查处率100%，办结率98.6%，为消费者退款650余万元。受理各类网络舆情1348件，办结率100%。有效化解了价格矛盾，维护了群众的合法权益。

【价格服务】 2012年，郑州市物价管理部门贯彻落实《河南省赃物罚没物管理条例》和《郑州市涉案物品价格鉴证条例》，开展涉案物品价格鉴证工作，抽调人员投入打击非法集资案件扣押、追缴、没收物品价格鉴定工作。全年共办理涉案物品价格鉴证业务892件，标的总额7.48亿元。

为方便服务对象，从业务处室选调4名业务骨干充实到办事大厅，行政审批事项全部移交办事大厅办理，实行一站式服务。全年办事大厅收件289件，发件289件，办结率100%，接受价格咨询800多人次，受理事项答复率达到100%，实现“公开、便民、快捷、高效”的工作目标。

【价格管理长效机制建设】 2012年，郑州市物价管理部门认真落实“坚持依靠群众、推进工作落实”长效机制，严格按照“网格覆盖、条块融合、责权清晰”的原则，围绕“责、权、事”相统一和“低成本、高效率、可持续”的要求，在全市范围内初步建立“全覆盖、无缝隙”的价格网格化管理体系。

一是成立机构，制定实施方案。成立长效机制领导机构，制定《郑州市物价局创新网格化管理机制实施方案》，明确网格化管理的工作任务、工作流程、工作体系、工作职责。市局16名县处级以上领导干部分包各县（市）区，人员到位，责任到位。

二是细化任务，扎实推进网格化工作。针对价格工作特点，细化10项任务，下沉6项职责，运用4项机制，采取7项措施，力争使网格工作人员人人能当价格“五员”（价格政策宣传员、价格行为监督员、价格管理指导员、价格矛盾调解员、价格动态监测员），价格监管服务工作融入三级网格中。

三是探索途径，创新网格管理模式。第一建立行业网格。利用学校、医院原有的物价监督员制度建立教育、医疗行业网格，努力解决教育、医疗乱收费问题。全市共建立行业网格86个。5-7月共对6个区18所幼儿园、17所小学、9所中学进行教育行业网格排查，排查重点是幼儿园的保教代收餐费、小学初中的捐资助学费及高中阶段的中外联合办学、超“三限”收费等。9月上旬，通过行业网格直通道，对中小学义务教育乱收费情况进行深入排查。5-8月，利用医疗行业网格对全市14家医疗机构进行排查。通过网格排查，对存在价格违法行为的8家市级医院和2家县（乡）级医院下达了行政处罚决定书，共收缴罚没款188万元。第二组建集团网格。依托大型连锁超市、商场、批发市场组建了总部、分店为体系的集团网格系统。利用集团网格对遍布全市的300余家超市和商场的明码标价行为进行规范，极大地节省了人力、物力和时间。截至年底，丹尼斯、世纪联华、大商等集团网格系统组建完毕。第三依托网格深入开展“价格服务进万家”活动。以价格服务进社区、进商场为龙头，扎实开展价格服务“七进”活动。2012年，市物价局通过网格排查、发现、解决属于价格职能范围的各类问题1160起，其中，医疗价格服务收费、物业服务收费、都市村庄电价、商品房销售价外收费、停车收费、涉农收费、明码标价等问题是群众反映强烈的热点问题。对群众反映强烈的商品房明码标价问题，价格管理部门按照网格分工，组成16个商品房销售明码标价专项检查工作领导小组，由下沉到各县（市）区网格平台的分包领导担任组长，认真开展检查工作。

四是以驻村帮扶工作为切入点，积极开展农村价格管理网络的建设。按照长效机制的工作要求和物价部门的职能，结合工作队联系的西村镇的实际，制定了《郑州市物价局关于创新农村价格管理机制，强化农村价格服务职能试点工作实施方案》，着力构建基层价格服务、管理和自治有效衔接的管理体系，以点带面，扩大物价部门职能辐射范围。通过网格化管理平台，西村镇共排查发现各类矛盾问题322条、社情信息43条。

（张国斌）

市长马懿为获得市长质量奖的单位颁奖

质量技术监督

【概况】 2012年，郑州市质量技术监督工作认真贯彻省局“十二字”方针，紧扣郑州市“三大主体”工作，以质量立市为抓手，以提质增效为保障，以网格化管理为依托，不断加强班子建设、队伍建设、基层能力建设、党风廉政建设及精神文明建设，紧贴地方经济社会发展大局，开展提质增效活动，充分发挥职能作用，各项工作取得丰硕成果。郑州市质量技术监督局被国家质检总局授予全国民生计量工作先进单位、全国质量统计分析工作先进集体、全国质检系统法制创新优秀奖，被省总工会授予“五一劳动奖状”，被省质监局授予目标管理优秀单位、精神文明创建优秀单位、执法打假优秀单位、基层能力提升优秀单位等，“群发食品安全黑名单”全国协查机制入选《中国质量报》地方质监十大亮点，省局表彰的十强县区局郑州市占4个。市质监局网格化管理成为全市部门的标杆，长效机制考核位居全市33个具有执法管理职能部门的第一位。

【质量立市工作】 2012年，郑州市在质量立市工作方面，一是着重建立长效机制。深入贯彻《国务院质量发展纲要》，制定《郑州市人民政府质量立市“十二五”规划》和《郑州市贯彻质量发展纲要实施意见》《郑州市2012年质量立市工作考核方案》，组织质监、工信、建委、农委、食药、畜牧等质量立市成员单位对全市各县（市）区、开发区质量立市工作进行考核。二是推行先进管理模式。共组织5期卓越绩效管理模式及政府质量奖相关知识培训，郑煤机、好想你枣业、郑州机场、中铁七局等4家企业荣获河南省省长质量奖。首次将市长质量奖评审范围扩展到公共服务领域，经专家评审、市政府常务会议研究，华润燃气等5家单位获郑州市市长质量奖。三是开展名牌培育争创。培育推荐57家企业的58种产品申报河南省名牌，经评审，44种产品获得“河南省名牌产品”称号，其中港中旅（登封）少林文化旅游服务有限公司和河南小樱桃动漫集团有限公司获得河南省服务名牌称号，郑州市培育推荐数、获得名牌数均位居全省第一。全市“河南省名牌产品”总量为138家企业的141种产品。

【食品质量安全监管】 2012年，郑州市在食品质量安全监管方面，一是严格行政许可把好准入关。2012年共受理315家企业369个产品的食品生产许可申请；发放食品生产许可证288家企业345张证书；行政不予许可29家29种产品；完成食品生产企业委托加工备案154家，制作悬挂“四牌公示”牌2028张。二是严格证后监管提升合格率。全年有1776家次4070批次产品接受省、市两级监督检查，抽样合格率为96.98%，比2011年提高4.54个百分点，对68家企业96个批次不合格产品实施整改（部分企业停产、转产）。三是强化宣传不断提升企业公德心。举办行业道德讲堂625次，开展食品安全进社区（学校、企业、乡村）宣传活动60余次，印发资料2万多份（张），受众达2.3万多人次。四是探索黑名单制度引起全国关注。“群发食品企业黑名单”制度是2012年质监系统的工作创新，在《中国质量报》2012年最难忘的质量记忆评选中，被评为“2012质量之光”活动年度地方质监亮点第三位。

【标准化】 2012年，郑州市实施的标准化战略，一是大力推行行政审批

市质监局在郑州东站投入使用前夕组织安全监察人员检查站内电梯情况

服务标准化。通过加强引导、开展培训，新密市、郑东新区等7个政府行政服务中心顺利通过省局组织的验收，成为河南省服务标准化示范单位，占全省县区行政审批服务中心的48%。二是积极服务农业标准化。国标委组织第七批农标项目建设中期考核，河南省在建的3个项目中，郑州质监局承担的大枣种植精品示范区获得最高评分。新郑黄帝故里、郑州圆方物业、中牟行政审批服务中心的标准化项目被国标委批准为国家级服务标准化建设项目。三是制定标准争取话语权。参与起草现代《物流编码》国家标准1项，《木塑产品术语定义》行业标准1项；组织制、修订省地方标准7项、市农业地方标准2项。对3个企业的5个产品进行采标确认，2家企业通过标准化良好行为企业验收。筹建“河南省加油机”“河南省非电量保护”两个省级标准化专业技术委员会。四是实施管理工作标准化。将标准化原理、方法与网格化社会管理有机结合，组织编写《质量技术监督网格化监管巡查手册》，编制《郑州市质量技术监督局机关标准化管理手册》，使网格化工作目标更明确，流程更清晰，过程更简单，方法更实用，运行更有效。

【重点产品质量监督】 2012年，郑州市在重点产品质量监督方面，一是加强工业产品生产许可证管理。对工业企业实行监管分类和产品风险评级工作，全市550家企业实行生产许可管理的产品100%取证。防水卷材、水泥、电动自行车三类一级风险产品65家生产企业全部实施分类监管。加强对获证企业的年度审查工作，对企业（以重点产品为主）从生产设备、原辅材料、产品出厂检验的原始记录、检验报告、产品标识等进行检查，年审覆盖率达99.6%。二是建立工业产品监管制度。将辖区所有生产企业纳入监管范围，实施定检计划。围绕节能减排等政府中心工作和消费者关心关注的重点产品，安排并组织实施市定检计划及专项监督抽查。对辖区建材、三表、电动自行车、家具等70余种工业产品进行监督检查，共抽查1388个批次的产品，合格率90.9%，企业定检覆盖面达到95%以上。统筹安排专项监督抽查，开展建筑防水卷材、电力电缆、人造板等7类产品“三查”活动，督促生产企业全面落实产品质量安全主体责任，有效加强了对获证企业的后续监督。三是加强专项治理和执法打假力度。在办理案值和影响较大的案件时与公安部门配合，做到重拳、联合、实效。共查处违法案件665起，查获货值815.1万元，移送公安机关追究刑事责任案件9起。

【特种设备安全监管】 截至12月23日，全市特种设备总量为66813台，其中，锅炉5747台、压力容器12376台、电梯31205台、起重机械13788台、厂车3464辆、游乐设备229套。2012年新注册登记特种设备9508台，其中，电梯5590台、压力容器1443台、锅炉42台、起重机械2059台、厂车709辆、大型游乐设施62套、压力管道107条。办理车用气瓶使用登记证8598个，其他各类气瓶使用登记26956个，培训办理各类特种设备作业人员证10288个。为确保全市特种设备安全，下达了特种设备安全监察工作目标管理责任书。第一，推行锅炉悬挂安全警示牌制度。警示牌内容包括锅炉安全检查事项、锅炉使用注意事项、紧急停炉的操作程序、警示语、使用单位的有关信息以及网格监管人员信息。通过悬挂《锅炉安全警示牌》，进一步提高了锅炉安全使用的监管效能。第二，全市90%以上的锅炉安装了低水位报警装置。其次在全市推行电梯远程监控系统。推动部分企业和单位安装600余台远程监控系统，初步建立了科学监管系统。第三，重点监控设备的注册登记率、定期检验率、持证上岗率、事故结案率均达到100%。全市系统共出动人员8234人次，检查生产和使用单位3791家次，查出各类安全隐患1039个，下达监察令994份，解决问题872个，及时消除了各种安全隐患，没有发生特种设备重大或特别重大事故。

【民生计量】 2012年，全市计量检定技术机构共完成强检计量器具检定49.8万台（件），涉及加油机、水表、电能表等25种计量器具。组织开展计量专项整治工作。检查全市粮食收购单位6家，强检计量器具受检率由检查前的94%提升到98.9%；检查全市12家公路治超站；检查加油机生产企业2家，加油站208家；对12102件热量表开展首次强制检定；对全市284家企业的902个批次的样品进行抽样检测，合格率97.3%。计量惠民工作。开展“光明行动进校园”“计量惠民进社区”活动；加强出租车计价器管理，在15天内对全市1.06万台出租车计价器进行调整，在调整期间没有出现群体投诉和突发事件；“5•20”世界计量日活动现场对市民关注的血压计、验配眼镜、民用四表、人体秤等关系市民生活的计量用品进行免费检测服务，向验配眼镜市民发放价值3万元的优惠卡，省会各主要新闻媒体均在醒目位置进行报道。强化计量器具生产企业监管。全市取得制造修理计量器具许可证的单位共81家（省局发证60家，市局发证21家），共抽查制造（修理）计量器具企业61家，对3家无证生产计量器具企业转稽查执法部门依法进行查处。

（樊宏颜）

安全生产监督管理

【概况】 2012年，郑州市安全生产监督管理工作以“安全郑州”创建为抓手，以网格化管理为载体，健全监管体系，落实监管责任，完善监管机制，夯实监管基础，弘扬安全文化，创新监管手段，全市安全生产形势稳定好转。2012年，全市共发生各类生产安全事故1555起，死亡203人，受伤1006人，直接经济损失3358万元。与2011年相比，事故起数下降23.1%，死亡人数下降15.8%，受伤人数下降8.5%，直接经济损失下降4.6%，实现安全生产主要指标“四下降”。市安监局被评为全国安全生产月先进单位、全国危险化学品安全法规知识竞赛先进单位、河南省安全生产工作先进单位。

【安全生产责任制落实】 2012年，郑州市贯彻落实《国务院关于坚持科学发展安全发展促进安全生产形势持续稳定好转的意见》，始终把安全生产工作摆在经济社会发展的首要位置，明确提出其他工作做不好，是不优秀，安全生产抓不好，是不称职，要以一万的工作努力防止安全生产事故万一的发生，坚决守住安全生产这条红线、底线、生命线。市委、市政府主要领导坚持每月听取一次安全生产工作汇报，不定期对重点行业进行明察暗访，在重大节日、“两会”、十八大等特殊时期，坚持每天召开安全生产碰头会，研究解决安全生产中的实际问题。市政府与各县（市）区和37个市直部门签订安全生产目标责任书，层层落实安全生产责任；同时，拿出300万元对上年度全市安全生产工作先进单位和先进个人进行表彰奖励，调动各级各部门抓好安全生产工作的积极性和主动性。

【安全生产规划】 按照省委提出的郑州要在中原经济区建设中“挑大梁、走前头”的要求，郑州市围绕市委提出的“在全国找坐标、在中部求超越”的站位，积极谋划安全生产工作。成立了由市委、人大、政府、政协相关领导组成的工业经济和安全生产工作领导小组，编制下发了《郑州市安全生产“三年提升五年保先”规划》《郑州市安全生产三年实施方案（2012-2014）》和《郑州市安全生产2012年行动计划》，对安全生产工作进行全面系统的谋划和部署。按照“统一规划、分级分期建设”的原则，确定安全生产监管监察机构达标、企业安全生产标准化达标、职业危害防治、重大危险源动态监控和预警系统建设、安全生产调度指挥和应急救援体系建设、宣传教育培训体系建设等六大工程。市政府下发《郑州市安全生产发展规划运行保障机制》，按照职责分工，逐级逐年分解落实规划指标。围绕规划确定的发展目标和主要任务，各县（市）区和主要行业主管部门制定年度工作计划，确保规划有计划、按步骤地得到落实。

【安全生产网格化管理】 从2月开始，市委、市政府集中抽调市直机关1/3的干部深入基层，建立“长期、对口、分片”联系帮扶机制，派驻群众工作队，落地一个村（社区），联系辐射一个乡（镇、街道），对村（社区）进行拉网式的安全隐患排查，建立安全隐患台账，协调督促乡（镇）街道落实安全生产责任，加强安全生产基层基础建设，建立健全安全生产各项管理制度。为促进工作有效落实，市安监局制定《郑州市2012年度县（市）区安全生产目标考核细则》《郑州市派驻工作队单位安全生产工作考核细则》《郑州市驻村工作队安全生产考核细则》《安全生产网格化管理工作实施方案》《实行留痕管理推动安全生产长效机制建设意见》，按照“逐级下沉、分包到位、全面融入”的思路，搭建网格化管理运行构架。一是市安监局12名班子成员和2名副县级领导干部分包15个县（市）区和开发区。二是35名机关干部和监察支队43名执法人员分包161个乡（镇）街道，融入第一网格，联系第二网格。三是各县（市）区安监局908名工作人员全部下沉到村（社区），融入第二网格，联系第三网格。坚持每周1–2次到县（市）区督查网格化管理工作或进行执法检查。全市安监系统1013人通过“定人、定岗、定责”，全部逐级下沉融入到基层网格，做到全员参与，构建一个全覆盖、无缝隙的安全生产网格化管理体系。制作图文并茂、内容丰富的农村社区安全宣传挂图3500套、安全主题宣传画1万张、安全知识扑克牌10万副，职业卫生知识手册10万本，分别送到群众工作队、三级网格以及部分农村、社区群众手中。2012年，各县（市）区通过网格排查共上报各类安全生产问题18951条，已调处18380条，调处率为97%。通过网格做好全市重点行业普查，向各县（市）区下发《对全市重点生产经营单位进行普查的通知》（郑安监管〔2012〕31号），普查重点生产经营单位7030家。《中国安全生产》杂志、《河南法制报》、市委网格化管理专刊等报道了郑州市安全生产网格化管理的做法。

【安全郑州创建】 2012年，郑州市在巩固安全创建成果的基础上，稳步推进安全郑州创建。一是注重宏观引导。制定下发《关于安全郑州创建的实施意见》《安全郑州创建2012年行动计划实施方案》和《安全郑州创建2012行动任务分解》等6个文件，进一步明确安全和谐型村镇、安全和谐型社区、安全发展型企业、安全保障型城市和安全生产监督管理机构标准化建设等五个方面的创建标准，对创建任务进行详细的分解，明确责任和时限，为安全创建工作提供政策指导。二是注重现场指导。10月31日，在管城区召开全省社区创建现场观摩会，全省各地市近200人现场观摩，有力宣传了郑州市安全创建工作经验，推动了安全创建工作的开展。三是注重验收督导。市政府加大督导力度，每周召开安全创建活动推进会，针对督导中发现的问题，及时指导和督促县（市）区政府整改落实。把安全创建工作列入《郑州市安全生产工作绩效量化评分实施办法》，每季度考核一次，对不能按期完成任务的，由市委、市政府主要领导约谈县（市）区政府主要领导。新郑市、金水区、管城区等11个县（市）区的安全保障型城市创建工作已全面开展，管城区、新郑市安全和谐型（村镇）社区创建工作经验，作为县（市）区安全和谐型村镇（社区）创建经验交流材料在全省进行推广。管城区安全社区创建工作已通过国家安全社区创建小组指导验收。交通、建筑、电力等3个行业（系统）有85%的企业开展安全创建活动；全市确立958个村（社区）、120家规模以上企业开展安全创建示范活动。做好郑州市企业（单位）安全生产信用信息的报送工作，2011年度的安全生产信用信息统计汇总报表和2012年郑州市企业安全事故信息（季报）报送至市社会信用体系建设办公室。

【安全专项整治】 2012年，郑州市组织在煤矿、建筑、道路交通、危化、烟花爆竹、非煤矿山、人员密集场所等13个重点行业开展安全生产专项整治。市政府安委会下发《关于深入开展2012年安全生产专项整治工作的通知》，全市各行业主管部门根据自身监管的行业（领域）特点，针对安全生产形势和存在的突出问题，明确专项整治重点，制定详细专项整治方案并扎实开展工作。各重点行业监管部门共成立督查检查组638个，出动执法人员5704人次，检查各类企业8712家次，责令改正隐患18069处，处罚单位298家，依法取缔关闭非法和不具备安全生产条件的生产经营单位536家。通过专项整治，有效地规范了全市安全生产秩序和企业安全生产行为。在人员密集场所消防专项整治方面，配合消防支队深入开展“清剿火患”行动。在道路交通专项整治方面，认真开展“道路客运安全年”创建活动。在危险化学品专项整治中，对近年开展的氮肥、乙炔行业和小化工专项整治、危险工艺的自动化改造等专项治理工作进行总结回顾和巩固提升。在非煤矿山专项整治方面，把井采矿山、资源整合矿山及长期基建矿山确定为安全生产专项检查的重点，郑州市在全省非煤矿山工作会议作典型发言。在春节期间烟花爆竹安全监管中，做好生产、批发企业和零售网点的安全监管工作，春节期间全市2家生产企业、14家批发企业、1678家销售网点均未发生安全事故。在尾矿库安全监管工作中，进一步落实和明确市、县、乡三级政府领导和企业主要负责人对辖区尾矿库的安全包库责任体系。在冶金行业安全生产专项整治方面，吸取辽宁鞍钢集团“2·20”重大责任事故及宝钢股份梅山钢铁厂

国家安监总局局长杨栋梁在省委常委、市委书记吴天君陪同下视察郑州市安全生产工作

"2·23"较大责任事故教训，积极开展冶金企业安全生产专项整治活动。在轨道工程施工安全整治中，指导市建委地铁专业监督站加大检查力度，加大对重点施工部位监控和检查频度，制定完善各类事故应急救援预案并加强演练。在建筑安全检查中，联合市建委、市重点办开展对全市在建重点工程专项督查。在渡口渡船专项整治活动中，会同市交运委联合下发《关于开展渡口渡船专项整治活动验收核查工作的通知》，对荥阳市开展渡口渡船专项整治活动情况进行验收核查。在黄河沿岸"渔家乐"整治工作中，市政府法制办牵头，安监局、环保局、农业局、交通局、旅游局等多个部门配合，积极开展黄河沿岸"渔家乐"专项整治工作。

【安全隐患排查治理】 2012年，郑州市安全生产监督管理工作牢固树立事故可防可控理念，坚持从事故源头控制抓起，实现从围绕事故抓安全向围绕隐患抓安全的转变。一是建立隐患排查治理长效机制。紧密结合重点行业领域安全生产专项整治工作，落实《安全生产事故隐患排查治理十项制度》《郑州市重大事故隐患销案制度》《郑州市事故隐患双向验收制度》等一系列规章制度，编印《安全生产隐患排查治理工作手册》，狠抓事故隐患的排查治理、登记上报、验收销案等环节，严格落实重大事故隐患政府挂牌和领导包案制度，对涉及多个单位的重大事故隐患，由市安委会或相关市领导组织协调，现场办公，跟踪监控，整改到位，形成政府统一领导、部门主动履职、各方积极联动的隐患排查治理模式。全年编制《重大隐患进展情况周报》77期。二是积极开展省辖市之间互查活动。郑州市到许昌市、安阳市分别督查了工贸企业有限空间作业安全生产治理情况、较大以上事故调查处理情况。济源市、南阳市对郑州市进行检查，促进了隐患排查治理工作的开展。三是加强十八大等重点时期安全隐患排查治理工作。市委、市政府主要领导在十八大期间带队督查安全生产工作，各重点行业监管部门共派出检查督查组228个，出动人员5800人次，督查企业7060个（家、处），查出隐患12680处，现场整改12046处，下达整改通知书58份，停产整顿12家，吊销资质17家，行政拘留10人、刑拘3人。2012年，全市共排查治理一般隐患94253条，整改隐患92685条，隐患整改率为98.3%。其中，工矿商贸排查隐患31869条，整改31540条，整改率99.0%；交通运输行业排查隐患62384条，整改61145条，整改率98.0%。列为市委、市政府挂牌督办的重大事故隐患12处，已全部按期整改销案。

【安全生产"大检查、大整治、大督查"活动】 2012年，郑州市从各局委抽调50多名副县级领导、400多名业务骨干，脱离原单位工作，开展安全生产"大检查、大整治、大督查"活动，共督查整改隐患7208处，其中市、县两级分别挂牌督办重大隐患28处和120处，通过督查活动的开展，整改、消除一大批安全生产隐患。市委、市政府从各行业抽调安全生产专家50多人，组成3个综合督查组和1个综合执法组，开展建筑行业、建筑保温材料、打非治违等多个专项督查，在督查检查中充分发挥专家优势，收到较好的效果。"三大"活动共督查企业1049家，督查整改各类隐患3540处，执法96处，处罚21万元。

【安全生产"打非治违"】 4月17日，在国家、省安全生产打击各类非法、违法、违规行为专项行动电视电话会议后，郑州市迅速进行安排部署，市政府成立领导小组，15个县（市）区政府、管委会和安委会主要成员单位也相继成立相应的领导机构。建立"打非治违"基础台账上报制度、日报告制度、周例会、周统计分析制度和月通报及跟踪督办制度。加大宣传力度，出动宣传车460台次，有线电视滚动播放相关内容1080分钟，发放各类宣传资料6万余份，营造"打非治违"专项行动的浓厚氛围。市政府成立13个专项督查组，不定期对各县（市）区进行督查，每月对各县（市）区进行考核，并全市通报，考核结果与年底评优评先挂钩，促进了专项行动的深入开展。自全市开展"打非治违"专项行动以来，共组织各类检查组7010个，出动人员37090人次，检查企业45210个，打击各类非法、违法、违规行为26674起，责令停产停业555家，关闭非法、违法企业203家。对非煤矿山明察和暗访相结合，充分调动基层安监部门的工作积极性，共对10家违法、违规矿山企业进行查处，全部责令其停止违法、违规建设生产行为。

【安全生产标准化建设】 为贯彻落实《国务院安委会关于深入开展企业安全生产标准化建设的指导意见》和《河南省开展冶金等工贸行业企业安全生产标准化建设实施方案》文件精神，郑州市制定下发《郑州市人民政府安全生产委员会关于全力推进企业安全生产标准化建设工作的通知》，对全市开展安全生产标准化建设工作进行安排部署。成立了由市政府主管副市长任组长，安委会有关成员单位主要领导为成员的郑州市安全生产标准化建设工作领导小组，负责组织指导全市企业安全生产标准化工作，明确提出冶金、机械、商贸等工贸行业（领域）规模以上企业要在2013年年底前，规模以下企业要在2015年年底前实现安全生产标准化达标创建工作。加大投入力度，全市用于企业安全生产标准化建设费用达到8500万元。编印了包含国家、省30多个有关标准及文件的小册子3000本，免费赠送给基层安监部门和企业。在危险化学品企业标准化中，做到"三个结合、一个联动"，即标准与落实企业主体责任工作的结合、与体系认证的结合、与企业程序化安全管理相结合，对加油站、制氧站等小微企业开展区域联动标准化。全市应达标的危险化学品生产企业115家，实际达到标准化三级水平共有121家，完成率超100%。应达标的15家非煤矿山企业全部完成标准化评定工作，通过国家二级评定标准审核企业3家、三级12家。其他行业安全生产标准化按照各行业

市长马懿视察轨道交通安全工作

郑州市安监局在新郑市考察学习网格化管理经验

的国家标准和行业标准，在逐步开展标准化达标工作。全市工贸行业有63家企业通过复评，达到一、二、三级标准，其中，达到一级标准化企业2家，二级标准化企业46家，三级标准化企业15家。交通行业开展了企业千分制标准化达标活动，有8家委属企业开展了达标活动。建筑行业共有2000个工地开展了安全生产标准化建设，达标230家，其中68家为省级文明工地。逐步开展安全生产责任保险推广工作。8–9月，组织对登封市、新密市等9个县（市）区安责险推广情况进行调研，查找推广工作中存在的问题，制定解决方案，2012年，全市有80%的危险化学品、烟花爆竹、非煤矿山等高危行业企业参加了安全生产责任保险。

【职业卫生监管】 2012年，郑州市在职业卫生监管方面，一是理顺职业卫生监管体制。经市编办批准，单独设立职业安全健康监督管理处，增加1名中层领导职数。从市卫生监督局划转3名事业编制及工作人员到市安全生产监察支队，为监察支队增加3名职业卫生监管编制。监察支队增设监察四科，增加中层领导职数1名，参与用人单位职业卫生监督检查。二是开展作业场所职业病项目危害申报工作。全市1160家企业申报职业病危害，完成比例70%，超额完成累计申报率65%的目标。三是深入开展重点行业工作场所职业病危害专项治理工作。对石英砂加工、木制家具制造、石棉矿山及制品、耐火材料和磨料磨具生产、水泥生产、机械加工等重点行业开展职业病危害专项治理工作，共检查企业732家，查出隐患2526条，现场整改893条，限期整改1633条，停产整顿27家，关闭取缔企业8家。四是积极开展建设项目职业卫生“三同时”工作。制定下发《建设项目职业卫生“三同时”监督管理实施细则（试行）》，11月，集中对各县（市）区建设项目职业卫生“三同时”工作开展情况进行督查检查。五是召开职业卫生监管现场会。8月30日，在河南雅宝家具有限公司组织召开职业卫生监管工作现场会，组织全市各县（市）区、开发区主管职业卫生工作的负责人，市政府安委会部分成员单位相关处（室）负责人参会。六是加强对劳动防护用品生产、经营和使用单位的监督管理工作。全年共检查生产、经营和使用单位16家，对申请登记的3家劳动防护用品生产、经营企业进行审查、登记备案。

【安全生产宣教培训】 2012年，郑州市围绕“科学发展、安全发展”的宣传主题，多形式多层次开展宣传教育培训活动。一是全面开展安全生产月活动。从6月1日起，深入开展安全生产月活动。6月10日在绿城广场开展形式多样的安全生产月宣传咨询日活动。副省长赵建才、省政府副秘书长程志明、省安监局局长张国伟，市长马懿、副市长马健等领导出席活动仪式。咨询日当天，主会场共有115家单位参与活动，布置展板380余块，设置咨询台145个，准备各种宣传资料30万余份，5000余人参与。安全生产月期间，全市布置展板8626块，悬挂标语29186幅，设置咨询台1960个，发放各种宣传资料150万份，现场受教育人员达到10万人。二是大力实施安全文化工程。在各类新闻媒体及各大商场、公园、沿街门店、公交车、建筑工地、乡村社区广泛开展安全生产宣传教育活动，使市民群众对安全常识抬头可见、触手可及。三是积极拓展安全教育渠道。在党校县处级和科级干部培训班增设安全课，在中、小学开设安全课程，在建筑施工单位设立农民工学校。四是加大从业人员培训力度。按照安全培训全覆盖的要求，在充实5个安全生产教育培训中心的基础上，市财政又拿出专项资金，按照每站补助10万元的标准，引导县（市）区新组建10个安全生产培训站，强化企业负责人、安全管理人员和特种作业人员安全培训，共培训企业负责人和安全管理人员16125人，培训特种作业人员10898人，切实提高了各类从业人员的安全素质。

【安全生产应急救援】 2012年，郑州市在安全生产应急救援方面，一是加强预案管理。市、县两级预案及市属以上企业预案做到全覆盖，其他单位和企业预案基本达到纵向到底、横向到边，15个县（市）区及管委会、35个重点市直部门和566家生产经营单位的应急预案修订完善并按规定备案。二是加大投入力度。仅6月份，全市就投入演练费用300余万元，新增应急救援车辆、卫星通信电话等装备器材近百件（套）。三是开展应急演练，不断提升应急处置能力。6月19日，由市安监局和市应急办、市建委联合举办郑州市轨道交通工程突发生产安全事故应急演练；6月27日，市安监局和郑州市尖岗水库管理处、河南省豫中地区安全生产应急救援基地共同举办郑州市水上安全应急演练活动。此外还组织危险化学品、矿山、特种设备、道路运输、校园逃生等多项应急演练活动。

【安全监管服务市中心工作】 围绕南水北调、西气东输和郑州航空港经济综合实验区建设等全市中心工作和重点工程建设，加强安全监管。一是围绕南水北调工程，规范非煤矿山建设项目“三同时”工作。严格落实“三同时”手续，在严格规范行政许可审查程序的同时，提高行政效能和服务质量，受省安监局委托审查报批办证企业21家。特别是对影响南水北调工程进展的突出问题特事特办，在不违反原则的前提下，优先安排，帮助完善相关手续。二是围绕西气东输工程，加大对石油天然气企业的安全监管力度。加强对全市石油天然气行业督查检查，特别是西气东输管道、门站等事关国计民生的燃气项目，市安监局组织专家进行现场检查。西气东输一线、二线等长输管线在郑州市所辖的新郑、荥阳、上街、中原、二七、中牟等都有长输管道和分输门站分布，管道占压导致的安全隐患问题日益突出。市安监局加强与市发改委、市公安局以及石油天然气企业的沟通和协作，协调地方政府明确责任，消除各类安全隐患。2012年，省、市安监局检查企业6家，协调督促整改管道占压2处。三是服务郑州航空港经济综合实验区建设。按照市委、市政府统一部署，市安监局一名副局长带领20名中层干部和执法队员进驻航空港区，帮助该区加强安全生产工作，有效消除了安全隐患，预防和减少了安全生产事故的发生。

（贾　辉）

国有资产监督管理

【概况】　2012年，郑州市进一步优化国有经济布局和结构。一是进一步贯彻落实郑州市第十次党代会、《中原经济区郑州都市区建设纲要》和《郑州市国民经济和社会发展第十二个五年规划纲要》确定的战略目标，加快全市国资国企发展改革和做大、做强、做优进程，郑州市在国资国企“十二五”规划基础上制定《郑州市国有资产监督管理工作实施方案》，进一步明确2012–2016年期间工作的指导思想、基本原则、发展目标、工作重点、主要任务和主要保障措施。二是市国资委制定《郑州市市管企业目标管理暂行办法》（郑国资〔2011〕74号），将“明确企业发展战略规划、逐年调整完善三年滚动规划；建立重大投资事项报告制度，严格履行年度投资计划、投资事项决策程序和报批手续；提高企业科技进步和自主创新能力，制定具体措施，努力形成具有自主知识产权的技术和产品；落实节能减排、环境保护目标责任制，实行年度总结汇报制度”列入目标管理进行考核，并与各市管企业签订目标责任书。

【企业发展战略规划审核监管】　2012年，郑州市加强企业发展战略规划审核监管。一是按照国家和省的要求，建立并不断完善市属企业发展规划滚动调整制度，进一步强化工作落实。下发《关于开展市属企业2012–2014年发展战略和规划编制工作的通知》（郑国资〔2012〕24号），布置2012–2014年发展战略和规划编制工作。二是对重点市管企业报送的发展战略规划进行备案审核，并作为规划和投资审核的依据。三是组织14家重点市管企业负责人和处（部）室负责人参加省国资委举办的国有企业发展规划专题培训。

【重大投资事项审核监管】　2012年，郑州市在重大投资事项审核监管方面，一是审核企业年度投资计划，把握企业投资方向。下发《关于报送“十二五”期间市管企业投资完成情况和2012年度投资计划的通知》（郑国资〔2012〕23号），要求企业在总结“十二五”投资完成情况的基础上，对2012年的投资情况进行规划，2012年计划投资项目36个，项目总投资为918.26亿元，均是固定资产投资项目，涉及供水、交通、污水处理、轨道和水利等行业，计划完成投资额56.33亿元。二是加强对企业报送投资事项的审核。市国资委相关处室提出书面意见，提交委主任办公会议研究，重大事项报请市政府。全年受理企业投资事项39个，累计投资43.27亿元。其中，市管企业出资11.21亿元，政府出资31.65亿元，市管企业以外单位出资0.41亿元。新批企业投资事项涉及精细化工、特种磨具、电子信息装备、交通运输、轨道交通、供热、供水及污水处理、都市区开发、地产置业及物业服务、保税与通关服务、文化传媒、酒店管理等。2012年新批准公司16家，其中，新批准组建市管企业4家，成立市管企业子公司12家。

【重点项目建设】　2012年，郑州市国资委系统重点项目建设工作得到新推进。一是根据市政府下发的《关于下达2012年度郑州市第一批重点建设项目的通知》，市国资委系统被列入2012年度省、市重点建设项目共有6家企业8个项目，累计总投资额61.7亿元，2012年计划完成投资3.2亿元。8个省、市重点项目分别是污水净化公司马头岗污水处理厂二期工程项目、南三环污水处理厂工程项目、双桥污水处理厂工程项目、交建投郑州综合交通枢纽公路客运站项目、交运集团郑州公路主枢纽客运北站项目、自来水公司刘湾水厂供水工程、郑州兰博尔科技有限公司搬迁技改项目和郑州金阳电气有限公司整体搬迁改造项目。按照市政府《通知》和市政府重点项目建设管理办公室有关要求，市国资委全力以赴推进项目建设进度，全年8个重点项目完成投资3.66亿元，占全年目标的114.38%。二是加强组织领导，成立市国资委系统重点建设项目协调推进工作领导小组，加大重点建设项目协调推进力度。建立、健全和落实全系统的目标责任制度、工作计划和工作方案，列为相关企业目标管理责任，与企业签订年度目标责任书，同时明确市国资委主管领导和责任处室。三是建立并不断完善工作机制，为重点建设项目的推进提供制度保障。市国资委系统针对重点建设项目的实施，建立和实行重点建设项目月报制度、季度检查和项目建设重点阶段检查制度、发现和解决问题台账制度、半年小结、全年总结等相关工作制度。市国资委每周向市重点项目办公室报送重点项目开工情况周报，每月报送重点项目进展情况月报。四是委领导加大重点建设项目协调推进力度。委主要领导和分管领导多次对重点项目推进工作批示和协调，深入施工现场了解工程进展和资金投入情况，协调帮助相关企业解决资金、进度、征地、建设等多方面的问题。五是组织5家企业10个投资项目申报2013年度省、市重点建设项目，为推进项目建设打下良好基础。

【与央企战略合作】　2012年，郑州市组织开展全市与央企战略合作并取得新成效。一是加强与央企合作项目的推进工作。全国“两会”期间，市长马懿、常务副市长胡荃、郑州新区管工委书记赵瑞东，新郑综合保税区管委会主任张延明、副市长马健等领导，带领市发改委、市国资委、市金融办和上街区政府、综合保税区管委会等单位主要领导，拜访国家发改委、中国银监会、国家民航局等部门，就郑州市深入贯彻落实国发〔2011〕32号文件精神、加快郑州都市区建设、产业发展、项目投资、支持郑州通用航空实验区建设等方面的工

市国资委组织参加市直机关运动会

市国资委与所联系办事处及分包社区共同开展平安建设、便民服务活动

作进行汇报，积极争取国家部委更多的指导、支持和帮助，取得了预期效果。还拜访了中国机械集团有限公司、中国铝业公司、国药集团等重点中央企业，以寻求双方更深层面、更多领域的合作。二是加强与中央企业的战略合作。市国资委拟定《2012年与中央企业合作工作计划》，在2012年国资监管工作会上作具体安排部署；制定《2012年郑州市与中央企业合作专项工作方案》，并由市对外开放工作领导小组以通知形式下发全市；以政府明电方式向各县（市）区人民政府，郑州新区、高新区、经开区、郑东新区、航空港区及市直有关部门下发《关于开展我市与中央企业合作项目大回访活动的通知》。促进各单位进一步健全与央企合作联席会议制度，扎实做好与央企合作的基础性工作。三是与央企的战略合作取得新成效。2012年，郑州市共与央企签约8个项目，累计总投资665亿元，名列省辖市前茅。9月24日，在省政府和国务院国资委举办的2012年中央企业参与中原经济区建设河南行集中活动重点合作项目签约仪式上，郑州市共有3个项目签约，累计投资金额350亿元，会外还与央企签订5个项目。

【对外开放和招商引资】 2012年，郑州市对外开放和招商引资水平得到新提高。一是参加第七届中国河南国际投资贸易洽谈会。3月23–24日，洽谈会在郑州举行，活动期间，市国资委积极组织企业，开拓招商途径，落实对接项目，寻求合作商机。同时，充分利用洽谈会平台，开展与央企项目合作的工作交流。二是组织参加9月24–26日河南省政府与工信部共同举办的2012年中国（郑州）产业转移对接活动。市国资委邀请了中粮集团、中国电力建设集团、航空集团等11家央企的22名领导参会，超额完成市委、市政府下达的邀商任务。

【节能减排】 2012年，郑州市进一步加强了市管企业节能减排工作。一是在制定市国资国企发展改革“十二五”规划中安排节能减排工作。与市政府签订环境保护目标责任书，承诺“督促我市国资企业将固体废物（含危险废物）、电子废物依法交有资质单位处置”，并列入市管企业年度目标管理，与各市管企业签订目标责任书。将节能减排工作纳入企业年度目标进行考核，进一步强化节能减排工作的落实。下发《关于开展固体废物（含危险废物）及电子废物集中处置工作的通知》（郑国资〔2012〕107号）和《关于转发〈2012年郑州市节能宣传月活动安排的通知〉的通知》（郑国资〔2012〕136号），要求市管企业进一步明确分管领导、责任处(部)室和责任人。建立健全管理制度，制定事故应急处置预案，完善内部管理台账，确保固体废物（含危险废物）、电子废物管理规范、安全、有序。

（卢　伟）

【国有资产统计分析】 2012年，市国资委圆满完成2011年度国有资产统计分析，并及时上报省国资委审核通过。统计结果显示，全市企业国有资产统计报表2011年汇编国有企业共261户，同比增长0.3%；2011年末企业资产总额1859亿元，同比增长13.4%;负债总额1380亿元，同比增长10.7%;年末所有者权益总额479亿元，同比增长22.2%；营业总收入234.9亿元，同比增长13.8%；利润总额19.5亿元，同比增长27.5%；净利润14.6亿元，同比增长24.1%；上缴税金17.8亿元，同比增长5.3%。2011年直接监管企业共39户，同比无变化；2011年末市管企业资产总额1280亿元，同比增长21.1%；负债总额1023亿元，同比增长16.7%；年末所有者权益总额257亿元，同比增长41.5%；营业总收入94.9亿元，同比增长11.3%；利润总额13.1亿元，同比增长65.1%；净利润9.6亿元，同比增长84.6%；上缴税金8.8亿元，同比增长17.3%。

【市管企业财务预算管理】 2012年，市国资委在市管企业中全面推行财务预算管理。制定印发《郑州市市属企业财务预算管理暂行办法》,在郑州银行等5家企业开展试点工作的基础上全面推行，使企业了解掌握企业财务预算的编报方法，初步建立了财务预算制度。

【市管企业目标管理】 2012年2月8–16日，市国资委依据与市管企业签订的2011年度目标管理责任书的内容，组成5个考核组分别对39家市管企业进行年度目标考核，目标管理领导小组成员、各目标管理责任处室和监事会对各市管企业责任目标完成情况进行综合评议，评出郑州银行股份有限公司等12家目标管理先进单位，3月29日，召开全市国企改革发展暨国资监管工作会议，对目标管理先进单位进行表彰，同时，与38户市管企业签订2012年度目标管理责任书。

【市管企业负责人经营业绩考核】 2012年，市国资委一是依据经审计的年度财务决算数据，按照市管企业2011年度的经营业绩考核目标值，对市管企业经营业绩完成情况进行全面考核，根据考核得分情况确定企业考核等级，其中，考核等级A级5户，B级8户，C级6户，D级5户，E级2户。二是确定2012年度经营业绩考核目标值。要求企业预报的目标值原则上不低于前三年考核指标实际完成值的平均值或者好于上一年度，并与“十二五”规划中郑州市经济发展速度相适应。对企业提出的预报目标值，市国资委与企业进行充分的沟通，最终以目标管理责任书的形式确定2012年度考核目标值。

【市管企业财务动态监测】 2012年，市国资委采取措施完善市管企业财务动态监测体系。一是印发《关于做好国有企业财务快报工作的通知》（郑国资〔2012〕77号），进一步明确财务快报的编报范围、级次、合并口径和汇总方法。二是扩大企业财务动态监测范围，按照省国资委部署，将各县（市）区国有企业纳入财务动态监测范围。三是加强动态分析和预测。以完善企业财务快报体系为切入点，充分挖掘财务数据信息价值，增加分

开展轨道交通工程“平安工地”创建活动

析内容，提高分析深度，每月编写有情况、有问题、有建议的《企业财务快报分析》，及时掌握和分析市管企业生产经营状况和财务状况，反映经营中存在的问题，预测生产经营走势，发挥财务动态监测体系的预警作用。

【市属融资平台公司建设】 2012年，市国资委推进“资本、资产、资金、资源”的整合优化，促进市属政府投融资公司向市场化经营的实业集团转变。组织拟定了《关于组建城市开发、地产和投资控股三大集团的框架性意见》，并经市委常委会、市委务虚会、市长办公会研究通过。提请常务副市长胡荃和副市长张建慧多次召开协调会，研究解决相关问题，提出具体工作意见，2012年共印发市长办公会议纪要10期，切实推动了工作的开展。按照“边融资、边组建、边整合、边完善”的工作原则，推动向市属政府投融资公司注入资产约190亿元。主要是将郑州国际会展中心房产、土地注入郑州市建设投资集团有限公司，市直管公房和公租房、廉租房的产权注入郑州公共住宅建设投资有限公司，政府储备土地注入市地产集团。市属11家政府投融资公司组建以来，累计融资440.7亿元，融资余额230.3亿元。2012年实现融资30.78亿元，与上年6.3亿元相比，增长388.6%。

【市管企业负责人经济责任审计】 根据中共中央办公厅、国务院办公厅《党政主要领导干部和国有企业领导人员经济责任审计规定》《郑州市市属企业经济责任审计管理暂行办法》和市管企业负责人离任情况，市国资委成立以来累计对28名市管企业领导干部依法进行离任经济责任审计，覆盖率达到100%。共审计资产总额750.76亿元，查出企业管理方面问题34项，涉及金额1.60亿元，集团监控方面问题9项，涉及金额1.15亿元，会计信息方面问题24项，涉及金额0.9亿元，经营决策方面问题7项，涉及金额3.14亿元，不良资产方面问题7项，涉及金额6.87亿元，其他方面问题1项，涉及金额43.13亿元。

【企业债券发行】 2012年，市国资委认真分析市属政府投融资公司的现状和优势，选择郑州控股、交建投、公共住宅、城建集团、路网公司为企业债券发行主体，及时启动发债程序。市金融办、市国资委与各发债主体公司，对有合作意向的9家券商，从综合实力、承销费率、区位优势等多方面进行对比研究，在充分尊重各发债主体公司意见的基础上，研究确定国泰君安证券等5家承销券商。制定发债方案，抓紧推进资产注入和资源整合，明确时间节点、责任单位和工作内容，准备19大类申报材料，力争完成发行企业债的申请上报工作。12月6日，城建集团成功发行“2012郑州城投债”16亿元，实现郑州市城投类企业债发行零的突破。同时，积极推进郑州控股10亿元、公共住宅8亿元、交建投16亿元、路网公司18亿元企业债券发行工作。

（张　晟）

【日常资产监管】 2012年，郑州市国资系统共办理核销资产5宗，总价值425.24万元；拨付建设补偿资金70万元；办理企业增加注册资本金1宗。经市政府批准，决定对原郑州市酿酒厂、郑州市东湖宾馆资产中除东湖土建工程、园区绿化、土地外，其余8453.47万元资产依法公开处置，与评估事务所、拍卖行沟通进行前期准备工作。

【郑州大酒店资产重组】 在市政府协调下，市国资委、市工商局、市商务局、市中级法院相互配合共同努力，使郑州大酒店长期未能解决的股权、经营期限到期、营业执照年审等问题都取得重大突破。截至年底，香港深华发展有限公司将部分股权、CEC加拿大工程顾问有限公司将全部股权无偿转让给郑州市投资控股有限公司，股权重组取得初步进展。工商年检、经营期限延长并办理新营业执照工作顺利完成，其他工作在积极推进。同时，郑州大酒店债务重组工作也取得重大进展。在同长城公司沟通协商下，达成债权回购意向。长城公司同意将3.5亿元债权由郑州市投资控股有限公司以7100万元回购，以较小代价彻底解决了该笔债务纠纷。方案经市政府批准，并争取市财政资金7100万元用于回购债权，郑州控股同长城公司达成协议并办理相关手续，该项工作基本完成。

【市酿酒厂注销清算遗留问题处理】 2012年，继续做好郑州市酿酒厂遗留问题的解决。一是对河南大河实业搬迁补偿落实到位，为东湖宾馆建设扫清了障碍，待剩余问题解决后一次性拨付尾款。二是市政府批示退休职工2003年以后的津补贴、丧葬费、遗属补贴和欠退休工资等由新区建投负责支付。截至年底，已完成该笔370万元资金的审核，正同新区建投协调支付问题。三是协调完成郑州市酿酒厂注销清算工作汇编和大事记的编制工作。四是郑州市酿酒厂银行账户、工商执照等注销工作已完成。

（邱　林）

【事业资产监管】 2012年，根据郑州市房管局的意见和旧城改造开发公司的实际需要，研究批准郑州市旧城改造开发公司用百花路40号房产按照评估价值投资入股郑州住房置业担保有限责任公司。经过实地考察，完成郑州市规划设计院原值102.66万元，净值2.71万元报废资产的处置审批。

【产权登记审核】 2012年，市国资委完成郑州旧城改造开发公司1197万元盈余公积金转增注册资本的国有产权登记，提高了企业的融资能力，为企业提高开发资质打下了基础。

【事业单位改革和文化体制改革】 2012年，市国资委协助完善郑州市百花园杂志社和郑州广电报社的转企改制方案，完成百花园杂志社转企改制为郑州市小小说文化传媒有限公司，郑州广电报社改制为郑州广播电视报有限公司。完成了郑州市新华书店产权问题的解决建议。

（宗　杰）

【企业国有资产产权登记】 2012年，市国资委完成2011年度企业国有资产产权登记数据汇总和国家出资企业产权登记信息统计工作。2011年度郑州市及各县(市)区出资企业办理产权占有登记16户，变动登记12户，注销登记14户。登记企业实收资本总额的国家资本21.57亿元，法人资本21.91亿元，国有法人资本14.06亿元，外商资本0.0025亿元，个人资本1.5亿元；注销国家资本3.21亿元，注销国有法人资本0.1亿元。

签订机关年度工作目标

【国有资产评估项目汇总】 2012年，市国资委备案的2011年度企业国有资产评估项目共计10个，资产调整后账面价值602.71亿元，资产评估价值616.95亿元，评估增值14.24亿元，增值率为2.36%。

【企业搬迁升级】 郑州金阳电气有限公司搬迁改造项目列入2012年度河南省、郑州市第一批重点建设项目，完成了项目立项备案、环境、规划等审批，正在进行土地征收程序，9月，市政府与中航工业签署了战略合作框架协议。郑州兰博尔科技有限公司主业搬迁至开封精细化工产业园项目得到市政府批准，原则同意兰博尔公司和索凌电气在郑州新区国际物流园区兰博尔公司已经批复的10公顷净地合作建厂，项目建设总投资4.5亿元，正在开展尽职调查、审计、评估等前期工作。市政府原则同意欧丽集团改变现址土地用途实施搬迁，土地出让的政府收益部分以资本金形式投入企业，已形成较完整的方案上报市政府。

【白鸽磨料磨具公司重组】 中国机械工业集团重组白鸽磨料磨具有限公司事宜，已对资产划转范围及职工安置、搬迁进度等形成一致意见，经市政府常务会议通过，签署框架协议。国机集团重组白鸽公司后计划全力推进白鸽公司的迁建改造，以重组后的白鸽公司为现代化生产制造平台，依托其所属设计院、研究所、进出口公司，全面打造集科工贸于一体、产业链完善的国机精工集团，提升郑州在全国磨料磨具产业的龙头形象。

【旭飞光电液晶玻璃基板项目】 郑州旭飞光电科技有限公司液晶玻璃基板二期项目协调市财政借款1.3亿元支持建设，二期项目3条生产线全部点火，2012年实现产量55万片，销售收入1.6亿元，实现液晶玻璃基板真正意义上的国产化制造和供应，标志着河南省电子信息产业转型升级取得重大突破。

（赵　雷）

【产权管理】 2012年，市国资委认真做好产权管理基础工作。一是做好市属国有企业产权登记。严格产权登记管理制度，按照国有产权登记管理的有关规定，先后为7家企业办理占有、变动等国有产权登记。二是完善产权转让程序。按照相关法律法规的要求，进一步规范完善国有产权转让行为，确保国有产（股）权转让全部进场交易。

【国有企业融资担保审批】 2012年，市国资委先后帮助国有企业办理贷款担保、抵押贷款、融资租赁筹集资金超27亿元，为国有企业的发展、城市基础设施建设、提升企业竞争力提供了有力的保障。

【国有企业改制】 2012年，在国有企业改制方面，一是郑州医药的国有股权退出工作。郑州医药资产评估结果经市国资委备案后，国有股权在郑州市产权交易市场公开挂牌公示，在公示期间，有7家符合条件的受让方报名竞价。二是郑州百文集团改制工作。按照经批复的郑百文改制方案，审计评估机构对企业整体资产进行财务审计和资产评估。三是配合做好郑州商业大厦破产清算工作。按照郑州商业大厦破产工作要求和程序，积极配合破产管理人做好郑州商业大厦破产清算收尾工作。

【热力总公司转让格林期货股权】 郑州热力总公司对格林期货的出资为6220万元，占格林期货注册资本的22.2%。2012年，郑州热力转让其持有的格林期货国有股权，按照国资监管的有关规定和程序，郑州市热力总公司转让其持有的格林期货国有股权，符合国资发产权〔2006〕306号文规定的协议转让条件，此次转让按照文件要求经市政府同意后上报省国资委批准，郑州热力在交易中收取3733.19万元现金和2624.04万股山西证券股

市委组织部部务委员、市国资委党委书记、主任余遂盈等深入企业调研

全市国有企业改革发展暨国资监管工作会议召开

票，转让价款约2.5亿元，约为其出资的4倍。

【郑州银行上市准备工作】 2012年，郑州银行按照上市公司有关规定和程序，规范运作，做好上市的前期准备工作。按照证监会和银行监管部门的规定和要求，郑州银行按照上市公司的要求对原股东进行规范，对不符合上市公司要求的市直机关、事业单位持股股东向市政府报告，报请市政府协调做好劝退转让工作；对不符合上市公司要求的省直机关、事业单位持股股东向市政府报告，报请市政府尽快向省政府报告做好劝退转让工作。

【郑州第二面粉厂土地分割工作】 郑州第二面粉厂土地分割存在的主要问题上报市政府后，市政府多次召开协调会协调解决问题。对土地分割涉及的土地查封事宜，市中级法院召集郑州第二面粉厂和债权人，协调第二面粉厂偿还债务，在双方达成共识的基础上，郑州第二面粉厂通过市国资委协调的偿还资金到位，偿还债权人并办理土地解封手续。

（冯生炬）

【国有企业改革】 2012年，国有企业改革工作整体上较为平稳，全市国有企业改制政策没有进行调整。商业系统方面，商业大厦破产重组工作继续推进。百货大楼国有股权由长春欧亚集团股份有限公司受让后，重组工作仍在进行中。百文集团重组工作继续推进，审计评估工作基本完成，预计2013年在产权市场挂牌。工业系统方面，开普集团与平煤神马、银基投资签订重组合作框架协议后，仍在进行各项重组前期工作。金阳电器、勘机搬迁工作已列入省重点项目，但搬迁改造仍未能进入实施阶段。白鸽磨料磨具有限公司与日本NORITAKE公司重组终止后，与中国机械工业集团重组，已对资产划转范围及职工安置、搬迁进度等形成一致意见，签署框架协议。城建系统方面，完成了郑州建材实业总公司（加气厂）的改制工作，企业国有产权由郑州和润投资有限公司受让。

（李雁林）

【监事会工作】 2012年，监事会深入开展集中检查。4月开始，监事会对郑州市污水净化有限公司等5家企业进行集中检查，共检查子、分公司17个，项目部7个，涉及资产95.23亿元，提出建议22条，撰写监督检查报告5份。强化日常监督，不断提高监督工作的时效性、灵敏性。一是突出对企业财务状况的动态监督。二是突出对企业重大决策事项的监督。三是突出对企业投资、改革改制、重大资金使用、法律诉讼等重大事项的过程监督。通过日常监督，发现存在的问题，及时向市国资委领导报告，全年共递交监事会专报10篇。12月6日，组织举办监事会档案管理业务培训班，为档案管理工作制度化、规范化和科学化奠定良好基础。

（王长旗）

【国有资本经营预算】 5月16日，市政府印发实施《郑州市市属国有企业国有资本收益收取使用管理暂行办法》（郑政办〔2012〕40号），完善国有资本经营预算制度体系。市国资委组织市管企业上缴2011年度国有资本收益共计5816万元，组织市管企业编报2013年度国有资本经营预算，完成2013年度国有资本经营预算建议草案的编制工作。

【国企工资分配管理】 2012年，市国资委加强对国企工资分配管理。一是指导企业按年度填报国企收入分配情况统计备案表，对35户市管企业2009-2011年度工资总额、班子成员工资发放标准及职工工资分配情况等进行调查统计汇总。二是对市管企业工资集体协商制度及工资专项集体合同进行备案管理。三是对申报2011年度市属国有企业特别奖励的污水净化公司等企业进行审核批复；对控股公司工资调整方案进行审核批复。

【规范国企负责人薪酬管理】 2012年，市国资委规范国企负责人薪酬管理。一是组织实施年薪管理办法、审算细则及方案、特别奖励办法等。完成对6户年薪制企业负责人2011年度年薪审算报批兑付工作。二是制定《郑州银行股份有限公司负责人薪酬管理暂行办法》，经市政府常务会议同意印发实施。三是对《郑州市市属企业负责人薪酬管理暂行办法》进行修订。

【职工福利保障管理】 2012年，市国资委制定印发《关于郑州市市管企业试行企业年金制度的指导意见》，进一步完善企业职工福利保障制度体系。完成企业农民工工资支付情况的调查统计等职工劳动保障工作。

【国企职教幼教退休教师补贴发放】 2012年，对2011年度郑州市解决国有企业职教幼教退休教师待遇问题，市国资委完成教师资格审核、待遇测算、汇总上报工作，共涉及退休教师1486人，补贴金额1219.68万元，2011年度生活补贴发放到位。

【政府专项工作办理】 2012年，市国资委对政府专项工作，一是完成对2012年度8个企业主管部门、45户市属国有困难企业的审核报批发放工作，使7857名困难职工享受到政府财政“双节”补助金440万元。二是完成对2012年度市属部分国有、集体困难企业退休人员专项补贴的受理审核报批工作，使市属国有、集体困难企业的92530名退休职工，享受到财政借款补贴5551.8万元。三是完成对2012年度市属国有破产（困难）企业退休人员基本医保统筹（原大病医保统筹）的联合审核工作，使127户市属国有破产（困难）企业、8家经办机构共计43007名退休人员享受到财政借款补助11855.9万元，参加城镇职工基本医疗保险。同时完成2013年度市属国有企业退休、离休人员医保统筹审核工作。

（刘　欣）

【落实法律意见书和涉讼案件备案制度】 2012年，市国资委审核修订了郑州市市场发展投资有限公司等7家企业章程。审核了市国资委与惠济区政府拟定的关于北三环旧货市场拆迁改造战略合作协议等10份法律文本。接收了白鸽集团、百文公司等6家企业的涉讼案件备案。

【对县（市）区国有资产监管工作指导与监督】 2012年，市国资委依法加强对县（市）区国有资产监管工作的指导与监督，成立郑州市国资委指导监督县（市）区国资工作领导小组，制定印发了《郑州市国资委2012年度指导监督县（市）区国资工作计划》，初步建立了指导监督工作机制。

（郭全红）

【企业党建】 2012年，市国资委党委以创先争优活动和基层组织建设年活动为主线，深入开展争创“双十星”创先争优达标升级、基层组织建设年和学习雷锋见行动、“三平”之中作贡献等活动，实施党建“六大工程”，建设和谐企业文化，努力提升基层组织党建科学化水平。2012年，各国有企业党组织集中培训党员500场次，参加党课教育25416人次。发展新党员395人，其中生产工作一线新党员319人。组织党建大型活动168场次，参加39871人次。基层组织建设年活动巩固先进组织329个，提升一般组织80个，整改后进组织15个。帮扶困难党员职工2824人次，涉及金额220.34万元。办实事好事10820件，涉及金额525.72万元。巩固和创建区级文明单位26个、市级文明单位14个、省级文明单位9个。集中组织企业文化建设活动233场次，参加17396人次。集中组织行风活动135场次，参加16228人次。接受监督、征求意见622条次，制定整改措施186个（项）。办展板、板报、内部报刊2413期。发生好人好事15145件，收到锦旗表扬信1130件。市级新闻媒体报道2469篇，省级以上新闻媒体报道3613篇。获市级表彰先进单位85个、先进个人97人，获省部级以上表彰先进单位28个、先进个人36人。

（王金奎）

【平安建设】 2012年，市国资委进一步完善平安建设工作机制，把持续争创或保持“平安建设先进单位”作为新一轮平安建设工作奋斗的目标，巩固和发展国资系统平安建设的良好发展势头。7月和10月，按照市委、市政府《关于建立“坚持依靠群众、推动工作落实”长效机制的意见》精神，市国资委帮助平安建设工作联系点的巩义市涉村镇涉村镇顺利通过巩义市平安建设“一级”乡镇验收。

【信访稳定】 2012年，市国资委紧紧围绕为迎接党的十八大召开营造和谐稳定的社会环境这一目标，以群众工作统揽维稳工作为主线，以深入开展领导干部大接访活动为载体，进一步畅通信访渠道，依法规范信访秩序，着力化解信访积案，最大限度地减少赴京到省、市集体上访和非正常上访。全年共接待来访群众120起1900余人次，接到来访电话20个，均及时进行办理。收到省、市信访部门转办的信访案件38件，均按照有关办理程序进行登记、转办、督办和回复，按期办结率100%。全年处理突发事件25次。

【安全生产】 2012年，市国资委向市管企业发放《国务院关于进一步加强企业安全生产工作的通知》(国发〔2010〕23号)等安全生产法律法规宣传资料200余份。在全国第十一个安全生产月活动中，突出“科学发展，安全发展”的活动主题，在企业醒目位置和重要岗位上共计悬挂宣传标语156条，张贴相应行业法规安全生产宣传挂图800多张，悬挂彩旗和条幅500余条，设置安全报栏100多个，布置、更新和补充各种安全警示牌1000余处，发放各类宣传资料2万余份。

【平安网格构建】 2012年，市国资委在市管企业推行平安建设网格化管理试点工作，指导市管企业根据《郑州市国资系统平安建设网格化管理实施方案》开展工作。及时对平安建设网格化建设情况进行检查验收，组织学习交流和总结推广，推动企业建立平安建设工作网络体系。企业领导班子成员为一级网格长，主要负责监督指导本企业二级机构开展平安建设；企业二级机构负责人为二级网格长，主要负责贯彻落实平安建设工作的相关精神及内容；企业一线班（组）长为三级网格长，主要负责日常工作的开展和落实。

（任予东）

食品药品监督管理

【概况】 2012年，郑州市食品药品监督管理以监管创新为引领，以网格化管理为载体，以体制机制建设为支撑，践行科学监管理念，弘扬“监管为民”文化，以科学严谨的目标管理指导全局，监管能力、队伍素质、系统作风等各方面得到全面加强，监管成效进一步提升，呈现“三突出、三强化”，即突出食品监管、药械监管、打假治劣，强化基础建设、队伍建设、廉洁自律。强化机关管理，在全省率先为全市系统500多名干部职工配备了国家局推荐的统一制式服装。市食品药品监管局门户网站全年对外发布工作动态、审批等信息422条。通过电子信息平台，向社会发布食品药品安全科普信息52万条。编发《郑州食品药品监督管理信息》115期。上报信息被省局采用64条，被市委、市政府采用25条，在市级以上报刊发文96篇。

【食品监管手段创新】 截至年底，郑州市有餐饮服务单位18629家，占全省12万家的近六分之一；保健食品生产企业43家，占全省76家的57%；化妆品生产企业30家，占全省75家的40%。监管部门按照“转变观念、提高水平、找准瓶颈、寻求创新”的思路，加强餐饮服务食品安全监管、保健食品和化妆品监管，形成“专业监管、企业自律、群众参与、社会监督”的新格局。一是开展餐饮服务食品安全量化分级管理。该项工作被市委、市政府纳入民生“十大实事”，并协调财政资金400万元。分级管理即将餐饮服务单位评定为优秀、良好、一般三个等级，分别用“大笑”“微笑”和“平脸”三种卡通脸谱作为等级标识，并汇集相关信息，制作监管信息公示牌，悬挂于店堂醒目位置，从单一部门监管转变为企业自律和全社会共同监督。12月28日，全市餐饮服务食品安全等级公示牌揭牌仪式举行，省食品药品监督管理局副局长孟宪飞、副市长薛云伟以及市人大、市政协有关领导出席了仪式。全市共评定餐饮服务单位9151家，其中，优秀146家，良好3542家，一般5463家。同时，以量化分级管理为契机，开展城区餐饮服务单位卫生间专项整治，共整改未达标餐饮服务单位869家次。二是以二七区为试点，在全国率先探索安装“餐饮食品安全数字化监管系统”，监管人员可用3G手机对餐饮单位食品加工现场进行记录、监测，发现问题，迅速查处。二七区34家大型餐饮单位和学校食堂共安装摄像头169个，后台管理程序基本建立。三是率先在餐饮服务单位推广安装“油水分离器”，有利于环境保护，有利于废物利用，有利于治理“地沟油”。至年底，城区有678家餐饮单位安装890台设备，累计回收餐厨废弃油脂124吨，仅12月31日就回收7.42吨。新华社、中央电视台、中央人民广播电台、河南电视台、河南人民电台、《大河报》等国家级、省级媒体进行了报道。

【食品安全日常监管】 2012年，郑州市食品安全强化日常监管，严把准入关，核发餐饮服务许可证7181家。开展春节、中高考、中秋节、国庆节等重点时段专项整治；“肉宝王”食品添加剂、消毒餐具等重点品种专项

工作人员正在使用食品快速检验箱检验学校食堂食品安全

整治；学校食堂、米皮店、快餐店等重点单位专项整治。完成重大会议、重大活动餐饮服务食品安全保障任务50余次，派驻监督员300余人次，快速检测样品近3万个，未发生食品安全事故。扎实推进餐饮服务食品安全“百千万示范工程”创建活动，在全省13个县（市）区申报单位中，郑州市占有4个，接近三分之一。金水区、中原区被授予“河南省餐饮服务食品安全示范县（市）区”称号。金水区被公示为国家级示范县（市）区，二七区、管城区被公示为省级示范县（市）区。

【保健食品、化妆品监管】 2012年，郑州市对以螺旋藻为原料的保健食品、保健食品生产企业，空心胶囊和胶囊剂，国产非特殊用途化妆品，国家局曝光的18种不符合规定化妆品等组织专项检查。对“帝泽牌健怡胶囊”“俏妹牌减肥胶囊”等20余种假冒保健食品进行查处，严厉打击了声称有关功能的保健食品违法违规行为。集中开展了保健食品生产企业监督检查。收集保健食品生产企业质量标准31份。在新闻媒体监测并上报26个品种、152批次保健食品违法广告。

【食品安全宣传】 6月19日，郑州市举行了“食品安全宣传周主题日活动启动仪式”，省食品药品监督管理局局长李广胜、省食安办副主任周学山等到现场参加宣传活动，并视察了中原万达广场餐饮服务食品安全示范街、郑州一中学校食堂开放日活动。市食品药品监督管理部门深入学校、农村、社区、机关、工地，宣传食品安全法律法规和科普知识，发放资料2万余份，悬挂横幅107条，制作展板70块。开展餐饮食品人员法律法规集中培训5次。开展“安全消费，健康人生”全国保健食品化妆品知识竞赛，发放答题卡2000余份。

深入药品生产企业检查调研

【药品生产环节监管】 2012年，郑州市食品药品监督管理部门日常监督检查药品生产企业、医疗机构制剂室、特药生产经营单位588家次，覆盖率100%。建立健全全市47家药品生产企业、17家医疗机构制剂室、68家特药生产经营企业监管档案。加大跟踪检查力度，对全市36家药品生产企业跟踪检查40家次，覆盖率100%；对无菌生产企业跟踪检查覆盖率达200%。2家企业3个剂型通过国家局组织的新修订GMP认证，2家企业通过省局组织的新修订GMP认证；3家企业药品GMP证书有效期延续。开展了药品生产流通领域集中整治及中药生产经营、无菌药品生产等专项检查。强化基本药物生产环节质量监管，完成抽验任务255批次，覆盖率、合格率均达到100%。实现基本药物全品种电子监管。紧急部署，加班加点，全力围剿“问题胶囊”。对全市20家药品生产企业的1928批次胶囊产品进行监督抽验，均未发现问题。对2010年10月1日以来购进的药用胶囊，批批进行全项检验，均未发现铬超标胶囊用于药品生产的行为，郑州市20家企业没有发现违规行为和问题。

【药品流通环节监管】 2012年，郑州市食品药品监督管理部门日常监督检查药品批发、零售企业6968家次，覆盖率100%。把11家有疫苗经营范围的企业确定为重点监管企业，把中药材、中药饮片、基本药物和含麻黄碱复方制剂确定为重点监管品种。组织开展了中药材市场专项整治、铬超标胶囊专项检查、含麻黄碱复方制剂专项检查、互联网药品信息服务和交易服务专项检查。全年向省局上报、向工商部门移交违法药品广告信息443条。加强基本药物流通环节质量监管，完成抽样任务362批次；强化基本药物流通环节电子监管，全年处理预警信息6589条。深入开展医疗机构药房规范化建设，联合市卫生局对全市89家二级以上医疗机构的药房规范化建设进行检查验收，74家验收合格；对评为先进单位的30家医疗机构进行表彰，对不合格单位责令限期整改。开展安全用药知识宣传，于9月1日举行“全国安全用药月”河南省暨省会（郑州）现场咨询活动，省局领导和市人大、政府、政协领导出席活动，并到企业视察指导工作。

【批发企业药品销售】 2012年，全市76家（全省303家）药品批发企业实现销售收入348.3亿元，比上年256亿元增加92.3亿元，增长36%。销售集中度明显提高，销售收入前5名的企业实现

在全省率先推行餐饮单位远程视频电子监控系统

168.7亿元，同比增长52%，占全市的48%，比上年增加5个百分点。其中，国药控股57.2亿元，比上年33.7亿元增长70%；九州通38.5亿元，比上年30.1亿元增长28%；河南华润33亿元，比上年22.4亿元增长47%；省医药公司21亿元，比上年18.5亿元增长14%；康信公司19亿元，比上年16.4亿元增长16%。

【药品安全示范县（市）试点创建活动】 登封市创建国家药品安全示范县（市）取得阶段性成效，省级药品安全示范县（市）被公示。在巩义、新郑上年被确定为省药品安全示范县（市）试点单位的基础上，中牟县、荥阳市又被省局确定为全省药品安全示范县（市）试点单位，全省确定试点单位26个，郑州市约占五分之一。

【医疗器械监管】 2012年，郑州市食品药品监督管理部门将10家生产企业列为重点监督检查单位，将13类产品列为重点监督检查品种。组织241家生产企业签订质量承诺书。日常监督检查生产、经营企业2233家次，县级以上医疗机构53家次，覆盖率100%。开展“无菌、植入类”医疗器械、高风险生产经营专项检查；对医疗器械经营企业进行集中整治，注销经营许可证34家，处罚违法违规企业94家；开展一类贴剂生产企业专项检查，对检验不合格的6个产品依法进行处理；对装饰性彩色平光隐形眼镜经营企业进行检查，依法取缔40家无证经营企业。严格执行一类器械产品注册审批程序，对16家企业20个产品标准进行评审，为24家生产企业办理一类器械产品注册45个，对不符合要求的3个一类贴剂产品予以注销。受省局委托，完成经营企业医疗器械经营企业许可证现场审查800家，受理二类器械经营许可30家，完成注册产品临床资料核查91个，对5家生产企业执行《医疗器械生产质量规范》进行检查，对35家生产企业的45个产品进行质量管理体系考核，对36家生产企业进行现场审查。建立完善了涵盖全市所有医疗器械经营企业的智能数据库。

【药品不良反应监测】 2012年，郑州市食品药品监督管理部门共审核提交ADR报告12985份，其中，严重172份，新的一般2801份；MDR报告1079份；药物滥用报告1128份。报告单位端口覆盖全市药品生产、经营、使用单位，实现了网络端口在线直报。同时，加强基层单位监测员的专业知识培训，对涉药涉械单位监测人员开展ADR/MDR和基本药物监测知识宣传。编印《郑州药械安全监测通信》13期。

【市场监管】 2012年，郑州市食品药品市场监管突出打假治劣，在查办大案上有新突破。在连续3年持续开展“绿剑”“猎豹”打假治劣行动并取得辉煌战果的基础上，进一步深挖线索，追踪查源，开展了“猎豹”二期打假治劣专项行动。

2012年，全市监管系统与地方乡（镇）街道、村（社区）、村组（楼院）的三级网格充分融合，实现职责下沉、人员下沉、监管下沉，变网格员为协管员，负责巡查市场、汇报线索、协助调查、宣传和发动群众，织就了纵横交错的基层监管网络。全年市局共收到省局交办件331件，收到外地协查件589件，查办回复率100%；办理简易程序案件393件，办理一般程序案件628起，当期结案597起，结案率95%。向公安机关移交案件93起，同比增长72%，移送犯罪嫌疑人141人；入库罚没款476万元，同比增长17%；涉案金额4500万元。

【餐饮保化品监管职能调整】 2012年，按照省、市关于餐饮服务、保健食品、化妆品职能调整的工作部署，由郑州市食品药品监督管理局承接其监管职能。郑东新区和6县（市）积极推进监管职能移交和人员划转。截至年底，郑东新区进行了职能移交；中牟、荥阳、新郑、巩义进行了职能移交和人员划转；登封核定55名全供事业编制；新密的职能调整正在积极推进中。中牟、荥阳、新郑、巩义、登封5县（市）共核定事业编制283名，平均每县57名；新增250名，平均每个县新增50名。其中，新郑市局下设食品药品检验所（11名）、食品药品监督所（55名）、食品稽查队（24名）、不良反应监测中心（5名）4个正股级单位，共95名事业编制，新增编制84名。巩义市局下设食品药品检验所（25名）、食品药品监督所（30名）两个副科级单位和不良反应监测中心（5名）一个正股级单位，共60名事业编制，新增编制49名。

【法制监督】 2012年，市食品药品监督管理局制定《行政调解制度》和《行政执法监督程序规定》等五项制度。统计、录入行政处罚电子监察系统资料246项，行政处罚案卷制作、审批流通与市纪委联网，全程接受监督。规定法制部门负责人参加局长办公会、局务会，对重要决策提出法制意见和建议；市局发布文件须经法制部门审核，确保抽象行政行为的合法性，全年审核、上报备案规范性文件30件。加强对行政处罚案件、行政许可办理的法制审核，全年审核行政处罚案卷121件，行政许可案卷723件。积极接受人大法律监督和政协民主监督，全年办理人大代表建议5件、政协委员提案11件，确保见面率、答复率、满意率三个百分之百。市局被市人大、市政府、市政协评为人大代表建议政协委员提案办理工作先进单位。

（曹冠伟）

统计工作

【概况】 2012年，全市统计系统全力推进统计基本单位名录库、企业一套表制度、数据采集处理软件系统和联网直报系统等互相联系、共为整体的“四大工程”建设，完善制度、强化服务、夯实基础，积极主动发挥统计职能，圆满完成各项统计工作任务。

各项普查和专项调查工作。圆满完成郑州市第六次全国人口普查资料的汇总、分析、编印和课题研究等工作。研究制定了郑州市投入产出调查工作方案，选定调查单位，完成机构组建、人员选调、市县两级投入产出人员业务培训等前期准备工作，有序推进全国2012年投入产出调查。完成境外来中国大陆专家统计调查、省会城市月度劳动力调查、城市社区卫生服务工作调查、旅游产业专项调查、非公有制企业人才资源状况等专项调查任务。

初步理顺特殊区域统计职能。按照市政府整体规划要求，按期完成郑州航空港经济综合实验区区域规划调整有关工作，制定了郑州航空港经济综合实验区统计工作实施方案和统计工作移交方案，明确了移交和接收区域的法人单位及“三上”企业数量。加强督导，及时协调，初步理顺了航空港实验区涉及的中牟县、管城区、郑东新区、新郑综合保税区、经济开发区等有关县区统计管理体制，满足了全市及区域经济管理的需要。

【统计改革】 2012年，郑州市统计系统全力推进“四大工程”建设。“四大工程”建设是国家统计局提出的一项重要改革任务，各级统计部门按照国家统计局统一部署，更新调查观念，改进调查流程和工作规范，努力提高统计调查质量和效能，统计生产方式实现新的变革。强化组织领导。2012年是全面实施企业一套表联网直报的第一年，市政府转发了《河南省人民政府办公厅关于加强企业一套表统计改革工作的通知》，市统计局会同发改委、工信委等5部门联合下发了《关于做好企业一套表联网直报工作保障统计数据质量的通知》,进一步明确了各部门职责。狠抓数据质量。各级统计部门认真贯彻落实副总理李克强、国家统计局局长马建堂的批示精神，做好企业一套表有关统计法律事务告知书和马建堂“一封信”的宣传发放工作。恪守国家统计局规定的企业联网直报“四条红线”，探索建立例会制度、督查制度、网络实时监控制度，切实加强对直报数据的审核验收，及时查找阶段性问题，对代填代报等违法违规行为进行通报批评并责令整改，有效保证了上报数据的真实性。

开展城乡住户调查一体化改革工作。按照《郑州市人民政府办公厅关于开展城乡住户调查一体化改革工作的通知》进行安排部署，市统计局和国家统计局郑州调查队协调沟通，完成国家及国家汇总的省级地方样本一体化改革工作。结合郑州实际，进一步明确工作职责，科学合理抽取样本，更好地满足了各级政府调控经济社会和评价考核的需求。

【统计服务】 2012年，郑州市统计部门积极应对复杂多变的经济形势，紧紧围绕市委、市政府“三大主体”工作，统计服务突出快捷高效，分析研究水平不断提高。2012年全市统计系统共组织撰写统计分析研究2000余篇，市局组织撰写统计分析研究200余篇。多篇统计分析被《郑州日报》等多家媒体采用。《郑州市工业、服务业统计监测工作方案》《工业经济谱写精彩篇章》等专题研究获得吴天君、马懿、胡荃、王跃华等市领导的表扬和肯定。

统计监测领域进一步拓展。高质量完成对全市节能降耗、全面小康社会建设进程、乡镇经济社会发展、城区及街道办事处经济社会发展、保障性安居工程、民生福利评价、产业集聚区评价考核等重点统计监测评价工作。2012年围绕“三大主体”工作，建立并完善工业、服务业七大主导产业监测和“五职招商”项目统计监测制度。配合市委、市政府绩效考核，对全市及各县（市）区涉及的GDP、工业、固定资产投资、城乡居民收入等统计指标综合排序，加强数据审核把关，确保公平公正。

统计咨询服务更加科学高效。创新建立覆盖全市工业、服务业行业和相关调查对象的统计调查制度。为市委、市政府7个重点工作推进组服务，成立农业农村、工业、服务业等7个对接联系工作组，强化统计咨询服务。主动搜集整理全市及各县（市）区、各省辖市、省会城市、大中城市、中部和周边省会城市主要经济指标，解读数据找差距，为领导决策提供依据。主动为市委全会、市政府全会、经济工作会、市人大政协两会、经济形势讲评会等重要会议提供形式多样的服务。以《统计年鉴》《统计概要》《农村发展报告》《经济动态》《工业统计快报》以及新增的《全市构建现代产业体系统计资料》等为载体，统计信息服务内容不断丰富。

统计新闻宣传更加主动丰富。组织新中国政府统计机构成立60周年、第三届统计开放日宣传活动。开展从十六大到十八大经济社会发展等专题研究。专人负责对政府统计信息网、统计官方微博、ZZIC、“心通桥”等网络媒体统计舆情的更新维护，做到按制度、按程序、按规范组织新闻宣传工作，发布统计信息。多次通过《郑州日报》、郑州电视台、大河网等各类新闻媒体公布统计数据，传播统计声音。继续发挥郑州统计信息网在统计宣传中的主渠道作用，把丰富的统计调查信息、统计调查产品推向社会，服务大众。

【统计调查】 2012年，郑州市统计系统严格执行统计调查制度，全市系统圆满完成各项年度、季度、月度报表上报和联审工作。完成省级产业集聚区监测、地理信息系统更新维护、人口与城镇化抽样调查等各领域常规统计调查任务和国民经济核算任务。服务领域不断拓展，参与了全市保障性安居住房、外商投资企业联合年审、妇女儿童发展规划终期监测评估、文化产业发展规划等部门调查工作，取得良好的社会效果。

【统计科研】 2012年，郑州市统计系统围绕重大战略、区域科学发展、城市竞争力等难点、热点问题进行攻关，全市系统筛选出35项重点立项课题。与有关部门合作完成《郑州国际物流园区经济发展情况与统计监测体系研究》《郑州新区现代物流、综合实力战略、工业竞争力研究》《郑州市旅游业经济影响研究》等大型课题研究。参与市委“经济发展方式转变背景下政府绩效管理体系与执行力的实证研究”。其中，《中原经济区城市竞争力研究》获河南省统计科学技术进步奖三等奖，《郑州市科技研发资金投入研究》《郑州市固定资产与经济增长的关系研究》获郑州市社会科学优秀成果二等奖。

【统计法制】 2012年，郑州市统计系统丰富统计普法宣传教育的内容和载体，利用业务培训、大型普查、执法检查等形式，向调查对象和社会各界宣传普及统计法律法规；实施统计法律事务告知制度，保障“四大工程”建设顺利推进；组织开展服务业统计专项检查和工业、投资、能源、科技等领域数据质量核查，查处统计违法行为，进一步提高统计数据质量；加强统计执法队伍建设，培训和管理全市统计执法检查人员。

【统计基础建设】 2012年，郑州市统计系统在县乡两级全部达到示范单位标准的基础上，重点组织开展了对4个特殊区域基础建设的考核验收，4个开发区的统计基础建设有了较大进步，对达到示范标准的高新区、经开区和部分乡级先进单位进行通报表彰。制定标准、召开现场观摩会，推动统计基础规范化建设在城市新区、产业集聚区、专业园区“三区”的延伸拓展。

【统计信息化建设】 2012年，郑州市完善了对15个省级产业聚集区统计地理信息系统地图绘制工作，做到每季度更新维护，为制定产业集聚区发展规划提供了有力支持。全市统计信息化处理系统进一步优化，新增部分重点设备，完善了网络环境。在全省率先完成12个县（市）区分会场视频会议系统，新增加了经济技术开发区视频会议终端。

（郑 惠）

海关工作

【概况】 2012年，郑州海关贯彻落实国家《中原经济区规划》区域发展战略，按照国务院、海关总署和河南省关于稳定外贸增长的有关要求，制定出台《郑州海关关于促进河南省外贸持续稳定增长的二十条措施》；扎实推进综合监管体系建设，创新完善业务运行机制，提高通关效率，方便合法进出；积极宣传和引导企业用好用足国家优惠政策，降低企业贸易成本；完善企业分类管理，开展网上支付业务，坚持24小时预约通关；在推动开展跨境贸易电子商务服务试点、承接加工贸易产业转移和支持河南省重点项目及重点工程建设等方面进行深入研究，提出新思路；进一步深化海关总署提出的“四好”主题实践活动，积极践行“小关大作为”工作理念，确立“巩固求进年”工作基调，不断提升海关监管和服务水平。2012年，郑州海关工作得到海关总署及河南省委、省政府领导批示31次，均对郑州海关服务和促进地方经济发展所取得的成绩予以充分肯定；郑州综合保税区海关被人力资源社会保障部、海关总署评为全国海关系统先进集体。

郑州海关与河南省文物局、河南博物院联合举办罚没物品移交暨文物鉴定培训班开班

【海关监管】 2012年，郑州海关扎实推进综合监管体系建设，创新完善业务运行机制。进一步提高查验质量和效能，关区查验率、查获率分别达到5.35%和17.81%，顺利完成海关总署“两率”双提高的指标任务；进一步完善和规范海关监管场所设施建设，对航空、铁路、邮政等现有海关监管场所予以进一步规范，对焦作、信阳、三门峡、新乡等地区新设海关监管场所进行严格规划，做到与新设海关机构同步建设、同步验收、同步使用；强化和规范对进出境运输工具的登临检查、监装监卸、机动巡查和复查复验，严格舱单申报、核注、修改、删除、非贸核销等流程的科学监控；加强对转关运输货物实际监管，通过HL2008系统、决策支持系统（DSS），定期对转关货物关封核销、超期未报关、舱单核销、结关等情况进行监控，确保转关单核销率100%、舱单核销率100%；开展分类通关改革，推广“属地申报、口岸验放”通关模式，先后与广州、黄埔海关签订区域通关合作备忘录，全面提升区域通关整体效能；切实做好“区港联动”项目实施，通过建设“四平台一中心”项目，打造河南省进出口领域统一的通关监管物流服务信息管理平台和数据交换中心；严格落实国家各项贸易管制政策，有效防控稀土等资源性产品和高耗能、高污染产品的出口，加大对侵权产品的查处力度；建立行邮渠道进出口重点商品知识库，加大对禁限物品的查控力度。全年，郑州海关共监管进出口货运量1269.8万吨，货值406亿美元，同比分别增长23.6%、227.5%；监管进出境航班6676架次、人员46.1万人次，同比分别增长46.8%、32.9%；监管集装箱54458箱次，集装箱载货量73.3万吨，同比分别增长2.6%和6.4%；监管进出境邮递物品242.4万件，同比增长97.4%。

【海关税收征管】 2012年，郑州海关进一步优化综合治税长效机制，修订和完善《郑州海关综合治税领导小组成员单位工作职责》，制定《郑州海关价格预审核暂行办法》《郑州海关原产地预确定暂行办法》《郑州海关通关事务担保暂行办法》《郑州海关进出口商品报关单申报规范抽样考核办法》等业务管理办法；加强对进出口商品的归类、价格、原产地、减免税、税收核销等数据业务监控分析和管理，下发处置单督促业务现场按时核注核销；加强报关单规范申报管理，定期开展应税报关单抽样考核，优化专业审单机制，开展报关单批量复审；落实科技开发用品进口税收优惠政策，建立外商投资项目审批和免税进口设备的联系配合与沟通协商机制。全年关区“两税”实际入库79亿元，增长44.1%，再创历史新高；审批各类减免税3292项，货值10.9亿美元，增长50%；审批减免税款8.7亿元，增长28.7%；备案加工贸易合同639份，同比下降6.3%，加工贸易合同备案金额5.4万美元，同比增长41.4%；内销征税11589万元，同比下降47.5%。

【海关缉私】 2012年，郑州海关按照海关总署的统一部署，全力开展“国门之盾”行动，始终保持打击走私高压态势。针对重点商品和重点渠道，坚持个案打击和专项行动相结合，组织开展“秋风行动”“天网行动”和打击出口骗退税专项行动；围绕“四个领域，八个重点打击点”，加大对走

郑州海关召开“国门之盾”行动推进会

私毒品、枪支、文物、濒危动植物及其制品等非涉税案件打击力度，年内共立案办理文物走私行为案件5起、走私珍稀动植物制品案件8起，查获非法携带出境一般文物古钱币326枚，查获走私进口象牙及制品1.68公斤、海象牙0.43公斤、河马牙0.16公斤、穿山甲鳞片2.19公斤、濒危物种檀香紫檀62公斤；加大情报线索经营力度，完善关区反走私绩效评估，积极推进缉私信息化建设；加强与检察院、法院、公安、国税、文物、检验检疫等部门的联系沟通，先后与省国税局、省文物局建立联合配合机制，进一步提升反走私整体效能。5月16日，郑州海关与省文物局、河南博物院联合举行罚没物品移交仪式，将近年来罚没、收缴的古钱币1533枚正式移交河南博物院馆藏。全年，郑州海关共立案走私罪案件2起，案值2470.3万元，同比增长20485.7%。结案走私案2件，案值5697万元。破获"1·10"走私国家资源性产品硅铁案，涉嫌偷逃税款1103.7万元，该案被海关总署列为一级督办案件，是内陆海关破获的首起绕越设关地的资源性产品走私案件。破获"10·20"走私毒品案，缴获冰毒3.28公斤，该案是郑州关区首次破获走私冰毒案件，海关总署副署长王松鹤予以专项批示。全年立案违规案件536件，案值1.86亿元，同比分别增长888.9%、232.7%。罚没收入456万元，同比下降61.8%。

【海关统计】 2012年，郑州海关围绕河南省开放型经济发展形势，加大海关统计分析和统计监测预警服务。进一步强化海关常规分析和宏观预判分析，全方位、多角度反映河南外贸形势和主要商品进出口态势，增强贸易分析的时效性和针对性。狠抓统计数据质量管理，实现TSD贸统库与CTA库数据完全一致，上报统计数据连续114个月保持零差错。积极参与海关总署组织的联合调研活动，参与撰写的《加工贸易转型升级调研报告》获国务院副总理王岐山批示，统计监测预警分析文章被省委、省政府信息载体采用30多篇（次），被《河南日报》等省级新闻媒体采用20多篇（次）。落实海关统计数据安全管理，高效开展海关统计数据咨询服务。2012年，郑州海关共审核各类进出口报关单18.1万份，同比增长199.8%；按时高质量完成业务统计和贸易统计报送12次，上报进出口贸易数据61.8万条；为关区各单位提供各类统计数据咨询70次、约68万条，为企业提供统计数据咨询94次、约20万条。

【海关稽查和风险管理】 2012年，郑州海关充分发挥风险管理先导作用，为"国门之盾"行动、分类通关改革、综合监管体系建设提供有力支持。依托"企业信息管理系统"，全面落实A类以上企业的便捷通关服务措施，优化分类通关参数和红绿通道判别参数设置，合理扩大报关单分流绿色通道比例；强化"由企及物"的风险式管理理念，提高企业差别化管理水平；对关区稽查资源进行有效整合，明确职能管理与执行责任分工，稳步推进"三查合一"的实施；针对风险较大、账册设置复杂的企业，按照"海关主导、突出重点、稳步推进"原则，稳步推进中介机构协助稽查核查工作。2012年，郑州海关共办结稽查作业29家，办结保税核查作业69份，4家企业被移交缉私部门处理，稽查补税14万元；办理上调至AA类、A类企业管理类别作业83起，风险布控率5.34%，风险布控有效率19.84%。

【电子口岸建设】 2012年，郑州海关坚持"服务至上"电子口岸建设理念，不断完善和扩展电子口岸功能。积极支持开展跨境贸易电子商务试点、"区港联动"一期项目建设和"特殊监管区统一信息系统平台"建设；完成集成通（TCS）区域节点的部署和正式上线运行工作、关区QP4.0改进版的推广工作。全年，郑州海关为关区1621家进出口企业办理了电子口岸入网手续；制发IC卡4952张、IC卡证书更新1938张、解锁305张；为1239家企业办理了海关备案手续；与11家进出口企业签订网上支付协议，关区进出口企业通过电子口岸网上支付系统支付税款13985票，合计金额20.46亿元，占关区入库税款的25.87%；受理企业技术咨询4673次，维修企业客户端247台次；免费组织企业培训8次，141家企业的165人参加培训；签约QP用户11家、集成通用户11家，报关协同141974票，账册协同1407票；签约电子车牌、IC卡用户7家，发放IC卡292张，电子车牌386张。

【海关机构和特殊监管区建设】 2012年，郑州海关以深化创新海关监管模式为突破口，进一步优化河南省内海关特殊监管区域布局，改善通关环境，推动河南口岸建设发展。年内，安阳、焦作、新乡、信阳、三门峡、鹤壁海关和郑州经济技术开发区办事处筹建工作进展顺利；南阳海关迁建、铁路东站国家一类口岸迁往圃田国际集装箱中心站、郑州海关驻邮局办事处迁往中南物流集散中心等项工作扎实推进；郑州新郑综合保税区L区通过验收并正式封关运行，在合理规划布局保税加工功能的基础上，积极拓展综合保税区保税物流、保税服务及口岸、展示、研发、维修等功能；支持开展区内生产的iPhone手机直接征税内销上市及返区维修试点工作，年内内销手机304.9万台，货值16.84亿美元，征收税款15.08亿元；继续跟进和持续推动郑州出口加工区B区的审批和在南阳、洛阳、新乡等地设立综合保税区；鼎力支持郑州航空港经济综合实验区建设，统筹优化综合保税区、出口加工区、保税物流中心以及航空、铁路国家一类口岸和国际邮件互换局、交换站等功能作用的发挥；支持河南开办国际快件业务和设立汽车整车、药品等特定口岸建设；按照"监管有效、风险可控、先行先试、稳步推进"的原则，依托河南保税物流中心的"入区退税、分送集报"功能政策优势，积极稳妥推动郑州跨境贸易电子商务服务试点工作。

郑州海关与濮阳市政府联合召开海关政策宣讲暨关企座谈会

2012年郑州海关主要业务统计指标

序号	业务指标	计量单位	2012年1～12月	2011年1～12月	同比增减±%
1	进出口货运量合计	万吨	1268.8	1025.9	23.6
2	1. 进口	万吨	1227	984	24.7
3	2. 出口	万吨	41.8	41.9	-1
4	进出口货值合计	亿美元	406	126.1	227.5
5	1.进口	亿美元	209.4	99.5	105.1
6	2. 出口	亿美元	196.6	26.7	780.7
7	海关税收(实际入库)	亿元	79	54.8	44.1
8	1. 关税	亿元	7.2	5.8	23
9	2. 代征税	亿元	71.8	49	46.5
10	审批减免税	亿元	8.7	6.8	28.7
11	统计报关单	万份	18.1	6	199.8
12	监管集装箱	箱次	54458	53088	2.6
13	集装箱载货量	万吨	73.3	68.9	6.4
14	监管飞机	架次	6676	4548	46.8
15	监管进出境人员	万人次	46.1	34.6	32.9
16	备案加工贸易合同数	份	639	682	-6.3
17	加工合同备案金额	万美元	5.4	3.8	41.4
18	缉私局立案走私罪案件数	件	2	2	
19	缉私局立案走私罪案值	万元	2470.3	12	20485.7
20	缉私局结案走私罪案件数	件	2	3	-33.3
21	缉私局结案走私罪案值	万元	5697.9	611	832.6
22	缉私局立案违规案件数	件	536	54	888.9
23	缉私局立案违规案值	万元	186434	6193.3	232.7
24	缉私局结案违规案件数	件	441	63	600
25	缉私局结案违规案值	万元	9420.6	4595.3	105
26	罚没收入	万元	456	1194	-61.8
27	内销征税	万元	11589	22081	-47.5

（姚长江）

◎文化事业

◎新闻出版与传媒

◎科技　教育

文化事业

社会文化

【概况】2012年、在市委、市政府的正确领导下，市文广新局坚持以科学发展观为统领，紧紧围绕市委、市政府中心工作，全面加快“文化强市”建设，各项工作任务圆满完成。

文化产业方面。2012年，市文广新局研究制定了《加快推进文化基础设施工程建设实施方案》等一系列文化产业规划方案。建立《2012年郑州市文化企业投融资项目目库》，在全市范围内征集到符合国家文化产业政策的融资项目12个，拟投资104.2亿元，融资总额达21.3亿元。通过有关扶持政策，为郑州市骨干动漫企业争取专项扶持资金715万元。通过深圳文博会、杭州动漫节等展会，引导撬动社会资金300多亿元投入38个文化产业项目，为文化产业发展注入强劲动力。郑州华强文化科技产业基地——“方特欢乐世界”开业迎宾。登封嵩山文化产业示范园区入驻企业总数达到60家。快乐星球创意产业园、新郑黄帝故里文化产业园、石佛艺术公社文化园等正在加紧筹备建设。动漫产业继续保持增长势头，郑州市有动漫企业98家，实现年营业总额3.44亿元。共制作动画片22部，总时长12924分钟，经制作备案公示，14部取得发行许可证，5部动画片被推荐为优秀国产电视动画片。发行漫画杂志516.5万册，拥有“小樱桃”“华豫兄弟”等一批知名品牌。国家动漫产业发展基地(河南基地)、郑州动漫产业基地两大动漫产业园区已基本建成。

文化市场管理方面。2012年，郑州市文化市场管理工作坚持以“扫黄打非”为抓手，以网格管理为载体，严格市场准入，坚持依法行政，加大执法力度，严厉打击各类违法经营行为，全面净化文化市场。市文广新局先后开展了迎接党的十八大文化市场专项保障行动、“闪电”系列行动、“一打击两整治”专项行动、中小学教辅材料专项治理行动、校园周边集中整治行动、暑期“扫黄打非”集中行动等20多次大型（专项）集中行动，共出动执法人员8900人次，执法车辆4120辆次，检查各类经营单位4386家次，立案115起，结案80起，受理群众举报75起，查处75起，查处率100%。

郑州市非遗和古籍保护工作取得新进展。市文广新局组织专家评审出第三批市级非物质文化遗产项目29个，推荐18个项目申报第三批省级非遗名录；完成了“苌家拳”“河洛大鼓”等代表性传承人的推荐申报工作；评审确定了28名市级非物质文化遗产项目代表性传承人、8个郑州市民办非物质文化遗产展示馆和6个郑州市民办非物质文化遗产传习所；完成605部古籍在全国古籍普查平台的著录工作。

文化艺术创作成绩显著。2012年，郑州市继续实施文化精品战略，市歌舞剧院创作的《水月洛神》获得中宣部第十二届精神文明建设“五个一工程”优秀剧目奖；市豫剧院创作的《斗笠县令》获得中国戏剧节最高奖优秀剧目奖；荥阳市排演的大型戏曲音乐剧《人民的焦裕禄》获得“第二届全国戏剧文华奖·剧目特别奖”等7个奖项；市曲剧团创作的大型古装剧目《曹操与杨修》《麻风女》在省第五届黄河戏剧节上荣获银奖；市豫剧院联合河南影视集团拍摄完成豫剧电影《新大祭桩》，实现首映，投入市场；市艺术创作研究院参与摄制《幸福的白天鹅》《相爱》等影视作品14部，儿童电影《幸福的白天鹅》、电影《相爱》获得市“五个一工程”奖；市歌舞剧院创编完成了《秀色》《我们在黄河岸边》等一批优秀舞蹈作品；市豫剧院创排的《琵琶记》、登封市推出的豫剧《疯哑怨》、新郑市创排的豫剧《轩辕大帝》获得省内外专家的高度评价。

文化体制改革工作。2012年，市文广新局起草了《郑州市国有文艺院团体制改革方案》，市豫剧院、曲剧团、杂技团、歌舞剧院4个文艺院团实现改制，6个县（市）的豫剧团全部撤销，郑州市文化体制改革各项任务基本完成，公共文化单位服务能力明显提高。

【公共文化服务体系建设】2012年，郑州市被正式批准成为国家公共文化服务体系示范区城市，示范区创建工作取得阶段性成果。郑州市图书馆新馆建设工程顺利完工，争取2013年上半年开馆服务市民读者；中原、太康、东方红电影院拆迁还建工程取得阶段性进展；郑州市图书馆、郑州

创建国家公共文化服务体系示范区督查工作反馈会召开

市群艺馆、郑州市博物馆均为国家一级馆，市本级公共文化设施全部达标；12个县（市）区的文化馆、图书馆除登封市正按国家一级馆建设外，其他全部达到国家三级馆以上标准；全市乡（镇）街道综合文化站建设基本达到示范区创建标准；社区（行政村）文化活动中心（文化大院）建设，在全市范围内实现基本覆盖。郑州市群艺馆、二七区文化馆、管城区文化馆、新郑市文化馆等被省文化厅评为“2012年度河南省先进文化馆（群艺馆）”；金水区兴达路街道马渡村农家书屋、二七区马寨镇刘胡垌村农家书屋被国家新闻出版总署评为“2012年全国示范农家书屋”；中原区建设路街道办事处、管城区北下街办事处等7个综合文化站被省文化厅评为“2012年度河南省先进综合文化站”。经自查，示范区验收标准（中部）的8项必备创建条件，已达标6项，剩余2项正在积极努力中，6大部分29项90个指标中的22项和80个指标基本达标，其余指标正在积极完善。

【群众文化活动】 2012年，郑州市积极组织开展“欢乐中原·魅力郑州”群众文化活动，共组织郑州市2012年华夏优秀传统民间文化集中展演活动、“舞台艺术进乡村、进社区”活动、首届郑州市“群星奖”评选活动、郑州市首届曲艺大赛、“东、西福民社区”文化艺术周、郑州市第一届群众（社区）文化艺术节等各种形式的群众文化活动8000余场次。“情暖新春”专场文艺演出、“绿色周末”、中原动漫嘉年华、少儿文化艺术节等传统群众文化活动不断创新形式、充实内容，组织开展演出、展览、比赛1000多场次，吸引30多万群众积极参与，寓教于乐，效果明显。积极搭建“群星讲堂”“公益大展厅”“公益大讲堂”、农民工艺术培训基地等公益项目平台，先后举办230余次专题讲座、动漫展播、有奖征文等各类社会文化活动，受益群众达7万余人。“祖国颂 香江情”大型歌咏大会、“走进社区——郑汴两城书画作品展”、2012年华夏优秀传统民间文化展演等群众文化活动，受益群众达10.4万余人次，社会反响良好。2012年，全市共举办各级、各类群众文化活动2.26万场次，受益群众达900多万人次。

【“郑州市文化产业特色乡村”评选活动】 “郑州市文化产业特色乡村”评选活动由市委宣传部、市文化体制改革和发展办公室等共同组织，全市各行政村、乡镇自愿报名参加。经过材料审核、专家评审等程序，郑州市政府命名巩义市竹林镇、巩义市鲁庄镇、登封市大冶镇、二七区马寨镇、惠济区古荥镇为“文化产业特色乡(镇)”；巩义市鲁庄镇小相村、巩义市芝田镇南石村、登封市中岳街道北高庄村、登封市大冶镇朝阳沟村、登封市宣化镇钟楼村、中牟县大孟镇大吕村、中原区航海西路街道道李村、二七区侯寨乡樱桃沟社区、惠济区老鸦陈街道师家河村、高新技术开发区石佛村为“文化产业特色村”。

（张明华）

文物管理

【概况】 2012年，郑州市文物工作以打造华夏历史文明传承创新区为目标，依托郑州都市区建设，以规划编制为牵引，项目建设为抓手，依法行政为保障，圆满完成各项任务，全市文物事业继续保持了好的发展形势。郑州市政府承办2012年中国文化遗产日主场城市(郑州)活动取得圆满成功。郑州老奶奶庙旧石器遗址获“2011年度全国十大考古新发现”，郑州市连续5年获此奖项。郑州市文物局被评为河南省第三次全国文物普查工作先进单位；参加2012年度全国文物行政执法案卷评查活动，报送的两份案卷获全国最高奖“十佳案卷”奖。

【2012年中国文化遗产日主场城市(郑州)活动】 6月9日，由国家文物局、河南省人民政府主办，河南省文化厅、河南省文物局、郑州市人民政府承办的2012年中国文化遗产日主场城市活动在郑州市举行。省委副书记、省长郭庚茂，国家文物局副局长董保华、童明康，省委常委、郑州市委书记吴天君，省委常委、宣传部部长赵素萍，省人大常委会副主任铁代生，副省长张广智、省政协副主席龚立群，省政府副秘书长万旭，省文化厅厅长杨丽萍，省文物局局长陈爱兰，市委副书记、市长马懿，市人大常委会主任白红战，市政协主席李秀奇，市长级干部丁世显，市委常委、宣传部部长王哲，副市长刘东等省市领导，以及来自各省、自治区、直辖市文物部门的负责人，全国青少年文化遗产知识大赛代表、第四届中国历史文化名街入选单位代表和郑州市、登封市社会各界群众共5000余人参加了丰富多彩的活动。

本次活动内容亮点纷呈。6月8日举办了登封观星台古代天文学展演、中岳庙中岳神祭祀仪式、嵩阳书院诵读儒家经典活动、少林寺佛事活动及武术表演、“第四届全国青少年文化遗产知识大赛”预决赛及颁奖等活动。6月9日举办了2012年中国文化遗产日主场城市(郑州)活动开幕式,大型广场文化活动及“创世王都”“发现郑州”图片展,郑州商都遗址博物院和郑州市文物考古研究院建设工程奠基仪式，世界遗产监测中心揭牌仪式，少林寺塔林保护工程启动仪式，欣赏禅宗少林音乐大典等活动。2012年中国文化遗产日郑州主场城市活动的成功举办，充分展示了郑州地区独有的历史文明和文化特色，以及郑州历史文化遗产在全国的重要地位，提升了全社会对文化遗产保护的认识，有效地推进了文化遗产保护工作。

“第四届全国青少年文化遗产知识大赛”。6月8日，“第四届全国青少年文化遗产知识大赛”决赛在郑州举行。本届大赛大学组由来自全国16所学校的64名师生参加，经过6月8日上午两场预赛，6支代表队进入决赛。经过紧张激烈的比赛，最终郑州大学获得本届大赛大学组的一等奖；兰州大学、广西师范大学获得二等奖，山西大学、吉林大学、华中师范大学获得三等奖；武汉大学、四川大学、西北大学等10所学校获得优秀奖。来自厦门大学、复旦大学、山东大学等大学的5位同学获得个人风采奖。

郑州商都遗址博物院和郑州市文物考古研究院项目奠基仪式。6月9日，文化遗产日主场城市活动之一的“郑州商都遗址博物院和郑州市文物考古研究院工程奠基仪式”在郑州市管城区商城遗址东南角举行。国家文物局副局长童明康，省委常委、郑州市委书记吴天君，副省长张广智、省政府副秘书长万旭，省文化厅厅长杨丽萍，省文物局局长陈爱兰，市委副书记、市长马懿，市人大常委会主任白红战，市政协主席李秀奇，市长级干部丁世显，市委常委、宣传部部长王哲，副市长刘东等出席了奠基仪式。郑州商都遗址博物院和郑州市文物考古研究院项目，作为重要的大型文化建筑，是郑州市新三年行动计划文化重点工程项目，该项目拟建设在东大街南、城南路北、商城遗址东城墙以西的部分区域，位于郑州商代都城遗址范围内，项目总规划占地面积11公顷，其中建筑占地面积3.33公顷，总建筑面积5.5万平方米，工程总投资5.6亿元。郑州商都遗址博物院和郑州市文物考古研究院的建设，将进一步推动商城遗址保护工作,同时将能更好地践行“以人为本”的文化宗旨，有利于对广大民众和在校学生进行爱国主义教育和科普教育。

“华夏文明之源——河南文物珍宝展”开幕式。6月9日，“华夏文明之源——河南文物珍宝展”开幕式在河南博物院举行，国家文物局副局长董保华、河南省副省长张广智、河南省政府副秘书长万旭、河南省文化厅厅长杨丽萍、河南省文物局局长陈爱兰、郑州市市长级干部丁世显等为展览剪彩并观看展览。该展览整合省

登封"天地之中"历史建筑群世界文化遗产监测中心揭牌仪式举行

文物考古研究所等省内17家文博单位的文物资源，围绕华夏文明历程的主题，从河南各地文博单位精选100余件（组）文物精品，涵盖瓷器、青铜礼器、玉器、金银器、琉璃器、彩绘画像砖、佛教文物等多个类别，展出文物纵跨夏商周至北宋3000多年历史，代表了河南省文物的精华。从政治、经济、文化、军事等方面阐释了河南作为中华民族的摇篮、华夏文明的源头，并为华夏文明的形成和多元化发展做出的重要贡献。

登封"天地之中"历史建筑群世界文化遗产监测中心揭牌仪式。6月9日，文化遗产日主场城市活动之一的"登封'天地之中'历史建筑群世界文化遗产监测中心揭牌仪式"在登封嵩阳书院举行。国家文物局副局长童明康，河南省文物局局长陈爱兰，市委副书记、市长马懿，市长级干部丁世显，市委常委、宣传部部长王哲，副市长刘东等出席活动。

少林寺塔林保护工程启动仪式。6月9日下午，文化遗产日主场城市活动之一的"少林寺塔林保护工程启动仪式"在塔林前广场举行。国家文物局副局长童明康，省文物局局长陈爱兰，市委副书记、市长马懿，市长级干部丁世显，市委常委、宣传部部长王哲，副市长刘东等出席活动。

【文物事业发展规划制定工作】 2012年，按照市委、市政府和市文教卫体工作推进领导小组安排部署，市文物局研究制定了《郑州市历史文化遗产保护展示利用五年规划实施方案》，明确提出实施"25101"工程，即规划建设25个遗址公园、10座国有博物馆、郑州市文物保护科技中心，进一步统一了思想，明确了目标，坚定了信心。在全国率先推进全国重点文物保护单位保护规划编制工作，郑州市总体规划编制工作顺利开展，完成了《大遗址郑州片区保护利用战略规划》编制工作，启动了《郑州航空港经济综合实验区文物保护专项规划》编制工作。文物保护单位保护规划、方案编制工作扎实开展，完成《纪信墓及碑刻保护规划》《北大清真寺文物保护规划》《郑州城隍庙、文庙文物保护规划》《战马屯遗址保护规划》《新郑凤台寺塔文物保护规划》《荥阳千尺塔文物保护规划》《荥阳故城城墙遗址抢救性保护维修方案》《汉霸二王城考古遗址公园规划》《苏寨民居保护维修方案》《新密古城寨城垣遗址保护维修方案》《登封玉溪宫保护方案》《陈氏三宰相墓保护维修方案》等12个规划或方案的编制、评审及审批工作。完成编制、上报待批的有《登封"天地之中"历史建筑群总体保护管理规划》《少林寺建筑群保护规划》《西山遗址文物保护规划》《荥阳故城及汉代冶铁遗址文物保护规划》《古荥城隍庙复原展示方案》《李家沟遗址保护规划》《望京楼遗址保护规划》《新郑卧佛寺塔保护规划》《郑州纺织工业基地保护规划》等9个项目。积极推进的有《列子祠、墓保护规划》《娘娘寨文物保护规划》《小双桥遗址文物保护规划》《裴李岗遗址文物保护规划》《纪信墓及碑刻复原展示方案》《郑州纺织工业基地保护展示方案》《北大清真寺保护展示方案》《苑陵故城文物保护规划》《陈家沟遗址保护规划》《圃田故城文物保护规划》等10个编制项目。

【文博公共服务】 全面推进国有博物馆建设。郑州纺织工业遗址博物馆项目推进顺利；郑州客属文化中心后续建设和移交管理工作全面展开，接收档案资料、图纸160卷。大力支持民办博物馆发展。郑州市登封窑陶瓷博物馆对社会开放，郑州城外城陶瓷艺术博物馆获批成立，郑州市古荥汉代冶铁遗址博物馆与筹建中的郑州汉石雕博物馆完成正式项目签约。积极推进博物馆基本陈列改造。郑州二七纪念塔消防工程主体及陈展提升项目全部完成，于7月1日对社会免费开放；郑州市大河村遗址博物馆基本陈列项目有条不紊进行；荥阳市博物馆、登封市博物馆新馆建设按计划推进。认真开展馆藏文物征集工作，全市博物馆新增文物、标本4000余件。规范馆藏文物管理，新鉴定文物4000余件，整理文物6300余件，修复文物200余件。认真配合百度百科进行数字博物馆建设，郑州博物馆于9月18日正式上线，成为国内首家入驻百度百科的省会城市博物馆。

博物馆、纪念馆免费开放工作。2012年，郑州市各类博物馆举办"中国文化遗产掠影""英雄不老——李文祥先进事迹展""我们的生活""'中国字'图片展"等免费专题展览35个。全年累计接待观众115万人次，讲解2200余场次。开展巡展及主题活动81场次，受众达53万人次。

温故知新——紫砂收藏精品全国巡展。2012年4月19—23日，"温故知新——紫砂收藏精品全国巡展"在郑州博物馆展出。本次展览共有191件展品。展览以紫砂陶艺大师顾景舟的提璧、半月、上腰线提梁等9件作品为重点展品，与紫砂名家时大彬、陈文卿、陈观侯等人的作品同时展出。

郑州博物馆举办"我们的生活"专题展。2012年6月8日，"我们的生活"专题展在郑州博物馆三楼展厅开展，8月底结束。此次活动共征集各类展品1700余件、资料照片1000余张。展览分为6个部分，按照时代发展的序列，从上世纪50年代到本世纪新千年初期，基本上以10年为一个单元，集中展示了各个时期最有代表性的实物用品、图像照片、文化符号。这些展品从不同侧面折射出社会的巨大进步和祖国的日益昌盛繁荣，为广大观众展开了一幅了解百姓生活变化及社会发展状况的多彩画卷。

宁夏岩画在郑州博物馆展出。2012年9月20日，"朔地恋歌——宁夏岩画特展"在郑州博物馆开展，展期一个半月。本次展览由郑州博物馆和宁夏博物馆联合举办，共展出100多件宁夏岩画实物和拓本，这些来自贺兰山脉带有浓郁地方特色的珍贵岩画是首次踏足中原地区。

郑州博物馆参加2012年北京"博博会"。2012年10月26—30日，郑州博物馆参加了2012年北京"博物馆及相关产品与技术博览会（简称'博博会'）"。本届"博博会"由国家文物局批准，中国博物馆协会、中国北京国际文化创意产业博览会组委会、北京市文物局、中国自然科学博物馆协会等单位联合主办，主办会场位于北京全国农业展览馆。展览分为博物馆综合展示区和中外博物馆相关产品与技术展示区，有来自全国各省市地区的百家博物馆出展，3000余家博物馆代表到场参观。此次参展，郑州博物馆高度重视，精心筹备，专门派人赴京搭建展台，制作多幅宣传展板，发放大量宣传材料，起到了良好的宣传效果。

郑州二七纪念塔新展“七一”开放。经过两年多的整体修缮和陈展提升，郑州二七纪念塔于7月1日以崭新面貌对公众免费开放。2010年4月，郑州二七纪念塔由于存在重大安全隐患开始闭馆改造，于2011年10月1日完成了本体维修、消防设施与内部线路改造、外部照明改造等工程，在以靓丽身姿亮相后，得到广大市民一致好评。塔内基本陈列提升项目于2012年4月1日正式开工，6月27日全面完工。郑州二七纪念塔本次基本陈列提升项目包括：在原有京汉铁路工人大罢工展览的基础上，增加了二七纪念塔的建造历史、二七精神与郑州城市发展变化的关系等内容，以充分讲述“塔与城的故事”。布展设计方面，充分利用墙面、地面、天花板及楼道空间设置了二七纪念堂旧址普乐园、二七烈士高斌等雕塑来贯穿整个展览，成为一大亮点。陈展设施方面，运用多媒体等现代设备，实现了室内景观和观众的互动，再现了京汉铁路总工会成立大会的场景以及郑州城市发展变迁等。经过全面修缮改造的郑州二七纪念塔给公众带来了全新的视听感受。郑州二七纪念塔入选“2012我心中的郑州市十大城市品牌”并荣登榜首。

市人大调研民办博物馆发展。2012年11月15日，市人大调研组调研郑州市民办博物馆的发展情况。调研组先后视察了郑州市华夏文化艺术博物馆和郑州大象陶瓷博物馆，并在郑州大象陶瓷博物馆举行了座谈会，郑州大象陶瓷博物馆、郑州市华夏文化艺术博物馆、郑州市登封窑陶瓷博物馆、郑州城外城陶瓷艺术博物馆、郑州市黄淮艺术博物馆、河南炎黄明清家具博物馆的负责人参加了座谈会。

【世界文化遗产保护工作】 2012年是郑州市各类文化遗产保护专项资金投入最多的一年，为郑州市历史文化遗产保护展示利用提供了强有力的资金支持。市文物局通过抓规划编制、抓项目建设等措施，积极争取国家、省文物保护专项资金和市社会事业项目政府投资，全年共争取国家和省级文物保护专项资金1.13亿元；国家文化和自然遗产保护设施建设资金1578万元；市发改委社会事业项目政府投资近2.25亿元。

登封“天地之中”历史建筑群保护管理工作。2012年，郑州市登封“天地之中”历史建筑群保护管理工作全面展开。市文物局认真抓好世界文化遗产监测体系试点申报工作，登封“天地之中”历史建筑群世界文化遗产监测预警体系建设项目成功入选国家首批世界遗产监测试点。继续开展登封“天地之中”历史建筑群文物本体保护工作，郑州市启动了少林寺塔林保护维修工程和少室阙保护房建设工程。做好“天地之中”历史建筑群遗产地景区整改工作，市文物局督促并指导登封市政府制定整改方案并迅速实施，在旅游秩序、文物监管、管理服务、商业经营、环境卫生等方面建立了长效机制，确保了遗产点周边环境稳定、协调，最大限度地保护、保持了遗产地周边的历史风貌。

大运河申报世界文化遗产工作。2012年，郑州市全面推进大运河申报世界文化遗产工作。重视完善相关法律法规，市政府颁布了《关于加强大运河遗产郑州段保护工作的通告》；认真抓好运河沿线保护与环境整治方案编制工作，市文物局编制了《大运河通济渠荥阳故城段环境整治方案》及《惠济桥文物保护规划及环境整治方案》；稳步推进大运河郑州段相关遗产点保护工程，纪信庙保护规划获得省文物局批复，古荥城隍庙复原展示方案初稿已完成，荥阳故城西城墙中段保护项目已竣工验收；全面启动大运河郑州段档案系统和遗产监测预警系统建设工作，市政府成立了郑州市世界文化遗产监测中心；积极推进郑州市大运河遗产通济渠——荥阳故城段沿岸节点展示工作，市文物局完成了地质勘探、设施方案编制等工作，防洪评价正在积极编制中；按照大运河申报世界文化遗产的标准和要求，在市政府领导下，市文物局积极协调相关单位开展了河道保护、水资源保护、环境整治、生态治理等工作。2012年5月28日，全国政协文史和学习委员会副主任范钦臣带领大运河河南段申报世界文化遗产工作组调研大运河郑州段申遗项目。工作组先后到汉霸二王城、荥阳故城、纪信庙和大运河通济渠荥阳故城段进行视察，现场听取了大运河郑州段保护与申遗工作开展情况、重点难点以及下一阶段的工作计划。范钦臣对郑州市运河保护的现阶段成果予以高度肯定。

副省长张广智调研郑州市文化遗产保护工作。2012年11月27日，副省长张广智在省政府副秘书长万旭、省文化厅厅长杨丽萍、省文物局局长陈爱兰等领导的陪同下，带领相关单位人员到郑州市调研文化遗产保护工作。郑州市市长级干部丁世显，郑州市市委常委、巩义市委书记舒庆，郑州市人民政府副秘书长王霄鹏，市文物局局长阎铁成、常务副局长任伟等陪同视察。张广智先后视察了荥阳秦氏旧宅、上街方顶村古建筑群、巩义杜甫故里、刘镇华庄园等文物点，详细了解文物保护维修情况及存在的困难和问题，并分别做出重要指示。

联合国教科文组织和国际古迹遗址理事会专家考察郑州市世界文化遗产项目。2012年4月11—16日，联合国教科文组织（UNESCO）助理总干事穆尼尔·布什纳吉和国家古迹遗址理事会副主席郭旃来豫考察河南省的文化遗产保护工作。两位专家先后对大运河（通济渠荥阳故城段）和登封“天地之中”历史建筑群世界文化遗产进行了考察，并对郑州市世界文化遗产申报及管理工作给予了充分的肯定，同时表示，联合国教科文组织和国际古迹遗址理事会将继续支持郑州市大运河世界遗产申报工作，将在申报世界文化遗产、国际项目合作、专

百名记者走进世界文化遗产采访

新密县衙

业人才培养等方面提供服务指导，共同推进河南文物事业的进步与发展。

【文物勘探发掘】 2012年，郑州市文物局完成勘探项目230个，勘探面积802.6万平方米，发现各类遗迹1295处。配合郑州市城市基本建设完成考古发掘项目70项，发掘遗址面积2.82万平方米，出土文物3200件、陶片2900包(袋)。

新密李家沟遗址发掘项目。新密李家沟遗址发掘是郑州市文物考古研究院与北京大学考古文博学院合作开展的“郑州地区%晚更新世古人类活动与旧石器文化发展”课题研究项目。经过考古发掘，发现联结旧石器时代晚期与新石器时代早期的重要地层剖面，距今10300年—10500年左右典型的细石器与局部磨光的石锛与素面粗夹砂陶片、大型石制品及人工搬运石块共存的现象，以及距今8600年—10000年的新石器时代早期文化遗存。李家沟遗址的发掘是中原地区裴李岗文化发现30多年以来新石器时代早期考古上的一次重大突破。它的发现，从文化层叠压关系、地层堆积、工具组合、栖居形态到生计方式等多角度，揭示了中原地区史前居民从流动性较强、以狩猎大型食草类动物为主要对象的旧石器时代，逐渐过渡到具有相对稳定的栖居形态的新石器时代的演化历程，展示了中原地区有别于华北、华南地区的地域特点。2012年，新密李家沟遗址发掘项目获得“2009—2010年度国家文物局田野考古奖”二等奖。

新郑望京楼遗址发掘项目。新郑望京楼遗址是在配合郑州南出口暨郑新快速通道基本建设中，经国家文物局批准，进行考古发掘的项目。在考古发掘过程中，发现夏代、商代两座城址和外廓城，城址总面积达168万平方米。这是中原地区继郑州商城、偃师二里头、偃师商城和荥阳大师姑等之后，在夏商大型城址方面的又一重大发现和重要突破，成为夏商考古新的研究热点和重点。望京楼夏代城址面积仅次于夏代都城偃师二里头，其面积之大在夏代聚落中是极为罕见的，初步推测其性质可能为夏代某一方国都邑。望京楼商城城门设施突出体现了浓厚的军事防御色彩，为我国最早形制完备的瓮城。望京楼夏代城址和商代城址位于同一地点，对于探讨夏商历史、夏代晚期文化与商代早期文化更替及中国早期城池建设等问题都具有重要意义，是极为重要的考古新发现，再次证明中原地区是中国古代文明的源头和核心区域。2012年，新郑望京楼遗址发掘项目获得“2009—2010年度国家文物局田野考古奖”二等奖。

【文物保护重点项目建设】 2012年，市文物局积极推进文物保护重点项目建设。商城本体保护和相关配套工程项目，对郑州商都遗址博物院和郑州市文物考古研究院设计方案进行了修改与调整，西南城墙本体保护及外侧绿化工程、商城遗址东南城墙抢险加固工程、郑州城垣遗址东大街段加固维修项目及周边绿化等全部完成，视觉形象展示系统工程6处展示点完成5处。大河村考古遗址公园项目。《大河村遗址保护规划》通过国家文物局审批，完成了立项、选址；大河村遗址博物馆二期改造工程已经开工。二七纪念馆基础设施改造工程。二七纪念堂本体加固工程已经完成，内部装饰装修除地板铺设和座椅安装外均已完成，二七纪念塔消防、水、电等基础设施改造工程全部完成。

【依法行政和文物安全】 2012年，市文物局注重强化依法行政和文物安全工作，为全市文化遗产保护工作提供了安全保证。

一是积极推进大遗址保护立法工作。高度重视大遗址保护立法工作，积极与市人大、市政府相关部门进行沟通协调，组织有关专家进行了研讨。配合市人大进行了立法调研。

二是推进安全创建，抓好安全生产。认真落实安全郑州创建2012年行动计划，大力开展重大安全生产隐患整治、重要时期和节假日安全生产大检查、安全生产应急演练、安全生产教育培训等工作，积极构建安全生产监管、应急救援、教育培训等安全生产支撑体系。扎实开展安全生产“打非治违”工作，以文物安全网格管理体系为依托，以博物馆、文物库房、田野文物、古建筑等为重点，开展了安全生产隐患排查专项行动、夏季防汛检查、百日安全生产大检查等活动，杜绝了各类安全事故发生，确保了安全生产形势持续稳定。

三是强化文物安全，治理重大隐患。完善文物安全管理制度，与各县(市)区文物主管部门、市文物局系统各单位签订文物安全目标责任书。印发了《郑州市文物安全工作考核办法》《郑州市文物单位安全规范》，修订完善了文物安全管理制度，推进文物安全工作制度化、规范化和科学化。加强文物安全检查工作，集中开展了文物安全督查年活动，全年开展文物安全专项检查10余次，检查单位40多个，下达责令改正书7份。推进重大安全隐患整改工作，基本完成郑州城隍庙戏楼安全隐患整改和销案工作。加强文物安全相关项目初审，联合市公安局开展全市文物收藏单位风险等级认定工作，对5家单位进行了风险等级认定；对各文保单位和博物馆的消防、安防、防雷等7件方案进行了初审。加强文物商店管理工作，对2家文物商店进行了年检，办理文物商店设立申请、文物拍卖资质申请、文物拍卖标的审核等许可事项10项。

四是开展文物行政执法，维护文物管理秩序。强化对郑州商代遗址保护和基本建设的监管，将基本建设的监控范围扩展至高新技术开发区、郑东新区、经济技术开发区、郑州航空港区等地带。全年执法巡查280多次，办理完成文物行政执法案件56件，对5起重大违法行为处以70万元罚款的行政处罚，罚款全部入库。加强对县(市)区文物行政执法活动的指导，推动了全市文物行政执法活动高效开展。

五是积极开展文物行政执法案卷参评工作。2012年度全国文物行政执法案卷评比结果于11月21日揭晓，郑州市文物局有2份案卷获得“十佳案卷”奖，这是郑州市文物局连续第四次获得该奖项，同时也是保持荣获最高奖项数量最多的地市，占全国获奖总数的1/5。

【考古科研工作】 2012年，考古科研工作取得新成绩，市文物局加强嵩山文明与中华文明起源学术研究，举办了中国早期城市与文明暨2012年中华之源与嵩山文明论坛，与北京大学等单位联合主办了“嵩山论坛”国际研讨会，出版了《郑州历史地理研究》《中国登封窑》等学术论著。郑州老奶奶庙旧石器遗址入选“2011年度全国十大考古新发现”。《郑州市第三次全国文物普查重要新发现》获第五届河南省社科优秀普及作品二等奖。

【领导调研与文物工作对外交流】 市政协主席李秀奇视察文物保护工作。2012年8月15日，市政协主席李秀奇、副主席党普选带领市政协文史资料委员会成员和部分政协委员，视察了全市文物保护工作。李秀奇先后视察了郑州商城人民广场城墙展示段、郑州城隍庙、郑州商城西南城角修复展示段、郑州商都遗址博物院和郑州市文物考古研究院院址拆迁现场、郑州商城东城门复原展示段及郑州文庙等文物点，详细了解各项文物保护工作的开展情况，肯定了全市文物保护工作取得的显著成绩。

国家文物局副局长童明康检查老奶奶庙遗址文物安全工作。2012年8月8日，国家文物局副局长童明康在郑州市市长级干部丁世显、河南省文物局副局长李玉东、郑州市文物局局长阎铁成、二七区区长王鹏等陪同下，检查郑州老奶奶庙遗址考古发掘工地文物安全工作。童明康一行对老奶奶庙遗址的文物安全工作进行认真细致地检查，对《老奶奶庙旧石器遗址应急预案》、安全保卫管理制度、清除遗址背后山坡以防地质灾害、在遗址周边修建排水沟和防水坝等工作给予了充分肯定，并就文物安全、人身安全，特别是防汛等问题提出明确要求。

荆州市政府考察团来郑州考察大遗址保护利用工作。2012年11月23—24日，荆州市政府副秘书长、大遗址办主任张卫平等8人来郑州考察大遗址保护利用工作。考察团考察了郑州商城人民广场城墙展示段、东城门展示段、东南墙角保护维修工程、南城墙紫荆山断面和西南城角修复展示段大遗址保护现场。其间，考察团就大遗址片区发展理念和大遗址保护利用具体工作与相关领导进行了深入交流。

【老奶奶庙旧石器遗址入选“全国十大考古新发现”】 2012年4月13日，“2011年度全国十大考古新发现”评选结果在北京揭晓。由北京大学考古文博学院、郑州市文物考古研究院、郑州市二七区文化旅游局主持发掘的郑州老奶奶庙旧石器遗址入选“全国十大考古新发现”。这是郑州市在2007年新郑唐户遗址、2008年荥阳娘娘寨遗址、2009年新密李家沟遗址、2010年新郑望京楼夏商城址之后，第五次获得该奖项。老奶奶庙旧石器遗址位于二七区侯寨乡樱桃沟景区内，遗址西北角建有一座小庙，当地称老奶奶庙。该遗址发现于2005年冬，2010年郑州市文物考古研究院与北京大学考古文博学院进行复核时，发现遗址区破坏严重，经上报国家文物局同意后，联合对其进行了发掘。通过发掘，共发现石制品3000多件、动物骨骼及碎片1.2万多件、用火遗迹20余处。此次发掘成果清楚地展示了我国境内更新世人类发展的连续性特点，与西方学界关于东亚地区的古人类灭绝的认识并不符合。这些新证据对于深入探讨世界史前考古学与古人类学界关于现代人类起源与发展的问题极为重要。

【郑州文庙撞钟迎新年活动】 2012年12月31日晚，由郑州市政府主办，郑州市文物局、管城回族区政府、河南省留余文化促进会承办的“中原崛起·中国梦圆”撞钟迎新年活动在郑州文庙举行。23时20分，迎新年文艺节目开始演出，为新年到来烘托出浓浓的喜庆气氛。随后，郑州市市长马懿向全市人民发表了新年致辞，向大家致以新年的诚挚祝福。零时，出席活动的省、市领导与嘉宾相继撞响象征着平安、繁荣、富强的大成钟，以富有文化底蕴的传统方式和现代元素的文化语言迎接新年的到来。参加本次撞钟活动的撞钟嘉宾包括河南十大“三农”新闻人物、2012“感动郑州”十大年度人物候选人、2012年度“郑州最具文化影响力十大企业家”候选人、郑州市道德模范和文明标兵等。

（尚红林）

档案工作

【概况】 2012年，全市各级档案部门按照国家档案局、省档案局的总体要求和市委、市政府的工作部署，认真贯彻落实科学发展观，突出“关注民生，服务发展”的工作主题，全面加强档案资源建设、档案馆基础和功能建设、档案信息化建设，全力推进服务能力和管理水平提升，各项工作取得了新成绩，实现了新跨越。

【档案馆库建设】 2012年，郑州市档案馆新馆投资及工程建设任务基本完成，部分扫尾工作正在加紧进行，计划2013年上半年进行验收。为解决新馆库容不足问题，申请资金对老档案馆房顶漏水、电梯故障、电路老化等问题进行了及时处理。新郑市把馆库建设列入重要议事日程，档案新馆已完成选址工作，规划建筑面积6760平方米，同时投资40多万元购置密集架，强化了库房硬件设施。荥阳市档案馆新馆图纸设计和用地审批工作已经完成，进入建设项目招投标阶段。登封市档案局投资10多万元，新增档案密集架14列，档案资料全部换柜上架，有效改善了档案保管条件。

【档案事业发展环境】 2012年，省市各级政府关心档案事业发展，省委常委、市委书记吴天君，省人大常委会副主任王文超、市委副书记王彦、市委秘书长孙金献、常务副市长胡荃、副市长刘东、副市长张学军等领导亲自到市档案局开展调研，听取汇报、出席重大活动，给予档案工作大力支持。各县（市）区党委、政府继续支持档案事业发展。巩义市为档案局增加了8个编制；新郑市拨付资金200多万元作为创建档案工作示范市专项经费。新密市将档案工作纳入当地党委、政府目标考核体系，加紧筹建省内一流的档案新馆，将档案馆由原来的副科级单位升格为正科级单位。新密市创建档案工作示范市成功后，对档案局及档案局局长分别以记集体三等功和个人三等功的形式进行表彰。

【档案资源建设】 2012年，郑州市各级档案馆加大了对不同门类、不同载体档案的接收、征集和整合力度。市档案馆先后征集到党和国家领导人在郑视察档案；《郑州市六城十组团规划方案》《郑汴新区规划图集》《郑州保税区规划图》等都市区建设专题档案；反映郑州工业发展历程的第一代国产织布机、郑州手表厂生产的“黄河”牌手表、郑州无线电厂生产的“黄河”牌收音机、国棉一厂历年来的布样、商标等实物档案；上世纪50年代反映当时郑州地形地貌、施工现场的电影胶片、郑州纺织机械厂纪录片等声像档案；白鸽集团、郑煤集团、郑州油脂化学厂等企业档案；拜祖大典、少林武术节等重大活动档案，合计约4.3万卷（件）。各县（市）区的档案资源建设也取得了可喜成果。中原区档案馆与区两办、区宣传部等部门合作，征集各类图片、声像、影像档案2500多件；荥阳市档案馆征集了《陈氏家谱》《张氏老四门族谱》《荥阳白水峪陈氏族谱》等谱牒资料。

【档案信息化建设】 2012年，郑州档案信息建设取得新进展，市数字档案馆完成投资1195万元，软硬件初验工作已经结束，全年目录录入126.4万

副市长刘东调研档案工作

条，数字化加工933万页，完成数据双套制备份8个T，实现了目录与全文数据全部挂接。金水区档案馆录入机读目录48.5万条，全文扫描档案260多万页，数字化处理档案照片16万余张。荥阳市档案馆新增了网关、防火墙等防病毒软件，进一步完善了电子文档中心硬件设施。巩义市档案馆投资60余万元的信息化建设项目已经完成招标。二七区档案局、中牟县档案局、荥阳市档案局和登封市档案局顺利通过河南省综合档案馆信息化建设示范单位验收。

【农业农村档案工作】 2012年，市档案局调整工作思路，转变发展方式，把加强新型农村社区建设档案工作作为推进城乡一体化、加快新型城镇化的助推器，采取以点带面、示范引领的方式，选定新密、新郑两市争创全国新农村建设档案工作示范市，指导两地创新工作机制，实施网格管理，加强基层档案工作规范化建设，对新型城镇化建设各个领域形成的拆迁安置、养老保险、合作医疗、农业专业合作社、土地流转等档案应收尽收、全面覆盖。在推进合村并镇、合村并点工程、集约利用土地、发展农业示范园区、农业龙头企业、农业（农机）专业合作社、配套共享公用资源、提高城乡居民收入、缩小城乡差距等方面彰显了档案工作价值。2012年10月，新密、新郑两市通过国家档案局、民政部、农业部联合验收，成为河南省头两家县级全国社会主义新农村建设档案工作示范市。

【重点建设项目档案管理】 2012年，市档案局将档案工作重心向重点建设项目倾斜，实施重大建设项目档案工作目标责任制，加强重大项目档案工作的前端控制。严格落实登记备案制度，督导23个单位及时填报重大建设项目档案管理登记表。组织档案专家到市轨道交通工程、京沙快速一期工程、中心区铁路跨线桥工程等重大建设项目现场，实地指导，现场讲解，督促参建各方做好项目档案的收集、整理和移交工作。

【企业档案工作】 2012年，企业档案工作在承接产业转移、服务项目落地、促使尽快投产方面作出了新尝试。市档案局加大了对非公企业档案工作的扶持、引导和监督力度，采取普遍宣传、重点指导、跟踪服务等方式，相继到煜盛房地产公司、高新区光力科技公司等企业进行重点指导。上街区档案局在河南华泰特种电缆项目落地伊始，就主动派员帮助建立基建、设备安装等档案，促使企业尽快投产。二七区鹰城鑫地酒店、荥阳市少林客车公司等企业在当地档案部门的指导下，档案管理日趋规范，在扩大企业经营规模、促进产品换代升级、增强企业核心竞争力等方面发挥了积极作用。

【档案法制和宣传工作】 2012年，市档案局及时调整依法行政工作领导小组，进一步明确了工作职责，加强对新问题、新情况的研究，组织制定了《2012年度依法行政工作要点》《2012年度领导干部学法计划》，出台了《郑州市档案局行政执法巡查等十项制度》，规范了执法行为，健全了执法机制，提高了执法效能。全市各级档案部门针对各机关、企事业单位的档案管理体制、制度建设、开发利用等情况，采用抽查与检查相结合、听取汇报与实地查看相结合、督促整改与情况反馈相结合的方式积极开展执法检查活动，有力促进了档案工作的制度化、规范化和标准化建设。各级档案部门以《档案法》颁布实施25周年为契机，加强档案法律法规的宣传贯彻工作，进一步强化了社会公众的档案法制观念，为档案事业发展营造了良好的社会舆论环境。中原区档案局开展了"维护历史原貌，传承中原文明"宣传活动；金水区档案局开展了"送法进社区"活动，解答群众咨询200多人次；新密市档案局在省级网站发稿1116篇，居全省县区发稿排名第一位。

【档案规范化管理】 2012年，按照国家档案局、省档案局的要求，全市各级档案部门积极推动档案工作规范化管理认证工作。市档案局采取以会代训、签订责任目标、指导创建最佳系统等一系列举措，组织人员先后到郑州新区管委会、水务局、国资委、疾控中心等单位开展认证工作。各县（市）区档案局狠抓示范社区和示范村档案室规范化管理认证工作，推动档案管理水平有效提升。2012年，全市共有111家机关、企事业单位通过档案规范化管理认证；14个乡（镇）街道、33个村（居委会）通过河南省社会主义新农村建设档案工作示范乡、村验收。

【档案安全体系建设】 2012年，郑州市各级档案部门狠抓安全体系建设各项措施的贯彻落实，把档案安全体系建设工作纳入到年度重点工作、全市各级档案部门"一把手"的职责、单位目标管理考核等工作当中，实行"一票否决"。市档案局印发了《关于加强汛期档案安全保管的通知》，组织人员到各级档案馆进行了巡查，邀请市消防支队到市档案馆开展消防知识讲座。与市保密局联合印发了《关于切实加强档案数字化和信息化服务外包管理杜绝泄密隐患的通知》。全市各级档案馆积极健全档案安全管理制度，建立消防应急组织机构，完善应急处置预案，开展消防演练，加强日常巡查，及时消除安全隐患，实施重要档案的异地和异质备份，保证了档案安全。

【档案科研和图书编纂工作】 2012年，郑州市各级档案部门围绕促进档案工作自身科学发展和为科学发展提供服务两条主线，抓住档案工作促进发展、惠及民生、繁荣文化的切入点和着力点，不断加大档案科研和编研力度。市档案局的"数字档案资源云存储策略研究"在国家档案局立项，实现了省内市级档案部门在国家档案局科研立项零的突破。"自动识别与信息采集技术在数字档案馆中的应用研究"科研项目获得国家档案局科技进步奖，"二维条码技术在数字档案馆中应用研究"等科研项目获得省档案局科技进步奖。市档案馆继出版《关爱的足迹——党和国家领导人视察郑州纪实》画册之后，又收集馆藏珍贵资料编辑了《馆藏历代嵩山碑刻拓片选释》丛书。中原区档案局编纂的《中原图志》，集中展示建区以来政治、经济、文化、社会等方面历史发展轨迹，产生了良好的社会反响。

【档案工作服务民生】 2012年，市档案局按照国家档案局9号令要求，制定了《档案馆档案资料收集范围实施细则》，加强了民生档案进馆工作。全市各级档案部门大胆创新服务机制，积极探索档案工作服务民生的新途径、新方法，加强了对破产改制企业、养老保险、城乡低保、安全生产、婚姻登记、拆迁安置等民生档案的收集力度，对民生档案优先整理编目、优先数字化处理，将档案信息网同政府门户网、农业信息网、党员远程教育网链接，真正实现了利用方便快捷和信息资源共享。2012年，郑州市档案部门提供各类档案查询利用8.9万余人次，为解决人民群众低保、养老、上学、参军、就业、安居、婚姻、补偿、救助等问题发挥了重要作用。

（孙超峰）

地方史志工作

【概况】 2012年，郑州市地方史志办公室在市委、市政府的正确领导下，认真学习贯彻党的十八大精神，以邓小平理论、“三个代表”重要思想和科学发展观为指导，深化落实国务院《地方志工作条例》和《河南省地方志工作规定》，紧紧围绕郑州都市区建设这个中心，立足本职，融入大局，服务现实，明确提出了以“志、鉴、报、刊、用、库、网、馆、学、创”为主要内容的“十大任务”和以“方志馆建设、信息化建设、乡镇村志编修、郑州名典编纂、年鉴提升、旧志整理、论证郑州建市时间、创建文明单位、史志队伍培训、郑州地方志立法”为主要内容的“十大项目”，并通过建立史志工作政府责任书制度、周例会推进制度、工作考核制度等措施，强力推进，奋力突破，开创了史志工作新局面，使郑州市史志工作呈现出许多特色与亮点，郑州市史志办获得河南省史志系统2012年度修志工作先进单位称号。

【方志馆建设】 2012年，市史志办将方志馆列为十大项目的一号工程大力推进，在大量前期准备工作后，起草了《关于郑州市方志馆立项的申请》报市政府，得到市领导的重视与支持，市长马懿、常务副市长胡荃、主管副市长刘东分别作出同意建设的批示，使方志馆建设取得重大实质性进展。2012年4月，发改委报请市人大常委会研究，该项目被列入2012年政府投资项目计划，5月被列入市教科文卫领导小组重点项目目录，11月，省委常委、市委书记吴天君亲自召开会议将方志馆列入郑州西区市民公共文化服务区首批入驻项目，与博物馆、档案馆“三馆合一”建设高水准的文博中心。

【史志信息化建设】 史志信息化建设是市史志办十大项目之一，建成网上方志馆，使史志资源信息化、史志信息数据化、史志数据网络化，可以实现史志资源共享，充分发挥史志公益性文化服务职能，加快修志用志手段的现代化进程，将极大地提高和改善史志为社会服务的水平，更好地实现便民惠民，使史志事业在质的方面有一个大的飞跃。2012年，史志信息化项目完成了审批和招投标工作，进入实质建设阶段，郑州地情网站建设与数据库录入工作全面展开，网站正式上线开始试运行。

2012年郑州市地方史志工作会议召开

【志鉴编修】 县区志和基层志编修。市史志办加强县（市）区和基层志书编修工作的督导力度，全市修志工作取得新成绩。2012年6个有修志任务的县（市）区，完成了志书出版工作，其中，《新郑市志》《荥阳市志》《二七区志》《邙山区志》通过了三级评审。全市史志系统共指导编修部门志、行业志、乡镇村志35部。年鉴编辑出版工作。2012年，市史志办创新年鉴工作，2012卷《郑州年鉴》采用全彩色印刷，并根据“三大主体工作”新要求，优化了框架结构，调整了栏目设置，增加了时代内容，全彩印刷后的《郑州年鉴》面貌一新，特色鲜明。12个县（市）区已全面启动综合年鉴编纂工作，实现了全覆盖。

【月报工作】 2012年，郑州都市区建设大事月报新出版12期，连续出版15期。在编好市本级大事月报的同时，市史志办积极主动完成《河南大事月报》郑州市稿件的采集、编辑、报送工作，郑州市稿件采用量居18个省辖市首位。12个县（市）区中二七区、上街区、中原区、管城回族区、新密市、新郑市、巩义市等7个县（市）区也陆续出版了大事月报。

【乡镇街道图志编修】 2012年，郑州市史志办紧紧围绕以新型城镇化为引领，“三化”协调科学发展的路子，开展编纂乡镇街道图志工作。为抢救乡镇村文化，留住乡土记忆，真实反映各乡（镇、街道）村的巨大变化，为各级领导决策提供可靠的地情信息和参考资料，经郑州市史志办汇报、推动，市政府启动了郑州乡（镇、街道）村志系列丛书编纂工作，该项工作被明确为市政府科教文卫领导小组的重点工作。2012年上半年郑州市史志办下发了《郑州乡（镇、街道）村志系列丛书编纂方案》，5月，方案被省地方史志办公室全文转发，在全省起到了引领作用。截至2012年底，郑州市史志办已完成样稿编辑，新密市、中原区两个试点单位完成了初稿。

【《数字郑州2012》出版发行】 为了使社会各界更好地认识和了解郑州，郑州市史志办利用现有的志鉴资源，出版了《美丽郑州》系列微型地情书之《数字郑州2012》。该书以数字为表现形式，真实记录了2011年度郑州市经济社会发展基本情况，内容涵盖全市各个行业，为社会各界提供

开展读志用志活动

了简便、快捷的地情信息服务。

【《郑州地情活页》编辑出版工作】以“传承华夏文明、记录郑州跃升、服务都市建设、走进基层百姓”为办刊宗旨的《郑州地情活页》立足郑州，面向全省，开设有《文明之根》《百业亮点》《城市名片》《魅力地标》《文化视窗》《图说郑州》等10余个栏目，紧贴时代、形式新颖、图文并茂，内容丰富，2012共出版5期，广受社会各阶层人士的欢迎。

【《郑州名典》系列丛书编辑出版工作】为打造郑州名片，宣传郑州，推介郑州，郑州市史志办策划了《郑州名典》系列丛书。第一批启动的有《名镇》《名村》《名山》《名水》《名产》《名馆》《名寺》《名街》《名吃》《名景》10册，分别由市志工作处和县（市）区有关人员任分册主编，各县（市）区史志办积极提供稿源，郑州市史志办认真筛选把关，组织召开了两次专家论证会，为《郑州名典》的编辑出版问诊把脉。11月，郑州市史志办组织省、市摄影家协会专业摄影家赴12个县（市）区基层拍摄名典照片5000余张，真实、直观地记录了郑州的特色亮点。截至2012年年底，前5册已基本定稿，即将印刷出版。

【用志工作】2012年，市县两级史志办坚持修用并举方针，努力为全市经济社会发展和文化建设提供多层次服务，各县（市）区史志办围绕当地招商引资、项目建设、城市规划、民间文化遗产普查和文化特色村申报等提供资料和咨询服务。新郑市史志办参与组织了“黄帝故里拜祖大典”系列活动，登封市史志办参与第九届少林武术节活动。两地史志办都是两项重大活动的主力军，在参与重大节会活动、服务中心大局方面作出了示范。

【旧志引进】2012年，市史志办引进清康熙《新郑县志》、清乾隆《郑州志》、民国《郑县志》、民国《续荥阳县志》等4部志书电子版。12个县（市）区引进民国二十四年《中牟县志》、清代《荥阳县志》残本、1774年《汜水县志》、清康熙三十二年《新郑县志》、清顺治十五年《新郑县志》、明隆庆三年《登封县志》、清康熙三十五年《登封县志》等7部旧志。

【史志成果创优工作】2012年，郑州市史志办积极开展史志成果创优工作。组织参加中国出版工作者协会年鉴工作委员会第六届全国年鉴评奖活动，郑州市史志办编写的《郑州年鉴》（2011卷）获得编校质量检查评比一等奖。市史志办上报的6个县（市）区年鉴全部获奖。其中，中原区、上街区年鉴获得一等奖；新郑市、管城区年鉴获得二等奖；新密市、二七区年鉴获得三等奖。获一等奖等次与获奖总量居全省史志系统首位。在全省史志优秀成果评选活动中，《郑州年鉴》《郑州历史上的今天》获得一等奖，《郑州新方志人物》获得三等奖。组织上报的3部县区年鉴中上街区、中原区年鉴荣获一等奖，中牟县年鉴获二等奖。

【史志干部综合素质提升班在清华大学举办】5月17—22日，郑州市史志干部综合素质提升班在清华大学举办。来自全市各县（市）区史志部门、市史志办、市政府各派出机构和市直20余家相关单位的59名干部参加了培训。

郑州市史志办紧扣市委、市政府的中心工作，按照年初全市史志工作会的要求，统筹安排的高端研修性学习，旨在通过聆听大师声音，开启心智，使思想和智慧得到交流和碰撞，进而达到提高综合素质的目的。

培训为期6天，主要采取专家授课、实地教学、案例分析、考察交流等形式，邀请清华大学、北京大学、同济大学等著名大学研究领导力、政务礼仪、创新思维、传统文化、城市形象规划等方面的顶尖专家学者，就清华历史与精神、政务礼仪和个人形象塑造、传统文化中的生命管理、创新与超越性思维、塑造和传播城市形象、领导力与执行力、易经与领导智慧等问题进行深入讲解和探讨。学员通过参观清华大学校史馆、中国方志馆、国家图书馆和国家博物馆，对中国方志文化与历史传承有了更直观的了解和理解。

郑州市史志干部在清华大学举办综合素质提升班

【地方志立法工作】 2012年，在贯彻落实国务院《地方志工作条例》和《河南省地方志工作规定》的基础上，郑州市史志办起草了《郑州市地方志工作规定》报送市政府，得到主管市长、秘书长的大力支持并分别做出批示，为下一步列入立法调研项目打下了基础。全市史志系统强化立法宣传工作，5月，《河南省地方志工作规定》颁布实施一周年之际，市县两级史志办利用网络、专栏、研讨会、发表专题文章、发放彩页等形式开展了广泛深入的宣传活动，印制各类宣传资料1万多册，取得了良好实效。

【机构改革工作】 郑州市史志办根据《郑州市事业单位清理规范工作实施方案》，积极沟通，协调汇报，市编办专门对郑州市史志办下发了《关于郑州市地方史志办公室事业单位清理规范意见的通知》（郑办〔2012〕11号），重新明确了郑州市史志办主要职责，调整了内设机构，核定了人员编制。将原市志一处、市志二处调整为市志工作处、县区志工作处，变资料处为地情资料信息处，党总支单设。进一步加强了机构编制管理，理顺了职责关系，优化了资源配置，确保了郑州市史志工作科学高效有序运行。

【市级文明单位创建】 2010年以来，郑州市地方史志办公室积极开展创建文明单位工作。全市地方史志工作立足职能，围绕中心，服务大局，贴近现实，“志、鉴、报、刊、库、馆、网、用、学、创”十大任务齐头并进，又好又快发展，得到省史志办和市委、市政府的充分肯定，市志工作连续三年获得全省先进，2011卷《郑州年鉴》在中国出版工作者协会年鉴工作委员会举办的第六届全国年鉴编校质量检查评比中再次获得一等奖。

（一）加强领导，周密组织，扎实做好创建工作

为确保创建工作顺利推进，在年初制定全年工作计划时就统筹安排精神文明建设工作，提出争创目标，把精神文明建设工作摆上重要位置，实行领导责任制，强化“四个到位”：一是组织领导到位。二是认识宣传到位。三是责任措施到位。四是投入保障到位。

（二）突出主题，深化教育，努力加强精神文明教育

为培养一支具有较高的政治素质、科学文化素质和较高的思想道德素质、遵纪守法的干部队伍，通过各种途径、多种方式切实加强了各种主题教育工作，全体干部职工素质显著提高。一是深化理想信念和形势政策宣传教育活动。以党的十七大、十七届三中、四中、五中、六中全会和十八大精神为指导，以践行社会主义荣辱观为主要内容，以社会公德、职业道德、家庭美德、个人品德建设为重点，在机关广泛开展形式多样、喜闻乐见、通俗易懂的学习教育实践活动，不断提升干部职工素质和机关文明程度。二是以职业道德建设为抓手，加强社会主义核心价值体系建设。在机关深入开展“创文明机关，做人民满意公务员”活动，促进政风行风建设，提高服务意识。三是努力加强机关文化建设，为创建工作营造良好的文化环境。结合文明单位创建活动，总结提炼了体现史志部门职能、使命和核心价值的关键词：“博采、精修、存史、立鉴”和体现史志部门传统作风和机关精神的关键词：“砺志识行止，善鉴明得失”。着力在机关营造工作人员普遍认同和遵循的、具有市史志办特色的机关文化。

（三）形式多样，活动丰富，切实树立文明新风

为实现文明单位的创建，按照市文明办统一部署，组织干部职工开展了一系列活动。一是大力开展“迎接十八大，讲文明树新风”活动。二是着力抓好文明交通志愿服务活动。三是不断深化社会关爱志愿服务活动。2012年全办共为郑州慈善日捐款3115元，走访慰问农村孤寡老人和城市困难群众60余人次。四是扎实开展“我们的节日”主题活动。五是深入开展学习宣传道德模范和“道德讲堂”活动。六是积极组织开展形式多样的文体活动。

（四）集中整治、优化环境，夯实创建工作基础

以开展集中整治、优化美化环境为突破点，注重加强办公场所的绿化、美化建设，打好文明单位创建的基础。一是加强机关硬件建设。共计调整办公用房29间，装修办公室2000平方米；更新了全部办公家具机具；新建了阅览室、会议室和文体活动室；对2个书库进行了更新改造，安装了专用设备，并对所藏资料进行了整理入库和电脑分类登记；购置了跑步机、健身车及电淋浴设备。二是积极营造文明和谐、团结奋进的机关文化环境。三是制定文明处室评比通报制度和卫生评比制度，切实加强办公场所环境的绿化、美化、净化，做到办公室整洁有序、窗明、墙洁、地净，物品放置有序。

（五）科学管理，提升水平，创建工作规范有序

在创建的各个环节和各项活动的开展中，注重科学管理，不断提升创建工作水平，做到规范有序。一是注重建立资料档案。二是注重总结归纳。三是注重营造氛围。四是注重综合治理。

（六）砥砺奋进，开拓创新，史志工作全面提升

为更好地挖掘郑州历史，展现郑州地情，服务郑州发展，市史志办针对市委、市政府工作要求和工作任务，在2011年明确提出了“十大任务”和“十大项目”。“十大任务”即：“志、鉴、报、刊、库、网、馆、用、学、创”，“十大项目”即：“方志馆建设、信息化建设、乡（镇、街道办）村志、《郑州名典》编纂、年鉴提升、旧志整理、论证郑州建市时间、创建文明单位、史志队伍培训、郑州地方志立法”。截至年底，“十大任务”和“十大项目”取得了显著成效，实现了“五个三”，即创办了《郑州都市区建设大事月报》《郑州地情活页》《郑州史志通讯》“三种刊物”，在“报、刊”出版发行方面取得了新突破；启动了方志馆、地情信息化建设和《郑州名典》“三个项目”，在“库、网、馆、用”运作方面取得了新进展；完成了修志、编鉴、出书“三项成果”，在“志、鉴、书”编辑出版发行方面取得了新成绩；狠抓了学习培训、理论研讨、创新管理“三项工作”，在“学、研、创”措施保障方面取得了新成效；派出了富士康项目维稳、新农村建设帮扶和“坚持依靠群众、推进工作落实”长效机制“三支工作队”，在驻村帮扶和长效机制建议方面积累了新经验。全市史志工作实现了市史志办“挑大梁，走前头，继续走在全省史志系统前列”的总体目标，为郑州史志事业的大发展大繁荣奠定了坚实基础。

2012年底，市史志办文明单位创建工作顺利通过审查验收。

（李艺博）

图书发行

【概况】 2012年，郑州市新华书店以党的十七届六中全会和十八大精神为指导，以科学发展为主题，以加快经济发展方式转变为主线，努力探索城市新华书店发展之路，以经营销售为中心的各项工作同步提升，整体销售额达到2.55亿元，实现了连续6年上千万元增长的好成绩。截至2012年年底，郑州市新华书店共有员工659人，其中在职367人，退休292人，下设10个职能部门和9个销售部门，总营业面积2.1万平方米，主营各类中外文图书、电子音像出版物，发行全市中小学生课本、大中专教材以及学生教辅读物。

【重点图书和教材发行】 2012年，市新华书店牢固树立政治责任意识，坚持发行工作的宣传导向作用，认真

做好党和国家重要会议、相关法律法规等图书、文件的发行工作。及时组织并重点做好“两会”相关文件、《2012年政府工作报告》《中华人民共和国第十一届全国人民代表大会第五次会议文件汇编》、新《党章》等重点图书的征订发行工作，深入单位开展征订活动，有效满足了机关团体、企事业单位的学习需求。教材发行方面，市新华书店坚持将教材征订发行作为经营工作的重点，认真执行国家政策，严格按照中小学教材“课前到书、人手一册”的要求开展教材发行工作；充分利用有利条件，开展评议教辅读物征订发行工作，拓宽了营收渠道，成为新的销售增长点。

【图书营销活动】 2012年，市新华书店结合卖场实际，开展了形式多样的营销活动。联合出版社做好店内营销，先后邀请了知名人气食疗养生作家陈允斌、著名营销专家尚阳、江苏卫视著名主持人李响、教育名家白惠珠、儿童文学作家肖定丽、《细节决定成败》作者汪中求等各界名人到图书卖场开展读者见面会和新书签售活动，有效提高了书店的影响力和知名度。不断拓展店外营销，先后联系了《货币战争》作者宋鸿兵、前教育部新闻发言人王旭明、80后著名自由撰稿人安意如，分别到河南省人民会堂、河南博物院、河南大学开展讲座，《郑州晚报》《河南商报》等多家新闻媒体对活动进行了报道。

【郑州购书中心改扩建工程】 2012年，市新华书店按照“高质量、高创意、高品位、高起点、高标准”的目标，圆满完成郑州购书中心改扩建工程。改扩建后郑州购书中心营业面积达到1.8万余平方米，图书品种增至30余万种，增设了精品、法律、科普、绘本等专业书馆，引入了数码电子、文化体育办公用品、文房四宝、河南文化艺术礼品、名牌快餐、教育咨询培训机构等项目，为市民打造了一个环境适宜、充满时尚气质的一站式大型文化消费场所。

【公益事业】 2012年，市新华书店发挥精神文明窗口作用，热心公益事业，以实际行动积极奉献社会。参加了郑州市组织的“三下乡”“关爱百万农村留守儿童和进城务工人员子女志愿服务”“慈善日”等公益活动，号召广大干部职工捐赠图书、现金和其他物品。

【农家书屋建设】 2012年，市新华书店继续支持新农村建设，帮助全市农家书屋做好管理人员的培训工作，同时协助河南省新华书店做好“河南省农家书屋出版物采购项目”，圆满完成了郑州市所有“农家书屋”的配套设施配供装备工作。

【图书销售网点建设】 2012年，市新华书店积极谋划网点建设问题，拟定了可行性方案，递交了论证报告，并向市委宣传部等有关领导进行了专题汇报，积极争取上级政府支持。开展网点建设规划制定、上报工作，在积极调研的基础上，以在市内金水区、二七区、中原区、管城回族区、惠济区内各规划建设一个5000平方米以上书店，在高新技术开发区和郑东新区各建设一个2000平方米以上书店为主要内容制定网点建设规划并上报市委、市政府，市领导批示要求相关部门高度重视新华书店网点建设，市新华书店网点建设被列入《郑州市2012—2020年文化产业发展规划》。筹建郑州西区购书中心网点，积极与有关部门沟通，向市委、市政府上报了郑州西区购书中心建设规划方案，全力打造郑州西区大型综合性文化消费中心，满足郑州西区一站式文化消费需求。积极进行网点调研，按照在每个区商业区及高校区建立发行网点的思路，先后在万达广场商业区、文化路高校区、郑东新区开展网点调研工作，收集相关资料，分析网点发展趋势，认真研究讨论可行性方案，全力打造具有竞争力的图书发行网点。

（刘　莹）

部门亮点

郑州市城乡建设委员会

省委常委、市委书记吴天君，省人大常委会副主任曹维新视察三环快速化工程建设

省委常委、市委书记吴天君视察三环快速化工程

市长马懿视察西三环航海路立交工程

市人大常委会主任白红战视察西三环航海路立交工程

市人大常委会主任白红战视察京广快速通道通车情况

市委常委、市纪委书记郭锡昌一行视察三环快速化工程

市委常委、副市长张建慧视察西三环航海路立交工程

市委常委、副市长张建慧视察三环快速化工程

市委常委、副市长张建慧春节前慰问京广一线职工

市人大常委会副主任周长松视察西三环航海路立交工程

市政协副主席牛西岭视察西三环航海路立交工程

郑州市城乡建设委员会

市建委领导参加郑州市人民政府门户网站在线访谈活动

主任陈新带领班子成员到经八路办事处调研网格化管理工作

召开加强廉政风险防控规范权力运行工作推进会

召开依法行政观摩交流会

参加郑州市第五届市直机关运动会开幕式

举办郑州市建筑职业技能比武大赛活动

郑州市城乡建设委员会

举办党的十八大精神学习辅导报告会

举办“喜迎党的十八大　感动我的身边人身边事勤政廉政演讲比赛”活动

参加 2012年郑州市全民健康日健步走活动

举办扬清风正气，葆纯洁党性反腐倡廉知识竞赛

召开郑州市建设安全生产工作会议

“八一”建军节来临之际慰问驻郑部队

组织离退休老干部参加市直机关第二十四届老年人运动会

郑州市公安局

省委书记、省人大常委会主任卢展工到郑州市公安局慰问视察

省委常委、市委书记吴天君接见交警杨华民

市委常委、政法委书记黄保卫、副市长张学军等领导带领政法系统干警观摩学习杨华民工作精神

副市长张学军在特警支队视察

东风路派出所开展“三色预警机制”广场文化活动

金水路派出所开展庆“七一”民警进社区为群众服务送温暖活动

郑州市公安局举办“贯彻十八大 增强凝聚力”大合唱比赛

郑州卫士-2012应急拉动演练

全省公安机关特警大比武大练兵联合演练——郑州支队表演女子匕首操

绿东村派出所开展“警察开放日”活动

经侦支队开展打击制造销售假冒伪劣农药会战

刑侦支队开展打击侵犯个人隐私全国统一行动

郑州人民广播电台711走进110

大河网络论坛网友走进警营活动

走进基层活动之走进洁云路派出所冯春社区警务室

郑州市人民检察院

召开全市检察长会议，部署2012年全市检察工作，并对2011年取得突出成绩的先进单位和个人进行表彰

召开省人大常委会视察组视察民事行政检察工作座谈会

市检察院驻郑州新区检察处揭牌仪式

举办郑州市“政法大讲堂”之“群众工作能力提升”专题讲座

市检察院和市法学会联合召开“公检法司适用修改后刑诉法衔接与配合”工作座谈会

检察官大讲堂

外出考察学习成果汇报会

郑州市人民检察院

郑州市检察机关“十大精品案件”评选

举办新刑事诉讼法知识竞赛

郑州市检察院、河南省未成年犯管教所及金水区检察院首次共同为30名年满18周岁的未成年服刑人员举行庄严而隆重的成人宣誓仪式

举办节前廉政谈话会暨廉政教育月活动启动仪式

中国政法大学诉讼法研究院名誉院长、中国政法大学教授、博士研究生导师樊崇义教授来郑作“新刑事诉讼法专题讲座”

作为全国试点，郑州市知识产权刑事提级管辖的第一起案件——袁岗锋涉嫌假冒注册商标犯罪案在郑州市中级人民法院第18审判庭开庭审判

干警参加郑州市学雷锋“弘扬雷锋精神，做有道德的人”主题月活动启动仪式

开展严惩危害食品药品安全犯罪和相关行政执法专项监督活动推进会

郑州市中级人民法院

院长王新生在市人大会议上作法院工作报告

院长王新生讲解郑州中院文化建设新举措

省纪委组织到郑州中院参观清风茶社及廉政文化建设

举办服务金融企业座谈会

开展群众观点大讨论活动

开展一校一法官活动

郑州市中级人民法院

干警参观廉政文化长廊

行政审判研讨会

民事审判工作

执行观摩庭

组织干警开展法制宣传

巡回审判

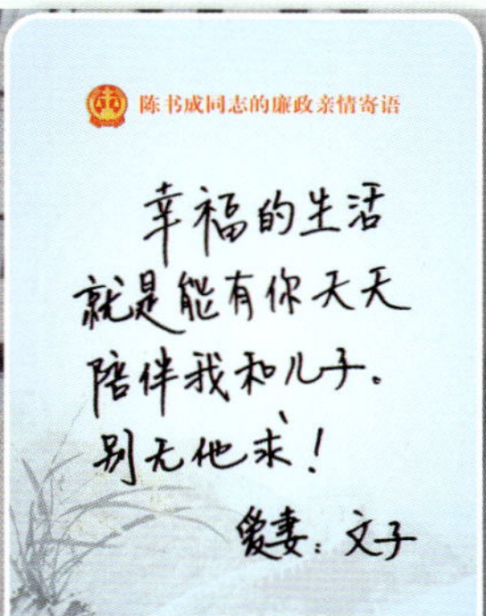

陈书成同志的廉政亲情寄语

幸福的生活
就是能有你天天
陪伴我和儿子，
别无他求！
爱妻：文子

廉政亲情寄语

改造一新的多功能诉讼服务大厅

升国旗仪式

郑州市司法局

省人大常委会副主任铁代生视察公证和法律援助工作

司法部宣教司司长肖义舜在郑视察依法治理工作

市人大常委会主任白红战率人大代表视察公证和法律援助工作

市委常委、宣传部部长王哲参加在绿城广场举办的学雷锋志愿者服务仪式

市委常委、市政法委书记黄保卫视察医调委工作

市委常委、市政法委书记黄保卫视察人民调解工作

市人大代表视察法制宣传工作

市人大代表到郑州市监狱视察

局长郑友军为群众送上法律书籍

党委副书记张予琳慰问贫困群众

召开全市社区矫正工作会议

组织开展律师进社区活动

郑州市全国普法办视察社区矫正工作

人民调解技能竞赛

送法进军营

送法进校园

召开长效机制推进大会

郑州市人力资源和社会保障局

市长马懿、市人大常委会主任白红战、市政协主席李秀奇等领导视察第二届突出贡献高技能人才和优秀技师表彰暨技能人才宣传活动

省人社厅副厅长韩志奎、郑州市常务副市长胡荃出席省、市社会保险宣传活动

市人大常委会副主任刘全心一行在职介中心视察

市政府常务副秘书长李喜安到郑州市蔬菜研究所调研新疆哈密学员实习情况

国家农保司工作组到新密市视察“村村通”工程

市委组织部副部长、市人社局党委书记、局长戴春枝作工作报告

市委组织部副部长、市人社局党委书记、局长戴春枝慰问在郑务工人员

郑州市“春风送岗位”女性专场招聘周

民营企业招聘周启动仪式

全市人力资源和社会保障工作会议召开

《郑州市劳动用工条例》宣传月活动启动仪式

全市人力资源系统党风廉政工作暨内部管理提升动员会现场

人社部农民工司召开农民工工作座谈会

全市事业单位人事管理工作会议召开

全市专业技术人员管理工作会召开

社保基金监督暨社保稽查工作会议召开

获得荣誉

被国家公务员局授予“公务员特色实践教育基地”称号

郑州市国土资源局

局 长 刘维德

局长刘维德带领群众工作队到圃田乡开展工作

局长刘维德接待来访群众

局长刘维德在土地日宣传活动现场

依法行政 服务为民

召开郑州市国土资源系统党风廉政建设工作会议

1、大力推广多层标准厂房
2、保障重点工程建设用地
3、土地日宣传活动现场
4、为群众排忧解难群众登门致谢
5、在市直运动会上取得优异成绩
6、填沟造地　节约用地
7、严格保护耕地和基本农田
8、方便舒适的办事大厅

郑州市民政局

省委常委、市委书记吴天君春节前到武警总队进行慰问

市长马懿检查指导农民工临时救助工作

市长马懿、副市长吴忠华在救助站调研流浪人员救助工作

市委常委、组织部部长高建慧看望儿童福利院孤残儿童

省民政厅副厅长孟超检查指导儿童福利院项目建设

副市长张学军调研社区工作

郑州市获得2012年度中国慈善政府推动奖

局长谢霜云调研“银龄之家”慈善项目

局长谢霜云调研荥阳市民政工作

局长谢霜云调研指导新郑市民政工作

开展“主动服务，提升效率，入村帮扶”主题实践活动

省委常委、市委书记吴天君，市长马懿等视察“两环十七放射”生态廊道绿化建设

郑州市2012年园林绿化暨网格化管理工作动员会

郑州市

郑州市园林局组织2012年城区义务植树活动

改造提升后的道路景观绿化

中原西路两边廊道施工现场

郑州市西流湖城市生态公园开工仪式

园林局

局长姜现钊在郑开大道与绿化养护工人交谈

第八届园林博览会郑州园金奖作品"天地之中"

郑州市二环十七放射生态廊道（中原西路）建设开工仪式

郑州市二环十七放射生态廊道（中原西路）
建设开工仪式

争创一流 确保中原西路绿化工

郑州市水务局

省委常委、市委书记吴天君视察生态水系建设.

省水利厅厅长王树山在河道施工现场调研

登封市石道乡小型水源工程

对违法打井现场进行勘验

防汛物资仓库

机井升级改造

集中供水自动化监控

全市水务工作会

碧波荡漾的金水河

尖岗水库新貌

南水北调碧云路段跨渠桥梁

伊洛河新貌

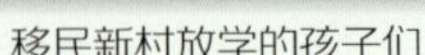

移民新村放学的孩子们

十七里河和谐静谧

甘甜水滋润百姓心

金水河分水口

郑州市林业局

省、市领导参加义务植树

省委常委、市委书记吴天君在树木园调研

市长马懿、市人大常委会主任白红战调研文博森林公园

市长马懿主持创建森林城市推进大会

森林城市规划评审会议审议通过了《郑州市森林城市建设总体规划（2011－2020）》

黄河湿地文化节开幕

1、郑州文博森林公园健康步道示范工程
2、创建国家森林城市宣传启动仪式
3、首届森林文化节暨文博、花博、森林、湿地示范园开园仪式
4、四港联动大道生态廊道
5、郑州黄河国家湿地公园示范园
6、中国·郑州第二届蝴蝶兰展览交易会在绿博园召开

中共郑州市委党校

故宫博物院院长单霁翔在学校作学术报告

市委副书记、党校校长王璋进行项目调研

市委副书记、党校校长王璋出席开学典礼并为学员作报告

省委督查组在郑督查《党校工作条例》贯彻落实情况

国家公务员培训基地揭牌暨签约仪式

校领导带领教职工到荥阳福利院开展送温暖活动

党校2012年秋季备课会

到新密市火石岗村送医送药送健康

2012年春季学期开学典礼

2012年在职研究生毕业典礼

积极开展送文化下乡活动，举办基层党员培训班

创建省级精神文明单位知识学习

校党委中心组认真学习“十八大”精神

郑州市统战系统干部培训开学典礼

组织参加第五届郑州市直机关运动会

省委宣讲团在党校宣讲党的十八大精神

郑州市地方史志办公室

2012年郑州市地方史志工作会议召开，省史志办主任霍宪章、副市长刘东出席会议

机关党总支党员大会

2012年郑州市史志系统座谈会

党组书记、主任马斐颖安排创建工作

赴清华大学开展集中培训

郑州市地方史志办公室

市史志办举行学习贯彻十八大精神座谈会

举办“责随职走，心随责走”主题讲演比赛

党组书记、主任马斐颖慰问特困户

参加郑州市第五届市直机关运动会

拔河比赛你争我夺

组织《郑州市邙山区志（1991-2003）》评审会

举办郑州市“绿城公仆杯”公务员素能竞赛

组织摄影家进行《郑州名典》摄影采风活动

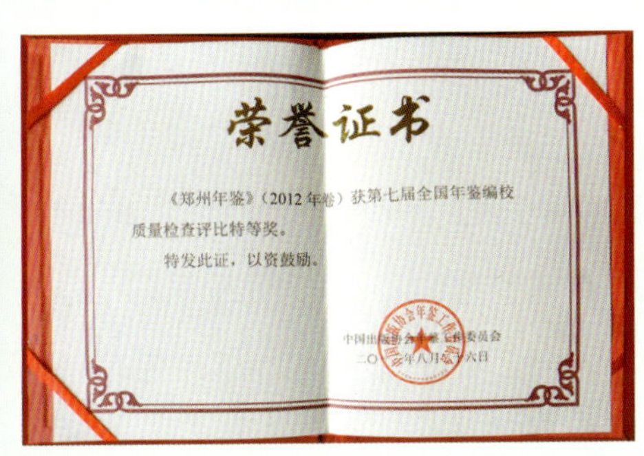

荣誉证书

《郑州年鉴》（2012年鉴）获第七届全国年鉴编校质量检查评比特等奖。

特发此证，以资鼓励。

《郑州年鉴》获第七届全国年鉴编校质量检查评比特等奖

郑州市教育局

教育部部长袁贵仁在郑调研教育工作

省委常委、市委书记吴天君在郑州外国语学校听取学校情况介绍

市委常委、宣传部部长王哲在第一届亚太青年学生领袖峰会现场

副市长刘东在天明博爱助学基金启动仪式上与受助学生交谈

郑州市优质教育资源促进计划推进会在郑州47中学举行

郑州市中小学校、幼儿园建设工作会议召开

中小学生艺术节目展演

幼儿园达标升级督导评估组反馈幼儿园达标升级情况

幼儿园园舍改造后焕然一新

书法特色课程

学生食堂操作间

郑州市体育局

副市长刘东在市体育局调研工作

2012郑开马拉松赛盛况空前

2012年河南省元旦长跑登高活动主会场启动仪式
暨郑州市元旦长跑活动

成功举办第九届中国郑州国际少林武术节

全民健身志愿服务活动启动仪式

竞技体育人才辈出，郑州选手
李雪英获奥运女子举重冠军

为基层服务获得好评

第五届市直机关运
动会隆重开幕

体育设施日臻完善

社会体育指导员活动
蓬勃开展

河南黄河河务局　郑州黄河河务局

水利部副部长矫勇在黄委会主任陈小江等陪同下视察黄河防汛应急抢险队

省委常委、市委书记吴天君检查黄河防汛工作

副省长刘满仓检查赵口引黄渠首闸除险加固施工，并对做好引黄抗旱工作提出要求

黄委会副主任苏茂林检查郑州黄河调水调沙生产运行工作

河南河务局局长牛玉国察看建设中的黄河花园口“河韵碑林”项目

邀请全国爱民模范杨华民举办“道德讲堂”专题讲座，提高干部职工敬业爱岗意识

参加第五届直属机关运动会

河南黄河防汛应急抢险队在郑州集结，开展为期3个月的抢险技能训练

组织开展领导干部拓展训练，进一步提升干部队伍创新力、凝聚力

组织开展韦滩滩岸坍塌应急抢护，保护黄河滩区群众生产、生活安全

多措并举大力开展涉河安全宣传警示活动，确保涉河安全形势稳定

组织志愿者服务队深入治黄一线开展义务劳动

新闻出版

【概况】 2012年，全市印刷复印企业总产值82.3亿元，缴税2.01亿元，利润总额10.08亿元。出版物经营单位注册资本达15.5亿元，销售总额同比增长23%，达到41.2亿元，占全省出版物销售总额的67%。按照河南省新闻出版局《关于做好2011年度连续性内部资料性出版物年度核验工作的通知》的要求，市新闻出版局对全市78种连续性内部资料性出版物进行了初审，其中4种因属2011年11月以后申办的不需要参加年审，3种停办以外，其余71种连续性内部资料性出版物顺利通过了年度审验。

【广播电视工作】 2012年，郑州市广播电视工作紧紧围绕市委、市政府的中心工作，精心组织重大主题、重大活动的宣传报道，为全市经济社会科学发展提供了强大的舆论支持。

十八大宣传报道。十八大召开前后，市电台先后推出“迎接党的十八大专题报道——科学发展成就辉煌”“对话郑州——迎接十八大高端访谈”等一批有分量的专题报道，市电视台开设“科学发展 成就辉煌”专栏，开展“喜迎十八大 走基层 感受这十年”系列报道，两台先后发稿500余篇。《郑州广播电视报》邀请社会各界人士畅谈对十八大主要精神的理解，谈体会，论发展，深化了社会群众对十八大精神的理解和认识。

市委、市政府中心工作宣传报道。2012年，郑州市广播电视工作围绕市委、市政府中心工作开展宣传报道，市属各媒体开办“以新型城镇化为引领加快郑州都市区建设”“两环十五放射”“坚持依靠群众、推进工作落实”等100多个专题栏目。圆满完成全国、省、市“两会”等重要会议和2012年壬辰年黄帝故里拜祖大典、创建全国文明城市等重大活动的宣传报道任务，全面、深入、系统地宣传、报道了市委、市政府各项重点工作。

外宣创优工作取得新成绩。2012年，郑州市广电系统在省新闻奖评选活动中，有57件作品获奖，再次位居全省18个地市首位。郑州电台在中央广播电台发稿量连续13年位列全国省会城市电台发稿第一名。郑州电视台在中央电视台播发稿件数量位居中部6省省会城市前列。

【第九届“绿城读书节”】 第九届“绿城读书节”由中共郑州市委宣传部、市文明办、市文广新局主办，郑州市教育局、郑州市园林局、郑州市总工会、共青团郑州市委、郑州市妇女联合会、郑州日报社、郑州晚报社、郑州人民广播电台、郑州电视台、郑州市新华书店承办，9月26日开幕至11月31日结束，为期两个多月。本届“绿城读书节”以“阅读丰富生活”为主题，开展了“知名作家郑州签售活动”“十佳书香家庭”评选、“书香校园”中学生诵读比赛、“读书那些事”博客征文比赛等17项读书活动，参与群众达60多万人次。读书节期间有省内外150多家知名图书出版、发行单位参与读书节图书交易活动，图书展销量达3万多个品种，完成交易额1.2亿元。

【2012中国（郑州）印刷包装产品博览会】 中国（郑州）印刷包装产品博览会由河南省人民政府主办，中国印刷技术协会、中国印刷及设备器材工业协会协办，河南省新闻出版局、河南省商务厅、河南省贸促会、郑州市人民政府具体承办的国家级大型专业展会。2012年中国（郑州）印刷包装产品博览的主题是优化产业结构、发展绿色印刷，展期为8月10—12日。本届展会展出面积3.3万平方米，设立展位1350个，展示印刷包装产品3万多种、印刷包装设备800多台。来自日本、韩国、德国及中国台湾、香港、15个省（自治区）、直辖市的设备及其他供应商共624家企业参加本届展览，共签订商贸合作协议252个，现场成交额1.8亿元，印刷包装及相关上下游贸易合作额达3.2亿元，参观人数5.5万人次。

（张明华）

中原报业传媒集团

【概况】 2012年，在市委和市委宣传部的正确领导下，中原报业传媒集团紧紧围绕全市工作大局，以传播力、影响力建设为根本，做精主业，不断提升舆论引导能力，不断创新媒体助政水平；以重点项目建设为抓手，做宽产业，努力提升集团发展速度和发展效益；以集

8月10日，市委常委、宣传部部长王哲，副市长刘东在印博会前检查指导工作

团化运营为动力，做优队伍，创新机制，努力实现各项工作新跃升，文化产业、文化事业均得到持续较快发展。

【新闻宣传报道】 围绕党的十八大和市委、市政府“三大主体”工作等中心工作和重大题材，加大新闻宣传和舆论引导力度。十八大前夕集团各媒体分别开设了“科学发展 成就辉煌”“科学发展 郑州巨变”等专栏。十八大召开期间，严格按照中央和省、市要求，全面准确报道会议内容。十八大闭幕后，两报一网及时开设了“深入学习贯彻十八大精神 努力开创郑州都市区建设新局面”“深入学习贯彻十八大精神 持续提升城市管理”“深入学习贯彻十八大精神 走基层 看发展”等专栏，深入宣传十八大精神及全市各级、各界学习贯彻情况。“三大主体工作”宣传报道方面，集团所属媒体分别开设专栏，策划推出了系列报道和系列评论，多体裁、大篇幅、图文并茂宣传市委、市政府的决策部署，报道全市各级各部门推进各项重点工作的探索和实践，《城乡一体化建设中的“新乡思考”》等报道受到省委常委、市委书记吴天君的肯定，关于网格化的宣传报道受到市委副书记王璋的肯定，《坚持依靠群众 推进工作落实》系列评论在省会新闻界引起较大反响。贯彻市委全会精神系列报道。市委十届三次会议召开后，两报一网按照市委指示，及时策划推出了“认清差距 找准自信 明确责任 超越发展”——贯彻市委全会精神系列报道，受到省委常委、市委书记吴天君等领导和省新闻阅评组的充分肯定。社会热点报道方面，做好黄帝故里拜祖大典、省市两会、创文总结与复检等重大活动和中原经济区规划、郑州航空港经济综合实验区规划获批等热点新闻报道；派出记者现场报道2012年伦敦奥运会，两报一网分别推出“奥运特刊”；推出《郑州文化产业发展巡礼》系列报道、《河南务实发展稳步前行》报道、《何平新九论》系列报道、《城市管理提升》系列报道、《学习雷锋见行动、三平之中作贡献》系列报道，产生了良好的宣传效果。民生报道方面，郑州日报推出民生服务栏目“百姓服务区”，携手市长电话和中原网“心通桥”，联动政府职能部门，报网新闻互动解读政策、传递信息，帮助百姓反映、协调、解决问题。《郑州日报》推出了“中原之子”大型人物访谈栏目和“国医大观园”等服务民生的栏目。《郑州晚报》、中原网分别推出《“郑”能量》系列报道，关注气球奶奶、送水哥、西瓜哥、“90后最美学警”李博亚、“最烦人”交警杨华民等身边的英雄和平凡人物，传递温情温暖，颂扬向上向善，引发《人民日报》、新华社、中央电视台、《中国青年报》等中央媒体的积极跟进。

【中原网网络行政和报网互动报道】 中原网扎实搞好新闻策划和网络宣传，提升“心通桥”网络问政水平。“云中原”手机客户端、“网格郑州”频道和县（市）区子网站顺利上线，策划推出了微中原、图中原和评论频道等3个新栏目，中原网点击率和影响力不断提高。对两报的重要活动和报道，中原网在突出位置显示或开设专栏，对中原网的重大活动和报道，两报也都给予及时报道，初步形成了报网互动的宣传格局。

【创优工作】 2012年，中原报业传媒集团积极参加各类新闻评奖活动。在全省好新闻评选中，两报共获得特别奖1个、一等奖2个、二等奖4个；全省内参好新闻评奖中，日报社获得一等奖4个、二等奖2个；全国晚报协会新闻评奖中郑州晚报社共有5个作品获奖。报送的《内参》多次受到吴天君、王璋、胡荃、张建慧等市领导的批示肯定。国家互联网信息办公室专题推广了“心通桥”网络行政经验，中原网获得第三届中国互联网品牌大奖“中国地方门户十佳品牌”称号。

【媒体经营】 受整体经济形势下滑和新媒体的冲击，传统媒体经营难度明显加大，地产、汽车等主要行业广告大幅下降等不利因素的影响，中原报业传媒集团统筹所属媒体开拓思路，加强策划，拉动经营工作。郑州日报社拓宽营收方式，推出“龙抬头——郑州都市区践行者”“盛世华章——《郑州日报》恢复出版10周年传媒盛典”“新动脉——郑武高铁开通等3个特刊，扩大了发行量，实现了经济效益和社会效益的双丰收。晚报方面，与杭州都市快报19楼网站合作，在文化产业跨地域融合方面做了积极尝试；策划推出“全城热恋”纪念创刊63周年恢复出版10年特刊，当日集中出版672个版，成功冲击大世界基尼斯纪录，在业界和传媒院校引起很大反响。积极做好两报发行工作，郑州晚报社全年增加发行资金投入2000余万元用于支持晚报提高市场占有率，调整发行结构，提升发行质量等工作，《郑州晚报》发行结构和发行效益取得明显改善；党报采取党委班子成员分包、记者分县（市）区联系等措施开展发行工作，《郑州日报》2013年征订数比2012年高出7000余份，创恢复出版以来最好成绩。2012年，集团及下属单位经营状况良好，日报社圆满完成各项经营任务，晚报社完成目标任务的97%，中原网经营收入同比增长81%，全集团总收入同比增长13 %以上。

【集团经营性文化项目建设】 党报阅报栏项目，招商、招标工作顺利推进，全年投入资金1000多万元，更新党报阅报栏300余座。报刊亭退路进店项目，沿街门店售报架铺设，报纸杂志采购，配送队伍组建工作全部完成。自动售报机项目，完成了BRT站台售卖设备安装调试，有望实现经济效益和社会效益的双丰收。中原网户外多媒体项目，已与银行签订战略合作协议并达成贷款意向，设备采购及相关工作全面展开。重启报社纯净水厂项目，对闲置的水厂进行改制，整修厂房和设备，2013年经营工作即可步入正轨。

“云中原”手机客户端建设项目。2012年，中原报业传媒集团联合郑州移动公司，推出了“云中原”手机客户端项目，建设集新闻资讯、文化展示、无线问政、便民服务为一体的移动互联网平台，努力打造未来发展的新支撑。项目上线后运行良好，用户数量持续增加。

（陈　锋）

郑州人民广播电台

【概况】 2012年,郑州人民广播电台积极探索新形势下做好电台各项工作的有效路径，圆满完成宣传报道、经营创收、外宣创优等各项工作任务。电台创作的广播评论《微博问政：重“做”不重“秀”》获得二十二届中国新闻奖评选三等奖。 23个作品获得省级以上新闻奖项，34件作品获得市级奖项。前10个月在中央台发稿300多条，在全国省会城市发稿量排名中稳居前列。2012年电台完成广告创收6600万元，比2011年增长10%。福瑞媒介调查公司最新公布的2011年度全国省会城市电台市场占有率数据显示，在参与调查的18个省会城市中，郑州电台的市场占有率位居第四。在郑州市，中央电台、河南电台和郑州电台的市场份额分别是7.92%、46.7%和44.31%。

广播业务培训方面。郑州广播电台对全台业务人员进行了基础知识的摸底考试，并对不合格人员进行集中培训，先后安排组织了近40场形式多样的培训，内容涉及广播发展、新闻采编、播音主持、上机操作、创新创优、动漫配音、广告经营、摄影技巧、普通话培训、文明礼仪等多方面，参加受训人数达1000余人次。

节目创优工作再获丰收，创作的广播评论《微博问政：重“做”不重“秀”》获得第二十二届中国新闻奖广播电视类三等奖。23件作品获2011年度河南省新闻奖，其中一等奖11件，二等奖8件，三等奖4件。获奖总量在全省18个市台中排名第一。34件作品获市政府奖，其中一等奖19件，二等奖10件，三等奖5件。制作的广播连续剧《杏花村的女人们》分别获得省一等奖和中国广播剧研究会银奖。技术创优硕果累累，3件专题作品获得河南省广播节目录制技术质量奖一等奖，1件作品获二等奖。郑州人民广播电台新闻综合频道获得河南省广播节目播出技术质量奖一等奖。

技术保障方面，郑州广播电台大型多功能直播车正式建成投入使用。直播车在国内首个使用了双侧拉全透明直播室技术，使直播区的使用面积达到15平方米，可以同时完成多个嘉宾的直播访谈节目。直播车上的LED显示屏不但可以播放视频节目，还可以连接车内和车外高清摄像头，同步显示直播区现场观众区的实时信号，有很强的视觉冲击力和感染力。

郑州广播电台经营创收工作实现新突破。2012年，电台稳步推进广告代理工作，进一步优化广告结构，把优化广告结构和提升节目质量建设工作有机的接合在一起，强化了广告和节目内容的融合，改变了以往广告和节目相互脱节的问题，增强了节目的可听性，提升了宣传效果。2012年电台完成广告创收6600万元，比2011年增长10%。以活动宣传为载体拓展营收渠道。通过举办第七届主持人大赛、趣味篮球赛、小主持人大赛、派记者赴伦敦奥运会报道等项活动，实现活动创收200多万元。

市委常委、宣传部部长王哲为“叱咤中原——河南戏剧演员排行榜”获“特别荣誉奖”的“豫剧活化石”苏兰芳献花

【广播新闻报道】 围绕市委、市政府中心工作和百姓关心关注的热点话题展开宣传报道。郑州广播电台在新闻节目中先后开办了“郑州创建全国文明城市纪实”“新春走基层”“郑州市十大城市品牌”“加快中原经济区建设”“以新型城镇化为引领加快郑州都市区建设”“畅通郑州工程”“农村新型社区建设”“走、转、改系列报道”“城市管理整治提升”“记者看京沙”“两环十五放射”“坚持依靠群众，推进工作落实”“六大重点领域矛盾问题集中排查治理”等60多个专题栏目。保证了市委市政府每一项中心工作、重点工作都得到了全面深入系统的宣传报道。

十八大宣传报道工作。为迎接党的十八大召开，在新闻节目中先后推出了“迎接党的十八大专题报道——科学发展成就辉煌”“迎十八大人物系列专题”“科学发展在郑州”“我说这十年”等一批有分量的专题报道，收到了很好的宣传效果。十八大闭幕后，及时推出“深入学习贯彻落实党的十八大精神专题报道”“加快中原经济区建设”“以新型城镇化为引领加快郑州都市区建设”“畅通郑州工程”“‘两环十七放射’及生态廊道建设”“科学发展在郑州”“建设都市区 党建当先行”等一批特色专栏报道，进一步强化学习、贯彻、落实十八大精神的报道。

【广播节目《郑州早新闻》改版】 为了适应郑州市经济社会发展的需求，进一步强化宣传报道工作，郑州广播电台对早间新闻节目进行了全面改版，从全台挑选优秀的编辑、主持人组成强大的阵容，打造一档多平台播出、多媒体联动的广播新闻节目《郑州早新闻》。改版后的《郑州早新闻》紧扣市委、市政府中心工作，同时兼顾民生新闻，每天在郑州新闻广播、郑州经济广播、城市889、郑州都市广播·汽车调频联合播出。

【2012年黄帝故里拜祖大典国际大联播】 2012年黄帝故里拜祖大典国际大联播，有50多家海内外华语电台参与直播。在音频直播的同时，中国国际广播电台国际在线、华语广播网、郑州广播在线、海峡之声网等网站对节目进行了网络视频直播。拜祖大典的报道，通过中国国际广播电台翻译成46种语言在中文环球海外落地调频面向全球五大洲播出。

【寻访老艺人活动】 郑州广播电台大力挖掘地方戏曲艺术宝库，推出寻访老艺人活动，主持人跨市串县，深入山区、乡镇，寻访了119位早已被人们淡忘的老艺人，录制了3000多段唱腔，其中大部分唱段，之前没有任何资料，早已失传。经专家评审从老艺人中挑选出最具代表性的7位老艺人举办了“梨园寻根——戏曲品鉴会”，让那些散落民间，尘封已久的传统唱段重新回归舞台，为弘扬河南地方戏曲艺术做出了贡献。

【寻找中原上空最美的声音——郑州人民广播电台第七届主持人大赛】 2012年，郑州广播电台组织开展了“寻找中原上空最美的声音——郑州人民广播电台第七届主持人大赛”。本届主持人大赛致力于发现广播“新人”，突破人们心目中对广播主持人的固有印象，注重专业技能，突出个人特色，来自全国的1500多名选手参加本届主持人大赛，通过海选、初赛、复赛、复活赛、半决赛、决赛共25场比赛的激烈角逐，公开选拔出了一批新人，在各频率实习。其中有3名优秀选手，于11月签订聘用合同，正式被郑州电台录用。

（赵岩军）

郑州电视台

【概况】 2012年，郑州电视台认真贯彻落实全市宣传思想工作会议精神，紧紧围绕市委、市政府中心工作，强化舆论主阵地作用，以科学的运营管理机制，使节目质量、核心竞争力得到提升，安全播出、经营管理等方面工作取得新进展。全年获得河南省新闻奖22项，中国广播电视协会奖2项，中国艺术交流协会奖3项；在中央台多个频道播出新闻、专题135条（篇），在河南台新闻中心播出新闻、专题357条(篇)；广告创收较上年同期有所提高；实现安全优质播出电视节目48926小时。

【电视新闻报道】 十八大精神宣传切实有效。十八大期间新闻宣传共分三个阶段，分别为迎接党的十八大系列报道、十八大专题系列报道、宣传学习贯彻落实十八大精神系列报道。开辟了“喜迎十八大走基层·感受这十年”“欢庆十八大”“向十八大献礼”“愿望大调查”“幸福大调查”等专栏，播出相关专题50部、新闻百余条；为增强宣传效果，邀请市委副书记、市长马懿，市委常委、宣传部部长王哲做客演播室，制作播出了《让市民共享文明城市成果》专题，对十八大报告精神进行了详细解读，为全市学习贯彻落实十八大报告精神营造了良好社会氛围。

社会主义核心价值体系推进工作宣传报道。按照市委部署，组织开展了“文明郑州”专题报道，大力宣传文明城市建设、学雷锋见行动、“三平”精神作贡献活动，详细解读《社会主义核心价值体系建设实施纲要》精神；策划报道“送水哥”“交警杨华民”等典型人物，共播发新闻200余条，让市民充分感受到文明之风满绿城、人间大爱在身边的良好氛围。

市委、市政府中心工作宣传报道方面。围绕市委、市政府新型城镇化引领、现代产业体系构建、网格载体推进工作长效机制建设“三大主体”工作，各频道、各栏目通力合作，采用言论、综述、专题等多种形式，先后推出了“两环十五放射”“新型城镇化”“解读网格管理”等30多个专栏，播出相关新闻358条，做到了报道不间断，有气势，有影响，效果好，为市委、市政府中心工作营造了良好舆论氛围。

精心组织郑州市重要会议、重大活动的宣传报道。先后完成了市“两会”、壬辰年黄帝故里拜祖大典、第七届中国河南国际投资贸易洽谈会、第九届中国郑州国际少林武术节等重要会议、重大活动的宣传报道。第九届中国郑州国际少林武术节宣传工作取得了历史性突破，除中央电视台新闻频道对本届武术节开幕式暨大型文体表演进行6分钟现场连线和全天播报10档新闻外，来自全国的17家兄弟城市电视台及省内的河南电视台和18家省辖市电视台，共计36个省市电视台，对武术节开幕式暨大型文体表演进行了全程现场直播，创下历届武术节开幕式电视直播的纪录，为宣传好郑州创造了新模式，做出了较大贡献，受到了市委、市政府领导的好评。

社会热点问题新闻报道。按照市委主要领导同志提出的“紧紧围绕干部群众普遍关心的社会热点问题，针对人们的思想疑虑，主动做好解释说明工作，充分反映市委、市政府的积极努力，引导社会舆论沿着理性、建设性的轨道发展”的要求，郑州电视台采取多项措施和多种表现形式，加大了对环境治理、占道经营等影响民生事件的监督报道力度，推出了“探寻网格长”“停车一位难求 车托当街叫卖”“温暖”等大型系列报道，取得较好成效，为美化郑州市环境、解决民生问题和交通拥堵做出了应有贡献，得到了市委常委、秘书长孙金献，市委常委、宣传部部长王哲等领导的肯定。

民生报道方面。郑州电视台将关注民生、解决群众困难作为主要报道方向，9月19日，采编制作的“刘玉哲：身患白血病 依然笑对人生”

12月10日，副市长刘东视察郑州电视台

和“师生表祝福：我们和你在一起”两篇新闻稿，先后在央视经济频道“第一时间”和郑州电视台“郑州新闻”播出后，在不足一周的时间内，刘玉哲就收到全国各地的捐款共计501925.09元。这场由郑州电视台与央视联手实现的爱心接力对展示郑州良好城市形象和市民精神面貌，起到了积极的推动作用。

【电视直播工作】 加大直播报道力度，创新报道形式，敢于在高平台报道国内重大事件，是2012年郑州电视台新闻报道的一个亮点。“神舟九号”发射直播工作，郑州电视台派出记者赴酒泉卫星发射基地对发射前的准备情况和发射全过程进行现场报道，同时克服各种困难，搜集我国首位女航天员刘洋的工作生活素材，于6月14—19日在“郑州新闻”“郑州大民生”栏目推出“神九，我来了”大型直播系列节目，节目播出后反响强烈，展示了郑州电视台在高平台制作大节目的能力；策划京广高铁郑州——武汉高铁开通运营暨郑州东站建成启动仪式盛况和郑州——信阳段列车运行的全程现场直播，第一时间将新东站的宏伟气势、开通仪式的盛况和记者体验高铁运行的精彩画面展示在电视荧屏上，得到央视著名直播导演沈辰在现场对本次高铁直播工作给予的高度评价。

【郑州电视台大型活动组织实施工作】 圆满完成第九届中国郑州国际少林武术节开幕式暨大型文体表演组织实施工作。根据上级部署，以郑州电视台为主成立了第九届中国郑州国际少林武术节筹委会大型活动部，负责武术节开幕式暨大型文体表演的组织实施工作。郑州电视台行动迅速，主要领导亲自负责指挥大型活动部整体工作，全台各部门抽调业务骨干100余名，组成导演处、演员处、后勤处等部门，制定详细实施方案，工作责任到人，克服各种困难，发扬吃苦耐劳精神，办出了一届精彩的武术节开幕式暨大型文体表演，受到省市领导和社会各界及广大群众的好评。

2012“感动郑州”十大年度人物评选活动组织实施工作。2012年11月24日下午评选活动正式启动，市委常委、宣传部部长王哲出席启动仪式并作了重要讲话，央视“感动中国”制片人到现场对评选活动启动表示祝贺。颁奖晚会将于2013年1月举行。

成功开展大型调查问卷活动。郑州电视台为进一步扩大影响力，精心组织了建台以来规模最大的观众问卷调查活动，共印发12万份观众调查问卷，回收有效答卷61839份。活动的成功开展为郑州电视台下一步发展提供了宝贵的参考意见，有效地扩大了影响力。

【郑州网络电视台上线试运行】 2012年11月27日，经改版，郑州网络电视台www.zztv.tv 全新上线，开始试运行。改版后的郑州网络电视台实现了频道直播、新闻条目点播、栏目点播和搜索等服务，是全市功能最全面的专业视频网站。

【郑州电视台对外交流合作工作】 2012年，郑州电视台广泛开展对外交流合作工作，与央视积极联系，成为2012“感动中国”联盟单位。多次邀请海霞、宋晓阳等央视资深专家为主持人和记者作专题讲座，提升了郑州电视台主持人、出镜记者的业务水平，形象改变得到观众认可。联合中央台、东方卫视、浙江卫视、天津卫视录制播出各类综合大型赛事40余场，参与制作各类综合晚会30余场，对扩大郑州市知名度起到了重要作用。

【郑州电视台22件作品获河南省新闻奖】 2011年度河南省新闻奖（广播电视部分）评选共有来自全省的100多家电台、电视台、《广播电视报》参加评选，经过初评、复评、定评、网上公示等环节，共有300件作品获得2011年度河南新闻奖。郑州电视台参与了电视新闻、电视文艺、电视剧、播音主持和新闻论文全部奖项类别的评比，共选送各类作品32件，有22件作品获奖。其中，《纱场明沟工地塌方》系列报道等6件作品获一等奖，《鸿沟》等8件作品获二等奖，《故土难离》等8件作品获三等奖。

【2012全国广播电视民生影响力调查活动】 “2012全国广播电视民生影响力调查活动”由中国广播电视协会主办，中国广播电视协会生活节目工作委员会承办，央视索福瑞公司和赛立信公司分别作为电视收视率和广播收听率的数据支持单位。本次活动依据媒体的社会反映、指数调查、媒体或节目的上级单位评价等三个方面对全国各广播电视民生媒体或民生节目进行评价，最后由专家评委会对调查结果进行评审，评选出2012年度全国民生影响力“广播电视媒体系列10强”和“广播电视栏目系列10强”，并授予中国广播电视业内最高专家奖。在此次评选中，郑州电视台商都频道获得“广播电视媒体民生综合类10强”称号；《商都报道》栏目获得“广播电视栏目民生新闻类10强”称号。郑州电视台首次赢得“双十强”荣誉。

郑州电视台总调度室

【郑州电视台获中国电视艺术交流协会大奖】 2012年，郑州电视台在中国电视艺术交流协会主办的2012年度中国电视生活服务类栏目推荐表彰活中获得多个奖项，其中商都频被评为“2012年度城市台电视生活服务类十佳频道”；“天天美食”栏目被评为“2012年度城市台电视生活服务类十佳栏目”；“商都家居”栏目被评为“2012年度城市台电视生活服务类优秀栏目”。

【郑州电视台技术建设工作】 2012年，技术工作保证了节目改版、节目生产、重大活动现场直播等重要安全播出期工作。保障了26档栏目的演播室生产任务，共完成各类节目录制4751小时。完成高清新闻网的生产媒资调试工程，积极推动了一、二套节目的高清化制作和送播工作。进一步升级和调试远程节目传输系统，研究制定高清节目的传输流程。完成了现有设备动画制作、节目复制、远程交换、光盘刻录为一体的多媒体制作机房建设和驻六县（市）记者站远程新闻传输的系统调试工作。分步骤完成机房温度、湿度、防水、掉电、空调监测报警系统，完成C区专业配音间联网工作。

（刘先林　张静娜）

科技

【概况】 2012年,全市实现高新技术产业产值3754亿元，同比增长32.8%；实现高新技术产业增加值1119.3亿元，同比增长29%。高新技术产业产值、高新技术产业增加值增速在中部6个省会城市中排名第一，规模在全国27个省会城市中排名第七。2012年高新技术工业增加值占规模以上工业增加值的比重突破了40%，达到43%，与2011年相比，提高了5个百分点。高新技术产业对GDP的贡献率突破了20%，达到20.18%，比上年提高2个百分点。全年获得国家和省非政策性均衡分配的科技资金5.48亿元,是2011年全年争取资金1.92亿元的2.96倍，创历史新高。其中，国家新能源汽车示范推广补助资金3.5亿元；国家科技支撑计划7896万元；国家863计划6238万元；国家中小企业创新基金4366万元；省级重大科技专项1300万元。专利申请量16254件，同比增长47.5%；专利授权量9065件，同比增长47.6%。专利申请量、授权量增速在中部6个省会城市中排名第一，专利授权量在全国27个省会城市中排名第十。科技创新主要产出呈现出较好的发展趋势和发展态势，高新技术产业在二产、三产中的比重明显提高，为全市保增长、调结构、促转型提供了有力的科技支撑。

【实施重大科技专项】 2012年，市科技局围绕郑州都市区建设，在全市重点行业和领域实施重大科技专项。在高端装备制造、新材料、信息技术、生物工程与制药等高新技术领域，实施了7个重大科技专项，支持科技经费7000万元，破解产业发展共性关键技术，推动了高新技术产业快速发展。农业方面，组织实施了30项重大科研项目，开展重点技术攻关，促进了农业科技创新。民生工程建设方面，重点支持了49项基础设施建设和城市管理、环境保护等领域的科技攻关项目，推动了社会事业的科技进步。

【研发中心建设】 2012年，市科技局研究制定《加快研发中心建设的若干政策》，积极推进研发中心建设，全年新建市级以上研发中心200家，其中，省级研发中心66家，包括工程技术研究中心30家，企业技术中心32家，工程研究中心2家，工程实验室2家。新增大型科学仪器共享平台仪器设备330多台（套），新增仪器价值4.3亿元。对新成立的研发中心予以各种科技经费支持共计3660万元。

【产学研合作】 2012年，市科技局召开产学研对接大会，与中国地质大学、上海交通大学等国内5家知名高校签订了科技战略合作协议，实施产学研合作及科技成果转化项目330项，破解企业技术难题430项，新增产值24.3亿元。实施国际科技合作项目5项，新建国际科技合作基地2个。组建了物联网、耐火材料、智能仪器仪表等3个市级产业技术创新联盟。

【实施重大科技工程】 2012年，市科技局集中力量推动国家级科技工程建设。积极开展国家“十城千辆”节能与新能源汽车示范推广工作，争取国家“十城千辆”新能源汽车补助资金3.53亿元，全市推广节能与新能源汽车1626辆，年销售总额达到30亿元，拉动新能源汽车产业链上下游产业实现产值超过200亿元，极大地推动了郑州市新能源汽车产业的发展；国家“十城万盏”半导体应用工程方面，安装LED灯3.56万盏，节能效果达60%以上，节电799万度，减少温室气体排放7990吨，促进了全市半导体照明产业的发展。

【国家专利审查协作河南中心获批落地郑州】 2012年，国家知识产权局与河南省政府在北京签署共建国家知识产权局专利审查协作河南中心合作框架协议，双方计划投资12亿元在郑州建设国家专利审查协作河南中心，这也是继北京、江苏、广东之后的全国第四个专利审查协作中心。根据共建协议，双方确定国家专利审查协作河南中心设在郑东新区龙子湖湖心岛，占地面积6.87公顷，建筑面积8万平方米，计划2015年底前完成建设。

【中牟农业科技园区被省科技厅命名为河南省农业科技园区】 2012年，中牟农业科技园区顺利通过专家评审，被正式命名为“河南省农业科技园区”。这是自2011年《河南省农业科技园区管理办法》实施以来，郑州市获得命名的首个园区。中牟农业科技园区占地1080平方公里，分为核心区、示范区、辐射区三个层次。园区集农业科普、科研、生产、示范、培训、技术服务、休闲观光、展览等功能为一体，重点发展瓜菜、水产、花卉三大主导产业。

【郑州市首家科技特色支行成立】 12月19日上午，郑州市人民政府与中信银行郑州分行签署金融支持科技创新战略合作框架协议，郑州市首家科技特色支行正式授牌中信银行郑州商都路支行。未来3年内，中信银行将为郑州市科技型企业提供100亿元的贷款授信额度，并倾力扶持科技型企业融资发展。签订金融支持科技创新战略合作协议和成立科技特色支行，旨在降低贷款门槛，简化贷款程序，助推全市科技型企业快速成长。签约仪式上，首批4家科技型企业获得贷款授信，其中郑州华强文化科技有限公司授信5亿元；河南省通信电缆有限公司授信2000万元；河南康星药业股份有限公司授信1000万元；郑州鼎盛工程技术有限公司授信1000万元。

2012年郑州市科技进步奖获奖项目

特等奖5项

附表1

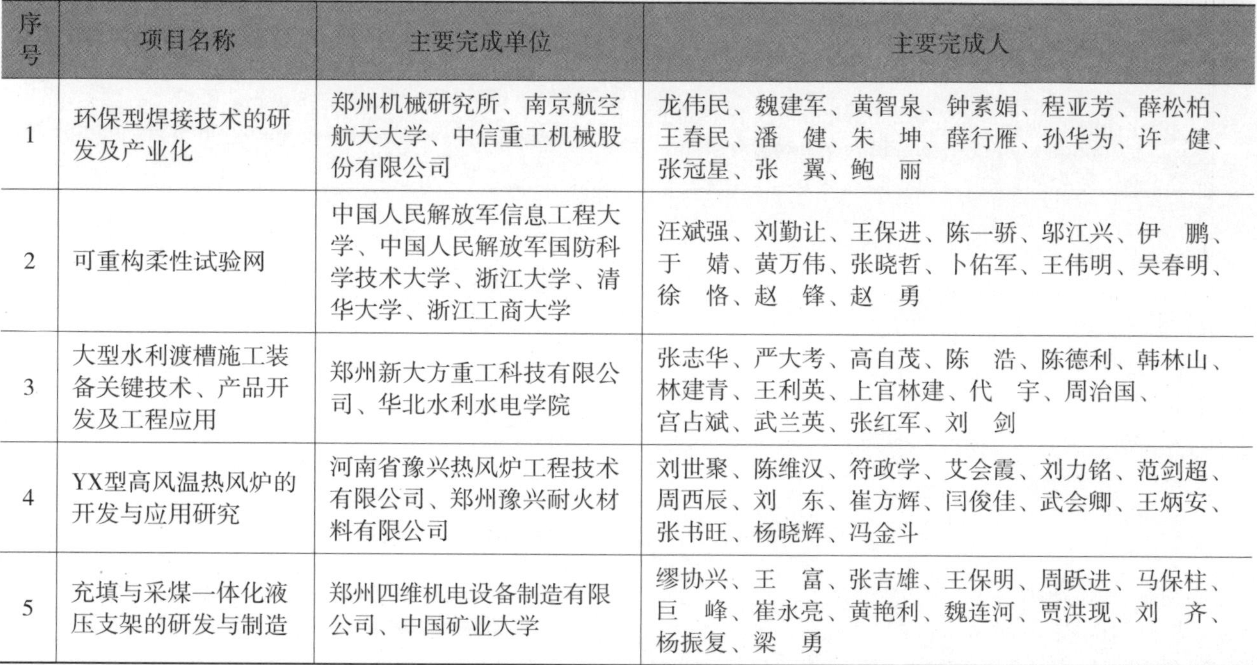

序号	项目名称	主要完成单位	主要完成人
1	环保型焊接技术的研发及产业化	郑州机械研究所、南京航空航天大学、中信重工机械股份有限公司	龙伟民、魏建军、黄智泉、钟素娟、程亚芳、薛松柏、王春民、潘 健、朱 坤、薛行雁、孙华为、许 健、张冠星、张 翼、鲍 丽
2	可重构柔性试验网	中国人民解放军信息工程大学、中国人民解放军国防科学技术大学、浙江大学、清华大学、浙江工商大学	汪斌强、刘勤让、王保进、陈一骄、邬江兴、伊 鹏、于 婧、黄万伟、张晓哲、卜佑军、王伟明、吴春明、徐 恪、赵 锋、赵 勇
3	大型水利渡槽施工装备关键技术、产品开发及工程应用	郑州新大方重工科技有限公司、华北水利水电学院	张志华、严大考、高自茂、陈 浩、陈德利、韩林山、林建青、王利英、上官林建、代 宇、周治国、宫占斌、武兰英、张红军、刘 剑
4	YX型高风温热风炉的开发与应用研究	河南省豫兴热风炉工程技术有限公司、郑州豫兴耐火材料有限公司	刘世聚、陈维汉、符政学、艾会霞、刘力铭、范剑超、周西辰、刘 东、崔方辉、闫俊佳、武会卿、王炳安、张书旺、杨晓辉、冯金斗
5	充填与采煤一体化液压支架的研发与制造	郑州四维机电设备制造有限公司、中国矿业大学	缪协兴、王 富、张吉雄、王保明、周跃进、马保柱、巨 峰、崔永亮、黄艳利、魏连河、贾洪现、刘 齐、杨振复、梁 勇

一等奖15项

序号	项目名称	主要完成单位	主要完成人
6	ZY16800/32/70D型大采高强力高可靠性液压支架研制	郑州煤矿机械集团股份有限公司、中国神华能源股份有限公司	凌 文、焦承尧、顾大钊、向家雨、翟桂武、高有进、杨汉宏、郭昊峰、李太连、刘付营、南清安、龚 宇、贺海涛、倪和平、王永军
7	ZK6100DA长头专用校车开发	郑州宇通客车股份有限公司	王向阳、杨承霖、马春新、张立尧、曹中彦、齐晓明、李剑峰、陈建峰、倪名超、刘宝坤、杜红卫、何永军、杨 宁、任爱国、谢 凯
8	YTQH400液压履带式强夯机	郑州宇通重工有限公司	任战平、史东明、王 斌、寇东伟、程 伟、徐凤霞、徐建筑、董 学、毕 峥、张肇伟、赵会谦、孙 强、任卫涛、魏慧宾、王基月
9	基于3G及其兼容技术的卫星移动通信试验平台	中国人民解放军信息工程大学	王大鸣、胡捍英、崔维嘉、仵国锋、李京清、王大鹏、王志民、童 珉、杨 欣、杨白薇、李立春、曾小金、杨建祖、任修坤、王建辉
10	可信嵌入式安全计算平台	郑州信大捷安信息技术股份有限公司、解放军信息工程大学电子技术学院	董建强、常朝稳、肖青海、韩培胜、赵国磊、焦玉兰、司志刚、秦 晰、鹤荣育、明 勇、张重磊、武宗品、孙晓鹏、王 东、李顶占
11	井下瓦斯抽采管网在线监测系统	郑州光力科技股份有限公司、河南焦煤能源有限公司	刘春峰、赵兴旗、郭建周、苏社会、范运兴、李学臣、李火生、李长松、陈 龙、原永涛、郝志国、尹宗保、张俊峰、李文广、周慧峰
12	无线自适应能源监测网络系统	河南新天科技股份有限公司	费战波、袁金龙、楚栋庭、董意德、代洪杰、朱天宏、李 煊、杨雨萍、田明欣、刘建超、张永攀、陈 辉、赵建海、郭 鹏、李桂芬
13	大型模锻压机用扁钢丝研发	中钢集团郑州金属制品研究院有限公司、中钢集团郑州奥威钢线科技有限公司	念远征、李根山、高建军、张洪波、杨永红、姜桂良、任慧卿、王学彤、李立愿

14	汽车发动机曲轴加工用高速陶瓷CBN砂轮	郑州磨料磨具磨削研究所	鲁　涛、田书跃、郭凤英、李学文、闫　宁、杨　威、王　帅、李艳玲、赵金伟
15	ZWT610型 卷绕头	郑州华萦化纤科技有限责任公司、恒天重工股份有限公司	李晓红、汤其伟、刘延武、王满朝、智红军、李自山、吴泽华、焦淘沙、刘国志、李国安、常同侠、李永亮、施善成、王强华、安亚辉
16	特种耐火耐酸砖	巩义市五耐科技开发有限公司、洛阳莱福工贸有限公司、河南五耐集团实业有限公司	赵永安、校松波、刘解华、郝陵君、李明欢、张晓雷、校　闯、张振江、王少辉、郝飞虎、张　滑、许晓冲、王　虎、张二特、校小帅
17	硬质合金镶嵌强化高铬铸铁组合锤头	郑州鼎盛工程技术有限公司、郑州大学	卢洪波、陈　永、廖清泉、赵靖宇、马　峰、申晶洁、黄先波、章晓阳、李　睿、裴　尚、陈长江、李建国
18	优质高产花生新品种郑农花9号	郑州市农林科学研究所、河南天存种业科技有限公司、河南农业职业学院	杨海棠、张保亮、衡雪梅、苗子胜、赵建国、牛河钧、李　盼、陈　华、栗晓飞、关新中、秦世伟、李淑珍、李金玲、李庆杰、高继华
19	胡萝卜新品种郑参丰收红选育及应用研究	郑州市蔬菜研究所	吴焕章、郭赵娟、陈焕丽、卢钦灿、卫巧丽、段敬杰、李文跃、张建国、樊会丽、胡　锐、冯香菊
20	骨科大手术病人下肢深静脉血栓形成的相关研究	郑州市骨科医院	连鸿凯、段智霞、白　玉、王少华、刘　博、徐海斌、司文腾

二等奖80项

序号	项目名称	主要完成单位	主要完成人
21	石榴品种筛选快繁及标准化栽培技术研究	郑州市农林科学研究所、河南农业大学	杨巧云、陈延惠、段罗顺、胡青霞、马庆州、陈俊伟、祁永胜、高　洁、赵建中、朱桢桢
22	花生高效分子育种技术体系研究与应用	河南农业大学、郑州市农林科学研究所、濮阳市农业科学研究所	殷冬梅、张幸果、李贺敏、陈　晓、常纪苹、张玉红、陈　华、荆建国、崔党群、于会勇
23	中部地区高山越夏蔬菜栽培关键技术研究及应用	郑州市蔬菜研究所、新密市尖山风景区管理委员会、栾川县科技局	曾维银、田朝辉、陈　曼、黄　文、王盛荣、龚　攀、吴小波、路翠玲、赵建中、庞淑敏
24	梨树的观赏价值利用及更新改造	郑州市世纪游乐园管理处	韩俊章、魏海建、王彩敏、张桂莲、李鬌华、韩新华、王　菲、李会霞、陈德芝、李红伟
25	立体绿化中藤蔓蔷薇月季类应用新技术	郑州市城市园林科学研究所、郑州市植物园管理处、河南黄河迎宾馆	王　升、李鬌华、刘志亮、孙　飞、安靖靖、任志锋、陈晓蕾、牛小花、刘宝灿、冯慧渊
26	母猪智能化精确饲喂系统	河南河顺自动化设备有限公司	刘忠臣、曹　沛、魏洪祥、张国勇、吕　美、宋长葛、张晓波、韩志峰、杨永康、胡旭阳
27	加味四君子汤提高鱼类免疫功能、抗应激作用的研究	河南中医学院、郑州大德水产生物科技有限公司	王宪龄、崔姗姗、程　玲、张卫东、张培振、李连珍、杨　丽、宋　宁、张小玲、李朋伟

续表2

28	长效缓释恩诺沙星注射液的研究	郑州后羿制药有限公司	吴红云、李建正、徐　进、郭俊清、王广霞、卜昌超、赵志刚、李厚伟、袁海云、李晓娜
29	电子束辐照对烟草有害微生物防控及其效应研究	河南省科学院同位素研究所有限责任公司、天昌国际烟草有限公司	陈云堂、杜阅光、刘　伟、田占军、王娟娟、袁红星、郭东权、刘江豫、杨晓薇、张志坚
30	9KY-1A型秸秆燃料成型机	新密市农业机械管理局、新密市洋林农机专业合作社、新密市洋森农机制造有限公司	王金涛、王树森、马艳红、周　晓、周运锋、刘宗峰、赵继民、周晓莉、郑革霞、刘彩红
31	BDMD-S-P-100微波干燥碳化硅微粉设备的研发与应用	河南勃达微波设备有限责任公司	张宏伟、刘新红、王海龙、王晓东、苏建勇、董浩杰、周帅华、吴宪宗、曾苏军、徐　刚
32	轮胎式移动破碎站	河南黎明重工科技股份有限公司	张　坚、李广俊、罗　嵩、王会龙、张志鸿、张卫东、罗宏磊、尤三三、吴　巍、杨金磊
33	煤泥回转滚筒干燥系统	郑州市鼎力干燥设备有限公司	李留纪、魏明旺、杨文正、罗刚银、訾伟旗、薛艳芬、刘书强、于义阳、师新进、李肖楠
34	东风锐骐ZD25国Ⅳ系列多用途货车开发	郑州日产汽车有限公司	任宗现、宋　珍、王桂群、郭彦斐、胡松峰、贾佳鹏、吴子亮、乔　敏、赵红宇、赵怀存
35	SLG6120EV纯电动城市客车	河南少林汽车股份有限公司	周聚民、季新潮、季新顺、裴春松、马晓宇、赵永军、王　鹏、李辉群、李　峰、房亚丽
36	多功能电网抢险运输车的研制	河南送变电建设公司、河南电力博大科技有限公司	金红专、侯东红、高晓莉、杨义清、罗　昆、张翼霄、方思勤、祁　萌
37	ST1000多功能标准电能表	河南思达高科技股份有限公司	赵静涛、左敏柱、左　军、李俊杰、廉芬芬、李　亮、何国庆
38	智能低压电容补偿柜	郑州金源特变电气有限公司、新密市供电公司	贾杰栋、贾鹏飞、郭　皓、李　翔、王晓博、郭子辉、付任锂、郑海欣、程松峰、席光明
39	冷凝器不锈钢波纹管检测技术的研究	河南电力试验研究院	汪　毅、王朝华、张武能、蔡红生、吴克华、李世涛、耿进锋、王　锐
40	燃气无线巡检管理系统	河南汉威电子股份有限公司	张志广、尚中锋、俎伟明、常　磊、高山虎、高延明、周富江、刘广帅、宋笑明、李　博
41	城市轨道交通信号维护支持系统	河南辉煌科技股份有限公司、郑州市轨道交通有限公司、上海工程技术大学	马子彦、贾　萍、许新伟、杜旭升、张奕敏、孙冀东、李国锋、田华军、毕纲要、张云凤
42	航天金穗增值税专用发票抵扣联信息企业采集方式软件	河南航天金穗电子有限公司	陆振华、王智军、廖顺秋、李彦伟、崔金良、黄利伟、陈会刚、杨红建、张　磊、沙立恒
43	河南工商综合业务管理系统	河南拓普计算机网络工程有限公司、河南省工商行政管理局	贾　新、郑国际、李善平、庄建敏、安学工、张书锋、石立新、李莜晖、田小亮、胡道光
44	“四分”线损管理信息平台系统	郑州大方软件股份有限公司、郑州市电网节能计算分析软件工程研究中心、河南省电力勘测设计院、郑州轻工业学院	徐　卫、曹建凯、吕志民、黄殿勋、张思军、张先俊、柳英飞、方　娜、张江伟、常绍新

45	BOM管理信息系统开发和应用	郑州日产汽车有限公司	张建华、王宇科、杜俊贤、叶　鹏、赵党林、乔　良、葛新成、王龙军、杨　操、韩　飞
46	加气混凝土砌块计算机自动配料及管理系统	郑州建材实业总公司、郑州天道科技发展有限公司	王殿君、王中心、柴金祥、周庆民、吴顺丽、屈晓慧
47	基于WEB的磨削加工科学数据共享平台的开发	黄河科技学院、河南工业大学	杨保成、华　丽、靳宗信、付光宇、岑少起、李高申、李爱华、田建立、唐　玲、马怀东
48	电子内窥镜影像系统及其应用研究	中国人民解放军信息工程大学、郑州赛福特电子设备有限公司	周长林、李振中、党力明、林　欣、高　飞、贾晓静、庞学民、潘向峰、魏　鑫、李　卓
49	起重工程机械安全保护智能控制系统	河南省电子规划研究院有限责任公司	张昊辰、申湘峰、张宝泉、王金龙、吴忠展、张欣铃、王爱礼、申小艳、张　璐
50	面向RP&M的网络化制造ASP服务集成系统关键技术	郑州航空工业管理学院	蒋志强、冯锡兰、冯宪章、赵　辉、刘元朋、文振华、程俊伟、陈良骥、王　丹、邵　博
51	KJ168煤矿人员管理系统	郑州创威煤安科技有限公司	肖延岭、任春红、高伟峰、张军垒、李敬波、聂山权、郭春林、王凯斯、于海增、孙旭东
52	氢燃料发动机状态监测及故障诊断系统的研究	华北水利水电学院	王丽君、杨振中、李权才、孙永生、郑淑娟、刘海朝、郭树满、高玉国、运红丽、李大佳
53	全数字电容式汽车油位传感器	河南长润仪表有限公司	陈国强、易　劲、闻　鑫、李权卫、董山山、李彦生、张绯绯、陈平平
54	百年金海安防监控管理系统	百年金海安防科技有限公司	张　玉、任　瑞、汪　睿、杨清喜、马宇晓、刘明强、单海峰、刘五正、袁仁锁、岳　鹏
55	G.net党政机关绩效管理系统	河南金鹏实业有限公司	张　丽、刘玉华、常　杰、陈楚湘、李要强、安仲要、王艳飞、林晓飞、汪正习、张　豪
56	MEMS热式质量流量传感器	郑州炜盛电子科技有限公司	刘建钢、李海鹏、王书潜、张保健、王林波、祁明锋、张　娴、王彩红、张萌萌、付志娟
57	螺旋加长刃聚晶立方氮化硼（PCBN）立铣刀研制应用螺旋加长刃聚晶立方氮化硼（PCBN）立铣刀研制应用	郑州市钻石精密制造有限公司	王　波、张伟峰、李玉生、杜永生、蒋丽萍、陈功福、张嗣静、张海波、马建民、汪建海
58	13X分子筛生产装置和工艺研究	郑州雪山实业有限公司	张　坤、赵　蕾、王景州、王丽丽、王向宇
59	液晶屏幕玻璃蒙砂粉的研制与应用	登封市豫科玻璃技术有限公司	梁瑞玲、郝许峰、张朝霞、尚苏平、景志杰、黄　涛、王博生、陈学良、韩辉荣、冉营超
60	Outlast纤维纺织新产品性能研究与产品开发	河南工程学院、郑州四棉纺织有限公司	许瑞超、李连举、张海霞、周　蓉、马　芹、李营建、张喜昌、张一平、王　琳、许志忠
61	TX-1型石油压裂支撑剂的研制	巩义市天祥耐材有限公司	刘少钢、张天成、常春丽、付遂周、张继伟、王东霞、庞琰玲、张建锋、李玉凤、赵金明

62	废弃羊毛纤维的高品质应用研究	中原工学院、郑州昊昌纺织机电成套设备有限公司、河南华成毛纺有限公司	张一风、何奕中、王怀芳、李雪月、张　慧、刘文功、贺继红
63	葡萄糖酸盐发酵工艺优化生产异维生素C钠	郑州拓洋生物工程有限公司	崔凤霞、刘晓东、王敬臣、黄惠英、闫世梁、史小利、朱腾跃、王　星、张生克、李　林
64	三碘甲状腺原氨酸定量检测试剂盒的开发和应用	郑州安图绿科生物工程有限公司	吴学炜、陈晓玲、王　敏、梁灏方、康运凯、陈　静、赵小磊、项立红、秦东春、李晓霞
65	人类功能已知基因RNA干扰质粒文库的构建	河南省生物工程技术研究中心、郑州职业技术学院、郑州轻工业学院	王云龙、李玉林、孙新城、昌静峰、张曼利、董彩文、王国强、邓黎黎、刘旺根、程　蕾
66	高纯熊果酸提取及其衍生物的合成研究	中州大学	司福亭、李靖靖、周晓莉、曾　超、姚　虹、王　梅、付　鸿、宁建中、司方博、李焕文
67	冷冻熟面加工关键技术研究及产业化	河南云鹤食品有限公司、河南工业大学	王　海、陈　洁、牛镇平、李雪琴、吕莹果、牛选欣、邱寿宽、邢士钦、李志建、罗　允
68	饲用优化脂肪酸固态油脂技术的研究与应用	河南工业大学、安海维（北京）农牧科技有限公司、河南广安生物科技股份有限公司	王金荣、高　伟、唐桂芬、赵国然、尹艳丽、谢俊玲、张华伟、宋彩晴、陈行杰、赵红月
69	拜耳赤泥干法输送及干法堆存技术的研究与应用	河南中美铝业有限公司、湖南中大冶金设计有限公司	陈　辉、谢述新、黄绍胜、丁建础、张维汉、杨保宇、李峰杰、葛　倩、聂玉岭、庄　严
70	新型干法窑外分解生产硫铝酸盐水泥技术研究	登电集团水泥有限公司	李西中、屈卫东、郎辰芳、韩鹏展、朱建锋、高国卿、谢小霞、张福伟、张建伟、刘银东
71	多物质能环保风冷式煤气生产装置	郑州金土地能源科技有限公司、河南金土地煤气工程有限公司、河南省农业机械试验鉴定站	吴得治、李鲁予、王　倩、张发旺、陈庆林、赵理现、乔国强、武　伟、宋　芒
72	郑州市声环境功能区划分方法研究	郑州市环境保护科学研究所	李　钧、谢丽娜、黄　群、周晓丽、邓伟年、张雪华、贾　彬、任亚可、米　江、郅　茵
73	郑州文化软实力提升及创意产业发展对策研究	郑州航空工业管理学院、郑州机械研究所、河南工程学院	祝　琳、张海燕、丁天然、云　剑、陈磊河、许　北、陈　猛、梁尧华、白　珂、李东辉
74	优化导管消融术治疗左心房增大的心房颤动患者的临床研究	郑州市第七人民医院	袁义强、赵育洁、于　力、王瑞敏、孙俊华、孙　运、黄　琼、牛思泉、陈丰毅、胥　良
75	补体调节蛋白CD55、CD59参与糖尿病大血管病变机制及干预研究	郑州市第一人民医院、首都医科大学附属北京同仁医院、河南省消防总队医院、新乡医学院、濮阳市疾病预防控制中心	马西文、秦明照、杨新华、范秉琳、王志宏、何立兵、陈海燕、曹邓晗、何向前、左秀玲
76	省级烧伤网络中心的建立及运行效果评价	郑州市第一人民医院	牛希华、张业龙、黄红军、娄季鹤、苏卫国、刘纪恩、高长锁、田社民、夏成德、景福琴

续表5

77	屈光性人工晶状体的临床应用研究	郑州市第二人民医院	陈　鹏、杨潇远、唐文建、王　骞、袁　军、高雪霞、赵文博、王　倩
78	急性脑梗死患者血浆ADMA与同型半胱氨酸相关性研究	郑州市第二人民医院	刘艳丽、陈锦屏、冯　敏、李　青、肖益群、许莉军、吴　瑾
79	AIDS眼底病变的诊断及研究进展	郑州市第二人民医院	杜　敏、邵　玲、乔宝笛、高雪霞、罗建华、朱淑敏、唐文建、王瑞峰
80	宫颈上皮内瘤变保留生育功能的临床研究	郑州市中心医院	杨小风、王雅莉、李　瑞、刘文枝、刘惠娜、李红娟、张　颖、张国梅、王跃清、侯玉华
81	妻子对丈夫免疫耐受的基础研究及在肾移植中应用的临床研究	郑州人民医院	曲青山、张彦选、蒋　欣、沈蓓莉、王振璞、王　凯、邢　利、苗书斋、刘旭华、李　明
82	骨髓干细胞动员预防血管内支架植入术后再狭窄的临床研究	郑州人民医院	侯国欣、鲁　杰、李红普、韩文豪、刘　磊、仝麟龙、张应选、张书范、程晶晶、倪　艳
83	Profile激光治疗光老化皮肤病的临床及基础研究	郑州人民医院	李雪莉、黄玉成、杨　莉、李天举、丁治云、吴莉华、陈燕辉
84	郑州市结核病人群中HIV感染调查	郑州市第六人民医院	刘建民、刘宝琴、刘万同、崔　帷、郑　敏、杨胜利、关　玲、马海秀、何　云、赵清霞
85	精神科与消化科躯体形式障碍治疗及医疗成本研究	郑州市第八人民医院	于海亭、马闯胜、杨勇超、奈效祯、王　俊、张淑芳、康　瑞
86	强迫症的认知治疗及心率变异频谱分析	郑州市第八人民医院	孔德荣、张岩滨、邱松伟、袁　海、王体宾、李　峥、樊素琴、赵青霞、霍　军、宋春联
87	一期后路椎体次全切除、钛网植骨椎弓根系统重建术治疗陈旧性严重胸腰椎骨折	郑州市骨科医院	梅　伟、王庆德、王祥善、刘沛霖、牛培君、杨晓敏、姜文涛、王春丽、王春萍、朱耀辉
88	个体化经多裂肌间隙入路椎弓根螺钉技术治疗胸腰段椎体压缩性骨折的临床研究	郑州市骨科医院	母心灵、张　华、孟庆勇、翟明玉、潘玉林、郭小伟、李保田
89	断指再植末梢温度控制临床应用研究	郑州市骨科医院	王　俊、袁菊仙、姬亚飞、李　玲、秦芝霞、李爱玲、杨　雪
90	少腹逐瘀胶囊联合逍遥丸治疗青春期多囊卵巢综合征临床研究	郑州市妇幼保健院	冯光荣、马　达、马新方、袁雪莲、黄红霞、刘爱珍、周艳艳、麻邵杰、徐艳菊、郭宝枝
91	宫腹腔镜联合治疗女性输卵管因素不孕的临床研究	郑州市妇幼保健院	郭宝芝、郭华峰、周立华、刘爱珍、丁书贵、周新华、蔡海瑜、王梦琦、杨俊娟、王艳红

续表6

92	孤独症患儿行为异常与食物不耐受相关性研究	郑州市儿童医院	耿香菊、吴 丽、高 超、宋丽佳、尚 清、马彩云、孟庆萍、宋立新、李 翼、李晓霞
93	维生素A对Ⅰ型糖尿病患儿Th1/Th2平衡的调节作用	郑州市儿童医院	卫海燕、陈永兴、王凌飞、李春枝、罗淑颖、刘宝琴、王会贞、张英娴、刘晓景、刘 芳
94	食品中甲醛次硫酸氢钠（吊白块）的直接测定方法研究	郑州市疾病预防控制中心	杜利敏、苏永恒、张榕杰、王占军、葛少林、陈欣然、刘自森、孟庆玉、王松强、李欣容
95	缪刺法与巨刺法治疗中风偏瘫的临床研究	郑州市中医院	楚海波、付俊丽、董华丽、王丽萍、廉全荣、赵高峰、郭 锐
96	清肠止泻散穴位贴敷治疗小儿腹泻病临床研究	郑州市中医院、河南省中医院、郑州市第二中医院	王晓燕、王利然、李瑞红、刘丽平、李小艳、张 丽、曹 珂、李 玮、陈宪忠
97	艾条熏蒸空气消毒预防流感的观察	郑州市中医院、河南中医学院第一附属医院	李瑞红、蒋雪松、王丽萍、高彩霞、苗治国、于增霞、何瑞欣、刘秀兰
98	七氟烷对罗库溴铵肌松效应及其拮抗影响的临床研究	郑州大学第一附属医院	张 卫、弓胜凯、樊肖冲、张 燕、李志松、杨丽华、张 化、王红玉、杜英英
99	PICC置管术临床应用及静脉血栓形成防治的研究	郑州大学、郑州大学第二附属医院	张振香、徐 晖、王艳丽、张伟宏、陈 颖、郑 蔚、高 峰、杨巧芳、赵燕利、王雪莹
100	中西医结合治疗肠阿米巴病临床研究	郑州市大肠肛门病医院、郑州市疾病预防控制中心、郑州市管城回族区疾病预防控制中心	宋太平、巩跃生、张 威、魏淑娥、邢焕琴、李肖红、张建勋、韩同武、于秀娟、冯秋霞

2012年郑州市获省科技进步奖项目

一等奖（2项）

附表2

序号	项目名称	推荐单位	主要完成人	主要完成单位
1	环保型焊接材料的研发及应用	郑州市科学技术局	龙伟民、魏建军、黄智泉、冯吉才、钟素娟、薛松柏、王春民、朱 坤、裴龠銮、程亚芳、潘 健、于新泉、许 健、马 力、鲍 丽	郑州机械研究所、哈尔滨工业大学、南京航空航天大学、中信重工机械股份有限公司
2	长春西汀注射液的研制及产业化	郑州市科学技术局	吴素林、王宏章、李 莉、张 炜、赵修华、石勇志、靳 勇、陈世全、王惠彬、张西辉、雷留战、张向甫、马莉艳	河南润弘制药股份有限公司

二等奖（16项）

续表1

序号	项目名称	推荐单位	主要完成人	主要完成单位
1	护理管理对PICC置管患者血栓形成相关因素的影响研究	河南省教育厅	张振香、杨巧芳、徐　晖、王艳丽、高　峰、陈　颖、张伟宏、林蓓蕾、赵燕利、黄彩辉	郑州大学
2	三碘甲状腺原氨酸定量检测试剂盒的开发和应用	郑州市科学技术局	吴学炜、陈晓玲、王　敏、梁灏方、康运凯、陈　静、赵小磊、项立红、秦东春、李晓霞	郑州安图绿科生物工程有限公司
3	人类功能已知基因RNA干扰质粒文库的构建	郑州市科学技术局	王云龙、李玉林、孙新城、王国强、王继创、程　蕾、董彩文、李恒思、范玉萍、邓黎黎	河南省生物工程技术研究中心、郑州职业技术学院、郑州轻工业学院
4	汽车发动机曲轴加工用高速陶瓷CBN砂轮	郑州市科学技术局	鲁　涛、田书跃、郭凤英、李学文、闫　宁、杨　威、史占勇、王　帅、李艳玲、赵金伟	郑州磨料磨具磨削研究所
5	YX型高风温热风炉的开发与应用	郑州市科学技术局	刘世聚、陈维汉、符政学、艾会霞、刘力铭、范剑超、周西辰、刘　东、崔方辉、阎俊佳	河南省豫兴热风炉工程技术有限公司、郑州豫兴耐火材料有限公司
6	石榴品种筛选快繁及标准化栽培技术研究	郑州市科学技术局	杨巧云、陈延惠、段罗顺、胡青霞、马庆州、陈俊伟、祁永胜、高　洁、赵建中、朱桢桢	郑州市农林科学研究所、河南农业大学
7	可信嵌入式安全计算平台	郑州市科学技术局	董建强、常朝稳、肖青海、韩培胜、赵国磊、焦玉兰、司志刚、秦　晰、鹤荣育、明　勇	郑州信大捷安信息技术股份有限公司、解放军信息工程大学
8	郑农系列蝴蝶兰新品种选育及关键生产技术研究	郑州市科学技术局	王慧瑜、冯　建、杨录军、杨　敏、王国杰、王　俊、张晓申、赵玉安、赵海红、蒋栓丽	郑州市农林科学研究所
9	五种中兽药超微粉的研究开发	郑州市科学技术局	张国祖、郭振环、马　霞、于　瑞、陈献忠、吕　宾、赵全成、刘永录、金燕飞、李文兴	河南省康星药业有限公司
10	科技奖励评审管理系统	郑州市科学技术局	张　斌、周　明、李作辉、孙　磊、徐开勇、孟凡玉、侯　玮、户家富、龚雪容、张　琦	中国人民解放军信息工程大学
11	安全协议测试标准与系统	郑州市科学技术局	王清贤、颜学雄、曾勇军、武东英、朱俊虎、王振兴、尹美娟、刘　琰、秦艳锋、周天阳	中国人民解放军信息工程大学
12	郑州市生态水系建设与水资源优化调度研究	河南省教育厅	徐建新、陈松林、韩乾坤、陈南祥、张中锋、郭文献、徐晨光、唐贵铁、张泽中、王　举	华北水利水电学院、郑州市水务局
13	骨科大手术病人下肢深静脉血栓形成的相关研究	郑州市科学技术局	段智霞、李国艳、樊　洁、连鸿凯、白　玉、王少华、刘　博、徐海斌、司文腾	郑州市骨科医院

14	七氟烷对罗库溴铵肌松效应及其拮抗影响的临床研究	河南省卫生厅	张 卫、弓胜凯、樊肖冲、张 燕、李治松、张 化、杨丽华、王红玉、杜英英	郑州大学第一附属医院
15	LFS200电气火灾监控系统	郑州市科学技术局	谢永涛、叶继明、范平安、韩建平、张万民	河南力安测控科技有限公司
16	可重构柔性试验网	郑州市科学技术局	汪斌强、刘勤让、王保进、陈一骄、邬江兴、伊 鹏、于 婧、黄万伟、张晓哲、王伟明	中国人民解放军信息工程大学、中国人民解放军国防科学技术大学、浙江大学、清华大学、浙江工商大学、中兴通讯股份有限公司、工业和信息化部电信传输研究所

三等奖（19项）

序号	项目名称	推荐单位	主要完成人	主要完成单位
1	起重工程机械安全保护智能控制系统	郑州市科学技术局	张昊辰、申湘峰、张宝泉、吴忠展、张欣铃、张 璐、申小艳	河南省电子规划研究院有限责任公司
2	电子内窥镜影像系统及其应用	郑州市科学技术局	周长林、李振中、党力明、林 欣、高 飞、贾晓静、潘向峰	中国人民解放军信息工程大学、郑州赛福特电子设备有限公司
3	工商综合业务管理系统	郑州市科学技术局	贾 新、郑国际、李善平、庄建敏、安学工、张书锋、石立新	河南拓普计算机网络工程有限公司、河南省工商行政管理局
4	G.net党政机关绩效管理系统	郑州市科学技术局	张 丽、刘玉华、常 杰、陈楚湘、李要强、安仲要、王艳飞	河南金鹏实业有限公司
5	BOM管理信息系统开发和应用	郑州市科学技术局	张建华、叶 鹏、赵党林、王宇科、杜俊贤、乔 良、葛新成	郑州日产汽车有限公司
6	基于WEB的磨削加工科学数据共享平台的开发	郑州市科学技术局	杨保成、华 丽、靳宗信、付光宇、岑少起、李高申、李爱华	黄河科技学院、河南工业大学
7	燃气无线巡检管理系统	郑州市科学技术局	张志广、尚中锋、俎伟明、常 磊、高山虎、高延明、周富江	河南汉威电子股份有限公司
8	科普书屋可视化网络管理系统	郑州市科学技术局	耿 卫、马增军、吴绍民、陈恭恩、牛鹏超、田苗青、韩 涛	中国人民解放军信息工程大学
9	双玫瑰奶味黄酒的研制开发	郑州市科学技术局	刘全喜、张新武、李 磊、刘春江、郅洋军、高彦存、时巧凤	河南茗轩食品科技有限公司、河南食品科学技术学会、河南商业高等专科学校
10	冷冻熟面加工关键技术研究及产业化	郑州市科学技术局	王 海、牛镇平、李雪琴、吕莹果、牛选欣、邱寿宽、邢士钦	河南云鹤食品有限公司、河南工业大学

11	大型模锻压机用扁钢丝研发	郑州市科学技术局	念远征、李根山、高建军、张洪波、杨永红、姜桂良、任慧卿	中钢集团郑州金属制品研究院有限公司、中钢集团郑州奥威钢线科技有限公司
12	斑点追踪成像评价糖尿病患者左心室二维应变及扭转运动早期改变	郑州市科学技术局	马　红、尹继云、史　璐、汪　涛、刘　慧、王　玮、李　豪	中国人民武装警察部队河南省总队医院
13	妻子对丈夫免疫耐受的基础研究及在肾移植中应用的临床研究	郑州市科学技术局	曲青山、张彦选、蒋　欣、沈蓓莉、王振璞、王　凯、邢　利	郑州人民医院
14	Profile激光治疗光老化皮肤病的临床及基础研究	郑州市科学技术局	李雪莉、黄玉成、杨　莉、李天举、丁治云、吴莉华、陈燕辉	郑州人民医院
15	信息隐藏不可感知性研究	郑州市科学技术局	韦大伟、吴　果、汤光明、孙怡峰、刘　静、杨进锋、刘　华	解放军信息工程大学
16	废弃羊毛纤维的高品质应用研究	河南省教育厅	张一风、何奕中、王怀芳、李雪月、张　慧、刘文功、贺继红	中原工学院、郑州昊昌纺织成套设备有限公司、河南华成毛纺有限公司
17	胡萝卜新品种郑参丰收红选育及应用	郑州市科学技术局	吴焕章、郭赵娟、陈焕丽、卢钦灿、卫巧丽、段敬杰、李文跃	郑州市蔬菜研究所
18	优质高产花生新品种郑农花9号	郑州市科学技术局	杨海棠、张保亮、衡雪梅、苗子胜、赵建国、牛河钧、李　盼	郑州市农林科学研究所、河南天存种业科技有限公司、河南农业职业学院 、延津县农业局
19	冷凝器不锈钢波纹管检测技术的研究	河南省电力公司	汪　毅、王朝华、张武能、蔡红生、吴克华、李世涛、耿进锋	河南电力试验研究院

（肖　建）

教育

综述

【概况】 2012年，郑州市有地方高等学校18所，高等学历教育在校生144333人，教职工9947人。有各级各类中初等教育学校1520所，在校生140.38万人。其中，普通高（完）中101所，在校生169429人；普通初中267所，在校生283526人；中等职业学校130所，在校生276743人,其中全日制在校生264536人；小学1010所，在校生672962人；特殊教育学校11所，在校生1029人；工读学校1所，在校生151人。全市各级各类中初等教育学校有教职工90255人，其中专任教师77426人。有幼儿园1197所，在园幼儿310121人，教职工32010人，其中专任教师17421人。

【教育经费投入与支出】 2012年，全市教育经费总投入为1531011万元，其中，国家财政性教育经费1304830万元，包括预算内教育经费1166568万元、各级政府征收用于教育的税费137526万元、企业办学中的企业拨款736万元；民办教育主体投入13061万元；社会捐赠经费1479万元；事业收入200868万元；其他收入11222万元。总投入比上年的1181705万元增长29.60%，国家财政性教育经费比上年的979540万元增长29.60%。其中，预算内教育经费1166568万元，比上年864549万元增长34.93%，各级政府征收用于教育的税费137526万元，比上年的114086万元增长20.55%。

全市教育部门预算内教育经费842867万元，比上年的617907万元增长36.41%，全市经常性财政收入3996592万元，比上年的3615132万元增长10.55%，预算内教育经费增长比经常性财政收入增长高25.86个百分点。

全市教育部门生均预算内教育事业费为7146.86元，比上年的5639.98元增长26.72%。全市教育部门生均预算内公用经费为3530.60元，比上年的2363.94元增长49.35%。

全市财政性教育经费支出（全口径）1304831万元，占GDP的比例为2.35 %，比上年提高了0.47个百分点。

2月28日，2012年郑州市中小学校、幼儿园建设工作会议召开

全市教育部门预算内教育经费支出1140112万元，占全市财政支出7007000万元的比例为16.27%。比上年预算内教育经费支出占财政支出的比例14.64%增加了1.63个百分点。

【教职工队伍规模】 2012年，全市各类中初等教育学校教职工总数90255人，其中专任教师77426人。普通中学教职工37729人，普通高中专任教师10781人，普通初中专任教师20165人。小学教职工36341人，专任教师34933人。中等职业学校教职工15783人，专任教师11207人。特殊教育学校教职工370人，专任教师320人。工读学校教职工32人，专任教师20人。另有幼儿教育教职工32010人，专任教师17421人。

【专任教师学历达标情况】 2012年，郑州市专任教师学历达标情况如下：普通高中99.04%，普通初中99.7%，小学100%，幼儿园（含学前班）97.22%，中等职业学校89.15%。普通初中专任教师本科以上比率为78.9%，小学专任教师专科以上比率为92.76%。

【校舍建筑面积】 2012年，全市中初等教育校舍建筑总面积达到1638.97万平方米。其中，普通中学校舍建筑面积660.94万平方米，中等职业学校校舍建筑面积365.21万平方米，小学校舍建筑面积421.97万平方米，幼儿教育校舍建筑面积186.4万平方米，特殊教育学校校舍建筑面积4.45万平方米。生均校舍建筑面积：普通高中20.81平方米，普通初中10.97平方米，中等职业学校13.2平方米，小学6.27平方米，幼儿园6.01平方米，特殊教育学校43.25平方米。

【图书资料情况】 2012年，全市中初等学校藏书3277.91万册，其中，普通高中473.61万册，生均28.17册；普通初中690.61万册，生均24.36册；中等职业学校848.72万册，生均30.67册；普通小学1264.97万册，生均18.8册。

（孙　耿）

基础教育

【概况】 学前教育　2012年，全市共有独立设置的幼儿园1197所，比上年增加192所。在园（班）幼儿310121人，比上年增加45287人；离园（班）幼儿88356人，比上年增加20455人；入园（班）幼儿136081人，比上年增加21876人。

义务教育　2012年，全市共有小学1010所，比上年减少6所。毕业生97415人，比上年增加2998人，增长3.18%；招生129202人，比上年增加7817人，增长6.44%；在校生672962人，比上年增加31293人，增长4.88%；小学平均规模666.3人，平均班额46.52人。全市共有普通初中267所，比上年增加6所。毕业生86139人，比上年减少2181人，下降2.47%；招生99938人，比上年增加4000人，增长4.17%；在校生283526人，比上年增加9713人，增长3.55%；普通初中平均规模1061.9人，平均班额53.36人。

普通高中教育　2012年，全市共有普通高（完）中101所，比上年减少3所。毕业生56642人，比上年减少1669人，下降2.86%；招生58780人，比上年增加2455人，增长4.36%；在校生169429人，比上年增加2551人，增加1.53%；普通高中平均规模1677.51人，平均班额59.81人。

特殊教育和工读学校　2012年，全市共有特殊教育学校11所，招生190人，在校生1029人；工读学校1所，在校生151人。

【学前教育三年行动计划】 2012年，市教育局稳步推进学前教育三年行动计划各项工作。组织开展了幼儿教师基本功大赛、幼儿教师自制玩教具比赛、炊事员技能大赛、幼儿教师教学观摩活动等4项活动，为教师发展提高提供了舞台。委托专业机构，根据教育部信息标准的要求，结合郑州市实际，研发启动了郑州市学前教育信息管理系统，实现了学前教育管理的信息化、规范化。开展幼儿园教师专项技能提升培训工作，对全市幼教专干、转岗教师、保育员、保健医、炊事员、幼儿园园长、保教主任等幼教管理和业务人员进行了专项技能提升培训，共培训3600人，其中民办幼儿园有2400人。

【中初等教育水平指标】 小学教育主要水平指标：学龄人口入学率100%，毛入学率103.73%，辍学率0.07%，5年保留率97.9%，应届毕业班学生毕业率100.42 %。初中教育主要水平指标：学龄人口入学率100%，毛入学率115.85%，辍学率1.52%，3年保留率95.31%，应届毕业班学生毕业率101.24%。

【中小学德育工作】 2012年，市教育局召开了全市德育建设工作会，推广班级建设先进经验，组织优秀班主任代表经验交流。印制下发《关于进一步加强中小学班主任建设的意见》，明确了班主任任职条件、工作职责，建立健全了班主任成长服务机制，为加强普通中小学班主任队伍建设提供了依据。开展“名班主任工作室”建设工作。下发了《郑州市普通中小学名班主任工作室建设与管理实施意见（试行）》，全市共申报“名班主任工作室”项目40个，市教育局从中遴选出30个项目进行立项建设，对余下的10个项目进行重点培育。

开展评先评优活动。评选了3602名市级三好学生、1229名市级优秀学生干部；选拔推荐了105名省级三好学生和51名省级优秀学生干部；教师节期间，对300名优秀班主任进行了表彰。同时根据河南省教育厅要求，选拔推荐了12个“河南省中小学德育工作先进单位”和31个德育工作先进个人，获得全省表彰。

【义务教育优质均衡发展】 2012年，市教育局“扩建挖潜”，最大限度地利用优质学校现有资源，适度扩大办学规模，增加优质学位。在保持优质学校管理体制、师资保障、教学质量等不变的情况下，改扩建中小学30所，新增优质学位3.5万个。对薄弱校的教育教学工作进行托管，选派优质师资到薄弱校任教，“植入”先进的教育

中小学生艺术节目展演

理念、教学方法、管理制度等，将原有普通学位转化为优质学位。实施优质教育资源倍增工程，投资10亿元，启动了137个优质资源倍增项目建设工作，新增中小学招生学位2.36万个。

【中小学考试和评价制度改革】 2012年，市教育局进一步深化考试和学业质量评价制度改革工作。开展普通高中“学业水平增值评价”实验工作，与大连现代学习科学研究院合作，对郑州市2012年市区高一年级新生进行增值评价实验，帮助学校诊断与改进教学质量。在市区各学校实施中小学网上阅卷校园版建设工程，为63所学校配备了网上阅卷设备，实现了考试阅卷工作的标准化、科学化、信息化。

【中小学校外教育】 2012年，郑州中小学校外教育活动丰富多彩。市教育局开展了一系列中小学文明交通宣传教育活动，不断提高师生文明出行的意识。组织全市中小学校开展了交通安全教育进学校、进课堂、进班级、进家庭活动；以“关爱生命，文明出行”为主题，组织市区中小学校开展了为期1个月的交通安全宣传教育活动。市教育局联合公安交警部门，在市区各学校开展了交通安全知识宣传巡展活动、“小手拉大手”校园交通安全宣传工程、“争当文明小乘客”“文明交通志愿者”、交警体验日、小交警志愿者等交通安全宣传教育活动，鼓励学校争当文明交通安全示范学校。市教育局开展中小学环境教育工作，组织各级各类中小学校开展了环境教育教案评比活动、中小学环保绘画大赛、100名环保小卫士评比表彰等活动，有效增强了师生的环境保护意识。

【进城务工人员子女入学保障】 2012年，郑州市继续保障进城务工人员子女“上学难”问题，坚持以流入地政府为主、以公办学校为主的原则，将进城务工人员同住子女就近分配到附近学校。在教学过程中，与城市学生统一管理、统一编班、统一教学、统一安排活动。在评优奖励、入队入团、课外活动等方面，一视同仁。2012年，在郑州市公办学校就读的进城务工人员同住子女达到20.5万人，占在校生总数的35%。其中接受义务教育就读的进城务工人员同住子女近5万人。

（孙　耿）

高等教育

【概况】 2012年，郑州市有研究生培养单位11个，招生6748人，比上年增长6.4%；在校研究生1.86万人，增长3.4%；毕业5845人，增长15.3%。全市有普通本专科学校53所，招生22.3万人，比上年增长5.1%；在校学生69.8万人，增长5.0%。有地方高等学校18所，学历教育招生43677人;高等学历教育在校生144333人；有教职工9947人；教学科研仪器设备值74995.16万元，较上年增长5.2%；一般图书1085.37万册，较上年增长11.7%。

【地方高校学生管理工作】 2012年，郑州市继续在地方高校中开展了学生管理示范性建设活动，促进地方高校学生管理工作不断迈上新台阶。加大了对学生的救助，通过捐款、补助等方式资助学习、生活上有困难的学生。切实维护校园稳定和落实社会综合治理工作。加强检查督导，督促各地方高校全面履行综治职责，做好秋季安全大检查工作；周密安排部署敏感时期校园安全稳定工作，重点做好“9·18”期间和十八大召开期间高校安全稳定工作。做好高校反邪教工作。市教育局协助市反邪教协会组织了河南省反邪教工作经验交流郑州现场会。会上推广了郑州地方高校反邪教协会工作的成功经验和做法，郑州地方高校反邪教工作得到了国家反邪教协会和河南省反邪教协会的充分肯定和高度赞扬。

【地方高校教育教学质量建设】 开展市级重点（示范）专业、重点实验室评审工作。聘请专家组对各院校申报的市级示范专业、市级重点专业、市级重点实验室进行实地评审，按照“公平、公正、择优”的原则，择优选出5个市级示范专业、10个市级重点专业、10个重点实验室进行立项建设；选出3个市级示范专业、3个重点专业、8个重点实验室进行培育建设。启动郑州地方高校精品课程(市级)建设工作，在各院校申报的基础上，组织省属驻郑高校专家组，经过网上评课、书面评审、现场答辩等环节，择优选出市级精品课程10门、市级培育精品课程4门。顺利完成了郑州地方高校第五批特聘高层次人才评聘工作。各地方高校根据本校设定的岗位，申请特聘高层次人才候选36人，评出朱艳玲等专职特聘高层次人才22名，甘勇等兼职特聘高层次人才4名。完成了第二届郑州地方高校优秀中青年骨干教师培养对象的考核工作和第三届培养对象的认定工作。组织召开了郑州地方高校教育教学工作会和研讨会。

（孙　耿）

民办教育

【概况】 2012年，全市共有各级各类民办学校（教育机构）2000所，在校生673223人，专兼职教职工50886人，校舍占地面积1500公顷，固定资产114亿元。

【民办学校发展】 2012年，郑州市人民政府设立了民办教育专项资金5000万元。市教育局积极做好民办教育专项资金管理、使用工作。出台了《郑州市民办教育发展专项资金使用办法》，确保专项资金专款专用，充分发挥资金使用效益。按照为民办学校办实事、办好事原则，出资26.5万元，为59所民办学历学校的52986名学生购买了校方责任险；出资8万元，对83所民办学历教育学校的8万名学生进行了健康体检；出资577.3万元，解决了10477名市管义务教育阶段民办学校学生的学杂费和生均公用经费。坚持以奖代补的形式扶持民办学校发展。全年共发放民办教育专项资金计划内各类奖励资金1506万元，其中200万元奖励给20所民办中职学校，用于实验室建设；731万元奖励给12所民办中小学，用于492套班班通的安装工程；575万元奖励给40个民办教育“十佳单位”、30位民办教育杰出人物和100名民办教育优秀教师。

【民办学校培训】2012年，市教育局注重围绕民办学校整体素质提升，全方位、高质量抓好民办学校相关培训工作。圆满完成了年度民办校长（园长）培训任务。出资114.8万元，组织培训班，对300名民办学校校长和360名民办幼儿园园长进行了管理能力提高培训；出资188万元，组织118名民办学校校长和150名民办幼儿园园长分别到上海和西安开展研修培训活动；组织20名民办中小学校长，按时参加省教育厅安排的校长培训。及时组织民办学校相关人员的业务培训。对416名民办学校财务人员进行了专题培训；邀请两位法学专家对289名民办学校校长（举办者）进行了法制培训；邀请市档案局专职人员对372名民办学校档案人员进行了业务培训。

【名优民校建设】2012年，市教育局按照《郑州市优质教育资源名优民校工程2012年工作方案》，开展了争创郑州市优质教育资源名优民校活动，市区38所民办中小学申报工作通过评估，被市政府命名为郑州市优质教育资源名优民校。

【民办学校制度创新】2012年，市教育局注重围绕制度创新，不断探索民办教育发展新情况、新规律。规范民办学校审批制度，下发了《规范郑州市民办学校审批工作的通知》，在审批对象、审批权限、审批程序等方面做了新的规定。重新规范年检制度，成立了年检工作领导小组，规范了年检工作的范围、原则和方法及时间、内容安排。建立民办学校财务管理制度，出台了《民办学校财务管理办法》《民办学校会计基础工作规则》《民办学校会计档案管理办法》和《民办学校会计核算办法》等4个文件。建立民办学校党建指导员制度。首次向市管36所民办学校派驻党建指导员，加强对民办学校思想政治宣传工作的指导，进一步扩大党建工作覆盖面和影响力，促进了民办学校健康发展。建立民办学校会议制度。每年春季召开一次民办教育工作会议，总结上年度工作，做好当年工作安排部署，并对先进单位和个人进行表彰奖励；每年秋季开学，召开一次民办学校校长会议，安排部署新学期“四查四看”开学检查工作。建立民办学校投诉、信访台账制度，及时通报受理情况和受理结果。

（孙　耿）

中等职业教育和成人教育

【概况】2012年，市教育局出台多项文件，引领保障全市职业教育事业健康发展。落实省职业教育工作会议精神，出台了《郑州市人民政府关于创新体制机制进一步加快职业教育发展的若干意见》；制订下发了《关于加强和改进中等职业学校德育工作的通知》，为职业学校德育工作明确了方法和思路；制订下发了《郑州市职业教育攻坚工作考核指标体系》，并作为职教攻坚评估督导标准；制定下发了《郑州市中等职业学校校企合作工作评估细则》；制定了《郑州市职业教育工作五年发展规划》；起草了《郑州市人民政府关于大力发展社区教育加快推进学习型城市建设的意见》；制定了《职业与成人教育处三年工作规划》。配合市委办公厅进行了全市职业教育调研，共同撰写《郑州市职业教育发展状况调研报告》，对全市职业教育未来发展提出了切实可行的意见和建议。

2012年，市教育局重点加强了社区成人教育工作，对全市社区成人教育学校进行了基本情况统计调研，并组织社区教育考察团到南京、杭州等社区教育先进地区进行了学习考察。对郑州市社区教育工作进行了具体规划，起草了《郑州市人民政府关于大力发展社区教育加快推进学习型城市建设的意见（意见稿）》。继续开展规范性乡镇成人学校和示范性办事处社区学校评选工作，20所社区成人教育学校获得命名。全市规范性乡镇成人学校和办事处示范性社区学校总数达到90所，极大地推动了成人教育工作的开展，使乡镇成人学校、办事处社区学校成为构建终身教育体系和建设学习型城市的主阵地。

【中职学校教育教学改革】继续实施“5+1”综合职业素质提高计划。以学生终身成长为目标，坚持综合素质和职业技能并重的教育理念，创新中等职业学校“5+1”学生职业技能竞赛，形成了“校校有比赛、层层有选拔、人人都参与”的良好局面，促进了学生全面发展。开展职业学校教师基本功大赛、学生“文明风采”竞赛及各级职业技能大赛，以赛促教，增强教育教学活力，推动教育教学改革。

【职业教育校企合作】积极开展创建河南省校企合作先进单位工作。2012年，郑州市电子信息工程学校和郑州市科技工业学校被教育厅命名为河南省职业教育校企合作先进单位。加快推进校企共建实习实训基地建设。富士康、格力电器、宇通客车、三全食品等8家企业，被市政府命名为首批郑州市职业教育校外实习实训基地。市教育局制定郑州市校企合作办学评估细则，评选命名了10个中等职业教育校企合作办学示范单位。

【中职教师培训】依托国家培训平台，加强职业学校校长培训，全年安排两批共计15人参加了国家中职校长高级研修班学习。实施教师素质提高计划和教育技术能力培训计划，共培训专业骨干教师393人。加强教师培训基地建设，分别在中州大学和郑州市电子信息工程学校开展了郑州市中等职业学校专业课教师培训基地建设工作。

【德育工作和学校文化建设】市教育局制定并下发了《关于加强和改进中等职业学校德育工作的通知》，召开了中等职业学校德育工作现场会。积极引入企业文化，实现校企文化有机融合。通过艺术节、技能节、运动会、文化节和“文明风采”等活动，拓展德育途径，丰富德育内容，创新德育载体，改进德育工作的方式方法。

【富士康人资招募工作】2012年，市教育局承担了向富士康输送4000名实习学生的任务，局属各有关部门，把这项工作作为重点工作和中心工作来抓，制定工作方案，认真组织安排。各职业学校采取得力措施，进行全面动员，积极开展富士康社会实践活动。全市24所职业学校共动员报名实习学生4408名，参加面试4382人，实际完成输送3806人，有力地支持了富士康人资招募工作。

（孙　耿）

教育管理

【概况】2012年，市区开工新建、改扩建中小学校建设项目30个，总投资8.7亿元。项目全部建成后，市区中小学将增加751个班、增加学位35295个。其中，小学增加541个班、增加学位20295个；初中增加300个班、增加学位15000个。全市开工新建、改扩建幼儿园建设项目96个，总投资3.8亿元。项目全部建成后，全市幼儿园将增加848个班、增加学位25440个。6个县（市）城区开工新建、改扩建中小学校建设项目10个，总投资3.4亿元。项目全部建成后将增加272个班、增加学位12750个。其中，小学增加170个班、增加学位7650个；初中增加102个班、增加学位5100个。

【教育督导与评估】县级政府及郑东新区管委会教育工作督导评估取得新成效。2012年，市教育局围绕县域内义务教育均衡发展，促进教育公平情况；2011年度教育经费决算情况，

幼儿园达标升级督导评估组对幼儿园情况进行反馈

2012年度教育经费投入预算及第一季度执行情况；学前教育三年行动计划落实情况；职业教育攻坚计划完成情况等方面，对全市12个县（市）区政府和郑东新区管委会、郑州高新区管委会、郑州经济开发区管委会的教育工作进行了督导评估。从郑州市2012年县级政府及郑东新区管委会的教育工作督导评估整体情况来看，全市各级政府对教育工作更加重视，义务教育经费保障机制逐步完善。12个县（市）区政府及高新区管委会、经开区管委会、郑东新区管委会的教育经费投入全部实现了“三个增长”。推进义务教育的均衡发展方面，通过“督县”工作，促进各县（市）区有计划地调整中小学布局、加强薄弱学校建设、优化教育资源配置，缩小了县域内校际之间办学条件的差距。学前教育三年行动计划得到认真落实，各县（市）区政府及郑东新区管委会、高新区管委会、经开区管委会按照“保基本、广覆盖、有质量”的要求，大力实施学前教育三年行动计划，学前教育快速有序推进，取得了明显成效。大力推进职教攻坚计划，各县（市）区政府成立了职教攻坚工作领导小组，强力推动职教攻坚计划的落实，职业教育有了快速的发展。

市教育局局属学校三年发展规划督导评估工作扎实开展。学校三年发展规划督导评估实行“学校自评——阶段性督导评估——终结性督导评估”的运行机制，督导评估的重点是学校课堂与课程的开发与建设、教师的发展与水平提升、学生的发展与素质提升、学校的环境与氛围等方面工作。市教育局采取有效措施，扎实开展了局属学校三年发展规划督导评估工作，组建4个专家评审组，通过召开评审工作会、分组研讨、专家培训、逐校反馈等形式对56所局属学校三年发展规划进行了评审；下发《郑州市局属学校三年发展规划实施情况督导评估方案》，将局属学校三年发展规划进行汇编；聘请专家，对局属学校三年规划实施年度评估工作进行培训，指导各学校扎实开展自评，并做好年度评估的各项准备。

督学工作方面。深入开展郑州市普通中小学教育现代化督导评估工作，市教育局坚持试点先行、总结经验，分步实施、全面推开的工作原则，采取分级负责、责任区督学对口联系、县（市）区互评、轮值督学的方式，严格评估程序、确保评估质量，圆满完成了市区237所中小学教育现代化督导评估工作。继续开展幼儿园等级评估工作，对全市285所申报等级的幼儿园进行了评估。其中，评估一级园、二级园和合格园277所；省级示范幼儿园8所。

【教育法制建设】 2012年，市教育局编制《郑州市教育局行政执法职责》，明确了行政执法事项内容和法律法规依据。法定职责中共有行政许可事项2项，行政处罚事项32项，行政确认事项1项，行政登记、备案等其他具体行政行为事项10项。通过建立行政执法投诉、过错追究等制度，定期组织检查本局所制定规范性文件的合法性；法律、法规、规章的执行情况；具体行政行为的合法性；履行法定职责及其相互配合情况。切实防止了滥用职权现象的发生。认真落实行政执法案卷评查制度，加强行政审批事项的监督和管理。编制《行政执法案卷评查制度》，强调了行政事项受理、调查、研究、决定、送达等行政审批环节的案卷整理工作，全年办理行政许可2450项。认真做好规范性文件和行政机关合同备案审查工作。建立并完善了规范性文件法制审核、备案、公示、定期清理、异议审查制度和合同法制审核等管理制度。全年审核文件138份，符合规范性要求的文件有18份。认真开展规范性文件清理工作，共核查规范性文件86份，其中，继续有效的有79件，需修订重新下发的有1件，应废止的有6件。制发《郑州市教育局合同管理办法》，审核市教育局合同7件，未出现争议、诉讼等情况。

【校园安全工作】 2012年，市教育局完善安全工作制度，强化责任追究，通过实施有效措施，以及多项校园安全治理工作，有效保证了全市学校工作的安全稳定。实行局长、校长“一把手”负责制，市教育局与各县（市）区教育局（教体局）局长及市属各学校、幼儿园负责人签订了《郑州市教育系统平安建设目标责任书》等各种安全工作目标责任书。预防体系建设方面，制定了《郑州市教育局学校安全标准化考核实施办法》，并附详细的《考核细则》，将学校安全工作详细分解为3大项82小项。健全应急体系建设，加强疏散演练。规定每所学校每年疏散逃生演练不少于4次，市直各学校全年共开展各种演练活动180余次；投入400余万元，规划建设了郑州四十二中、郑州四十七中两个市级应急避难场所。加大投入，建立“人防、物防、技防”有机结合的安全防护网。市教育局投入安全资金600万元，支持市属各学校监控系统与公安局报警系统联网工作。同时，提供资金616万元，支持新郑市的校园视频监控及报警系统建设。市综治办为全市100所中小学又增添了200套红外智能球形摄像机，1200套红外枪型摄像机，100套监控和影像存储器。

2012年，市教育局围绕校园安全工作开展了一系列活动。开展“一打击两整治”专项行动，共排查出各类安全问题1667个，已解决1486个。11月9日，联合市消防支队在郑州市经济贸易学校开展了“119”校园消防疏散演习活动暨消防安全教育示范学校命名仪式，全市各级各类学校代表1500余人参与了命名仪式。积极开展平安建设宣传月活动，全市共有13万余名中小学生参加了宣传月各项活动。5月，组织开展了防灾减灾宣传周教育活动。6月，开展了安全生产月主题宣传日活动，在绿城广场放置各类安全宣传展板30块，悬挂横幅10个，设立咨询台10个，发放宣传材料5000份，接受市民安全咨询600余人次。组织安全工作培训，投入培训经费30万元，对714名学校安全管理人员进行了培训。

【治理教育乱收费】 2012年，郑州市政府重新建立了由市政府副秘书长牵头，市教育局、市纠风办、市监察局、市物价局、市财政局、市审计局、市新闻出版局等部门负责人参加的郑州市治理教育乱收费工作联席会议，在市教育局设立办公室，定期召开会议，研究治理工作。制定了《2012年全市规范教育收费治理教育乱收费工作实施意见》，对全市规范教育收费治理乱收费工作进行了安排部署。市教育局分别与郑州市所辖12个县（市）区及高新区、经开区、郑东新区教育局局长和60个局属学校校长签订了规范教育收费治理教育乱收费工作目标责任书，将规范教育收费治理乱收费工作列入年终考核内容，与业务工作一起考核、一起评比。开展春季、秋季教育收费自查和检查工作，市教育局下发了《郑州市教育局关于开展2012年春季教育收费检查工作的通知》《郑州市教育局转发关于开展全市秋季涉教收费检查的通知》。郑州市辖区内各学校对本校收费工作进行了认真自查，各级教育行政部门组织检查组对所辖学校进行了检查。市纠风办、市教育局、市物价局、市财政局、市审计局等部门组成联合检查组，通过发放问卷、师生调查询问、随机访问、实地察看、查阅资料和账目等方式，对11所大中专院校、中小学、幼儿园2012年秋季收费情况，以及郑东新区财政局等涉教收费情况进行了抽查。

【教育对外交流与合作】 2012年，全市有中外合作办学机构和项目21个（14所学校），注册学生2215人。具有聘请外籍教师资质的中等以下学校55个（不含培训机构），在校外教共92名。中学阶段具有招收外籍留学生资质单位有5家，在校外籍留学生共137名，涉及韩国、德国、意大利、澳大利亚、丹麦、玻利维亚、法国、比利时等国家。通过省教育厅项目外派汉语教师14名。

2012年，市教育局积极开展教育对外交流与合作工作。全年共安排接待了国（境）内外重要来宾5批共60余人次，涉及韩国、新加坡、美国、意大利等国家的学生、教师、教育管理者。组团赴新加坡参加了第六届“中新校长圆桌会议”，承办了“汉语桥——美国中小学校长访华之旅”中美教育郑州论坛活动。暑假期间组建郑州市青少年学生交流团赴台湾开展交流活动。组织部分市属中学和金水、二七区的部分学生共约300人赴韩国修学旅行。组织郑州回民中学20名师生赴新加坡与圣公会中学进行交流。做好与韩国晋州市学生的交流互访工作。

【体育教育工作】 开展阳光体育校园足球活动。全市30所小学、16所中学在为期8个月的时间里展开了500多场主客场双循环比赛。市教育局、市体育局联合组队参加了在山东潍坊举办的全国校园足球夏令营。郑州市各代表队分别获得小学男子乙组第一名、小学男子甲组第二名、初中女子组第二名。共有14人入选“足球希望之星”，其中，男队员12人，女队员2人。确定了15所第二批郑州市中小学校体育场馆对外开放试点学校。

小学生校园体育活动一小时项目

中招体育考试工作。2012年，郑州市市区学校的中招体育考试在郑州二中南校区、郑州五中、郑州九中等三个考点同时进行。来自市区112所学校的3.36万名初中应届毕业生报名参加了考试。其中参加中招体育考试的考生为3.32万人，占全部毕业生的98.9%；因病免考考生为289人，占全部毕业生的0.8%；因残疾免考考生为111人，占全部毕业生的0.3%。顺利完成中招、小升初体育特长生的测试录取工作，全市有318名小学应届毕业生、449名初中应届毕业生分别被25所初中体育传统项目学校和21所高中体育传统项目学校录取为体育特长生。

【艺术教育工作】 举办郑州市第五届教育艺术节，评选出艺术创作类优秀作品180余幅、艺术表演类优秀节目20个。组织第五届艺术节获奖作品汇报展演活动，评选出20个节目、28幅作品和25篇艺术论文，代表郑州市参加全省中小学生艺术展演活动。参加河南省第四届中小学生艺术展演活动，郑州市有14个节目被推荐代表河南省参加全国教育艺术展演活动的评选。组织郑州市第二届中小学暑期艺术展示活动。此次艺术展示活动是“欢乐中原·魅力郑州”广场文化活动的一部分，以“阳光校园”为主题。为期11天的专场演出活动，共演出节目100余个，2000多名学生参加了表演。组织郑州市教师参加全省音乐、美术教师基本功比赛，郑州市参赛的8名老师全部获奖，其中一等奖4个、二等奖3个、三等奖1个。积极开展艺术教育类全国比赛的推荐工作，郑州四十四中的李丹、苗圃小学的马慧代表河南省参加全国音乐老师基本功比赛，分别获得一等奖和二等奖。组织郑州市中小学音乐、美术骨干教师培训活动，对全市150名中小学音乐、美术骨干教师进行了为期7天的校园剧、课本剧和美术写生培训。顺利完成中招、小升初艺术特长生的测试录取工作。288名小学应届毕业生、647名初中应届毕业生被艺术特色学校（班）录取为音乐、美术特长生。

【高中分校清理规范】 2012年，依据《河南省教育厅、河南省发展和改革委员会关于普通高中改制学校清理规范工作的意见》（教基二〔2012〕291号）精神，市教育局按照有关规定，对18所高中阶段改制学校进行清理规范。先后召开座谈会、论证会12次，到每所学校进行调研论证。10次对方案进行修改，并先后5次向市政府请示，最终以政府文件的形式下发了改制意见，完成了高中分校的清理规范工作。

【市直学校校园规划工作】 2012年，市教育局开展局直属学校校园规划编制工作。5月，开始正式收集资料、确定学校发展定位，起草实施方案。9月，通过公开招标，确定了河南黄河园林绿化工程有限公司、河南省城乡建筑设计院有限公司、河南省国防工业设计研究院有限公司、河南省建筑科学研究院有限公司、西安华宇建筑设计有限公司、浙江华州国际设计有限公司、郑州大学城市规划设计研究院、郑州市建筑设计院等8家校园规划编制设计单位，并开始分学校进行规划编制工作。通过本次校园规划工作，初步完成了市教育局直属学校整体规划，使学校功能区域划分更加合理，交通流向更加清晰，满足了教育教学需求，更利于学生疏散和校园安全。

【校舍安全工程建设】 2012年，全市完成郑州市农村中小学校舍维修改造资金投资3000万元。其中中央下拨资金1406万元，利用省财政资金853.6万元，县级配套资金401.4万元，农村税费改革转移支付资金339万元。共安排建设校舍安全工程项目25个，新建、改造校舍面积33533平方米。

利用闲置校舍改扩建幼儿园工作。全年共下达中央资金2469万元，利用农村中小学闲置校舍改建幼儿园30所，改建面积65696平方米，项目完成后，全市可新增幼儿园学位5540个。

义务教育薄弱学校改造计划建设方面。完成食堂专项资金投资1342.8万元，改造农村学校食堂50个。开工建设校舍改造类项目63个。新建和改造校舍面积63662平方米，其中新建41821平方米、改造21841平方米。完成投资总额6698万元，其中，中央下拨资金1733万元、利用省级专项资金1713万元、县（市）区配套资金3252万元。

【教育人事制度改革】 2012年，市教育局继续推进教育人事制度改革工作。在8个高中学校、8个职业学校、2个幼儿园、11个市教育局二级机构、6个高校、3个市教育系统自收自支单位等38个教育事业单位启动了市直非义务教育学校绩效工资改革工作。涉及在职人员5271人，退休人员1874人。继续做好义务教育学校绩效工资制度实施工作。按照每月10日上报上月绩效考核结果的原则，加强对市直39所义务教育学校5259名教职工的过程考核，学期结束后将核算奖励性绩效工资上报市人社局、市财政局批准后，经郑州银行发放到教师工资卡上。稳步推进市直单位岗位聘用工作。审核了70个市直教育事业单位（不含高校）2012—2013年8216名教职工的岗位聘用工作。其中，专业技术岗位7822人，管理岗位89人，工勤岗位295人。市直各学校按照市教育局的要求和学校的实际情况，在暑假期间完成了岗位聘用工作，市直学校没有出现教师上访事件。

规范代课教师聘用程序工作方面。下发《郑州市教育局关于加强局属学校教师队伍管理规范代课教师聘用程序的通知》，明确了学校补充代课教师的要求、程序、管理及考核办法。规定学校确需补充代课教师，要在市教育局监督指导下实行公开招聘，严格准入制，实行备案制。

【师德师风建设】 2012年，市教育局面向全体中小学教师开展了“铸师魂、进万家”家访活动。从秋季开学起，每学期各中小学要针对不同年龄阶段学生特点，以年级为单位，制定活动主题，统一组织本校全部任课教师、班主任开展入户家访活动。每位教师每学期须完成10—15个学生家庭的入户家访工作任务。继续组织家长、学生开展中小学教师师德评价活动，学校依据评价结果对教师进行师德年度考核，各学校均按照要求完成了考核工作。全年共处理师德投诉近20起。针对当前较为突出的公办教师有偿补课、办班的现象，专门出台《严禁公办教师进行有偿补课的通知》，并组织人员进行了暗访，对违规现象进行查处。组织教师参加“教师为基、教育崛起”师德主题征文活动和师德演讲活动。经过省市两级专家评审，全市共有32人获得了师德演讲比赛市级奖项，其中一等奖14人、二等奖18人；共有10人获得了省级奖项，其中一等奖2名、二等奖3名、三等奖5名。师德主题教育征文活动共有179篇征文获得市级奖项，其中一等奖75篇、二等奖104篇；共有32篇征文获得省级奖项，其中一等奖8篇、二等奖12篇、三等奖12篇。开展2012年师德先进个人评选活动。全年共评选出256名郑州市师德先进个人。

【梯级名师培养工程】 2012年，郑州市进一步加大实施梯级名师培养工程力度，取得了新成效。开展各项骨干教师培训，完成了153名市级骨干教师培训对象培训、529名市级农村骨干教师培养对象培训、50名名师工作室主持人培训、400名郑州市中小学及幼儿园首席教师培训、610名幼儿园骨干教师和业务管理人员系列专项培训。开展省级中小学、幼儿园骨干教师培养对象及省级教育教学专家选拔工作。确定了86名中小学、幼儿园骨干教师培养对象参加省级培训和省级名师的选定工作，其中28名教师被评为省级名师。

【教师培训工作】 2012年，市教育局组织开展了多项教师业务培训工作。基础性教师培训方面，完成3000名高中教师第三周期岗位培训、6000名初中教师第三周期岗位培训、1.1万名小学第四周期岗位培训、300名幼儿园教师第三周期岗位培训、6000名中小学班主任培训、1300名中小学新任教师培训、1.3万名教师教育技术能力初级培训、3500名教师计算机等级应用培训。高端教师培训方面，完成了110名双语教师培训、126名暑期英语教师培训、50名英语教师赴英培训、100名心理健康教师培训、63名音乐教师专项技能培训、72名高中英语学科骨干教师高级研修班培训、696名郑州市优质教育资源促进计划专项培训。

（孙　耿）

社会

SHE HUI

◎城市管理

◎卫生体育

◎人民生活

◎民政与民族宗教事务

城市管理

人口和计划生育

【概况】 2012年，全市人口计生工作紧紧围绕中原经济区、郑州都市区建设的战略部署和统筹解决人口问题的中心任务，在深入调研论证的基础上，研究制定了“1255计划”，即围绕“稳定低生育水平、统筹解决人口问题、促进人的全面发展”这一目标，推进目标考核和利益导向机制两项创新，突出服务关怀、性别比治理、流动人口服务管理、群众自治、创建幸福家庭五个重点，强化宣传教育、依法行政、科学管理、财政投入、队伍建设五大保障。进一步健全完善统筹解决人口问题的长效工作机制，不断加强党组班子、干部队伍和党风廉政建设，扎实推进人口和计划生育各项重点工作，取得了显著成效。全年人口出生率为12.48‰，流动人口综合管理率为94.8%。低生育水平继续保持稳定，出生人口结构进一步改善，整体工作水平不断提升，郑州市人口计生委被国家人口计生委、人社部联合表彰为全国人口和计划生育工作先进集体，被省委、省政府授予全省人口和计划生育工作先进单位称号；省委、省政府督查郑州市人口计生工作时给予了高度评价。

【加强组织领导】 市委、市政府始终坚持把人口计生工作纳入郑州都市区建设总体规划，加强宏观调控，实施科学决策。先后召开政府常务会、市委常委会、全市人口计生工作会、全市人口计生工作半年形势分析会和全市人口计生领导小组会议，专题研究部署人口计生工作。省委常委、市委书记吴天君在常委会上指出，“要从常委会组成人员和市级领导做起，充分认识人口计生工作面临的严峻形势，夯实统筹解决人口问题的基层基础。”先后出台了中共郑州市委、郑州市人民政府《关于印发郑州市人口和计划生育工作“一票否决”有关规定》（郑文〔2012〕95号）、郑州市人民政府《关于印发郑州市城镇独生子女父母年老奖励扶助办法的通知》（郑政〔2012〕12号）、郑州市人民政府《关于扎实推进基层群众自治进一步做好人口计生工作的意见》（郑政〔2012〕18号）、郑州市人口和计划生育领导小组《关于建立“坚持依靠群众、推进工作落实”长效机制推行人口计生工作网格化管理的实施意见》（郑人口领〔2012〕4号）等一系列文件。对2011年度生育严重失控、未完成人口出生工作目标的3个乡（镇、街道）实施了“一票否决”；将“城镇独生子女父母年老奖励扶助”和“出生缺陷一级干预服务”纳入2012年度市政府为民办理“十件实事”项目，予以重点推进，确保了工作有效落实。

【办好民生实事】 将免费出生缺陷一级干预服务和对城镇独生子女父母实施年老奖励扶助列入市政府“十件实事”，定期召开党组会、办公会，研究制定落实“十件实事”工作方案和推进措施，协调解决工作中存在的困难和问题。建立副县级以上领导分包联系县（市）区制度，进一步明确市、县、乡三级责任，市人口计生委副县级以上领导每月至少到所分包的县（市）区进行一次实地督查调研，及时了解掌握工作进度，有序推进“十件实事”的全面落实。全年共开展婚（孕）前培训71793对、孕前优生健康检查62416对，为高风险孕妇提供复合营养素补充63771人，出生人口素质明显提高。出台了《郑州市城镇独生子女父母年老奖励扶助办法》，为城镇年满60周岁的独生子女父母共24715人落实了每人每年1000元的奖励扶助金，在全省率先实现了计划生育利益导向政策城乡一体化，进一步提高了计生家庭发展能力。

【推进网格化管理】 根据市委、市政府《关于建立“坚持依靠群众、推进工作落实”长效机制的意见》要求，及早动手，提前介入，专门就人口计生工作如何实行网格化管理、人口信息如何融入全市社会公共管理信息平台进行了深入细致的调研。主动将人口计生服务管理工作纳入网格化管理范畴，出台了郑州市人口和计划生育领导小组《关于建立“坚持依靠群众、推进工作落实”长效机制推行人口计生工作网格化管理的实施意见》。成立了郑州市人口计生工作网格化管理工作领导小组，编印了郑州市第一本网格化管理工作手册。明确了各级网格人口计生工作职责，制定了人口计生工作网格化管理工作流程和人口计生系统网格化管理考核评估标准。举办网格化管理知识及应用培训班，研发了人口计生网格化管理信息系统和人口数据基础模块。在信息引导、统计分析、定位查询等方面为全市公共管理信

国家人口计生委主任王侠在郑州市调研

息平台建设提供了人口数据信息支撑，凸显了人口信息数据在社会管理创新中的基础地位和推进作用，有效推动了人口计生工作从被动管理向主动服务转变、从单一管理向部门联动转变、从政府管理向群众参与转变。人口计生工作实行网格化管理以来，全市各级网格长共清理清查流动人口896321人，核查流动人口信息456380条，有效解决了金水区“飞人”问题和二七区“飞地”问题。市人口计生委被评为2012年度郑州市“坚持依靠群众、推进工作落实”长效机制先进市直机关单位。

【人口计生宣传教育】 不断加大舆论宣传、媒体宣传力度，2012年全市组织开展“双节”“5·29”协会纪念日、“7·11”世界人口日、“9·25”公开信纪念日、男性健康日等大型宣传活动56次，发放计生宣传品395.96万份，更新户外宣传景观2680条，表彰人口计生示范户2950户，开展计生宣传赶年集（三下乡）活动168次，开展人口文化大院活动1182次，收到了很好的宣传效果和社会效果。开通人口计生短信服务平台，创办《郑州人口》内部资料报，开设了时政要闻、基层传真、政策解读、健康指南等专栏，面向全市人口和计划生育领导小组成员单位、县（市）区、乡镇（街道）、村（社区）发行，每期印量达3200余份，在基层引起了广泛反响。大力开展婚育文明县（市）区、乡镇（街道）、村（社区）、示范户“四级联创”和人口文化大院“星级创建”活动，健康、文明、和谐的婚育新风逐步深入人心。2012年，在宁波市召开的全国创建幸福家庭活动会议上郑州市作了经验介绍。

【人口计生优质服务】 不断强化服务能力建设，组织开展服务机构示范化创建活动，2012年全市新（改）建乡所27个、村室260个。探索建立了定点发放、委托发放、流动人口一卡通发放、城市商务楼宇发放、避孕套自助领取机发放等多位一体的新型药具免费发放服务模式，孕龄群众及流动人口药具可及率、获得率均达到90%以上。以澄清已婚育龄妇女底数、落实避孕节育措施为目的，组织开展了春、秋季“生殖健康进家庭”优质服务活动，突出“2011年以来生育对象、未参加康检对象、未按时寄回康检证明的流动人口”等三类重点人群，注重抓好宣传发动、澄清底数、健康检查、落实“四术”4个关键环节，全面落实避孕节育措施，确保了低生育水平稳定。

【完善落实计生惠民政策】 坚持把完善利益导向政策作为事关计生家庭利益的重大民生问题，2012年出台了《郑州市城镇独生子女父母年老奖励扶助办法》（郑政〔2012〕12号）和《关于加快推进居家养老服务工作的意见》（郑政〔2012〕13号）等重要文件，建立起集“奖、优、免、扶、保、助”为一体的16项奖励优惠政策体系。按照新出台的城镇独生子女父母年老奖励扶助办法，对具有郑州市户籍、1933年1月1日以后出生、年满60周岁，终身只生育一个子女且已领取独生子女父母光荣证的城镇独生子女父母每人每年发放1000元的奖励扶助金，初步实现了利益导向政策城乡一体化。同时，依据郑州市人口和计划生育利益导向政策管理系统，建立了高效、便捷的奖励资金发放通道，确保各项奖励优惠政策的及时兑现落实。2012年，全市共落实各项利益导向政策资金2.6亿元，惠及全市102万户计生家庭。

全市综合治理出生人口性别比偏高问题工作会议暨“出生性别比重点治理年”动员会召开

【流动人口计生服务管理】 积极推进人口计划生育基本公共服务向流动人口延伸，2012年全市共免费为28.85万人次的流动人口进行了健康检查，为5.2万名流动已婚育龄妇女进行了妇科病普查和乳腺癌、宫颈癌筛查，实现了流动人口计划生育免费服务全覆盖。继续开展示范化创建活动，对各县（市）区上报的2011年创建的79个单位进行了验收，对验收达标的29个示范化社区、都市村庄、商（市）场进行了命名表彰。深化区域协作，2012年先后与省内外签订流动人口计划生育服务管理双向协作协议书519份，通过网络平台向外地提交协查信息32万条，通报重点对象避孕节育信息5.8万条，核实反馈重点对象信息14805条，流动已婚育龄妇女入库率为95%，协查信息反馈率为99%。全市流动人口综合管理率达到94.8%，流入已婚育龄妇女享受国家规定基本项目免费技术服务率达到100%，“一盘棋”工作格局得到进一步巩固。全国政协人口资源委主任张维庆对郑州市流动人口计划生育均等化服务工作进行调研后，给予了高度评价。

【综合治理出生人口性别比偏高问题】 以国家“出生人口性别比重点治理年”为主线，多措并举，积极开展出生人口性别比偏高问题综合治理。不断加大“两禁条例”及相关法律法规的宣传力度，积极倡导男女平等思想，努力消除性别歧视。强力推进出生实名登记管理工作，2012年出台了《郑州市出生实名登记管理工作规范与考评办法》，建立了计卫联合、逐级上报、双向反馈的工作机制。积极开展孕情监控，认真落实“三包一”服务责任制，组织对全市各县（市）区持二胎生育证已婚育龄妇女包保责任制落实情况进行了随访调研，包保责任制落实率达到95%。联合公安、卫生、药监等部门持续保持打击“两非”的高压态势，全年共出动执法人员2200余人次，清理取缔无证诊所、药店784家，当场下发整改通知书223份。打击“两非”共立案142起，已经结案136起，起到了强有力的震慑作用，出生人口性别比偏高的势头得到有效遏制。在江苏太仓举办的全国第二期综合治理出生人口性别比偏高问题重点县培训班上，郑州市介绍了经验，得到与会代表的高度评价。

【坚持依法行政】 以宣传贯彻新修订的《河南省人口和计划生育条例》为重点，积极开展法制宣传和普法教育活动。2012年，组织开展了全市人口计生系统“依法行政业务技能大比武”、治理乱收费乱罚款、行政执法卷宗评查和依法行政示范单位创建活动。召开执法人员业务学习培训会，并对各县（市）区56个乡镇（街道）进行了行政执法监督检查。全市各级共清理规范性文件434件，其中继续有效的174件，废止230件，需修订30件，确保了规范性文件与国家法律、行政法规和本省、市地方性法规、规章、规定相一致。严格落实领导接访处访制度，深入开展矛盾纠纷排查专项行动和创建示范化信访接待室活动，在全市范围内开展了“解民忧、化积案、保稳定、促和谐”信访集中活动，注重做好重点人员的稳控工作，确保了信访安全稳定。2012年，全市各级共受理各类群众信访案件3789件次，按期结案率达到100%，群众对人口计生工作的满意度进一步提升。

【推进基层群众自治】 以村级协会规范化建设为重点，深入推进基层群众自治工作。2012年，以市政府文件出台了《关于扎实推进基层群众自治进一步做好人口计生工作的意见》（郑政〔2012〕18号），明确了基层群众自治网络、修订村规民约、基层群众自治工作程序、建立利益导向机制、完善民主管理和监督机制等内容。在全市人口计生系统深入开展基层群众自治三级联创、百村示范、千村合格活动，推进修订完善《村规民约》。截至年底，全市80%的乡级计生协会达到规范化标准，90%的村级协会达到合格标准。全市1973个行政村，有1664个村达到计划生育村民自治合格村标准，占行政村总数的84.34%。其中，799个村达到示范村标准，占行政村总数的40.5%。已有1917个村重新修订规范了计划生育《村规民约》，占全市行政村总数的97.16%。全市645个城市社区，有367个社区开展了计划生育居民自治试点工作，占总数的56.9%。

【人口计生干部队伍建设】 以持续开展“强基提质”工程为抓手，加大教育培训力度，规范各级组织建设。2012年，认真落实每周二、五机关干部理论学习和党组中心组学习制度，深入推进“五型”机关创建活动和精神文明建设。在二七区、管城区、新郑市和中牟县进行了人才培养和创新科学选人用人机制试点工作，在委机关各处室组织开展了季评活动，不断激发人口计生干部队伍的生机与活力。按照《市委办公厅、市政府办公厅关于进一步建立健全农村“六大员”制度建设工作的意见》（郑办〔2012〕36号）有关精神，对村级人口计生管理员的选聘、培训、日常管理和待遇落实等工作进一步进行了规范和明确。选派机关各业务处室处长和业务骨干分赴各县（市）区，对全市村（社区）人口计生管理员进行了一次大规模的全员培训。共培训县、乡、村三级人口计生工作人员5537人，经考试合格后实行持证上岗，有效提高了人口计生干部队伍的职业化、正规化水平。

在全市人口计划生育工作会上，市长马懿为先进单位颁奖

【推进政风行风建设】 以建设廉洁计生、阳光计生为重点，不断创新工作思路、工作方法和工作措施，积极构建惩治和预防腐败的长效工作机制。制定下发了《2012年度反腐倡廉建设责任目标记分办法》《2012年党风廉政建设责任目标》《委领导干部重大决策失误责任追究制度》和《关于对科级领导干部实行谈话和诫勉的若干规定》等文件。建立领导干部廉政档案信息管理工作平台，对全市人口计生系统副科级以上干部廉政建设情况进行登记汇总，规范了廉政信息的使用管理。在全市人口计生系统深入开展市县乡三级联创“阳光计生”示范单位和“请农民兄弟姐妹评计生”“请流动人口农民工评计生”活动，向各县（市）区人口计生委、乡镇（街道）发放调查问卷3000份，征求各级各部门对人口计生工作的意见和建议。受理并查办各类违纪案件27例，处理13人，结案率达到100%。上街区被评为国家级“阳光计生行动示范单位”，荥阳市被评为省级“阳光计生行动示范单位”。全系统123个基层站所中，80%达到省定群众满意的基层站所标准，有12个基层站所受到省委、省政府表彰。

（信启余）

畅通郑州

【概况】 2012年，市、区两级综合交通管理部门及相关单位紧密配合，畅通郑州工作在综合交通政策研究、交通秩序综合整治、停车场建设、文明交通宣传教育等工作上取得显著成效。

一是停车场建设。各区、管委会及相关市直单位，2012年共完成新建停车场367处、73349个停车泊位。其中，住宅配建项目完工96个，建成泊位44845个，完成年度任务的124.57%；商业配建公共停车场项目完工80个，建成泊位15466个，完成年度任务的128.88%；独立运营的公共停车场完工191个，建成泊位13038个，完成年度任务的108.56%。

二是交通秩序综合整治。按照市提升办《郑州市城区交通秩序综合整治工作实施方案》要求，市综合交通管理办公室协调各区及相关市直单位共同开展交通秩序综合整治。全年共针对812处各类交通问题开展整改，其中突出问题357处，整改率达到98%。重点开展了机动车违法停放专项治理、停车场挪用闲置的排查整改、内部停车场对外开放、各类违法违规车辆治理等项工作。

三是开展庙会影响交通整治工作。按照“三环以内坚决取缔，三环以外确保畅通”的工作思路，2012年共开展庙会治理活动近300场次，清理、劝阻占道经营商贩3万余个，全市三环以内庙会全部取缔。

四是开展各项调研论证工作。2012年共完成调研活动12项、落实市领导交办调研事项27件，形成8份专题调研报告。重点开展了市区30米以上断面道路精细化管理、借鉴国内车辆限购城市经验研究郑州市机动车管理政策、交通设施专项治理规范、利用物联网技术实现机动车动态管理、停车场建设与管理服务等项调研论证工作。

五是研究编制了《畅通郑州白皮书（2012–2014）》。白皮书从强化公交优先、建设畅通郑州十大工程、落实综合交通管理十项措施、推进中心城区功能外疏、倡导文明出行等五方面着手，实施综合性治理，力争用三年时间，使郑州的交通拥堵状况得到较大改观。

六是持续开展文明交通宣传教育。市综合交通管理办公室联合市交通委、文明办、团市委等单位深入开展

"我为郑州添光彩 文明交通万里行"活动；与通信公司联合开展利用手机短信进行文明交通公益宣传活动，分期分批发送手机短信50万条；利用新闻媒体广泛宣传畅通郑州工作，刊发有关畅通郑州工作信息50余篇；开展"五进"系列宣传活动。

（王亚伟）

【畅通郑州白皮书（2012-2014）】《白皮书》提出按照"域外枢纽、域内畅通"的目标，坚持"远近结合、疏堵结合、工程措施与管理措施相结合"的原则，从强化公交优先、建设畅通郑州十大工程、落实综合交通管理十项措施、推进中心城区功能外疏、倡导文明出行等五方面着手，实施综合性治理，力争用三年时间，使郑州的交通拥堵状况得到较大改观。

《白皮书》主要内容：（1）推进公共交通优先发展。按照"公交是为民，公交是形象，公交要优先，公交当自强"的原则，以建设"公交都市"示范城市为契机，至2014年底，常规公交线路达到300条、线路总长4621公里，形成快速公交、干线公交、支线公交和微型公交互为补充的"四级公交网络"，万人公交车保有量达18标台以上，确保"主城区500米上车，5分钟换乘"。轨道交通地铁1号线一期投入运营，承载市区10%的公共客运量。以"以奖代增"的方式，每年新增出租车200辆。公共交通分担率达到45%，基本确立公共交通在城市居民出行中的主体地位。（2）实施畅通郑州十大工程建设。通过实施轨道交通建设工程、三环快速化工程、京广快速路二期工程、陇海路高架快速路工程、金水路和花园路准快速化工程、16个高速公路出入市口工程、10条都市区快速路工程、"两环十七放射"生态廊道改造提升工程、支线路网工程、停车场建设工程等畅通郑州十大工程建设，以建成结构合理、功能完善的城市路网为目标，加快城市快速路、次干路、支路等各等级道路建设。到2014年，中心城区通过"环形＋井字"快速通道和次干道、支路网建设，都市区通过10条快速廊道、16个高速公路出入市口等项目建设，初步形成功能完善、级配合理、运行高效的路网结构。（3）落实综合交通管理措施。加快智能化交通管理系统建设，依法严格交通管理，加强高峰期间的交通管控，适时调整禁行禁停区域，扩大单向交通组织范围，实施信号配时精细化控制，建设车辆诱导系统，完善交通监控和流量检测系统，完善停车差异化收费机制，提高交通事故快速处置能力。（4）优化和疏解中心城区功能。加快新组团建设；优化中心城区功能，全面加快中心城区市场、工业企业、仓储企业、机关事业单位"四个外迁"工作。力争利用三年左右的时间，完成中心城区177家商品交易批发市场、40个工业企业、69个仓储单位和长途客运站外迁规划的各主体功能组团，引导鼓励一批省市机关、事业单位迁入新规划的公共文化行政服务区，带动人口疏散和功能疏解。

（李同现）

【畅通郑州民生项目建设】2012年，郑州市建设行政主管部门根据畅通郑州白皮书计划，重点实施了中心城区"环形+井字"快速路网和断头路打通等民生项目建设。其中，"环形"指的是三环快速路，包括北三环、西三环、南三环和中州大道。"井字"指的是南北向的京广快速路、花园路—紫荆山准快速路；东西向的陇海路快速路、金水路准快速路。按照《畅通郑州白皮书（2012-2014）》要求，到2014年，中心城区通过"环形+井字"快速通道和次干道、支路网建设，都市区通过10条快速廊道、16个高速公路出入口等项目建设，初步形成功能完善、级配合理、运行高效的路网结构。

京广快速路一期工程，南起南三环，北至北三环，全长13.5公里，主线设计车速60公里/小时，地面辅道设计车速40公里/小时，概算投资27.88亿元，地面高架段长约7.8公里，下穿隧道段长约5.2公里。该工程采取"南隧北桥"的理念设计施工，即南三环至建设路段标准段规划红线宽60米，主要以下穿隧道为主，隧道设置双向六车道，地面双向八车道；建设路至北三环段标准段规划红线宽45米，主要以高架桥为主，桥面宽19.25米，设置双向五车道（三出两进），地面双向四车道。工程于2012年4月28日建成通车。

京广快速路二期工程，南起南三环至西南绕城高速公路、北起北三环跨越连霍高速接至天河路，道路全长约25公里，全线高架双向6车道。预计2013年3月开工建设，2013年年底前完成高架主体施工，计划2014年投入使用。

陇海路高架快速通道工程，西起西南绕城高速、东接京港澳高速，全长25公里，全线双向高架6车道。其中，一期工程规划西起西三环、东到G107辅道（G107辅道高架至郑州东站），全长约18.5公里。计划2013年3月底前开工建设，2013年年底前完成总工程量的40%以上，2014年底竣工。工程东西向均直接与城市外部高速公路出入市口相联系，承担中心城区的交通疏散和转换功能。

三环路快速化工程是畅通郑州的关键"一环"，直接承担城区内部中远距离车辆出行及城市中心区对外的交通快速疏散功能。工程全长44公里（快速化工程长约32.5公里），规划采用"高架+地面"的交通组织形式。其中，北三环（南阳路—中州大道）规划为城市高架快速路，全长约5.9公里，高架桥采用两幅桥形式，桥面总宽26米；西三环（北三环—南三环）规划为高架与地面相结合快速系统，全长约10.2公里，高架桥采用一幅桥形式，桥面总宽25.5米；南三环（兴华街—京广铁路）规划为城市高架快速路，全长约5.9公里，高架桥采用一幅桥形式，桥面总宽25.5米；中州大道（陇海铁路—南三环）规划为城市高架快速路，全长约4.9公里，高架桥采用两幅桥形式，桥面总宽26米。2012年6月底，该工程全线开工建设，至年底配套各类管线长近百公里，大多数工程进入主线段箱梁施工阶段，预计2013年9月完成全线高架主体施工，2013年年底前完成主线路工程施工，2014年建成投入使用。工程建成后通行时度将达到60公里，郑州市区交通压力将明显得到改善，环道交通也将更为快捷，市民出行将更为方便。

在中心城区未来三年要实施的工程计划中，花园路和金水路准快速化工程是中心城区"环形＋井字"快速路系统的重要组成部分。金水路准快速化工程、花园路—紫荆山路准快速化工程、中州大道3个下穿隧道工程进行前期工作，预计2014年投入使用。

2012年，郑州市在建支线路网及配套桥梁工程共计36项，累计完成投资1.95亿元。其中，列入2012年民生"十大实事"之一的金桥路、电厂路、五龙口南路、齐礼阎东街、峨眉路、湖西路、南屏路、汉江路、郑大南路、嵩岳路、端午路、南湾路、花溪路、郑航南路、中秋路、木马东街、青年路、建业路、体育路、共建街等20条道路已全部具备通车条件。根据《畅通郑州白皮书（2012-2014）》计划，按照"在重要的交通动脉处要形成主次干道相配合的系统，支线部分则主要围绕城中村改造、合村并城以及部分产业集聚区展开，最终的指向是使中心城区基本形成路网结构合理、通达性较高的交通服务体系"的规划方针，2012-2014年，郑州市计划新修建175条支线路网道路，努力实现未来整个二环以内基本消除断头路的目标。其中，市建委负责新建82条道路，市城管局负责2条拓宽改造道路，产业园区负责6条、市内各区负责85条红线宽度较窄的道路。

（王正田）

【10条市域快速通道建设】截至2012年年底，5条市域快速通道：四港联动快速通道、郑新快速通道、郑汴物流通道、南三环东延快速通道、G107新郑境快速通道建成通车。5条新建市域快速通道：（1）中原路西延快速通道项目。郑州至上街段项目进行路基土方、桥涵等工程施工。清表已完成，

挖方完成80%，填方完成82%，桩基完成98%。（2）陇海路西延快速通道项目。西四环至西南绕城高速段进行路基土方、桥涵等工程施工。挖方已完成，填方完成94%，桩基、立柱等下部结构工程全部完成，箱梁完成74%。西南绕城高速至S232段已开工建设。（3）郑登快速通道、科学大道西延快速通道、沿黄快速通道项目。开始实质性施工前的各项准备。（4）其他节点立交桥和连接线项目。中州大道与郑新快速通道互通式立交项目、郑汴路与G107新线互通式立交项目、G107郑州境改线项目孟庄至龙湖连接线加紧推进建设。

【环城高速出入口建设】 截至2012年年底，郑开大道与京港澳高速出入口建成投入使用，花园路与连霍高速出入口建成待移交。另外，按照市政府部署安排，莲花街与西南绕城高速、北三环东延与京港澳高速、迎宾路与连霍高速、西三环北延与连霍高速4座暂缓实施建设的出入口立交开展前期工作。其余10座在建环城高速出入市口进展情况为：（1）G107辅道南延线与西南绕城高速立交。累计完成投资6497万元，占总投资的25.88%。（2）航海东路与京港澳高速互通式立交。累计完成投资1.1792亿元，占总投资的87.90%。（3）郑新路与西南绕城高速互通式立交。累计完成投资4919万元，占总投资的35.30%。（4）大学南路与西南绕城高速互通式立交。累计完成投资5699万元，占总投资的23.83%。（5）中原路与西南绕城高速互通式立交。累计完成投资4580万元，占总投资的33.83%。（6）科学大道与西南绕城高速互通式立交。累计完成投资6354万元，占总投资的32.42%。（7）文化路与连霍高速互通式立交。累计完成投资1.246亿元，占总投资的71.16%。（8）南三环东段与京港澳高速互通式立交。累计完成投资24130万元，占总投资额的97.48%。（9）陇海西路与西南绕城高速互通式立交。累计完成投资6497万元，占总投资的25.88%。（10）G107辅道与连霍高速互通式立交。累计完成投资9308万元，占总投资的52.68%。

【城市公交】 2012年，新增700台公交运力，服务畅通郑州建设。重点围绕新建道路、新建小区，关注客流集中路段、交通拥堵常发路段，在摸清公众出行需求和分析出行特征的基础上，结合公交线网布局、运营情况，按照增加覆盖、减少重复、提高效率、增强吸引力的工作原则，及时调优、调快、调密公交线网，构建快线网、调整普线网、拓展支线网，全年共调整优化公交线路72条。

【停车场建设】 2012年，市、区两级超额完成年度5万个停车泊位的建设任务，共建停车场367处、73349个停车泊位。其中，住宅配建停车场96个，建成泊位44845个，完成年度任务的124.57%；商业配建公共停车场80个，建成泊位15466个，完成年度任务的128.88%；独立运营的公共停车场191个，建成泊位13038个，完成年度任务的108.56%。

金水区：年度停车场建设任务10300个停车泊位，完成11033个。其中住宅配建停车泊位任务数6180个、完成6313个，配建公共停车泊位任务数2060个、完成2290个，独立运营公共停车泊位任务数2060个、完成2430个。

中原区：年度停车场建设任务8700个停车泊位，完成13778个。其中住宅配建停车泊位任务数5220个、完成9846个，配建公共停车泊位任务数1740个、完成2192个，独立运营公共停车泊位任务数1740个、完成1740个。

二七区：年度停车场建设任务9200个停车泊位，完成11723个。其中住宅配建停车泊位任务数5520个、完成5870个，配建公共停车泊位任务数1840个、完成3707个，独立运营公共停车泊位任务数1840个、完成2146个。

管城区：年度停车场建设任务7300个停车泊位，完成9186个。其中住宅配建停车泊位任务数4380个、完成5891个，配建公共停车泊位任务数1460个、完成1597个，独立运营公共停车泊位任务数1460个、完成1698个。

惠济区：年度停车场建设任务5500个停车泊位，完成5893个。其中住宅配建停车泊位任务数3300个、完成3613个，配建公共停车泊位任务数1100个、完成1160个，独立运营公共停车泊位任务数1100个、完成1120个。

郑东新区：年度停车场建设任务7500个停车泊位，完成8599个。其中住宅配建停车泊位任务数4500个、完成5271个，配建公共停车泊位任务数1500个、完成1801个，独立运营公共停车泊位任务数1500个、完成1527个。

高新区：年度停车场建设任务5000个停车泊位，完成5546个。其中住宅配建停车泊位任务数3000个、完成3336个，配建公共停车泊位任务数1000个、完成1210个，独立运营公共停车泊位任务数1000个、完成1000个。

经开区：年度停车场建设任务4000个停车泊位，完成4171个。其中住宅配建停车泊位任务数2400个、完成2418个，配建公共停车泊位任务数800个、完成896个，独立运营公共停车泊位任务数800个、完成857个。

郑州新郑综合保税区（航空港区）：年度停车场建设任务2500个停车泊位，完成3420个。其中住宅配建停车泊位任务数1500个、完成2287个，配建公共停车泊位任务数500个、完成613个，独立运营公共停车泊位任务数500个、完成520个。

（边义岗）

市政建设与管理

综 述

【概况】 2012年，郑州市城市管理局认真贯彻市委、市政府工作部署，紧紧围绕新型城镇化建设中心任务，以网格化城市管理长效机制为统揽，以城市管理整治提升活动为主线，把服务大局、改善民生作为一切工作的出发点和落脚点，努力打造“畅通、整洁、有序”的城市环境，城市精细化管理水平逐步提高，城市功能逐步增强，有力地推动了郑州都市区建设。

【市政建设】 2012年，跨东风渠4座桥梁进入施工图设计阶段。新开工建设人行天桥12座,31处公交港湾改造和15个路口渠化工程开工。江山路拓宽改造、沈庄北路升级改造工程在积极推进，东风日产物流通道下穿南三环隧道工程完成工程量95%。南三环污水处理厂项目完成进口设备招标、三通一平和试桩施工，并开工建设。马头岗污水处理厂二期工程完成征地补偿事宜，项目初步设计获批复。郑州新区污水处理厂完成立项、选址及进厂管线规划，在编制可研报告。西区餐厨垃圾处理厂土地、可研等前期工作基本完成，特许经营权已招标。

【市政设施管理】 市政设施管理推行夜间施工不断行的养护维修模式，着力解决市政养护与道路交通矛盾，按照“勤小修、免大修、不断行”的要求，采取晚10点封闭、早晨6点放行的方式，集中力量分段进行快速施工，完成一处、转场一处，不实行大范围的封闭施工，有效降低了对群众生活的影响。市、区两级对道路病害进行全面普查，对陇海路、嵩山路等110条道路进行大修整治，整修面积158万平方米，道路设施完好状况大幅提升。集中开展道路、桥梁和窨井病害整治工作，道路病害率降低到1.68平方米/万平方米，排水设施完好率达到98%。归拢绑扎空中线缆26.2万米，整治病害线杆1208根。完成窨井病害整治1957座，对城区内管径大于600毫米的窨井口全部安装了防护网，在97处低洼道路、桥涵出入口设置了水位线。维修路灯1.97万盏，整修设施2.56万处，综合明灯率达到98.6%以上。对金水河、熊儿河等城区河道实施全面整治，改造19954平方米，补栽斑秃47583平方米，查报污水口434处，河道设施完好率达到98%以上。

【环境卫生管理】 环境卫生管理落实延时保洁制度和四类地区分类管理标准，成立专职督查队伍，对城区内的道路清扫保洁和设施管理实施全方位、全时段督查，提高道路清扫保洁质量。加大环卫设施建设，新建公厕50座、新建中转站41座、增设公厕导示牌2000个。投入2亿元购买道路高压冲洗车和洗扫车362台，机械化作业率由2011年的不到20%提高到40%，主干道快车道全部实现机械化清扫和冲洗作业，并逐步向背街小巷延伸。加大有偿清运力度，共清运积存垃圾5953车次3.1万立方米，核减责任单位经费3301万元。创新洒水作业方式，改变传统的白天洒水作业方式冲洗压力低、清扫质量不高、容易形成积水、给车辆和行人造成诸多不便的弊端，将作业时间改为晚上12时至凌晨6时30分，同时将洒水降尘改为高压冲洗车和洗扫车联合作业，既有效地提高了清扫保洁质量，又避免了影响交通和市民出行的问题。严格执行垃圾进场双向登记制度，共处理生活垃圾117.5万吨。

【数字化城市管理】 2012年，郑州市数字城管系统逐步完善,数字城管软、硬件系统升级优化，数字城管系统覆盖范围从2011年的三环以内320平方公里扩展到四环以内567平方公里，信息监督员增加到1050名。已接入系统并正常运行的终端单位有市内5区、4个管委会、13个市直局（委）及移动、联通、供电等6家市级专业部门，形成了覆盖市、区、街道和各专业管理部门的分层多级管理网络。全市受理案件由2011年的59万件下降到41.79万件，处置率由78%上升到97%，处理问题的效率和精细化管理水平明显提高。建立了日统计、周汇总、月评比的常态化考评体系，将数字城管考评结果与相关部门的考核相结合，在城市管理考评工作中发挥重要的作用。

【长效机制网格化管理】 2012年，郑州市城市管理深化“坚持依靠群众、推进工作落实”长效机制建设，按照“定人、定岗、定责、定奖惩”的原则，采取逐级下沉、层层融入的办法，把城市管理职能融入基层网格化管理体系。市、区两级人员下沉网格。全市城市管理系统共有4096人经过培训后进入网格，形成了包含市政、环卫、照明、供水、供气、供暖、城管执法各行业在内的服务团队，实现了团队式下沉。下放城市管理职权，对市、区两级城市管理职责进行梳理，将户外广告、环境卫生等管理职权下放到各区（管委会），为第一时间发现和解决问题提供了手段和保障。编印发放《郑州市网格化城市管理工作手册》1万册，对各区、管委会1000余名二级网格长分期分批进行业务培训，举行全市网格化城市管理知识考试，1149名网格工作人员参加了考试，收到良好效果，为各级网格人员履行职责奠定了基础。建立巡查发现、数字城管、12319热线等问题发现机制，应急处置、有偿整改、协调联动等问题落实机制和双向考核、联动问责的责任追究机制，管理方式被动、发现问题滞后、解决问题效率低下等问题逐步得到解决。

【城市管理整治提升活动】 城市管理整治提升活动按照疏堵结合、便民利民、规范设置、严格管理的原则，重点治理主次干道和行政区、中小学校、商场、医院等重要场所周边的占道经营“乱点”“难点”，采取周例会、周排名、月媒体曝光等方式，对重点问题进行重点督办。全年清理取缔占道经营、突出店外经营21万处（次），劝导教育违章人员22.8万人次。规范建设与管理便民疏导点115个，在解决流动摊贩出路问题的同时，基本形成15分钟生活圈，满足市民生活需求。加大户外广告整治力度，共拆除违法户外广告7809处27.5万平方米，清理小广告及软体条幅4.48万处、整治门头牌匾1.05万处，拆除工地围挡广告176处21万平方米，遏制了乱建广告的势头。城区420个占道报刊亭全部拆除，拆除其他各类杂货亭、铁皮房280余个，研究制定合理补偿、安置困难商户就业等引导政策，同时新增店内报刊零售网点900余个，解决了长期存在的报刊亭妨碍市民出行的问题，同时妥善解决了困难商户的就业问题，方便了市民购买报刊。开创微博问政模式，在互联网上建立官方微博，积极与市民沟通交流，处理群众反映的具体问题2400余件，赢得社会各界的广泛关注。2011年、2012年连续两年被新浪河南评为“河南十大政务微博”，2012年3月，《中国建设报》连续两天在头版头条，全方位报道郑州市城管局政务微博的理念、方法及管理运行情况，对微博问政模式给予充分肯定。

【城乡管理综合考评工作】 2012年，郑州市城乡管理综合考评工作按照《郑州市2012年城乡管理综合考评方案》，对县（市）区、市政府相关单位采取明查、随机抽查等方式，每月开展城乡管理综合考评工作，通过综合考评，调动各方面的力量，积极主动解决热点、难点问题。2012年共检查考评乡（镇、街道）217个（次），发现问题13511处，下达责令整改通知书102份、《督查通报》21期,整改率达到98%。对市直相关部门检查考评共发现问题1208处，下达责令整改通知书109份,整改率达到100%。设立不少于6000万元的城乡管理工作奖励基金，全额用于城乡管理工作考评奖惩，市城考办、市提升办按照“月考评只罚不奖、季度考评只奖不罚、年度考评只奖不罚”的原则，每月对各区、管委会和市直有关委局进行考核排名。全年考评处罚24个责任单位1200万元，有偿清运处罚3301.7万元，有偿整改处罚1015.9万元；考评奖励48个责任单位3010万元。

（赵　杰　秦永纪）

市政设施养护

【概况】 2012年，郑州市市政设施养护维修围绕“城市管理整治提升”活动和“网格化管理”工作，切实提高市政设施养护、维修、管理水平，基本实现“道路平整、排水畅通、桥梁稳固”的行业管理标准。2012年，共完成总产值2.474亿元。

道路养护方面，完成道路维修113.59万平方米，市区10条精品街、主要干道车行道完好状况基本实现主要路病“零病害”的养护工作目标。桥梁维护方面，完成桥梁桥体清洗、粉刷26.82万平方米。排水设施养护方面，完成排水疏挖1279公里，检查井和进水井疏挖14.03万座，泵站污雨水抽升完成955万吨。道路掘动管理方面，全年办理破路手续286份，破路面积4.41万平方米；审批办理占道证1590份，面积3.71万平方米。窗口服务及为民服务方面，全年市政管理处“立刻办”系统共受理来电、来访反映各类问题4699件，属该处职责范围内问题1678件全部办结；受理市数字化管理中心下达的城市管理相关案件16294起，属该处管辖范围的4890起全部办结。

【市政设施防汛】 2012年，郑州市市政设施防汛工作继续实行以行政首长负责制为核心的各级防汛责任制，立足于防大汛、抢大险、抗大灾，进一步完善了市政设施应急处置预案，加大了防灾、减灾、救灾专业队伍建设力度，着力为实施桥梁突出事故、污水干管事故、泵站事故等应急处置提供人员和物资保障，确保市政设施安全运行。4月24日（降雨47毫米）、7月4日（降雨39.5毫米）两场暴雨，7月7日、8日连续降雨，面对汛情，市政管理处均能够按照既定防汛预案，迅速行动，全力投入防汛抢险工作。基层防汛责任人全部恪尽职守，坚守一线，做好防汛抢险和应急处置工作。全年该处累计出动防汛人员2400余人（次），移动泵车52台（次），其他抢险机械设备720台（次），安装增设窨井防护框7000余座套，安装窨井警示框2400余座（次）。

【城市道路大修改造（复浇）】 2012年，郑州市对市区部分道路（路段）进行了大修复浇，完成道路大修复浇72.3152万平方米。施工工程按照ISO9001质量体系标准，严格执行施工技术规范，确定创优目标，从工程开工准备到工程竣工验收，密切监控，对工程施工实行事前、事中、事后质量控制。全年工程交验合格率100%，优良品率达50%。主要工程为：

江山路道路大修工程（天河路至黄河游览区）。该工程于3月20日开工，3月27日竣工。共铺设沥青路面10350平方米。

东三街道路大修工程（优胜北路至红专路）。该工程于3月29日开工,6月28日竣工。共铺设沥青路面20271.11平方米，铺设D400污水管230米。

经七路道路大修工程（金水路至农业路）。该工程于4月5日开工,5月25日竣工。共铺设沥青路面27022.25平方米。

政一街道路大修工程（纬二路至金水路）。该工程于4月13日开工，4月15日竣工。共铺设沥青路面3164平方米。

红专路道路大修工程（东三街至经五路）。该工程于4月15日开工，4月22日竣工。共铺设人行道10373.64平方米、侧石2601米，铺设沥青路面14451.71平方米。

花园路道路大修工程（金水路至北三环）。该工程于4月22日开工,11月18日竣工。共铺设沥青路面41108.41平方米。

铭功路道路大修工程（金水路至人民公园西门）。该工程于5月2日开工，5月8日竣工。共铺设沥青路面6363.25平方米。

纬二路道路大修工程（花园路至东明路）。该工程于5月13日开工，8月16日竣工。共铺设沥青路面26820.59平方米。

金水路道路大修工程（经七路至中州大道）。该工程于5月14日开工，2013年1月30日竣工。共铺设人行道8939.6平方米,铺设沥青路面60814.91平方米。

陇海路道路大修工程（一马路至熊儿河桥）。该工程于5月19日开工,5月22日竣工。共铺设沥青路面10013.51平方米。

嵩山路道路大修工程（二环支路至航海路）。该工程于5月20日开工，8月27日竣工。共铺设人行道1万平方米，铺设沥青路面23892.35平方米。

中原路大修工程（福寿街至西三环）。该工程于5月25日开工，7月13日竣工。共铺设沥青路面150314.85平方米。

伏牛南路大修工程（淮河路至淮河路南150米）。该工程于8月19日开工，9月21日竣工。共铺设沥青路面1238.3平方米，铺设D500污水管82.5米，D500雨水管59米，D400雨水管20米，D300雨水管40米。

电厂南路道路、雨污水工程（热电厂路至秦岭路）。该工程于8月23日开工，5月30日竣工。共铺设人行道2171平方米、侧石647米，铺设沥青路面2878平方米，铺设D600污水管277米，铺设D600雨水管280米、D300雨水管65米。

大学南路道路大修工程（航海路至南三环）。该工程于9月20日开工，2013年1月16日竣工。共铺设人行道9635.7平方米、侧石2010米，铺设沥青路面70215平方米。

农业路道路大修工程（南阳路至中州大道）。该工程于10月19日开工，2013年1月16日竣工。共铺设人行道35239.08平方米、侧石7217.7米，铺设沥青路面55624.15平方米。

长江路道路大修工程（西三环至客技路）。该工程于10月22日开工，2013年1月16日竣工。共铺设人行道14666.1平方米、侧石3809.6米，铺设沥青路面73204.6平方米。

秦岭路道路大修工程（冉屯路至航海路）。该工程于10月22日开工，2013年1月16日竣工。共铺设人行道8597.16平方米、侧石1661米，铺设沥青路面17790平方米。

太康路道路大修工程（铭功路至人民路）。该工程于10月25日开工，2013年1月20日竣工。共铺设人行道6956平方米、侧石2315.3米，铺设沥青路面15352.51平方米。

福寿街道路大修工程（解放路至大同路）。该工程于10月26日开工，2013年1月16日竣工。共铺设人行道6924.31平方米、侧石677米，铺设沥青路面16275.5平方米。

城东路道路大修工程（郑汴路至航海路）。该工程于10月31日开工，2013年1月27日竣工。共铺设人行道16423.1平方米、侧石1963米，铺设沥青路面47906.3平方米。

大同路道路大修工程（福寿街至一马路）。该工程于11月2日开工，2013年1月16日竣工。共铺设人行道1505.85平方米、侧石317.8米，铺设沥青路面9219.2平方米。

兴隆街道路大修工程（福寿街至二马路）。该工程于11月5日开工，2013年1月16日竣工。共铺设人行道1870.34平方米、侧石245.4米，铺设沥青路面10763.75平方米。

金杯路道路大修工程（东北环至绕城公路）。该工程于11月10日开工，2013年1月16日竣工。共铺设人行道18853.8平方米、侧石5004.1米。

英才街道路大修工程（郑花路至师范学校）。该工程于11月12日开工，2013年1月30日竣工。共铺设人行道20767平方米、侧石1652.8米。

嵩山南路道路大修工程（嵩山南路立交南起坡点至南四环）。该工程于11月16日开工，2013年1月16日竣工。共铺设人行道15184.21平方米、侧石4245.8米。

航海路道路大修工程（中州大道至机场高速路）。该工程于11月16日开工，2013年1月16日竣工。共铺设人行道2896.02平方米、侧石37米。

大学路道路大修工程（建设路至航海中路）。该工程于11月18日开工，2013年4月25日竣工。共铺设人行道24268.28平方米、侧石5029.9米。

碧云路道路大修工程（航海路至南三环）。该工程于11月22日开工，2013年1月27日竣工。共铺设人行道6100平方米、侧石1297.4米。

三全路道路大修工程（江山路至花园路）。该工程于11月25日开工，11月27日竣工。共铺设人行道40336.25平方米、侧石8788米，铺设沥青路面4985平方米。

鑫苑路道路大修工程（福彩路至中州大道）。该工程于11月26日开工，2013年1月16日竣工。共铺设人行道3022.5平方米、侧石820米。

【市政排水管网改造】 2012年，雨污管网建设的主要工作任务包括积水点改造、雨污水分流、泵站改造和生态水系截污工程。主要工程为：

一马路与大同路交叉口积水区改造工程。该工程2011年4月10日开工，2012年12月30日竣工。主要工程量：铺设管涵2645米。完成工程投资842.6万元。

东明路污水工程（纬二路—纬五路）。该工程2011年12月10日开工，2012年3月10日竣工。主要工程量：铺设管涵559米。完成工程投资95万元。

南关北街积水点改造工程（新郑路至南关西街）。该工程2011年10月13日开工，2012年3月20日竣工。主要工程量：铺设雨水管涵441米，污水管涵410米。完成工程投资162.5万元。

泵站改造：对中原立交泵站、桐柏路立交泵站、南大沟泵站、黄河立交泵站、紫荆山立交泵站、新郑路立交泵站6座泵站进行改造。该工程2011年10月13日开工，2012年12月20日竣工。完成工程投资1718万元。

【城市照明设施管理】 2012年，郑州照明灯饰管理处共组织巡查路灯23万余盏，查出各类设施病害579处（不包括灯座门），拆除和清理各类违规违章广告及悬挂物1209处，处理因施工造成的高低压线路故障85处，维修路灯1.97万盏，设施整修25556处，主要道路明灯率98.98%以上，综合明灯率98.6%以上，设施安好率92.59%以上。

扎实开展城市照明管理整治提升活动。以突出陈旧设施改造，消除潜在安全隐患，提升城市照明管理水平为目标，扎实开展城市照明管理整治提升活动。共完成94条道路整治任务，清理杂物146处，校正灯具歪斜70处，更换破坏灯具155套，清理箱变21台，补装灯座门195处、更换井盖27块、单灯维修26处、查处理故障7处，加固路线47处、维修灯座门5块、更换电缆线1520米、处理大面积灭灯故障1起。

积极推进城市照明设施建设。根据郑州市第二批城建项目投资计划，开展市区25条有路无灯道路路灯安装及39条路段路灯设施改造，生茂光电科技有限公司进行BT投资部分的前期工作，同时进行施工图设计。紫荆山立交周边楼体夜景照明工程完成招标设计方案报市政府审批。

城市照明节能管理得到加强。根据省节能办《关于加强节能目标预警调控工作的通知》精神，落实城市照明节能调控措施，除重要节假日和重大活动期间外，全市公共设施景观灯、已纳入管理的社会楼体景观灯不再开启；加大路灯管理和设施监控力度，科学制定启闭灯时间，杜绝白天亮现象；大力推广使用节能新产品、新技术，优先选择通过节能认证的高效节能产品，确保节能减排目标的完成。

【城区河道管理】 2012年，市城区河道管理处大力开展整治提升活动，进一步完善各种规章制度，提高管养标准，园林绿化、河道防汛、河道打捞、河岸保洁和河区设施管养维修等各项管理水平得到较大幅度的提高。

加强河区园林绿化建设与管理。对金水河、熊儿河、东风渠“两河一渠”缺失的苗木进行补植，种植乔木264株、灌木13433株。重大节假日，在滨河公园重要桥头、景区摆放、栽植时令草花3.5万盆。加强草坪的养护管理，共改造草坪19954平方米，补栽斑秃47583平方米。适时对乔灌木、模纹图案、草坪等整形修剪，保持植物外形整齐美观；开展病虫害防治工作，病虫害防治率达到100%。

全力做好城市防汛工作。进一步明确“安全第一、常备不懈、以防为主、全力抢险”的防汛指导思想，制定防汛工作方案，落实防汛责任制，建立完善的防汛机构，组建了近200人的防汛抢险队伍。对沿河闸坝等防汛设施进行全面检修，闸坝操作落实到人，确保闸坝启闭自如、起落有序。筹措资金对河道清淤，确保雨季排水畅通。汛期实行24小时值班制度，时刻监视汛情，确保河道安全度汛。

认真做好环境卫生整治工作。加强河道水面管理，及时打捞漂浮物，保持水面清洁，做到随脏随捞。对河水污染情况全面排查，将污水口、污染源排放情况纳入河道日常动态管理，记录在案，全年共查报污水口434处。加大清扫保洁力度，实施延时保洁，垃圾日产日清，全年清运垃圾21627立方米。进一步完善河区设施，维修园路地面530处，维修公厕设施8549处次，警示标志喷涂更新285处，焊接栏杆15处，维修果皮箱24个，检修供水设施87处次、供电设施967处次，检修橡胶坝等相关设施526处次，确保沿河设施常年完好率达到98%以上。

（秦东凯　林　倩　索建明）

市容环境卫生

【市容管理概况】 2012年，郑州市市政管理行政执法监察支队以广告、燃气执法和市容、渣土督查等为重点，全面推进执法工作开展。全年共出动执法人员43915人次、车辆13872台次，下达责令停止（改正）违法行为通知书1095份，立案125起，结案110起。

户外广告治理成效显著。以重点区域户外广告综合治理为重点，以网格化管理为契机，先后开展经八路、花园路办事处辖区、中州大道沿线、科技市场周边和全市围挡广告综合整治活动，共下达责令停止（改正）违法行为通知书991份，立案95起，结案84起，拆除各类违法广告3417处、35.75万平方米，清理软体条幅3203条。创新开展每月治理一条路活动，每个大队确定1至2条路段为每月整治重点，月底考核验收，全年完成65条道路治理。

燃气管理秩序明显好转。不断创新执法手段，加大执法力度。一季度重点开展以促生产、保安全为主的专项治理活动，有力打击了各类偷盗气行为；二季度以加强日常巡查为主要手段，进一步加大对全市液化气经营企业和合法充装站点的监管；三季度全面落实每半月巡查所有燃气站点制度，积极开展燃气安全专项检查；四季度开展了以“查处新建燃气站点和燃气站违规经营”为重点的查新、查违活动，着力规范燃气生产经营秩序。全年共检查各类燃气站点2166处次，发现违规经营问题67处，下达责令停止（改正）违法行为通知书55份，立案5起，结案4起，促进了燃气生产安全。

渣土清运管理力度加大。以督查各区治理无证营运、私拉乱倒、沿途遗撒等违法行为为重点，不断加大执法和督查力度。全年共督察、检查建筑工地和清运车辆4520次起，发现问题332处，下达责令停止（改正）违法行为通知书49份，立案25起，结案22起。

积极协调各区做好市容管理工作。扎实开展执法督查，全年共督察各类占道经营8230处，下达督办通知431份。坚持节假日和重大活动期间50%以上人员上岗执法，全年共配合清理占道经营3300余起，突出店外经营2730余起，先后完成元宵节烟火晚会执法保障、航空港区市容整治、“扫黄打非”专项治理、文明城市测评迎检等任务，规范了市容秩序，有效改善了城市环境。

【环境卫生管理概况】 2012年，郑州市环境卫生处以构建环境卫生长效管理机制为重点，加大对全市道路、垃圾收集清运、公厕管理等环境卫生检查督导力度，配合完成各类集中治理、城市管理整治提升和重大活动路线巡查等任务。全年共检查市区道路13043条段、公厕6089座次、垃圾中转站1326座次；检查县（市）道路1044条段、公厕504座次、垃圾中转站336座次、垃圾处理场60座次，发现并督促整改问题12937处。

加大积存垃圾有偿清运。进一步落实市区积存垃圾有偿清运制度，成立多个专项督查组，加大对市区道路、广场、居民楼院、城乡接合部、城郊村、农村的积存垃圾有偿清运力度，发现积存垃圾立即组织清理。一年来共对市区429处积存垃圾实行有偿清运5953车、31045立方米，市财政核减责任单位清运经费3301.725万元，城市环境卫生状况得到显著改善。

【垃圾收集处理】 为加强城市垃圾管理，提高城市生活垃圾无害化处理水平，在坚持定时、上门收集沿街单位（门店）垃圾的同时，加强对生活垃圾源头的管理。各区与产生垃圾的单位签订目标责任书，督促生活垃圾全部进入中转站，统一实行全密闭运输转运，有效解决了私拉乱倒问题，生活垃圾二次污染明显减少。对市区内中转站进行全面排查，分批将吊装式中转站进行压缩式改造。严格按照操作规范作业，无害化处理水平不断提高，管理工作逐渐步入制度化、规范化的轨道。市综合垃圾处理场和荥阳垃圾发电厂严格执行垃圾进场双向登记制度，共处理生活垃圾117.5万吨。

【环卫设施建设】 2012年，市委、市政府在政策上对环卫设施建设给予倾斜，在经费上给予支持并优先安排。全年共新建公厕50座、新建中转站41座、增设公厕导示牌2000个；维修更新果皮箱11776个；餐厨垃圾处理厂土地、可研等前期工作基本完成，特许经营权已招标。采取融资租赁的形式购置机械化清扫车、高压冲洗车362台，中心城区主次干道机械化清扫率达40%以上。

【关爱环卫工人】 为解决环卫工人作业条件艰苦、劳动强度大、作业环境差、工资标准低等问题，郑州市不断提高环卫职工特别是一线职工的待遇。为一线职工购买了人身意外伤害保险，配发了安全标志服。市政府拨专项资金300万元为每名环卫工人购置一床棉被，联合啓福置业有限公司为每名环卫工人捐赠了一件军大衣。充分利用新闻媒体、报纸、网络等新闻媒体全方位、多角度地宣传环卫工作取得的成绩，努力营造尊重劳动、尊重环卫工人的社会氛围。春节、环卫工人节，市领导亲临一线看望、慰问环卫工人；环卫工人节当日，市政府在《郑州日报》发表慰问信，向全市环卫工人表示节日祝贺，并召开表彰大会，对先进单位和个人进行表彰奖励。为改善环卫工人的生活和作业条件，稳定环卫作业队伍，市区新建、改造了环卫职工休息场所620座。二七区建成587间环卫公寓，为1500名环卫工人解决住房问题。会同各区与相关部门协调，对环卫工人实行跨区调动，帮助职工子女实现就近入学，解决环卫职工上班距离远、子女入学难等问题。

（季松茂　李　刚　潘春瑞）

数字化城市管理

【概况】 郑州市数字化城市管理监督中心以保持巩固全国文明城市、全国卫生城市成果为目标，投入到城市管理综合整治提升活动之中，以创建市级文明单位为载体，从强化队伍管理和建设入手，以提高信息采集质量、提高案件立案率和处置率，完善考评体系为主线，加大投入力度，不断拓展完善系统功能和基础地理数据的建设维护，同时进一步加强内部管理，各项工作稳步推进，12319热线被授予河南省巾帼文明岗称号。全年共受理各类城市管理案件501423件，共立案485850件，立案率96.89%；派遣485216件，派遣率99.87%；应处置案件456980件，结案456871件，结案率99.98%。

【监督考评工作】 修订完善《郑州市数字化城市管理考评办法》及其细则，充分体现考评工作的客观、公正、科学、规范。对考核内容指标进行调整，将长效治理案件由14小类改为13小类；调整责任网格考核指标，把所有责任网格纳入考核基数；针对市内五区相互间城市化程度差异较大情况，加入各区人口数指标（各区人口数以2010年全国人口普查数为准）。实行开门评分，每月中旬、月底召开各区、管委会指挥中心领导参加的点评会，现场公开所有的考核数据及成绩排名，同时通过数据分析存在的主要问题。坚持做好数据分析工作，对每周和当月所采集的各类数据进行剖析，形成分析报告。

【信息采集】 3月，为增强队伍的荣誉感，树立爱岗敬业的精神，形成“比学赶帮、典型带动”的良好局面，开展了“提高信息采集质量，争当爱岗敬业标兵”征文活动。4月中旬和下旬分两批组织监督员全员业务技能轮训。5月，开展“信息采集质量优秀案卷竞赛”评选活动，对涌现出的优秀监督员予以表彰，保证信息采集质量不断提升。10月下旬，组织了旨在提高作风纪律、提高执行力和凝聚力的野外拓展训练。12月，完成2013年度的信息采集招标工作，顺利完成新老公司各项工作和人员的交接。在组织开展各种培训活动的同时，坚持对信息采集工作的日常检查和考核，严格依照合同和《信息采集工作管理和考核办法》，每周对监督员上岗情况及信息采集上报情况进行抽查和月度考核。配合城市管理整治提升活动，先后完成《报刊亭普查统计》《全市窨井盖病害专项整治普查统计》《郑州市公共区域经营亭棚普查统计》等16项专项普查统计工作，为上级决策提供了第一手资料。

【呼叫中心建设】 2012年，数字化城市管理监督中心大厅按照第一时间受理、第一时间派遣、第一时间催办、第一时间反馈的工作要求，通过“案卷建立、任务派遣、任务处理、处理反馈、核实结案”等环节进行工作，建立了分工明确、责任到位、沟通快捷、运转高效的管理机制，准确无误地做好上报各类信息的核实、任务派遣、案卷审核立案、协调跟踪等各项工作。对全体接线员、立案员、派遣员、督查员进行50余次培训，培训内容涉及热线服务规章制度、各职能部门管辖范围、派遣员派遣规则、服务规范等，同时针对事件、部件的变化和定位方式的转变，制定相关操作规范和实际操作要求等，保证案件的有效立案，提高派遣的准确性。发挥12319热线作用，搭建市民与政府沟通的桥梁。12319服务热线共受理各方投诉、咨询以及建议等电话129681件次，立案43560件，处置43019件，结案率98.76%，及时反馈率100%。与各数字化终端单位沟通协调，明确责任划分，提高案件派遣准确率。加强多渠道、全方位的协调联动，积极解决焦点、难点问题。充分发挥12319热线和采集员分布广、行动快捷、监督有力等优势，与12345市长热线、《大河报》《郑州晚报》、电台广播、城管局微博等建立紧密的联系，摸索建立一整套完善有效的热线处置机制。全年12319热线协调处理市级专业部门以及各区指挥中心难点案件22796件，协调处理媒体及12345市长热线转报的疑难案件1236件。

【网络数据建设】 加强数据建设管理、系统升级和网络设备维护工作，相继完成市区三环以内基础地理数据的更新维护、三环至四环之间和航空港区基础地理数据的建库工作；完成四环以内567平方公里以内的单元网格和责任网格的调整和重新划分工作，将原来的15627个单元网格调整为38515个，将原有的478个责任网格，新增到707个，实现四环以内区域管理的全覆盖；完成435台新城管通手机的招标采购、系统数字城管专业地理信息数据的更换、数据切割和手机地图的制作等一系列系统升级工作，完成1060部新旧城管通手机的地图和软件安装以及2台新增城管通服务器的安装测试工作。完成对城管通终端多平台兼容、分离业务操作数据库与查询统计数据库、重点案卷分布GIS模式显示、数据库服务器等软、硬件系统的新建、改进、扩充等优化拓展工作。完成全市井盖、立杆类部件的数据编码和导出并进行试点。加强视频监控设备及大厅设备的维护，经过市财政公开招标，更换了老化的监视器设备。

（朱桥斌）

火车站地区管理

【概况】 2012年，火车站地区管委会围绕市委“三大主体”工作，坚持依靠群众，推动工作落实，以“片区管理、条块融合、差异职责、工作协作、上下联动”网格化管理为载体，持续深化“五抓一树”活动和“四项秩序”综合整治成效，着力解决城市管理突出问题，加快基础设施建设改造，火车站地区城市环境显著改善，城市管理整治提升在全市综合考评中位居前列。

【交通环境治理】 2012年，火车站地区管委会紧紧围绕保畅通、保安全、促文明的目标，持续整治机电三轮车、摩的、出租黑车、长途黑车、私家车非法营运等乱象，重点治理机动车、非机动车乱停乱放和军车警车、物流货车占道等突出问题，全年查扣非法营运机电三轮车168辆、摩的675辆、黑出租63辆、长途客车99辆，处罚乱放机动车6850辆、清理非机动车4600辆，巩固了“非法营运禁驶区”建设。10月，兴隆街、大同路、一马路三座人行天桥建设项目启动，三座人行天桥建成投用后将改善站区人车混行局面。

【平安建设】 2012年，火车站地区管委会把平安建设纳入站区发展全局，整合全区各职能部门和社会各界资源，全力构建符合窗口地区实际的“大平安”工作格局。全年侦破各类刑事案件150起，查处治安案件630起，刑拘280人，抓获网上逃犯17人，行政拘留550人，打掉犯罪团伙15个，取缔涉嫌赌博电子游戏机商户11家；打击叫客拉客260人，护送盲流186人；救助露宿街头进城务工和流浪乞讨人员263人。办理市信访局立案函1件，处理群众投诉件16件，群众满意率达100%。检查经营单位5068家次，停业整顿1家，收缴非法报刊946份，取缔无证游商、摊点7个，有力净化了市场秩序。

【市容市貌整治】 2012年，火车站地区管委会创新商户共建共管、商户互相监督管理模式，开展“百佳户、示范户、达标户”评选活动，疏堵结合，基本根治了违章经营，被市城管局树立为“城管的样板”。强力推进户外广告门头牌匾违法建设整治、架空管线整治、人行道板更换和“十乱”现象整治，全年拆除整治门头牌匾161处、违规户外广告28处、LED灯箱87处、违法建设100平方米；清理小广告、乱贴乱挂575处；整修霓虹灯892处、广场地板砖500平方米、人行道路800平方米，更换了大同路、兴隆街两侧、福寿街西侧人行道板。实施“精品站区”改造工程，升级改造二马路两侧破旧楼体和沿街80户门头匾牌；中州商场完成门头牌匾改造、楼体清刷3700平方米。重新界定与铁路部门管理界线、分清责任，严格落实24小时保洁、垃圾日产日清制度，全年清洗广场20万平方米、清运垃圾990吨，摆放鲜花10万多盆。

【商业秩序规范】 2012年，火车站地区管委会构建了“三级网格、四级联动”的商业经营网格化管理体系，以食品安全监管为重点，联合打击非法经营、出售假冒伪劣、欺诈消费者行为。全年查扣假烟1.5万盒、假冒过期商品1980件；处罚索票索证不全15户，查办违法案件20起，处罚10万元；检查食品餐饮商户2800户次，卫生监督检查1700户次，从业人员健康体检800人次，覆盖率达100%，旅客投诉率大为减少，商业经营秩序明显好转。

【文明创建】 2012年，火车站地区管委会以文明创建促发展，树立文明和谐窗口新形象。按照全国文明城市测评工作要求，扎实开展道德领域突出问题专项教育整治和道德讲堂、“学雷锋志愿服务”“绿城一叶”文明志愿服务、党员便民服务等活动，为旅客提供便民服务达3万余次，顺利通过全国城市文明程度指数测评。同时，管委会积极组织开展“我们的节日”、文化娱乐、关心关爱等一系列活动，集中整治办公环境，更新文化氛围，省级文明单位届满连创成功。

【火车站西广场管理】 2012年，火车站地区管委会管建并重，成功塑造西广场精美名片。围绕“窗口新名片”定位，进一步加强西广场管理，推进配套设施建设，制定完善消防安全、物业管理、督查等10项管理制度，保障了西广场各项工作有序推进。配置完善办公设施，设立综合服务大厅，实行执法、公安、交警、工商、客运等职能单位集体办公模式，提升便民服务水平；优化西广场地下停车管理，实现车辆进出、停放高效有序；启用社会大型车辆停车场，大型车辆停车难问题得到有效解决；迁移西广场地面非机动车停车场，打通西广场正西通道，地面交通环境不断优化，西广场功能日益完善。

【依法行政】 2012年，火车站地区管委会依法行政能力不断提高。完善规范性文件、执法程序、执法监督程序审批和监督运行程序，强化执法人员培训350人次，河南省行政执法证年审通过率高达98%。

督查督办工作取得新突破。创新实施循环抽样督查考核办法，建立飞信、电子邮箱督导平台，全年巡查900次，督促整改问题1825项，下发重点问题专题通报15项。

【安全生产】 2012年，火车站地区管委会安全生产形势持续稳定。深入开展隐患排查治理专项行动，全年检查单位700余户次，发现隐患846处，督促整改795处，责令“三停”22家，临时查封33家，行政拘留9人，发放宣传资料10万份。

（李俊晓 周明君）

卫生 体育

卫 生

【概况】 2012年，郑州市卫生工作在市委、市政府的正确领导下，紧紧围绕“保基本、强基层、建机制”工作思路，重点突出“四个卫生”，视点聚焦民生健康，重心下移城乡基层，凝心聚力，务实重做，全市卫生事业呈现健康快速稳定发展的良好局面。2012年8月，商业保险机构参与新农合经办服务改革“郑州模式”在全国推广；2012年10月国务院副总理李克强对郑州片医负责制给予了高度评价并作出重要批示；郑州市连续6年被评为全国无偿献血先进城市；市卫生局被卫生部表彰为“先进基层党组织”；郑州市入选“2012年中国医改政府支持榜”榜单城市，市卫生局局长顾建钦被评为“全国医改十大新闻人物”，新农合经办机制改革被评为“全国医改十大新闻事件”。

【疾病防控】 扎实开展疾病预防控制工作，实施国家免疫规划疫苗查漏补种活动，为儿童补种疫苗35万多剂次，完成预防接种144万剂次，全市免疫规划疫苗整体接种率达到98.36%。积极开展结核病等传染病防控工作。全年共确诊活动性肺结核患者5451例；对上年纳入项目管理的新涂阳肺结核患者1742例进行了规范管理治疗，治愈1568例，治愈率达90%。加大艾滋病预防宣传、监测力度，及时发现艾滋病病毒感染者，为感染者和艾滋病致孤儿童提供预防、治疗和关怀服务。完善妇幼保健体系，扩大公共卫生服务项目种类和覆盖面。组织“两癌”筛查工作，全年累计筛查宫颈癌15.25万人、乳腺癌15.42万人，超额完成目标任务；对农村孕产妇实行住院分娩补助，全年完成农村孕产妇住院分娩补助46037人、新增服用叶酸预防神经管缺陷34143人；管理0—6岁儿童63.35万人，为0—6岁儿童免费体检51.9万人；管理孕产妇99578人、65岁以上老年人75.6万人、高血压患者32.14万人、糖尿病患者10.97万人、重性精神病人14564人；免费婚检56725对；实施重点人群碘营养监测，有效防止碘缺乏等病害的发生；开展向残疾人“送温暖”活动，对16031名60周岁以上持证残疾人员进行免费体检。

【新农合工作】 2012年，郑州市新农合人均筹资标准提高到290元以上，住院补偿封顶线为15万元。全市参合总人数425万人，参合率达到98.8%，参合农民在县、乡两级定点医疗机构住院报销比例分别达到80%、90%。2012年全市共有1392.6万人次享受了新农合补偿，累计补偿医疗费用12.63亿元，其中，享受到6万元以上补偿的有382人，享受到15万元封顶线补偿的有21人。新农合支付制度改革稳步推进，在全市各级新农合定点医疗机构，全面实施住院费用总额预付、按病种付费等支付制度，规范了诊疗行为，提升了医保基金使用效能。新农合经办机制实现新突破，市卫生局制定了新农合经办服务机构考评办法等相关文件，建立并完善了经办服务改革考核评价机制。国务院副总理李克强对郑州市新农合经办服务方式改革给予高度评价，并做出“注重总结地方经验，以资借鉴”的重要批示。2012年8月，商业保险机构参与新农合经办服务改革全国现场会在郑州市召开，“郑州模式”在全国推广。郑州市新农合经办服务机制改革被评为2012年度“全国十大医改新闻事件”。

【农村卫生】 2012年，郑州市卫生局开展农村卫生“规范提升年”活动，实现了“四个百分之百”的工作目标，已建成乡镇公共卫生暨农民健康管理中心101个，乡镇公共卫生暨农民健康管理中心的建成率和工作到位率、农村片医覆盖率和健康档案建档率均达到百分之百。稳步实施乡村医疗卫生一体化管理工作，积极实行村卫生室“五统一”管理，农村卫生管理水平得到有效提升。积极实施健康普（检）查工程，以儿童、孕产妇、老人、慢性病人为重点，免费实施农村居民健康普（检）查并建立健康档案。扎实开展乡镇卫生院“温暖工程”，圆满完成为全市85所乡镇卫生院安装空调、配备完善取暖设施、实施房屋保暖改造工程工作，全市乡镇卫生院的基础设施得到明显改善。认真落实卫生人才“51111工程”和乡镇卫生院实用人才培养“522行动计划”，稳步实施农村卫生人才培训，圆满完成178名乡镇卫生院临床业务骨干、107名乡镇卫生院公共卫生人员、89名乡镇卫生院药剂人员和1083名乡村医生的培训工作，农村卫生人员业务水平得到有效提升。

【社区卫生服务】 2012年，郑州市有81家社区卫生服务中心、242所社区卫

5月28日，副市长刘东调研市第九人民医院在建项目

生服务站、94家建制乡镇卫生院、2237家村卫生室开展了片医服务工作，覆盖城乡人口800多万人。"农村片医"服务方面，市卫生局将"农村片医"负责制与农村卫生地图式定位责任服务管理相结合，着力打造农村社区服务新模式。以"十进农村"为抓手，在全市建制乡镇卫生院和村卫生室全面开展片医服务工作，全市各行政村成立片医小组2248个，拥有片医5234人，服务农村人口总数达到420多万人。城市片医服务方面，2012年，市卫生局在城区新建了7个片医负责制单位并开诊，城区已建成社区卫生服务中心80家、社区卫生服务站242家、片医小组835个，覆盖城市人口409.8万。开通了"郑州片医网"，以"十进社区、十进单位"为抓手，创新实施城乡片医地图式定位责任服务管理。建立城市居民规范电子健康档案374万份，建档率达到91.3%，同比增长近8%，签订家庭医疗保健协议22.3万份，全年社区卫生服务机构接诊群众总数达到416万人次。以"社区卫生服务规范年"活动为抓手，在全市开展示范中心和星级健康社区创建工作。陇海马路社区卫生服务中心等5家单位被省卫生厅评为省级示范中心；林山寨社区卫生服务中心被卫生部评为国家示范社区卫生服务中心；新城路等3家中心达到省级示范标准；8家社区卫生服务中心通过市级达标验收；343家社区达到星级健康社区标准。组织开展片医培训工作，成功举办了第二届中澳（郑州）全科医学学术交流论坛暨全国全科医生师资培训班，邀请国内外全科医师培训专家前来授课。组织3200名社区卫生管理者参加"中国健康管理社区行"等培训活动，进一步提高了社区工作人员的服务能力。成立社区卫生协会，发挥群团组织作用，进一步规范了社区卫生服务管理。国务院副总理李克强对郑州片医负责制给予高度评价并做出重要批示；《人民日报》、新华社、《光明日报》、中央电视台等多家新闻媒体对郑州片医服务模式进行了专题报道，引起社会广泛关注。

【医疗服务管理】 2012年，市卫生局医疗管理工作取得新进展，《郑州市医疗卫生设施规划建设管理条例》《郑州市市域医疗卫生设施用地布局规划（2011-2020）》，已获市政府批准，实施工作全面展开，有效解决了郑州市公共卫生资源的建设难题。编制《郑州市城区个体诊所设置规划》，规避个体诊所无序、不均衡发展等问题。持续实施优质服务示范工程，印发《郑州市全员全岗全程优质服务规范100条》并组织开展学习竞赛活动，规范医院全过程管理。制定《郑州市医疗机构分院建设管理办法》，"一对一"定制儿童眼病医院、消化病医院、脑科医院等分院建设标准，规范分院管理行为。以"三好一满意"活动为载体，以"十大指标"宏观监管暨抗菌药物临床应用专项整治活动为重点，修订完善相关标准，强化医疗核心制度落实，不断提升医疗服务质量。建立以中心医院为牵头医院，44家二级医院及基层医疗单位为成员的"区域医疗联合体"，探索资源共享、信息互通、层级诊疗和双向转诊相结合的工作模式，激发整体资源活力。确定荥阳市、新郑市等单位作为试点，建立"防、治、康"相结合的工作机制和服务模式，逐步形成分层级、分阶段的康复医疗服务体系。率先在省内成立"河南老年医养联盟"，构建了以医、养结合为主的养老服务新模式。扩大市级预约诊疗平台，将市属市管23家二级以上医院近2000名副高以上职称专家纳入预约挂号平台，全年共预约接诊患者15.37万人次，比2011年增加了9倍，更大程度上实现了便民惠民。以临床重点专科建设为重点，强化技术准入与监管。以开展临床路径试点和预约诊疗服务为抓手，提升服务效能。以"第三方调解机制"建立与完善为着力点，持续实施医疗大会诊和临床用药评析制度，保证医疗安全，促进了医患和谐。

【卫生执法监督】 2012年，郑州市卫生执法监督工作以"卫监行动""亮剑行动"为契机，建立上下联动、部门联合、昼夜巡查工作机制，始终保持打击无证行医高压态势，不断净化医疗市场环境。全市开展市区医疗、卫生违法行为联合查处行动23次，罚没金额44万余元，查处取缔无证诊所1130家，向公安机关移交涉嫌非法行医犯罪89人。及时发布卫生监督监测信息，召开新闻通气会4次，发布网络信息12期，公示生活饮用水、洗浴场所、打击无证行医刑事移送案件等12大类620余条监测信息，引起社会广泛关注。

【医改工作】 推进县级公立医院改革，将登封、中牟、荥阳和巩义4个县（市）全部纳入国家县级公立医院综合改革试点，启动药品零差率销售，破除"以药养医"机制得以逐步实现。截至2012年年底，试点医院实施药品零差率销售让利患者592.6万元，门诊均次药品费用、出院均次药品费用同比下降3.61%和8.73%，门诊人次、住院人次同比增长22.54%和7.01%。巩固完善国家基本药物制度，在全市114家政府举办、25家非政府举办基层医疗卫生机构和2375个村卫生室实施国家基本药物制度，实行零差率销售。2012年，全市基层医疗机构门诊652.56万人次，比2011年同期上升27.66%。基本药物销售金额达2.3亿元，为患者减轻医药负担3454.17万元。初步建立乡村卫生队伍补偿保障机制。对全市实施基本药物制度和药品零差率销售的村卫生室进行基本药物专项补助；对按规定退出乡村卫生医疗服务的乡村医生，每人每月给予300元补助。截至2012年底，全市农村卫生室和退出的乡村医生补偿金已拨付到位，分别为5226万元和3424万元。

【卫生应急救援工作】 2012年，市卫生局制定了《郑州烟花爆竹事故卫生应急救援预案》《中部地区（河南郑州）医疗卫生动员中心总体预案》《郑州市自然灾害卫生应急预案》等59部应急预案。组织全市233名卫生应急队员参加了"2012中国卫生应急演练"和全市卫生应急大练兵大比武活动。圆满完成全市重大活动卫生应急保障115次，重大事故保障1091起，派出救护车辆近2000台次，救治伤患4790余人次，卫生应急综合保障能力显著增强。金水区、中牟县分获国家级和省级卫生应急综合示范县（市）区称号。

【卫生信息化建设】 2012年，郑州市卫生信息化建设取得新进展。市卫生局积极扩展市级卫生信息平台内容，卫生信息平台信息录入总数达到686万余条；妇幼保健信息系统成为常态化管理手段；市级首批6家试点医院已实现数字医院的建设目标，部分医院实现绩效考核、临床路径等业务信息化管理。郑州市在全国率先实施居民健康卡工程，在居民健康卡首批试点地区河南发卡仪式活动中，卫生部部长陈竺为郑州市农民发放了全国首张居民健康卡。

【公共医疗资源项目建设】 2012年，郑州市实施区域性医疗中心建设量化指标管理，明确时间节点，实行定期动态考核，着力打造区域性医疗中心，区域性医疗中心建设成效明显。郑州人民医院通过国际JCI认证、市骨科医院通过国际DNV认证，提升了医院管理品牌及效应。建立"倒逼、责任、协调、交叉推进、讲评、资金保障、督导"项目管理机制，加大项目推进力度。市儿童医院（东区）、市二院、市九院等在建项目快速推进，"三院一校"、市一院、市三院、市十院等省市重点项目正在稳步实施。积极申请中央专项资金1.3亿元，加强县级公共卫生、医疗机构、农村急救等项目建设，成效明显。

【中医药工作】 2012年，郑州市卫生系统开展中医中药"进农村、进社区"活动。市卫生局筹资3535万元，为基层单位新增中医药诊疗设备26种，共计4992台；培养330名中医药人才充实到基层临床一线。全面完成了64所乡镇卫生院、74所社区卫生服务中心、54所社区卫生服务站的中医科达标建设。此项工作得到国家、省中医药管理局的肯定，郑州市副市长刘东代表郑州市在全国中医大会上作了典型发言。规范完善中医医院监管，对全市29家一级中医医院重点指标内容进行考核，市中医院、郑州大肠肛门病医院顺利通过国家三级中医医院等级评审。市中医院儿科、心病科被国家中医药管理局纳入“十二五”重点中医专科建设单位。市骨科医院骨伤科被纳入“十二五”国家中医重点专科协作组成员单位。平乐骨伤医院骨伤科被评为全国中医重点专科。市中医院中药师马远在河南省中医药岗位技能竞赛中获特等奖。

【卫生系统人才培养、引进和表彰工作】 2012年，郑州市卫生系统共引进博士或副高以上职称高层次人才118人。其中博士14人，正高20人，副高84人，引进硕士534名。选拔128名医学高等院校毕业生到县级医疗卫生机构和乡镇卫生院工作，为基层医疗卫生单位储备了人才。开展名医、名护评选活动，评选出名医100名、名护士100名，充分发挥名医、名护的骨干引领作用，带动团队和学科建设。表彰省（市）医学重点学科、卫生人才科技管理先进集体等27个，学术技术带头人、卫生科技中青年创新人才等先进个人111名，颁发奖金611万元，进一步激发了卫生科技工作者干事创业的热情。加大基层卫生人才培训力度。举办中澳（郑州）全科医学学术交流论坛暨全国全科医生师资培训班、“中国健康管理社区行”等活动，邀请国内外专家教授前来授课，培训社区卫生工作者3200人次；区分层次，先后完成了274名乡镇卫生院临床业务骨干、公共卫生人员、药剂人员和1083名村医培训任务，进一步提高了基层卫生服务能力。

【医学学科建设】 市卫生局制定《郑州市医学重点（培育）学科建设管理办法》，高起点打造学科规划。2012年，全市拥有国家级重点学科2个，省级重点学科1个，省级培育学科18个，市级重点学科15个，市级重点培育学科45个，国家中医重点专科建设创建单位4个，省中医重点专科3个，省（市）级院士工作站8个，市级重点实验室8个，省级博士研发基地1个。

【科技兴医】 2012年，郑州市卫生系统大力实施“人才强卫，科技兴医”战略，搭建科研平台，出台相关措施，积极营造科技创新的浓厚氛围。郑州市获批医药科研立项项目193项，其中国家青年自然科学基金项目2项，参与国家级项目6项，省部级科医药科研项目21项，市厅级医药科研项目166项。获科研成果奖61项，其中省部级5项，市厅级56项。在各种学术平台发表学术论文719篇，其中SCI（《科学引文索引》）26篇、EI（《工程索引》）9篇，中华核心期刊170篇，国家核心期刊514篇。举办学术活动172次，其中国家级26次，省部级44次，市厅级102次。市卫生局获得“河南省卫生科技先进集体”称号。

【卫生文化和行风建设】 大力开展创先争优活动，以“基层组织建设年”活动为载体，扎实开展党组织分类定级、晋位争先、党员活动场所示范点建设等活动，不断提升党组织凝聚力与向心力。市卫生局党委被卫生部表彰为“全国医药卫生系统创先争优先进基层党组织”。加强基层党组织建设。配合市委组织部提拔调整了涉及20个单位的103名县处级干部；在15家市属单位开展了换届选举工作，选举委员112名；建立了57家社区卫生服务中心党组织，在4个单位成立了党支部，进一步加强了基层党组织和领导班子队伍建设。注重干部能力素质提升。开展了39期核心团队集中学习和5次卫生管理讲坛，对52名新任职领导干部进行封闭式培训；组织127名领导干部到美国哈佛大学、清华大学等知名院校参加医院管理高级研修班；持续抓好“六型机关”建设、“绿城公仆杯”公务员素能竞赛等活动，有效提升了干部综合素能。举办第七届“天使杯”职工运动会、郑州市“快乐健康杯”职工羽毛球比赛、文化成果评比、“迎三八、展风采”等活动，圆满完成了全国文明城市复审工作，卫生行业文化建设得到进一步提升，市卫生局被市委、市政府授予集体三等功。落实党风廉政建设责任制，完善“一把手”“工程建设项目”和“医德医风”等考评制度，对市属21家二级单位的主要领导落实10个方面监管情况进行督导检查，有力地推动了卫生行业党风廉政建设。落实政府信息公开、公示制度，积极利用网络媒体等手段有效实施卫生政府信息公开，增强工作透明度。卫生宣传工作成效显著，出版并向市民免费发放《社区家庭医生周刊》，邀请各级媒体对郑州市卫生中心工作进行宣传报道。新华社、《人民日报》《光明日报》、中央电视台、凤凰网等媒体对郑州市医疗改革、片医负责制、优质医疗资源倍增、新农合改革等方面累计报道800余次，郑州卫生形象进一步提升。

（韩　征）

卫生系统“双百”干部下基层启动仪式

体　育

【概况】 2012年，市体育局在市委、市政府的正确领导下，坚持以邓小平理论和“三个代表”重要思想为指引，深入贯彻落实科学发展观，认真贯彻落实市委、市政府各项工作部署，鼓足干劲，振奋精神，锐意进取，扎实工作，促进了全市体育事业全面健康持续发展。第九届中国郑州国际少林武术节精彩绝伦，树立了新的里程碑。郑州市第五届直属机关运动会盛况空前，诞生了新纪录。大型体育赛事活动热力十足，展示了郑州的新形象。公共体育设施建设高标准大手笔，体现了体育的新气魄。全民健身活动高潮不断，满足了人民群众的新需求。竞技体育水平持续提升，取得了新进展。

【群众体育活动】 2012年，市体育局认真贯彻《全民健身计划纲要》，组织开展了一系列群众体育活动。1月1日举办了元旦长跑活动，共有1.5万多名市民参加；2月25日南京青奥会倒计时900天之际，举行了“全国青年迎青奥长跑活动起跑仪式（河南郑州站）”活动；5月12日，举办了全民健身活动月启动仪式；5月27日，第二十三届“黄河·少林杯”全国门球邀请赛在登封市举行；网球中心举办了河南省业余网球团体赛、中国业余网球公开赛。体总办和各单项协会积极组织开展群众体育活动。体总办举办了第六届郑州市轮

副市长刘东出席郑州市全民健身活动月启动仪式暨第二届“港中旅·嵩山景区杯”毽球锦标赛开幕式

滑比赛；武术协会举办了武术套路锦标赛；老年人协会举办了全市甲A、甲B门球联赛和“三八”女子门球赛；羽毛球协会举办了羽毛球俱乐部对抗赛；篮球协会举办了业余篮球俱乐部周末联赛；足球协会举办了业余（成人）足球甲、乙级联赛；乒网协会承办了河南省青少年网球冠军赛、中国龙网球公开赛；钓鱼协会承办了多次全国钓鱼比赛；棋牌协会与大河报社联合开展了“大河棋童”公益班活动，得到社会各界人士的赞扬；毽球协会在绿城广场举办了为期三个月的毽球联赛。截至2012年年底，郑州市共举办各类群众体育活动100多项次，其中不少活动成为品牌赛事和亮点工程，在全社会营造出了浓郁的体育氛围。积极参加河南省和全国健身赛事，并取得优异成绩。河南省“迎农运、促和谐、奔小康”全民健身系列比赛，郑州市9支队伍参加了5个项目的比赛，取得了优异的比赛成绩；河南省“三八”女子门球赛，郑州市有两支队伍参赛，分别获得团体金牌和团体铜牌；参加在山西太原举行的第四届全球华人羽毛球团体锦标赛，取得了团体第三名的好成绩。社会体育指导员队伍建设方面，成立了市社会体育指导员协会，全年新发展社会体育指导员5494人，总数达到10710人，社会体育指导员队伍迅速壮大，骨干作用进一步发挥。

【竞技体育】 2012年，郑州市体育系统切实加强业余训练，做好后备人才的选拔、培养和输送工作，为国家培养优秀体育人才。市体育局大力做好业余训练和青少年体育工作，联合市政府四部门出台了《关于加强体育后备人才培养和保障工作的实施意见》。下大力气夯实县（市）区业余训练基础，修订了县（市）区考评细则。抓好传统项目学校和市级训练点的网络建设工作。调整和优化了项目布局，有8个项目在14所中小学设点办队；在南阳市建设水上训练基地，在训人员不断增加。做好运动员注册工作。2012年河南省运动员注册系统升级，市体育局结合新系统完成了3500余名参加省运会的在训运动员、省级以上体育传统项目学校以及部分市级体育传统项目学校运动员和体育教师的注册工作。体育项目培训方面，体校、体育场、网球中心、西区体育中心充分发挥人员、技术、场地等专业优势，开设田径、篮球、足球等项目的长训班、短训班、夏令营班和中招训练班，有力地促进了青少年体育的蓬勃开展。“少林拳进课堂”和“足球进校园”工作有了新进展。全市有942所学校开展了“少林拳进课堂”活动，42万多名中小学生参与了活动；在46所学校开展了“足球进校园”活动，成效显著，市体育局被国家校足办评为优秀校园足球培训单位。2012年，市体育局举办了小学生篮球比赛、中小学生篮球比赛暨“晨光”中学生篮球比赛、郑州市中小学生田径比赛暨河南省第二十四届中学生田径运动会选拔赛等一系列青少年体育竞赛活动，共有2049名中小学生参加了比赛，充分调动了学校业余训练单位的积极性。

【第九届中国郑州国际少林武术节】 第九届中国郑州国际少林武术节由国家体育总局武术运动管理中心、中国武术协会、河南省体育局和郑州市人民政府主办，于2012年10月21–25日在郑州市举行，来自73个国家和地区的195个团队共计1527名运动员参加了比赛。开幕式于10月21日在航海体育场举行，开幕式文艺演出分为“少林之源”“少林之禅”“少林之韵”和“少林之魂”四个篇章，1.3万人参加了大型团体操表演。武术节期间举办了登封迎宾活动、武术竞赛、论文报告会等活动。武术竞赛涵盖了散打、套路、武术段位考试三大类，包括了少林拳规定项目、其他传统拳项目、对练项目、国际竞赛规定项目、武术搏击等多项比赛。在为期三天的武术竞赛中少林拳、国际竞赛等8个大项70多个小项共产生了541个一等奖、528个二等奖和649个三等奖。其中，郑州市三个代表团共获得一等奖58个、二等奖31个、三等奖28个。在武术竞赛的同时武术节论文报告会对入选的77篇论文进行了评选，共评出一等奖9篇、二等奖18篇、三等奖38篇。闭幕式于10月24日晚在河南电视台8号演播厅举行。省委常委、市委书记吴天君，副省长张广智，国家体育总局武术运动管理中心主任、中国武术协会主席高小军，省政府副秘书长万旭，省体育局局长彭德胜，市领导马懿、王璋、白红战、李秀奇、孙金献、王哲、刘东，市政府秘书长吴忠华等出席了闭幕式。第九届中国郑州国际少林武术节既有继

郑州市第五届直属机关运动会第九套广播体操比赛

承，又有创新，精彩纷呈，亮点突出，成为郑州的一张国际名片，有力地促进了郑州市社会经济的快速发展。

【郑州市第五届直属机关运动会】 第五届直属机关运动会由郑州市委、市政府主办，市体育局、市直属机关工委承办。6月18日，开幕式在航海体育场举行，省委常委、市委书记吴天君宣布运动会开幕，市长马懿致开幕词，副市长刘东主持了开幕式。本届运动会是市直机关历史上比赛项目最多、参赛单位最多、参赛人数最多的一届运动会。设有第九套广播体操、篮球、乒乓球、羽毛球、台球、游泳、拔河、棋类(中国象棋、围棋)、健身操(舞)、太极拳、登山等11个竞赛项目，共有来自郑州市市直属机关、高新技术开发区、经济技术开发区、郑东新区、航空港区等89个单位的6500余名职工选手参赛。比赛从6月12日开始至6月29日结束。经过18个比赛日的激烈角逐，市卫生局、市城市管理局和市交通运输委员会等三个单位代表队分获本届运动会甲组团体总分前三名；市审计局、郑州日报社和市物价局等三个单位代表队分获乙组团体总分前三名则。郑州日报社、市委办公厅、市财政局等66个参赛单位获得第五届直属机关运动会"优秀组织奖"，武警郑州市支队、郑州国防科技学校、黄河科技学院附属中专等10个单位获得"优秀表演奖"。运动会于7月4日闭幕，副市长刘东等领导出席了闭幕式并为获奖单位颁奖。

全国青年迎青奥长跑活动起跑仪式（河南郑州站）

市体育局认真做好第五届直属机关运动会各项筹备和组织工作。建立健全了竞赛办事机构，设立了办公室、竞赛处、开闭幕式处、后勤场地处、奖品处以及各项目的竞赛委员会等部门。制定工作职责，完善工作计划，建立工作网络，为筹备工作的顺利开展奠定了组织基础。针对全市体育运动开展的实际情况和机关生活的特点，广泛听取各方意见，经反复研究，最终确定了11个比赛项目。本着既开好运动会，又不影响正常工作的原则，在各项比赛时间、地点的安排上，努力做到合理、方便。深入做好动员工作，最大限度地扩大了参赛面。郑州市第五届直属机关运动会的成功举办受到了市领导和广大机关干部职工的好评。

【大型体育赛事活动】 2012年，市体育局举办了一系列大型体育赛事活动。4月8日在郑开大道举办了第六届郑开国际马拉松赛，来自国内外3万余名运动员参加了马拉松赛，郑州、开封两地数十万群众参与了活动；8月25日在郑东新区举办了2012中国·郑州国际名校赛艇挑战赛，来自牛津大学、剑桥大学、耶鲁大学、清华大学等12支名校赛艇队参加了比赛；2012世界斯诺克巡回赛郑州公开赛于11月5—9日在河南省体育馆举行，共有85名运动员报名参赛，其中有包括丁俊晖等世界排名前16位的球员5名，中央电视台转播了10场比赛，郑州电视台进行了全程直播。

【公共体育设施建设】 2012年，市体育局高度重视体育设施规划和建设工作。按照省委常委、市委书记吴天君"每10平方公里要拿出1公顷左右的土

2012年郑州市运动员参加省级以上比赛成绩表

项目	2012年
一、世界比赛	
金牌数	3
银牌数	0
铜牌数	1
二、亚洲比赛成绩	
金牌数	0
银牌数	1
铜牌数	0
三、全国比赛成绩	
金牌数	18
银牌数	12
铜牌数	9
四、省级比赛成绩	
金牌数	91
银牌数	97
铜牌数	114

2012年郑州市运动员参加全国以上比赛成绩表

序号	比赛名称	项目	时间	地点	运动员	金牌	银牌	铜牌
1	2012年伦敦奥运会	女子举重58公斤级	2012年8月	英国伦敦	李雪英	1		
2	2012年伦敦奥运会	4×200米自由泳接力	2012年8月	英国伦敦	李昀琦			1
3	2012年全国举重锦标赛	女子举重58公斤级	4月2–5日	山东济南	李雪英	1		
4	2012全国游泳锦标赛	200米自由泳	9月22–26日	安徽黄山	李昀琦		1	
5	2012年全国锦标赛	女子拳击	4月10–15日	呼和浩特市	唐李金展			1
6	2012年全国男子自由式摔跤锦标赛	男子自由跤66公斤级	6月16–19日	甘肃白银	周胜银		1	
7	2012年全国女子拳击锦标赛	女子拳击+81	4月10–15日	呼和浩特市	王诗锦			1
8	2012年全国射击个人锦标赛	手枪项目	9月6–25日	郑州	王　亮	1		
9	2012年全国武术套路冠军赛	传统项目	3月8–11日	广州	马建超 张振兴	2		
10	2012年全国女子散打锦标赛	女子散打	4月25–29日	张家港	吴彦青	1		
11	2012年全国男子散打锦标赛	男子散打	5月31日至6月6日	黑龙江	王志国	1		
12	2012年全国武术套路锦标赛	太极拳	6月22–25日	厦门	张　恒	1		
13	2012年全国武术散打冠军赛	男子散打	11月26–30日	陕西榆林	陈彦召 靳帅武 范千惠	3		
14	第六届世界杯武术散打比赛	男子散打	10月22–25日	武夷山	陈彦召	1		
15	2012年全国武术套路锦标赛	太极拳	3月8–11日	广州	马建超 张振兴 张　恒	3		
16	2012年全国武术套路冠军赛	传统项目	3月8–11日	广州	张振兴 马建超	2		

地建设市民健身休闲广场，形成五级健身休闲设施体系”和“把郑州打造成为能够举办全国性乃至世界级运动会城市”的要求，扎实开展体育设施建设专项规划工作。对照承办全国综合性运动会的标准，对全市公共体育设施进行了深入调查和全面摸底，掌握了基本情况。在市政府有关领导的带领下，组织发改委、财政局、规划局等相关部门人员，组成编制体育设施专项考察组，学习考察了武汉、上海、济南、沈阳等城市申办、承办全国综合性运动会、世界级单项体育赛事等活动取得的成绩和经验，以及在体育设施规划、建设、运营等方面的先进做法，为科学编制郑州市的体育设施规划做好了前期准备。积极推进列入市政府五年行动方案的重大公共体育设施建设项目。奥体中心项目对规划方案进行了完善，形成了一场两馆、两中心的新建设规划；东区市民健身中心项目，拟用钓鱼公园土地与东区一宗体育用地进行置换，市体育局与东区管委会的土地置换协商工作进展顺利；水上运动中心项目结合龙湖规划进行水上中心建设，为满足项目要求，市体育局对项目规划中的河堤、桥梁设计进行了调整。认真做好全省第十六批全民健身工程健身路径的安装工作。25个市直机关为帮扶行政村安装了25条健身路径（每条15件）。乡镇体育健身工程实施了39个，新密市体育健身设施实现了全覆盖，登封市君召乡体育健身工程被国家体育总局命名为“全国乡镇体育健身示范工程”。

【城乡管理综合考评工作】 2012年，市体育局按照市委、市政府的要求全面开展城乡管理综合考评工作。健身器材维护方面，投入经费29.5万元，维修健身器材 345 件，更新健身器材80件。局属场馆设施整治方面，共计投入经费近302.2万元，市体育馆对广场健身园进行升级改造，市体育场重新粉刷了看台，更换部分场内老化草坪，西区体育中心更新了一大批健身设施。市体育局迎接全国文明城市测评工作受到市文化环境指挥部的好评。

【体育依法行政工作】 2012年，市体育局重视依法行政工作，制定了《郑州市体育局依法行政工作要点》及相关规章制度，认真梳理了机关各处（室）依法行政工作职责，促进了依法行政工作的落实。规范性文件备案率达到100%。对体育类民办非企业单位开展了全面行政检查，根据检查结果进行评分，有力推动了全市体育类民办非企业单位的发展。

(徐晨革)

民生工程

【概况】 2012年，郑州市民生“十大实事”共60项任务。其中，进一步做好就业再就业工作，共4项任务；稳步提高社会保障和救助水平，共8项任务；持续改善城乡居民生活生产条件，共10项任务；加快“畅通郑州”建设，共7项任务；优先发展教育事业，共4项任务；加快发展医疗卫生事业，共4项任务；完善公共文化旅游服务体系，共5项任务；加强保障性住房建设，共3项任务；加强生态建设和环境保护工作，共7项任务；加强公共安全和社会管理，共8项任务。60项任务分别由29个主办单位和各县（市）区政府、管委会负责落实。市委、市政府共投入资金59.4亿元。截至年底，60项任务中，完成58项，2项未完成。

【2012年民生实事目标及完成情况】

（一）进一步做好就业再就业工作（4项）

（1）实事目标：以创业带动就业，发放小额担保贷款16亿元。

完成情况：已完成。截至2012年11月底，全市发放小额担保贷款16.5亿元。

（2）实事目标：完成创业培训5500人、再就业培训3万人，组织农村劳动力职业技能培训6万人。

完成情况：超额完成。截至2012年11月底，全市完成创业培训6450人；再就业培训33341人；组织农村劳动力职业技能培训74560人。

（3）实事目标：新增农村劳动力转移就业10万人、城镇就业再就业13万人。

完成情况：超额完成。截至11月20日，全市实现农村劳动力转移就业116765人，完成全年任务的117%；全市实现新增城镇就业再就业135137人，完成全年任务的104%。

（4）实事目标：城镇“零就业家庭”动态为零。

完成情况：已完成。

（二）稳步提高社会保障和救助水平（8项）

（1）实事目标：认真落实国家和省政策规定，继续为企业退休人员增加基本养老金。

完成情况：已完成。3月31日前已将调整增加的基本养老金发放到退休人员手中。全市人均每月增加养老金226.9元，调整后全市人均每月养老金1806.2元。

（2）实事目标：落实社会救助和保障标准与物价上涨联动挂钩机制，适时为全市优抚对象、城乡低保对象、农村五保供养对象和领取失业保险金人员以及政府认定的其他困难群众发放临时价格补贴。

完成情况：已完成。

（3）实事目标：关爱留守流动儿童，在留守流动儿童相对集中的乡村、学校和城市社区建立“留守流动儿童之家”40个。

完成情况：已完成。

（4）实事目标：扩大计生奖励扶助金发放范围，在继续为符合条件的农村独生子女和计划生育双女家庭父母发放奖励扶助金的基础上，按照独生子女费筹资和发放渠道，为年满60周岁且只有一个子女的城镇计划生育家庭父母，每人每年发放1000元的奖励扶助金。

完成情况：已完成。

（5）实事目标：持续推行出生缺陷一级干预服务，免费为目标人群提供孕前优生健康检查和孕前、孕后各3个月的叶酸营养素，降低出生人口缺陷风险。

完成情况：已完成。截至2012年11月20日，全市共开展免费婚（孕）前培训107473人次，孕前优生健康检查57387例，为高风险孕妇提供复合营养素补充59935对。

（6）实事目标：持续在35~59周岁城乡妇女中开展宫颈癌、乳腺癌免费筛查，共检查30万人次。

完成情况：超额完成。全年共筛查宫颈癌156838人、乳腺癌158199人；完成率宫颈癌104.56%，乳腺癌105.47%。

（7）实事目标：开展向残疾人送温暖活动，年内为全市60周岁以上的持证残疾人免费体检。

完成情况：已完成。14个县（市）区、开发区23家体检定点医院对郑州市60周岁以上持证残疾人免费体检工作自7月中旬开始，历时3个月，已全部完成。

（8）实事目标：大力开展法律援助活动，新建50个法律援助受理点，使全市的法律援助受理点达到150个，免费为困难群众提供法律咨询、诉讼代理，扩大法律援助覆盖面，加大法律援助办案数量，拓宽法律援助申请渠道，努力做到“应援尽援”。

完成情况：已完成。50个法律援助点已全部建成；全市法律援助办案数量超过5166件，免费接待群众来访来电咨询44295余人次。

（三）持续改善城乡居民生活生产条件（10项）

（1）实事目标：继续实施“菜篮子”工程，完成新菜田基础设施建设4000公顷，新增设施农业生产面积533.33公顷。

完成情况：已完成。新菜田基础设施建设。下达了投资计划，承担蔬菜基础设施建设任务的县（市）区按照实施方案进行工程施工建设，于年底前完成主体工程建设任务。新建设施农业533.33公顷。截至12月14日，全市设施农业开工563.18公顷，已建成533.33公顷。

（2）实事目标：推进放心早餐工程，鼓励4家早餐经营龙头企业进店经营，创建放心早餐示范试点店20家。

完成情况：超额完成。经市早餐工程实施领导小组办公室评审验收，认定22家早餐经营门店为郑州市放心早餐示范店。

（3）实事目标：市区新建供热主管网10公里，新增供热面积100万平方米；新建改造燃气管网60公里，新增居民用户8万户。

完成情况：超额完成。完成新建供热管网21.08公里，新增供热面积105万平方米。燃气管网建设：新建改建天然气管道64.77公里，发展居民用户10万户。

（4）实事目标：完成市区居民生活用水“一户一表”改造4万户以上。

完成情况：超额完成。截至11月12日，累计完工183项工程40397户。

（5）实事目标：市区新增固定或可移动公厕50个以上，通过财政奖补等形式，鼓励、引导沿街单位向社会公众免费开放内部厕所，新设置公厕指向标志2000个以上，多措并举缓解群众“如厕难”。

完成情况：已完成。协调督促各区（管委会）完成新建公厕50座，2000个公厕导示牌全部完成。

（6）实事目标：持续加大扶贫开发力度，结合新农村建设，完成20个贫困村整村推进工作；结合新型农村社区建设，对居住在深山区的2000户贫困人口进行易地扶贫搬迁。

完成情况：已完成。

（7）实事目标：新修、改建农村道路400公里。

完成情况：超额完成。截至11月15日，已完工380.2公里；各县（市）区结合新型城镇化县域路网建设，修建了70公里计划外项目。

（8）实事目标：继续实施农村安全饮水自来水“村村通”工程，用上自来水的农村群众新增40万人。

完成情况：已完成。

（9）实事目标：为4万个农户实施厕所无害化改造，新建农村垃圾中转站200座，维护更换农村垃圾中转站箱体300个。

完成情况：超额完成。全市共完成无害化厕所53152个；已建成406座垃圾中转站；维护更换农村垃圾中转站箱体398个。

（10）实事目标：加大农业综合开发力度，改造中低产田1.33万公顷。

完成情况：已完成。1.33万公顷中低产田改造，包括5333.33公顷国家项目和8000公顷市本级项目。该项目为跨年度项目，2012年的任务是完成主体工程建设。截至年底，5333.33公顷国家项目主体工程按要求全部完工，截至12月15日，8000公顷市本级项目完成主体工程建设。

（四）加快“畅通郑州”建设（7项）

（1）实事目标：坚持公交优先发展，新购置公交车500辆，开辟公交线路10条以上，公交线路逐步向郑州都市区“六城十组团”和产业集聚区延伸。

完成情况：已完成。新购公交车500辆，新开线路23条，优化调整线路32条。

（2）实事目标：拓展快速公交（BRT）运营路线36公里以上，农业路向西延伸至高新区郑州大学、向东延伸至高客站，航海路向东延伸至经开区四港联动大道，年底前投入运营。

完成情况：该项目不能按期组织实施。原因是按照郑州市城市地铁建设规划，2012年需要拓展的BRT快速公交运营路线的主线有一部分与地铁5号线重复，国家发改委已审批通过郑州市地铁5号线项目，并同意郑州市提前组织实施该项目。为避免公交线路重复建设，造成运力资源浪费，需要对在农业路、航海路拓展BRT快速公交运营路线进行进一步研究论证。

（3）实事目标：在郑州新区龙子湖高校园区、航空港区和高铁新客运站新建公交综合停车场（站）3个。

完成情况：已完成。航空港区公交综合停车场、龙子湖高校园区综合停车场、高铁新客站公交综合枢纽站工程已开工建设。

（4）实事目标：继续优化中心城区路网结构，打通支线路网20条15公里以上。

完成情况：已完成。金桥路、电厂路、五龙口南路、齐礼阎东街、峨眉路、湖西路、南屏路、汉江路、郑大南路、嵩岳路、端午路、南湾路、花溪路、郑航南路、中秋路、木马东街、建业路、体育路、青年路、宏达路等20条道路具备通车条件。

（5）实事目标：加快步行系统建设，新建人行过街设施10个以上。

完成情况：已完成。建成投入使用的1处，开工建设的10处。

（6）实事目标：加快公共停车场开发建设，新增停车泊位5万个，其中，公共停车泊位2万个、其他停车泊位3万个。

完成情况：超额完成。截至10月30日，全市停车场已完工项目312处，共建泊位57698个。

（7）实事目标：在二七广场、火车站、紫荆山、科技市场等停车矛盾突出区域和城市出入市口设置停车智能诱导系统，方便机动车停放。

完成情况：已完成。停车诱导系统完成建设任务。

（五）优先发展教育事业（4项）

（1）实事目标：持续实施优质教育资源促进计划，市区新增优质中小学招生学位2.36万个。

完成情况：超额完成，实际增加优质中小学招生学位3.5万个。

（2）实事目标：市区新建、改扩建中小学校30所，六县（市）城区新建、改扩建中小学校10所以上。

完成情况：已完成。40中小学建设全部开工。

（3）实事目标：持续实施学前教育三年行动计划，新建、改扩建幼儿园84所，扶持200所民办幼儿园达标升级。

完成情况：超额完成。新建、改扩建幼儿园共开工96所，任务总体完成比例109%。269所幼儿园实现达标升级。

（4）实事目标：为具有郑州户籍或父母持有郑州居住证、在郑有就业岗位、在有合法建筑手续的房屋内租住，且在教育、民政部门注册登记的社会办普惠幼儿园入读的年满3周岁幼儿，按照每人每年300元的标准发放学前教育补贴。

完成情况：已完成。全市共发放2012年幼儿补贴资金5789.85万元，惠及幼儿19.3万人。发放2012年教育券33万套。

（六）加快发展医疗卫生事业（4项）

（1）实事目标：持续开展中医中药进农村、进社区活动，完成64所建制乡镇卫生院、74所社区卫生服务中心、54所社区卫生服务站的中医科达标建设。

完成情况：已完成。

（2）实事目标：新农合人均筹资标准提高到290元，住院补偿封顶线由10万元提高到15万元，参合率保持在97%以上。

完成情况：已完成。出台了2012年新农合统筹补偿方案，筹资标准提高至每人每年290元，住院报销补偿封顶线提高到15万元，全市参合率达到98.8%。

（3）实事目标：支持乡镇卫生院加快发展，方便农民就近就医，参合农民在乡镇卫生院的住院报销比例和利用中医药服务的住院报销比例分别提高到90%和100%。

完成情况：已完成。2012年新农合统筹补偿方案出台，明确要求在郑州市范围内参合农民在乡镇卫生院的住院报销比例和利用中医药服务的住院报销比例分别提高到90%和100%。

（4）实事目标：实施乡镇卫生院温暖工程，启动50所乡镇卫生院取暖设施和房屋保暖改造工程。

完成情况：已完成。

（七）完善公共文化旅游服务体系（5项）

（1）实事目标：持续实施文化惠民工程，新建、改建社区文化活动中心200个，新建、改建农村文化大院100个，新建社区公共电子阅览室300个，新建农家书屋410个。

完成情况：已完成。2012年度新建农家书屋410个（不包括巩义市31个），并通过省农家书屋验收组的检查验收。

（2）实事目标：持续开展送艺术进基层活动，免费演出优秀戏曲（剧）1000场；为所有行政村每月各免费放映1场电影。

完成情况：已完成。全年26024场公益电影的放映任务全部完成。

（3）实事目标：开展科普惠民活动，依托城市社区现有活动中心，建设社区科普大学示范点100个。

完成情况：超额完成。郑州市社区科普大学示范点建设单位达到107个；完成科普大学骨干培训1044人，发放社区科普大学系列科普教材10070套，培训社区居民达到113960人次。

（4）实事目标：在政府办事大厅、重点景区、车站、机场、星级酒店、博物馆、科技馆等窗口单位免费提供郑州旅游图。

完成情况：已完成。

（5）实事目标：积极实施省“百村万户”旅游富民工程，支持全市40家乡村旅游经营单位入围省首批乡村旅游经营单位星级序列；扶持5-8个特色旅游村开展乡村旅游，新增农民就业岗位200个，争取5个村入选省特色旅游村。

完成情况：已完成。特色旅游村：省旅游局批准6个村为省级特色旅游村，评定9个村为“郑州市特色旅游村”。乡村旅游经营单位：通过评定45家。其中，四星级16家、三星级19家，县（市）区旅游行政管理部门直接评定的二星级10家。

（八）加强保障性住房建设（3项）

（1）实事目标：大力开展以公共租赁住房为重点的保障性住房建设，全市新开工建设保障性住房50416套，竣工2.9万套。其中，公共租赁住房新开工2.2万套，竣工14.8万套；经济适用房新开工2.15万套，竣工1.1万套；其他保障性住房新开工6916套，竣工3200套。

完成情况：超额完成。新开工51999套保障性住房，其中，经济适用住房新开工13100套、公共租赁住房新开工32523套、其他保障性住房新开工6376套。已建成完工各类保障性住房30023套，其中12959套交房入住。

（2）实事目标：对全市老旧住宅小区和物业基础配套设施不健全、不完善、缺乏基本物业管理条件及零星分布小区进行综合整治改造，逐步做到住宅小区物业管理全覆盖，实现无主管楼院帮扶和业主委员会（业主代表协调委员会）全覆盖。

完成情况：超额完成。全市已经改造完成563个小区。

（3）实事目标：扶持物业服务企业达标升级，年内晋升一级资质企业3家、二级资质企业15家，争创国家级优秀社区物业管理项目2-3个、省级15个、市级35个。

完成情况：已完成。郑州市有6家企业通过建设部一级资质审核，13家企业通过了省住建厅二级资质审核。通过市级物业管理示范项目38个；申报创建省级物业管理示范项目27个，初评合格向省住建厅推荐19个。

（九）加强生态建设和环境保护工作（7项）

（1）实事目标：加快常西湖生态公园、南水北调带状公园、滨黄河森林公园等城市公园和都市区森林公园建设。常西湖生态公园化工路以南、陇海铁路线以北、西三环以西、湖西路（规划）以东合围区域年底前完工。滨黄河森林公园示范园“五一”前正式开园。其他工程年底前开工建设。

完成情况：未全部完成。市林业局负责的滨黄河森林公园示范园于2012年4月28日正式开园。同时，建成并开园的还有郑州黄河国家湿地公园示范园、郑州花卉苗木博览园、郑州文博森林公园示范园。

市园林局负责建设的常西湖公园已向市民开放。

南水北调带状公园（示范带）建设项目2012年不具备开工建设条件。主要原因：一是主干渠工程未完工。主干渠工程到2013年年底完工，如果公园建设开工，势必影响主干渠的施工。二是公园建设范围内的土地性质没有解决，需土地管理部门进一步研究解决方案。三是征地、拆迁补偿工作尚未完成。

（2）实事目标：启动国家森林城市创建工作，完成造林1.27万公顷；市区新增绿地700万平方米，新植乔木50万株。

完成情况：超额完成。市园林局完成市区新增绿地852.68万平方米，新植乔木71.9万株；市林业局完成林业生态市造林1.28万公顷。

（3）实事目标：争创省级生态乡镇6个、省级生态村45个、市级生态村40个。

完成情况：已完成。6个省级生态乡镇和45个省级生态村通过省环保厅材料审核，并于11月底进行了现场验收；全市51个市级生态村完成创建工作。

（4）实事目标：做好PM2.5监测前期准备工作，年底前试运行。

完成情况：已完成。PM2.5监测仪器全部安装到位，各项监测工作稳步推进，2012年12月正式发布数据。

（5）实事目标：加强大气污染防治工作，拆除改造城区10蒸吨以下燃煤锅炉18台，升级改造和脱硫治理10蒸吨以上燃煤锅炉10台；持续开展市区餐饮企业的油烟治理和电力行业脱硝治理、烟尘提升改造工作；城区空气质量优良天数达到310天以上。

完成情况：已完成。城区18台10蒸吨以下燃煤锅炉的拆除改造任务全部完成；10台10蒸吨以上燃煤锅炉烟尘升级改造和脱硫治理工作全部完成；30家规模以上餐饮单位完成油烟治理任务。

（6）实事目标：加强城乡污水处理治理工作，持续加大中心城区生态水系截污治理力度，确保已完成治理的各截污点不反弹。加快推进马头岗污水处理厂二期工程等项目建设，市区生活污水集中处理率达到90%以上。结合新型农村社区建设，因地制宜配建小型污水集中处理设施，做到同步设计、同步施工、同步投入使用。

完成情况：已完成。

（7）实事目标：实施农村环境连片整治，完成47个农村环境连片综合整治项目建设。

完成情况：已完成。郑州市47个农村环境连片综合整治项目全部完工，并通过市级工程验收和省级抽验。

（十）加强公共安全和社会管理（8项）

（1）实事目标：加强校车管理，健全完善校车及驾驶员安全管理制度，支持在偏远乡村、农村寄宿制学校开通定时公交线路、提供公交定制服务等试点。

完成情况：已完成。市教育局根据市法制局、公安局、交运委提出的意见，对《郑州市校车安全管理实施办法（草案）》进行了修改，支持在偏远乡村、农村寄宿制学校开通定时公交线路、提供公交定制服务等试点已完成。

（2）实事目标：加强对散装水泥罐车和垃圾、渣土清运车等特殊车辆无照运营、超速行驶、无遮盖运输撒漏等行为进行综合整治。

完成情况：已完成。

（3）实事目标：加大对肉制品、大米、蔬菜、豆制品、食用油等大宗商品抽检比例，启动肉类流通追溯体系建设工作，逐步提高大宗食品的质量安全水平。

完成情况：已完成。

（4）实事目标：开展规模以上餐饮服务企业信用达标升级活动，设立监管信息公示牌，方便群众监督和投诉。

完成情况：已完成。

（5）实事目标：加强药品和医疗器械监管，提高药械针对性抽验命中率，假冒药品和医疗器械的举报查处率和立案率均达到100%。

完成情况：已完成。全年药品监督抽验2652批次；医疗器械监督抽验241批次；受理群众举报、投诉共373件，回复373件；收到省食品药品监督管理局交办件331件，回复331件；收到外地协查件589件，回复589件，办理简易程序案件393件。

（6）实事目标：积极推进民警进驻社区、进驻乡村和治安巡防工作，提高基层快速处置能力。

完成情况：已完成。全市已建成标准化警务室724个，其中市内分局466个，县（市）局、上街分局258个。全市有754名民警落实兼职工作模式，其中兼任社区党支部副书记或主任助理的506名，兼任乡（镇）综治办主任助理的248名。

（7）实事目标：加强对城区200个重点路口、30个重点部位、300个重要场所的视频监控，对市区视频监控设施进行及时维护和升级改造，实现互联互通。

完成情况：已完成。

（8）实事目标：在交通或治安状况复杂的行政村中，建设200个视频监控示范村，引导农村逐步实现视频监控全覆盖。

完成情况：已完成。

【2013年民生实事目标】（1）鼓励创业促进就业。开展创业培训5800人、再就业培训3万人、农村劳动力职业技能培训6万人，实现新增城镇就业再就业13万人、农村劳动力转移就业10万

人。以创业带动就业，发放小额担保贷款16亿元。

（2）推进教育均衡发展。市区新建、改扩建中小学校30所，新增学位3万个。持续实施优质教育资源促进计划，增加优质学位3.5万个。

全市新建、改扩建86所公办幼儿园，新增学位2万个。推动200所民办幼儿园完成达标升级。

（3）提升医疗卫生服务能力。持续实施优质医疗资源倍增工程，郑州人民医院颐和医院年内开诊服务，新增优质床位1000张。发放居民健康卡100万张，推动居民健康档案、病历和诊疗信息共享，减少重复检查费用，方便群众就医。

支持16所新型农村社区卫生服务中心建设。为96家乡镇卫生院和82家社区卫生服务中心各配备1台健康一体机。持续推进中医中药进农村、进社区，为农村标准化村卫生所和150家社区卫生服务站配备中医药设备。

（4）缓解出行难。地铁1号线年底前开通试运营。新购清洁能源公交车500台。新开通公交线路20条，优化中心城区公交线路30条。新增城市支路25条。新改建新型城镇化县域道路500公里。

（5）加强保障性住房建设。开工建设保障性住房和完成棚户区改造45848套，基本建成45672套。完成830个老旧小区物业基础设施改造。

（6）提升市容环境质量。开展PM2.5污染源治理，严厉查处道路行驶的冒蓝、黑烟车辆，治理率达到90%；完成3家电厂和2家水泥厂的脱硝治理工作。营造生态林6666.67公顷，市区新增绿地500万平方米以上、新植乔木50万株以上。

（7）提高社会保障和救助水平。免费为农村居民按每人15元的标准购买大病保险，大病保险补偿、新农合政策补偿合并最高额从15万元提高到35万元，20种大病实际补偿平均达到90%以上。

6个县（市）各建设一个集养护、康复、托管于一体，为孤儿、孤老、精神病人、生活无着落流浪乞讨人员、优抚安置对象等特殊群体提供服务的综合性、多功能社会福利中心。在留守流动儿童集中的乡村、学校和城市社区建立"儿童之家"100所。为具有郑州户籍的新生儿免费进行苯丙酮尿症、先天性甲状腺功能低下症和听力障碍筛查。

（8）丰富群众文体生活。为基层免费演出优秀戏曲（剧目）1000场，为每个行政村每月免费放映一场公益电影。新建公共电子阅览室200个，新建、改建新型社区文化活动中心100个。巩固提高100个社区科普大学示范点，培训社区居民10万人次。

（9）改善城乡生产生活条件。继续实施"菜篮子"工程，开发新菜田2666.67公顷（其中水产666.67公顷）、建设设施农业533.33公顷；新建、改造标准化菜市场5家，新建社区便利店50家；新建平价蔬菜店50家。

持续加大扶贫开发，完成易地扶贫搬迁5633户20852人，完成20个贫困村整村推进工作。

新建、改造燃气管网60公里，新增燃气用户8万户。为4万户城区自来水居民用户实施"一户一表"改造。新增农村自来水用户6.5万户，解决安全饮水27万人。新建供热主管网10公里，启动"煤改气"工程，新增供热能力100万平方米。

（10）加强公共安全监管。在蔬菜、水果、食用菌、水产品、肉类等农产品实施质量安全市场准入的基础上，新增原（杂）粮、干菜（果）、茶叶市场准入检测监管。

建设来源可追溯、去向可查证、责任可追究的肉菜流通追溯体系；抽检米、面、油、肉、奶、蛋、豆制品、水产品、酒及饮料等九大类大宗食品1.8万批次，每季度公布抽检结果，确保大宗食品质量安全。

强化药品快速检测能力建设，加大打假治劣力度，药品抽检合格率达到98%以上。

鼓励引导餐饮服务企业安装餐厨垃圾油水分离器，从源头上减少地沟油排放。

为200所中小学校和幼儿园、300个路口、100个公交站点、45个卡口及新建新型农村社区、滨河公园等场所安装视频监控设施，实现与已建视频设施的互联互通。

（王晓东）

城乡居民生活

【概况】 2012年，郑州市委、市政府认真贯彻落实中央的各项惠民政策和中央农村工作会议精神，全市上下紧紧围绕"保增长、调结构、促转型、惠民生"和促进农业稳定发展、农民持续增收的目标，突出重点，强化措施，加大农业投入力度，创新体制机制，大力发展现代农业，经济运行保持平稳增长态势，城乡居民收入进一步提高。2012年，郑州市城镇居民人均可支配收入达到24246元，比上年增长12.2%。全市农村居民人均纯收入12531元，比上年增加1481元，名义增长13.4%；扣除价格因素影响，实际增长11.3%。2012年,城镇居民的消费观念进一步转变，消费支出全面增长，生活质量明显提高。2012年，郑州市城镇居民家庭人均消费性支出16610元，比上年增长14.6%。居民消费的八大项，呈现全面上升的增长态势。农民收入大幅增加，农民生活消费水平显著提高，消费结构进一步优化，消费领域日益拓宽。2012年，郑州市农民人均生活消费支出达到8967元，比上年增加1344元，增长17.6%。

【城镇居民收入】 2012年是全面实施"十二五"规划的关键之年。在郑州市委、市政府的正确领导下，全市经济运行保持平稳增长态势，城镇居民收入进一步提高。城镇居民家庭收入持续增长，生活水平不断提高。2012年，郑州市城镇居民人均可支配收入达到24246元，比上年增长12.2%。

（一）工资性收入稳步增长。在经济健康快速发展、就业形势稳定、最低工资标准提高等各种因素共同作用下，城镇居民工资性收入稳步上升。加之郑州市经济发展活跃度上升，城镇居民从事第二职业、兼职和零星劳动增多，其他劳动收入也呈现稳步增长态势。2012年，郑州市城镇居民人均工资性收入14265元，比上年增长11.8%。其中，其他劳动收入254元，比上年增长14.2%。从收入构成看，工资性收入占城镇居民家庭总收入的比重已达到54.4%，是四项收入所占比重最大的一项收入。

（二）民生工程扎实推进，转移性收入平稳增长。近年来，各级党委、政府始终坚持把资金重点向民生方面倾斜，认真落实各项惠民政策，城镇居民转移性收入稳步提高。2012年，郑州市城镇居民人均转移性收入为7642元，比上年增长6.1%。从收入构成看，转移性收入占家庭总收入的比重为29.2%，仅次于工资性收入，为居民收入的第二大来源。转移性收入增长的主要因素，一是企业养老金及离退休养老金标准不断提高，二是城镇低保收入不断增加。

（三）市场经济深入发展，助推财产性收入高速增长。随着市场经济的深入发展，居民投资意识进一步增强，投资、红利等财产性收入稳步增加；进城务工人员的增加，使得房租价格也一路上涨，出租房收入成为居民增收的又一途径，带动居民财产性收入快速增长。2012年，郑州市城镇居民人均财产性收入为579元，比上年增长28.6%。其中，出租房屋收入为352元，比上年增长22.2%。在四项收入中财产性收入的增幅位于第一，但所占比重最小，仅占家庭总收入的2.2%。

（四）经营环境和政策扶持给力，经营净收入快速增长。郑州市积极优化经营与投资环境，扶持失业人员、高校毕业生、返乡农民工等群体的创业，并采取减免个体经营税费、税收起征点上调、小额贷款扶持等一系列有力措施，助推城镇居民经营净收入的增长。2012年，郑州市城镇居民人均经营净收入3708元，比上年增长26.2%。在四项收入中增幅仅次于财产性收入，位于第二，但所占比重较小，仅占家庭总收入的14.2%。

【城镇居民消费支出】 2012年,郑州市委、市政府认真贯彻落实中央的各项惠民政策，扩内需、保增长，努力提高城乡居民收入，不断改善消费环境，城镇居民的消费观念进一步转变，消费支出全面增长，生活质量明显提高。2012年，郑州市城镇居民家庭人均消费性支出16610元，比上年增长14.6%。居民消费的八大项，呈现全面上升的增长态势。

（一）食品消费档次提高，恩格尔系数有所下降。随着生活质量的改善，城镇居民更加注重合理调整膳食结构，追求食品的营养性、均衡性和多样性，保健、环保的绿色食品备受人们青睐。2012年，郑州市城镇居民人均食品消费支出5767元，比上年增加609元，增长11.8%。从食品消费构成看，城镇居民人均粮油类支出比上年下降2.2%，人均肉禽蛋水产品支出比上年增长10.0%，人均干鲜瓜果类支出比上年增长17.0%，人均糕点、奶及奶制品支出比上年增长6.8%，人均糖酒饮料类支出比上年增长16.9%。另外，伴随着人们收入的增加，在家庭生活质量得到改善的同时，居民饮食习惯也发生改变。节日家宴、亲朋聚会、请客会友走进饭店已习以为常，此举一方面从很大程度上方便了居家生活，另一方面使得居民饮食服务支出快速增长。2012年，郑州市城镇居民人均饮食服务支出1308元，比上年增长24.1%。

2012年，郑州市食品消费支出占消费支出的比重（恩格尔系数）为34.7%，比上年同期下降了0.9个百分点。恩格尔系数的下降，标志着郑州市城镇居民生活水平进一步提高。

（二）衣着消费注重品位，服饰日趋时尚。随着生活水平的提高，追求时尚、体现品位逐渐成为着装的主流，人们不再单纯注重服装的实用性，而是更加关注品牌、时尚、品位与个性，更加讲究着装的整体搭配效果。2012年，郑州市城镇居民人均衣着消费支出2586元，比上年增长13.0%。从分类看，人均服装消费支出1885元，比上年增长12.7%；人均鞋类消费支出608元，比上年增长14.3%；人均其他衣着用品消费支出76元，比上年增长12.1%。

（三）居住条件显著改善，装潢支出快速增长。随着城镇居民消费观念的转变，城镇居民的居住条件发生了很大的变化，改善室内装修和完善配套设施的需求更加强烈。人们不但讲求住房面积增大、环境优雅，而且更注重住房的装饰。2012年，郑州市城镇居民人均居住支出1120元，比上年增长7.1%。其中，人均住房装潢支出254元，比上年增长42.2%。

（四）现代化设备消费需求增加，城镇居民生活现代化程度提高。2012年，各大节日商场促销手段层出不穷，居民的节日消费热情高涨。以电冰箱、微波炉、空调器、计算机等改善生活条件的享受型家电为代表的家庭设备大幅增加，更新换代速度加快，拉动居民家庭耐用消费品的现代化水平迅速提升。同时，也进一步促进了家庭室内配套设施向立体新颖、美观大方的装饰上转变，越来越多的人舍得把钱用在对房屋的“梳妆打扮”上，美化居室、亮化居住环境，使自己的生活更加舒适。2012年，郑州市城镇居民人均家庭设备用品及服务支出1384元，比上年增长13.7%。其中，城镇居民人均耐用消费品支出560元，比上年增长7.6%；人均购置室内装饰品支出33元，比上年增长38.2%。

（五）居民保健意识增强，滋补保健品消费快速增长。近年来，居民对身体健康关注程度越来越高，及时就医、养身保健等意识逐年增强，用于医疗保健方面的支出不断增加，尤其加大了对保健品方面的花费。2012年，郑州市城镇居民人均医疗保健支出1172元，比上年增长11.7%。其中，人均滋补保健品支出139元，比上年增长48.6%。

（六）现代化交通通信工具拥有量增加，交通和通信支出快速增长。随着交通运输事业和通信科学技术的迅猛发展，社会信息化程度越来越高，居民交通和通信支出快速增长。2012年，郑州市城镇居民人均交通通信支出1956元，比上年增长15.9%。其中，人均交通支出比上年增长21.3%，人均通信支出比上年增长8.2%。在交通支出中，人均购买家用汽车支出688元，比上年增长31.0%。在通信支出中，人均通信工具消费支出222元，比上年增长55.9%。

（七）文化娱乐生活日趋丰富，教育文化娱乐消费大幅增长。人们对教育文化越来越重视，健身娱乐成为消费时尚，教育文化娱乐服务消费支出呈现大幅增长。2012年，郑州市城镇居民人均教育文化娱乐服务支出1797元，比上年增长23.7%。其中，人均文化娱乐服务支出比上年增长52.9%。主要是因为居民外出旅游增多，团体旅游及参观游览增长明显。2012年，郑州市城镇居民人均团体旅游费用442元，比上年增长85.8%。

为适应社会发展，居民对自身和子女的教育愈发重视，文化教育方面的投入不断加大，教育投资已成为家庭的一项重要开支。2012年，郑州市城镇居民人均教育支出563元，比上年增长9.2%。课外培训班、成人教育费用支出是教育费用增长的两个重要原因。2012年，人均培训班费用支出227元，比上年增长26.5%；人均成人教育费用支出28元，比上年增长29.9%。

（八）居民自身美化意识增强，杂项商品服务支出快速增长。受黄金饰品价格上涨、居民美容化妆支出增加的影响，2012年，郑州市城镇居民人均其他商品和服务消费支出828元，比上年增长37.7%，增幅远远高于其他各类消费支出。其中，人均金银珠宝饰品支出263元，比上年增长97.0%；人均购买化妆品支出208元，比上年增长16.1%。

【农村居民收入】 2012年，郑州市委、市政府认真贯彻落实中央农村工作会议精神，紧紧围绕促进农业稳定发展、农民持续增收的目标，加大农业投入力度，创新体制机制，大力发展现代农业，农民收入持续增加。

（一）农民收入稳定增长，增长速度高于全国平均水平。2012年，全市农村居民人均纯收入12531元，比上年增加1481元，名义增长13.4%；扣除价格因素影响，实际增长11.3%。与城镇居民人均可支配收入名义增长速度12.2%、实际增长速度9.3%相比，分别高出1.2个百分点、2.0个百分点。

2012年，郑州市农民人均纯收入比全国平均水平7917元高出4614元，比全省7525元高出5006元；实际增长速度比全国10.7%高出0.6个百分点，与全省持平。

（二）工资性收入成为农民增收的重要因素。随着中原经济区、郑州都市区建设的全面推进，郑州市农村居民就业环境改善，劳动空间拓宽，劳务工资大幅度提高，农民务工收入增长较快。2012年，郑州市农村居民人均工资性收入由上年的5654元增加到6669元，增加1015元，增长18.0%，高于农民纯收入增幅4.6个百分点，拉动全市农民纯收入增长9.2个百分点。工资性收入的增加已经成为农民增收的最大亮点。

（三）家庭经营纯收入持续增加，比重下降。伴随着国家对三农工作的高度重视，以及一系列惠农政策的贯彻落实，农民家庭经营活跃，家庭经营创造的收入呈继续增加态势。家庭经营的健康、稳定发展是保障全市农民增收的另一个重要因素。2012年，郑州市农民人均家庭经营纯收入4632元，比上年增长7.6%。农民人均家庭经营纯收入占纯收入的比重由上年的39.0%回落至37.0%，下降2.0个百分点。

主要增长因素，一是2012年粮食生产再获丰收，夏粮生产实现播种面积、产量双增，秋粮实现“九连增”。全年粮食总产量为169.5万吨，比上年增长1.7%。产量的增加，使得农民手中可供出售的农产品数量比较充裕，同时出售价格上涨，农民从种植业得到的人均纯收入1643元，比上年增长4.1%。二是牧业产品如猪牛羊肉产量、禽蛋产量以及奶类产量与上年相比，都有不同程度增长。牧业产品产量的增长，使农民出售产品的数量加大，收入增加。2012年，农民来自畜牧业的人均纯收入为463元，比上年增长7.5%。三是农村二、三产业的持续发展，加快了农民增收的步伐。2012年，郑州市农民从事

二、三产业得到的纯收入人均2326元，比上年增长10.4%，高于家庭经营纯收入增幅2.8个百分点，拉动全市农民纯收入增长2.0个百分点。农民家庭经营收入平稳增加是农民增收的重要因素。

（四）财产性收入稳步增长。随着郑州市城区规模不断扩大，都市村庄改造步伐加快，农村居民租金收入持续增加，使得财产性收入稳步增长。2012年，郑州市农民人均财产性收入为639元，比上年增长8.7%。

（五）转移性收入快速增长。2012年，全市新型农村合作医疗参保率在97%以上，参合农民在乡镇卫生院的住院报销比例提高到90%；企业退休人员养老金得到增加，平均每月增加227元；全市农资综合补贴亩均达到97元，粮食直补亩均14元，两项补贴相加亩均为111元，比上年增长20.3%。这些政策的实施，带动了农民转移性收入快速增长。2012年，郑州市农民人均转移性纯收入591元，比上年增长17.7%，高于农民纯收入增幅4.3个百分点。转移性纯收入在农民纯收入中的比重由上年的4.5%提高到4.7%。

【农村居民消费支出】 2012年，郑州市认真贯彻落实中央支农惠农政策，狠抓农民持续增收，通过大力调整农业产业结构，引导和发展农村劳务经济，农民增收渠道不断拓宽，实现了农民收入的快速增长。农民收入大幅增加，农民生活消费水平显著提高，消费支出全面增长。2012年，郑州市农民人均生活消费支出达到8967元，比上年增加1344元，增长17.6%。其中，食品消费支出2203元，比上年增长7.0%；衣着消费支出646元，比上年增长12.5%；居住消费支出2794元，比上年增长24.8%；家庭设备及用品支出680元，比上年增长25.0%；交通通信消费支出1111元，比上年增长11.1%；文教娱乐用品及服务消费支出625元，比上年增长32.7%；医疗保健消费支出655元，比上年增长28.9%；其他商品和服务消费支出252元，比上年增长11.4%。

消费结构进一步优化，消费领域日益拓宽。随着农户经济实力增强和消费水平不断提高，农民生活消费结构发生变化，从衣、食、住、行消费慢慢向宽裕型、享受型消费发展。农村居民用于衣、食、住、行的消费支出比重下降，用于家庭用品和文化娱乐的消费支出比重上升。2012年，郑州市农村居民衣、食、住、行消费支出占生活消费支出的比重为75.3%，比上年下降1.7个百分点；家庭用品消费支出占生活消费支出的比重为7.6%，比上年上升0.5个百分点；文化教育娱乐消费支出的比重为7.0%，比上年上升0.8个百分点。以上表明郑州市农民在衣、食、住、行得到改善后，越来越注重家庭生活质量的提高。

【农民消费质量稳步提高】 2012年，郑州市农村居民消费质量稳步提高，传统习惯悄然变化。农村居民消费水平的提高和消费结构的变化，最终体现为消费质量的提高。

（一）食品消费质量提高，肉蛋奶消费支出显著增长。农村居民主要生活消费品中肉蛋奶消费量明显增加，2012年郑州市农村居民人均消费肉蛋奶的支出为436元，比上年增长9.6%。从消费数量上看，肉蛋奶及其制品人均消费27.6公斤，比上年增长4.5%。肉蛋奶和水产品等动物性食品的增长，表明广大农民开始注重吃好，与此同时，农民从食物中摄取的蛋白质、脂肪尤其是动物蛋白和脂肪显著增加。

郑州市农村居民人均主要食品消费量（公斤）

食品名称	2012年	2011年
粮食	154.7	145.4
食用油	9.1	8.1
蔬菜及其制品	82.3	78.9
肉禽及其制品	11.9	11.9
蛋类及其制品	8.2	7.7
奶及奶制品	7.5	6.9
水产品	1.2	1.2
水果	20.4	18.7

（二）衣着消费水平提高，城市化趋势不断增强。随着收入水平的不断提高和生活的不断改善，衣着消费已发展到追求“牌子亮、款式新、质量好”，西装、休闲装、运动装等在农村广泛流行，农民衣着消费从耐用型向高档、时髦、城市化转变。同时，由于衣着服饰品种、规格更加齐全，农民愿意采取更省时、方便、直接的消费方式，衣着消费进入以成衣消费为主的新阶段，个性化、成衣化、城市化趋势不断增强。2012年，郑州市农民人均衣着消费支出达到646元，比上年增长12.5%，其中成衣消费占99.8%。

（三）住房宽敞漂亮，居住环境明显改善。近年来，郑州市农村最显著、最直观的变化之一就是广大农民的住房条件得到明显改善，房屋质量明显提高，追求房屋内部装饰已成时尚，部分率先富裕起来的农户住房向楼房式、庭院式、花园式发展，房屋内部装饰、布置等一系列配套设施逐步趋向现代化。2012年，郑州市农户用于居住的人均消费支出为2794元，比上年增长24.8%；人均住房面积为55.7平方米，比上年增长1.5%。在住房面积增加和房屋质量提高的同时，农民的居住环境和卫生设施也得到进一步改善，绝大部分农户用上了安全饮用水，使用暖气、液化器、沼气等洁净能源的农户也从无到有、逐渐增多。

（四）新潮耐用消费品大量进入农村居民家庭。随着农村消费环境的改善及农民购买能力的增强，特别是家电下乡政策的落实，刺激了农民对大件商品的消费。电冰箱、洗衣机、移动电话、电脑、摩托车等新潮耐用消费品大量进入农家，购买各种高档家用物品已成为农民生活质量显著提高的又一个重要标志。2012年末，郑州市每百户农村居民家庭拥有彩色电视机131台，摩托车58辆，电动自行车73辆，电冰箱95台，洗衣机114台，移动电话253部。

（五）交通和通信消费快速增长。交通和通信消费是近年来农民生活消费的一大亮点，也是生活消费八大项中增长最快的。随着市场经济的发展，农民经济活动的区域不断扩大，对交通和通信的依赖程度加深。特别是农民务工人数增加，带动了农民交通和通信开支的大量增加。2012年，郑州市农民家庭交通通信费支出人均1111元，比上年增长11.1%。其特点一是通讯器材类增长最快，二是交通工具发生了变革。2012年，郑州市每百户农民家庭拥有移动电话253部，比上年增长5.3%；每百户农民家庭拥有生活用汽车22辆，比上年增加4辆。上述变化，一方面是农民的消费观念随着时代的发展而逐渐改变，另一方面也反映了农民收入的增加以及国家对交通、通信基础设施的大规模建设，使越来越多的农民家庭有条件享受现代交通、通信的方便与快捷。

（黄　飞）

郑州市每百户农村居民家庭主要耐用消费品拥有量

消费品名称	2012年	2011年
彩色电视机（台）	131	127
电冰箱（台）	95	90
洗衣机（台）	114	112
摩托车（辆）	58	57
电动自行车（辆）	73	69
移动电话（部）	253	246
家用计算机（台）	44	38
生活用汽车（辆）	22	18

社会保障

综　述

【概况】 2012年，全市社会保障工作以“民生为本”为主线，以保障和改善民生为目标，推动社会保障工作实现新发展。城乡就业任务完成年度计划的107.6%；全市企业劳动合同签订率99.7%，全年追发劳动者工资1.48亿元；城乡居民社会养老保险试点实现全覆盖；“五险统一”经办软件系统上线运行，发放社会保障卡237余万张；“创业者孵化楼”投入使用。新郑市列为2012年度国家基层就业和社会保障服务设施建设试点项目，落实项目投资计划980万元。郑州市人社局被国务院授予“全国就业先进工作单位”“全国新型农村和城镇居民社会养老保险工作先进单位”称号。

【政策法规建设】 2012年，郑州市社会保障政策法规建设取得重大突破。由省人大通过的《郑州市劳动用工条例》，开创了郑州市乃至全省劳动关系协调工作的先河；以市政府名义陆续出台了《郑州市公益性岗位管理办法》《郑州市社会保险基金管理办法》《关于进一步加强来郑就业人员服务管理的若干意见》等文件。

实施更加积极的就业政策。市政府印发《关于做好2012年就业工作的通知》，将就业工作任务列入政府工作目标，并将就业目标任务细化分解到各县（市）区及相关部门。坚持季度通报制度，将各项就业目标任务完成情况及时通报到各县（市）区政府，促进各县（市）区就业目标任务的完成。不断完善重点建设项目用工信息发布制度，围绕重点建设项目领域开发就业岗位；围绕劳动密集型企业和中小企业挖掘潜力，开发就业岗位；大力发展家政、金融、物流、信息服务、旅游等现代服务业，充分发挥服务业吸纳就业的作用；深入开展全民创业活动，促进创业带动就业，通过小额担保贷款带动就业。

加强就业专项资金使用管理，制定了《关于印发郑州市使用就业专项资金开展职业培训及职业技能鉴定操作办法的通知》，加强了对就业专项资金的使用管理，通过发放职业介绍补贴、职业培训补贴、社会保险补贴、公益性岗位补贴、就业见习补贴、小额担保贷款贴息等，充分发挥就业专项资金促进就业的作用。1–9月，全市共使用就业专项资金1.86亿元，15.4万人次享受就业扶持补贴。

社会保险制度进一步完善。出台了《关于增加我市城镇居民基本医疗保险门诊规定病种有关问题的通知》《关于郑州市农民工基本医疗保险有关政策的补充通知》《郑州市城镇基本医疗保险和生育保险市级调剂金使用管理办法》《郑州市城镇职工基本医疗保险付费方式改革实施办法》；会同市国资委、市工信委和市财政局印发了《关于郑州市市属国有破产（困难）企业退休人员参加城镇职工基本医疗保险办理程序有关问题的通知》，切实保障了市属国有破产（困难）企业退休人员医疗保险按年度申报工作的有效开展，建立联审联批制度、简化办理程序，提高了工作效率。出台《郑州市社会保险基金行政监督办法》，加大了社会保险稽查力度。

（支晶晶）

就业工作

【概况】 2012年，郑州市超额完成城乡就业任务，全年新增城镇就业13.98万人。其中，下岗失业人员再就业3.86万人，就业困难人员实现就业1.68万人，分别占年度目标任务的128.6%、129.4%。援助17户“零就业家庭”的17名成员实现就业，“城镇零就业家庭”持续动态为零。城镇登记失业率控制在3%以内。农村劳动力转移就业11.8万人，占年度目标任务的118%；向富士康科技集团输送普工11.8万人，满足了富士康科技集团提出的用工需求计划。

【高校毕业生就业】 （1）承办了“河南省产业聚集区企业与高校毕业生对接洽谈活动”启动仪式、“河南省2012年民营企业招聘周”“2012年郑州市高校毕业生就业援助大型招聘会”等大型专场招聘活动，共有上千家企业参加，提供招聘岗位4.2万余个，其中适合高校毕业生岗位2.4万余个，当场达成就业意向1300余人。（2）积极搞好日常招聘活动。全年共举办日常招聘会200余场，累计组织进场招聘单位9000余家，提供岗位31.4万个，达成就业意向5万余人。（3）做好高校毕业生就业见习工作。加大毕业生就业见习基地政策宣传力度，拟再增加一批见习基地，有15家单位提出申请；组织2000多人参加了就业见习活动。（4）搞好就业创业政策宣传。召开驻郑高校毕业生创业工作负责人座谈会，宣传毕业生创业可以享受的优惠政策，增进了各高校对毕业生创业工作的了解；参加郑州人民广播电台在线访谈节目，分析全市的就业形势，宣传就业创业政策；组织有关人员到河南工业大学、中原工学院、河南中医学院等高校，开展就业创业政策进校园活动。（5）搞好就业服务，提高服务质量。在全市县（市）区以上公共就业人才服务机构设立专门窗口，为高校毕业生提供“一站式”服务；更新毕业生就业手续办理系统，优化办事程序，提高了办事效率。（6）按照省人力资源与社会保障厅安排，开展了往届未就业高校毕业生调查摸底和就业帮扶工作。（7）加强“进社区、服务农村”高校毕业生的管理服务工作。完善工作机制，保证了服务基层毕业生的生活补助、社保补贴及时拨付、到位；对各县（市）区落实“进社区、服务农村”高校毕业生有关优惠政策情况进行了督促落实。

【就业困难群体援助】 （1）对全市“零就业家庭”和就业困难群体进行普查登记、建档建卡，实行“一对一”结对帮扶，通过开展职业培训、职业指导、职业介绍等方式，有效解决其就业难的问题。（2）出台《郑州市公益性岗位管理办法》（郑州市人民政府令第204号），并制定相关实施意见，统一规范全市公益性岗位管理工作，充分发挥公益性岗位在安置就业困难人员、促进就业再就业方面的积极作用。（3）在全市开展各项就业援助活动，先后举办了“春季就业援助”“就业援助月”“民营企业招聘周”等活动。至11月底，全市共帮助2万余名就业困难人员实现就业；各级政府共投资4000余万元，购买公益性岗位8000余个，安置就业困难对象5000余人。

【推进全民创业】 （1）强化政策支持。充分发挥市政府设立的2000万元创业专项资金的作用，用于创业服务及项目推介、创业孵化基地（园区）建设、创业先进奖励、大中专毕业生初始创业补贴及困难群体创业补贴等，起到了良好的社会效果和带动效应。（2）加大创业培训力度。着眼提高劳动者创业就业能力，确保创业培训质量，在增强创业培训和就业再就业培训的针对性上下工夫，以培训促创业就业。（3）强化公共创业服务。举办了2012年创业项目推介暨表彰活动，对创业示范店和优秀创业项目商进行表彰奖励，并展示了适合高校毕业生、城镇失业人员等人群创业的小型创业项目。（4）举办了郑州市创业大赛，提升全市创业活力，促进小微企业发展，发挥创业带动就业的作用。选派胜出的10名选手代表郑州市参加了河南省政府组织的创业大赛决赛，1人荣获二等奖、1人荣获优秀奖，9名选手荣获省政府授予的“河南省促进全民创业带头人”荣誉称号，郑州市人社局被表彰为“河南省首届创业大赛优秀组织单位”。

（支晶晶）

劳动关系协调

【概况】 2012年，郑州市劳动关系协调机制逐步完善。深入推进劳动合同制度，积极推进集体协商和集体合同

9月25日，《郑州市劳动用工条例》颁布实施新闻发布会举行

制度建设，全市企业劳动合同签订率99.7%，签订集体合同13558份，覆盖职工100.1万人。及时发布劳动力市场工资指导价位和企业人工成本信息，调整企业工资增长指导线，加强企业工资收入分配宏观调控和指导。信访维稳工作成效显著。全年接待职工群众来访1543批1826人次，其中集体来访50批373人次，参与处理突发性事件、集体上访80起，为维护社会稳定发挥了积极作用。郑州市人社局荣获“全省人力资源和社会保障信访维稳工作先进单位”“郑州市平安建设先进集体”“郑州市社会管理综合治理先进单位”，连续8年被市委、市政府授予信访工作红旗单位。

【劳动监察稽查】 2012年，郑州市劳动监察稽查力度不断加大。全年全市共检查、稽查用人单位7.68万户，涉及劳动者69.6万人；追发劳动者工资1.48亿元，涉及劳动者3.36万人，其中涉及农民工2.77万人、金额1.43亿元；取缔非法职业中介机构263户；补缴及追缴各项社会保险欠费1.8亿元。劳动监察“两网化”建设不断完善，获得国家电子政务理事会颁发的“郑州市劳动保障监察‘两网化’管理信息系统2012电子政务创新应用奖”。首部以劳动保障监察工作为题材的电影《信念》荣获郑州市第十七届精神文明建设“五个一”工程奖。组建劳动保障监察协管员队伍得到市政府同意。

【劳动人事争议调处】 2012年，郑州市劳动人事争议调处工作逐步加强。全面推进县（市）区仲裁院建设，县级仲裁院建设数量走在了全省前列。积极推进基层调解组织建设，构筑用人单位内部调解、区域性调解、行业性调解和仲裁调解相结合的调解体系。全市劳动仲裁机构共立案3139件，总涉案金额5200余万元，人员3224人；调解结案率占结案总数的48%以上。

（支晶晶）

社会保险工作

【概况】 2012年，郑州市社会保险覆盖范围日益扩大，待遇水平稳步提高。城乡居民社会养老保险试点实现全覆盖。全市企业职工养老保险、城乡居民养老保险、城镇职工基本医疗保险、城镇居民基本医疗保险、工伤保险、失业保险、城镇职工生育保险、机关事业单位养老保险参保人数分别达到197.5万人、258万人、148万人、148万人、128万人、106万人、75.8万人、20.6万人。

完成了2012年企业退休人员基本养老金待遇调整工作。全年调整企业退休人员基本养老金共涉及257157人，其中倾斜调整119149人。全市人均月增加养老金227元，调整后全市职工人均每月养老金1806元。市本级涉及退休人员195046人，人均月增加养老金231元，调整后市本级职工人均每月养老金1874元。门诊规定病种由3种增加到6种。城乡居民养老保险基础养老金比上年增加10元，人均养老保险基础养老金水平由2011年的每月114.1元提高到每月121.4元，按时足额发放率达到100%。印发《关于调整郑州市城镇居民基本医疗保险财政补助标准的通知》，将郑州市城镇居民医保各级财政补助标准提高到240元、人均筹资提高到300元以上。自2012年8月起，为符合大病医保条件的失业退休人员办理大病医保的申报，全年市本级共申报市属国有破产困难企业退休职工大病医保339人。做好工伤保险费率浮动工作，工伤保险费率平均下浮0.06%，少征缴工伤保险费6000万元，惠及1633家用人单位；全市国有、集体企业老工伤人员纳入基金管理1.2万人，解决老工伤问题取得实质性进展。高标准、高质量做好工伤认定和劳动能力鉴定工作。坚持农民工工伤认定“绿色通道”，建立健全典型案例研讨和行政调解机制，推动工伤认定工作创新发展。

【社保基金监管监督】 2012年，郑州市社保基金监管不断加强。着力完善基金监管制度措施，扎实开展基金存储银行账户清理规范和基金专项检查工作，积极推进社保基金非现场监督工作，基金安全程度不断提高，顺利通过国家审计署对郑州市社会保障资金的审计。

社保基金监督水平进一步提高。完成了全市失业保险基金专项检查和城镇职工基本医疗保险基金专项检查“回头看”，巩固了专项治理工作成果。加大对基金收入、管理、支出等环节的监

4月27日，郑州市创业示范店、优秀创业项目表彰暨2012年全民创业项目推介会举行

督检查力度，积极做好社会保险反欺诈工作。全年全市共稽查各险种缴费单位64453户，涉及职工3618550人。共查出各险种少报漏报人数208059人，较上年增幅29.9%；查出少缴各项社会保险费19464.57万元，较上年增幅10.7%。通过稽查，新增参保104838人，较上年下降1.6%；补缴及追缴各项社会保险欠费18099.02万元，较上年增幅10.8%。全年全市共稽查享受待遇人数257194人，核查定点医疗机构、定点药店359家,查出违规定点医疗机构、定点药店64家。其中，年初对群众举报的济华骨科医院等医保定点医院套取医保基金的情况进行了稽查，查出其存在的虚传费用、冒卡就医、无依据收费和超标准收费等违规行为，并将稽查结果及时上报。2012年，市本级共接受来电、来信来访、网上举报投诉咨询及其他部门转办案件4789起，立案查处126起，结案97起，协调处理21起。接受郑州市人民政府网民投诉网（ZZIC）转办案件17起，并按要求全部于3日内进行了书面回复，办结率100%。

（支晶晶）

爱国卫生运动

【概况】 2012年，全市爱国卫生工作紧紧围绕郑州都市区建设，以网格管理为载体，大力推进城乡环境卫生整洁行动和城市管理整治提升活动，深入开展市容环境卫生督查、农村环卫基础设施建设、病媒生物防治、群众性健康教育等长期性、基础性工作，着力解决环境卫生突出问题，取得了显著成绩，市爱卫办被全国爱卫会授予“全国爱国卫生先进集体”称号。

2012年是全国城乡环境卫生整洁行动三年计划的最后一年。至2012年年底，郑州市各项目标任务全面按时完成。城市生活垃圾无害化处理率92%、生活污水集中处理率86.65%，农村生活垃圾无害化处理率70%、生活污水集中处理率50%，农村生活饮用水水质卫生合格率100%。新建和规范农村垃圾处理填埋场795个，新建农村生活污水处理厂8处，新建农村连片综合整治污水处理设施69个，其中人工湿地67个。城市农贸市场全部达到标准规范管理，城区范围内全面取缔公用、户用旱厕，标准水冲式公厕覆盖率100%。同时，3个镇通过国家卫生镇考核，新创省级卫生镇3个、市级卫生镇6个、省级卫生村90个、市级卫生村187个。通过开展城乡环境卫生整洁行动，全市卫生面貌显著提升，进一步巩固了国家卫生城市成果，促进了爱国卫生工作的进步和发展。

【城区卫生工作】 根据城市建设和管理的特点及需要，一手抓督查检查，一手抓环境综合治理，城市环境持续优化和改善。

强化日常督导检查。针对城市卫生维护难、易反弹的情况，实行领导包区责任制，坚持“日督查、周通报、月排序、季评比”的工作制度，不断加大日常督查和检查力度，确保大市容长期向好。在“两会”、黄帝故里拜祖大典、全国城市文明程度指数测评以及国际少林武术节等重大活动期间，对城区市容市貌，开展重点区域、场所环境卫生集中督导、巡回保洁、重点施治，为活动提供环境保障。

开展城郊村（城中村）环境卫生整治活动。根据全市卫生状况，找准着力点，集中力量解决环境卫生突出问题。4-6月，在全市开展城郊村（城中村）环境卫生整治活动，市、区两级包区包村广泛动员，细化任务、逐级督导、分段落实，整治活动取得明显成效。共清理生活、建筑垃圾3.5万立方米，规范占道经营、乱堆乱放等3800余处，治理小广告（橱窗、灯箱广告）1.9万处，粉刷村内墙体2万平方米、刷白树木3万余棵，平整修复村内道路9000平方米，疏通排水沟渠17公里，取缔废品收购站22处。

狠抓薄弱环节治理。为增强工作的针对性、实效性，制订切实可行的城区市容环境卫生督查方案，成立专业检查组，采取明察暗访相结合的办法，对城中村、出入市口、铁路沿线、支路背街、建筑工地、集贸市场、小饭店、居民区、堵疏接合点等薄弱部位进行不间断治理。同时，结合群众投诉、媒体曝光等，精抓细扣，提高整治效果。2012年，郑州市城区月集中检查样本点1355个，通报批评9个单位，通报表扬“爱国卫生杯”流动红旗先进单位104个。

实施创建带动。坚持早安排、早部署，选择一批硬件设施、组织制度、卫生水平等基础条件较好的单位，争创省、市级卫生先进单位，并做好各级卫生先进单位、居民小区的验收和届满复核工作。其中，新申报的24个市级卫生先进单位、10个居民小区和1个届满单位通过检查验收。

【农村卫生工作】 农村卫生工作是社会主义新农村建设的重要内容。通过不断加强农村环卫基础设施建设，建立健全保障和管理措施，逐步缩小城乡差别，促进城乡协调发展。

加强卫生城镇监管工作。立足巩固、发展、创新和提高，积极探索长效管理新模式、新机制。每月对各县（市）集中检查通报一次，每季度对所有卫生镇集中检查通报一次，对申报和开展创建工作的县（市）、镇（乡），对照有关标准，定期进行考核和督导。2012年，评出“爱国卫生杯”流动红旗先进单位42个，对管理下滑的10个镇（乡）给予通报批评。

深入开展卫生城镇创建活动。按照实事求是、分类指导的原则，积极鼓励、帮助有条件的城、镇、村开展卫生创建活动。2012年，巩义市、新密市分别通过国家和省级卫生城市复审；荥阳市豫龙镇等5个镇、登封市大金店镇等6个镇分别通过国家、省级卫生镇复审，登封市告成镇等3个镇通过国家卫生镇暗访；新创的25个省级卫生单位、13个省级卫生居民小区、90个省级卫生村获得命名。截至2012年年底，全市共创建成国家卫生城市（县城）5个、国家卫生镇14个，省级卫生城市1个、省级卫生镇26个、省级卫生村307个。各级卫生城、镇、村在各项工作和活动中起到了示范带头作用。

加快推进农村改厕工作。市政府把农村改厕列入“为民办十大实事”，进一步强化政府责任，加强领导。2012年，计划改厕4万户，实际完成53152户，完成率133%。2010-2012年，全市累计改厕388248户，发放奖补资金6310.48万元，有效改善了农村生产生活条件。

建立农村环卫体系。2012年，计划建设垃圾中转站200座，实际完成406座，完成率203%；计划维修更新垃圾中转站箱体300个，实际完成398个，完成率133%。截至2012年年底，全市农村已累计建成垃圾中转站2258座，配置垃圾压缩车166台、摆臂车114台，农用机动运输车1810台，村级环卫人员达到2.12万名。以“组保洁、村收集、镇运输、县处理”的农村垃圾处理机制为主要架构的农村环卫体系正在形成。

开展积存垃圾集中清理活动。以城乡环境卫生整洁行动为契机，持续开展城乡积存垃圾集中清理和有偿清运活动，逐步建立健全垃圾清运长效机制。2012年，全市城乡清理积存垃圾5743.5立方米，下发督办通知书142份，罚扣责任单位313.48万元。

【病媒生物防治】 坚持把卫生除害作为预防和控制疾病、保障人民健康的重要措施常抓不懈，病媒生物防治工作取得长足进步。

开展综合防治。2012年，根据病媒生物季节消长的规律，在“四害”孳生高峰期，组织开展了越冬蚊蝇防治、春冬季灭鼠、夏秋季蚊蝇及蟑螂防治等4次全市性专项防治活动。共投入消杀药品32.4吨，配发防治器械600余件，修补和增设防灭鼠设施2万多处，重点行业和单位“四害”防治设施完好率达95%以上，孳生地治理率90%，集中消杀工作覆盖率100%，“四害”密度均严格控制在国家标准以内。

稳步推进病媒生物防治市场化工作。2012年，制定了《郑州市城区公共环境病媒生物防治市场化服务项目考核管理办法（试行）》和《郑州市病媒生物防治技术操作规程（试行）》。每月对市场化服务标段检查一次，每季度集中考核一次，服务经费与检查考核成绩挂钩，按比例拨付，规范管理，提高了市场化服务质量。至2012年年底，全市城区公共环境病媒生物防治工作全部实行市场化服务，面积达到123.4平方公里，占建成区面积的41%，包括695条道路、总长1075公里，184个公（游）园广场、总面积500万平方米，24条河渠、总长210公里，1498个无主管居民区、总面积600万平方米。

提高科学除害水平。建立“四害”密度监测定期报告制度，每季度对“四害”密度进行集中监测并公布检测数据。研发完成鼠密度自动化监测工具并申请国家专利，初步完善了数据处理系统。

【群众性健康教育活动】抓好群众性健康教育，普及卫生知识，促进人民身体健康和整体素质的提高是爱国卫生工作的根本要求和目标。2012年，以纪念爱国卫生运动开展60周年为重点，开展了形式多样、内容丰富的健康教育与健康促进活动。

利用各种载体，突出世界卫生日、世界无烟日等节点，全市城乡同步开展爱国卫生集中宣传和不文明行为劝阻活动。制作教育宣传展板380块，发放各类宣传材料1万余份，劝阻不文明行为5000人次。

持之以恒普及卫生常识，倡导健康文明生活方式。市爱卫办制作并免费发放《郑州市民健康教育读本》5万本、健康知识环保袋5万个、健康教育纸杯15万个、卫生常识扑克牌3万副，制作“吸烟有害健康”动画宣传片在各类媒体播放2万余次，设立健康教育宣传栏3548个，基本涵盖了全市城区所有楼院。

大力弘扬文明卫生新风。在4月全国第24个爱国卫生月期间，组织开展义务大扫除10余次，全市各界6000人参加，清除城乡垃圾128吨。开展“纪念爱国卫生运动60周年”有奖征文活动，评出优秀征文37篇。

成立由市属各新闻媒体组成的宣传曝光组，加强舆论引导和监督。报道宣传爱国卫生工作成效和先进经验7次，跟踪解决媒体曝光的市容环境卫生突出问题19处。

【实施爱国卫生网格化管理新机制】2012年，本着重在力量下沉、重在理清职责、重在解决问题、重在常态长效的原则，建立健全爱国卫生工作网格化管理体系，工作成效和工作水平进一步提升。

推进条块融合。市爱卫办班子成员、中层和一般工作人员逐级在街道、社区、楼院街区下沉蹲点，机关三分之一人员组成群众工作队协助乡镇（街道）、村开展工作；基层爱卫办按辖区政府指定网格蹲点。每位领导、每个工作人员都分解细化到网格内，全员下沉，而且“点、线、面”有机融合，形成了爱国卫生工作三级网格化管理体系。各级爱卫组织围绕依靠群众、服务群众这一重点，相互联系、相互支持、责任共担，组织协调职能通过网格内的主动参与得到切实发挥，在社会管理中的作用更加凸显。

提高工作的主动性。爱国卫生工作中的服务保障、监督检查、行政执法、业务培训等职能随人员下沉到基层，实现端口前移，强化工作的主动性，促进矛盾和问题早发现，有利于从源头治理、从基层治理，提高了工作效率和管理能力。同时，及时对网格内辖区、单位提供业务指导、政策咨询等，直接参与社会管理。

促进管理向精细化发展。随着网格化管理的实施推进，建立领导巡访机制、分级工作台账机制、群众投诉监督机制、问题联动处理机制、督查考核机制、考核奖惩机制等6项工作制度。以往工作不细、底数不清、情况不明等情况得到改善，减少了工作的盲目性，提高了管理的精细化、动态化水平。

促进工作创新。依托网格化管理，创新三项工作机制。（1）延伸检查评比深度，将“爱国卫生杯”评比和督查工作延伸到全市的社区和村（即二级网格），推进督查全覆盖。（2）在全市公开选聘义务监督员3102名，建立爱国卫生义务监督员网格，积极引导社会力量参与城市管理。（3）建立健全全市健康教育专栏管理网络，夯实健康教育基础，开辟“利用小角落促进大健康”的新思路。

2012年，全市各级爱国卫生工作网格共发现环境卫生问题11684个，解决11279个，解决率97%。其中，城区问题2843个、解决2843个，农村问题2368个、解决2346个，病媒生物防治问题5309个、解决4986个，健康教育问题1164个、解决1104个。

（张　媛）

4月7日，副市长刘东在绿城广场参加第24个爱国卫生月活动

住房保障和房地产管理

【概况】2012年，郑州市住房保障和房地产管理部门紧紧围绕市委、市政府中心工作，履行住房保障和房地产管理职能，努力打造民生地产、和谐地产、健康地产，圆满完成年初制定的各项年度工作任务。强力推进保障房建设，不断规范保障房准入分配管理，完善保障房各项法律法规，在产业聚集区和大型产业园区统筹规划建设公租房，在解决员工居住困难的同时，为推进产城融合、构建现代产业体系提供住房支撑；科学实施宏观调控政策，不断加强房地产市场监管力度，大力规范市场行为，积极开展房屋租赁联合管理，推动行业发展平稳健康；物业管理重心下移，管理制度日臻完善，积极开展老旧小区改造工作、扶持企业资质升级和物业管理示范项目创建工作；规范开发企业行为，建立监管与服务并重的工作机制，建立开发企业信用信息网上公示平台和激励惩戒机制，严格落实开发资质管理规定，初步形成开发企业准入退出机制，强化项目交付使用管理，积极开展服务企业活动；全面规范房屋登记交易行为，积极推进新型城镇化建设，各县（市）区均确定试点并稳步推进。全面推进房屋登记历史遗留问题扫尾工作，全年疑难件办结量达到3012户，累计疑难办证量达到4.8万户，通过加强与银行、企业合作，房地产抵押业务量创下新高，在盘活资产、保障信贷、为群众购房提供支持等方面发挥了积极作用；初步形成网格管理体系，依靠群众推进工作落实机制基本建立，探索

运用“三五七”工作法，强力推进网格建设，并依托基层网络开展多次专项治理，组织了社区用房专项清理、房地产中介机构专项治理和房地产问题专项排查。2012年，郑州市住房保障和房地产管理局先后获得全国保障性安居工程建设劳动竞赛先进单位、省创先争优先进基层党委、省住房城乡建设系统依法行政先进单位、个人住房信息系统建设先进单位、市优化经济发展环境工作先进集体、市信访工作红旗单位、市矛盾化解工作先进单位、市“十大实事”办理工作先进单位等20多项荣誉。

【保障房建设】 2012年，郑州市在保障房建设方面，一是强力推进建设。下发《关于全力推进保障性安居工程建设有关问题的通知》，确保项目按规定的时间节点推进。会同有关部门，建立项目手续办理推进机制，及时解决项目推进中存在的困难和问题。二是完善政策体系。市政府出台《关于贯彻落实国办发〔2011〕45号文件精神加强保障性住房建设和管理的意见》和《关于进一步加强保障性住房准入退出管理的通知》，启动郑州市保障性住房建设导则编制工作。三是加强目标管理。市政府与各县（市）区政府签订目标责任书，明确建设任务，强化目标责任。认真落实周报告和推进例会等制度，局领导定期或不定期对各县（市）区进行督查，详细掌握保障房建设进度和存在问题。四是严格资格准入。初步建立了住房保障资格联合核查机制，由市住房保障、民政、公安等9个部门，对申请经适房的3700户家庭实施联合审查。同时，成立坚决纠正保障房建设、配置等环节不正之风工作领导小组，确保保障房建设、配置等环节工作规范、公开、透明。五是规范建设管理。下发《关于规范保障性住房建设管理工作流程的通知》，对土地划拨（出让）前置条件出具、户型面积核准、资金拨付等工作流程、所需要件、办事时限予以明确。六是推进产城融合。以富士康住宅区建设为切入点，在产业聚集区和大型产业园区统筹规划建设公租房，在解决员工居住困难的同时，为推进产城融合、构建现代产业体系提供住房支撑。七是房改工作稳步推进。完成公有住房出售审批5014套、50.3万平方米，住房货币化补贴工作顺利收尾；在进一步规范房改审批、加强房改资金管理的同时，市房管部门制定《关于解决住房困难企业单位职工住房困难问题的实施意见》，报请市政府审批。

至2012年年底，全市新开工建设保障房51999套，其中经适房13412套、公租房32298套、廉租房3012套、棚户区改造3277套，完成省定任务的103%。已开工的保障房中，有43384套主体完工，10121套正在主体施工，其余正在基础施工，实物工程量超额完成国家和省定的目标要求。全市列入2012年竣工（含基本建成）台账的29个项目29392套保障房已如期达到建成要求。

【房地产市场运行】 2012年，郑州市住房保障和房地产管理部门加强了房地产市场运行管理。一是认真实施宏观调控政策。会同相关部门调整普通住房标准，出台公积金支持政策，优化购房审核程序，改善预售资金监管方式，加大商品住房价格动态监测力度，房地产市场保持稳定发展态势。二是进一步规范房地产市场行为。全年共受理商品房资金监管备案200起，监管资金355亿元；受理存量房资金监管23913件，监管资金55亿元。同时，通过编制2012年商品房预（销）计划、推行郑州市存量房买卖居间合同示范文本、坚持商品房买卖合同留存查验制度、开展市场秩序专项检查和房地产中介机构全面排查、发布住房消费警示等多项措施，不断规范房地产市场行为。三是加强房地产市场调研。针对热点、难点问题，深入调查研究，完成了《关于充分发挥我市房地产业在新型城镇化进程中先导作用》等调研报告，其中《郑州市区非住宅专题调研》被市政府评为决策研究优秀成果。四是积极开展房屋租赁联合管理，规范全市房屋租赁市场管理秩序，保护租赁当事人合法权益。五是房产地理信息系统建成使用，为实现“以图管房”奠定基础。同时，个人住房信息系统、预警预报系统建设工作顺利推进。

2012年，全市房地产累计完成投资1095亿元，同比增长18.2%；商品房新开工2169万平方米，同比增长16.7%；商品房竣工1449.8万平方米，同比下降8.2%。全市商品房累计批准预售1884.62万平方米，同比增长42.33%，其中商品住宅累计批准预售1337.97万平方米，同比增长34.10%。全市商品房累计销售1365.04万平方米，同比增长47.58%，其中商品住宅累计销售1217.36万平方米，同比增长65.25%；商品房销售均价6618元/平方米，其中商品住宅销售均价为5726元/平方米。全市二手房累计成交297.34万平方米，同比增长9.22%，成交均价为4808元/平方米，其中住宅二手房累计成交285.87万平方米，同比增长9.26%，成交均价为4709元/平方米。全市完成各类房地产抵押登记2626.67万平方米，同比增长22.39%，完成抵押登记金额1049.8亿元，同比增长32.48%。全市新增非住宅租赁管理面积139万平方米，累计完成699万平方米；新增住宅登记备案户10049户，累计完成58413户。

【房屋登记】 2012年，郑州市制定了《〈郑州市集体土地上房屋登记暂行办法〉实施细则》，各县（市）区均确定试点并稳步推进，新密市为394户农民发放了房产证。全面推进房屋登记历史遗留问题扫尾工作，全年疑难件办结量达到3012户，累计疑难办证量达到4.8万户。严格贯彻落实《郑州市房屋登记条例》和《房地产登记技术规程》，加强房屋权属登记规范化管理；稳步推进直管公房测绘普查和划转工作，2.34万平方米非住宅直管公房划转至市住宅投资公司。按照建设部《房屋登记办法》规定，自2012年3月1日起，商品房受理业务增加询问当事人、填写询问笔录的环节，最大限度保护群众的合法权益。加强与银行、企业合作，房地产抵押业务量创下新高，在盘活资产、保障信贷、为群众购房提供支持等方面发挥了积极作用。同时，减免小额担保贷款和下岗失业人员抵押登记相关费用近92万元。

2012年，共完成各类房产交易面积1073.35万平方米，同比增长-2.88%，其中商品房交易面积742.69万平方米，同比增长-14.98%；完成商品房交易67375套，同比增长-18.37%。完成各类房地产交易额497.64亿元，同比增长-6.43%，其中商品房成交金额390.99亿元，同比增长-14.68%。完成二手房成交26829套，同比增长30.48%；交易面积247.18万平方米，同比增长27.77%；成交金额69.76亿元,同比增长12.46%。共完成商品房合同备案（住宅）78706套，同比增长65.76%；合同备案面积(住宅)718.42万平方米，同比增长53.60%；备案住宅金额505.89亿元，同比增长42.78%。商品房预售管理面积达到99%，累计完成830.43万平方米，同比增长16.31%。完成各类房屋登记确权面积1854.61万平方米，同比增长-6.83%，其中完成各类房屋初始登记确权面积850.49万平方米，同比增长-1.31%。累计核发房屋所有权证100823本，比上年增长-15.29%。

【物业管理】 2012年，在物业管理方面，一是完善物业管理配套政策。出台《关于进一步加强物业服务企业资质管理的通知》，拟定《郑州市物业服务企业信用分级评定管理办法》《郑州市业主大会和业主委员会指导规则》等配套政策。二是大力开展老旧小区改造。指导各区落实改造计划，制定改造方案，编制改造预算，筹集配套资金，顺利完成924个老旧小区改造任务。三是不断规范物业行业管理。积极开展物业服务企业动态考核，完成371家物业服务企业资质审批，注销28家违法违规企业资质，对全市2012年新建的77个住宅项目实行了物业管理公开招标。四是积极开展扶持企业资质升级和物业管理示范项目创建工作。全年共有6家企业晋升一级资质，成功创建市级物业管理示范项目38个，省级示范项目19个，国家级示范项目3个。五是采取措施方便维修资金使用。全年共审批336家单位使用维修资金1498.9万元，受益房屋1099幢，受益业主达4.4万多人。加强房屋安全鉴定和直管公房修缮，全年共完成房屋安全鉴定60件，面积近28万平方米。

2012年，共完成924个老旧小区改造工作，是目标任务506个的1.83倍；全市新增物业服务企业99家，累计达到916家；新增物业管理面积903万平方米，累计达到1.13亿平方米；新成立业委会48个，累计达到374个；共扶持6家企业晋升一级资质，13家企业晋升二级资质，93家企业晋升三级资质。全年共归集维修资金6.03亿元，累计达到50.2亿元。

【房地产开发管理】 2012年，在房地产开发管理方面，一是加强开发企业管理。出台《郑州市房地产开发企业信用分级评定管理办法》，建立开发企业信用信息网上公示平台和激励惩戒机制；严格落实开发资质管理规定，初步形成开发企业准入退出机制，2012年共有23家开发企业资质不再延续。二是加强开发项目管理。贯彻落实《郑州市房地产开发项目交付使用管理办法》，强化项目交付使用管理；不断加大对"问题楼盘"的协调、处置力度，全年共完成3栋烂尾楼复工续建和2个项目10栋楼住户入住，妥善解决了金水路78号院两栋危楼原址重建问题。三是积极开展服务企业活动。市住房保障和房地产管理部门全年组织召开各类协调会、座谈会124次，对企业反映的涉及该部门的24个问题全部解决；市首席服务官小组共受理企业反映的问题179个，其中154个得到彻底解决，剩余25个因政策受限、涉及多个部门等因素，正在积极协调督办。

【网格化管理】 2012年，市住房保障和房地产管理部门按照市委、市政府网格化管理的工作要求，采取"突出城区、分级落实、全面覆盖"的方法，探索运用"三五七"工作法，强力推进网格建设，并依托基层网络开展多次专项治理。一是组织社区用房专项清理，经规划审批的439项社区管理用房中，通过网格移交414项，移交面积17.39万平方米，移交率达94%。二是组织房地产中介机构专项治理，责令200余家"灰中介"限期整改，60余家无证经营的"黑中介"名单移交工商部门依法查处。三是组织房地产问题专项排查，共排查问题1.4万余件，解决率达到92%。

【依法行政】 2012年，市住房保障和房地产管理部门积极推进房地产立法工作，12月1日起，《郑州市房屋安全管理办法》正式实施。不断加强行政执法监察和监管，补充制订行政处罚自由裁量阶次19条，《业务操作规程》共修改19项、取消22项、保留25项、新增78项。切实加大执法监察力度，全年共出动执法人员684人次，对290多个房地产项目、240多家中介服务机构的经营项目及经营行为进行监督检查，对45家违法违规企业进行行政处罚，其中19家仍在进行处理。

【机构改革】 积极开展事业单位清理规范工作，稳步推进事业单位机构改革。一是郑州市房地产行业工会联合会于4月28日正式挂牌成立。二是中共郑州市房地产行业联合委员会于12月28日成立。三是"郑州市旧城改造开发公司"更名为"郑州市物业管理办公室"，"郑州市房产管理局材料厂"更名为"郑州市房产档案馆"，"郑州市房产档案和信息中心"更名为"郑州市房产信息中心"，郑州市房产劳动服务公司撤销。

（王盼盼）

民政与民族宗教事务

民 政

综 述

【概况】 2012年，郑州市民政工作坚持以科学发展观为统揽，以保障和服务民生为中心，开拓创新，狠抓落实，多项工作取得了优异成绩，获得国家级表彰13项、省级表彰36项、市级表彰55项。2012年，全市保障城乡低保8.69万户、15.76万人，合计发放资金3.39亿元。全市五保供养1.14万户、1.17万人，合计发放资金4854.43万元。全市安排冬春救助资金889.9万元，救助困难人口6.6万人，下拨倒损房补助资金120万元，修缮重建房屋122户、327间。2012年，全市共有各类孤儿2356人。其中，散居孤儿1470名，机构内孤儿886名。散居孤儿养育标准再次提高，郑州市城区每人每月提高到930元；六县（市）城市每人每月提高到785元；六县（市）农村每人每月提高到670元，居全省首位，在中西部居领先水平。2012年，郑州市儿童福利院共收养弃婴（儿）792人，市社会福利院共收养院民458人，市老年公寓共收住老人210人。2012年，全市发放优抚对象、参战、参试、农村籍退役士兵生活补助金和部分烈士子女抚恤金共计8149万元，优抚对象医疗补助资金412万元，义务兵优待金10775.08万元。

2012年，全市办理退役士兵自谋职业手续1601人，自谋职业率64%，计划安置退役士兵2420人，占应安置人数的97.5%。2012年，全市共建成并通过验收城市社区服务中心55个，农村社区服务中心62个，“星级”社区51个，农村社区示范点88个。2012年，郑州市为民办养老机构发放资助资金288.59万元，审批养老机构9家、增加床位7500余张，建成社区托老站32家、“银龄之家”8个。2012年，郑州市办理婚姻登记12.57万对，出具（无）婚姻登记记录证明12.93万份，年检审核通过婚介所55家。

【民政项目建设】 2012年,郑州市共谋划了12个民政项目，计划总投资为12.1亿元，全年累计完成投资1.14亿元。（1）郑州烈士陵园改扩建工程、郑州市儿童福利院二期工程即将完工。（2）郑州市第八人民医院西区新建工程、郑州市社会福利院改扩建工程已开工。（3）军供综合保障服务楼工程、郑州市军人服务中心二期工程做好了开工前期准备，新建郑州市老年公寓、郑州市救灾综合仓库等6个项目有序推进。

【县（市）区民政事业】 2012年，各县（市）区民政事业快速发展，在慈善、社会救助、社区发展等方面积累了成功经验。金水区通过政府购买服务的方式，将社会工作者引入到优抚、养老等业务中，拓宽了服务领域，提高了服务质量。二七区紧贴困难群众的实际需求，建成了既具有免费发放功能，又实行让利直销的更具针对性的社会救助爱心超市，完善“四个一”社会救助模式。荥阳市加大宣传力度，增强全民慈善意识，丰富募捐形式，以品牌项目吸引社会捐赠。中牟县高度重视村级组织建设，推行“阳光村务网”活动，建立了抓好四个重要环节、强化四种公开形式、建好四支基本队伍的“三个四”工作法，取得了良好效果。其他县（市）区民政事业也保持了良好的发展势头。

【信访稳定和平安建设】 （1）2012年，郑州市民政局12名局班子成员及4名副县级领导分包联系16个县（市）区，61名副科级以上中层干部下沉到乡（镇、街道），并通过建章立制、优化运行机制等方式，使95%以上的问题在县（市）区以下解决。全年排查违法违规问题59起，并已全部妥善处理。（2）主动开展矛盾排查，不断加强来访接待，细心解答来访群众提出的问题。全年接待群众来访314起，受理网上信访578件，受理群众来信83件，复查复核信访案件14件。积极向市政府请示汇报，争取领导支持，真心诚意地解决实际问题。针对企业改制遗留问题，给予政策优惠，下拨帮困资金；针对复退困难军人安置遗留问题，采取设立公益性岗位、救助帮扶等办法，帮助他们就业解困。（3）积极开展平安建设宣传月、创建平安边界等活动，对发生重大问题的进行严肃处理。全年平安建设工作形势稳定，一般隐患和重大隐患都得到及时整改。

（于全喜）

社会管理

【概况】 （1）2012年，完成了《中华人民共和国政区大典（河南分卷·郑州部分）》的编纂工作和对地铁1号线20个站点及90个小区的命名；对372.8公里的行政区域界线和31棵界桩进行了联合检查，补设了郑州许昌线4号界桩；会同国土、规划、公安等部门提出代管移交方案，积极做好郑州航空港经济综合实验区内118个行政村移交代管工作。（2）创新登记管理，试行社会组织部分直接登记管理。社会组织审批时限由10个工作日缩短为当天受理当天办结，提高了行政审批效率。2012年，郑州市共受理社会组织成立71家，变更63家，注销3家，合法率100%。（3）组织全市555人参加社会工作者职业水平报考工作，培训专业人才400多人，社会工作服务领域逐步拓展，专业化服务水平不断提高，志愿服务深入开展。

【基层政权建设和社区管理服务】 （1）制定出台了《关于坚持依靠群众推进社区管理创新的意见》《关于坚持依靠群众推进社区管理创新工作任务分解》等文件，在社区管理、社区服务、设施建设、队伍建设、经费保障等方面进行有益探索。（2）社区服务中心建设和社区示范创建成效显著，2012年全市共建成并通过验收城市社区服务中心55个、农村社区服务中心62个，“星级”社区51个，农村社区示范点88个。（3）圆满完成第四届社区居民委员会换届选举工作，选出社区居委会成员4425人，书记主任一肩挑357人，交叉任职737人，连选连任2666人。（4）建立社区工作者报酬标准自然增长机制，社区居委会主任（党支部书记）、副主任（党支部副书记）、委员（党支部委员）每月报酬标准分别为当地月最低工资标准的220%、200%、180%。郑州市社区工作者报酬水平居中部省会城市首位。（5）印发《关于做好村务公开目录编制工作的通知》，扎实开展村务公开民主管理示范单位创建工作，指导全市农村村务公开工作规范有序进行。

（于全喜）

社会服务

【概况】（1）加大巡查救助和站内救助力度，基本解决了流浪人员露宿街头问题。2012年，郑州市救助流浪乞讨人员24750人次。其中，街头劝导、救助6300人次，接上级和群众电话出现场救助790人次。（2）开展婚姻登记机关等级评定工作，提升服务能力和质量。2012年，郑州市办理婚姻登记12.57万对，出具（无）婚姻登记记录证明12.93万份，年检审核通过婚介所55家。（3）不断完善农村公益性骨灰堂、公墓用地等配套设施，积极探索绿色殡葬方式，巩固提高火化率。2012年，郑州市共火化遗体38495具，火化率达到96.3%，比上年同期提高了3.6%。落实惠民殡葬政策，全市共计免除殡葬费用2186.05万元。

【社会救助】（1）自2012年1月1日开始，郑州市市区城市低保标准增加40元，提高到每人每月380元；六县（市）城市低保标准增加35元，提高到每人每月310元；六县（市）农村低保标准增加20元，提高到每人每月200元。农村五保集中供养标准、分散供养标准每人每年分别不低于4800元和2880元。全年保障城乡低保8.69万户、15.76万人，合计发放资金3.39亿元。全市五保供养1.14万户、1.17万人，合计发放资金4854.43万元。（2）2012年郑州市为困难群体发放大病救助资金、节日生活补助等临时救助资金2401.04万元。（3）按照“郑州市十大实事”要求，为市内各区城乡低保对象、农村五保供养对象、优抚对象发放了4个月价格临时补贴，合计资金186.86万元。2012年全市新建、扩建敬老院16家，投入资金4384.66万元。

【减灾救灾】（1）2012年，协调成立了郑州市减灾委员会，在全市分级选定3185名灾害信息员，加强了灾情核报工作。（2）开展“防灾减灾日”宣传周活动，发放科普宣传资料3万余份。（3）2012年全市安排冬春救助资金889.9万元，救助困难人口6.6万人，下拨倒损房补助资金120万元，修缮重建房屋122户、327间。

【社会福利】（1）孤儿教育、医疗等各项救助政策得到有效落实。2012年，全市共有各类孤儿2356人。其中，散居孤儿1470名，机构内孤儿886名。散居

“主动服务，提升效率，入村帮扶”主题实践活动

孤儿养育标准再次提高，郑州市城区每人每月提高到930元；六县（市）城市每人每月提高到785元；六县（市）农村每人每月提高到670元，居全省首位，在中西部居领先水平。（2）强化职能教育，提升管理和服务水平，努力做好项目建设期间收养服务工作。2012年，郑州市儿童福利院共收养弃婴（儿）792人，市社会福利院共收养院民458人，市老年公寓共收住老人210人。（3）福利性医院发展优势凸显。2012年，郑州市按摩医院进一步推行“一诊多疗”模式，提高疗效，缩短疗程，提升患者满意度；市嵩山医院积极申请新农合，和郑州市医保办签订协议，解决了农民就医报销等问题；市残疾儿童康复中心建立信息平台，通过网站普及残疾儿童康复技能，增强了社会影响力；市第八人民医院加强科研项目，增强竞争能力，着力打造“四位一体”救助模式，服务触角延伸至省内98个县（市）。（4）成功举办“善行郑州情暖绿城”慈善晚会和“2012郑州慈善日”活动，积极开展助老、助残等慈善项目，提高慈善组织的公信力、影响力。全年组织各类募捐、救助活动40余次，接收善款4936万元，支出8193.5万元，救助困难群众约10万人次。（5）福彩发行再创新高。全年发行福利彩票13.78 亿元，同比增长25%，创历史销量新高，稳居全省18个地级市销量第一名。

【双拥优抚安置】（1）“双节”“八一”节期间，积极开展双拥共建活动，召开各种形式座谈会、招待会、文艺（联欢）晚会等40余场次，走访慰问驻军500余次。2012年，郑州市再次荣膺“全国双拥模范城”称号，成为全省唯一一个连续6届获此殊荣的城市。（2）2012年，全市共发放优抚对象、参战、参试、农村籍退役士兵生活补助金和部分烈士子女抚恤金8149万元，优抚对象医疗补助资金412万元，义务兵优待金10775.08万元。（3）提高自谋职业一次性补助标准，两年兵补助标准由2011年的4.9万元提高到5.3万元；依托9家培训机构，开设31个专业，举办了7期退役士兵职业教育和技能培训，累计培训2647人。联系用工单位和企业定期举办退役士兵专场招聘会，搭建就业平台，提高就业率。2012年，全市办理自谋职业手续1601人，自谋职业率64%，计划安置退役士兵2420人，占应安置人数的97.5%，完成了年初制定的目标任务。（4）推行“三心”服务，坚持“五必访”制度。为1009名师职军休干部办理了厅级干部“优诊卡”，为428名军休干部落实了住房补贴或货币补差，发放房改资金4500余万元。全年接收军队离休退休干部、退休士官、无军籍职工、伤病残士兵共435人。（5）启动建设期临时保障预案，采取站内保障与站台机动保障相结合的方式，积极做好保障工作。2012年，共接待过往部队2.8万人，转运服务7.3万人。（6）积极进行“中原英烈纪念馆”陈展方案设计及论证，全力做好清明节悼念革命先烈活动保障工作。2012年，共接待各界参观、祭奠人员20万人次，讲解100余场次。

【老龄工作】（1）印发《郑州市老龄事业“十二五”发展规划》《郑州市人民政府关于加快推进居家养老服务工作的意见》等文件，为老龄事业发展提供政策支撑。（2）建立了市、县（市）区、养老机构三级联网信息系统。2012年，郑州市为民办养老机构发放资助资金288.59万元，审批养老机构9家、增加床位7500余张，建成社区托老站32家、“银龄之家”8个。（3）开展“慈善助老”“互动养老”等爱老助老活动，为养老机构安装了价值60万元的健身康复器材；分3批组织老人到海南过冬；重阳节期间为每位寿星和孝星发放了2000元奖金，为全市206名百岁老人

2012年度郑州市婚姻登记情况统计表

附表

单位	结婚数（对）	离婚数（对）	补发证件数（对）		合计（对）	单身证明（份）
			补结	补离		
郑州市	42	8	3	0	53	0
中原区	8708	2742	2836	189	14475	26000
二七区	6643	2506	2530	182	11861	23000
管城回族区	4406	1664	1460	106	7636	13568
金水区	13552	5226	3198	398	22374	34754
惠济区	3202	725	650	35	4612	2854
郑东新区	1919	596	270	20	2805	2785
高新区	2000	435	358	0	2793	1130
经开区	1080	183	139	7	1409	1037
上街区	1165	387	276	6	1834	1449
航港区	1432	102	51	0	1585	206
小计：	44149	14574	11771	943	71437	106783
巩义市	9184	1367	992	0	11543	3976
荥阳市	7960	1212	2102	40	11314	4850
新密市	11047	1888	1554	0	14489	4246
登封市	8541	1559	559	0	10659	2000
新郑市	9258	1668	919	0	11845	3692
中牟县	12034	1288	1825	0	4347	3724
小计：	58024	8982	7951	40	74997	22488
合计：	102173	23556	19722	983	146434	129271

每人发放了1000元慰问金。（4）2012年，郑州市为百岁以上老人发放高龄补贴40余万元，免费办理老年人优待证7万余本。

（于全喜）

民族与宗教

【概况】 2012年，郑州市民族宗教工作坚持以邓小平理论和“三个代表”重要思想为指导，认真贯彻落实科学发展观，坚持围绕中心、服务大局、主动担当，着力构建民族宗教网格化管理体系，以网格为载体不断创新社会管理，广泛开展教育培训，努力维护民族团结、宗教和睦与社会稳定，为经济社会发展营造了良好的社会环境。指导各县（市）区深入开展民族团结进步宣传教育活动，以党校、少数民族聚居的乡镇（街道）、民族村、清真寺、民族学校、大中专院校等重点部位为宣传主阵地，全年共举办40多期多种层次、多种形式的教育培训活动。举办“转变方式、改进作风，推进民族宗教工作落实培训会”，培训五级民族宗教工作干部660人，提高了民族村和周边汉族村基层干部做好民族宗教工作的能力。

深入开展“宗教政策法规学习月”“宗教慈善周”等活动，采取举办学习班、知识竞赛、征文比赛、慈善活动等多种形式，引导宗教团体、宗教活动场所、宗教界人士和信教群众加强学习，服务社会。结合“宗教政策法规学习月”活动，举办全市清真寺阿訇（寺管会负责人）培训班、全市佛教活动场所负责人培训班、全市道教活动场所负责人培训班等，培训人员1100余人，在宗教界产生了良好反响。

在《郑州日报》《郑州晚报》利用两个版面，以《主动融入、全面覆盖、重心下移、服务群众，以网格化管理构建团结和谐的民族宗教关系》为题，对全市民族宗教工作进行了集中宣传报道，营造了良好的舆论氛围。在绿城广场举办全市“深化网格管理、加强民族团结、促进宗教和谐”大型主题宣传活动，全市民族宗教系统干部、“三级网格”管理人员、民族宗教界人士和广大市民6000多人参加活动，进一步营造了民族团结、宗教和睦的良好氛围。

【构建和谐的民族宗教关系】 2012年，郑州市深入开展民族工作“三进六

省委常委、市委书记吴天君到武警总队进行慰问

人大代表视察清真食品工作

争创”活动。“三进”指民族工作进社区（村）、进企业、进学校；“六争创”指争创民族团结进步模范县（市）区、乡镇（街道）、村（社区）、单位、家庭和个人。指导各地结合自身实际，扎实开展创建活动，夯实民族团结进步的基础。深化“和谐寺观教堂”创建活动，2012年全市创建和谐寺观教堂162处，完成了三年创建任务。在此基础上，精选出100个“文明示范和谐寺观教堂”进行提升完善，创建成为“和谐寺观教堂”示范场所。以“安全年”活动为主题，对宗教活动场所的建筑安全、消防安全、文物保护和安全稳定进行全面检查整顿，提高了宗教活动场所安全管理水平。

市民委抽出三分之一时间和人员，深入县（市）区对“三进六争创”和“和谐寺观教堂”创建工作进行督导，及时发现和帮助解决创建工作中遇到的困难和问题，着力构建团结和谐的民族宗教关系。

【帮扶少数民族经济发展】 帮助民族聚居地区积极申报发展项目，争取少数民族扶持资金。2012年，全市共争取到省级少数民族发展资金160万元，扶持民族村修建道路7.1公里。市本级确定对7个县（市）区的10个项目进行扶持，解决了少数民族打井、修路、教育培训、基础设施建设等方面的实际问题。同时，各县（市）区争取少数民族发展资金312万元，协调金融部门向少数民族群众发放小额贷款4757万元，有力促进了少数民族和民族聚居地区经济社会发展。

牵头组织全市62个少数民族知名企业，成立了郑州市少数民族企业家协会。集中发挥民族企业家集体智慧和力量，开展经济合作、捐资助学、帮扶慰问等，服务少数民族群众。积极指导、协助各县（市）区为少数民族群众举办实用技术培训班20多期，培训人员达2000多人次。积极为民族企业发展争取优惠政策，郑州天方集团等3家企业成功申报为全国少数民族特需商品定点生产企业，保障民族特需商品生产供应，满足了少数民族群众生产生活需要。

【维护少数民族合法权益】 2012年，在全市组织实施清真食品放心工程，加强对清真食品安全工作的督导检查。完善民族、工商、公安、食品安全、教育等部门联合检查机制，深入各县（市）区和各开发区，对全市清真食品市场开展了4次全面检查，抽查清真食品生产经营单位200多家。对全市清真食品生产加工企业原材料进货渠道进行专项检查，对重点部位集中整治，进一步规范了清真食品市场秩序。开展高档清真饭店专项整治活动，联合公安、质监、食药等部门对部分高档清真饭店进行了全面彻底的检查，有效规范了其经营活动。

认真开展全市清真牛羊肉市场调研工作，进一步掌握了清真牛羊肉的屠宰、加工、销售等情况。抓好动态管理，及时处理涉及清真食品方面的举报和问题。加强对外来经营务工少数民族群众的管理，引导外来清真食品商户和员工合法经营。各级人大代表、政协委员多次对郑州市清真食品管理工作进行视察、调研，并给予了充分肯定。为改善少数民族殡葬条件，积极推动郑州市回民公墓规划建设工作，聘请专业机构对回民公墓进行重新规划，向市政府及有关部门积极申请立项，并协调经开区开展工作，努力将市回民公墓建设成为高水平、园林式的现代陵园，为穆斯林群众提供优质的殡葬服务。

【依托网格管理民族宗教事务】 2012年，按照市委市政府部署，市民委着力加强长效机制建设，推动民族宗教工作职能下沉、人员下沉，建立起条块结合、职责明确、协调配合的民族宗教网格化管理体系。市民委领导干部和工作人员分为6个工作组，分包全市86个民族村、500个宗教活动场所；每周抽出1–2天时间，深入民族村和宗教活动场所蹲点调研，协助三级网格发现问题、调处矛盾。全年累计发现处置各类问题637个。坚持不稳定因素排查上报及信息反馈制度，依托基层网格和社会公共管理平台，层层排查化解矛盾。

加强部门协作，建立与政法、统战、公安、安全等部门的情报信息研判工作机制，经常互相沟通情报，开展联合执法活动，加强对非法宗教活动的治理整顿。与有关部门密切协作，加强抵御宗教渗透工作。做好有组织有计划朝觐工作，确保了全年无零散朝觐现象。着力推进依法行政，严格依法办理民族宗教工作事项。全年共办理行政许可2件，行政确认123件，未出现一起违规情况。

（薛　强）

县（市）区概况

XIAN SHI QU GAI KUANG

◎巩义市　　◎金水区

◎新密市　　◎二七区

◎登封市　　◎管城回族区

◎新郑市　　◎中原区

◎荥阳市　　◎惠济区

◎中牟县　　◎上街区

巩义市

【概况】 2012年，巩义市总面积1041平方公里。辖15个镇、5个街道、2个园区管委会，26个居民委员会，289个村民委员会。总人口813243人。人口出生率为9.31‰，死亡率为5.32‰，自然增长率为3.99‰。

2012年，巩义市生产总值完成527.4亿元，比上年增长10.9%。其中，第一产业增加值完成9.5亿元，比上年增长4.1%；第二产业增加值完成384亿元，比上年增长11.9%；第三产业增加值完成133.9亿元，比上年增长8.1%。人均生产总值64968元，比上年增长10.5%。三次产业结构比重为1.8：72.8：25.4。地方一般预算收入26.1亿元，比上年增长16.7%。一般预算支出39.1亿元，比上年增长16.2%。年末金融机构各项存款余额268.9亿元，比年初增长17.5%；各项贷款余额147.7亿元，比年初增长9.3%。城乡居民储蓄存款余额169.4亿元，比年初增长15.2%。全市建筑业完成增加值17.6亿元，比上年增长10.2%。全社会固定资产投资完成316.2亿元，比上年增长22.8%。全社会消费品零售总额完成168.4亿元，比上年增长15.7%。城镇居民人均可支配收入20441元，比上年增长12.4%；农村居民人均纯收入12953元，比上年增长13.7%。

全年实施500万元以上项目514项，其中超亿元项目61项，完成投资108亿元，涉及新型工业化项目35项。争取省重点项目21项，完成投资37.5亿元，争取郑州市重点项目13项，完成投资34.6亿元。总投资12亿元的天祥石油压裂支撑剂一期、总投资5亿元的恒泰铝业铝精深加工等一批重点项目竣工投产，为产业转型升级注入了新的动力。

对外开放步伐加快。2012年，继续严格落实"三位一体"招商机制和"五职"招商责任制，深入开展大招商活动，着力引进技术含量高、带动能力强的重大项目，天祥集团、竹林耐材、开元金属、龙威公司、天成彩铝等重大招商项目进展顺利。全市引进内资70.6亿元，实际利用外资完成1.9亿美元，比上年增长20.1%，全年出口总值1.5 亿美元，比上年下降27.1%。

11月1日，国土资源部党组成员、国家土地副总督察张德霖实地察看巩义市黄河滩区土地开发整理项目建设情况

2012年12月30日，"2012中国最具幸福感城市"颁奖典礼举行，巩义市荣获"中国最具幸福感城市"称号。全国获此殊荣的共有20个城市。其中，地级以上城市10个；县级城市10个，巩义市名列其中。2012年12月，巩义市顺利通过国家卫生城市届满复审，并被全国爱卫会重新确认为国家卫生城市。

【机构与领导】 中共巩义市市委：书记舒庆；副书记张春阳、李国强；市委常委：舒庆、张春阳、李国强、杨彦峰、武拥军、冯献峰、朱军、谈得胜、扈明华、李刚、景雪萍（女）。

市委工作部门：市委办公室主任朱军；组织部部长冯献峰；宣传部部长景雪萍（女）；统战部部长李刚；政法委书记谈得胜；市直工委书记张坤霞（女）；群工部部长王向阳；党史办主任刘翠霞（女）；老干部局局长徐彦龙；新闻宣传中心主任范谡进；党校常务副校长田本学；档案局局长李县令；目标考评办主任赵雨。

市五届人大常委会：主任李明桢；副主任王香典（女，4月免）、薄长水（4月免）、申新中、闫红涛、范志武、钟西军、崔俊理（4月任）。

市人大常委会工作部门：市人大常委会办公室主任韩利敏；选工委主任冯晓慈（女）；财经工委主任马克霞（女）；法工委主任曲富卷；教科文卫工委主任吴喜玲（女）；农工委主任张文超；来信来访办主任刘文勇。

市人民政府：市长张春阳；副市长武拥军、杨朝阳（3月免）、梁险峰、贺传伟、肖荣军（3月免）、李凤芝、袁斌、赵培丰、孙现升、史建伟。

市政府工作部门：市政府办公室主任王向阳；发改委主任崔志强；统计局局长周占龙；人力资源和社会保障局局长吴建禄；财政局局长王政；审计局局长张全忠；国税局局长曹永桢；地税局局长李明珠；工商局局长张红旗；质监局局长祖世泉；监察局局长郑占国；审批中心主任王建设；农委主任祖振坤；林业局局长张清海；水务局局长张世欣；烟草局局长曹占岭；气象局局长杜光伟；住建局局长李太平；国土局局长马振杰；执法局局长张丰海；交通局局长乔万章；环保局局长赵寿涛；电业局局长张建波；园林绿化中心主任贺芳清

（女）；教育体育局局长常成军；人口计生委主任李钦周；卫生局局长韩石曾；药监局局长马占福；史志办主任郅笃威；爱卫办主任梁广旭；科工信委主任王向党；城集联社主任杨武宪；安监局局长白利亚；煤炭局局长崔俊理；文化广电新闻局局长逯熙鹏；商务局局长王保康；供销社主任魏建中；盐业局局长张鹏飞；文物旅游局局长赵新海；公安局局长刘耀增；司法局局长贾孟杰；民政局局长张亚晓；信访局局长王向阳；机关事务局局长段志斌；邮政局局长梅建宏。

政协市五届委员会：主席王双圈；副主席徐鸿钊（1月免）、焦天伟、冯元光（4月免）、王红生、焦振福、曹克强。

市政协工作部门：市政协办公室主任马学红；财贸经济委主任任幸福；提案委主任王同欣；社会和法制委主任夏文英（女）；科教文卫委主任张相忠；学习文史委主任曲复振。

中共市纪律检查委员会书记：杨彦峰。

市人民武装部部长：杨旗（3月免）、黄柏源（3月任）；政委：扈明华。

市人民法院院长：王季。

市人民检察院检察长：耿红（女，4月免）、陈宏钧（4月任）。

市群团组织：工会主席孙国世；妇联主席张文红（女）；团市委书记李明刚；科协主席杨秀芬（女）；文联主席邵玉龙；工商联会长王少辉；残联理事长孙占国。

街道、镇、管委会机关：新华街道党工委书记李立新，办事处主任马海山；孝义街道党工委书记焦平安（4月免），办事处主任王震平；永安路街道党工委书记马录克，办事处主任许学辉；杜甫路街道党工委书记庞国栋，办事处主任曹明勋；紫荆路街道党工委书记魏文红，办事处主任贾国庆；米河镇党委书记陈晓辉，镇长杨晓贤；新中镇党委书记景秀香（女），镇长康新伟；小关镇党委书记袁海昌，镇长白东升；竹林镇党委书记赵明恩，镇长李书转（女）；大峪沟镇党委书记刘冠勋，镇长柴春晓（女，4月免）、刘冠勋（4月任）；河洛镇党委书记赵现才，镇长逯雨林；站街镇党委书记王继锋，镇长闫龙涛；康店镇党委书记王延涛，镇长赵静波；北山口镇党委书记陈冠彬，镇长张东杰；西村镇党委书记肖现军，镇长席新渠；芝田镇党委书记范钦伟，镇长王耀伟；回郭镇党委书记张会录，镇长庞冠峰；鲁庄镇党委书记姜占元，镇长王乾玺；夹津口镇党委书记李易（女），镇长王国锋；涉村镇党委书记杨红伟，镇长李继锋；豫联工业园区管委会主任、党委书记牛自力。

【农业与农村经济】 2012年，全市农业增加值完成9.5亿元，比上年增长4.1%。全年粮食总产量15.7万吨，比上年增长2.6%。其中，夏粮产量8万吨，比上年增长1.3%；秋粮产量7.7万吨，比上年增长5.5%。水果产量26591吨，比上年增长4.7%。蔬菜总产量49647吨，比上年增长2.1%。油料产量5188吨，比上年增长6.6%。棉花产量276吨，比上年下降35.5%。

认真落实强农惠农政策，加强农业基础设施建设，大力推进农业产业化经营。全市农业龙头企业发展到100家。其中，省级2家，郑州市级12家。截止到2012年年底，全市农民专业合作社发展到146个。其中，2012年新成立23个，新申报认定的郑州市市级示范合作社5个。

造林绿化有序进行。全年成片造林面积达1127公顷，比上年增长55%；成林抚育面积4922.2公顷，比上年下降23.4%；幼林抚育作业面积4714.8公顷/次；当年新育苗面积125公顷，四旁植树81.5万株。

畜牧业平稳发展。全年肉类总产量24317吨，比上年增长4.7%。其中，猪牛羊禽肉类总产量23710吨，比上年增长4.8%。禽蛋产量9950吨，比上年增长3.5%。奶类总产量5206吨，比上年增长2.9%。水产品产量3579吨，比上年增长165.1%。

农业生产条件进一步改善。年末，全市农业机械总动力为57.6万千瓦，比上年增长1.4%。农用拖拉机达到15531台，比上年增长0.6%；农用运输车达到5467辆，与上年持平。全年农村用电量为14亿千瓦小时，比上年增长2.7%。

【工业经济】 2012年，全市完成工业增加值366.4亿元，比上年增长13.2%。规模以上工业企业完成工业增加值320.1亿元，比上年增长13.4%。其中，轻工业完成12.1亿元，比上年增长2.5%；重工业完成308亿元，比上年增长13.9%。轻、重工业比例为3.8：96.2。全市规模以上工业企业实现产品销售收入1390亿元，比上年增长9.8%；实现利税总额151亿元，比上年下降5.7%。工业产品产销率达到93%。全市规模工业企业应收账款净额54.7亿元，比上年增长22.4%。受各种因素影响，全市亏损企业20家，亏损面为5.5%；亏损企业亏损额6.3亿元，比上年增加2.27亿元。

【第三产业】 2012年，全市共完成旅客周转量84180万人公里，比上年增长13.5%；完成货物周转量592570万吨公里，比上年增长22.6%。全年共完成邮电业务总量50261.4万元（按2010年部门可比价计算），比上年增长0.6%。其中，邮政业务总量4985.3万元，比上年增长1.3%；电信业务总量45276.1万元，比上年增长0.5%。本地电话用户期末数142895户，比上年增长0.2%；移动电话用户达到65.71万户，比上年增长6%；互联网用户达到107449户，比上年增长9.8%。全市电话普及率为98.4部/百人。

加快以文化创意旅游业为重点的现代服务业发展，康百万庄园与杜甫故里实现一体化经营，浮戏山雪花洞景区成功转制，杜甫故里正式开业迎宾，浮戏山旅游开发、康百万庄园保护维修等工程进展顺利，旅游接待能力进一步提升。截至2012年年底，全市共有旅游景点15个，风景名胜区1个。景区景点共接待游客376万人次，

杜甫故里

比上年增长23%；实现旅游收入2.8亿元，比上年增长7.6%。

项目建设加快推进。德丰香榭里商业广场等项目建成运营，服务业发展水平进一步提高。2012年3月28日，巩义华裕建国饭店举行开业庆典。它是首旅建国在河南地区的第九家成员酒店，是巩义市第一家按照五星级标准建设的酒店。2012年6月16日，巩义市首个城市商业综合体——巩义万洋国际商城项目正式开工建设，总投资15亿元。万洋国际商城的开建，成为巩义市以新型城镇化引领“三化”协调科学发展的一个新亮点。

【社会事业】 2012年，全市科学技术费用支出7843万元，比上年增长44.5%，获得郑州市科技进步一等奖1项、二等奖1项，申请专利技术541项。全年共实施科技攻关计划项目27项。其中，省级5项，郑州市级22项。2012年年末，全市拥有国家级高新技术企业16家；拥有质量检验机构1个，计量检测机构1个，全年共监督抽查各类产品1074批次。

加大教育投入，对中小学校舍安全工程进行攻坚扫尾，除巩义中学新建教学楼项目正在勘探设计外，其余全部竣工交付使用，累计完成投资1.04亿元。2012年，全市普通高招本科上线人数达到3077人，被重点大学录取498人。全市共有高中（含职专）11所，在校学生21368人；初中30所，在校学生22788人；小学80所，在校学生50576人；幼儿园在园幼儿24329人。小学和初中入学率均达100%；教职工人数达到10933人，其中专任教师9411人。全市共有镇（街道）农村劳动力实用技术培训基地17个，镇、村成人文化学校304个。2012年，共有44052人参加农村劳动力实用技术培训。2012年，全市共组织群体性竞赛活动12次。其中，大型比赛3次。有92%以上的在校学生达到了国家体质健康标准。

继续实施达标文化站、文化大院创建工程，全市达标文化站达到17个，达标文化大院达到277个。2012年，全市共有艺术表演团体1个，博物馆1个，文化馆1个，公共图书馆1个。共有广播电台1座，电视台1座，有线电视台1座，有线电视用户达到8.4万户。全年文艺广场共举办活动140场次，观众达20万人次，全年开展文艺下乡活动8次。全市各文艺门类共获得国家级奖项10个、省级奖项32个。市档案馆年末存放各类档案资料达203782卷（册、件、盒、张）。

2012年，全市共有医疗卫生机构128个（包含社区服务站及诊所）。其中，二级医院2个，卫生院18个，社区卫生服务中心2个，疾病预防控制机构1个，妇幼保健院1个，卫生监督机构1个，急救指挥中心1个，医学在职培训机构1个。卫生机构拥有床位数2508张，全市拥有卫生技术人员3958人。截止到2012年年底，全市建立规范化健康档案78.7万份。强化医疗卫生服务体系建设，全年改造镇卫生院2所。坚持不懈抓好人口和计生工作，成功创建国家计划生育优质服务先进市。

【城市建设与管理】 加大中心城区建设力度，伊洛河景观带绿化升级改造等项目按期竣工，污水处理厂二期，石河路、孝南商业街等项目有序推进，累计完成投资15.44亿元。城中村改造（合村并城）工作扎实开展，万洋国际商城、芦苑社区、卧龙小区等22个项目累计完成投资11.5亿元，完成拆迁68.5万平方米，建成安置房15.8万平方米。

环保事业加快发展。年末，全市环保系统共有人员281人，全市拥有环境监测站1个，环境监察大队1个，危险废物和辐射管理中心1个，污水处理厂1个。环保法制建设继续加强，执法力度加大。全市共完成限期治理污染企业868家，截至2012年年底，有1110家企业实现了达标排放。全市有烟控区1个，面积19.3平方公里，噪声达标区15.7平方公里。

【社会保障】 2012年，全市共有福利院1个，床位80张，收养39人；敬老院18所，床位1000张，收养397人。全市各种救济对象得到国家救济28.1万人次。其中，救助农村低保对象21.7万人次，救助城镇低保对象4.7万人次，因自然灾害得到国家救济1.7万人次。全市进入城镇低保1428户、总计3313人，农村低保7991户、总计17652人。

社会保障体系不断完善。2012年，全市城乡居民基本养老保险参保人数37.4万人，企业职工参保人数60105人，机关事业单位职工参保人数18336人。离退休人员社会统筹人数中，企业离退休14688人，机关事业单位离退休6148人。全市失业保险人数中，企业单位43966人，机关事业单位16039人。职工医疗保险参保人数72912人。城镇居民基本医疗保险制度全面启动，参保人数38950人，参保率达到96%。深入推进新型农村合作医疗制度，继续提高门诊补偿比例和住院补偿比例；全年补偿金额12935.5万元，农民参保率达到96.5%，比上年提高1.4个百分点。

【巩义市产业集聚区跻身国家示范基地行列】 2012年2月，工信部公示了第三批国家新型工业化产业示范基地名单，巩义市产业集聚区榜上有名。这也是郑州市县（市）区第一家、河南省第七家入选国家新型工业化产业示范基地单位，对巩义市产业集聚区实现铝加工业的二次创业及打造国家级铝精深加工基地起到积极的推动作用。巩义市产业集聚区是我国最大的普通铝板带箔加工基地。全区规划面积13.3平方公里，建成面积7.8平方公里。以铝板带箔加工为主导产业，形成了以铝单板、铝带、铝箔材料、高强度铝合金板、铝塑复合材料、幕墙装饰材料为主的产品结构。该集聚区铝板带箔产量占河南省铝板带箔产量的56%左右，占全国铝板带箔产量的21%左右。

【“雷锋小学”命名】 1961年9月11日，雷锋将自己一年零九个月的津贴100元钱捐给回郭镇干沟小学资助办学。这个感人事迹被核实报道后，引起了强烈的社会反响。解放军总政治部和济南军区领导高度重视，建议巩义市

常务副省长李克，省委常委、郑州市委书记吴天君考察巩义市产业集聚区建设情况

将干沟（柏峪）小学更名为“雷锋小学”，使之成为弘扬雷锋精神的思想教育基地。为了学习、纪念雷锋同志的感人事迹，以实际行动推动巩义市学雷锋活动的深入开展，贯彻落实党的十八大提出的推动学雷锋活动常态化的要求，2012年12月18日，在雷锋同志诞辰72周年纪念日，巩义市深化学雷锋活动暨“雷锋小学”命名授牌大会举行，正式将回郭镇干沟小学更名为巩义市雷锋小学。济南军区政治部组织部副部长徐德奎、河南省军区政治部副主任邹振宇应邀出席会议，郑州市党政军领导舒庆、刘贵新、刘东、苏理明、常绪东等参加会议。会议由巩义市市长张春阳主持。巩义市委副书记李国强宣读了“雷锋小学”命名的决定和《巩义市委办公室关于推动学雷锋活动常态化的实施意见》；济南军区政治部组织部副部长徐德奎和郑州市副市长刘东向第一任雷锋小学校长焦行军授牌；郑州市委常委、巩义市委书记舒庆和省军区政治处副主任邹振宇分别作重要讲话。

【公共文化服务体系建设】 2012年，投资2亿元的市民文化艺术中心工程建设完工，图书馆、文化馆即将投入使用；数字电视转换工作进入扫尾阶段；市文化馆被文化部命名为国家一级文化馆。2012年，全市建成镇村文化大院6个、社区文化活动中心1个、农家书屋31家。截至2012年年底，全市综合文化站发展到17个，标准文化大院发展到269个，社区文化中心发展到27个。文化信息资源共享工程村级服务点达到292个，实现了村村通。农家书屋发展到292家，实现了全覆盖。大力开展文化下乡活动，放映公益电影3504场，开展戏曲演出206场。大力推进公共文化设施建设及文化惠民工程，全市文化服务能力和水平进一步提高，顺利通过河南省级文化先进县（市）考核验收。

（郅笃威　魏小艳）

新密市

【概况】 2012年年底，新密市总面积1001平方公里，其中耕地面积46434.4公顷。辖4个街道、12个镇、1个乡、1个风景区和1个产业集聚区，303个行政村，47个居委会。总人口79.9万人。人口出生率为9.18‰，死亡率为5.33‰，自然增长率为3.85‰。

2012年，全市实现生产总值515亿元，比上年增长11.3%。其中，第一产业增加值15.6亿元，比上年增长4.4%；第二产业增加值364.1亿元，比上年增长12.5%；第三产业增加值135.6亿元，比上年增长8.5%。全市工业增加值完成346.48亿元，比上年增长12.5%。其中，规模以上工业增加值完成303.34亿元，比上年增长13.9%。规模以上工业企业产品销售收入完成1129.35亿元，比上年增长13%。财政总收入完成38.41亿元，比上年增长6.5%。财政一般预算收入完成24.42亿元，比上年增长21.3%。全社会固定资产投资完成321.7亿元。社会消费品零售总额154.28亿元。商品出口总额13767万美元。实际利用外资15393万美元。城镇居民人均可支配收入20468元；农村居民人均纯收入12325元。年末城乡居民储蓄存款余额200.33亿元。

【机构与领导】 中共新密市市委：书记王铁良；副书记蒿铁群、张红伟；市委常委：王铁良、蒿铁群、张红伟、薛晓军、刘超峰、付建峰、刘月楼（女）、翟国防、连书平、姚志伟、袁加军（4月免）、程雨笋（4月任）。

市委工作部门：市委办公室主任刘月楼（女）；组织部部长翟国防；宣传部部长付建峰；统战部部长刘超峰；政法委书记姚志伟；市委群工部部长马建松；监察局局长李富安（8月免）、苏松杰（8月任）；党校常务副校长王宗福；编办主任宋照；督查室主任梁书灿；史志办主任王西林；外宣办主任李绍光；老干部局局长杨彦秋；档案局局长周建军；优化局局长张超峰；保密局局长赵清江；机要局局长李三妹（女）。

市三届人大常委会：主任王玉枝；副主任程新建（4月免）、张玉娇（女，4月免）、梁建忠、许东凡、徐培林（4月免）、曹智富、郭占鳌、王敬梅（4月任）。

市人大常委会工作部门：市人大常委会办公室主任陈国敏；代表工委主任秦红霞（女）；法工委主任范超峰；教工委主任侯丽君（女）；农工委主任刘群岭（3月免）、蔡璐（女，3月任）；财工委主任马爱荣（女）；城工委主任周晓丹（3月免）、刘群岭（3月任）；信访室主任靳福生。

市人民政府：市长蒿铁群；常务副市长连书平；副市长徐操志、秦耀堂、王建锋、王彦国、张元明、史启新、蒋建茹（女，4月任）、虎荣鑫。

市政府工作部门：市政府办公室主任闫长松；发展和改革委主任王钊铭；科技和工信局局长陈贺平（10月免）、刘大军（10月任）；爱卫创建办主任杨兴顺（3月免）、赵明晓（3月任）；接待办主任寇海荣（女，10月免）、王议唯（女，10月任）；工农办主任杨春杰；机关事务局局长梁宏彬；人防办主任朱青见；文化广电旅游局局长张银灿；农业农村工委主任李毅敏（10月免）、祖君（女，10月任）；行政服务中心主任王建华；教育体育局局长李霞（女）；民政局局长冯伟东；财政局局长刘发来（8月免）、徐桂林（8月任）；人力资源和社保局局长苏建忠；社会保险管理局局长王建彬；国土局局长张志强；煤炭局局长杨建敏；安全生产监管局局长刘进宝（6月免）、刘彦伟（6月任，10月免）、李晓锋（10月任）；住房和城建局局长丁国仁（3月免）、陈铁建（3月任）；房地产管理中心主任王树森（12月免）、梁松臣（12月任）；园林局局长张海俊；城乡规划局局长宋卫敏；拆迁办主任李天星（10月免）、牛新灿（10月任）；交通运输局局长尚建华（3月免）、郑二卿（3月任）；环保局局长徐桂林（8月免）、王冰（8月任）；林业局局长魏颖阳；水务局局长徐绍敏；畜牧局局长赵天龙（12月免）、张孟丽（女，12月任）；气象局局长郭世民；卫生局局长魏金山（10月免）、寇海荣（10月任）；审计局局长刘建军；人口和计生委主任冯嵩懿；统计局局长田建勋；行政执法局局长谷宝山；商务局局长张超峰；盐业局局长张春旺；物价局局长刘海法（3月免）、耿爱萍（3月任）；农机局局长郑路明；粮食局局长吴欣甫；国有资产管理中心主任王冰（8月免）、崔皓哲（8月任）；民族宗教局局长郭福珍（女）；台办主任理建中；质监局局长丁福星（3月免）、李宗显（3月任）；食品药品监管局局长左献荣；供销社主任张建军（3月免）、郭彦卿（3月任）；烟草专卖局（分公司）局长（经理）刘志伟；国税局局长李宏德；地税局局长任彦山；工商局局长任丙坤、电业局局长李新有；邮政局局长刘剑锋；食品安全办主任刘根旺。

政协市三届委员会：主席卢国旗（4月免）、桑萌莉（女，4月任）；副主席刘保立、刘春喜、高永森、岳慧玲（女）、李松涛、宋林祥（4月任）、杨元朝（4月免）、王敬梅（女，4月免）。

市政协工作部门：市政协办公室主任赵明晓（3月免）、王伟峰（6月任）；提案联络委主任王浩洲；社会法制委主任吴俊武；教科文卫委主任孟晓红（女）；经济委主任李现民；学习文史委主任于祥萍；农村工作委主任樊建松；委员联络委主任李一敏（10月任）。

中共市纪律检查委员会书记：薛晓军。

市人民武装部部长：吴明勇；政委：袁加军（4月免）、程雨笋（4月任）。

市人民法院院长：刘文斌。

市人民检察院检察长：王青（女，4月免）、张东（4月任）。

市群团组织：总工会主席申惠萍（女）；团市委书记张丽祥（女）；妇联主席张艳艳（女）；科协主席刘广军；工商联主席陈中建（1月免）、宋林祥（1月任）；文联主席王镜镔；残联理事长许天祥。

街道、乡镇、管委会机关：西大街街道党工委书记魏建朝（10月免）、刘彦伟（10月任），办事处主任刘彦伟（6月免）、程华民（6月任）；青屏街道党工委书记申宏恩（3月免）、邓献村（3月任），办事处主任牛新灿（10月免）、刘军（10月任）；新华路街道党工委书记卢长水，办事处主任李春阳；矿区街道党工委书记孙宏伟（女），办事处主任李鹏（4月免）、樊建伟（4月任）；米村镇党委书记虎伟东，镇长陈俊强（4月免）、陈永建（4月任）；牛店镇党委书记王旭康，镇长裴晨翔（10月免）、王健（10月任）；平陌镇党委书记马卫东，镇长李晓峰（10月免）、裴晨翔（10月任）；超化镇党委书记屈国强，镇长袁金伟；大隗镇党委书记周建凯，镇长朱丽华（女）；苟堂镇党委书记李宏伟，镇长李雅（女）；刘寨镇党委书记张成斌，镇长陈钊利（3月免）、宋光洲（3月任）；白寨镇党委书记陈志刚（11月免）、李天星（11月任），镇长段留战（10月免）、李天星（10月任，11月免）、桑勇（11月任）；曲梁镇党委书记杨书军，镇长刘军（10月免）、王英朝（10月任）；岳村镇党委书记杜怀峰，镇长杨志强；来集镇党委书记陈晓伟，镇长王淑慧；城关镇党委书记冯玉玺，镇长冯俊亚；袁庄乡党委书记郑二卿（3月免）、刘振敏（3月任），乡长刘振敏（3月免）、周建伟（4月任）；尖山风景区管委会书记尚文法（3月免）、陈钊利（3月任），主任李忠敏。

新型社区廊道绿化一角

【新型城镇化建设】 2012年，新密市新型城镇体系规划将303个行政村中的71个并入14个城市社区、83个并入19个镇区社区、149个并入56个新型农村社区，形成中心城区及新城、4个新市镇、56个新型农村社区三级新型城镇化体系。

新型城镇化体系以顺畅的交通道路和生态廊道为连接。交通道路、生态廊道分别按“8642”和“5321”规划，郑州市区至新密主城区和新密新区快速通道为双向8车道，两侧各50米绿化带；过境省道为双向6车道，两侧各30米绿化带；中心城区至各新市镇道路为双向4车道，两侧各20米绿化带；各镇区至新型农村社区道路为双向2车道，两侧各10米绿化带。全市三年规划中的交通道路54条、380公里，全部建成绿色畅通的生态廊道。2012年，重点推进16个建设项目，累计投资3.2亿元，新修和改建道路95公里。生态廊道建设重点对密杞路、密荥路、王观路等20条、158公里道路实施绿化，完成培土435万立方米、微地形塑造455万平方米、绿化828.6万平方米。

2012年，全市共启动和续建新型社区52个。其中，新型农村社区42个。建成住宅2.1万户、294万平方米，实现入住1.4万户、6.1万人，并为部分群众免费办理发放了房产证。拆迁安置社区谋划早、启动快、建设迅速。全市交通道路和生态廊道拆迁安置涉及的25个社区，计划建设122万平方米安置房，已完成110万平方米。社区建设实行承诺公示制，设立公示牌，接受群众监督。新型农村社区基础设施和公共服务设施同步建设，按照“1+25”的要求，全市建成和在建的42个新型农村社区，已投资4.16亿元，完成基础设施项目106个。已流转土地6666.67公顷，建立农民专业合作社151家，建设新型农村社区农民创业园12个，发展设施蔬菜、花卉、林果等383.33公顷，建设高标准良田1000公顷，为农民群众创造就业岗位10万个。全省首个餐厨垃圾无害化处理项目正式运营，集中供热、生活垃圾处理等工程进展顺利。截至2012年年底，新密市城镇化率达到51.3%，新型城镇化建设年度综合考核位居郑州市第一名。

【现代产业体系构建】 2012年，新密市135个重点项目中，开工建设130个，完成投资88.5亿元；列入省、郑州市重点项目33个，开工建设25个，年度投资45亿元，比上年增长32%。裕中电厂二期2×100万千瓦机组并网发电，天润风力发电被列入国家能源局“十二五”风电规划，锦荣置业服装加工基地、浦发百万吨造纸、酷派电子、六冶重工等18个超亿元项目签约、开工。2012年，全市实际利用外资1.5亿美元，引进郑州市外境内资金93亿元人民币。

主导产业培育态势良好。新型耐材基地完成工业投入76亿元，新上重点项目27个；振东新型材料、瑞万佳纳米石材等建成投产，瑞泰科技、建信陶粒砂等即将竣工，东方石油助剂、豫顺合成炉料等项目加快建设。培育郑州市级以上重点上市后备企业20家，实现行业销售收入546亿元，拉动工业增长9.3个百分点。“400亿品牌服装基地”建设步伐加快，波司登中原国际服装商贸城签订框架协议，锦荣置业服装加工基地、赛兰服饰完成投资20亿元，情人雨、风情凯奇等5家联建项目竣工投产。服装行业实现销售收入56亿元。节能减排和技术创新积极有效，77家企业

6月28日，六冶（郑州）科技重工有限公司项目在新密产业集聚区奠基

改用清洁能源，淘汰落后生产线20条。

实施科技研发项目38项，新增中国驰名商标1件，制定发布国家标准1项，培育省级名牌产品5个、著名商标14件、高新技术企业2家。特色商业街区规划通过评审，郑新国际物流园区、正道物联物流产业园、万力仓储物流、藏金源仓储中心等已列入省重点项目。商贸物流业实现增加值76.5亿元，比上年增长8.8%。住宿餐饮业实现营业收入37亿元。旅游业完成基础设施投资6600多万元，古城县衙修复工程基本完工，黄帝宫、伏羲山开发建设取得新进展。完成庙朱等10座小型水库除险加固工程，治理双洎河超化西段6公里，改造灌溉机井601眼、中低产田1733.33公顷，农业生产条件明显改善。郑州市级以上农业产业化龙头企业达到29家，畜牧业产值占农业经济的比重提高到46%，耕种收综合机械化水平达到78.7%。2012年，全省农机专业合作社建设经验交流会在新密市召开。

【农业与农村经济】 2012年，实现农林牧渔业增加值155.8亿元，比上年增长4.4%。粮食总产量207059吨，比上年增长4.1%。其中，夏粮总产量104959吨，比上年增长4.5%；秋粮总产量102100吨，比上年增长3.7%。全年油料总产量10988吨，比上年增长4.7%。蔬菜总产量245795吨，比上年增长10%。水果总产量19693吨，比上年增长5.2%。

全年粮食种植面积为5.57万公顷，比上年增加432公顷。油料种植面积3859公顷，比上年增长1.6%。蔬菜种植面积5216公顷，比上年增长5.4%。果园种植面积1448公顷，比上年增长9.8%。全年肉类总产量20515吨，比上年增长7.6%。禽蛋产量27213吨，比上年增长4%。牛奶产量28156吨，比上年增长11.4%。全年水产品产量825吨，水产品养殖面积412公顷。当年造林面积2503公顷，木材产量31378立方米。2012年，全市农田有效灌溉面积为21213公顷。新增有效灌溉面积1966公顷，新增节水灌溉面积1766公顷。全市农业机械总动力95.1万千瓦，比上年增长4.2%。全市拥有农用拖拉机8950台、农用运输车12534辆，耕种收综合机械化水平为78.7%。全市农村用电量为40955万千瓦时，化肥使用量为26860吨。

【第三产业】 2012年，全市交通运输、仓储和邮政业增加值完成462334万元，比上年增长8.8%。公路运输完成货物运输量2188万吨，比上年增长13.1%；货运周转量404446万吨公里，比上年增长16%。公路运输完成旅客运输量3667万人，比上年增长2.3%；旅客周转量190880万人公里，比上年增长2.8%。年末全市民用机动车拥有量为187292辆，比上年新增7129辆。其中，轿车72799辆，摩托车87732辆，货车及农用车26761辆。年末，全市实有公交汽车997辆。其中，城市拥有公交汽车374辆，城市公交客运量0.26亿人次。年末，全市实有出租汽车437辆。

2012年，全市完成邮电业务总量61963.6万元，比上年增长9.2%。其中，邮政业务总量6177.1万元，比上年下降0.6%；电信业务总量55786.5万元，比上年增长10.4%。全市拥有邮政局（所）24个，邮路总长270公里。全年累计订销报纸1386.3万份、杂志34.4万本。年末，全市邮政储蓄余额为30.08亿元。年末，本地电话用户为788810户。其中，固定电话用户83454户，移动电话用户705356户。年末，3G移动电话用户为100738户，比上年增长34.3%。年末，互联网用户为144715户，比上年增长55.7%。全市新增光缆线路978.1公里。

2012年，全市共接待国内外旅游者137.1万人次，比上年增长34.6%；旅游总收入达到23200万元，比上年增长35.2%。年末，全市拥有旅游景区景点11家。其中，AAA级旅游景区1处。全市拥有星级酒店3家，国内旅行社14家。

【城市建设】 2012年，全市投资1.25亿元，新建续建道路13条，新增道路8225米，改造道路640米。投入660余万元，维修道路坑槽5910平方米，处理沉陷、网裂8000多平方米，更换整修人行道花砖1.9万多平方米，更换整修下水道盖板、路侧石、路平石1.8万块，更换整修雨污水箅子、井盖690套，清理疏通下水道、雨水井污泥2500多立方米，保证了城区道路及排水设施畅通。

投资5700万元，铺设城市供热管网14公里，新增供热面积35万平方米。截至2012年年底，城市集中供热工程共完成投资2.5亿元，总供热面积达到65万平方米。投资7563万元，新铺设城乡供气管网75公里，发展用户4092户，全年供气量达到1.22亿立方米。其中，城区新铺设管网30公里，发展用户4000户，投入资金5063万元，年供气量达到6938万立方米；乡镇新铺设管网48公里，发展工业用户18个，发展居民用户74个，投入资金2500万元，全年供气量达到5288万立方米。

2012年3月12日，新密市生活垃圾无害化综合处理工程采用BOT模式启动建设，概算投资1.7亿元，设计日处理生活垃圾400吨，场区占地4.2公顷，建筑面积2.3万余平方米；至12月底，完成了办公楼主体、分选车间、烧制车间基础建设和设备订购，完成投资4600余万元。6月，新密市餐厨废弃物无害化处理项目采用BT模式启动建设，设计日处理餐厨废弃物50吨，一期工程总投资2000余万元，12月15日建成并进行了试收运。

【民生建设】 2012年，继续加大民生投入，“十件实事”基本完成。新建改建乡镇公办幼儿园15所，金凤路中学、小学和市直第三幼儿园同时开建，建成农村中小学校舍3.1万平方米，办学条件进一步改善。2012年，新密市荣获“河南省教育工作先进县（市）”称号。中医院迁建项目主体工程完工。全面实施乡镇卫生院“温暖工程”，乡村卫生机构实行一体化管理。2012年，全市新型农村合作医疗补偿251万人次，新密市片医网格化服务成为河南省、郑州市的亮点。深入实施文化惠民工程，建成农家书屋71个；有线电视数字化转换工作进展顺利，全年免费放映电影3600多场。加强人口和计划生育服务体系建设，继续保持“全国计划生育优质服务先进县（市）”称号。

【网格化管理】 2012年，新密市按照全员定格的原则，共划分一级网格18个、二级网格347个、三级网格3368个，共下沉群众工作队员1025人、乡镇（街道）工作人员1331人、市直职能部门人员6329人，实现了“四个全覆盖”。同时，市财政投入1000多万元，高标准建好市、乡、村三级信息平台，统一为各村（社区）和基层网格长配备了电脑、手机终端等必要设备。按照郑州市统一部署，扎实开展七个重点领域矛盾问题集中排查治理，并把秸秆禁烧、非法集资、防汛工作、环境卫生综合整治等纳入网格化管理内容，扩大集中整治成效。集中时间，所有网格人员逐村、逐组、逐户、逐单位、逐企业、逐门店进行拉网式大排查，实行“一事一档一备案”，录入公共管理平台，建立基础信息数据库。制定了“条块结合、逐级上报、梯次解决”的问题处理机制，对排查出的问题逐个研判，建立处置台账，做到“小事不出组、一般事不出村、95%问题不出镇”。2012年，全市共排查矛盾问题25571件，已解决25271件，办结率达98.83%。

在七个重点领域矛盾问题排查处理行动中，连续查获3起制售假冒伪劣药品、保健品、医疗器械的非法生产经营窝点，非法产品涉及25个国家和地区，涉案金额达5000多万元；免费为200多家符合条件的农家院饭店办理营业执照，积极协调卫生部门为其办理餐饮服务许可证、从业人员健康证，从根本上规范了农家院饭店的经营行为。2012年，对在网格化管理中表现突出的163名干部予以提拔重用，对49名工作不力的干部实施了责任追查。

【社会保障】 2012年，全市新增城镇就业再就业1万人、农村劳动力转移就业2.4万人，发放小额担保贷款1.1亿元。新增扶贫住房416套，新入住416

户。全年累计投入扶贫资金5775万元。全市职工基本养老保险参保69171人，比上年增长13.3%。全市失业保险参保40036人，发放失业保险待遇596万元。城乡居民养老保险参保413484人，城乡居民养老保险覆盖率99.6%。城镇居民医疗保险参保70333人，城镇居民医疗保险参保率98%。全市工伤保险参保61915人，为346名工伤事故受伤职工支付工伤保险金1496万元。生育保险参保36589人，基金征缴完成629万元，为441名生育女职工及符合条件的男职工配偶支付生育保险金112万元。全年共征收被征地农民社会保障费3030.21万元，为3501名被征地农民累计发放待遇628.28万元。

桧树亭社区

城市低保标准由上年的275元提高到310元，全年共发放城镇居民最低生活保障金695.8万元，享受最低生活保障2153人。农村低保标准由上年的180元提高到200元，全年共发放农村低保金3213.3万元，享受最低生活保障18088人。农村五保对象分散供养标准由上年的2016元提高到2880元，集中供养标准由3360元提高到4800元。五保对象集中供养率达到60.5%。全年共保障五保对象2560人，累计发放供养金、补助金1034万元。

【环境综合整治】 2012年，按照郑州市环境综合整治实施方案要求，完成了城市污水处理厂一级A升级改造工程，并通过郑州市环保验收。按照《郑州市人民政府关于强化饮用水水源地环境保护专项整治的通知》要求，完成李湾水库周边的6家小饭店、2家铸造厂、3家畜禽养殖户的取缔、关闭和搬迁工作，并在库区周边7个村建设30个生活垃圾收集池和2个生活污水收集池，采取综合利用等措施，严禁生活废水流入库区。完成了白寨、老城和刘寨屠宰场废水治理试点主体工程和新密市造纸企业提标治理验收工作。

在大气环境综合整治方面，完成了郑州裕中能源有限责任公司一期30万千瓦燃煤机组脱硝治理方案和郑州煤炭工业（集团）龙力水泥有限责任公司氮氧化物治理方案编制上报工作。积极推进耐材行业清洁能源推广使用工作，2012年督促完成供气管网覆盖范围内的27家企业改用天然气。启动耐材企业“清洁生产示范企业”评比活动，全市累计已有77家耐材企业改用天然气等清洁能源。继续在城市规划区范围内推行集中供热、供气工程，逐步淘汰燃煤锅炉，5家锅炉使用单位已拆除、改造到位。完成城区14家排放粉尘企业限期治理任务，企业配备了高效脉冲除尘器，大幅度降低了企业粉尘排放量。拓宽粉尘源治理范围，完成全市79家粉尘源限期整改工作。开展石灰窑专项整治活动，完成全市10家石灰窑企业限期整改工作，并安装视频监控设备，对新密市范围内128根闲置烟囱进行了拆除。

2012年，深入推进农村环境连片综合整治“新密模式”。投资2800万元的13个农村环境连片整治示范工程主体工程已建成。3月25日，全国农村环境综合整治目标责任制座谈会在新密召开，现场观摩考察了新密市农村环境连片综合整治工作。环保部生态司司长庄国泰带领全国31个省环保厅50多名参会者，先后到新密市来集镇王堂村、超化镇黄固寺村、超化镇乡镇污水处理厂进行现场考察，与会代表对新密市农村环境整治模式给予充分肯定。

【成为全国社会主义新农村建设档案工作示范县（市）】 新密市将创建全国社会主义新农村建设档案工作示范市纳入全市目标考核体系中，市委办与18个乡镇（街道）签订了目标责任书；由市委组织建立新农村建设档案工作月例会制度。市财政共投入80多万元，作为市档案局创建工作专项经费；全市各乡镇（街道）、行政村、社区居委会累计投入创建资金1960多万元。截至2012年年底，全市18个乡镇（街道）均配有档案室、查阅室、荣誉室和公示屏（栏），机关档案管理规范化认证工作均达到省二级以上标准，350个行政村（居委会）建档率达到100%，实现了村村建档。其中，40%的行政村（居委会）有专用档案室、查阅室、荣誉室、陈列室和公示屏，70%的行政村（居委会）档案数量在300卷以上，20%的行政村（居委会）档案数量达到千卷以上。全市农村已收集整理归档的各种专业档案有96种，共486886卷。10月10日，新密市创建工作顺利通过国家级验收，跻身全国75个社会主义新农村建设档案工作示范县（市）行列。

（朱中华）

登封市

【概况】 2012年，登封市总面积1220平方公里。辖8个镇、4个乡、3个街道、1个工业区、1个矿区，303个行政村，20个居民委员会，2532个村民小组。总人口675353人。其中，市区建成区面积20.5平方公里，城镇人口30万人，全市城镇化率达到49%。人口出生率为11.57‰，死亡率为3.48‰，自然增长率为8.09‰。

2012年，全市实现生产总值444.72亿元，同比增长11.4%；公共财政预算收入完成23.96亿元，同比增长18.4%；全社会固定资产投资完成273.67亿元，同比增长22.4%；社会消费品零售总额实现119.77亿元，同比增长16.1%；城镇居民人均可支配收入达到19778元，农民人均纯收入达到11121元，同比分别增长12.6%和13.6%。

扎实推进政府信息公开工作，“中国·登封”门户网站荣获“2012年度中国政府网站优秀奖”。

【机构与领导】 中共登封市市委：书记郑福林；副书记乔耸、杨昆峰；市委常委:郑福林、乔耸、杨昆峰、魏诗礼、彭立、饶泽寿（4月免）、赵华敏、杜文功（4月任）、李诺民（12月免）、杨戌超、王升建、杨洁、马素华。

市委工作部门：市委办公室主任彭立；政法委书记杨戌超；组织部部长王升建；统战部部长杨洁；宣传部部长马素华；群工部部长刘爱芳；党校常务副校长郭年凯；市直机关事务管理局局长郑凤鸣；市直工委书记杨军辉（4月免）；老干部局局长吴桂荣（5月任）；档案局局长范涛。

市四届人大常委会：主任董焕德；副主任王书军、谢奇、闫新生、曼国永、杨建勋、董喜年。

市人大常委会工作部门：市人大常委会办公室主任张克彬；财经工委主任王学杰（5月任）；农工委主任段国群（5月任）；人事任免工委主任杨意华；代表联络信访工委主任王红伟（5月任）；法工委主任吴彦军。

市人民政府：市长乔耸；副市长赵华敏、杨洁、李伟光、朱耀辉、黄卫东、马宏伟、张治怀、陈治龙、杨国强。

市政府工作部门：市政府办公室主任曹红宾（5月任）；监察局局长岳耀争；信访局局长崔东飞；扶贫办主任袁松乾；发改委主任陈再文（5月任）；物价局局长刘效克；粮食局局长徐臣义；科工信委主任任永立；安监局局长梁跃飞（5月任）；人口计生委主任马炎治；财政局局长王建永；公安局局长张遂旺；民政局局长范新杰；人社局局长荣二平（5月任）；住建局局长尚春和（5月任）；城乡规划局局长张少伟（5月任）；环保局局长郭更森；农委主任马宗仁（5月任）；林业局局长李云峰（5月任）；水务局局长刘超杰；国土资源局局长韩志刚；煤炭局局长胡彦敏；交运局局长甄少杰；教体局局长李成林；文物局局长吕伟；卫生局局长景淑真；爱卫办主任吴进卿；统计局局长张健；审计局局长冯颖灿；司法局局长王老康（5月任）；文广新局局长王彩红；宗教局局长白金永；旅游局局长钱桂玲；少林管理局局长何延木（5月任）；商务局局长赵应杰。

政协市四届委员会：主席孟永瑞；副主席张书凯、常兴文、孟战江、刘白雪、释永信、王丽（4月任）。

市政协工作部门：市政协办公室主任董辉；提案委主任刘春萍；经济科技委主任赵占敏（12月免）；文教卫体委主任孙建敏（2月免）；台港澳侨联络委主任王丽（4月免）。

中共市纪律检查委员会书记：魏诗礼。

市人民武装部部长：严书伟；政委：饶泽寿（4月免）、杜文功（4月任）。

市人民法院院长：李新。

市人民检察院检察长：马玉东。

市群团组织：市总工会主席张书凯；团市委书记王磊（5月任）；妇联主任屈朝敏（5月任）；侨联主席李建东；文联主席孙晓玲（2月任）；工商联主席王文浩；科协主席张松波；残联理事长张颖钊。

乡（镇）区、街道机关：颍阳镇党委书记焦春生，镇长吴建伟；君召乡党委书记王向民，乡长段世民（5月任）；石道乡党委书记陈再文，乡长王志鸿（5月任）；大金店镇党委书记李发敏，镇长郭建刚；东华镇党委书记申卫保（5月任），镇长吴燕（5月任）；白坪乡党委书记程彦宏，乡长李俊峰；卢店镇党委书记曹红宾，镇长孔玉峰（5月任）；唐庄乡党委书记李剑玮，乡长高少雷（5月任）；告城镇党委书记郭朝宏，镇长何聪道；徐庄镇党委书

4月6日，全国人大常委会副委员长、民建中央主席陈昌智莅临登封调研文化旅游产业发展情况

记宋剑，镇长董剑飞；大冶镇党委书记郑振武，镇长王志斌；宣化镇党委书记李云峰，镇长薛少龙；嵩阳街道党工委书记孙玉生（5月任），办事处主任刘现伟（5月任）；少林街道党工委书记王红伟，办事处主任孙利锋；中岳街道党工委书记赵春营（5月任），办事处主任朱振信（5月任）；阳城区党委书记李云敬，主任孙卫杰；送表矿区管委会党委书记闫文定，主任李金成。

【工业经济】 2012年，面对巨大的经济下行压力，登封市切实加强经济运行监测和分析，不断加大经济调节力度，认真研究并积极实施关于重点项目、财税融资、企业服务、招商引资等一系列保增长的政策措施，全市经济保持了平稳发展态势。登电科诚外墙保温材料一期、欣博矿山装备一期、中岳新能源非晶带材、新登氧化铝陶瓷基板等11个重点项目建成投产。新增河南河顺自动化设备有限公司、郑州嵩山电热元件有限公司2家高新技术企业。

3月6日，郑州市委书记吴天君、郑州市市长马懿莅临登封调研郑登快速通道登封段拆迁情况

传统产业加快升级。地方主体煤矿采掘机械化强力推进，完成投资5.6亿元；奥美铝合金板材、少林刚玉冶金辅材项目竣工投产；宏昌水泥、春胜耐材等水泥耐材企业全年共完成技改项目16个。煤电铝等传统产业占工业比重同比下降2.8个百分点。

园区发展水平稳步提高。产业集聚区和各专业园区完成固定资产投资74.4亿元，同比增长29.5%。三里庄高新技术工业园区被评为“郑州市五快产业集聚区”。

项目建设有所突破。积极组团参加第七届中博会、厦门高交会等重大招商引资活动，2012年引进亿元以上项目31个，总投资额416.4亿元。其中，中天广场、升达学院等18个项目落地实施。2012年实际利用外资1.6亿美元，同比增长10.2%；实际利用域外境内资金60.3亿元，比上年增长19%，增速居郑州六县（市）第一位。河南省、郑州市考核的18个重点项目和市本级114个重点项目全部开工建设，分别完成投资20.9亿元和94.9亿元，分别超年度目标29%和12%。其中，天地重工矿用机械、卫星遥感地标靶场、雅新千亩金银花标准化示范基地等48个项目投产投用。

积极破解发展瓶颈。2012年收储土地400公顷；各银行业金融机构新增贷款15.9亿元，同比增长21.5%；实现资本市场融资20.9亿元，比上年增长1.5倍。

【现代农业】 2012年，认真落实强农惠农富农政策，发放粮食直补等各类补贴1.2亿元。粮食总产量达到26.5万吨，同比增长19%。农业总产值突破20亿元。农业产业化步伐加快，新增郑州市级龙头企业6家，累计达到33家。大力发展特色种植，新增特色核桃种植4000公顷，红薯、金银花等其他特色经济作物种植1万公顷。农业龙头项目加快建设，河南正邦、书青牧业续建项目和谷源蛋白一期工程建成投产，河南瑞洋休闲观光园等项目加快推进；投资6.5亿元的河南三木循环农业示范园项目开工建设，投资20亿元的郑州三全农牧科技园项目正式签约。农产品加工、养殖等农业专业园区新上项目12个，完成投资5.2亿元。引导适度规模经营，完成土地流转733.33公顷。农村生产生活条件不断改善。改造中低产田2000公顷、加固病险水库11座，新建农村公路67.4公里，改造农村危房1400户。

【新型城镇化建设】 按照“建设不折腾、产业可持续、群众多受益”的原则，狠抓六个切入点工作，加快新型城镇化进程。编制了“五规合一”的三化协调发展空间布局规划。按照“百年规划、百年建筑”“世界眼光、国际一流”的标准，做到《城乡建设规划》《土地利用总体规划》《产业布局规划》《田园城市及生态廊道规划》《生态水系规划》“五规合一”，实现一张图引领，一体化布局。确定了“三化”协调发展三年行动计划。力争到2014年，实现“3535115”和“58528”的目标。“3535115”即市区和镇区3公里内的农民全部入住新型社区，完成核桃、金银花等经济作物种植50万亩，养猪300万头，养鸡5000万只，年游客量1000万人次、旅游总收入突破100亿元，主要工业增加值超过500亿元；“58528”即完成58条路、528公里的全域交通路网体系建设。

狠抓六个切入点工作。2012年，完成各类拆迁610万平方米，占郑州市下达170万平方米任务量的360%；城乡路网建设取得突破性进展，2012年确定的23条道路全面开工，天中路、政通路等9条共115公里道路建成通车，谷路街南路等30条背街小巷整修完工，打通断头路5条；巩登高速建成通车，汝登高速开工建设；投资1.63亿元，建设生态廊道20条241公里，完成绿化面积480万平方米；着力提升中心城区功能，登封大道、少林大道东段改造工程稳步推进，嵩山广场城市综合体、中天广场等中心城区功能提升项目顺利实施，棋盘山公园主体完工，双“十”字景观大道建设拆迁基本完成；坚持“一抓拆、二抓建、千方百计抓回迁”，2012年计划的中岳街道办事处新店万人社区、告成中心社区等22个新型社区全部开工建设，建成安置房85.9万平方米；规划了3.6平方公里的登封新区起步区，共完成投资6亿元，天中路等5条道路基本完工，中强学校等7个项目正在建设。

市区供热供气覆盖面不断扩大，新建供热管网35公里，新增供热面积70万平方米；新建供气管网26.5公里，新增用户2530户。保障房建设稳步推进，1410套廉租住房全部达到入住条件，经济适用房二期主体封顶、三期600套开工建设。启动乡镇特色产业园20个，唐庄、大金店等特色产业园粗具规模，为社区居民就业创造了条件。组团起步区基础设施建设完成年度任务。产业集聚区基础设施完成投资8亿元，新建道路5.9公里、标准化厂房8.5万平方米，供水供电工程基本完成。强力查处违法建设，拆除各类违法建筑4万余平方米。徐庄镇通过国家卫生镇复验，大冶镇、送表矿区创成省级卫生镇，城乡面貌不断改观。全市城镇化率达到49%，比上年提高3个百分点。

【现代产业体系构建】 确立了3个产业聚集区（登封市产业集聚区、文化旅游产业集聚区、登封市新型农业产业集聚区）、3个专业园区（三里庄高新技术工业园区、循环经济工业园区、中岳文化苑）、22个乡镇特色产业园（农民创业园），即“3322”三年行动计划的产业布局。

升级改造传统优势产业。积极实施工业经济“三年倍增五年超越”计划，2012年新上工业项目180个，累计完成投资148.5亿元，规模以上工业增加值完成280亿元，装备及汽车零部件制造、新材料、生物医药产业实现产值121亿元，高新技术产业增加值完成23.7亿元，煤电铝等传统产业占工业比重同比下降了2.8%。三里庄高新技术工业园区被评为“郑州市五快产业集聚区”。

突出发展文化旅游产业。2012年，扎实开展景区环境综合整治，进一步完善旅游服务设施，景区服务水平不断提升。投资2000余万元，新建景区智能化管理系统，不断提高景区精细化、人性化管理服务水平，少林景区通过5A级景区复核验收。嵩山世界地质公园通过联合国中期评估。

文化旅游项目加快推进。投资1.5亿元的少林武术博物馆、投资10亿元的少林禅果观光园、投资50亿元的登封文化创意园等项目已开工建设，投资7.9亿元的孔子学院项目进展顺利。

现代服务业稳步发展。大力提升文化旅游配套服务水平，创建省级旅游标准化示范城市试点工作全面启动。照见山居、锦鹏生态酒店投入运营；全市快捷酒店、星级农家乐累计达到79家。文化遗产保护利用不断加强。世界文化遗产监测中心揭牌成立；投资2400万元的“天地之中”历史建筑群保护与展示项目全面启动。成功举办“世界文化遗产日”“天地之中（嵩山）——华夏文明与世界文明论坛”等文化活动；嵩山世界地质公园通过联合国考察评估；成功举办第九届中国·郑州国际少林武术节大型迎宾式等活动。嵩山文化国际影响力不断扩大。2012年共接待中外游客869万人次，实现门票收入3.3亿元，实现旅游总收入55亿元，分别比上年增长13.3%、13.1%、15.1%。

积极发展现代特色农业。落实强农惠农政策，发放各类补贴1.2亿元。坚持“种、养、加”相结合，2012年新增特色核桃种植4000公顷，红薯、金银花等其他特色经济作物种植1万公顷；年出栏生猪40多万头、肉鸡3000万只。

切实抓好招商引资。2012年，全市引进亿元以上项目31个，总投资额416.4亿元，实际利用外资1.6亿美元，引进域外境内资金60.3亿元，其中引进省外资金同比增长27.1%；实施“五职”领导干部招商项目5个，投资总额124.1亿元。

【网格化管理】 坚持把网格化管理作为推动工作的总机制、总抓手，本着“低成本、高效率、可持续”的原则，不断完善机制，推动工作落实。（1）宣传发动，强化培训。先后组织市委中心组学习、全市网格化管理千人动员大会、农村“三委”干部专题培训班等，力求党员干部做到学明白、想明白、说明白、做明白；借助媒体通过多种宣传形式营造舆论氛围，发动群众，共发放《登封市网格化管理工作手册》、明白卡片等数万册，力求家喻户晓，人人皆知。（2）划分网格，明晰职责。在全市划分了17个一级网格，323个二级网格，1154个三级网格。搭建四级信息平台，确定68个在基层有管理服务职能的市直部门下沉。明确3560名市直部门干部和1398名乡镇干部作为下沉人员，坚持每周两天下沉，其中周一至周五任选一天，周六为网格化管理日，必须下沉。（3）排查问题，集中治理。截止到2012年年底，各级网格共排查出问题34147个，处理33604个，处理率为98.41%。（4）严格奖惩，强化追责。实行网格化管理以来，共追责771人次，其中科级干部63人次、工作人员708人次；党政纪处分16人次，责令作出书面检查12人次，诫勉谈话31人次，评差222人次，通报490人次。全市通过实行全员下沉、捆绑负责的网格化管理机制，有效实现了全域内的每一件事都有人负责、每一寸土地都有人管理。

【民生建设】 坚持把改善民生作为发展的出发点和落脚点，加大财政资金向民生的倾斜力度，2012年累计投入民生资金29.6亿元，占全年财政支出的71.5%。（1）圆满完成为民办“十件实事”。新建9所学校、农村安全饮水工程、适龄妇女两癌筛查、老年人补助体检、城乡居民基本医疗条件改善、城镇就业再就业、中心城区服务功能完善、扩大城市供热供气覆盖面、保障性住房建设、路网升级改造等全部完成。（2）持续加大教育投入。落实“两免一补”、学前教育补助等优惠政策，累计减免学费2966万元，发放补助3038万元；中强学校、公办幼儿园建设进展顺利，北区小学、实验高中运动场开工建设。（3）医疗服务保障能力进一步提升。阳城医院建设加快推进，疾控中心、残疾人康复中心、中岳卫生院主体完工，乡镇卫生院“温暖工程”全面完成；公立医院改革稳步推进。（4）强化食品药品安全监管。重点乡镇农产品质量安全监测站建设全部完成。实施了“放心早餐”工程。国家药品安全示范县（市）创建工作通过省级验收。（5）持续保持低生育水平，出生人口性别比治理经验在全国推广。（6）鼓励支持科技创新，培育建设河南省级、郑州市级企业技术中心9家，申请专利1310项。（7）文体事业成果丰硕。新建文化大院、农家书屋等基层文化设施73个，免费送电影送戏下乡3848场次；成功承办第九届中国·郑州国际少林武术节部分活动，承办国家、省、市级体育赛事29场次，荣获金牌656枚。（8）生态环境持续好转。加强水资源综合利用，新建大冶、颍阳等9座乡镇污水处理厂。开展少林水库、马庄水库等饮用水水源地环境保护治理工作，水质达标率100%。节能减排扎实推进，关闭淘汰落后产能企业4家，农村秸秆禁烧工作取得明显成效；新增造林面积4333.33公顷，森林覆盖率达32%，新增城市绿地面积18.2公顷，绿化覆盖率达44.8%，城区空气质量优良天数达到338天。

7月31日－8月2日，联合国教科文组织世界地质公园专家盖伊·马蒂尼、亚历克斯一行对嵩山进行为期三天的实地考察和再评估

【武术节招商引资】 在武术节期间，登封市于10月22日上午在禅武大酒店举行了登封市情说明会暨项目签约仪式，邀请客商480余人，共签约项目25

8月5—7日，柬埔寨国王诺罗敦·西哈莫尼莅临登封访问

个，项目总投资达309.61亿元，外资额256.61亿元。其中，开发性金融战略合作项目、登封市中天广场项目、登封市人民政府与中国建筑第七工程局有限公司投资建设合作项目、河南三木农业科技有限公司农业循环园项目、登封文化创意园项目等协议项目18个；嵩山文化国际教育推广创意产业园（中国禅武文化国际研修中心）项目、麻与棉、高脂纱生产线项目、白坪新型社区建设暨农产品高科技加工项目等合同项目6个；意向项目1个，即三全农牧科技产业园项目。重点推介了7个招商项目，包括登封市产业集聚区、登封市新区商住区、登封市中心城区、登封市文化旅游产业集聚区、登封市产业集聚区标准化厂房招商项目，登封市城乡规划馆、图书馆、文化馆建设项目，新登集团中禾商务中心项目。

【嵩山论坛举办】 2012年9月20—23日，由北京大学高等人文研究院、河南华夏历史文明传承创新基金会、郑州嵩山文明研究院联合主办，河南登封市人民政府承办的第一届“天地之中（嵩山）——华夏文明与世界文明论坛”在登封举办。来自世界各地知名学者、思想家相会在嵩山，以“文明对话”“文化中国”“世界伦理”“价值认同”“儒学反思”为主题，展开深入讨论与交流。全国人大常委会原副委员长、北京师范大学人文宗教高等研究院院长许嘉璐，河南省人民政府副省长张广智，北京大学校务委员会副主任、原常务副校长迟惠生，北京大学高等人文研究院院长、美国人文学院院士杜维明等130多名国内外专家学者出席。许嘉璐为论坛作首个主题演讲。杜维明、王邦维、牛大勇等国内著名学者作主题报告，国外学者Leonard Swidler（列奥纳德·斯维德勒，美国坦普尔大学教授、对话学院院长）、Richard A. Falk（理查德·福尔克，美国普林斯顿大学国际法荣休教授）、Livia Kohn（利维亚·柯恩，美国波士顿大学宗教学系副主任、道家和道教文化研究专家）、Sergey Khoruzhy（谢尔盖·赫鲁济，俄罗斯科学院院士，知名哲学家、数学家、物理学家）、Hilal Elver（美国加州大学桑塔芭芭拉分校全球研究教授）等国外著名学者作主题演讲，50多名学者发表了论文。嵩山论坛成为华夏文明与世界文明对话的新平台。

（吕宏军　杨　键　吉俊杰）

新郑市

【概况】 2012年，新郑市总面积873平方公里，其中耕地面积48793.3公顷。辖9个镇、3个乡、3个街道、3个管委会，293个行政村，33个居民委员会。总人口68.7万人，其中城镇人口31.7万人。人口自然增长率为5.2‰。

2012年，全市完成地区生产总值486.3亿元，比上年增长11.8%。其中，第一产业增加值18.69亿元，同比增长4.3%；第二产业增加值351.4亿元，同比增长12.5%；第三产业增加值116.2亿元，同比增长11.2%。财政总收入72.48亿元。其中，地方公共财政预算收入26.96亿元，比上年增长25%；税收收入17.71亿元，比上年增长28.71%。全社会固定资产投资286.3亿元，比上年增长22.5%。主要工业增加值完成235.2亿元，比上年增长12.9%。社会消费品零售总额144.8亿元，比上年增长16.2%。农民人均纯收入、城镇居民人均可支配收入分别达到12895元和20461元，比上年分别净增1551元和2257元。外贸出口3586万美元，比上年增长29.9%；实际利用外资1.9亿美元，比上年增长9.4%。城乡居民储蓄存款余额128.1亿元。在全国县域经济与县域基本竞争力百强县（市）排名上升至62位，在县域经济社会发展综合排序位居全省第二位。

【机构与领导】 中共新郑市市委：书记吴忠华（4月免）、王广国（4月任）；副书记张国宏、刘仲利；市委常委：王广国、张国宏、刘仲利、王俊杰、孙淑芳（女）、李占龙、付桂荣（女）、刘德金、李志强、杨流（4月免）、汤晓义、苗瑞光（4月任）。

市委工作部门：市委办公室主任汤晓义；组织部部长刘德金；宣传部部长付桂荣（女）；统战部部长李志强；政法委书记李占龙；老干部局局长刘德铭；信访局局长赵志健；档案局局长秦成伟；党校常务副校长王向阳。

市四届人大常委会：主任高林华（女，4月免）、李书良（4月任）；副主任王军生、冯西乾（4月免）、孙阔、彭德成、郭明熙、王金灿（4月免）、左建新（4月免）。

市人大常委会工作部门：市人大常委会办公室主任白春芳；法工委主任周宏伟；农工委主任李俊卿（5月免）；代表工委主任歹华民；老干部科长冯丽娜（女）；教科文工委主任刘宏战；人事任免科长张新志；信访室主任歹银花（女）；财经工委主任贺立军。

市人民政府：市长王广国（4月免）、张国宏（4月任）；副市长孙淑芳（女）、李志强、刘五一、李颖军、王保军、赵建武（4月免、11月任）、关民安（4月免、11月任）、缑云峰（4月免、11月任）、康红阳、秦彩霞（女，4月免、11月任）。

市政府工作部门：市政府办公室主任李俊鹏；监察局局长敬跃离（12月免）、杨献珍（12月任）；机关事务局局长鲁鹏程；市志办主任马红军；法制办主任张建鸿；技术监督局局长宋雪峰；住房和城乡建设局局长邱学峰（12月免）、齐光辉（12月任）；交通运输局局长贾桂芬（女）；农业农村工委主任杨献珍（12月免）、李俊岭（12月任）；林业局局长戴金平；水务局局长赵富贵；商贸公司总经理赵锋申；粮食局局长李书灿（12月免）、鲁生伟（12月任）；财政局局长貊海森；工商局局长郭建军；审计局局长周宏超；供销社主任李新保；人口和计生委主任唐宏伟；文化广电新闻出版局局长刘学敏；环保局局长苗松发；卫生局局长李长法；旅游文物局局长张向东；发展和改革委主任刘红军；商务局局长韩东伟；统计局局长刘德智；国土资源局局长赵海峰；人力资源和社会保障局局长贾俊峰；社会保险事业管理局局长赵明；公安局局长赵建武；司法局局长朱秋国；民政局局长赵子剑；科技和工信委主任付建峰；气象局局长闫伟杰；邮政局局长冯珂（7月免）、张海燕（7月任）；烟草局局长王保军；安全生产监管局局长王国良；轻工公司经理毛红军；供电公司经理滑道衡；食品药品监管局局长张五超（10月免）、王晓莉（10月任）；物资公司经理石贵现；城乡规划和城市管理局局长王忠贺；黄帝故里景区管委会主任秦洪源；具茨山国家级森林公园管委会主任李新成（12月任）；中心城区新区建设管委会主任关民安。

政协市四届委员会：主席陈莉（女）；副主席戴宇林（4月免）、苏铁林（4月免）、李中俊、王海民、李建国、张全民。

市政协工作部门：市政协办公室主任安义刚；科教文卫委主任李富湛；经济委主任白宵僡（女）；文史委主任马林清；老干部科科长史新军；社会法制委主任苏留欣；港澳台侨委主任王艳；农委主任贾连卿；提案委主任吕宪宝。

中共市纪律检查委员会书记：王俊杰。

市人民武装部部长：王海亮；政委：杨流（4月免）、苗瑞光（4月任）。

市人民法院院长：靳四梅（女，4月免）、王栋（4月任）。

市人民检察院检察长：翁波（4月免）、李广建（4月任）。

市群团组织：妇联主席郑彩霞；团市委书记张磊；工商联会长王海民。

街道、乡镇机关：新华路街道党工委书记连合群，办事处主任李宗元；新建路街道党工委书记闫建军，办事处主任赵敏祥；新烟街道党工委书记胡凯军，办事处主任敬伟民；城关乡党委书记许林山（2月任），乡长许林山（12月免）、马东亮（12月任）；辛店镇党委书记周书明，镇长戴茂松；观音寺镇党委书记田延辉，镇长田延辉（12月免）、周伟杰（12月任）；梨河镇党委书记贾晓建，镇长刘奎志；和庄镇党委书记乔建伟，镇长齐光辉（12月免）、冯军辉（12月任）；八千乡党委书记周树军，乡长曾海林；龙王乡党委书记吴顺祥，乡长左超伟；薛店镇党委书记郭伟斌，镇长赵东伟；孟庄镇党委书记马书强，镇长靳大勇（12月免）、唐永刚（12月任）；龙湖镇党委书记杨春峰，镇长李炎宏；郭店镇党委书记沈宝峰，镇长高宏伟；新村镇党委书记荆新发，镇长赵淑梅（女）。

3月24日，全国政协副主席、全国工商联主席黄孟复到好想你枣业股份有限公司视察

【工业经济】 产业体系日趋完善，构建了以食品烟草、生物医药、商贸物流为主，以富士康配套产业、高端制造业和传统制造业提升为辅的产业体系。2012年，全市规模以上企业达到295家，销售超10亿元企业达到13家；主要工业增加值完成289.9亿元，比上年增长14.2%；高新技术产业增加值达26.5亿元，比上年增长22.6%。坚持重点项目推进、国土资产管理、规划委员会例会制度，项目建设速度明显加快，建成投产44个项目，新开工亿元以上项目29个。食品烟草、生物医药产业不断扩张，达利食品、卓峰制药迁建，天津药业技改等一批项目建成投产，雏鹰饲料及冷鲜肉加工、中储粮豆粕深加工、众康医药园等一批项目进展顺利。切实加强科技创新投入，新转化科技成果13项，申请专利780件。“好想你”枣业荣获2012年省长质量奖。食品烟草、生物医药产业分别实现增加值90.6亿元、44.4亿元，比上年分别增长15%和15.6%。不断加大招商引资力度，全年新招项目78个，到位资金81.2亿元，比上年增长11.9%。产业集聚区建设步伐加快，新港产业集聚区被评为“郑州市五强产业集聚区”。

【农业与农村经济】 2012年，粮食生产再获丰收，总产量达到2.9亿公斤。完成了5个粮油万亩高产创建示范工程，建设农户科学储粮示范仓5003个。农业结构调整步伐加快，开工建设新菜田项目1000公顷、设施农业152.67公顷，新建农业标准化生产基地3个，无公害农产品标准化生产基地总数达到51个。农田水利建设逐步加强，启动并扎实推进“三化”协调示范区中低产田改造等5个农业综合开发项目，新打配、改造机井1500眼。新增、恢复灌溉面积1.87万公顷，连续16年夺得河南省农田水利基本建设“红旗渠精神杯”，连续17年夺得郑州市农田水利基本建设“中州杯”。畜牧产业规模持续扩大，畜禽养殖总量突破4700万只（头）。郑州市级以上农业产业化龙头企业达到58家，雏鹰集团入选全国畜牧行业百强。

【第三产业】 成功承办壬辰年黄帝故里拜祖大典和第六届黄帝文化国际论坛，持续扩大了黄帝故里·新郑的影响力和知名度。2012年，接待境内外游客373万人次，同比增长13%；实现旅游收入9.6亿元人民币，同比增长24.68%。持续推进黄帝故里改扩建工程、郑韩故城遗址公园、郑韩湿地文化公园、具茨山国家森林公园、白居易故里建设等文化旅游项目，进一步丰富了历史文化内涵，提升了景区品位。商贸物流业发展提速。总投资650亿元的郑州华南城项目一期开工建设；郑州国际石材工业园一期、六盛钢材市场一期建成运营；成功引入华商汇综合商贸物流园、中原国际不锈钢物流园、郑州国际农机交易中心、河南中烟物流储运中心等一批基地型、集群型商贸物流项目。房地产市场运行平稳。全年完成房地产开发投资21.9亿元，竣工面积36.3万平方米。2012年，第三产业增加值完成116.2亿元，占经济总量的23.9%，比上年增长11.2%。

【城乡建设与管理】 坚持规划引领，科学编制“三化”协调发展空间布局规划和三年行动计划，构建了“两城、两市镇、52个新型社区”新型城镇化发展布局。六个切入点工作全面展开。全年完成各类拆迁980万平方米，为长远发展拓展了空间。交通道路和生态廊道建设卓有成效，新建各级道路265.7公里，郑新快速通道、G107新郑段竣工通车，新建解放北路、双湖大道、神州北路等生态廊道215公里，绿化面积546万平方米。新型社区建设快速推进，累计启动社区项目33个，建成安置房211万平方米，1.5万名群众入住新居。中心城区新区建设日新月异，中兴路、学院路等12条道路建成通车，新村大道、中兴路下穿京广铁路桥涵工程顺利完工，路网框架基本形成。组团起步区发展加快，高标准实施湖滨路、龙泊南路等道路建设工程和四路亮化绿化美化工程，龙湖商贸会展城建设顺利启动。中心城区功能逐步提升，新改造背街小巷30条、老旧小区10个、街头游园4个，精品街整治一期工程全面完成。产业集聚区建设步伐加快，新港产业

10月13日，国家安全生产监督管理局党组书记、局长杨栋梁到新郑市调研煤矿安全生产工作

9月18日，省委常委、郑州市委书记吴天君到新郑市调研新型城镇化建设工作

集聚区入选“郑州市五强产业集聚区”。深入开展城乡环境综合整治，创建省级卫生村9个、郑州市卫生乡镇4个、郑州市级卫生村16个。强力查处违法建设，2012年共拆除违法建设85.6万平方米。城市管理更加规范，智慧城市建设成效显著。镇域经济实力不断增强，龙湖、辛店、薛店、新华等4个乡镇（街道）财政收入超亿元。其中，龙湖镇财政收入达到3.94亿元。龙湖、薛店、新村等5个乡镇进入郑州市20强乡镇行列。

【社会管理】 按照“条块融合、职责明确、联动负责、网格覆盖”的原则，建立市、乡、村（社区）三级网格2444个，下沉各级各类人员3880人，排查两大类20项工作突出矛盾27580起，调处率达到98%。加大非法生产、非法经营、非法建设治理力度，信访稳定、安全生产形势持续好转。深入推进社会管理创新综合试点工作，“一办十中心”服务平台和全市15个乡镇（街道）综治工作中心、便民服务中心全部建成投用，进一步方便了群众生产生活。“民生优先、城乡统筹”的新郑经验被中央政法委作为典型在全国推广，新郑市被中央综治委确定为全国社会管理创新综合试点9个典型培育市（县）之一。

【民生建设】 将更多的财力投向民生领域，2012年民生支出达到15.4亿元，向全市人民承诺的十件实事圆满完成。优先发展教育事业，为农村公办幼儿园和部分小学配备校车55辆，新建、改扩建中小学、幼儿园10所，一中新校区迁建工程顺利完成并实现招生，新郑市高考成绩连续21年位居郑州六县（市）前列。全民健身运动蓬勃开展，成功举办市第三届全民运动会。不断拓宽就业渠道，新增城镇就业再就业8307人，农村劳动力转移就业1.8万人。社会保险覆盖面不断扩大，城乡居民养老保险参保人数达到35.7万人，参保率达到99%以上。为7.8万名60周岁以上城乡居民发放养老待遇1.05亿元，城乡居民养老保险工作获得国务院通报表彰。深入实施保障性安居工程，新开工经济适用住房7.9万平方米，发放廉租补贴272.78万元，住房保障覆盖率达100%。困难群体保障力度加大，共发放困难群体救助金8318.9万元；市残疾人服务中心投入使用。生态环境显著改善，新增造林面积500.67公顷，建成郑州市林业生态乡镇1个、林业生态村17个、生态社区5个，被评为全省绿化模范县（市）。2012年，城区空气环境质量达到或优于国家二级标准天数为311天，城市环境综合整治定量考核位居全省前列，第一、二污水处理厂污水处理率达到80%以上。扎实开展移民后期帮扶工作，被省委、省政府记集体一等功。低生育水平持续稳定，保持“全国计划生育优质服务先进县（市）”称号。公共文化服务体系不断完善，顺利通过国家公共文化服务体系示范区初检和国家先进文化县（市）复检。档案工作成绩突出，被评为全国社会主义新农村建设档案工作示范县（市）。

【成为全国社会主义新农村建设档案工作示范县（市）】 新郑市认真落实上级工作部署，采取分类指导、区别对待的方法，2012年共帮助96个立档单位指导整理档案16228件、8928卷，整理声像档案613张（盒、盘）、资料1272卷（册），圆满完成了上级下达的目标任务，全市档案服务能力进一步提升。在对社会主义新农村建设档案管理方面，年初，将验收标准5大项、29小项内容制表印发，进一步明确任务、明确分工、明确责任。同时，严格按照标准要求，帮助每一个涉农部门和村镇整理档案。新农村建设档案工作取得显著效果，由单一的档案服务向各类信息服务拓展，实现了档案信息的一体化管理。2012年10月12日，在新郑市召开的创建全国社会主义新农村建设档案工作示范市考评验收反馈会上，国家验收组对新郑市档案工作给予高度评价和充分肯定。该市顺利通过验收，被评为全国社会主义新农村建设档案工作示范县（市）。

【城乡居民养老保险工作获国务院通报表彰】 新郑市城乡居民养老保险工作自启动以来，坚持精心谋划，广泛宣传，规范管理，优化服务，积极引导城乡居民参保缴费。累计参保缴费居民达到35.7万人，参保率达到99%以上，为7.8万名60周岁以上城乡居民发放养老待遇1.05亿元。在具体工作中，为保证参保工作准确性和真实性，组织市、乡（镇）、村（社区）三级经办人员，对居民信息进行仔细核对，建立健全主动报告为主、日常稽核为辅的养老金防冒领机制，全市养老金防冒领控制比例达到99.98%以上。为方便居民领取养老金，按照先远后近、先易后难的原则，大力推进“村村通”工程建设。在辛店、城关、龙王、八千、龙湖、梨河等乡镇安装“商易通”转账电话

风景优美的龙湖宜居教育城

132部，实现村民足不出村领取养老金。此举不仅受到参保居民的一致称赞，也引起了上级媒体的关注。2012年，人力资源和社会保障部主管刊物《中国社会保障》两次对新郑市的做法进行了报道。2012年10月12日，在国务院召开的全国新型农村社会养老保险和城镇居民社会养老保险工作表彰总结大会上，新郑市城乡居民养老保险工作受到大会通报表彰。

【成为全国社会管理创新典型培育城市】 新郑市认真贯彻落实中央关于加强和创新社会管理的决策部署，积极探索符合新郑实际、具有新郑特色的城乡一体化社会管理模式。把统筹城乡社会发展、促进基本公共服务均等化作为加强和创新社会管理的重要举措，以100个社会管理创新重点项目为抓手，着力推进教育资源配置一体化、居民住房保障一体化、就业服务一体化、医疗保障一体化、养老服务保障一体化、社会管理服务组织建设一体化。经过不懈努力，全市民生保障体系更加完善，人民生活水平持续提升，社会发展更加和谐稳定。新郑市社会管理创新工作得到了上级党委、政府的一致肯定。为更好地总结推广新郑市社会管理创新经验，推动社会管理创新向纵深发展，2012年2月7日，在北京召开的全国社会管理创新综合试点工作座谈会上，新郑市被中央综治委确定为全国社会管理创新综合试点9个典型培育市（县）之一。

（左留根　王　昱）

荥阳市

【概况】 2012年，荥阳市总面积908平方公里，其中耕地面积4.09万公顷。辖9个镇、3个乡、2个街道、1个风景名胜区，288个村民委员会，2265个村民组。总人口614546人，其中农业人口482219人。人口出生率为9.78‰，死亡率为4.88‰，自然增长率为4.9‰

2012年，全市生产总值完成469.9亿元，比上年增长11.1%。其中，第一产业增加值24.6亿元，比上年增长4.0%；第二产业增加值333.1亿元，比上年增长12.8%；第三产业增加值112.1亿元，比上年增长7.4%。财政收入完成28.3亿元，比上年增长29.4%；财政支出39.6亿元，比上年增长27.7%。全社会固定资产投资完成315.1亿元，比上年增长23.1%。年末全市金融机构各项存款余额168.9亿元，比年初增长15.5%；金融机构各项贷款余额100.1亿元，比年初增长11.1%。城乡居民储蓄存款余额121.7亿元，比年初增长20.3%。社会消费品零售总额137.3亿元，比上年增长15.8%。城镇居民人均可支配收入20436元，比上年增长12.4%。农民人均纯收入12326元，比上年增长13.6%。

【机构与领导】 中共荥阳市市委：书记马锁文；副书记袁三军、王新亭；市委常委：马锁文、袁三军、王新亭、车建伟、马炳林、滕飞、康宁、宋建伟（4月免）、曹广琦（3月免）、王殿玉（4月免）、王素梅（女）、田富超（6月免）、刘建峰、饶泽寿（4月任）。

市委工作部门：市委办公室主任刘建峰；组织部部长马炳林；宣传部部长康宁；统战部部长王素梅（女）；政法委书记车建伟；群工部部长何国玺；文明办主任马柳琴（女）；老干部局局长楚天遂；市直机关工委书记朱玉霞（女）；党校常务副校长苌松华；档案局局长杨柳（女）；党史研究室主任何醒民；信访局局长田军。

市四届人大常委会：主任张淑霞（女）；副主任张志安、马建克、王海林、宋金贵（4月免）、许其明（4月免）、李伟（4月免）、赵炎利。

市人大常委会工作部门：市人大常委会办公室主任王建周；法工委主任黑东亮；代表联络人事工委主任苏晖；教科文工委主任史明杰（2月任）；农工委主任刘仪；财工委主任赵爱敏（女，2月任）；城建环保工委主任张长山（2月任）；信访室主任李凯（女）。

市人民政府：市长袁三军；副市长滕飞、曹广琦（3月免）、王素梅（女）、田富超（6月免）、王和祥、孙建功、马军、王伟、王智明、方本选。

市政府工作部门：市政府办公室主任耿元奇；农开中心主任安保兴；发展改革委主任陈新力；科技和工信委主任吴仲信；中小企业服务中心主任马绍斌；统计局局长李贵希；交通运输局局长张骅；电业局局长苏合明；轻工联社主任丁铁柱；安全生产监督和煤炭管理局局长李建业；财政局局长王友伦；国税局局长任世军；地税局局长张冠军（4月免）、李栋（4月任）；工商局局长李珉；市场发展服务中心主任李怀根；供销社主任张卫山；商业总公司经理李冠顺；物资总公司经理（空缺）；外贸总公司经理（空缺）；粮食局局长李彦军；审计局局长陈金洲；国资中心主任王晓哲；人力资源和社保局局长王文铎；编办主任王文铎；住房和城建局局长孙德林；国土资源局局长李伟（3月免）、李本栋（3月任）；城乡规划局局长张保中；城市管理局局长车永生；住房保障和房地产中心主任孙保国（11月免）；环保局局长宋秋忠；建筑总公司董事长张家庭；民族宗教事务局（归统战部管理）局长杨凤英（女）；民政局局长杨赵莉（女）；商务局局长王向东；旅游和文物局局长常维华（女）；农业农村工委主任李本栋（3月免）、王长青（6月任）；林业局局长张宗文；水务局局长张振海；畜牧局局长王雨；农机站站长王永钦；移民局局长张舒春；气象局局长王玉岗；烟草局局长武延华；河务局局长杨建增；邮政局局长付晓东；科技服务中心主任王志强；质量技术监督局局长赵树人；教育体育局局长张双利；文化广播电视新闻出版局局长王志中；卫生局局长王玉荣（女）；爱卫办主任李向阳；创建办主任李向阳（兼）；人口计生委主任周红武；新闻中心主任付春明；食品药品监管局局长李福明（10月免）、赵卫华（女，10月任）；盐业局局长徐玛丽（女，6月免）、靳延钦（6月任）；行政审批中心主任魏惠英（女）；公安局局长巴西振（7月免）、夏日红（7月任）；司法局局长马新民；监察局局长谢天然（7月免）、赵卫华（女，7月任）；银监局局长荆志松；住房公积金中心主任刘为民（女，6月免）、秦向阳（6月任）；郑氏联谊中心主任郑朝阳；新区管委会主任范胜利；郑州宜居健康园管委会副主任李为民；五龙产业集聚区管委会主任吴潜；荥阳产业集聚区管委会主任朱天柱；郑州宜居健康城索河整治项目指挥部副指挥长时永奇。

政协市四届委员会：主席付东菊（女）；副主席阎红举、韦庆华（4月免）、赵炎利（4月免）、邓宝山、范胜利（4月免）、张国增（4月免）、刘阳、靳西峰。

市政协工作部门：市政协办公室主任张喜成（4月免）；民主法制委主任马立新；提案委主任石永强；文教卫生委主任陈万卿；经济科技委主任王港钤（1月任）；信息文史委主任杨俊岭；农委主任郑灵君（女，1月免）、王红梅（女，1月任）。

中共市纪律检查委员会书记：宋建伟（4月免）。

市人民武装部部长：吕文（3月免）、吕庆星（3月任）；政委：王殿玉（3月免）、饶泽寿（3月任）。

市人民法院院长：余剑锋。

市人民检察院检察长：丁铁梅（女，4月免）、李国强（4月任）。

市群团组织：总工会主席王海林；团市委书记朱桓霈（女）；妇联主席郭玉霞（女）；文联主席宋新建（7月免）；科协主席陈天祥；工商联主席周聚民；侨联主席刘阳；残联主席马黎明。

街道、乡镇机关：索河街道党工委书记李麦玲（女），办事处主任王星；京城路街道党工委书记陈晓瑞，办事处主任张荣耀；城关乡党委书记付书敏，乡长郭俊杰；乔楼镇党委书记范喜昌，镇长李继锋；豫龙镇党委书记李慧芳（女），镇长郭明举；广武镇党委书记马朝阳，镇长周培山；高村乡党委书记王锡周，乡长李占国；王村镇党委书记黄凯歌，镇长许元甲；汜水镇党委书

10月27日，郑州市委副书记王璋在荥阳调研水务网格化管理工作

记王凤琴（女），镇长吴长勇；高山镇党委书记袁廷选，镇长周世军；刘河镇党委书记赵国君，镇长方亚平；环翠峪风景名胜区管委会党委书记金振邦，管委会主任车玉峰；崔庙镇党委书记任延华，镇长陈志刚；贾峪镇党委书记李旭东（1月任），镇长孙魁；金寨回族乡党委书记李向亭，乡长马占鳌。

【工业经济】 2012年，荥阳市工业经济实现提速增效，规模以上工业增加值完成275.8亿元，比上年增长14.6%。新增规模以上工业企业29家，产值超亿元以上企业达268家；装备制造、新材料等产业实现产值574亿元，比上年增长13.7%。

园区建设不断提速，累计投资130.6亿元，新建道路6.5公里、标准化厂房22.7万平方米。2012年9月24日，郑州市新材料产业集聚区揭牌暨项目签约仪式在荥阳市举行。该项目位于荥阳市主城区西北，郑州市科学大道两侧，南至郑上路，东至连霍高速引线，总体规划面积约10平方公里。项目建设全面启动，截至2012年年底，该项目总体发展规划和产业发展规划通过评审，引进国机集团、河南富耐克等26家企业，总投资达103.3亿元，实现筹建当年招商引资突破百亿元目标。

国机精工白鸽一期、郑州昊诚等3个项目开工建设，10万平方米标准化厂房、5条道路等基础设施建设加快推进。荥阳产业集聚区实现扩区，全球最大的工程机械制造商卡特彼勒集团注资四维机电9亿美元；矿山机械产业园建设启动，康达精密齿轮等5个项目确定入驻。五龙产业集聚区空间布局更加优化，标准化厂房和建筑机械配件市场规划编制完成，连续两年被评为“郑州市五快产业集聚区”。充分发挥市长质量奖的导向作用，激发了技术创新活力。建成郑州市级以上研发中心9个，申请专利586项，新增省级以上著名商标6个，被认定为省第五批知识产权优势区域。加快推进企业上市工作，阳光油脂、一帆机械、中原利达等9家企业入选河南省、郑州市首发重点上市后备企业。

【农业与农村经济】 2012年，荥阳市全面实施“一带四区”农业发展规划，沿黄河滩区淡水养殖示范区、北部平原优质粮生产区、南水北调干渠苗木花卉经济带建设启动。继续落实各项强农惠农富农政策，发放各项涉农补贴资金2.24亿元。农业产业化步伐加快，新增郑州市级以上龙头企业5家、农民专业合作社41家，完成“三品一标”认证5个。2012年，粮食种植面积7.74万公顷，比上年增长0.4%；油料种植面积1666.67公顷，比上年下降4.9%；蔬菜种植面积9533.33公顷，比上年下降3.0%；水果种植面积3200公顷，比上年增长41.7%。粮食总产量33.3万吨，比上年增长1.5%；油料产量1.3万吨，比上年增长0.4%；蔬菜产量38.9万吨，比上年下降1.5%；水果产量4.2万吨，比上年增长3.1%。肉蛋奶产量分别为4.6万吨、7.2万吨、13.2万吨，比上年分别增长5.4%、3.5%、7.6%。水产品产量17023万吨，比上年增长12.8%。用足用活土地增减挂钩、占补平衡等政策，补充耕地264公顷，批回建设用地554.67公顷，盘活存量土地52.53公顷。

【第三产业】 2012年，荥阳市第三产业实现新提升，生态休闲旅游持续升温，举办了“杏花节”“桃花节”、第八届“河阴石榴文化节”等旅游营销活动。全年接待游客549.6万人次，比上年增长23.3%；实现旅游收入7355万元，比上年增长28.9%。旅游服务质量持续改善，游客满意度排名位居郑州市前列。加快建设重点旅游项目。中原影视城一期建成投用，该项目位于荥阳市广武镇的清华·忆江南度假区旁，是中原地区规模最大的影视拍摄基地，为国家AAAA级旅游景区。作为央视大剧40集电视连续剧《大河儿女》的外景地，中原影视城的建设及发展受到社会各界关注。清华·大溪地二期开始营业，南水北调穿黄景区项目推进顺利，环翠峪景区合作开发协议成功签订。商贸流通稳中趋旺，清华城市综合体等项目顺利推进，新增限额以上批零住餐企业6家。房地产业健康发展，新开工商品房93.1万平方米，竣工43.5万平方米，销售总额达15.6亿元。多种形式开展政银企合作，实现融资22亿元。

【项目建设与招商】 2012年，荥阳市规范和改进审批行为，推行承诺服务、一条龙服务和全程跟踪服务，发展环境不断优化，荣获省“行政服务标准化示范单位”称号。完善市四大班子领导分包、专题会议研究、联审联批、定期督查等项目推进机制，形成了抓项目、攻投入的良好氛围。市定90个重点项目累计完成投资99.3亿元，75个项目开工建设，开工率达到85%。雷鸣电机等33个项目竣工投产。2012年，争取上三级项目31个、资金2.1亿元，被列入省重点项目38个。开展“大招商、招大商”活动，先后赴长沙、杭州、成都等地开展全方位多层次招商活动10余次，引进中联光通信电缆等超5000万元项目30个，总投资113.8亿元。其中，超10亿元项目3个。全年实际利用外资12250万美元，出口创汇8510万美元。

【城乡建设与管理】 2012年，荥阳市以新型城镇化为引领，城乡面貌发生深刻变化。全力推进交通道路、生态廊道、四类社区等六个切入点工作，城镇综合承载能力大幅提升，荣获“郑州市新型城镇化建设先进单位”称号。强化规划对城乡建设的引导和调控作用，全市“三化”协调发展空间布局规划、新型社区空间布局规划等编制完成。城市组团建设稳步推进，郑州宜居健康城总体规划、起步区城市设计通过评审，“三院一校”开工建设。加快打造“三大动力源”，索河整治项目景观效应初步显现，高铁郑州西站站房主体工程竣工，京襄城遗址生态园升级改造规划编制完成。

全面实施“5826”路网工程，23条道路开工建设，8条建成通车，建设生态廊道600万平方米，累计完成拆迁561万平方米，投入资金16亿元；顺利打通惠民路、福民路等断头路，开工建设京城路南延、织机路南延等城区道路，城乡路网更加通畅。中心城区功能不断完善，总规划4平方公里的中央商务区正式启动，万和大酒店、广电中心、海龙香槟大道等项目开工建设，特色商业区产业发展规划通过评审。东部城区污

荥阳市高山镇新貌

水主干管网铺装、第一污水处理厂升级改造等一批市政工程相继完工；新建垃圾中转站89座，新增供热面积53万平方米，完成天然气置换1.6万余户。39个新型社区建设项目全部启动，完成投资29亿元，建成安置房100万平方米，入住农户1300户；规划建设农民创业园7个，完成基础设施和固定资产投资720万元。

城乡环境得到改观，48个行政村环境连片整治任务完成，7个省级卫生镇通过复验，农村垃圾集中处理达到80%以上。创成省级生态镇3个、生态村9个。市区大气质量优良以上天数达92.3%。2012年7月18日，河南省政府办公厅公布了《关于河南省2011年度城市环境综合整治定量考核结果的通报》，荥阳市考核结果在全省20个县级市排名中再次名列第一。这是该市连续3年在“城考”工作中位居全省县级市第一名。

【社会事业】 2012年，荥阳市稳步推进教育优先战略，市第一中学、第一小学、第一幼儿园和11所农村学校、20所乡镇幼儿园改扩建工程全面完成，补充教师119人，高考各批次上线率取得近5年来最好成绩。2012年11月，被省政府授予“河南省教育工作先进县”称号。开展阳光体育运动和全民健身活动，举办了荥阳市第二届运动会。推进文化惠民工程，开展“政府买单、群众受惠”送文化活动，免费送戏下乡300场、放映公益电影3420场；新建社区电子阅览室15个，实现全市所有行政村农家书屋全覆盖；完成城区数字电视整体转换1.8万户。持续提升医疗服务保障能力，市人民医院、中医院实现药品零差率销售，289个村卫生室实现基本药物零差率销售，所有市直医疗机构、部分乡镇卫生院推行“先住院、后付费”服务新模式，片医覆盖率达100%，创成“全国农村中医药工作先进单位”。

【民生工作】 2012年，全市新增城镇就业5579人，实现农村劳动力转移就业15916人。发放小额担保贷款1.1亿元，扶持450人成功创业。城乡低保实现“扩面提标”，月人均供养标准分别达到310元、200元。五大保险新增参保3.1万人，失地农民养老保险试点工作顺利启动。荥阳市在全省率先将孤儿救助标准提高至每人每月850元，位居全国前列；五保集中供养率达65%，走在全省前列。全面实施企业工资集体协商制度，受益职工达10万余人。开展慈善救助活动，实施慈善项目26个，救助困难群众900余人，连续3年荣获“中华慈善奖”。兑现计生家庭各项优惠政策资金1400万元，人口出生率控制在11‰以内。实施扶贫项目30个，完成脱贫人口2835人。落实移民后期扶持政策，发放扶持资金1250.4万元，荣获省“南水北调丹江口库区移民迁安工作先进单位”称号。加强住房保障和物业管理，“南苑春光”三期253套保障性住房建成，“福泽家园”600套经济适用住房开工建设；发放廉租住房租赁补贴93.2万元；完成城区6个老旧小区基础设施整治改造任务。

【社会管理】 2012年，荥阳市实施“坚持依靠群众、推进工作落实”长效机制，全面推行网格化管理。建立一级网格15个、二级网格304个、三级网格1552个，下沉各级各类人员1.7万余人，排查七大重点领域问题近7000起，办结6918起，办结率达99.8%，“蓝黄橙红”四级预警模式在全市推广。以维护群众权益、解决实际问题为目的，完善信访工作机制，畅通民意诉求渠道，抓好矛盾源头调处。办理群众来信、来访、来电和网民留言4775件（次），全市赴上三级访次数、人数分别下降21.3%、20.6%，矛盾纠纷化解率达96.3%。加强社会治安综合治理，严厉打击各类犯罪活动，刑事案件发案率下降18.2%，公众安全感指数达95%以上。整顿规范市场经济秩序，理顺食品药品安全监管机制，大宗食品抽验合格率达98.5%。严格落实安全主体责任，强化高危行业安全监管，突出关键领域隐患整治，全年未发生较大以上生产安全事故。

【官庄西周城遗址】 该遗址位于荥阳市高村乡官庄村西部，总面积超过130万平方米。2011年6月，郑州大学历史学院、郑州市文物考古研究院、荥阳市文物保护管理所组成联合考古队，围绕官庄遗址展开考古勘探和发掘工作。2012年，确认了遗址的外壕，发现了并排的大城和小城，发掘揭露了小城南门遗迹；在小城内发掘了大量两周时期的灰坑、墓葬和马坑等遗

新建的荥阳一小教学楼

迹，出土了一批青铜器、玉石器、陶器和骨蚌制品等遗物。

官庄城址以西周中晚期至春秋时期的遗存最为丰富，为完善郑州地区的两周考古学序列提供了重要资料；该遗址为目前中原地区发现的最大西周城址，其多重环壕、大小城南北并列的结构也非常独特，性质值得进一步探讨。城址位于索须河与枯河两条重要河流之间，是连接郑州地区和伊洛盆地的重要通道，对于厘清东虢、郑、韩相关历史具有非常重要的意义。官庄城址备受关注，入选“2012年度河南省五大考古新发现”，并进入“2012年度全国十大考古新发现”候选名单。

【知识产权工作】 荥阳市大力发展知识产权经济，把知识产权工作贯穿到提升科技自主创新能力，调整优化产业结构，发展特色经济、集群经济、开放型经济的全过程，提升企业核心竞争力，切实增强经济发展活力和后劲。在创建省级知识产权优势区域工作中，大力实施知识产权战略，努力提升知识产权创造、运用、保护和管理水平，知识产权事业得到长足发展。近5年来，全市申请专利1412件，年均增长21.6%，授权专利858件，年均增长38.4%；建成各类技术研发平台35个，企业院士工作站1个；有效国内商标注册量达858件，其中驰名商标3件，著名商标18件；河南省优质产品企业达18家，创中国名牌2个，河南名牌13个；累计参与制定国家标准4项，版权数量32个，植物新品种数量185个，获国家地理标志保护产品3个。2011年，荥阳市被省知识产权局、科技厅、发改委等八部门评定为河南省第五批知识产权优势区域。2012年5月，受到省政府通报表彰。

【选树身边典型】 近年来，荥阳市把评选、学习、宣传身边先进典型作为构建和谐荥阳的重要举措，在全市范围内组织开展了“2012年感动荥阳十大人物”、荥阳道德模范、“慈善城市，美德少年”和“职业道德双十佳”等评选宣传活动，积极营造人人向善、人人学善的浓厚氛围，为经济社会发展提供了强有力的道德支撑和不竭动力。同时，积极参加中央文明办开展的“我推荐、我评议身边好人”活动、“感动郑州十大人物”评选活动和郑州市文明办开展的“月评文明市民”等活动，李春凤先后入选“中国好人榜”“中华慈善奖”最具影响力慈善行为楷模、“郑州市第二届道德模范”“2012年感动郑州十大人物”；朱芳菲等2人被评为“郑州市道德模范”；郑全理等5人获“郑州市道德模范”提名奖；王玉多等15人获“郑州市文明市民”称号；陈晓静等2人被评为“郑州文明市民标兵。

荥阳市围绕“三关爱”，积极开展志愿服务活动，组织29个省级和郑州市级文明单位与46户空巢老人结成对子，帮助老人打扫卫生、料理家务等。组织临床专家、急救人员定期到荥阳市五保幸福园开展“合理健康与饮食”健康大讲堂活动及急救常识普及活动。2012年，为“空巢老人”送衣送药236余人次，开展家政服务780余次，进行家庭“聊天”420多次，送被褥360床，送衣物7550余件，慰问物资合计近6万元。组织志愿者走进山区学校，为留守儿童送去衣物和学习用品。开展文明交通志愿服务活动，组织全市40多家文明单位200多名志愿者开展文明交通劝导活动，维护交通秩序。组织志愿者深入广场、社区、集镇，开展“送文化、送科技、送卫生、送法律”活动23次，为群众发放各种宣传资料2万多份，解答问题1000多个。组建网络文明传播志愿者队伍，利用论坛、博客、播客、QQ、微博等网络互动平台，传播精神文明建设的理论和经验。

（李建民）

中牟县

【概况】 2012年，中牟县总面积1416平方公里，其中耕地面积5.67万公顷。辖16个乡镇、3个街道，11个社区，273个行政村。总人口70万人。其中，城镇人口58877人。人口出生率为11.8‰，死亡率为5.4‰，人口自然增长率为6.4‰。

2012年，全县生产总值完成340.4亿元，同比增长12.0%。其中，一、二、三产业增加值分别完成48.3亿元、200.1亿元、92.0亿元，同比分别增长4.4%、11.0%、8.2%。城镇居民人均可支配收入达到18662元，同比增长12.5%；农民人均纯收入达到11632元，同比增长13.9%。地方公共财政预算收入完成27.2亿元，同比增长41.4%。金融机构存贷款余额同步增长，年末，存贷款余额分别达到184.6亿元、95.9亿元，比年初分别增长27.6%、17.9%。

【机构与领导】 中共中牟县县委：书记杨福平；副书记徐相锋（11月免）、王竹强、李雪生；县委常委：杨福平、徐相锋、王竹强、李雪生、张永宪、楚惠东、李文岭、张书勤、王兴林、程伟刚、李芳（女）、李晓亮。

县委工作部门：县委办公室主任张书勤；政法委书记李晓亮；组织部部长楚惠东；宣传部部长李芳（女，1月免）、王宪军（1月任）；统战部部长王兴林；群工部部长安红山；信访局局长马国昌；机要局局长李其瑞；文明办主任陈德振；台办主任周爱松（女）；老干部局局长岳秋（女，9月免）、吴小莉（女，9月任）；档案局局长潘海枝（女，2月免）、谢悦（女，2月任）；党校常务副校长李虎群；党史研究室主任孙书杰（4月免）、霍银群（4月任）。

县十二届人大常委会：主任刘玉玲（女）；副主任冯政忠、郭礼印、段长兴、李长宝（4月任）。

县人大常委会工作部门：县人大常委会办公室主任张海军（1月免）、王平（女，4月任）；财工委主任张兆琪；法工委主任王兆坤；农工委主任邵广欣；教工委主任袁瑞霞（女，4月免）、王体军（4月任）；选工委主任吴晓莉（女，4月免）、袁瑞霞（女，4月任）；信访室主任刘岚（女）。

县人民政府：县长徐相锋；常务副县长李文岭；副县长王洪波（女）、任程伟、张建峰、杨书立、牛健、张胜利、朱清伟、杨勇（4月任）。

县政府工作部门：县政府办公室主任任卫东（9月免）、仇向阳（9月任）；人防办主任张海献（5月免）、单纪谦（5月任）；法制办主任周盾营（5月免）、马振民（5月任）；监察局局长白由祥；发改委主任仇向阳（9月免）、冉章献（9月任）；教体局局长田金锁；科技和工信局局长任文利；公安局局长牛健；民政局局长尚德祥；司法局局长张书增；财政局局长张玉国（7月任）；人力资源和社保局局长耿鲜明；城建管理局局长黄德鑫；交通运输局局长李季扬；环保和安全生产管理局局长冉章献（9月免）、兰伟（回族，9月任）；农业农村工委主任曹西平（5月免）、樊守峰（5月任）；水务局局长黄刘建；林业局局长姚保林；粮食局局长张书钦（9月免）、於红太（9月任）；文广电和旅游局局长王玉忠；卫生局局长刘卫国；人口和计生委主任李海；审计局局长陈赞枝（女）；统计局局长李振；民族宗教局局长钱晓坤（回族，1月免）、丹明琴（1月任）；机关事务管理局局长刘须峰（2月免）、张海献（2月任）；商务局局长魏定奇；城乡规划局局长张伍发；供销社主任肖广奇（9月免）、郝红斌（9月任）；畜牧局局长尚会军；农机局局长马建民；接待办主任陈鹏；农场场长张长军（4月免）、陈德振（4月任）；林场场长钱晓林（回族）；市场中心主任苟建军；爱卫办主任段文周；综合执法局局长马合喜（1月免）、蒋新岭（1月任）；行政审批中心主任王建智；商业总公司总经理蒋新岭（1月免）、李旭（1月任）；外贸总公司总经理宋君建；雁鸣湖景区管委会主任韩发旺；中小企业创业园管委会主任梁建军；民兵训练基地主任李国强（4月免）、王百泉（4月任）；汽车产业园管委会主任杨勇（9月免）、任卫东（9月任）；气象局局长李敏（女）；电业局局长魏国强；邮政局局长金霞（女）；国税局局长牛鲁珉；地税局局长王大卫；工商局局长孟文建；质监局局长李义柱；烟草局局长阎文瀑；药监局局长张全义；河务局局长张福明；国土局局长吴文鑫。

政协县九届委员会：主席王根成（4月免）、李延中（4月任）；副主席刘海燕、石小书、王连宇、梁凌达。

县政协工作部门：县政协办公室主任吴杰；文史委主任杨红莉；提案委主任宋羊群；经科委主任马振坤；台港澳委主任李玲玲（女）；社会法制委主任王瑞芳（女）；文教卫体委主任杨凯（女）。

中共县纪律检查委员会书记：张永宪。

县人民武装部部长：付东杰；政委：程伟刚。

县人民法院院长:刘宏建（4月免）、王炅（4月任）。

县人民检察院检察长：张捍卫。

县群团组织：总工会主席孙玉霞（女）；团县委书记李记勤（女，3月免）、马素萍（3月任）；妇联主席姬素萍（女）；科协主席李春增；残联理事长宋羊群；工商联主席霍新全。

街道、乡镇机关：青年路街道党工委书记王国恩，办事处主任宋健；东风路街道党工委书记张明科，办事处主任陈国岭；广惠街街道党工委书记魏凤林（9月免）、闫志强（9月任），办事处主任魏凤林（9月免）、邬蒙（9月任）；韩寺镇党委书记董胜军（9月免）、李晓亮（9月任）、刘永强（9月任），镇长孙书杰；官渡镇党委书记姬贤杰（9月免）、乔进京（9月任），镇长乔进京（9月免）、李有忠（9月任）；狼城岗镇党委书记马爱国，镇长张振中；雁鸣湖镇党委书记李绍然（3月免）、刘聚宝（9月任），镇长李绍然（3月免）、刘海玲（3月任）；大孟镇党委书记孔新柳，镇长孔新柳（9月免）、周国富（9月任）；万滩镇党委书记张建锋（9月任）、段连增，镇长张照强；刘集镇党委书记卢志刚，镇长马国彦；白沙镇党委书记闫志强（9月免）、魏凤林（9月任），镇长闫志强（9月免）、规划编制完成，水利设施更加完善，连续22年获得省农田水利基本建设“红旗渠精神杯”。

8月9日，国务院南水北调办副主任蒋旭光在中牟县调研南水北调工程建设情况

孙高俊（9月任）；郑庵镇党委书记梁辉，镇长蔡跃斌；九龙镇党委书记冯炜（9月免）、赵红彬（9月任），镇长孙彦彬（9月免）、赵红彬（9月任）；张庄镇党委书记李放，镇长王进兴（9月免）、冯明霞（女，9月任）；八岗镇党委书记王志强，镇长朱长珊；刁家乡党委书记樊守峰（5月免）、谷金福（9月任），乡长谷金福（9月免）、钱晓坤（回族，9月任）；黄店镇党委书记兰伟（回族，9月免）、孙彦斌（9月任），镇长刘聚宝（3月免）、兰伟（回族，3月任，9月免）、苏营周（9月任）；三官庙镇党委书记梁松周，镇长孙高俊（9月免）、刘瑞菊（9月任）；姚家镇党委书记骆照顺，镇长刘永强（9月免）、冉建军（9月任）。

【工业经济】 工业集聚平台建设成效显著，汽车及零部件生产、装备制造等产业主导地位进一步巩固。白沙园区建成基础设施项目18个，引进项目20个，新建、续建项目42个。其中，欧帕机器人等7个项目建设完成。汽车产业集聚区总体规划、控制性详细规划及城市设计编制完成。建成道路9条，引进项目21个，开工建设项目17个。其中，郑州日产18万台汽车技改一期、汽车后市场一期等12个项目建成投产。2012年，整车产量达到12.7万台，实现销售收入272亿元。汽车服务业博览园概念性规划及起步区城市设计编制完成，新引进的郑州万儒等6个项目全部实现开工。积极配合、推动国际物流园区建设，宇通新能源汽车项目建成投产。工业创新能力不断增强，新认定国家级高新技术企业5家，高新技术产业增加值达到10亿元，同比增长21%。持续开展企业服务年活动，工业企业群体进一步壮大。2012年，新增规模以上工业企业20家，规模以上工业增加值完成144.9亿元，同比增长13%。

【农业与农村经济】 积极打造“国内一流、国际知名”的都市型现代农业示范区。国家农业公园主次干道建设完成，12家入驻企业完成投资8亿元。南部先导区弘亿国际农业高新产业园完成投资4亿元，设施蔬菜精品园120座日光温室投入使用。邦友、晨明等其他项目初具规模。万邦国际农产品物流城水产交易市场启动建设。加快推进现代农业建设，设施农业总面积达到4200公顷，新认定无公害农产品生产基地240公顷、无公害农产品19个、绿色产品4个，新建农民专业合作社15个，农业综合机械化水平达到78%。畜牧业产业化龙头企业达到61家，建成标准化奶牛养殖场（小区）38个、养猪场37个，成为全国奶业大县、生猪调出大县和省无公害畜产品生产示范县。林地保护利用规划编制完成，新造林2866.67公顷，营造生态林1800公顷，全国绿化模范县创建工作通过验收。水利发展

【现代服务业】 方特欢乐世界开业迎客，方特梦幻王国开工建设。雁鸣湖生态文明示范区“一湖三路”工程全面开工。第八届西瓜节暨大蒜贸易洽谈会成功举办。2012年，全县接待游客454.6万人次，实现旅游收入42.4亿元。大型商业楼、写字楼、宾馆酒店等楼宇经济稳步发展，高档社区、普通商品房建设协调推进。继续实施“万村千乡”市场工程，新建村级以上直营店、加盟店6个。加快建设“新网工程”，规范龙头企业、配送中心2家，规范村级达标超市160个，新建村级超市55个。物流产业快速发展，丰树物流、安得物流等项目基本建成。信息、中介、商业保险、社区服务等新兴服务业加快发展。2012年，社会消费品零售总额完成101.8亿元，同比增长16.4%。

【新型城镇化建设】 新型城镇化建设“三年行动计划”制定完成，指导十大切入点工程全面实施。大力推进城乡快速路网建设，万洪公路、景观大道南延等干线公路实现通车。建设、改造县乡路网和新型城镇化道路共86条、262公里。生态廊道绿化工程全面实施，广惠街、四港联动大道中牟段等道路绿化工程全部完工。完成了县城规划区绿化全覆盖工程，新增绿化面积333.4万平方米。加快实施县城基础设施完善改造提升工程，城区亮化、绿化、硬化项目建设成效明显，城市品位进一步提升。稳步开展黄河滩区生态再造、产业转型升级工程，黏土砖瓦窑厂全部拆除到位。产业集聚区标准化厂房建设工程、都市区现

10月17日，省委常委、郑州市委书记吴天君带领郑州市新型城镇化建设观摩团到中牟县观摩

代水城建设工程、土地节约集约有效利用工程同步实施。

积极推进新型社区建设，83个新型社区选址及修建性详细规划编制完成。后潘庄、刘圪垯等6个城中村改造项目有序实施。白沙组团白沙安置区、大孟镇镇区社区等18个合村并城社区建设全面启动。4个新市镇空间布局规划及总体规划编制完成。其中，姚家、雁鸣湖等合村并镇社区开工建设。大辛庄等20个合村并点社区实现集中开工。强化过渡安置工作，建设安置房91.5万平方米，安置过渡群众27.7万人。

【社会事业】 科技创新能力进一步增强，2012年专利申请突破200件。教育事业再创佳绩，高考本科以上上线人数连续4年位居市属县（市）第一名；26所公办幼儿园开工建设，14所民办幼儿园投入使用。文化事业加快发展，图书馆、文化馆等公共文化设施免费开放；开展送电影下乡5000场、送戏下乡300场，举办周末广场文化活动60场；城区有线电视实现数字化转换。医疗卫生服务水平不断提高，成功创建省卫生应急综合示范县，全国农村中医药先进单位通过省级验收。食品安全监管不断加强，人民群众饮食安全得到有效保障。就业扶持和引导得到强化，新增城镇就业人员3391人，引导农村劳动力转移就业2.2万人。社会保险覆盖面不断扩大，城乡基本养老保险实现全覆盖。城乡救助体系不断完善，有效开展了城乡低保、救灾救济、五保供养、医疗救助、孤儿救助等工作。计划生育服务管理体系更加完善，人口自然增长率控制在8‰以内。扎实推进保障性住房建设，建设完成经济适用房1200套、廉租房200套。

（杨荣坤）

金水区

【概况】 2012年，金水区总面积136.66平方公里，其中城区面积70.65平方公里。辖17个街道，154个社区居民委员会、40个村民委员会。总人口140.2万人。人口出生率为9.81‰，死亡率为3.03‰，自然增长率为6.78‰。

2012年，全区实现地区生产总值704亿元，比上年增长6.4%。财政一般预算收入41.04亿元，比上年增长17.08%。全社会固定资产投资完成313.3亿元，比上年增长20%。社会消费品零售总额575.7亿元，比上年增长16.8%。城镇居民人均可支配收入达到28824元，比上年增长11.6%。农村居民人均纯收入达到16210元，比上年增长11.7%。实际利用外资3.1亿美元，比上年增长15.1%。全区综合经济实力继续位居中部六省城区前列。

2012年，区教体局、区民政局、南阳新村街道办事处分别荣获“全国示范家长学校”“全国窗口优质服务品牌单位”“全国军民共建社会主义精神文明先进单位”荣誉称号；全区共获得市级以上奖励214项，其中省部级以上奖励24项。

【机构与领导】 中共金水区区委：书记郑灏东；副书记陈宏伟、王克勤；区委常委：郑灏东、陈宏伟、王克勤、牛晓萌、丁胜全、翟政、许广佑、李红乐、李建国、王爱辉、李继东。

区委工作部门：区委办公室主任丁胜全；宣传部部长李红乐；政法委书记翟政；组织部部长李建国；统战部部长王克勤；保密局局长高建伟；机要局局长（空缺）、王建锋（6月任）；督查室主任（空缺）、谢战福（12月任）；党校常务副校长葛慧萍；老干部局局长李广平（6月免）、张敏（6月任）。

区十二届人大常委会：主任薛燕；副主任李贻忠、吴学军、常新河、孙郑生、许贵舟、燕建华、刘营敏、冯景义、王静（4月任）。

区人大常委会工作部门：区人大常委会办公室主任冯虎林（2月免）、花磊（2月任）；联络工委主任李慧敏（女）；法工委主任陈少峰（2月免）、林宇峰（2月任）；财经工委主任杨遂辛；城建工委主任李敏（女，6月免）、彭英（6月任）；教科工委主任单敬坤；信访办主任王丽（女）；老干部管理办主任邱媛（女）。

区人民政府：区长陈宏伟；副区长许广佑、王爱辉（女）、赵高翔、姚方海、张华、樊安民、徐雄、张士先、张东辉（4月任）。

区政府工作部门：区政府办公室主任竟新宇（2月任）；史志办主任窦凯（女，12月任）；法制办主任段亚丽（女）；外侨办主任陶建莉（女，回族）；督查室主任赵聪（12月任）；金融办主任段庆洲（6月任）；食安办主任刘继峰（6月任）；接待办主任赵蔚（女）；电子政务中心主任胡冰（女）；财政局局长竟新宇（6月免）、袁先锋（6月任）；人劳局局长鞠卫；监察局局长王双（女，5月免）、刘建伟（6月任）；教体局局长王珂；民政局局长刘健；审计局局长司金涛；发改局局长崔文修；城管局局长刘建伟（6月免）、王国安（6月任）；国土局局长梁新生；工信委主任胡景帅（6月免）、王延军（6月任）；农委主任许银欣；科技局局长库晓（女）；计生委主任张沛（女）；建设局局长彭英（女，6月免）、李敏（6月任）；环保局局长薛文平；交通局局长王丽（女）；司法局局长常超美（6月免）、刘耀东（6月任）；宗教局局长巴姝靖（女）；安监局局长王国安（6月免）、李怒潮（6月任）；信访局局长张红梅（女）；房管局局长孙华民；商务局局长刘军；文化旅游局局长吴兆强；物价局局长陈玉清；事管局局长张岚（女）；房屋征收局局长周玉梅（女）；科技园区管委会主任张双喜；爱卫办主任李新田（6月免）、吕志献（6月任）；数字化中心主任周保民（6月免）、刘斌（6月任）；考评办主任钱锐（6月免）、吕志献（6月任）；人防办主任崔兴周；档案局局长王宝昀（6月免）、胡景帅（6月任）；审批中心主任吴红梅（女）；采购中心主任刘琴（女）；楼宇办主任闵武杰（4月免）、连卿（6月任）；粮食管理中心主任高学峰（2月免）、李俊勇（6月任）；投资公司经理袁先锋（6月免）、黄涛（12月任）；投资评审中心主任周保民（6月任）。

政协区八届委员会：主席刘建峰；副主席王庆豪、孙鲜龙、王居良、杜艳洁（女）、赵海叶（女）、宋红霞（女）、张建民。

区政协工作部门：区政协办公室主任张书林；老干部管理办主任连艳丽

5月31日，省委副书记、组织部部长邓凯到纬三路小学与小学生一起欢度“六一”

10月10日，省委常委、市委书记吴天君到金水区实地调研道路打通工程进展情况

（女）；经济科技委主任徐工；学习文史提案委主任王彩虹（女）；文教卫生委主任张竹萍（女）；民主法制委主任刘雷立；港澳台侨委主任刘占全（2月免）、邢惠娟（2月任）。

中共区纪律检查委员会书记：牛晓萌。

区人民武装部部长：张涛（3月免）、杨旗（3月任）；政委：李继东。

区人民法院院长：孙郑生（4月免）、杨发群（4月任）。

区人民检察院检察长：宁建海（4月免）、梁平（4月任）。

区群团组织：工会主席李劲松（女，满族）；妇联主席马晓宇（女）；团区委书记李迪（6月免）、（空缺）；残联主席陈玉新。

街道机关：国基路街道党工委书记李正，办事处主任沈建忠；经八路街道党工委书记叶齐科，办事处主任周纪斌；文化路街道党工委书记段庆洲（7月免）、李长虹（7月任），办事处主任王延军（7月免）、赵竞生（7月任）；人民路街道党工委书记齐智慧，办事处主任王静（女，7月免）、董青丽（7月任）；花园路街道党工委书记李婷（女，回族），办事处主任李东；杜岭街道党工委书记郭文博，办事处主任秦历源（女）；南阳路街道党工委书记江涛，办事处主任李俊勇（7月免）、李国梁（7月任）；大石桥街道党工委书记郭峰，办事处主任连卿（9月免）、李迪（9月任）；南阳新村街道党工委书记刘云泽，办事处主任姚霞（女）；丰产路街道党工委书记杨金泉，办事处主任马爱玲；东风路街道党工委书记史战胜，办事处主任李华（女，6月免）、梁振国（7月任）；未来路街道党工委书记杨振玉，办事处主任李长虹（7月免）、聂思军（7月任）；北林路街道党工委书记唐成山（7月免）、杨宇峰（7月任），办事处主任（空缺）、牛易（7月任）；凤凰台街道党工委书记许忠，办事处主任赵伟峰；兴达路街道党工委书记刘楠，办事处主任李国强；杨金路街道党工委书记赵长青（7月免）、郝俊昌（7月任），办事处主任（空缺）、齐建立（7月任）；丰庆路街道党工委书记毛国安，办事处主任王金城。

【项目建设与招商引资】 坚持把项目建设作为经济社会发展的主抓手，全年安排区级重点项目43个，完成年度投资103.3亿元；56个省市重点项目顺利推进，完成年度投资33.4亿元。坚持把招商引资作为“一举求多效”的综合性举措，成功签约万达中心、金地广场等投资体量大、带动能力强的重大项目19个，投资额超过350亿元。坚持将促进消费作为加快发展的持续动力，出台支持商圈和特色街区发展的系列措施。完成社会消费品零售总额576亿元，五大商圈经营面积达到200万平方米，年营业额突破150亿元；农科路酒吧一条街等15条特色街区实现营业收入21.47亿元。坚持把科教新城作为未来发展的希望所在，突出抓好基础设施建设、招商引资和项目推进等工作，累计引进榕基软件园等重大项目46个。其中，高新技术产业项目39个，建成投产25个，完成营业收入26亿元。

【现代服务业】 大力实施“现代服务业强区”战略，突出金融商贸和高技术服务两大主导产业，三次产业结构比由2011年的0.3∶14.3∶85.4调整为0.2∶13∶86.8，三产主体地位进一步巩固。2012年，以金融服务、高技术服务、楼宇经济、总部经济等为主的现代服务业完成增加值465亿元，占三产增加值比重达到75%。其中，金融服务业完成增加值121亿元，高技术服务业完成增加值96亿元。新建市级工程技术中心6家、重点实验室9家。商务楼宇面积达到466.4万平方米，年缴纳区级税收突破14.3亿元。其中，纳税额百万元以上楼宇达到88栋。总部企业数量达到130家。尤其值得关注的是房地产业完成增加值46亿元，占三产比重由2011年的8.6%下降为7.4%，产业结构进一步优化。

【新型城镇化建设】 2012年，全区先后启动10个城中村改造项目、4个旧城改造项目、7个合村并城项目，总数超过前8年之和。拆迁总量近800万平方米，腾出土地287.13公顷。启动项目数量、拆迁面积、推进速度均创历史新高。以纬二路和纬四路等道路建设为标志，城区基础设施建设全面推进。完成园田路等34条断头路拆迁、信息学院路等13条道路改造任务，新增停车泊位10997个。以四港联动大道拆迁绿化为重点，在全市率先完成“两环十七放射”拆迁和生态廊道绿化任务。拆除建筑物14.8万平方米，清理垃圾27万立方米，完成微地形塑造130万立方米、绿化50万平方米。顺利完成轨道交通、三环快速化等工程涉及的拆迁任务，保障了省市重点市政工程的顺利建设。投资4100万元，购置道路洗扫车和冲洗车72辆，辖区35条主干道全部实现机械化清扫，机扫率全市最高。

以城市管理整治提升活动为抓手，深入开展违法建设等六项重点整治工作，依法拆除道路两侧违法建设37.7万平方米。以优化生态环境为重点，拆改燃煤锅炉11台，新建公园游园3个，新增绿地50万平方米。以改善群众生活环境为目标，投资1500万元，集中精力开展西部区域市容市貌整治活动，52条道路及两侧的门头匾额、房屋立面等得到有效治理，基本实现路平灯明、干净整洁、规范有序的目标。

【民生建设】 全面落实就业优惠政策，完成各类培训6845人，新增就业再就业28248人、农村劳动力转移就业528人。新开工保障房项目11个、9452套，政府投资项目康苑居一期418套廉租房顺利竣工，发放房屋租赁补贴438万元。积极推进“五险合一”社保经办流程，企业养老和职工医保参保人数分别达到87802人、64952人。全面实施国家免费孕前优生健康检查项目，全年免费优生检测育龄夫妇7286对。大力实施“菜篮子”工程，新建、升级标准化菜市场12家、社区便利店21家；市级以上农业产业化重点龙头企业达到35家，实现年销售收入113.2亿元；建成农产品质量安全监管站17个，辖区33个农产品批发市场、农贸市场全部纳入监管范围。

深入推进和谐社区建设，升级改造老旧小区。累计投入资金1.2亿元，将年初计划三年完成的475个老旧小区升级改造任务调整为一年完成，至年底已全部竣工。集中清理应建未建、建而未交的社区公共服务用房项目126个，移交面积5.2万平方米。建成农村社区示范点5个、农村社区服务中心6个，城市社区服务中心14个、星级社区16个。投资120万元，购买社工服务岗位50个，扶持成立专业社工服务机构6家。

【社会管理】 按照“条块融合、职责明晰、联动负责、逐级问责、无缝对接”的原则，率先在全市探索建立了以网格为载体的“坚持依靠群众、推进工作落实”长效机制，工作经验在全市推广。全区共建立三级网格953个，下沉人员1156名，排查出非法生产、非法建设、非法经营等各类问题7.3万起，整治到位7.15万起，办结率达到97.5%。一大批群众关注的难点问题得到有效解决，辖区群众满意度大幅提升。

坚持领导接访、矛盾排查化解和信访联席会议等制度，正确对待和妥善处理群众反映的热点难点问题，社会大局保持稳定。坚持不懈地开展安全隐患排查整治，检查各类单位8847家，消除事故隐患1.26万起，安全生产形势持续平稳。强化立体化治安防控体系，积极预防和妥善处置各类群体事件，依法防范和严厉打击各类违法犯罪活动，营造了稳定和谐的社会环境。

【服务型政府建设】 严格执行区人大及其常委会的决议决定，自觉接受人大法律监督和政协民主监督。全年办理人大代表建议和政协委员提案190件，办结率100%。健全完善政府决策机制，重大决策之前广泛征求人大代表、政协委员、民主党派、工商联和无党派人士的意见，政府决策更加科学。深入推进政务信息公开，公开内容更加全面，公开形式更加规范，政府工作更加透明。深化行政审批制度改革，行政许可事项压缩至136项。其中，110项进入区行政服务中心集中办理。完善网上审批和电子监察系统，20个职能部门102项审批事项实现全程网上审批。全面推行行政服务标准化管理，工作经验在全省推广。健全完善重大事项决策、重要人事任免奖惩、重大项目安排和大额资金使用决策程序，建立了权力运行长效监控机制。规范财政资金管理，评审政府投资项目197个，审减资金2.7亿元。加大对重点行业、重点资金、重点项目的审计力度，开展审计项目128个，查处违规资金1273万元，增收节支财政资金1375万元。深入推进机关效能建设和作风纪律整顿，查处违纪人员31人次，形成了风清气正的良好氛围。

（窦 凯 何金星）

二七区

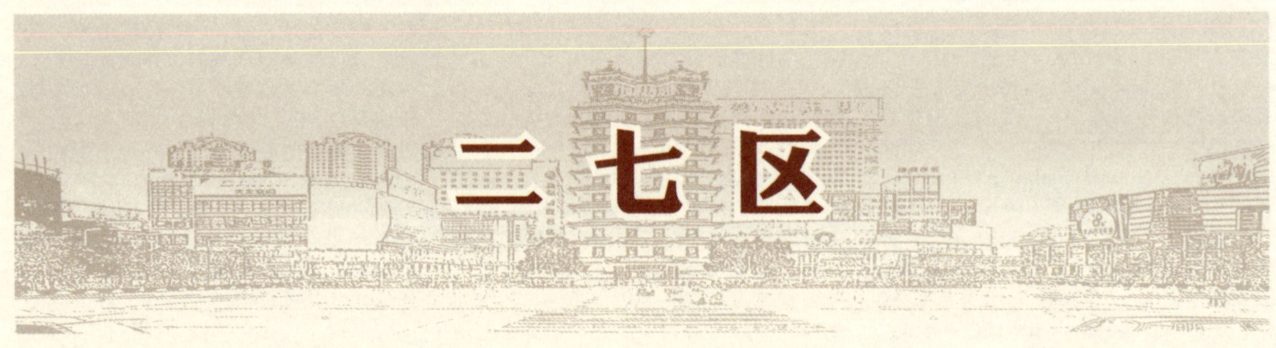

【概况】 2012年，二七区总面积156.2平方公里，其中耕地面积21.4平方公里，建成区面积36.25平方公里。辖13个街道、1个乡、1个镇，102个城市社区、39个农村社区、14个行政村。总人口73.9万人，其中非农业人口45.4万人。人口出生率为8.61‰，死亡率为3.73‰，自然增长率为4.88‰。

2012年，全区地区生产总值完成363.7亿元，比上年增长8.8%。其中第一产业增加值完成0.7亿元，比上年增长0.5%；第二产业增加值完成77.9亿元，比上年增长6.7%；第三产业增加值完成285.1亿元，比上年增长9.6%。人均生产总值完成49241元。三次产业结构由上年的0.2：22.2：77.6调整为0.2：21.4：78.4。2012年，全区城镇居民人均可支配收入23246元，比上年增长12.1%；农民人均纯收入15153元，比上年增长12.1%。

2012年，全区共有规模以上工业企业95家。工业增加值完成46.7亿元，比上年增长7.7%。其中，规模以上工业增加值完成43.6亿元，比上年增长8.2%；规模以下工业增加值完成3.1亿元，比上年增长1.6%。规模以上工业企业实现产品销售收入170.1亿元、利税总额8.4亿元、利润总额5.7亿元，产销率达到95.9%，比上年下降1.1个百分点。建筑业增加值完成31.2亿元，比上年增长4.6%。具有建筑业资质的独立核算建筑企业122个，共完成总产值176.4亿元。

2012年，全区财政总收入完成55.57亿元，比上年增长17.03%；完成地方财政收入21.8亿元，比上年增长16.37%。其中，公共财政预算收入21.8亿元，比上年增长16.32%。公共财政预算收入中，税收收入完成20.1亿元。地方财政支出39.4亿元，比上年增长49.43%。其中，公共财政预算支出21.2亿元，比上年增长19.02%。财政收入占全区生产总值的比重达到6.0%，比上年提高0.3个百分点。

2012年，全区社会固定资产投资完成236.9亿元，比上年增长26.0%。其中，城镇投资236.6亿元，比上年增长26.0%；农村投资0.35亿元，比上年下降95.0%。社会消费品零售总额完成265.4亿元，比上年增长14.5%。全年实现外贸出口总值1.4亿美元，比上年增长11.3%；实际利用外商直接投资1.8亿美元，比上年增长12.8%。以“两环十七放射”拆迁绿化等政府投资项目为重点，不断加强审计工作，全年审计资金12.8亿元，审减1.2亿元。

2012年，二七特色商业区规划已获省政府批复，二七广场商业中心区被列为省级特色商业区。制定并实施了商贸业发展三年行动计划，华润万象城、百年德化二期等大型商业项目正在积极推进，升龙广场等新培育商业街区渐成规模。着力发展楼宇经济、电子商务等现代商业，新增楼宇企业170家。高标准规划城南商贸业集聚区，顺利完成4个市场外迁，腾出土地10.67公顷，超额完成市定目标。

【机构与领导】 中共二七区区委：书记蔡红（女）；副书记王鹏、张杰峰；区委常委：蔡红（女）、王鹏、张杰峰、张全金、牛瑞华、王玉红（女）、王鲁明、卢书选、丁文霞（女）、赵吉平、杨明军（3月免）、周国堂（4月任）。

区委工作部门：区委办公室主任赵吉平；组织部部长丁文霞（女）；宣传部部长王鲁明；统战部部长王玉红（女）；政法委书记卢书选；群工部部长兼信访局局长曹宪武；机关党工委书记杨芳（女）；编办主任董跃武；区委党校常务副校长冯晶丽（女）；老干部局局长徐建宇（女）；档案局局长张艳玲（女）。

区十五届人大常委会：主任赵炳林（4月免）、李章坤（4月任）；副主任张丽英（女）、李刚、周国建、郭穆顺、柳建华、武志亮、靳凤英（女）、兰海。

区人大常委会工作部门：区人大常委会办公室主任冯保强；城建工委主任王云；财经工委主任赵建堂；代表联络工委主任刘德斌；法工委主任李玲（女）；科教文卫工委主任马郑武；信访室主任杨录生。

区人民政府：区长王鹏；副区长牛瑞华、王玉红（女）、姚实、于珊（女）、辛绍河、袁新生（4月免）、刘利、董治会。

区政府工作部门：区政府办公室主任马世锋；地志办主任郭法章（4月免）；法制办主任吕锋卫；食安办主任张晓慧（女）；畅通办主任王志平；接待办主任刘长海；人防办主任杨杰；民族宗教局局长法建军；监察局局长张军；行政服务中心主任闫东明；商务局局长王晓东；工信局局长张建中；人口和计生委主任任书庆；人力资源和社会保障局局长潘丽霞（女）；社保管理局局长薛燕（女）；财政局局长张建森；发改和统计局局长王永利；教体局局长刘子科；民政局局长苏连成；农业农村工委主任杨东起；粮食局局长陈庆；卫生局局长王章正；审计局局长李新亮；城管执法局局长牛军领；科技局局长田培红（女）；建设局局长秦玉凤（女）；环保局局长徐笑康；司法局局长王淑真（女）；交通局局长阴小强；爱卫办主任张新波；建设投资公司总经理崔宗晓；数字化城管指挥中心主任王琳（女）；投资促进服务中心主任王晓琳（女）；文化旅游局局长牛志宏（女）；安监局局长汤孝轩（8月免）、刘少卿（8月任）；机关事务管理局局长高武汉；物价局局长王笑梅（女）；住房保障中心主任兰海（8月免）、刘钰（女，8月任）；房屋征收办主任徐力夫；南水北调办主任闫宗汉；煤炭监管办主任牛学峰；红十字会常务副会长井燕（女）；新型城镇化建设办公室主任靳发宏；马寨工业园区管委会主任赵国玺；樱桃沟景区管委会主任南中洋（兼）；国土资源局局长禹秉臻；工商分局局长王建修；技监分局局长潘亚力；国税局局长陈鸿俊；地税局局长刘伟红；规划分局局长葛咏（2011年10月-2012年8月在外地挂职锻炼）；市场管理处主任房广明；食品药品监管分局局长卢高义。

政协区八届委员会：主席汪爱英（女，4月免）、于广志（4月任）；党组书记于广志；副主席陈爱萍、李琳、吴书文、陈旭儒、李东亮、王同超、袁新生（4月任）、曾平（4月任）。

区政协工作部门：区政协办公室主任杜双晶（女）；老干部科科长

6月16日，中共中央政治局常委李长春到二七区嵩山路街道亚星社区调研

翟伟锋；提案委主任田留锁；联络委主任刘来群；农业委主任鲁香敏（女）；经济科技委主任张福兑；社会和法制委主任牧秋君（女，回族）；城建环保委主任黄晓江；宣教文体卫委主任付阳光；文史资料办主任郭磊；港澳台侨委主任魏兵。

中共区纪律检查委员会书记：张全金。

区人民武装部部长：杨明军（3月免）、杨振河（3月任）；政委：周国堂。

区人民法院院长：王焰斌。

区人民检察院检察长：梁平（4月免）、丁铁梅（4月任）。

区群团组织：总工会主席张新云（女）；团区委书记李青青（女）；妇联主席李素佩（女）；残联主席荆淑增（女）；科协主席任随意；工商联主席卢学俊。

街道、乡镇机关：铭功路街道党工委书记张伟新，办事处主任王峰；一马路街道党工委书记马建，办事处主任徐建；解放路街道党工委书记朱松山，办事处主任李景光；德化街街道党工委书记马遂鑫，办事处主任汪艳玲（女）；五里堡街道党工委书记陈卫东，办事处主任张祎；蜜蜂张街道党工委书记张振国，办事处主任杨志华；大学路街道党工委书记海鸥，办事处主任周彪；建中街街道党工委书记胡爱民，办事处主任贾新建；福华街街道党工委书记黄新宏，办事处主任张振威；淮河路街道党工委书记李华民，办事处主任赵红林；嵩山路街道党工委书记胡仲泰，办事处主任张勋；长江路街道党工委书记刘敬军（女，8月免）、张文奇（8月任），办事处主任梅斌（8月免）；京广路街道党工委书记谭清录，办事处主任鲁林林（女）；侯寨乡党委书记崔工作，乡长南中洋；马寨镇党委书记赵国玺，镇长刘丽红（女）。

【农业与农村经济】 2012年，全区农业总产值完成1.5亿元，比上年增长0.5%；农业增加值完成0.72亿元，比上年增长0.5%；种植业增加值完成0.29亿元，比上年增长2.1%。粮食总产量0.31万吨，比上年下降29.5%。其中，夏粮产量0.16万吨，比上年下降17.9%；秋粮产量0.14万吨，比上年下降39.1%。蔬菜总产量0.09万吨，比上年下降52.4%；水果总产量1.11万吨，与上年持平。林业增加值完成0.02亿元，比上年下降46.1%；畜牧业增加值完成0.38亿元，比上年下降10.2%；渔业增加值完成0.007亿元，比上年增长3.1%。农林牧渔服务业增加值完成0.03亿元，比上年下降2.4%。

都市休闲观光农业持续发展。2012年，二七区大力提升农业产业化发展水平，新增专业化农民合作社2家、市级龙头企业3家。持续完善农业基础设施，发展节水灌溉面积68公顷，开建标准农田133.33公顷。着力完善樱桃沟、蝴蝶岛等景区基础设施，新增特色农家乐10家；成功举办樱桃节、首届森林生态文化节等活动，文化旅游品牌影响力进一步增强。2012年，全区接待游客408.5万人次，比上年增长18.68%；实现旅游收入1.27亿元，比上年增长27%。

【拆迁绿化】 2012年，二七区完成了生态廊道、“四类社区”建设等重大拆迁任务。全年拆迁量累计突破800万平方米，为全区发展拓展了广阔空间，为省市重点项目快速推进奠定了坚实基础。其中，生态廊道建设涉及该区大学南路、嵩山南路、南四环等7条道路，完成拆迁339万平方米，正在实施绿化156万平方米，清理建筑垃圾476.6万立方米。截至年底，大学南路、嵩山南路、南四环二七新城段和马寨镇区段绿化工作基本完成。顺利完成了贾砦部分村组和南岗刘整村拆迁，为京广南路、大学南路向南打通奠定了基础；麦垛沟村拆迁已接近尾声，郑州凤凰岛生态文化苑项目快速推进。“四类社区”建设及中心城区道路两侧违法建设拆迁累计完成448万平方米。

【融资与土地保障】 2012年，二七区财税系统、各项目指挥部及相关部门积极创新工作思路，千方百计拓宽融资渠道。通过银行贷款、融通社会资本等方式，筹集资金47.25亿元，为“两环十七放射”拆迁绿化、城区改造等工作提供了强有力的资金保障。切实加大政府融资和资本市场融资力度，新增资本市场融资20.17亿元，在市内五区排名第一。

在土地保障方面，2012年，二七区新增建设用地规模比上一轮规划增加10.1平方公里，达到18.1平方公里，实现了二七新城、马寨镇小城镇规划区建设用地规模全覆盖。积极做好项目用地保障工作，组织上报建设用地417.8公顷，争取新增用地指标268.2公顷，完成易地占补平衡140.47公顷，实现供地242.6公顷。着力整合土地资源，实现土地储备337.13公顷，总量位居市内五区第一。

【“四类社区”建设】 2012年，二七区大力推进规划报批工作，不断加快中心城区升级改造步伐。全区19个城中村全部列入改造计划，城中村改造计划批复率位居全市第一。其中，有16个城中村控规获市政府批复，其余3个即将获批。全区城中村控规批复数量在市内五区排名第一。冯庄、小李庄二期、高砦等7个城中村项目和中投汇金城、德化大厦2个旧城改造项目顺利完成108公顷土地出让。全区土地招拍挂项目个数、面积均位居全市第一。

不断加快中心城区升级改造步伐，小李庄、王胡砦、中林国际等项目进展顺利。2012年，全区新开工建设商品房、安置房359万平方米，回迁村民5256户，完成固定资产投资123亿元，实现税收12亿元，完成了年初确定的工作任务。特别是荆胡项目，作为全市第一例村集体土地上在建建筑处置案例，中投汇金城项目成为全市第一例完成土地出让的旧城改造项目，为郑州市城区改造工作探索出宝贵经验。二七区被评为郑州市唯一的“河南省城中村旧城改造先进单位”。

全力推进政府主导项目建设，蜜蜂张村作为全市试点项目率先启动，万达安置区等项目正稳步推进。高度重视合村并城工作，编制完成了二七区新“三化”协调空间布局规划，侯

夜幕下的郑州古玩城

寨滨河花园、南岗刘合村并城等3个合村并城试点项目控规全部获批，安置区拆迁基本完成，规划、土地等各项手续办理工作全市领先。

【项目建设与招商引资】 2012年，二七区纳入三年行动计划的180个项目，新开工78个，完成投资257亿元，超额完成全年目标。其中，万达广场、新悦现代城等项目正式营业，金智万博商城二期等28个项目竣工，冯庄正商城、齐礼阎升龙城、路砦康桥等项目正在有序推进。二七区被评为“郑州市重大项目建设先进单位”。2012年，城镇固定资产投资完成236.6亿元，同比增长26%，增速位居市内五区第一。

在抓好已有项目投资的同时，着力谋划引进红星美凯龙、顶新国际集团扩大再投资等30多个主导产业项目，签约总额1019亿元。2012年，全区引进域外境内资金119亿元，同比增长16.7%，总量在市内五区排名第一；实际利用外资完成1.81亿美元，同比增长11.2%。二七区被评为“郑州市重大招商引资项目先进单位”。

【城乡建设与管理】 2012年，二七区大力推进“畅通郑州”工程建设，争取上级道路建设资金2.1亿元、拆迁奖补资金913万元。汉江路等8条道路建成通车，碧云路等6条道路建设正在快速推进。市政府下达该区的39条道路拆迁任务基本完成。多方筹措资金1872万元，新建改建河源路等4条农村公路。2012年，二七区被评为“河南省道路运输工作先进单位”。

以城市环境综合整治提升活动为契机，不断加大对占道经营、户外广告、门头牌匾的治理和规范，城市形象得到全面提升。深入开展停车场建设与开放工作，建成停车泊位1.3万个，在市内五区排名第一。不断优化城区交通环境，城区违法行驶车辆治理工作全市领先。完成书报亭退路进店212家，创建示范店13个。完成外迁市场4个，超额完成了市定目标任务。拆除违法建筑3082处，总量达到28万平方米，在市内五区考评中排名第二。

积极实施植绿透绿工程，新植乔木5.12万株，新增绿地75万平方米。着力完善辖区基础设施，新建改建公厕13座，升级改造公园（游园）4个。大力实施亮化工程，为21个公园（游园）安装了太阳能路灯。投入3000万元，对大学路4号院、中亨3号院等147个老旧小区进行集中整治，群众居住环境得到不断改善。

【二七新城建设】 2012年，二七区积极实施新城发展三年行动计划，全力推动规划编制工作。侯寨总规修编方案获批复，起步区城市设计方案通过市规划局审查。积极协调项目手续办理工作，康桥溪岸、奥马大厦、绿地滨河国际城、郑州CSD国际时尚商贸中心等7个项目控规编制获市政府批复。2012年，控规批复面积达到4.2平方公里。郑州CSD国际时尚商贸中心项目拆迁完毕，红星美凯龙、绿地滨河国际城一期等项目顺利开工。京广南路、大学南路、鼎盛大道等道路建设前期各项准备工作正在顺利推进，南郊热源厂成功实现供暖，新城各类基础设施及公共服务设施建设得到逐步完善。

【马寨产业集聚区建设】 2012年，马寨工业园区管委会大力推动集聚区转型发展，新引进项目40个，入驻工业项目27家、总部经济12家。其中，总投资3.3亿美元的顶新国际集团扩大再投资项目和投资5亿元的苏宁郑州地区管理总部及配送中心项目土地平整和各项配套基础设施建设正在稳步推进；总投资12亿元的花花牛乳制品加工项目开工建设；投资5亿元的京华焊管项目一期建成投产。启动张河、程炉、马寨3个村庄合村并城工作，完成拆迁面积10万平方米。马寨镇总体规划（2011–2030）获市政府批准，镇区规划面积由11.8平方公里扩大至17.6平方公里。投资1.54亿元，用于园区基础设施及配套设施建设。修建道路3.8公里，建成标准化厂房11万平方米，自来水入园、污水处理、变电站等基础设施建设正在快速推进。2012年，园区企业营业收入完成150亿元，规模以上工业营业收入完成117亿元，实现税收2.98亿元。马寨产业集聚区被评为“河南省新型工业化（食品）产业示范基地”。

【民生建设】 2012年，二七区圆满完成了省市区各级为民承诺的实事。投入1.29亿元新建改扩建郑州四十八中、棉纺路中学、实验幼儿园等学校12所；争取优质教育资源促进计划资金4298万元，新增优质教育学位4435个。全力破解区域教育发展失衡难题，二七经验被确定为值得向全国推广的三大区域教育模式之一。该区成为全市第一家也是唯一一家获得“河南省首批义务教育均衡发展先进区”

荣登2011年度“全国十大考古新发现”榜首的老奶奶庙遗址

称号的单位。2012年，面向社会公开选聘规划等专业人才24名、中小学教师120名，人才队伍不断充实。

截至2012年年末，全区共建成文化馆1个、图书馆1个；新建综合文化站3个、社区文化活动中心55个、电子阅览室40个、农家书屋13个，实现了“农家书屋”全覆盖。全区乡镇综合文化站和农村文化体育大院实现全覆盖。着力扶持文化产业发展，郑商瓷荣获中国民间艺术最高奖“山花奖”；郑州古玩城“夕阳楼文化传承夜市”成为全国首家以收藏为主题的文化夜市。

2012年，全区体育运动荣获世界级奖励62项、国家级奖励104项、省级奖励274项。截至2012年年末，全区共建成医疗卫生机构269家、社区卫生服务中心13个、社区卫生服务站24个、标准化村卫生所40家。

不断加大社会保障力度，开工建设保障性住房11293套，竣工6102套。扎实推进卫生惠民行动，在全市率先成立2家区域医疗联合体。全面落实就业扶持政策，完成城镇新增就业再就业2.3万人，农村劳动力转移就业1300余人；城乡劳动力培训4813人。积极做好城乡居民基本养老保险试点工作，实现了辖区居民养老保险全覆盖。2012年，全区城镇居民基本医疗保险参保人数达到24万人；新农合参保人数达到9.1万人，参合率达到98%，享受补贴12.7万人次、共3207.42万元。新农合住院补偿封顶线由10万元提高到15万元。2012年，全区企业职工养老保险参保人数82841人，征缴企业养老保险费28843万元，社会化按时足额发放率达到100%。工伤保险参保单位达到1413家，参保职工63110人；失业保险参保人数达到36605人；城镇职工医疗保险参保人数达到4.4万人。积极开展关爱救助联合行动，在全市率先成立了区级救助站，成功救助进城务工人员、流浪乞讨人员2793人次。新建、改建标准化菜市场7家，建成放心早餐店5家，新增周末直销菜市场1家，群众生活更加便利。

（胡　雷）

管城回族区

【概况】 2012年，管城回族区总面积112.6平方公里，其中城区面积32.6平方公里。辖9个街道，71个社区居委会；1个镇、2个乡，35个行政村。总人口381674人（含圃田乡），其中回族人口21870人，占全区人口的5.73%。全区人口出生率为15‰，死亡率为8.99‰，自然增长率为6.03‰。

2012年，全区实现地区生产总值262.3亿元，比上年增长11.9%。公共财政预算收入完成18.8亿元，比上年增长11.3%。固定资产投资完成184.1亿元，比上年增长22.6%。社会消费品零售总额完成237.3亿元，比上年增长14.3%。规模以上工业增加值完成96.1亿元，比上年增长17.7%。城镇居民人均可支配收入达到22166元，比上年增长11.7%。农民人均纯收入达到16109元，比上年增长11.8%。全年实际利用外资1.68亿美元，外贸出口额4.17亿美元，引进境内域外资金68.39亿元。

【机构与领导】 中共管城回族区区委：书记法建强（回族）；副书记高建军、徐西平；区委常委：法建强（回族）、高建军、徐西平、杜敏生（回族）、王彬彬、张平安、刘同杰、李峰（回族）、王晓军、马欢、柴丹（女）。

区委工作部门：区委办公室主任马欢；组织部部长王彬彬；宣传部部长柴丹（女）；统战部部长张平安；政法委书记王晓军；群众工作部部长郭剑锋；机关党工委书记李青（女）；党校常务副校长郭宝生；老干部局局长巴丽霞（女，回族，5月免）、马晓红（女，回族，5月任）；档案局局长朱红亚；编办主任李鑫（女）。

区十四届人大常委会：主任牛延平；副主任杨信梅（女，4月免）、姚文学、王宏武、李蝴蝶（女）、闫德本（4月免）、刘三修、康天果（4月免）。

区人大常委会工作部门：区人大常委会办公室主任陈瑞兰（女）；教科文卫工委主任朱占通；财经工委主任李香梅（女）；城建农村工委主任李建伟；法工委主任巴忠义（回族）；代表民族工委主任孙雪琴（女）；信访工作室主任姚琳（女）。

区人民政府：区长高建军；副区长李峰（回族）、郭万全（4月免）、安惠萍（女）、刘守斌、高和平、罗国君、虎强（回族）、孙梅（女）、史伟、耿国志。

区政府工作部门：区政府办公室主任闫凯；人力资源和社保局局长杨国华；财政局局长朱宣合；工业和信息化局局长乔希望；农业农村工委主任马万锋（回族）；人口和计生委主任邢惠君（女）；发展改革和统计局局长冯麟（女）；教育文化体育局局长卢新建（5月免）、穆培华（5月任）；信访局局长单书欣；民政局局长徐长发；民族宗教局局长巴晓娟（女，回族）；国土资源局局长张有锋；城乡建设和交通运输局局长王永善（4月免）、赵栓来（5月任）；环保局局长张红（女）；卫生局局长赵秋霞（女）；司法局局长周满堂；审计局局长贾宝蕴（女）；城管执法局局长赵晨阳；科技局局长吴俊斐（女）；粮食局局长张志强（6月免）、陈宏安（6月任）；机关事务局局长毛松峰；住房保障服务中心主任李行义；商务局局长李金平（女）；安全生产监督管理局局长马晓红（女，回族，5月免）、魏良平（5月任）；文化旅游新闻出版局局长李静（女）；人防办主任李惠萍（女，回族）；爱卫办主任翟建平（5月免）、陈俊杰（5月任）；房屋征收与补偿办主任马万锋（回族，1月免）、张献忠（1月任）；南水北调办主任郝碧锋；建设综合开发总公司总经理周红卫；物资总公司经理李中方；工商局局长杨葆；国税局局长马华庆；地税局局长李志生；质监局局长杨泽；规划分局局长韩杰；食药监督分局局长屈新义。

政协区七届委员会：主席刘霞（女）；副主席韩宏伟、陈彦军（回族）、陈兵、李雪宁（女）、杨爱荣（女，回族，4月免）、邹鹏飞（4月免）、雷金亮（4月免）。

区政协工作部门：区政协办公室主任陈孝明；民族宗教港澳台侨委主任郭海涛（女，4月任）；科教文卫委主任张红军；提案委主任冯雅丽（女）；经济委主任庄红梅（女，4月任）；城市建设社会法制委主任赵炳贤（4月免）、翟建平（4月任）；学习宣传文史资料委主任陶丽丽（4月任）；农业人口环境资源委主任刘子明；联络委主任郭海涛（女，4月免）、张志远（4月任）；老干部管理办主任刘坤（4月任）。

中共区纪律检查委员会书记：杜敏生（回族）。

区人民武装部部长：谢晓东；政委：刘同杰（4月免）、胡俊伟（4月任）。

10月12日，国家安监总局局长杨栋梁到管城回族区调研

区人民法院院长：王耀世（4月免）、谢凯歌（4月任）。

区人民检察院检察长：吴景禹（满族，4月免）、王耀世（4月任）。

区群团组织：总工会主席盛伟；团区委书记张川（女，回族）；妇联主席海彦玲（女，回族）；科协主席陈宏安（5月免）、郑银铃（女，5月任）；残联理事长游东梅（女）。

街道、乡镇机关：北下街街道党工委书记巴姝芳（女，回族），办事处主任滕方炜；南关街道党工委书记高建峰，办事处主任沙建武；陇海马路街道党工委书记白刘军，办事处主任孔艳玲（女，4月免）；二里岗街道党工委书记虎金治（回族），办事处主任刘本勇；城东路街道党工委书记邵会文，办事处主任刘斌；东大街街道党工委书记谷合群，办事处主任曹广凤（女）；西大街街道党工委书记张平，办事处主任张海军；紫荆山南路街道党工委书记王遂其，办事处主任王立磊；航海东路街道党工委书记唐莉军（女，4月免）、王永善（5月任），办事处主任秦新东（5月免）、王传胜（5月任）；南曹乡党委书记周福利，乡长崔永祯；圃田乡党委书记赵栓来（6月免）、张志强（6月任），乡长宋春霞（女）；十八里河镇党委书记李阳，镇长侯春雷。

4月19日，国家开发银行总行业务发展局副局长刘彦超一行对郑州商城遗址保护项目进行考察调研

【新型城镇化建设】 2012年，全区累计征迁各类建筑872万平方米，荣获“全市拆迁安置工作先进单位”称号。其中，“两环十七放射”和生态廊道工程及中原福塔周边完成征迁262万平方米，刘湾水厂、南三环污水处理厂等12项市政重点工程完成征迁42万平方米，“四类社区”、断头路打通等项目完成征迁568万平方米。

实现规划全域覆盖，高标准完成全区空间战略布局规划、南曹乡和十八里河镇总体规划，深入编制商城遗址周边、市民文化服务中心等重点区域的城市设计方案。修编了土地利用规划，对重点开发区域优先保障指标覆盖，上报用地指标236.67公顷，争取用地指标234.53公顷，收储土地186.67公顷。率先组建政府融资平台，注册资本金13.6亿元，实现融资41.65亿元。

在全市率先启动政府主导城中村改造、合村并城新模式，沿南三环、南四环、郑新快速路形成连片开发。在东南片区，完成10个传统模式改造村的土地出让，顺利启动5个政府主导城中村改造项目，小王庄、西吴河村庄全部征迁完毕，金岱李、十八里河、站马屯启动征迁。在市民文化服务中心项目建设中，苏庄、八郎寨2个合村并城项目基本完成征迁。在中心城区建设中，商都博物院片区一期等完成征迁，水利机械厂等5个旧城改造项目征迁完毕，安置房建设全面开工。

大力实施中心城区市场外迁，完成郑州茶叶批发市场等9家市场外迁任务，腾出土地43.87公顷。着力完善市政基础设施，完成尚庄路等16条断头路打通工程的征迁工作，对南大街等10条背街小巷和郑园等16座公园游园进行整治改造，新增绿地27.2万平方米。建成河南省最大的垃圾综合处理中心并投入使用，新建垃圾中转站3座，新改建公厕12座，全区环卫机械化清扫率达到40%；新增停车泊位7538个。

【现代产业体系逐步优化】 商圈经济扩容升级，商都文化特色商业区被成功列入首批省级特色商业区，紫航商业集聚区启动规划编制工作。福都购物广场顺利开业，正商国际广场、郑汴商业中心等一批大型城市综合体正在建设；建成及在建商务楼宇达60栋，入驻企业2900余家。街区经济日趋丰富，新改建南北顺城清真文化一条街等特色街5条；世纪欢乐园、城隍庙—文庙、国香茶城等景区实现营业收入1.4亿元，同比增长25%。

金岱产业集聚区总规调整获批，工业用地基本调整为商业、商务用地；2012年，完成土地招拍挂17宗、69.73公顷，完成营业收入129亿元。福耀集团中原玻璃生产基地项目生产车间顺利竣工，河南威明达等17个项目具备开工条件。积极扶持高新技术产业，全区高新技术产业增加值突破50亿元，同比增长25%。顺利完成2家区属企业改制工作。盛和等6个特色精品园粗具规模，申报市级新农村科技示范村1个，新增设施农业生产面积10公顷。

深化对外交流合作，巩固与韩国青松郡的友好区郡关系。大力实施“五职招商”，招商引资成效明显。顺利签约郑州CSD国际时尚商贸中心、百盛二期等项目6个，签约金额达到358.2亿元。

【网格化管理】 构建街道、社区、楼院三级网格化管理网络，将市场监管、社会管理、公共服务职能纳入网格化管理体系。2012年，全区停业整顿非法经营、非法生产172家，拆除违法建筑20万平方米，立案查处违法占地案件85宗，清理社区用房26处，拆除违法户外广告600余处，占道经营、道路路面等13项城市管理的重点领域得到有效治理。2012年，管城区城市管理整治提升工作在全市综合评比中位列第一。完成十七里河、十八里河以及熊儿河管城段全部排污口整治任务，各项环保指标顺利达标。积极开展安全管城创建工作，全面推进消防网格化管理，获得国家、省、市的一致认可。高度重视信访稳定，严厉打击各类违法犯罪行为，社会大局安定有序。

【民生建设】 2012年，为民承诺“十大实事”圆满完成。社会保障体系不断完善，累计发放养老、失业、医疗、工伤四大保险及城市低保资金1.7亿元。新增保障性住房5826套，发放廉租住房补贴630万元。完成农村劳动力转移就业1734人，城镇新增就业再就业12776人，城镇登记失业率控制在4.2%以内。卫生事业全面进步，第十人民医院、黄河科技学院附属医院二期工程顺利开工，大肠肛门病医院顺利通过国家三级中医肛肠医院评审。开展“中医中药进农村进社区”活动，陇海马路和城东路社区卫生服务中心成功创建省级示范中心。新农合门诊统筹标准提高到357元，参合率达99.9%。全域实施优质教育资源促进计划，新建刘南岗幼儿园、芦邢庄幼儿园，发放适龄幼儿学前教育补贴700万元；改扩建站马屯小学、毕河小学等10所学校，新增优质学位3057个。发放城乡义务教育阶段学生“两免一补”资金2026万元。

5月29日，省委常委、市委书记吴天君视察商城遗址改造工程

公共文化基础设施不断加强，商都博物院顺利奠基，新增多功能科技文化活动室5个、社区文化活动中心15个。商城花园社区被评为全国科普益民计划先进单位。社区服务不断优化，成功打造星级达标社区9个，升级改造老旧小区86个。落实民族宗教政策，启动北大清真寺修葺工程，支持少数民族学校改善办学条件。编制完成全区妇女儿童十年发展规划。认真执行计划生育基本国策，超额完成“两癌”筛查任务，荣获“全市人口和计划生育工作先进集体”称号。规范外来务工人员帮扶、流浪乞讨人员救助工作，积极开展安老、助学、助残等系列救助活动。

【执政能力全面提高】 2012年，共办理人大代表建议89件、政协委员提案111件，办结率达100%。深入推进政务公开，广泛听取社会各界意见和建议。推进社区依法民主自治，完成第四届社区居委会换届选举工作。加快依法治区进程，区政府被评为“全省司法行政系统政风行风建设先进单位”，陇海司法所入选全省二十佳司法所。

创新政府管理方式，实行工作落实情况与财政拨付挂钩制度，整体执行力明显提高。强化非税收入及税源管理，深化部门预算、国库集中收付、政府采购改革，规范政府投资项目管理，财政资金安全性和有效性进一步提高。高度重视行政审批服务工作，行政审批服务大厅被评为“河南省服务业标准化达标单位”。加强政风行风建设，24家基层站所被评为“河南省群众满意的基层站所”。认真落实党风廉政建设责任制，推行岗位权力运行风险防范制度，强化行政监察和审计监督，推进公务车、公务灶改革，反腐倡廉建设科学化水平不断提高。

（王　忠）

【概况】 2012年，中原区总面积97.1平方公里。辖12个街道，46个行政村，243个村民小组，110个社区。总人口72.24万人。人口自然增长率为6.77‰。

2012年，全区生产总值完成268亿元，同比（下同）增长8.1%。其中，第一产业增加值1.4亿元，增长1.4%；第二产业增加值110亿元，增长8.3%；第三产业增加值157亿元，增长8%。公共财政预算收入完成21.7亿元，增长16.6%。全社会固定资产投资完成155.4亿元，增长26.1%，增速位居六区第一。规模以上工业增加值完成71.9亿元，增长10.1%。社会消费品零售总额完成148.7亿元，增长10.7%。城镇居民人均可支配收入、农民人均纯收入分别达到22413元和14160元，分别增长12.3%和12.4%，增速分别位居六区第一、第二。

2012年，落实各项惠农政策资金590.907万元。其中，农机具补贴资金50.667万元，受益农户16户；粮食直补和综合补贴资金494.86万元，直补农户17232户，补贴面积2953.33公顷；小麦玉米良种补贴金额45.38万元，补贴面积3025.33公顷。

2012年，中原区被命名为“省级餐饮服务食品安全示范区”，被省委、省政府授予“2012年度党委、政府信访工作责任制考核先进单位”称号，有1人被评为“全国人民调解能手”。

【机构与领导】 中共中原区区委:书记赵书贤；副书记王东亮、李幸福；区委常委：高天翼、王正轩、李长义、袁聚平、吴铁路、苏进平、杨洁（女）、陈春梅（女）。

区委工作部门：区委办公室主任陈春梅（女）；组织部部长李长义；宣传部部长吴铁路；统战部部长杨洁（女）；政法委书记王正轩；群工部部长李卫林；信访局局长冯铁生；文明办主任雷海超；老干部局局长王建明；党校常务副校长杨文毅；机要局局长陈琳（女，6月任）；目标考评办主任吴孝刚（8月免）；档案局局长曹永祥；编办主任谢辉。

区十五届人大常委会：主任贾成义；副主任何进平、张永国、李喜安、庄华（女）、郭明立、靳爱菊（女）、王建业、姚金玉、刘花明（4月任）。

区人大常委会工作部门：区人大常委会办公室主任黄涛；法制工委主任王卫红（女）；城建工委主任任德福；财经工委主任楚瑞超（2月免）、李海亮（8月任）；代表联络工委主任张学勤；教科文卫工委主任韩宝亮；老干部科科长郑秀琴（女，2月免）、马艳红（女，8月任）。

区人民政府：区长王东亮；常务副区长袁聚平；副区长成小波、王宏军、王泰峰、徐卫东、蒋剑茹（女，4月免）、陈耀宗、杨洋（女，4月任）、邵春雨（10月任）。

区政府工作部门：区政府办公室主任赵启恒；区政府法制办主任樊文立；教育体育局局长张云峰；民族宗教局局长景明；区直机关事务管理局局长罗云；人力资源和社保局局长宋文广；科技局局长梅琳；发展改革和统计局局长樊志锋（11月免）、苏宝民（11月任）；商务局局长侯慧芳（女）；工业和信息化局局长王德隆；卫生局局长马德岭；农业农村工委主任刘季科；人防办主任王新权（5月任）；司法局局长李文智；民政局局长刘专民；城管执法局局长杨盘山；行政执法局局长苏保富；人口和计生委主任邢辉（女）；财政局局长孟金池；审计局局长刘岚（女）；爱卫办（创建办）主任毛国友；粮食局局长宋鹏飞；监察局局长黑书亮（9月免）、秦云鹏（9月任）；优化经济发展环境局局长秦文清；国土资源局局长魏瑞民；安全生产监管局局长刘志伟；文化旅游局局长徐君伟；城乡建设局局长张海林；环保局局长李海亮（8月免）、牛振军（8月任）；交通运输局局长杜虎城；房管局局长朱永建；物价局局长高琪（女）；房屋征收与补偿办主任苏海涛；南水北调中线工程建管局局长闫超群；史志办主任王冬梅（女）。

政协区八届委员会：主席姚朝社；副主席韩根有、张遂亮、韩世昉（女）、苏振文、钟文明、黄乃林、张冠军。

区政协工作部门：区政协办公室主任徐斌（6月任）；社会法制委主任杨百祥（6月任）；经济科技委主任胡青（8月任）；宣教文卫体委主任张红军；提案委主任张丽娜（女）；港澳台侨民族宗教委主任牛淑君（女）；委员联络委主任魏彦娣（女）。

中共区纪律检查委员会书记：高天翼。

区人民武装部部长：余泽军（3月免）、吕文（3月任）；政委：苏进平。

区人民法院院长：徐薇（女）。

区人民检察院检察长：李伟杰（4月免）、王青（女，4月任）。

区群团组织：工会主席李艳玲（女）；团区委书记李嵘（女）；妇联主席李建华（女）；科协主席楚菊芬（女）；残联理事长任莉（女）。

街道、管委会机关：须水街道党工委书记康青山（11月免）、乔宏伟（11月任），办事处主任周岭（8月免）、孙涵（8月任）；西流湖街道党工委书记乔宏伟（8月免）、郭宏力（8月任），办事处主任郭宏力（8月免）、乔富霖（8月任）；航海西路街道党工委书记李卫林（5月免）、程浩（5月任），办事处主任李红信（5月免）、副主任师河龙（5月任）；中原西路街道党工委书记王伟宏，办事处主任王新权（5月免）、崔晓（5月任）；林山寨街道党工委书记齐永先，办事处主任王东甫；桐柏路街道党工委书记王海滨，办事处主任韩中亮；绿东村街道党工委书记李平涛，办事处主任赵青（女）；棉纺路街道党工委书记崔浩（8月免）、周岭（8月任），办事处主任霍小庆；三官庙街道党工委书记常建明，办事处主任苏宝民（11月免）、樊志峰（11月任）；建设路街道党工委书记焦健，办事处主任程浩（5月免）、李红信（5月任）；秦岭路街道党工委书记秦云鹏（8月免）、王政英（女，8月任），办事处主任王政英（女，8月免）、吴孝刚（8月任）；汝河路街道党工委书记刘淑霞（女），办事处主任宋盼峰；郑州纺织产业园管委会主任李红超；郑州机械制造（加工）产业园管委会主任赵保兴。

【新型城镇化建设】 2012年，在新型城镇化六个切入点工作中，中原区拆除各类建筑物1031万平方米，成为中原区历史上投入资金最多、拆迁量最大的一年。其中，“两环十七放射”道路拆迁

1月9日，商务部条约法律司副司长杨国华到帝湖花园社区调研社区商业建设情况

595万平方米，四类社区拆迁188万平方米，中心城区道路两侧违法建设及其他类拆迁248万平方米。“两环十七放射”涉及中原区7条道路（西三环、西四环、化工路、郑上路、中原西路、航海西路和陇海路西延工程），在完成大体量拆迁的同时，还清运垃圾712万立方米、培土525万立方米、绿化115万平方米；西四环（中原路—马寨）、化工路绿化已基本完成，西四环（中原路—化工路）、中原西路（西四环—绕城高速）和郑上路示范段绿化全面进场施工，其他路段正在进行绿化招标；陇海路西延工程（西四环—绕城高速）拆迁完成，并全面开工建设。同时，完成了新田路（中原路—防汛路）生态廊道拆迁及建设工作。“两环十七放射”道路拆迁和生态廊道建设工作始终走在全市前列，中原区被市委、市政府授予“新型城镇化建设先进单位”称号；须水街道办事处、航海西路街道办事处被评为全市新型城镇化建设“十强”办事处，西流湖街道办事处被评为全市新型城镇化建设“十快”办事处。

常西湖新区改造开发大幕全面拉开，起步区已平整土地15.33公顷，拆除建筑物8.8万平方米。《郑州市市民公共文化服务区开发建设总体方案》已经市政府原则通过，初步功能定位为“两区四中心”，即公共文化服务示范区、行政服务核心区，公共文化服务中心、行政审批服务中心、市民活动中心、商务会议中心。西流湖生态公园开工建设，北区竣工开园。抢抓土地利用规划调整机遇，投入资金1.2亿元，实现了辖区内266.67公顷基本农田易地代保，收储土地约133.33公顷，为今后推进全域城市化奠定了坚实基础，开辟了广阔空间。

加快推进城中村改造和旧城改造。全区有19个村纳入市城中村改造计划，累计开工13个村。白庄村用22天时间完成全部204户群众搬迁，东石羊寺村用15天时间完成全部256户群众搬迁，李江沟村用20天时间完成全部346户群众搬迁；冉屯、三官庙村拆迁已进入攻坚扫尾阶段；北卧龙岗村拆迁全面启动。旧城（棚户区）改造稳步推进，六厂前街棚户区改造拆迁全部完成，盛润·锦绣城项目开工建设。全市首例国有土地上房屋征收项目——中原文化广场实现和谐拆迁，为全市国有土地上房屋征收积累了经验。同时，积极探索农村集体经济股份制改革，试点工作正在有序开展。

【现代服务业】 2012年，中原区辖区的西元国际广场、锦艺城·购物中心等商业综合体陆续建成并开业运营，成功吸引了王府井百货、华润万家、耀莱成龙院线等综合卖场和文化娱乐企业入驻。洲际华邑酒店、香港新世界酒店、恒大中原经贸中心等一批重大服务业项目落户中原区，全区商业布局趋向合理，现代服务业发展走向多点化、高端化和规模化。2012年，中心城区两家市场实现外迁。加快发展金融业，积极探索融资租赁、信托计划、BT等融资模式，大力整治担保行业非法集资行为。

【产业集聚区建设】 2012年，中原区对郑州纺织产业园、郑州机械制造（加工）产业园进行整合，编制了产业发展三年规划。国家棉花及纺织服装产品质量监督检验中心建成投入使用，恒天重工新纺机主体建成并部分试运行，郑州·金马凯旋家居CBD、中国中部纺织服装品牌中心、锦艺国际轻纺城、国资工业园、中机六院研发中心等项目开工建设，大中原国际汽车城、奔驰汽车广场、瑞驰皮草等项目正在加紧完善手续。积极创建“全国知名品牌示范区”，并通过了国家质监局初审。云顶服饰、若宇服饰等7家企业产品荣获“河南省名牌产品”称号。新认定和重新认定省著名商标12件，领秀·梦舒雅、娅丽达、渡森、太可思4件商标被认定为“中国驰名商标”。

【招商引资】 2012年，中原区修订招商引资宣传册，制作招商引资宣传片，积极组织参加第七届中博会、亚欧博览会等经贸交流活动。针对重点企业和重点区域，大力开展定向招商、专题招商。认真落实“五职”招商责任制，同保利地产、越秀集团等一批重量级企业进行了广泛接触和深入洽谈。截至年底，全区新签约超亿元项目23个，计划总投资454.7亿元。其中，超10亿元项目12个。五矿集团计划在常西湖区域投资100亿元连片开发，恒大地产计划投资42亿元整街坊开发改造。全区实际利用外资1.8亿美元，比上年增长30.9%；引进市外境内资金104.9亿元，比上年增长17.8%；对外贸易出口额完成3.4亿美元，比上年增长10.7%。2012年，中原区荣获“河南省对外开放先进区”“郑州市招商引资工作先进单位”等称号，区委书记赵书贤、区长王东亮被评为市“五职”招商先进个人。

【项目建设】 2012年，深入开展项目建设“四比两看一落实”活动，严格落实“一个项目、一套班子、一个方案、一抓到底”项目推进机制，坚持项目建设周例会制度，推动项目建设提速增效。万乘时代广场已建成、正在进行招商，万隆广场、标准置业广场、启福尚都、方圆经纬花园、保利百合花园等项目主体基本建成，绿城·绿园项目已开工建设。

2012年，中原区有省、市重点项目48项。其中，考核项目24项。总投资486.6亿元，年度计划投资7.68亿元，全年完成投资10.5亿元，占年度投资计划的137%。中原区全年开工重点项目8项，即郑州金马凯旋家居CBD项目，完成投资2亿元，年底展销中心主体已基本完工；锦艺·国际轻纺城项目，完成投资25022万元，配套住宅项目已开工建设，年底已出地面四层；郑州市第五十一中学综合教学楼项目，完成投资578万元，年底项目主体已封顶；郑州财经技师学院教学实训综合楼建设项目，完成投资428.67万元，项目已开工，年底完成综合楼基础钢筋绑扎；郑州市委党校新校区二期工程，完成投资3800万元，年底项目正在安装中央空调；郑州市监狱警示教育综合楼项目，完成投资468万元，年底项目施工至4层；郑州市社会福利院改扩建项目，完成投资1801.8万元，年底项目混凝土垫层铺设完毕，开始建地下室防水工程，钢筋绑扎已开始；郑州市技师学院学生宿舍楼建设项目，完成投资276万元，年底项目主体已封顶。

【城市建设与管理】 市政基础设施不断完善。加快打通断头路，嵩岳路、神驰路、长城西路拆迁完成并开工建设，华山路、伏牛北路拆迁完成、具备开工建设条件，电厂西路、棉纺北路普查工作完成、拆迁已启动。购置机械化清扫车18台、高压冲洗车22台，全区机械化清扫保洁面积达到40%以上。投资3000万元，整治改造了150个老旧小区物业及基础设施。新建区级游园1个、社区游园3个，新增绿地75.3万平方米，新植乔木6万株。同时，积极为辖区重点工程建设创造良好环境。南水北调总干渠辖区段征迁工作完成，中原区被省政府授予“拆迁工作先进区”称号；南水北调跨线桥建设、郑少高速航海路连接线、三环快速化、西四环下穿陇海铁路改造等重点工程拆迁工作按时完成。

城市管理水平显著提升。加大道路养护整治力度，大修复浇协作路、沁河路等7条道路、2.5万平方米。坚持集中整治与日常管控相结合，推行错时执法，重点整治占道经营、违章亭棚等。规范便民疏导点10个，彻底取缔占道报刊亭70个，新增店内报刊零售网点112个。加大户外广告、门头牌匾整治力度。整治各类违规设置9000余处，拆除违章广告1361处、1.9万平方米。新建停车场106个，新增停车泊位18239个。坚持“依法、快速、和谐”原则，集中整治中心城区道路两侧违法建设，共拆除违法建筑物116万平方米。发挥数字化指挥中心作用，加强城乡环境综合整治和市容卫生日常管理，确保了辖区环境干净、整洁、有序，为郑州市顺利通过全国文明城市复审做出了积极贡献。2012年，中原区荣获市“环卫优胜杯”。

【社会事业】 教育基础设施进一步完善，西流湖幼儿园、汝河新区第一幼儿园保利百合分园2所幼儿园开工建设，扶持升级民办幼儿园6所，郑州六十九中迁建工作正在办理前期手续。新购置笔记本电脑2065台，保证了全区一线教师每人一台教学电脑。面向社会公开选聘教师150名，加大师资队伍教育培训力度，教育教学水平进一步提升。通过“延伸优质教育资源倍增工程、培优提升工程和扶持名优民校发展工程”三种推进措施和“扩建挖潜、一校多区、强校托管、联合办学”四种模式，投资7500余万元，完成了1628个优质学位增量任务。以市创建“国家公共文化服务体系示范区”为载体，新建、改建社区文化活动中心50个，社区电子阅览室实现全覆盖。

自主创新能力显著提高。加大科技型企业奖励扶持力度，争取市级以上科技资金2165万元，下拨区级技术研究与开发经费2547万元。加强知识产权保护，全年申请专利920件，比上年增长31.8%。强化科普宣传，创建市级防震减灾科普示范学校4所、地震安全示范社区2个，中原区被命名为“省科普示范区”。

就业再就业和社会保障体系日趋完善。全区新增城镇居民就业再就业24629人，其中下岗失业人员再就业15271人，城镇“零就业家庭”保持动态为零；培训农村劳动力870人，实现转移就业1130人。企业退休人员社会化管理服务工作不断加强，失地农民社会保障试点工作启动。加大困难群众救助力度，全区共救助城乡低保对象1801户3449人，累计发放保障资金1110万元；救助低保对象大病患者223人，发放救助资金56.3万元；43名“五保”对象全部实现集中供养。加强保障性住房管理，为233户进行了实物配租，为5051户发放了租赁补贴。大力发展慈善事业，募集发放救助资金243万元。为358名符合条件的贫困残疾人发放了居家托养补助金。

加强基层医疗卫生服务设施建设，在全市率先成功创建公共场所卫生监督示范区。林山寨社区卫生服务中心被评为“国家示范社区卫生服务中心”。为721名年满60周岁的持证残疾人和8949名60周岁以上的农民进行免费体检，并建立了健康档案。

4月24日，教育部语言文字应用管理司副司长张世平对中原区迎接一类城市语言文字评估工作筹备情况进行检查

【中原新区建设】 2012年，中原区认真落实市委、市政府新型城镇化建设有关精神，将郑州纺织服装产业园、郑州机械制造（加工）产业园两个市级产业集聚区进行有效整合，组建中原新区，全力加快建设。

以规划优先引领开发建设。按照规划编制要求，将须水镇总体规划由原来的突出工业特点调整为突出居住和商贸物流特色的新总规，真正使该区域成为郑西新城的起步区、先行区，老城区的拓展区、补充区。总体规划原则为“一心四区”，即行政科研商务中心，纺织服装产业区、汽贸机械产业区、家居物流商贸区、生态宜居区。

以基础配套保障发展。坚持高标准配套基础设施与企业建设同步进行。采用国际通用的BOT模式建设污水处理和热力项目。污水处理厂建设总规模8万吨/日，总投资2.4亿元，一期日处理3万吨项目已正式运营；热力项目管线设计总长26公里，总投资约3.3亿元，一期6200米管线已投入运营。建成通车城市次干路以上道路13条，初步形成了以建设西路、中原西路、西四环、绕城高速公路及苏州路、杭州路、新田大道等为支撑的路网格局。

以产业集聚助推提升。根据省发改委的要求，集中布局家居制造业、机械汽贸业、纺织服装业，形成支撑中原新区的三大支柱，提升产业集聚区载体功能。2012年，产业集聚区入驻各类企业200余家，包括领秀、娅丽达、太可思等服装加工企业，泰阳、光大、省一纺器等纺织印染企业，郑州水工、开开特等机械企业和英利微粉、三森微粉等新能源关联企业。纺织服装、机械制造、商贸物流等主导产业占企业总数的70%以上，新能源关联产业占企业总数的25%。

以重点项目打造高端形象。2012年，规划范围内有省重点项目7项、市区重点项目6项，总投资额523.56亿元。省重点项目分别为：总占地180公顷、总投资268亿元的郑州金马凯旋家居CBD项目，总投资50亿元的锦艺·国际轻纺城项目，总投资9.2亿元的恒天重工新纺机项目，总投资5亿元的罗蒙服装生产基地项目，总投资13.6亿元的瑞驰有限公司毛皮深加工项目，总投资12亿元的国资工业园项目，总投资10亿

11月26日，国家工商总局党组成员、副局长王东峰带领督查组到沃尔玛中原西路分店检查指导食品安全工作

元的机械工业第六设计研究院高科技信息园项目。市区重点项目分别为：总投资5亿元的水业总部基地项目，总投资2亿元的标准化厂房项目，总投资8.22亿元的郑州纺织无纺布项目，总投资0.54亿元的110千伏紫竹输变电工程项目，总投资100亿元的大中原国际汽车城项目，总投资40亿元的中晟智慧城项目。

以机制创新营造良好环境。成立了由区委副书记任政委的中原新区管委会，具体负责各项工作方案的实施。整合纺织产业园和机械制造（加工）产业园成立中原产业集聚区建设指挥部，与中原新区管委会合署办公，整合30余名专职工作人员，新成立办公室、土地规划处、城镇建设处、产业发展处、招商引资（计财）处，开展相关业务工作。成立中原宜居商贸城建设开发投资公司，采取BT、BOT模式，利用市场化手段和鼓励民间资本融入的方式发展宜居商贸城基础设施建设。强化服务意识，开展“作风建设年”活动，大力提升服务宜居商贸城区发展的水平，切实优化发展环境。进一步提升招商引资水平，瞄准世界500强、国内500强企业，重点引进投资大、效益好、带动强的三产项目，并使之尽快落户建成投产，实现“催化效应”，为第三产业发展培植后劲。

【网格化管理】 5月3日，中原区召开网格化管理工作动员大会，把网格化管理体制机制建设作为推动经济发展、创新社会管理、营造良好发展环境的重要抓手、途径和平台。全区12个街道办事处、46个行政村、105个社区，共划分一级网格12个，二级网格154个，三级网格662个，基本实现了基层管理服务“横到边、纵到底，无缝隙、全覆盖”。网格内工作人员由市区职能部门群众工作队队员、区直职能部门机关下沉人员、街道机关下沉人员、原社区工作人员四部分构成。其中，145名街道科级干部担任二级网格第一书记，622名街道正式工作人员担任三级网格网格长；35个职能部门的749人下沉到网格履行职能。各级网格人员围绕市场监管、社会管理、公共服务等方面，在基层发现问题、研究问题、解决问题，快速回应群众意见，为辖区群众提供全方位服务，基层管理重点实现了从社会防控向基层服务转移。

注重实效，建立切实有效的矛盾排查化解机制。凡录入平台的问题，一般问题24小时内办复，疑难问题7个工作日内办复，确保95%以上的问题消化在街道。建立联席会议制度和联合执法制度，由街道牵头，集中解决涉及多个部门的问题，集中查处重大违法违规问题。自5月初至年底，全区排查出问题5.7万余起，已整改解决5.66万余起，办结率为99%，一批久拖不决的问题得到有效化解。对排查化解问题不力的及时进行通报，有3个街道11人次受到通报批评。

（赵志平）

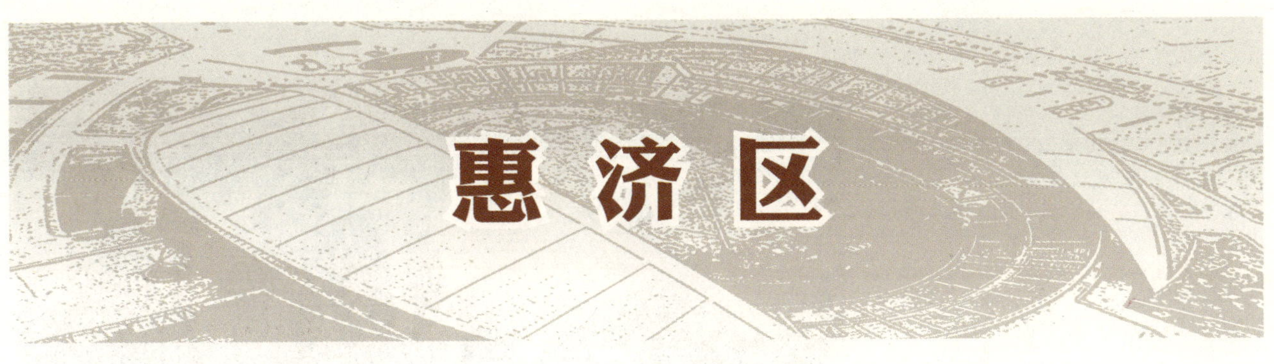

惠济区

【概况】 2012年，惠济区总面积232.75平方公里，其中耕地面积7096公顷。辖6个街道办事处、2个镇，9个社区，54个行政村。总人口274536人。人口出生率为10.85‰，死亡率为4.5‰，自然增长率为6.35‰。

2012年，全区实现生产总值844883万元，比上年增长9.0%。其中，第一产业增加值52146万元，比上年增长3.3%；第二产业增加值411990万元，比上年增长8.9%；第三产业增加值380747万元，比上年增长10.0%。工业增加值完成231060万元，比上年增长11.9%。粮食总产量27168吨，比上年增长1.84%。财政一般预算收入100718万元，财政一般预算支出174659万元。全社会固定资产投资完成1001236万元。社会消费品零售总额746821万元。商品出口总额6875万美元。城镇居民人均可支配收入18844元，农村居民人均纯收入15690元。

2012年，生态廊道及绿化建设成效明显。完成培土294.2万立方米，完成绿化62.2万平方米，四港联动大道绿化全面完工，中州大道北段、北四环绿化加快实施。郑州滨黄河森林公园示范园、郑州黄河国家湿地公园示范园建成开园。提前完成502.87公顷林业生态建设任务。东风渠上游综合治理工程完工通水。古荥镇创建省级生态乡镇工作通过验收，国家级生态区创建步伐持续加快。

在园区建设方面，组团起步区和产业集聚区加快建设。惠济新区起步区城市设计方案启动编制，起步区内12个重大建设项目完成投资16.8亿元。河南惠济经开区晋升国家级开发区工作取得阶段性进展。郑州农业高新区支柱产业集聚发展，2000公顷农业示范区雏形显现。

有效开展依法治区工作，10个村（社区）达到市级以上民主法治示范村（社区）标准。平安建设推向深入，生产安全事故实现零伤亡。“县委县政府权力公开透明运行试点”工作通过省级验收，政府廉政工作得到全面加强。连续6年被市委、市政府评为“信访工作先进单位”，连续7年被评为“郑州市双拥模范区”“郑州市依法行政工作先进单位”。

【机构与领导】 中共惠济区区委：书记常继红（女）；副书记黄钫、陈红民；区委常委：常继红（女）、黄钫、陈红民、赵惠玲（女）、万永生、王雅伟、张卫民、崔平；杨林、王春晓、华新定（4月免）、袁加军（4月任）。

区委工作部门：区委办公室主任崔平；机要局局长弓海军；组织部部长王雅伟；机关工委书记王浩瞻；宣传部部长张卫民；文明办主任丁建国；统战部部长王春晓；台办主任高歌（女）；宗教局局长侯永革；政法委书记杨林；综治办主任陈学民；编办主任赵会勇；事业局局长张留红（女）；群工部部长贺政华（女）；老干部局局长张惠（女）；档案局局长李彦涛；档案馆馆长崔慧清（女）。

区一届人大常委会：主任禹舜；副主任陈建峰、刘宝庆、梁国强、刘满仓、宋国彦、李清海、高春声（4月任）、华新定（12月任）。

区人大常委会工作部门：区人大常委会办公室主任刘勇；老干部科科长贾兴起；教科文卫工委主任孙正伟；财经工委主任刘季召；代表联络工委主任师挺；法制工委主任陈英伟。

区人民政府：区长黄钫；副区长万永生、杨智威（4月免）、高春声（4月免）、赵风军、祖应军（4月免）、杨勇、李文建、郑方燕（女）、张艳敏（女）、李献武（4月任）、戴玉振、陈智勇（4月免）。

区政府工作部门：区政府办公室主任罗黎明（6月免）、黄国彦（6月任）；法制办主任宋梅英（女）；人防办主任肖新；发展改革和统计局局长李睿彬（11月免）、肖丰逸（女、11月任）；科技局局长李保国；工信局局长弓永光；人口和计生委主任耿建伟；教体局局长青华山；民政局局长马学才11月免）、赵成群（11月任）；财政局局长张红（女）；人力资源和社保局局长王卫东（11月免）、李睿彬（11月任）；司法局局长宋保平；审计局局长王永忠（12月任）；城乡建设局局长王维翔；交通运输局局长何景强；卫生局局长刘博；农业农村工委主任李瑞；城市管理执法局局长赵鸿年；文化旅游局局长胡俊丽（女）；商务局局长黄国彦（6月免）、段祥生（12月任）；林业局局长王锋；安监局局长弓继军；环保局局长李炳发（12月免）、雷秀霞（12月任）；机关事务管理局局长徐麦成；住房保障服务中心主任吴俊杰；行政审批服务中心主任张克文；接待办主任李喜云（女）；城乡发展办主任郑建明；三化协调发展办主任郑建明。

政协区一届委员会：主席梁守海；副主席毛长福（5月退休）、赵景春（女）、李新安、姜玲（女）、宋金堂、谢和平、闫学林、李建国。

区政协工作部门：区政协办公室主任孙平安；经济委主任禹金丽（女）；提案委主任魏涛；教文体委主任陈百胜；社会和法制委主任李巧平（女）；老干部科科长张新芝（女）。

区人民法院院长：蔡理亮。

区人民检察院检察长：裴文典（4月免）、贾佳（4月任）。

区群团组织：总工会主席劳建新；团区委书记王凯；妇联主席杨敏（女，12月免）、弓育红（12月任）；科协主席姜玲（女，）；工商联主席宋国彦；残联理事长王润香（女）；红十字会常务副会长王爱菊。

街道办事处、镇机关：刘寨街道党工委书记牛鸿飞，办事处主任李向阳；长兴路街道党工委书记赵成群（12月免）、王东亮（12月任），办事处主任耿志国（5月免）、陈增林（12月任）；老鸦陈街道党工委书记申慧（女），办事处主任付广喜；新城街道党工委书记孙学文，办事处主任朱光明；迎宾路街道党工委书记杨军，办事处主任陈晓丽（女）；桥南新区党委书记杨军，管委会主任陈晓丽；大河路街道党工委书记王国周，主任侯哲峰（5月免）、陈伟森（12月任）；古荥镇党委书记李振江，镇长胡斌（12月免）、张小海（12月任）；花园口镇党委书记郭相洲，镇长王东亮（12月免）、胡斌（12月任）。

【新型城镇化建设】 2012年，征迁工作实现全面突破。依托郑州市“两环十七放射”和市域快速通道建设，坚持“以拆促建、以拆促改、以拆促转”，顺利完成了北四环、江山路等6条道路征迁，启动了35个村庄的改造，为实现区域大建设、大发展，拓展了空间，夯实了根基。四类社区建设扎实推进。在全市率先实施“政府主导、市场化运作”的合村并城推进模式，探索实施的“政府主导规划、主导拆迁、主导产业布局、主导安置房建设”机制在全市推广，4个项目完成公司注册，3个项目安置房即将开工。3个城中村完成土地出让；小杜庄村安置房主体完工，刘砦村、毛庄村安置房启动建设，王岗村安置房具备建设条件；杨庄村、弓庄村和下坡杨村完成国有土地所有权确认，改造方案完成报批；王砦村、金洼村正在加快征迁。

省委常委、市委书记吴天君到惠济区京广快速路段调研

【城市建设与管理】 交通道路体系更加完善。京广快速路一期等5条市政道路建成通车，木马东街等13条市政道路加快建设，长兴北路、新苑路筹建工作扎实推进，郑焦城际铁路等项目进展顺利。高标准完成了岗李危桥改建工程和15条农村公路的修建养护任务。

中心城区功能不断提升。以13项突出问题和6项重点整治工作为抓手，深入开展城市管理整治提升活动。拆除中心城区道路两侧违法建设32万平方米；建成公共停车位5853个；投资1800万元，修建公厕6座、垃圾中转站4座，购置环卫车辆15台；升级改造了香山路、长虹路等道路。在全市率先完成书报亭退路进店整治任务。投资321万元，完成了7个老旧小区物业基础设施的升级改造；投资204万元，实现了无主管楼院物业管理的全面提升。“村容村貌镇容镇貌综合整治”活动扎实推进，惠济区被评为市级“村容村貌镇容镇貌综合整治工作先进单位”。2012年，全市生态廊道建设观摩会、征迁工作观摩会、新型城镇化现场会先后在惠济区召开。

【培育现代产业体系】 紧扣郑州市对惠济区“休闲旅游、文化创意、速冻食品制造业和都市农业”的产业定位，加快培育现代产业体系。

都市农业渐成规模。出台农村土地承包经营权流转激励政策，全年新增土地流转面积193.33公顷，全区土地流转面积达到1266.67公顷。新增市级农业产业化经营龙头企业10家，新创“全国农民专业合作社示范社”1个，农民专业合作社达到202个。规模以上农业园区达到15家，47个农产品通过“三品一标”认证，认证数量居全市第一。

现代服务业更具活力。《郑州市惠济特色商业区发展规划》通过评审，格力电器仓储项目投入使用，博金商贸城项目主体建成，中原四季水产物流港加快建设，商贸物流体系更加完善。省城市规划设计研究总院乔迁入驻，麦普软件园、省规划建设集团一期工程主体封顶，规划设计、文化创意等产业粗具规模。北美纳帕红酒文化、绿源山水、普兰斯薰衣草庄园等项目有序推进，16家乡村旅游经营单位达到省级乡村旅游星级经营单位标准。全年接待游客近700万人次，实现旅游总收入2.4亿元。房地产业健康发展，德升盛景濠庭、建业壹号城邦、天地山水涧一期等高品位地产项目相继建成，升龙汇金广场、昌建誉峰花园项目开盘销售，天地丽笙酒店主体封顶。

工业经济持续发展。郑州创新思念食品有限公司正式注册投产，完成投资1.5亿元、实现产值2.2亿元，三全食品综合基地完成投资2亿元、实现产值20.1亿元，两家企业被评定为“全国主食加工业示范企业”。河南恩耐基电气产业园、郑州中玻玻璃深加工等工业项目入驻惠济，仓西实业机电产品制造装配工业项目加快建设。帮助企业融资贷款2.7亿元，争取扶持资金2903万元，辖区规模以上工业企业实现产值89亿元，比上年增长12%。

【网格化管理】 坚持依靠群众、夯实基层、打好基础，营造了稳定、有序、和谐的发展环境和生活环境。全力构建网格化管理体系。共划分网格637个，配发3G智能移动终端523部。对政务网络实施升级扩容，实现区级政务内网、数字化城市管理中心、网格化管理平台的资源共享，搭建了全域覆盖、层级分明、职责清晰、立体互通的网格化管理构架。深化条块有机融合机制。共梳理镇（街道）职责35项、职能部门职责348项，下沉公职人员1588人；“三级处理、四级交办、五步流程”的问题发现、解决机制全部建立，实现了关口前置、重心下移。强化重点领域的问题发现与整改。探索建立解决一批、取缔一批、核准一批、监管一批的“四个一批”工作法，制定考核奖惩办法。七个重点领域共排查问题6309项，办结5995项，办结率达95%；共收到社情民意信息10774件，解决10441件，解决率达96.9%。在实践基础上，将城市建设、文明创建、统战、信访稳定等工作全面纳入网格，发展群众诉讼代理员、治安积极分子、民调员、维稳信息员等群防群治力量2000多人，在推动重点项目建设、重点问题治理、维护社会安全稳定等领域发挥了重要作用。2012年，全市统战工作网格化管理体系建设现场会、信访工作网格化管理推进会先后在惠济区召开。

【改革开放】 深入推进财政体制机制改革。推行新的财力分配机制，对镇（街道）财力实施绩效管理；施行联审联批，完善政府投资项目招投标制度，确保财政资金公开、透明、高效使用；强力推进税源体系建设，对沉积10年的耕地占用税和土地使用税进行全面清理，共清缴入库5106万元，相当于新增一个镇（街道）的全年税收。不断创新融资举措。积极探索政府、企业、银行合作新模式，举办城中村改造、合村并城项目推介会2期，直接融资9.5亿元，银行融资4.1亿元；积极探索土地储备融资和BT融资，实现融资4.3亿元；依托重点项目争取银行信贷支持，达成意向融资20亿元；整合资源，天河投资、惠居置业资产规模进一步壮大，融资能力全面提升。强化规划和土地要素运作。加快花园口、毛庄、老鸦陈、古荥4个小城镇规划的编制报批，新增小城镇规划面积41平方公里，全区城镇规划覆盖面积达到123平方公里；通过“争取、整合、挖潜”，全区新增规模建设用地指标954.73公顷、总量达到2215公顷，完成土地出让123.64公顷，储备报征土地348.25公顷，为未来10年的发展打下了坚实基础。其他各项改革稳步推进。顺利完成了全区公务用车改革。成立区“三化”协调办公室等5个机构，

3月28日，国家文物局副局长童明康视察大运河郑州段申遗工作

公开招录专业技术人员43名，充实了力量，填补了管理空当。对外开放势头良好。全面落实“五职”招商责任制，引进项目35个，计划总投资151.7亿元。总投资7亿元的郑州国美物流产业基地、总投资1500万欧元的法国迪卡侬大型体育用品连锁商业综合体及河南地区总部项目正式签约，大连万达集团滨河文化旅游、丹尼斯奥特莱斯商业综合体等项目正在积极洽谈中。

【民生建设】 坚持经济与社会协调发展，各项社会事业不断进步，人民群众幸福感不断提高。公开招录教师107名，招录人数比2011年翻一番；实施优质教育资源倍增促进计划项目26个，全年续建、新建项目达到24个，全区教育投入达到2.8亿元，同比增长25.3%。深入实施“三名工程”“三百工程”，强化名校托管、合作办校，全区教育教学质量显著提升。政府举办的3家基层医疗机构运行、补偿机制得到完善；投资500万元，新建了3家居民健康管理服务中心；古荥镇卫生院、花园口镇卫生院120急救站相继建成使用，惠济医院主体工程基本完工。深入落实国家基本药物制度，辖区60岁以上持证残疾人享受免费健康体检，农村居民健康档案建档率达100%。有序推进全市国家公共文化服务体系示范区创建工作，顺利完成1个社区文化活动中心、4个文化大院和9个农家书屋等惠民工程，文化设施基本实现全覆盖；长兴路街道文化站被评为“河南省先进文化站”。

社会保障能力持续提升。民生实事得到有效落实，实现“零就业家庭”动态为零。城乡居民社会养老保险试点工作全面推行，新增参保群众4.6万人，新农合参合率达到99.9%。开工建设保障性住房5734套，竣工2308套。持续开展“慈善村村行”“慈善大病救助”等活动，城乡低保实现动态管理下的应保尽保。进一步减轻农民负担，落实惠农资金2470.1万元。扎实开展人口计生工作，在省内首创的“青苹果之家”青少年健康教育基地，被纳入全国青少年健康人格工程试点单位并全面推广。2012年，全区落实计生利益导向资金709万元，惠及群众2.1万人。

（张路燕）

上街区

【概况】 2012年，上街区总面积61.73平方公里，其中城区面积26.66平方公里，耕地面积2000公顷。辖5个街道，29个社区，28个行政村。总人口13.5万人，其中农业人口4.3万人。人口出生率为7.3‰，死亡率为4.4‰，自然增长率为2.9‰。

2012年，全区生产总值完成101.7亿元，比上年增长13.7%。地方财政一般预算收入7.56亿元，比上年增长29.2%；地方财政一般预算支出8.86亿元，比上年增长27.28%。全社会固定资产投资完成81.7亿元，比上年增长23%。社会消费品零售总额完成33.4亿元，比上年增长14.3%。全年实际引进市外资金41.6亿元，同比增长11.1%；商品出口总额23853美元，实际利用外资7010万美元，同比增长9.1%。城镇居民人均可支配收入达到28216元，比上年增长12%；农民人均纯收入达到13970元，比上年增长12.1%。年末城乡居民储蓄存款余额58.8亿元。

新组团建设稳步推进。职教城起步区控制性详规、商业核心区城市设计方案编制完成。园区主干道峨眉路开工建设；郑州铁路技师学院项目一期工程9栋楼全部封顶，全年完成投资2亿元；郑州商贸职业学院项目签约入驻，开工前期工作有序推进；与中原国际航空科技职业学院、河南物流职业学院两所院校达成投资意向。

都市农业特色初显。郑州鑫成睿艺苗木培育研发中心项目入驻上街区，郑州顺达等6家企业被确定为省、市级农业产业化龙头企业。全区农民专业合作社发展到21家，特色农产品品牌增加到10个以上。2012年，完成土地流转228.87公顷，新增设施农业9.87公顷，累计建成各类温室大棚410座。花卉苗木种植面积扩大到133.33公顷，出口日本、韩国等国家，实现产值7000万元，比上年增长16.7%。

【机构与领导】 中共上街区区委：书记黄卿；副书记宋洁（女）、李建伟；区委常委：黄卿、宋洁（女）、李建伟、钱世哲、魏建民、崔世英、宋双兴、乔德宁（4月免）、杨金军、徐勇、马少军、赵立（4月任）。

区委工作部门：区委办公室主任徐勇；组织部部长魏建民；宣传部部长宋双兴；统战部部长崔世英；政法委书记马少军；行政效能监察办主任王志君（女）；保密局局长田军宝（5月免）、王宁（5月任）；机要局局长马风威；督查室主任冯惠强；政研室主任王文豪；档案局局长时永莲（女）；机关工委书记李广久；人才办主任李显发；党史办主任樊向阳；文明办主任杨晓东（5月免）、部锋（5月任）；外宣办主任部锋（5月免）、蔡旭晓（女，5月任）；台办主任胡爱敏（女）；民族宗教局局长虎新伟（回族）；综治办主任张霞（女）；610办主任陈榕（女）；维稳办主任李怀超；信访局局长张俊超（5月免）、王振宇（5月任）；编办主任张富强；事业单位登记管理局局长蔡文勇；老干部局局长张魁伟（5月免）、张伟（5月任）；党校常务副校长李杰（5月免）、刘敏（女，5月任）；网格化综合管理办主任冯惠强（5月任）。

区十二届人大常委会：主任巨宝志（4月免）、周为国（4月任）；副主任张振威、张旭华、钟明（4月免）、李华道、陈炜、王家伦（4月免）、马丽（女，4月任）。

区人大常委会工作部门：区人大常委会办公室主任王振宇（5月免）、张光斌（5月任）；法制工委主任魏志强；财经工委主任郭秀萍（女，5月免）、张威（5月任）；城建工委主任安璨（5月免）、陈广宇（5月任）；教科文卫工委主任马丽平（女）；代表信访联络工委主任张松茂；人事任免科科长张玉红（女）。

区人民政府：区长宋洁（女）；常务副区长杨金军；副区长崔世英、赵敏、袁春明、杜惠斌、王继正、弓永超、王振慧（2月任）、朱志刚（4月任）。

区政府工作部门：区政府办公室主任刘敏（女，5月免）、周伟杰（5月任）；法制办主任张海涛；督查室主任秦永娜（女）；金融办主任刘一江；目标办主任马玉兰（女，回族）；史志办主任朱昌伟；食品安全办主任胡小珂（5月任）；机关事务管理局局长刘毅（5月免）、陈亚萌（5月任）；外事侨务办主任安宏学（5月免）、张华雯（女，5月任）；接待办主任祁亚；人防办主任曹铁信；发改委主任林虎；教育体育局局长刘玉贞（女）；科技局局长韩中秋；工信局局长张华君；公安局局长杜惠斌；民政局局长姚德欣；司法局局长张富贵；财政局局长牛志甫；人力资源和社保局局长宋继宾；国土资源局局长刘铁强（回族）；安全生产监管局局长赵振乾；住房和城乡规划建设局局长张振；交通运输局局长王胜利；城市管理执法局局长王兢；环保局局长张海涛；商务局局长周伟杰（5月免）、张魁伟（5月任）；文化广电新闻出版局局长冯立新；卫生局局长石卫军；审计局局长杜爱功（5月免）、史瑞娟（5月任）；人口和计生委主任何乃玲（女）；房管中心主任吕保良；统计局局长王玉洁（女）；农开和扶贫办主任赵阳（5月免）、路继峰（5月任）；投资促进服务中心主任朱志刚（5月免）、姚民（女，5月任）；疾控中心主任马景芳（女）；地震局局长赵志强（5月免）、丁志强（5月任）；工业集聚区管委会主任李春发；城乡一体化办公室主任朱书民；服务业集聚区管委会主任孙喜忠；行政服务中心主任许发成；土地储备中心主任刘铁强（回族，5月免）、王利霞（女，5月任）；爱卫办主任安建华（5月免）、吴建伟（5月任）；工商局局长成江北；国税局局长焦豫安；地税局局长王建忠；供电局局长李群才；质监局局长陈红伟；药监局局长刘晓辉（9月任）；烟草局局长邓子阳；邮政局局长刘海洋（1月任）。

政协区八届委员会：主席邓书安；副主席武家寅、卢裕华（女，4月免）、薛景霞（女，4月免）、李新廷、梁红松、吕现州、岳斌、赵文瑛（女，4月任）。

区政协工作部门：区政协办公室主任阎光甫；专门委主任杨保军；提案委主任何奇志（女）；经济委主任闫荡西；社会和法制委主任陈俊杰；教科文卫体委主任张保荣（女，5月免）；学习文史委主任代振岭（5月免）、路坦坦（女，5月任）；港澳台侨和民族宗教委主任张松国。

中共区纪律检查委员会书记：钱世哲。

区人民武装部部长：王振慧（3月

9月5日，省委常委、市委书记吴天君到上街区五云中心社区调研

免）、李向阳（3月任）；政委：乔德宁（4月免）、赵立（4月任）。

区人民法院院长：彭连城。

区人民检察院检察长：程振胜（10月免）。

区群团组织：总工会主席袁家伟；妇联主席苏建华（女）；团区委书记赵鹏；科协主席王淑勤（女）；侨联主席李长新（俄罗斯族）；工商联会长薛景霞（女）；残联理事长王敬群（女）。

镇、街道机关：峡窝镇党委书记张立宏（5月免）、赵永军（5月任），镇长赵永军（5月免）、田军宝（5月任）；济源路街道党工委书记李立，办事处主任房玉雯（女）；新安路街道党工委书记乔文轩，办事处主任李超；中心路街道党工委书记李金保，办事处主任秦清宇；工业路街道党工委书记张广舟，党工委常务副书记王百峰（女，5月任），办事处主任王百峰（女，5月免）、张俊超（5月任）；矿山街道党工委书记杨满坡，办事处主任张东辉（5月免）、李智俊（5月任）。

【工业转型取得成效】 2012年，确立了通航、家居、装备制造、新材料四大主导产业。编制完成了郑州通航试验区发展战略规划和空间布局规划方案，引进河南飞天通航公司等9家通航运营企业。人民网、新浪网、河南电视台等国家、省、市多家媒体对郑州通航试验区建设情况相继进行了报道。2012年10月23日，2012全国跳伞冠军赛暨“体彩杯”第二届河南省动力伞精英邀请赛在上街机场举办。家居产业集聚区与香港金马凯旋集团签订框架协议，成为郑州市重点打造的产业集群之一。装备制造、新材料产业全年实现工业增加值38.6亿元，比上年增长20.7%。

积极支持中铝郑州企业加快转型，顺利完成机械制造公司市场化改革。加快淘汰落后产能，关停并转60余家高耗能、高污染、低效益企业，全区规模以上工业万元增加值综合能耗下降13%。雪山实业等6家企业技术中心通过省市认定，华中建机等15家企业科研项目被列入市级以上科技计划。全年申请专利236件，比上年增长184%。积极实施商标战略和名牌带动战略，长城科工贸等5家企业获得河南省著名商标认定，郑蝶球阀等5个产品被确定为河南省名牌产品。天一光电、玉发多品种氧化铝等项目竣工投产。全区规模以上工业企业达到81家，主营业务收入278.6亿元。装备产业、铝工业、绿色新材料3个工业园区全年完成投资42亿元，建成标准化厂房12.5万平方米。规模以上工业主营业务收入突破234.8亿元，占全区规模以上工业比重达84.3%。

【第三产业】 2012年，上街区实施现代服务业项目63个。河南863科技创业园项目稳步推进，昆仑物流信息中心进驻企业34家，长铝集装箱项目投入运营，郑州西部农产品交易中心建成投入使用，泓嘉国际酒店顺利竣工。五云山休闲运动度假区被命名为河南省“山地运动示范基地”“全民健身示范活动基地”和“老年健身活动示范中心”，辐射力和影响力进一步增强。2012年，服务业营业收入突破60亿元，实现税收3.7亿元，对区财政贡献率达到43.5%。

【新型社区建设】 2012年，全区累计完成各类拆迁面积181万平方米，安置房开工面积138万平方米。总拆迁量和安置房开工量均超出过去5年的总和。上街、杨家沟、老寨河3个村完成回迁安置，1173户群众喜迁新居；肖洼、东柏社、武庄、郊段等6个村全部完成拆迁，夏侯、任庄基本完成拆迁，安置区建设快速推进。二十四街坊、三十二街坊、四十二街坊等5个旧城改造项目进展顺利。方顶和柏庙等4村合村并城、峡窝镇区改造、二十里铺村改造3个项目签订协议，拆迁前期工作有序启动。编制《上街区新“三化”协调发展空间布局规划》，建立“五个一”工作体系，稳妥推进农村集体经济体制改革，创新成立区直管的五云社区，并率先启动城乡一元化试点工作。

【城乡建设】 城市功能日趋完善，中央商务区建设初具形象，和昌·都汇广场、欧凯龙城市广场、乐福国际等10个重点项目进展顺利，总投资逾90亿元。投资6400万元的第二污水处理厂建成试运行，登封路、新安西路等5条改造道路竣工通车。建成垃圾中转站3座，完成天然气置换和铝城公园升级改造。全面开工建设太溪湖工程，实施汜水河上

11月27日，副省长张广智到郑州通航试验区进行实地察看

街段综合整治，南水北调上街综合工程开工前期工作准备就绪。大力推进生态廊道建设，完成中原西路和科学大道上街段等10条生态廊道建设，新增绿化面积150万平方米，生态环境更加优美。深入开展环境综合整治和节能减排，《上街区生态区建设规划》通过省级评审，化学需氧量、二氧化硫排放量分别比上年下降8.5%和16.1%，城市空气质量二级以上天数达到311天。

2012年上街区春季人才招聘会现场

【社会事业】 2012年，完成安阳路小学项目一期工程和全区学校“取暖降温”工程，开工建设上街区实验幼儿园；公开招聘59名优秀人才充实到教师队伍。投入700多万元，改善全区医疗卫生条件，实施全民健康普查工程，居民健康档案建档率连续3年位居全市第一。创建“红色网络家园”29家，举办各类群众文化活动近100场。升级、扩建标准化社区服务中心4个，汇才、新华等4个社区被评为市级“十星社区”。建成标准化社区科普大学17所，成功创建河南省科普示范区。2012年，上街区荣获“全国阳光计生行动示范区”称号。

【招商融资】 2012年，招商融资力度加大，实现上街区重大项目引进的历史性突破。成功签约高端铸锻生产研发基地、方顶古村落开发、峡窝镇区改造等13个项目，总投资达192亿元。其中，超10亿元项目7个。2012年，实际引进市外资金39.7亿元，同比增长11.1%；实际利用外资6685万美元，同比增长9.1%。全年争取建设用地指标166.73公顷，完成土地收储226.67公顷，整合可利用土地124.4公顷。充分发挥区融资平台作用，政府新增银行贷款和资本市场融资突破7亿元。

【社会管理】 2012年，建立了“坚持依靠群众、推进工作落实”长效机制。创新实施“三分六定”网格化管理模式，建立三级网格390个，下沉公职人员1931人；梳理25个职能部门职责340项，全年排查出各类问题5119件，及时处置率达到99.9%。认真落实领导接访和下访制度，信访结案率和调成率达100%。深入开展“四严一创”等专项行动，实现企事业单位、居民小区、农村技防监控全覆盖，社会公众满意度位居全市第一。建立健全长效监管机制，推进企业安全生产主体责任的落实，集中开展食品药品安全专项整治活动，人民群众饮食用药和生命财产安全得到有效保障。

【政府自身建设】 2012年，区委区政府坚持依法行政，出台了《上街区人民政府重大行政决策规定》和《上街区行政执法程序规定》。主动接受人大监督和政协民主监督，全年办理人大代表建议83件、政协委员提案77件。积极推进行政服务标准化体系建设，打造企业审批快速通道。全年受理各类行政审批服务事项约14.6万件，按时办结率达100%。区行政服务中心成功创建省级行政服务标准化示范单位。建立完善政务公开机制，向群众公开重大项目建设和教育、医疗、社保等多方面信息538条。

（李永长　周昱宏）

附录

FULU

◎荣誉榜

◎法　规

◎专　文

◎统计资料

◎重要文件目录

◎索　引

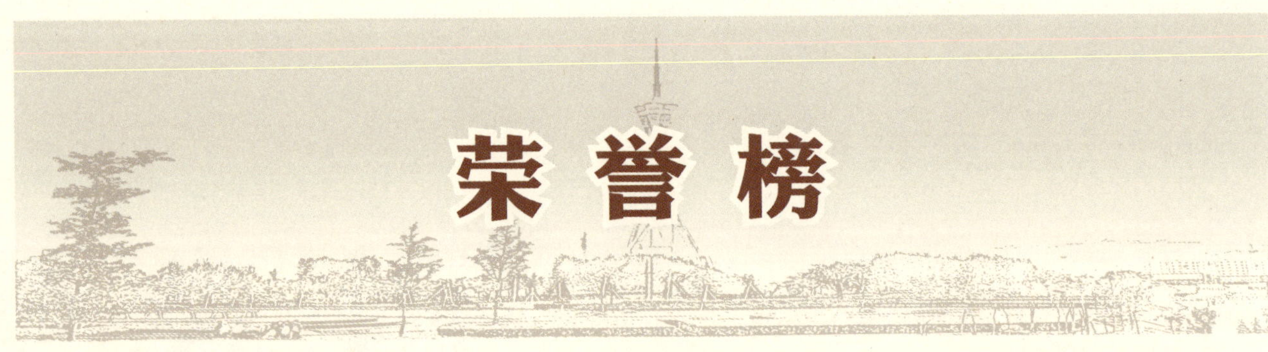

2012年全国“五一劳动奖章”获得者

雷方 女，汉族，河南开封人，1964年12月出生，1976年12月参加工作，中共党员，博士，郑州大学第二附属医院院长、党委副书记。

雷方自1998年以来参加国际和国家医疗队16次，是我国唯一连续10年参加国家医疗队的队员。五次进藏，三次进疆，多次担任队长和总队长，带领医疗队员远赴斯里兰卡和宁夏、海南、安徽、贵州等贫困偏远地区，登上世界屋脊，闯入生命禁区，为那里的贫困白内障患者实施白内障复明手术。在医疗队中，她克服了条件简陋和水土不服、高原反应等困难，忍着失去亲人的痛苦，每天工作都在10个小时以上，为边远地区的贫困患者带去光明。她带领的医疗队，每次都圆满完成了上级下达的各项任务，她本人也为6000多名白内障患者实施了复明手术，使他们重见光明。雷方被藏族同胞亲切地誉为在高原上播撒光明的“德吉喇姆”（藏语“复明仙女”），受到当地政府和患者以及家属的高度评价。

雷方工作认真负责，乐于奉献，支持工会工作，加强民主管理和民主监督，维护职工权益，对外服务好人民群众，对内服务好医院职工。由于成绩突出，受到国务院残工委、教育部、卫生部等7个部委的联合表彰，被评为“全国助残先进个人”，并被西藏、新疆、宁夏、海南、安徽、河南等自治区和省政府评为“助残先进个人”。先后获得“全国我最喜爱的健康卫士”“全国三八红旗手标兵”“全国三八红旗手”“全国扶残助残先进个人”“河南省感动中原十大人物”“河南省十大女杰”“河南省高工委优秀党务工作者”“河南省优秀共产党员”等荣誉称号，并获得河南省“十大爱心助残人士”特别奖、河南省“五一劳动奖章”。2012年，雷方获得全国“五一劳动奖章”。

中央电视台、亚洲电视台、《大公报》《华夏时报》等多家媒体对雷方的先进事迹进行了报道。她被选为2008年奥运火炬手，还作为特邀代表参加了残奥会闭幕式，并在北京人民大会堂、北京大学和清华大学等高校和河南省作事迹报告，受到了胡锦涛总书记等党和国家领导人的亲切接见。2010年，《河南日报》围绕河南省委书记卢展工提出的“四种河南人形象”进行了河南人素描系列专题策划，雷方作为“不畏艰难河南人”的代表再次受到媒体关注，并作为河南省委创先争优活动先进模范人物报告会的典型代表应邀作报告。

雷方是享受国务院特殊津贴专家、河南省优秀专家。在学术刊物上，包括SCI（美国《科学引文索引》的英文简称，其全称为Science Citation Index）、中国核心期刊及国际、国内眼科学术会议上发表眼科论文30余篇，科研成果3项，参编眼科专著3部。特别是在国家医疗队期间，雷方对小切口非超声乳化白内障手术进行改进，力求病人痛苦小、反应轻、恢复快、治疗成本低、效果好。此项技术属于眼科领域重大技术创新，医疗技术水平达到国际领先，并已在全国推广。10年内在全国治愈300多万名白内障患者，使他们回归主流社会，产生了十分显著的社会效益，为全民健康保障作出了突出的贡献。

杨华民 男，汉族，河南新郑人，1969年1月出生，1986年10月参加工作，中共党员，大专文化，郑州市公安局交通警察支队第五大队民警。

杨华民是一名普通的基层交通警察。工作中，他始终以理性、平和、文明、规范的执法行为，以热心、耐心的态度扎实工作，赢得了民众的赞誉，树立了警察的良好形象。

踏实敬业、挑战困难。花园路、农业路交叉口曾一度成为郑州市最堵的路口，被市民称为“堵王”。这里高峰期车流量每小时近1.4万辆，再加上电动车、自行车、行人混行，一旦发生交通拥堵就会造成郑州北部城区交通大面积瘫痪，交通压力和管理难度超乎寻常。2009年3月，杨华民通过竞争上岗，成为这个路口的岗长。作为“一岗之长”，杨华民提出了“向我看”的口号，打破交警半班执勤、轮流休息的惯例，给自己制定了每天早10分钟到岗、执勤12小时的工作制。无论寒冬酷暑，不管风霜雨雪，每天早中晚三个高峰他都出现在路口，兢兢业业地疏导交通。即使是平峰时期，他也不放松，教育行人，研究疏导交通方案。他标准的指挥动作、严谨的工作作风成为路口的一面旗帜。

为了解决路口交通拥堵问题，杨华民认真观察分析路况，并到外地市、郑州市其他路口观摩学习，很快提出了适合这个路口的疏导办法。一是提前上岗、提前清空路口，保证通行；二是制作伸缩护栏，不机械依靠信号灯，主要靠交警指挥，巧借信号灯时差提高通行效率；三是充分调动交通协管员的积极性，加大对非机动车的管理力度，避免因行人非机动车违章影响交通通行；四是创立“四勤”“四快”工作法，做到眼勤、腿勤、手勤、嘴勤，对交通违法行为予以快速制止和排除、快速赶到现场、快速撤离现场、快速处理交通事故，确保畅通。在杨华民的带动下，花园路、农业路交叉口早晚高峰分别提前20分钟结束，路口通行能力明显提高。

善于思考、创新工作。为了破解停车难题，杨华民利用休息时间，走访周边所有单位，掌握车位数量、车辆停放时间等情况，巧用时间差，使有限资源实现最大化利用。将周边各单位1500多个停车位化整为零，平时大型商场、动物园车位向银行、机关等单位免费开放，周六周日机关单位、科研院所车位无偿提供给商家、动物园使用。在杨华民的建议下，一座拥有522个车位的立体停车场正在兴建，建成后将大大缓解这一区域的停车难问题。

面对网络时代信息飞速传播的特点，杨华民提出了“心通才能路通”。他先后开通了以自己警号命名的博客和以自己实名认证的微博，宣传交通法规，传播文明出行理念。他每天通过微博的形式播报路况，为行人提供出行、绕行信息，并和网友及时互动。杨华民是河南交警队伍中“粉丝”最多的交警。他还定期举行“粉丝”“网友”见面会，广泛征求民众意见，使每一个交通参与者理解并参与交通管理，做到文明出行、安全出行。

严格执法、热情服务。杨华民提出“最好的管理就是服务”。作为和老百姓距离最近、打交道最多的交通警察，杨华民在法律法规面前不留情面、严格执法。不管是机动车还是行人，不管是亲戚朋友还是领导上司，在他执勤时只要违章就意味着“不放过”。有些人给他起外号叫“杨原则”。但是，对于群众的服务，杨华民却细心周到。他协调周围单位在路口设立遮阳伞、饮水机、书报架、医药箱等，为过往行人提供便利。看到一些车辆行人因为一个小故障被困路上，他自掏腰包购买了工具箱、打气筒，解决路人的燃眉之急。他自制的绕行路线图、便民服务卡成为很多车友的最爱。丢失钱包的老人、迷路的孩子、无家可归的拾荒者都是杨华民帮助的对象。因为他严格执法、热情服务，网友送他外号“喜杨杨”。2012年，杨华民获得全国“五一劳动奖章”。

余瑞好　男，汉族，湖北襄樊人，1979年6月出生，1994年2月参加工作，中共党员，大专文化，郑州煤炭工业（集团）有限责任公司矿山救援中心战训科副科长。

从事救护工作以来，余瑞好刻苦学习煤矿救护安全知识，苦练救护技能。为成为一名优秀的矿山救护队员，他每天都比别人早起半个小时进行训练，白天除学习外有时还进行超强度训练，晚上11点以前从没回宿舍休息过。他认真向老师及老同志学习技术，掌握了各种仪器性能和原理，并能运用于实践中。他还积极参加本单位举办的各种技术练兵和比武活动，很快掌握了侦查、救人、通风、灭火、支护等各种救援技能，体能素质也名列前茅。

2002年10月底，在河南省煤炭系统矿井通风工技术比武中，余瑞好荣获郑州市“五一劳动奖章”；2003年6月，在集团公司救护比武中，获个人第一名，被评为集团公司技术能手；2004年8月，在河南省矿山救护技术大比武中，获个人全能第一名，被授予河南省“五一劳动奖章”。2012年，获得全国“五一劳动奖章”。

在大平矿“10·20”瓦斯突出事故处理中，面对灾区范围大、破坏性强、遇险遇难人员多、有害气体高的恶劣环境，余瑞好身先士卒，带领队伍对灾区进行侦查、抢救遇险遇难人员。在汶川地震中，他冒着余震不断、山体滑坡、开裂楼房随时坍塌的危险，克服断水、断电、食品短缺等困难，勇挑重担，克难攻坚，完成了领导交给的各项任务，受到了灾区人民赞扬和领导好评。

宋克永　男，汉族，河南汤阴人，1972年11月出生，1992年9月参加工作，中共党员，初中文化，河南省第一建筑工程集团有限责任公司钢筋班班长。

在日常工作中，他爱岗敬业，常年如一日。特别是担任班长以来，遇到工期紧的工程任务，他总是冲锋在前，带领全班同志加班加点赶工期，抢任务；白天运料、绑扎、焊接和拼装，晚上下料、切断和成形，确保了各项任务顺利完成。

宋克永积极学习，努力钻研，不断提高业务技能。在钢筋施工专业上，他虚心向有经验的老师傅们求教，提高了自己的施工实践经验。他热爱本职工作，团结同志，遵纪守法，在自己的工作岗位和负责的任务范围，未出现一起安全事故。

宋克永多次荣获公司优秀共青团员和先进个人称号。2006年7月，在郑州市建筑业职业技能钢筋工选拔赛中取得优异成绩；同年8月，在河南省建筑业职业技能钢筋工选拔赛中取得第一名；同年9月，在全国建筑业职业技能大赛钢筋工决赛中取得第六名，获得“全国建筑业职业技能大赛二等奖”，被授予“全国建设行业技术能手”“全国建筑业职业技能大赛钢筋工决赛优秀选手”等多种荣誉称号。2007年3月，被河南省劳动和社会保障厅授予“河南省技术能手”荣誉称号；同年4月，被河南省总工会授予河南省“五一劳动奖章”。2008年，被评为“郑州市首批突出贡献高技能人才”。2012年，获得全国“五一劳动奖章”。

苏合明　男，汉族，河南新密人，1963年4月出生，1982年9月参加工作，中共党员，本科文化，荥阳市电业局局长。

在苏合明带领下，荥阳市电业局不断巩固创新发展成果，取得了全国

"安康杯"竞赛优胜企业三连冠，先后被评为国家电网公司农电综合管理标杆单位、国家电网公司科技进步先进县供电企业、国家电网公司农电科技进步标杆单位、河南省电力公司创建"四好"领导班子先进集体等荣誉称号，并获得河南省"五一劳动奖状"。荥阳市被评为河南省A类新农村电气化县。2009年，苏合明被评为河南省劳动模范；2012年，获全国"五一劳动奖章"。

加强自身建设，提高驾驭能力。大力开展创建学习型企业活动，营造浓厚的学习氛围和优良的学习环境，不断提升企业发展的"软实力"。苏合明经常深入基层调研，带头参加各类学习比赛活动，努力将自己打造成学习型、知识型、创新型的现代企业管理者，实现个人与企业共同成长。

建设坚强电网，服务经济发展。积极争取上级资金和自筹资金4亿元，新建6座110千伏变电站，并对9座变电站进行增容扩建，使全局所有变电站全部实现了"五遥"功能，达到双电源供电，做到无人值班。主变有载调压率、节能型主变比率、10千伏及以上开关无油化率均达到100%，节能型配电变压器比率达98%，有14条10千伏主干线路和235条400伏线路使用架空绝缘线，有105个居民小区使用了集束导线。荥阳电网已形成以市内3座220千伏变电站为电源点，110千伏为主网架，35千伏为环网的电网架构，为建设坚强智能电网奠定了良好基础。2011年，完成供电量21.08亿千瓦时，为荥阳经济跨越式发展提供了充足可靠的电力保障。

整合信息资源，提升精益管理水平。积极应用SG186农电企业管理系统，充分利用先进设备和信息技术，实现95598客户服务系统与地理信息系统互动。成功研发"工作计划管理系统"并全面推广应用，在变电站应用了电力信息数字化触控系统。

加强队伍建设，提高持续发展能力。始终坚持"人才强企"战略，建立人才激励与保障机制，鼓励员工岗位成才、自学成才。采取岗位技能比武、专业培训、网络教学等多种方式，提升员工的综合素质。全员培训率达100%，大专以上学历占职工总数的70%。有9人被聘任为荥阳市电业局技术、技能带头人，有1人被评为"郑州市拔尖人才"。认真组织开展技能竞赛活动，成功举办两届女职工技能比武和荥阳市第一届"电业杯"职工技术运动会。积极开展QC小组活动，成功举办6届QC成果发布会，共有126项成果进行了现场发布，其中18项成果分别获得省、市公司奖励。有3篇论文在国家级刊物上发表，有2项技术成果获得国家专利，自主研发的"三相油浸式非晶合金铁芯全密封配电变压器"项目获郑州市科技进步二等奖，有5人获"郑州市科学技术进步先进个人"称号。

孙希 女，汉族，河北曲阳人，1979年7月出生，2000年7月参加工作，中共党员，本科文化，郑州市第五十七中学教师。

2000年7月到郑州市第五十七中学工作，先后从事物理教学及团委、少先队、校报等项工作。

她从教10余年来，热爱教育事业，有很强的责任感和事业心，爱岗敬业。在教学方面，尤其是实施新教材以来，能针对新教材、新理念，结合教育学、心理学和教法等，总结出一套行之有效的教学方法。积极培养学生探索规律、发现规律的能力，并鼓励学生大胆创新。

坚守培养对祖国有用人才的教育理念，以人为本，言传身教，用真诚的爱感化学生，把德育工作渗透于教学之中，逐步理清了一条适合学生特点的思想教育工作思路，摸索出一条"以团带队、团队衔接、团队互动"的工作模式。她鼓励并指导学生积极参加社会实践活动，用感恩之心回报家长、回报社会、回报祖国。组织团员、队员利用双休日、节假日、寒暑假，坚持路口执勤、滨河环保、广场护绿、社区服务、护校等社会实践活动。坚持活动小型化、多样化、规范化、有效化、持久化。10余年来，郑州第五十七中学志愿者累计服务逾10万工时，孙希本人累计近8000工时。

另外，还利用主题团队会、橱窗、板报、展板、校报、校"学生电台"、校"学生电视台"等宣传手段，对学生进行公民基本道德素质和养成教育。由于工作成绩突出，2000年郑州第五十七中学志愿者服务队被评为"郑州市十佳志愿者服务集体"，后又连续多年被评为"郑州市杰出志愿者服务集体"。2001年，郑州第五十七中学被评为"郑州市红领巾示范标兵学校"；校报《小记者报》编辑部被评为"郑州市十佳学生社团"。郑州第五十七中学连续多年被评为"郑州市大中学生社会实践先进单位"，获"服务畅通工程先进单位""郑州市先进团委"、2010年度"郑州市五四红旗团委"等称号。

2010年8月，孙希被郑州市教育局派至郑州市市长电话室工作。面对全新的工作，她虚心学习，不懈努力，圆满完成了上级分配的各项工作，得到了领导的认可和同事们的好评。2012年，孙希获全国"五一劳动奖章"。

乔桂玲 女，汉族，河南焦作人，1968年11月出生，1991年7月参加工作，中共党员，工程硕士，中国铝业股份有限公司河南分公司总经理。

2008年5月，乔桂玲任焦作万方铝业股份有限公司董事长、党委书记，兼焦作市万方集团有限责任公司党委书记。她抢抓机遇，及时决策，利用关停小型预焙生产线实施结构调整，提高装备水平，降低产品能耗，实现快速发展。铝产品产能从20万吨提高到42万吨，公司资产总额从29亿元扩大到40亿元，产量由20万吨增长到41万吨，销售收入由29亿元增长到60亿元，人均劳效由72吨/人增长到111吨/人。同时，积极涉足煤炭开采行业，形成了煤电铝一体化产业链，焦作万方成为中国铝业电解铝企业经营业绩最好的企业。

2009年12月，乔桂玲任中铝郑州企业协调委主任、中国铝业股份有限公司河南分公司总经理。面对金融危机的持续冲击和日趋激烈的行业竞争，乔桂玲始终保持强烈的责任感和事业心，率先垂范，真抓实干，坚持以人为本、共建共享，保持员工收入持续增加，企业大局和谐稳定。

乔桂玲带领广大干部职工直面现实、转变观念、勇担责任，深入剖析企业存在的突出问题，采取强化资源保障、实施机构改革、推进结构调整、深化管理创新、强化基础管理等一系列举措，实现了控亏增盈阶段性胜利。2010年，同比减亏5.06亿元，经营性现金净流入2.36亿元；2011年，同比再减亏1.7亿元，两年累计减亏6.76亿元。河南分公司成为中国铝业成员单位中减亏幅度最大的企业，员工收入实现恢复性增长，比上年增长15%。2011年12月，乔桂玲兼任中国长城铝业公司总经理。

为筑牢持续发展基石，她集全力破解矿石盗窃猖狂顽症，与政府部门协调沟通，先后成立了冶金检查站和综合执法大队，严厉查处非法盗采倒卖矿石行为。同时，带领班子成员深入矿山，与偷盗矿石者进行面对面的斗争，极大地鼓舞了员工士气。调动各种力量，多措并举加强矿山管理，形成了相互交织、层层把守的有力防线；坚持有堵有疏，资源保障度明显提升，实现了矿山秩序从管不住向管得住、管得好转变。2012年，乔桂玲获全国“五一劳动奖章”。

（华　颖）

2012年全国“工人先锋号”获得集体

郑州交通运输集团有限责任公司客运总公司十公司郑州至济南班线　郑州至济南班线是1997年10月成立的欧亚快车公司的首发班线（客运十公司前身），是全省公路客运业先进生产力黄金班线的代表。线路营运之始，就把创建精品车、精品线路、精品企业作为发展方向，以先进的文化理念，引导职工树立安全优质、追求卓越的核心价值观，充分发挥职工的首创精神，形成了和谐、进步、团结、向上的团队。郑州至济南班线，以安全舒适、方便快捷、诚信优质的品牌特点，成为往返于郑州和济南两地旅客出行的首选。郑州至济南班线共有7台豪华大巴，驾驶员队伍共有15人，平均年龄46岁。全公司共有104台豪华大巴。截至2012年2月底，拥有职工260人，2011年实现收入过亿、利润1250万元，成为全省运输行业的龙头单位。2009年，被河南省总工会授予“工人先锋号”荣誉称号；2012年，获得全国“工人先锋号”荣誉称号。

以先进的理念为指导，打造一流的团队。郑州至济南班线全体人员以个人优秀、团队卓越、创建品牌、服务大众的理念来武装思想，坚持不懈地进行职业道德教育，把企业特色的安全文化、服务文化、品牌文化体现到运输管理和客运服务之中。在管理上，健全各项规章制度，体现出科学化与人性化管理的统一。形成的欧亚快车考核办法，将职工劳动与绩效考核相结合，极大地发挥了广大员工的生产积极性；打造的“河南金象快客”服务品牌，提高了服务工作档次，体现出公路客运服务的最高水平。

深入开展技术创新活动，创造一流的工作。多年来，客运十公司坚持开展经济技术创新活动和多种形式的劳动竞赛；郑州至济南班线的驾驶员积极响应公司号召，在驾乘队伍中广泛开展争创安全红旗车活动，驾驶员刻苦钻研驾驶技术，勤练安全本领，涌现出一批安全驾驶明星、节油明星及生产标兵。乘务员以优质服务零投诉活动标准为工作纲领，体现了陆地航空以人性化服务为纽带，以诚信立身的经营思路。郑州至济南班线开展的创建精品班线挂牌制度，得到业界的普遍赞誉。同时，还创新“燃油定额、燃油统计、考核奖励”等基础管理工作，节能减排效果显著。在成功打造“河南快客”和“陆地航空”两大品牌的基础上，郑州至济南班线全体人员继续开展技术创新活动，把品牌创建工作引向深入。在全线路大巴车安装使用GPS车辆安全生产监控系统、防疲劳驾驶员指纹识别系统，提升了客运科技含量。

向社会提供“河南金象快客”陆地航空式服务，展现河南省客运的最高水平。在郑州至济南班线成功运营的基础上，总公司和集团公司先后申请了“河南快客”和“陆地航空”两个客运服务品牌。作为两个商标品牌的最初发源班线，他们在两个品牌的创建中作出了突出贡献。率先向社会推出了以“河南金象快客陆地航空”精品班线实行限时到达制为主要内容的5项承诺。公开向社会承诺，因车辆原因超出限定到达时间半小时以上，当场退赔旅客30%票款。这在全国同行业中是绝无仅有的。

郑州至济南班线取得了良好的经济效益和社会效益，品牌的知名度和美誉度得到空前提升。年年超额完成公司下达的各项生产经营任务，2011年提前一个月完成了年度生产经营任务。连续5年被评为公司先进班线。在完成生产任务的同时，郑州至济南班线全体司乘人员不忘担负的社会责任，完成了抗震救灾、服务奥运等各种社会活动，受到各界一致好评。

郑州市管城回族区住房保障服务中心公有房屋管理所维修组　近年来，他们以提供一流服务、取得一流成绩为目标，不断在强化自身素质、提高业务技能方面下功夫，通过开展创建“工人先锋号”活动，把创建热情切实转化为工作动力，以出色的工作、和谐的团队诠释了“工人先锋号”的深刻内涵，出色地完成了各项工作任务。

该班组始终坚持以人为本，把加强学习、提高职工素质放在重要位置，从抓思想道德、职业道德、树立正确的人生观入手，统一职工思想，坚定理想信念。创建“工人先锋号”活动开展以来，该班组在中心工会的组织下，通过自学和集中学习等形式，进一步树立以人为本、关注民生的理念，切实纠正以往工作中的不正之风，树立新思维、新观念，为班组的健康发展提供有力的思想保障。

近两年，公有房屋管理所维修组面对不利的外部环境，迎难而上，逐步探索适合自身的发展道路。在不断加强内部管理的同时，坚持企业化经营，以服务求生存。一方面加强内部管理，搞好服务，通过良好的服务不断扩大影响力，从而提高自立生存能力；另一方面，坚持市场化运作，扩大和延伸维修服务内容，引入竞争机制。通过市场上激烈的角逐和较量，将企业追求自身经济利益的内在要求转化为外部压力，并将这种压力变成动力，激励自身提高业务技能和服务水平。

该维修组坚持服务居民、服务群众，把“群众利益无小事”的理念贯穿于工作始终。2010年，维修组对城东路175号院进行了道路路面硬化和雨水积水点改造，得到了群众的交口称赞。2011年，郑州市创建全国文明城市期间，维修组结合自身实际，主动配合社区开展工作。全体成员放弃休息日，分别对南关街132号院、德济路9号院、弓背街24号院等小区进行了集中整治。粉刷围墙，修补人行道和地面，对燃气表箱补喷漆，翻修旧垃圾箱，粉刷楼底墙裙，修复车棚破损雨搭，并砌老鼠洞20个。

公房所维修组负责几千户直属公房、大小6个物业小区的维修工作。他们每年都投入修缮费几十万元，进行大、中、小修多处，并保质保量完成了上级交办的临时任务。2012年，获得全国“工人先锋号”荣誉称号。

郑州领秀服饰有限公司生产二部　在服装生产车间，女工占员工总数的四分之三以上。生产二部的女工大部分是生产一线人员。她们每天都按时完成公司下达的生产任务，遇到款式变化和订单紧迫等情况，总能想方设法提前完成任务。有时候任务急，为了保证产品能够按时递交到客户手中，生产二部的女工就主动加班加点，甚至把自己用餐的时间都挤掉了。在她们中间有许多分工，但不论是何工种，工作多么琐碎和辛苦，她们都牢固树立“产品质量无小事、安全生产大如天”的意识，坚守岗位，用爱心、负责的态度，把好生产的每一个环节，确保为用户生产出安全合格的产品。经过大家的共同努力，取得了骄人的业绩。2009年，她们在生产条件极端困难、八九月份天气炎热，工艺难度复杂、技术要求高、质量标准国标化等情况下，仍然创出了生产国外订单10万多件、产品无返修的骄人成绩，实现产品合格率100%，为公司向国际化生产发展作出了突出贡献，树立了不败的标杆。

她们克服了诸多困难，学技术、钻业务，岗位成才，个个绝活在身。她们积极参与民主管理，为企业发展出谋划策，提出合理化建议，在优化工艺、降低成本和安全生产方面作出了突出贡献。生产二部涌现出一大批先进人物和女工典范。拥有300名女工的生产二部，连年实现公司安全生产第一、产量全年累计第一、质量全公司第一的好成绩。2012年，获得全国“工人先锋号”荣誉称号。

郑州锅炉股份有限公司集箱分厂容器组　集箱分厂容器组是一支年轻的班组，肩负着分厂所有容器焊接工作。容器班23名成员不仅都有较高的焊接技能和丰富经验，更具备任劳任怨、敢于创新的使命感和责任感。班组十分注意每一个成员的学习教育工作，制订了详细的教育培训计划，利用周二周五学习会等，挤出时间，学习理论知识和岗位操作技能，提高了班组成员思想政治觉悟、理论文化水平及业务操作技能。同时，注重加强安全教育培训，坚持以人为本，以现场为阵地，以管理为重点，引导班员从思想上、从行为上提高控制不安全因素的能力。通过利用安规学习考试、技术问答、模拟试验、事故预想、反事故演习等多种手段，提高了班员的技能水平和安全意识。

集箱分厂容器组承担着公司主要受压部件集箱的铆焊工作，也是公司生产中的关键和重要工序，劳动强度大，技术含量高，又脏又累。对于直径大的管接头一焊就是一个多小时，但全组职工从无怨言，为完成公司的生产任务做出了贡献。

多样的技能培训和严格的安全意识教育，造就了容器班一支高效精干的班组队伍。一个好的班组离不开严谨的制度和规范的管理。为了规范班员操作，班组结合车间实际，制定了《生产焊接规程》等一系列制度。为了约束班员日常工作，制定了严格的考勤制度、奖惩制度和操作制度，使班组各项工作做到有章可循、有法可依。

在集箱分厂，容器班班组气氛非常和谐。无论是工资奖金分配、工休假的安排，还是先进职工的评选，他们全部按照分厂要求，做到公平、公正、公开。除了参加分厂的“月明星”竞赛活动，班组还自行开展了业绩讲评互评活动。每月每一个班组成员都必须经过自评和其他组员的评议，然后根据评议结果划分奖金档次，使奖金发放变得更加合理、透明和公正。此举不仅得到了班组成员的高度拥护，也得到了分厂的认可。

业余时间，班组还结合不同时期的特点和要求，利用多种形式开展了符合时代、符合公司形势需要的思想教育活动，帮助班员正确看待当前形势，排除各种不良因素对大家的干扰和影响，保证大家始终有良好的精神状态，积极投身于企业生产经营之中。对于经验少、动手少的新进班员，班组还专门结成了师徒对子，帮助新工快速适应岗位要求。每年，班组还会组织两次自助游，丰富了大家的业余生活。

近几年来，容器班组顺利完成了分厂下达的任务，受到公司、分厂的表彰、奖励。他们提出并实施合理化建议近百项，申报“五小成果”6项。2009年，被郑州市总工会授予“工人先锋号”荣誉称号，2010年被河南省总工会授予“工人先锋号”荣誉称号，2012年获得全国“工人先锋号”荣誉称号。

（华　颖）

2012年河南省“五一劳动奖章”获得者名单

谷　丽（女）郑州市公共交通总公司
苏海清　郑州市公共交通总公司
夏天增　郑州市公共交通总公司
杨　红（女）郑州市公共交通总公司
张小平（女）郑州市公共交通总公司
刘韶林　河南电力试验研究院
宋智辉　郑州弘润华夏大酒店有限公司
范志武　巩义市总工会
马林枝（女）郑州市园林局
陈　佳（女）郑州交通运输集团有限责任公司
李书转（女）巩义市竹林镇
郭　华（女）中原环保股份有限公司
周金刚　郑州日产汽车有限公司
王慧君（女）郑州人民医院
李玉杰　郑州市中级人民法院
杜利民　河南省电力公司郑州供电公司
马观钧　新密市电业局
张　勇　鑫苑（中国）置业有限公司
焦　健　郑州市中原区建设路街道办事处
张全利　河南天利碳素材料有限公司
朱合松　郑州市金水区凤凰台街道办事处
李彦伟　河南中烟工业有限责任公司新郑卷烟厂
王建永　登封市财政局
何宝杰　河南赛思口腔医院
于　公　郑州城建集团投资有限公司
楚景记　郑州黄河水电工程有限公司
杨　萍（女）河南中烟工业有限责任公司郑州卷烟厂
张文利（女）郑州市二七区精神文明建设指导委员会办公室
雷海超　郑州市中原区精神文明建设指导委员会办公室
吴俊江　中国共产党郑州市管城回族区委员会宣传部
丁建国　中国共产党郑州市惠济区委员会宣传部
王志勇　郑州市金水区精神文明建设指导委员会办公室
郝国军　郑州市火车站地区管理委员会
谢小卫（女）郑州市救助管理站
屈双才　河南省女子劳动教养管理所
李阳东　郑州市管城回族区十八里河镇人民政府
李文岭　中牟县人民政府
李　涛　郑州市总工会
申文英（女）郑州市总工会
于朝臣　郑州市城市管理局

（华　颖）

2012年河南省“五一劳动奖状”获得单位名单

郑州市妇幼保健院
郑州市中原区国家税务局
郑州市中原区教育体育局
好想你枣业股份有限公司
河南郑州兴隆国家粮食储备库
中国机械工业机械工程有限公司
河南省第一建设集团第七建筑工程有限公司
郑州交通运输集团有限责任公司客运一分公司
郑州市困难职工帮扶中心
郑州市精神文明建设指导委员会办公室
郑州市文物局
郑州市发展和改革委员会
郑州市司法局
郑州交通运输集团有限责任公司站务总公司长途汽车中心站
郑州市市直机关事务管理局
郑州市体育局
郑州市城乡规划局
郑州市质量技术监督局
郑州市旅游局

（华　颖）

感动郑州颁奖盛典

2012年河南省“工人先锋号”获得集体名单

郑州市公共交通总公司一公司K9路线
郑州市公共交通总公司二公司91路线
郑州市公共交通总公司三公司40路线
郑州市公共交通总公司四公司101路西线
郑州市公共交通总公司快速公交公司B1路线
郑州大学第一附属医院肾病风湿科
中牟县行政审批服务中心
郑州市工商行政管理局上街分局行政服务科
新郑市地方税务局城关分局
郑州四维机电设备制造有限公司加工车间推镗班组
河南中烟工业有限责任公司新郑卷烟厂制丝车间
中国铝业股份有限公司郑州研究院轻金属材料试验厂熔铸车间
大商集团（郑州）商贸有限公司大商新玛特郑州总店男士服装业种
郑州日产汽车有限公司焊接车间X11M工段
中国铝业河南分公司氧化铝厂分解车间新系统主控室
郑州日产汽车有限公司冲压车间冲一工段B班

（华　颖）

2012“感动郑州”十大年度人物名单

李博亚　铁道警官高等专科学校学生
杨华民　郑州市公安局交通警察支队第五大队民警
杨小周　巩义市涉村镇北庄村党支部书记
李春凤　荥阳市贾峪镇石硼村村民
牛志国　郑州华润燃气股份有限公司维修工
刘　静　新郑市人民医院实习医生
刘庭杰　登封市大冶镇老井村党支部书记
王　峥　律师
谷殿明　郑州市二七燃气具大世界有限公司总经理
仲胡周　河南仲记新农业发展有限公司董事长
特别爱心集体奖　陇海大院

（刘先林　张静娜）

郑州市杰出女性标兵名单

刘　洋　中国人民解放军航天员大队四级航天员，少校军衔
李雪英　河南省重竞技运动管理中心女子举重队队员
孙亚楠　第十二届世界特奥会游泳冠军

第九届郑州市“十大杰出女性”名单

王卫佳　河南启元教育集团公司董事长、总校长
王晓玲　河南九信中小企业投资担保有限公司董事长、法定代表人，郑州市女企业家协会常务副会长
王　惠　郑州供水客户服务中心党支部书记，省供水行业高级培训师
王占霞　郑州德惠纺织品有限公司董事长
代丽丽　郑州市公安局刑侦支队指纹室主任，二级警督
陈晓丽　惠济区迎宾路街道办事处主任
宋玲玲　大商集团郑州地区集团招商部部长兼紫荆山百货总经理
胡云霞　郑州市第七人民医院业务副院长
赵梅玲　登封市总工会党组书记、副主席
简薇薇　郑州日报文娱副刊部主任

（焦欣园）

郑州市首届十大杰出“三平”青年人物（集体）名单

沈战东　郑州市公安局特巡警支队特警四大队民警
杨华民　郑州市公安局交巡警支队第五大队民警
宋　扬　郑州市卫生学校校长助理
冯会军　郑州煤炭工业（集团）有限责任公司超化煤矿职工
张二周　政协郑州市第十二届委员，河南省工商联常委，郑州市青联副主席
韩红刚　郑州市惠济区农民
严红兵、刘冬丽夫妻
二七区一马路治安巡防中队陇海大院分队
郑州市交通运输集团有限公司汽车客运南站王静售票班组
新密市实验高中

（董克伟）

郑州市城市园林绿化条例

（2012年4月26日郑州市第十三届人民代表大会常务委员会第二十八次会议通过 2012年7月27日河南省第十一届人民代表大会常务委员会第二十八次会议批准）

第一章 总 则

第一条 为加强城市园林绿化建设和管理，保护和改善城市生态环境，根据国务院《城市绿化条例》及有关法律、法规，结合本市实际，制定本条例。

第二条 本市市区规划区、上街区规划区、县（市）人民政府所在地规划区的城市园林绿化规划、建设、保护与管理，适用本条例。

第三条 市、县（市）、区人民政府应当将城市园林绿化建设纳入国民经济和社会发展规划，确定城市园林绿化发展目标，保障城市园林绿化发展所需用地和资金，逐年增加绿地面积。

第四条 市城市园林绿化行政主管部门负责本市城市园林绿化工作。

县（市）、区城市园林绿化行政主管部门按照职责分工和本条例规定负责本行政区域内城市园林绿化工作。

城乡规划、国土资源、建设、财政、城管、价格、水务等部门根据各自职责做好城市园林绿化工作。

有关法律、法规规定由林业行政主管部门等管理的绿化工作，依照其规定执行。

第五条 城市园林绿化应当坚持以人为本、生态优先、科学规划、严格保护、因地制宜、节约资源，注重植物景观营造、生物多样性保护和乡土植物应用。

第六条 任何单位和个人都有保护城市园林绿化及其设施的义务，对破坏城市园林绿化及其设施的行为，有权进行劝阻、投诉和举报。

机关、企业事业单位、社会团体、学校、社区及其他组织，应当引导本单位人员、在校学生、居民等履行绿化义务，保护绿化成果。

新闻媒体应当加强园林绿化科学知识、法律法规的宣传工作，增强公民履行绿化义务和保护绿化成果的意识。

第七条 鼓励单位和个人以投资、捐资、认养等方式参与城市园林绿化建设和养护工作。

对城市园林绿化工作有突出贡献的单位和个人，市、县（市）、区人民政府或者城市园林绿化行政主管部门应当给予表彰奖励。

第二章 规划与建设

第八条 城市绿地系统规划由市、县（市）、上街区城乡规划行政主管部门会同城市园林绿化行政主管部门依据城市总体规划共同编制，经同级人民政府批准后公布实施。

第九条 市、县（市）、上街区城乡规划行政主管部门应当会同城市园林绿化行政主管部门根据城市绿地系统规划、控制性详细规划和城市园林绿化的现状，确定各类绿地界线坐标，划定绿地界线，并向社会公布。

绿线确定后，不得擅自调整。因城市建设确需调整的，市、县（市）、上街区城乡规划行政主管部门在不减少规划绿地总量的前提下，应当征求同级城市园林绿化行政主管部门的意见，并按照规划审批权限报原审批机关批准。

第十条 城市规划和建设，应当留足绿化用地面积。新建区的绿地面积，应当占总用地面积的百分之三十五以上；改建旧城区的绿地面积，应当占总用地面积的百分之二十五以上。

新建区内，每十平方公里应当规划预留至少一处占地面积十万平方米以上的综合公园用地，每一平方公里应当规划预留至少一处占地面积五千平方米以上的公园绿地用地。

第十一条 下列建设工程项目的绿地指标按照以下规定执行：

（一）居住区（含居住区、居住小区、居住组团）绿地率不低于百分之三十，其中集中绿地面积应当占总用地面积的百分之十以上；

（二）单位庭院绿地率不低于百分之三十，其中教育科研、医疗卫生、休（疗）养院（所）、机关团体、公共文化设施等单位不低于百分之三十五；交通枢纽、仓储、商业中心等不低于百分之二十五；

（三）园林景观路绿地率不低于百分之四十；红线宽度（包括绿化带）大于五十米的道路，绿地率不低于百分之三十；红线宽度在四十米以上五十米以下的道路，绿地率不低于百分之二十五；红线宽度小于四十米的道路，绿地率不低于百分之二十；

（四）铁路、河渠两侧和湖泊、水库沿岸的防护绿地宽度，不低于三十米。

前款第（一）项、第（二）项、第（三）项所列建设工程项目属于旧城区改造项目的，其绿地率指标可以降低，但不得超过五个百分点。

第十二条 本条例第十一条第一款第（一）项、第（二）项所列建设工程项目属于旧城区改造项目，按照本条例第十一条第二款执行确有困难的，经市、县（市）、上街区城乡规划行政主管部门会同城市园林绿化行政主管部门审核报同级人民政府批准，绿地率指标可以再降低，但不得超过三个百分点。

因降低绿地率指标减少绿地面积的，建设单位应当就近补建；无法补建的，由市、县（市）、上街区城市园林绿化行政主管部门统一易地代建，所需费用由建设单位承担。

第十三条 在城市国有土地上建设道路防护绿地和居住区以外的公园绿地，建设用地由市、县（市）、上街区人民政府采取划拨方式供应。

第十四条 绿地建设责任按照下列规定确定：

（一）道路绿地、居住区以外的公园绿地，由市、县（市）、区城市园林绿化行政主管部门负责；

（二）防护绿地、生产绿地，由市、县（市）、区城市园林绿化行政主管部门或者有关单位负责；

（三）附属绿地（道路绿地除外）、居住区内的公园绿地，由开发建设单位负责；

（四）铁路、河渠、湖泊、水库管理范围内的绿地，由有关主管部门负责。

前款规定以外的绿地，建设责任不明确的，由市、县（市）、区人民政府根据实际情况，按照有利于建设、方便养护管理的原则确定。

第十五条　政府投资的城市园林绿化工程，应当依法采取公开招投标方式确定设计、监理、施工单位。

城市园林绿化工程的设计、监理、施工，应当由具有相应资质的单位承担。

第十六条　市、县（市）、上街区城市园林绿化行政主管部门应当按照国家、省、市等有关规定对城市园林绿化工程质量实施监督。

第十七条　建设工程项目的附属绿化工程应当与主体工程同步设计、同步建设、同步验收。

建设工程项目应当将附属绿化费用纳入投资预算。

建设工程项目的附属绿化工程设计方案，按照基本建设程序审批时，市、县（市）、区城市园林绿化行政主管部门应当参加审查；公园绿地、防护绿地和道路绿化等绿化工程的设计方案，应当征求市、县（市）、上街区城市园林绿化行政主管部门的意见。

第十八条　政府投资的城市园林绿化工程竣工后，城市园林绿化行政主管部门应当按照管理权限组织验收，验收合格后，方可投入使用。

第十九条　开发建设单位应当自居住区绿化工程竣工验收合格之日起十五日内，向市、县（市）、上街区城市园林绿化行政主管部门备案。

居住区内绿地的面积和位置应当在房屋买卖合同中予以明示。开发建设单位应当制作绿地平面图标牌，在居住区的显著位置进行永久公示。

禁止在居住区内绿地上建设建筑物、构筑物。

第二十条　开发利用绿地地下空间的，应当符合国家有关建设规范，不得影响树木正常生长和绿地使用功能。市、县（市）、上街区城乡规划行政主管部门在依法办理有关规划许可手续前，应当征求同级城市园林绿化行政主管部门的意见。

第二十一条　积极推广屋顶绿化、垂直绿化等多种形式的立体绿化。机关、事业单位和文化、体育、教育等公共服务设施的建筑，适宜屋顶绿化的，应当实施屋顶绿化。

第二十二条　公园、绿化广场沿街部分，城市主要道路两侧沿线单位，除有特殊安全需要外，应当实施开放式绿化。

第二十三条　行道树应当选用寿命长、抗逆性强、遮荫效果良好的树种。

提倡道路单侧种植双排以上行道树。

第二十四条　城市规划和建设应当合理安排地上、地下管线的位置及走向。地上管线不得影响树形完整及树木生长，地下管线应当按照有关规范与树木及其他绿化设施保持距离，必要时采取保护措施。

新建管线和新种树木，应当服从规划，本着后建让先种、后种让先建的原则协商解决。

第三章　保护与管理

第二十五条　绿化植物和设施的管护，按照专业管护与社会养护相结合的原则，实行地段责任制，保证植株健壮、设施完好。

第二十六条　绿地和绿地外树木的养护责任按照下列规定确定：

（一）居住区以外的公园绿地、防护绿地、道路绿地及行道树，由市、县（市）、区城市园林绿化行政主管部门或者同级人民政府指定的部门负责；

（二）单位附属绿地和树木、单位管界内的防护绿地，由该单位负责；

（三）居住区内绿地，已实行物业管理的，由业主或者其委托的物业服务企业负责；未实行物业管理的，由其所在地的乡（镇）人民政府、街道办事处负责，县（市）、区财政应当给予适当补助；

（四）临街单位、居住区、门店负责其门前自建绿化的养护。

前款规定以外的绿地和树木养护责任不清或者有争议的，由市、县（市）、区城市园林绿化行政主管部门确定。

第二十七条　禁止擅自改变规划绿地性质和用途。因城市建设和其他特殊原因确需改变规划的，城乡规划行政主管部门应当征得城市园林绿化行政主管部门同意，并按规划审批权限报原审批机关批准。

第二十八条　禁止改变公园绿地性质和用途。改变其他绿地性质和用途的，市、县（市）、上街区城乡规划行政主管部门应当会同城市园林绿化行政主管部门提出意见，报同级人民政府批准，并就近建设不少于同等面积、不低于同等标准的绿地；无法就近建设的，按照易地绿化代建方式进行。

第二十九条　因施工等原因确需临时占用绿地的，应当经市、县（市）、上街区城市园林绿化行政主管部门批准。临时占用沿街花坛、绿篱、草坪的，应当缴纳绿地临时占用补偿费。

临时占用期限不得超过一年。占用期满，占用单位应当在规定期限内予以恢复；造成损失的，应当赔偿。

第三十条　在公园绿地周边规定区域内新建建筑物、构筑物，市、县（市）、上街区城乡规划行政主管部门在依法办理有关规划许可手续前，应当征求城市园林绿化行政主管部门的意见。

第三十一条　设置户外广告不得影响绿化植物正常生长，不得遮挡城市园林绿化景观。

第三十二条　禁止下列行为：

（一）偷盗、践踏、损毁树木花草；

（二）借用树木作为支撑物或者固定物、在树木上悬挂广告牌；

（三）在树旁和绿地内倾倒垃圾或者有害物质、堆放杂物、取土、焚烧；

（四）在绿地内擅自设置广告、搭建建筑物、构筑物；

（五）擅自拆除绿篱、花坛、草坪；

（六）在绿地内擅自摆摊设点、停放车辆；

（七）在居住区以外的公园绿地内擅自设置经营性设施和项目；

（八）污染、损坏建筑小品及游艺、休息、浇灌、照明等设施；

（九）其他损坏园林绿化及其设施的行为。

第三十三条　对园林景观路实行重点保护，禁止违反规划在道路绿地内开设通道。道路防护绿地或者带状公园宽度在二十米以上的，其外侧应当规划建设辅道。

第三十四条　绿化植物妨碍公共交通的，园林绿化管养单位应当及时处理。

因影响电力、通讯线路安全、工程施工或者其他非养护原因需修剪行道树的，由市、县（市）、区城市园林绿化行政主管部门批准并组织修剪。

第三十五条　加强绿化植物的病虫害防治，推广生物防治技术，建立虫情、病情、疫情测报、防治制度。

严格执行苗木、种子检疫制度。引进的种子、苗木应当按规定经植物检疫部门检疫，未经检疫或者检疫不合格的，不得引进、种植。

第三十六条　对古树名木按照有关规定实行重点保护，严禁砍伐和擅自移植，严防人为和自然的损害。古树名木由所在单位或者个人养护，市、县（市）、区城市园林绿化行政主管部门应当加强监督和技术指导，制定养护办法及技术措施，建立档案、设置标志。

第三十七条　对下列未列入古树名木的大树实行重点保护，非因自然枯死、达到更新期或者重大建设工程项目所必须的，不得砍伐、移植：

（一）法桐胸径四十厘米以上或

者树龄五十年以上的；

（二）泡桐、梧桐、杨树，胸径六十厘米以上的；

（三）常绿树种胸径三十厘米以上的；

（四）其他树种胸径五十厘米以上的。

第三十八条　行道树树干周围应当实施透水、透气覆盖。

修剪、移植、砍伐行道树应当由园林绿化专业养护单位实施。行道树缺株的，应当按照园林植物种植规范及时补栽。

第三十九条　未经批准，不得砍伐、移植树木。

经批准砍伐、移植他人树木的，应按规定予以补偿。

砍伐、移植树木，坚持能修剪的不移植、能移植的不砍伐和就近移植的原则。

第四十条　申请砍伐、移植树木的，应当具备下列条件之一：

（一）建设工程施工所必须的；

（二）发生严重病虫害已无法挽救或者自然枯死的；

（三）危及人身、建筑物或者其他设施安全的；

（四）妨碍交通的；

（五）树龄已达更新期的；

（六）密度过大需要间伐、间移的；

（七）改造绿化设施所必须的；

（八）其他原因所必须的。

第四十一条　砍伐、移植树木的审批权限按照下列规定执行：

（一）在市区公园绿地（不含居住区内的公园绿地）、防护绿地及公共道路范围内的，由市城市园林绿化行政主管部门审批；

（二）在市区单位、居住区内的，由区城市园林绿化行政主管部门审查同意，报市城市园林绿化行政主管部门审批；

（三）在县（市）、上街区范围内的，由县（市）、上街区城市园林绿化行政主管部门审批；

（四）移植古树名木的，应当按照国家有关规定执行。

第四十二条　对砍伐、移植树木和临时占用绿地的申请，审批部门应当自收到申请之日起十五日内办理完毕。批准砍伐、移植树木和临时占用绿地的，发放许可证。

因抢险、救灾、突发事故等紧急情况需砍伐、修剪树木的，可以先行砍伐、修剪，同时报告市、县（市）、上街区城市园林绿化行政主管部门。险情消除后十日内，砍伐、修剪单位应当向市、县（市）、上街区城市园林绿化行政主管部门补办手续。

第四十三条　经批准砍伐树木的，应当按照有关规定进行补栽。

补栽的树木胸径不得小于五厘米，并保证成活。

因客观条件限制无法补栽或补栽达不到规定标准的，应当缴纳树木补植费用，由市、县（市）、上街区城市园林绿化行政主管部门负责补栽。

第四章　法律责任

第四十四条　有下列行为之一的，由市、县（市）、上街区城市园林绿化行政主管部门责令停止侵害，并按下列规定处以罚款；造成损失的，应当承担赔偿责任：

（一）擅自占用绿地或改变绿地用途的，责令限期改正，并处以每平方米一千元以上五千元以下罚款；

（二）擅自拆除绿篱、花坛、草坪的，责令限期恢复，并处以每平方米五百元以上一千元以下罚款；

（三）临时占用绿地期满后，未按规定期限恢复绿地的，从逾期之日起，按每日每平方米五十元以上一百元以下处以罚款；

（四）擅自修剪行道树的，处以每株五百元以上一千元以下罚款；

（五）损伤、砍伐或者擅自移植古树名木的，处以每株一万元以上五万元以下罚款；

（六）擅自砍伐、移植行道树和第三十七条规定的大树的，处以每株五千元以上二万元以下罚款；擅自砍伐、移植其他树木和损伤致死行道树的，处以每株一千元以上五千元以下罚款。

第四十五条　新建、改建居住区、单位庭院建设工程项目违反本条例第十一条、第十二条第一款规定的，由市、县（市）、上街区城市园林绿化行政主管部门责令限期改正，并处以每平方米一万元以上五万元以下罚款。

第四十六条　建设单位未按要求对绿地平面图进行公示的，由市、县（市）、上街区城市园林绿化行政主管部门责令限期改正；逾期不改正的，处以五千元罚款。

第四十七条　有下列行为之一的，由市、县（市）、上街区城市园林绿化行政主管部门责令改正，并按下列规定处以罚款；造成损失的，应当承担赔偿责任：

（一）违反本条例第三十二条第（一）项、第（二）项、第（三）项、第（六）项、第（八）项、第（九）项规定之一的，可以处以每处五十元以上五百元以下罚款；

（二）违反本条例第三十二条第（七）项规定的，由市、县（市）、上街区城市园林绿化行政主管部门责令限期拆除，并处以每处一千元以上五千元以下罚款；

（三）违反本条例第三十一条、第三十二条第（四）项规定的，处以五千元以上一万元以下罚款。

第四十八条　绿地养护责任单位因未履行养护责任或者养护不当造成绿地严重损害的，由市、县（市）、上街区城市园林绿化行政主管部门责令改正，并按损害绿地面积处以每平方米五十元以上一百元以下罚款。

第四十九条　城市园林绿化工程设计、监理或者施工单位无资质或者超越资质承接园林绿化工程设计、监理、施工业务的，由市或者县（市）、上街区城市园林绿化行政主管部门责令停止设计、监理或者施工，限期改正，并处以二千元以上一万元以下罚款。

第五十条　城市园林绿化行政主管部门、城乡规划行政主管部门和其他有关管理部门及其工作人员违反本条例规定，有下列行为之一的，由其所在单位或者上级机关给予行政处分；构成犯罪的，依法追究刑事责任：

（一）擅自改变规划绿地或者其他绿地性质和用途的；

（二）擅自降低绿地率指标批准建设项目有关手续的；

（三）擅自调整城市绿线的；

（四）违法实施行政许可的；

（五）违法实施行政处罚的；

（六）违法收取或者擅自挪用易地绿化代建费用的；

（七）其他滥用职权、玩忽职守、徇私舞弊的。

第五章　附　则

第五十一条　本条例所称绿地，包括公园绿地、防护绿地、附属绿地以及其他绿地。

本条例所称绿线，是指城市各类绿地范围的控制线。

本条例所称古树名木，是指树龄在百年以上的树木，以及珍贵、稀有或具有历史、科学、文化价值、重要纪念意义的树木。

第五十二条　本条例自2012年10月1日起施行。1989年12月20日郑州市第九届人民代表大会常务委员会第六次会议通过、1990年2月17日河南省第七届人民代表大会常务委员会第十四次会议批准的《郑州市城市园林绿化建设管理条例》，1996年12月20日郑州市第十届人民代表大会常务委员会第二十七次会议通过、1997年4月4日河南省第八届人民代表大会常务委员会第二十五次会议批准的《郑州市人民代表大会关于修改〈郑州市城市园林绿化建设管理条例〉的决定》、2000年6月23日郑州市第十一届人民代表大会常务委员会第十二次会议通过、2000年9月27日河南省第九届人民代表大会常务委员会第十八次会议批准的

《郑州市人民代表大会常务委员会关于修改〈郑州市城市园林绿化建设管理条例〉的决定》、2005年4月28日郑州市第十二届人民代表大会常务委员会第十次会议通过、2005年9月30日河南省第十届人民代表大会常务委员会第十九次会议批准的《郑州市人民代表大会常务委员会关于修改〈郑州市城市园林绿化建设管理条例〉的决定》同时废止。

郑州市劳动用工条例

（2012年6月29日郑州市第十三届人民代表大会常务委员会第二十九次会议通过 2012年7月27日河南省第十一届人民代表大会常务委员会第二十八次会议批准）

第一章 总 则

第一条 为规范劳动用工行为，保护劳动者和用人单位的合法权益，促进劳动关系和谐稳定，根据《中华人民共和国劳动法》、《中华人民共和国劳动合同法》、《中华人民共和国就业促进法》等法律、法规，结合本市实际，制定本条例。

第二条 本市行政区域内的劳动用工及其相关活动，适用本条例。

第三条 市人力资源社会保障行政部门主管本市劳动用工工作。县（市）、区人力资源社会保障行政部门依照管理权限，主管本行政区域内的劳动用工工作。

工业和信息、公安、民政、安全生产监督、城乡建设、交通运输、环境保护、商务、卫生、国有资产监督管理、工商行政管理、税务等部门按照各自职责协同做好劳动用工工作。

工会、妇联、残联等组织依法维护劳动者的合法权益，对用人单位的劳动用工行为进行监督。

第四条 用人单位应当依法建立和完善劳动规章制度，保障劳动者享有劳动权利、履行劳动义务。

第二章 招收录用

第五条 用人单位依法享有用工自主权，可以通过下列途径招收劳动者：

（一）通过自有途径发布招聘信息；

（二）委托人力资源中介服务组织；

（三）参加职业招聘洽谈会；

（四）通过大众传播媒介发布招聘信息；

（五）其他合法途径。

第六条 用人单位通过第五条第（二）项、第（三）项、第（四）项途径招收劳动者，应当出示营业执照或者登记证书、单位委托书、经办人身份证件，并公布招工简章。

第七条 设立人力资源中介服务组织，应当向市、县（市）、上街区人力资源社会保障行政部门申请办理人力资源中介服务许可证。人力资源中介服务组织持人力资源中介服务许可证向工商行政管理部门办理登记。

未经许可和登记的组织，不得从事人力资源中介服务活动。

禁止伪造、变造、涂改、转让人力资源中介服务许可证。

第八条 设立人力资源中介服务组织，应当具备下列条件：

（一）有明确的章程和管理制度；

（二）在本市市区设立人力资源中介服务组织的，有三名以上具备相应职业资格的专职工作人员，经营场所使用面积八十平方米以上，开办资金三十万元以上；

（三）在县（市）、上街区设立人力资源中介服务组织的，有两名以上具备相应职业资格的专职工作人员，经营场所使用面积五十平方米以上，开办资金二十万元以上；

（四）法律、法规规定的其他条件。

第九条 人力资源中介服务组织不得有下列行为：

（一）超出许可的业务范围经营；

（二）提供虚假就业信息；

（三）为无合法证照的用人单位提供人力资源中介服务；

（四）为无合法身份证件的劳动者提供人力资源中介服务；

（五）违反规定为未满十六周岁的未成年人介绍就业；

（六）介绍劳动者从事法律、法规禁止的职业；

（七）扣押劳动者的居民身份证或者其他证件；

（八）向劳动者收取押金、保证金等担保性质的费用；

（九）以暴力、胁迫、欺诈等方式进行人力资源中介服务活动；

（十）其他违反法律、法规规定的行为。

第十条 用人单位不得有下列行为：

（一）发布含有虚假或者歧视性内容的招聘信息；

（二）扣押劳动者的居民身份证或者其他证件；

（三）在国家规定应持证上岗的工种岗位使用未取得相应职业资格证书人员；

（四）违反规定使用年满十六周岁未满十八周岁的未成年工；

（五）以暴力、威胁或者非法限制人身自由的手段强迫劳动者劳动；

（六）违章指挥或者强令冒险作业危及劳动者人身安全；

（七）侮辱、体罚、殴打、非法搜查或者拘禁劳动者；

（八）劳动条件恶劣、环境污染严重，给劳动者身心健康造成损害；

（九）其他违反法律、法规规定的行为。

禁止用人单位招用未满十六周岁的未成年人。法律、法规另有规定的，从其规定。

第十一条 用人单位招收劳动者时，应当要求劳动者提供真实有效的身份证明。

劳动者求职时，应当出示本人真实有效的身份证明。

第十二条 用人单位自用工之日起即与劳动者建立劳动关系。

已建立劳动关系，未同时订立书面劳动合同的，用人单位应当自用工之日起一个月内与劳动者订立书面劳动合同。劳动合同文本由用人单位和劳动者各执一份。

第十三条 用人单位应当自用工之日起三十日内为其职工向社会保险经办机构申请办理社会保险登记，依法按时足额缴纳社会保险费，并按月将缴纳社会保险费的明细情况告知本人。

第十四条 用人单位招用初次就业的劳动者，应当自用工之日起三十日内到市、县（市）、区人力资源社会保障行政部门办理招工备案。

全日制大中专院校、技校毕业生和退伍军人就业的，按照国家有关规定办理。

第十五条 用人单位应当建立健全职工档案管理制度。

用人单位或者劳动者可以委托县级以上人民政府依法设立的公共就业服务机构代为管理职工档案。

劳动者有权查阅本人职工档案。用人单位和公共就业服务机构应当为劳动者查阅档案提供便利。

用人单位应当在解除或者终止劳动合同时出具解除或者终止劳动合同的证明，并在十五日内为劳动者办理档案转移手续。用人单位不得扣押职工档案。

第十六条 用人单位应当建立职工名册备查。职工名册包括劳动者姓名、性别、身份证号码、户籍地址及现住址、联系方式、用工形式、用工起始时间、劳动合同期限等内容。

用人单位应当建立职工工作时间记录台账备查。职工工作时间记录台账包括每天上下班时间、加班时间等内容。

第十七条 用人单位与劳动者协商一致，可以延长劳动合同期限，变更劳动合同内容。

延长劳动合同期限累计超过六个月的，用人单位应当自六个月届满之日起与劳动者重新订立劳动合同。延长劳动合同期限累计超过六个月未重新订立劳动合同的，视为已订立下一个劳动合同。法律、法规规定劳动合同期限应当延续的情形除外。

第十八条　用人单位有下列情形之一的，劳动者的工作年限和订立固定期限劳动合同的次数应当连续计算：

（一）强迫劳动者辞职后再与其订立劳动合同的；

（二）通过关联企业交替与劳动者订立劳动合同，劳动者仍在原单位工作的；

（三）通过注销原单位、设立新单位的方式，将劳动者重新安排到新单位的；

（四）其他违反诚实信用和公平原则，规避与劳动者订立无固定期限劳动合同的情形。

第十九条　用人单位与劳动者协商一致，可以依法解除劳动合同。

用人单位违法解除或者终止劳动合同，劳动者要求继续履行劳动合同的，用人单位应当继续履行；劳动者不要求继续履行劳动合同或者劳动合同已经不能继续履行的，用人单位应当依法支付赔偿金。

劳动者违法解除劳动合同的，用人单位可以要求劳动者继续履行劳动合同，也可以按照本单位依法制定的规章制度处理。

第二十条　用人单位与劳动者可以协商采取非全日制用工形式用工。

第二十一条　职工在用人单位之间流动的，用人单位应当按照有关规定办理劳动关系和社会保险关系转移手续。

第三章　工作时间

第二十二条　用人单位实行劳动者每日工作时间不超过八小时、每周工作时间不超过四十小时的工时制度。

用人单位根据本单位生产经营特点，实行不定时工作制或综合计算工时工作制的，应当报经市、县（市）、区人力资源社会保障行政部门批准。

第二十三条　对于实行不定时工作制和综合计算工时工作制的劳动者，用人单位应当采用集中工作、集中休息、轮休调休、弹性工作时间等适当方式，确保劳动者休息休假的权利和生产、工作任务的完成。

实行综合计算工时工作制的，综合计算周期内的正常工作时间应当与法定标准工作时间相同，超出部分视为延长工作时间。每月延长工作时间不得超过三十六小时。

第二十四条　用人单位实行不定时工作制或者综合计算工时工作制的，应当告知劳动者，并在劳动合同中予以载明。

用工单位在劳务派遣岗位上实行不定时工作制或者综合计算工时工作制的，应当向劳务派遣单位提供人力资源社会保障行政部门的审批证明。

第二十五条　对于实行计件工作的劳动者，用人单位应当根据本条例第二十二条第一款规定的工时制度合理确定其劳动定额和计件报酬标准。确定的劳动定额应当使本单位同岗位百分之九十以上的劳动者在法定工作时间内能够完成。

第四章　工资报酬

第二十六条　用人单位根据本单位的生产经营特点和经济效益，依法制定本单位的工资分配制度和工资支付制度。

工资应当以货币形式按照劳动合同约定支付，不得以实物等非货币形式支付。

用人单位支付劳动者的工资不得低于当地最低工资标准。

第二十七条　工资分配制度应当包括以下内容：

（一）岗位工资分配办法；

（二）工资调整办法；

（三）奖金、津贴、补贴分配办法；

（四）医疗期、休假等特殊情况下的工资分配办法。

第二十八条　工资支付制度应当包括以下内容：

（一）工资支付项目、标准、形式；

（二）工资支付周期和日期；

（三）依法代扣工资的情形及标准。

第二十九条　劳动者一方与用人单位通过平等协商，可以就工资分配、工资支付等劳动报酬事项，签订工资专项集体合同。

工资分配、工资支付等劳动报酬事项，参照省、市人力资源社会保障行政部门发布的工资指导线、劳动力市场工资指导价位和行业人工成本信息合理确定。

第三十条　用人单位应当自工资专项集体合同签订之日起十日内，将合同文本报送市、县（市）、区人力资源社会保障行政部门审查；人力资源社会保障行政部门自收到合同文本之日起十五日内未提出异议的，工资专项集体合同即行生效。

市、县（市）、区属国有及国有控股企业工资分配办法，应当自制定或者修订之日起十五日内，报同级企业主管部门和人力资源社会保障行政部门备案。

第三十一条　用人单位按照最低工资标准发放工资的职工人数占本单位职工总数百分之二十以上的，用人单位的工会或者职工代表有权向用人单位提出，通过集体协商对工资分配办法予以修改完善。

第三十二条　用人单位安排劳动者在法定标准工作时间以外工作的，应当依法支付加班工资，不得将加班工资计算在最低工资标准内。

加班工资的计算基数按照下列原则确定：

（一）用人单位与劳动者双方约定的工资标准；

（二）双方虽有约定，但约定的工资标准低于集体合同约定的，按照集体合同执行；

（三）双方未约定的，按照劳动者本人加班当月前十二个月提供正常劳动的月平均工资计算；实际工作时间未满十二个月的，按照劳动者本人实际提供正常劳动的月平均工资计算；

（四）无法确定劳动者工资标准的，按照当地上年度城镇单位在岗职工平均工资计算。

第三十三条　用人单位安排实行不定时工作制的劳动者在法定休假节日工作的，按照本条例第三十二条第二款规定的计算基数支付劳动者不低于工资百分之三百的劳动报酬。

第三十四条　用人单位安排非全日制劳动者每周工作时间累计超过二十四小时的，应当依法支付加班工资。

第三十五条　用人单位非因劳动者原因停工、停产，在劳动者一个工资支付周期内的，应当视同劳动者提供正常劳动支付其工资。超过一个工资支付周期的，可以根据劳动者提供的劳动，按照双方新约定的标准支付工资，但不得低于当地最低工资标准；用人单位没有安排劳动者工作的，应当按照不低于当地最低工资标准的百分之六十支付劳动者基本生活费。但因不可抗力导致用人单位停工、停产的除外。

第三十六条　建立欠薪报告制度。用人单位确因经营困难等原因须延期支付工资的，应当事先征得本单位工会或者职工代表大会同意，并向市、县（市）、区人力资源社会保障行政部门报告延期支付工资的原因、时间、金额和涉及人数、单位财务状况、偿还工资计划以及解决措施等内容。

第五章　监督检查

第三十七条　市、县（市）、区人力资源社会保障行政部门应当加强监督检查，依法查处用人单位、人力资源中介服务组织的违法行为。

劳动用工监督检查以日常巡查、书面审查、专项检查以及接受举报投诉等形式进行。

第三十八条　市、县（市）、区

人力资源社会保障行政部门对下列事项实施监督检查：

（一）用人单位招工备案情况；

（二）用人单位劳动合同签订情况；

（三）用人单位职工名册；

（四）用人单位工时制度和工作时间记录台账；

（五）用人单位工资发放和社会保险费缴纳情况；

（六）人力资源中介服务活动；

（七）法律、法规规定的其他劳动用工事项。

第三十九条　市、县（市）、区人力资源社会保障行政部门对连续拖欠劳动者工资二个月以上或者累计拖欠达三个月以上的用人单位，实施重点监察，并按照规定向社会公布。

第四十条　用人单位与劳动者发生劳动争议，当事人可以协商解决，也可以向企业劳动争议调解委员会、依法设立的基层人民调解组织、乡镇和街道劳动争议调解组织申请调解；不愿调解、调解不成或者达成调解协议后不履行的，可以依法向有管辖权的劳动人事争议仲裁委员会申请仲裁；对仲裁裁决不服的，可以依法向人民法院提起诉讼。

第四十一条　市、县（市）、区人民政府应当建立健全劳动用工诚信评价体系。劳动用工诚信评价体系包括用人单位规章制度建立、招工备案、劳动合同签订、工资支付、社会保险费缴纳、未成年工和女职工特殊劳动保护、劳动争议、违法行为举报投诉等内容。

劳动用工诚信评价体系纳入同级人民政府社会信用信息系统。

第四十二条　任何组织或者个人对用人单位、人力资源中介服务组织违反劳动保障法律、法规的行为，有权向市、县（市）、区人力资源社会保障行政部门投诉、举报。

第六章　法律责任

第四十三条　违反本条例规定，法律、法规有处罚规定的，从其规定。

第四十四条　违反本条例规定，有下列行为之一的，按照下列规定处罚：

（一）违反第七条第二款规定，未取得人力资源中介服务许可证从事人力资源中介服务活动的，由人力资源社会保障行政部门依法予以取缔；有违法所得的，没收违法所得，并处以一万元以上五万元以下罚款；

（二）违反第七条第三款、第九条第（二）项、第九条第（三）项规定的，由人力资源社会保障行政部门或者其他主管部门责令改正；有违法所得的，没收违法所得，并处以一万元以上五万元以下罚款；情节严重的，吊销人力资源中介服务许可证；

（三）违反第九条第（一）项、第（四）项、第（六）项、第（九）项规定的，由人力资源社会保障行政部门责令改正；没有违法所得的，可处以一万元以下罚款；有违法所得的，可处以不超过违法所得三倍的罚款，但最高不得超过三万元；情节严重的，提请工商行政管理部门依法吊销营业执照；对当事人造成损害的，依法承担赔偿责任；

（四）违反第九条第（五）项规定，介绍未满十六周岁的未成年人就业的，由人力资源社会保障行政部门按照每介绍一人处五千元罚款的标准给予处罚，并吊销其人力资源中介服务许可证；

（五）违反第九条第（七）项、第十条第一款第（二）项规定，扣押劳动者身份证或者其他证件的，由人力资源社会保障行政部门责令限期退还劳动者，并由相关部门依法予以处罚；

（六）违反第九条第（八）项规定，向劳动者收取押金、保证金等担保性质费用的，由人力资源社会保障行政部门责令限期退还劳动者，并按照每人五百元以上二千元以下的标准予以处罚；

（七）违反第十条第一款第（一）项、第十四条第一款、第十六条第二款规定的，由人力资源社会保障行政部门责令限期改正；逾期不改正的，可处以一千元以下罚款；

（八）违反第十条第一款第（三）项规定，在国家规定应持证上岗的工种岗位使用未取得相应职业资格证书人员的，由人力资源社会保障行政部门给予警告，责令用人单位限期对有关人员进行相关培训，取得职业资格证书后再上岗，并可处以一千元以下罚款；

（九）违反第十条第一款第（五）项、第（六）项、第（七）项、第（八）项规定的，依法给予行政处罚；构成犯罪的，依法追究刑事责任；给劳动者造成损害的，应当承担赔偿责任；

（十）违反第十条第二款规定，非法招用未满十六周岁的未成年人的，由人力资源社会保障行政部门按照每使用一人每月处五千元罚款的标准予以处罚。

第四十五条　用人单位违反本条例规定，有下列行为之一的，由市、县（市）、区人力资源社会保障行政部门责令限期改正，并依照有关法律、法规的规定进行处罚：

（一）违反规定使用年满十六周岁未满十八周岁的未成年工；

（二）未将劳动合同文本交付劳动者；

（三）未按照劳动合同约定及时足额支付工资；

（四）未按照规定建立、保存职工名册；

（五）未按照规定建立、保存、转移职工档案；

（六）其他违反法律、法规规定的行为。

第四十六条　市、县（市）、区人力资源社会保障行政部门及其行政执法人员违反本条例规定，有下列行为之一的，对直接负责的主管人员和其他直接责任人员，依法给予行政处分；构成犯罪的，依法追究刑事责任：

（一）对违反本条例的行为不按规定查处；

（二）违反规定办理人力资源中介服务许可；

（三）违反规定办理不定时工作制或者综合计算工时工作制审批；

（四）违反规定办理集体合同审核备案；

（五）利用职务便利，索取或者收受他人财物；

（六）其他滥用职权、玩忽职守、徇私舞弊的行为。

第七章　附　则

第四十七条　本条例自2013年1月1日起施行。

资源环境约束下郑州都市区工业经济发展中的问题与思考

资源环境的可持续利用是实现经济社会可持续发展的一个关键问题，是目前国际环境和国内经济运行所面临的共同问题，也是郑州加快都市区建设，打造中原经济区核心增长区、全国重要的区域性中心城市和最佳宜居环境城市，实现“三化”协调发展所面临的重要课题。近期，我们围绕这一课题进行专题调研，对当前资源环境约束条件下郑州都市区工业经济的发展问题进行了一些粗浅的探讨和分析，以供参考。

一、郑州市工业发展中资源环境约束的原因分析

（一）郑州市正处于工业化后期，资源需求激增

从国际经济发展进程和特征来看，当前我市经济发展已进入工业化后期阶段，这一阶段产业重型化是突出特点。除此之外，郑州作为中原经济区核心城市已经进入了超越发展关键时期，迎来了自身发展的战略机遇期，同时，郑州在其经济社会发展中的内在矛盾不断涌现、周边区域城市竞争日趋激烈的情况下，也正处于发展的转型攻坚期和竞争危机期。郑州工业不断发展壮大是历史的、客观的需要，在当前和今后一个时期，工业以及以工业为主的第二产业仍将是郑州市经济的重要支柱，实现就业的主要渠道。新世纪以来，郑州工业始终保持着强劲的发展势头，对经济增长的贡献率由2001年的42%上升到2011年的53%，成为建设郑州都市区经济的重要支柱，而未来一段时期，按照“三年倍增、五年超越”的目标计划，郑州工业必将实现跨越式发展及规模总量的几何级倍增。工业化进程的不断加速需要更多的资源消耗和环境承载，而资源环境压力的进一步增强，将是郑州发展中不得不面对的难题。

（二）城镇化进入加速发展期，资源环境消耗增加

城镇化水平是衡量一个国家和一个地区经济社会发展水平的重要标志，随着经济社会的快速发展，郑州市城区和镇区面积不断扩大，城镇化水平稳步提高。2010年郑州市城镇人口551万人，比2000年增加184.3万人，平均每年增加18.4万人，城镇化率达63.62%，比2000年提高了8.54个百分点，平均每年提高0.85个百分点。2011年郑州市城镇化率为64.82%，比2010年上升1.2个百分点。但是横向看，郑州城镇化率虽位居全省18个省辖市的第一位，但同周边省会城市比较仍相对偏低。2010年其他城市城镇化率武汉为71.3%、济南65%、合肥68.2%、石家庄50.81%、太原82.54%、西安69%、南昌65.71%、长沙67.69%，郑州仅高于石家庄市。郑州城镇化水平滞后，未来仍将保持一个高速发展的进程。城镇的发展将增加大量的基础设施建设、公共设施建设、居民住宅建设以及二、三产业的发展等，这一切要消耗远比农村发展更多的资源。单就能源而言，当前城镇人口年均消耗能源为农村人口的3.5倍。到2020年预计郑州市总人口将达到1500万以上，建成区面积达到1000平方公里以上，城镇化率达到80%以上，届时由于城镇人口的大量增加而扩大的资源消耗将更为可观，而相应对工业发展的资源环境约束将更加紧迫。

（三）内需拉动不足，粗放式经济增长局面短期难以转变

在国际国内宏观经济形势背景下，郑州市经济发展面临内需拉动不足与外部市场低迷的双重制约。从近几年郑州的消费水平看，除2009年消费率高于全国0.5个百分点，其他年份，无论是消费率还是居民消费率均低于全国平均水平。消费率过低又造成了高储蓄率，高储蓄率又转化为高投资率，导致经济增长一直过多依靠投资拉动，粗放式的经济增长局面短期难以转变。统计数据显示，自2001年到2011年，郑州市投资率从36%跃升至70%左右，持续上升，投资拉动仍是经济增长主导推动力。从郑州都市区发展实际看，2011年10月《国务院关于支持河南省加快建设中原经济区的指导意见》的发布，标志着中原经济区上升为国家战略并正式实施，郑州作为中原经济区核心城市，在这个重大历史机遇下，必将迎来新一轮的快速发展周期。未来一段时期，加大投资力度，推进工业化进程仍然是郑州市经济发展的重点，工业化进程加速必然对郑州市资源与环境造成更大的压力。

（四）高能耗资源型产业比重过大，调整转型压力巨大

一个地区的产业结构是由经济发展的客观条件和历史阶段决定的。煤炭工业、铝冶炼、耐火材料等是郑州市长期形成的传统行业，也是郑州工业赖以生存的支柱行业。经过多年发展，郑州工业产业结构与“十一五”初期相比也有一定的变化，汽车、食品新兴工业增长明显，耐火材料产品、耗能品种明显优化，铝材企业明显增多。但随着电力、有色、建材、化工等高耗能工业经济的不断扩张，主导行业以高耗能重工业为主且集中度高，势必会不断拉高全市能耗水平，给节能减排目标带来巨大挑战，也为提高经济增长的质量和效益增加了难度。

郑州市2011年规模以上工业完成增加值2340.2亿元，占全市GDP的52.7%，全年规模以上工业综合能源消费量为2084.2万吨标准煤，占全社会能源消费量的70.1%，说明郑州工业以7成的能源消耗贡献了5成的GDP。而高能耗产业的能源消耗更不容乐观，全市煤炭开采、化学原料及化学制品业、非金属矿物制品业、黑色金属冶炼加工业、有色金属冶炼加工业、电力热力生产和供应六大耗能行业占规模以上增加值的比重为51.3%，却占去了93.2%的工业能源消费量，即以逾9成的能耗，贡献了5成的工业增加值。近两年，能源消耗低、科技含量高、产业附加值高的新兴产业虽然增长较快，但相对其他产业比重低、贡献小，支撑力较弱，发展滞后。代表高新技术行业的通信设备、计算机及其他电子设备制造业2011年实现增加值175.0亿元，仅占工业增加值的7.4%，对经济发展的带动力明显不足。

长期对煤炭工业、铝冶炼、耐火材料等高能耗资源型产业的依赖，也抑制了经济转型的动力和压力。例如，在部分县（市），煤炭工业等资源型产业对当地财政的贡献度高达70%以上。这类行业在资源类产品价格高企的年份里为当地经济带来了高

郑州消费率与居民消费率

（单位%）

年份	郑州消费率	全国消费率	郑州居民消费率	全国居民消费率
2005	44.2	52.9	28.8	38.8
2006	42.4	50.7	27.0	36.9
2007	42.8	49.5	27.4	36.0
2008	44.6	48.4	29.1	35.1
2009	48.7	48.2	32.5	35.0
2010	47.2	47.4	30.5	33.8

速的发展，但却也表明经济转型并没有取得实质性成效。郑州主导行业以高耗能重工业为主且集中度高的现实，不可避免地会拉高全市能耗水平，增强资源与环境的约束与压力。

（五）工业发展的科技含量低，资源利用率不高

由于历史等各种原因，郑州市工业发展方式比较粗放，工业产品结构大多以初级产品加工为主，产业链条短，产品附加值低。与发达地区相比，郑州市经济增长尤其是工业经济增长主要依靠物质资本的大量消耗，人力资本和科技进步对经济增长的作用尚未充分发挥。

2011年郑州市高新技术产业增加值为859.8亿元，低于中部省会城市的武汉（1074.1亿元）和长沙（1020.4亿元）。从万元工业增加值综合能耗看，郑州为1.72吨标准煤，而长沙为0.48、石家庄为0.48、合肥为0.6、西安为0.7，远远低于郑州。郑州市在科技领域也落后于先进城市，一方面是高层次创新人才特别是领军人才明显不足，全市地域内拥有大专院校48所，远低于中部城市武汉市82所的规模，我市院士仅有10名，与武汉市49名的规模差距明显；另一方面是自主知识产权拥有量少，申请的专利数量比重偏低，2011年郑州市共获专利授权数6141件，仅为武汉市的53%。从企业层面看，郑州市高新技术龙头企业较少，企业自主创新能力不足，缺乏核心技术，更多依靠廉价劳动力的比较优势、依靠资源能源的大量投入来赚取微薄利润。在企业研发投入方面，郑州市规模以上工业企业研发投入占销售收入的比重为0.58%，不仅远远低于太原（1.67%）、西安（1.49%）、长沙（1.35%）、济南（1.15%）等周边省会城市，而且还低于国家平均水平（0.93%）。随着土地、能源、人工等要素成本的上升，郑州市工业发展所依赖的低成本“比较优势”也将持续弱化，这种现状加重了资源与环境的约束。

（六）工业布局空间受限，资源配置效率不高

随着郑州市经济社会的快速发展，各种资源迅速向市区集聚，城区经济密度不断增大，但市区行政区域面积过小，尤其在国家宏观调控和建设用地审批权的严厉约束下，郑州市城区土地资源更加稀缺，扩展空间日益狭窄，已成为制约城区发展的“瓶颈”。

为改变这种格局，进入新世纪以来尤其是“十一五”期间，郑州市工业布局快速向聚集化方向发展，相继建立了60多个产业聚集区，促使产业布局不断优化，取得良好成效。但还存在一些不足之处，突出表现在：工业园区布局实现了空间上的集中，但是企业间的横向与纵向协作还很缺乏，集聚效应发挥不够，一些产业聚集区主导产业过多、过粗，定位不明确、产业链条短、产业关联度低、产业特色不突出，只是一些项目的简单堆积，聚集效应差，优势难以集中，无法发挥规模经济效应；一些地区的产业聚集区散而无形，多是在自发状态下形成，缺乏核心竞争力；一些地方空间布局规划上与省、市协调不够，条块分割，无序竞争，布局上的点与点之间缺乏有效经济联系，制约经济片区发展格局的形成，造成有限稀缺的要素资源（如土地）配置效率低，经济发展缺乏有效的载体。这些工业布局中存在的问题必然造成资源更加稀缺，并且由于布局分散、产业链不完整，造成资源利用率低、环境综合治理效果差，大大加剧了资源与环境约束。

通过以上分析，郑州市工业发展与资源约束的矛盾和问题，既有外部环境的影响，也有资源需求增大等原因，但根本原因是我市产业结构性、素质性问题以及企业核心竞争力不强的集中反映。这说明要继续推进工业化，不能再重复“高投入、高消耗、高增长、低效益”的老路，而是应坚持科学发展的道路，坚持新型工业化的道路。

二、缓解资源环境对郑州市工业发展约束的几点建议

中原经济区建设、郑州都市区建设为缓解、破解资源环境对工业发展约束难题带来重大历史机遇，在新的发展时期，郑州应继续在立足科学发展的前提下，突出结构调整，加快产业升级，推动经济发展由主要依靠投资拉动向依靠投资、消费、出口协调拉动转变，由主要依靠物质资源消耗向主要依靠科技进步、机制创新转变，走出一条科技含量高、信息化涵盖广、经济效益好、资源消耗低、环境污染少、人力资源优势得到充分发挥的新型工业化道路，为郑州都市区建设筑牢产业支撑，实现郑州跨越发展。

（一）加快工业结构调整，构建现代工业体系

当前，我市工业发展的最大问题是结构问题。市委市政府把调结构、促转型作为新型工业化的重点任务，作为缓解资源约束压力的重要手段是非常正确和必要的，应在此发展阶段长期坚持不动摇。继续优化工业布局，在改造提升中发展传统优势产业，在发展中持续进行工业结构调整。结合郑州市工业基础，可以在四个方面进行突破。一是做强汽车及装备制造业和电子信息产业两大战略支撑产业。加快推进郑州汽车城建设，形成百万辆汽车生产规模，建成全国一流的综合性汽车新城；依托现有装备制造业基础，建设国内一流的先进装备制造业基地。依托富士康、格力电器等龙头企业，大力发展通信设备和信息家电制造业，建成国家级电子信息产业基地。二是做大新材料和生物及医药两大战略性新型产业。新材料产业着力发展超硬材料及制品、新型有色金属合金材料、新型耐火材料、新型建筑材料、节能环保材料。生物及医药行业着力提升新型疫苗、诊断试剂等产品竞争力，大力发展干细胞治疗等基因技术药物。三是做优铝精深加工业、现代食品制造业和品牌服装制造业三大产业。加强自主创新和产学研结合，用先进适用技术和高新技术改造提升传统优势产业，打造世界级高端铝材加工基地，打造千亿级现代食品制造基地，加快培育服装自主知名品牌，提升核心竞争力。四是加快发展生产服务型产业。当前工业生产环节中的服务比重不断上升，并且逐步成为控制和引领工业附加值提升的关键环节，应高度重视生产性服务业的发展，加快制造业企业、研究院、科技服务单位等机构的改制步伐，从投融资、税收、培训等角度对生产服务型企业加大扶持力度，促进有实力的生产服务型企业加快发展，培育一批在行业内的全国知名品牌。

（二）推进收入分配体制改革，进一步扩大内需

目前郑州市经济增长虽仍以投资拉动为主，但2005至2010年，消费对郑州经济的拉动作用已日趋明显，尤其2008年以来，消费对保障郑州经济平稳上升起到非常重要的作用，也为转变经济增长方式提供有力工具。因此，郑州工业发展在确保适度投资规模的同时，应进一步扩大内需，以缓解投资拉动对资源环境的压力，保持郑州经济持续快速增长。就国家层面来看，拉动内需的首要任务是推进收入分配结构改革，收入分配适当向劳动者转移是经济发展的一般规律，没有收入就无从消费，扩大

内需拉动经济增长便无从谈起。加快调整国民收入分配格局，逐步提高居民收入在国民收入分配中的比重、劳动报酬在初次分配中的比重，是拉长“三驾马车”中消费这一“短板”的必要条件。就我市而言，提高城乡居民收入，一是扩大就业，增强公共就业服务。目前，就业市场之所以出现“用工荒”和“就业难”并存的局面，根本原因是就业市场供需之间的结构性不平衡。因此，应采取增强政府公共就业服务、加强职业指导和职业技能培训，或对就业困难人员实施就业援助等措施，平衡就业结构。二是建立收入分配长效机制。提高城乡居民收入必须与缩小贫富差距同步，应更加关注低收入群体和农村、农民工群体，切实做好保障和民生工作，维护好劳动者权益，特别是工伤保险、养老保险等合法权益的全力保障。

（三）鼓励创新，提升科技支撑能力

科学技术是生产力中最活跃、最主要的因素，是“第一生产力”，在资源环境约束不断趋紧的情况下，郑州工业发展对科学技术的需求尤为迫切，应积极推进与资源、环境相关的科研工作，尽快建立起适应资源循环利用和环境保护与治理要求的科研与技术创新开发体系。一方面针对郑州工业结构特点，着力在优势产业和瓶颈产业上加大投资力度，推进节能降耗减排技术研究。对占郑州工业比重比较大的采矿业、金属加工业、有色金属业等重点领域里的关键技术，加大投资力度，寻求技术突破，重点研究开发行业清洁生产技术、装备，着重技术集成创新，加强循环经济共性技术研究，郑州工业在一些新材料、新能源行业具有一定优势，应充分发挥比较优势，在某些技术领域获得突破，占领行业发展的技术制高点。另一方面，不断加快企业层面的技术改造和科技创新，努力实现创新驱动、内生增长，提升核心竞争力。应充分发挥企业在科技投入、技术创新、成果转化等方面的主体作用，鼓励企业建立健全自主创新体系，加大科技支持力度，鼓励科研机构和企业在一些具有优势的技术领域里率先突破，不断增强科技支撑能力。

（四）优化产业布局，推动集群集聚发展

工业布局优化是根据郑州市各区域的资源禀赋、环境容量、生态状况等因素，不断优化生产要素利用方式，提高生产要素利用效率的过程，是缓解资源环境压力的高效方式。郑州工业发展应遵循“集聚、集群、集约”的原则，依托现有产业基础，坚持按照每个县（市、区）工业主导产业不超过2个、每个产业聚集区明确1个工业主导产业的思路，明确不同区域的功能定位和发展方向，对郑州工业布局进行调整优化，构建布局集中、用地集约、产业集聚、主业突出、错位发展的产业新格局。坚持把产业集聚区作为产业发展的载体，按照省委、省政府“三规合一”“四集一转”“产城融合”的要求，确定主导产业，推进合村并城，完善基础设施，提升载体功能，搭建资金融通、土地整理、人力资源、技术创新四个服务平台，优化企业发展环境，加快产业集聚发展。

（五）“两化”深度融合，提高工业信息化水平

工业化和信息化融合发展，是新型工业化最现代的特点。“两化”融合已经成为破解资源环境约束的有效途径，信息技术可以改善产品质量和性能，提高劳动生产率，减少能耗物耗，降低污染排放，提高空间使用效率，使各种资源得到充分利用。郑州应抓住建设国家级“两化”融合试验区的契机，加快出台相关配套扶持政策，在汽车、装备制造、电子信息等行业和生产性服务业积极推广信息化应用，建设一批“两化”融合示范园区，认定一批“两化”融合示范企业，形成“行业、园区、企业”三位一体的“两化”融合发展新模式。探索建立能够客观反映郑州企业信息化水平与示范成效的分析评估体系，通过规划引领、龙头企业示范、重点项目实施、信息平台建设，切实提高企业信息化水平，加快信息技术对工业体系、流程和模式再造，转变工业经济发展方式，促进产业结构调高、调优、调轻、调净，把郑州市建成“两化深度融合”的先进制造业发展高地。

（六）招大引强，促进结构升级

承接一个重大龙头项目，就可能形成一个产业集群、建成一个产业基地，富士康项目的落户直接带动了郑州电子信息产业的迅猛增长。大项目、尤其是高新技术、高层次项目，对资源环境约束下郑州工业的长远发展意义重大。结合郑州工业发展状况，一是应大力吸引汽车和装备制造、电子信息、物流商贸、文化创意旅游等战略支撑产业和高新技术项目来郑州市投资。加大食品、服装等产业转移趋向明显领域、光伏太阳能等新兴产业领域的招商力度。二是着力引进综合配套项目。把招商引资重点放在与富士康、格力配套的电子电器产业集群领域，与东风日产、宇通、海马配套的汽车产业集群领域，与龙工、恒天配套的高端装备制造产业集群领域，以及物流、商贸、会展、金融等现代服务业产业集群领域。三是应利用好航空港区和综合保税区的区位和政策优势，积极引进和大力发展航空物流项目。四是着力引进高层次引资载体。吸引跨国公司、大型企业集团在郑设立总部或区域性总部、管理中心、财务中心、投资中心、营销中心、物流中心等，把郑州建成中原经济区企业总部中心城市。五是以国内外500强、行业前10强、央企和跨国公司为重点，积极引进在国际上有影响力、在国内有辐射力、对省内外资源有整合力的“三力”型项目，逐步形成特色明显的产业集群。要加大项目协调、推进、服务力度，确保引进的项目能落地，落地的项目能投产，投产的项目见效益。

（七）加快新型城镇化进程，构筑发展平台

新型城镇化是以城乡统筹、城乡一体、产城互动、节约集约、生态宜居、和谐发展为基本特征的城镇化。新型城镇化一头连着新型工业化，一头连着新型农业现代化，新型城镇化担当着引领“三化”协调科学发展、支撑中原经济区建设与发展的任务。推进新型城镇化，能够充分发挥产业集聚效应，持续地创造出消费需求、投资需求，为经济高速增长提供稳定的、可持续的动力源。一是新型城镇化能够推动产业链条由短到长、产业层次由低到高、产业关联由散到聚的转变，为产业、产品、组织机构加速集聚提供便利条件，并带动相关配套产业的发展，实现产业的存量、增量和质量的扩大优化，最终形成产业良性循环、健康发展的新局面。二是新型城镇化将派生出新的市场空间。随着城镇规模的扩大，城镇的引力场效应将不断吸引周边居民向城镇迁移，使城市生活方式和消费观念向周边地区扩散，促进整个区域消费结构升级，形成新的经济增长点和新的市场空间。三是新型城镇化有利于人才、技术、资本、项目等生产要素的快速优化配置，提高全社会的运行效率和效益，增强全社会的服务水平和服务质量。郑州市应继续坚持以新型城镇化为引领，按照“做强主城、做优县城、发展集（集聚区）镇、建设社区”的原则，加快推进全域道路交通一体化、中心城区现代化、县域村镇社区化，加快形成合理的城镇体系、合理的人口分布、合理的产业布局和合理的就业结构，做大城市规模，做强城市实力，做优城市功能，做美城市环境，构筑发展的更高平台，形成经济持续健康发展的持久动力。

（八）完善资源市场机制，充分发挥资源环境效益

近几年，我国正在逐步完善资源有偿使用机制、生态环境补偿机制，大力推进资源产业和资源配置的市场化改革，运用经济杠杆推动节约资源和环境保护，最大限度地发挥资源环境效益。郑州市应把握机遇，坚决落实资源有偿使用制，生态环境补偿机制和严格的环境保护目标。加快建立反映市场供求关系、资源稀缺程度、环境损害成本的生产要素和资源价格形成机制，推进资源性产品的价格和环保收费改革，不断完善绿色环境经济政策，提高谋划发展、统筹发展和可持续发展的能力，构建科学的决策机制和管理机制。加大资源定价机制的改革和落实力度，认真研究国家有关政策，及时调整有关政策措施，

逐步形成科学的资源定价机制，用价格杠杆调节资源的利用，抑制高耗能行业盲目发展，对高耗能行业中国家明令淘汰类和限制类项目，继续实行差别电价，充分发挥价格杠杆促进资源节约的作用，提高资源利用效率。

关于加强郑州城市形象营销的对策与建议

当前，我国各地正在加速推进城市化。但随着城市发展资源流通性的提高，城市间的竞争也日趋激烈。近年来，很多城市政府借助市场营销的理念，通过对城市自身具备的优势资源进行推广，来提升城市整体形象。城市营销逐渐成为各个城市提高竞争力水平的积极措施和有力手段。

一、各地纷纷抓住奥运契机展示城市形象

作为全球最大的综合性赛事活动，奥运会给举办城市和参与城市提供了向世界展示自己的绝好机会。我国很多城市纷纷以奥运为契机，在伦敦以各种方式展示城市形象，以期显著提高城市品牌在欧美的知名度和美誉度。

成都：108只熊猫“熊抱”伦敦奥运。2012年6月4日，在英国女王登基60周年庆典首日，成都方面在伦敦投放了50辆喷涂成大熊猫模样的出租车。预计奥运期间这些“成都大熊猫”将接待市民和游客20万人次以上。7月4日，成都又组织了108名英国大学生和演员，打扮成大熊猫模样，在伦敦市中心广场表演“熊猫太极”秀，随后一部分坐上典型英国风情的双层敞顶大巴，在市中心街道巡游，另一部分步行前往唐人街，和路人竞相“熊抱”。这一活动吸引了包括英国及周边国家主流媒体，以及美国、日本、新加坡在内的全球120多家媒体进行报道。

杭州：西湖山水与茶叶展现城市之美。从去年2月21日起，杭州市就开始在英国BBC黄金时间滚动播出3条旅游形象宣传片。今年3月初，在伦敦举办旅游推介会，带来了书法、茶道和风景照，并采用酒会等“西方人的方式”来传播杭州。同时也在伦敦投入了150辆城市旅游形象推广出租车，车身是西湖山水和一位端着茶杯的姑娘，上面印着“Unseen Beauty Hangzhou China”（中国杭州，无与伦比的美丽）。杭州还计划于2012年在纽约、伦敦、法兰克福三地进行大规模的广告投放和落地公关活动。

南京：地理文化元素对接伦敦。作为2014年青年奥运会承办地，南京计划于8月上旬在伦敦威斯敏斯特市政厅举办文化交流活动，由中国百家金陵画展、“当南京邂逅伦敦”主题推介展以及文艺演出三大项目组成。特别是主题推介展，植入了“双城”概念，精心选择了6个与伦敦直接对应的地理文化元素，即南京城与伦敦城、秦淮河与泰晤士河、曹雪芹与狄更斯、南京青奥会与伦敦奥运会、南京大学与伦敦大学学院、郑和与库克，力求城市推广“以自我为主向寻找共鸣转变”。

北京：选择与BBC伦敦台进行合作。2011年11月，邀请著名音乐人谭晶携手摇滚钢琴家罗伯特·威尔斯，在英国皇家阿尔伯特音乐厅唱响“约定——从北京到伦敦”音乐会。今年2月，在伦敦LYCEUM剧院召开“北京旅游·伦敦展示会”，演出功夫剧《熊猫神游北京》，传播中国元素和北京风情。

天津：奥运冠军展示天津变迁史。早在2011年底，天津就在伦敦展示了传奇奥运世界冠军——出生于天津的英国人李爱锐的图片展，从而展示了天津的今昔变迁史，向国际推介天津文化。

深圳：音乐会宣传城市形象。7月28日，深圳方面在泰晤士河上一艘来自深圳的中式古帆船上举行了“聆听深圳——郎朗和他的城市”音乐会，邀请到国际体育记者协会主席、英国上议院发言人、英国上院议员等80余位政、商界知名人士出席。该帆船预定于9月左右返航，途中将顺访多个城市，向世界传播中华文化并展示深圳形象。

潍坊：“潍坊风筝”亮相伦敦奥运会文化节。

桂林：在BBC播放城市宣传片。

无论是从投资还是旅游角度来看，全球经济一体化的格局都要求国内城市不断加快对外信息传播和资源吸纳。成都等城市借助奥运契机，通过一系列营销活动，无疑收获了巨大的形象传播价值。

二、我国各地城市营销的主要经验做法

奥运造势只是各地城市营销的一个缩影。城市营销是一个经过归纳、整合后在整体形象统领下的产品群营销，本质是将城市视为一个“企业”，将城市的现实价值和未来发展视为“产品”，通过揭示城市在国际和地区竞争中的强项和弱项，以及面临的机遇和挑战，从而针对目标市场进行创造、包装和行销的过程。一个城市的形象不是靠举办几次活动就能提升的，而应建立在对城市资源的深度挖掘之上，并采取一系列有针对性的措施。

（一）成立专业的城市营销机构

城市营销机构是开展城市营销的执行组织。组建一支专业化的执行团队，是对整个城市营销活动进行系统全面的组织实施的前提。目前，国内有代表性的专业城市营销机构主要有成都和杭州两地。“成都市城市形象提升协调小组”是成都市独有的职能部门，成立于2008年汶川地震后第六天，是成都市委、市政府为消除地震对旅游、投资环境造成的不良影响，紧急从宣传、投促局、旅游、文化、房管局及新闻媒体、专业公司等机构抽调精英人员组成的，是政府与公司结合的创新公关团队。该机构在全球范围内成功实施了成都去震化营销之后，固定下来专门从事成都城市推广工作，目前配备有四五十名工作人员，分工详细。此次伦敦营销就是由该小组用一年时间策划的成功案例。“城市品牌研究推广与管理工作指导委员会”是杭州市于2007年成立的城市营销机构，由市委、市政府主要领导担任主任和第一副主任，市直有关部门和各区、县（市）党委主要负责人为成员，由市委政研室具体负责城市品牌营销工作的统筹策划、组织推进、协调督查和评价考评。政府主导下由企业进行市场化操作也是先进地区采取的主要做法。以上海为例，上海在城市形象的塑造上走在国内城市前列，把城市作为一项产品，请专业公关公司设计、包装和推广，对城市进行形象公关。上海堪称我国城市营销的典范，申博、承办APEC会议就是其形象公关的成功体现。

（二）精准定位城市个性和价值诉求

在城市营销过程中，找准城市定位和价值诉求，通过一系列城市形象定位、形象设计与传播，不仅能彰显城市最鲜明的特征，创造出对大众独特的吸引力，还能树立城市良好的正面形象，提升城市竞争力。比如香港力推“香港精神”，2001年5月推出香港品牌标志——飞龙，此后“动感之都，就是香港”的广告片开始在全球热播；大连主推“浪漫”，2003年11月将“浪漫之都”作为国内第一个以城市形象在国家工商总局成功注册的商标；成都定位“一座来了就不想走的城市”，力打休闲牌，将成都生态宜居的特性成功传播。从我国各个城市主推的城市宣传片来看，其他城市的定位还包括：天津“渤海明珠，魅力天津”、上海“灵感之城”、南京“金陵节拍”、西安“荣耀西安”、杭州“品质生活之城”、济南“泉水之城，活力之都”、沈阳“中国沈阳，活力之都”、柳州“风情柳州”、深圳“快乐由我做主”、厦门“温馨厦门”、桂林“天绘山水，仙境桂林”、昆明“闻香识春城，安居在昆明”等。

（三）立足城市定位，进行有针对性的建设

城市营销要配合城市发展的愿景和功能定位。城市产业的背后是人，是投资者、从业者、消费者等，不同的人群，对环境的要求是有区别的。要根据城市定位，对城市的生活环境、社会环境和发展环境明确相关性特色，进行针对性建设。香港将自己定义为“亚太营运中心”，则大力建设以创造和推广有城市商务价值特性的“投资目的地”品牌。大连将自己定位为“北方香港”，全力培育旅游业，从而用8年时间将一座老的重工业城市转型为国际知名的旅游城市。而成都将自己定位为“一座来了就不想走的城市”，主推生态宜居，因此从投资、旅游、宜居三个方面对不同的目标人群进行推广。

在明确城市发展方向之后，还需要按照城市的不同发展阶段设置不同的目标和任务，分阶段、分步骤实施，使城市的知晓度转变成为偏好度和美誉度。如杭州选择了“旅游”作为城市定位，提出了旅游全域化发展战略，即第一步重新整合整个大杭州旅游资源，在缓解西湖等景区游客量的同时，协调郊区县市的旅游产业发展；第二步挖掘杭州西部五县市丰富的旅游资源，通过产业集群式、项目立体式开发，打造杭州旅游的新增长极。

（四）明确营销目标人群

城市营销要明确营销目标人群，即需要吸引的有益资源和想要渗透的受众群体等。以深圳城市营销为例，深圳将各类有益资源锁定为“有价值的居住者”“优质的投资资源”“流动性的主流往来者”三大类，为改变过去单纯围绕产业政策制定的过于简单化、阶段化、功利化的人口政策，深圳将“有价值的居住者”明确为专业人才（包括科学家、艺术家等）、技术工人、富裕者、投资者、企业家、有价值的非技术工人等，力求吸引多元化的人群。又比如中国最佳旅游城市成都，为建设世界旅游城市，将受众群体明确为以国际为主，从而借助奥运契机，在伦敦开展了“成都熊猫出租车跑奥运”“熊抱伦敦”等一系列营销活动，实现了“提升成都在海外的知名度和美誉度”的目标。杭州也为城市定下了国际化路线的基调，2004年投入上千万元资金聘请“女子十二乐坊”为“杭州旅游形象代言人”，在日本开展了一系列推广活动；从2011年2月21日起，在英国BBC黄金时间滚动播出3条旅游形象宣传片，向全世界提出了“国际重要的旅游休闲中心”的口号。

（五）注重城市个性中文化与历史的承续与创新

文化是城市个性的灵魂，历史是城市个性的基础。在城市营销中，重视利用文化底蕴，弘扬文化精髓，有利于提升城市形象，有利于城市品牌的培植和美誉度的提高，有利于城市文化特质的昭彰和人文精神的提升。城市营销还需要捆绑过去一些具有历史沿承性的人文脉络，令其焕发出新的生命力。西安提出，要以文化和历史推动城市发展，不光要发展“文化产业”，更要大力发展“历史产业”，要让“历史”为现在服务，要把“历史”变为西安发展的推动力，要通过“历史人文”来传播西安、营销西安，使整个西安城流露出浓郁的历史文化气息。成都同样善于发掘地域文化所具有的商业价值，凭借杜甫的一句“窗含西岭千秋雪，门泊东吴万里船”，就将离成都不远的“西岭雪山”包装成著名的风景区。

（六）以代表性标识传递城市个性

城市代表性标识是根据城市的发展战略定位传递给社会大众的核心概念，是对城市定位的高度缩影，不仅展现了城市精神，传达了城市内涵，还构筑了受众对城市感知和记忆的基础。北京的天安门、南京的雨花台、上海的东方明珠等，这些著名标识已经成为当地的著名景点，在促进城市旅游产业发展的同时，也为城市向全世界传递了属于自己的符号和名片。成都城市营销的最成功之处就是把城市与熊猫这一标识紧密地联系在了一起，不断强化成都与熊猫的关系，以至于在许多外国人眼里，“去成都看熊猫”已成为了固化的概念。

（七）不断创新营销手段

目前各个城市采用的营销方式主要有国际会展、重大国际体育赛事和文化交流活动等。这些大型国际文体活动具有资源的稀缺性、影响的广泛性、价值的多元性、易产生眼球效应等特点，是塑造城市特色、提升城市国际影响力的有力工具。2008年南京举办国际象棋特级大师邀请赛，11天的赛程里，国内新闻网站上相关报道就达2280篇，谷歌的搜索页数达到27万页。成都将曾经专属于小众的展示当代视觉艺术的“双年展”办成了全民盛会，2011年成都国际双年展仅仅一周便吸引了超过16万人观展，成为城市营销的流行手段。目前，国内利用大事件巧助城市营销的4个成功范式分别是北京马拉松、上海车展、潍坊风筝节和哈尔滨冰雪节，它们均是同系列事件中最先举办的，而且跨度至今基本都超过了25年，成功利用了公众先入为主的思维定式，最大限度地展示了城市资源和城市气质。

近年来，影视营销成为城市品牌新推手。影视媒介以独有的速度快、范围广、手段新等传播特点，利用曲折感人的故事情节带动观众产生情感认同。而观众则透过唯美的镜头，对故事发生地产生了一个整体的印象。国内关于影视媒介与城市形象的双赢发展，近两年来最典型的例子当数《唐山大地震》。这部影片由唐山市政府投资拍摄，通过影片镜头展示出新唐山城市的巨大变化，使唐山的关注度、知名度、美誉度迅速提升，向全世界成功递出了唐山的城市形象新名片。杭州、三亚等城市也借助影视作品积极打造属于自己的城市名片，努力探寻一条新的城市营销路径。杭州提出要打造“影视作品最好的外景地”，通过影视作品进行城市营销，带动旅游经济，完善人文内涵。作为文化的一个分支，动漫也成为城市营销的最新手段。杭州就创作了以滨江区白马湖为故事背景的动画片《白马湖下白龙马》，力图复制《非诚勿扰》的“西溪效应”。

三、关于进一步加强郑州城市营销的建议

目前我市正处在向优转型、向上提升的关键时期，需要更多高质量的外来投资和更优质的人力资源。要通过进一步加强城市营销，创造和维护一个有效率的市场，营造一个良好的、对各类有益资源更具有吸引力的公共环境，获得更多有益的跨国、跨区域资源，增加城市创造价值的能力。

（一）建立统一的营销系统和体制

一是成立专门的城市营销机构。可以借鉴成都市“城市形象提升协调小组”“城市品牌统筹委员会”和杭州市“城市品牌研究推广与管理工作指导委员会”等做法，将分散于政府各职能部门的资源整合起来，成立城市品牌委员会，由市委、市政府主要领导担任负责人，对郑州城市品牌的研究、推广和管理工作进行统一指导、规划和协调。

二是引入专业公司，形成一个带有企业性质的运作团队。政府与企业相结合的统一的管理平台能够将政府强大的资源和执行力与专业公司的企业化运作方式相结合，从而大幅度提高工作效能。

三是在政府财政预算中设置城市营销项目。可赋予城市品牌委员会一定的审批权和财权，避免财政的浪费。同时引入第三方评估机构，对每次活动进行效果评估，以第三方监测结果支付相关费用。

（二）做好城市营销战略发展规划及城市定位

一是确保城市营销规划的前瞻性和独特性。配合郑州发展愿景和功能定位，对城市生活环境、社会环境和发展环境进行针对性的建设，形成相关性的特色。

二是确保城市营销规划的阶段性和统筹性。注意按照郑州的不同发展阶段设置不同的目标和任务，分阶段、分步骤实施。

三是确保城市营销规划的长期性和稳定性。明确郑州城市营销的战略诉求和后续跟进计划，建设营销的长效机制。

（三）塑造郑州城市品牌

要结合我市战略规划、城市定位、城市精神、城市文化和竞争能力等塑造郑州城市品牌。

一是明确一个城市总体品牌。形成总品牌统帅和控制城市子品牌的体系，避免因政府条块分割产生城市旅游、地产、工业等子品牌之间相互打架、各自为阵的情况。

二是建立城市品牌营销的长效机制。将品牌固化并写进地方法规，确保城市品牌的严肃性和连续性。

三是积极打造一批能够代表城市形象的名片。借助城市环境提升郑州城市品牌名片，如借助黄河、嵩山等自然风光，借助天地之中、康百万庄园等历史建筑，借助商城遗址、西山古城遗址等名胜古迹展现郑州独特魅力；借助产业优势开发郑州城市名片，大力发展战略支撑产业，打响高新技术产业；借助知名企业品牌塑造郑州城市名片，充分利用宇通、富士康等现代企业品牌，扶持振兴“老三记”等老字号品牌。

（四）发挥载体的“窗口效应”

利用载体的“窗口效应”有效整合各种媒体资源，把载体宣传与城市营销有机结合起来，通过载体的高知名度产生良好的城市形象宣传效果。

一是利用城市特色活动。通过举办黄帝故里拜祖大典等具有广泛的国际影响力的活动，向外界展示郑州独具禀赋的历史文化资源，展示郑州围绕中原经济区建设所取得的一系列成果和进步，让世人从中了解郑州、认识郑州、聚焦郑州，扩大知名度，增强感召力，拓展影响力。

二是利用大型国际文体赛事。大型国际文体赛事犹如一个城市的大型推介会，将城市的地域、人文、历史、经济等方面的特色介绍给大众，并引起人们对其产生情感共鸣和思想文化的碰撞与交流。要吸收举办世界传统武术大会的经验，研究申报符合郑州品牌定位的大型国际文体赛事。

三是利用节庆与会展。目前郑州有月季花会、城隍庙会等固定节会，缺乏全国性的影响力。应积极申报国际动漫产业大会等业内有影响力的展会，引入类似“达沃斯论坛”层级的国际会议品牌，打造类似“博鳌论坛”水平的自有会议品牌，支持社会各类组织和企业开展丰富多彩的高水平、有影响力的泛文化活动。

（五）创新推广方式

一是注重传统媒介对城市宣传的重要作用。充分利用电视、广播、报纸、杂志等各种媒体进行郑州城市品牌形象的推广。如利用报纸广告方面，可以借助全国性报纸举办大型城市公益活动，在全国范围征集郑州元素和城市形象推广创意，在一个主题下开辟专栏，形成向全国发布的连续性的广告作品，展现郑州与其他城市的契合点和郑州独特的城市魅力。

二是利用网络、影视、动漫等新兴推广方式。注重网络平台的重要作用，与国际公关公司合作在Facebook、Twitter等国外著名网站进行城市推广，雇佣相关人士在天涯、猫扑等国内论坛宣传造势。进一步整合郑州官方微博“郑州发布厅”的资源优势，在引导社会舆论的同时，开展城市品牌形象宣传工作。用国际眼光看待影视营销，出台一系列鼓励支持影视团队拍摄能够展示郑州城市形象影片的政策，树立郑州影视品牌效应。

三是注重突出城市宣传片的实际效果。在城市宣传片中，要摒弃“千市一面”的创作思路，避免那些城市共性形象的过分呈现，彰显自身特色，加强城市的区分度。同时要注重甄选播放渠道，扩大受众到达率。目前很多城市的宣传片和城市形象广告都集中在央视CCTV-4播放，信息量过于密集，我市也计划在央视CCTV-4播放16秒的广告。要注重采取针对性措施，如转战省级卫视、增加投入在CCTV-1播放等，以提高实际宣传效果。

（六）加强城市文化建设

一是注重有形载体对城市文化的昭彰。城市园林、河渠、广场、街道、城市雕塑、大学园区、工业园区、大型公共建筑、行政中心、文化中心、商贸中心一系列城市景观要素，都应该注重彰显文化底蕴，展示城市文化魅力，赢得社会对城市文化的认同。

二是重视对城市人文精神的彰显。城市的文化灵魂，首先体现在市民的文化认同感和凝聚力方面。要倡导和谐精神，提倡多元价值观，营造和谐的社会环境，不断强化对城市理念和人文精神的认同感和归属感，增强社会的凝聚力和创造力。

三是继承和发扬城市自身的文化遗产。加强城市历史文化的保护工作，使城市文化得到延续和传承。要借鉴国内外其他城市的优秀文化成果，充分发挥城市文化在营销过程中启迪思想、陶冶情操的作用。

四是制定独特的文化建设模式。研究制定郑州独特的文化建设模式，动员广大市民参与到城市文化的建设中来，多举办面向社会各阶层公众参加的政治、经济、文化、体育等大型活动，办大众化的节、办老百姓的节，不断强化活动的大众参与性，给营销目标人群带来独特的、有价值和有归属感的体验。

关于郑州航空港经济综合实验区获批和高铁开通为郑州带来的机遇研究

2012年11月17日，国务院以国函〔2012〕194号正式批复《中原经济区规划（2012–2020年）》（以下简称《规划》），明确提出规划建设郑州航空港经济综合实验区（以下简称实验区）。12月26日，京广高铁全线贯通，郑州从此进入首都两个半小时经济圈，同日，郑州至徐州高铁开工建设。在此之前，郑西高铁、郑武高铁建成通车。位于高铁十字架上的郑州，无可争议地成为继北京、上海、广州之后全国第四大重要的综合交通枢纽。实验区的获批以及高铁的开通，对于郑州无疑是一个重要的发展机遇，在全球经济一体化的大背景下，我们能否抓住机遇乘势而上，是摆在全市面前的一个重要课题。按照吴书记2012年12月27日关于“请政研室研究航空港综合实验区和高铁开通为郑州带来的机遇，应着力推进的产业和市里应采取的战略举措”的指示，我们组成专题调研组进行了深入调研，并在借鉴其他城市经验做法的基础上形成了如下调研报告。

一、实验区获批和高铁开通为我市带来的机遇

当前，经济全球化以其无与伦比的张力将世界上不同地域、国家、民族的数十亿人口“裹挟”到它的巨大洪流之中。在这样的背景下，谁掌控速度，谁就掌控经济流动的方向，速度经济正通过发挥跨国界、跨组织、跨领域的效力，使世界经济更加融为一体，加速着国际产业结构调整步伐。从早期的船运到铁路、公路运输，从高速公路到代表着经济高速发展的航空、高速铁路，作为高速交通体系中的重要节点，航空港和高铁承担的已不再是简单的人流、物流集散功能，它引导着资本，左右着市场，决定着交易，已经发展成为一些国家和地区提速经济发展乃至国家软实力的重要标志。

（一）实验区获批和高铁开通为我市尽快成为全国重要的区域性中心城市提供了有利条件。在当今经济全球化的背景下，航空和高铁适应了国内外贸易距离长、范围广、效率高的要求，成为区域经济进入全球经济的快速通道。郑州作为全国区域协调发展重要的战略支点，实验区的建设和高铁的开通，有利于加快航空与公路、铁路的高效对接，促进客运零距离换乘、货运无缝对接和全国重要的现代综合交通枢纽的形成；有利于人流、物流、产业流、资金流、信息流等各种生产要素向郑州集聚，形成大枢纽、带动大产业，将使郑州作为区域性中心城市在全国和区域经济中的集聚、辐射、服务和带动作用持续增强，使其区域内交通中心、商贸中心、金融中心、科技中心、信息中心、教育中心、文化中心、旅游中心的地位和作用得到最大提升，使郑州的区位优势更加凸显。以京广铁路客运专线为例，其全线贯通，标志着环渤海经济圈与中原经济区、武汉都市圈、珠三角经济区将连成一片，郑州在中部崛起中扮演的角色更加突出，从而最大化地带动区域经济的发展。

（二）实验区获批和高铁开通为我市外向型经济发展提供新的发展环境。当代世界经济发展实践表明：沿海发展靠海港，内陆发展靠空港。作为内陆地区的美国亚特兰大和芝加哥，由内陆地方性枢纽机场一跃成为全球重要的

航空枢纽，与其便捷的中转换乘、发达的航空网络有很大关系。《规划》明确提出：到2020年，郑州航空港经济综合实验区将建成全国重要的航空港经济集聚区和中西部对外开放的新高地。实验区获批和高铁开通为进一步提升我市的对外开放水平和战略地位提供了重要契机，有利于提高郑州参与国际分工和贸易的知名度与竞争力，使之成为全球供应链中的重要一环，成为国内乃至国际重要的航空货运集散中心。国家和我省必将加大对我市基础设施投入，出台一系列推进实验区开发建设的新思路、新举措、新机制，为改善我市投资环境提供有利条件。

（三）实验区获批和高铁开通为我市加快经济发展方式转变提供了大好机遇。实验区的获批和高铁的开通意味着郑州这个内陆城市将会更加开放，随之而来的是城市经济结构也将发生变化。郑州传统工业偏重于资源型，运输成本高，长期受困于铁路运能不足。高铁开通后，客流向高铁转移，京广、陇海两大铁路干线释放出大量货运能力，与此同时，实验区建设使航空货运能力极大提升。航空和高铁的便捷效应有利于发展电子信息、新材料、生物医药等战略新兴产业，大大促进郑州传统工业结构调整、产业升级、效率提升。我市当前正处于调整优化经济结构的关键阶段，建设综合实验区，有利于促进现代物流、高新技术、商贸会展等高端产业集聚，构筑带动中西部地区融入全球产业链和产业分工体系、推动全省乃至中西部地区发展方式转变的重要平台。

（四）实验区获批和高铁开通为我市提升现代服务业发展水平提供了历史性机遇。随着我国整体经济版图的加速融合，其中包括以北京、上海、广州等城市为核心的“城市群”已经进入了服务经济时代。继长三角、珠三角的“一小时生活圈”后，全国的“一日生活圈”也在悄然成形，服务业中心与其腹地的空间关系由此发生质变。客流、物流、信息流的增多，同城化带来的巨大改变，必将为我们做强做大服务业提供千载难逢的有利条件。实验区获批和高铁开通，还将为郑州扩大区域合作带来广阔的商业发展空间。另外，郑州又具有连通京冀，兼顾武、西的辐射潜力，相对消费较低的生活成本也将推动郑州服务业由市场输出型向吸纳型转变。

二、北、上、广三市产业比较与我市应着力推进的产业

国内外区域经济发展实践表明，未来产业的快速发展倚重发达和完善的综合交通枢纽态势会更加明显。郑州作为名列第四的全国重要交通综合枢纽，有着与北京、上海、广州相比更加独特的交通区位优势。但同样是重要的交通综合枢纽，其他三市在产业推进方面又有着值得我们借鉴和思考的地方。

（一）郑州与北京、上海、广州交通区位情况比较

北京地处环渤海经济圈核心区域，是我国的政治、文化、金融中心。北京首都机场2011年民航旅客吞吐量达7900万人次，稳居亚洲第一、全球第二；客运量达139718万人，货物周转量达24663万吨，是全国铁路和航空枢纽。

上海位于长三角经济圈的中心，是我国最重要的经济中心。上海2011年旅客客运量达10033万人，货运量达92962万吨，港口货运吞吐量达7.3亿吨，民航旅客吞吐量达7455.88万人次。随着虹桥综合交通枢纽、洋山深水港三期等项目投入使用，上海综合性交通枢纽地位将进一步凸显。

广州是我国第三大交通综合枢纽，南方的金融、贸易、经济、航运、物流中心。2011年，广州白云国际机场旅客吞吐量4504.40万人次，机场货邮行吞吐量152.92万吨，分别增长9.9%和5.2%。全年港口货物吞吐量44769.53万吨，港口集装箱吞吐量1442.11万国际标准箱。

郑州地处环渤海、长三角经济圈中间地带，处于京广线和陇海线、京广高铁和徐兰高铁的十字节点，但与北京、上海、广州相比，郑州交通运输能力仍然较弱（见表1）。

通过数据对比可以看出，航空运输能力偏弱是郑州作为综合性交通枢纽最薄弱的一个环节，航班起降架次、货物吞吐量、旅客吞吐量与北京、上海、广州相比，都有明显的差距；在增长率方面，郑州保持了较快的发展态势，旅客吞吐量、货邮吞吐量和航班起降架次分别保持了16.6%、19.8%、12.5%的增长率，而北京、上海、广州同期增长率均在10%以下。作为传统运输方式的铁路和公路运输，在客货周转量方面差距并不明显，郑州在旅客、货物周转量方面均高于上海同期数据。水运在上海、广州交通体系中则占有重要地位，水运货物吞吐量分别达到7.3亿吨和4.48亿吨。

（二）郑州与北京、上海、广州经济发展情况比较与环渤海、长三角、珠三角三大经济圈相比，中原经济区起步较晚，区域内经济水平发展不均衡，协同效应有待进一步增强；与北京、上海、广州相比，郑州经济总量偏小，对外开放程度和产业发展层次偏低，差距明显（见表2）。

无论在经济总量上还是居民人均可支配收入等方面，郑州同北京、上海、广州仍有较大差距，除去人口总量、区域面积、固定资产投入等先天性因素，产业结构的不同凸显了我市进一步优化产业发展的迫切需求。北京、上海、广州三市同郑州产业结构对比（见表3）。

改革开放30年以来，北京、上海、广州通过推进产业结构的战略性调整，实现了由传统工商业基地向经济中心城市转型，通过着力培养二、三产业的共同发展并融合推进新兴战略产业，已经建立起了符合国际大都市发展特点的产业体系。如表3所示具有如下共同

2011年北京、上海、广州与郑州交通运输能力比较

表1

		北京	上海	广州	郑州
民航	起降架次/万次	53.3	57.4	34.9	9.3
	旅客吞吐量/万人次	7900	7455.88	4504.1	1015
	货邮吞吐量/万吨	164	308.5	117.7	10.2
铁路	旅客周转量/亿人公里	108.7	63.1	/	111.2
	货物周转量/亿吨公里	867.3	20.6	/	210.2
公路	旅客周转量/亿人公里	303.7	106.7	519.6	161.1
	货物周转量/亿吨公里	132.3	283.8	517.3	353.3
水运	货物吞吐量/亿吨	/	7.3	4.48	/
	集装箱吞吐量/万标准箱	/	3173.93	1453	/

备注：

1.周转量反映枢纽地位、物流中心集散能力

2.以上数据摘自2011年北京、上海、广州、郑州国民经济和社会发展统计公报、2011年全国运输机场生产统计公报、中国统计摘要2012

2011年北京、上海、广州及郑州主要经济、人口指标比较

表2

主要指标	北京	上海	广州	郑州
地区生产总值（亿元）	16000.4	19195.69	12303.12	4912.7
GDP增长率（%）	8.1	8.2	11	13.2
全市常住人口（万人）	2018.6	2347.46	/	885.7
固定资产投资总额（亿元）	5910.6	5067.09	3413.58	3002.5
社会消费品零售总额（亿元）	6900.3	6777.11	5243.02	1987.1
城镇居民人均可支配收（元）	32908	36230	34438	21612
第一产业生产总值（亿元）	136.2	314.11	203.06	131.7
第二产业生产总值（亿元）	3744.4	7230.57	4532.52	2898.4
第三产业生产总值（亿元）	12119.8	11111.06	7567.54	1882.6

备注：以上数据摘自2011年北京、上海、广州、郑州国民经济和社会发展统计公报

2011年北京、上海、广州及郑州产业结构比较

表3

		北京	上海	广州	郑州
第一产业	占GDP比重（%）	0.9	0.65	1.65	3.1
	固定资产投资（亿元）	47.2	18.62	3.92	53.8
	与去年相比增长（%）	0.9	-0.7	3.1	3.7
第二产业	占GDP比重	23.4	41.45	36.84	56.2
	固定资产投资（亿元）	762.2	1295.83	529.96	1164.5
	与去年相比增长（%）	6.6	6.5	11.5	17.1
第三产业	占GDP比重	75.9	57.9	61.51	40.7
	固定资产投资（亿元）	5103.3	3752.64	2879.70	1681.8
	与去年相比增（%）	8.6	9.5	11	8.5

备注：以上数据摘自2011年北京、上海、广州国民经济发展统计公报

特点：一是在产业结构中，第三产业代替第二产业在GDP比重中占据首位，尤其是北京由于其重要的政治地位，第三产业中交通运输、邮电、金融业等在内的国有经济垄断程度较高的行业往往要服务于全国的第二产业，第三产业产值在地区生产总值中占据75.9%，成为了地区经济增长的最重要的助推力。二是从投资倾斜性来看，与郑州相比，北京、上海、广州对三大产业的固定资产投资差异明显，对于第三产业发展的引导更加突出。三是从三大产业的增速来看，在维持农业发展速度相对稳定的前提下，第三产业的增长速度均高于或与地区生产总值增长速度相持平，以广州为例，三大产业对经济增长的贡献率分别为0.5%、38.8%和60.7 %，第三产业对经济增长的贡献日益明显。与之相比，郑州产业结构中仍以第二产业为首，第三产业增长速度相对较低仍然是我市产业转型升级的瓶颈。

（三）郑州市应着力推进的产业

现代化交通体系一方面是推动新兴战略产业发展，促进产城融合的重要保障，另一方面构建内陆地区对外开放的新高地和国际陆港，为郑州积极承接国内为产业转移，大力发展高铁、航空偏好型产业带来了良好契机。

1.发展战略性新兴产业，构建现代工业体系。

按照“科技含量高、信息化涵盖广、经济效益好、资源消耗低、环境污染少、人力资源优势得到充分发挥”的产业发展标准，在做大实体经济总量的基础上，实现产品结构向先进制造业为主转变，推进传统优势产业升级，产业效率向低耗高效转变，强化新型工业化主导地位，加快汽车、装备制造和电子信息等战略支撑产业发展。依靠科技进步和管理创新，全力推动高成长性区域、高成长性产业、高成长性企业等战略新兴产业的优先发展，产业发展定位向产业链条的终高端转变，努力培育新材料、新能源、生物医药、节能环保、新能源汽车等新兴产业，巩固新材料产业优势，推进新能源汽车产业化，推动郑州国家高技术生物产业基地建设，力争在重大关键性技术上实现新突破。

2.依托高铁交通枢纽，建设高铁新城。

围绕郑州东站，完善立体化交通格局，搭建无缝式交通连接，借鉴广州、长沙新举措，打造郑州高铁新城，加快我市产业发展，构筑城市发展新高地。提高服务业发展水平，优化和合理布局服务业内部结构，努力形成以服务经济为主的产业结构，带动周边城市现代服务业关联产业发展。加快国家服务业综合改革试点城市建设，大力发展银行、证券、保险、期货、基金等金融产业，建设区域金融中心。大力发展会展、中介服务、服务外包等生产性服务业，积极发展房地产、建筑安装、社

区服务、文化旅游和健康休闲产业等消费性服务业。推广先进物流技术和物流运作模式，培育、引进一批大型物流企业。积极融入北京两个半小时高铁圈，提升传统服务业，培育新兴服务业，积极扩大服务业对外开放领域，引进优质资源，促进服务业扩张总量、优化结构、拓展领域、提升水平，建设中西部的现代服务业中心。

3.抢占航空经济制高点，推进产城融合。

依托航空港集聚的人流、物流、信息流优势，大力开拓国际航线，努力拓展国内航线，构筑立体化交通格局，加快国际机场和综合保税区建设。将经济自然选择同政府引导相结合，对航空偏好型产业进行政策倾斜，着力培育电子信息、航空物流、生物医药和高端商务等主导产业，以通用航空产业、休闲旅游业、空港配套服务业以及临空型现代农业为重点，推进相关特色产业的优化升级。加快产城融合，按照“一港双城”的空间布局，以空港区为几何主体，形成北侧的科技产业新城“航北城”和南侧的临空产业新城“航南城”两大产业主导新型城区，依托富士康等项目，建设亚洲最大的智能手机生产基地、中西部地区重要的消费电子生产基地、中原地区重要数字医疗生产基地。推进跨境贸易电子商务服务试点，建设全球网购商品集散分拨中心，把航空港区打造成郑州都市区的新兴产业高地。

三、加快我市产业发展的几点建议

当前和今后一个时期，我们要抓住高铁开通和航空港区获批的良好机遇，以实验区为主体，以综合保税区和关联产业园区为载体，以综合交通枢纽为依托，加强政策扶持，深化改革创新，加强与《规划》全方位的对接，主动接收北、上、广等一线城市的辐射，吸收溢出能量，在落差中实现我市发展的最大化。围绕这一思路，我市应着重抓好“六大对接”。

（一）规划对接

学习北、上、广等城市在城市发展规划发展方面的经验，找准实验区和高铁新城在中原经济区郑州都市区建设重点科学定位，注重在未来的功能分工中凸显自身的地位和优势，加快编制总体规划、功能区域规划、产业发展规划、重大基础设施规划和环境保护等各专项规划。在推进规划编制中，要统筹各项规划对接，发挥片区特色产业同全市主导产业的协同效应。一是实现空间规划与产业规划的对接，提高城市综合承载能力，推进产城融合，综合考虑功能区发展和资源本底特征，培育特色产业，整合优势资源，组团发展。二是寻求市场经济自然选择和政府政策引导的契合点，在完善现代产业体系的宏观框架下，重点发展汽车及装备制造、物流商贸、文化创意旅游和电子信息等战略支撑产业，对新能源、新材料、生物医药等新兴战略产业进行政策倾斜与扶持。三是规划经批准后，由政府组织实施，严肃规划的连续性。加强组织保障，建立高效的协调机制，强化检查监督，确保规划实施落到实处，保证规划目标实现。

（二）体制对接

一是充分发挥郑州市主体作用。要尽快整合完善实验区和高铁新城领导小组职能，做到每项工作都有市级领导分包联系，有具体的责任单位、责任领导、责任人，有详细可操作的工作方案。二是建议进一步协调省、市有关部门赋予实验区和高铁新城合适的经济管理权限，并协调省工商行政管理局、省商务厅等适当下放外资企业注册及外资投资审批与对外贸易备案权限，或派驻办事机构。三是赋予省辖市级管理权限，对实验区高铁新城所在的乡镇、村、街道，采取区带乡镇模式，条件成熟的可成建制划归实验区和高铁新城管理。四是给予实验区和高铁新城管理权，以便人事相宜，解决人、事管理脱钩等管理问题。

（三）产业对接

产业对接是加快实验区和高铁新城发展的支撑点。依据产业分工和互补规律，根据错位发展原则，积极调整产业结构。一是充分发挥我市综合交通枢纽区位等优势，以实验区和高铁新城重点功能区为重点，大力承接产业转移，着力引进一批投资规模较大、科技含量较高和发展潜力好的大项目，带动实验区和高铁新城服务、生物医药、电子信息等高新技术产业和先进装备制造业的发展，应用高新技术和先进适用技术改造提升传统优势产业，提升产业档次。二是大力发展现代服务业，充分利用高铁偏好型产业和航空偏好型产业综合优势，提高实验区和高铁关联产业服务能力，重点发展现代物流、金融保险、文化创意、信息中介等产业，进一步提升旅游产品档次，重点加强嵩山少林、黄帝文化等旅游产品的包装，提高接待能力和服务水平。三是提升生活性服务层次，优化商务、商贸、休闲娱乐环境。

（四）基础设施对接

一是进一步完善机场基础设施，提请国家发改委、民航局进一步加大对郑州机场二期工程建设的支持力度，特别是在建设资金补助上给与倾斜，年内全面开建T2航站楼及综合交通换乘中心，筹建货运专用跑道。二是加快推进交通陆网系统建设。继续加快城际铁路征地拆迁及建设，实现乘客下飞机后，可直接乘坐城际铁路到新郑州东站转郑州综合交通枢纽公路客运站，实现乘客“零换乘”。加强公共交通运载能力，合理增设公交线路或班次，适当加密公交站点，合理配套出租车场站。加大铁路北编组站南移至新郑境内，真正实现“铁公机”多式联运。建设综保区与机场货运联络专线。为国际货运集散中心构建提供有利条件，建议尽快修建综保区直达机场的快速货运专线。三是统筹实验区和高铁新城市政道路、雨水、污水、自来水、天然气、电力、电信、热力、有线电视管线及公共绿化工程、污水净化等基础设施建设，提升保障水平。

（五）政策对接

一是财政金融政策。市政府设立专项资金，并争取各金融机构的配套，专项用于实验区、高铁新城重大或标志性基础设施和公共服务项目建设。组建投资开发公司，争取发行企业债券和银行贷款支持。对实验区、高铁新城重点产业给予税收优惠，支持实验区、高铁新城企业做大做强，鼓励国内外物流企业入驻。对实验区、高铁新城内鼓励发展的企业，减按15%征收企业所得税。二是土地政策。对实验区、高铁新城建设用地计划指标实行单列并予以倾斜，根据发展规划需要优先确保建设用地。对重点支持的产业用地实行双优政策。对从事科技开发的企业、科研机构，可安排房屋租金补贴。三是投资政策。优先布局东部产业转移项目，大规模进行招商引资。对符合国家产业政策、适宜在航空实验区、高铁新城的产业项目，优先在实验区、高铁新城内安排。凡能够在实验区、高铁新城建设的项目，原则上不在其他区域布点。

（六）环境对接

一是改善投资环境。增强责任意识，确定责任目标，完善产业配套，优化生产环境，周全引资服务。加强知识产权保护，加快投资审批管理体制改革，创建创新环境，提高投资便利化水平。二是完善服务功能。按照一园一议、一园一策的建设原则，探索实施更加灵活的园区开发模式。在园区管理上，要探索更加市场化的管理手段，如借鉴职业经理人模式，取消行政级别待遇等，以切实提高园区管理水平。三是优化人才体系。对实验区、高铁新城引进的高层次人才，给予一次性资金奖励，并免征个人所得税。鼓励留学回国人员在实验区、高铁新城创业，开展科学研究，对重点项目、优秀项目和启动项目，给予相应额度的资金资助。对高端人才优先办理入区户口，并在职务晋升、职称评定、子女入学、医疗服务方面给予政策倾斜。

加快郑州航空都市区产业发展的思考与建议

产业是区域发展的引擎。加快郑州航空港经济综合实验区建设步伐，力争早日实现全国重要的航空港经济集聚区和中原经济区的核心增长极的目标，当务之急是要进一步强化郑州航空都市区的产业支撑。根据郑州航空港经济综合实验区产业发展战略定位，按照国内外航空都市区产业发展规律，结合郑州都市区产业发展现状，加快郑州航空都市区产业发展，关键要抓住以下几个中心环节。

一、把握航空都市区产业发展的时序点

根据国际上航空都市区产业发展规律，当机场年吞吐量在1000万人次以下时，航空经济发展处于萌芽期，产业发展以低端制造和为航空运输提供直接服务为主；当机场旅客吞吐量吞达到1000万人次后，航空经济处于数量上快速增长时期，产业规模迅速扩大，以航空产业链和航空运输服务产业链为主；当机场旅客吞吐量达到3000万人次后，航空经济处于数量和质量同步提升时期，开始出现航空产业集群；当机场旅客吞吐量达到5000万人次后，航空经济进入成熟期，以创新能力和现代服务业为核心驱动力，发展特征以航空企业质量提升为主。2012年，郑州航空港经济综合实验区旅客吞吐量1167.3万人次，货邮吞吐量15万吨，增速分别是15%和47%。目前，实验区经济进入数量上快速增长时期，航空都市区企业、产业规模迅速扩大。本阶段航空经济发展主要以双核驱动为主，即“航空产业链关联驱动”和“航空运输服务关联驱动”。基于此，郑州航空港经济综合实验区要紧紧围绕产业发展战略定位，在近期产业发展时序上，重点布局运输服务链上和航空产业链上的各类企业，大力引进航空公司基地、专业飞机维修企业、航油航材的区域性总部等，着重发展航空物流、航空设备制造及维修、电子信息、生物医药、现代服务业、航空运输服务保障等产业。

二、明确航空都市区产业发展的突破点

航空物流是一个国家或地区市场开放程度、经济发达程度和物质交换便利程度的重要标准，能有效降低企业的综合成本，从而加快航空都市区产业结构的调整升级。郑州航空都市区产业发展要实现质的飞跃，航空物流是突破点。美国的沃斯堡联合机场就是通过建立多式联运体系，大力发展现代物流，现已成为美国仅次于“硅谷”的第二大高科技行业发达的地区。要发展航空物流，需在进行产业细分基础上，一是依托机场口岸、以航空货运为主线，大力发展航空货运监管配送、保税仓储、物流加工、邮政快件分拨、卡车航班等增值服务；加快建设陆空联运、路运仓储、配送等综合物流业务货物集散和分拨中心，重点发展高新技术产业产品的分拨与配送，高端消费品、应急物资、航空器材等产业。二是开设国际直达航线，加密国内航线，引进国内外大型快递企业，建立区域分拨中心，建设空港国际物流园区，完善配套相关基础设施，建设保税仓库，保税物流中心，并积极争取设立空港型综合保税区。三是逐步完善货物集输转运体系建设，以空港国际物流园区、综保区为平台，全面推进与铁路、公路联动综合物流网络的建立，打造覆盖我国中部、面向西部的全国领先的空港国际物流园区。

三、找准航空都市区产业发展的切入点

航空经济主要集聚附加值高、科技含量高、外向度高的高端制造业。要以高端制造业为切入点，带动工业转型升级，建设具有核心竞争力的产业高地，增强各类要素的集聚功能，辐射带动周边区域联动发展，进而加速航空都市区产业发展。要加快发展郑州航空都市区高端制造业发展，须着力从以下几个方面切入：一是积极吸引航空设备制造及维修、电子信息、汽车高端零部件制造、生物医药等龙头企业入驻实验区，加快重大项目建设步伐，实施优势企业培育行动计划，扶持一批行业单位领先、规模优势明显、产品机构合理、经济效益突出的骨干企业。二是加快建设航空维修及飞机零部件制造基地、国家电子信息产业基地等，利用郑州产业结构调整契机，把实验区打造成为科技资源的集成区、高层次人才的聚集区、高科技成果的孵化扩散区、高科技产业的辐射带动区。三是加大对重点项目和企业的支持力度，将重大项目纳入省市重点项目联动推进机制，积极争取产业发展专项资金，支持重点企业加快发展，构筑高端制造业产业集群。四是制定人才培养与引进政策，有重点地培养和引进重要领域、关键环节的急需人才，引导企业树立人才全球化观念，建立对高端人才的奖励制度，鼓励各类智力要素、技术要素以各种合法形式自由参与利益分配和股权分配，构筑产业发展人才高地。

四、抓住航空都市区产业发展的关键点

现代服务业是经济社会发展到一定阶段而产生的高级产业形态。随着工业化的高度发展出现的产业结构的软化现象，现代服务业正逐渐成为国家经济发展的主要推动力，更是加快航空都市区产业发展的关键。加快航空都市区现代服务业发展，主要应从以下几个方面着手：一是制定优惠政策，引进国内外一流商业地产开发商，全面提升实验区现代服务业的整体规模、档次品位、特色和管理水平。二是引进国内外知名零售业运营商，吸引国内外高端品牌进驻，提升郑州零售业的辐射力。三是树立航空金融、专业会展、商娱、商旅一体化开发理念，建成大型复合商业体，为旅客和周边居民提供商吃购游玩一站式消费体验。

五、打造航空都市区与郑州都市区产业互动发展的结合点

打造宜居、宜业、生态、智慧的现代航空大都市，离不开中心城区的强大经济支撑。就郑州而言，要通过建设郑州大型航空枢纽，以机场带物流，以物流促产业，加速人流、物流、资金流、信息流在郑州都市区集散，积极打造航空都市区与郑州都市区产业互动发展的结合点，形成空港经济与区域经济相互促进、相得益彰的良好循环。一是郑州都市区经济发展是推动航空经济形成的经济基础。郑州都市区经济发展水平一定程度上影响着机场能否形成“有效的航空制造和运输活动”，并直接对航空经济内的各产业形态进行支撑和互动，推动航空经济的发展。航空经济内各产业的发展需要从都市区经济中获得必要的物质、信息和技术支撑，都市区经济庞大的需求也为航空经济发展创造了充裕的市场空间。二是航空经济的发展对都市区经济的发展具有反向作用，即在航空经济增长极作用下，通过示范和带动效应，加速都市区经济发展和产业结构的调整。通过航空产业的聚集和产业集群的形成，在市场化的配置体系下，都市区各种资源因为航空产业生产率的提高而逐步向航空港经济综合实验区聚集，这将进一步强化航空经济在都市区经济中的导向和示范作用，促进产业规模的增加，引导产业逐步“航空化”，带动产业结构的升级和优化。航空都市区与郑州都市区产业互动发展情况，具体见图1：

六、强化航空都市区产业发展的支撑点

完善的产业政策环境将大大缩短航空经济的演化周期，实现航空经济的跨越式发展。因此，必须强化航空都市区产业发展的政策支持与引导这个支撑点。郑州航空港经济综合实验区产业政策引导主要是产业优化政策的引导与产业布局政策的引导。产业优化政策引导主要指通过政策来促进产业结构优化与升级，抓住产业优化的核心，鼓励分工协作、促进有效竞争，推动技术升级、鼓励技术创新等，从而提高航空产业的竞争力。产业布局政策的引导指根据航空产业的经济技术特性和航空经济所在地区的综合条件，对航空产业布局的集聚进行科学引导，对航空经济区域的分工进行合理调整，明确鼓励发展、限制发展和禁止发展的产业，建立合理的航空经济地区分工体系。具体产业政策建议见表1。

图1

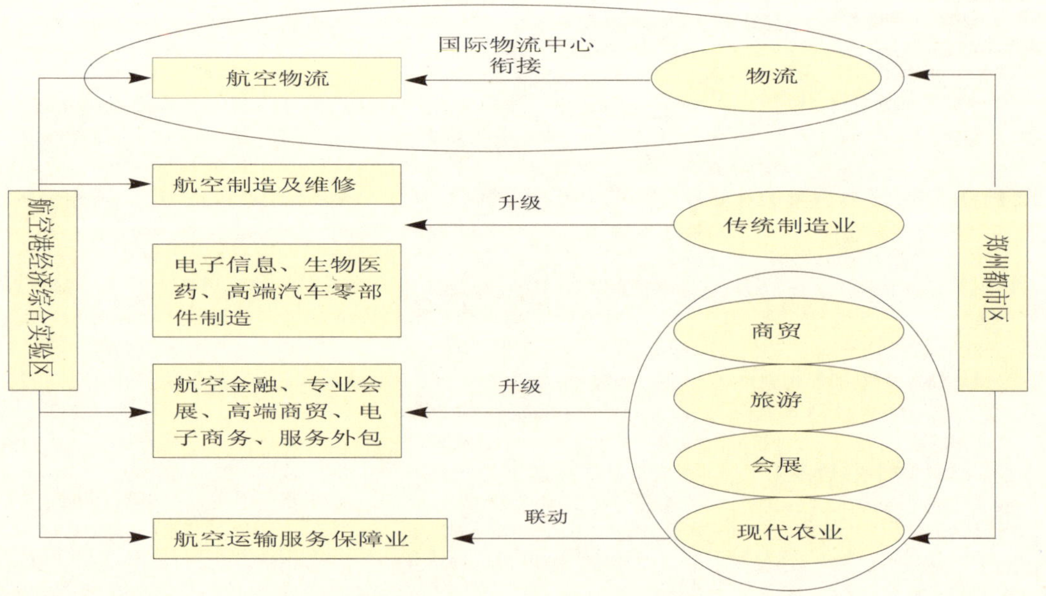

郑州航空港经济综合实验区与郑州都市区产业互融互动

郑州航空经济综合实验区产业政策建议

表1

航空物流产业	一、统筹规划物流设施建设，重点加强物流节点规划；在用地、物流园区一定年限资金返还、资金扶持、城市交通管制等方面协调配合； 二、优先发展物流信息化，支持物流信息平台建设，强调数据标准化、企业信息化和电子商务等发展； 三、重视物流标准化工作。
航空运输服保障业	一、引进航空公司，开通航线给予补贴； 二、对于引进的航空运营类人才给予购房补贴和其他生活便利条件； 三、航空配餐类企业进驻实验区，提供土地优惠政策。
航空维修业	一、降低进口航材关税，减轻企业税负； 二、对引进的重点维修企业三年内给予地税政策优惠； 三、建立航空维修产业发展基金，应用于扶持本地区航空维修业的发展； 四、对承揽国外飞机维修业务企业享受一定出口免抵退税政策。
电子信息产业	一、切实落实国家关于提高电子信息产品出口退税的政策； 二、争取国家专项资金和运用省专项资金，加大对电子信息产品研发制造重大项目支持力度，推动产业结构升级； 三、加大对重点电子信息企业融资的支持力度。
生物医药	一、制定生物医药产业的专项规划，加大生物医药集群发展的规划引导； 二、引进生物医药专业科技人员，建立创新能力强的人才团队； 三、加快构筑生物医药产业链，推进科研成果产业化； 四、积极发展生物医药信息市场和网上交易平台，建立自主营销网络。
现代服务业	一、重点扶持发展航空金融、专业会展、电子商务、商贸旅游等产业； 二、为商业地产开发商提供土地、税收和财政补贴等优惠政策； 三、为零售业运营商提供税收等优惠政策； 四、建立特色产业发展专项补贴基金。
航空零部件制造业	一、政府提供航空产品市场支持与保护； 二、加快航空科研成果的产业化和商品化； 三、建立有效的航空产业科技投入机制。

郑州市新型农村社区建设情况调研报告

为贯彻落实好省委常委、市委书记吴天君同志的指示精神，按照市委常委、市委秘书长孙金献同志的要求，市委政研室、市政府研究室、市新型城镇化建设综合协调办公室抽调人员组成市委、市政府联合调研组，近期针对全市新型农村社区建设情况，分组赴上街区、巩义市、登封市、新密市、荥阳市、新郑市、中牟县进行了专题调研。现将有关情况报告如下：

一、全市新型农村社区建设现状

各县（市、区）认真贯彻实施《郑州都市区空间战略发展规划》《郑州市关于新型农村社区建设工作的指导意见》和新型城镇化建设“五个一”工作体系要求，依据各地《新“三化”协调发展空间布局规划》，坚持“分类指导、科学规划、群众自愿、就业为本、量力而行、尽力而为”的原则，全面启动新型农村社区建设，并扎实稳步推进。当前，全市共规划建设新型农村社区（含合村并点社区和合村并城社区）515个，计划总投资4250多亿元。截至目前，全市已启动新型农村社区建设200个，完成投资150多亿元；已建成入住社区5个，安置入住群众8万多人。各县（市、区）建设进展情况见表1。

郑州市各县（市、区）新型农村社区建设进展情况统计表

表1

县（市、区）	规划社区总数（个）	计划总投资（亿元）	启动建设社区（个）	完成投资（亿元）	建成社区（个）	安置入住群众（万人）
中牟县	83	640	26	16	0	0
巩义市	67	10（2012年）	23	5.4	0	0
登封市	44	239.91	21	7.28	0	1.45
新密市	89	361.2	52	39.3	0	3.69
荥阳市	63	12（2012年）	10	4.7	0	0.16
新郑市	52	773	20	25	0	1.25
上街区	8	28.36	4	5.3	2	0.7
郑东新区	4	115	3	0.28	0	0
管城区	11	200	2	3	0	0
二七区	15	350	3	7.4	0	0
惠济区	14	396	7	13.96	0	0
中原区	11	175	3	0.48	0	0
金水区	12	134.33	6	3.88	2	0.4
经开区	7	145	3	11.5	1	0.21
高新区	14	350	1	2.42	0	0
保税区	18	222	15	3.5	0	0.18
物流园	3	100	1	1.34	0	0
合计	515	4251.8	200	150.74	5	8.04

二、新型农村社区建设模式、主要做法及成效

（一）建设模式

各地在具体工作实践中，探索和总结出以下几种模式：

1.政府主导模式。在县（市、区）、乡（镇）财政基础较好的地方，政府发挥主导作用建设新型农村社区。这种模式以政府投资为主，或者由政府主导成立开发公司，负责规划设计、基础设施及公共服务设施建设、安置补偿等，新型农村社区建成后节约的土地由政府进行储备。如新郑市对社区建设节约的建设用地，由市土地储备中心按照每亩40万元标准收储，原村庄集体建设用地复垦后由市财政按照每亩5000元标准予以奖补。荥阳市的部分新型农村社区是由乡镇政府和开发企业共同成立开发公司（政府股份不低于51%）负责融资建设的，安置区以外节余土地挂牌后的土地出让净收益部分全额返还公司，用于社区建设。社区建成后，经核算原村庄安置和开发求得平衡后，多余资金由政府和开发企业按股份分成。

2.市场运作模式。这种模式重在运用市场机制，综合利用土地、信贷和规费减免等优惠政策，吸引房地产开发、工程设计、土建施工及其他企事业单位参与新型农村社区建设。这种模式更适用于具有地理位置和交通优势、土地具有商业开发价值的村庄。新郑市孟庄镇，东临郑州航空经济综合实验区，北依郑州市区，西接龙湖宜居教育城，区位优势明显，辖区内新型农村社区多是通过统一规划、市场运作、业主开发、集中建设来推进的。如鸡王社区—宽视界项目，原村庄占地290亩，村民安置房占地73.6亩，节约土地216.4亩用于房地产开发。开发商对符合安置条件村民每人无偿分配50平方米安置房，对拆迁房屋货币补偿，并建设占社区安置房面积10%的商业房作为村集体资产，保证村民长远利益。

3.项目带动模式。这种模式是依托国家及省市重点工程、重大项目开发建设，借助相关政策和拆迁补偿资金，实施整体搬迁，建设新型农村社区。主要有重点工程搬迁项目、煤矿沉陷区搬迁项目、扶贫搬迁项目等形式。如巩义市北山口镇老井沟社区，借助焦桐高速建设拆迁机遇，将原老井沟村、山川村搬迁合并，规划建设房屋1800套，安置居民7000多人。新密市来集镇祥和社区，是郑煤集团煤矿塌陷区搬迁工程，借助包赔补偿资金，集中安置王堂、马武寨等村群众1898户7931人。登封市把保护世界文化遗产、旅游景区开发与新型农村社区建设结合起来，以观星台景区项目开发为带动，搬迁村庄3个，集中安置村民6000人。上街区利用引进居易国际集团控股有限公司开发建设五云山山地生态公园项目的契机，采取异地扶贫搬迁，将南部山区4个省级贫困村、1个市级贫困村的1321户村民全部搬迁到五云社区，改善了群众生活环境。

4.村企共建模式。这种模式需要有实力、有发展需求、有辐射带动能力的企业参与，把促进社区产业发展、群众就业和企业用地需求紧密结合起来，实现企业与新型农村社区融合发展、互利双赢。如新郑市薛店镇第三社区，需要整合安置4个行政村5100人，规划占地面积400亩，总建筑面积40万平方米，资金投入约4亿元。原村庄占地1306亩，社区建成后可节约土地906亩，薛店镇第三社区将节约土地指标置换到好想你红枣产业园，社区由好想你枣业股份有限公司代建，农民基本不掏钱即可入住社区，还可以直接就近就业。

5."双强"村干部捐资为主建设模式。这种模式由乡镇引导或村集体主导，统一规划，自筹自建。如登封市大冶镇老井新型农村社区，由村党支部书记刘庭杰捐资1亿元建设，社区占地面积400亩，建设住宅楼14栋，计划2013年建成入住。巩义市、新密市"双强"支部书记和民营企业分别累计捐资1亿多元、7.6亿元支持新型农村社区建设。

（二）主要做法

1.注重政策引领。各县（市、区）立足实际，积极研究出台加快推进新型农村社区建设的政策措施。新郑市紧紧围绕"让群众搬得进、不欠账、能就业、有保障"的目标，切实算好土地指标、农民利益、资金运作、就业岗位、粮食生态、社会保障"六本账"，先后出台了一系列财政奖补政策。荥阳市围绕拆迁安置、土地收储、资金筹措、社区建设、产业发展等具体问题，研究出台了《关于新型社区建设工作的实施意见》《关于鼓励农村土地承包经营权集中流转加快推进新型农村社区主导产业发展的意见》《关于鼓励开展农村土地综合整治推进新型农村社区建设有关问题的通知》等一系列配套政策。中牟县出台了《关于支持新型农村社区建设资金整合意见》《关于做大做强投融资平台的意见》等文件，整合各类涉农财政资金，集中投入，充分发挥财政涉农资金的引导作用。上街区先后出台了《关于加快新型农村社区（中心村）建设的意见》《上街区新型社区建设实施导则》等文件，涉及户籍、社保、教育、就业等方面，鼓励引导群众到社区居住。

2.注重规划控制。各县（市、区）把新型农村社区规划与城镇规划、土地规划、产业集聚区规划"四规合一"，科学编制"三化"协调发展空间布局规划，综合考虑土地利用、城乡建设、产业布局和人口分布，统筹解决农民居住和就业增收问题。在社区建设中，坚持成熟一个推进一个。针对没有启动的社区，动员鼓励有住房需求的群众，到附近已启动的社区或镇区购房。注重集约节约用地，科学规划新型农村社区用地空间，社区住宅以多层建筑、高层建筑为主，提高土地利用效率。统筹新型农村社区外部设施配套，以交通道路和廊道绿化为重点，打造道路顺畅、宜居生态、干净整洁的社区周边环境。

3.注重产业培育。各县（市）区利用新型农村社区建设节约出的土地，采取依托社区附近规模企业、扶持社区现有产业、培育新兴产业、建设农民创业园区等多种形式，合理布局产业，做到"社区靠着产业建，产业跟着社区走"。如新密市来集镇宋楼社区，吸引投资1亿多元建设耐材产业园区，将全村68家耐火材料企业进行整合和资产重组，产业实力和竞争力进一步提高。积极发展特色农业和设施农业，规划建设现代农业示范园，鼓励引导社区居民将承包地以入股、转包等形式向农业龙头企业、专业合作社流转，促进农业集约化、规模化经营。新郑市梨河镇吴庄社区依托河南农建实业有限公司、河南翠绿农业开发有限公司等农业龙头企业，流转土地6000余亩，建设大棚500多座，大力发展设施农业、特色农业。

4.注重维护群众利益。各地在新型农村社区建设中，注重突出农民的主体地位，尊重群众意愿，维护群众利益。在社区规划设计时，征求群众意见；在工程质量监管中，邀请群众参加；在楼层及户型分配选择上，考虑群众生产生活实际；在群众利益维护上，坚持"不从农村挖土地，不从农民身上打主意"，确保农民的土地使用权，确保农民宅基地置换后的财产性收入。上街区提出保障农民土地利益，坚持耕地性质不变、土地所有权不变、农民承包关系不变，农民可以自己经营或有偿转让，土地出让收益、预期收益都归农民。新郑市注重算好农民利益账，让农民拥有"三项收入、两套房产、一本产权证"。三项收入，即工资收入，依托社区周边产业项目和特色农民创业园，农民就近就业创业；财产收入，村集体用社区建设节约出的部分土地，以自建、入股等形式，建设标准化厂房、商业设施，让农民获得租金或分红；集体收入，新型社区预留10%的共建房作为商住出租房，收益用来支付物业费等。两套房产，按照人均不低于40平方米标准，实现户均两套住房，一套居住，一套出租。一本产权

证，无偿为农民办理房屋产权证，解决了集体产权的宅基地不能转化为个人资产问题。

5.注重完善社会保障。加强社区基础设施和公共服务设施建设，每个新型农村社区基本做到通水、电、路、宽带、有线电视、天然气，有社区公共服务中心、标准化卫生室、超市、学校、幼儿园、污水垃圾处理设施等，绿化、物业、环卫、科技监控常态化。统筹推进城乡教育、就业、医疗、养老等基本公共服务一体化发展，让群众入住新型农村社区无后顾之忧。如中牟县强化农民就业服务，实施不限期、个性化、订单式的免费技能培训，让农民就近转移到二、三产业中。新郑市继续完善12年免费教育，实施“学前教育三年行动计划”和优质学前教育资源倍增工程；实行60岁以上老人免费乘坐城乡公交车、发放养老补贴等举措；推进城区社区卫生服务中心和片医负责制服务模式向新型农村社区延伸，建立健全社区居民健康档案，为社区居民提供连续、系统、全面的健康动态管理。

6.注重加强组织领导。各县（市、区）按照郑州市新型城镇化建设“五个一”工作体系要求，完善领导组织体系，加强新型农村社区建设的组织领导。各县（市、区）都成立了建设指挥部和专门工作机构，主要领导牵头挂帅，分管领导具体负责，建设、规划、国土、财政等相关部门和乡镇积极参与，形成合力、密切协同。健全工作推进机制，坚持定期例会、观摩、督查等制度，确保各项工作扎实有效开展。同时，将新型农村社区建设情况纳入年度目标考核体系，考核结果作为评鉴干部政绩、评先表优、奖惩兑现的重要依据。在新型农村社区建设中，各县（市、区）还依托以网格化管理为载体的长效机制，将社区建设的各项节点性工作、中心工作和重点工作，细化、量化到具体责任人，有序、高效推进工作落实。

（三）主要成效

1.土地集约节约效果明显。新型农村社区将若干个村整合在一起，统一规划，统一建设，农民集中居住，改变了长期以来农村建房点多、面广等状况，节约出来大量土地，通过复垦或者调整为建设用地，有效缓解了土地供需矛盾。通过新型农村社区建设，登封市可节约用地5.46万亩；巩义市可节约用地2.3万亩；新密市可节约土地1.08万亩，户均占地由0.49亩减少到0.16亩，土地集约节约利用明显提高。

2.农民生产生活条件改善。新型农村社区按照城市社区的标准规划建设，社区内基础设施和公共服务设施配套齐全，加上我市交通道路和生态廊道建设的快速推进，农村人居环境、生态环境、人文环境得到全面改善。农民住房条件改善明显，新型农村社区建成后，部分远郊村人均拥有50平方米左右住房、20平方米左右商业用房，近郊村人均拥有100平方米左右住房、10平方米左右商业用房。已建成入住的上街区峡窝镇五云社区、新郑市薛店镇常刘社区等社区，基本形成“10分钟生活圈”，居民出行不到10分钟就可享受教育、医疗、购物、休闲等简便快捷的公共服务。新型农村社区建设节约出的土地向周边产业集聚区、农民创业园集中，用于发展二、三产业，有效促进了农民就业。如新郑市薛店镇常刘社区，处于中原食品工业园内，园内的白象、胖哥等80多家食品加工企业吸纳当地8000多人就业，人均月收入2000元以上。同时，各地不断加大农业基础设施建设投入，农村机耕道路、农田水利建设、农机具装备等农业生产设施明显改善。

3.农村产业发展转型加快。农民居住方式的转变，加快了农业生产方式的转变。通过土地流转，集中规模经营，用于发展设施农业、高效农业、生态农业，促进了农业产业转型升级。如荥阳市崔庙镇郑庄社区流转土地1600亩发展核桃等小杂果种植基地和旅游观光休闲产业，上街区流转土地1300亩加快汜水河花卉产业集聚区建设。同时，新型农村社区建设节约出的土地，可以满足二、三产业发展对土地的需求，增加了对外来资本的吸引力，促进了二、三产业发展。如新密市超化镇超化新区，利用节约土地规划了1590亩的耐材产业集聚区。新郑市薛店镇依托中原食品工业园及富士康服务区、国际石材物流园、好想你红枣产业园、现代农业园和休闲度假产业园，规划建设了4个新型农村社区，节约的土地为产业园内企业加快发展提供了空间。

三、新型农村社区建设存在的主要问题及原因

（一）社区建设政策不够完善。在规划编制和管理、土地利用和管理、工程建设和管理、宅基地置换与奖补、资金筹措和管理、社区管理、服务保障等方面，全市尚未出台具体的政策措施。由于全市没有统一的新型农村社区规划建设标准，乡镇规划水平又有限，部分社区规划与县域村镇体系规划、乡镇总体规划、土地利用总体规划等没有很好衔接。农村土地承包经营权流转没有实施细则，土地流转规模不大，农业适度规模经营难以实现。新型社区管理服务缺乏指导意见，社区组织机构设置、集体债权债务处置、集体收益分配、房屋产权证办理等无政策依据，不利于保障农民长久利益。

（二）社区建设资金较为紧缺。新型农村社区建设的主要投资来源于节约土地产生的补偿资金、村集体积累资金、农民自有资金和争取到的政策扶持资金。其中多数村集体积累资金为空白，农民自有资金和政策扶持资金有限，土地置换补偿资金要等到复垦验收合格才能到位，时间滞后。虽然一些社区采取市场化运作、村企共建等方式解决了部分建设资金，但基础设施和公共服务设施建设资金需求量大，加上投融资平台建设不足，社区建设资金筹措难度加大。此外，由于各级涉农项目资金管理实行切块下拨，没有统一整合投向社区建设，出现分散投资、重复投资的现象，影响了涉农资金使用效益。

（三）社区建设起步区用地指标周转难度大。省下达市、市下达县（市、区）的城乡建设用地增减挂钩指标少，不能满足新型农村社区建设用地指标周转需求。除少数社区起步区选择在原址先拆后建或利用废弃工矿用地进行建设外，异地安置社区的起步区多采取先建后拆方式，需要争取新增建设用地指标。但由于省城乡建设用地增减挂钩和土地综合整治项目还处于试点阶段，土地报批前置条件多，申报时间长，难以解决社区建设周转用地问题。郑州市尚未建立全市统一的土地指标交易平台，通过集体建设用地流转复垦、占补平衡、增减挂钩和通过政府实施收储、挂牌、交易用于城乡建设、产业项目等的土地数量较少，无法实现集体建设用地流转全域流通。

（四）社区建设产业支撑较弱。除县（市、区）周边的部分乡（镇）产业发展相对发达外，地处偏远、区位优势不明显的农村地区产业发展都还比较薄弱，产业支撑能力还不是很强。这些地区在建或规划建设的新型农村社区，由于距离县（市、区）城区、镇区、产业集聚区相对较远，多数社区没有比较优势明显、带动能力强的产业项目支撑，无法解决农民的就业增收问题，农民仍以种植经营或外出打工为主。

四、思考与建议

（一）完善政策措施。研究出台新型农村社区建设用地保障、农民集中安置后节约的建设用地指标置换、鼓励社会资金和金融部门参与新型农村社区建设等方面的政策措施。相关部门应研究简化新型农村社区建设审批程序流程的具体措施，下放审批事项，减免或降低收费标准，提高审批效率。用地审批阶段，可将原国土、规划的用地预审、用地审核、用地发证等环节合并；方案审批阶段，可将原规划总图审批从用地环节剥离，并与管网综合、交通影响评价审查等流程整合至规划建筑方案审查环节；验

收服务阶段，可由部门单独验收变为主要相关部门共同验收。完善激励机制，提高建设奖补标准，对社区建设工作显著的乡镇、村干部，给予奖励或提拔重用；对支持社区建设的企业或个人，给予表彰。

（二）盘活土地资源。提高已下达土地指标使用效率，加快已报批项目的土地周转速度，用好起步用地周转指标。对实施滚动拆迁建设的新型农村社区，允许申请不超过50亩的周转用地。城镇周边规划控制区内的新型农村社区，符合土地利用总体规划的，采取农用地转用或土地征收方式解决用地问题；乡镇周边或边远地区的新型农村社区建设，采用土地综合整治和增减挂钩方式解决用地问题。加快农村集体建设用地流转，建立郑州市、县（市、区）土地指标交易平台，对新型农村社区建设节约出来的建设用地指标，实行公开有偿交易。争取上级国土资源部门在土地增减挂钩、周转用地借用、农村土地综合整治等方面的支持，允许先建后拆、先占后补，解决新型农村社区建设周转用地。探索开展城乡之间、地区之间人地挂钩政策试点，地随人走，人口迁移到哪里，这些人口所占用的建设用地面积就增加到哪里，人口从哪里迁出，哪里就相应的减少这些人所占用的建设用地面积。集约节约用地，科学安排新型农村社区的容积率和周边产业集聚区的用地率。

积极探索实施集体建设用地流转全域流通。推进村庄整治、合村并城、新型农村社区建设，节约的集体建设用地由各级政府统一收购、储备，通过占补平衡、增减挂钩、土地综合整治等方式调剂到郑州市中心城区、城市组团、产业集聚区，调剂到县（市）城区，调剂到交通道路、生态廊道等方面。强力推进调剂土地在郑州市行政区域内全域交易。

合理确定土地收益资金返还、分配比例。根据各县（市、区）、各乡（镇）、各行政村通过土地流转、新型农村社区及相关基础设施建设节约的土地数量，按照一定比例将土地收益资金返还、分配至各县（市、区）、各乡（镇）、各行政村，集中用于新型农村社区房屋住宅、基础设施、公共服务和配套设施建设，用于对农民的补偿和社会保障。

（三）拓宽融资渠道。建立多元投资机制，通过加大财政投入、社会资金参与、金融支持、以地生财、股份合作、群众自筹和社会捐建等多种方式筹集资金。财政资金采取以奖代补、先建后补、贷款贴息等方式，对县（市、区）的公共基础设施和公共服务设施建设项目进行奖补，调动社会各方面参与社区建设的积极性。整合涉农资金，以新增建设用地有偿使用费、耕地开垦费、土地复垦费等资金为主，引导农业、水利、交通、电力、通信等涉农项目和资金集中投向新型农村社区建设。鼓励市属金融机构创新金融产品，新型农村社区建设节约出的土地可以抵押、贷款，为社区建设等提供信贷支持。运用BT、BOT等模式，吸引社会资金参与新型农村社区基础设施建设。挖掘村集体建设用地潜力，用城乡建设用地增减挂钩的土地指标交易收益建设新型农村社区。推进市场化运作，鼓励房地产商带资开发、企业带项目开发，统筹解决企业发展用地需求和社区建设、群众就业问题。探索城市商业开发项目与新型农村社区建设项目捆绑，挂牌融资，既能解决城市商业用地问题，又能解决社区建设资金问题，实现互利共赢。

（四）强化产业支撑。坚持产村融合发展的理念，统筹新型农村社区建设和产业布局，注重三次产业协调发展，增强新型农村社区建设的可持续发展能力。积极培育新型农村社区的主导产业，具备条件的社区可以建设规模适当的工业产业园区，重点发展无污染、劳动密集型的农产品加工业和工业品初级加工业，引进一些实力强、生态环保、能吸收群众就业的项目和企业。加快发展餐饮、购物、休闲、娱乐等服务行业，完善社区服务功能。以规模经营现代农业为主要生产方式，合理布局粮食、高效农业、特色农业发展。鼓励村集体利用集体建设用地，通过自主开发、产权租赁、使用权入股等方式，建设标准厂房、仓储设施等经营性用房，发展壮大集体经济。

（五）确保群众利益。在新型农村社区建设中，切实保障群众利益，不以农民放弃土地为身份转换、享受城市政策、享受城市公共服务的条件。在农民宅基地腾退后，要大幅提高农民在土地指标收益中的分成比例，尽可能降低入住成本。充分考虑群众的承受力度，尽可能提高补助标准，减少群众自筹部分，提高群众积极性，让新型农村社区获得群众的接受和支持。对于在社区购房确有困难的农民，积极协调金融机构，通过金融贷款、政府贴息，或者配建部分保障性住房，创造条件让农民能够住进新社区。尽快为入住社区的农民核发房屋所有权证，使其房屋可以抵押、贷款和进入市场交易。多渠道增加农民收入，提高土地规模流转补助标准，让入住社区的农民通过务工获得薪金，通过承包土地流转获得租金，通过以土地入股参与开发建设或企业发展获得股金，享有的各种涉农政策补贴不变。加强社区服务管理，完善社区公共服务体系，加快社区综合服务中心建设，做好农民集中居住后的户籍、教育、医疗、就业、社会保险等社会保障工作，确保农民应有待遇。

（六）加强督导考核。建立督查工作台账，市绩效办、市委督查室、市政府督查室、市新型城镇化建设综合协调办公室要坚持跟踪问效。市各有关部门和单位每月、每季度都要对各县（市、区）进行排名通报，在市属新闻媒体上进行公布，形成以督查考核推动新型农村社区建设的良好工作机制。建立综合考核机制，将新型农村社区建设项目列入各级政府目标考核体系，制订郑州市新型农村社区建设重点项目考核实施办法，对各个项目进行定期考核。强化社会监督，行政审批事项及时向社会予以公开。聘请人大代表、政协委员、专家学者、新闻记者等社会各界人士，对政务公开工作进行监督评议。

（市委政研室）

统计资料

国民经济和社会发展总量及速度指标

指 标	单位	1990	1995	2000	2005	2009	2010	2011	2012	2012比上年±%
人口与面积										
人口	万人	557.8	600.3	665.9	716.0	831.5	866.1	885.7	903.1	2.0
建城区面积	平方公里	112.0	108.3	133.2	262.0	310.0	316.1	328.1	346.4	5.6
宏观经济										
国民经济核算										
地区生产总值	亿元	116.4	386.4	728.4	1660.6	3308.5	4040.9	4979.8	5549.8	12.2
第一产业	亿元	14.4	28.5	42.4	72.4	103.1	124.6	131.7	142.4	4.0
第二产业	亿元	62.5	203.5	343.3	872.8	1786.5	2269.9	2874.2	3132.9	14.2
第三产业	亿元	39.5	154.3	342.7	715.4	1418.9	1646.4	1974	2274.5	10.0
固定资产投资										
全社会固定资产投资额	亿元	26.9	165.6	258.4	820.0	2289.1	2757.0	3002.5	3669.8	22.1
固定资产投资	亿元	20.0	132.4	159.4	610.2	2002.2	2432.5	2900.0	3561.2	22.7
财政										
地方公共财政预算收入	亿元	10.5	17.1	43.6	136.1	301.9	386.8	502.3	606.7	20.8
地方公共财政预算支出	亿元	6.5	17.8	49.0	136.7	353.1	426.8	566.6	700.6	23.7
价格总指数										
商品零售价格指数	以上年为100	100.8	110.4	99.1	101.2	100.3	102.7	104.9	102.4	2.4
居民消费价格指数	以上年为100	101.8	114.5	99.0	102.4	99.8	103.0	104.9	102.7	2.7
外商投资										
利用外资										
合同利用外资额	万美元	1132	21086	12860	63766	188896	191632	238133	202058	-15.1
实际利用外资额	万美元	768	15020	9211	33549	162400	190015	310000	342898	10.6
产业										
农业										
农林牧渔业总产值	亿元	24.6	51.5	73.2	126.2	184.1	221.4	235.5	254.6	4.0
粮食总产量	万吨	154.2	140.1	158.7	153.0	166.1	166.7	166.7	169.5	1.7

续表 1

指 标	单位	1990	1995	2000	2005	2009	2010	2011	2012	2012 比上年±%
工业										
工业总产值	亿元	174.4	647.9	1005.3	2411.5	4395.3	7958.3	8459.7	10632.4	21.9
工业增加值	亿元	39.8	87.1	187.5	569.7	1298.5	1996.0	2316.0	2541.5	17.2
规模以上工业										
资产总计	亿元	142.3	470.3	749.8	1473.6	3185.0	3898.8	5173.0	7036.7	33.8
负债合计	亿元	89.6	328.6	477.5	946.3	1747.9	2134.9	2762.8	3915.4	38.3
主营业务收入	亿元	104.6	307.8	530.9	1673.0	4726.6	5942.3	8144.4	9603.4	19.6
利税总额	亿元	18.0	37.9	67.2	230.2	780.4	1058.1	1351.7	1415.1	4.4
建筑业										
建筑业总产值	亿元	12.7	45.5	106.0	299.4	1126.0	1352.3	1547.6	1816.6	17.4
施工房屋面积	万平方米	325	805	1217	2937	7106.6	8876.9	10505.5	12001.6	14.2
竣工房屋面积	万平方米	148	306	440	765	2277.8	2601.7	3403.6	3667.8	7.8
交通运输										
旅客周转量	亿人公里	69.3	92.0	125.1	189.6	263.4	301.4	325.6	348.2	6.9
#铁路	亿人公里	46.0	53.0	60.0	80.0	103.2	113.9	111.2	119.4	7.4
公路	亿人公里	23.3	32.1	56.3	82.7	113.5	137.7	161.1	174.1	8.1
航空	亿人公里	1.0	6.8	8.8	26.9	46.7	49.8	53.3	54.7	2.6
货物周转量	亿吨公里	196.2	212.9	226.5	287.7	404.2	479.8	564.1	630.9	11.8
#铁路	亿吨公里	181.6	181.9	156.2	187.9	192.8	199.4	210.2	216.2	2.9
公路	亿吨公里	14.7	30.9	70.1	99.4	210.9	279.8	353.3	414.2	17.2
航空	万吨公里	150.0	574	1281	3385	5034	5641	5744	5477	-0.5
邮电通讯										
邮电业务总量	万元	1.2	8.5	42	108.2	256.2	296.3	116.8	131.3	12.4
国内商业										
社会消费品零售总额	亿元	47.4	164.1	381.8	706.7	1434.8	1702.1	2015.6	2322.7	15.2
批零贸易企业销售额	亿元	44.9	401.0	437.4	1274.3	2311.7	2339.1	2943.9	3247.5	10.3
对外贸易和旅游										

续表2

指　标	单位	1990	1995	2000	2005	2009	2010	2011	2012	2012比上年±%
直接进出口总值	万美元		16129	19216	110193	297863	452442	1535929	3528949	129.8
#直接出口总值	万美元	1119	13072	12313	75659	200166	331272	941400	2022563	110.5
旅游外汇收入	万美元			4653	7769	12279	13384	14760	15800	7.1
金融										
金融机构各项存款	亿元	86.3	464.4	1215.4	3116.1	6540.3	7990.9	8964.9	10448.3	16.5
金融机构各项贷款	亿元	87.0	373.7	881.9	2428.1	4922.2	5717.5	6112.8	6794.1	11.1
教育										
在校学生数	万人	84.4	114.9	139.7	191.3	217.4	222.3	227.4	231.6	1.8
专任教师数	万人	6.2	5.9	7.1	9.4	12.0	12.5	12.9	13.6	5.4
人民生活										
市区城镇居民人均可支配收入	元	1496	4535	6458	10977	17417	19376	22477	25301	12.6
农村居民人均纯收入	元	692	1555	2912	4774	8121	9225	11050	12531	13.4
城市居民人均居住建筑面积	平方米			19.8	23.0	26.6	28.2	29.5		
农村居民人均居住面积	平方米	21.5	23.8	35.4	43.7	49.7	52.0	54.9	55.7	1.5
城乡居民储蓄余额	亿元	56.1	254.2	565.8	1436.1	2511.2	2911.0	3252.1	3845.5	18.2
工资										
在岗职工年平均工资	元	2126	5226	9017	16694	29837	32779	35541	41480	16.7
卫生										
医疗机构数	个	935	879	688	1637	1437	1347	4044	3810	-5.8
卫生技术人员	个	28410	30590	31137	33568	47004	49519	56891	65403	14.9
医疗床位数	张	20937	22122	24472	29295	42971	47094	52750	59664	13.1
市政建设										
自来水供水量	万吨	23037	32506	28783	30448	35475	37724	35785	35825	0.1
城市集中供热面积	万平方米		851	1383	1777	2051	2261	2285	3349	46.6
用气人口	万人	59.5	107.9	149.2	230	386	439	457	533	16.6
城市道路长度	公里	428	563	684	1131	1304	1338	1390	1446	4.0
公共汽(电)车总数	辆	404	728	1342	3077	4427	4788	5271	5548	5.3

注:1. 1990年城市居民人均可支配收入以人均生活费收入代替;2. 直接进出口总值、直接出口总值统计范围不包括省属进出口公司,1995年、1990年为业务统计数,2000年以来为海关数;3. 2011年邮电业务总量按2010年可比价格计算,2001-2010年按2000年可比价格计算,2000年以前按1990年可比价格计算;4. 固定资产投资2010年以前为城镇投资;5. 2010年以后,工业总产值和增加值包含河南中烟工业公司和河南电力公司。

年末人口基本情况

（2012年底）

县(市)区	总户数(户)	总人口(人)				
		合 计	#女 性	#非农业人口	城镇人口	城镇化率(%)
全市	2715974	9031090	4385281	3530790	5985806	66.3
中原区	240790	722370	354450	577896	646521	89.5
二七区	252092	738629	362126	454109	652948	88.4
管城区	173161	522945	254884	266022	439064	84.0
金水区	487509	1402077	673895	827225	1269020	90.5
上街区	44895	134548	68743	84497	121766	90.5
惠济区	91208	274536	139778	66163	186959	68.1
中牟县	175017	710568	349311	113975	267174	37.6
巩义市	229083	813243	396863	154736	390357	48.0
荥阳市	174585	614546	276960	132327	289451	47.1
新密市	213631	799910	389876	225310	388196	48.5
新郑市	171851	687405	341868	156639	325877	47.4
登封市	177302	677602	329333	203887	317795	46.9
经济开发区	43643	123073	56257	37027	100919	82.0
高新开发区	77883	224218	105382	112109	181617	81.0
郑东新区	86859	291386	142369	74366	186487	64.0
航空港区	76465	294034	143186	44502	231022	78.6

人口自然变动情况

（2012 年底）

县(市)区	年平均人口（人）	出生人口（人）	死亡人口（人）	出生率（‰）	死亡率（‰）	自然增长率（‰）
全　市	8936291	87332	38646	9.77	4.32	5.45
中原区	715948	7189	2327	10.04	3.25	6.79
二七区	734247	6323	2739	8.61	3.73	4.88
管城区	516283	4519	1600	8.75	3.10	5.65
金水区	1400328	12440	3123	8.88	2.23	6.65
上街区	134056	1027	724	7.66	5.40	2.26
惠济区	274282	2976	1234	10.85	4.50	6.35
中牟县	709918	8243	4437	11.61	6.25	5.36
巩义市	811742	7556	4318	9.31	5.32	3.99
荥阳市	614335	6008	2998	9.78	4.88	4.90
新密市	799856	7343	4263	9.18	5.33	3.85
新郑市	687355	7579	5087	11.03	7.40	3.63
登封市	675397	6794	3120	10.06	4.62	5.44
经济开发区	116116	1094	361	9.42	3.11	6.31
高新开发区	219602	1691	427	7.70	1.94	5.76
郑东新区	288060	3671	945	12.74	3.28	9.46
航空港区	238716	2879	943	12.06	3.95	8.11

农林牧

（2012 年）

指　　标	全市	中原区	二七区	管城区	金水区	上街区	惠济区	中牟县
农林牧渔业总产值	**2545817**	**23382**	**15276**	**14330**	**17585**	**12584**	**98921**	**855062**
农业	**1295103**	**14199**	**6165**	**8670**	**4431**	**7423**	**43496**	**479843**
谷物及其他作物	550755	4291	937	3092	3209	6152	7086	152495
谷物	321657	3020	602	2047	2899	3366	5458	65687
#小麦	162186	1587	323	1204	1395	1293	2952	30216
稻谷	1163				1		298	864
玉米	157116	1433	279	843	1502	1236	2208	34607
薯类	28434	9	4	14		33	86	9454
油料	120701	1028	240	881	42	175	848	65557
#花生	111988	767	30	823	36	101	812	63604
油菜籽	6913	256	206	58	6	8	8	1905
豆类	13143	28	48	7	92		135	2771
棉花	6301				3		189	3666
烟草	4413							
其他农作物	56106	206	43	143	173	2578	370	5360
蔬菜园艺作物	549952	9461	81	4697	972	604	35211	263184
蔬菜(含菜用瓜)	543744	9461	81	4678	972	604	35211	262971
花卉	2280			19				
水果、坚果、饮料和香料作物	191336	447	5147	881	250	667	1199	64164
水果(含果用瓜)	157367	447	5147	881	250	667	1199	64164
#苹果	26397	28	60	26	32	179	109	7280
梨	6191		168	80	68	208	184	2538
坚果	33969							
香料作物	1923							
中草药材	3060							
林业	**27189**	**807**	**325**	**143**	**1170**	**460**	**2840**	**9578**
林木的培育和种植	17616	776	292	55	1170	166	2483	7591
竹木采运	7257	31	33	88		294	357	1987
牧业	**1041942**	**7741**	**8054**	**5207**	**7155**	**4701**	**30248**	**284323**
牲畜饲养	358089	2279	714	1218	5926	436	14668	132546
牛的饲养	107652	390	204	420	719	18	2189	48727
羊的饲养	48702	98	65	263	112	3	247	29236
其他牲畜饲养	33147							388
奶产品	164572	1791	445	535	5095	415	12232	54195
猪的饲养	354239	4385	2085	3007	1175	920	6537	88595
家禽饲养	239111	1077	5256	822	54	3345	9036	36571
肉禽	69485	522	760	387	24	94	4340	13135
禽蛋	169626	555	4496	435	30	3251	4696	23435
狩猎和捕捉动物	10108							
其他畜牧业	80395			160			7	26611
渔业	**150666**	**122**	**142**	**165**	**4829**		**21907**	**73325**
鱼类	148885	122	142	165	4829		21907	72075
虾蟹类	153							153
其他	1624							1097
农林牧渔服务业	**30917**	**513**	**590**	**145**			**430**	**7993**

渔业总产值

单位:万元

巩义市	荥阳市	新密市	新郑市	登封市	经济开发区	高新开发区	郑东新区	航空港区
175349	**424253**	**296824**	**340295**	**216082**	**11221**	**12695**	**12961**	**30689**
72589	**200937**	**128354**	**179653**	**94639**	**5572**	**9780**	**3591**	**18940**
42544	86391	60787	91817	51129	3326	7528	3515	10367
30898	64729	40268	56977	29503	2175	6621	3091	5090
16080	33745	21097	28607	14459	1169	3441	1577	2917
14491	30556	19141	28233	14804	1006	3180	1514	2174
1311	4008	1807	2477	8010	178			390
3472	8357	7479	26951	2681	821	474	12	4303
2801	6218	5805	25707	1862	819	466	9	4303
294	1878	1280	1062	658	2	8	3	
1062	1278	1714	1318	3491		17	212	43
756	221	138	88	942			5	
				4413				
5045	7798	9380	4006	2088	152	416	195	541
10924	79532	38874	45854	17088	103	2043	67	5403
7930	69804	28323	45753	16148	103	2043	67	5403
576	354	1218		624				
18401	24614	19577	41982	26421	2143	209	9	3170
12245	9476	8905	41963	9681	2143	209	9	3170
6895	2721	2453	3164	5109	120		9	48
502	793	503	428	531	96			7
5972	11250	8933	19	16740				
184		1739						
720		9116						
7360	**3748**	**18618**	**6853**	**13210**				
3588	3618	15787	6853	13057				
814	130	1864		153				
87309	**203386**	**135112**	**149967**	**92897**	**5649**	**2849**	**9370**	**11749**
13829	70003	41748	26604	27379	976	999	520	1375
4818	20200	8560	5093	20529	531	569	285	929
2008	5008	3284	4621	5140	149	51	174	446
393	50	7586						
1760	44745	11158	16890	1710	296	379	61	
42392	63891	40374	67786	35319	4472	1030	3414	4823
10487	68810	34592	54260	20122	201	595	276	1664
2988	12570	10741	21851	4029	161	491	223	1095
7499	56240	23852	32409	16094	40	104	53	569
	3036	5880						
20601	682	11837	1317	10076		225	5160	3886
2038	**11786**	**1619**		**6362**				
1974	11616	1123		5554				
			679	340				
64	170	496		468				
6053	**4396**	**13121**	**3143**	**8974**		**66**		

农村基本情况及从业人员

（2012 年）

指　　标	单位	总计	中原区	二七区	管城区	金水区	上街区	惠济区	中牟县
农村基层组织情况									
乡镇个数	个	90		2	3		1	2	16
#镇个数	个	74		1	1		1	2	15
村民委员会个数	个	2207	35	14	29	30	27	54	428
乡村人口从业人员									
乡村户数	万户	105.11	2.30	0.63	1.72	1.52	1.40	4.02	15.68
乡村人口数	万人	410.26	7.93	2.98	6.69	5.77	4.57	14.54	65.18
乡村从业人员数	万人	237.29	3.53	1.86	3.35	3.05	2.37	8.23	40.56
按性别分									
#男劳动力	万人	128.01	1.91	0.99	1.77	1.61	1.22	4.52	21.01
女劳动力	万人	109.28	1.62	0.87	1.58	1.44	1.14	3.71	19.56
按行业分									
农业从业人员	万人	98.01	0.58	0.60	1.45	0.93	0.59	4.35	26.33

注：乡镇数不包括县（市）所在地的城关镇。

续表

指　　标	单位	巩义市	荥阳市	新密市	新郑市	登封市	经济开发区	高新开发区	郑东新区	航空港区
农村基层组织情况										
乡镇个数	个	15	12	12	12	13		2		
#镇个数	个	15	9	11	9	9		1		
村民委员会个数	个	289	288	303	294	303	15	39	17	42
乡村人口从业人员										
乡村户数	万户	15.62	13.43	15.80	12.36	14.23	1.23	2.59	0.85	1.72
乡村人口数	万人	63.27	49.71	60.06	46.66	57.42	5.21	9.12	3.58	7.58
乡村从业人员数	万人	33.07	31.47	33.38	29.45	34.27	2.53	4.30	1.60	4.26
按性别分										
#男劳动力	万人	18.55	16.71	18.16	15.53	18.76	1.53	2.31	0.86	2.57
女劳动力	万人	14.52	14.76	15.22	13.92	15.51	1.00	1.99	0.74	1.69
按行业分										
农业从业人员	万人	8.65	11.47	8.49	14.58	14.40	1.31	2.13	0.99	1.15

注：乡镇数不包括县（市）所在地的城关镇。

牧业主要产品产量

（2012 年）

指　　标	单位	合计	中原区	二七区	管城区	金水区	上街区	惠济区	中牟县
猪当年出栏头数	万头	224.69	2.30	1.29	1.96	0.75	0.61	4.34	52.85
牛当年出栏头数	万头	13.52	0.06	0.03	0.06	0.09	0.02	0.31	5.57
羊当年出栏只数	万只	53.55	0.11	0.07	0.30	0.13	0.02	0.29	
禽当年出栏只数	万只	4399.76	40.11	43.81	25.69	1.79	10.13	273.50	792.66
肉类总产量	吨	253795	2167	1622	1877	738	579	6855	67774
#猪肉产量	吨	168800	1678	993	1433	560	424	3115	42217
牛肉产量	吨	20650	75	39	83	138	30	420	9347
羊肉产量	吨	6935	14	9	37	16	3	35	4163
禽肉产量	吨	52771	400	581	323	24	122	3250	9976
兔肉产量	吨	1400			1			6	93
奶类总产量	吨	518857	5300	1318	1996	15075	710	36300	235360
#牛奶产量	吨	486900	5300	1156	1996	15075	710	36190	235360
山羊毛产量	公斤	64387		149					
绵羊毛产量	公斤	191824							
蜂蜜产量	公斤	374000							425
禽蛋产量	吨	222349	740	5994	600	40	4479	6119	30687

续表　　　　（2012 年）

指　　标	单位	巩义市	荥阳市	新密市	新郑市	登封市	经济开发区	高新开发区	郑东新区	航空港区
猪当年出栏头数	万头	26.04	40.65	18.48	48.11	20.49	2.83	0.69	0.27	3.04
牛当年出栏头数	万头	0.67	2.50	0.91	0.68	2.41	0.08	0.01		0.12
羊当年出栏只数	万只	2.20	4.59	2.21	5.25	5.21	0.16	0.03		0.52
禽当年出栏只数	万只	188.93	820.62	454.82	1392.83	267.31	9.14	11.26	0.60	66.56
肉类总产量	吨	24317	45598	20515	50617	24439	2377	675	208	3437
#猪肉产量	吨	20200	31345	12849	32301	16530	2131	526	200	2298
牛肉产量	吨	924	3605	1086	977	3634	102	10		180
羊肉产量	吨	300	657	267	658	689	21	4		62
禽肉产量	吨	2286	9599	5201	16515	3341	123	135	8	887
兔肉产量	吨	150	110	844	116	70				10
奶类总产量	吨	5206	128381	32008	49970	5058	875	1120		180
#牛奶产量	吨	5206	100548	28156	49970	5058	875	1120		180
山羊毛产量	公斤	9294	180	35398	781	18585				
绵羊毛产量	公斤	8253	150	127852	6010	49559				
蜂蜜产量	公斤	58070	53238	258284	2034	1949				
禽蛋产量	吨	9950	72300	27213	42267	21066	53	50	11	780

林业生产情况

（2012 年）

单位:公顷

县(市)区	当年造林面积	用材林	经济林	四旁植树(万株)	育苗面积	幼林抚育实际面积	成林抚育面积
总计	**11443**	**1735**	**6532**	**726.6**	**2376**	**24765**	**6350**
中原区				45	410		
二七区				1.6	29		
管城区	5			20	13		
金水区	42	42			212		
上街区				7	13		
惠济区	82		82		110	133	
中牟县	1464	715	241	210	751	19762	6000
巩义市	608	288	320		125	400	
荥阳市	1526	690	836	21	169	200	
新密市	2503		1089	42	274	2154	
新郑市	460			20	240		350
登封市	4566		3964	360	30	2116	
经开区	87						
郑东新区	70						
航空港区	30						

邮电通信行业基本情况

（2012 年）

指 标 名 称	计量单位	本年实际	指 标 名 称	计量单位	本年实际
局所及通信网络			本地网内区间电话通话量	万次	380
营业网点	处	267	本地网内区内电话通话量	万次	252609
#邮政局所	处	267	本地网内拨号上网通话量	万次	3788
邮政信筒信箱	个	626	固定传统长途电话通话时长	万分钟	47378
邮路条数	条	111	移动电话通话时长合计（含本地）	万分钟	5443548
邮路总长度	公里	89093	IP 电话通话时长	万分钟	12012
#汽车邮路	公里	41845	移动短信业务量	亿条	72
铁路邮路	公里	8998	移动电话年末用户	万户	10217717
航空邮路	公里	38250	#3G 移动电话用户	万户	3002541
农村投递线路总长度	公里	17033	本年移动电话新增用户	万户	3200394
通信业务量			固定本地电话年末用户	万户	2469271
邮电业务总量（2010 年不变价）	万元	1313215	#公用电话用户	万户	253576
邮政业务总量	万元	62621	城市电话用户	万户	1971054
电信业务总量	万元	1250594	#住宅电话用户	万户	801343
函件	万件	8207	农村电话用户	万户	498217
包裹	万件	75	#住宅电话用户	万户	388197
汇票	万笔	161	互联网接入用户数	万户	2031802
快递	万件	105	#互联网宽带接入用户	万户	1931475
订销报刊期发数	万份	118	**电信主要通信能力**		
#期刊数	万份	47	光缆线路长度	公里	71538
订销报刊累计数	万份	17732	固定长途电话交换机容量	万门	15
#期刊数	万份	902	局用电话交换机容量	万门	134
纪特邮票	亿枚	0.21	移动电话交换机容量	万门	1817

注：邮政业务总量不包括邮政储蓄银行数据。

规模以上工业总产值、增加值及销售产值

（2012 年）

单位:万元

项　　目	工业总产值	工业增加值	工业销售产值
总　　计	**106324206**	**25415486**	**104923222**
按轻重工业分			
轻工业	17482644	6327947	17364522
重工业	88841561	19087539	87558700
按登记注册类型分			
国有控股企业	26852373	7857239	26674887
国有企业	19861466	6294916	19800273
集体企业	1331238	334007	1303466
股份合作企业	380284	93591	374335
股份制企业	43154512	10237059	42425248
外商和港澳台商投资企业	20131001	3482178	19804600
其他	21465705	4973736	21215301
按所有制类型分			
公有制	28913053	8371492	28701907
非公有制	77411153	17043994	76221314
按企业规模分			
大型企业	40096981	7790788	39401458
中型企业	28620922	8696769	28460591
小型企业	37463921	8882747	36921048
微型企业	142382	45181	140125

注:本表工业增加值、总产值、销售产值包含河南中烟工业公司和河南电力公司的全口径统计数据。

全社会固定资产投资

（2012 年）

单位：万元、万平方米

指　　标	全社会投资	固定资产投资		农户投资
			房地产开发	
总　　计	**36697509**	**35612211**	**10951368**	**1085298**
住宅投资	7641583	6970614	6756524	670969
按经济类型分				
内资	**33081229**	**33081229**	**10066210**	
国有经济	6001029	6001029	165436	
集体经济	1381340	1381340	9369	
股份合作	294895	294895	771	
国有联营	55600	55600		
集体联营	568	568		
国有与集体联营	4350	4350		
其他联营	34150	34150		
国有独资	421785	421785	75802	
其他有限责任公司	11088989	11088989	6184103	
股份有限公司	2713391	2713391	764785	
私营	7590372	7590372	2617966	
其他内资	3494760	3494760	247978	
港澳台商投资	**1258932**	**1258932**	**366749**	
合资经营	276648	276648	134555	
合作经营	181535	181535	64088	
独　资	787949	787949	168106	
股份有限	12800	12800		
外商投资	**1013859**	**1013859**	**518409**	
合资经营	424966	424966	112511	
合作经营	38879	38879		
独　资	487342	487342	403570	
股份有限	21148	21148	2328	
其　他	2643	2643		
个体经营	**1343489**	**258191**		**1085298**
本年新增固定资产	**21127766**	**20042468**	**4352245**	**1085298**
本年施工房屋面积	**14244**	**12950**	**8254**	**1294**
#住宅	6996	5955	5604	1041
本年竣工房屋面积	**3422**	**2187**	**1450**	**1235**
#住宅	2109	1113	1043	996
本年竣工房屋价值	**5243758**	**4562342**	**3037592**	**681416**
#住宅	3397890	2835631	2109198	562259

城市建设用地情况

指 标	单位	2011 年	2012 年
城市市区面积	平方公里	1010.3	1010.3
建成区面积	平方公里	354.7	373.0
#城市建设用地面积	平方公里	318.9	335.4
#工业	平方公里	31.2	30.3
物流仓储	平方公里	13.7	13.7
交通设施	平方公里	58.9	59.5
居住	平方公里	82.4	86.5
公共设施	平方公里	13.3	50.4
市政公共设施	平方公里	13.3	13.6
绿地	平方公里	67.1	69.2
商业服务业设施	平方公里		12.2
本年征用土地面积	平方公里	10.2	9.5

市政设施及公共交通

指 标	单位	2011 年	2012 年
实有铺装道路长度	公里	1390	1446
实有铺装道路面积	万平方米	3363	3564
人行道面积	万平方米	726	764
实有桥梁数	座	191	194
#立交桥	座	45	48
路灯盏数	盏	69046	71455
排水管道长度	公里	3047	3204
污水年排放量	万立方米	32082	32120
污水处理厂	座	4	4
处理能力	万立方米/日	96	96
污水年处理量	万立方米	31467	30776
防洪堤长度	公里	58	58
公共汽、电车运营车数	辆	5271	5548
标准运营车数	标台	6626	7195
运营线路网长度	公里	1391	1043
全年客运总量	万人次	91192	98474
实有出租汽车数	辆	10607	10607

城市供水、供电情况

指　　标	单位	2011 年	2012 年
供　水			
水厂数	个	6	6
自来水综合生产能力	万立方米/日	124	109
#地下水	万立方米/日	51	42
供水管道长度	公里	2719	2838
全年供水总量	万立方米	35785	35825
#生产用水	万立方米	8714	9717
生活用水	万立方米	19371	22498
#家庭用量	万立方米	13382	12414
用水人口	万人	516	592
节约用水			
取水量	万立方米	10312	11403
生产用水重复利用量	万立方米	109995	126139
节约用水量	万立方米	4200	4500
供　电			
公用配电线路长度	公里	13451	32170
全年销售总量	亿千瓦时	390	395
#生活用电	亿千瓦时	35	44
售给居民每千度电售价	元	501.4	520.5

城市燃气及供热

指　标	单位	2011 年	2012 年
液化石油气			
储气能力	吨	970	970
外购气量	吨	65800	67200
供气总量	吨	65800	67200
#家庭用量	吨	47320	48410
用气家庭户数	户	237500	361500
用气人口数	万人	85	110
天然气			
储气能力	万立方米	240	240
供气总量	万立方米	63270	75742
#家庭用量	万立方米	18704	21190
用气家庭户数	户	1101118	1249385
用气人口数	万人	372	423
输送管道长度	公里	3580	4540
供热能力			
蒸汽	吨/小时	868	868
热水	兆瓦	1296	1296
供热总量			
蒸汽	万吉焦	216	173
热水	万吉焦	732	1043
管道长度			
蒸汽	公里	199	199
热水	公里	1000	1045
集中供热面积	万平方米	2285	3349
#住宅	万平方米	1690	2717

社会消费品零售总额

（2012 年）

单位:万元

指　标	合　计	批发零售住宿餐饮企业	批发零售住宿餐饮个体	其　他
社会消费品零售总额	**23227139**	**14614938**	**8283779**	**328422**
按销售单位所在地分				
城镇	21309227	14403837	6576968	328422
乡村	1917912	211101	1706811	
按行业分				
批发业	2407533	1998076	409457	
零售业	16819191	11582867	5236324	
住宿业	243728	196150	47578	
餐饮业	3428265	837845	2590420	
其他	328422			328422

注:2012 年社会消费品零售总额定报数据为 22898717 万元。

对外经济贸易

单位:万美元

项　　目	2011 年	2012 年	2012 年比 2011 年±%
全市直接进出口总值(含省直公司)	**1599559**	**3583193**	**124.0**
#全市直接进口总值(含省直公司)	635773	1556733	144.9
全市直接出口总值(含省直公司)	963786	2026460	110.3
市属及以下直接进出口总值	**1535929**	**3528949**	**129.8**
#直接进口总值	594529	1506386	152.9
直接出口总值	941400	2022563	110.5
#国内企业	372916	385869	3.5
外资企业	568484	1636694	187.9
新批外资企业	102	72	-29.4
合同外资额	238133	202058	-15.1
实际利用外商直接投资	310000	342898	10.6
国外经济合作合同金额	112871	137633	21.9
国外经济合作营业额	102609	145589	41.9
派出人员(人次)	12143	15139	24.7

财 政

(2012 年)

指　　标	郑州市	市本级	中原区	二七区	管城区	金水区	上街区	惠济区
公共财政收入	**6066488**	**2524352**	**216811**	**217699**	**188110**	**410383**	**85358**	**100718**
税收收入	**4524285**	**1703722**	**203340**	**201281**	**156437**	**397971**	**66258**	**77740**
增值税	415052	138898	21535	9776	20867	20945	8643	4149
国内增值税	415052	138898	21535	9776	20867	20945	8643	4149
国有企业增值税	44655	15252	8483	247	195	966	156	89
集体企业增值税	4332	1078	21	177	543	189	117	81
股份制企业增值税	235200	65099	8751	5066	11895	13618	4605	1846
联营企业增值税	20	4			2	3		
港澳台和外商投资企业增值税	48234	25114	1466	2492	601	2451	710	1333
私营企业增值税	6386	557	16	60	36	42	871	47
其他增值税	38897	15051	796	1629	1877	4346	1426	730
增值税税款滞纳金、罚款收入	738	194	49	19	20	40	45	6
福利企业增值税退税	-7053	-1400	-233	-265	-96	-761	-113	-46
软件集成电路增值税退税	-1606	-803	-3	-1	-1	-45		
宣传文化单位增值税退税	-1232	-1004	-2			-213		
其他增值税退税	-729	-102	-4	-4	-9	-54		
免抵调增增值税	47224	19865	2195	356	5804	363	826	63
成品油价格和税费改革增值税划出	-14	-7						
营业税	1710140	795532	69369	77491	40088	144554	16798	22335
金融保险业营业税(地方)	428791	223378	41	9	2	153	604	
交强险营业税	8160	4075						
其他金融保险业营业税(地方)	420631	219303	41	9	2	153	604	
一般营业税	1279047	571098	69008	77388	40057	144232	16162	22326
营业税税款滞纳金、罚款收入	2302	1056	320	94	29	169	32	9
企业所得税	677937	375518	22567	17170	18240	48822	7042	8238
个人所得税(款)	164344	79566	7451	6800	3261	10671	1284	1441
个人所得税(项)	164108	79469	7450	6788	3259	10668	1281	1429
储蓄存款利息所得税	128	91					1	
其他个人所得税	163980	79378	7450	6788	3259	10668	1280	1429
个人所得税税款滞纳金、罚款收入	236	97	1	12	2	3	3	12
资源税	38324			193	1	1	1427	
城市维护建设税	266784	59594	20934	15876	15612	32221	3360	5374
房产税	112859	8219	8494	16238	10646	29138	3146	2374

收 入

单位：万元

经济开发区	高新开发区	郑东新区	航空港区	郑州新区	中牟县	巩义市	荥阳市	新密市	新郑市	登封市
120899	**151640**	**323243**	**72666**	**203925**	**271777**	**260515**	**165023**	**244227**	**269588**	**239554**
103218	**125211**	**304567**	**68989**	**203649**	**183326**	**179646**	**118581**	**136808**	**177086**	**116455**
14043	18473	3709	9115		6516	34937	15995	38404	21236	27811
14043	18473	3709	9115		6516	34937	15995	38404	21236	27811
2812	562	76			765	3309	2386	5481	1276	2600
21	38	9			25	579	539	336	367	212
6006	13329	1126	349		4313	21874	9378	29666	17273	21006
							7			4
1285	2742	575	1373		456	2472	887	1140	719	2418
1	11	343	1		133	3830	104	190	20	124
3584	298	1580	138		507	1749	1448	870	1442	1426
7	15	14	2		8	133	25	95	22	44
					−53	−1893	−148	−1374	−378	−293
−35	−717	−1								
		−13								
	−31					−363	−21	−91	−50	
362	2233		7252		362	3247	1390	2091	545	270
	−7									
15936	23201	78384	16839	187883	57184	40155	32468	28966	44407	18550
6		39		186602	2133	4653	2720	3195	3062	2194
				4075		10				
6		39		182527	2133	4643	2720	3195	3062	2194
15884	23181	78248	16839	1277	54979	35272	29724	25742	41281	16349
46	20	97		4	72	230	24	29	64	7
11794	18898	31002	13362		12564	15668	16164	15295	22319	23274
2300	3519	3811	1748	15766	3268	4756	2527	4031	5154	6990
2293	3518	3810	1748	15731	3259	4735	2526	4027	5140	6977
					3	4	5	13	4	7
2293	3518	3810	1748	15731	3256	4731	2521	4014	5136	6970
7	1	1		35	9	21	1	4	14	13
						12478	2685	6304	2042	13193
15436	13389	13644	3408		6527	10789	5437	7816	30341	7026
4379	5446	8370	3670		1668	4177	1774	1732	2567	821

续表1 (2012年)

指　　标	郑州市	市本级	中原区	二七区	管城区	金水区	上街区	惠济区
印花税	76847	10703	5306	3435	3680	13845	1481	2173
城镇土地使用税	168281	5322	9086	9528	12500	16296	6542	7602
土地增值税	296588	1811	37745	35711	21623	80496	2451	9558
车船税(款)	45396	31809					1412	
耕地占用税(款)	162586		853	9063	9919	982	5839	14496
契税(款)	388404	196750					6833	
烟叶税(款)	743							
非税收入	**1542203**	**820630**	**13471**	**16418**	**31673**	**12412**	**19100**	**22978**
专项收入	169612	100852		19			2346	
排污费收入(项)	11195	3232					470	
水资源费收入	5773	2036					314	
教育费附加收入(项)	121586	70625					1503	
矿产资源专项收入	6055	15		19				
其他专项收入(项)	25003	24944					59	
行政事业性收费收入	364072	136728	10325	1876	1567	3117	7750	3694
公安行政事业性收费收入	35883	29986					31	
法院行政事业性收费收入	17602	7605	1179	910	428	2063	80	407
司法行政事业性收费收入	2435	751	616		41			720
外交行政事业性收费收入	9	9						
工商行政事业性收费收入	431	272						
财政行政事业性收费收入	1839	1123	447	3	7		18	1
审计行政事业性收费收入	330							
人口和计划生育行政事业性收费收入	12980		279	148	86	400	12	1344
安全生产行政事业性收费收入	3233						1	
档案行政事业性收费收入	73		1	3	2			10
人防办行政事业性收费收入	20340	8090	1				2781	
文化行政事业性收费收入	84		3				30	
教育行政事业性收费收入	77807	48828	4984	212	253			62
发展与改革(物价)行政事业性收费收入	9958	5572	11				7	
统计行政事业性收费收入	77	56						
国土资源行政事业性收费收入	73026	3601	43	32	15		3524	954
建设行政事业性收费收入	35296	20520	941	9			963	60
环保行政事业性收费收入	1536	420					46	
交通运输行政事业性收费收入	600	79	25				13	
工业和信息产业行政事业性收费收入	537	117						
农业行政事业性收费收入	954	164	9				7	1
林业行政事业性收费收入	1417	810	3		67			33

单位:万元

经济开发区	高新开发区	郑东新区	航空港区	郑州新区	中牟县	巩义市	荥阳市	新密市	新郑市	登封市
3584	2715	6496	7465		1656	7878	1803	1462	2031	1134
9948	8794	7515	3176		10018	25036	14167	10590	9250	2911
3713	8766	63689	1873		10479	3191	4866	3320	6214	1082
					2172	4105	959	3356	671	912
11010	5498	4343	5105		46598	6667	9683	10621	14238	7671
11075	16512	83604	3228		24676	9809	10053	4911	16616	4337
										743
17681	**26429**	**18676**	**3677**	**276**	**88451**	**80869**	**46442**	**107419**	**92502**	**123099**
6447	5607		1455		5034	8713	4548	8872	16646	9073
					687	1094	1290	1919	549	1954
					404	785	397	553	601	683
6447	5607		1455		3943	5510	2733	5026	14406	4331
						1324	128	1374	1090	2105
2878	7500	10092	563		55030	33090	32482	15027	26945	15408
					3244	182	35	1990	119	296
223	1395				394	468	281	1005	545	619
					83	54	25	14	104	27
					159					
	1				77	32		41	61	28
							314	16		
689	204	714	499		5123	443	805	771	822	641
					30	111	1350	1699	42	
	42					11	2		2	
1738	936				2366	329	1286	406	1680	727
							5	46		
	4800	279			2239	4347	5351	3391	1678	1383
					2417	622	1157	19	153	
									3	18
		8060			21436	4281	15051	1579	5574	8876
225	93	1023	2		1125	1161	1864	917	5525	868
	17				48	189	61	411	24	320
					84	105	7	136	39	112
						419		1		
			10		241	79	86	76	199	82
	1				91	35	128	169	38	42

续表2 （2012年）

指　　标	郑州市	市本级	中原区	二七区	管城区	金水区	上街区	惠济区
水利行政事业性收费收入	569							
卫生行政事业性收费收入	48742	762	392	138	243		215	51
民政行政事业性收费收入	964	276	21	8	5		2	4
人力资源和社会保障行政事业性收费收入	6660	6039	11	37	13		20	47
仲裁委行政事业性收费收入	1527	1527						
党校行政事业性收费收入	207	15		17	18			
其他行政事业性收费收入	8841	5	1359	359	389	654		
罚没收入	111782	72121	2591	1537	717		926	1688
一般罚没收入	111782	72121	2591	1537	717		926	1688
公安罚没收入	56583	45979					651	
检察院罚没收入	4769	2010	285	9			24	192
法院罚没收入	2999	157	312	358	354		40	65
新闻出版罚没收入	3						3	
海关罚没收入	52	52						
食品药品监督罚没收入	231	4		40	10		1	6
卫生罚没收入	185	31	32	5			2	8
检验检疫罚没收入	21							
交通罚没收入	5631	796			4		97	42
审计罚没收入	1505		113					18
物价罚没收入	672	257	181	30	7			5
其他一般罚没收入	39131	22835	1668	1095	342		108	1352
国有资本经营收入	530096	447286		289				7848
利润收入	20054							
其他企业利润收入	20054							
股利、股息收入	2803	2753						
其他股利、股息收入	2803	2753						
产权转让收入	476896	438717						
其他产权转让收入	476896	438717						
其他国有资本经营收入	30343	5816		289				7848
国有资源(资产)有偿使用收入	241635	46533	498	12398	29015	9295	7632	9502
利息收入	16828	1361	132	255	37	83	59	88
国库存款利息收入	1902	579	28	55	34	61	22	55
财政专户存款利息收入	6164	30	25	200	3	22	37	20
其他利息收入	8762	752	79					13
非经营性国有资产收入	52391	12096	366	12143	1768	9212	693	906
行政单位国有资产出租、出借收入	10755			38		9168	674	256
行政单位国有资产处置收入	1407	69		5	455		2	650

单位:万元

经济开发区	高新开发区	郑东新区	航空港区	郑州新区	中牟县	巩义市	荥阳市	新密市	新郑市	登封市
					62	2	147	304		54
					12182	19805	4176	20	10075	683
3	2	2	2		13	269	151	44	150	12
	9	14			68	146	149	17	68	22
							37		44	76
			50		3548			1955		522
235	828	947	10		3057	4818	3568	6832	4470	7437
235	828	947	10		3057	4818	3568	6832	4470	7437
					191	1188	1172	1909	2059	3434
					98	1	36	1697	202	215
	83				312	393	109	225	323	268
3	167									
					8	36	28		26	9
							19			2
					466	1331	512	562	751	1070
					210	22	606	230		306
					143			40	8	1
232	578	947	10		1629	1847	1086	2169	1101	2132
8021						11345	5267	23613	6093	20334
										20054
										20054
								50		
								50		
8021						5732	863	23563		
8021						5732	863	23563		
						5613	4404		6093	280
100	12494	6355	1509	276	22131	22570	571	571	29468	30717
29	220	6150	534	276	1150	5320	80	159	613	282
29	25	347	41	137	105	226	38	28	39	53
	101		493	139	542	4012		80	313	147
	94	5803			503	1082	42	51	261	82
71	12232	205	936					197	1036	530
66								49		504
5		205							2	14

续表 3　　(2012 年)

指　　标	郑州市	市本级	中原区	二七区	管城区	金水区	上街区	惠济区
事业单位国有资产处置收入	9335	5406	366	915	1313	44	17	
其他非经营性国有资产收入	30894	6621		11185				
出租车经营权有偿出让和转让收入	910	910						
其他国有资源(资产)有偿使用收入	171506	32166			27210		6880	8508
其他收入(款)	125006	17110	57	299	374		446	246
捐赠收入	21246	987		175	374		23	138
国内捐赠收入	21246	987		175	374		23	138
其他收入(项)	77714	16123	57	124			423	78
政府性基金收入	**3390810**	**1161916**	**438**	**292**	**169**	**1953**	**81010**	**52**
地方教育附加收入	44095	30631					867	
文化事业建设费收入	4420	904	438	224	169	1953	24	45
残疾人就业保障金收入	13519	10188					429	
政府住房基金收入	6881	3521						
上缴管理费用	3510	3510						
计提廉租住房资金	445	11						
廉租住房租金收入	1							
公共租赁住房租金收入	2							
其他政府住房基金收入	2923							
国有土地使用权出让收入	2933332	916631					79580	
土地出让价款收入	2622951	962489					81565	
补缴的土地价款	212984	41020						
划拨土地收入	162423	9854						
教育资金收入	32505						54	
农田水利建设资金收入	19304						54	
缴纳新增建设用地土地有偿使用费	-147658	-98961					-2093	
其他土地出让收入	30823	2229						
城市公用事业附加收入	24045	18514					110	
国有土地收益基金收入	43530	20000						
农业土地开发资金收入	20430	5415						
城市基础设施配套费收入	283643	150840						
育林基金收入	895	17		2				7
地方育林基金收入	895	17		2				7
森林植被恢复费	303							
地方森林植被恢复费	303							
散装水泥专项资金收入	1193	472						
新型墙体材料专项基金收入	4726	870						
其他政府性基金收入	9798	3913		66				

单位:万元

经济开发区	高新开发区	郑东新区	航空港区	郑州新区	中牟县	巩义市	荥阳市	新密市	新郑市	登封市
	2		883					148	235	6
	12230		53						799	6
	42		39		20981	17250	491	215	27819	29905
		1282	140		3199	333	6	52504	8880	40130
		8	140			333		3171	217	15680
		8	140			333		3171	217	15680
		1274			3199		6	35018	8663	12749
160563	**239721**	**833565**	**186689**		**272462**	**124004**	**117872**	**50536**	**103980**	**55588**
					1606	1911	985	1760	4823	1512
149	77	162			44	70	25	29	34	73
					371	513	288	657	592	481
		2	434			1		2923		
			434							
						1				
		2								
								2923		
153984	229944	725441	176834		258527	112478	106424	36966	91613	44910
153984	214955	610996	171827		125074	19087	113829	31649	99736	37760
	3629	7927	4067		60230	92928	175	587		2421
	11360	73789	8872		52337	149				6062
		23261			2550	746	730	3681		1483
		9468			2937	597	1446	3681		1121
			-7932		-12050	-1029	-9794	-3326	-8527	-3946
					27449		38	694	404	9
						1278	630	300	2423	790
		12000	2531		2259	843	2384	1718	1001	794
		1657	21		6392	2443	1928	1218	643	713
6430	9700	94023	6862		1433	3366	4476	3141		3372
					474	81	2	124	89	99
					474	81	2	124	89	99
					144		87	58		14
					144		87	58		14
		50	1		202	87	32	49	234	66
		230	6		994	465	367	261	1167	366
					16	468	244	1332	1361	2398

财 政

（2012 年）

指　　标	郑州市	市本级	中原区	二七区	管城区	金水区	上街区	惠济区
公共财政支出	**7006980**	**2833119**	**211036**	**212075**	**184198**	**357244**	**98247**	**116389**
一般公共服务	827634	131295	42812	41222	38877	82087	18483	22660
人大事务	14136	3810	873	741	753	1462	593	636
政协事务	10424	3172	639	854	647	842	435	454
政府办公厅(室)及相关机构事务	319528	29706	17817	25427	23857	39628	8835	9284
发展与改革事务	18479	7031	327	252	410	349	338	197
统计信息事务	8646	1958	632	544	404	712	76	507
财政事务	39021	5647	1895	1325	1497	2187	772	1031
税收事务	7276	780					1569	30
审计事务	9539	2530	242	700	148	484	142	256
人力资源事务	26981	5703	807	720	165	1380	50	200
纪检监察事务	12223	3402	623	730	399	933	254	643
人口与计划生育事务	54371	2730	3660	2828	2855	5150	868	2747
商贸事务	35084	17647	2178	796	727	734	1110	1394
知识产权事务	281	259					2	
工商行政管理事务	2811	1930					31	
质量技术监督与检验检疫事务	1207	730					13	15
民族事务	1282	874	54	16	63	5	22	49
宗教事务	1039	18	16	85	132	195	13	57
港澳台侨事务	307	156					56	
档案事务	5583	3688	109	128	175	187	77	111
民主党派及工商联事务	1854	1032		96	95	108	53	49
群众团体事务	13877	6975	400	459	365	1114	254	341
党委办公厅(室)及相关机构事务	44098	8397	4348	845	4155	4773	615	3481
组织事务	10635	1911	617	890	922	1108	306	655
宣传事务	12982	6202	415	967	339	271	539	269
统战事务	2530	279	222	238	249	302	100	203
其他共产党事务支出(款)	13461	2825	1788	1921	511	4077	902	36
其他一般公共服务支出(款)	159979	11903	5150	660	9	16086	458	15
国防	8081	4065	341	203	565	10	8	339
预备役部队(款)	2184	1285	45					222
民兵(款)	1201	260	230					61
国防动员	2347	1435	66	203		10	8	56
其他国防支出(款)	2349	1085			565			
公共安全	358771	207616	5370	5706	6160	8846	5179	4131
武装警察	14388	8096	320			935	285	167
公安	227969	152972				1372	3293	
国家安全	4144	4131						

支 出

单位：万元

经济开发区	高新开发区	郑东新区	航空港区	郑州新区	中牟县	巩义市	荥阳市	新密市	新郑市	登封市
130313	**168310**	**292670**	**118118**	**83031**	**440419**	**390589**	**274842**	**367013**	**375621**	**353746**
21140	24280	32015	17967	16570	72457	63555	32839	55173	49300	64902
40	71	53			787	715	625	1285	830	862
					522	651	491	649	466	602
15594	11400	12029	3425	2542	32485	16579	14972	19266	18938	17744
106	481		564	786	651	580	820	1059	3589	939
400	76	230			274	659	662	486	640	386
1046	3302	75	776	432	2903	2369	3652	5375	2690	2047
1075		1382	569			15		1856		
	224	492	3		821	322	1013	660	800	702
237	689	73	797	12542	458	1290	170	189	1376	135
234	312	328	211		791	386	514	856	1048	559
620	944	1698	844		7550	3913	4478	4767	4680	4039
964	3548	1422	512	268	306	866	742	747	632	491
						20				
156		20			64		202			408
204		17					68	20		140
	6	7			15		116	22	25	8
		89			103	8		73	69	181
					4		53	38		
					114	129	175	220	269	201
					7	75	50	68	171	50
95	55	359	49		1045	308	288	583	589	598
	408	793	105		2272	3052	2133	1722	3241	3758
					1498	114	786	742	481	605
					675	115	622	637	921	1010
					125	94	106	159	250	203
296					64			1030	11	
73	2764	12948	10112		18923	31295	101	12664	7584	29234
120		38			291	481	498	140	659	323
120					80	75		20	252	85
					158		252	70		170
		38			53	143	138	50	107	40
						263	108		300	28
3905	4319	3825	2637		16699	15949	14665	18021	18557	17186
465		836	1288			283	283	488	512	430
975		2123	1297		12623	10126	9564	11086	11433	11105
		13								

续表1　　（2012 年）

指　　标	郑州市	市本级	中原区	二七区	管城区	金水区	上街区	惠济区
检察	39738	15838	1566	1869	1963	1747	536	1151
法院	40378	9432	2128	3208	2682	3514	656	1491
监狱	4122	4122						
劳教	7004	7004						
其他公共安全支出(款)	1432				596			206
教育	1240176	405819	49742	50800	36199	67985	19927	27784
教育管理事务	18073	7283	269	99	550	593	790	611
普通教育	872787	221258	45105	29698	31821	53219	9742	23337
职业教育	119738	95496		116	448		7264	514
成人教育	2677	1743	10			2	15	176
广播电视教育	1288	930						
特殊教育	4882	2657	98	158	293	549		
教师进修及干部继续教育	17287	8497	242	96	183	2412	132	347
教育费附加安排的支出	125896	47148	3982	4912	2897	6957	1503	2375
其他教育支出(款)	77548	20807	36	15721	7	4253	481	424
科学技术	152706	61098	4651	8326	4133	8371	1781	3708
科学技术管理事务	4826	1149	137	155	318	204	113	104
基础研究	1997	1337					20	
应用研究	461	237				100		
技术研究与开发	107987	42446	4414	7633	3715	7186	1567	3494
科技条件与服务	235	20				36		
社会科学	343	335						
科学技术普及	3826	2076	100	138	100	208	77	110
科技交流与合作	3						3	
科技重大专项(款)	1829	1300		400				
其他科学技术支出(款)	31199	12198				637	1	
文化体育与传媒	108517	68133	602	1156	754	1311	698	499
文化	63914	49417	193	857	531	947	266	306
行政运行	2457			22	442	684	22	194
一般行政管理事务	387	80				25	22	6
机关服务	1171	113		529				
图书馆	2017	1191	8		5	37	42	
文化展示及纪念机构	1659	1659						
艺术表演场所	606	341						
艺术表演团体	4211	3331						
文化活动	4571	4362						17
群众文化	4272	1101	173	176	59	30	62	65
文化交流与合作	301	300					1	
文化创作与保护	610	604						
文化市场管理	1861	1033	1	101		30	117	

单位:万元

经济开发区	高新开发区	郑东新区	航空港区	郑州新区	中牟县	巩义市	荥阳市	新密市	新郑市	登封市
1362	1643	500			1195	1719	1885	2892	2445	1427
1030	2676	100			1774	2639	1838	2571	2400	2239
					78	206	143			203
16127	33676	65264	24787		90504	81952	59592	70565	73288	66165
451	546	17	25		971	441	878	1369	1560	1620
9219	13380	64157	22862		81597	71498	49137	55856	43547	47354
			20		2075	3355	3634	3285	2286	1245
					10	206	10	15	448	42
							358			
					200	117	192	217	249	152
	68				1100	665	962	1352	645	586
6447	5606	389	1873		4163	5510	3415	7193	16878	4648
10	14076	701	7		388	160	1006	1278	7675	10518
6336	21035	4108	2317		4248	7843	3620	3389	5188	2554
37	141		95		114	212	118	389	1540	
	640									
							124			
5174	5359	4108	2188		3936	5348	3062	2902	3189	2266
	175						2		2	
					2			6		
10			5		177	138	254	88	57	288
100			29							
1015	14720				19	2145	60	4	400	
826	465	152	90		1975	13279	3274	2530	6625	6148
791	366	84	11		567	4663	1053	680	1828	1354
9	4				105	68	175	110	366	256
178									58	18
					5		524			
441					40	56	10	3	131	53
									265	
					32	108	40	125	490	85
		11				18	25			138
149	15		11		314	1540	94	81	246	156
							6			
					12	160	2	24	207	174

续表 2

（2012 年）

指　　标	郑州市	市本级	中原区	二七区	管城区	金水区	上街区	惠济区
其他文化支出	39791	35302	11	29	25	141		24
文物	20740	7442	5	202	199		98	
行政运行	1126	363			144			
一般行政管理事务	186						33	
文物保护	13688	3528	5	202	35		65	
博物馆	3353	2779						
历史名城与古迹	1878	547						
其他文物支出	509	225			20			
体育	4252	2249		15		20	32	45
行政运行	503	310						
一般行政管理事务	56					20		
机关服务	14	14						
运动项目管理	318	53						
体育竞赛	293	228					2	45
体育训练	10	10						
体育场馆	1828	1161						
群众体育	584	469		15			10	
体育交流与合作	4	4						
其他体育支出	642						20	
广播影视	8994	2821	72			189	220	1
行政运行	635					184	99	
一般行政管理事务	87						7	
机关服务	368	216						
广播	2436	855	72					
电视	3564	1655						
电影	149	35						1
广播电视监控	60	60						
其他广播影视支出	1695					5	114	
新闻出版	942	261	313	10		50		7
其他文化体育与传媒支出(款)	9675	5943	19	72	24	105	82	140
社会保障和就业	557360	247651	17870	26283	12054	24440	9092	7739
人力资源和社会保障管理事务	39446	23219	521	762	1330	1284	1664	1228
行政运行	6579	2707		3	579	495	158	965
一般行政管理事务	2959	2381					18	149
机关服务	1437							
综合业务管理	169	15		13				
劳动保障监察	2416	1410		192	277		60	16
就业管理事务	1989	1849		15			75	
社会保险业务管理事务	873	770		3	2	6	5	2
金保工程	232	203					9	
社会保险经办机构	14243	9063	496	529	472	639	287	96

单位:万元

经济开发区	高新开发区	郑东新区	航空港区	郑州新区	中牟县	巩义市	荥阳市	新密市	新郑市	登封市
14	347	73			59	2713	177	337	65	474
			50		117	7004	241	424	2643	2315
						124				495
						3				150
					115	6621	241	128	2156	592
						247			327	
								253		1078
			50		2	9		43	160	
32	55	8				101	862	96	170	567
									104	89
								36		
							265			
										18
						70	597			
32	55	3								
		5				31		60	66	460
3		1			570	973	575	1180	1532	857
					163	105	84			
									80	
							126	26		
					33	208	132	57	1030	49
					272	626	223			788
3		1			102			7		
						34	10	1090	422	20
	8		12		45	27	90	21	44	54
	36	59	17		676	511	453	129	408	1001
1128	4041	10425	3202		25167	33808	30462	40507	34303	29188
331	108	536	384		750	774	2066	2066	949	1474
	97		31				270	164	319	791
22	11		212					109	26	31
							1399	38		
			141							
259					111		38	53		
50										
					15		50	3	2	15
										20
					622	774	15	769	15	466

续表 3

（2012 年）

指　　标	郑州市	市本级	中原区	二七区	管城区	金水区	上街区	惠济区
劳动关系和维权	540	503					31	
公共就业服务和职业技能鉴定机构	512	460					18	
其他人力资源和社会保障管理事务支出	7497	3858	25	7		144	1003	
民政管理事务	24344	5422	3296	2681	1105	2784	496	833
行政运行	5151	1755	387	113	335	883	129	383
一般行政管理事务	691	73				21	9	308
机关服务	952			358				
拥军优属	1739	751	98	65	69	112	88	101
老龄事务	244	30		16	72	33	9	4
民间组织管理	399	373			8	14	1	
行政区划和地名管理	231		12	5	6	19		5
基层政权和社区建设	9383	290	2517	2048	525	1379	87	15
部队供应	1310	1310						
其他民政管理事务支出	4244	840	282	76	90	323	173	17
财政对社会保险基金的补助	131966	51569	2110	2499	3810	10411	954	1927
财政对基本养老保险基金的补助	58650	49250			3810	865		45
财政对失业保险基金的补助	261					4		13
财政对基本医疗保险基金的补助	5121	2221						
财政对工伤保险基金的补助	1017	98						20
财政对生育保险基金的补助	696			66				45
财政对新型农村社会养老保险基金的补助	45123		701	627		250	330	645
财政对城镇居民养老保险基金的补助	7531		499	137		973	555	667
财政对其他社会保险基金的补助	13567		910	1669		8319	69	492
行政事业单位离退休	134391	60823	5854	14149	2395	1723	4551	1897
企业改革补助	15579	12225	1132					
就业补助	53721	38862	121	218	78	100	310	101
扶持公共就业服务	1195							36
职业培训补贴	980		60	218				
职业介绍补贴	69							
社会保险补贴	165							
公益性岗位补贴	1353							
小额担保贷款贴息	10594	8330					77	
补充小额贷款担保基金	9463	7247						
其他就业补助支出	29902	23285	61		78	100	233	65
抚恤	29935	1218	2178	2357	1279	3907	382	891
退役安置	34950	27831	271	725	209	1432	20	28
社会福利	22867	14431	446	156	16	28	59	7
残疾人事业	3200	1014	196	199	130	288	33	111

单位:万元

经济开发区	高新开发区	郑东新区	航空港区	郑州新区	中牟县	巩义市	荥阳市	新密市	新郑市	登封市
										6
							23			11
		536			2		271	930	587	134
147		2501	13		925	416	980	760	1319	666
					333	98	187	100	177	271
133									137	10
							591	3		
		10	13		65	82	96		91	98
					8	11	18		32	11
						3				
					127	10			34	13
		2431				12	5		59	15
14		60			392	200	83	657	789	248
248	280	3429	1705		5778	13873	9486	8453	8160	7274
		2231	1059		1390					
		164			40			10	30	
		793	646			50		1411		
		38			148	210	174	138	44	147
							118	228	50	189
		28			4108	12397	8620	4707	5809	6901
248		63			92	1216	504	1952	588	37
	280	112					70	7	1639	
22	419	1288	47		2519	4526	6729	13094	8144	6211
	101							2121		
111		1247			1740	2578	1735	1981	2881	1658
					178			529	452	
76					100	500		15	11	
35		24						10		
					150			15		
					558	785		10		
					722	836		62	268	299
					32	84	300		1300	500
		1223				373	1435	1340	850	859
126	338	591	187		3225	2944	2369	3311	2527	2105
	13				235	1073	637	610	1491	375
4	10	3	22		2772	1293	606	827	1436	751
23	25	17	5		136	284	125	146	403	65

续表4 (2012年)

指标	郑州市	市本级	中原区	二七区	管城区	金水区	上街区	惠济区
城市居民最低生活保障(款)	13387	119	1525	1714	388	1467	498	486
其他城市生活救助	2882	1644	19	292	23	122	58	17
自然灾害生活救助	1501	49		19	15	16	10	5
红十字事业	1297	636		70	81	33		37
农村最低生活保障	21051	271					18	40
其他农村生活救助	9847	11	49	197	153	53	24	121
其他社会保障和就业支出(款)	16996	8307	152	245	1042	792	15	10
医疗卫生	460530	145995	11324	11958	9678	24698	10495	8322
医疗卫生管理事务	12653	1856	333	598	1161	815	3666	434
公立医院	80819	56669	20			10591	2370	203
基层医疗卫生机构	69307	2738	1379	768	394	1275	453	770
公共卫生	53922	13351	1854	2317	2016	3728	1044	988
疾病预防控制机构	9652	2279	249	646	268	852	320	204
卫生监督机构	4137	608	484	536	300	905	5	81
妇幼保健机构	6721	1686	314	141	443	384	222	83
精神卫生机构	934	934						
应急救治机构	1190	201						
采供血机构	220							
其他专业公共卫生机构	162						13	
基本公共卫生服务	19862	5772	468	600	243	862	159	329
重大公共卫生专项	8709	1664	295	303	132	458	123	281
突发公共卫生事件应急处理	139	30	17		10	50		
其他公共卫生支出	2196	177	27	91	620	217	202	10
医疗保障	231937	66500	7354	7943	4968	7640	2907	5798
行政单位医疗	20827	5876	755	1487	877	1663	1018	1409
事业单位医疗	21139	6744	1276	2266	645	2728	587	379
公务员医疗补助	5728	5728						
优抚对象医疗补助	1060		38	47	17	94	9	22
城市医疗救助	503		52	60	30	36	12	21
新型农村合作医疗	109433		2199	2625	1937	1274	1210	3712
农村医疗救助	2423		2	1	1	1	1	1
城镇居民基本医疗保险	36267	23669	2	1		8		2
其他医疗保障支出	34557	24483	3030	1456	1461	1836	70	252
中医药	2402	343	177	183	59	191	17	80
食品和药品监督管理事务	5834	3190	113	119	270	383	32	29
其他医疗卫生支出(款)	3656	1348	94	30	810	75	6	20
节能环保	140731	64401	504	2891	624	1543	2319	361
环境保护管理事务	14452	4835	358	300	318	839	234	208
环境监测与监察	2080	1368	20					8
污染防治	39641	14916	12	1263	35	65	2028	5
自然生态保护	8800	635	90	179		54	33	107

单位:万元

经济开发区	高新开发区	郑东新区	航空港区	郑州新区	中牟县	巩义市	荥阳市	新密市	新郑市	登封市
	346	182	27		1163	1130	669	665	1773	1235
	66	21			134	49	113	60	61	203
8	8	8			211	202	251	380	172	147
11					23	11	30	47	198	120
62			298		3321	3313	2910	3072	3441	4305
35	48		76		2119	753	1523	1912	821	1952
	2279	602	438		116	589	233	1002	527	647
1560	4197	3969	1981	82	43063	45042	30265	36731	38025	33145
9	171	30	79		538	328	873	283	915	564
					490	5913	300	302	857	3104
74	130	283			17110	12202	6918	7096	12970	4747
98	538	407	167		4445	6945	3205	5131	3113	4575
		34			312	2274	370	797	189	858
					291	195	249	375	49	59
					612	2074	32	360	157	213
					265		286	55	206	177
								220		
								149		
76	233	210	3		2064	1577	1830	2166	1632	1638
22	5	94	1		874	732	412	970	817	1526
					12					20
	300	69	163		15	93	26	39	63	84
1368	2945	3079	1729	82	19948	19289	18442	23502	18869	19574
				72	1234	1201	914	684	1977	1660
		7		10		450	2319	2357	1102	269
		5	6		85	109	147	325	97	59
		22			37	50	35	50	57	41
1368	2735	3045	1629		16428	15788	12841	16864	11919	13859
	4		85		168	388	560	527	274	410
	121				1560	944	1258	2593	2833	3276
	85		9		436	359	368	102	610	
	29	60			265	195	230	97	172	304
11	379				134	110	252	165	370	277
	5	110	6		133	60	45	155	759	
153	279	66	2478		10069	11837	10995	12852	8474	10885
86	199		152		113	870	1738	1906	1015	1281
17					212	402	53			
	45	66	1491		1834	4191	2803	3499	3129	4259
					1634	1515	2060	1506	314	673

续表 5 （2012 年）

指　　标	郑州市	市本级	中原区	二七区	管城区	金水区	上街区	惠济区
退耕还林	4399						19	33
能源节约利用(款)	49299	40223	4	947	271	354		
污染减排	11810	1398	20	202				
可再生能源(款)	5219	1000						
资源综合利用(款)	3480							
其他节能环保支出(款)	1551	26				231	5	
城乡社区事务	951021	280655	40734	27759	19557	108927	15593	7884
城乡社区管理事务	132538	47564	4197	7383	7541	17537	6572	3841
城乡社区规划与管理(款)	9051	104	392	50	115	297	202	676
城乡社区公共设施	474706	52431	10926	3930	2931	71354	1152	1351
城乡社区环境卫生(款)	125900	22814	9358	10262	6270	19111	2810	2006
建设市场管理与监督(款)	283			4		60		10
其他城乡社区事务支出(款)	208543	157742	15861	6130	2700	568	4857	
农林水事务	520476	138457	5383	6978	5424	5109	4005	10734
农业	215792	22142	1340	3937	2905	3397	1950	7026
行政运行	8388	2137	459	103	811	1425	336	501
机关服务	1127							
事业运行	10393	1779		258		69		415
农垦运行	131	40						60
技术推广与培训	8592	2808	3	64		366	10	249
病虫害控制	1717	313	51	18	4	35	18	103
农产品质量安全	3335	2404	5	11	10	143	35	119
执法监管	853	244			189	10	12	10
统计监测与信息服务	71	55						
农业行业业务管理	102	97						5
对外交流与合作	115	115						
灾害救助	1367		13	5	9	14	10	19
农业结构调整补贴	7960	915		45	58		182	439
农业生产资料与技术补贴	19735	1348	16	22		144	50	245
农业生产保险补贴	2306							
农业组织化与产业化经营	3160	17		20		5	60	583
农产品加工与促销	1567	175					15	35
农村公益事业	1210	150					46	10
农业资源保护与利用	20949	1115		194				1062
农村道路建设	14179		60	1910	556			
农资综合补贴	36637		430	712	365	462	291	892
石油价格改革对渔业的补贴	119					6		18
对高校毕业生到基层任职补助	3400	79	66		24	45	20	222
其他农业支出	66311	8335	237	575	879	654	258	1041
林业	103233	73698	57	156	102	708	32	1720
行政运行	2857	806				237		605

单位:万元

经济开发区	高新开发区	郑东新区	航空港区	郑州新区	中牟县	巩义市	荥阳市	新密市	新郑市	登封市
			2		419	1039	232	816	647	1192
21			10		540	1310	876	3524	525	694
					652	1446	2033	1601	1743	2715
			823		3325					71
					340	970	1200		970	
29	35				1000	94			131	
39218	31661	145595	7117	44185	59226	32314	11319	35025	25299	18953
1240	6444	3219	1537	430	1998	2248	4415	2025	8441	5906
160	1095		764	57	1118	904	1672	828	160	457
33641	11963	140316	2948	43698	25998	23214	3230	24069	14154	7400
3177	3537	2060	1868		23605	5064	1680	8094	2524	1660
						159				50
1000	8622				6507	725	322	9	20	3480
1426	3193	3855	2322		76052	43317	47045	59702	61192	46282
970	1599	1420	1390		44891	15741	24590	31904	30448	20142
1		4			256	447	332	162	592	822
							36	1091		
					1642	1609	1531	1614	1476	
					8		12	11		
	165	4	100		1143	299	1250	243	848	1040
28	11	49	22		311	194	107	118	85	250
	3	26			173	27	141	67	99	72
					225			136	10	17
5						2	2	4		3
9	25	20	20		190	176	238	212	235	172
	160				2535	150	479		2665	332
25	199	93	170		4806	1430	2491	2809	3745	2142
					546	200	677	390	223	270
	210		220		793	19	117	28	623	465
40		10			189		130	130	150	693
					459	70	126	235	84	30
					4294	20	5742	5	6117	2400
	135				1907	3439	1146	2833		2193
376		568	610		8236	3778	5278	4980	5534	4125
					38		12			45
		33	205			543	507	637	471	548
321	691	613	43		17140	3327	4236	16199	7491	4271
184	70	2006	11		4944	2875	1459	3999	7498	3714
		120			139	90	205	132	84	439

续表 6 (2012 年)

指　　标	郑州市	市本级	中原区	二七区	管城区	金水区	上街区	惠济区
一般行政管理事务	500							109
林业事业机构	4225	1005		30		3		
森林培育	22835	16336		20		12	25	521
林业技术推广	151	140						
森林资源管理	890	825						
森林资源监测	30	30						
森林生态效益补偿	12302	11333						17
林业自然保护区	48	43						
动植物保护	53	40						
湿地保护	989	729						260
林业执法与监督	329	133						
森林防火	724	90		1		11	7	20
林业有害生物防治	337	85				15		31
林业工程与项目管理	14652	14652						
林业产业化	159	69						
林业贷款贴息	2941	2824				117		
石油价格改革对林业的补贴	386	129						
其他林业支出	38343	24429	57	105	102	313		157
水利	119216	37015	992	689	756	185	930	806
行政运行	4134	2096				149		334
一般行政管理事务	619	308					6	31
水利行业业务管理	943	457		21				
水利工程建设	25079	1294					129	20
水利工程运行与维护	3399	2502						
水利前期工作	911	239						
水土保持	2145	101		205			5	35
水资源管理与保护	2555	2176						
防汛	2007	525	6	29	31	21	10	51
抗旱	457	30						31
农田水利	19005	453	100	299	668	10	64	248
水利技术推广和培训	1063	474						
水资源费安排的支出	7260	2217	21	124	17	5	674	36
农村人畜饮水	20323	1732	120				42	
其他水利支出	27562	22411	745	11	40			20
南水北调	6235	816	891	548	77			
扶贫	22029	4230		105			765	
农业综合开发	9915	215		202	254	302	217	490
农村综合改革	39408	7	1110	859	1330	517	111	692
其他农林水事务支出(款)	4648	334	993	482				
交通运输	267114	199826	642	4600	342	1233	1588	884
公路水路运输	81849	38550	622	4475	342	953	1019	731

单位:万元

经济开发区	高新开发区	郑东新区	航空港区	郑州新区	中牟县	巩义市	荥阳市	新密市	新郑市	登封市
53			11					62	25	
		1775			214	509	443	158	88	
27					1091	1549	548	1048	197	
						3		8		
								5		
					14	321	97	60	49	
						5				
								13		
					50	33	10	73	14	
					11	168	7	88	2	
		20			60	12	3	17	6	
							70			
					87	32	5	6		
104	70	91			3248	153	71	1882	7033	
85	208	371	36		12917	17290	7888	14549	14183	
					308	127	281	83	121	
26			5			6			127	
						35		423		
					6726	9411	2173	1906	3351	
					40	66	75	481	129	
					280	64	200	8		
					10	1130	64	354	120	
22								357		
20		252	24		23	268	259	226	88	
		10			25	65	20	181	25	
					761	1033	1146	5787	4646	
					15	464	15	15		
	10	11			412	2318	360		601	
17	198		7		3518	1886	2319	4111	2266	
		98			752	372	99	114	2682	
			85		1575		1600		643	
		20			1351	1276	3218	3544	812	
					2270	854	1434	671	1796	
187	516	38	243		7471	5281	6687	5035	5166	
	800		557		633		169		646	
14					13407	12513	5742	7413	11928	
14					7635	7475	3626	4027	8231	4149

续表7 （2012年）

指　　标	郑州市	市本级	中原区	二七区	管城区	金水区	上街区	惠济区
行政运行	3304	1229	234	118	292	147	119	362
一般行政管理事务	1133	128	90			3	532	73
机关服务	301	39		98				
公路新建	4409			3470	28			
公路改建	12428	5839		144		332	2	57
公路养护	19064	9663	176	399		238	56	166
公路路政管理	1789	25						
公路运输管理	2176	77	107	246		203		63
其他公路水路运输支出	29116	15585	15		22	30	300	
石油价格改革对交通运输的补贴	94520	78455					569	
对城市公交的补贴	53466	50484					206	
对农村道路客运的补贴	8694	117					68	
对出租车的补贴	32304	27842					293	
石油价格改革补贴其他支出	56	12					2	
邮政业支出	100	100						
车辆购置税支出	25637	19320		125				153
车辆购置税用于公路等基础设施建设支出	18960	18355						
车辆购置税用于农村公路建设支出	5862	150		125				153
车辆购置税用于老旧汽车报废更新补贴支出	815	815						
其他交通运输支出(款)	64963	63401	20			280		
资源勘探电力信息等事务	523136	364211	16050	5639	2759	4466	3165	5114
资源勘探开发和服务支出	15472	1000						
制造业	27277	13824	1216	87				
建筑业	199	199						
电力监管支出	122	10						
工业和信息产业监管支出	34502	22814	624	453	446	1880	464	120
安全生产监管	15092	3891	904	705	762	984	181	480
国有资产监管	11531	10080					94	
支持中小企业发展和管理支出	53693	7189	165	1167	125	791	2296	2433
其他资源勘探电力信息等事务支出(款)	365248	305204	13141	3227	1426	811	130	2081
商业服务业等事务	150332	88918	3587	3816	2826	3825	792	445
商业流通事务	46085	13614	3519	3704	2685	3495	782	61
其他商业流通事务支出	44100	12586	3519	3704	2685	3495	782	61
旅游业管理与服务支出	12765	5883	6	102	106	70		384
涉外发展服务支出	18978	18148	62	10	35	30	10	
其他商业服务业等事务支出(款)	72504	51273				230		
金融监管等事务支出	79713	70819	69	739		454	69	59
国土资源气象等事务	59479	17411	769	1020	2599	4839	740	1078
国土资源事务	57667	16465	769	1020	2599	4839	600	1073
住房保障支出	174544	100991	5483	6371	2308	6917	3209	1384
保障性安居工程支出	106080	76429	787	2215		3182	1436	

单位:万元

经济开发区	高新开发区	郑东新区	航空港区	郑州新区	中牟县	巩义市	荥阳市	新密市	新郑市	登封市
					126	142	136	88	183	128
								50	210	47
							164			
					200	266	32	50	89	274
					3471	973	549	76	698	287
14					2722	2263	969	499	1562	337
					439	505		468		352
					483	525		157		315
					94	2768	1603	2375	5357	967
					2105	2681	2076	3386	2973	2275
					484	681	550	610	75	376
					839	1006	964	2097	2315	1288
					776	988	556	679	575	595
					6	6	6		8	16
					3271	1871			724	173
						605				
					3271	1266			724	173
					396	486	40			340
36791	9161	629	1901	9000	9026	11258	7630	11699	3522	21115
						1328	3503	7616	3	2022
5550	59					6049		340	152	
							112			
935	1443		1364		833	911	1206	89	290	630
62	452	489	23		270	1787	636	671	839	1956
48							222	957		130
17002	2673	140	260	9000	6073	1140	865	760	1409	205
13194	4534		254		1850	43	1086	1266	829	16172
649	4284	20362	2125	800	3072	3471	2192	2522	3778	2868
305	3614	280	2075	800	2632	2077	1595	2432	1067	1348
305	3614	280	2075	800	2612	1843	1332	2342	920	1145
44		82			154	1037	597	90	2701	1509
	20				286	357			10	10
300	650	20000	50							1
290	128	552			1869	1233	610	177	1815	830
502	1497	130	517	148	3441	2386	2487	2392	12552	4971
502	1497	130	265	148	3328	2306	2402	2339	12448	4937
	1229	1275	1038	71	3115	8649	2720	4535	5482	19767
	311	40	360		800	2734	263	105	520	16898

续表 8 （2012 年）

指　　标	郑州市	市本级	中原区	二七区	管城区	金水区	上街区	惠济区
住房改革支出	66155	24532	3091	4156	2308	3735	1726	1384
城乡社区住宅	2309	30	1605				47	
粮油物资储备事务	19047	9729	789	824	858	992	400	48
粮油事务	10228	4974	173	162	564	952	86	48
物资事务	383	216			64			
粮油储备	8014	4121	616	662	230	40	310	
国债还本付息支出	273795	220128		33	33	585	33	12580
国内债务付息	102691	66441				552		12500
国外债务付息	338	289						46
补充还贷准备金	159010	142977						
地方政府债券付息	11756	10421		33	33	33	33	34
其他支出(类)	133817	5901	4314	5751	38448	606	671	636
汶川地震捐赠支出	255							
其他支出(款)	133562	5901	4314	5751	38448	606	671	636
政府性基金支出	**3249016**	**508177**	**42543**	**181489**	**93564**	**181081**	**80091**	**58270**
教育	10462	1529	265	183	470	82	148	79
地方教育附加安排的支出	10462	1529	265	183	470	82	148	79
文化体育与传媒	3469	1077	342	199	3	1196	26	46
文化事业建设费安排的支出	3469	1077	342	199	3	1196	26	46
社会保障和就业	12379	2493	109	229	59	282	41	83
大中型水库移民后期扶持基金支出	7657	761	39	138			16	
残疾人就业保障金支出	4357	1732	70	91	19	282	25	83
城乡社区事务	3189731	495080	41510	180061	92913	179255	79657	54658
政府住房基金支出	9466	9465						
国有土地使用权出让收入安排的支出	2721082	283375	41510	180059	92911	179255	79547	54454
城市公用事业附加安排的支出	24334	15900					110	
国有土地收益基金支出	59375	20000						
农业土地开发资金支出	12251	677		2	2			204
新增建设用地土地有偿使用费安排的支出	1952	30						
城市基础设施配套费安排的支出	361271	165633						
农林水事务	11094	260	10	375		11	46	153
育林基金支出	1166	28		1				7
森林植被恢复费安排的支出	5155	162	10	371		11	46	146
中央水利建设基金支出	1471	70						
地方水利建设基金支出	3192			3				
资源勘探电力信息等事务	4144	1756						
散装水泥专项资金支出	732	309						
新型墙体材料专项基金支出	3412	1447						
其他支出	17716	5982	307	442	119	255	173	3251
彩票公益金安排的支出	14778	5401	307	442	119	255	173	3251
其他政府性基金支出	2938	581						

单位:万元

经济开发区	高新开发区	郑东新区	航空港区	郑州新区	中牟县	巩义市	荥阳市	新密市	新郑市	登封市
	918	1235	678	71	2315	5573	2457	4360	4962	2654
						342		70		215
	226				922	684	492	970	887	1226
	170				411	212	224	940	620	692
									103	
	56				511	472	268	30	164	534
	24453	98			378	488	540	78	14314	54
	8420						537		14241	
							3			
	16033									
		98			378	488		78	73	54
128	186	312	47639	12175	5438	530	7855	2592	433	202
							255			
128	186	312	47639	12175	5438	530	7600	2592	433	202
158529	**239770**	**783379**	**166697**		**281564**	**126081**	**121201**	**40169**	**126120**	**60291**
					2142	619	483	2480	1255	727
					2142	619	483	2480	1255	727
149	10	114			3	51	37	7	56	153
149	10	114			3	51	37	7	56	153
1	14	2	3		2033	577	2335	1135	1028	1955
					1912	279	1986	657	379	1490
1	14	2	3		121	295	222	361	649	387
158320	239733	783249	166689		270214	121740	115896	34830	121365	54561
						1				
153929	230065	588920	157275		269083	111227	105843	30176	117333	46120
						4253	630	300	1993	1148
		30200	2531			1753	2371	100	1001	1419
			21		200	2640	2548	1271	843	3843
					735	462	335		195	195
4391	9668	164129	6862		196	1404	4169	2983		1836
18					5279	1374	1227	1031	344	966
					596	160	55	172	89	58
18					3497	134	150	527		83
					490	64	453	284	50	60
					656	1016	569	48	205	695
					892			95	1401	
					157			32	234	
					735			63	1167	
41	13	14	5		1001	1720	1223	591	671	1908
41	13	14	5		996	368	1223	591	671	908
					5	1352				1000

金融机构信贷收支

（2012 年底）

单位：万元

项　　目	合计	2012 年比年初	2012年比年初±%	市　区	中牟县	巩义市	荥阳市	新密市	新郑市	登封市	上街区
各项存款	**104482906**	**14834268**	**16.5**	**91420017**	**1846180**	**2689462**	**1688986**	**2541144**	**2137544**	**2159572**	**832629**
单位存款	60578598	9663424	19.0	56729448	657943	947147	440042	437746	796255	570018	229101
#活期存款	26028601	2960087	12.8	23537846	526079	414928	335723	297055	592922	324048	167674
定期存款	14228364	3334567	30.6	13559176	70717	138041	53613	76837	142921	187059	43017
通知存款	1486352	158946	12.0	1447649	20000	5201		393	3000	10110	
保证金存款	11937931	1402631	13.3	11439775	28583	310955	44855	45056	29800	38908	15617
个人存款	39554781	6394626	19.3	30649971	1135564	1696704	1222071	2025578	1281225	1543668	591355
储蓄存款	38454565	5933115	18.2	29589719	1135408	1693508	1217439	2003311	1280660	1534520	588018
保证金存款	24059	18004	297.4	23289		760	2	7		1	74
结构性存款	1076158	443507	70.1	1036964	156	2436	4630	22259	565	9147	3263
财政性存款	1408945	−1373869	−49.4	1190484	49798	42515	17913	43528	52363	12343	9933
临时性存款	385017	71284	22.7	357940	2814	2825	8944	1275	7687	3533	176
委托存款	292807	−259473	−47.0	292512	47	247	1				
其他存款	2262758	338277	17.6	2199662	15	25	16	33017	13	30010	2064
各项贷款	**67941286**	**6813473**	**11.1**	**61327307**	**958729**	**1477284**	**1001471**	**1062859**	**1213473**	**900163**	**199341**
境内贷款	67936670	6814090	11.1	61322717	958716	1477271	1001471	1062859	1213473	900163	199341
短期贷款	27658596	5355820	24.0	23543841	634407	845608	583015	585768	876469	589488	106309
个人贷款及透支	4896778	1078927	28.3	3836562	295580	85313	169417	165926	217049	126931	13657
#个人消费贷款	1115373	−63028	−5.3	1067676	4227	3211	1066	9258	11517	18419	740
单位贷款及透支	21477522	3933803	22.4	18496027	338428	725381	410398	416022	658220	433047	91252
#经营贷款	20878742	3745560	21.9	17943882	338428	694746	410398	416022	658220	417047	84509
固定资产贷款	565286	195108	52.7	518651		30635				16000	6743
银团贷款	14000	−30000	−68.2	14000							
贸易融资	1270296	373090	41.6	1197252	400	34915	3200	3820	1200	29510	1400
中长期贷款	38058525	1383982	3.8	35621896	303758	590947	417998	476991	336820	310115	93031
个人贷款	12283923	1877865	18.0	11422215	175045	178355	169726	84216	174318	80047	78944
#个人消费贷款	10607650	1566423	17.3	9933320	145530	88407	151593	74570	168836	45394	76024
单位贷款	22457489	−1734727	−7.2	21098856	128713	349304	248271	269775	162502	200068	14087
#经营贷款	7844624	−2533979	−24.4	7600183	32679	51174	12507	38572	40547	68962	3457
固定资产贷款	14612865	799252	5.8	13498673	96034	298130	235764	231203	121955	131106	10630
普通并购贷款	93162	6142	7.1	63162						30000	
银团贷款	3208595	1221956	61.5	3022307		63288		123000			
贸易融资	15356	12746	488.4	15356							
融资租赁	9300	−7000	−42.9	9300							
票据融资	2160738	51449	2.4	2098170	20551	40716	459	100	184	560	
#贴现	2160738	51449	2.4	2098170	20551	40716	459	100	184	560	
各项垫款	49510	29837	151.7	49510							
境外贷款	4616	−617	−11.8	4591	13	13					

中资全国性四家行信贷收支

（2012 年底）

单位：万元

项目	合计	市区	中牟县	巩义市	荥阳市	新密市	新郑市	登封市	上街区
各项存款	**35606680**	**29534126**	**624367**	**1428586**	**759575**	**1329280**	**819717**	**1111029**	**507757**
单位存款	16620625	14748604	274857	523356	193170	240855	335072	304710	123034
#活期存款	8001079	6920260	195031	205306	158048	149379	220074	152980	90682
定期存款	4620672	4254884	33188	84622	19674	47824	75388	105093	22189
通知存款	193461	157260	20000	3101			3000	10100	
保证金存款	787830	550962	14076	152305	9598	25250	8997	26644	7370
个人存款	17820049	13704347	346708	904894	557608	1054533	477154	774805	382543
储蓄存款	17706494	13612370	346552	902458	556021	1046848	476588	765657	381998
保证金存款	858	856			1			1	74
结构性存款	112697	91122	156	2436	1586	7685	565	9147	471
临时性存款	193272	171536	2787	311	8782	874	7479	1504	176
其他存款	972734	909639	15	25	15	33017	13	30010	2005
各项贷款	**23603231**	**21085764**	**201952**	**730067**	**408628**	**514616**	**349398**	**312807**	**99101**
境内贷款	23601246	21083804	201939	730054	408628	514616	349398	312807	99101
短期贷款	3880875	3125014	33828	324250	100325	90465	103101	103891	50995
个人贷款及透支	832730	730438	20128	13821	9895	21555	18907	17986	4310
#个人消费贷款	298679	278586	2122	2015	524	5850	6840	2742	583
单位普通贷款及透支	2394636	1814112	13300	275515	87230	65090	82994	56395	45285
#经营贷款	2394635	1814111	13300	275515	87230	65090	82994	56395	45285
银团贷款	14000	14000							
贸易融资	639508	566464	400	34915	3200	3820	1200	29510	1400
中长期贷款	18889538	17140824	168111	394239	307844	424051	246113	208356	48107
个人贷款	5897234	5389246	117957	84229	100219	52013	119813	33756	42577
#个人消费贷款	5627108	5129871	116517	78739	98879	51344	118256	33501	41493
单位普通贷款	11361087	10330861	50154	252510	207624	249038	126300	144600	5530
#经营贷款	2278228	2144568	5700	25400	3060	18000	31500	50000	2600
固定资产贷款	9082859	8186293	44454	227110	204564	231038	94800	94600	2930
普通并购贷款	62020	32020						30000	
银团贷款	1569046	1388546		57500		123000			
贸易融资	151	151							
票据融资	821472	808605		11565	459	100	184	560	
#贴现	821472	808605		11565	459	100	184	560	
各项垫款	9361	9361							
境外贷款	1985	1960	13	13					

教育事业主要综合指标

（2012 年）

单位:所、人

指　　标	数　值	指　　标	数　值
平均每万人拥有各类学校数(所)	**1.79**	**小学五年巩固率(%)**	**97.90**
高等学校	0.07	**小学学生辍学率(%)**	**0.07**
中等职业学校	0.15	**初中学生毛入学率(%)**	**115.85**
技工学校	0.03	**初中三年巩固率(%)**	**95.31**
普通中学	0.41	**初中学生辍学率(%)**	**1.52**
普通小学	1.13	**初中毕业生升学率(%)**	**145.37**
平均每万人各类学校在校生数(人)	**2589.30**	**平均每万人各类学校教职工数(人)**	**200.28**
高等学校	935.60	#专任教师	152.61
中等职业学校	309.42	#高等学校	60.01
技工学校	84.11	中等职业学校	17.65
普通中学	506.43	技工学校	3.56
普通小学	752.42	普通中学	42.18
小学适龄儿童净入学率(%)	**100.00**	普通小学	40.63

卫生事业基本情况

（2012 年）

指　　标	机构数（个）	实有床位数（个）	在岗职工（人）	卫生技术人员	执业（助理）医师		注册护士	药师（士）	技师（士）	其他	其他技术人员	管理人员	工勤人员
						执业医师							
总　计	**3810**	**59664**	**83553**	**65403**	**23385**	**20179**	**29969**	**2928**	**3472**	**5649**	**2798**	**3771**	**5551**
市区	1265	44209	56993	47260	16553	15338	22985	2014	2409	3299	2170	2814	3975
六县（市）	2545	15455	26560	18143	6832	4841	6984	914	1063	2350	628	957	1576
中牟县	592	2441	3750	2332	997	695	764	147	163	261	119	91	271
巩义市	464	2508	5272	3958	1473	1007	1642	196	206	441	81	138	335
荥阳市	370	1914	3942	2676	867	578	976	120	119	594	107	106	274
新密市	372	3441	5063	3403	1245	971	1333	184	224	417	84	260	226
新郑市	324	2194	3785	2553	1053	749	1023	112	138	227	84	162	252
登封市	423	2957	4748	3221	1197	841	1246	155	213	410	153	200	218
医　院	**178**	**50645**	**57159**	**47921**	**15896**	**14699**	**24134**	**2226**	**2501**	**3164**	**2045**	**3006**	**4187**
综合医院	103	33558	37419	31787	10156	9463	16504	1341	1671	2115	1241	1866	2525
中医医院	31	8437	9583	7919	2954	2698	3381	565	407	612	352	501	811
中西医结合医院	2	215	307	251	183	123	42	9	7	10	13	12	31
专科医院	42	8435	9850	7964	2603	2415	4207	311	416	427	439	627	820
口腔医院	1	25	162	121	74	69	31	3	2	11	11	6	24
眼科医院	3	210	266	145	49	41	67	11	10	8	46	24	51
耳鼻喉科医院	1	80	99	78	38	37	31	3	3	3	10	5	6
肿瘤医院	2	1931	2246	2015	566	566	1217	54	97	81	63	82	86
心血管病医院	3	885	993	805	263	256	434	33	52	23	41	68	79
胸科医院	1	818	986	852	256	231	526	33	29	8	55	31	48
妇产（科）医院	3	101	313	207	81	69	101	9	12	4	16	40	50
儿童医院	1	1401	1226	996	373	366	436	51	86	50	39	134	57
精神病医院	2	556	539	399	97	93	200	18	18	66	5	45	90
传染病医院	2	667	788	658	204	192	354	27	33	40	24	70	36
皮肤病医院	1	20	12	2	1	1	1						10
骨科医院	6	946	1127	877	323	273	425	30	19	80	60	42	148
康复医院	2	271	260	197	69	51	79	9	12	28	9	13	41
整形外科医院	1	45	82	37	11	11	21	2	2	1	14	14	17
美容医院	3	80	164	106	36	31	55	5	9	1	26	12	20
其他专科医院	10	399	587	469	162	128	229	23	32	23	20	41	57
基层医疗卫生机构	**3564**	**5996**	**18911**	**11652**	**5584**	**3748**	**3828**	**536**	**463**	**1241**	**313**	**217**	**699**
社区卫生服务中心（站）	188	980	2881	2577	1037	839	991	137	125	287	74	97	133
卫生院	101	4607	5082	4387	1680	830	1343	270	263	831	239	120	336
村卫生室	2448		7258	1273	975	388	298						
门诊部	37	409	1000	839	392	339	307	39	53	48			152
诊所、卫生所、医务室	790		2690	2576	1500	1352	889	90	22	75			78
专业公共卫生机构	**54**	**3023**	**7022**	**5569**	**1807**	**1654**	**1948**	**153**	**495**	**1166**	**347**	**495**	**611**
疾病预防控制中心	16		1713	1180	567	509	94	26	256	237	122	206	205
专科疾病防治院（所、站）	2	62	222	159	83	80	30	3	17	26	21	14	28
健康教育所（站、中心）	3		31	10	3	2	4	1		2	2	12	7
妇幼保健院（所、站）	14	2961	3876	3345	1064	983	1666	121	172	322	127	154	250
采供血机构	1		402	218	47	47	123	1	47		38	55	91
卫生监督所（中心）	17		693	577						577	37	52	27
计划生育技术服务机构	1		85	80	43	33	31	1	3	2		2	3
其他卫生机构	**14**		**461**	**261**	**98**	**78**	**59**	**13**	**13**	**78**	**93**	**53**	**54**

注：卫生事业基本情况包含村卫生室。

全市及县（市）城镇居民家庭基本情况

（2012 年）

项　　目	单位	全市	中牟县	巩义市	荥阳市	新密市	新郑市	登封市
调查户数	户	1200	100	100	100	100	100	100
现住房总建筑面积	平方米/人	30.99	42.61	37.91	38.75	36.61	51.21	51.29
家庭人口数	**人**	**2.88**	**2.8**	**3.01**	**3.05**	**3.49**	**2.81**	**3.53**
有收入者人数	人	2.14	2.06	2.23	2.17	2.14	2.18	2.07
就业人口数	人	1.45	1.62	1.94	1.84	1.78	1.8	1.81
国有经济单位职工人数	人	0.66	0.87	0.69	0.9	0.51	0.36	0.5
城镇集体经济单位职工人数	人	0.07	0.03	0.14	0.05	0.06	0.12	0.18
其它经济类型单位职工人数	人	0.14	0.08	0.18	0.23	0.11	0.22	0.13
城镇个体或私营企业主人数	人	0.22	0.29	0.2	0.27	0.34	0.36	0.4
城镇个体或私营企业被雇人数	人	0.22	0.1	0.44	0.3	0.37	0.5	0.59
离退休再就业人数	人	0.05	0.01		0.06	0.04	0.03	
其它就业人数	人	0.1	0.24	0.29	0.03	0.35	0.21	0.01
离退休人数	人	0.66	0.29	0.27	0.29	0.32	0.36	0.19
其它有收入者人数	人	0.02	0.15	0.02	0.04	0.04	0.02	0.07
无收入者人数	人	0.74	0.74	0.78	0.88	1.35	0.63	1.46
在外就学人数	人	0.02	0.15	0.09	0.1	0.12	0.09	0.1
非家庭人口在家用餐	人次	1.63	0.53	1.19	7.47	4.22	2.93	1.41
家庭人口在外用餐	人次	3.57		8.71	16.4	7.04	6.17	2.68
家庭总收入	**元**	**26195**	**20470**	**21717**	**22068**	**22161**	**21680**	**20134**
#可支配收入	元	24246	18661	20441	20436	20468	20461	19778
家庭总支出	**元**	**20157**	**16860**	**17949**	**19272**	**23003**	**20959**	**16167**
消费支出	**元**	**16610**	**12689**	**12910**	**14756**	**19301**	**17966**	**14104**
#服务性消费支出	元	3560	3060	2762	3279	4633	3880	2934
通过互联网购买商品或服务支出	元	20.88	19.71	39.66	31.84	27.2	16.13	10.67
旅游人次	人次	1.28	0.21	1.69	2.07	1.86	1.52	0.24
旅游花费总额	元	447.64	117.18	287.9	272.31	598.48	593.59	95.5
恩格尔系数	**%**	**34.7**	**30.1**	**29.5**	**31.8**	**25.2**	**27.9**	**28.5**

重要文件目录

中共郑州市委文件

中共郑州市委　郑州市人民政府关于印发《推进中原经济区郑州都市区建设2012年工作要点》的通知

郑发〔2012〕1号
（2012年1月13日）

中共郑州市委　郑州市人民政府关于开展"蓝天"行动暨大气污染防治工作的意见

郑发〔2012〕2号
（2012年2月8日）

中共郑州市委　郑州市人民政府关于建立健全市级领导班子责任明确、有序高效工作推进机制的意见

郑发〔2012〕3号
（2012年2月22日）

中共郑州市委　郑州市人民政府关于建立"坚持依靠群众、推进工作落实"长效机制的意见

郑发〔2012〕4号
（2012年2月24日）

中共郑州市委　郑州市人民政府关于扶持农业龙头企业做大做强　加快农业产业化经营　助推新型城镇化建设的意见

郑发〔2012〕5号
（2012年3月27日）

中共郑州市委关于认真学习贯彻习近平同志重要批示持续大力弘扬焦裕禄精神的通知

郑发〔2012〕7号
（2012年4月21日）

中共郑州市委　郑州市人民政府关于规范"坚持依靠群众、推进工作落实"长效机制的实施意见

郑发〔2012〕8号
（2012年4月26日）

中共郑州市委　郑州市人民政府关于2012年优化经济发展环境工作的意见

郑发〔2012〕10号
（2012年5月3日）

中共郑州市委关于印发《中国共产党郑州市代表大会代表任期制实施办法（试行）》的通知

郑发〔2012〕11号
（2012年5月16日）

中共郑州市委　郑州市人民政府印发《关于贯彻落实〈中国农村扶贫开发纲要（2011-2020年）〉的实施方案》的通知

郑发〔2012〕12号
（2012年5月16日）

中共郑州市委　郑州市人民政府关于进一步优化主导产业布局的实施意见

郑发〔2012〕13号
（2012年5月22日）

中共郑州市委　郑州市人民政府关于进一步促进服务业快速发展的指导意见

郑发〔2012〕14号
（2012年6月11日）

中共郑州市委　郑州市人民政府关于进一步加强招商引资工作的意见

郑发〔2012〕15号
（2012年6月12日）

中共郑州市委　郑州市人民政府关于坚持依靠群众推进社区管理创新的意见

郑发〔2012〕16号
（2012年7月23日）

中共郑州市委　郑州市人民政府关于实施工业经济"三年倍增五年超越"计划加快推进新型工业化的意见

郑发〔2012〕17号
（2012年8月22日）

中共郑州市委　郑州市人民政府关于科技创新"三年翻番五年跨越"的实施意见

郑发〔2012〕18号
（2012年8月30日）

中共郑州市委关于认真学习宣传贯彻党的十八大精神的通知

郑发〔2012〕20号
（2012年11月20日）

中共郑州市委　郑州市人民政府关于加强城乡规划土地建设管理和投融资工作的意见

郑发〔2012〕21号
（2012年12月28日）

（程嵩峰　刘跃亭　李松贵　司现仓
郑宏杰　张泽建　丁　宁）

郑州市人大常委会文件

郑州市人民代表大会常务委员会关于批准郑州市2012年政府投资项目计划的决议

郑人常〔2012〕6号
（2012年4月26日）

郑州市人民代表大会常务委员会关于加快推进全市文化建设的决议

郑人常〔2012〕7号
（2012年4月26日）

郑州市十三届人大常委会第二十九次会议对市政府《关于我市法制宣传教育和依法治市工作情况报告》的审议意见

郑人常〔2012〕10号
（2012年6月29日）

郑州市人民代表大会常务委员会关于进一步加强法制宣传教育和依法治市工作的决议

郑人常〔2012〕11号
（2012年6月29日）

郑州市人民代表大会常务委员会关于接受扎吐辞去郑州市人民政府副市长职务的决定

郑人常〔2012〕12号
（2012年4月26日）

郑州市十三届人大常委会第二十九次会议对市政府《关于全市重点工程项目建设进展情况的报告》的审议意见

郑人常〔2012〕14号
（2012年6月29日）

郑州市十三届人大常委会第二十九次会议对市政府《关于我市学前教育工作情况的报告》的审议意见

郑人常〔2012〕16号
（2012年6月29日）

郑州市十三届人大常委会第三十次会议对市政府贯彻实施《郑州市农业投资保障条例》情况的报告的审议意见

郑人常〔2012〕19号
（2012年8月30日）

郑州市十三届人大常委会第三十次会议关于市政府《关于郑州市2011年财政决算和2012年1-6月份财政预算执行情况的报告》的审议意见

郑人常〔2012〕20号
（2012年8月30日）

郑州市人民代表大会常务委员会关于批准2011年市级财政决算的决议

郑人常〔2012〕21号
（2012年8月30日）

郑州市十三届人大常委会第三十次会议对市政府《关于2011年度市本级预算执行及其他财政收支的审计工作报告》

（牛志煖）

郑州市人民政府文件

发展规划（2011-2020年）》和《郑州市儿童发展规划（2011-2020年）》的通知

郑政〔2012〕22号
（2012年6月1日）

郑州市人民政府关于加快推进中心城区市场外迁工作的实施意见

郑政〔2012〕23号
（2012年6月11日）

郑州市人民关于印发十二五节能减排综合性工作方案的通知

郑政〔2012〕24号
（2012年6月9日）

郑州市人民政府关于印发郑州市老龄事业发展"十二五"规划的通知

郑政〔2012〕25号
（2012年6月9日）

郑州市人民政府关于促进外经贸加快发展的意见

郑政〔2012〕26号
（2012年6月13日）

郑州市人民政府关于加快花卉苗木产业发展的意见

郑政〔2012〕27号
（2012年6月13日）

郑州市人民政府关于进一步做好打击侵犯知识产权和制售假冒伪劣商品工作的实施意见

郑政〔2012〕28号
（2012年6月24日）

郑州市人民政府关于促进全市担保行业规范发展的意见

郑政〔2012〕29号
（2012年6月29日）

郑州市人民政府关于印发郑州市加强担保机构监管暂行办法的通知

郑政〔2012〕30号
（2012年6月29日）

郑州市人民政府贯彻落实国务院关于加强和改进消防工作的意见的实施意见

郑政〔2012〕31号
（2012年7月2日）

郑州市人民政府关于印发郑州市矿产资源规划（2008-2015年）的通知

郑政〔2012〕32号
（2012年7月9日）

郑州市人民政府关于促进全市产业集聚区持续健康快速发展的意见

郑政〔2012〕33号
（2012年8月20日）

郑州市人民政府转发河南省人民政府关于加强安全生产应急管理工作的意见的通知

郑政〔2012〕34号
（2012年9月7日）

郑州市人民政府关于印发郑州市社会保险基金管理办法的通知

郑政〔2012〕35号
（2012年9月14日）

郑州市人民政府关于印发郑州市校车安全管理实施办法的通知

郑政〔2012〕36号
（2012年12月5日）

郑州市人民政府关于印发郑州市进一步推进供热计量改革工作实施方案的通知

郑政〔2012〕37号
（2012年12月7日）

郑州市人民政府关于印发郑州市加快研发中心建设的若干政策（暂行）的通知

郑政〔2012〕38号
（2012年12月7日）

郑州市人民政府关于进一步加强来郑就业人员服务管理的若干意见

郑政〔2012〕39号
（2012年12月10日）

郑州市人民政府关于扶持和促进中医药事业发展的意见

郑政〔2012〕40号
（2012年12月20日）

（李林晓　王晓东　李立功）

说明：

本索引为分类索引，包括主题词索引、表格和示意图索引、彩图插页索引。

主题词索引标目按汉语拼音音序排列，标目后数字为页码，页码后a、b、c分别表示为该页的左、中、右栏。

表格和示意图索引、彩图插页索引按页码顺序编排。

主题词索引

A

B

C

D

E

F

G

H

J

K

L

M

N

P

Q

T

W

X

Y

Z

表格和示意图索引

彩图插页索引

为民活动　　主体工作

区域新貌

部门亮点

企业新姿　　基层风采

企业新姿　基层风采

中国人寿财产保险股份有限

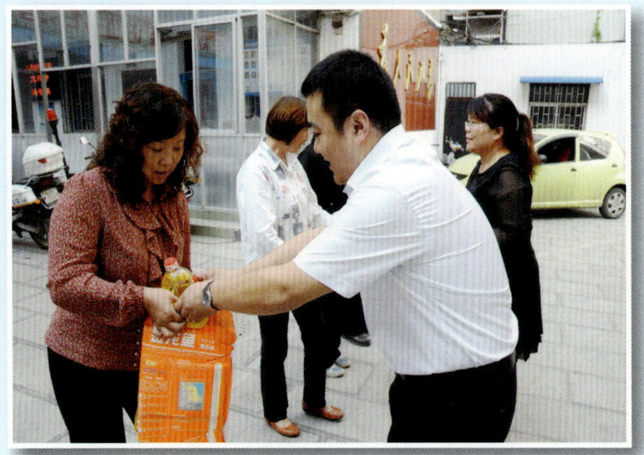

公司领导慰问社区困难群众

公司团委积极参与服务新型城镇化建设行动

公司团委组织“五四”青年节登山比赛

公司团委组织捐资助学公益活动

组织开展2012年“国寿客户节”活动

积极参与“关爱留守儿童”公益活动

公司郑州市中心支公司

举办成立五周年庆典晚会

积极参与“爱心送考”公益活动

组织全员外展培训

荣获2012年度中国人寿“创先争优先进基层党组织”称号

荣获郑州市2012-2016年度“青年文明号”称号

荣获总公司“创先争优先进基层党组织”称号

中国移动通信集团

总经理殷勇杰在“两会”上接受采访

为“两会”提供优质服务

服务社会保障通信

政企合作打造无线城市

积极为集团客户量身打造信息产品

开通无线城市

开展警示教育

积极捐助贫困小学

河南有限公司郑州分公司

为市民提供无线城市服务

参加应急演练

组织校园营销为新生服务

参加爱心活动

重温入党宣言

积极参加社会文化活动

青年员工参加马拉松赛

组织全民健身活动

世界电信日走上街头开展宣传活动

郑州市轨道交通有限公司

国务院安全委员会检查组视察紫荆山站

省委常委、市委书记吴天君视察中原东路站

副省长张大卫视察交通枢纽建设

副省长赵建才视察轨道交通一号线中原东路铺轨基地

市长马懿视察轨道交通二号线一期工程建设

市人大常委会主任白红战视察轨道交通二号线一期工程

省检察院常务副检察长张国臣视察轨道交通一号线一期工程建设

市委常委、副市长张建慧视察轨道交通一号线紫金山站

郑州轨道交通首列车接车仪式

一号线一期工程实现正线轨通

轨道交通一号线一期工程20个车站全部完成主体结构施工

郑州市公共交通总公司

市长马懿到公交总公司视察

省交通厅向郑州市捐赠公交车，支持郑州公交发展

联合国清洁发展机制（CDM）执行理事会指定的CDM核证机构对郑州公交进行核证，为碳减排量签发做最后工作

郑州公交开展“我为郑州添光彩、文明交通万里行”活动

1月18日，郑汴公交实现一卡通

公交总公司被交通部评为全国城市公共交通十佳先进企业

郑州市被交通部授予第一批公交都市创建示范城市

停车场开工奠基仪式

郑州市开通微型公交

微型公交上路，招手即停车站

26路公交荣获工人先锋号称号

郑州市快速公交首期线网通车

河南省电力公司郑州供电公司

国家电监会副主席王野平到郑州供电公司调研指导工作

公司员工积极开展带电作业，确保电力可靠供应

公司员工沿高铁线路进行巡视

郑州220千伏鹅湾变电站检修

智能巡视变电站安全

郑州公司“三农”服务队为农户讲解安全用电常识

风力发电

可靠供电点亮万家灯火

郑州银行股份有限公司

省委常委、市委书记吴天君到郑州银行调研

市长马懿在郑州银行调研

市政协主席李秀奇在郑州银行调研工作

市委常委、常务副市长胡荃在郑州银行指导工作

省金融办主任孙新雷到郑州银行调研

河南银监局副局长张宗俊莅临指导工作

中国民生银行与郑州银行签订信用卡合作协议

证券业协会领导在郑州银行指导工作

郑州银行首家物流支行开业

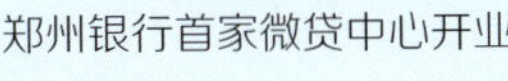

郑州银行首家微贷中心开业

荣获《金融时报》和中国社科院金融研究所评选的“年度最具成长性中小银行”和“年度最佳小微企业服务中小银行”两项大奖

郑州银行省内第二家分行——新乡分行开业

中国联合网络通信有限公司郑州市分公司

省长郭庚茂参加中原数据基地奠基仪式

郑州首届互联网协会成立，郑州联通总经理孙颖任理事长

总经理孙颖深入基层一线“送清凉”

联通祈福号码义卖善款捐赠仪式

郑州联通宽带480服务正式启动

中原数据基地奠基仪式

“智慧郑州”战略合作协议签订仪式

郑州大学与河南联通签订战略合作协议

校园迎新活动现场

中国电信集团公司
河南省郑州市电信分公司

电信版iphone5全国首发

中国电信集团公司副总经理杨小伟莅临郑州调研指导工作

道德讲堂走进郑州电信

业务宣传活动现场

举办技术比武提升员工技能水平

年轻而富有活力的郑州电信营业员

组织广播体操比赛，丰富职工业余生活

郑州电信2012年度风采人物暨先进集体个人颁奖典礼

郑州电信天翼志愿者服务队到老年公寓看望孤寡老人

省级

文明单位

中共河南省委
河南省人民政府
2012年12月

郑州电信再获“省级文明单位”称号

郑州人民医院医疗集团

全国政协副主席张梅颖在副市长刘东、院长周玉东、党委书记黄娟的陪同下参观病房

省委常委、市委书记吴天君视察郑州人民医院颐和医院

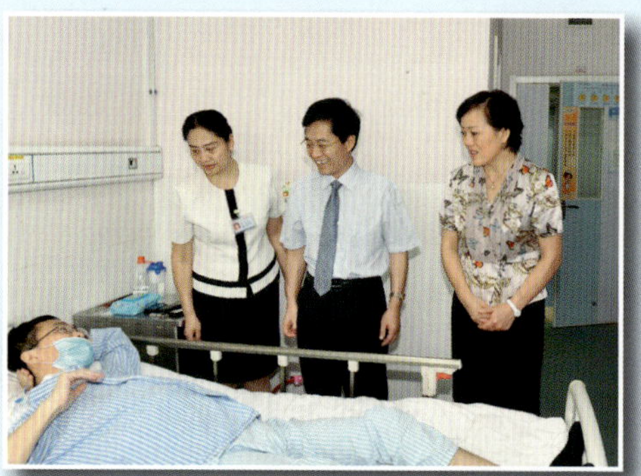

副市长刘东在郑州人民医院调研

省卫生厅厅长李广胜、副市长刘东视察颐和医院

市卫生局局长顾建钦在在郑州人民医院调研

郑州人民医院医疗集团管理有限公司领导班子成员任命大会

郑州人民医院医疗集团揭牌仪式

全国第十六家、河南省综合医院首家通过JCI国际认证

全省首批通过全国三级甲等医院评审

荣获全国群众最满意的医疗卫生机构称号

成功实施国内首例活体肝移植联合活体肾原位移植手术

郑州人民医院颐和医院与德国洪堡大学附属夏洛特医院分子病理学研究所签约仪式

郑州人民医院与惠济区举行区域医疗联合体签约仪式

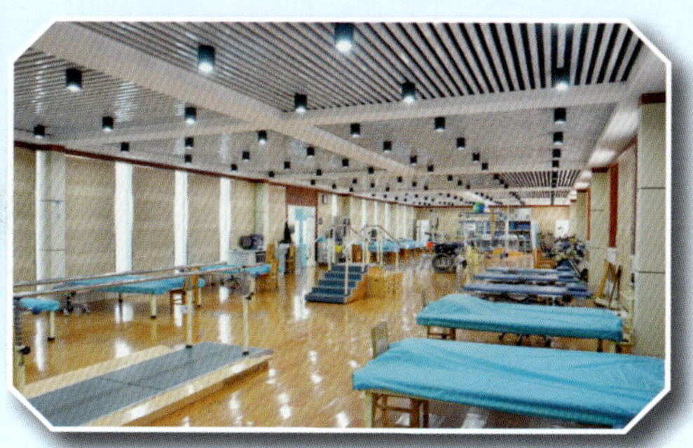
配套齐全的康复医疗中心

宽敞明亮的检验科

规范标准的静脉调配中心

赴地市义诊帮扶

免费救治千名先心患儿

进社区健康宣教

郑州中华之源与嵩山文明研究会

召开《族姓迁徙博物院》项目研讨会

郑州中华之源与嵩山文明研究会成立暨郑州嵩山文明研究院揭牌大会

传承与创新——中国登封窑复兴成果展开幕式

登封窑水墨瓷发展论坛暨《中国登封窑》首发式

华夏文明传承创新区与“天地之中”研讨会

嵩山文明与中国早期文明暨纪念登封‘天地之中’历史建筑群申遗成功一周年学术研讨会

郑州中华之源与嵩山文明研究会

中国早期城市与文明暨2012年中华之源与嵩山文明论坛

中华之源与嵩山文明网

郑州万谷机械有限公司

中储粮江西丰城直属库2X300吨水稻烘干机

湖北家意粮油800吨油菜籽烘干机

小型循环式稻谷烘干机

中国海洋大学3吨浒苔烘干机

管束烘干机

双汇集团管板烘干机

汇源果汁重庆万州3吨柑橘渣烘干机

郑州万谷机械有限公司

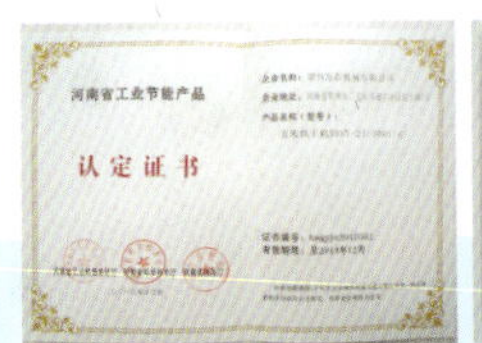

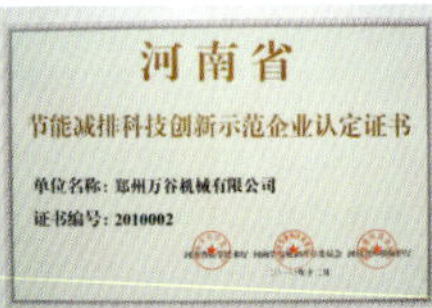

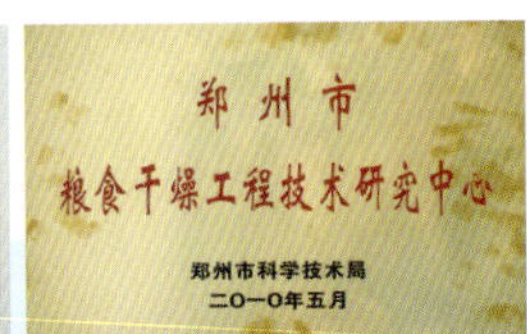

河南省
粮食干燥技术与装备
工程技术研究中心

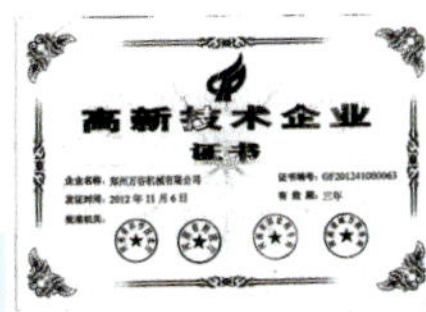

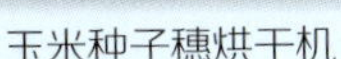
玉米种子穗烘干机

天然气热风炉

南宁国储库小型水稻烘干机

新疆博圣酒精1000吨玉米烘干机

中粮九江1000吨油菜籽烘干机

陕西通达2.8吨每小时苹果渣烘干线

牧草烘干机

金丹乳酸1200吨玉米烘干机

大连九三油脂3000吨大豆烘干机

宁夏伊品1200吨玉米烘干机

湖北洪森粮油500吨水稻烘干机

河南鸽瑞复合材料有限公司

董事长和所有董事会成员

郑州市人大常委会主任白红战在公司参观考察

河南鸽瑞复合材料有限公司（以下简称鸽瑞公司），成立于2000年12月，位于郑州市新郑双湖经济开发区1号，占地45万平方米，是集研发、生产、销售高精度冷轧带钢及表面镀层钢带（板）为一体的河南省高新技术民营企业。现有职工1100人，其各类专业技术人员200人。近年来，先后获得河南省“百高”企业、郑州市“双百”企业、郑州市优秀民营企业、花园式单位等荣誉称号。

现有总资产30亿元，年产各种精密冷轧钢带（板）和镀层板70万吨。主导产品：宽度≤1050mm，厚度0.05mm—1.5mm，厚度精度可达±0.003mm，广泛用于化工、电子、五金、装饰、包装、建筑等行业，是河南省认定的高新技术产品。如今，鸽瑞公司已成为中原地区最大的冷轧板带及复合带材生产基地。

鸽瑞公司始终坚持科学发展，先后自主研发精密冷轧机的全数字控制系统和有侧支撑的六辊可逆冷轧机组，其控制精度、生产能力和可靠性均居国内一流水平，获国家实用新型技术和发明专利。充分利用“两种资源、两个市场”，2009年成功实现了在美国纳斯达克证券交易所主板上市，完成由单一产品经营向资本经营的转变。

2011年6月，投资4.6亿元的超薄宽带（板）和电镀生产线竣工投产，取得了良好的经济和社会效益。2012年1月，投资6200万元的覆膜生产线采用了国际上先进的覆膜技术和装备，其产品主要用于食品容器、化工容器、装饰性产品盒及建筑板材、墙壁、吊顶、防盗门、地板、遮阳棚等，预计今年“七一”正式投产，这标志着河南省冷轧行业技术装备水平和产品技术含量跨上了一个新台阶。

650镀铬生产线

光亮罩式退火炉

1250镀铬生产线

轧机生产线

河南鸽瑞

郑州中宇包装材料有限公司

北京中物联联合认证中心

质量管理体系认证证书

注册号：06511Q20634R0M

郑州中宇包装材料有限公司

质量管理体系符合

GB/T 19001-2008 idt ISO 9001:2008

证书覆盖范围

纸板、纸箱的生产和售后服务（需资质的凭资质）

颁证日期：2011年06月28日 有效期至：2014年06月27日

生产线

郑州中宇包装材料有限公司

百家成长型民营企业

郑州市工商行政管理局

二〇一一年三月

郑州中宇包装材料有限公司

河南重点包装企业

郑州市工商行政管理局

二〇一一年三月

获得荣誉

生产车间

原纸仓库

物流部

宿舍楼

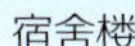

纸板仓库

郑州四不见微粉有限公司

高纯度高级碳化硅微粉应用于结构陶瓷、工程陶瓷、研磨抛光等行业。国防电子、汽车机械、建筑石材、石英压电晶体、光学玻璃、绿色环保的光伏能源的发展都需要高纯度超细碳化硅、白刚玉系列微粉。公司在微粉的生产制造方面技术领先，该行业专家及高级技工负责产品的质量和技术开发，可按国标、FEPA, ISO以及JIS等标准批量生产碳化硅微粉。产品行销全国，部分产品外贸出口。

良好的颗粒形状

产品出厂：

一不见最粗粒；

二不见纯铁颗粒；

三不见残粒；

四不见相当最粗粒体积的游离碳颗粒。

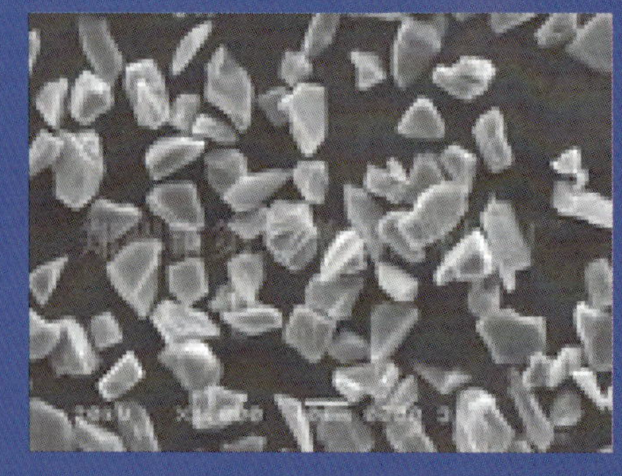

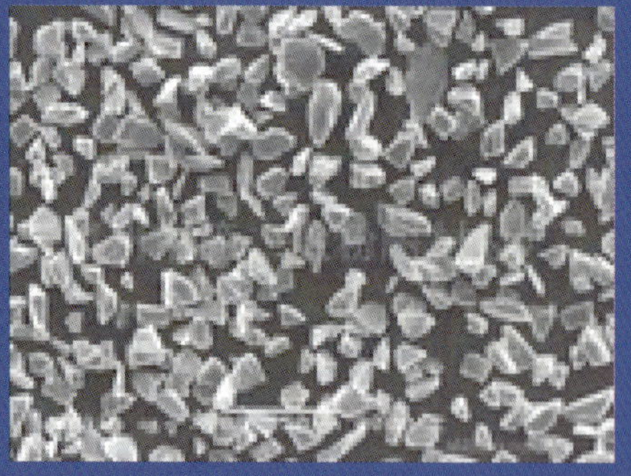

郑州市二七区煤矿监管办公室

省煤监局副局长许胜铭带领河南省“打非治违”领导小组检查指导二七区“打非治违”工作

区委书记蔡红在李宅煤矿督查暗访煤矿安全生产工作

区长王鹏深入郑煤集团振兴二矿督查暗访煤矿安全生产工作

市煤炭局局长路红卫在二七区神火集团金源煤矿检查指导工作

副区长王玉卿深入三李、申盈、李宅煤矿检查煤矿安全生产工作

区煤监办主任牛学峰实地调研神火集团申盈煤矿兼并重组工作进度

区政府召开驻矿工作人员座谈会

区煤监办积极开展“安全生产月”广场宣传活动

区煤监办组织全区驻矿监管人员开展业务培训

郑州煤监分局在二七区召开2012年第二季度安全生产工作会议

荥阳市林业局

郑州市委副书记王璋调研荥阳市苗木花卉基地建设

郑州市市长级领导干部王林贺视察生态廊道建设

举办十八大知识讲座

组织观看十八大开幕盛况

荥阳市第八届河阴石榴文化节开幕式

第八届河阴石榴文化节石榴王评比

获得荣誉

1、荥阳市全民义务植树现场
2、霸王城郁郁葱葱，成为名副其实的花果山
3、风沙源生态治理成果初步显现，邙岭一片生机

荥阳市王村镇人民政府

省委书记、省人大常委会主任卢展工在王村镇视察南水北调穿黄工程

河南江河中起重工有限公司

王村镇新庄社区建设工地

河南江河中起重工有限公司产品

王村镇绿丰源日光温室

荥阳市王村镇人民政府

镇党委书记　许元甲

镇　长　张光明

获得荣誉

王村镇前白杨社区一角

王村镇甜蜜村游乐设备生产企业

南水北调孤柏渡景区公园山门

南水北调孤柏渡景区公园“飞黄腾达”索道

登封市白坪乡人民政府

白坪煤业集团办公大楼

白坪山水

白坪小区

白坪新区居民新居

白坪新区鸟瞰

白坪新区三期在建工程

白坪新型社区幼儿园

白坪游园一角

登封市白坪乡人民政府

获2012省百强乡镇称号

登封抗日县政府旧址

登封市宏鑫种植专业合作社

食用菌产业园喜获丰收

在建的白坪新型社区一期工程

创业园食用菌大棚

郑州隆赫牧业有限公司

优美的居住环境

郑州经济技术开发区明湖办事处

省委常委、市委书记吴天君在明湖办事处岔河社区视察合村并城工作

经开区管委会党委书记崔绍营在明湖办事处西杨社区视察拆迁工作

经开区管委会主任王贵欣在明湖办事处调研、指导网格化及合村并城工作

明湖办事处党工委书记张国际进行拆迁动员

市检察院工作队员与明湖办事处三级网格长对接

市统计局工作队在明湖办事处赵庄社区调研合村并城工作

郑州经济技术开发区明湖办事处

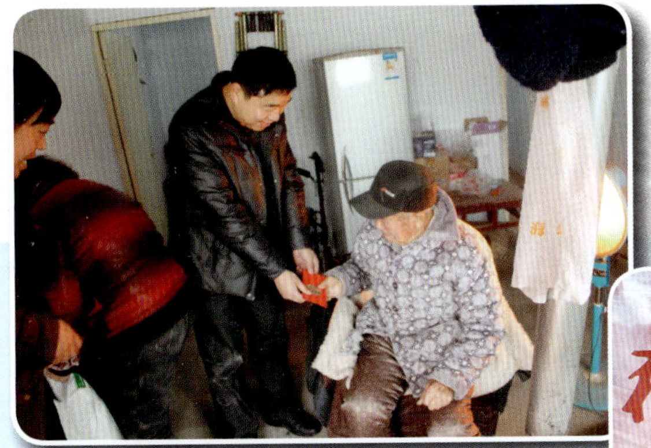

明湖办事处开展慰问困难老党员送爱心活动

明湖办事处与中原福塔联合举办祈福中原 万鼓擂春盘鼓大赛

在建的盛和安置小区

开展志愿者活动

道德讲堂开课

梁湖社区分房抽签现场

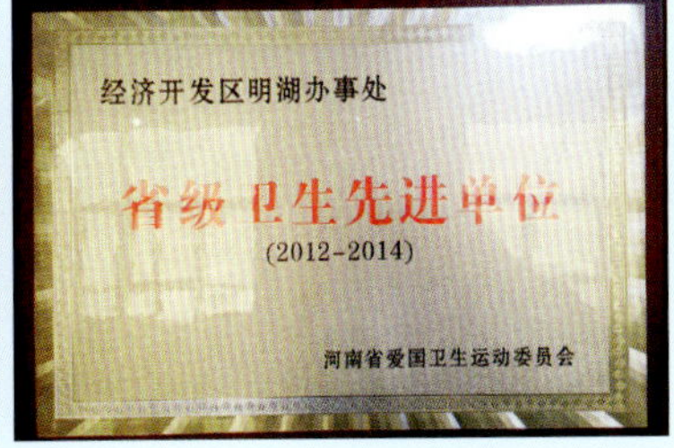

获得荣誉

郑州市二七区马寨镇人民政府

二七区委书记蔡红听取矿区工作汇报

二七区委书记蔡红指导四环拆迁

二七区委书记蔡红在娄河调研

二七区区长王鹏视察四环沿线

市科技局局长苗晋琦调研网格化管理工作

省政研室社会处处长王民选在马寨镇调研

二七区政协副主席陈旭儒在金源煤矿检查工作

镇长刘丽红视察秸秆禁烧工作

韩国清道郡代表团参观《快乐星球》制作基地

市档案局组织检查马寨镇档案管理工作

省林科院专家座谈会

省委党校干部培训班学员莅临马寨调研指导工作

郑州市上街区峡窝镇人民政府

省委常委、市委书记吴天君在峡窝镇调研

市人大常委会主任白红战在方顶村调研

市政协主席李秀奇在峡窝镇调研

市领导刘贵新、张学军等慰问老寨河优抚对象

工会开展慰问活动

军属座谈会

龙都国际营销中心盛大开放暨奠基仪式

宜居职教城合村并城项目开工启动典礼

郑州市上街区峡窝镇人民政府

镇党委书记　赵永军

镇 长　田军宝

中心组学习

计生服务

科普宣传

红色网络家园

台胞台属座谈会

方顶明清古建筑

12 · 5国际志愿者日活动

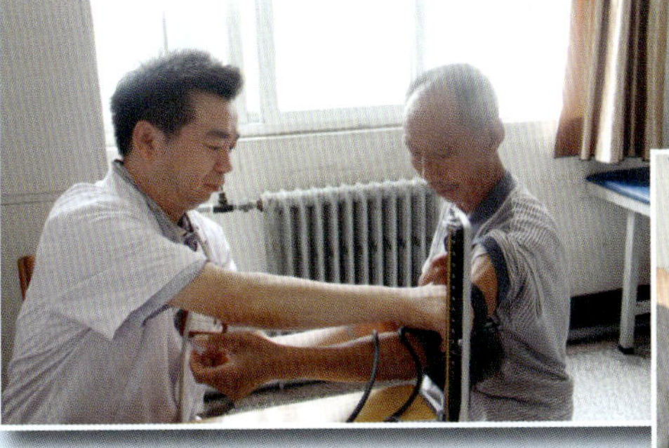

为老党员免费体检

文化活动

送戏下乡

郑州市管城回族区

省委常委、市委书记吴天君在十八里河镇视察四环绿化建设情况

市长马懿察看地铁2号线建设情况

市委常委、副市长张建慧在十八里河镇调研全面交通建设

副市长马健在刘东村调研网格化管理工作

副市长朱是西在十八里河镇调研生态水系建设

管城区委书记法建强向二七区区长王鹏介绍
十八里河镇新型城镇化建设先进经验

管城区区长高建军视察小王庄城中村改造进展情况

十八里河镇人民政府

镇党委书记　李阳东

镇　长　侯春雷

区政协在十八里河镇召开农村、农业工作座谈会

获得荣誉

2010-2012年全市创先争优
先进基层党组织
中共郑州市委
二〇一二年六月

镇党委书记李阳东、镇长侯春雷春节慰问困难党员

镇党委书记李阳东、镇长侯春雷主持春季安全生产大检查

镇党委书记李阳东和镇长侯春雷开斋节慰问回族老乡

十八里河镇召开人大四届一次会议

十八里河镇第八届文化艺术节

市网格化考核领导小组对十八里河镇网格化管理工作进行考核

郑州市管城回族区航海东路街道办事处

十届全国政协副主席、中国人口福利基金会会长王忠禹莅临果树所社区调研指导人口和计划生育幸福家庭创建工作

文化部党组成员、副部长杨志今在副市长刘东陪同下莅临映月路社区调研考察群众工作开展情况

市委常委、政法委书记黄保卫莅临映月路社区调研基层平安建设工作情况

市委常委、副市长张建慧莅临映月路社区考察长效机制建设情况

省政法委综治办副主任孙建国莅临映月路社区考核验收星级社区争创工作

街道党工委书记王永善慰问辖区老党员

航海东路街道人大代表视察辖区大型商场建设情况

航海东路街道政协委员视察辖区福都购物广场营业情况

航海东路街道政协委员调研市场经营情况

航海东路街道人大代表视察辖区重点项目建设情况

郑州年鉴各县（市）区编辑组

巩义市

组　长　贺传伟（副市长）
副组长　郅笃威（市史志办主任）
组　员　魏小艳

新密市

组　长　刘月楼（市委常委、市委办主任）
副组长　王西林（市委史志办主任）
组　员　朱中华　刘伟娟

登封市

组　长　赵华敏（市委常委、常务副市长）
副组长　吕宏军（市史志办主任）
组　员　闫新松　郜悟棋

新郑市

组　长　孙淑芳（市委常委、常务副市长）
副组长　李俊鹏（市政府办主任）
组　员　左留根　王　昱

荥阳市

组　长　王和祥（副市长）
副组长　杨瑞敏（市政府办副主任、市史志办主任）
组　员　李建民　刘朝阳　袁　磊

中牟县

组　长　乔　琳（县政府党组副书记）
副组长　王志现（县政府办副主任）
组　员　雍　超　徐　园　李旭旭　杨荣坤

金水区

组　长　李建超（区委常委、常务副区长）
副组长　窦　凯（区史志办主任）
组　员　向天燕　吴深磊　王　红

二七区

组　长　刘　利（副区长）
副组长　刘　琴（区史志办主任）
组　员　胡　雷

管城回族区

组　长　罗国君（副区长）
副组长　周遂枝（区史志办主任）
组　员　崔　涛　王　忠　何　蕾

中原区

组　长　王晓伍（区政府党组成员）
副组长　王冬梅（区政府办副主任、区史志办主任）
组　员　赵志平　尹园园　赵文煜

惠济区

组　长　万永生（区委常委、常务副区长）
副组长　袁玉强（区政府办副主任）
组　员　张路燕　宋其平

上街区

组　长　徐　勇（区委常委、常务副区长、区委办主任）
副组长　周伟杰（区政府办主任）
组　员　朱昌伟　李永长　周昱宏

图书在版编目(CIP)数据

郑州年鉴. 2013 / 郑州市人民政府主办 ；郑州市地方史志办公室编. — 郑州：中州古籍出版社, 2013.12
ISBN 978-7-5348-4506-2

Ⅰ. ①郑… Ⅱ. ①郑… ②郑… Ⅲ. ①郑州市—2013—年鉴 Ⅳ. ①Z526.11

中国版本图书馆 CIP 数据核字(2013)第 293622 号

责任编辑：王小方
责任校对：张志生
出 版 社：中州古籍出版社
（地址：郑州市经五路66号　邮编：450002）
承印单位：河南省瑞光印务股份有限公司
开　　本：889 mm × 1194mm　1/16
印　　张：39.25
字　　数：160千字
印　　数：1—2 000册
版　　次：2013年12月第1版
印　　次：2013年12月第1次印刷
定　　价：320.00元
